Holger Schramm (Hg.)
Handbuch Musik und Medien

Holger Schramm (Hg.)

Handbuch Musik und Medien

UVK Verlagsgesellschaft mbH

Mit freundlicher Unterstützung der MTV Networks Germany GmbH

Bibliografische Information der Deutschen Nationalbibliothek
Die Deutsche Nationalbibliothek verzeichnet diese Publikation in der
Deutschen Nationalbibliografie; detaillierte bibliografische Daten sind im
Internet über http://dnb.d-nb.de abrufbar.

ISBN 978-3-86764-079-4

Das Werk einschließlich aller seiner Teile ist urheberrechtlich geschützt.
Jede Verwertung außerhalb der engen Grenzen des Urheberrechtsgesetzes
ist ohne Zustimmung des Verlages unzulässig und strafbar. Das gilt
insbesondere für Vervielfältigungen, Übersetzungen, Mikroverfilmungen
und die Einspeicherung und Verarbeitung in elektronischen Systemen.

© UVK Verlagsgesellschaft mbH, Konstanz 2009

Einbandgestaltung: Susanne Fuellhaas, Konstanz
Einbandfotos: Deutsche Grammophon GmbH, Sony Music Entertainment,
Rolling Stone, RTL Group, ZDF, Apple Corps Ltd., Deutsche Kinemathek –
Marlene Dietrich Collection Berlin, EMI
Druck: Memminger MedienCentrum, Memmingen

UVK Verlagsgesellschaft mbH
Schützenstr. 24 · D-78462 Konstanz
Tel.: 07531-9053-0 · Fax: 07531-9053-98
www.uvk.de

Inhalt

Vorwort 7

I. Anfänge der medialen Übermittlung von Musik

Notation als mediale Darstellung von Musik 13
Herbert Bruhn

Konservierung von Musik durch Erfindung der technischen Schallaufzeichnung 31
Albrecht Schneider

II. Musik in auditiven und audio-visuellen Medien

Der Tonträger als Medium der Musik 49
Peter Wicke

Musik im Radio 89
Holger Schramm

Musik im Hörspiel 117
Hans-Jürgen Krug

Musik im Film 149
Saskia Jaszoltowski & Albrecht Riethmüller

Musikformate im Fernsehen 177
Irving Wolther

Musikfernsehsender 209
Axel Schmidt, Klaus Neumann-Braun & Ulla P. Autenrieth

Musik im Internet 235
Golo Föllmer

Computermusik 277
André Ruschkowski

III. Musik in nicht-auditiven Medien

Musikjournalismus in der Zeitung 299
Gunter Reus

Musikzeitschriften 329
Till Krause & Stefan Weinacht

Musik in der Literatur des 20. Jahrhunderts 363
Julia Cloot

Plattencover und Konzertplakate 397
Roland Seim

IV. Komposition und Produktion von Musik unter dem Einfluss von Medien

Musiktheater 441
Julia Franzreb & Anno Mungen

Neue Musik als mediale Kunst 471
Helga de la Motte-Haber

Komposition und Produktion von „U-Musik" unter dem Einfluss
technischer Medien 495
Albrecht Schneider

Medienkonstellationen zeitgenössischer Musik- und Klangkunstformen ... 531
Marion Saxer

V. Ergänzende Perspektiven

Interkulturelle Unterschiede in der Entwicklung und Bedeutung von
Musikmedien 555
Peter Imort

Medienkonvergente und intermediale Perspektiven auf Musik 575
Thomas Münch & Martina Schuegraf

VI. Anhang

Autorinnen und Autoren 607

Register der Personen, Bands, Firmen und Institutionen 615

Sachregister 621

Vorwort

HOLGER SCHRAMM

Musik und Medien – diese Symbiose ist so alt wie die Medien selbst: Schon in den Schriften der Antike wurde Musik, der Umgang mit ihr und ihre Wirkung auf den Menschen thematisiert (Riethmüller & Zaminer, 2001). Erste Notationssysteme bzw. Notenschriften entwickelten sich bereits im 3. Jahrtausend v. Chr. in Ägypten. Nachdem bis in die zweite Hälfte des 15. Jahrhunderts Noten ausschließlich handschriftlich vervielfältigt wurden, erlangte die Musik über die Erfindung des Notendrucks vor ca. 500 Jahren dann ihre massenmediale Verbreitung. Die Erfindung der technischen Schallaufzeichnung, die Entwicklung von Phonograph, Grammophon und Schallplatte gegen Ende des 19. Jahrhunderts erbrachte schließlich Möglichkeiten der medialen *auditiven* Konservierung und Reproduktion von Musik (Burow, 2001). Als 1923 die Musik dann erstmalig in Deutschland (und kurz zuvor in England und den USA) über das Radio ihren Weg in die heimischen Wohnzimmer fand, war die massenmediale Verbreitung von Musik ohne physische Tonträger erfunden. Seither nimmt Musik einen bedeutenden Teil des Gesamtmedienangebots und seiner Nutzung ein. Allein über die auditiven und audio-visuellen Medien (inkl. Fernsehen und Internet) hören die Deutschen im Durchschnitt bis zu fünf Stunden Musik täglich (Schramm, 2008). Musik ist auch Thema/Inhalt von nicht-auditiven Medien, d.h. von Zeitungen, Zeitschriften, Büchern und Plakaten, so dass der gesamthafte Stellenwert von Musik in den Medien bzw. für die Medien nicht hoch genug eingeschätzt werden kann. Jedes Medium hat darüber hinaus ganz eigene Darstellungs- und Vermittlungsformen von Musik entwickelt und die Entwicklungsgeschichte der Musik im 20. Jahrhundert maßgeblich mitgeprägt.

Die bisherigen Ausführungen haben deutlich gemacht, dass die Behandlung des Forschungsfeldes „Musik und Medien" eine einführende Reflektion des Medienbegriffes erfordert, um einzelne Themenfelder des Handbuchs darin verorten zu können. In der sozialwissenschaftlich ausgerichteten Publizistik- und Kommunikationswissenschaft werden „Medien (…) als technische, professionelle und organisatorische Kommunikationsmittel für öffentliche und gesellschaftliche Kommunikation verstanden, wie sie sich insbesondere seit der Erfindung des Drucks durch Johannes Gutenberg zum Ende des 15. Jahrhunderts allmählich entwickelten" (Kübler, 2001, S. 41). Die Medien- und Kulturwissenschaft legt dagegen einen breiteren Medienbegriff zugrunde, der Medien nicht auf technische Kommunikationsmittel bzw. Massenmedien reduziert und der vier Medientypen unterscheidet, deren Entwicklung mit vier Phasen der Medienkulturgeschichte einhergeht (Faulstich, 2006): Phase 1 (bis etwa Ende des 15. Jahrhunderts) wurde von den Primärmedien dominiert, die ohne Einsatz von Technik auskommen und auch als „Menschmedien" bezeichnet werden. Menschen fungieren in bestimmten sozialen Rollen als Medien, indem sie Informationen – und somit auch Musik – direkt zwischen Menschen vermitteln (z.B. Prediger, Sänger, Schauspieler, Meinungs- und Wortführer, aber auch Eltern, die ihren Kindern etwas vorsingen). Phase 2 (1500 bis etwa 1900) wurde von den Sekundärmedien (Medien mit Technikeinsatz bei der Produktion) bzw. den Druckmedien (z.B. Zeitung, Buch) bestimmt. Sie vermitteln Informationen und Musik auf schriftlicher Basis zwischen Individuen, zwischen Kleingruppen und zwischen regionalen und nationalen Teilöffentlichkeiten. Phase 3 (1900 bis etwa 1990) ist durch das Aufkommen der Tertiärmedien (Medien mit Technikeinsatz bei der Produktion und der Rezeption) bzw. der elektronischen Medien (Radio, Fernsehen) gekennzeichnet, die als Massenmedien ganze nationale oder gar supranationale Räume erschließen, während in Phase 4 (ab etwa 1990) die Quartärmedien (Technikeinsatz bei der digitalen Distribution) bzw. die digitalen interaktiven Medien (Computer, Internet) Informationen und Musik für eine globale Öffentlichkeit vermitteln, in der jeder Adressat gleichzeitig auch als Sender fungieren kann. Das Handbuch deckt insgesamt die Phasen 2 bis 4 ab.

Medien können – ebenfalls in einem erweiterten Sinne – als mediale Konstrukte betrachtet werden, die sowohl Inhalte, Programme, Textformen, Genres, Technologien und Geräte als auch Institutionen, Strukturen und Prozesse von Produktion und Vertrieb umfassen. Wenn beispielsweise vom „Fernsehen" die Rede ist, können damit sowohl konkrete Fernsehinhalte, Fernsehprogramme, Fernsehgenres, als auch die Fernsehtechnik, das Fernsehgerät oder gar die Fernsehanstalten und das duale Rundfunksystem gemeint sein. Im Zuge der Entwicklungsgeschichte einzelner Medien werden nicht selten alle (oder zumindest viele der) genannten Aspekte miteinander in Beziehung gesetzt, weil beispielsweise die konkrete Ausgestaltung und die Ästhetik der Medieninhalte, -formen und -genres nicht unabhängig von den zur Verfügung stehenden Technologien und Geräten sowie den Produktions- und Vermittlungsprozessen zu analysieren sind (Kübler, 2001). „Mediengeschichte und Medienästhetik stehen [folglich] in einem Verhältnis, das einen gegenseitigen Bezug sowohl in theoretischer wie systematischer Hinsicht erfordert" (Schnell, 2001, S. 72).

Für dieses Handbuch soll diese erweiterte Perspektive eingenommen werden, um eine umfassende Darstellung der Entwicklungsgeschichte der Musik in den einzelnen Medien (inkl. des potenziellen Einbezugs von konkreten Inhalten, Formen, Genres, Technologien, Geräten sowie Institutionen, Strukturen und Prozessen der Produktion und des Vertriebs) zu ermöglichen. Die Kapitel nehmen somit – mit unterschiedlicher Schwerpunktsetzung – neben der historischen auch technische, ökonomische, ästhetische, kulturelle und gesellschaftliche Perspektiven ein. Außer die „traditionellen" Musikmedien werden beispielsweise auch die Musik im Hörspiel, im Musiktheater, die Computermusik, die Geschichte der Plattencover und Konzertplakate, der Einfluss von technischen Medien auf die Musikkomposition und -produktion oder Grenzen der medialen Vermittlung neuester Musikklangformen aufgearbeitet. Beiträge zu den Anfängen der medialen Übermittlung von Musik (Erfindung der Notenschrift sowie der Schallaufzeichnung) führen in das Handbuch ein, Beiträge zu interkulturellen sowie intermedialen und konvergenten Perspektiven auf „Musik und Medien" runden das Handbuch ab.

Namhafte Autorinnen und Autoren aus der Medien-, Kommunikations-, Musik-, Literatur- und Kulturwissenschaft sowie Journalistik gewährleisten den interdisziplinären Charakter und Anspruch des Handbuchs, das Lehrenden und Studierenden dieser Disziplinen einen reichhaltigen Überblick über die Mediengeschichte der Musik verschafft.

Zürich, Mai 2009   Holger Schramm

Literatur

Burow, H. W. (2001). Mediengeschichte der Musik. In H. Schanze (Hrsg.), Handbuch der Mediengeschichte (S. 347-372). Stuttgart: Kröner.
Faulstich, W. (2006). Mediengeschichte von 1700 bis ins 3. Jahrtausend. Göttingen: Vandenhoeck & Ruprecht.
Kübler, H.-D. (2001). Medienanalyse. In H. Schanze (Hrsg.), Handbuch der Mediengeschichte (S. 41-71). Stuttgart: Kröner.
Riethmüller, A. & Zaminer, F. (2001). Die Musik des Altertums (Neues Handbuch der Musikwissenschaft, Bd.1). Laaber: Laaber.
Schnell, R. (2001). Medienästhetik. In H. Schanze (Hrsg.), Handbuch der Mediengeschichte (S. 72-95). Stuttgart: Kröner.
Schramm, H. (2008). Rezeption und Wirkung von Musik in den Medien. In S. Weinacht & H. Scherer (Hrsg.), Wissenschaftliche Perspektiven auf Musik und Medien (Reihe Musik und Medien, Band 1, S. 135-153). Wiesbaden: VS Verlag für Sozialwissenschaften.

I. Anfänge der medialen Übermittlung von Musik

Notation als mediale Darstellung von Musik

HERBERT BRUHN

> Mit der Erfindung von Notationssystemen gelang es, Musik zu fixieren und zu überliefern. Notation ist so gesehen ein Medium für die Vermittlung und Reproduzierbarkeit von Musik. Erste einfache Formen von Notationen lagen in der Antike vor. Die Entwicklung der heutigen mitteleuropäischen Notenschrift war bereits Ende des 16. Jahrhunderts nahezu abgeschlossen. Notationen müssen bei aller Weiterentwicklung nützlich und handhabbar bleiben bzw. das für die Aufführungspraxis jeweils Notwendige anzeigen. Sie können daher dem erklingenden Musikstück nie ganzheitlich gerecht werden, da Musik stets komplexer ist als die notierten Informationen. Musik entsteht zudem in der individuellen Wahrnehmung eines Menschen und bleibt trotz Notation letztendlich doch etwas Flüchtiges. Notationen erfüllen unterschiedliche Funktionen: Sie dienen dem Komponisten und dem Musiker primär als Gedächtnisstütze, dienen der Kirche aber auch als Kontrollmittel, um liturgische Melodien und Texte vorzugeben. Musikwissenschaftler sprechen Musik bisweilen immer noch den Werkcharakter ab, wenn die Musik nicht notiert vorliegt, was auf den größten Teil der weltweiten Musik zutrifft. Auch beim Erlernen von Musikinstrumenten steht in unseren Kulturkreisen das Erlernen der Notationssysteme am Anfang und im Mittelpunkt. Notationen erlangen somit einen über die Hilfs- und Vermittlungsfunktion hinausgehenden Eigenwert, der in der westlichen Welt zu selten hinterfragt wird.

Einleitung

Musik notieren heißt, Musik aufzuschreiben – ebenso wie man einen Gedanken, einen Satz, eine Aufgabe notiert. Man verschriftlicht etwas, das einem sonst verloren gehen könnte – man braucht die Notiz als externe Gedächtnisstütze für die Reproduktion: Auditive Ereignisse sind flüchtig, da sie nicht wie ein visuelles oder haptisch präsentes Objekt ständig für erneute Informationsaufnahme zur Verfügung stehen. *Notation* ist ein Medium, um Musik festzuhalten.

Diese allgemeine Beschreibung für Notation von Musik hat sich im Bewusstsein vieler Wissenschaftler eingeengt auf die in Mitteleuropa entwickelte Notenschrift, wie sie für die Werke der Kunst- und Unterhaltungsmusik von ungefähr 1600 bis 1950 üblicherweise verwendet wird.

In der mitteleuropäischen traditionellen Musik hat Notation eine besondere Bedeutung für die Musik: Sie ist mit dem Musikbegriff selbst verbunden. Wie Suppan (1986, S. 52f.) schreibt, lernt der Anfängermusiker meist zunächst die Notation, dann die Griffe für eine Note auf dem Instrument. Danach beginnt der Anfänger, das erste Musikstück zu lernen – erst spät erfährt er, dass man auch ohne Noten spielen kann. Die Notation steht am Anfang, das Spielen ohne Noten als Auswendigspielen am Ende der Kette der Beschäftigung mit Musik. Die Notation von Musik erhält dadurch einen Eigenwert – im angloamerikanischen Raum wird das Wort „music" sogar gleichwertig sowohl für die erklingende oder erfahrene Musik wie auch für die Notation der Musik verwendet. Das Medium Notation wird hier verwechselt mit dem medial vermittelten Gegenstand.

Was wird notiert?

Das Blatt Papier mit den *Noten* ist nicht die Musik selbst. Musik ist ein Phänomen des menschlichen Geistes und entsteht im Menschen, sobald physikalische Klänge angeeignet werden (beim Hören oder Spielen von Musik) oder in der Vorstellung wachgerufen werden (beim Lesen von Notentexten oder bei der Erinnerung an ein Musikereignis). Notierte Informationen über Musik werden genutzt, um Musik erleben zu können. Diese notierten Informationen können sehr unterschiedlicher Natur sein:

- Will ein Musikliebhaber ein Musikstück auswählen, anhören und in sich zu Musik werden lassen, so sind die Notizen auf der CD-Hülle für ihn wichtig. Es reicht die Angabe von Komponist und Werk, damit er das richtige Stück auswählen kann.
- Ein *Musikkritiker*, der am Abend ein Konzert besuchen soll, hat weitergehende Bedürfnisse an notierte Informationen. Er benötigt für seine Vorbereitung das Programm mit den detaillierten Angaben über Musikstück und Interpret, wird im Internet aktuelle weitere Informationen abfragen, eine CD einlegen, in einer Notenausgabe herumblättern und sich aus diesen Informationen eine Vorstellung von dem machen, was ihn im Konzert wohl erwarten wird. Für den Abend notiert er sich vielleicht sogar bereits einige seiner Vorstellungen, um sich auf die erklingende Musik bewusst einstellen zu können.
- Und noch andere Informationen benötigt der Leiter eines Supermarkts, der den Tonträger für die Hintergrundmusik in seiner Filiale bereitstellen muss: Für ihn reichen als Code zwei Zahlen auf der Hülle: Zu welcher Tageszeit soll er die Musik auf dem von der Direktion zugeschickten Tonträger auflegen und wie lange wird das Band laufen.

Die meisten dieser kodierten Informationen werden nicht Notation genannt, sondern *Notizen*. Der Übergang zwischen Notiz und Notation ist jedoch fließend: In Unterlagen eines Musikkritikers oder eines Musikschriftstellers findet sich immer wieder ein Notenbeispiel. In Skizzenbüchern von Komponisten sind zwischen ausgeführten Notenabschnitten Texte eingestreut, die als Gedächtnisstütze für noch nicht fertige Bereiche dienen. Und manche Partituren der 1970er-Jahre bestehen überhaupt nur aus sprachlichen Anweisungen – und müssen als Notation eines Werks bezeichnet werden, ohne eine einzige Note zu enthalten (als Beispiel siehe Abbildung 1).

Abbildung 1: Atemzüge, Auszug aus einer Komposition von Schnebel (1972, S. 472)

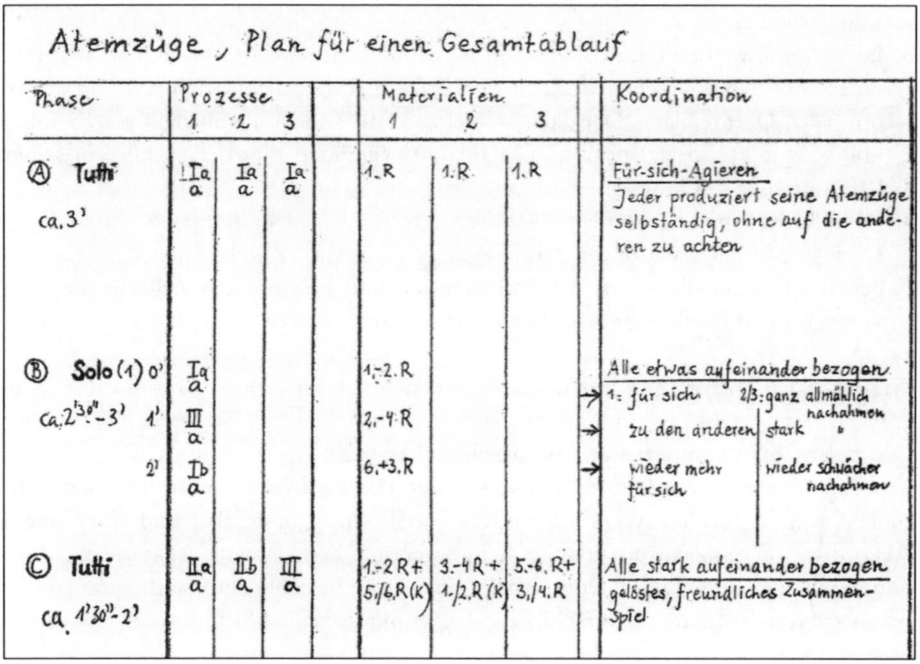

Atemzüge, Plan für einen Gesamtablauf

Phase	Prozesse 1	2	3	Materialien 1	2	3	Koordination
Ⓐ Tutti ca. 3'	Ia a	Ia a	Ia a	1.R	1.R	1.R	Für-sich-Agieren Jeder produziert seine Atemzüge selbständig, ohne auf die anderen zu achten
Ⓑ Solo (1) 0' ca. 2'30"-3'	Ia a			1.-2.R			Alle etwas aufeinander bezogen → 1: für sich / 2/3: ganz allmählich nachahmen
1'	III a			2.-4.R			→ zu den anderen / stark nachahmen
2'	Ib a			6.+3.R			→ wieder mehr für sich / wieder schwächer nachahmen
Ⓒ Tutti ca. 1'30"-2'	IIa a	IIb a	III a	1.-2R+ 5./6.R(K)	3.-4R+ 1./2.R(K)	5.-6.R+ 3./4.R	Alle stark aufeinander bezogen gelöstes, freundliches Zusammen-Spiel

Handlungszusammenhang

Die Notation von Musik ist also abhängig von den Zusammenhängen, in denen sie verwendet wird oder für die sie hergestellt wurde. Man kann davon ausgehen, dass Musik meistens kodiert wird, damit sie zu einem späteren Zeitpunkt wieder zu Gehör gebracht werden kann: Im Zentrum des Codes steht dabei nicht die Musik selbst, sondern der Prozess der Entstehung von Musik.

Musikalische Notation im westlich-europäischen Sinn ist eine Handlungsanweisung, nach der ein bestimmtes Musikstück reproduziert werden soll. Hierfür hat sich in den letzten 1500 Jahren die traditionelle mitteleuropäische Notation entwickelt, auf die ausführlich eingegangen werden soll.

Im Handlungszusammenhang mit Begleitaufgaben haben sich im mitteleuropäischen Musikbereich weitere Notationsformen entwickelt: Vom 16. bis zum 18. Jahrhundert war es zum Beispiel üblich, Begleitakkorde nach Ziffern zu spielen, die sich auf eine Bassstimme bezogen. Aus den bezifferten Bässen wurde in Vorspiel und Zwischenspiel vom Continuo-Spieler ein Harmoniegerüst mit Melodie abgeleitet und aufgeführt. Ähnlich ist die Akkordnotation (*Changes*) in Jazz, Rock und Popmusik zu sehen, mit der die Begleitakkorde festgelegt wurden. Die Akkordnotationen von Changes sind grundsätzlich von der barocken Tradition bezifferter Bässe (*Generalbass*) zu unterscheiden:

- Jazzakkorde werden mit dem Grundton des Akkords bezeichnet – neben, über und unter dem Symbol stehen Zeichen und Ziffern für die Abweichungen von einem normalen Durdreiklang. Der dazu gespielte tiefste Ton ist unabhängig vom Symbol und wird meist zusätzlich notiert. Manchmal verändert dies den Akkord in seiner harmonischen Funktion.
- Beim Generalbass geht man davon aus, dass über dem notierten Baßton ein Dreiklang in der vorgezeichneten Tonart gespielt wird. Ziffern unter dem Baßton geben an, wann dies nicht der Fall sein soll und beschränken sich auf die vom vorgegebenen Dreiklang abweichenden Einzeltöne.

Weitere Notationsformen für Akkorde haben sich aus der Analyse von Musikstücken entwickelt: Hier gibt es zwei Systeme, eines bezieht sich auf die Stufen der Tonleitern, das andere auf Quintbeziehungen zwischen Akkorden (de la Motte, 1985). Für die *Stufentheorie* werden römische Ziffern verwendet. Die *Funktionstheorie* der Harmonielehre geht von den beiden Akkorden aus, die jeweils eine Quinte über und unter einem Akkord im tonalen Zentrum (Tonika = T) liegen und benennen die Akkorde nach S = Subdominante und D = Dominante. Die Quintbeziehungen sind offenkundig psychisch repräsentiert, wie verschiedene Experimente zeigen (Bruhn, 2005).

Kontrolle

Formen der Notation von Musik gab es schon in der griechischen, ägyptischen und römischen Antike (Wiora, 1988). Wesentlicher Impuls für die Weiterentwicklung eines Notationssystems in Mitteleuropa scheint von einer Sammlung von Melodien zu liturgischen Texten ausgegangen zu sein, die meistens (und vermutlich fälschlich) Papst Gregor I. zugeschrieben wird. Belegt sind die ersten Ausgaben des „antiphonarius ordinatus a sancto Gregoria" für die Zeit zwischen 750 und 800, so dass als Urheber Gregor II. wahrscheinlicher ist, der knapp 200 Jahre später Papst war (bis 731). Sicher ist, dass die römische *Lithurgie* mit den dazu gehörigen Gesängen im Verlauf des 8. Jahrhunderts von Pippin dem Kurzen ins Frankenreich geholt wurden und von seinem Sohn Karl dem Großen im Land verpflichtend umgesetzt wurden: Die *gregorianischen Melodien* wurden zur Vorschrift für die Lithurgie (zur Notation früher lithurgischer Gesänge siehe im Überblick Langer, 2002).

Die Notation der lithurgischen Melodien erhielt eine besondere Rolle, denn sie wurde zur Grundlage für eine Kontrolle durch die Obrigkeit, ob auch tatsächlich die

Messetexte in der vorgeschriebenen Form gesungen wurden. Die Kontrolle erwies sich als so effektiv, dass bis heute, mehr als 1000 Jahre nach der ersten Notation, die gregorianischen Melodien unverändert erhalten geblieben sind.

Die Folgen für die weitere Musikentwicklung waren weit reichend: Die strikte Festlegung der liturgischen Texte förderte offensichtlich die Erfindung von einer zweiten Stimme, einer Begleitung. Es scheint, als ob sich brach liegende Kreativität ein neues Wirkungsfeld suchte, um nicht mit staatlichen Autoritäten in Konflikt zu geraten. Zwischen 700 und 730 wurde der „Kanon gregorianischer Choräle" vermutlich veröffentlicht. Bereits 100 Jahre später enthielten die meisten Traktate über Musik ein oder mehrere Kapitel über die Erfindung einer zweiten Stimme bzw. über Mehrstimmigkeit im Allgemeinen. Die in Kloster und Kirche musizierenden Geistlichen legten damit die Grundlage für die Entwicklung der auf der Welt einmaligen *Mehrstimmigkeit* mitteleuropäischer Musik.

Noch heute spielt der Kontrollaspekt eine große Rolle – beispielsweise bei der GEMA, der Gesellschaft, die die Rechte von Komponisten und Komponistinnen schützt. Zum einen wird kontrolliert, dass Aufführungen von den Musikstücken, die einem eingereichten Notentext entsprechen, auch zu Abgaben an die Gesellschaft führen. Zum zweiten wird kontrolliert, dass niemand Musikstücke geringfügig verändert und dann als seines ausgibt. Und zum dritten, was ebenfalls von großer Bedeutung ist: Durch die Voraussetzung, notierte Musikstücke einzureichen, damit man überhaupt als Mitglied zur GEMA zugelassen wird, grenzt man den Personenkreis ein, für den Geld eingezogen und an den Geld ausgeschüttet wird. Eindeutig sind dadurch über fast ein Jahrhundert hinweg die Komponisten populärer moderner Musik benachteiligt worden: Es wurde über die populäre Musik sehr viel mehr Geld eingenommen, als an deren Komponisten ausgeschüttet wurde. Kontrolle über die Akzeptanz von Musikstilrichtungen ist hier gleichbedeutend mit der Kontrolle über die Möglichkeiten, Geld zu verdienen.

Gedächtnisstütze

Anhand von musikbezogenen Abbildungen stellt man fest, dass im frühen Mittelalter Sänger meist mit einem Blatt Papier in der Hand abgebildet werden. Instrumentalisten stehen dagegen ohne Noten frei im Raum. Das änderte sich zwischen 1700 und 1800: Klavier und Cembalo wurden immer mit Noten auf dem Pult dargestellt – oft jetzt allerdings auch die Instrumentalisten und Sänger. Ohne Noten spielten Gitarristen und Lautenisten, vor allem, wenn sie in einer wirtshausartigen Umgebung auftraten (dazu Haemmerling, 1924). Die Notation von Musikstücken ist also von weiteren Faktoren abhängig. Über das Kontrollbedürfnis einer Obrigkeit (Kirche) hinaus können genannt werden:
- Das erstarkende Bürgertum entdeckte die eigene *Hausmusik* – dadurch gab es eine neue Gruppe von Musikern: die Amateure mit einer geringeren Ausbildung als die

Berufsmusiker. Sie brauchten die Noten, da sie ihren Lehrer nicht wie der Adel täglich im Haus hatten.
- Die Musikstücke wurden länger und entfernten sich von einfachen Formschemata, wie sie in den barocken Tänzen vorgegeben waren.
- Das Zusammenspiel wurde schwieriger, da sich Rhythmus und Tempoveränderungen als Form gebende Parameter der Musik entwickelten.

Hinzu kam, dass die Verbreitung von Noten ungefähr zur selben Zeit einfacher wurde: *Notendruck* gibt es, seit es Druckverfahren überhaupt gibt. Frühe Druckformen sind die Vervielfältigung über Holzschnitte oder über Lithografien. Es wurden ganze Seiten (Blockdruck) auf eine Platte gebracht und abgedruckt. Dabei entspricht das Verfahren über Holzschnitte dem heutigen Hochdruck (die hervorstehenden Teile übernehmen die Farbe) und die Lithografie dem Tiefdruck (speziell präparierte Teile, die nicht unbedingt vorstehen, übernehmen die Farbe). Die erste Verbesserung betrifft die Erfindung von Johannes Gutenberg, der mit beweglichen, wieder verwendbaren Einzelbuchstaben aus Metall zu arbeiten begann (ab 1458, Überblick bei Janzin & Güntner, 2006).

Bis ins 17. Jahrhundert versuchte man nun, Noten aus beweglichen Bauteilen wie den Buchstaben im Buchdruck zusammen zu setzen. Die so gedruckten Noten sind jedoch nicht einfach zu lesen – man erkennt die Drucke insbesondere an den meist in Zickzacklinie verlaufenden Verbindungen von Achtel- oder Sechzehntelketten.

Die Neuerung im 18. Jahrhundert war, alle Noten und Ausführungszeichen in Kupferplatten zu stechen oder zu schlagen und im Tiefdruckverfahren zu vervielfältigt. Dieses Verfahren wurde in den letzten Jahrhunderten zu einer hohen Kunst entwickelt und wird bis in das 21. Jahrhundert hinein gepflegt. Für diese Notenschrift gibt es eine Vielzahl klar definierter Regeln, die sich über vier Jahrhunderte als bedeutsam für die Lesbarkeit von Notentexten herauskristallisiert haben. Auf der Internetseite des Henle-Verlags in München finden sich Bilder und Videos zur Veranschaulichung der Herstellung von Notentexten, für Musiker fasste Albert C. Vinci die üblichen Regeln zusammen (Vinci, 1988; Henle-Verlag, 2008). Unter Musikern gelten die Ausgaben des Henle-Verlags als besonders übersichtlich. Kriterien für die Übersichtlichkeit sind die Abstände der Noten und die Art der Zusammenfassung von Achteln und Sechzehnteln, die Richtung der Hälse und der Ort, an dem geblättert werden muss. Dies ist bisher empirisch nicht untersucht worden.

Die meisten Komponisten benötigten fürs Komponieren Notizen, damit ihnen die Einfälle nicht verloren gingen. Ludwig van Beethoven war zum Beispiel bekannt dafür, dass er lange um die endgültige Form eines Werks kämpfte. Viele der Skizzen hat er eigenhändig vernichtet (wie zum Beispiel die Entwürfe und Niederschriften aus der Bonner Zeit). Manche Entwürfe sind erhalten geblieben und zeigen die Funktion einer Gedankenstütze.

Genau das Gegenteil war Wolfgang Amadeus Mozart. In den 1780er-Jahren gibt es mehrere Belege dafür, dass er neu komponierte Musikstücke ohne Notation sauber aufführen oder aus dem Kopf zügig ohne Korrektur zu Papier bringen konnte. Von Richard Wagner ist bekannt, dass er die Niederschrift seiner Opern ebenso schnell vollzog, wie die Kopisten für das Abschreiben der Partitur benötigten. Auch Johann Sebastian Bach scheint die kompositorische Arbeit bereits im Kopf vollendet zu haben, da es in seinen Niederschriften kaum Korrekturen gibt.

Im Gegensatz zu moderner populärer Musik, die sehr stark mit formalen Versatzstücken arbeitet, erfordert klassische Musik hohe Gedächtniskapazitäten von den Aufführenden (klassische Musik hier erweitert nach dem Sprachgebrauch des Durchschnittsbürgers, also alles was mit Geigen zu tun hat, dazu: Bruhn, Kopiez & Lehmann, 2008, S. 13). So ist es zwar im Verlauf des 20. Jahrhunderts üblich geworden, dass Instrumentalisten und Sänger bei Soloabenden oder als Solisten mit einem Orchester auswendig spielen. Im Ensemble werden jedoch immer Noten aufgelegt, auch wenn die Mitglieder (wie zum Beispiel das legendäre Alban-Berg-Quartett, das 2007 seine Auflösung erklärte) ihre Stücke eigentlich auch auswendig spielen könnten. Schriftliche Kodierung gibt dem Gedächtnis eine Stütze, die manchmal umfangreich sein muss und manchmal aus kleinen Hilfen bestehen kann.

Werkbegriff

Eine große Rolle spielte die Notation von Musikstücken bei der Diskussion über den *Werkbegriff*. Es gibt die vorherrschende Meinung von Musikforschern, dass ein Musikstück notiert vorliegen muss, um einen Werkcharakter zugesprochen zu bekommen. Ein Musikstück soll fixiert sein und ein geschlossenes Ganzes von „bleibender Einmaligkeit und potentieller Neuheit" (Haug, 2005, S. 239f.) darstellen.

Traditionelle Musikwissenschaftler machen sich ihre Arbeit leicht, weil sie erst den Werkcharakter bestätigt haben wollen, bevor sie sich mit neuer Musik auseinander setzen. Damit behindern sie aber die Diskussion über Musik im Allgemeinen. Schon die Frage, was denn Musik sei oder sein könne, ist schwer zu antworten (dazu Bruhn, in Druck). Diese Frage wird zusätzlich durch die musikwissenschaftlich enge Definition des Werkcharakters belastet, der viele Erscheinungsformen der Musik grundsätzlich ausschließt: Nicht notierte Musik besitzt keinen Werkcharakter, ist deshalb ohne Wert für ästhetische und wissenschaftliche Belange. Auf diese Weise ist es dem Mainstream der Musikwissenschaft gelungen, sich aus der Popmusik und aus dem Jazz weitgehend herauszuhalten: Selbst Mozarts Solokadenzen für die Klavierkonzerte wird der Werkcharakter abgesprochen, da er die improvisierten Einlagen erst nachträglich notiert hatte. Dann braucht man sich über eine Jazzimprovisation oder gar einen Blues erst recht keine Gedanken zu machen.

Dabei hat gerade Wolfgang Amadeus Mozart deutlich gemacht, dass ein Musikwerk auch ohne Notation existieren kann: Im April 1781 spielte er mit dem Geiger Brunetti eine Violinsonate, die er am Abend vorher in einer Stunde komponiert haben will. In einem Brief an den Vater gesteht er, nur die Geigenstimme geschrieben, seinen

Klavierpart aber „im Kopf behalten" zu haben (Belege hierzu im Köchelverzeichnis unter den Anmerkungen zu KV 373a = 379). Der Klavierpart wurde später für die Veröffentlichung aufgeschrieben.

Auf die Musik des 20. Jahrhunderts bezogen kann die restriktive Werkdefinition nicht Halt haben: Das legendäre „The Köln Concert" von Keith Jarrett am 24. Januar 1975 in der Kölner Oper ist von Anfang bis Ende Ergebnis einer Improvisation, hat jedoch über die Veröffentlichung als Schallplatte Werkcharakter erhalten. Dem trug letztlich auch die historische Musikwissenschaft Rechnung, deren Vertreter den Werkbegriff in der zweiten Hälfte des 20. Jahrhunderts deutlich veränderten:

- In die experimentelle Kunstmusik werden seit den 1960er-Jahren zunehmend improvisatorische Elemente einbezogen, die über grafische Notationen angeregt wurden, aber nicht fixiert waren (vgl. z.B. Hempel, 2008).
- Es werden Elemente aus der Elektronik über ein Tonband zugespielt, die nicht notierbar waren.

Beides bewirkt, dass Kunstwerke nicht „ein für allemal feststehend" (Schmidt, 1995, Sp. 1673f.) sind. Im Prinzip müsste also *experimentelle Musik* mit wesentlichen improvisatorischen Anteilen vom Werkbegriff ausgeschlossen sein. Wie aber sollten Musikstücke der frühen elektronischen Musik von Musikwissenschaftlern herausgegeben und besprochen werden, wenn sie mangels Notation nicht als Werke anerkannt werden können (Schmidt, 1995, Sp. 1433f.)?

Somit geht die Musikwissenschaft unwillentlich einen modernen Weg: Der überwiegende Teil der Musik der Welt ist nicht notiert. Sowohl Volksmusik als auch Kunstmusik entstehen weltweit aus ihrer Funktion in der Gesellschaft heraus – gemeinsames Musizieren, Singen von interessanten Texten, Musik zum Tanz, Musik als Gottes- oder Herrschaftsverehrung (Heister, 1998): Die traditionelle Form der Weitergabe ist Imitationslernen und der Einfluss eines Meisters der Musik auf seine Schüler und Schülerinnen. Notation ist nicht wichtig, so lange der Zweck (die Begleitung der Textaussage, die Unterstützung von Schrittfolgen eines Tanzes, die Ausgestaltung eines Gottesdienstes) erreicht wird.

Medium und Gegenstand

Der grundlegende Fehler in der Diskussion um den mitteleuropäischen Werkbegriff liegt darin, dass man der Notation, dem Medium der Vermittlung zwischen Komponist und Musiker, einen über die Hilfsfunktion beim Musizieren hinausgehenden Wert eingeräumt hat. Die aus dem Gegenstand Musik hervorgegangene Abstraktion stellt sich vor den Gegenstand selbst. Diesen Weg ist man in der Wissenschaft mitteleuropäischer Musik mehrfach gegangen:

- *Kontrapunkt*: Es wurden im 13. Jahrhundert Forderungen aufgestellt, die eine leichtere Durchhörbarkeit der Vokalmusik bewirken sollten. In der Folge entwi-

ckelten sich verschiedene Modelle, die um 1720 herum von Fux zur Kontrapunkttheorie zusammengefasst wurden (Fux, 1725/1742). Noch in unserem Jahrhundert gilt Kontrapunkt an Musikhochschulen als unverzichtbares Prüfungsfach selbst für Orchestermusiker.
- *Harmonielehre*: In den Satzlehrekursen aller Musikhochschulen gilt das Verbot von Quint- und Oktavparallelen. Dabei sind diese Parallelen nie verboten worden oder als „schlecht klingend" bezeichnet worden. Quintparallelen sind sogar stilbildendes Merkmal der „ars antiqua" und ihrer Ausläufer bis in das 15. Jahrhundert hinein.
- *Formenlehre*: Komponisten erkannten im 18. Jahrhundert, dass die länger werdenden Musikstücke nur dann spannend zu hören sind, wenn das musikalische Material größere Kontraste aufzeigte oder möglich machte. So entwickelte sich aus der zweiteiligen Form eines Tanzes eine dreiteilige Form, in der zwei Themenmaterialien eingeführt und verarbeitet werden. Carl Czerny leitet aus den Sonaten von Ludwig van Beethoven die so genannte „Sonatenform" ab und veröffentlicht die Theorie (Czerny, 1848). Seither werden die Sonaten der Wiener Klassiker mit dem Stereotyp der Sonatenform gemessen, dem selbst die Sonaten Beethovens nicht entsprechen.

Die *Musiktheorie* ist bis auf die Theorie der Zwölftonmusik immer aus der Praxis abgeleitet worden (Covach, 2002, S. 603). Dennoch beherrscht die Theorie in manchen Bereichen der mitteleuropäischen Musik die Praxis – eine analoge Praxis zur Beziehung zwischen dem Medium Notation und der Musik.

Entwicklung der Notation

Für die Entwicklung der Notation haben sich insbesondere die handlungsorientierten Kriterien als wichtig erwiesen:
- Notation muss *nützlich* sein für die Musikpraxis
- Notation muss einfach zu *lernen*
- und schnell *handhabbar* sein (Vomblattlesen).

Deshalb wird in der Notation nur das für eine bestimmte Aufführungspraxis jeweils Notwendige angezeigt.

Neumen

Bei der schriftlichen Festlegung der lithurgischen Gesänge im 8. Jahrhundert ist lediglich die Melodie wesentlich – der Rhythmus des Gesangs hat sich aus der Gestaltung des Textes ergeben und war individueller Interpretation überlassen. Die *Neumen*, mit denen die ältesten Quellen die *Gregorianischen Gesänge* versahen, geben tatsächlich nicht mehr als das Auf und Ab (die Kontur) einer Melodie an (Hucke & Möller, 1995). Selbst die Verteilung der Halbtonschritte, also der Tonartmodus war nicht definiert, wie ein Beispiel der „Musica enchiriades" im Kapitel zur Zweistimmigkeit zeigt: Eine eigentlich durch die Neumen festgelegte Messemelodie wurde viermal mit unterschiedlichen Finalistönen notiert und mit einer Begleitung versehen (Eggebrecht, 1984, S. 29f.).

Diasthematik und Notenlinien

Um die Jahrtausendwende herum wurden Notationssysteme eingeführt, in denen die Tonhöhe aus den räumlichen Beziehungen auf dem Papier erkennbar wurde (Fachausdruck: *diasthematische Notation*). Zunächst wurde eine Linie für jeden Ton verwendet – man schrieb die Tonsilbe zwischen zwei Linien. Wenig später wurde es üblich, die Töne wechselnd auf und zwischen die Linien zu schreiben. Der Abstand von einer Linie zur anderen betrug dann wie heute eine Terz (ab 1100).

Um 1000 herum war es noch üblich, die Silbe eines gesungenen Wortes dort hinzuschreiben, wo gleichzeitig die Höhe des zu singenden Tons festgelegt wurde. Bereits wenig später stehen anstelle der Silben die ersten Notenköpfe auf den Linien und der Text steht darunter: Die Verzierungs- und Umspielungstechnik, die aus dem Orient in die Notre-Dame-Schule übernommen wurde, ließ mehrere schnelle Noten für eine Silbe zu und führte zum Teil zu langen Melodien auf einer Textsilbe (*Melismatik*).

Spätestens mit dem Ende des 13. Jahrhunderts wurden die Notenzeichen in einem System von fünf Linien notiert, das für jede Stimme mit einem Schlüssel für die relative Einordnung der Stimmhöhe begann (im Überblick Eggebrecht, 1984).

Notation von Rhythmus

So lange die Musik fest an den Text gebunden war, musste auch der Rhythmus nicht notiert werden. Er ergab sich aus dem Sprachverlauf – entweder folgte er einer natürlichen Tongebung oder einem Versmaß, sofern der Text dies hergab. Im 11. Jahrhundert wurde es üblich, einen Modus für den Rhythmus anzugeben. Sechs Modi mit einer festgelegten Folge von kurzen und langen Werten gab es – der am Anfang festgelegte Modus wurde für das ganze Stück aufrechterhalten.

Die Weiterentwicklung führte zur *Mensuralnotation*, die innerhalb des Stückes jeder Note eine Länge zuordnete. Vollständig beschrieben wird die Mensuralnotation um 1330 von Jakobus von Lüttich, sie entsteht allerdings bereits ein paar Jahrzehnte früher. Notwendig war die neue Notationsform, weil in der damals modernen Motette unterschiedliche Texte gleichzeitig zu einem Tenor mit langen Noten gesungen wurden (zu den verschiedenen Typen der Motetten siehe Wörner, 1993, S. 97f.).

Taktstrich

Die Entwicklung der mitteleuropäischen Notenschrift war im Prinzip mit dem 16. Jahrhundert abgeschlossen. Der letzte Entwicklungsschritt war die Einführung der Partiturschreibweise und damit verbunden die Einführung von Taktstrich und Taktarten. Die Entwicklung einer *Partitur* ergab sich aus der weiter zunehmenden Komplexität der Musikstücke – wahrscheinlich ergab es sich in den Proben, dass man den Überblick über ein Werk nicht mehr hatte, wenn jeder Musiker oder Sänger nur seine eigene Stimme verfolgen konnte. Vor 1500 sind auch in Sammelwerken die Stimmen einzeln geschrieben worden. Für die Aufführung gab es dann entweder für jede Chorstimme ein eigenes Notenblatt, oder die Sänger hatten eine große Tafel vor sich, auf der jede Stimme einen Teil des Blattes einnahm. Selten wurden Stimmen übereinander notiert wie z. B. in der „Musica enchiriadis", dem bereits erwähnten ersten Dokument für mitteleuropäische Mehrstimmigkeit: Beide Stimmen wurden dort zur Veranschaulichung in ein Liniensystem geschrieben. Partituren mit mehreren Liniensystemen, die durch Taktstriche miteinander verbunden waren, werden erst ab dem 16. Jahrhundert beliebter (hierzu Sachs, 1997; Sachs & Röder, 1997).

Dennoch wurden in den darauf folgenden Jahrhunderten nur die Einzelstimmen gedruckt. Die Partituren wurden meist handgeschrieben vervielfältigt und wie die mittelalterlichen Schriften – mit Verzierungen versehen – als Schmuckexemplare verwahrt. Erst im 19. Jahrhundert wurde es üblich, auch die Partituren für den Druck vorzusehen. Die Erstausgabe der Partituren von Mozarts Klavierkonzerten erschien zum Beispiel im Rahmen der ersten Gesamtausgabe bei Breitkopf & Härtel in den Jahren 1800 bis 1806 (siehe dazu das Köchel-Verzeichnis Anhang D).

Abstrakte vs. instrumentenspezifische Notation

Weltweit einzigartig am mitteleuropäischen Notensystem ist, dass es auf alle Musikinstrumente dieses Kulturbereichs angewendet werden kann. Die *Notenschrift* ist in der Lage, für beliebige Instrumente eine Vorlage zu liefern, aus der die notwendigen Anweisungen für eine getreue Reproduktion des Musikstücks relativ leicht abzulesen sind. Mitteleuropäische Notenschrift ist so einfach, dass mit geringer Übung bereits auf den ersten Blick (*prima-vista-Spiel*) Musik zum Erklingen gebracht werden kann. Dieses abstrakte Notierungssystem ist allerdings nur deshalb möglich geworden, weil mitteleuropäische Musik über die Jahrhunderte hinweg einen strengen impliziten Regelkanon entwickelt hat:
- Es werden kaum mehr als sieben voneinander unterscheidbare Tonstufen verwendet.
- Die rhythmische Komplexität fügt sich in übergreifende metrische Einheiten, meist kleine Vielfache von Zwei oder Drei.

- Die Anzahl der selbstständig geführten Einzelstimmen ist gering, da viele Instrumente chorisch besetzt werden.
- Jedes Instrument hat – im Vergleich zu den Tasteninstrumenten – einen vergleichsweise begrenzten Stimmumfang, so dass ein Liniensystem ausreicht.

Komplexere Melodiestrukturen

Wird die Komplexität einzelner Parameter größer, so stößt man mit der mitteleuropäischen Notation schnell an Grenzen. Gerade noch verwendbar ist unsere Notation in der *orientalischen Musik*. Ausgehend von der Türkei ist es üblich geworden, auch Volksmusik mitteleuropäisch zu notieren. Um die Verzierungen (Melismatik) mit den Abfärbungen der Melodiestufen um Bruchteile eines Halbtons angemessen darstellen zu können, wurden zusätzliche Vorzeichen erfunden.

Die Gefahr bei der Verschriftlichung außereuropäischer Musik mit europäischer Notation ist, dass Unterschiede zwischen den Stimmungssystemen und den Ausprägungen der Tonalität in die mitteleuropäischen Kategorien gezwungen werden. So wurde auch zu Beginn des 20. Jahrhunderts angenommen, die *orientalische Melismatik* beruhe auf Vierteltönen. Das erweist sich als völlig falsch, da der Ganzton nicht in drei, sondern vier Intervalle unterteilt werden kann, die außerdem als nicht gleich groß bekannt waren. Erst im Verlauf des 20. Jahrhunderts wurde deutlich, dass es sich annähernd um eine Teilung in neun Abschnitte handelt, von denen nur vier verwendet werden (Abbildung 2; Greve, 1995, S. 125ff.).

Abbildung 2: Die Grundstufen türkischer Tonleitern entsprechen den Stufen der mitteleuropäischen Kirchentonarten – die typische orientalische Verzierung der Melodien lässt sich nur mit zusätzlichen Vorzeichen notieren.

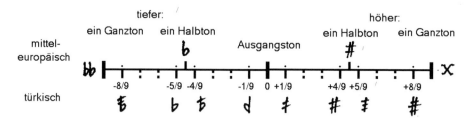

Ziffern als Grundlage

Einem anderen System folgt die bereits erwähnte Bezifferung des Basses im 17. Jahrhundert. Der *Generalbass* war abstrakt genug, um alle Akkordinstrumente von der Gitarre bis zur Orgel zu erreichen. Ziffern für die Notation von Melodieinstrumenten in Mitteleuropa bilden die Ausnahme.

Eine der Ausnahmen bildet dabei das in Südengland weit verbreitete *bell-ringing*. Insbesondere Jugendliche finden sich in Kirchen zusammen, um unter Anleitung des Kantors akustische Muster der Kirchenglocken zu spielen. Die Anleitungen für jedes Muster sind einfache Zahlenfolgen für die Reihenfolge der Züge, mit denen die Glocken angeschlagen werden.

Ebenfalls mit Ziffern arbeiten die MIDI-gesteuerten Programme. Die Tonhöhen werden als zweistellige Zahlen gespeichert, gezählt von 0 als dem C unterhalb des tiefsten Klaviertons bis zur Zahl 124. Dies merkt man jedoch als Anwender nicht, da die gespeicherten MIDI-Codes im Programm in Klangereignisse oder visuelle Darstellungen übersetzt werden.

Im Wissenschaftsbereich wurden Tonstufen früher oft mit arabischen Ziffern bezeichnet, als Notenbeispiele noch nicht so leicht per Computerprogramm geschrieben werden konnten. So schrieb Ernst Apfel (1925-2002, Saarbrücken) die Notenbeispiele in seiner Übersetzung der original lateinisch verfassten Musiktheorien. Dieses fünfbändige Werk ist bis heute nur in einer Schreibmaschinenversion erhältlich, obwohl es das einzige Werk ist, in dem tatsächlich alle Musiktheorien von Anbeginn mitteleuropäischer Musik enthalten sind (Apfel, 1989).

Tabulaturen

Verwendung fanden Ziffern auch in den *Tabulaturen*, meist für Zupfinstrumente geschrieben. Sie sind im Prinzip Tafeln, die den zeitlichen Ablauf der Griffe auf den Saiten angeben. Die älteste Tabulatur der Welt scheint aus Japan zu stammen und wurde für die Laute biwa geschrieben (Jaschinski, 2001, S. 268): nach mitteleuropäischer Zeitrechnung im Jahr 747. In Europa setzen sich Tabulaturen erst um 1500 durch, offensichtlich mit zwei unterschiedlichen Systemen: Die Linien repräsentieren in diesen Tabulaturen immer die Anzahl der Saiten des Instruments. Auf den Linien wurde mit einer oder mehreren Ziffern angegeben, an welchem Bund die Saite gehalten werden soll. In Italien war interessanterweise die oberste Linie auf die tiefste Saite bezogen – in Frankreich dagegen die unterste Linie (Jaschinski, 2001, S. 200f.). Gitarrentabulaturen haben sich in Deutschland neben der traditionellen Notenschrift gehalten. Noch heute gibt es Notenausgaben, die mit der normalen Notation Minitabulaturen für die Akkordgriffe abdrucken. Die Zeichnungen stehen über den Notensystemen, wo sonst die Changes, die Akkordsymbole, abgedruckt werden.

Da es sich bei den Tabulaturen im Prinzip um Grifftabellen handelt, ist nicht verwunderlich, dass es auch von anderen Instrumenten Musiknotationen in Tabulaturform gibt. Für Saiteninstrumente werden überwiegend Ziffern auf Linien verwendet. Bei den Tasteninstrumenten gab es auch Tabulaturen mit Buchstaben, die die Notennamen beinhalteten (Beschreibung einer kürzlich entdeckten Tabulatur für Orgel: Ziegler, 2006).

Die neuesten Tabulaturen in Europa wurden im Zusammenhang mit den Solmisationsverfahren zur Unterstützung des Vomblattsingens entwickelt: In der Jugendmusikbewegung zum Beginn des 20. Jahrhunderts glaubte man, das Notenlesen durch die Einführung von *Tonsilben* zu vereinfachen. Zeitweilig wurde das so genannte „Eitzsche Tonwort" als ideale pädagogische Maßnahme angesehen (Eitz, 1892). Bis in dieses Jahrhundert hat sich die Handzeichenmethode des Komponisten Zoltan Kodaly gehalten: In Ungarn besteht der Musikunterricht der Grundschule noch heute überwiegend aus Förderung des Singens nach der Kodaly-Methode (Hudgens, 1987).

Weitere außereuropäische Notationsformen

Die meisten Musikkulturen der Welt haben keine oder nur minimal verschriftlichte Musik. Das ist nur aus der Sicht eines Mitteleuropäers erstaunlich, der mit klassischer Musik groß geworden ist, denn überall auf Welt wird vor allem die Volksmusik mündlich weitergegeben: Eine ältere Generation gibt ihre Musik während des gemeinschaftlichen Musizierens an die jüngere weiter – Lehrer geben als Meister ihres Faches ihr Wissen an den Lehrling weiter.

Alle hoch entwickelten Kulturen wie die Inder, Chinesen oder Japaner haben eigene Systeme entwickelt. Die Notationsformen sind entweder Silben für die Noten oder Tabulaturen mit Griffpositionen. Neuhoff führt in der Sammlung von Jaschinski (2001) aus, dass in Indischer Musik eine Kombination zwischen Silben als Tonnamen und Handzeichen für die Silben besteht. Chinesische und japanische Notationssysteme beruhen auf Silben, die durch die Schriftzeichen gleichzeitig eine Form der grafischen Notation beinhalten. Keines der Notationssysteme legt jedoch die Musik so weitgehend fest, dass man selbst mit Kenntnis der Musikkultur ohne Anleitung danach die Stücke reproduzieren könnte.

Ausblick

Manche Besonderheiten der Notation von Musik könnten noch eingefügt werden, so die *Kryptografie*, in der mittels mitteleuropäischer Musik außermusikalische Inhalte verschlüsselt weitergegeben wurden (dazu Jaschinski, 2001, S. 219-227, Exkurs von Gerhard F. Strasse). Dazu gehört auch die Umsetzung von Wörtern in Musik nach den Notennamen. Besonders die Tonfolge B-A-C-H fällt dabei auf (Abbildung 3).

Abbildung 3: Die Notenfolge für den Namen BACH

Selbst Johann Sebastian Bach hat seinen eigenen Namen in Musikstücke eingebaut („Kunst der Fuge"). Als Hommage an Johann Sebastian Bach zieht sich die Tonfolge durch Musikstücke vieler Komponisten der letzten 250 Jahre, geheim aber nur für den musikalischen Laien, da die Tonfolge für den Fachmann durch die Chromatik etwas sehr Typisches hat.

Weiterhin soll erwähnt werden, dass es Notationsformen für Blinde gibt. Historischen Stellenwert hat die japanische Notation, die im 8. Jahrhundert von blinden buddhistischen Mönchen geschaffen wurde. Sie wurde ab dem 15. Jahrhundert jedoch nicht mehr verwendet, da die damit verbundenen religiösen Rituale außer Gebrauch kamen. Über diese *Blindennotation* sowie über weitere Entwicklungsversuche im 19. und 20. Jahrhundert berichtet Silvain Guignard (in Jaschinski, 2001, S. 272ff.). Weiterentwickelt wurde die Notenschrift auf der Grundlage der Braille-Zeichen. Seit kurzem gibt es auch marktübliche Notendruckprogramme („Toccata" und „DaCapo"), die aus normalem Notentext gedruckte Versionen für sehbehinderte oder blinde Musiker herstellen können (Hugh, 2004; Kuhlmann, 2008).

Grundsätzlich bleibt zum Abschluss zu bekräftigten, dass jede Notation von Musik der physikalischen Welt verhaftet bleibt. Der rumänische Dirigent Sergiu Celibidache (1912-1996) sagte dazu: „In den Noten steht alles, nur das Wesentliche nicht" (aus den Aufzeichnungen des Autors von 1977 in Mainz). Musik ist ein psychisches Phänomen, für das die Noten nur eine allgemeine Vorstellung vermitteln können. Notentexte sind ein Hilfsmittel fürs Musizieren, die Beziehungen zwischen den notierten Elementen entstehen erst und ausschließlich im Moment des Musikhörens oder Musikmachens. Keinesfalls steht der notierte Text über dem erklingenden Musikstück. Musik entsteht erst im wahrnehmenden Menschen und bleibt somit individuell und flüchtig. Die Notation der Musik bleibt ein Medium.

Literatur

Apfel, E. (1989). Geschichte der Kompositionslehre von den Anfängen bis gegen 1700 (5 Bände). Saarbrücken: Bibliothek der Universität des Saarlandes.
Bruhn, H. (2005). Mehrstimmigkeit und Harmonie. In T. H. Stoffer & R. Oerter (Hrsg.), Allgemeine Musikpsychologie. Enzyklopädie der Psychologie, Musikpsychologie Band 1 (S. 403-449). Göttingen: Hogrefe.
Bruhn, H. (in Druck). Musikrezeption aus der Sicht der Musikwirkungsforschung. In G. Gensch (Hrsg.), Kompendium der Musikwirtschaft. Düsseldorf: UTB.
Bruhn, H., Kopiez, R. & Lehmann, A. C. (2008). Vorwort. In H. Bruhn, R. Kopiez & A. C. Lehmann (Hrsg.), Musikpsychologie. Das neue Handbuch (S. 11-14). Reinbek: Rowohlt.
Covach, J. (2002). Twelve-tone theory. In T. Christensen (Hrsg.), The Cambridge history of western music theory (S. 603-627). Cambridge/UK: Cambridge University Press.
Czerny, C. (1848). Tonsetzkunst. Bonn: Simrod.
de la Motte, D. (1985). Harmonielehre. München/Kassel: dtv/Bärenreiter.

Eggebrecht, H. H. (1984). Die Mehrstimmigkeitslehre von ihren Anfängen bis zum 12. Jahrhundert. In H. H. Eggebrecht, F. A. Gallo, M. Haas & K.-J. Sachs (Hrsg.), Die mittelalterliche Lehre von der Mehrstimmigkeit (Geschichte der Musiktheorie Band 5, S. 9-87). Darmstadt: Wissenschaftliche Buchgesellschaft.

Eitz (1892). Das Tonwort. Bausteine zur musikalischen Volksbildung (1928 neu herausgegeben von Frank Bennedik). Leipzig: Breitkopf & Härtel.

Fux, J. J. (1725/1742). Gradus ad Parnassum oder Anführung zur regelmäßigen Composition (1742 aus dem Lateinischen erstmals übersetzt und herausgegeben von Lorenz Mizler, original 1725). Celle: Moeck (Ausgabe 1938, 1951).

Greve, M. (1995). Die Europäisierung orientalischer Kunstmusik in der Türkei. Frankfurt a.M.: Lang.

Haemmerling, K. (1924). Die Musik in der Malerei (mit einer Einleitung von Curt Moreck). München: G. Hirth's Verlag.

Haug, A. (2005). Der Beginn europäischen Komponierens in der Karolingerzeit. Ein Phantombild. Die Musikforschung, 58, 225-241.

Heister, H.-W. (1998). Zweckbestimmung von Musik. In H. Bruhn H. Rösing (Hrsg.), Musikwissenschaft. Ein Grundkurs (S. 208-220). Reinbek: Rowohlt.

Hempel, C. (2008). Visualisierung von Musik. In S. Weinacht & H. Scherer (Hrsg.), Wissenschaftliche Perspektiven auf Musik und Medien (Reihe „Musik und Medien", Band 1, S. 193-204). Wiesbaden: VS Verlag für Sozialwissenschaften.

Hucke, H. & Möller, H. (1995). Gregorianischer Gesang. In L. Finscher (Hrsg.), Musik in Geschichte und Gegenwart MGG: Sachteil Band 3 (S. 1609-1621). Kassel/Stuttgart: Bärenreiter/Metzler.

Hudgens, C. K. K. (1987). A study of the Kodaly approach to music teaching and an investigation of four approaches to the teaching of selected skills in first grade music classes. Denton, TX: University of North Texas.

Hugh, B. (2004). Braille music summary – alle Zeichen der Notenschrift für Blinde. Verfügbar unter: http://en.wikipedia.org/wiki/Image:Braillemusicsummary.gif [abgerufen am 15.03.2008].

Janzin, M. & Güntner, J. (2006). Das Buch vom Buch. 5000 Jahre Buchgeschichte. Hannover: Schlütersche Buchhandlung.

Jaschinski, A. (Hrsg.). (2001). Notation. Edition aller auf das Thema bezogenen Beiträge und Teilbeiträge aus dem neuen Sachteil der Musik in Geschichte und Gegenwart MGG. Kassel/Stuttgart: Bärenreiter/Metzler.

Kuhlmann, M. (2008). Musik begreifbar machen – Notenschrift für Blinde und Sehbehinderte. Verfügbar unter: www.blindennotenschrift.de [abgerufen am 15.03.2008].

Langer, A. (2002). Gregor I., Gregor der Große. In L. Finscher (Hrsg.), Musik in Geschichte und Gegenwart MGG: Personenteil Band 7 (S. 1562-1566). Kassel/Stuttgart: Bärenreiter/Metzler.

Sachs, K.-J. (1997). Partitur I bis IV. In L. Finscher (Hrsg.), Musik in Geschichte und Gegenwart MGG, Sachteil Band 7 (S. 1424-1430). Kassel/Stuttgart: Bärenreiter/Metzler.

Sachs, K.-J. & Röder, T. (1997). Partitur V. In L. Finscher (Hrsg.), Musik in Geschichte und Gegenwart MGG, Sachteil Band 7 (S. 1430-1438). Kassel/Stuttgart: Bärenreiter/Metzler.

Schmidt, C. M. (1995). Editionstechnik. In L. Finscher (Hrsg.), Musik in Geschichte und Gegenwart MGG. Sachteil, Band 2 (S. 1656-1680). Kassel/Stuttgart: Bärenreiter/Metzler.

Schnebel, D. (1972). Denkbare Musik (Hrsg. Hans Rudolf Zeller). Köln: DuMont Schauberg.

Suppan, W. (1986). Musica Humana. Die anthropologische und kulturethologische Dimension der Musikwissenschaft. Wien: Böhlau Nachfolger.

Vinci, A. C. (1988). Die Notenschrift. Grundlagen der traditionellen Musiknotation. Kassel: Bärenreiter (Original 1985 in Englisch).

Wiora, W. (1988). Das musikalische Kunstwerk der Neuzeit und das musische Kunstwerk der Antike. Laaber: Laaber.

Wörner, K. H. (1993). Geschichte der Musik (8. Auflage). Göttingen: Vandenhoeck & Ruprecht.

Ziegler, R. (2006). Die Tabulatur von Kernberg vom Beginn des 17. Jahrhunderts - ein Beitrag zur Musikgeschichte in der Umgebung Wittenbergs. Die Musikforschung, 59(3), 233-245.

Für die praktische Umsetzung von mitteleuropäischer Notation siehe ergänzend das Stichwort Notation im deutschen und im englischen Wikipedia und die folgenden Internetseiten:
- www.henle.de
- www.blindennotenschrift.de

Konservierung von Musik durch Erfindung der technischen Schallaufzeichnung

ALBRECHT SCHNEIDER

> In diesem Kapitel sind die technischen Erfindungen, die zum Phonographen und zum Grammophon samt den zugehörigen Tonträgern Walze bzw. Zylinder und Schallplatte geführt haben, in gedrängter Form dargestellt[1]. Außerdem finden Aspekte Berücksichtigung, die sich auf das Repertoire früher Aufnahmen, die Ausbildung des Tonträgermarktes mit dem Schwerpunkt „Entertainment" zwischen etwa 1895 und 1910 und näherhin auch auf die Rolle ethnischer Musik in diesen von Anfang an transnational ausgerichteten Unternehmungen beziehen.

Grundverfassung von Musik

Musik kann als ein nahezu universal verbreitetes und zugleich spezifisches Feld menschlicher (sowie u.U. auch tierischer) Betätigung gesehen werden, das auf die Hervorbringung klanglicher Gebilde gerichtet und durch diese sinnlich erfahrbar ist. Demnach entsteht Musik bei Menschen zumeist aus intentionalen Handlungen und führt zu hörbaren Gebilden mittels Komposition und/oder Improvisation, deren tonale (melodische, akkordische, ggf. harmonische) und zeitliche (metrische, rhythmische) Organisation bei kulturvergleichender Betrachtung einerseits konvergente Struktureigenschaften und wiederkehrende Muster erkennen lässt, während andererseits vor allem die semiotische und semantische Ebene von Musik vielfach durch kulturspezifische Symbole, Bedeutungen und Auffassungen geprägt erscheint (vgl. Suppan, 1984; Karbusicky, 1986; Nettl, 2006). Musik als Gestaltung von Klängen kann als aktuale Handlung geschehen und bedarf grundsätzlich keiner Notation oder sonstiger schriftlicher Fixierung. Hörer nehmen Musik als klanglich und zeitlich gegliederten Strukturzusammenhang wahr und vermögen diesen je nach Komplexität und Grad der Vertrautheit mit bestimmten Musikgattungen und -stilen nicht selten recht genau zu erfassen sowie zu memorieren. Während Musik als Kunstgattung und Medium der Kommunikation gerade durch das Merkmal der Reproduktion charakterisiert ist (Nachtsheim, 1981), also die klangliche Realisierung zuvor komponierter Werke oder sonstiger Gebilde sowie improvisatorischer Konzepte, ist die klangliche

---

[1] Viele der hier verwendeten faktischen Informationen finden sich zwischenzeitlich auch im Internet, allerdings verstreut auf zahlreiche Fundstellen. Geeignete Suchwörter sind u.a. Phonograph, Wachswalze, C. Cros, T. A. Edison, C. Bell, Graphophone, Gramophone bzw. Grammophon, E. Berliner, F. Gaisberg, Schallplatte, Gramophone Co., Columbia Co., Victor Co. etc.

Darbietung als solche „flüchtig" in dem Sinne, dass mit dem letzten Ton eines gespielten Werkes dieses den Hörern z.B. im Rahmen eines Konzertes zwar vollständig zu Gehör gebracht, jedoch nach wenigen Sekunden auch verklungen ist. Was bleibt, sind Gedächtnisspuren und emotive Wirkungen. Wie bereits Leonardo da Vinci in seinem „Trattato della pittura" (posthum Paris 1651) bemerkte, hat Musik nur Bestand, wenn und solange sie erklingt; dieses Merkmal, das auf die zeitliche Organisation von Musik abstellt und als Notwendigkeit einer klanglichen Reproduktion zu bestimmen ist, unterscheidet Musik z.B. von der Malerei oder der Baukunst, deren Werke schon durch die materiale Basis dauerhaften Bestand erlangen. Die schriftliche Fixierung von Werken, die in der europäischen Musikgeschichte Kompositionen sehr hoher Komplexität wenn nicht allererst ermöglicht, so jedenfalls deren Konzeption wesentlich erleichtert hat, vermag das von Leonardo da Vinci angerissene Problem nicht wirklich zu lösen. Auch höchst artifiziell komponierte Musik (wie etwa Bachs „Kunst der Fuge") verlangt klangliche Realisierung und wird erst durch diese vollständig erfassbar; visuelle Wahrnehmung, etwa durch Lesen von Partituren, vermag die Hörwahrnehmung zu unterstützen, kann diese aber nicht ersetzen. Die Funktionen der aktualen Realisierung werden bei stark klanglich konzipierten sowie musikalisch-dramatischen Werken (z.B. symphonischen Dichtungen bzw. Opern) besonders deutlich. Der Wunsch, klangliche Realisierungen musikalischer Gebilde in irgendeiner Form festzuhalten, um sie als solche nach Belieben wieder hören und auf sich wirken lassen zu können, folgt aus der skizzierten, zeitlichen und klanglichen Grundverfassung von Musik.

Phonograph und Grammophon

Edison und der Phonograph

In vielen Darstellungen findet man Thomas Alva Edison (1847-1931) als ersten Erfinder der mechanischen *Schallaufzeichnung*. Die Bemühungen, Schallereignisse aufzuzeichnen, reichen allerdings deutlich vor das Jahr 1877 zurück, in dem Edison – nach manchen Berichten eher beiläufig und bei der Bearbeitung eines anderen Problems, nämlich der Übertragung telegraphischer, in Morse-Zeichen kodierter Nachrichten (vgl. Edison, 1888, S. 642f.) auf ein sich bewegendes Papierband – die Entdeckung machte, dass man Luftschall über eine schwingende Membran akustisch-mechanisch wandeln und die Schwingungen der Membran über einen an ihr befestigten feinen Stichel in ein mit Paraffin getränktes Papier einritzen kann. Wird der Papierstreifen unter dem Stichel beständig weiter bewegt oder der Schreibvorgang in anderer Weise kontinuierlich auf ein Speichermedium (z.B. eine rotierende Walze, die mit Stanniolpapier oder mit Wachs beschichtet ist) übertragen, resultiert bei spiralförmiger Führung der Aufzeichnung um die Walze eine einzige, durchgehende

Rille unterschiedlicher Tiefe, die den Schwingungsverlauf über eine gewisse Zeit fortlaufend registriert. Die Dauer der Aufzeichnung hängt dabei von der Geometrie des Speichermediums und anderen Parametern ab.

Diese Aufzeichnung eines Schallsignals in so genannter Tiefenschrift (vgl. Webers, 1985, S. 523ff.) kann nun umgekehrt dazu benutzt werden, in der Rille einen feinen Stift oder einen sehr dünn geschliffenen Edelstein (z.B. Saphir) laufen zu lassen, der die Schwingung zurück auf eine Membran überträgt, die in Schwingung versetzt wird und nun ihrerseits als mechanisch-akustischer Wandler die Umgebungsluft in Schwingung versetzt. Das zuvor aufgezeichnete Schallsignal wird so wieder hörbar gemacht. Wäre das gesamte System sehr empfindlich, d.h. bereits durch Schallsignale geringen Pegels hinreichend stark anzuregen, sowie frei von Dämpfung und anderen Verlusten, würde das ursprüngliche Signal nahezu unverändert wiedergegeben. Von dieser Qualität war Edisons *Phonograph* anfangs weit entfernt; seine *Talking machine* genügte indessen, um Sprachsignale aufzuzeichnen und diese einer verblüfften Öffentlichkeit vorzuführen. Die wahrscheinlich erste Demonstration fand noch im Dezember 1877 in New York in den Räumen des SCIENTIFIC AMERICAN statt; nach der Ausgabe dieser Zeitschrift vom 22.12.1877 geschah Folgendes:

> „Mr. Thomas A. Edison recently came into this office, placed a little machine on our desk, turned a crank, and the machine inquired as to our health, asked how we liked the phonograph, informed us that it was very well, and bid us a cordial good night."

Edison hatte in der Tat die erste Maschine entwickelt und von Mitarbeitern bauen lassen, die Sprachschall aufnehmen und reproduzieren konnte.

Erfindungen wie der Phonograph werden zwar (nicht zuletzt aus patentrechtlichen Gründen) gewöhnlich einer natürlichen Person zugeschrieben; sie haben aber nicht selten mehrere Väter und entstehen in einem Umfeld, in dem (a) auf Grund des erreichten theoretischen Wissens in einem Gebiet sowie (b) im Kontext der gesamten technologischen Kenntnisse und Erfahrungen die Zeit für bestimmte Erfindungen reif ist. Aus den Bedingungen (a, b) folgt zudem (c) häufig noch eine Konkurrenzsituation der Art, dass mehrere Forscher bzw. Ingenieure an einem Problem oder jedenfalls ähnlichen Aufgaben arbeiten und dabei durchaus wissen, dass andere an anderem Ort, aber zur gleichen Zeit, nach Lösungen suchen. Der patentrechtlich und somit wirtschaftlich relevante Prioritätsstreit hängt dann in der Tat davon ab, wem zuerst eine technisch realisierbare Lösung gelingt, für die ein *Patent* beantragt und erteilt wird. Diese Konstellation spielte auch bei der technischen Schallaufzeichnung eine zentrale Rolle.

Bei objektiver Betrachtung sind die Voraussetzungen der dann Edison per Patent zuerkannten Erfindung erstens in Forschungsleistungen im Bereich der Akustik zu finden, die zwischen etwa 1750 und 1850 zu sehr guten Kenntnissen im Bereich der Schwingungen und Wellen geführt haben, auf deren Basis dann eine ganze Palette technischer Erfindungen bzw. konkreter Nutzungen möglich wurde, u.a. Telephon und Phonograph (Beyer, 1999, Kap. 5). Zweitens gab es konkrete Vorarbeiten wie z.B. 1807 die Versuche des Physikers Thomas Young, eine Schwingungskurve mit einem feinen Stift auf einen rotierenden Zylinder aufzuzeichnen, der mit Ruß geschwärzt war. Noch näher an der Schall*aufzeichnung* lag 1857 der *Phonautographe* („la voix s'inscrivant d'elle même", daher die Bezeichnung) von Edouard-Léon Scott de Martinville und 1863 der phonographe von F. B. Fenby, der das Grundkonzept, Klang in eine Art Schrift zu überführen, bereits im Namen trägt. Ob Edison auch die Überlegungen des französischen Dichters und Erfinders Charles Cros (1842-1888) gekannt hat, der im April 1877 der l'Académie des Sciences den Plan für den Bau eines *Paléophone* unterbreitet hat (Cros, 1877), ist umstritten; die Parallelen zwischen dem (technisch nicht realisierten) Vorschlag von Cros und dem Apparat, den Edison dann als Phonograph präsentierte, sind jedoch augenfällig. Der Vorschlag Cros' für den Bau des Paléophone wurde am 3. Dezember 1877 durch den Sekretär der Pariser Akademie vorgetragen und so öffentlich[2]; das Verfahren („Procédé d'enregistrement et de reproduction des phénomènes perçus par l'ouie") war geeignet, Schallkurven auf einen Zylinder oder eine Metallscheibe aufzuzeichnen und diese Kurven mittels eines feinen Stichels und einer schwingenden Membran auch wieder in hörbaren Schall zu verwandeln („(...) déposer par photogravure sur un disque métallique les courbes sonores obtenues par le phonautographe, de façon à les lire avec une pointe solidaire d'une membrane élastique", Cros, 1877, S. 1082/83). Mit seinem Vorschlag, der allerdings nur das Verfahren und noch nicht die Bestandteile eines serienreifen Geräts beschreibt („(...) la tracé en hélice sur un cylindre es très-préférable, et je m'occupe actuellement d'en trouver la réalisation pratique", Cros, 1877, S. 1083) hatte Cros das Problem gelöst, den aufgezeichneten Schall reproduzierbar zu machen. Dies war Scott de Martinville 1857 noch nicht gelungen, dessen Phonautographe ansonsten bereits wichtige Bestandteile des späteren Phonographen, nämlich den Trichter als Schallempfänger, die an dessen enger Öffnung befestigte Membran nebst Stichel als akustisch-mechanischen Schallwandler sowie eine rotierende Walze als Medium der Schallaufzeichnung enthielt. Edison, der nach einigen Quellen seinen ersten Phonographen nicht schon im Sommer, sondern erst im Dezember 1877 von einem Mitarbeiter bauen ließ und dessen Patentschrift vom 18. Januar 1878 datiert ist, konnte daher wesentlich aus der Kombination vorhandener Elemente und Verfahren entwickeln (vgl. Kittler, 1986, S. 46).

Die Motivation für die Entwicklung von Phonographen („Klangschreibern") bestand vor allem darin, den spontan erzeugten und leider flüchtigen Klang dauerhaft zu fixieren. Charles Cros nannte sein Paléophone auch „La voix du passé", eben weil eine Stimme, die in der Vergangenheit gesprochen hatte, zum Leben erweckt werden sollte. Edison betonte ebenfalls die Aufzeichnung, Konservierung und beliebige

---

[2] Nach anderen Berichten soll Cros mit einem Abbé Le Blanc befreundet gewesen sein, der ihm bei der Entwicklung des Phonographen behilflich gewesen sei und selbst in der Zeitschrift SEMAINE DU CLERGÉ vom 10. Oktober 1877 einen Artikel veröffentlicht hat, in dem der Begriff „Phonographe" als Bezeichnung für eine Vorrichtung, die eine Stimme aufzeichnen und diese Aufzeichnung wiedergeben kann, erstmals begegnet. Diese Textstelle ist als Photo abgebildet unter: http://www.phono.fr/pages/26als3pag.html

Wiedergabe des bislang flüchtigen Klanges als Grundprinzip seiner Erfindung („(...) the gathering up and retaining of sounds hitherto fugitive, and their reproduction at will", Edison, 1878, S. 527). Er gab eine Liste möglicher Anwendungen seiner Erfindung, die vom Diktiergerät über das Hörbuch (!) und die Aufnahme von Musik bis zum Mitschnitt von Telefongesprächen, der Herstellung von *musical boxes* und die Ausstattung von *sprechenden Puppen* reichten. Diese Anwendungen mussten angesichts der Technik, in der sich der Phonograph um 1878 in seinen ersten Versionen präsentierte, noch recht visionär erscheinen; sie wurden freilich nach und nach alle realisiert und auch wirtschaftlich bedeutsam.

Der Phonograph, den Edison im Dezember 1877 zum Patent anmeldete, war eine schlichte Konstruktion, da die rotierende Walze von einer Handkurbel angetrieben und die Aufnahme und Wiedergabe über ein relativ kurzes Rohr bewirkt wurde, an dessen Ende Membran und Stichel saßen[3]. Es fehlt also noch der große Schalltrichter, der bei den Phonographen später zum Einsatz gelangte. Ebenso fehlt der Antrieb der Walze durch ein Uhrwerk bzw. dann auch durch einen Elektromotor, mit dem eine nahezu konstante Geschwindigkeit bei Aufnahme und Wiedergabe erreicht werden konnte. Edison (1878, S. 529) hatte allerdings von Anfang an für die Wiedergabe eine zweite Membran wie auch, an dieser befestigt, einen Edelstein (Diamant, Saphir) mit fein gerundeter Spitze vorgeschlagen, um die Aufnahme möglichst schonend abzuspielen. Unter dieser Voraussetzung hielt Edison seine Stanniolwalzen für geeignet, 50 bis 100 Abspielvorgänge zu überdauern, wie er meinte, „enough for all practical purposes".

Entgegen der optimistischen Darstellung, die Edison 1878 unter Einschluss musikalischer Nutzungen zum Phonographen gab, waren die technischen Probleme des Geräts keineswegs gelöst. Die Zinnfolien (Stanniol), mit denen die Walzen anfangs beschichtet wurden, erwiesen sich im Hinblick auf die Klangqualität und die Dynamik der Aufnahmen als nur eingeschränkt brauchbar. Technisch gesehen stellt eine Zinnfolie ein – relativ zu den geringen Auslenkungen der Aufnahmemembran und des Stichels – hartes Material mit einem hohen Eingangswiderstand dar. Es war deshalb kaum möglich, Signale mit geringem Pegel auf Zinnfolie aufzuzeichnen, also etwa Gesang im piano. Zudem veränderte der auf „Einkerben" (Edison sprach von „indentation" und von „embossing") beruhende Schreibvorgang, der von Edison ursprünglich zur Kopie von Morse-Sequenzen vorgesehen war, offenbar die spektrale Struktur des Schallsignals.

Noch gravierender war jedoch, dass für längere Zeit kein wirklich praktikables Verfahren zur Verfügung stand, mit dem einmal bespielte Walzen kopiert bzw. in größeren Auflagen vervielfältigt werden konnten.

Edison selbst hat sich bekanntlich in den Jahren nach 1878 vornehmlich mit der Entwicklung der Glühbirne (1879) und eines Elektrizitätsnetzes (in Teilen von Manhattan 1882) beschäftigt. Da der *Tin foil Phonograph* die genannten Schwächen

---

[3] Eine Abbildung des frühen Edison Tin foil Phonographen findet man unter: http://memory.loc.gov/ammem/edhtml/edcyldr.html

aufwies, arbeiteten andere an verbesserten Geräten, allen voran Alexander Graham Bell (1847-1922), sein Cousin Chichester A. Bell (ein Chemieingenieur) sowie Charles Sumner Tainter, ein Wissenschaftler und Entwickler von Geräten. A. G. Bell, der 1876 (nach den früheren Experimenten von Philip Reis 1861-64) das erste voll funktionsfähige Telephon vorgestellt hat, erhielt hierfür 1880 den Volta-Preis der französischen Regierung in Höhe von 10.000$. Dies ermöglichte ihm den Bau eines Laboratoriums, in dem C. A. Bell und C. S. Tainter mit Wachs beschichtete Walzen und eine weich aufgehängte Schreibvorrichtung entwickelten, für die sie im Mai 1886 ein Patent erhielten. Dieser verbesserte Phonograph erhielt den Namen *Graphophone*.

Bell und Tainter, die im Wesentlichen die Erfindungen von Cros und Edison benutzt, jedoch die Klangqualität des Phonographen deutlich verbessert hatten, sollen (über Mittelsmänner) Edison eine Zusammenarbeit mit gemeinsamer wirtschaftlicher Verwertung der vorhandenen Erfindungen vorgeschlagen haben, was Edison ablehnte[4]. Er betrieb stattdessen die Gründung der Edison Phonograph Company (Oktober 1877) und entwickelte seinen „Improved Phonograph" (Mai 1888) sowie bald danach den „Perfected Phonograph" (Edison, 1888). Dieser wurde von einem Elektromotor mit Batterie angetrieben, besaß einen größeren Schalltrichter für Aufnahme und Wiedergabe und schrieb das Schallsignal auf eine rotierende Wachswalze. Diese konnte nach Überzeugung von Edison (1888, S. 645) einerseits nach einer Aufnahme „thousands of times with undiminished clearness" abgespielt werden, andererseits gab es die Möglichkeit, die Wachsbeschichtung nach einer Aufnahme geringfügig abzuhobeln, so dass eine neue Aufnahme auf der gleichen Walze möglich war. Die Wachswalze war also „re-recordable" und sollte bis zu zwanzig Aufnahmen ermöglichen, was für die von Edison vorgesehene Verwendung des Phonographen als Diktiergerät zweifellos sehr nützlich war. Im Übrigen bot Edison 1888 auch die Vervielfältigung einmal bespielter Walzen zu geringen Kosten an.

Bell und Tainter hatten im Juni 1887 die American Graphophone Company für die Vermarktung ihres Apparats gegründet; mit dieser befand sich Edisons Firma nun im Wettbewerb. Beide bauten Diktiergeräte und stellten also in diesem Sinne Büromaschinen her, für die sich ein neuer und umsatzträchtiger Markt auftat (1873/74 hatte Remington mit der fabrikmäßigen Herstellung von Schreibmaschinen in den USA begonnen). Ein Investor namens Jess(ie) Lippencott witterte das große Geschäft und gründete im Juli 1888 (gemeinsam mit anderen Financiers) die North American Phonograph Company (NAPC), deren Geschäftszweck laut Gesellschaftsvertrag es war „to manufacture, trade in, buy, sell, rent, lease and otherwise acquire, hold and dispose of Phonographs, Phonograph-Graphophones and instruments of every other kind or description, made or used for, intended for the recording and reproduction of sound"[5].

---

[4] Die historischen Zusammenhänge sind mit Fakten und wirtschaftlichen Daten sehr gut bei Sanjek (1988, S. 363ff.) zusammengestellt.
[5] Der Volltext dieses Vertrages findet sich unter: http://mp3newswire.net/stories/2003/monopoly.html

Die NAPC hatte von Bell und Tainter exklusive Vertriebsrechte für die Graphophones erworben (Absatzziel: mindestens 5.000 Geräte pro Jahr) und bei Edisons Phonograph Company über den Erwerb großer Aktienpakete gleichfalls den Vertrieb übernommen. Somit lag die kommerzielle Verwertung beider Geräte seit dem Sommer 1888 in einer Hand.

Die NAPC verfuhr nun so, die Vertriebsrechte gegen Entgelt an 33 Subunternehmer mit regionaler Zuständigkeit für einzelne Staaten bzw. Städte der USA zu übertragen, darunter die Columbia Phonograph Company mit Vertriebsrechten in Maryland, Delaware und Washington, D.C. Nachdem Lippencott 1890 schwer erkrankt war, übernahm Edison für einige Jahre die finanzielle und organisatorische Kontrolle über die NAPC, aus der – nach finanziellen Turbulenzen und Restrukturierung – 1896 The National Phono-graph Company (Geräte) bzw. Edison Records (Walzen bzw. Zylinder) wurde. In seinen Fabriken wurden neben den Phonographen seit 1889 auch bespielte und unbespielte („blanks") Walzen sowie täglich etwa 500 *singende Puppen* hergestellt. In diesen war ein Phonograph eingebaut, der eine Walze mit einem Kinderlied abspielen konnte.

Die bespielten Walzen waren zunächst nicht für den freien Verkauf vorgesehen, da auch die Phonographen in der Regel nur gegen eine Gebühr von 20$ pro Jahr vermietet wurden. Nach 1890 wurden bespielte Zylinder zum Kauf angeboten, sie waren jedoch mit einem Preis von mindestens 50 Cent pro Stück recht teuer (Day, 2000, S. 2). Als überaus erfolgreich erwies sich die Aufstellung von Phonographen in öffentlich zugänglichen Räumen, wobei diese Geräte, die Walzen mit Musikaufnahmen abspielten, mit einem Münzeinwurf versehen und über diesen in Betrieb zu setzen waren. Den Mechanismus hatten Louis Glass und W. S. Arnold, Inhaber der Pacific Phonograph Co. in San Francisco und als solche Vertragshändler der NAPC für Kalifornien, für einen Phonographen entwickelt und zum Patent angemeldet, der mehrere Trichter besaß, so dass mehrere Hörer gleichzeitig einem Musikstück lauschen konnten. Glass und Arnold dürfen daher als Urväter der *Jukebox* betrachtet werden.

Die Jahre 1887-1891 brachten zahlreiche technische Verbesserungen des Edison-Phonographen (ca. 80 Patente) und zugleich den Beginn der spezifisch musikalischen Vermarktung, indem nun die Geräte selbst sowie Walzen bzw. Zylinder mit Musikaufnahmen zum freien Verkauf angeboten wurden. Zugleich sank der Preis, der 1891 noch bei 150$ gelegen hatte, drastisch. Edison baute und vertrieb ab 1896 ein als *Home Phonograph* konzipiertes Modell, ab 1897/98 dann den Standard Phonograph (Preis: 20$), der auf breitere Käuferschichten zielte. In den Jahren nach 1896 errichtete die National Phonograph Company Filialen in Europa. Bei den Zylindern hatte sich mittlerweile bei Edison eine Standardabmessung von 4,25 x 2,1875 Zoll (entspricht ca. 10,5 cm Länge und ca. 5,1cm Durchmesser) bei etwa 5 mm Wandstärke etabliert. Auf einen Zylinder passten bei den bis 1902 vornehmlich verwendeten Aufnahme- und Abspielgeschwindigkeiten von etwa 120 Umdrehungen der Walze pro Minute (rpm) ca. zwei Minuten eines Musikstücks, auf eine (zunächst nur einseitig gravierte bzw. gepresste) *Schellackplatte* je nach Durchmesser immerhin drei bis vier

Minuten Musik bei allgemein besserer Klangqualität (weniger Knistern, größere Frequenzbandbreite und Dynamik).

Bereits 1889 begannen Edison und Columbia mit der Produktion und dem Vertrieb bespielter Walzen, also Tonträgern. Beide Firmen unterhielten Aufnahmestudios und beschäftigten eigene Musiker (SängerInnen, Instrumentalisten, kleinere Ensembles).

Berliner und die Schallplatte

Emil(e) Berliner (1851-1929) gilt als Erfinder der *Schallplatte*. Jedoch sind auch hier wie schon bei der Erfindung des Phonographen (s.o.) einige einschränkende bzw. ergänzende Anmerkungen erforderlich. Die Idee, den akustisch-mechanisch gewandelten Schalldruckverlauf auf eine Scheibe statt auf eine Walze (bzw. einen Wachszylinder, der auf die Walze gesteckt wurde) aufzuzeichnen, begegnet einem schon vor Berliners Erfindungen. Praktisch erprobt hat dieses Medium 1880 der oben erwähnte Charles Sumner Tainter, von dessen Experimenten einige mit Wachs überzogene Platten bzw. Scheiben erhalten sind. Berliner (geboren in Hannover, 1870 in die USA ausgewandert) kam erst über mehrere Zwischenschritte zur Entwicklung der Schallplatte in der Form, die dann das erste Aufblühen der Tonträgerindustrie ermöglicht hat. Berliner erfand 1877 ein leistungsfähiges Mikrophon für Telephone; das hierauf erteilte *Patent* verkaufte er für die damals sehr große Summe von 75.000$ an die American Bell Telephone Co. (ABT), bei der er anschließend einige Jahre in der Entwicklung tätig war. 1881 gründete er mit seinen Brüdern in Hannover eine eigene Telephonfabrik, arbeitete aber in den Folgejahren auch wieder in den USA und ließ sich 1884 in Washington, D. C. nieder, wo er sich u.a. mit dem Edison-Phonograph beschäftigte.

Berliners erste und entscheidende Verbesserung war der Ersatz der von Edison verwendeten Tiefenschrift durch eine Seitenschrift, „an undulatory line of even depth" (Berliner, 1888). Tatsächlich entspricht die Seitenschrift einem in der Ebene aufgezeichneten Oszillogramm des Schallwechseldrucks. Ausweislich eines Berliner erteilten US-Patents (U.S. Patent Office, No. 372.786 vom 8. November 1887, „Gramophone", Figure 1 und 3) war die Aufzeichnung der Seitenschrift auch auf eine rotierende Walze möglich. Wie die Erfahrungen bei Edison und der Graphophone Co. zeigten, eigneten sich die Walzen bzw. Zylinder aber erstens nicht gut zur Vervielfältigung, zweitens war die Wachsbeschichtung relativ weich und damit ein wiederholtes Abspielen eines Trägers wegen Abnutzung der Tiefenschrift nur bedingt möglich. Berliners Patentanmeldung vom März 1888 (US-Patent No. 382.790 erteilt am 15. Mai 1888; Berliner, 1888) machte nun auf der Basis der Seitenschrift einen Lösungsvorschlag, wie die auf eine wachsbeschichtete Metallscheibe als Oszillogramme eingeritzten Schallvorgänge sowohl in eine haltbare Form gebracht als auch beliebig oft vervielfältigt werden könnten. Die Technik läuft darauf hinaus, das in die Wachsschicht eingeritzte Oszillogramm durch ein Säurebad auf eine Metall- oder

Glasscheibe (oder auch einen Zylinder, den Berliner 1888 noch immer als möglichen Träger erwähnt) im Wege der Ätzung zu übertragen. So erhält man die „Urplatte" als Master, von der durch galvanoplastischen Abguss nun mehrere Exemplare hergestellt werden können, bei denen die Information nicht mehr in Rillen, sondern in den diesen exakt entsprechenden Erhebungen enthalten ist. Diese Abgussmatrizen dienen als eine Art „Stempel", der, in eine geeignete Pressmasse gedrückt, die Herstellung zahlreicher Vervielfältigungsstücke zulässt. Berliner hatte also genau das Problem der mechanischen Vervielfältigung gelöst, an dem Edison, Bell und Tainter lange ohne großen Erfolg laborierten.

Die eigentliche Schallplatte, d.h. eine Scheibe, auf der die Rille in Seitenschrift als Spirale von außen nach innen läuft (in der Patentschrift gegen den Uhrzeigersinn!), wurde Berliner erst 1895 patentiert (US-Patent No. 548.623 vom 29. Oktober 1895, „Sound record and method of making same"). Das Patent auf das über eine Kurbel und Zahnräder (Übersetzung) angetriebene Gramophone für das Abspielen von horizontal rotierenden Schallplatten folgte im Sommer 1896 (US-Patent No. 564.586 vom 28. Juli 1896, „Gramophone").

In den Jahren 1889-96 gründete Berliner eine Reihe von Firmen zur Auswertung seiner Patente und zur Herstellung von *Gram(m)ophonen* und Schallplatten, hatte aber mit technischen und später auch mit juristischen Problemen zu kämpfen (vgl. Sanjek, 1988, S. 384ff.). Zu den technischen gehörte die Suche nach geeigneten Materialien für die Herstellung der zunächst nur einseitig und auf eine Hartgummimischung gepressten „plates". Außerdem waren anfangs weder die Abspielgeschwindigkeit der Geräte bzw. Platten (bei Handkurbelbetrieb des Gramophone) noch der Durchmesser der Platten normiert. Nachdem die technischen Probleme gelöst und 1896 mit der Einführung von Schellack als Werkstoff der entscheidende Schritt in Richtung Klangqualität getan war, nahm der Absatz bei Geräten und *Schellackplatten* (1898: 713.753) rasant zu. Neben der US-amerikanischen Berliner *Gramophone Co.* (an der Emil Berliner Anteile hielt), die für die Herstellung von Grammophonen und Schellackplatten in den USA zuständig war, wurde 1898 die britische Gramophone Co. mit Sitz in London und als deren Tochter die Deutsche Grammophon-Gesellschaft mit Sitz in Hannover (mit Berliners Bruder Joseph als Direktor, 1900 in eine AG umgewandelt) gegründet. Die juristischen Probleme ergaben sich vor allem daraus, dass Berliner in den USA den Vertrieb der Geräte und Schallplatten vertraglich für fünfzehn Jahre an eine National Gramophone Co. benannte Firma vergeben hatte, die Frank Seaman gehörte, einem offenbar hoch motivierten, aber illoyalen Geschäftsmann. Seaman ließ ab 1898 in eigener Regie Geräte mit der Bezeichnung *Zon-o-phone* herstellen und pries diese in Werbeanzeigen als „improved Gram-o-phone" an, bei dem der über das Horn abgestrahlte Schall viel lauter als sonst zu hören sei („Its cornet solos have been heard two miles.").[6] Das Zon-o-phone war erkennbar dem Gramophone Berliners nachempfunden und verletzte dessen Patente. Auch sonst ging Seaman, der sich auf Werbung verstand, zur Sache, indem er der

---

[6] Werbeanzeige in Munsey's Magazine, Oktober 1898, Advertising Section.

Zerbrechlichkeit und geringen Haltbarkeit der Wachswalzen die neuen Schellackplatten als „practically indestructible" gegenüberstellte: „the only permanent records made".

Interessant ist zudem, dass Seaman bzw. Zon-o-phone per Anzeige klarstellten, diese Geräte hätten nichts mit Büromaschinen (wie Phonograph und Graphophone) zu tun: „Its sole purpose is that of entertainment – reproducing everything in speech and music, with fidelity to the originals positively marvelous." Damit war deutlich gemacht, dass Gram(m)ophone und Zon-o-phon lediglich der Reproduktion von Musik dienten (und insoweit den zur Schallaufnahme geeigneten Phonographen unterlegen waren). Was hingegen den Bereich des „Entertainment" anbelangt, war das Gram(m)ophon den Walzen-Phonographen in mehreren Punkten überlegen und eröffnete alsbald über den Absatz von Geräten und Tonträgern einen Massenmarkt.

Geräte, Tonträger, Repertoire

Nach der hier in Hauptzügen skizzierten Entwicklung des Phonographen, des Gram(m)ophons und der hierzu gehörigen *Tonträger* Walze bzw. Zylinder und Platte bis etwa 1896-98 sollen noch kurz die weiteren technischen Innovationen sowie dann auch die mit diesen Medien angebotenen und verbreiteten Inhalte erörtert werden. Im Laufe der 1890er-Jahre wurden Federwerke und auch Elektromotoren für den Antrieb der Phonographen sowie des Gram(m)ophons entwickelt. Edison brachte 1899 den Concert Phonograph auf den Markt, der größere Walzen bzw. Zylinder (Länge 4,25 Zoll bei 5 Zoll Durchmesser) verwendete und in der Schallabstrahlung verbessert war. 1901 wurde ein neues Verfahren zur Vervielfältigung von Walzen in großen Stückzahlen eingeführt. 1902 ersetzte man die relativ weichen (braunen) Wachswalzen durch härtere (schwarze, ebenfalls aus Wachs und Natronseife), die nicht mehr durch Gravur, sondern in einem Gussverfahren (so genannte „Gold-moulded Record", basierend auf elektrostatischer Vergoldung der Master-Walze und galvanoplastischem Abdruck von Sub-Mastern für die Vervielfältigung) hergestellt wurden. Bei einer Rillendichte von 100 tracks per inch (tpi) und der seit 1902 normierten Abspielgeschwindigkeit von 160 rpm blieb die Aufzeichnungsdauer bei zwei Minuten, aber der Klang wurde durch ein höheres Auflagegewichts des Abtastsystems von ca. 12 Gramm lauter und enthielt mehr Frequenzanteile in den Höhen. Ab 1908 gab es alternativ Wachswalzen mit 200 tpi und vier Minuten Spielzeit.

Diese *Amberol* benannten Walzen wurden u.a. für hochwertigere Aufnahmen mit Opern-Arien verwendet. 1912 folgte die „Blue Amberol"-Walze aus Zelluloid, die unzerbrechlich und klanglich für ihre Zeit sehr gut war. 1909 erschien passend zu den Amberol-Tonträgern ein qualitativ erstklassiger und bereits als Tonmöbel (ähnlich den späteren Musiktruhen) gestalteter Phonograph mit der Typenbezeichnung „Amberola I". Neben diesem eindeutig für die Wiedergabe von Musik konzipierten Gerät bot Edison nach wie vor Phonographen als Diktiergeräte (mit zwei Minuten Aufnahme-

und Wiedergabezeit) an. Produktion und Vertrieb wurden bei Edison erst 1929 eingestellt, wobei Talking machines und unbespielte Walzen verschiedener Hersteller in vielen Büros noch weit über dieses Datum hinaus Verwendung fanden.

Für die Vermarktung des Gram(m)ophons dürfte die Herstellung beidseitig bespielter Schallplatten durch die Firma Odeon ab 1904 (nach manchen Angaben schon ab 1902) entscheidende Impulse vermittelt haben. Die Spielzeit ließ sich so verdoppeln, was die Schallplatte gegenüber den bespielten Walzen bzw. Zylindern klar in Führung brachte. Edison erkannte durchaus die Vorteile der Schallplatte und brachte daher ab 1912 selbst Schallplatten auf den Markt, allerdings in Tiefenschrift. Daher konnte seine „Diamond Disc" lediglich auf dem Edison Disc-Phonographen und nicht auf einem normalen Grammophon abgespielt werden.

Der Phonograph, der von Edison (1878, 1888) anfangs vor allem als Diktiergerät und als eine Art „memory machine" zur Konservierung sonst flüchtiger Sprachsignale und Musik konzipiert wurde, ist dann 1890 erstmals zur Aufzeichnung von Gesang und Erzählungen bei Indianern im US-Staat Maine genutzt worden (vgl. Lee, 1993, S. 21). Der Edison-Phonograph wurde alsbald vor Erfindung des Tonbandgeräts das wichtigste Hilfsmittel ethnologisch-musikologischer sowie linguistischer Feldforschung. Um 1900 entstanden in Europa die ersten wissenschaftlichen Phonogramm-Archive, in denen sich nach wenigen Jahren bereits zahlreiche Aufnahmen befanden. Zum Beispiel verzeichnete das Berliner Phonogramm-Archiv, 1900 gegründet, bis 1910 bereits einen Bestand von rund 3.000 Aufnahmen aus aller Welt (vgl. Simon, 2000).

Die Aufnahme und Verbreitung „ethnischer" Musik wurde im Übrigen zu einem Haupterwerbszweig der jungen Tonträger-Industrie (s.u.). Diese begann um 1895/96, einen größeren Markt sowohl über die Aufstellung von Phonographen in der Öffentlichkeit (Geräte mit Münzeinwurf als *Jukebox*, s.o.) wie auch durch den Verkauf und Verleih von Geräten bei gleichzeitigem Verkauf bespielter *Tonträger* zu erschließen. Der Absatz bei Tonträgern erreichte bereits 1887 ca. 500.000 Walzen und Schallplatten, 1896 ca. 1,5 Mio. Stück und 1900 um die 3 Mio. Stück. Vor allem die Columbia Phonograph Company. erkannte dabei sehr früh das enorme kommerzielle Potential „populärer" Musik, deren Interpreten über die Nutzung der von ihnen eingespielten Aufnahmen innerhalb weniger Jahre Star-Status erhielten und reich wurden (vgl. Sanjek, 1988, S. 383ff.).

Die größten Hersteller- und Vertriebsfirmen nach der Jahrhundertwende waren Edison, die Columbia Graphophone Company sowie die Victor Talking Machine Company, die 1901 von Eldridge Johnson gegründet wurde. Johnson hatte etliche Jahre mit Berliner zusammengearbeitet und die Federwerke für das Gramophon entwickelt und gebaut. Als Berliner wegen rechtlicher Auseinandersetzungen mit Seaman (Zon-o-phone) seine Aktivitäten in den USA einstellte und nach Kanada ging, übernahm Johnson über seine Firma Victor das Grammophon-Geschäft (Geräte und Tonträger) in den USA.

Edison, Columbia und Victor teilten sich im Wesentlichen den US-Markt, der von 1899 bis 1909 um den Faktor zehn auf rund 27,5 Mio. Tonträger wuchs. Dabei produzierte Edison nur Walzen bzw. Zylinder, Victor (als Nutznießer der Erfindungen Berliners) nur Schallplatten, Columbia bis 1912 sowohl Zylinder wie Schallplatten, ab 1912 ausschließlich letztere.

In Europa war die britische Gramophone Co. Ltd. das führende Unternehmen in einem sehr schnell wachsenden Markt, um den sich bald mehrere Hundert Hersteller von Tonträgern bzw. Labels bemühten. Bis zum Jahre 1910 hatte die Gramophone Ltd. bereits Zweigwerke in etlichen europäischen Ländern (darunter Russland), aber auch in Indien und in Persien in Betrieb genommen. Die zum Konzern gehörige Deutsche Grammophon Gesellschaft schaffte 1907 einen jährlichen Ausstoß von ca. 250.000 Grammophonen. Sie stellte außerdem nahezu 1 Mio. Tonträger her. Diese beachtliche Produktion war allerdings nicht nur für den deutschen Markt, sondern zu einem erheblichen Teil für den Export bestimmt.

Die Columbia Co. war schon seit 1898 in Paris, 1899 in Berlin und 1900 in London ansässig; sie errichtete in Großbritannien ein Presswerk, das 1903 monatlich etwa 50.000 Walzen und Platten produzierte. Die Walzen- bzw. Zylinderherstellung wurde in Europa seit etwa 1894/95 industriell auch durch die Firma Pathé-Frères (Paris) auf hohem Niveau betrieben.

Blickt man nun auf das Repertoire, das zum öffentlichen und privaten Abspielen auf den Phonographen und Grammophonen zur Verfügung stand, so enthielten die Zylinder der Edison-Phonographen in den frühen Jahren und auch später noch vor allem „volkstümliche" Musik, also Lieder, Märsche, Stücke für Salonorchester, Ragtime und dergleichen (vgl. Day, 2000, S. 2ff.; Gracyk & Hoffmann, 2000). Die Besetzungen reichten von SolistInnen über Duette und Quartette bis zu kleineren Bands. Edisons Vision ging jedoch viel weiter: er sah die Möglichkeit, z.B. den berühmten russischen Pianisten Anton G. Rubinstein aufzunehmen und so dessen Interpretation eines Werkes der Nachwelt zu überliefern (Edison, 1888, S. 645f.). Ebenso pries er den Phonographen, weil man damit vollständige Opern aufnehmen und nach Wunsch auch wieder abspielen bzw. anhören könne. Die Aufzeichnung einer Oper von rund zwei Stunden Spieldauer hätte sechzig bespielte Zylinder erfordert. Was Edison 1906 wirklich auf den Markt brachte, waren „Grand Opera Cylinders" zu je zwei Minuten Spieldauer. Diese Serie wurde 1909 mit den „Grand Opera Amberols" fortgesetzt und bietet u.a. Bearbeitungen von Opern-Ouvertüren.

Columbia hatte eher kommerzielle denn künstlerische Ambitionen und war bald nach 1890 mit Musik für Marching Bands erfolgreich, die in „Phonograph parlors" auf Geräten mit Münzeinwurf abgespielt wurde; die ersten Stars des Zylinder-Zeitalters dürften acht Musiker der United States Marine Band gewesen sein, die für Columbia mehr als 100 Stücke aufnahmen, darunter aktuelle Märsche von John Philip Sousa. Columbia richtete sehr früh eigene Aufnahmestudios (in Washington, Philadelphia und New York) ein und beschäftigte fortan Musiker als Angestellte. Daneben gab es offenbar seit Mitte der 1890er-Jahre zunehmend KünstlerInnen (SängerInnen, Instrumentalisten), die entweder durch Exklusivvertrag an ein Label gebunden waren oder für verschiedene Firmen Aufnahmen gegen Entgelt machten.

Die ersten Kataloge von Berliner aus dem Jahre 1895 zeigen das vertraute Bild: Auch auf dem Gramophone erklangen zunächst Bearbeitungen aller Art für Blasorchester, sentimentale Lieder wie „Promise me" oder „Old Kentucky home" (hauptsächlich für Bariton oder Sopran), aber auch Lieder der Indianer zum „Ghost Dance" sowie „Blind Tom" als negro shout für Vokalquartett.

Neben den Schwierigkeiten, die bei den Zylindern anfangs die Vervielfältigung und bei den Schallplatten die Wahl geeigneten Pressmaterials hervorriefen, war die akustisch-mechanische Aufnahmetechnik selbst ein großes Problem, da beim Phonographen offenbar nur das Einsingen oder Einspielen direkt in den Trichter oder jedenfalls in der Nähe der Trichteröffnung den für die Aufzeichnung erforderlichen Schalldruckpegel lieferte. Bei einer Kapelle aus Blechbläsern ließ sich dieser Pegel wohl auch noch bei etwas mehr Abstand zum Trichter erzeugen, bei Streichern hingegen nicht, weshalb Solo-Violinisten sehr nahe vor dem Trichter spielen mussten und eine Bassgeige in der Regel durch eine Tuba ersetzt wurde. Der deutsch-englische Ingenieur Augustus Stroh, der sich seit 1878 mit dem Edison-Phonograph befasst und hierfür Verbesserungen ersonnen hatte, entwarf ca. 1899/1900 in London eine Geige eigens für Aufnahmezwecke, bei der eine schwingende Membran mit einem daran gekoppelten Horn den Korpus ersetzte. So war ein deutlich lauterer Ton zu erzielen. Diese Geige, die offensichtlich Elemente des Phonographen in den Instrumentenbau einbrachte, wurde von seinem Sohn Charles Stroh gebaut, ebenso einige Violas, Celli, Gitarren und Mandolinen, bei denen die Schallabstrahlung dem gleichen Prinzip folgt (vgl. Davies, 1984). Die Aufnahme von Sängern und Sängerinnen war recht gut möglich (ein Problem blieben leise gesungene Töne bzw. Silben), nicht jedoch eine Orchesterbegleitung z.B. bei Arien. Man behalf sich in der Regel mit einem Klavier. Für die Aufnahmen in den Studios gab es erfahrene Musiker. Auch finden sich die Funktionen des Aufnahmeleiters bzw. Produzenten bereits in diesen frühen Jahren (ab etwa 1896; vgl. Gracyk & Hoffmann, 2000). Einer der prominentesten war Frederick (Fred) Gaisberg (1873-1951), der zuerst bei der American Graphophone Company und dann bei Emile Berliner in Washington u.a. als Klavierbegleiter für SängerInnen und als Aufnahmeleiter tätig war. Er soll auch an Elridge Johnsons Entwicklung der Federwerke für das Gramophone sowie später an der Festlegung der Abspielgeschwindigkeit von Schellackplatten auf 78 rpm beteiligt gewesen sein. Im Jahre 1898 verließ Gaisberg Berliner und übersiedelte nach London, wo er für die Gramophone Company arbeitete. Augenscheinlich gegen den Widerstand der Geschäftsleitung gelang es ihm 1902, Enrico Caruso in Mailand für Aufnahmen zu gewinnen, die angesichts des einfachen Equipments klanglich überzeugend gelangen. Diese Aufnahmen, verteilt auf zehn Schallplatten, wurden auch finanziell ein Riesenerfolg mit einem Nettogewinn von 15.000 englischen Pfund (Sanjek, 1988, S. 390), damals eine horrende Summe.

Diese ersten Caruso-Aufnahmen erschienen 1903 in den USA auf dem qualitativ herausgehobenen Label Red Seal bei Victor[7]. Etwa zur gleichen Zeit begann man, Aufnahmen mit Opernstars und berühmten Virtuosen (u.a. Fjodor Schaljapin, Pablo de Sarasate, Ignacy Jan Paderewski) auch in Russland, den USA und anderen Ländern für verschiedene Label einzuspielen. Die KünstlerInnen kassierten für solche Aufnahmen sehr hohe Entgelte und gewannen zudem über den Vertrieb der Tonträger sowie durch die Reklame, die seitens der Hersteller gemacht wurde, zusätzlich Popularität.

Anzumerken ist noch, dass der frühe Tonträger-Markt keineswegs auf die USA und Europa beschränkt war. Der schon erwähnte Fred Gaisberg beispielsweise reiste 1902 auch nach Indien – damals britische Kolonie – und andere Länder Asiens, wo er bis zum Frühjahr 1903 rund 1.700 Aufnahmen von Musik aus Indien, Burma, Siam (Thailand), dem späteren Malaysia, Java und China beisammen hatte (vgl. Gronow, 1981; Farrell, 1994). Die Gramophone Co. Ltd. allein hat zwischen 1900 und 1910 ungefähr 14.000 Aufnahmen in verschiedenen Ländern, vor allem in Südost- und Ostasiens sowie in Algerien, Ägypten und in der Türkei durchgeführt (vgl. Perkins et al., 1976; Racy, 1976).

Diese Aufnahmen wurden überwiegend in Europa und den USA, aber auch in Indien selbst vervielfältigt, wo die Gramophone Co. sich 1908 mit einem Zweigwerk niedergelassen und bis etwa Ende der 1930er-Jahre faktisch ein Monopol für Indien erlangt hatte (Joshi, 1988). Der Markt für *ethnische Musik* darf auf keinen Fall unterschätzt werden. 1929 beispielsweise exportierten deutsche Firmen ca. 3,4 Mio. Schallplatten in Länder Asiens und Afrikas, davon rund 1 Mio. in das ehemalige Niederländisch-Ostindien (das spätere Indonesien) und 900.000 nach China.

Auch in Europa selbst wurde traditionelle Volksmusik recht früh auf Tonträgern zum Verkauf angeboten (die ersten Aufnahmen englischer „folk songs" auf Tonträgern der Gramophone Co. Ltd. erschienen 1908; vgl. Myers, 1993, S. 136f.). Dieser Geschäftszweig war indessen im Vergleich mit dem Vertrieb zahlreicher Aufnahmen populärer sowie klassischer Musik von geringer Bedeutung.

---

[7] Victor war mit der britischen Gramophone Co. vertraglich verbunden und verwendete – erstmals bei den genannten Caruso-Aufnahmen – das berühmte Bild von Francis Barraud, auf dem ein Hund („Little Nipper") vor dem Trichter eines Grammophons sitzt und *His Master's Voice* (HMV) lauscht. Das Bild und die Abkürzung HMV wurden als Markenzeichen eingetragen und werden bis zur Gegenwart von der EMI-Gruppe verwendet, die (über sehr komplizierte Rechtsverhältnisse) Rechtsnachfolgerin u.a. der Gramophone Co. Ltd. ist. Die Victor Company wurde 1929 von der Radio Corporation of America (RCA) aufgekauft, wobei ein Label RCA-Victor gebildet und über Jahrzehnte erfolgreich vermarktet wurde.

Fazit

Blickt man auf die frühe Geschichte der Schallaufzeichnung und auf die Entwicklung sowohl des Phonographen wie des Grammophons zurück, so erstaunen insbesondere das Tempo der Entwicklung und der große Radius der Ausbreitung der neu entstandenen Technologie. Zwischen den ersten einschlägigen Erfindungen in der zweiten Hälfte des 19. Jahrhunderts, der Aufnahme einer Serienproduktion bei Abspielgeräten und Tonträgern um 1880-1890 sowie der Ausbildung eines rapide wachsenden Tonträgermarktes und international tätiger Firmen (bzw. Konzerne) um 1900 liegen nur wenige Jahrzehnte. Thomas A. Edison, der ebenso rastlose wie erfolgreiche Erfinder, soll einmal einem jungen Mitarbeiter, der nach den Verhaltensregeln in Edisons Labor fragte, geantwortet haben: „There ain't no rules here. We're trying to accomplish something."

Literatur

Berliner, E. (1888). Process of producing records of sound. United States Patent Office, Patent No. 382.790, May 15, 1888.
Beyer, R. (1999). Sounds of our Times. Two hundred Years of Acoustics. New York: Springer.
Cros, C. (1877). Description d'un procédé d'enregistrement et de reproduction des phénomènes perçus par l'ouie. (Der L'Academie des Sciences, Paris, als Erfindung (in einem verschlossenen Umschlag) vorgelegt am 30. April 1877 (no. 3109), verhandelt am 3. Dezember 1877. In Comptes rendus hebdomadaires des scéances de l'Academie des Sciences de Paris, T. 85, 1082-1083.
Davies, H. (1984). Stroh violin. In S. Sadie (Hrsg.), The New Grove Dictionary of Musical Instruments (Vol. 3, S. 466-467). London: Macmillan.
Day, T. (2000). A Century of recorded music. Listening to musical history. New Haven, London: Yale University Press.
Edison, T. A. (1878). The Phonograph and its future. The North American Review, 126(262), 527-536.
Edison, T. A. (1888). The perfected Phonograph. The North American Review, 146(379), 641-650.
Farrell, G. (1994/2004). The early Days of the Gramophone Industry in India. Historical, social and musical perspectives. British Journal of Ethnomusicology, 2, 31-53. Repr. In S. Frith (Hrsg.). (2004). Popular Music. Critical Concepts in media and cultural studies (Vol. 1, S. 130-154). London: Routledge.
Gracyk, T. & Hoffmann, F. (2000). Popular American recording pioneers, 1895-1925. New York: Haworth Press.
Gronow, P. (1981). The Record industry comes to the Orient. Ethnomusicology, 25, 251-284.
Joshi, G. N. (1988). A concise history of the phonograph history in India. Popular Music, 7, 147-156.
Karbusicky, V. (1986). Grundriß der musikalischen Semantik. Darmstadt: Wiss. Buchgesellschaft.
Kittler, F. (1986). Grammophon, Film, Typewriter. Berlin: Brinkmann & Bose.
Lee, D. S. (1993). North America I: Native American. In H. Myers (Hrsg.), Ethnomusicology. Historical and regional studies (S. 19-36). London, New York: The Macmillan Press.

Myers, H. (1993). Great Britain. In H. Myers (Hrsg.), Ethnomusicology. Historical and regional studies (S. 129-148). London, New York: The Macmillan Press.

Nachtsheim, S. (1981). Die musikalische Reproduktion. Ein Beitrag zur Philosophie der Musik. Bonn: Bouvier.

Nettl, B. (2006). The Study of Ethnomusicology. Thirty-one Issues and Concepts (2nd ed.). Urbana/Chicago: University of Illinois Press.

Parkins, J. F., Kelly, A. & Ward, J. (1976). On Gramophone matrix numbers 1898 to 1921. The Record Collector, 23, 51-90.

Racy, J. (1976). Record industry and Egyptian traditional music. Ethnomusicology, 20, 23-48.

Sanjek, R. (1988). American Popular Music and its Business. The first four hundred years. Vol. II: From 1790 to 1909. New York, Oxford: Oxford University Press.

Simon, A. (Hrsg.). (2000). Das Berliner Phonogramm-Archiv 1900-2000. Sammlungen der traditionellen Musik der Welt. The Berlin Phonogramm-Archiv: Collection of traditional music of the world. Berlin: VWB – Verlag für Wissenschaft und Bildung.

Suppan, W. (1984). Der musizierende Mensch. Eine Anthropologie der Musik. Mainz: Schott.

Webers, J. (1985). Tonstudiotechnik (4. Aufl.). München: Franzis.

II. Musik in auditiven und audiovisuellen Medien

Der Tonträger als Medium der Musik

Peter Wicke

Mit dem Tonträger beginnt ein neues Zeitalter der Musik, das reichlich ein Jahrhundert Musikgeschichte umfasst. Bis heute weisen die für den Tonträger produzierten Klanggebilde eine eigene klangtechnische Beschaffenheit auf. Sie besitzen durch ihre Bindung an die Tonträgerindustrie eine eigene Ökonomie, sie sind an eine institutionelle Infrastruktur eigener Art gebunden, die tief in sie hineinreicht, und sie unterliegen einem aktiven Marketing, das sie an immer komplexer gewordene Verwertungsketten bindet. Der Tonträger hat die Musikkultur unaufhaltsam in ein Produkt seiner selbst verwandelt. Die verschiedenen Tonträgerformate, die dem Medium im Verlauf seiner Geschichte Gestalt gegeben haben, sind dabei nicht nur ein äußeres Merkmal der Audio-Technologie. Sie haben gravierende klangtechnische Konsequenzen und erweisen sich als ein entscheidender Faktor der Verortung des Mediums auf dem sozial-kulturellen Terrain, seiner Bindung an bestimmte Ziel- und Nutzergruppen. Der wohl direkteste Einfluss auf die Musikentwicklung geht jedoch von dem mit dem Tonträger verbundenen Marketing aus, das ihn als Produkt auf dem kulturellen Terrain zu platzieren sucht. Künstlerische Inspiration, technisches Know-how und wirtschaftliche Kompetenz sind unlösbar zusammengewachsen und haben aus der Musik eine phonographischen Kunst werden lassen. Im Verlauf seiner rund einhundertjährigen Entwicklung ist der Tonträger in kultureller, wirtschaftlicher und ästhetischer Hinsicht zum normativen Paradigma der Musik geworden.

Von der Sprechmaschine zum Musikmedium

Als Thomas Alva Edison (1847-1931) am 19. Februar 1878 unter der Nummer 0.200.251 für seinen Ende Dezember 1877 angemeldeten *Phonographen* das *Patent* erhielt, war dies der erste Schritt in ein neues Zeitalter der Musik. Nach dem vergeblichen Versuch, Edisons Erfindung als Diktiergerät zu vermarkten, begann Mitte der 1890er-Jahre die 1889 von Edward D. Easton (1856-1919) in Washington, D.C., gegründete Columbia Phonograph Company, sich auf die Produktion von bespielten Zylindern zu spezialisieren und sollte damit zum ersten *Tonträgerunternehmen* in der Geschichte des neuen Mediums werden (Brooks, 1978). Zumindest der Name hat sich als Marke bis heute erhalten. Die Columbia Records, wie sie seit 1947 heißt, ging nach einer wechselvollen Geschichte 1988 in der Musiksparte des japanischen Elektronik-Riesen Sony Inc. auf, der sie 2004 in ein joint venture mit dem Gütersloher Medienkonzern Bertelsmann AG einbrachte, die seit Oktober 2008 als hundertprozentige Tochter der Sony Inc. geführte Sony BMG Music Entertainment, wo der beeindruckende Katalog aus mehr als 100 Jahren Musikgeschichte unter dem Markenzeichen „Columbia" noch immer gepflegt und weitergeführt wird.[8]

Die Entdeckung, dass sich der Zylinder-Phonograph auch als Musikmaschine nutzen lässt, geht auf Louis T. Glass (1845-1924) zurück, General Manager der in San Francisco ansässigen Pacific Phonograph Company. Glass ließ im November 1889 im Palais Royal Saloon in San Francisco einen mit einem Münzmechanismus und Stetoskopschläuchen versehenen Phonographen aufstellen, dem im Abstand von nur wenigen Wochen 15 weitere in Restaurants und Wartehallen der Stadt folgten. Die ursprünglich als verkaufsfördernde Maßnahme für den Phonographen gedachte Aktion sollte zur Geburtsstunde der *Jukebox* werden (Segrave, 2002, S. 5ff.). Bestückt waren die Musikmaschinen mit Aufnahmen lokaler Bands, die das Unternehmen von Glass anfänglich noch selbst erstellte, dann aber der Columbia in Washington, D.C., überließ. Der erste Katalog, den die Columbia Phonograph Company 1890 vorlegte, verzeichnete unter insgesamt 100 bespielten Zylindern 27 Märsche, 13 Polkas, 10 Walzer, 34 Opernausschnitte sowie diverse Hymnen (Koenigsberg, 1987). Die Aufnahmen waren sämtlich für diese „Nickel-in-the-Slot"-Maschinen bestimmt, denn das erste Modell eines Phonographen für den Heimgebrauch kam mit dem Edison Home Model A erst 1896 auf den Markt (Frow & Sefl, 1978). Im Juli 1890 veröffentlichte die Cincinnati Commercial Gazette einen Bericht über das sich explosionsartig ausbreitende Geschäft, in dem es hieß:

> „The Musical Phonograph, which is now to be seen in every restaurant and bar downtown, is knocking the business of all the other Drop-a-nickel-in-the-slot machines in to a cocked hat. When a man can hear the 7th Regiment Band of New York play the Boulanger March, a Cornet solo by Levy, or the famous song, The Old Oaken Bucket, for five cents, he has little desire to pay five cents to ascertain his weight or test the strength of his grip. That is the reasons the musical machine has killed the business of the other automatic machines."
> (Welch & Burt, 1994, S. 32)

Auch Emil(e) Berliner (1851-1921), der im November 1887 sein Verfahren der Schallaufzeichnung auf einem reproduzierbaren scheibenförmigen Speichermedium zum Patent angemeldet hatte, dachte zunächst nicht an die Musik, als er sich über die Anwendungsmöglichkeiten seines *Grammophons* Gedanken machte. Er hatte wie Edison die Konservierung der menschlichen Stimme im Blick. Der Vortrag, mit dem er im März 1888 im Auditorium des Franklin Institute in New York seine Erfindung der Öffentlichkeit vorstellte, trug den Titel „The Gramophone. Etching the human voice" (Berliner, 1888). Die neue Technologie stand zunächst ganz im Zeichen der Idee, analog der Photographie nicht nur das Bildnis, sondern auch die Stimme des Menschen der Erinnerung zu bewahren (Sterne, 2003).

Da Berliner in den USA aufgrund der Ähnlichkeit mit Edisons Erfindung der Patentschutz zunächst verweigert wurde, kehrte er 1889 nach Deutschland zurück.

---

[8] vgl. http://www.columbiarecords.com

Hier fand er in der Thüringer Spielzeugfirma Kämmer & Reinhardt einen Partner, der mit einer miniaturisierten Version des Grammophons Spielzeugpuppen zu einer Lautäußerung verhalf.[9] 1892 kehre Berliner in die USA zurück, um nach dem unübersehbaren Erfolg des Phonographen als Unterhaltungsapparat sein Grammophon als Musikmaschine zu vermarkten. Dafür richtete er 1894 in Washingtons Pennsylvania Avenue das erste professionelle Musikstudio ein,[10] das dann hauptsächlich das von Berliners Geschäftspartner Eldridge R. Johnson (1867-1945) im Oktober 1901 unter dem Namen Victor Talking Machine Company gegründete Unternehmen zur Vermarktung der Schallplattenpatente auf dem US-Markt belieferte. Schon zuvor hatten sich die 1897 zur Auswertung von Berliners Patenten in London gegründete British Gramophone Company und ihre im Jahr darauf in Hannover entstandene Zweigniederlassung, die Deutsche Grammophon Gesellschaft, mit Aufnahmen aus Berliners Aufnahmestudio einen Namen gemacht. Auch die Namen dieser, eng mit der Schallplatte und ihrer Entwicklung verbundenen Unternehmen leben auf dem Tonträgermarkt der Gegenwart zumindest als Markennamen fort – Victor als RCA Victor in der Bertelsmann Music Group, die British Gramophone als EMI Classics und die Deutsche Grammophon unter dem Dach der Universal Music Group.

Berliners Verfahren sollte angesichts der relativ unkomplizierten und nahezu unbegrenzten Reproduktionsfähigkeit der Schallplatte binnen weniger Jahre zum Industriestandard werden. Eine bedeutende Rolle für die Etablierung der neuartigen Technologie als Musikmedium spielte der ab 1894 in Berliners Studio zunächst als Klavierbegleiter tätige Frederick William Gaisberg (1873-1951), der als erster Toningenieur und de facto erster Musikproduzent, auch wenn es den Begriff damals noch nicht gab, in die Geschichte eingegangen ist. Da es Berliner an musikalischen Kompetenzen mangelte, übernahm Gaisberg in Berliners Studio schon bald die Aufnahmeleitung und erwarb sich hier eine ausgesprochene Meisterschaft im Umgang mit der sperrigen Apparatur der mechanischen Tonaufzeichnung. 1898 wurde er als Aufnahmespezialist nach London geschickt, um der British Gramophone einen eigenen Katalog aufzubauen und dabei das attraktive Repertoire der europäischen Klassik für den Tonträger zu erschließen (Gaisberg, 1942). Gaisberg brachte es dabei zu beachtlichen Ergebnissen. Vor allem besaß er die Fähigkeit, durch Einfühlungsvermögen, musikalische Kompetenz und ein erhebliches Maß an Charme die Vorbehalte auf Seite der Musiker zu überwinden, die der Tonaufzeichnung und den mit ihr verbundenen enervierenden Prozeduren zunächst wenig abgewinnen konnten. Ein sehr anschauliches Zeugnis für das ebenso anstrengende wie amusische Prozedere der mechanischen Musikaufnahme ist von Joe Batten (1885-1955) überliefert, der seine spätere Karriere in leitenden Funktionen verschiedener britischer Tonträgerun-

---

[9] Das einzige erhaltene Exemplar von Berliners *Sprechpuppe* befindet sich heute im Puppenmuseum der Thüringer Stadt Waltershausen.

[10] Die zuvor entstandenen Aufnahmestudios wie das 1889 von dem Edison-Mitarbeiter A. Theo E. Wangemann (1855-1906) in Orange, New Jersey, eröffnete Tonlabor, das nahezu ausschließlich für Edison tätig war, oder die 1890 gegründete New Yorker Phonograph Recording Company waren noch reine Experimentallabors für die Tonaufzeichnung.

ternehmen ebenso wie Gaisberg als Klavierbegleiter im Studio begonnen hatte. In seinen 1956 posthum erschienenen Erinnerungen findet sich die Beschreibung der ersten Aufnahmesession, die er als Sechzehnjähriger im Sommer 1900 für die Londoner Musiphone Company[11] unter Leitung eines gewissen Dan Smoot absolvierte.

> „Most of the space of the room (...) was occupied by an improvised rostrum, five feet in height, upon which an upright grand piano had been hoisted to enable its sound board to be on a level with the recording horn. The back and front of the piano had been removed, so that the maximum of sound could be obtained, thus leaving only the action and sound board. (...) I had to climb four high wooden steps to reach the piano, which brought my head to within a few inches of the ceiling. The singer, an arm resting on the piano, stood in front of a recording horn which measured five inches in diameter, in such a position that I could not see him. In this fantastic setting and throughout the sultry heat of the day A. H. Gee and Montague Borwell, baritone and tenor, alternated in singing, 'Come into the Garden, Maud', 'The Diver' and 'The Soldiers of the Queen'. Precariously perched on a stool on the rostrum, coat discarded, perspiring profusely, I hammered out the accompaniments. Dan Smoot had demanded of me to make the tone 'double forte', and double forte it was. From time to time the singers whispered appeals to 'keep it down'. I appalled myself at the din I was making, I did so, Dan Smoot would clamber up the rostrum with the agility of a monkey and fiercely command: 'Take no notice. Keep it loud. You're doing fine.' I could not judge. My brain, usually cool, detached and critical of what my hands were doing, was in a state of bewilderment, and I rattled off the accompaniments like an automaton." (Batten, 1956, S. 32)

Gaisberg gelang es, trotz solch widriger Umstände der Apparatur ein beachtliches Maß an Musikalität abzunötigen. Seine legendär gewordenen Aufnahmen mit dem italienischen Tenor Enrico Caruso (1873-1921) vom Sommer 1902, die 1903 bei der British Gramophone – damals als Gramophone & Typewriter firmierend – unter dem Markenzeichen des schreibenden Engels auf der berühmten Red-Label-Serie[12] erschienen (G & T GC-52440, GB 1903), bescherten der Musikwelt den ersten Star des neuen Mediums (Bolig, 2004) und machten aus dem Tonträger einen bald schon nicht mehr wegzudenkenden Bestandteil der Musikkultur.

[Wie kein anderer prägte Gaisberg – neben dem ebenfalls aus Berliners Studios kommenden William Sinkler Darby (1878-1950), der Gaisberg ab 1899 bei der British Gramophone zur Seit stand – die frühe Phase des Mediums Schallplatte.] Seinem Nachfolger in der Funktion des Aufnahmeleiters bei der British Gramophone, der

---

[11] 1896 entstandenes Plattenlabel der australischen Craig Williamson Ltd., ab 1906 mit Übernahme durch die Londoner Fonotopia Ltd. als Odeon firmierend

[12] Firmenname, Logo und Aufnahmedetails befanden sich auf einem roten Aufkleber, der die Platten den Käufern auf den ersten als Teil einer Serie kenntlich machen sollte, die musikalischen Kostbarkeiten mit berühmten Interpreten vorbehalten war.

späteren EMI, Walter Legge (1906-1979), erklärte er einmal, dass es ihm im Studio stets darum gegangen sei, eine möglichst unverfälschte „Klang-Photographie der Aufführung" (Schwarzkopf, 2002, S. 16) herzustellen. Und das sollte zum Credo der Branche werden. Bis zur Mitte des 20. Jahrhunderts stand die Musikaufnahme unangefochten im Zeichen der Idee, das Hör-Erlebnis des Konzertsaals in den häuslichen vier Wänden zu rekonstruieren, die Illusion von Dabeisein zu erzeugen. Die berühmt gewordenen „Tontests" der Thomas A. Edison Inc., unter deren Dach Edison die Vermarktung seiner Erfindung – nun ebenfalls als Musikmaschine – ab 1912 wieder selbst betrieb, sind ein anschauliches Beispiel für dieses Konzept. Mit über viertausend solchen Tests versuchte Edison zwischen 1916 und 1925 die Öffentlichkeit von der Wirklichkeitstreue seines Disc-Phonographen zu überzeugen (Thompson, 1995). Von einer der ersten dieser Vorführungen, in New Yorks Carnegie Hall, ist ein Bericht erhalten, der am 29. April 1916 in der NEW YORK TRIBUNE erschien:

> „Startlingly novel even in this age of mechanical marvels was the concert that drew 2,500 persons to Carnegie Hall yesterday afternoon. Alone on the vast stage there stood a mahogany phonograph, apparently exactly like the tamed and domesticated variety that has become to be as much apart of the furniture of the ordinary drawing room as was the wheezy melodeon a generation ago. In the midst of the hushed silence a white-gloved man emerged from the mysterious region behind the draperies, solemnly placed a record in the gaping mouth of the machine, wound it up and vanished. Then Mme. Rappold stepped forward, and leaning one arm affectionately on the phonograph began to sing an air from 'Tosca.' The phonograph also began to sing 'Vissi d' Arte, Vissi d'Amore' at the top of its mechanical lungs, with exactly the same accent and intonation, even stopping to take a breath in unison with the prima donna. Occasionally the singer would stop and the phonograph carried on the air alone. When the mechanical voice ended Mme. Rappold sang. The fascination for the audience lay in guessing whether Mme. Rappold or the phonograph was at work, or whether they were singing together." (Thompson, 1995, S. 131)

Diese seinerzeit als sensationell geltenden Demonstrationen sollten beweisen, dass es unmöglich sei, die Wirklichkeit von ihrem phonographischen Abbild zu unterscheiden. Freilich muss hierbei die Autosuggestion des Publikums eine ebenso große Rolle gespielt haben wie die Fähigkeit der Künstler, den Klang des Phonographen zu imitieren, denn nur so ließ sich wenigstens der Schein einer Ähnlichkeit zwischen Original und technischer Reproduktion erzeugen. Wie weit die Wirklichkeit von einer „Klang-Photographie" der Aufnahme zu Gaisbergs Zeit entfernt war, belegen die Klagen von Rezensenten über die rabiaten Eingriffe, die vorgenommen wurden, um Musik in den technischen Grenzen von damals überhaupt aufnahmefähig zu machen. Das betraf nicht nur die radikalen Kürzungen, mit denen die Stücke in die etwa viereinhalb Minuten Spielzeit der damaligen Tonträgerformate gezwungen wurden. Da für die mechanische Klangaufzeichnung ein ausreichender Schalldruck erforderlich ist, mussten die druckschwachen Streichinstrumente, sofern nicht mit den eigens dafür erfundenen Stroh-Violinen[13] besetzt, durch Bläser ersetzt werden. So klagte der Berliner Musikwissenschaftler und -journalist Max Chop (1862-1929), der für die ab 1900 in Berlin erscheinende PHONOGRAPHISCHE ZEITSCHRIFT, das erste deutschsprachige Fachorgan der rasch expandieren „Sprechmaschinen"-Industrie, Plattenrezensionen schrieb, über die Verstümmelungen der aufgenommenen Werke durch unsachgemäße Eingriffe, obwohl er solche Bearbeitungen zum Zweck der Tonaufnahme prinzipiell für legitim hielt. In einem Aufsatz aus dem Jahre 1909, in dem er eine Bilanz der Entwicklung zu ziehen sucht, heißt es:

> „Vor allem habe ich an der orchestralen Fassung und Bearbeitung manches auszusetzen. Man sollte da jede Willkür im Ersatz meiden und nach Möglichkeit das Original berücksichtigen, soweit dies eben die Eigenart der Membran zuläßt. Dass die Bässe und Violoncelle [sic!] vor der Hand auszuschalten und durch tiefe Holz- und Blechbläser zu ersetzen sind, ist dura necessitas, die der Schmiegsamkeit der Linien manches nimmt, aber schließlich das ganze Klangbild nicht zu sehr verändert. Der willkürliche Austausch von hohen Streichern gegen hohe Blasinstrumente (Flöten, Klarinetten, Trompeten) ist entschieden zu mißbilligen. Die Geiger, wenn sie nur in gehöriger Zahl besetzt sind und mit ihrem Klange Holz oder Blech aufwiegen, müßten unter allen Umständen beibehalten werden." (Chop, 1909, S. 76)

Dennoch war der Vormarsch des Tonträgers als Musikmedium nicht mehr aufhaltbar. Die Möglichkeit, Musik von der raumzeitlichen Bindung ihrer Aufführung zu lösen, entfaltete eine Anziehungskraft, der mit dem Verweis auf den Verlust ihrer ästhetischen Integrität nicht zu begegnen war.

Auch wenn die Audio-Technologie schon bald die Schwächen ihrer Frühzeit hinter sich ließ, die für den Tonträger produzierten Klanggebilde weisen bis heute eine eigene klangtechnische Beschaffenheit auf. Sie besitzen durch ihre Bindung an die Tonträgerindustrie eine eigene Ökonomie, sie sind an eine institutionelle Infrastruktur eigener Art gebunden, die tief in sie hineinreicht, und sie unterliegen einem aktiven Marketing, das sie an immer komplexer gewordene Verwertungsketten bindet. Der Tonträger verwandelte die Musikkultur unaufhaltsam in ein Produkt seiner selbst.

---

[13] 1899 von Johannes Matthias August Stroh (1828-1914) entwickelte Violine, die anstelle des Resonanzkörpers einen Schalltrichter besaß und so ihren Klang gerichtet und damit verstärkt abgab. Das Instrument, auch als „Phonogeige" bezeichnet, war ab 1904 im Gebrauch, wurde wegen seines schrillen Klangs bei Klassikaufnahmen jedoch nur zögerlich eingesetzt. In der populären Musik findet es sich dagegen sogar heute noch gelegentlich. Tom Waits (*1949) etwa hat das Instrument mehrfach eingesetzt, beispielsweise auf seinem Album „Alice" (Anti Records 86632, USA 2002).

Der Tonträger in der Musikindustrie

Nachdem sich der *Tonträger* erst einmal als Musikmedium etabliert hatte, war seine rasante Verbreitung nicht mehr aufzuhalten. Die neue Technologie wurde in den ersten Dekaden des 20. Jahrhunderts zur Grundlage einer eigenen Industrie und rückte damit ins Zentrum des Musikgeschäfts (Gronow, 1983). Dass sich die Stammsitze der wichtigsten Firmen schon in den Gründerjahren auf die USA, Großbritannien, Frankreich und Deutschland konzentrierten, sollte für die Musikentwicklung weitreichende Folgen haben. Innerhalb nur weniger Jahre geriet sie in einen transnationalen Kontext und darin in eine wachsende Abhängigkeit von den umsatzstarken Tonträgermärkten der westlichen Industrieländer. So fanden schon in den Anfangsjahren der neuen Industrie mit dem Tango aus Südamerika und dem afroamerikanischen Jazz Musikformen über den Tonträger zu einer großen internationalen Verbreitung, die es ohne das Medium der Klangaufzeichnung in diesen Dimensionen nicht gegeben hätte. Und das hatte massive Rückwirkungen auf die Ursprungszusammenhänge dieser Musik, denn Erfolg auf den internationalen Tonträgermärkten erwies sich in den lokalen Kontexten von einer außerordentlichen normativen Kraft. Sehr deutlich ist das etwa an der Entwicklung des Tango ablesbar. Der erste große Star dieser Musik, der argentinische Sänger und Schauspieler Carlos Gardél (1887-1935), machte seine Karriere ab 1912 mit insgesamt über 900 Aufnahmen für die amerikanische Columbia, für das Berliner Label Odeon der deutschen Carl-Lindström-AG und für das vor allem in Paris vertriebene Label Nacional des in Argentinien lebenden russisch-jüdischen Kaufmanns Max Glücksmann (1885-1946), der sein Unternehmen in Kooperation mit der französischen Pathé betrieb. Der Erfolg Gardéls im Ausland wurde auch in Argentinien zum Maßstab für die Entwicklung des *Tango*. Er nahm vor allem im Gefolge der Pariser Tangomode eine deutlich andere Richtung als der Tango, der im letzten Drittel des 19. Jahrhunderts in Argentinien und Uruguay entstanden war (vgl. ausführlicher hierzu: Farris, 2005).

Hinzu kommt, dass sich die Tonträgerproduktion schon frühzeitig auf einige wenige international operierende Firmen konzentrierte, die mit ihrer Repertoirepolitik der Musikentwicklung den Weg wiesen. Dazu gehörten neben den Pionieren in den USA – Edisons National Phonograph Company, die Columbia Phonograph Company und die Victor Talking Machine Company mit ihren europäischen Ablegern British Gramophone, Deutsche Grammophon und British Columbia – die deutsche Carl-Lindström-AG und die französische Societé Pathé Frères als die bedeutendsten Vertreter der noch jungen Industrie.

Der Grundstein zur Carl-Lindström-AG, die mit eigenen Filialen in ganz Europa, den USA und Südamerika vertreten war, bevor sie 1925 als Folge der Inflation die Aktienmehrheit an die britische Columbia abtreten musste[14], wurde 1904 in Berlin

---

[14] Das Unternehmen wurde nach dem zweiten Weltkrieg von der EMI, in der die britische Columbia 1931 aufgegangen war, in eine Kapitalgesellschaft zurückverwandelt, die Carl-Lindström GmbH, die mit Sitz in Köln für die Bereiche Aufnahme und Herstellung der EMI-

gelegt. In den nur zwei Jahrzehnten seines Bestehens hat das Unternehmen tiefe Spuren in der Musikgeschichte hinterlassen. Lindström brachte ab 1922 auf seinen Marken Odeon und Beka amerikanische Originalaufnahmen der damals führenden Jazz-Ensembles auf den europäischen Markt, die zum Ausgangspunkt der europäischen, insbesondere deutschen und skandinavischen Jazz-Entwicklung wurden (Lange, 1996). Den exklusiven Zugang zu diesem Repertoire gewährleistete die enge Verbindung zur New Yorker OKeh Phonograph Corporation, die 1918 von dem ehemaligen Lindström-Vorstandsmitglied Otto Heinemann (1877-1965) mit finanzieller Unterstützung aus Berlin gegründet worden war. Für ihre Marke OKeh Records hatte sie sich einen Katalog mit erstklassigen Aufnahmen früher Jazz-Ensembles aufgebaut, darunter auch die Original Dixieland Jass Band, der die erste Jazz-Aufnahme zugeschrieben wird (Laird & Rust, 2004). Mit seiner innovativen Repertoirepolitik hat OKeh auch in den USA großen Einfluss auch die Musikentwicklung genommen. Auf OKeh erschien 1920 mit Mamie Smith (1883-1946) und den Johnny Dunn's Original Jazz Hounds die erste Aufnahme eines Blues, der „Crazy Blues" (OKeh 4169, USA 1920), mit der sich eine der zentralen Gattungen der populären Musik etablierte. Bis dahin war der Blues ein rein lokales Phänomen im Süden der USA (Barlow, 1989). Der Erfolg der Aufnahme veranlasste Firmengründer Heinemann zur Einrichtung der ersten „Race Music"-Serie[15]. Im gleichen Jahr eröffnete das Unternehmen in Chicago ein Aufnahmestudio unter Leitung des afroamerikanischen Pianisten Richard M. Jones (1898-1945), das viele klassisch gewordene Jazz-Aufnahmen auf den Weg brachte, darunter Produktionen mit King Oliver (1895-1938), Sidney Bechet (1897-1959) und Louis Armstrong (1900-1971). Auf OKeh Records ist 1923 auch die erste Country-Aufnahme in der Geschichte der Musik erschienen – Fiddlin' John Carsons (1868-1949) „The Little Old Log Cabin In the Land" (OKeh 4890, USA 1923), aufgenommen 1922 in einem mobilen Aufnahmestudio, mit dem das Label den gesamten Süden und Mittleren Westen der USA nach aufnahmefähigen Material abgraste. Die finanziellen Verbindungen zur Berliner Carl-Lindström-AG hatten zur Konsequenz, dass nach deren Übernahme durch die britische Tochter der amerikanischen Columbia auch OKeh unter die Kontrolle der Columbia in den USA geriet. Dort wurde das Label noch bis 1935 weitergeführt und dann eingestellt.

Das Medienimperium Societé Pathé-Frères entstand 1894 aus der von den Brüdern Charles Pathé (1863-1957) und Émile Pathé (1860-1937) in Paris gegründeten Les Phonographes Pathé, mit der Edisons Phonograph in einer abgewandelten, Pathéphon genannten Version dem französischen Publikum erschlossen werden sollte. Bereits 1906 nahm das Unternehmen mit dem krähenden Hahn im Logo auch die

---

Tochter Electrola verantwortlich zeichnete. 1972 wurden beide Gesellschaften in Köln zur EMI Electrola GmbH zusammengelegt.

[15] Von dem damaligen Recording Director der OKeh Records, Ralph S. Peer (1892-1960), geprägte Bezeichnung für die mit farbigen Musikern für die afroamerikanische Bevölkerungsminderheit produzierten Schallplatten, die in den Angebotskatalogen durch eine entsprechende Etikettierung als solche erkennbar sein sollten.

Produktion von Schallplatten auf, entwickelte dafür aber ein eigenes Format, das bei einem Plattendurchmesser zwischen 21 und 50 cm mit 90 Umdrehungen in der Minute lief und von innen nach außen abgespielt wurde. Pathé war zudem das erste Unternehmen der Branche, das seine Aufnahmen auf Zylinder und Platte parallel vermarktete. Das setzte ein eigenes Aufnahmemedium voraus, das sowohl der Herstellung von Platten wie der Zylinderproduktion zugrunde gelegt werden konnte. Pathé bediente sich dafür eines vergrößerten Wachszylinders, der zur Erreichung eines optimalen Klangergebnisses mit doppelter Geschwindigkeit beschrieben und anschließend auf mechanischem Weg entweder auf Zylinder oder Platte umkopiert wurde. Das Verfahren war eine frühe Vorwegnahme der ab 1949 mit Einzug des Tonbandes als Aufnahmemedium zum Standard gewordenen Praxis, für die Musikaufnahme und die Tonträgerherstellung verschiedene Medien zu benutzen. Bis dahin erfolgte die Aufzeichnung normalerweise direkt auf eine zunächst mit Wachs, dann mit Azetatlack überzogene Zink- oder Aluminiumplatte[16], von der auf elektrolytischem Weg eine Pressmatrize hergestellt wurde.

Der Katalog von Pathé verzeichnete 1904 bereits 12.000 Einzelaufnahmen, darunter Einspielungen mit der italienischen Sopranistin Claudia Muzio (1889-1936), dem Schweizer Dirigenten und Komponisten Rudolf Ganz (1877-1972) und dem französischem Geiger Jacques Thibaud (1889-1953), die zu den großen Stars jener Jahre gehörten. Der populärste Künstler im Portfolio des französischen Tonträgerpioniers, war jedoch Maurice Chevalier (1888-1972), der seine ersten Aufnahmen 1909 für Pathé machte (Marie, 2004). Bei der 1914 entstandenen US-Tochter, der New Yorker Pathé-Frères Phonograph Company, ist der afroamerikanische Bandleader James Reese Europe (1881-1919) mit seinem Society Orchestra unter Vertrag gewesen, der mit einer Version des Jazz für Salon-Orchester vor allem in Europa für Furore sorgte. Auch der Kornettist Red Nichols (1905-1965), der Pianist Duke Ellington (1899-1974) mit seiner Big Band und das Golden Gate Quartet haben ihre Schallplatten-Karrieren bei der amerikanischen Pathé begonnen. Der ab 1918 unter Pathé-Marconi firmierende Musik-Arm des damals dann schon hauptsächlich im Filmgeschäft aktiven Unternehmens geriet im Vorfeld der Weltwirtschaftskrise 1928 ins Trudeln und wurde an die britische Columbia verkauft. Die amerikanische Pathé ging im Jahr darauf in der American Record Corporation auf, die bei Ausbruch der Weltwirtschaftskrise 1929 durch einen Zusammenschluss von mehreren US-Plattenfirmen entstand.

Binnen weniger Jahre war der Tonträger zur Grundlage einer rasch wachsenden und äußerst dynamisch agierenden Industrie geworden. In den ersten Jahren nach 1900 stieg allein in Deutschland die Zahl der in diesem Bereich registrierten Unternehmen auf über 100 (Schulz-Köhn, 1940, S. 99). In den USA vergrößerte sich die Zahl der auf dem Tonträgermarkt operierenden Firmen von 18 im Jahre 1914, die

---

[16] Bei dem 1981 eingeführten Direct Metal Mastering (DMM) von Telefunken erfolgt der Schnitt in eine Kupferfolie anstatt auf eine beschichtete Aluminiumplatte, was die Klangeigenschaften noch einmal deutlich verbesserte, da dieses Material aufgrund seiner höheren Steife die feinen Auslenkungen des Schneidstichels wesentlicher besser aufnehmen konnte.

zusammen 514.000 Walzen und Platten in einem Gesamtwert von 27,1 Mill. US$ produzierten, auf über 200 im Jahre 1921 mit einem Produktionsausstoß von mehr als 140 Mill. Einheiten in einem Gesamtwert von 106 Mill. US$ (Gronow, 1983). Danach machten sich die verheerenden Auswirkungen bemerkbar, die das Aufkommen des *Rundfunks* in den 1920er-Jahren für den Tonträger hatte. Die drahtlose Übertragung von Live-Musik erwies sich nicht nur von überlegener Klangqualität, da der unvermeidbare Geräuschpegel des Trägermaterials entfiel. Sie war selbst in dem auf Subskriptionsbasis aufgebauten europäischen Rundfunkwesen wesentlich kostengünstiger als der Kauf von Schallplatten. In den USA, wo das entstehende kommerzielle Rundfunksystem lediglich den einmaligen Anschaffungspreis für das Empfangsgerät erforderte, sank der jährliche Gesamtumsatz auf dem Tonträgermarkt bereits nach Einführung des Rundfunks wieder unter die 100-Millionen-Marke, betrug 1922 nur noch 92 Mill. US$ und fiel bis 1933 mit einem Rekordtiefstand von 6 Mill. US$ auf das Niveau der Jahrhundertwende zurück (Gronow, 1983). Die Zahl der häuslichen *Rundfunkempfänger* stieg dagegen bis 1926 auf 5 Millionen und wuchs bis 1933 auf 17 Millionen (Eberly, 1982, S. 36ff.). Die Entwicklung in Europa verlief mit einer leichten Zeitverzögerung analog (Lersch & Schanze, 2004).

Als Ausweg aus der Krise erwies sich die Fokussierung der Tonträgerproduktion auf zielgruppenorientierte Nachfragestrukturen wie sie OKeh mit ihrer „Race"- und Country-Music-Serie schon seit Anfang der 1920er-Jahre praktizierte. Das Modell wurde nun von nahezu allen Tonträgerherstellern übernommen. Es führte in den USA zu einer die Musikentwicklung zutiefst prägenden und noch heute bestehenden Fragmentierung des Musikmarktes in vier verschiedene Sektoren – in ein afroamerikanisches Marktsegment, das seit 1949 unter der Bezeichnung „Rhythm & Blues" firmiert; in einen zunächst als „Hillbilly", ab 1927 als „Country Music" bezeichneten Sektor, der auf den nichturbanen Bevölkerungsteil ausgerichtet ist; in einen seit 1928 als „Classic" etikettierten Sektor mit Musik für die exklusiven Schichten des Bildungsbürgertums und schließlich in einen repertoireunspezifischen, lediglich an absoluten Verkaufszahlen orientierten Sektor, der seit 1940 unter dem Kürzel „Pop" (für Popular Music) geführt wird. Auch in Europa begann mit der Verbreitung des Rundfunks der konsequente Aufbau von zielgruppenorientierten Repertoirelinien durch die Tonträgerindustrie. Hier waren die Marktsegmente zumindest bis in die 1950er-Jahre jedoch noch eher genrespezifisch als demographisch definiert und verliefen entlang einer Grenze, die im deutschen Sprachraum seit den 1920er-Jahren durch die von den Rundfunkanstalten und Verwertungsgesellschaften geprägten Kürzel U („Unterhaltungsmusik") und E („ernste" Musik) markiert ist. Musik, die sich in den *Repertoirekategorien* der Tonträgerindustrie nicht unterbringen ließ, verlor damit sukzessive sowohl in wirtschaftlicher wie kultureller Hinsicht die Existenzgrundlage. Ein Großteil der regionalen Musikformen wie die einst weit verbreiteten regionalen Tanzmusikstile (Rheinländer, Egerländer etc.) verschwand damit von der kulturellen Landkarte.

Die schwierige Situation, in die die Tonträgerindustrie durch den Rundfunk geraten war, veranlasste die Victor Talking Machine Company 1925 zu einem folgenreichen

Schritt, der aus den beiden konkurrierenden Medien für Jahrzehnte eine funktionelle Einheit machte. Victor startete im Frühjahr 1925 bei WEAF in New York – eine der größten Stationen im damaligen Sendernetz von A.T.&T. – eine regelmäßige Halbstunden-Sendung mit seinen Neuerscheinungen. Noch im gleichen Jahr folgten analoge Sendungen bei Stationen anderer Senderketten. Obwohl es dann noch gut ein Jahrzehnt dauerte, bis der Anteil der als Tonkonserve verfügbar gemachten Musik das Live-Programm im Rundfunk übertraf (vgl. ausführlicher hierzu: Morton, 2004), war damit einer Allianz aus Rundfunk und Plattenfirmen der Weg gewiesen, die sich erst am Ende des 20. Jahrhunderts wieder aufzulösen begann, als es zwischen den Zielgruppen der beiden Medien kaum noch Überschneidungen gab. Jahrzehntelang fungierte der Rundfunk jedoch als Werbemedium für den Tonträger und die Tonträgerindustrie als Materiallieferant für den wichtigsten Programminhalt des Rundfunks. Als 1929 die Victor Talking Machine Company in die Radio Corporation of America (RCA) eingegliedert wurde, ein 1919 geschaffenes Unternehmen zur gemeinsamen Verwertung der Rundfunkpatente von General Electric, Westinghouse und A.T.&T., war die Allianz der beiden Medien schließlich auch institutionell vollzogen.[17]

Die Weltwirtschaftskrise traf den jungen Industriezweig Ende der 1920er-Jahre nicht nur durch das Wegbrechen der Absatzmärkte. Angesichts der weitläufigen internationalen Vernetzung der phonographischen Industrie wirkten sich vor allem die anhaltenden Währungsturbulenzen katastrophal aus. Firmenzusammenbrüche, Ausgründungen und Übernahmen bestimmten das Bild – ein Prozess, der am Ende nur einige wenige, hochgradig integrierte Firmenkonglomerate übrigließ. So waren in den USA 1935 nur noch drei Firmen in der Musik- und Tonträgerproduktion aktiv – neben der RCA Victor die American Record Corporation, der ab 1933 auch die traditionsreiche Columbia gehörte, und die 1934 gegründete US-Tochter der britischen Decca Gramophone[18], die sich mit Künstlern wie Guy Lombardo (1902-1977), Ted Lewis (1892-1971), Ethel Waters (1896-1977), den Dorsey Brothers, den Mills Brothers und der Casa Loma Band binnen kurzer Zeit zum führenden Label der Swing-Ära entwickelte. Mit Bing Crosbys (1903-1977) „White Christmas" (Decca 18429, USA 1943) hatte die jüngste der Großen auf dem Weltmarkt, die ab Ende der 1940er-Jahre mit Bill Haley (1925-1981) auch den Rock'n'Roll auf den Weg brachte, die bis heute meistverkaufte Single aller Zeiten im Programm.

---

17   Der Rundfunk benutzte in den 1930er-Jahren dann sogar eine zeit lang ein eigenes Tonträgerformat, die Transcription Disc, eine einseitig bespielte, lackbeschichtete 16-Zoll-(40cm)-Aluminiumplatte (Acetate), später Vinyl, die bereits mit $33^1/_3$ Umdrehungen in der Minute, allerdings von Innen nach Außen abgespielt wurden und zur Aufzeichnung von Radiosendungen dienten, um sie zwischen den Stationen austauschen zu können (Radio Syndication).
18   1914 von Barnett Samual & Sons in London gegründetes Unternehmen zur Herstellung von tragbaren Grammophonen, die die Marken-Bezeichnung „Decca" erhielten. Das Unternehmen ging 1928 an die Börse und wurde 1929 von der Malden Holdings Company des Börsenmakler Edward Lewis (1901-1980) übernommen, der ein Presswerk erwarb und die Decca Records Ltd. als Tochter der Decca Gramophone in London gründete.

In Europa fusionierten auf dem Höhepunkt der Weltwirtschaftskrise 1931 die British Gramophone und die britische Tochter der Columbia zur Electrical and Musical Industries Ltd. (EMI), die die Musikproduktion mit Interessen im Phonogeräte- sowie Elektrobereich verband und mit Niederlassungen in über fünfzig Ländern zum größten europäischen Tonträgerproduzenten avancierte (Martland, 1997). In Deutschland entstand 1932 aus den Tonträgerbestandteilen des auseinandergebrochenen Küchenmeister-Konzerns – eine nach der Inflation 1925 in Berlin gebildete Holding, die verschiedene Schallplatten-, Tonfilm- und Radiofirmen unter sich vereinte – die Telefunken-Platte GmbH (Thiele, 2003) als Tochter der 1903 zur gemeinsamen Verwertung der Funkpatente von AEG und Siemens & Halske gegründeten Telefunken AG. Sie agierte ähnlich wie die britische EMI, die amerikanische RCA Victor oder die CBS Columbia, die 1938 mit Übernahme der Columbia durch ihre einstige Radio-Tochter CBS entstanden war, im Schnittpunkt von Film-, Elektro-, Rundfunk- und Tonträgerinteressen. Mit Peter Kreuder (1905-1981) und seinem Orchester, der Sängerin Greta Keller (1903-1977), Kurt Hohenberger (1908-1979) und seinem Solisten-Orchester, Lewis Ruth (1889-1941) und seiner Kapelle, Barnabas von Géczy (1897-1971) und seinem Orchester und vor allem mit dem Telefunken Swing-Orchester unter Leitung von Heinz Wehner (1908-1945) versammelte das Unternehmen eine Reihe der populärsten Repräsentanten der Tanz- und Unterhaltungsmusik im Deutschland der 1930er-Jahre um sich.

In den diversifizierten Unternehmensstrukturen erfolgte auch die organisatorische und administrative Trennung der Tonträgerproduktion von der phonographischen Technik. Je komplexer die Firmenkonglomerate wurden, in denen sich die Sprechmaschinen-Industrie von einst nun wiederfand, je komplexer also auch die Verwertungsketten, um so stärker differenzierten sich Produkte und Produktionsstrukturen aus. Und dieser Prozess setzte sich nach dem Zweiten Weltkrieg ungebrochen fort. Angetrieben von den Wachstumsraten auf dem mit dem Rock'n'Roll erschlossenen Jugendmarkt (Chappel & Garofalo, 1977, S. 171ff.) entstanden Unternehmensarchitekturen, die sich durch weit gespannte Verwertungsketten und tief geschachtelte Diversifikationsprozesse auszeichneten. Auch die Großen der Vorkriegszeit expandierten auf diese Weise häufig in völlig branchenfremde Bereiche. RCA übernahm den Autoverleiher Hertz, engagierte sich auf dem Bausektor sowie in der Herstellung von Küchengeräten und Elektronik (Sobel, 1986). Die CBS erweiterte ihren geschäftlichen Kern im Rundfunk-, Fernseh- und Tonträgerbereich (CBS Radio Networks, CBS TV Networks, CBS Fox, CBS Recording Group) in den 1960er-Jahren mit der Übernahme von Holt, Rinehart & Winston, W. B. Saunders und Fawcett Publications um das Buchgeschäft (CBS Publishing), mit Steinway Inc. (Flügel und Klaviere), mit Fender Musical Instruments (Rhodes E-Pianos, Rogers Schlagzeuge, Fender Gitarren) um die Musikinstrumentenherstellung (CBS Musical Instruments) und mit Pacific Stereo um den Phonogeräte-Bereich.

In Europa entwickelten sich, durch die Kriegsfolgen lediglich etwas zeitversetzt, ähnliche Verhältnisse wie in den USA. Zunächst nahmen auch hier die Großen der Vorkriegszeit bald wieder ihren ursprünglichen Platz ein. Insbesondere die britische

EMI vermochte, nicht zuletzt durch die spektakulären Erfolge, die sie mit den Beatles in den 1960er-Jahren erzielte, ihre Führungsposition zügig auszubauen. Sie übernahm 1969 die Associated British Picture Corporation, zu der eine der größten Kinoketten des Landes gehörte, expandierte mit Thames Television auf den Fernsehmarkt und baute eine der größten Handelsorganisationen für Musikinstrumente und -zubehör auf. Fernsehübertragungs- und Studiotechnik, medizinische Gerätetechnik und Radarsysteme für zivile und militärische Anwendungen sowie Phonotechnik gehörten zu dem ausgedehnten Geschäftsfeld des Unternehmens, das zudem mit einer Kette von Musikverlagen in den 1970er-Jahren nahezu ein Fünftel aller Verlagseinnahmen der Welt kontrollierte (Pandit, 1996).

In Deutschland fasste nach dem Krieg als erstes Unternehmen die Deutsche Grammophon wieder Tritt, zumal ihre alten Produktionsstätten in Hannover weitgehend erhalten geblieben waren (Hein, 1963). Sie war noch während des Krieges 1940 in eine hundertprozentige Tochter von Siemens & Halske umgewandelt worden. Die Siemens AG, wie die Muttergesellschaft nach dem Krieg dann hieß, verband ihre Tonträgerinteressen 1966 mit denen der niederländischen Koninklijke Philips Electronics N.V., der Philips Phonographische Industrie, 1967 in Phonogram umbenannt, während die Auslandsaktivitäten der alten Deutschen Grammophon in der 1946 in Hamburg gegründeten Polydor International zusammengefasst wurden. 1972 reorganisierten die beiden Elektrogiganten ihre Tonträgeraktivitäten in der gemeinsamen Holding PolyGram, die 1998 unter dem Dach das kanadischen Getränkeherstellers Seagram Inc. in der Universal Music Group aufging.

Unter den nach dem Zweiten Weltkrieg in Europa erfolgten Neugründungen ragen insbesondere zwei Unternehmen heraus. Mit der Gründung des von der Gütersloher Bertelsmann AG eingerichteten Kompilationslabels Ariola erfolgte 1958 die Grundsteinlegung für die BMG Music Group, die in Deutschland als BMG Ariola Musik GmbH firmiert und binnen kürzester Frist zu einem der Größten der Branche avancierte. Kompilationslabel für die lizenzierte Nachverwertung erfolgreicher Veröffentlichungen unterschiedlicher Hersteller in Form von Neuzusammenstellungen und Kopplungen wurden vor allem in den 1960er- und 1970er-Jahren zu einer wichtigen Form der Musikvermarktung. Die zweite, zu beachtlicher Größe expandierte europäische Neugründung der Nachkriegszeit war die 1970 in London als spezialisierter Versandhandel entstandene Firma Virgin Records von Richard Branson (*1950). Sie wurde 1973 in ein Label umgewandelt und war mit Projekten wie Mike Oldfields (*1953) „Tubular Bells" (1973) und den Produktionen der deutschen Electronic Rock-Band Tangerine Dream derart erfolgreich, dass das Unternehmen ins Film- und Buchgeschäft, in die Tourismusbranche und in den Luftverkehr expandieren konnte. Mit dem Konzept der *Virgin Mega Stores* wurde 1979 der Einzelhandel mit Tonträgern auf eine neue Grundlage gestellt und in Medienkaufhäusern verankert, die die gesamte lieferbare Repertoirepalette mit zielgruppenorientierten Zusatzangeboten von Computer- und Videospielen bis hin zu T-Shirts verbanden. Der Musikbereich der Virgin Group wurde von Firmengründer Branson 1992 an die EMI verkauft (Southern, 1993).

Auf dem Höhepunkt der steilen Karriere des Tonträgers, der im Jahr 1996 mit einem Gesamtabsatz von 3,83 Mrd. verkauften Einheiten und einem Gesamtumsatz von 39,82 Mrd. US$ erreicht wurde (IFPI, 1997), entfielen 83 Prozent des Welttonträgermarktes auf fünf Firmenkonglomerate (Hull, 1998, S. 125ff.) – die Warner Music Group[19], Bestandteil des US Medienimperiums Time-Warner Inc.; PolyGram[20], damals bereits im alleinigen Besitz des niederländischen Elektronikkonzerns Koninklijke Philips Electronics N.V; Sony Music Entertainment[21], Bestandteil des japanischen Elektronikriesen Sony Inc.; Thorn EMI[22], deren Muttergesellschaft Thorn Electric Industries hauptsächlich im Rüstungsgeschäft engagiert war; die Bertelsmann Music Group (BMG), Bestandteil des deutschen Medienkonzerns Bertelsmann AG, und die 1990 unter dem Dach der japanischen Matsushita Electric Industrial Co. entstandene MCA Music Entertainment Group[23], die 1995 von dem im kanadischen Montréal beheimateten Getränkehersteller Seagram Company Ltd. übernommen wurde, der sie 1998 mit der von ihm im gleichen Jahr erworbenen PolyGram verband und als Universal Music Group reorganisierte. Als Vollsortimenter decken diese weltweit tätigen Großfirmen (Majors) nahezu das gesamt Spektrum der verfügbaren Musik ab. Sie verfügen jeweils über eine Vielzahl von Labels, die häufig als selbständige administrative Einheiten (Profit Center) agieren und identifizierbare Markenzeichen für bestimmte Repertoiresegmente darstellen. Der Marktmacht, über die sie damit verfügen, steht seit den 1950er-Jahren eine wachsende Zahl von Kleinfirmen (Indies) gegenüber, die auf den zahllosen Nischenmärkten operieren und häufig lediglich durch ihre Kreativität einen nachhaltigen Einfluss auf die Musikentwicklung nehmen. Verwiesen sei etwa auf das 1952 in Memphis, Tennessee, von Sam Phillips (1923-2003) gegründete Label Sun Records, auf dem mit Elvis Presley (1935-1977), Jerry Lee Lewis (*1935), Carl Perkins (1932-1998), Johnny Cash (1932-2003) und Roy Orbison (1936-1988) der *Rock'n'Roll* geprägt wurde. Das 1981 von Tom Silverman (*1956) in New York gegründete Label Tommy Boy Records gehörte mit Afrika Bambaataa (*1957), Queen Latifah (*1970), Stetsasonic, De La Soul oder Naughty By Nature zu den wichtigsten Geburtshelfern von *Rap* und *HipHop*. Und die 1993 in Frankfurt a.M. von Achim Szepanski (*1957) ins Leben gerufene Labelgruppe Mille Plateaux spielte

---

[19] entstanden 1995; Grundlage waren die US-Tonträgerfirmen Warner Bros. Records, Atlantic Records und Elektra Records.
[20] Das 1972 als gemeinsame Holding von Siemens und Philips entstandene Unternehmen ging 1987 in den alleinigen Besitz von Philips über.
[21] entstanden 1988 durch Übernahme der in der CBS Recording Group zusammengefassten Tonträgerfirmen von CBS
[22] entstanden 1979 zur Abwendung eines Konkursverfahrens nach milliardenschwerer Fehlinvestition seitens der EMI in die am Markt nicht durchsetzbare Bildplatte
[23] entstanden aus der 1924 als Konzertagentur gegründeten Music Corporation of America (MCA), die 1962 durch Übernahme der amerikanischen Decca ins Tonträgergeschäft expandierte und in den 1980er-Jahren mit Übernahme so traditionsreicher Firmen wie Chess, Motown und Geffen zu einer marktbeherrschenden Größe geworden ist

eine ähnliche Rolle für die als *Electronica* firmierende experimentelle elektronische Musik.

Dass der Tonträger 1996 seinen Zenit erreicht hatte und seither durch die trägerlose Verbreitung von Musik in digitaler Form massiv in Bedrängnis geriet, manifestierte sich unübersehbar in der Musiktauschbörse *Napster*, die der damalige College-Student Shawn Fanning (*1981) 1999 in Boston auf der Basis einer von ihm geschriebenen Software für den direkten, *Peer-to-Peer*-(P2P)-Tausch von Musikdateien eröffnete (Menn, 2003). Zwar hatte es schon 1994 mit dem Internet Underground Music Archive einen ersten Online-Musikdienst gegeben, aber der war als Alternative zu einem Plattenvertrag Newcomern vorbehalten. Den gleichen Ansatz verfolgte auch die 1997 eröffnete Plattform MP3.com. Mit Napster dagegen konnten sich die über 40 Millionen Nutzer, die das Portal bereits im Jahr seiner Eröffnung frequentierten, zu nahezu allem, was an Musik auf Tonträgern vorlag, Zugang verschaffen. Ungeachtet der urheberrechtlichen Problematik, die 2001 auch zur gerichtlich verfügten Schließung von Napster führten, war der Übergang vom Tonträger zur trägerlosen Musikdatei zumindest für das Segment der populären Musik, das immerhin reichlich 90 Prozent des Marktes ausmacht, nicht mehr aufhaltbar. Der 2003 von dem Computerhersteller Apple Corp. im Internet als Verkaufshilfe für seinen *iPod* eröffnete Music Store *iTunes* hat diese Entwicklung mit noch nicht absehbaren Folgen sowohl für den Umgang mit Musik als auch für die Musikentwicklung insgesamt unumkehrbar gemacht. Die International Federation of the Phonographic Industry (IFPI) ermittelte im Juli 2003 einen Umfang von 1,3 Milliarden Songs, die auf über 100 Mill. Rechnern zum (illegalen) Download bereit lagen, denen 300.000 Songs zum legalen Download über mehr als 30 kommerzielle Online-Dienste gegenüberstanden (IFPI, 2004). Im gleichen Zeitraum sank der Tonträgerabsatz um fast 20 Prozent auf 2,81 Mrd. verkaufte Einheiten in allen physischen Formaten, mit denen 2003 ein weltweiter Gesamtumsatz von 32 Mrd. US$ realisiert wurde. Seither stagniert die Entwicklung auf diesem Niveau (Tabellen 1 u. 2), während die Zuwachsraten im Musik-Download inzwischen im zweistelligen Bereich liegen (IFPI, 2007).

Tabelle 1: Weltweiter Umsatz mit Tonträgern 1997-2007

1997	1998	1999	2000	2001	2002	2003	2004	2005	2006	2007
38.473	38.289	38.802	36.858	34.787	32.538	32.340	33.507	33.456	31.813	29.922

Angaben in Mill. US$ inkl. Mehrwertsteuer, alle Formate (Quelle: IFPI, 2008)

Tabelle 2: Weltweiter Absatz mit Tonträgern 1997-2007

1997	1998	1999	2000	2001	2002	2003	2004	2005	2006	2007
3.684	3.649	3.594	3.458	3.280	3.012	2.816	2.842	2.929	2.801	2436

Angaben in Mill. Stück, alle Formate (Quelle: IFPI, 2008)

In der Konsequenz hat das noch einmal zu gravierenden strukturellen Veränderungen in der Tonträgerindustrie geführt. Der Branchen-Primus, die Universal Music Group, mit einem Marktteil von 25,5 Prozent (2007) ging 2004 im Ergebnis einer Aktienzusammenlegung an den französischen Mischkonzern Vivendi Environment. Sony und BMG haben 2004 ihre Tonträgerinteressen in ein gemeinsames Unternehmen, die Sony BMG Music Entertainment, eingebracht, die seit 2008 von Sony allein geführt wird[24]. EMI und Warner trennten sich von ihren Muttergesellschaften – die EMI Group 1997, die Warner Music Group 2004 – und agieren wieder eigenständig als reine Musikverwerter. Die immer wieder annoncierte Fusion der beiden Unternehmen ist bislang am Veto der EU-Kommission gescheitert.

Im gleichen Zeitraum, zwischen 1997 und 2007, hat aber auch der Prozess der Ausdifferenzierung in eine ständig wachsende Zahl von Klein- und mittelständischen Unternehmen einen massiven Schub erhalten, da sie mit dem Internet als Marketing- und Vertriebsplattform deutlich bessere Bedingungen für ihre Operationen finden.[25] Bis 2007 hatten sie ihren Marktanteil auf rund 30 Prozent ausgebaut (IFPI, 2007), womit der sich quantitativ wie qualitativ verengende musikalische Mainstream, der von immer weniger global vermarkteten Produkten mit immer komplexeren Verwertungsketten getragen wird, an den Rändern in eine sich vermehrende Zahl von Substilen und Alternativtrends ausfranst.

Tonträgermarketing und Musikentwicklung

Der wohl direkteste Einfluss auf die Musikentwicklung geht von dem mit dem Tonträger verbundenen Marketing aus, das ihn als Produkt auf dem kulturellen Terrain zu platzieren sucht. Schon in den Gründerjahren resultierte bereits aus der Tatsache des Vorliegens einer Aufnahme eine Kanonisierung des Repertoires, die weit über das hinausging, was der Konzertbetrieb hervorgebracht hatte. Das betraf sowohl das Repertoire wie die Künstler, die ziemlich ungeniert nach dem schon im Konzertbetrieb des 19. Jahrhunderts aufgekommenen Star-System bewirtschaftet wurden (vgl. hierzu Lebrecht, 2007). Es betraf aber auch die Interpretationsstile klassischer Werke, die durch die Tonaufnahme in direkte Konkurrenz zueinander gerieten, wobei die

---

[24] BMG hat zum Ende des Jahres 2008 die Kooperation mit Sony beendet und sich als erster der Branchenriesen in Anpassung an die durch das Internet gründlich veränderten Bedingungen auf den Musikmärkten aus dem operativen Tonträgergeschäft völlig zurückgezogen, um sich stattdessen ganz auf das Management von Musikrechten zu konzentrieren. Auch der zu diesem Zeitpunkt drittgrößte Musikverlag der Welt, die BMG Music Publishing, wurde im Zuge der Neuausrichtung des Konzerns an die französische Vivendi-Gruppe veräußert, die ihn in Universal Music Publishing integrierte. BMG ist damit zu einer reinen Verwaltungs- und Vermarktungsplattform von Musikrechten Dritter geworden, ein Schritt, der das Ende der Musikindustrie in der bisherigen Form einläuten könnte.

[25] zum Einfluss des Internets auf Musikökonomie und Unternehmensstrukturen vgl. insbesondere Haring, 2000

Tonträgerindustrie durch ihre Repertoirepolitik häufig alles andere als unumstrittene Standards setzte. Adorno hat diesen Effekt schon 1938 nicht ohne Polemik auf den Punkt gebracht und als Verdinglichung beschrieben:

> „Es herrscht eiserne Disziplin. Aber eben eiserne. Der neue Fetisch ist der lückenlos funktionierende, metallglänzende Apparat als solcher, in dem alle Rädchen so exakt ineinander passen, dass für den Sinn des ganzen nicht die kleinste Lücke mehr offen bleibt. Die im jüngsten Stil perfekte, makellose Aufführung konserviert das Werk um den Preis seiner definitiven Verdinglichung. Sie führt es als ein mit der ersten Note bereits fertiges vor: die Aufführung klingt wie ihre eigene Grammophonplatte." (Adorno, 1973, S. 31)

Nicht nur in der populären Musik ist die Aufnahme und damit das Resultat der Studioproduktion längst zum Maß aller Dinge geworden. Bei Opernsängern etwa wurde beobachtet, dass der Tonträger zu einer Internationalisierung und Vereinheitlichung des Stimmklangs geführt hat, der die Stimmen letztlich austauschbar macht (Pfeiffer, 2006). Je weiter die Entwicklung voranschritt, desto deutlicher manifestierten sich die Auswirkungen des Tonträgers in der Musikkultur.

In den ersten Jahren galt der Tonträger noch als ein reines Nebengeschäft zur Unterstützung des Absatzes der Wiedergabegeräte. Die exklusive Bindungen von Künstlern an die Hersteller war noch unbekannt[26], da die Konkurrenz hauptsächlich über die gerätetechnische Seite ausgetragen wurde. Markenbildung erfolgte hauptsächlich mit dem Ziel, den Absatz der Apparate durch geeignete Repertoirekategorien zu strukturieren. So begann die für Emile Berliners Patente in Europa zuständige British Gramophone schon 1902 mit ihrer Red-Label-Serie – Platten mit einem roten Aufkleber als Markenzeichen – unter Leitung ihres eigens dafür berufenen Musikdirektors Sir Landon Ronald (1873-1938) eine Repertoirelinie aufzubauen, die mit einer exklusiven Auswahl an klassischen Werken auf die einkommensstarken Schichten des Bürgertums abgestellt war. Angeführt von Enrico Caruso verband sie sich mit den Namen berühmten Interpreten wie der italienischen Sopranistin Adelina Patti (1843-1919), des russischen Bass Fjodor Schaljapin (1873-1938), des polnischen Pianisten Ignacy Paderewski (1860-1941) oder des deutschen Violinvirtuosen Fritz Kreisler (1875-1962). Victor, die US-Schwester der British Gramophone übernahm das Konzept und anfangs auch das Repertoire unter der Bezeichnung Victor Red Seal Records und machte damit seine *Victrola*, das erste Grammophon im Möbeldesign, zu einem Verkaufsschlager. In dem bis heute als RCA Red Seal Records unter dem Dach von Sony BMG Masterworks weitergeführten Katalog fanden u.a. der legendäre italienische Dirigent Arturo Toscanini (1867-1957) mit dem NBC Symphony Orchestra, der englische Dirigent Leopold Stokowski (1882-1977) mit dem Philadel-

---

[26] Eine Ausnahme war die exklusive Bindung von Sousa's Band, der 1892 von dem ehemaligen Leiter der US Marine Band John Philip Sousa (1854-1932) gegründeten Blaskapelle, ab 1895 an die Columbia Phonograph Company, die allerdings ohne Mitwirkung des populären Bandleaders erfolgte, der ein erklärter Gegner der neuen Technologie war, auf den auch der Ausdruck „canned music" zurückgeht (vgl. Bierley, 1973).

phia Orchestra und der russische Pianist Vladimir Horowitz (1903-1989) ihre Heimat auf dem neuen Medium und lieferten hierfür Einspielungen ab, die bis heute musikalische Standards setzen. Die Columbia hatte als Antwort auf Victors Klassik-Linie 1902 ebenfalls eine solche Luxus-Marke, allerdings mit rot-goldenem Label, unter der Bezeichnung Grand Opera Discs im Programm, die hauptsächlich den großen Stars der New Yorker Metropolitan Opera vorbehalten war. 1906 wurde sie von der Columbia Records Symphony Series abgelöst, die 1927 in den Columbia Masterworks aufging, heute Sony BMG Masterworks. Unter den zahllosen InstrumentalsolistInnen, SängerInnen, Dirigenten und Ensembles, die die Columbia mit ihrer Masterwork-Serie der Nachwelt erhielt, befindet sich auch der kanadische Pianist Glenn Gould (1932-1982), der zu den ersten gehörte, die sich konsequent darum bemühte, die klang- und aufnahmetechnischen Möglichkeiten des Tonträgers für die Interpretation klassischer Werke zu nutzen und dafür 1964 den ungewöhnlichen Schritt ging, auf das Konzertieren völlig zu verzichten und stattdessen nur noch im Aufnahmestudio zu arbeiten (vgl. Gould, 1966).

Obwohl das prestigeträchtige Klassik-Repertoire bei der Etablierung und Vermarktung der neuen Technik im Vordergrund stand – denn die einkommensstarken und meinungsführenden Schichten des Bürgertums spielten für die Zukunft der neuen Technologie eine entscheidende Rolle – war auch damals schon der übergroße Teil der Aufnahmen den populären Musikformen vorbehalten. Die Columbia hatte mit der Band des ehemaligen Direktors der US Marine Band, John Philip Sousa (1854-1932), schon in den 1890er-Jahren den Aufbau eines speziellen „Pop"-Katalogs begonnen und mit dem Musical-Stars Sam Ash (1884-1951), dem als „Ragtime-König" in die Musikgeschichte eingegangenen Gene Greene (1878-1930), dem Sänger Bill Murray (1877-1954) oder der Sängerin Ada Jones (1873-1922) die populärsten Studio-Artisten der frühen akustischen Periode in ihrem Programm. Im Januar 1917 entstand bei der Columbia mit „Darktown Strutter's Ball"/„Indiana" der Original Dixieland Jass Band (Columbia 2297, USA 1917) die erste *Jazz*-Aufnahme in der Geschichte der Musik. Allerdings kam diese Aufnahme erst vier Wochen nach dem von Victor mit der Original Dixieland Jass Band aufgenommenen „Livery Stable Blues" (Victor 18255, USA 1917) auf den Markt, so dass Victor für sich in Anspruch nehmen konnte, den Jazz auf die Schallplatte gebracht zu haben. Solche Aufnahmen wurden damals noch fast ausschließlich von den in gastronomischen Einrichtungen und Arkaden aufgestellten Musikautomaten absorbiert. 1900 gingen über 95 Prozent der produzierten ca. 3 Millionen Zylinder und Platten in die Jukebox, 1939 noch immer mehr als zwei Drittel der Jahresgesamtproduktion (Segrave, 2002). Obwohl das Billigpreis-Segment schon seit den 1920er-Jahren für Massenabsatz sorgte, brauchte es noch bis Mitte der 1950er-Jahre, um den Tonträger mit der Single-Schallplatte zum Gegenstand des individuellen Massenkonsums zu machen.

Partizipierte die Tonträgerproduktion in den ersten Jahren mehr oder weniger an dem, was ohnehin schon etabliert war und durch seine Ausstrahlungskraft die neue Technologie attraktiv machen konnte – Ausnahmen von dieser Regel waren eher selten –, erfolgte ab Mitte der 1920er-Jahre eine aktive Repertoireentwicklung, die durch möglichst langfristige und exklusive vertragliche Bindungen abzusichern versucht wurde. Der Schwerpunkt verlagerte sich nun darauf, Musik möglichst exklusiv für den Tonträger zu erschließen, was die Musikentwicklung dann vollständig in Abhängigkeit von der Tonträgerindustrie brachte. Damit begann sich auch das A&R-(*Artist & Repertoire*)-Management bei den Plattenfirmen zu etablieren. Mit der Auswahl der aufzunehmenden Künstler und der Entscheidungsgewalt über das aufzunehmenden Repertoire ist die Musikgeschichte das 20. Jahrhunderts hinter den Kulissen von den A&R-Leuten der Plattenfirmen in einer kaum zu überschätzenden Weise geprägt worden.

Als erster A&R-Direktor gilt der 1920 bei OKeh Records eingestellte, vordem unter anderem auch für Bessie Smith (1894-1937) tätige afroamerikanische Komponist Clarence Williams (1898-1965). Nachdem in den 1930er-Jahren die Tonträgerproduktion in zunehmendem Maße als Musikproduktion verstanden war, gewann auch der A&R-Bereich stärker an Bedeutung. Zu den A&R-Managern, die die Geschichte der Tonträgerindustrie ebenso geprägt haben wie die Musikgeschichte, gehören der ehemalige Orchestermusiker (Oboist) Mitch Miller (*1911), der zunächst für Mercury Records, von 1948 bis 1963 dann für die Columbia in der Funktion des A&R-Direktors tätig war; John H. Hammond (1910-1987), der seine Karriere als Musikkritiker begann und seit den frühen 1930er-Jahren für die Columbia neben vielen anderen Benny Goodman (1908-1986), Count Basie (1904-1984), Billie Holiday (1915-1959), Robert Johnson (1911-1936), Bessie Smith (1894-1937), Bob Dylan (*1941), Aretha Franklin (*1943), Pete Seeger (*1919) und Bruce Springsteen (*1949) entdeckt, aufgebaut und betreut hat; des Weiteren der Arrangeur Gordon Jenkins (1901-1984), der für die amerikanische Decca Billy Eckstine (1914-1993) und Ella Fitzgerald (1917-1996) betreute, bevor er ab 1957 bei Capitol Records u. a. für Frank Sinatra (1915-1998) verantwortlich war, und schließlich der ab 1950 die A&R-Abteilung der RCA Records leitende ehemalige Bandleader und Arrangeur Hugo Winterhalter (1909-1983). In der Regel sind die A&R-Leute jedoch nur den Branchen-Insidern bekannt, obwohl sie die wohl wichtigste Gatekeeper-Funktion in der Musikindustrie innehaben.

Je professioneller der A&R-Bereich wurde, je enger damit der Zusammenhang von Musik und Tonträgermarketing, umso mehr verwandelte sich die Musik damit in ein renditeträchtiges Investitions- und Spekulationsobjekt, das nicht zuletzt durch die anhaltend hohen Gewinnerwartungen in den diversifizierten Unternehmensstrukturen frei flottierende Kapitale aus allen möglichen Branchen anzog. Die Kapitalkonzentration in der Musik- und Medienindustrie führten nach dem Zweiten Weltkrieg zu einem explosionsartigen Ansteigen der *Tonträgerproduktion*, die zwischen 1950 und dem Ende der 1970er-Jahre anhaltend zweistellige Zuwachsraten aufwies (Chappel & Garofalo, 1977, S. 11). Bereits im Verlauf der 1950er-Jahre wurde dabei der Punkt der faktischen Marktsättigung erreicht. Das heißt, dass schon damals 90 Prozent der produzierten Tonträger noch nicht einmal ihre Produktionskosten deckten und aus dem Verkauf der restlichen 10 Prozent mitfinanziert werden mussten (vgl. Hirsch,

1970, S. 11ff.).²⁷ Das seither hier geltende Regime einer kalkulierten Überproduktion ist durch eine Reihe von Strategien zu optimieren versucht worden. Diese reichen vom massiven Ausbau des Starsystems, das vor allen in den 1980er-Jahren mit Michael Jackson (*1958), Madonna (*1958) und Bruce Springsteen bis dahin nicht gekannte Dimensionen erhielt, über eine effizientere Strukturierung des Marktes durch ein Ausdifferenzieren der Angebotskategorien in immer wieder neue Derivate bestehender Musikformen (vgl. Negus, 1999; Holt, 2007) bis hin zu einer extremen Beschleunigung der Produktlebenszyklen mit einer entsprechenden Verkürzung der Halbwertzeit der Veröffentlichungen, die heute in der Regel nur noch wenige Wochen beträgt.²⁸

Die Tonträgerformate

Die verschiedenen *Tonträgerformate*, die dem Medium im Verlauf seiner Geschichte Gestalt gegeben haben, sind keineswegs nur ein äußeres Merkmal der Audio-Technologie. Sie haben gravierende klangtechnische Konsequenzen, und sie waren ein entscheidender Faktor der Verortung des Mediums auf dem sozial-kulturellen Terrain, seiner Bindung an bestimmte Ziel- und Nutzergruppen. Zunächst jedoch sind sie erst einmal nur eine Konsequenz aus der Entwicklung der Technologie selbst, die ihre eher unbeholfenen ersten Schritte rasch hinter sich ließ. Edisons Wachszylinder mit einer Spieldauer von zweieinhalb Minuten wurden 1908 durch Walzen auf der Basis von Zelluloid abgelöst, die den Weg für Edisons berühmt gewordene Blue Amberol Records bildeten – eine ab 1912 hergestellte verbesserte Version der von Thomas Bernhard Lambert (1862-1928) entwickelten Zelluloidwalze²⁹. An der Vormachtstellung der Schallplatte änderte das jedoch nichts mehr. Die Produktion von Walzen wurde 1929 endgültig eingestellt. Auch Berliner arbeitete zunächst mit Zelluloid als Trägermaterial, bevor er 1890 die ersten, noch einseitig bespielten Schallplatten aus Hartgummi herausbrachte. 1898 folgte *Schellack*, eine harzige Substanz, die erst in den frühen 1960er-Jahren endgültig vom Markt verschwand. 1903 erschienen die ersten *Platten* mit einer Wiedergabegeschwindigkeit von 78 Umdrehungen in der Minute, was bei einem Durchmesser von 30 cm (12 Zoll) eine Spieldauer von viereinhalb Minuten ergab. Damit war dem Medium ein Format gegeben, in dem es sich aus einer technischen Kuriosität in ein ernstzunehmendes Mittel der Musikverbreitung

---

[27] Vgl. auch die Publikation des ehemaligen Deutschlandchefs der Universal Music Group, Tim Renner (2004, S. 112), der die gleiche Relation auch für die jüngste Vergangenheit angibt.

[28] Dem ehemaligen Deutschlandchef der Universal Music Group, Tim Renner, zufolge, ist die auf dem Popsektor auf ganze sechs Wochen gesunken (Renner, 2004, S. 123ff.).

[29] Die Amberol-Zylinder bestanden aus tiefblau gefärbtem, besonders hartem Zelluloid, das auf einem Gipskern anstelle des zuvor üblichen Kartonträgers aufgebracht war und über hundert Abspielungen einigermaßen verschleißfrei überstanden haben soll. Die Zylinder wurden mit 160 Umdrehungen in der Minute abgespielt und besaßen eine Spielzeit von reichlich vier Minuten.

verwandelte. Die ersten doppelseitig bespielten Schallplatten brachte 1902 die in New York und Berlin ansässige Firma International Zon-O-Phone Co. heraus, auf deren 1903 in Berlin gegründeten Label Odeon auch das erste „Album" erschien, eine Aufnahme von Tschaikowskis „Nussknacker-Suite" mit dem London Palace Orchestra unter Leitung von Hermann Finck (1872-1939), die auf vier doppelseitigen Platten (Odeon 0475/78, D 1909) aufgeteilt war (vgl. auch Wahl, 1986). Der erste Versuch zur Gesamtaufnahme einer Oper, Verdis „Aida", aufgenommen 1906 und 1907 in Mailand, erschien 1908 auf dem New Yorker Schwesterlabel von Odeon, Zonophone Records (Zonophone 12664, USA 1908). Die insgesamt 40 Platten enthielten jedoch noch immer nur eine bearbeitete und erheblich gekürzte Fassung des Werkes. Für die erste ungekürzte Gesamtaufnahme einer Oper, „Faust" von Charles Gounod unter Leitung von François Ruhlmann (1868-1948), brauchte die Pariser Pathé 1912 insgesamt 56 Plattenseiten (Pathé, Opera Series 1622/49, F 1909).

Als die Victor Talking Machine Company 1906 mit ihrer *Victrola* auf den Markt kam – ein Apparat, der in Design und Preis auf die bürgerlichen Mittelschichten abgestellt war –, hatte der Tonträger sowohl wirtschaftlich wie kulturell eine Zukunft gefunden, die seine Entwicklung bis Mitte des 20. Jahrhunderts prägte. Systematisch wurde nun die unterhaltende Musikliteratur des so genannten „gehobenen Standards"[30] ebenso wie das klassische Repertoire dem neuen Medium erschlossen. Dabei versuchten die Phonofirmen durch proprietäre Formate, Abspielgeschwindigkeiten zwischen 60 und 90 Umdrehungen pro Minute sowie diverse Unterschiede im Schnitt- und Abtastverfahren das von ihnen aufgenommene Repertoire an die eigenen Wiedergabegeräte zu koppeln. So basierten Berliners Schallplatten in den Anfangsjahren auf 60 Umdrehungen in der Minute. Ab 1910 liefen die nach seinem Verfahren hergestellten Platten dann mit einer Geschwindigkeit von 75 Umdrehungen pro Minute. Pathé hatte mit seinen von innen nach außen abspielbaren Platten ein eigenes Format, das für Abspielgeschwindigkeiten bis zu 130 Umdrehungen in der Minute ausgelegt war. Auch die Plattengrößen variierten erheblich, zwischen 8 Zoll (20 cm) und 16 Zoll (40 cm). So brachte *Victor* den größten Teil seiner Aufnahmen ab 1904 auf 14-Zoll-Platten heraus, die mit 60 Umdrehungen in der Minute liefen. Zu einer industrieweiten Standardisierung kam es erst nach Einführung des in den Bell Telephone Laboratories von AT&T entwickelten und über deren Partner, die Western Electric Co., vertriebenen elektrischen Aufnahmeverfahrens ab Mitte der 1920er-Jahre. Lediglich die Musikautomaten-Hersteller hatten sich schon in den 1910er-Jahren auf den späteren Standard von 78 Umdrehungen in der Minute festgelegt, den die British Gramophone nach einer Serie von Hörtests ab 1912 als Industriestandard durchzusetzen suchte (Copeland, 1991). Die Größen variierten hier zwischen 10- und 12-Zoll-Formaten.

Auch wenn die elektrisch, genauer elektro-mechanisch aufgenommenen Platten, die ab 1925 mit den *Orthophonic Phonographs* von Victor auf den Markt kamen – als erste

---

[30] Der Begriff „gehobene Unterhaltungsmusik" tauchte erst in Zusammenhang mit dem Tonträger auf (Spohr, 1999).

„Joan of Arkansas" der Musical-Gruppe Mask & Wisk Club (Victor Orthophonic 19626, USA 1925) –, eigentlich kein neues Tonträgerformat waren, denn an der Speicher- und Wiedergabetechnik änderte sich damit nichts, so wurden sie von der Industrie doch also solche behandelt. Elektrisch aufgenommene Platten waren in den Katalogen nicht nur gesondert ausgewiesen, sondern vielfach entstanden nach dem Vorbild der Orthophonic Phonographs von Victor eigene Marken dafür. So benannte etwa die British Gramophone die von ihr ab 1917 als deutsche Tochterfirma geführte Zonophone 1925 in Electrola GmbH um – ein Name, der sich in der Kölner EMI Electrola GmbH bis heute erhalten hat – und veröffentlichte unter dem gleichnamigen Label ausschließlich ihre elektrischen Aufnahmen. Victor entwickelte mit der Orthophonic Victrola sogar ein eigenes Abspielgerät für seine elektrisch aufgenommenen Platten, das durch ein verbessertes Abtastsystem, eine neuartige Aluminiummembran und eine verbesserte Schallführung in der Lage war, das deutlich größere Frequenzspektrum, das mit der Wandlung der Schallwellen zunächst in ein elektrisches Signal aufgezeichnet werden konnte, optimal wiederzugeben. Victors Ortophonic Victrola besaß einen Frequenzumfang von 100-5.000 Hz, was eine Verbesserung um etwa zweieinhalb Oktaven gegenüber den 168-2.000 Hz, die mit dem akustischen Aufnahmeverfahren erreicht werden konnten, bedeutete (Isom, 1977). Zum Vergleich: Der tiefste Ton eines Orchesters liegt im Kontrabass bei 41 Hz, der höchste Ton in der Violine bei 3.520 Hz, wobei die klangprägenden Obertöne (Formanten) das bis zu Vierfache der Grundfrequenz betragen, Interferenzfrequenzen sogar bis an die bei 20 kHz liegende Grenze des Hörbereiches gehen. So groß der Fortschritt auch war, von einer auch nur einigermaßen klangtreuen Aufnahme und Wiedergabe konnte auch auf der Basis des elektrischen Aufnahmeverfahrens nicht die Rede sein. Schellack ließ den Schnitt höherer Frequenzen aufgrund seiner physikalischen Beschaffenheit schlicht nicht zu, vom Eigenrauschen des Trägers ganz abgesehen. Die schnelllebigen populären Musikformen passten sich diesen Begrenzungen rasch an, so dass hier die Audio-Technologie binnen weniger Jahre in den Entwicklungsprozess der Musik integriert war. Der Ende der 1920er-Jahre populär gewordene Big-Band-Standard mit seinem starken Holzbläsersatz (Reed Section – Klarinette, Saxophon, Flöte) und häufig mehrfach besetzten Blechbläsern (Brass Section – Trompeten und Posaunen) als Melodiegruppe sowie einer Rhythmusgruppe aus Klavier, Gitarre, Bass und Schlagzeug brachte nicht nur auf Schellack, sondern angesichts der damals noch unbekannten Verstärkertechnik auch live ein optimales Klangergebnis.

Nach dem Zweiten Weltkrieg konkurrierten dann zwei unterschiedliche Tonträgerformate um die Gunst des Platten kaufenden Publikums. Das in den CBS Laboratories von dem ungarisch-amerikanischen Ingenieur Peter C. Goldmark (1906-1977) entwickelte *Mikrorillenverfahren* auf der Basis von *Vinyl* (Mischpolymerisat aus Polyvinylchlorid und Polyvinylazetat) als Trägermaterial wurde zur Grundlage von Columbias *Langspielplatte*, die bei $33^1/_3$ Umdrehungen in der Minute eine Spielzeit von maximal 25 Minuten pro Seite und einen schon sehr akzeptablen Frequenzumfang von 80-15.000 Hz hatte. Die erste Platte im neuen Format, eine Aufnahme von

Mendelssohns Violinkonzert mit dem russischen Geiger Nathan Milstein (1904-1992) und dem New York Philharmonic Orchestra unter Bruno Walter (1876-1962) stellte Columbia Records im Juni 1948 vor (Columbia ML4001, USA 1948). *RCA Victor*, die ein ähnliches Verfahren schon seit 1931 in der Schublade hatten, brachten 1949 ihr konkurrierendes *Single*-Format auf den Markt. Die 7-Zoll-Platte mit 45 Umdrehungen in der Minute und einer Laufzeit von bis zu viereinhalb Minuten war ein Nachfolger der seit den 1920er-Jahren verbreiteten 10-Zoll-Schellack-Single, auf der drei Minuten Musik untergebracht werden konnten. Das Debüt erfolgte am 31. März 1949 mit gleich 76 „Alben" (buchförmige Kassetten mit drei oder vier Platten) und 104 Singles, darunter Perry Comos (1912-2001) „'A' – You're Adorable"/„When Is Sometime" (RCA Victor 47-2899, USA 1949) – der erste Hit im neuen Format[31]. Die Single sollte zum zentralen Medium der Popmusik werden und dominierte deren Entwicklung nahezu unangefochten bis Ende der 1960er-Jahre, während die Langspielplatte sich zunächst nur auf dem Klassiksektor etablierte.

Das Single-Format war mit weitreichenden Konsequenzen für die Musikentwicklung verbunden. Die kleine Scheibe gaben nicht nur der Jukebox – in 1950er-Jahren eine kulturelle Ikone des Rock'n'Roll – neuen Auftrieb. Als ideales Format für das Billigpreis-Segment entwickelte sie sich binnen weniger Jahre zum Leitmedium der sich um den Rock'n'Roll formierenden Jugendkultur (Tabelle 3).

Tabelle 3: Absatz Singles USA 1950-1960

1950	1951	1952	1953	1954	1955	1956	1957	1958	1959	1960
189	199	214	219	213	277	377	460	511	603	600

Angaben in Mill. Stück; Quelle: Rachlin, 1981, S. 316

Die Single wurde sowohl in wirtschaftlicher wie in kultureller und musikalischer Hinsicht zur Basis für die auf ihrer Grundlage unaufhaltsam expandierende Musikindustrie. Die zur Norm gewordenen 3:30 bis maximal 3:50 min Spielzeit das Formats sowie die ihm aufgrund der Schnittführung eigenen Klangeigenschaften mit einer starken Mittenbetonung im Klangbild setzten den Rahmen für ein Song-Konzept, das die Audio-Technologie zur Voraussetzung hatte und die Musikentwicklung fortan beherrschte. Es fand im Rock'n'Roll der 1950er-Jahre seine erste Ausprägung und steht seither unangefochten im Zentrum der Popmusik-Produktion. Nahezu drei Jahrzehnte lieferte damit der Verkauf von Singles den wichtigsten Gradmesser für das kommerzielle Potential eines Musikers.

Die Langspielplatte dagegen vermochte sich auf dem Pop-Markt nur zögerlich zu etablieren und war hier zunächst nur für Hit-Kompilationen und Big-Band-Produktionen im Gebrauch. Erst durch die mit dem Album „Sgt. Pepper Lonely Heart Club Band" (Parlophone PMC 7027/PCS 7027, GB 1967) der Beatles 1967 ausgelöste Welle an Konzept-Alben etablierte sie sich nicht nur gleichberechtigt neben

---

[31] Die Platte wurde am 9. April 1949 auf Platz 1 der Billboard Pop-Charts notiert.

der Single, sondern sollte zum zentralen Format auf diesem Markt werden, während die Single mit Auskopplungen aus den Alben nur noch als Marketing-Instrument für den Longplayer fungierte.

Ein weiteres Tonträgerformat kam 1958 auf der Grundlage des schon Anfang der 1930er-Jahre von dem britischen Ingenieur Alan Dower Blumlein (1903-1942) entwickelten Flankenschriftverfahrens hinzu – die *Stereoschallplatte*, die zunächst auf den exklusiven Kreis der audiophilen Klassik-Hörer zielte. Sie wurde im Sommer 1958 parallel von mehreren Firmen – RCA, Columbia, Mercury Audio-Fidelity, Urania, Counterpoint – der Öffentlichkeit vorgestellt, nachdem die Recording Industry Association of America (RIAA) im Jahr zuvor das Schneidverfahren der New Yorker Firma Westrex Inc. zum Industriestandard erklärt hatte.[32] Die Popmusik blieb dagegen zunächst noch mono, obwohl auch in den Pop-Studios schon seit 1954 im Zwei-Kanal-Stereoverfahren aufgenommen wurde. Veröffentlicht worden sind jedoch bis 1964 die Mono-Abmischungen, da die *Stereotechnik* der jugendlichen Zielgruppe dieser Musik vordem kaum zugänglich war. Die Single ist aus dem gleichen Grund sogar erst in den frühen 1970er-Jahren auf das Stereo-Format umgestellt worden. Für die Klangarchitektur der Aufnahmen bedeutete das erhebliche Einschränkungen, da das komplexe Klanggeschehen der Pop-Sounds mono auf ein einziges Signal aufsummiert werden musste.

Die Stereoplatte hat Ende der 1950er-Jahre einem eher kuriosen musikalischen Genre zur Geburt verholfen, das den darauf spezialisierten Plattenfirmen beachtliche Umsätze bescherte – die so genannten „Stereo Demonstration Discs" mit Musik, die so geschrieben und arrangiert war, dass die „Ping-Pong"-Effekte der Stereophonie möglichst wirkungsvoll zur Geltung kamen. Es sorgte 1959 mit dem Album „Persuasive Percussion" (Command RS 800 SD, USA 1959) des US-Bandleader Enoch Light (1907-1978) nahezu schlagartig für Furore und erfreute sich, ergänzt um eindrucksvolle Naturaufnahmen (Gewitter u.ä.), eine Zeitlang großer Beliebtheit.

Aus der Single ging Mitte der 1970er mit der *Maxi-Single* ein Format hervor, das im Kontext der *Disco*-Music und Club-Kultur entstanden war und dort zunächst in nichtkommerziellen Privatpressungen der Diskjockeys zirkulierte. Auf den 10-Zoll-, später 12-Zoll-Platten des Langspielformats, jedoch mit 45er-Abspielgeschwindigkeit, wurden Remixe aktueller Dance-Hits dokumentiert. Der weiter geführte Schnitt auf dem größeren Durchmesser brachte einen deutlich höheren Dynamikabstand, der bei der Abstrahlung in großen Räumen vor allem den Bässen zugutekam, so dass ein transparenteres Klangbild entstand, was wiederum die basslastigen Produktionen des Disco Sounds ermöglichte. Vor allem aber ließ sich in den besser sichtbaren Rillen die Nadel leichter positionieren, wodurch dieses Format das bevorzugte Medium der sich in den 1980er-Jahren rasch ausbreitenden neuartigen Kunst des Mixens wurde, des Musizierens mittels Tonträgern, das im HipHop und in der elektronischen Tanzmusik der 1990er-Jahre kulminierte. Der New Yorker Musikproduzent Tom Moulton (*1940), der sich ab 1974 mit ausgedehnten Remixen der damals gängigen Hits

---

[32] so genanntes Diagonalverfahren „45/45" bzw. „x"

zunächst auf Tonband einen Namen machte, gilt als Schöpfer dieses Tonträgerformats. Er ebnete mit einem spektakulären Mix, der eine ganz Albumseite füllte, Gloria Gaynors (*1949) „Never Can Say Goodbye" (MGM 4982, USA 1975), dem Disco Sound den Weg. Dass die Maxi-Single sich von der in den 1960er-Jahren recht populären EP (Extended Player) gravierend unterschied, ein auf zwei Titel pro Seite verlängertes Single-Format, war dem puertorikanischen Toningenieur José Rodriguez (1935-1983) zu danken, der die klangtechnischen Vorzüge der weiteren Schnittführung durch ein innovatives Mastering der Produktionen von Tom Moulton herausgearbeitet hat. Die erste offizielle Single im neuen Format erschien dann 1976 bei Salsoul Records in New York – „Ten Percent" (Salsoul Records 12D-2008, USA 1976) von Double Exposure im Remix von Walter Gibbons (1954-1994).

Die DJ-Remixe, der Ausgangspunkt für das Entstehen der Maxi-Single, kursierten zunächst auf Tonband, nämlich auf der 1963 von dem niederländischen Philips-Konzern unter dem Markennamen *Compact Cassette* auf den Markt gebrachten *Audiokassette*, ein 3,81 mm breites Magnettonband im genormten Plastikgehäuse. Sie behauptete sich unter einer Reihe alternativer Kassetten-Formate wie die 1962 in den USA aufgekommene Stereo-Pak-Kassette oder das 1964 eingeführte Stereo-8-System, die alle etwa zur gleichen Zeit auf den Markt kamen, inzwischen jedoch vergessen sind. Die Philips Compact Cassette dagegen, obwohl dem Stereo-8-System von Lear Jet, Motorola und RCA klanglich unterlegen, setzte sich aufgrund ihrer leichten Handhabung weltweit durch. Ihre Popularität veranlasste die Plattenfirmen ab 1976 ihre Produktionen parallel zur Schallplatte auch auf Kassette anzubieten, ein Format, das unter der Bezeichnung MusiCasette (MC) geführt wurde. Schon 1978 sind nach einer Marktuntersuchung des BASF-Konzerns weltweit 1,15 Milliarden Kassetten verkauft worden, davon reichlich ein Viertel bereits bespielt.[33] 1989, auf dem Höhepunkt dieser Entwicklung, überstieg der Umsatz mit bespielten Kassetten den der Schallplatte um mehr als 30 Prozent (Pollack, 1990; Tabelle 4).

Tabelle 4: Absatz bespielter Audiokassetten 1981-1990

1981	1982	1983	1984	1985	1986	1987	1989	1990
510	579	660	800	950	970	1.150	1.390	1.440

Angaben in Mill. Stück; Quelle: IFPI

Die Kassette erwies sich durch ihre leicht zu bewerkstelligende Vervielfältigung als ein Medium, das die Musikentwicklung der nahezu total gewordenen Kontrolle durch die Tonträgerindustrie ein Stück weit zumindest wieder entzog und damit der Musikentwicklung neue Dimensionen eröffnete. Sie ebnete Musikformen einen Weg, die andernfalls vermutlich nie eine größere Öffentlichkeit gefunden hätten. Das gilt nicht nur für die Industrieländer, wo die Kassette in den 1970er-Jahren bei der Herausbildung von Breakdance und HipHop eine große Rolle spielte (James, 1992). In den

---

[33] vgl. Sounds, XI, 1979, 9, S. 43

meisten Entwicklungsländern, in denen es eine nationale Tonträgerindustrie nicht gab, avancierte die leicht zu produzierende und zu vervielfältigende Audiokassette zur medialen Basis für eine eigenständige nationale Musikproduktion, die Musikformen wie Jújù und Highlife in Westafrika, den nordafrikanischen Raï oder den indischen Banghra-Pop förmlich aufblühen ließ (vgl. Wallis & Malm, 1984; Manual, 1993).

Doch auch wenn der Markt für bespielte Kassetten beträchtliche Größenordnungen erreichte und sich zudem als überaus profitabel erwies, da die Kassetten wesentlich kostengünstiger hergestellt werden konnte als eine Schallplatte, die Beliebtheit der Kassette verdankt sich der Tatsache, dass es ein Aufnahmemedium war. Die Zahl der abgesetzten Leerkassetten lag stets deutlich – teils um mehr als das Doppelte – über den bespielten, was sich zum Alptraum der Industrie auswuchs. Zwar wurde nie belegt, dass jede auf Band kopierte Platte ohne die technische Möglichkeit zum Überspiel tatsächlich gekauft worden wäre, die hochgerechneten Verluste also real waren, doch mit entsprechenden Kampagnen („Home Taping Is Killing Music") wurde schon in den 1970er-Jahren, übrigens ebenso erfolglos wie heute, gegenzusteuern versucht. Gebracht hat es eine Geräte- und Leermedienabgabe, die seit Anfang der 1980er-Jahre (in Deutschland seit 1985) von jedem verkauften Exemplar eines kopierfähigen Gerätes oder eines aufnahmefähigen Mediums an die Inkassogesellschaften der Urheber und ihren Produzenten gezahlt wird. Ungeachtet solcher Kampagnen haben sich die als Mix Tapes bekannt gewordenen persönlichen Kompilationen von Songs in den 1980er-Jahren zu einer Kultur einer Art entwickelt, in der individuelle Klangporträts entstanden, die in den sozialen Beziehungen als eine Art affektiv-emotionale Visitenkarte fungierten (Moore, 2005).

Vor allem aber hat die Audiokassette das *mobile Musikhören* zu einer zentralen Form des Umgangs mit Musik werden lassen. Schon die in den späten 1970er-Jahren aufgekommenen *Ghettoblaster*, tragbare Radiorekorder in Stereoausführung, waren für den Außer-Haus-Gebrauch konzipiert und spielten insbesondere in den afroamerikanischen Jugendkulturen (daher der Name) eine große Rolle (Breakdance). Als Sony mit seinem *Walkman* 1979 das erste Miniatur-Abspielgerät für Audiokassetten auf den Markt brachte, stieg der Verkauf von Kassetten noch einmal sprunghaft in die Höhe. Seither ist das mobile Musikhören, das 2003 mit dem *iPod* von Apple eine digitale Fortsetzung erhielt, aus den öffentlichen Räumen nicht mehr wegzudenken. Die Kassette dagegen wurde in der zweiten Hälfte der 1990er-Jahre von der Industrie angesichts des Erfolges der CD faktisch aufgegeben. 2000, dem letzten Jahr, für das die International Recording Media Association (IRMA) in Princeton, NJ, noch Daten erfasst hat, lag der weltweite Verkauf von Audiokassetten bei 1.440 Millionen, davon 800,9 Millionen bespielt und 644 Millionen unbespielt. Knapp die Hälfte des Absatzes, 48 Prozent, entfiel dabei auf Asien (IFPI, 2002). Die von Philips und Matsushita 1992 herausgebrachte Digital Compact Cassette (DCC) vermochte sich trotz ihrer wesentlich besseren klanglichen Eigenschaften auf dem Musikmarkt nicht zu behaupten. Sie blieb wohl nicht zuletzt wegen ihrer Unhandlichkeit auf die professionellen Anwendungen im Studio beschränkt.

Als 1981 auf der Berliner Funkausstellung die von Philips in Zusammenarbeit mit Sony entwickelte *Compact Disc* (CD) der Öffentlichkeit vorgestellt wurde, eine 12-cm-Polycarbonatscheibe, sollte dies für den Tonträger noch einmal einen ungeahnten Wachstumsschub zur Folge haben. Der verglichen mit allen vorangegangenen Entwicklungen wesentlich höhere Bedienkomfort dieses digitalen Tonträgerformats sorgte für seine rasche Verbreitung. Nur zehn Jahre nach seiner Markteinführung Mitte 1982 war die analoge Schallplatte weitgehend vom Markt verschwunden. Sie ist inzwischen nur noch als Nischenprodukt etwa auf dem DJ-Markt zu finden. Dieser Wandel ist von der Industrie allerdings massiv forciert worden, da das seit 1980 anhaltend schrumpfende Volumen des Tonträgerabsatzes mit der CD und ihrem deutlich höheren Preis zu kompensieren versuchte wurde (Tabelle 5). 1990 sind dann bereits doppelt so viele CDs wie alle anderen Tonträgerformate zusammengenommen verkauft worden. Die Langspielplatte war auf einen Marktanteil von unter 10 Prozent gesunken (IFPI, 2001).

Tabelle 5: Absatz Compact Disc 1983-1990

1983	1984	1985	1986	1987	1988	1989	1990
5,5	20	610	140	260	400	600	785

Angaben in Mill. Stück; Quelle: IFPI

Die erste CD-Veröffentlichung erfolgte mit „52nd Street" (Columbia 52858, USA 1982) von dem amerikanischen Pianisten und Singer/Songwriter Billy Joel (*1949), eine Wiederveröffentlichung dieses schon 1978 erschienenen Albums (Columbia 35609, USA 1978). Damit war zugleich ein Muster vorgegeben, das die Musikentwicklung in einen völlig neuen Kontext stellte. Im Unterschied zu allen früheren Tonträgerformaten, die über möglichst attraktive Neuveröffentlichungen am Markt durchzusetzen versucht wurden, erfolgte die Einführung der CD und die Ablösung der analogen Schallplatte auf dem überaus profitablen Weg einer Zweitverwertung der Back-Kataloge. Neuproduktionen befanden sich damit in Konkurrenz zu der gesamten einmal auf Tonträgern gebrachten Musikgeschichte, gegen die sie sich behaupten mussten. Dem damit enorm gewachsenen Erfolgsrisiko begegnete die Industrie mit einer permanent steigenden Zahl von Veröffentlichungen, was die Lebenszyklen jeder einzelnen Produktion verkürzte und die Entwicklungsgeschwindigkeit der Musik entsprechend beschleunigte. Dabei ist in den ersten Jahren häufig noch nicht einmal ein Remastering der Aufnahmen erfolgt, sondern es wurden die auf die ganz anderen Klangeigenschaften der Schallplatte abgestimmten Master einfach digitalisiert. Beim *Mastering* für analoge Veröffentlichungen werden die Höhen und tiefen zunächst beschnitten, um ein Übersteuern der Plattenschneidmaschine zu vermeiden[34], und danach die verbliebenen Höhen und Tiefen etwas angehoben, um die Verluste im Höreindruck wieder auszugleichen. Auf CD, die bei einer Abtastrate von 16 Bit und 44,1 kHz zumindest theoretisch den gesamten hörbaren Frequenzbereich von 20-20kHz zu übertragen imstande ist, klingen solche Aufnahmen dann unangenehm scharf und unausgewogen. Die gegenüber dem herkömmlichen Album mit bis zu 75 Minuten deutlich längere Spielzeit wurde mit zusätzlichen Titeln (Bonus Tracks), ursprünglich zur Veröffentlichung nicht vorgesehene Alternate Takes oder eigens für die CD in einer alternativen Version neu abgemischte Titel, ausgeglichen.

In der zweiten Hälfte der 1980er-Jahre bürgerte sich die Parallelveröffentlichung in beiden Formaten, analog (LP) und digital (CD) ein. Die angesichts der längeren Spielzeit der CD größere Zahl an Titeln wurde in der analogen Fassung auf ein Doppelalbum verteilt, wie etwa bei einer der ersten Veröffentlichungen in dieser Form, Stings (*1951) „Nothing Like The Sun" (A&M 75021-6402-1/2, USA 1987). Bis zum Beginn der 1990er-Jahre war der Übergang auf das neue Tonträgerformat dann vollzogen. Seither ist es in eine ganze Reihe unterschiedlicher Systeme und Anwendungen vor allem im Multimediabereich (CD-Video von Philips, CD-I von Philips, Audio-DVD Philips/Sony, SACD und Hybrid SACD von Philips/Sony etc. – vgl. Tabelle 6) integriert worden. Allerdings haben sich die entstandenen digitalen Highend-Formate angesichts anderer Prioritäten in den sozialen Gebrauchszusammenhängen der Audio-Technologie bislang nur in den audiophilen Nischen durchgesetzt. Die Digitalisierung der Tonaufzeichnung hat, entgegen allen Prophezeiungen, weniger eine Verbesserung der Klangqualität als vielmehr eine grenzenlose Verfügbarkeit aller je auf Tonträgern vorliegenden Musik mit sich gebracht.

Tabelle 6: Standardtonträgerformate

Tonträgerformat		Maximale Dauer in Minuten	Maximale Anzahl der Stücke
CD Single 2 tracks	SCD	12	2
CD Single 3" and 5"	CDS	23	5
CD Maxi-Single	CDM	23	5
CD Maxi-Single Remix	RCD	23	5
CD	CD	80	20
CD Compilation	CD2	80	24

---

[34] Die Rillenbreite der Schallplatte beträgt 40μm, die maximale Auslenkung, mit der der Schneidstichel in die Rillenflanke gräbt (Amplitude), liegt bei 30μm. Um die Amplitude möglichst konstant zu halten, werden die hohen Frequenzen verstärkt und die tiefen gedämpft.

Tonträgerformat		Maximale Dauer in Minuten	Maximale Anzahl der Stücke
SACD	SA	80	20
SACD Compilation	SA2	80	24
DVD Audio Single	DAS	23	5
DVD Audio Maxi-Single	DAM	23	5
DVD Audio Album	DAA	80	20
DVD Audio Compilation	DAC	80	24
DVD Audiovisual Single	DVS	23	5
DVD Audiovisual Maxi-Single	DVM	23	5
DVD Audiovisual Album	DVA	80	20
DVD Audiovisual Compilation	DVC	80	24
VHS	VH1	80	20
CD Extra Single 2 tracks	CES	12	2
CD Extra Single	CXS	23	5
CD Extra Maxi-Single	CXM	23	5
CD Extra Maxi-Single Remix	RCE	23	5
CD Extra EP	CEP	30	10
CD Extra	CE	80	20
CD Extra Compilation	CE2	80	24
DualDisc Audio Single	DDS	23	5
DualDisc Audio Album	DD	80	20
DualDisc Audiovisual Single	DMS	23	5
DualDisc Audiovisual Album	DMV	80	20
Vinyl EP 45 rpm 17 cm	EP	16	4
Vinyl Maxi-Single 45 rpm 12"	DS	16	4
Vinyl Maxi-Single 12" Disco Remix	RDS	16	4

Tonträgerformat		Maximale Dauer in Minuten	Maximale Anzahl der Stücke
Vinyl Maxi-Single 7" Remix	RMS	16	4
Vinyl EP 33 rpm 17 cm	EPM	20	6
Vinyl LP 33 rpm 25 cm	MLP	30	10
Vinyl LP 33 rpm 30 cm	LP	60	16
Vinyl LP Compilation	LP2	60	20
Vinyl LP VersionCD	LP3	80	20
MC Single	SMC	8	2
MC Maxi	MMC	16	4
MC EP	EMC	16	4
MC Remix	RMC	16	4
MC EP	MCP	30	10
MC	MC	60	16
MC Compilation	MC2	60	20
MC Version CD	MC3	80	20
MC Version CD Compilation	MC4	80	24
MC Double	DMC	120	32
MD Single und Maxi-Single	MDS	23	5
MD Maxi-Single Remix	MDR	23	5
MD EP	MDP	30	10
MD	MD	80	20
MD Compilation	MD2	80	24
DCC	DC	80	20
DCC Compilation	DC2	80	24

Stand Juli 2008; Quelle: Recording Industry Association of America (RIAA)

Der Tonträger in der Musikproduktion

Dass der Tonträger kein transparentes Medium ist, sondern durch seine physikalische Beschaffenheit in den aufgezeichneten Klanggestalten stets präsent bleibt, wurde in den ersten Jahrzehnten seiner Entwicklung lediglich als ein Problem schrittweise zu überwindender technischer Grenzen auf dem Weg zur perfekten „Klangphotographie" gesehen. Auch wenn durch die technische Entwicklung die anfangs empfindlich spürbaren klanglichen Einschränkungen längst aus dem Weg geräumt sind, an der Tatsache, dass der Tonträger als Medium alles andere als transparent oder der aufgezeichneten Musik gegenüber äußerlich ist, hat sich bis heute nichts geändert. Selbst der Begriff „Aufnahme" ist eigentlich irreführend, wie Evan Eisenberg einmal sehr treffend bemerkt hat:

> „The word 'record' is misleading. Only live recordings record an event; studio recordings, which are the great majority, record nothing. Pieced together from bits of actual events, they construct an ideal event. They are like the composite photograph of a minotaur." (Eisenberg, 1987, S. 98)

Die Idee von der Tonaufnahme als Klangphotographie, die in der aufgeführten Musik ihren Maßstab hat und den ganz Großen unter den Produzenten in der Nachfolge Gaisbergs und Darbys – Walter Legge (1906-1979) etwa, der bis 1964 das Klassik-Programm der EMI betreute, oder John Culshaw (1924-1980), der ab 1947 epochale Aufnahmen für den Klassik-Katalog von Decca Records realisierte[35] – als Richtschnur diente, war und ist nichts anderes als eine Idee, auch wenn sie die Art und Weise, wie in der ersten Hälfte des zwanzigsten Jahrhunderts die Technologie des Tonträgers entwickelt, vermarktet und eingesetzt wurde, maßgeblich geprägt hat. „High Fidelity" blieb das angestrebte Ziel der technischen Entwicklung und das Credo jeder Tonaufnahme.[36] Die Wirklichkeit ist davon bis heute schon allein deshalb weit entfernt, weil die überaus komplexen Schalldruckverhältnisse, die beim Musizieren entstehen, auch durch die beste Technik nur summiert und in einer zweidimensionalen (elektrischen) Signalform abgebildet werden können, während das menschliche Ohr sie dreidimensional aufzunehmen imstande ist. Das zwingt zu erheblichen Eingriffen in das Innere der Klänge, um sie trägergerecht zu machen. Die Entwicklung der Aufnahmetechnik legt ein beredtes Zeugnis davon ab. Ob Equalizer und Filter zur Bearbeitung des Frequenzspektrums, Kompressoren, Limiter und Expander zur Anpassung der Dynamik, Reverb, Delay und Echo-Geräte zur Feineinstellung der Ein- und Ausschwingvorgänge im Zeitverlauf, Aural Exciter zur Anreicherung des

---

[35] John Culshaws Produktion von Wagners „Ring der Nibelungen", der 1958 komplett in einer Studioaufnahme auf Decca unter der musikalischen Leitung von Georg Solti (1912-1997) erschien (Decca 65 414 100-2DM15, GB 1958), gilt als ein Markstein in der Geschichte des Mediums Schallplatte.

[36] Vgl. hierzu die sehr informativen Ausführungen von Nyre (2003), der darauf verwies, dass der Realitätsstatus der aufgenommenen Klangereignisse selbst bei den hochtechnisierten Produktionen der Gegenwart eine nicht unbedeutende Rolle spielt, auch wenn er hier nicht mehr real ist.

Klangs mit zusätzlichen Obertönen – der Zweck dieser Geräte, gleich ob analog oder digital, besteht darin, die Eigenschaften der beim Musizieren erzeugten Klangwelt während der Aufnahme so zu verändern, dass bei der Wandlung in die zweidimensionale Form des elektrischen Signals die ästhetische Eigenart des aufgenommenen Klangereignisses für die Wiedergabe erhalten bleibt. Musste bei der mechanischen Tonaufnahme hierfür noch zu der rabiaten Methode von Umbesetzungen gegriffen werden, geschah dies nach Einführung des elektrischen Aufnahmeverfahrens durch technische Anpassung des aufgenommenen Klangs. Nachdem sich das Magnettonband als Aufnahmemedium in den Studios durchgesetzt hatte und eine beliebige Wiederholung der Aufzeichnung oder auch nur von Teilen derselben ermöglichte, erfolgte der Einsatz der Aufnahmetechnik nicht mehr nur korrektiv, sondern schon in den 1950er-Jahren in zunehmendem Maße auch kreativ. Damit wandelte sich vor allem in den populären Musikformen die Audio-Technologie aus einer Reproduktionstechnik in eine Produktionstechnik. Das aber machte sie unaufhaltsam zu einem integralen Bestandteil des Musizierens. Vor allem bei der Produktion von Popmusik wurde dann von den aufnahmetechnischen Möglichkeiten auf eine Weise Gebrauch gemacht, die auch bei der Live-Aufführung zu einem immer größeren technischen Aufwand zwang, da ohne die dafür in eine transportable Form gebrachte technische Ausstattung der Studios (PA) diese Musik bald schon nicht mehr realisierbar war.

Die ersten Schritte dieses Übergangs von der reproduzierten zur produzierten Musik erfolgten noch auf Basis der traditionellen Direktschneidtechnik. Bezeichnenderweise war es kein Aufnahmetechniker, der dabei dem Tonträger völlig neue musikalische Dimensionen abgewann, sondern ein Musiker – der schon in den 1930er-Jahren mit eigenem Trio erfolgreiche Swing-Gitarrist Les Paul (Lester Polfuss, *1915).[37] Seine als „Sound-on-Sound"-Verfahren bekannt gewordene Technik der Mehrfachaufnahme, die Verbindung einer neuen Aufnahme mit einer bereits vorhandenen (*Overdubbing*), öffnete das Tor zur vollständigen Integration von Tonträger und Musik. Die erste Platte mit dem Ergebnis eines sich über fast zwei Jahrzehnte erstreckenden Experimentierens durch den innovativen Musiker erschien im Februar 1948 noch auf Schellack mit „Lover"/„Brazil" (Capitol 15037, USA 1948). Sie basierte auf acht übereinandergelegten Einzelaufnahmen, die direkt auf Platte geschnitten wurden, jede neue zusammen mit der Wiedergabe der vorangegangenen. Auf ähnliche Weise war bereits 1921 einmal eine Aufnahme entstanden, die „One Man Band" des Sopransaxophonisten und Klarinettisten Sidney Bechet (1897-1959),

---

[37] Der Name des Musikers ist eigentlich zum Synonym für die Solid Body E-Gitarre geworden, deren Prototyp er in den frühen 1940er-Jahren im Eigenbau entwickelt hatte. Das erste Serienmodell einer Solid-Body-Gitarre, die 1948 in der Firma des Musikinstrumentenbauers Leo Fender entstandene Telecaster, hatte im Design dann allerdings ebenso wenig mit Les Paul zu tun wie das 1952 auf den Markt gekommene Konkurrenz-Modell der Gibson Guitar Corporation. Die hatte sich jedoch die Rechte am Namen des populären Gitarristen für die Vermarktung ihres Produkts gesichert. Die „Gibson Les Paul" ist seither – auch unter dem Kosenamen „Paula" – jedem E-Gitarristen ein Begriff und hat die Pionierleistungen des Namensgebers auf dem Gebiet der Klang- und Musikproduktion nahezu völlig verdrängt.

der damals unter Leitung des Toningenieurs Fred Maisch (1902-1965) bei der Aufnahme von „The Sheik of Araby" und „Blues of Bechet" (Victor 410418, USA 1921) alle sechs Instrumente – zwei Saxophonen, Klarinette, Piano, Bass und Schlagzeug – allein einspielte. Allerdings ist hier noch alles unternommen worden, um das Aufnahmeverfahren unhörbar zu machen: Die Platte sollte klingen, als sei sie von einer kompletten Band eingespielt. Dazu mussten die unvermeidlichen Klangeinbußen beim mehrfachen Umkopieren durch geschickte Wahl der Aufnahmereihenfolge verdeckt werden.

Les Paul dagegen erschloss sich mit der Technik der Mehrfachaufnahme eine völlig neuartige Klangwelt. So spielte er häufig die Einzelaufnahmen nur mit halbem Tempo ein, um beim Umkopieren die Wiedergabegeschwindigkeit verdoppeln zu können. Damit wurde zwar das sich von Generation zu Generation akkumulierende Rauschen durch die Verdopplung seiner Frequenzen in den unhörbaren Bereich verschoben. Das aber führte zugleich zu einer erheblichen Veränderung des Eigenklangs der Instrumente. Seine Produktionen erhielten dadurch ein futuristisch anmutendes Klangbild, das er zielgerichtet ausbaute. In seinen Experimenten ist von der Mikrophonierung bis hin zum *Sound-Design* durch Phasing, Delay, Reverb, Overdubbing, Cue Mixing und Vario-Speed-Effekten bereits alles angelegt, was in den nachfolgenden Jahrzehnten mit wachsendem technischen Aufwand zu einem ungemein differenzierten Reservoir der Klanggestaltung werden sollte. Das von ihm entwickelte Verfahren der Mehrfachaufnahme, das Umkopieren einer bereits vorliegenden Aufnahme zusammen mit einer neuen Einspielung auf ein weiteres Band, blieb unter der Bezeichnung *Mono-to-Mono* bis in die frühen 1960er-Jahre der Studio-Standard. Üblicherweise erfolgte auf diese Weise die Aufnahme der Solisten zusammen mit den Einspiel der zuvor bereits fertiggestellten Instrumentalbegleitung, so dass auf deren Anwesenheit beim zeitaufwendigen Aufbau der Klangarchitektur für den instrumentalen Begleitteppich verzichtet werden konnte.

Das Tonband, zu dessen Pionieren Les Paul gehörte – nach seinen Vorstellungen und eigens für ihn baute die US-Firma Ampex mit dem Sondermodell Ampex A300-8 1954 die erste *Achtspurmaschine* (Petersen, 2005) –, erweiterte die Möglichkeiten ins Grenzenlose. Es dauerte nicht lange, bis es sich bei den fertigen Aufnahmen nicht mehr um aufgezeichnete Aufführungen von Musik unter Studiobedingungen, sondern um Tonbandmontagen handelte, die aus mehreren „*Takes*" zusammengefügt waren. Das gilt für alle Musikformen gleichermaßen, worauf der kanadische Meisterpianist Glenn Gould schon 1966 aufmerksam machte, als er schrieb, dass „sich doch die große Mehrheit heutiger Einspielungen aus einer Sammlung von Bandsegmenten unterschiedlicher Länge von einer Zwanzigstelsekunde an aufwärts zusammen[setzt]" (Gould, 1966/1992, S. 138).[38] Die Klanggestaltung, das Sound-Design, sollte damit vor allem in den populären Musikformen, wo diese Möglichkeiten systematisch und

---

[38] An gleicher Stelle führt er aus, dass bei seinen Einspielungen Bachscher Fugen (vgl. Glenn Gould, *Johann Sebastian Bach. The Well-Tempered Clavier Book I*, Columbia MS-6408/6538/6776, USA 1963/64/65; Sony Music Entertainment, SM2K 52600, USA 1993) die etwa zweiminütigen Stücke aus bis zu acht verschiedenen Takes zusammengefügt sind (Gould, 1966/1992, S. 139f.).

konsequent ausgelotet wurden, zu einem ästhetisch wie kommerziell immer entscheidenderen Aspekt des Tonträgers werden. Als Ende der 1950er-Jahre die Zweispur- und Dreispur-Maschinen zum Studio-Standard wurden, ließen sich einzelne Instrumente oder Instrumentengruppen mit jeweils eigenen klanglichen Parametern gesondert aufzeichnen und erst nach der Aufnahme in einem abschließenden Abmischvorgang in das endgültige Verhältnis zueinander bringen. So konnten immer differenziertere Klangbilder produziert werden, die weit über die Möglichkeiten des Arrangements, die Arbeit mit den Klangfarben der Instrumente hinausging. Ray Charles' (1930-2004) „What'd I Say" (Atlantic 45-2031, USA 1959), ein Klassiker der Soulmusik, ist als erste kommerzielle Studio-Produktion in den New Yorker Atlantic Studios im Herbst 1958 auf einer Achtspurmaschine aufgenommen worden. Realisiert hat die Aufnahme Tom Dowd (1925-2002), ein Meister des Mischpults, der sich mit seinen ungemein transparenten Klangbildern seit Anfang der 1950er-Jahre als Toningenieur, später auch als Produzent, in einer kaum überschaubaren Zahl von Hits verewigt hat. 1954 ließ er die bis dahin üblichen Drehknöpfe an den Mischkonsolen durch Schieberegler ersetzten, um das Mischpult mit allen zehn Fingern wie eine Klaviatur bedienen zu können.

Angesichts der ständig wachsenden Bedeutung der Aufnahmeprozeduren für die endgültige Gestalt eines Musikstücks begannen schon in den 1950er-Jahren die ersten Songschreiber und Bandleader sich selbst um die Realisierung ihrer Musik im Studio zu kümmern. Vordem war diese Funktion den A&R-Leuten in den Plattenfirmen vorbehalten und weitgehend auf die Kontrolle des Budgets beschränkt. Das legendär gewordenen Autoren- und Produzententeam Jerry Leiber (*1933) und Mike Stoller (*1933), auf das ein Großteil der Hits des Rock'n'Roll zurückgeht, darunter die erfolgreichsten Produktionen von Elvis Presley, hat dann die Funktion des *Musikproduzenten* als eigenständige künstlerische wie technisch-organisatorische Instanz im Prozess der Musikproduktion etabliert. Obwohl die beiden schon seit 1955 für das Sublabel Atco der New Yorker Plattenfirma Atlantic Records als selbständige Produzenten tätig waren, gelang es ihnen erst 1959 durchzusetzen, dass sie als solche auch offiziell ausgewiesen wurden. Auf der von ihnen für die Coasters produzierten Single „Charlie Brown" (Atco 45-6132, USA 1959) ist erstmals die Instanz des Produzenten noch mit der Bezeichnung „Supervisor" ausgewiesen, ein Begriff, der im Jahr darauf durch „Producer" ersetzt wurde. Die rechtliche Anerkennung dauerte jedoch noch bis 1976, als in den USA eine Ergänzung zum Copyright Act auch die Musikaufnahme und nicht nur die aufgenommene Musik schutzfähig machte – eine Regelung, die in den Folgejahren nach und nach auch in Europa zu geltendem Recht wurde.

Seither ist das Musizieren im herkömmlichen Sinn an den mechanischen Klangerzeugern, den traditionellen Musikinstrumenten, auch bei der Aufnahme klassischer Musik nur noch ein Aspekt eines komplexen künstlerischen Produktionsvorgangs, an dem Produzenten wie Tontechniker einen ständig wachsenden Anteil haben. Bruce Swedien (*1934), einer der meistbeschäftigten und profiliertesten Toningenieure der Gegenwart, hat die Konsequenzen dieser Entwicklung einmal in die Worte gefasst:

> „In any case, recording of all styles of music had undergone a distinct metamorphosis. That transformation has led us away from presenting a recording of music in a 'concert –like' setting placing the listener in the best seat. Instead, we are now free to create a sonic canvas with our creativity as the sole limiting factor." (zit. n. Stone & Schwartz, 1992, S. V)

Die Klangkonzepte und Klangarchitekturen sind dabei ebenso verschiedenartig und individuell wie die konkreten Formen der Arbeitsteilung im Studio. Es gibt Musikproduzenten, deren Rolle sich darauf beschränkt, die Abläufe im Studio zu überwachen und Sessionsmusiker zu buchen. Sie werden heute unter der Bezeichnung „Executive Producer" von den Studio-Produzenten, die für die Klanggestaltung im Studio verantwortlich sind, unterschieden. Unter ihnen sind Produzenten, die selbst an den Reglern sitzen, wie Phil Spector (*1940), der mit seinem als „Wall of Sound" bekannt gewordene Klangkonzept in den frühen 1960er-Jahren wegweisend war, oder Pop-Legende Phil Ramone (*1941), der zahllosen Stars zu ihrer Karriere verholfen hat. Es gibt Produzenten, die wie George Martin (*1926) bei den Produktionen der Beatles maßgeblich daran beteiligt sind, den kreativen Einfällen von Musikern und Aufnahmetechnikern eine musikalische Form zu geben, sich aus den klangtechnischen Prozessen selbst aber heraushalten. Und es gibt Produzenten wie Georgio Moroder (*1944) oder Trevor Horn (*1949), die in den Musikern nicht viel mehr als Materiallieferanten für ihre virtuos gemischten Klangarchitekturen sehen. Toningenieure wie Joe Meek (1929-1967), der wie kaum ein anderer die Produktionsstile in den 1950er- und 1960er-Jahren mit seinen innovativen Klangkonzepten beeinflusst hat, Geoffrick Emerick (*1946), dem die Beatles-Alben ihre bahnbrechenden Klangkonzepte verdanken, Norman Smith (*1923), der bis 1965 bei den Beatles an den Reglern saß und dann Pink Floyd produziert hat, haben die Musikentwicklung ähnlich nachhaltig geprägt wie die Stars oder Produzenten, für die sie tätig waren. Ambient-Pionier und Multimedia-Artist Brian Eno (*1948), für den das Tonbandgerät nach eigenem Zeugnis das wichtigste Musikinstrument ist und der in den 1970er- und frühen 1980er-Jahren die Talking Heads produzierte, beschrieb in einem 1979 in New York gehaltenen Vortrag unter dem wegweisenden Titel „The Studio as Compositional Tool", worauf diese Entwicklung schließlich hinauslief:

> „In studio composition, (…) you no longer come to the studio with a conception of the finished piece. Instead, you come with actually rather a bare skeleton of the piece, or perhaps with nothing at all. I often start working with no starting point. Once you become familiar with studio facilities, or even if you're not, actually, you can begin to compose in relation to those facilities. You can begin to think in terms of putting something on, putting something else on, trying this on top of it, and so on, then taking some of the original things off, or taking a mixture of things off, and seeing what you're left with - actually constructing a piece in the studio. (…) You're working directly with sound, and there's no transmission loss between you and the sound - you handle it. It puts the composer in the identical position of the painter - he's working directly

with a material, working directly onto a substance, and he always retains the options to chop and change, to paint a bit out, add a piece, etc." (Eno, 1983, S. 67)

Die *Digitalisierung* der Musikproduktion hat dieser Entwicklung noch einmal neue Horizonte eröffnet, da sich in der virtuellen Produktionsumgebung am Bildschirm viele Operationen im Prozess der Klangaufzeichnung und -bearbeitung leichter und erheblich effizienter durchführen lassen als in der gerätebasierten Form auf Band. Die ersten digitalen Aufnahmesysteme wurden Ende der 1970er-Jahre zugänglich. Die erste digitale Musikproduktion erschien 1978 auf dem audiophilen Label Telarc Records in den USA (Telarc DG 5038, USA 1978), eine Aufnahme mit den Cleveland Symphonic Winds unter Leitung des Komponisten Frederick Fennell (1914-2004) auf der Basis des von Tom Stockham (1933-2004) am MIT entwickelten und dann mit eigener Firma vermarkteten Soundstream-Verfahrens, ein 16-Bit Aufnahmesystem mit einer Samplingrate von 50Hz. Anfang 1979 folgte Ry Cooders (*1947) mit dem Album „Bob Till You Drop" (Reprise 3358, USA 1979), direkt und ungemischt aufgenommen auf einer digitalen Zweispurmaschine. Stevie Wonder (*1950) stieg ebenfalls schon 1979, beginnend mit „Journey Through the Secret Life of Plants" (Tamla Motown PR-61, USA 1979) auf die digitale Technologie um. Auch wenn diese Aufnahmen bis zur Markteinführung der CD noch analog auf Vinyl veröffentlicht wurden, sie leben bereits von den neuen Möglichkeiten zur Gestaltung von Klangbildern, die die Digitalisierung der Klangaufzeichnung mit sich brachte. Umgekehrt wird ein Großteil der heute auf CD ja durchweg in einem digitalen Format veröffentlichten Aufnahmen nach wie vor noch analog produziert. Begründet ist das in unterschiedlichen Produktionsphilosophien, zumal die analoge Technik ein anderes Reaktionsverhalten und andere Klangeigenschaften aufweist als Software-Algorithmen und Harddisk-Rekorder. Professionelle Aufnahmestudios stellen deshalb in der Regel heute beide Systeme bereit, die dann auch in den unterschiedlichsten Kombinationen genutzt werden können.[39]

In der phonographischen Kunst, zu der sich die Musik damit auf der Basis des Tonträgers entwickelt hat, sind künstlerische Inspiration und technisches Know-how unlösbar zusammengewachsen. Das Ergebnis sind phonographische Kunstwerke und nicht mehr schlechthin nur eine auf Tonträger fixierte Aufzeichnung von Musik. Mike Stoller und Jerry Lieber haben das schon in den 1960er-Jahren in dem Satz „We didn't write songs, we wrote records." (zit. n. Pareles & Romanowski, 1983, S. 322) treffend auf den Punkt gebracht. Der Tonträger ist im Verlauf seiner rund einhundertjährigen

---

[39] Ausgewiesen wird das auf den Tonträgern mit einer dreistelligen Kombination der Buchstaben A (analog) und D (digital), wobei die erste Stelle das Aufnahmeverfahren, die zweite den Abmischvorgang und die dritte das Mastering bezeichnet. Musikproduktionen können sowohl analog aufgenommen, aber digital abgemischt und gemastert (ADD) oder auch analog aufgenommen und gemischt und nur digital gemastert (AAD) als auch digitale aufgenommen, gemischt und gemastert sein (DDD). Die Unterschiede sind im Klang durchaus hörbar, je besser die Wiedergabeanlage umso deutlicher.

Entwicklung in kultureller, wirtschaftlicher und ästhetischer Hinsicht zum normativen Paradigma der Musik geworden.

Literatur

Adorno, T. W. (1973). Über den Fetischcharakter in der Musik. In T. W. Adorno, Gesammelte Schriften. Bd. 14: Dissonanzen – Einführung in die Musiksoziologie (S. 14-50). Frankfurt a.M.: Suhrkamp.
Barlow, W. (1989). Looking Up and Down. The Emergence of Blues Culture. Philadelphia: Temple University Press.
Batten, J. (1956). The Joe Batten Book – Story of Sound Recordings. London: Rockliff.
Berliner, E. (1888). The Gramophone. Etching the Human Voice. Journal of the Franklin Institute, (160), 1-22.
Bierley, P. E. (1973). John Philip Sousa. American Phenomenon. Englewood Cliffs, NJ: Prentice-Hall.
Bolig, J. R. (2004). Caruso Records: History and Discography. Littleton, COP: Mainspring Press.
Brooks, T. (1978). Columbia Records in the 1890s: Founding the Record Industry. Association for Recorded Sound Journal, (1), 3-36.
Chappel, S. & Garofalo, R. (1977). Rock'n'Roll Is Here to Pay. The History and Politics of the Music Industry. Chicago: Nelson Hall.
Chop, M. (1909). Ergänzungsfragen für die Sprechmaschinen-Literatur. Phonographische Zeitschrift, X(4), 75-78.
Copeland, P. (1991). Sound Recordings. London: British Library Board.
Eberly, P. K. (1982). Music in the Air. America's Changing Tastes in Popular Music, 1920-1980. New York: Hastings House.
Eisenberg, E. (1987). The Recording Angel. Music, Records and Culture from Aristotle to Zappa. New York: Picador.
Eno, B. (1983). Pro Session: The Studio as Compositional Tool. Down Beat, (50), 65-67.
Farris, R. (2005). Tango. The Art History of Love. New York: Pantheon.
Frow, G. & Sefl, A. (1978). The Edison Cylinder Phonographs. A Detailed Account of the Entertainment Models until 1929. Sevenoaks: Frow.
Gaisberg, F. W. (1942). The Music Goes Round. New York: Macmillan.
Gould, G. (1966). The Prospects of Recording. High Fidelity, XVI(4), 46-63; deutsch als, in: Gould, G. (1992). Über die Zukunftsaussichten der Tonaufzeichnung. In Vom Konzertsaal zum Tonstudio (Schriften zur Musik 2, S. 129-160). München, Zürich: Piper.
Gronow, P. (1983). The Record Industry. The Growth of a Mass Medium. In R. Middleton & D. Horn (Hrsg.), Popular Music 3: Producers and Markets (S. 53-76). Cambridge: Cambridge University Press.
Haring, B. (2000). Beyond the Charts. MP3 and the Digital Music Revolution. Los Angeles: JM Northern Media.
Hein, E. (1963). 65 Jahre Deutsche Grammophon Gesellschaft: 1898-1963. Oldenburg: Stalling.
Hirsch, P. (1970). The Structure of the Popular Music Industry. Ann Arbor, MI: University of Michigan Press.
Holt, F. (2007). Genre in Popular Music. Chicago, IL: University of Chicago Press.
Hull, G. P. (1998). The Recording Industry. London, New York: Routledge.

International Federation of the Phonographic Industry (1997). The Recording Industry in Numbers '96. London: IFPI.
International Federation of the Phonographic Industry (2001). The Recording Industry in Numbers '00. London: IFPI.
International Federation of the Phonographic Industry (2002). The Recording Industry in Numbers '01. London: IFPI.
International Federation of the Phonographic Industry (2004). IFPI Online Music Report. London: IFPI.
International Federation of the Phonographic Industry (2007). Digital Music Report. London: IFPI.
International Federation of the Phonographic Industry (2008). The Recording Industry in Numbers '07. London: IFPI.
Isom, W. R. (1977). Record Materials. Evolution of the Disc Talking Machine. Journal of the Audio Engineering Society, 25, 719-722.
James, R. (Hrsg.). (1992). Cassette Mythos. New York: Autonomedia.
Koenigsberg, A. (1987). Edison Cylinder Records, 1889-1912. New York: APM.
Laird, R. & Rust, B. (2004). Discography of OKeh Records, 1918-1934. Westport, CT, London: Praeger.
Lange, H. H. (1996). Jazz in Deutschland – die deutsche Jazz-Chronik bis 1960 (2. Aufl.). Hildesheim, Zürich, New York: Olms.
Lebrecht, N. (2007). Ausgespielt. Aufstieg und Fall der Klassikindustrie. Mainz: Schott.
Lersch, E. & Schanze, H. (Hrsg.). (2004). Die Idee des Radios. Von den Anfängen in Europa und den USA bis 1933. Konstanz: UVK.
Manual, P. (1993). Cassette Culture. Popular Music and Technology in North India. Chicago, IL: University of Chicago Press.
Marie, M. (2004). La firme Pathé Frères 1896-1914. Paris: Association Française de Recherche sur l'Histoire du Cinéma.
Martland, P. (1997). Since Records Began – EMI. The First 100 Years. London: Batsford.
Menn, J. (2003). All the Rave. The Rise and Fall of Shawn Fenning's Napster. New York: Crown.
Moore, T. (Hrsg.). (2005). Mix Tape. The Art of Cassette. New York: Universe Publishing.
Morton, D. L. (2004). Sound Recording. The Life Story of a Technology. Baltimore: Johns Hopkins University Press.
Negus, K. (1999). Music Genres and Corporate Cultures. London, New York: Routledge.
Nyre, L. (2003). Fidelity Matters. Sound Media and Realism in the 20th Century. Bergen: University of Bergen/Haugen bok.
Pandit, S. A. (1996). From Making to Music. The History of Thorn EMI. London: Hodder & Staughton.
Pareles, J. & Romanowski, P. (1983). The Rolling Stone Encyclopedia of Rock & Roll. New York: Rolling Stone Press/Summit Books.
Petersen, G. (2005, 1. Oktober). Ampex Sel-Sync, 1955. When the Roots of Multitrack Took Hold. Mix Magazine, S. 5-6.
Pfeiffer, K. L. (2006). Operngesang und Medientheorie. In D. Kolesch & S. Krämer (Hrsg.), Stimme. Annäherung an ein Phänomen (S. 65-84). Frankfurt a.M.: Suhrkamp.
Pollack, A. (1990, 1. April). Recording Enters a New Era and You Can't Find it on LP. New York Times, S. 16.
Rachlin, H. (1981). The Encyclopedia of the Music Business. New York: Harper & Row.
Renner, T. (2004). Kinder, der Tod ist gar nicht so schlimm. Über die Zukunft der Musik- und Medienindustrie. Frankfurt a.M., New York: Campus.
Schulz-Köhn, D. (1940). Die Schallplatte auf dem Weltmarkt. Berlin: Reher.
Schwarzkopf, E. (2002). On and Off the Record. Boston: Northeastern University Press.

Segrave, K. (2002). Jukeboxes. An American Social History. Jefferson, NC: McFarland.
Sobel, R. (1986). RCA. New York: Stein & Day.
Southern, T. (1993). Virgin Story. London: Virgin.
Spohr, M. (Hrsg.). (1999). Geschichte und Medien der „gehobenen Unterhaltungsmusik". Zürich: Chronos.
Sterne, J. (2003). The Audible Past. Cultural Origins of Sound Reproduction. Durham: Duke University Press.
Stone, T. & Schwartz, D. (1992). Music Producers. Conversations with Today's Top Record Makers. Emeryville, CA: Mix Books.
Thiele, E. (2003). Telefunken nach 100 Jahren. Das Erbe einer deutschen Weltmarke. Berlin: Nicolai'sche Verlagsbuchhandlung.
Thompson, E. (1995). Machines, Music, and the Quest for Fidelity. Marketing and the Edison Phonograph in America, 1877-1925. The Musical Quarterly, 79, 131-171.
Wahl, H. (1986). Odeon – die Geschichte einer Schallplatten-Firma. Düsseldorf: Sieben.
Wallis, R. & Malm, K. (1984). Big Sounds from Small People. The Music Industry in Small Countries. London: Constable.
Welch, W. L. & Burt, L. B. S. (1994). From Tinfoil to Stereo. The Acoustic Years of the Recording Industry 1877-1929. Gainesville: University Press of Florida.

Musik im Radio

HOLGER SCHRAMM[40]

> Mit dem Radio erlangt Musik erstmals eine massenmediale Verbreitung in der ganzen Bevölkerung. Während in den USA das Radio schnell als Werbeplattform für Musiktonträger entdeckt wird und sich die Musikprogramme im freien Markt zielgruppenorientiert ausdifferenzieren, verläuft die Entwicklung in Deutschland zunächst zögerlich, unter staatlichem Einfluss und mit Blick auf die musikalische Gestaltung der Radioprogramme wenig kreativ. Während sich die 20er- und 30er-Jahre in den USA zum „Goldenen Zeitalter" des Radios entwickeln, werden im Dritten Reich die Radioindustrie und somit auch die Musikprogramme gleichgeschaltet und für Propaganda genutzt. Ab den 40er-Jahren erzwingt in den USA die neue mediale Konkurrenz – das Fernsehen – eine noch stärkere Formatierung sowie die Gestaltung von massenattraktiven Musikprogrammen. In Anlehnung an die Jukebox entsteht das Top-40-Format, das sich auch nach dem Zweiten Weltkrieg in Deutschland – einhergehend mit Beatkultur und neuer Jugendbewegung – zum Motor der Entwicklung neuer Musikformate im Radio entwickeln wird. Mit Einführung des Dualen Rundfunksystems wird der freie Radiomarkt auch in Deutschland eingeläutet – und damit die Absicherung von Programmentscheidungen durch empirische Hörerforschung bzw. Musiktests, die seit mittlerweile 25 Jahren nahezu unverändert beibehalten wurden. Die aktuelle Lage der Radioindustrie erfordert erneut ein Umdenken sowie eine kritische Auseinandersetzung mit der gegenwärtigen Musikformatierung im Radio.

Von den Anfängen des Radios

Als 1923 das Radio in Deutschland seinen offiziellen Sendebetrieb aufnahm, lag bereits eine ca. 15-jährige Vorgeschichte der „Musik im Radio" vor: Bereits Weihnachten 1906 gelang Reginald Aubrey Fessenden, einem kanadischen Erfinder (ca. 500 Patente) und Rundfunkpionier, sechs Jahre nach seiner ersten gelungenen drahtlosen Sprachübertragung eine Funkübertragung von Sprache und Musik (vgl. Canadian Communication Foundation, 2003): Über seinen Langwellensender in Brant Rock (Massachusetts) sendete er eine Lesung aus dem Lukas Evangelium, die er mit einer Schallplattenaufnahme von Händels „Largo" unterlegte. Matrosen, die im New

---

[40] Das Kapitel entspricht in Teilen einer komprimierten Zusammenstellung verschiedener Beiträge des Autors aus: Schramm (Hrsg.). (2008). Musik im Radio. Rahmenbedingungen, Konzeption, Gestaltung. Wiesbaden: VS Verlag.

Yorker Hafen mit Funkgeräten ausgestattet waren, gehörten zu den wenigen Personen, die diese erste „Radiosendung" zufällig mit verfolgen konnten (Goldhammer, 1995). Lee de Forest, ein Amerikaner (mit über 300 Patenten), entwickelte etwa zeitgleich die so genannte *Audion-Röhre*, eine Vakuumröhre, mit der die Sende- und Klangqualität von funkvermittelter Sprache und Musik verbessert werden konnte, und ging schließlich 1916 mit einem eigenen Radioprogramm – bestehend aus Schallplattenaufnahmen und Ankündigungen – in New York auf Sendung. Ein paar Jahre zuvor war bereits in San José die erste unregelmäßig sendende Radiostation (heute als KCBS aus San Francisco sendend; zur Kennzeichnung von US-amerikanischen Stationsnamen mittels vier Buchstaben vgl. Bautell & Scheunemann, 1991), im Jahr 1920 in Pittsburgh mit KDKA sogar die erste kommerzielle Radiostation weltweit auf Sendung gegangen. Während des Ersten Weltkrieges unterlag die Rundfunkhoheit in den USA zwar dem Militär – ansonsten entwickelte sich das neue Medium aber gänzlich nach den Regeln der Marktwirtschaft und stellte ein äußerst attraktives Instrument für die werbetreibende Industrie dar, die schon früh das Sponsoring von Programmbestandteilen übernahm (Goldhammer, 1995).

In Deutschland wurden die ersten „Radioprogramme" mit Musik (bzw. Schallplattenaufnahmen) von Hans Bredow, Begründer des deutschen Schiffs- und Auslandsfunkverkehrs und späterer Vorsitzender der Reichs-Rundfunk-Gesellschaft, im Jahr 1917 für die Soldaten in den Schützengräben gesendet. Am 19. November 1919 demonstrierte Bredow in einer öffentlichen Veranstaltung die Wirkungsweise des *Unterhaltungsrundfunks*, wobei er zwei Jahre später in einem Vortrag erstmals den Begriff „Rundfunk" verwendete (bis zum Aufkommen des Fernsehens war der Ausdruck „Rundfunk" identisch mit „Hörfunk"; zeitweilig wurde er auch „Hör-Rundfunk" bzw. „Ton-Rundfunk" genannt). Am 22. Dezember 1920 fand in Deutschland schließlich die erste Radiofunkübertragung für die breite Öffentlichkeit statt: Gesendet wurde durch den posteigenen Langwellensender in Königs Wusterhausen. Postbeamte spielten auf mitgebrachten Instrumenten, sangen Lieder und trugen Gedichte vor. Der Funkerberg in Königs Wusterhausen gilt daher als die Geburtsstätte des öffentlichen Rundfunks in Deutschland.

Im Gegensatz zur „freien" marktwirtschaftlichen Entwicklung in den USA wurde die Entwicklung des neuen Mediums in Deutschland von Beginn an staatlich gelenkt. Entscheidend dafür war u.a. der so genannte „Funkerspuk": Revolutionäre Arbeiter besetzten nach russischem Vorbild am 9. November 1918 die Zentrale des deutschen Pressenachrichtenwesens und verkündeten irreführend den Sieg der radikalen Revolution (USPD, KPD, Spartakusbund) in Deutschland. Als Reaktion verschärfte die junge SPD-Reichsregierung die Kontrolle über das Radio. Darunter fielen vor allem das Hoheitsrecht des Reiches zur Einrichtung und zum Betrieb von Sende- und Empfangsanlagen sowie die Genehmigungspflicht von Empfangsgeräten. Als Geburtsstunde des deutschen Rundfunks gilt der 29. Oktober 1923. An diesem Tag wird mit einem Konzert aus dem VOX-Haus in Berlin die erste Musiksendung im Radio ausgestrahlt (Münch, 2001):

> „Hier Sendestelle Berlin-Voxhaus Welle 400. Wir beginnen mit Unterhaltungsrundfunk. Hören Sie ein Eröffnungskonzert, ein Cellosolo mit Klavierbegleitung ‚Andantino' von Kreisler, gespielt von Herrn Kapellmeister Otto Urack und Fritz Goldschmidt. (…) Zur Begleitung wird ein Steinway-Flügel benutzt." (Arnold & Verres, 1989, S. 18-19)

Radio als Massenmedium für Musik und Propaganda

Bereits 1923 gab es in den USA ca. 600 Radiosender und über eine Million Radioempfangsgeräte (Howard & Kievman, 1983). Auch in Deutschland entwickelte sich das Radio zügig zum Massenmedium:

> „Von 467 angemeldeten Rundfunkgeräten im Dezember 1923 stieg die Zahl rapide auf 10.000 im April 1924 und auf über 100.000 im Juli 1924. Im Jahre 1928 waren bereits über zwei Millionen Radiogeräte angemeldet, 1932 waren rund vier Millionen Radiohörer zu verzeichnen." (Goldhammer, 1995, S. 21)

Während man sich in den USA jedoch von Beginn an auf eine kostengünstige Produktion der Radioprogramme konzentrierte, Schallplatten abspielte und das neue Medium als Werbeplattform für Gerätehersteller, die Musikindustrie und Sponsoren nutzte (Goldhammer, 1995), war die Haltung der deutschen Programmmacher zunächst zurückhaltend bis kulturell-belastet. „Neben der schlechten technischen Qualität [galten] ihnen Schallplatten als mechanische, leblose Musik. Zudem [wurde] das negative Image einer Werbesendung befürchtet" (Münch, 2001, S. 156). So orientierten sich die deutschen Radioprogramme, die anfangs die Musik vor allem als „Programmfüller" von Informationsprogrammen betrachteten, verstärkt an gewohnten Darbietungsformen:

> „Neben einigen Schallplatten wird vor allem Musik von Studiomusikern geboten, die live vor dem Mikrophon spielen. In den Anfängen des Radios macht die Live-Übertragung gegenüber dem Schallplatteneinsatz den größeren Teil aus. Neben Darbietungen der sendereigenen Ensembles gehören Live-Übertragungen von öffentlichen Orten bald zum Sendealltag." (Münch, 2001, S. 155)

Obwohl die sendereigenen Musikensembles in Deutschland zunächst beibehalten wurden – in den nachfolgenden Jahrzehnten sollten sich mit den sendereigenen Symphonieorchestern gar Ensembles bilden, die sich mit den besten Orchestern der Welt messen und dem entsprechend namhafte Dirigenten verpflichten konnten –, setzten sich die Vorteile der Schallplatten-„Konzerte" auch bei den deutschen Programmmachern schnell durch: Das Hören von Schallplatten über das Radio wurde bei den Deutschen immer beliebter, zumal sie so die Schallplatten nicht kaufen mussten. Für die Sender garantierten die Schallplatten „die kostengünstige Verfügbarkeit eines großen Arsenals an unterhaltender Musik. Musiker und Orchester von Weltruhm [standen] ebenso zur Verfügung wie verstorbene Künstler. (...) Zudem [konnten] mit Schallplatten problemlos die Sendestunden gefüllt werden, und bei Bedarf [war] eine jederzeitige Umstellung des Programms möglich. (...) Als Ende der 20er Jahre in einigen Sendern spezielle Schallplattenregisseure eingestellt werden, ist der Höhepunkt der Schellackeuphorie erreicht." (Münch, 2001, S. 157)

Die Weltwirtschaftskrise 1929 beendete mit ihrem volkswirtschaftlichen Einbruch in allen Industrienationen, der sich unter anderem in Unternehmenszusammenbrüchen, massiver Arbeitslosigkeit und Deflation äußerte, zwar die so genannten „Goldenen 20er-Jahre", zeigte jedoch nahezu keinen Effekt auf die Werbefinanzierung der Radioprogramme und die Entwicklung der Radioindustrie (Goldhammer, 1995). Sowohl in den USA als auch in Deutschland entwickelte sich das Radio zum wichtigsten und schnellsten Massenmedium, das die Gesellschaft mittels Informationen und Nachrichten, aber auch mittels Unterhaltung und Musik verband (Howard & Kievman, 1983). Die Nutzung des Radios war für die Bevölkerung – abgesehen von der Anschaffung der damals noch recht teuren Radioempfangsgeräte – quasi kostenlos.

Diese Massenattraktivität machten sich die Nationalsozialisten nach ihrer Machtübernahme 1933 sogleich zunutze. Die Gleichschaltung des Rundfunks (die Reichsrundfunkgesellschaft wurde dem Reichsministerium für Volksaufklärung und Propaganda und somit Joseph Goebbels unterstellt[41]) bewirkte eine komplette Kontrolle und Vereinheitlichung der Radioprogramme bis zum Ende des Zweiten Weltkrieges – sowohl mit Blick auf die politischen Inhalte als auch auf die Musik: Neben den Jubelreden und Propagandaberichten sollten Märsche und Kampflieder die Bevölkerung „einstimmen". Die Funkindustrie musste das Einheitsgerät „Volksempfänger" in großen Stückzahlen produzieren und preisgünstig anbieten. Der Verkaufspreis lag mit 76 Reichsmark etwa 50 Prozent unter dem Preis gleichwertiger Radioempfänger. Für das Einheitsgerät wurde ab 1934 mit dem Slogan „Ganz Deutschland hört den Führer mit dem Volksempfänger" geworben (vgl. Abbildung 1). Der „Deutsche Kleinempfänger"[42] konnte ein paar Jahre später noch günstiger produziert werden und war bereits für 35 Reichsmark erhältlich (Goebel, 1950)[43]. So stieg zwischen 1933 und 1938 die Anzahl der registrierten Radiohörer von vier auf acht Millionen, bis 1943 sogar auf 16 Millionen (Stuiber, 1998).

---

[41] Hans Bredow, damaliger Vorsitzen der Reichsrundfunkgesellschaft, reichte noch am Tag der Ernennung Hitlers zum Reichskanzler seinen Rücktritt ein. Als seine engsten Mitarbeiter verhaftet werden, bittet er in einem Telegramm an Reichspräsident von Hindenburg und Hitler um deren Freilassung. Im Falle der Ablehnung verlangte er, ihr Schicksal zu teilen. Daraufhin wird auch Hans Bredow verhaftet und verbringt 16 Monate in Untersuchungshaft in Berlin-Moabit (Klatt, 1957, S. 44ff.).

[42] im Volksmund „Goebbels-Schnauze" genannt

[43] Der Frequenzbereich dieser Einheitsempfänger war allerdings eingeschränkt, so dass ausländische Sender bzw. „Feindpropaganda" nicht zu empfangen waren.

Während in Deutschland für die Zeit von 1933 bis 1945 ein Stillstand bzw. Rückschritt in der Entwicklung von Radiosendern und deren Musikprogrammen zu beobachten war, setzten in den USA die drei damaligen großen *Networks* (NBC, CBS, MBS) auf dem hart umkämpften Hörermarkt bereits alles daran, die Radioprogramme attraktiver und zielgruppenadäquater zu gestalten. So wurde innerhalb der Network-Programme recht früh zwischen Musical Shows, Variety Shows, Children's Programs, Talk Programs, Religious Programs und News Commentary unterschieden, die man in 15-, 30- und 60-minütigen Segmenten zu einem Gesamtprogramm zusammensetzte (Howard & Kievman, 1983). Die 30er-Jahre sollten mit zunehmenden Senderzahlen und Sendekonzepten in den USA zum „Goldene Zeitalter" des Radios werden.

Abbildung 1: „Volksempfänger"-Plakat

Das Aufkommen des Fernsehens Anfang der 40er-Jahre bereitete dem „Goldenen Zeitalter" des Radios ein schnelles Ende (Prüfig, 1993): Das Fernsehen eroberte die Prime Time in den Abendstunden und damit die lukrativen Werbeeinnahmen. Viele Radiosender mussten in der Folge aufgeben. Die übrigen lösten ihre kostspieligen Orchester auf, um die Produktionskosten weiter zu senken. Es folgte ein „Ausverkauf" dessen, was das Radio in den 30ern so erfolgreich gemacht hat:

> „Bekannte Radiostars wie Frank Sinatra und Perry Como wechseln erfolgreich zum neuen Medium, ebenso werden aufwendige Radioformen wie z.B. die Soap Operas vom Fernsehen übernommen" (Münch, 2001, S. 158)

Formatradio und Musikformate

Die Entwicklung in den USA

Das Radio und seine „Macher" bewiesen in den 50er-Jahren genug Flexibilität, neue Programmstrategien und Programmformen zu entwickeln, die das Überleben des Radios sicherten. Ziel war es, massenattraktive und moderne Programme zu entwerfen, um die Hörer, die zum Fernsehen abgewandert waren, wieder zurückzugewinnen – das Zeitalter des *Formatradios* war somit eingeläutet (Goldhammer, 1995). Die „Erfindung" des Formatradios geht auf folgende Anekdote zurück, deren Wahrheitsgehalt heute schwer nachzuprüfen ist (Prüfig, 1993, S. 15):

> „Todd Storz, Manager einer Radiostation namens KOWH-AM in Nebraska, und seine Assistent Bill Stewart beobachteten Anfang 1955 einen ganzen Abend lang in einer Kneipe in Omaha, wie Gäste Geld in die Jukebox warfen, um aus dem Repertoire immer wieder dieselben Hits auszuwählen. Als sich nach Feierabend die Kneipe bereits merklich geleert hat, machten die beiden eine folgenschwere Beobachtung: Die Angestellten, die den ganzen Abend lang immer wieder dieselben Songs gehört hatten, gingen zu der Musikbox, warfen ebenfalls ihre Münzen ein und wählten wiederum dieselben Musikstücke. Das brachte die beiden auf die Idee, statt des bisher gespielten möglichst breiten Musik-Repertoires aus mehreren tausend oder gar zehntausend Titeln das Programm nur noch auf die aktuellen Hits zu stützen. Das damals noch ‚formula radio' genannte neue Rundfunkkonzept von Storz und Stewart erhielt den Namen ‚Top 40' und brachte ihrem Radiosender [...] innerhalb weniger Monate riesige Einschaltquoten." (Goldhammer, 1995, S. 16)[44]

Storz kaufte weitere Radiosender auf, mit denen er das Top-40-Format ebenfalls erfolgreich am Markt – vor allem bei der jugendlichen Hörerschaft zwischen 15 und 35 Jahren (Hagen, 1999) – positionierte, und machte die Storz Broadcasting Company bis Mitte der 60er-Jahre zu einem der führenden Radiounternehmen der USA (Münch, 2001). Viele US-Radiosender folgten dem Beispiel von Storz, andere wiederum versuchten, die übrigen Hörerzielgruppen abzudecken, so dass sich Ende der 50er-Jahre neben den Top-40-Stationen eine zweite Gruppe von Sendern mit Tanz- und Stimmungsmusik sowie eine dritte Gruppe von Sendern mit ausgewählten Hits, sonstigen Plattentiteln und Oldies (späteres *Middle-of-the-Road*, kurz MOR) etablierten (Goldhammer, 1995). Daneben entwickelten sich zahlreiche Nischensender mit Fokus vor allem auf die ethnischen Subgruppen in den USA. Vor dem Hintergrund der zunehmenden Ausdifferenzierung von U-Musik in den 50er- und 60er-Jahren und auf Basis der damals bereits betriebenen empirischen Hörerforschung entwickelten sich in den 60er-Jahren dann die Musikformate „contemporary (Top 40,

---

[44] vgl. auch MacFarland, 1997, der die Anekdote zwei Jahre später datiert

‚Solid Gold', and album oriented rock), middle-of-the-road, beautiful music, country and western, news/information/talk, soul, spanish, religious, classical, and jazz" (Howard & Kievman, 1983, S. 77) – Formate, die in Form zahlreicher Subformate noch heute in den USA die Radiolandschaft bestimmen (vgl. Abbildung 2).

Abbildung 2: Radioformate in den USA

Format	AQH Share 12+	Stations	Format	AQH Share 12+	Stations
Country	12.7	1,683	Soft Adult Contemporary	0.9	142
News/Talk/Information	10.7	1,553	Spanish Adult Hits	0.9	46
Adult Contemporary	7.2	798	Adult Standards	0.8	294
Pop Contemporary Hit Radio	5.6	381	Classic Country	0.8	299
Classic Rock	4.5	514	Rhythmic AC	0.7	26
Rhythmic Contemporary Hit Radio	4.0	156	Spanish Tropical	0.7	48
Urban Adult Contemporary	3.7	170	Contemporary Inspirational	0.6	99
Urban Contemporary	3.7	154	Modern Adult Contemporary	0.6	31
Mexican Regional	3.4	302	Educational	0.4	126
Hot Adult Contemporary	3.2	451	Jazz	0.4	75
Classic Hits	2.8	288	New Country	0.4	102
Oldies	2.6	750	Spanish News/Talk	0.4	63
All Sports	2.3	560	Latino Urban	0.3	12
Contemporary Christian	2.2	724	Rhythmic Oldies	0.3	18
Album Oriented Rock	2.1	174	Spanish Variety	0.3	146
Alternative	2.1	315	Easy Listening	0.2	46
Adult Hits	2.0	172	Ethnic	0.2	97
Classical	2.0	275	Southern Gospel	0.2	194
Active Rock	1.9	149	Spanish Religious	0.2	82
New AC/Smooth Jazz	1.8	72	'80s Hits	0.1	19
Talk/Personality	1.8	202	Nostalgia	0.1	63
Religious	1.5	993	Spanish Oldies	0.1	26
Spanish Contemporary	1.5	126	Tejano	0.1	21
All News	1.4	31	Urban Oldies	0.1	20
Variety	1.0	750	Children's Radio	0.0	29
Album Adult Alternative	0.9	154	Family Hits	0.0	26
Gospel	0.9	304	Other	0.0	78

Quelle: Arbitron, 2008, S. 11

Die Erschließung des Ultra-Kurz-Wellen-Bereichs für die Ausstrahlung von Radioprogrammen, der Beginn der Stereoübertragungen im Jahr 1961 sowie die Produktion von leichten, transportablen Radios (Transistor-Radios) erhöhten die Attraktivität des Radios in den 60er- und 70er-Jahren und förderten eine weitere Angebotsdifferenzierung der US-Sender, so dass sich die Zahl bis Mitte der 70er-Jahre im Vergleich zu 1950 vervierfacht hatte (Goldhammer, 1995).

Die US-amerikanische Radiolandschaft differenzierte sich somit im Vergleich zur deutschen schon sehr früh aus, was vor allem in der größeren Konkurrenzsituation auf dem amerikanischen Markt begründet lag. Die USA verfügt konsequenterweise – und dies ist nicht nur auf die Größe des Landes zurückzuführen – heute über ca. 40 mal mehr Radiosender und eine ca. zehnfache größere *Radiosenderdichte* als Deutschland (vgl. Abbildung 3). Die amerikanischen Musikformate sind in der Regel spezialisierter bzw. bedienen speziellere Zielgruppen. Der Markt teilt sich somit auf mehr Subformate auf. Auch die Marktanteile der Musikformate mit breiten Zielgruppen sind in den USA anders verteilt als in Deutschland. Das in Deutschland dominierende *AC-Format* („Adult Contemporary": Popmusik der letzten zwei Jahrzehnte plus aktuelle Chart-Hits für die Zielgruppe der 14-49-jährigen) ist in den USA vergleichsweise schwächer vertreten, dafür erfreut sich das Countryformat in den USA größter Beliebtheit, da Countrymusik die traditionellen amerikanischen Werte thematisiert (Shane, 1995-1996). 2007 war das Countryformat mit 1.683 Sendern (dies entspricht 11,7% aller Sender; vgl. Abbildung 2) und einem Hörer- bzw. AQH-Anteil[45] von 12,7 Prozent das dominierende Musikformat in den USA. Unterschieden wird zwischen Classic Country und Modern Country. Country wird von allen Altersgruppen, im Kern aber vor allem von den 25-64-Jährigen gehört (Arbitron, 2008).

Abbildung 3: Senderanzahl und Senderdichte im internationalen Vergleich

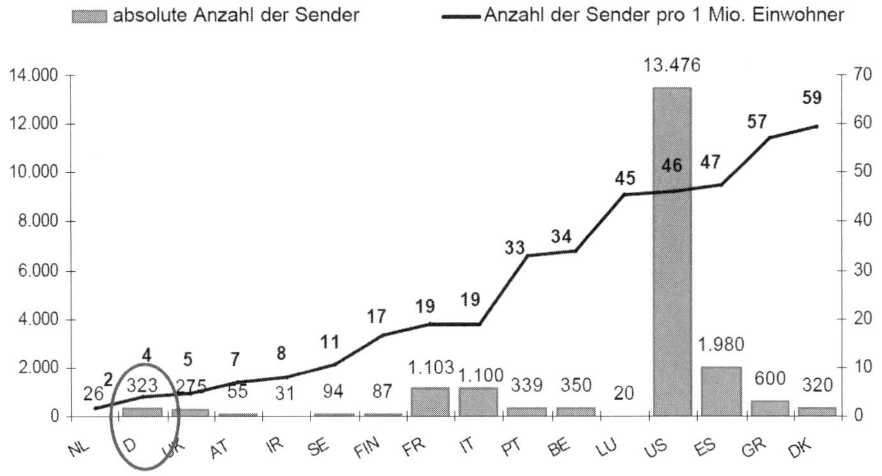

Quelle: Goldhammer, 2004

Die Entwicklung in Deutschland

Die deutschen Radioprogramme waren nach dem Zweiten Weltkrieg aufgrund der Monopolstellung der öffentlich-rechtlichen Sendeanstalten in Westdeutschland bzw. des staatlichen Rundfunks der DDR in Ostdeutschland dem „freien Markt" nicht ausgesetzt. Dies änderte sich in Westdeutschland erst 1984 mit der Einführung des *Dualen Rundfunksystems* sowie in Ostdeutschland erst 1990 nach der Wiedervereinigung, als private Radiosender und somit Marktkonkurrenz zugelassen wurde (Stuiber, 1998).

---

[45] AQH = Average Quarter Hour Person. Das ist der durchschnittliche Anteil von Personen, der ein bestimmtes Format im Zeitraum von 15 Minuten mindestens 5 Minuten hört. Sofern nichts anderes erwähnt wird, gelten diese Angaben für HörerInnen ab 12 Jahren.

Bis zu dieser Öffnung des Hörfunkmarktes verlief die Entwicklung der Musikformate in Deutschland schleppend. Die öffentlich-rechtlichen Rundfunkanstalten sendeten in den 50er-Jahren zunächst im Prinzip nur zwei Arten von Programmen: Massenwirksame Unterhaltungsmusikprogramme mit Tanzmusik, Operetten und Schlager bzw. Evergreens der 20er- und 30er-Jahre oder Programme mit einem höheren Anteil an E-Musik (Gushurst, 2000, S. 33). Typisch für die westdeutschen Radioprogramme der 50er- und 60er-Jahre waren so genannte Kästchenradios, die unterschiedlichste Programminhalte hintereinander sendeten, ohne auf einen kontinuierlichen Programm- und Musikfluss zu achten (Münch, 2001). Die deutsche Bevölkerung lernte zeitgleich jedoch bereits die Sender der stationierten britischen und US-amerikanischen Soldaten und damit die Top-40-Radios bzw. das Formatradio kennen und schätzen. „Neben den Sendern der Streitkräfte [hatte] das nach Deutschland einstrahlende Radio Luxemburg mit einer Mischung aus Schlager und Pop einen bedeutenden Einfluß auf die Entwicklung deutscher Radioprogramme" (Gushurst, 2000, S. 35).

> „Wer Beatles und Stones hören wollte, war gezwungen, über Mittel- und Kurzwelle das englische Programm von Radio Luxemburg anzupeilen oder Piratensender wie Radio Caroline, die auf Schiffen in der Nordsee stationiert waren und in ständigem Konflikt mit den Behörden lagen." (Bartnik & Bordon, 1981, S. 27)

Die hohe Nachkriegsgeburtenwelle bewirkte – zusammen mit der Entwicklung von Beat- und Popmusik in den 60ern – eine große Nachfrage von jugendlichen Radiohörern nach Sendern wie RADIO LUXEMBURG (Gushurst, 2000, S. 36). So wurde schließlich – mit beachtlichem zeitlichem Verzug – auch in Deutschland die Entwicklung zum Formatradio (anfangs „Spartenprogramm" genannt) in den 70er-Jahren mit jugendorientierten und poplastigen Sendern wie SWF 3 vorangetrieben (Münch, 2001). Die so genannten *Servicewellen* der 70er boten ein durchhörbares Programm mit einem klar definierten und in der Regel am Mainstream orientierten Musikspektrum an. Die Wortbeiträge wurden zu festen Zeitpunkten einer Sendestunde mit maximal drei Minuten Länge gesendet, so dass den Hörern ein einfaches und verlässliches Programmschema geboten wurde (Gushurst, 2000; Münch, 2001). Es waren die öffentlich-rechtlichen Sendeanstalten, die auch in den 80er-Jahren mit Sendern wie WDR 4 – einer konsequenten Mischung aus Schlager, volkstümlicher Musik und Operette – die Entwicklung der Musikformate in Deutschland entscheidend mitgestalteten, zumal sie über die nötigen finanziellen Mittel und Sendefrequenzen verfügten, ihr Programmangebot auszuweiten (Münch, 2001). Die Ausweitung des Programmangebots hatte auch das Ziel, gewisse Hörersegmente den ab Mitte der 80er-Jahre hinzu tretenden privaten Radiosendern nicht konkurrenzlos zu überlassen. Die Rechtssprechung des Bundesverfassungsgerichts betonte dem entsprechend in seinen Urteilen immer wieder den Grundversorgungsauftrag der öffentlich-rechtlichen Sender (und dies bedeutet „Grundversorgung" für alle Hörersegmente) und sicherte ihnen eine Bestands- und Entwicklungsgarantie zu, die auch die Entwicklung neuester

Musikformate und Teilhabe an neuesten Distributionskanälen für Rundfunk (z.B. Web-Radio) einschloss (Stuiber, 1998; Dussel, 2004).

In der deutschen Radiolandschaft (nach Popp, 2008: zurzeit ca. 56 öffentlich-rechtliche Sender, 205 private Sender und 141 Bürgerradios) können ab Mitte der 80er-Jahre drei Formen von Programmformaten unterschieden werden: Die erste Form beinhaltet vor allem Informations-, News- und Talk-basierte Programme. Eine zweite Form sind die so genannten Full-Service-Programme; dazu lässt sich z.B. auch das Format „Middle of the Road" (MOR) zählen (Goldhammer, 1995). Die dritte Form, die bei den Privatradiosendern nahezu ausschließlich zu finden ist, weil sie im Hinblick auf die Werbefinanzierung am attraktivsten ist (Peters, 2008), sind die musikbasierten Formate, die sich über die gesendete Musik differenzieren und deren Programm zu ca. 70 Prozent (im Durchschnitt) aus Musik besteht (Gushurst, 2000). Die musikbasierte Formate haben sich im Vergleich zu den zwei erstgenannten am weitesten ausdifferenziert. Bei der Definition von *Musikformaten* werden mit den „Roots" die Musikfarbe/das Musikgenre bzw. die musikalischen Wurzeln, mit „Targets" die Zielgruppe – meist in Form von Altersspannen, hin und wieder auch in Form von Einkommen, Bildung und kulturellem Background – und mit „Presentation" der Moderationsstil, die Präsentationsform sowie die klangliche Gesamtanmutung benannt (Münch, 2001, S. 161). Die wichtigsten Musikformate auf dem deutschen Markt sind (Schramm & Hofer, 2008):

- *AC (Adult Contemporary)*: häufigstes Format (vor allem bei den Privatradiosendern), Zielgruppe zwischen 14-49 Jahren[46], Hits der 80er und 90er und aktuelle Hits; eher melodiöse Titel aus dem Bereich Pop und Rock; umfangreiche Playlist; Moderation gemäßigt jugendlich bis zurückhaltend; Variationen: z.B. Soft AC, Hot AC, Oldie Based AC
- *CHR (Contemporary Hit Radio)*: Zielgruppe sind Jugendliche und junge Erwachsene im Alter von 14 bis 24 Jahren; aktuelle Top-40-Hits; sehr kleine Playlist; verschiedenste Musikgenres vertreten, da sich die Playlist primär durch Chartplatzierungen der Titel generiert; jugendliche, freche Moderation; Varianten: z.B. Mainstream CHR (besonders pop-lastig), Dance CHR, Rock CHR
- *AOR (Album Oriented Rock)*: Format, das als Gegenreaktion zu den CHR-Formaten geschaffen wurde; Zielgruppe sind sozial höher Gebildete ab 18 Jahren; progressive Rockmusik; viele Albumtitel, die nicht in den Charts platziert waren/sind; Moderation ist unaufdringlich und sachlich
- *Oldies*: Format, das sich häufig auf Titel aus einem bestimmten Jahrzehnt spezialisiert hat, z.B. Titel der 40er- und 50er-Jahre (Rock'n Roll), der 60er-Jahre (Beat) oder der 70er-Jahre (Disco); Zielgruppe je nach Musikgenre ab 30-35 Jahren aufwärts

---

[46] Die Angaben der Altersgruppen variieren z.T. in verschiedenen Publikationen: Goldhammer (1995) sowie Haas, Frigge und Zimmer (1991) sprechen von 25-49-Jährigen

- *Melodieradio*: Format, das eine Mischung aus Oldies, Schlager und volkstümlicher Musik spielt; die Zielgruppe ist 35 Jahre und älter (Radiozentrale, 2008), das Durchschnittsalter der HörerInnen liegt aber in der Regel bei über 50 Jahren; bisweilen auch Arabella-Format genannt (RADIO ARABELLA aus München strahlte dieses Musikformat erstmals 1989 aus)

Abbildung 4 zeigt die Verteilung der deutschen Privatsender nach Musikformaten. Von oben nach unten nimmt der Anteil an Musik im Programm tendenziell ab (vgl. Haas, Frigge & Zimmer, 1991, S. 165).

Abbildung 4: Anteil der verschiedenen Formate deutscher Privatradiosender

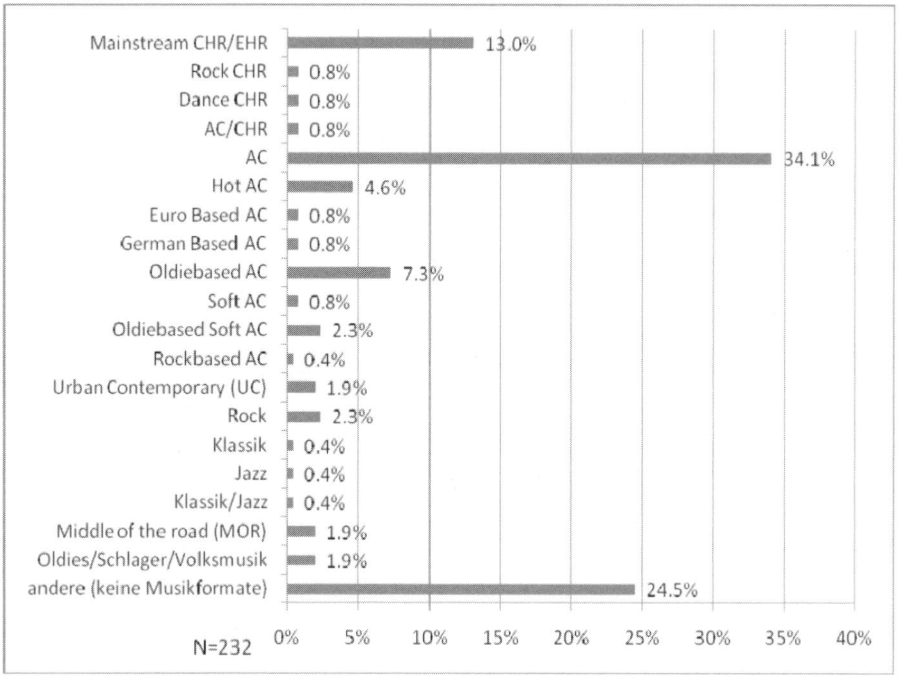

Format	Anteil
Mainstream CHR/EHR	13.0%
Rock CHR	0.8%
Dance CHR	0.8%
AC/CHR	0.8%
AC	34.1%
Hot AC	4.6%
Euro Based AC	0.8%
German Based AC	0.8%
Oldiebased AC	7.3%
Soft AC	0.8%
Oldiebased Soft AC	2.3%
Rockbased AC	0.4%
Urban Contemporary (UC)	1.9%
Rock	2.3%
Klassik	0.4%
Jazz	0.4%
Klassik/Jazz	0.4%
Middle of the road (MOR)	1.9%
Oldies/Schlager/Volksmusik	1.9%
andere (keine Musikformate)	24.5%

N=232

Quelle: Die Landesmedienanstalten, 2007, S. 311; Abb. aus Schramm & Hofer, 2008, S. 122

In der folgenden Synopse (vgl. Tabelle 1) sind die gängigsten Musikformate mit der jeweiligen Zielgruppe sowie jeweils einem Senderbeispiel nochmals überblicksartig aufgeführt.

Tabelle 1: Synopse der Musikformate in Deutschland mit Beispielsendern

Musikformat	Charakteristika	Zielgruppe	Senderbeispiel
AC	- leichte Popmusik - leichte Hörbarkeit	14-49-Jährige	Radio NRW
Oldie Based AC	- Hits aus den 60ern, 70ern und 80ern	35-49-Jährige	Berliner Rundfunk 91!4
Hot AC	- hoher Anteil an aktuellen Charts - jüngstes AC-Format	14-34-Jährige	Antenne Thüringen
Euro Based AC	- Mix aus aktuellen deutschen, italienischen und französischen Titeln	14-49-Jährige	Bayern 3
German Based AC	- vor allem deutsche Titel	14-49-Jährige	Neckar Alb Radio
Soft AC	- sanfte Popmusik	14-49-Jährige	Magic 95
AC/CHR	- aktuelle Popsongs aus den Charts	14-24-Jährige	HIT RADIO FFH
CHR	- schnelle, aktuelle Musik aus den Top 40	14-24-Jährige	SDR3
Mainstream CHR/EHR	- europäische Mainstreamtitel aus Rock und Pop	14-24-Jährige	bigFM Hot Music Radio
Rock CHR	- Rocktitel aus den Charts	14-24-Jährige	Radio Gong Nürnberg
Dance CHR	- elektronische Musik aus den Top 40	14-24-Jährige	sunshine live
Urban Contemporary (UC)	- HipHop, RnB, Soul	18-34-Jährige	KISS FM
Rock	- aktuelle und ältere Rocktitel	18-34-Jährige	Rockantenne
Album-Oriented Rock	- unbekanntere Songs bekannter Rockmusiker	18-45-Jährige, höher gebildet, eher männlich	Radio 21
Classic Rock	- Rocktitel aus den 60ern, 70ern und 80ern	18-45-Jährige, höher gebildet, eher männlich	Classic Rock Radio*
Soft Rock	- ruhigere und sanftere Rockmusik	18-45-Jährige, höher gebildet	ROCKLAND RADIO
Hard/Heavy Rock	- schnelle, aggressive Rocktitel	18-45-Jährige, höher gebildet, eher männlich	hardradio.com*
Oldies (Gold)	- englische Titel der 50-80er	20-40-Jährige	RTL Radio
Beautiful Music/Easy Listening	- ruhige, unaufdringliche Musik - soll entspannen	40+-Jährige	Radio Alpenwelle

Melodie Radio/Arabella	- Evergreens des deutschen Schlager - deutsche Oldies	35+-Jährige	Radio Kö
Schlager	- aktuelle und ältere Schlagertitel	35+-Jährige	SPREERADIO 105,5
Volksmusik	- volkstümliche Musik im weitesten Sinne	35+-Jährige	RSA 2
Klassik	- klassische Musik	30+-Jährige, besser Verdienende	Klassik Radio
Jazz	- Jazz aller Art	30+-Jährige, besser Verdienende	JazzRadio 101,9
Middle of the road (MOR)	- Musik für jeden Geschmack, nicht zu aufdringlich - relativ hoher Wortanteil	35-55-Jährige	SDR 1

* hier handelt es sich um ein Webradiosender
Quelle: Schramm & Hofer, 2008, S. 123-125

Die Entwicklung des Internetradios

Nicht zu vernachlässigen im Hinblick auf das Gesamtangebot von Musik im Radio sind seit Mitte der 90er-Jahre selbstverständlich auch die Internetradio-Angebote (vgl. Popp, 2008 sowie das Kap. „Musik im Internet" in diesem Handbuch).

> „Das Internet begünstigt durch seinen „unbegrenzten Raum", den fehlenden Markteintrittsbarrieren und den relativ geringen Verbreitungskosten die Entstehung neuer Radioprogramme. Insbesondere wurde der Markt für Sparten- und Special-Interest-Programme geöffnet, die sich an eine sehr kleine Zielgruppe richten (…) und in der UKW-Verbreitung aufgrund der hohen Kosten nicht hätten überleben können." (Popp, 2008, S. 26)

Das Collegeradio WXYC in Chapel-Hill (USA) sendete als erstes sein terrestrisch verbreitetes Radioprogramm 24-Stunden live im Internet (Kroh, 2002). In Deutschland verbreiteten B5 aktuell, der Informationssender des Bayerischen Rundfunks, sowie die DEUTSCHE WELLE ihre Angebote als erste Radiosender über das Internet (Barth & Münch, 2001). DSL und Flatrate haben in den letzten Jahren die Entwicklung von Internetradios in Deutschland begünstigt (Fisch & Gscheidle, 2006; Breunig, 2001), deren Klangqualität aufgrund der hohen Übertragungsleistung mittlerweile annähernd CD-Standard erreicht und damit die Klangqualität der terrestrischen Sender sogar übertrifft (Kroh, 2002). Handy, Laptop sowie portable Empfangsgeräte, so genannte iRadios, ermöglichen den mobilen Empfang jederzeit und an jedem Ort

(Popp, 2008). Neben dem *Livestream* haben sich vor allem die Angebotsformen des so genannten *On-Demand-Streaming* und des *Podcasting* (vgl. Kap. „Musik im Internet" in diesem Handbuch) etabliert. Von Internetradios, deren Programm eins zu eins auch terrestrisch zu hören ist (*Simulcaster*), lassen sich „reine" Internetradios (*Webcaster* bzw. *Webradios*), Aggregatoren und *Musikportale* unterscheiden (Goldhammer, 2001). Allein bei der GEMA waren Ende 2007 1.219 Webradios gemeldet (Popp, 2008). Andere Schätzungen gehen gar von 2.000 bis 2.500 Webradios in Deutschland und von 40.000 bis 100.000 Webradios weltweit aus (Böckelmann, Mahle & Macher, 2006).

> „Mit der Möglichkeit des Downloads von Musikdateien, Nachrichten, Serviceinformationen etc. ist für den Radiohörer ein zeitsouveräner Umgang mit Radioangeboten möglich geworden. Gezielt und den individuellen Bedürfnissen entsprechend kann sich der Hörer sein eigenes Radioprogramm zusammensetzen. Auch inhaltlich kann das Internetradio gegenüber dem klassischen Hörfunk einen Mehrwert vermitteln, indem die Audioübertragung durch visuelle programmbegleitende oder programmunabhängige Angebote ergänzt wird. Beispielsweise können zum Livestream Informationen zum laufenden Musikstück (Angaben zum Künstler, Tourneedaten, Chartplatzierung) übertragen werden." (Popp, 2008, S. 26)

Diese Möglichkeiten werden bisher nur eingeschränkt genutzt: Von den Onlinenutzern in Deutschland (van Eimeren & Frees, 2007) hören sich 14 Prozent mindestens einmal wöchentlich *Audiodateien* (MP3s, Radio, Podcasts) als Internet-Livestream oder Download an. 18 Prozent der Männer und zehn Prozent der Frauen sowie insbesondere Jugendliche (39% der 14-19-Jährigen) und junge Erwachsene (28% der 20-29-Jährigen) greifen wöchentlich auf diese Audiodateien zurück (van Eimeren & Frees, 2007). Erst acht Prozent aller Internetnutzer haben Podcasts schon einmal ausprobiert. Davon haben nur 32 Prozent bereits auf Musiksendungen und 27 Prozent auf Musikreportagen zurückgegriffen (Martens & Amann, 2007, S. 549).

Bereits ein Fünftel (21%) der Onlinenutzer nutzte das Internet bereits, um Radio zu hören. Täglich wird Radio von 3,4 Prozent der Onliner (und von 2,1% der Gesamtbevölkerung), also rund 1,4 Mio. Personen, über das Internet gehört. Wöchentlich nutzen zumindest sieben Prozent der Onliner das Internetradio. Die Verweildauer lag dabei durchschnittlich bei stolzen 98 Minuten und hat sich damit seit 1999 (43 Minuten) mehr als verdoppelt. Insgesamt fristet die Nutzung von Internetradio jedoch gemessen an der Tagesreichweite (ca. 77%) und Tageshördauer (ca. 186 Minuten) des terrestrisch verbreiteten Radios nach wie vor ein Nischendasein (Schramm, 2008), was u.a. darauf zurück zu führen ist, dass die meisten Hörer das Internetradio noch nicht ortsungebunden nutzen können, sondern auf den heimischen PC angewiesen sind. Hier bleibt abzuwarten, ob und wie sich die mobilen Medien zukünftig in Bezug auf die mobile Radionutzung durchsetzen.

Hörerforschung als Basis der Musikformate

Aufgrund des interindividuell unterschiedlichen Musikgeschmacks und der unterschiedlichen Wahrnehmung und Verarbeitung von Musik (de la Motte-Haber, 1996) erweist es sich generell als sehr schwierig, Musikprogramme und -formate für das Radio zu entwickeln, die von einem möglichst großen Personenkreis positiv bewertet und in der Folge regelmäßig genutzt werden (Münch, 1994). Dennoch wird versucht, dies mit Hilfe standardisierter Hörer- bzw. Musikforschung umzusetzen. Diese Forschung ist primär darauf angelegt zu ermitteln, welche Musik von welchen Personen akzeptiert wird (daher auch „Akzeptanzforschung" genannt; vgl. Neuwöhner, 1998), und wurde mit Beginn des Dualen Rundfunksystems in Deutschland ebenfalls aus den USA übernommen (vgl. Haas, Frigge & Zimmer, 1991). Coleman Research beispielsweise, der Marktführer der kommerziellen Radioforschung in den USA, war schnell auf dem deutschen Markt präsent und prägt seitdem die Musikforschung der deutschen Privatradiosender maßgeblich mit. Nur noch knapp zehn Prozent der forschenden Radiosender führen ihre Forschung selbstständig durch, alle anderen greifen im Bedarf auf externe Institute wie Coleman Research zurück, wobei ca. Zweidrittel der Sender ausschließlich oder zumindest überwiegend extern forschen lassen. Dementsprechend ist eine steigende Anzahl von solchen externen Forschungsinstituten zu verzeichnen, die neben den Hörerumfragen auch Beratungen für die Programmverantwortlichen der Sender durchführen. Insgesamt teilen sich ca. ein Dutzend Firmen den Markt (Schramm, Petersen, Rütter & Vorderer, 2002).

Neben das Bauchgefühl der Musikredakteure sind seit Mitte der 80er-Jahre mehr und mehr die Zahlen und Ergebnisse der Hörer- und Musikforschung als Planungsgrundlage für die Musikprogramme getreten. Die einschlägige Literatur konnte dies zunächst nur unzureichend belegen (vgl. zum Beispiel: Goldhammer, 1995; Haas, Frigge & Zimmer, 1991; Neuwöhner, 1998, Gushurst, 2000). Erst durch die Studie von Schramm et al. (2002) konnten erstmals empirische Erkenntnisse gewonnen und der hohe Stellenwert der Hörer- und Musikforschung belegt werden.

Welche Instrumente der Hörerforschung werden primär eingesetzt? Bei Neugründung oder Neupositionierung (Relaunch) eines Radiosenders werden zunächst so genannte *Mapping-Studien* durchgeführt (vgl. Meyer, 2007): Nach Schramm et al. (2002) werden hierbei bis zu 50 Musikstilrichtungen bzw. -genres auf Beliebt-heit/Gefallen und vermeintliche Senderzugehörigkeit getestet und jeweils durch drei Titel beziehungsweise *Hooks* (markanter Ausschnitt eines Titels mit einer Länge von ca. acht bis zwölf Sekunden und mit dem vermeintlich höchsten Wiedererkennungswert) repräsentiert. Ziel der Studie ist es, Hörer-Cluster zu bilden bzw. Aussagen treffen zu können, wie viele potenzielle Hörerinnen und Hörer des Zielmarkts welche Musikgenres mögen, welche Musikpräferenzen sich überschneiden beziehungsweise ausschließen und welche Art von Musik welchem Sender zugeschrieben wird, um somit für die eigene Positionierung eine Marktlücke bezüglich der Musik und des Senderimages zu finden (so genannte *Differenzierungsstrategie*, vgl. Meyer, 2007; Wolling & Füting, 2007). Selbst von Sendern, die keinen Relaunch vollziehen wollen, würden

Mapping-Studien zwecks Beobachtung des sich schnell wandelnden Marktes etwa alle drei Jahre in Auftrag gegeben. Das Interessante an einer solchen Mapping-Studie ist, dass die Radiolandschaft eines Hörermarktes entsprechend der Wahrnehmungen der Hörerinnen und Hörer kartografiert und die verschiedenen Hörer-Cluster darin verortet werden können (Meyer, 2007). So kann es beispielsweise sein, dass der betreffende Markt bereits mit zwei AC-Sendern ausgestattet ist, die sich beide so positionieren, „das Beste der 80er, der 90er und die Superhits von heute zu spielen", und dies entsprechend über Senderjingles und -promotion auch an ihre anvisierte Zielgruppen kommunizieren. Ob dies allerdings auch so bei den Hörerinnen und Hörern ankommt, ist fraglich. Wenn beispielsweise die „Hits der 80er" von den Hörerinnen und Hörern keinem der beiden Sender zugeschrieben werden, so könnte sich ein neuer Sender dazu entschließen, genau dieses Segment schwerpunktmäßig zu bedienen, um hier die Marktführerschaft zu erlangen. Mapping-Studien bilden somit die von den Hörerinnen und Hörern wahrgenommene Radiolandschaft ab und nicht das tatsächliche Radioangebot, wie es von den Sendern kommuniziert und u.U. sogar umgesetzt wird (vgl. hierzu Wolling & Füting, 2007).

Hat sich ein Radiosender nach eingehender Marktanalyse mittels Mapping-Studie für ein Programm- und Musikformat entschieden, so muss er als erstes die *Playlist* seines Programms bestimmen. Die Playlist umfasst alle Musiktitel, die der Sender in sein Programm integrieren möchte – unabhängig davon, ob der Titel häufig (z.B. bis zu mehrmals täglich) oder selten (z.B. nur zwei-, dreimal im Jahr) gespielt wird. Die Playlist stellt quasi das Musikrepertoire eines Radioprogramms dar und umfasst bei AC-Sendern nur noch selten mehr als 1000 Titel und in der Regel nur zwischen 200 und 500 Titeln (Goldhammer, Wiegand, Krüger & Haertle, 2005, S. 187; Stümpert, 2004b). Der Trend geht dabei zu noch kleineren Playlists – insbesondere bei den CHR-Sendern, welche die „Top-40"-Idee oft sehr wörtlich nehmen und jenseits der Top 40 kaum noch andere Titel spielen. Insbesondere zwei Testverfahren kommen zwecks Erstellung der Playlist zur Anwendung und sollen Informationen für die Auswahl der *konkreten* Musiktitel bereit stellen:

Call-Outs sind schnell und günstig durchzuführen, werden daher von den meisten Radiosendern verwendet und stellen die zentrale Planungsbasis für das Musikprogramm dar. Dabei werden wöchentlich oder zumindest alle zwei Wochen 30 bis 50 Hooks ca. 100 bis 200 zufällig ausgewählten Personen der anvisierten Zielgruppe in randomisierter Reihenfolge über das Telefon vorgespielt (Schramm et al. 2002). Jeder Titel wird von diesen Personen auf mehrere Kriterien hin beurteilt. In der Regel handelt es sich um drei Aspekte: *Bekanntheit* („Haben Sie diesen Titel schon einmal gehört?"), *Gefallen* („Wie gefällt Ihnen dieser Titel?") und *Sättigung* („Würden Sie diesen Musiktitel in Ihrem meistgehörten Radioprogramm gerne häufiger hören?"). Über die Sättigung (auch *Burn Out* genannt) wird primär ermittelt, ob sich die Hörerinnen und Hörer die entsprechenden Titel überhört haben. Nur in wenigen Ausnahmefällen werden zu den bereits genannten drei Aspekten zusätzliche Fragen, zum Beispiel nach der vermuteten Senderzugehörigkeit oder nach der gewünschten Tageszeit, zu der ein Titel gespielt werden soll, gestellt. Bei den Call-Outs werden insbesondere solche Titel getestet, die sehr häufig im Radio gespielt werden, sich also in einer hohen Rotationsstufe befinden und bei denen Sättigungstendenzen wahrscheinlicher sind. Als zentralen Vorteil der Call-Outs nennen Haas, Frigge und Zimmer (1991, S. 323) die kontinuierliche und in kurzen Abständen durchgeführte Beobachtung von Musiktitelentwicklungen, die eine schnelle Reaktion auf Präferenzschwankungen der Hörerinnen und Hörer ermöglicht. Titel können so bei bestimmten Kennwerten zeitnah in das Programm aufgenommen oder ausgeschlossen werden.

Auditorium-Tests hingegen sind zeitlich aufwändiger, kostenintensiver und werden deshalb auch nur ein- bis zweimal pro Jahr von den Radiosendern finanziert. Eine Gruppe von 150 bis 300 Personen wird nach bestimmten Quoten – meist entsprechend der soziodemografischen Zusammensetzung der Zielgruppe des Senders – rekrutiert und in ein Hotel, einen Kino- oder Hörsaal eingeladen. Dort bekommen sie mehrere hundert Hooks (laut Schramm et al., 2002 in Einzelfällen sogar bis zu 1000 Hooks) vorgespielt und müssen Bewertungen anhand der oben genannten drei Kriterien vornehmen. Die Gruppe hört die Titel entweder gemeinsam über eine Stereoanlage, wobei gegenseitige Ablenkung und mögliches Gruppenverhalten die Validität der Daten einschränken (altes Vorgehen), oder bekommt die Titel in einer individuellen, randomisierten Reihenfolge per Kopfhörer vorgespielt (neues Vorgehen). Beim ersten Fall werden Reihenfolgeeffekte dadurch neutralisiert, dass man einer zweiten gleich großen Gruppe die Titel in genau umgekehrter Abfolge (Spiegelbild-Methode) vorgibt. Als technische Neuerung wird mancherorts das Potentiometer eingesetzt, bei dem die Befragten mit Hilfe eines Drehreglers ähnlich einer Lautstärkeregelung stufenlos zwischen Missfallen bzw. Gefallen entscheiden können. Die Auditorium-Tests eignen sich zum Testen großer Teile der Playlist, also auch derjenigen Titel, die sich nicht in der höchsten Rotationsstufe befinden (so genannte *Recurrents*[47], die den Back-Katalog bilden). Laut Haas, Frigge und Zimmer (1991, S. 323-324) haben sie überdies die Vorteile, eine sehr große Datenmenge innerhalb kürzester Zeit zu generieren und die Klangqualität der Hooks im Vergleich zu den Telefoninterviews zu verbessern bzw. im Fall von Kopfhörereinsatz sogar zu optimieren. Welche Nachteile das stundenlange Testen mehrerer hundert Hooks mit sich bringt, ist empirisch noch nicht überprüft worden. Anzunehmen sind allerdings Ermüdungseffekte und Lerneffekte, die den Bewertungsmaßstab der Kriterien verändern können.

Die Ergebnisse der drei Kriterien Bekanntheit, Gefallen und Sättigung werden bei beiden Testverfahren schließlich zu einem so genannten *Power-Score* verdichtet und durch die Kombination mit Soziodemografie- und Mediennutzungsdaten in zielgruppenspezifische Titelindizes überführt, aus denen leicht abzulesen ist, welcher

---

[47] Recurrents sind Titel, welche bereits einmal in den Charts waren, den Zuhörern aber nach wie vor geläufig sind (Goldhammer, 1995). Recurrents sind Musiktitel, die in der Regel zwischen drei Monate und fünf Jahre alt sind. Titel, die älter als fünf Jahre sind, werden häufig in der Programmplanung schon als „Oldie" bezeichnet – ganz entgegen des normalen Sprachgebrauchs: Hier wird der Begriff „Oldie" meist für Musiktitel aus den 50er-, 60er- und 70er-Jahren verwendet (Gushurst, 2000, S. 69).

Titel bei welchen Hörerinnen und Hörern gut oder weniger gut abschneidet (Schramm et al., 2002).

Das Maß, in welchem die aus diesen Testverfahren gewonnenen Ergebnisse in die Programmgestaltung einfließen, variiert von Sender zu Sender. Bei einigen Sendern wird die Programmzusammenstellung nahezu komplett von den Ergebnissen der Musikforschung bestimmt. Andere Sender beziehen sich nach wie vor primär auf die Expertise der Musikredaktion und messen den Ergebnissen der Musiktests untergeordnete Bedeutung bei. In der Studie von Schramm et al. (2002) zeigte sich, dass der Musikforschung insgesamt – im Durchschnitt aller Radiosender – dennoch die größte Rolle zukommt (vgl. Abbildung 5). In den meisten Fällen dienen die *quantitativen* Daten der Musikforschung als Grundlage, auf der die Musikredakteure das Programm dann *qualitativ* ausgestalten.

Abbildung 5: Stellenwert verschiedener Quellen für die Musikprogrammgestaltung

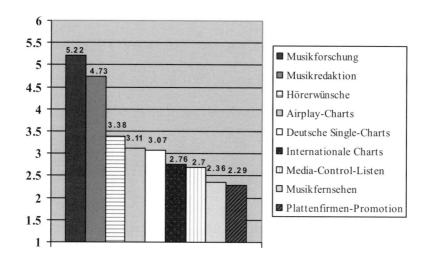

Quelle: Schramm et al., 2002, S. 239; Bewertungsskala: 1 = überhaupt nicht wichtig, 6 = sehr wichtig

Neben den Call-Outs und den Auditorium-Tests kommen bei einzelnen Sendern hin und wieder auch andere, ergänzende Musiktests zum Einsatz. Zu nennen sind hier zum Beispiel:
- *qualitative Methoden*: z. B. werden Gruppendiskussionen mit Fokusgruppen durchgeführt, um an tiefer gehende und komplexere Einstellungen, Motivstrukturen und Nutzungsgewohnheiten der HörerInnen zu gelangen
- *Call-In*: HörerInnen können per Anruf beim Sender eine Auswahl an Hooks abhören und diese bewerten.
- *Studio-Test*: HörerInnen werden ins Radiostudio eingeladen und können sich eine Auswahl an Hooks über einen MiniDisc-Player/MP3-Player wiederholt anhören,

bevor sie die Titel bewerten (meist in Kombination mit Gruppendiskussionen eingesetzt).
- *Online-Befragungen*: HörerInnen können über die Homepage des Radiosenders Hörerwünsche angeben sowie beispielsweise Hooks aus der aktuellen Playlist anhören und bewerten. Hierbei können Daten wie beim Call-Out erhoben werden, nur dass die Online-Befragung nicht repräsentativ sein kann. An Onlinebefragungen partizipieren vor allem internetaffine HörerInnen mit spezifischer, überdurchschnittlicher Bindung zum Sender. Da diese Befragten selbst entscheiden, ob sie an der Befragung teilnehmen oder nicht, wird das Zufallsprinzip bei der Auswahl der Befragten (Voraussetzung für repräsentative Ergebnisse) ausgehebelt. Nichtsdestotrotz kann ein Sender über diesen Weg kostenlos wertvolle Zusatzhinweise zur Programmgestaltung erhalten.

Neuwöhner (1998) weist bezüglich der Unterschiede zwischen privaten und öffentlich-rechtlichen Radiosendern darauf hin, dass beide zwar ähnliche Methoden einsetzen, dass sich die privaten Sender aber auf die so genannte „Akzeptanzforschung" in Form von Call-Outs und Auditorium-Test beschränken, während der öffentlich-rechtliche Hörfunk auch eine Abbildung anderer Bewertungsdimensionen sicher stellen muss. Um Programmverantwortlichen von Kultur- oder Informationssendern angemessene Entscheidungshilfen an die Hand zu geben, ist ebenfalls ein breiteres und qualitativeres Methodenspektrum gefragt. Die Problematik der aus wissenschaftlicher Sicht methodisch doch relativ eingeschränkten kommerziellen Hörerforschung (vgl. zur Kritik: Schramm, 2009) ist – zumindest in Teilen – den meisten Radiosendern durchaus bewusst (Schramm et al., 2002). Bei der Frage nach weiteren Bewertungskriterien innerhalb der Musiktests würde nach Meinung vieler Programmverantwortlicher schnell deutlich werden, dass sich die Musikforschung leider auf das Wesentlichste beschränken muss, denn aufgrund der Schnelllebigkeit des Geschäfts müssten Entscheidungen schnell getroffen werden und daher die Testergebnisse schnell verfügbar sein. Zusätzliche Kriterien würden bei der Erhebung mehr Zeit in Anspruch nehmen und zudem auch unverhältnismäßig höhere Kosten verursachen, zumal wenn die Zusatzkriterien ausschließlich für einen einzelnen Sender von den Marktforschungsinstituten mit erhoben werden würden (in diesem Fall könnten die Ergebnisse nämlich auch nur diesem einzelnen Sender verkauft werden, was für die Marktforschungsinstitute nicht attraktiv ist, da keine Datenerhebungssynergien genutzt werden können).

Ein grundlegendes Problem ist, dass die drei Standard-Bewertungskriterien innerhalb der Musiktests neuere Musiktitel, die zur Profilierung eines Musikprogramms beitragen könnten, benachteiligt, da neuere Musiktitel keine hohen Bekanntheitswerte erzielen. Die wissenschaftliche Erkenntnis, dass unbekannte Titel zudem meist weniger gefallen als bekannte Titel (de la Motte-Haber, 1996), verstärkt das Problem. Obwohl man sich des Problems bewusst ist, zeigte die Studie von Schramm et al. (2002), dass mehr als die Hälfte der forschenden Sender auch neue(re), unbekannte(re) Titel testet – und zwar zusammen mit den bekannten Musiktiteln. Dies betrifft vor allem Sender, die aufgrund ihres Formates auf aktuelle Titel in ihrem Programm angewiesen sind, wie beispielsweise CHR- oder Hot-AC-Stationen. Unter den Radiosendern herrscht jedoch weitestgehend Konsens, dass sich wegen des geschilderten Phänomens neue und alte Titel im Prinzip nicht gleichzeitig testen lassen, da die Power Scores nicht vergleichbar sind (vgl. zu einer ersten Überprüfung dieses methodischen Problems: Schramm, Vorderer, Tiele & Berkler, 2005).

Gestaltung und Dramaturgie von Musikformaten

Hat man das Musikrepertoire mittels Hörerforschung erst einmal definiert und eingegrenzt, so folgt für die konkrete Gestaltung des Musikprogramms eine Einteilung der Playlist nach verschiedenen Kategorien von Musik, die später die Grundlage für die konkrete Planung der Programmstunden bilden. Der Musikredakteur benutzt dafür eine Programmplanungs-Software wie z.B. „Selector" (amerikanisches Original und Marktführer) oder „MusicMaster" (deutsches Pendant), die seit den 80er-Jahren aus der Musikprogrammplanung nicht mehr weg zu denken ist (Linnenbach, 1987; Münch, 1998). Die Kategorisierung wird in der Regel von einem erfahrenen Musikredakteur vorgenommen, der ein sicheres „Feeling" bei der Musikkategorisierung hinsichtlich der vermeintlichen Musikwahrnehmung der angepeilten Programmzielgruppe entwickelt hat (vgl. Neu & Buchholz, 2004). Als Primärkategorien fungieren in der Regel Alterseinteilungen, zum Beispiel für einen AC-Sender (vgl. Neu & Buchholz, 2004; Haas, Frigge & Zimmer, 1991):

- Kategorie A = aktuelle Hits
- Kategorie B = Recurrents (Hits, die ein paar Monate bis zu ein paar Jahren alt sind)
- Kategorie C = Hits der 90er
- Kategorie D = Hits der 80er

Als Zusatzkategorien werden in der Regel mehrere folgender Merkmale zugeordnet:
- Musikrichtung/Musikgenre
- Tempo (z.B. fast vs. medium vs. slow)
- Klangfülle
- Art der Instrumentierung (z.B. gitarrenlastig vs. keyboard-lastig)
- Intensität (z.B. hot vs. medium vs. easy)
- Sprache, in der gesungen wird
- Geschlecht des Interpreten
- Anzahl der Sänger (Solo vs. Duo vs. Gruppe)
- Ausdrucksstimmung des Titels (z.B. traurig vs. fröhlich vs. aggressiv)
- Länge des Intros („Ramp" = Instrumentalvorspiel) = Vorlaufzeit vom Beginn des Titels bis zum Beginn des Gesangs
- Länge und Art des Ende/Outros („Cold" = abruptes Ende, „Cold Fade/Quick" = schnelles Ausblenden, „Fade" = langsames Ausblenden)

- Eignung für Eröffnung einer Programmstunde („Opener")
- Eignung für bestimmte Tageszeiten
- Eignung für bestimmte Jahreszeiten (z.B. Sommertitel)
- Thematischer Bezug (z.B. Karnevalstitel)
- Informationen als Moderationshilfe (z.B. Jahr der besten Chartplatzierung)
- ...

Als nächstes legt der Musikredakteur mittels der Programmplanungs-Software fest, wie jede einzelne Programmstunde an jedem Tag der Woche zusammengesetzt werden soll bzw. in welcher Reihenfolge welche Art von Musiktitel in welcher Programmstunde abgespielt werden sollen. Dazu gehört u.a. die Definition von so genannten *Rotationsregeln*, die darüber bestimmen, wie oft und wann die Musiktitel im Programm zu hören sind. Beispiel:

- Titel der Kategorie A: 3x täglich
- Titel der Kategorie B: 1x täglich
- Titel der Kategorie C: 1x pro Woche
- Titel der Kategorie D: 2x im Monat

Es werden auch so genannte „Platzhalter" für Werbung, Senderpromotion („Promo"), Teaser, Gewinnspiele sowie alle halbe Stunde für den Nachrichten- und Verkehrsfunk-Block mit eingeplant und in einer so genannten *Stundenuhr* (auch *Programmuhr* oder *Musikuhr* genannt) visualisiert (vgl. Abbildung 6). Spätestens an dieser Stelle beginnt der kreative Teil für den Musikredakteur, der auf Basis dieser Stundenuhren den Computer mit dem Rezept „füttert", mit dem die Software später einen Programmablauf inkl. konkreter Musiktitelvorschläge errechnet. Dieser muss von einem Musikredakteur noch dergestalt nachbearbeitet werden, dass ein harmonischer und der Senderphilosophie entsprechender Musikablauf gewährleistet ist (Münch, 1998).

Trotz der Tatsache, dass Radio primär als Nebenbeimedium mit wechselnder Aufmerksamkeit genutzt wird, ist es das Ziel der Sender, eine Durchhörbarkeit des Programms (vgl. Stümpert, 2004a) sowie eine gewisse Grundaufmerksamkeit und -aktivierung bei den Hörerinnen und Hörern herzustellen, um das Ab- und Umschalten aus Gründen der Langeweile zu verhindern und um u.a. auch die Aufmerksamkeit auf Senderjingles und Werbeinseln zu erhöhen. Da beim Hören mehrerer Titel mit ähnlichen Merkmalen die Aufmerksamkeit und Aktivierung schneller nachlässt (Berlyne, 1971; de la Motte, 1996), werden klanglich-strukturelle Kontraste und Wirkungsdynamiken bei der Zusammenstellung der Musikprogramme berücksichtigt (MacFarland, 1997; Stümpert, 2004b). Dabei werden auch Wochen- und Tagesabläufe der Hörerinnen und Hörer sowie der Jahresablauf mit seinen saisonalen Besonderheiten berücksichtigt (Haas, Frigge & Zimmer, 1991). Über folgende Kriterien kann ein Musikprogramm abwechslungsreich gestaltet werden (vgl. z.B. Stümpert, 2004b):

- Wechsel der Musikrichtungen, soweit das Format dies zulässt (z.B. Wechsel zwischen Pop, Rock, Soul, RnB, HipHop etc.)
- Wechsel von männlichen und weiblichen Interpreten
- Wechsel von rein instrumentalen und vokalen Titeln (wird eigentlich nie umgesetzt)
- Wechsel zwischen schnellen, aktivierenden und langsamen, beruhigenden Titeln
- Wechsel mit anderssprachigen Titeln (wenn Hauptsprache Englisch)
- Wechsel zwischen älteren und jüngeren Titeln
- Wechsel zwischen bekannten und unbekannten Titeln (wird in einem Top-40-Programm selbstverständlich nie umgesetzt)
- Wechsel in der Ausdrucksstimmung der Titel, z.B. Wechsel zwischen eher fröhlichen und eher traurigen Titeln

Abbildung 6: Stundenuhr Berliner Rundfunk am Donnerstag, 2. Februar 2006, 18 bis 19 Uhr

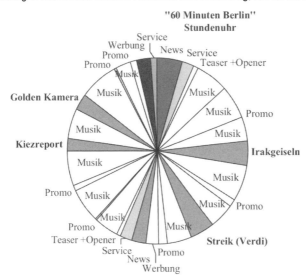

Quelle: Bundeszentrale für politische Bildung; abrufbar unter: http://www.bpb.de

Der Wechsel zwischen Musiktiteln mit ganz unterschiedlicher Anmutung wird nicht nur aus dem Grund vorgenommen, um das Musikprogramm für die Hörerinnen und Hörer ganzer Sendestunden abwechslungsreich zu gestalten. Ziel ist es auch, in möglichst kurzer Sendezeit einen möglichst facettenreichen Eindruck vom Gesamtkonzept des Programms zu vermitteln bzw. das Senderversprechen einzulösen (vgl. Abbildung 7), so dass Hörerinnen und Hörer der anvisierten Zielgruppe zu jedem Zeitpunkt einer Sendestunde einschalten können und in relativ kurzer Zeit dann auf Musik stoßen, die ihnen gefällt. Die Idee hierbei ist also, dass ein Hörer, der noch beim Einschalten des Senders auf einen Musiktitel stößt, der zwar nicht zu seiner Lieblingsmusik zählt, der ihn aber auch nicht komplett abstößt, erst einmal nicht umschaltet und den nächsten und übernächsten Musiktitel abwartet. Gefällt wenigstens einer dieser nachfolgenden Titel, so bleibt der Hörer dran und schaltet nicht um, weil er sich zumindest darauf verlassen kann, dass alle zehn bis 15 Minuten Musik gespielt wird, die ihm richtig gut gefällt – und die restliche Musik nimmt er billigend in Kauf (Raff, 2008).

Abbildung 7: Stundenuhr einer AOR-Station

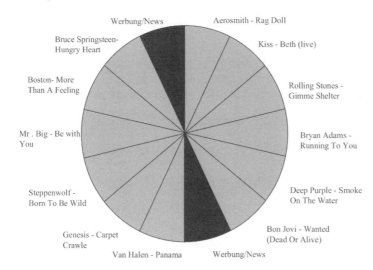

Quelle: Raff, 2008, S. 213

Um massenkompatible Musikprogramme zu gestalten, die als Begleitprogramme gut durchhörbar sind, wird trotz der skizzierten Abwechslung im Programm der Komplexitätsgrad der Musik (vgl. Schramm, 2009) unter Berücksichtigung der Zielgruppe eher niedrig gehalten (Rösing & Münch, 1993). Die meisten Sender nehmen folglich mit ihrer Entscheidung, Musikprogramme auf kleinstem gemeinsamen Komplexitätsniveau zu entwerfen, eher in Kauf, Hörer zu langweilen als sie zu überfordern (Schramm, 2004).

Ausblick

In Deutschland sind derzeit primär landesweite Radiosender lizensiert (vgl. Popp 2008), die mit ihren Programmen breite Zielgruppen anvisieren, um hohe Reichweiten und hohe Werbeerlöse zu erzielen (Peters, 2008), und daher in der Regel auf das breite AC-Format zurückgreifen (Schramm & Hofer, 2008). Das AC-Format sowie AC-Subformate werden mittlerweile von über 50 Prozent aller privaten Radiosender ausgestrahlt (Die Landesmedienanstalten, 2007). Prominente Vertreter dieses Formats sind beispielsweise RADIO FFN (Niedersachsen), HITRADIO FFH (Hessen) oder auch

ANTENNE BAYERN. Auch jede öffentlich-rechtliche Rundfunkanstalt bietet ein Programm dieses Formats an, wobei der öffentlich-rechtliche Rundfunk offiziell auf die Kennzeichnung solcher Formatangaben verzichtet (z.B. ARD, 2008). Prominente Beispiele wären hier NDR 2 (Niedersachsen, Schleswig-Holstein, Hamburg, Mecklenburg-Vorpommern), BAYERN 3 oder SWR 3 (Rheinland-Pfalz, Baden-Württemberg).

Es verwundert vor diesem Hintergrund nicht, dass viele Hörerinnen und Hörer nach und nach den Eindruck gewinnen, die Musikprogramme im Radio werden zunehmend austauschbarer bzw. spielen alle den gleichen Musikmainstream (Wolling & Füting, 2007). Rückgänge in den Tagesreichweiten und Nutzungsumfängen – insbesondere bei Jugendlichen (Arbeitsgemeinschaft der ARD-Werbegesellschaften, 2008) – haben die Radiosender innerhalb der letzten Jahre in eine Krise gestürzt. Es gelingt den terrestrisch verbreiteten Radiosendern scheinbar immer weniger, profilierte Musikprogramme anzubieten, die den zunehmend individuellen Musikvorlieben vieler Hörer und Hörerinnen so entgegen kommen, dass sie eine reelle Konkurrenz zu mobilen Musikmedien wie den MP3-Playern oder zur Musiknutzung über das Internet darstellen würden. Folgerichtig finden sich auch empirische Hinweise, dass sich die Nutzung neuer digitaler Musikmedien tendenziell eher negativ auf die Nutzung des Radios auswirkt (Schramm & Hägler, 2007). Diese Krise der Radiobranche hat dazu beigetragen, dass Radiosender die Gestaltungspraxis ihrer Musikprogramme zunehmend hinterfragen, die seit Einführung des Dualen Rundfunksystems in den letzten 25 Jahren stark standardisiert und größtenteils unverändert beibehalten wurde (Gushurst, 2000; Goldhammer, 1995) und die als eine zentrale Ursache für die zunehmende Austauschbarkeit der Programme angesehen werden kann (Schramm et al., 2002).

Eine prinzipiell hohe Sendertreue, geringe Umschaltvorgänge pro Tag sowie Anstiege in den Reichweiten bei den Sendern, die ab den 80er-Jahren ihre Programmgestaltung zunehmend auf den Ergebnissen der Markt- und Musikforschung aufbauten, haben darauf hingewiesen, dass das standardisierte und formatorientierte Vorgehen vieler Radiosender – zumindest bis vor wenigen Jahren – durchaus erfolgreich und damit auch richtig war. Da mittlerweile nahezu alle Radiosender diese Gestaltungspraxis umsetzen und folglich austauschbare, wenig profilierte Programme produzieren, scheint seit kurzem ein Wendepunkt erreicht, der sich nun in sinkenden Reichweiten widerspiegelt. Gerade jüngere Radiohörerinnen und -hörer sehen ihr „Idealradioprogramm" zunehmend als eines, das vor allem überraschend und konfliktreich sein soll, das aber zugleich eine hohe Emotionalität und Nähe zu ihnen aufweist (Vowe & Wolling, 2004, S. 26). Solch ein Programm kann jedoch auf Basis der bestehenden Gestaltungspraxis nicht entwickelt werden. Hierzu wäre es in jedem Fall nötig, die bestehenden Musiktests zu verbessern bzw. zu erweitern (Schramm, 2009). Als mögliche Verbesserungen werden von den Radiosendern selbst z.B. der Einbezug der spezifischen Hörsituation in die Bewertung, eine genauere Bewertung der Musik durch alternative Testkriterien und ausgiebige Einzelgespräche mit den

Hörerinnen und Hörern oder beispielweise große, repräsentative Stichproben, die auch ein größeres Sendegebiet erschließen, genannt (Schramm et al., 2002).

Was die bestehenden Musiktests in jedem Fall vermissen lassen, ist die Ermittlung einer möglichst idealen Musikmischung: Wollen die Hörerinnen und Hörer tatsächlich in einer Sendestunde alle Musiktitel, die sie *generell* gerne bis sehr gerne hören, durcheinander gemixt hören? Wollen sie diese Musiktitel tatsächlich in einer Reihenfolge hören, die mit möglichst viel Abwechslung zwischen aufeinander folgenden Musiktiteln arbeitet, oder wollen sie einen eher homogenen Sound mit nur gradueller Musikentwicklung innerhalb einzelner Sendestunden, wie sie es beispielsweise auch vom Hören von CD-Alben ihrer Lieblingsbands gewohnt sind? Insbesondere mit Blick auf die konkrete Musik*mischung* und die dramaturgische Gestaltung des Musikprogramms ist noch viel Entwicklungspotenzial bei den Radiosendern auszumachen.

Wie die Ausführungen deutlich gemacht haben sollten, ist zudem der Umgang mit neuer, unbekannter Musik ein ganz zentraler Diskussionspunkt in der Radiobranche. Erstaunlicherweise werden relativ viele neue Titel in die Musiktests aufgenommen (Schramm et al., 2002). In welchem Maße neue Titel trotz ihres vergleichsweise schlechten Abschneidens bei den Musiktests in die Playlist aufgenommen werden, ist nicht bekannt bzw. hängt von der Senderphilosophie ab. Soll der Musikredakteur das Risiko eingehen, einen Titel in die Playlist aufzunehmen, der in den Musiktests aufgrund seiner geringen Bekanntheit nur schlecht abschneiden konnte und der aufgrund seiner geringen Bekanntheit wohl auch von den Radiohörerinnen und -hörern zunächst nicht sehr positiv bewertet werden wird? Dieses Risiko wurde in den letzten Jahren zunehmend weniger eingegangen. Der zunehmende Konkurrenzkampf hinterlässt auch hier seine Spuren. Jedoch ist anzunehmen, dass gerade durch das Einbinden von neuen Titeln ein Radioprogramm an Profil dazu gewinnen, sich von der Konkurrenz abheben sowie überraschend und konfliktreich sein kann. Den Mut zu einem solchen überraschenderen und damit auch komplexeren und stärker fordernden Programm könnten mehr Radiosender aufbringen, um dem Mainstream entgegen zu wirken und den Hörerinnen und Hörern auch im terrestrischen Radio – und nicht nur im Internet – echte Musikprogrammalternativen anzubieten.

Literatur

Arbeitsgemeinschaft der ARD-Werbegesellschaften (Hrsg.). (2008). Media Perspektiven Basisdaten. Daten zur Mediensituation in Deutschland 2007. Frankfurt a.M.: Herausgeber.

Arbeitsgemeinschaft der öffentlich-rechtlichen Rundfunkanstalten der Bundesrepublik Deutschland (ARD) unter Mitwirkung der ARD-Werbung (2008). ARD-Jahrbuch 08. Hamburg: Hans-Bredow-Institut.

Arbitron (2008). Radio Today 2008 Edition: How America Listens to Radio. Verfügbar unter: http://www.arbitron.com/downloads/radiotoday08.pdf [abgerufen am 06.09.2008]

Arnold, B.-P. & Verres, H. (1989). Radio – Macher, Mechanismen, Mission. München: TR-Verlags-Union.

Barth, C. & Münch, T. (2001). Webradios in der Phase der Etablierung. Angebote, Nutzung und Inhalte des Hörfunks im Internet. Media Perspektiven, o. Jg.(1), 43-50.

Bartnik, R. & Bordon, F. (1981). Keep on rockin'. Rockmusik zwischen Protest und Profit. Weinheim: Beltz.

Bautell, G. L. & Scheunemann, K. (1991). Radio im Zeichen von Ratings – USA. In B.-P. Arnold & S. Quandt (Hrsg.), Radio heute. Die neuen Trends im Hörfunkjournalismus (S. 337-350). Frankfurt a.M.: IMK.

Berlyne, D. E. (1971). Aesthetics and psychobiology. New York: Appleton-Century-Crofts.

Böckelmann, F., Mahle, W. A. & Macher, G. (2006). Hörfunk in Deutschland – Rahmenbedingungen und Wettbewerbssituation. Bestandsaufnahme 2006. Berlin: Vistas.

Canadian Communication Foundation (2003). The Start of Radio Broadcasting. Verfügbar unter: http://www.broadcasting-history.ca/stations/radio/Radios_First_Voice.html [abgerufen am 06.09.2008]

de la Motte-Haber, H. (1996). Handbuch der Musikpsychologie (2., erg. Aufl. mit Beiträgen von R. Kopiez und G. Rötter). Laaber: Laaber.

Die Landesmedienanstalten (Hrsg.). (2007). ALM Jahrbuch 2006. Berlin: Vistas.

Dussel, K. (2004). Deutsche Rundfunkgeschichte (2. Aufl.). Konstanz: UVK.

Fisch, M. & Gscheidle, C. (2006). Onliner 2006: Zwischen Breitband und Web 2.0 – Ausstattung und Nutzungsinnovation. Ergebnisse der ARD/ZDF-Online-Studien 1997 bis 2006. Media Perspektiven, o. Jg.(8), 431-440.

Goebel, G. (1950). Der Deutsche Rundfunk bis zum Inkrafttreten des Kopenhagener Wellenplans. Archiv für das Post- und Fernmeldewesen, o. Jg.(6), 353-454.

Goldhammer, K. (1995). Formatradio in Deutschland: Konzepte, Techniken und Hintergründe der Programmgestaltung von Hörfunkstationen. Berlin: Spiess.

Goldhammer, K. (2001). Radiowelten im Internet – Angebote, Anbieter und Finanzierungsmöglichkeiten. In P. Rössler, G. Vowe & V. Henle (Hrsg.), Das Geräusch der Provinz – Radio in der Region (S. 443-455). München: KoPäd.

Goldhammer, K. (2004). Radio in Deutschland. Status Quo 2004. Vortrag auf der Popkomm 2004, 01.10.2004, Berlin.

Goldhammer, K., Wiegand, A., Krüger, E. & Haertle, J. (2005). Musikquoten im europäischen Radiomarkt. Quotenregelungen und ihre kommerziellen Effekte. München: Reinhard Fischer.

Gushurst, W. (2000). Popmusik im Radio. Musik-Programmgestaltung und Analysen des Tagesprogramms der deutschen Servicewellen 1975-1995. Baden-Baden: Nomos.

Haas, M. H., Frigge, U. & Zimmer, G. (1991). Radio Management. Ein Handbuch für Radio-Journalisten. München: Ölschläger.

Hagen, W. (1999). Hörzeit-Formatierung. Vom medialen Verschwinden des Programms aus dem Radio. In J. Paech, A. Schreitmüller & A. Ziemer (Hrsg.), Strukturwandel medialer Programme. Vom Fernsehen zu Multimedia (S. 155-184). Konstanz: UVK Medien.

Howard, H. H. & Kievman, M. S. (1983). Radio and TV programming. Columbus, Ohio: Grid.

Klatt, D. (1957). Treffpunkt Berlin-Moabit. Wichern-Verlag.

Kroh, M. (2002). Marktchancen von Internet-Radioanbietern. Köln: Institut für Rundfunkökonomie an der Universität zu Köln. Verfügbar unter: http://www.rundfunk-institut.uni-koeln.de/institut/pdfs/15402.pdf [abgerufen am 06.09.2008].

Linnenbach, E. (1987). Computergestützte Musikauswahl im Hörfunk. Diplomarbeit am Institut für Journalistik und Kommunikationsforschung, Hochschule für Musik und Theater Hannover.

MacFarland, D. T. (1997). Future radio programming strategies: Cultivating listenership in the digital age. Mahwah, NJ: Lawrence Erlbaum Associates.

Martens, D. & Amann, R. (2007). Podcast: Wear-out oder Habitualisierung? Paneluntersuchung zur Podcastnutzung. Media Perspektiven, o. Jg.(11), 538-551.

Meyer, J.-U. (2007). Radio-Strategie. Konstanz: UVK.

Münch, T. (1994). Musikgestaltung für massenattraktive Hörfunkprogramme – Zwischen Möglichkeit und Wirklichkeit. Rundfunk und Geschichte. Mitteilungen des Studienkreises, 20(2/3), 99-106.

Münch, T. (1998). 24 Stunden in 3 Minuten? Computergestützte Musikprogrammerstellung im Radio der 90er Jahre. In B. Enders & N. Knolle (Hrsg.), Neue Musiktechnologien III (S. 399-414). Mainz: Schott.

Münch, T. (2001). Populäre Musik im Radio. Musik- und Mediengeschichte. In P. Wicke (Hrsg.), Rock- und Popmusik (S. 151-186, Handbuch der Musik im 20. Jahrhundert, Band 8). Laaber: Laaber.

Neu, S. & Buchholz, A. (2004). Musik-Programme mit dem Computer erstellen. In W. von La Roche & A. Buchholz (Hrsg.), Radio-Journalismus. Ein Handbuch für Ausbildung und Praxis im Hörfunk (S. 285-291, 8. Auflage). Berlin: List.

Neuwöhner, U. (1998). Musikstudie oder Titeltest: Methoden der Musikforschung. In C. Lindner-Braun (Hrsg.), Radioforschung: Konzepte, Instrumente und Ergebnisse aus der Praxis. (S. 153-174). Opladen: Westdeutscher Verlag.

Peters, L. (2008). Werbung in Radioprogrammen. In H. Schramm (Hrsg.), Musik im Radio. Rahmenbedingungen, Konzeption, Gestaltung (S. 65-84). Wiesbaden: VS Verlag.

Popp, J. (2008). Angebot an Radioprogrammen. In H. Schramm (Hrsg.), Musik im Radio. Rahmenbedingungen, Konzeption, Gestaltung (S. 9-34). Wiesbaden: VS Verlag.

Prüfig, K. (1993). Formatradio – ein Erfolgskonzept? Ursprung und Umsetzung am Beispiel Radio FFH. Berlin: Vistas.

Raff, E. (2008). Konzeption und Gestaltung von AOR-Formaten. In H. Schramm (Hrsg.), Musik im Radio. Rahmenbedingungen, Konzeption, Gestaltung (S. 209-219). Wiesbaden: VS Verlag.

Rösing, H. & Münch, T. (1993). Hörfunk. In H. Bruhn, R. Oerter & H. Rösing (Hrsg.), Musikpsychologie: Ein Handbuch (S. 187-195). Reinbek bei Hamburg: Rowohlt.

Schramm, H. (2004). Musikrezeption und Radionutzung. In R. Mangold, P. Vorderer & G. Bente (Hrsg.), Lehrbuch der Medienpsychologie (S. 443-463). Göttingen: Hogrefe.

Schramm, H. (2008). Die Nutzung von Radioprogrammen. In H. Schramm (Hrsg.), Musik im Radio: Rahmenbedingungen, Konzeption, Gestaltung (Reihe Musik und Medien, Band 2, S. 35-63). Wiesbaden: VS Verlag.

Schramm, H. (2009). Die Gestaltung von Mainstream-Musikprogrammen im Radio. Eine Reflektion aus Sicht der Rezeptions- und Wirkungsforschung. In S. Trepte, U. Hasebrink, & H. Schramm (Hrsg.), Strategische Kommunikation und Mediengestaltung - Anwendung und Erkenntnisse der Rezeptions- und Wirkungsforschung (S. 205-223). Baden-Baden: Nomos Verlag.

Schramm, H. & Hägler, T. (2007). Musikhören im MP3-Zeitalter. Substitutions- Komplementaritäts- oder „more and more"-Effekte? Medien & Kommunikationswissenschaft, 55 (Sonderband „Musik und Medien", hrsg. von H. Schramm), 120-137.

Schramm, H. & Hofer, M. (2008). Musikbasierte Radioformate. In H. Schramm (Hrsg.), Musik im Radio. Rahmenbedingungen, Konzeption, Gestaltung (S. 113-133). Wiesbaden: VS Verlag.

Schramm, H., Petersen, S., Rütter, K. & Vorderer, P. (2002). Wie kommt die Musik ins Radio? Stand und Stellenwert der Musikforschung bei deutschen Radiosendern. Medien & Kommunikationswissenschaft, 50, 227-246.

Schramm, H., Vorderer, P., Tiele, A. & Berkler, S. (2005). Music Tests in Commercial Radio Research. European Music Journal [Online Journal]. Verfügbar unter: http://www.music-journal.com/

Shane, E. (1995-1996). Modern Radio Formats: Trends and Possibilities. Journal of Radio Studies, 3, 3-9.

Stuiber, H.-W. (1998). Medien in Deutschland. Band 2: Rundfunk (1. Teil.). Konstanz: UVK Medien.

Stümpert, H. (2004a). Formate für Begleitprogramme. In W. von La Roche & A. Buchholz (Hrsg.), Radio-Journalismus. Ein Handbuch für Ausbildung und Praxis im Hörfunk (S. 270-277, 8. Auflage). Berlin: List.

Stümpert, H. (2004b). Musik in Begleitprogrammen. In W. von La Roche & A. Buchholz (Hrsg.), Radio-Journalismus. Ein Handbuch für Ausbildung und Praxis im Hörfunk (S. 282-285, 8. Auflage). Berlin: List.

van Eimeren, B. & Frees, B. (2007). Internetnutzung zwischen Pragmatismus und YouTube-Euphorie. ARD/ZDF-Online-Studie 2007. Media Perspektiven, o. Jg.(8), 362-378.

Vowe, G. & Wolling, J. (2004). Radioqualität. Was die Hörer wollen und was die Sender bieten. Vergleichende Untersuchung zu Qualitätsmerkmalen und Qualitätsbewertungen von Radioprogrammen in Thüringen, Sachsen-Anhalt und Hessen. München: kopaed.

Wolling, J. & Füting, A. (2007). Musik im Radio zwischen Mainstream und Profil. Medien & Kommunikationswissenschaft, 55 (Sonderband „Musik und Medien", hrsg. von H. Schramm), 62-77.

Musik im Hörspiel

Hans-Jürgen Krug

Während die Musik im Radio (quantitativ) immer eine größere Bedeutung als das Wort hatte, dominierte im Hörspiel (und in der Hörspielforschung) das Wort. Seit dem ersten Hörspiel 1924 wurde Musik zwar integriert, doch sie blieb vor allem Handlungsunterstützung, Hintergrund. Erst die technische Verbesserung der Übertragungswege (UKW), die Umgestaltung der Radiolandschaft unter (musikdominierten) Aspekten und die digitalen Produktionstechniken erhöhten den Stellenwert der Musik. Von der Klassik über Rock und Pop bis zur Rapmusik wurden alle ambitionierten und populären Musikformen auch vom Hörspiel genutzt. Das Hörspiel war für Komponisten und Musiker ein durchaus lukrativer, nicht unbedingt aber hochgeschätzter Markt. Seit den 1960er-Jahren wurden Komponisten bewusst als genreerweiternde Hörspielmacher ermuntert, in den 1970er-Jahren entstanden sogar „Pop-Hörspiele" und dann „Hörspiel-Pop". Schwerer hatte es das (reine) Musikhörspiel – auch wenn in den 1990er-Jahren die Formel vom „Hörspiel in die Hitparade" geprägt wurde. Die Digitalisierung hat den Stellenwert der Musik (vor allem als Hintergrund oder Wortbett) nochmals verstärkt. Das Wort, so eine wieder moderne These, werde im Hörspiel durch die Musik deutlicher.

Einleitung

Traditionellerweise gehörte das *Hörspiel* vor allem zum Gegenstandsbereich der Literaturwissenschaft (Krug, 2008, S. 99). Die literaturwissenschaftlichen Arbeiten konzentrierten sich auf (unveröffentlichte) Manuskripte oder publizierte Hörspieltexte und analysierten vor allem Wort, Struktur, Inhalt, kurz: den Text (Würffel, 1978). Das Sprechen, die Geräusche, Töne oder Musik, kurz: das Akustische blieb in diesen bis weit in die 1970-Jahre dominierenden Arbeiten naturgemäß außen vor (Würffel, 1978). Denn kein Manuskript – und die Hörspielautoren beschränken sich gerne auf sehr allgemeine Hinweise wie „Musik" oder „Geräusch" – gibt gültige Auskünfte über die Realisation. Das Hörspiel ist ein elektronisch-akustisches Produkt, das zunächst ausschließlich über das (öffentlich-rechtliche) Radio und später – aber eher in Ausnahmefällen – auch durch moderne Audiomedien (Langspielplatte, Tonband, Kassette, CD, mp3-Datei) die Nutzer erreichte. Die Audiorealisationen lagern bis heute weitgehend in den Archiven der öffentlich-rechtlichen Hörfunkanstalten. Auch dies hatte zur Folge, dass lange Jahre Hörspielarbeiten bevorzugt von (literaturorientierten) Hörspielpraktikern mit Insiderwissen geschrieben wurden.

Für die Musikwissenschaft war das über lange Jahre literarisch orientierte Hörspiel immer höchstens ein Randbereich. Die „Materiallage" ist seit langem „mangelhaft" (Timper, 1990, S. 341), die bibliografische Erfassung der am Hörspiel beteiligten Komponisten hat sich erst in den letzten Jahren durch die Hörspielverzeichnis-Reihe „Hörspiele in der ARD" sowie die Internetsuchmaschine „HörDat" (http://www.hoerdat.in-berlin.de) entschieden verbessert. Dennoch gibt es bisher keine Bibliografien der Hörspielkomponisten und -musiken, theoretische Texte sind rar. Nicht zufällig gilt die Hörspielmusik als die „flüchtigste Gattung" (Timper, 1990, S. 98) – sie unterscheidet sich darin grundlegend von klassischen oder populären Musikformen.

Die noch relativ junge aus der Literaturwissenschaft kommende Medienwissenschaft hat sich (drittens) bisher höchstens in Ansätzen mit der Audiokunst Hörspiel, den geschätzt 100.000 deutschsprachigen Hörspielen (Buggert, 2004) und ihren Elementen Wort, Geräusch und Musik (Ladler, 2001; Schmedes, 2002) beschäftigt (Krug, 2004, 2008). Der Zusammenhang von Musik und Hörspiel wird bisher vor allem in journalistischen Arbeiten thematisiert.

Die Anfänge

Das *Radio* begann in Deutschland 1923 als weitgehend musikgeprägtes Medium. Der Musikanteil lag in den ersten Jahren bei über 60 Prozent, 45 Prozent davon waren Unterhaltungsmusik, 15 Prozent Kammer-, Sinfonie- und Chorkonzerte inklusive Oper und Operette (Naber, 2001, S. 109). Alles im neuen Medium hatte zunächst vor allem „technisch-experimentellen Charakter" (Schwitzke, 1962, S. 10) und bewegte sich auf einfachem Niveau: Es kam darauf an, den Radioton zum Hörer zu bringen sowie Neues auszuprobieren. Hörspiele gab es seit 1924 – und offenbar wurden bereits in Hans Fleschs „Zauberei auf dem Sender" (1924), dem ersten Hörspiel des deutschen Rundfunks, Musik, Geräusche und Sprache nebeneinander benutzt. Das (nur als Manuskript erhaltene) Stück endete zumindest musikalisch mit dem Donauwalzer – und war ansonsten wohl eher eine „spielerische Demonstration" (Leonhard, 1997, S. 941) radiophoner Möglichkeiten. Genaueres weiß man nicht mehr: „In musikalischer Hinsicht" sind über die allerersten Anfänge des Hörspiels „keine verlässlichen und konkreten Aussagen zu machen" (Leonhard, 1997, S. 940, Anm. 304).

Sendespiele, klassische Musik und erste Aufträge

Das Radio – und damit auch das Hörspiel – war seit den Anfängen ein regionales Medium mit sehr unterschiedlichen Programmen und Programmphilosophien. Musik wurde in hörspielaffinen Bereichen zunächst vor allem in den für den Hörfunk bearbeiteten Schauspielen, den *Sendespielen*, eingesetzt und übernahm hier unterstützende Funktionen. Sie diente als Einleitung, verband Szenen miteinander, begleitete verstärkend die Handlung, setzte Signale; sie sollte nicht vom Wort ablenken, sondern unterstützten – und so waren „breite Zwischenszenen- oder Untermalungs-Musiken" für die „Stimmung" und „Geräusche" für die „Realität" sehr populär (Schwitzke, 1963, S. 222). Diese Bühnenmusik war wohl am ehesten der Vorläufer der *Hörspielmusik* (Leonhard, 1997, S. 940). Das Repertoire war freilich (gerade auch regional) vielfältig: Bei der „Deutschen Stunde" in München setzte man früh auf etablierte, klassische Komponisten. Gottfried Ephraim Lessings „Philotas" (1925) wurde durch klassische Musik von Lessings Zeitgenossen Christoph Willibald Gluck begleitet. „Die Musik tritt nur an den Stellen hinzu", schrieb damals ein Beobachter, „wo es sich darum handelt, Bühnenvorgänge zu verdeutlichen oder lyrische und dramatische Höhepunkte zu unterstreichen" (Leonhard, 1997, S. 941). Die MIRAG (Mitteldeutsche Rundfunk AG) in Leipzig sendete kurz nach Programmbeginn drei Stücke mit berühmten und etablierten Vertonungen: Goethes „Egmont" (Musik: Beethoven), Shakespeares „Ein Sommernachtstraum" (Musik: Mendelssohn) und Ibsens „Peter Gynt" (Musik: Grieg). Alfred Szendrei, die musikalische Leiter der MIRAG, hatte auch die musikalische Leitung im Sendespiel (Leonhard, 1997, S. 1044).

Eine zweite frühe Form von Hörspielmusik waren neu komponierte *Begleitmusiken* für Bühnenbearbeitungen – und diese Variante kam nicht zuletzt dadurch zustande, dass die von Regisseuren vorgenommene Verknüpfung von Musik und Dichtung häufig oberflächlich und willkürlich blieb (Leonhard, 1997, S. 1044). 1925 wurde William Shakespeares „Romeo und Julia" für den Funk bearbeitet, Gerhart von Westerman (1894-1963), Journalist, Komponist und später Leiter der Musikabteilung der Deutschen Stunde, komponierte eigens eine Musik, die – so ein Beobachter – „rein leitmotivisch" blieb (Leonhard, 1997, S. 941). Während die Musik im Stummfilm ein begleitender, doch sehr relevanter Markenartikel geworden war, geschah dies im – unsichtbaren und privat rezipierten – Hörspiel nicht. Dennoch wurde früh versucht, Stummfilmtechniken ins Hörspiel zu übertragen. Arnold Bronnens „Rheinische Rebellen" (1927) etwa wurde mit Musik des erfolgreichen Filmkomponisten Guiseppe Becce (1877-1973) verbunden, doch das Resultat überzeugte offenbar nicht.

Bereits seit 1927 experimentierte man mit *Geräuschmaschinen* (Leonhard, 1997, S. 943) und versuchte so eine Rhythmisierung und Musikalisierung von Geräuschen. Bei den größeren Sendespielen verpflichtete man verstärkt zeitgenössische Musiker: Die WERAG (Westdeutsche Rundfunk AG) in Köln setzte Gustav Kneip (1905-1992) ein, die NORAG (Nordische Rundfunk AG) verpflichtete Siegfried Scheffler und Horst Platen, die „Deutsche Stunde" in München Franz Adam. Als 1929 Christian Dietrich Grabbes „Herzog Theodor von Gothland" von der „Berliner Funkstunde" gesendet wurde, war die Musik von Kurt Weill schon nicht mehr nur begleitend. „Dichtung und Komposition", so die Programmzeitschrift DER DEUTSCHE RUNDFUNK, kamen „zu einer Synthese" (Leonhard, 1997, S. 945). Aber das war wohl eine Ausnahme. Die Musikhörspiele hingegen, d.h. die Hörspiele, die sich um musikalische Themen drehten und in der Mehrzahl von den Musikabteilungen initiiert worden waren, blieben inhaltlich wohl eher blass. Hier dominierte offenbar die Musik immer wieder den Inhalt (Timper, 1990, S. 44). Eine frühe Ausnahme war eine „Funkrevue in 56 Hörbildern", die die „Berliner Funkstunde" am 18. April 1925 sendete. Zwei Orchester, Massenchöre, „Funkstars", zwei Dirigenten und über 200 Mitwirkende waren an dem gigantischen Versuch beteiligt, den Kurt Weill in DER DEUTSCHE RUNDFUNK sehr positiv besprach: „Hier spürte man zum ersten Male den Klang desjenigen Etwas, welches das echte Hörspiel erfüllen wird" (Leonhard, 1997, S. 926).

Absolute Radiokunst

Es waren die Jahre des Ausprobierens, des „schieren Spieltrieb(s)" (Leonhard, 1997, S. 943), der individuellen Innovationen – und auch der Terminus „Hörspiel" war wenig festgelegt. Vieles war offen, vieles nebeneinander, klare Ressortgrenzen gab es noch nicht. 1925 publizierte Walter Grunicke in DER DEUTSCHE RUNDFUNK den Aufsatz „Das Volkslied als Hörspiel – Eine Anregung in Theorie und Praxis" – und der Ansatz wurde auch in den Redaktionen wahrgenommen. „Die Zahl der aufzulistenden Versuche ist größer als man vermutet", so Reinhard Döhl (1988, S. 84). Eine ganz andere Hörspielkonzeption formulierte im selben Jahr Kurt Weill (1900-1950), der von 1924 bis 1929 als Redakteur bei der damals führenden Hörfunkzeitschrift DER DEUTSCHE RUNDFUNK arbeitete und die Radioentwicklung seit den Anfängen kritisch begleitete. Weill sprach als Erster (Döhl, 1988, S. 158, Anm. 247) von „Radiokunst" und brachte den Begriff einer „absoluten Radiokunst" in die Diskussion:

> „Nun können wir uns sehr gut vorstellen, das zu den Tönen und Rhythmen der Musik neue Klänge hinzutreten. (…) Ein solches Opus dürfte kein Stimmungsbild ergeben, keine Natursymphonie mit möglichst realistischer Ausnutzung aller vorhandenen Mittel, sondern ein absolutes, über der Erde schwebendes, seelenhaftes Kunstwerk" (Döhl, 1988, S. 80).

Ans literarische Hörspiel hatte Weill dabei nicht gedacht, im Gegenteil: „Eher am Rande erwähnte er, dass man davon spreche, ,das Hörspiel gänzlich vom herkömmlichen Theater loszutrennen, es als eine nach den eigenen Gesetzen und mit den eigenen Zielen des Senderaumes orientierte Kunstgattung auszubauen'"(Döhl, 1988, S. 81).

Schriftsteller „entdecken" die Musik – Erste Theorieansätze

Doch von solchen reinen Kunst-Ansätzen war die Mehrzahl der Schriftsteller, Musiker und Radiomacher weit entfernt. Die plagten ganz andere Sorgen. Rudolf Leonhard etwa, der bis 1928 zwar zwei Hörspiele geschrieben, aber noch keines gehört hatte. Und der nun erstmals bei Rudolf Rieth zuschauen dufte. „Ich habe dabei mehr gelernt, als ich in jahrelangen Nachdenken hätten finden können", bekannte er

1928. Hier, im Studio, sind ihm wohl auch erstmals die Möglichkeiten des „Geräuschs" („von dem Musik der höchst organisierte und höchste Fall ist"), klar geworden – und so schwärmte er von den neuen Möglichkeiten. „Orpheus' Gesang vor Hades, in einem Hörspiel ‚Orpheus', ist der Gipfel des Stücks. Die Aufführung von Mozarts ‚Kleiner Nachtmusik' ist in einem Hörspiel, das denselben Namen hat, der Kern der Handlung" (Schneider, 1984, S. 161).

Gegen Ende der 1920er-Jahre kam es zu ersten Versuchen, die Hörspielmusik sowie vor allem das abstrakt-musikalische Hörspiel voranzubringen – und in diesem Zusammenhang wurde die Hörspielmusik auch zum Reflexionsgegenstand. 1928 fand eine erste Tagung für Rundfunkmusik statt, auf der der Berliner Intendant Carl Hagemann über Hörspielmusik referierte. *Hörspielmusik*, so Hagemann, könne sehr unterschiedlich eingesetzt werden (vgl. Leonhard, 1997, S. 945):

- als szenische Musik, als handlungsbedingte geschlossene Musiknummer (analog der Bühnenmusik)
- als akustische Kulisse
- als Erläuterung von nur optisch wahrnehmbaren (und im Radio unsichtbaren) Vorgängen
- als charakteristische Untermalung dramatisch gehobener Dialoge
- als Sprechgesang oder Gesang mit instrumentaler Untermalung
- als Akzentuierung wichtiger Dialogfragmente (vor allem mit dem Schlagzeug)
- als Ersatz dramaturgisch wichtiger Ausdrucksgesten
- als Darstellung naturgemäßiger Vorgänge

Komponisten, Musiker und Musik waren also seit den Hörspielanfängen – vor allem begleitend – in die Sendespiel-, Hörspiel-, und Radiokunstentwicklung einbezogen. Eine besondere, avantgardistische Stellung nahm die Musik beim Sender Frankfurt und seinem Hörspiel ein. Intendant Hans Flesch, Autor des wohl ersten Hörspiels, und sein Programmchef (und späterer Nachfolger) Ernst Schoen legten deutliche Schwerpunkte auf das abstrakte Hörspiel und eine musikalische Grundausrichtung der neuen Gattung. Schoen, ausgebildeter Musiker und Komponist, Student von Ferrucio Busoni und Edgar Varese, forderte früh eine andere Radiokunst als die im Radio hörbare. Hörspiele, so Schoen, „müssen (...) im wesentlichen von rundfunkgeeignetem Stoff und als kunstvollstem Rundfunkmaterial möglichst von der Musik ausgehen" (zit. n. Timper, 1990, S. 25). In Frankfurt, dann in Berlin, wohin Flesch 1929 ging, wurde in den Jahren vor 1933 entsprechend die Konzeption eines abstrakten, radiospezifischen und gattungsübergreifenden Hörspiels wohl am klarsten formuliert. Auch in Berlin zog Flesch gerne abstrakte oder neue Musiker fürs Hörspiel heran. Seit Ende der 1920er-Jahre gab es zudem die Rundfunkversuchsstelle in Berlin, wo Paul Hindemith oder Walter Gronostay neue Experimentiermöglichkeiten erhielten.

Friedrich Bischoff sprach derweil von „absoluter Funkkunst" und versuchte, sie in Breslau zu etablieren. 1928 wurde sein Hörspiel „Hallo! Hier Welle Erdball" von der „Schlesischen Funkstunde" (Breslau) urgesendet. Die „Hörsymphonie" (Leonhard, 1997, S. 944) war ein erster Versuch eines auch musikalisch komponierten Worthörspiels, ein Jahr später folgte – unter der musikalischen Leitung von Edmund Nick (1891-1973) – das Hörspiel „Song" mit Texten von Bertolt Brecht, Erich Kästner, Franz Josef Engel sowie der Musik von Paul Hindemith und Kurt Weill. Das frühe musikalische Hörspiel blieb nicht nur in Breslau ein „schillerndes Produkt" (Leonhard, 1997, S. 940): Es gab unterschiedliche Konzeptionen, die beteiligten Autoren und Musiker aber waren oft dieselben. Im selben Jahr 1929 beschrieb Bischoff in DIE LITERARISCHE WELT die Funktion der Musik als eine „psychologische Instrumentierung der Sprachhandlung (…). Es gelingt durch die musikalischen Ausdrucksmittel, „die natürlich niemals von der eigentlichen Hörspielhandlung ableiten dürfen, die Ausdrucksbewegung des Wortes sinnvoll zu steigern oder die Stimmung für die Sprachhandlung vorzubereiten" (Schneider, 1984, S. 178). Wie aber machte man das? Mal benutzte man „einen motivisch wiederkehrenden Flötenlaut, mit Flatterzunge hervorgebracht" um dumpfe Abendstimmung zu illustrieren. Mal steigerte man eine Sprechrolle, „tremolierend geschlagen", durch Trommel, Pauke, Horn und Becken (Schneider, 1984, S. 178).

Der kurze Durchbruch des musikalischen Hörspiels 1929

1929 kam es – parallel übrigens zur Etablierung (und dann zur bis in die 1960er-Jahre währenden Dominanz) des *literarischen Hörspiels* – zum „Durchbruch des *musikalischen Hörspiels*" (Leonhard, 1997, S. 947), aber letzterer geschah weniger im Radio. Die Baden-Badener Festspiele, deren treibende Kraft Paul Hindemith war, hatten Rundfunkmusik zu ihrem Hauptmotto (Leonhard, 1997, S. 853) bestimmt. Die zeitgenössische Aufnahme der Festspiele blieb verhalten, „das wichtigste Hörspielereignis" aber, so interpretierte später Hermann Naber, der langjährige Hörspielchef des SWF, „fand in Baden-Baden statt, wo es damals noch gar keinen Sender gab" (Naber, 2001, S. 113). Hier wurde die dramatische Kantate „Lindbergflug" uraufgeführt, der Text war von Bertolt Brecht, die Musik kam von Paul Hindemith und Kurt Weill, die musikalische Leitung lag bei Hermann Scherchen und Ernst Hardt führte in der Auftragsproduktion Regie. Es war eine songartige Vertonung zeitgenössischer Texte, die zwar vor Publikum aufgeführt, aber wegen technischer Schwierigkeiten nicht gesendet werden konnte. Erst eine Nachproduktion im Frankfurter Sender konnte – wegen schlechter Leitungen allerdings nur in katastrophaler akustischer Qualität (Leonhard, 1997, S. 854) – reichsweit ausgestrahlt werden. „Die Stimmen" blieben „noch bei starkem Musikeinsatz als Stimme z. B. des Nebels, des Schneesturms, des Schlafs verständlich" (Döhl, 1988, S. 41). Doch viele Hörer waren nach der Sendung entsetzt – und die Radiozeitschrift FUNK fragte: „Brauchen wir überhaupt eine arteigene Rundfunkmusik?"

Dieser „Durchbruch" zum musikalischen Hörspiel 1929 blieb innerhalb und außerhalb der Hörspielszene lange Jahre folgenlos, er wurde für die zeitgenössischen Debatten nicht relevant. Schon auf der Baden-Badener-Nachfolgeveranstaltung (jetzt in Berlin) konnten die hohen Erwartungen an die neue, aus der Musik geborene Form nicht befriedigt werden. „Der Versuch war gewagt worden, Form und Text der Hörspiele vollkommen aus der Musik zu schöpfen, also gleichsam Hörspiele durch Musik zu erschaffen, das Ergebnis fiel aber enttäuschend aus" (Leonhard, 1997, S. 857). Überdeutlich wurde, dass sich die Berliner Avantgarde um Flesch, Dessau, Hindemith eher der „Übergangssphäre zwischen Technik und Kunst" näherten, die Hörfunk- und Hörspielmusik aber vernachlässigten. Mancher Sender war mit seinem Hörspielstil schon weiter als die in Berlin aufgeführten musikalischen Hörspiele von Paul Dessau und Hindemith. „Spätestens hier", so resümiert die umfassendste Arbeit über das Radio der Weimarer Republik, „wurde deutlich, dass eine rein instrumentale (absolute) Rundfunkmusik nicht in Sicht war, dass vielmehr kantaten-, kabarett-, oratorienhafte Musik oder musikalische Hörspiele (…) die dem Rundfunk gemäße Eigenkunst repräsentieren" (Leonhard, 1997, S. 855).

Frühe Musik-Wort-Formen

Eines dieser Hörspiele war die Auftragsproduktion und Lyrische Suite in drei Sätzen „Leben in dieser Zeit" (Regie: Friedrich Bischoff), die die „Schlesische Funkstunde" 1929 sendete. Breslau zählte zu den „aktivsten und erfolgreichsten" Sendern „in der Ablösung der überkommenen Bühnendramaturgie durch eine funkische" Dramaturgie und setzte vor allem auf „von der Hörspielästhetik beeinflusste Wort-Musik-Formen" (Leonhard, 1997, S. 925). Erich Kästner und Edmund Nick schrieben das musikalisch-literarische Stück mit Chören, Chansons und Liedern, das zahlreiche weitere musikalische Hörspiele bei diesem Sender nach sich zog (Leonhard, 1997, S. 947). Und um die „imaginäre Mitte" (Leonhard, 1997, S. 925), der vollendeten Synthese von Musik, Sprache und Geräusch, probierte man neue Formen wie die *Funkoperette*. Aber „Eine kleine Melodie" (29. April 1932) blieb dann offenbar doch eher im Randbereich des Hörspiels. Als exemplarisches – wenn auch literarisch nicht überzeugendes – Hörspiel gilt „Ein Cello singt in Daventry" mit dem am 18. August 1929 das „Studio" der „Berliner Funk-Stunde" eingerichtet wurde (Döhl, 1988, S. 82f.). Das bereits erfolgreiche und aus dem Jahre 1926 stammende Stück über den Hörfunk, den Zaubermeister der Gegenwart, war von Werner Egk (1901-1983) für „Tenor, Männerchöre und Orchester" (Leonhard, 1997, S. 934) eingerichtet worden.

Trend bildend wurden die ambitionierten Konzepte für Musik als Hörspiel nicht. Spätestens 1932 wurde eine Stagnation auch bei den wenigen Versuchen von Weill und Hindemith diagnostiziert (Leonhard, 1997, S. 858). Die Suche nach einer „absoluten Radiokunst" brach eigentlich schon Ende der Weimarer Republik ab. Das bisher eher randständig wahrgenommene musikalische Hörspiel gilt neueren medienwissenschaftlichen Sichtweisen inzwischen „in mancher Hinsicht als eine zentrale Eigengattung" des Radios, die sich aus vielen Radioformen bediente (Leonhard, 1997, S. 939). In hörspielnahen Formen wie der *Hörfolge*, jener „Montage aus literarischen Zitaten, Musik und Reportage" (Leonhard, 1997, S. 1033), blieb Musik weiterhin präsent. Das eigentliche, Anfang der 1930er-Jahre zunehmend auch durch eigene Hörspielabteilungen mit eigenen Redaktionen professionalisierte Hörspiel aber entwickelte sich (von der Theorie her) in eine ganz andere (etwa von Eugen Kurt Fischer formulierte) musikferne Richtung: „Das reine Hörspiel", so schreib er 1932, „ist Wortkunstwerk. Es bedarf der Geräuschkulisse so wenig wie der Musik" (Timper, 1990, S. 25). Richard Kolb, der wohl folgenreichste Hörspieltheoretiker, formulierte 1932 über die richtige Verwendungsart der Musik im Hörspiel:

> „Sie übernimmt die Schwingungen des Wortes, schlägt einen tönenden Bogen von Wort zu Wort, von Gedanke zu Gedanke, von Handlung zu Handlung. Sie kann die Kraft des Wortes, seine Spannung, Entladung und Lösung steigern" (Kolb, 1932, S. 97).

Andere Formen lehnte er vehement ab:

> „Die Funkoper hat bislang noch keine überzeugende Gestaltung gefunden. Ich glaube auch nicht (…) an ihre Existenzberechtigung (…). Das Funkoratorium leidet meist unter dem Mangel, dass (…) das Wort nicht zu verstehen ist (…). Das Wort geht verloren und nur die Musik bleibt (…). Eine Funkoperette ist überhaupt nicht denkbar, da der Tanz und die große Aufmachung fehlen" (Kolb, 1932, S. 91ff.).

Nur der Song werde überleben. „Diese Art des Unterhaltungshörspiels wird voraussichtlich Funkoperette und Funksingspiel verdrängen" (Kolb, 1932, S. 92).

Hörspielmusik live und von Schallplatten

Hörspielmusik war während der Weimarer Radiojahre vor allem begleitende Musik – und das unterschied sie ausdrücklich etwa von der nichtfunkischen Opern- oder Operettenmusik sowie der Stummfilmmusik. Hörspielmusik funktionierte nur im Radio, aber es war technisch zunächst ungemein schwierig, Musik und Wort in den in der Regel live gesendeten Hörspielen angemessen zu verbinden. Theodor Kappstein berichtete 1931 von der Übertragung von Shakespeares „Hamlet"-Tragöde (Bearbeitung: Bertolt Brecht; Komposition: Walter Gronostay; Regie: Alfred Braun) aus dem Saal des neuen Berliner Funkhauses. „Um die Musik günstiger fernzusenden, hatte man einen Zeltbau als kleine Podiumsbühne gezimmert, in deren Wand ein Lautsprecher steckte, davor stand ein Mikrophon. Die Schauspieler gingen durch Vorhänge rechts und links in dies Zelt und wieder ab (…)."

Aus Kostengründen nutzte man gerne improvisierte Musik, Repertoire-Stücke oder zunehmend (auch weil es praktischer war) Schallplatten – und offenkundig wurden häufig eher unbekannte Komponisten oder Hörfunkangestellte berücksichtigt (Timper, 1990, S. 341). Natürlich waren auch hier die Engagements regional sehr verschieden. „Niemand im damaligen Rundfunk hatte so viele Komponisten um sich versammelt wie Friedrich Bischoff" (Naber, 2001, S. 110): Edmund Nick wirkte in

Breslau als Musikchef des Senders, seit 1929 war Karl Sczuka (1900-1954), der mit einem „Musikalischen Bilderbuch" auf sich aufmerksam gemacht hatte, in der Hörspielabteilung angestellt und komponierte die Musik für vielfältigste Formen des Hörspiels – für Funkdramen, Funkdichtung mit Musik, Hörfolgen und Mundartkantaten. Hörspielkomponisten hatten also durchaus auch künstlerisch sehr verschiedenartige Aufgaben, waren nicht nur am Avantgardistischen, Elitären, Klassischen, sondern auch am Volkstümlichen beteiligt. Aber hier fehlt es an systematischen Analysen über die Arbeiten der Komponisten.

Wohl kein Komponist konnte allein von den Hörspielmusiken leben, sie waren immer Nebenprodukte; viele Komponisten haben nur ein oder zwei Hörspielmusiken geschrieben. Die Zahl der Kompositionsaufträge stieg seit 1930 kontinuierlich (Wessels, 1985), Originalkompositionen für Hörspiele waren dennoch wohl eher die Ausnahme. Eine erste Zusammenstellung (Timper, 1990, S. 342) geht von 129 Hörspielmusiken bis 1933 aus, jährlich wurden also etwa 16 Produktionen mit Originalkompositionen gesendet. Auch der Kreis der Komponisten war offenkundig begrenzt. Timper (1990) zählte 62 Komponisten, die in der Weimarer Republik Hörspielmusik produzierten. Jährlich waren in etwa acht Komponisten tätig. Am häufigsten eingesetzt wurde Hans Ebert (bis 1952, 13 Mal). Er komponierte die Musik für das populäre und für das reine, literarische Hörspiel beispielhafte Spiel „Der Narr mit der Hacke" (1930) von Eduard Reinacher (Krug, 2008). Die Musik der anderen Reinacher-Stücke „Die Löwin und der General" (1931), „Das Bein" (1931) sowie „Von dem Fischer und seiner Frau" (1931) kam von Ebert – und auch für Karlaugust Düppengießers legendäres Hörspiel „Toter Mann" (Regie: Ernst Hardt) wurde er tätig (Krug, 1992). Es dürfte allerdings kein Zufall sein, das Ebert vor allem für WERAG-Hörspiele und WERAG-Intendant Ernst Hardt tätig wurde: Ebert war seit 1928 Hauskomponist bei der WERAG in Köln – und nicht nur bei Ebert bestand eine besondere Nähe zum Sender. Gustav Kneip, der wie Ebert zahlreiche Hörspielmusiken für die WERAG schrieb, war als „Tonmeister" angestellt, der für die akustische Kontrolle anspruchsvoller Produktionen zuständig war (Leonhard, 1997, S. 877). Auch in Breslau (Bischoff-Nick-Sczuka), Frankfurt/Berlin (Flesch-Hindemith-Gronostay) griff man gerne auf die „eigenen" Musiker und musikalischen Leiter zurück. Die Grenzen zwischen Hörspiel und Musik waren in den Häusern offenbar fließend.

Frühe Hörspielmusik-Komponisten

Auf Ebert folgt in Timpers provisorischer Hitliste der Schönberg-Schüler Walter Goehr (1903-1960, mit 9 Kompositionen) – von dem die Musik zu Friedrich Wolfs (sozialistischem) Hörspiel „SOS rao rao Foyn – ‚Krassin' rettet ‚Italia'" (R: Alfred Braun) sowie zu Alfred Döblins (damals ungesendetem) Hörspiel „Franz Biberkopf" stammt. Walter Gronostay (1906-1937) brachte es auf acht Hörspielmusiken – er war seit 1929 für die Schallplatten-Abteilung der „Berliner Funk Stunde" zuständig. Dann kamen Eduard Nick (6), Gustav Kneip (6) sowie Karl Sczuka (5). Auf immerhin vier Kompositionen brachten es Bruno Seidler-Winkler, der Orchester-Chef der „Funkstunde Berlin", sowie Werner Egk (4). Weitere Hörspielkomponisten waren der auf Filmmusik spezialisierte Becce (3), Karl Knauer, Rudolf Wagner-Regeny (1903-1969), der Stummfilm-Musiker und Pianist (seit 1930) bei der NORAG Gerhard Gregor (1906-1981) sowie Wilhelm Rettich (1892-1988). Rettich war seit 1928 bei der MIRAG in Leipzig angestellt, dirigierte dort das Rundfunkorchester – und schrieb Hörspielmusiken.

In welcher Art diese Musiken die realisierten Hörspiele beeinflussten, ist bis heute noch nicht historisch bearbeitet worden. Erst Anfang der 1930er-Jahre scheint man intensiver über Hörspiel und Musik nachgedacht zu haben wie entsprechende Artikel von Ernst Schoen, Fritz Pauli oder Eugen Kurt Fischer nahe legen. Über die benutzten Musikformen und die Absichten der Komponisten weiß man wenig. Wie weit das Spektrum ging, zeigt etwa der sehr musikbewusste Autor Hermann Kesser, der seinem Hörspiel „Straßenmann" folgende Einleitung voranstellte:

> „Musik leitet den Prolog ein: fugiert zwei Motive: 1) Trio des Herzog-Siegfried-Marsches: bayerische Militärmarsch-Komposition aus den neunziger Jahren mit dem Wagnerischen Siegfried-Ruf im Marschtakt. 2) Die ersten Takte der Internationale: ‚Wacht auf, Verdammte dieser Erde'. – Das Marschtrio (Siegfried-Ruf) geht in Moll über. Der Prolog setzt auf das letzte Motiv aus der Internationale wie auf ein Stichwort ein" (zit. n. Döhl, 1988, S. 88).

Doch man darf sich nicht darüber hinwegtäuschen, dass nicht die Autoren und Komponisten, sondern letztlich die Regisseure den Stil der Hörspiele prägen – und selbst das musikalische Hörspiel lag letztendlich unter den damaligen Produktionsbedingungen nicht in der Hand der Komponisten. Ernst Hardt etwa bevorzugte zwar immer wieder den symbolischen Einsatz signifikanter Geräusche und Musiken, doch er ist verblüffender Weise der Regisseur von zwei Hörspielen, aus denen etwa 40 Jahre später zwei vollkommen unterschiedliche Hörspielkonzeptionen abgeleitet werden sollten: Reinackers (literarisches) Hörspiel „Der Narr mit der Hacke" und Brechts (musikalisches) Hörspiel „Lindbergflug".

Es waren auch in der Hörspielmusik regionale Prägungen, die die Hörspielästhetiken dominierten. Nicht nur in Berlin und Breslau – offenbar ging man auch im konservativen Bayern mit der Musik „voran". Gerhart von Westerman, inzwischen musikalischer Leiter der „Deutschen Stunde", war 1930 an dem Radiostück „Funkmusik" und an der Funkrevue „A propos Bahnhof" beteiligt – und die galten dem zeitgenössischen Beobachter Hans von Heister immerhin als „Vorläufer", aber noch nicht als Musikwerke (Timper, 1990, S. 44).

Propagandamusik – Unterhaltungsmusik

Als Anfang 1933 Hermann Kasacks Arbeitslosenhörspiel „Der Ruf" wiederholt wurde, stand am Ende des Hörspiels plötzlich das Horst-Wessel-Lied und illustrierte den Beginn der nationalsozialistischen Hörfunkzeit. Am Text wurde nur wenig geändert – das eine Lied aber veränderte den Charakter des Hörspiels vollständig. Doch es blieb bei dem demonstrativen Anfang – auf Dauer sollten sich die NS-Lieder und -parolen im Hörspiel nicht etablieren können. Statt dessen kam das bereits in der Weimarer Republik popularisierte volksliedhafte Hörspiel zu neuen Ehren: Bereits am 9. April 1931 war das Hörspiel „Leben und Sterben des Sängers Caruso" von Günter Eich und Martin Raschke von der „Berliner Funkstunde" urgesendet worden und die Regie baute – wie die Funkzeitschrift DIE SENDUNG festhielt – „sehr schöne Schallplatten" in die Produktion mit ein. 1934 schrieb Eich (mit Sigmund Graff und August Hinrichs) „Ich träumt' in seinem Schatten", verloren gegangene „Szenen nach deutschen Volksliedern". Wie weit bei Eich das Bewusstsein über die musikalischen Möglichkeiten des Hörspiels war, lässt sich an dem Hörspiel „Das Spiel vom Teufel und dem Geiger. Eine Ballade von Nicolo Paganinis Leben" (3. Februar 1935) illustrieren, das Eich mit A. Arthur Kuhnert verfasste. „Im Manuskript wird einleitend und im Text genau mit Firmennamen und Bestellnummer angegeben, welche Platten in diese ‚Ballade' einzuspielen seien" (Döhl, 1988, S. 86). Doch nicht nur Schallplatten wurden in Eichs frühen Werken eingesetzt. 1935 schrieb er nach Wilhelm Hauff „Das kalte Herz – Eine Märchenoper für den Rundfunk". Diesmal kam die Originalmusik von Mark Lothar (1902–1985). Die „Nummernoper" wurde am 4. März 1935 vom Deutschlandsender urgesendet – und wird inzwischen in einer Traditionslinie zum „Lindberghflug" gesehen.

Spätestens seit 1932 wurden zunehmend eigenständige Hörspielabteilungen etabliert – und die wollten die „neue Kunstform", das „funkeigene Wortkunstwerk" (Fischer, 1933, S. 44) voranbringen. Das Hörspiel etablierte sich seither als literarische Gattung. „Das Hörspiel braucht den Dichter" notierte Gerd Eckert 1940 – aber das führte in der Praxis keineswegs zum reinen Worthörspiel.

> „[Musik konnte] neben Einleitungs- und Überleitungsfunktionen auch zur Emotionssteigerung beitragen, oder (...) als Surrogat nur sichtbarer Vorgänge dienen, oder symbolischen Charakter besitzen. Ihr Anteil an der jeweiligen Produktion reichte vom völligen Verzicht bis zur Gleichberechtigung von Wort und Musik im an Wagner orientierten ‚akustischen Gesamtkunstwerk', das die Funkoper (...) und die Funkoperette mit einschloss" (Wessels, 1985, S. 206).

Komponistenaustausch und -zuwachs

Nach 1933 kam es zu einem Austausch der Komponisten. Hindemith, Weill, Nick und Ebert komponierten nach 1933 offenbar nicht mehr fürs Hörspiel. Hindemith und Weill emigrierten, Ebert ging zum Film, Nick zum Kabarett. Von den 157 zwischen 1925 und 1939 beauftragten Komponisten arbeiteten nur 15 vor und nach 1933 – so Timpers Zahlen aus dem Jahre 1990. Doch die Zahl der jährlich benötigten Originalkompositionen stieg bis 1939 vergleichsweise rapide auf 33, pro Jahr wurden jetzt über 14 Komponisten beschäftigt. „Die Kulturpolitik des dritten Reichs", so Timper, „forderte so viele neue Kompositionen, dass auch weniger angepasste Komponisten gut zu tun hatten" (Timper, 1990, S. 343). Karl Knauer, der vor 1933 die Musik für Hörspiele von Eberhard W. Möller („Douaumont"; 11. November 1932) und Kasack komponiert hatte, schrieb 17 neue Hörspielmusiken – darunter die zu Peter Huchels „Die Freundschaft von Port Said", eine Produktion für den Deutschen Kurzwellensender. Auf Knauer folgte nach Timpers Liste der Schönberg-Schüler Walter Gronostay, der einst in Baden-Baden Erfolge feierte, an der Rundfunkversuchsstelle tätig war und am 1. Mai 1933 mit der satirischen Hörfolge „An Ihren Taten sollt ihr Sie erkennen" im Programm war. Gronostay arbeitete darin mit Liedtexten. Bis zu seinem frühen Tod 1937 schrieb er 12 Hörspielmusiken. Newcomer waren offenbar Kurt Stiebitz (12), der nach 1945 wieder Hörspielmusik machte, sowie Herbert Wendt (11), einer der erfolgreichsten Film-Musiker dieser Jahre. Häufigere Einsätze gab es für den ehemaligen Hindemith-Schüler und „gemäßigten Modernen" (Leonhard, 1997, S. 814) Georg Blumensaat, für Heinz Steinkopf (9), Peter Völkner und Gustav Kneip. Kneip schrieb die Musik etwa für das Hörspiel „Der Trommler Gottes" (14. September 1933) des WERAG-Hörspieldramaturgen Willi Schäferdiek. Rudolf Wagner-Règeny schrieb mindestens sechs Hörspielmusiken, dann folgten mit jeweils fünf Kompositionen Hansmaria Dembrowski und Paul Höffer (Timper, 1990, S. 342). Nur die wenigsten Komponisten sind heute noch bekannt. Werner Egk war etwa mit der Musik zu Kurt Eggers „Mysterien" (21.11.1933) weiterhin dabei (Döhl, 1992, S. 230, Anm. 479). Karl Sczuka komponierte weiter (4). Weitere Autoren waren Ernst Rothers (1892-1961) (4), Bernd Scholz (1911-1969) (3), Hans-Martin Majewski (1), Hans Rosbad, Bernhard Eichhorn (1897-1977) (3) und Wilfried Zillig (2).

Auch die Tradition der Musikhörspiele zu Komponisten wurde nach 1933 beibehalten. Willi Schäferdiek schrieb „Fräulein Schmetterling", ein „Hörspiel um eine Puccini-Oper" (7. März 1935), Rolf Reißmann „Musik aus der Erde. Ein Bilderbuch des Porzellans in Szenen, Dokumenten und Liedern" (28. Oktober. 1934), Peter Paul Althaus – mit reichlich eingefügten Ausschnitten aus dem Werk – „Liebe, Musik und der Tod des Johann Sebastian Bach" (1. Februar 1935), Lydia Binder „Paganini spielt" (22. Januar 1938), Fritz Meingast „Das Opfer des Friedrich List, Raimon Ritter „Aus Mozarts letzten Tagen (1938), Walter von Molo „Friedrich List" (1935). In der Weimarer Republik realisierte Hörspiele mit Musik wurden weitergespielt. Kasacks

„Der Ruf" etwa oder Reinachers „Der Narr mit der Hacke" (29. Februar 1940) – ehe dann Ende 1940 die hörspiellose Zeit begann.

Radio als Leitmedium, UKW, Nachkriegshörspiel

Seit den Anfängen wurde Radio über Mittel-, Kurz- und Langwelle gesendet, es gab im Wesentlichen nur ein Mono-Programm – und das beeinflusste nicht nur die Hörspielästhetiken, sondern auch den Einsatz der Musik. Hörspielmusik war immer auch Medienmusik, vom Stand der technischen Übertragbarkeit abhängig – und so, wie sich die Stimme an den technischen Erfordernissen auszurichten hatte, hatte es auch die Musik. Auch nach 1945 änderte sich daran nichts. Das erste Hörspiel nach dem Krieg, Helmut Käutners Radiofassung von Carl Zuckmayers „Der Hauptmann von Köpenick" (19. September 1945), kam noch ohne Originalmusik aus. Doch schon in der NWDR-Produktion „Draußen vor der Tür" von Wolfgang Borchert (13. Februar 1947) wurde eine Originalkomposition von Werner Haentjes (1923-2001) eingesetzt. Wenig später komponierten auch Edmund Nick, Kurt Stiebitz oder Karl Sczuka wieder. Und auch beim BAYERISCHEN RUNDFUNK setzte man nach 1949 wieder intensiv auf Komponisten: Kurt Brüggemann, Joachim Faber (er komponierte mindestens 70 Musiken allein für den BR), Mark Lothar, Joseph Strobl, Johannes Weissenbach – sie blieben z.T. bis in den 1980er-Jahre aktiv.

Hochphase für Hörspielmusiken

Die Nachkriegsjahre – auch sie eine Blütezeit des literarischen Hörspiels – sollten zunächst einmal quantitativ eine goldene Zeit der Hörspielmusik werden. „Eindeutig wurden in den 1950er Jahren die meisten Hörspielmusiken produziert" (Timper, 1990, S. 90); 150 Hörspielmusiken – etwa für Joseph Pelz von Felinau, Max Frisch, Axel Eggebrecht, Theodor Plievier, Robert Adolf Stemmle, Günter Eich – schuf in der kurzen Zeit bis zu seinem frühen Tod 1954 allein der nun (vor allem) für den SWF als Hauskomponist tätige Karl Sczuka. Allein der vor allem auf das literarische Hörspiel setzende NDR vergab bis 1962 jährlich etwa 30 Kompositionsaufträge, ähnlich sah die Situation beim SÜDDEUTSCHEN RUNDFUNK und beim BAYERISCHEN RUND-FUNK aus, am wenigsten vergab der SENDER FREIES BERLIN (SFB); er kam auf nur etwa zehn Aufträge. Doch dann – es war die Zeit des rapide aufkommenden Fernsehens – fielen die Zahlen bei fast allen Sendern.

Die Hörspielmusik freilich galt auch weiterhin innerhalb der Musikszene eher wenig – auch, weil sie nicht selbständig existieren konnte. Sie war ans Hörspiel, ans Radio und die ein- oder mehrmalige Ausstrahlung der Produktion gebunden – eine Schallplatte mit Hörspielmusiken ist wohl nie publiziert worden. Und so schlich sich auch bei den Komponisten Routine ein. „Ein sehr musikalischer Funkregisseur", so der Komponist Otto-Erich Schilling, „sagte einmal von einem alten, routinierten Hörspielkomponisten, er habe zu Hause todsicher eine Kartothek angelegt, aus der er je nach Bedarf einige passende Takte heraushole. Dann gehe er ebenso gewohnheitsmäßig zur Kasse und hole sein Honorar ab" (Timper, 1990, S. 98). Wohl nicht zu Unrecht sprach Schilling von „Bedeutungslosigkeit" (Timper, 1990, S. 98) – und dies lag vermutlich auch daran, dass die Hörspielmusik das Wort zu stützten hatte. „Bis in die sechziger Jahre hinein war die dienende Funktion der Musik innerhalb des Wortkunstwerks Hörspiel unbestritten", analysierte Werner Klippert, der langjährige Hörspielchef des Saarländischen Rundfunks.

> „Hörspielkomponisten wie etwa Hugo Pfister und Winfried Zillig verstanden Musik in dramaturgischer Funktion als Ergänzungs-, Intensivierungs- und Strukturierungsmittel innerhalb darstellerischer und sprachlicher Handlungsvorgänge. Hörspielmusik, schrieb Hugo Pfister, 'vermag als Hintergrund, vielleicht kaum hörbar, der Szene Atmosphäre zu verleihen. Charakteristische Motive und typische Klangfarben fixieren den Ort der Handlung. Melodische und akkordische Elemente helfen wesentlich, psychische Situationen und deren Wandlung zu zeichnen. Dynamik, Tempo und Rhythmus stützen – vorbereitend oder nachfolgend – die Intensität des Dialogs. Selbständige Nummern, als Zwischenakt- oder Rahmenstücke eingebaut, gliedern das ganze Spiel und machen es übersichtlich'. Man war sich einig, dass sich Hörspielmusik 'nie zum Selbstzweck erheben darf'. Winfried Zillig, wie mancher andere noch deutlich von theatralischem Denken herkommend, sah in vielen Fällen seine Aufgabe als Hörspielkomponist darin, mit den Mitteln der Musik den Mangel an Optischem zu beheben'" (Klippert, 1977, S. 55).

Der Schönberg-Schüler Winfried Zillig (1905-1963) war in den Nachkriegsjahren Dirigent beim Sinfonieorchester des HESSISCHEN RUNDFUNKS und leitete dann die Musikabteilung des NDR. Seine erste Hörspielmusik entstand offenbar für das legendäre Hörspiel „Totenschiff" nach B. Traven (NWDR 1946, Regie: Ernst Schnabel), dann folgten Musiken für Eich- und Weyrauch-Hörspiele, vor allem aber zu Adaptionen von Stücken von Heinrich von Kleist, Euripedes, Kierkegaard und vielen anderen. Timper (1990, S. 365) zählt allein für Zillig 118 Beschäftigungen nach 1946, viele auch für den BAYERISCHEN RUNDFUNK.

Hörspielmusik zur Aufwertung von Adaptionen

Betrachtet man etwa die ausgezeichnet dokumentierten Hörspielproduktionen des BAYERISCHEN RUNDFUNKS, dann ist leicht wahrnehmbar, in welchem Ausmaß in den Nachkriegsjahren Adaptionen mit Originalkompositionen realisiert wurden. Georg Kaiser (1949), Johann Wolfgang von Goethe (1949), Erich Kästner (1950), Hugo von Hofmannsthal (1951), Knut Hamsun (1952), Joseph von Eichendorff (1957), Heinrich von Kleist (1959) oder Ezra Pound (1959); sie wurden nicht nur gelesen oder inszeniert, sondern auch eigens musikalisiert. Dabei war nicht nur das Konventionelle und Glatte gefragt. Seit den 1950er-Jahren wurde handlungsdienend „vielfältig experimentiert" (Timper, 1990, S. 231). Mittel waren „rückwärts gespielte Bänder, Verschnellung, Verlangsamung, Filter, Echo, Hall, ‚Stricken', Schleife, Vocoder, Ringmodulator, Zerhacker, Messton sowie zahlreiche Instrumenteneffekte und Instrumentenmanipulationen" (Timper, 1990, S. 231).

An den Hörspieldebatten scheint dieser Boom eher vorbeigegangen zu sein. Als Hermann Naber 1965 die Hörspielabteilung des SWF übernahm, traf er – in einem kurzen, folgenreichen Zusammentreffen – auf Friedrich Bischoff, den einst in Breslau tätigen Hörspielpionier.

> „Ich war bis dahin immer der Meinung gewesen, die Hörspielkunst habe sehr wenig mit Musik und noch viel weniger mit Gesang zu tun. Die tonangebenden Produktionen der fünfziger Jahre fanden hauptsächlich auf einer aus Sprache und Fantasie errichteten inneren Bühne statt, auf der Musik und Geräusche verpönt waren; auf jeden Fall durften sie kein Eigenleben führen" (Naber, 2001, S. 107).

Es war vor allem die „Hamburger Dramaturgie" von Heinz Schwitzke, der als Hörspielchef des NDR und Hörspieltheoretiker das Nachkriegshörspiel prägte wie niemand anderes. „Man kann als Grundsatz sagen", so hielt er 1963 in seiner wirkungsmächtigen Geschichte des Hörspiels fest,

> „es gibt im Hörspiel keine Musik ohne eine Handlungsfunktion und kein Geräusch ohne eine Sinnfunktion für den thematischen Zusammenhang. Auch da, wo es sich bei einer Hörspielmusik nur um kurze, fast unmerklich kleine und zurückhaltende, geräuschähnliche Interpunktionszeichen handelt – d.h. bei der Mehrzahl aller Hörspielmusiken –, haben diese klingenden Interpunktionszeichen leitmotivischen Charakter und damit Bezug auf die Handlung. Ist ein solcher Bezug nicht möglich, so ist es besser, wenn ein Hörspiel ohne musikalische Akzentuierung bleibt. Überhaupt muss, wer ein Hörspiel inszeniert, sich bei jeder Musik- wie auch bei jeder Geräuschverwendung stets fragen, ob sie nicht überflüssig sind. Der beste Gebrauch von Musik und Geräusch im Hörspiel ist geschehen, wenn die Hörer am Ende meinen, weder Geräusch noch Musik gehört zu haben – oder aber, wenn sie Geräusch und Musik gehört zu haben glauben, obwohl nichts dergleichen verwendet wurde. Im ersten Fall sind die beiden Mittel nicht bemerkt worden, weil sie vollständig in das Wort eingegangen sind, ‚Wortcharakter' gewonnen haben, im zweiten Fall ist das Wort so sehr sich selbst genug gewesen, dass es alles von allein sichtbar und hörbar machte, was gesehen und gehört werden musste. Insofern ist auch die Aufgabe des Hörspielkomponisten asketisch." (Schwitzke, 1963, S. 228f.).

Die Theorie war das eine, die Praxis das andere – und gerade zum Hörspielalltag und den vielfältigen Hörspielmusiken fehlt es bisher an Arbeiten. Sicher:

> „Tatsache ist, dass die Hörspielredaktionen (...) ausschließlich aus ‚sprachspezialisierten Mitarbeitern' bestehen. (...) das Ressort ‚Hörspielmusik' wird durch die jeweiligen Hörspielabteilungen bearbeitet und nicht durch die Musikabteilungen, was zuweilen das Missvergnügen der ‚Hauptabteilungsleiter Musik' hervorruft" (Timper, 1990, S. 106).

Hier hatte sich seit den Weimarer Anfangsjahren mit der langsamen Etablierung des literarischen Hörspiels viel geändert, aber die Spezialisten saßen oft auch nur ein paar Türen weiter im selben Haus – in der Musikabteilung.

Hörspielqualität – Literatur und Musik

Dennoch ist es auffällig, dass Originalkomposition und literarische Qualität (wie schon um 1929) auch nach 1950 immer wieder zusammenfielen. Als 1952 der erste Hörspielpreis der Kriegsblinden verliehen wurde, wurde (fast natürlich) mit Erwin Wicherts „Darfst Du die Stunde rufen" ein Hörspiel mit Musik (von Hans Vogt) prämiert. 1953, 1955 und 1956 stammte die Preisträgermusik von Johannes Aschenbrenner – und dann erst wurde sie auch in den prämierten NWDR/NDR-Produktionen seltener. Ende der 50er-Jahre hatten die prägenden Hörspiele dann keine Originalmusiken mehr, ehe Enno Dugend (1915-1990) im Jahr 1961, Peter Zwetkoff (Jg. 1925) im Jahr 1964 und dann wieder Dugend im Jahr 1972 (mit)prämiert wurden. Doch keiner der frühen Preisträger hat die Musik als wirklich relevant für die Produktion herausgestellt. Leopold Ahlsen (1956) blieb sehr im Allgemeinen:

> „Das Hörspiel hat eine so enorme Breite der Möglichkeiten. Es gibt das dramatische, das lyrische, das erzählende, das reportierende, das kabarettistische, phantastische, musikalische Hörspiel; es gibt jede nur erdenkliche Art von Hörspiel, und jede seiner Formen ist unbestritten legitim." (Hörspielpreis, S. 26).

1964 erwähnte Margarete Jehn die Musik – für die Zwetkoff übrigens auch den Karl-Sczuka-Preis erhielt – ganz im Geist der Zeit:

> „Erst die Begabung und Sorgfalt des Regisseurs, erst das Können der Sprecher, erst die dem Wort so völlig angepasste Musik des Komponisten haben mein Hörspiel zu einer wirklichen ‚Funkdichtung' gemacht" (Hörspielpreis, S. 51).

Erst 1974 – inzwischen gibt es zunehmend Stereo-Wellen, Jugendsendungen und Pop-Musik – kam erstmals eine ganz andere Musiker- und Komponistengeneration zu Ehren: Klaus Schulze hatte zuvor in den Elekronik-Bands Tangerine Dream und Ash Ra Temple gespielt, ein „Krautrocker".

Einflüsse aus Frankreich

Anfang der 1950er-Jahre wuchs der Einfluss der (gerade dem öffentlich-rechtlichen Hörfunk verpflichteten) *Neuen Musik* und dies hatte auch für das Hörspiel Folgen: Moderne Komponisten orientierten sich nun an der in Frankreich begründeten *Musique Concrète* und schrieben – die genauen Entwicklungen sind noch immer eher unbekannt – neue, *elektronische Musik* fürs Hörspiel. Begonnen hatte die Entwicklung freilich schon früher: 1942 hatte Pierre Schaeffer in Paris begonnen, mit Schallplatten des Archivs des Pariser Rundfunks zu spielen, 1948 sendete der französische Rundfunk O. R. T. F. sein „Concert des Bruits" innerhalb des Programms des „Club d' Essai". Hier traten, so Döhl, „bisher getrennte Tendenzen einer akustischen Literatur, der Geräusch- und Klangkomposition, technisch erzeugter Musik zu Rundfunkeigenkunstwerken zusammen" (Döhl, 1988, S. 48) – ohne dass dies „direkte Spuren" (Döhl, 1988, S. 47) im deutschen Hörspiel hinterlassen hätte.

Interessanterweise sah ausgerechnet Heinz Schwitzke, der Papst des literarischen Hörspiels, dies ganz anders. „In Deutschland wird mit Musique Concrète bei Hörspielproduktionen, etwa seit 1950, in zunehmendem Umgang gearbeitet" (Schwitzke, 1963, S. 124) – und zwar bereits vor dem Start des 1953 gegründeten Kölner Studios für Elektronische Musik. Gerade in Hamburg, wo man das literarische Hörspiel pflegte, hatte sich elektronische Musik offenbar sehr früh durchsetzen können:

> „Es war (…) kein Zufall, dass gerade im NDR experimentelle Musik gefördert wurde, erlaubte sie doch, die Wirklichkeitsbezüge verstärkt aufzuheben. Experimente fanden einerseits mit Bandmanipulationen statt (Bandrücklauf, Verschnellung, Verlangsamung, Iteration, unendlicher Ron, Bandschleife) und mit Mischpultmanipulationen (Regler, Filter, Hall, Echo), andererseits – als Vorwegnahme der elektronischen Musik – mit Hilfe von Geräten der Messtechnik (Sinuston, Rauschgenerator). Hier hat hauptsächlich Johannes Aschenbrenner mit diesem Mitteln experimentiert, während Siegfried Franz, der am häufigsten am NDR beschäftigte Komponist, ‚traditionelle' Kompositionstechniken mit elektronischer Klangverformung kombinierte" (Timper, 1990, S. 82).

Das Eich-Maß – und die Musik

„Der beste Gebrauch von Musik und Geräusch im Hörspiel ist geschehen, wenn die Hörer am Ende meinen, weder Geräusch noch Musik gehört zu haben" formulierte Heinz Schwitzke (Schwitzke, 1963, S. 228). Es scheint den Hörspielern und Hörern in den 1950er- und 1960er-Jahren so ergangen zu sein, wie Schwitzkes Ideal es vorsah. Sie überhörten die Musik: Selbst das traditionell literarisch interpretierte Eich-Hörspiel mit seinem legendären Eich-Maß erscheint, berücksichtigt man die Komponisten, in einem anderen Licht:

„Ich glaube", sagte Eich 1968 und man glaubt es kaum, „es gibt kein einziges Hörspiel von mir, das nicht irgendeine Musik hat. Mir ist immer gesagt worden, das muss so sein. Ich weiß es nicht, aber ich habe das nie ganz kapiert. Ich dachte immer, es müsste auch ohne gehen. Aber nun gut, also es ist immer Musik dabei gewesen, aber nicht sozusagen als Prinzip" (Eich, 1991, S. 536).

Doch nicht nur das. Die „Eich-Musik", der „*Eich-Sound*" stammte von den besten Hörspielmusikkomponisten: Johannes Aschenbrenner, Bert Breit, Heinrich Deischner, Enno Dugend (einer der meistengagierten Hörspielkomponisten), Hans Engelmann, Siegfried Franz, Hans Peter Haller, Wolfgang Heinrich, Helmut Herold, Helge Jörns, Klaus Martin Majewski, Hans Moeckel, Ennio Morricone, Rolf Hans Müller, Otto-Erich Schilling, Friedrich Scholz, Herbert Seiter, Günter Siemeck, Harro Torneck, Rolf Unkel (er schuf über 200 Hörspielmusiken; vgl. Bräutigam, 2005, S. 516), Lothar Voigtländer, Karl von Feilitzsch, Otto Walter, Winfried Zillig, Bernd Alois Zimmermann und Peter Zwetkoff (seit 1954 Musikdramaturg beim SWF). Einige Hörspiele blieben auch ohne Originalkomposition. Manchmal gab es sogar Hörspiele, die mehrfach realisiert wurden, mal mit und mal ohne Komposition.

Doch das Hörspiel besteht nicht nur aus Wort und Musik, sondern in unterschiedlicher Gewichtung auch aus Geräuschen – und auch hier änderte sich bereits in den 1950er-Jahren einiges. Musik und Geräusch waren nichts voneinander Isoliertes mehr. „Die Hörspielmusik", so Schwitzke 1963, „hat sich inzwischen von aller Stimmungsmalerei, das Hörspielgeräusch vom Realistischen weiterentwickelt. (…) So helfen beide zum Wort hin, (…) gewinnen etwas wie ‚Wortcharakter'" (Schwitzke, 1963, S. 222). Die Auflösung dieses „zum Wort hin" kennzeichnete die Hörspielentwicklung bis Ende der 1960er-Jahre, zumindest ihre Höhenkämme.

Hörspielkomponisten der Nachkriegsjahre

Johannes Aschenbrenner (1903-1964) und Siegfried Franz – über ihre musikalische Vita und ihre Radiowerke weiß man nur wenig – stehen auch für diese Frühphase elektronischer Hörspielmusik. Ob Günter Eichs „Träume" (Franz) oder „Die Andere und ich" (Aschenbrenner) – ohne ihre Kompositionen hätten sich gerade die Hamburger Produktionen wohl vor anderen nicht durchsetzen und behaupten können. Doch nicht nur in Hamburg wurden moderne Hörspielmusiken geschrieben: Schwitzke schätzte 1963, dass „bei allen deutschen Sendern und schätzungsweise bei mehr als der Hälfte sämtlicher Hörspielinszenierungen, wenn sie Musik verwenden", seit langem „elektronische Musik oder (noch viel häufiger) Mittel der Musique Concrète gebraucht" würden (Schwitzke, 1963, S. 224). Was Eich für die Dichter, Schwitzke für die Hörspieltheorie, Schröder-Jahn für die Regie waren, das war Aschenbrenner für die Hörspielmusik nach 1950. Er dominierte die Kriegsblindenpreise und schuf die Musik für all jede Dichter, die damals Rang und Namen hatten: Eich natürlich (mindestens 8 Mal), Alfred Andersch, Ilse Aichinger, Samuel Beckett, Bertolt Brecht, James Joyce u.v.a. Rein quantitativ schuf Aschenbrenner mindestens

111 Hörspielmusiken (Timper, 1990, S. 365), Franz kam gar auf über 150 – und war einer der meistbeschäftigten Komponisten. Es waren offenbar nicht so sehr die redaktionellen musikalischen Vorgaben, die die Hörspiele prägten. Viele Redakteure hatten nur vage Vorstellung von der Musik, Timper registrierte gar „Unwissenheit und Bequemlichkeit" (Timper, 1990, S. 85) – und so hing es vom jeweiligen Regisseur, vor allem aber „vom jeweiligen Komponisten ab, wie viel Klangreichtum ausprobiert wurde" (Timper, 1990, S. 85).

1955 wurde in Baden-Baden mit dem Karl-Sczuka-Preis der erste Preis für „Hörspielmusik" ausgelobt, er wurde aber bis 1966 nur „für die beste im Südwestfunk (SWF) gesendete Hörspielmusik" vergeben – und auch hier spielten Siegfried Franz, Peter Zwetkoff, aber auch die Spiele Eichs eine bedeutende Rolle. Natürlich existierte Hörspielmusik auch in den zahlreichen Bühnenadaptionen der 1950er- und 1960er-Jahre. Das Spektrum reichte vom klassisch-romantischen Klangideal bis zur zeitgenössischen Musik. Dass auch Bearbeitungen eigenständige Kunst sein könnten, zeigte Max Ophüls mit „Berta Garlan" (nach Arthur Schnitzler) 1956, indem er – unter der musikalischen Einrichtung von Peter Zwetkoff – Fabel und Musik ganz neu und fast filmisch verband. In Krimis wurde – so Timper 1990 – eigens komponierte Musik kaum umgesetzt, doch etwa die „Maigret"-Reihe des Bayerischen Rundfunks hatte in den 1960er-Jahren ihren eigenen Komponisten (Herbert Jarczyk).

Die ästhetische Innovationskraft der Musik im Hörspiel war aber ganz offenbar gar nicht unbedingt an Komponisten und Originalmusiken gebunden; längst war die wesentliche Musik auf Schallplatte vorhanden – und so gelangen Innovationen (fast) alleine durch die Erweiterung des Musikspektrums. Alfred Anderschs „Der Tod des James Dean" (1959) etwa wurde vor allem Form prägend, weil der Regisseur auf den Miles Davis-Soundtrack aus dem Film „Fahrstuhl zum Schafott" setzte (ein Re-Make setzte dann 1997 auf Primal Scream aus dem Film „Trainspotting"). Musikhörspiele – in der Weimarer Tradition – blieben wohl eher rar. Timper (1990, S. 48) notierte hier vor allem Ionescos „Der Automobilsalon" (1961, mit der Musik von Aschenbrenner) sowie zwei Hörspiele Samuel Becketts (1963).

Neue musikalisch-akustische Spielformen

Während die Zahl der Auftragskompositionen seit Anfang der 1960er-Jahre nachließ, begannen die Grenzen zwischen Musik, Neuer Musik und Hörspiel fließender, die Grenzen des Hörspiels ausgeweitet zu werden. Der NDR sendete 1960 bereits Hörspiele und Musikstücke an seinem Hörspieltermin (Timper 1990, S. 236, Anm. 25). Beim WDR entstand 1963 die Redaktion für Akustische Kunst (Schöning, 2001, S. 253) – und in den folgenden Jahren wurden ganz bewusst „zahlreiche" Komponisten vor allem aus dem Umfeld der Neuen Musik als Hörspielmacher gewonnen (Schöning, 2001, S. 254). Andernorts wurden Konzepte aus dem Bereich der konkreten Poesie als Hörspiel realisiert – und spätestens mit „Fünf Mann Menschen"

(1967) von Ernst Jandl und Friederike Mayröcker konnten Hörspiele auch ohne Musik musikorientiert sein:

> „Was ich vom Hörspiel fordere", so Mayröcker zur Verleihung des Hörspielpreises der Kriegsblinden, „ist: es muss akustisch befriedigen, faszinieren, reizen, d.h. der akustische Vorgang muss beim Hörer eine ganz bestimmte Reaktion hervorrufen, etwas, das in der Nähe musikalischen Genusses liegt, aber statt von Tönen von Worten und Geräuschen ausgelöst wird".

Ende der 1960er-Jahre publizierte EPD KIRCHE UND RUNDFUNK dann erstmals einen Aufsatz zum Wandel der Hörspielmusik hin zum „Konzert aus Wort, Geräusch und Musik" (Döhl, 1988, S. 79).

Komponisten als Hörspielmacher

Eine folgenreiche, im Rahmen des Neuen Hörspiels angeregte Innovation war die Etablierung der Sendeform „Neue Musik/Neues Hörspiel" (Schöning, 1982, S. 301) mit „Komponisten als Hörspielmachern". Während allerorten der Tod der Literatur prognostiziert wurde, profitierten beim Westdeutschen Rundfunk Komponisten von den neuen Möglichkeiten gerade in den relativ neuen, experimentoffenen und für kulturnahe Zielgruppen gegründeten Dritten Hörfunkprogrammen. 1970 richtete der WDR etwa die Reihe „Komponisten als Hörspielmacher" (im 3. Programm) ein – und startete mit Mauricio Kagels „Ein Aufnahmezustand" (26. November 1970). Kagel ließ in dem Radiostück unter dem Vorwand, eine Hörspielmusik produzieren zu wollen, Musiker und Sprecher im Studio Aufnahmen machen – und montierte daraus das Hörspiel. „Ich finde es bedauerlich", so Kagel, der damals Leiter des Instituts für Neue Musik an der Rheinischen Musikschule war,

> „dass Komponisten sich zwingen und sich gezwungen fühlen, Worte unkenntlich zu machen, wenn sie sich der Sprache bedienen. So können sie wohl das Alibi einer musikalischen Verarbeitung in Anspruch nehmen. Aber ihre Interpretation gegenüber dem, was im Sinn des Wortes ausgedrückt wird, ist eher in dem instrumentalen Klangmaterial zu hören, das das Wort begleitete, als in der Worthandlung selbst. Wird Musik als Hörspiel deklariert, dann ist man grundsätzlich vom Zwang befreit, alles Sprechbare singen zu lassen oder die Worte so zu artikulieren, dass Verzerrungen unvermeidbar sind. (…) Das musikalische Material kann im Kontakt mit dem Hörspiel bereichert werden und vice versa" (Döhl, 1988, S. 90).

Bereits im selben Jahr erhielt der nun als Autor, Regisseur, (gelegentlich) Sprecher und Komponist, kurz als Hörspielmacher tätige Komponist Kagel den – nun für die „beste radiophone Produktion" verliehenen – Karl-Sczuka-Preis, führte 1976 ein Hörspielseminar für Komponisten durch und realisierte in kurzen Abständen neun Hörspiele für WDR 3. In den folgenden Jahren setzte sich statt des Terminus

„Hörspiel als Musik" eher der der „Ars Acustica" durch. Dabei waren Kagels preisgekrönte Hörspiele „Ein Aufnahmezustand" (1970), „Die Umkehrung Amerikas" (1976) und „Der Tribun" (1980) keine Musikstücke im herkömmlichen Sinn, sondern komponierte Sprache, akustische Kunst im Sinne einer frühen Kagel-Definition: „Das Hörspiel ist weder eine literarische noch eine musikalische, sondern lediglich eine akustische Gattung unbestimmten Inhalts" (Kagel, 1970). Aber Kagel war auch nicht akustikfixiert, sondern setzte etwa in dem Stück „Maro Nostrum" (NDR 1992) durchaus auf Musik und vor allem auf Neue Musik. Darüber hinaus schrieb er später auch reine, traditionelle Hörspielmusik etwa für Heinrich Bölls „Die verlorene Ehre der Katharina Blum" (SWR 1997). Mit „Komponisten als Hörspieler" begründete Kagel (gemeinsam mit Klaus Schöning) ein Hörspielgenre, das später durch mehr als 44 Hörspielmusiker, darunter Dieter Schnebel, John Cage, Luc Ferrari, Bernd Alois Zimmermann oder Pierre Henry, fortgesetzt werden sollte – und inzwischen teilweise auch unabhängig von der Herstellung im und für den Hörfunk als Audio-CD käuflich erwerbbar ist. 1982 konnte Schöning auf 20 „Hörstücke" von Komponisten zurückblicken (Schöning, 1982, S. 43). Darunter war mit Wolfgang Dauner, der mehr als 21 Hörspielmusiken schrieb (Timper, 1990, S. 365), auch ein Jazz-Musiker. Zum Konzept gehörten öffentliche Aufführungen und „interredaktionelle Zusammenarbeiten", die (auch bei anderen Sendern) bis in die jüngere Vergangenheit fortgesetzt wurden: Heiner Goebbels Parabel über das Schreiben „Schwarz auf Weiß" etwa wurde 1997 vom SWR gleich zwei Mal gesendet: Einmal als Hörspiel und einmal als Abendkonzert. Eine besondere Variante war die Kombination von Komponist und Literat, Neuer Musik und konkreter Poesie der Wiener Gruppe, wie sie etwa im Werk von Gerhard Rühm stattfand. Das gerade mal 17-minütige Hörspiel „Ein Wintermärchen" (1976) sowie „Wald. Ein deutsches Requiem" (1983) waren Rühms erfolgreichste Versuche, Text in Musik zu transferieren. Doch nicht nur das. Rühm führte Regie, war auch noch als Sprecher dabei und spielte Klavier. Und die Musik stammte vom Collegium Vocale Köln, das einst an der Rheinischen Musikschule gegründet wurde. Doch trotz aller Neuerungen, zwischen Anspruch und Wirklichkeit, Konzept und Realisation, Komponisten und Publikum taten sich bereits in den 1970er-Jahren große Differenzen auf (Timper, 1990, S. 238). Timper sieht diese Differenzen „bis auf wenige Ausnahmen" für „das gesamte Neue Hörspiel, was nicht zuletzt daran liegt, dass man anscheinend nur selten wirklich originelle, einfallsreiche und versierte Komponenten für solche Projekte gewonnen hat oder gewinnen wollte" (Timper, 1990, S. 238). Fortan beschränkte sich diese Musiklinie auf Konzeptionen wie Ars Acustica, Akustische Kunst oder Radiokunst – und separierte sich sendeplatzmäßig vom Hörspiel.

Beatles, Rolling Stones – Pop-Hörspiele

Spätestens seit Mitte der 1960er-Jahre konnte Musik technisch immer einfacher und besser konserviert werden. Die Langspielplatte etablierte sich (neben der fünfminütigen Single), die Stereophonie erhöhte die Hörqualität, Tonbandgeräte wurden immer billiger und ermöglichten jedermann den produktiven Umgang mit der akustischen Umwelt – und das UKW-Stereo-Radio ermöglichte bisher unbekannten Hörkomfort; jetzt erst begann Musik zum relevanten Zielgruppenargument zu werden. Die Rock-Musik gewann im Hörfunk entschieden an Bedeutung oder eroberte über die Schallplatte die jugendlichen (Sub)Kulturen; dann wurden poporientierte Jugendsendungen und schließlich *Popwellen* etabliert – und auch das Hörspiel öffnete sich. Hermann Naber formulierte 1969 in der Literaturzeitschrift AKZENTE:

> „Ganz unpathetisch läuft alles darauf hinaus, wieder eine Verbindung herzustellen zwischen den Hörspielabteilungen, den Musikabteilungen und – warum nicht – den Unterhaltungsabteilungen, die die moderne popmusic verwalten, von den ‚Beatles' bis zu den ‚Pink Floyd' und den ‚Mothers of Invention', deren akustische Unterwelt mindestens ebensoviel Anregung fürs Hörspiel enthält wie etwas das Musik-Theater von Mauricio Kagel, Luciano Berio und György Ligeti" (Kapfer, 1997, S. 52).

Pierre Henry beispielsweise, der Großmeister aus Frankreich, hatte schon 1968 zusammen mit der Rockband Spooky Tooth die Landspielplatte „Ceremony" aufgenommen: eine elektronische Messe, kein Hörspiel; und die Beatles probten etwa in „Revolution Nr. 9" neue, experimentelle Musikformen, quasi *Pop-Hörspiele*.

1971 entstand das erste so genannte „Pop-Hörspiel" – und hier stand (neben dem Marketing-Aspekt) früh ganz deutlich die immer wichtiger gewordene Musik-Orientierung im Vordergrund. Wer hätte je an ein Volkslied-Hörspiel, ein Klassik-Hörspiel oder an ein Neue-Musik-Hörspiel gedacht. Alfred Behrens realisierte das Stück „John Lennon, du musst sterben. Ein Pop-Hörspiel in Stereo" (1971). „Mindestens die Hälfte des Hörspiels", so erläuterte SWF-Hörspielchef Hermann Naber diese besondere Schwerpunktsetzung des Südwestfunks später einmal, „bestand aus Beatles-Musik" (Krug, 2004) – und mit dem Projekt sollte das Hörspiel auch für die neuen, populären Popwellen möglich gemacht werden. Später folgte „Als Nowhere Man den Fall erledigt hatte, legte er ‚Street Fighting Man' von den Rolling Stones auf. Pop-Kriminalhörspiel" (1972), diesmal mit Rolling Stones-Musik. Es waren keine fürs Hörspiel eigens geschriebene Hörspielmusiken mehr, sondern Übernahmen von Schallplatten – und fortan dürfte (es fehlt bis auf Kapfer, 1997, überraschenderweise an Untersuchungen) fast das gesamte populäre und avantgardistische anglo-amerikanische Rock-Spektrum wenigsten als Klangteppich in unzähligen Hörspielen genutzt worden sein (bei der Verleihung des Kriegsblindespreises 2007 beklagte Gerhart Baum in der Preisrede, dass „Pop und Entertainment die Staatskunst von heute und eine Art kapitalistischer Realismus" seien, denen man entgegentreten müsse, um „den Sieg der Unterhaltungskultur über alles andere Kulturelle wenigstens zu relativieren, damit das Andere die Möglichkeit behält, überhaupt zu erscheinen"; jme, 2007).

„Pop-Elemente finden sich in vielen, fast allen Arbeiten des neuen Hörspiels" fand Schöning schon 1970: Gabriele Wohmann setzte bereits in „Norwegian Wood" (SWF 1967) auf den gleichnamigen Beatles-Song, Wolf Wondratschek spielte in „Paul oder die Zerstörung eines Hörbeispiels" (1970) eine lange Passage des Beatles-Songs „I'm so tired", Rolf Dieter Brinkmann hörte Soft Machine, in Paul Gerhardts „Ausgeflippt" (1972) kann man über die Beatles und die Doors hinaus ein Vielzahl zeitgenössischer Bands hören. Doch es war offenbar ein nur kurzer „Pop-Hörspiel-Aufbruch", gebunden vor allem an die Redaktionen in Baden-Baden, Saarbrücken und Köln – die Spuren verlieren sich rasch wieder, wohl auch, weil die Impulse „selbstverständlicher Bestandteil einer zeitgemäßen Hörspielauffassung" (Kapfer, 1999, S. 103) oder einfach durch andere Musikstile überholt wurden. Die Avantgarde von 1967 war rasch wieder Mainstream. Parallel entstanden – hier aber eher von avantgardistischen Musikern geschrieben – erste Pop-Hörspielmusiken. Alfred Behrens etwa arbeitete für „Das große Identifikationsspiel" (1973) mit dem eher elektronisch orientierten Ash Ra Temple- und Tangerine Dream-Musiker Klaus Schulte zusammen. Der unterlegte nahezu das gesamte Hörspiel mit einem Musikteppich aus dem Dauerton Es – und selbstverständlich aus dem Synthesizer. Timper (1990) hat unter den neuen (deutschen) Komponisten eher alternative Bands und Komponisten wie Amon Düül, Amon Düül II, Lokomotive Kreuzberg, Floh des Cologne, Georg Deuter oder Insterburg & Co. entdeckt. Komponisten waren neben Franz Josef Degenhardt, Herbert Grönemeyer oder Klaus Schulze auch Heiner Goebbels. Neue Technik (Synthesizer, Sampler, Raumsimulator etc.) machte neue Klänge rasch möglich und zugänglich. Mit dem Synthesizer-Zeitalter wurde freilich auch ein „kompositorischer Dilettantismus" sichtbar, der die Hörspielmusik seit den 1950er-Jahren latent durchzogen hatte: Ungenaue Einsätze, unsaubere Töne, unrhythmisches Zusammenspiel (Timper, 1990, S. 90).

Andere Musikformen im Hörspiel

Auch in den 1970er-Jahren blieben frühe Formen wie die „Märchenoper" Bestandteile der (damals durchschnittlich zwei- bis drei öffentlich-rechtlichen) Radioprogramme. 1973 realisierte etwa Heinz Hostnig, einer der profiliertesten Regisseure des Neuen Hörspiels, Günter Eichs „Das kalte Herz" neu, BR, RB, SFB, SDR und WDR koproduzierten die Oper – und die Musik stammte von jenem Mark Lothar, der sie bereits 1935 zur Ursendung geschrieben hatte. Hörspiele über Musiker und vor allem ihre Verstrickungen blieben weiterhin im Programm, wurden neu produziert und gewannen auch Preise. Der Autor Dieter Kühn, seit 1960 Hörspielautor von etwa 70 Hörspielen, präsentierte 1974 seine „Goldberg-Variationen". „Die ‚Goldberg-Variationen'", so Kühn, „sind ein Dialog zwischen Musik und Sprache. Genauer: zwischen der Musik eines Komponisten und Improvisators, (…) und einem, sagen wir: Politiker" (Hörspielpreis, S. 91). Doch Kühn war mit der (mit dem Kriegsblindenpreis ausgezeichneten) Realisation unzufrieden. Denn Heinz von Cramer hatte – ganz bildungsbürgerlich, so Kühn – 42 verschiedene Musiktitel (von Bach, Brahms, Schönberg, Stockhausen, Lionel Hampton bis Wolfgang Dauner) eingebaut – und so spielte Kühn die „Variationen" selbst nochmals mit Kompositionen des Jazzers Wolfgang Breuer ein. Im selben Jahr produzierte Urs Widmer „Die schreckliche Verwirrung des Giuseppe Verdi" (SWF). Das Hörspiel war also bereits in den 1970er-Jahren eine offene Form, in der Vielfältiges nebeneinander existierte. Originalkompositionen aber wurden rar. Eigentlich konnten sich nur sehr wenige Komponisten wirklich behaupten. Enno Dugends mit mindestens 252 Kompositionen außerordentlich erfolgreiche Hörspielarbeit scheint gegen 1971 (wenigstens im Programm des BR) mit seiner Musik zu Paul Wührs O-Ton-Hörspiel „Preislied" langsam zu erlöschen. Aber sie war inhaltlich auch so schon fast ein Randprodukt: „Einige Wochen" nach der Bandmontage, so Wühr, „wurde das Hörspiel durch Hereinnahme von Musik und Geräuschen in seine endgültige Form gebracht"; es entstand ein „eigenartiger Kontrast zwischen traditioneller Hörspielmusik und neuartiger Sprachverarbeitung" (Timper, 1990, S. 241). Zwischen 1970 und 1972 stieg die Zahl der Originalkompositionen noch einmal kurzfristig an, dann pendelte sich ein neuer Rhythmus ein: Mehr als zehn Kompositionen vergab kein Sender mehr (Timper, 1990, S. 92). Als einer von wenigen der älteren Generation konnte sich Peter Zwetkoff weiterhin behaupten, vereinzelt konnten sich aber auch jetzt noch neue Komponisten etablieren: Frank Duvals Komponistenkarriere begann erst 1972 und umfasste bald (nur beim BR) 90 Hörspielmusiken. Erwähnenswert waren für das 1970er-Hörspiel schließlich noch die Hörspiele, in denen es um Schlager ging – und die Kritik daran, die Dekuvrierung ihrer Inhalte. Das Hörspiel nutzte hier die Musik, um sie zu entlarven.

Als Christiane Timper 1990 ihre Hitliste der Hörspielmusiker (1946-1983) vorlegte, gab es zwei sehr erfolgreiche Komponisten: Enno Dugend (252) und Peter Zwetkoff (239). Es folgten Siegfried Franz (153), Friedrich Scholz (134), Rolf Unkel (123), Winfried Zillig (118), Johannes Aschenbrenner (111) und Werner Haentjes (108). Insgesamt hatten über 300 Komponisten Originalhörspielmusiken geschrieben.

Neue Musikorientierungen: Dualer Rundfunk

Mitte der 1980er-Jahre veränderte sich die Hörfunklandschaft in Deutschland radikal. Privater Hörfunk wurde eingeführt und führte in der Folge zu einer Fülle musikorientierter und musikdefinierter *Formatradios*. Das öffentlich-rechtliche Monopol endete, plötzlich standen sich zwei etwa gleich starke Hörfunkkonzeptionen gegenüber. Nebenbei-Hören entwickelte sich (langsam) zur dominanten Rezeptionsweise, formatorientierte Radiostile wurden populär und spätestens seit der Jahrtausendwende dominant. Die Debatten um das literarische oder das Neue Hörspiel aber waren erschöpft, höchstens als Simulakrum noch präsent. „Engagierte und experimentelle, realistische und surrealistische, traditionelle und neue Radioarbeiten (keineswegs mehr als Gegenpole gedacht) treiben", so fasste Karl Karst die Situation zusammen, „ein gleichberechtigtes Spiel innerhalb eines zunehmend begrenzten Medienraumes" (Karst, 1985, S. 6) – und doch herrschte Unzufriedenheit über die Hörspielszene der Jahre. „Nur die Komponisten", so Friedrich Wilhelm Hymmen 1986, belebten „die Szene": Kagel, Rühm, Goebbels.

Musikhörspiel zwischen Pop und Avantgarde

Heiner Goebbels hat seit Mitte der 1980er-Jahre am erfolgreichsten, am preisträchtigsten das Musikhörspiel neu etabliert, die Musikalisierung des Hörspiels beeinflusst – und dabei entschieden (und anders als Kagel oder Rühm) popkulturelle und avantgardistische Formen neu gemischt. Goebbels hatte mit Musik im Sogenannten Linksradikalen Blasorchester und in der Avantgarde-Rock-Band Cassiber begonnen, Hörspielmusik für Gert Loschütz geschrieben und war eine Entdeckung des Hessischen Rundfunks. In seinem Stück „Die Befreiung des Prometheus" (1985) setzte Goebbels Text-Bausteine aus einem alten Heiner Müller-Stück mit Geräuschen, Gesang (Walter Raffeiner) und vielfältigen Musikstilen zwischen Volksmusik, Pop und Oper zu einem spezifischen Kunstwerk neu zusammensetzte. Goebbels zeichnete für die Realisation verantwortlich und er war der Komponist. Doch er interpretierte Müllers Stücke nicht mehr – er erfand sie aus Textfragmenten akustisch neu; die Literatur ging in der Musik akustisch neu auf, das Handlungshörspiel wurde zum Text-Musikhörspiel.

> „Meine Hörstückarbeit", so Goebbels zur Verleihung des Kriegsblindenpreises, „richtet sich gegen ein geradliniges Textverständnis; richtet sich auf ein Hören, das sich aus vielen Informationen zusammensetzt: aus den Geräuschen, aus Textpartikeln, aus Musik, aus Stimmen, aus dem Eindruck, der sich aus der Summe der sprachlichen und außersprachlichen, musikalischen Elemente ergibt" (Hörspielpreis, S. 144).

Auch wenn Goebbels zunächst gerade in der „Kombination von Hörspiel und Rockmusik" eine Zukunft für das „gefährdete und sich immer wieder auch selbst gefährdende Genre Hörspiel" sah; als Hörspieler sah er sich wohl nie: „Ich habe mich immer bemüht, das Genre Hörspiel möglichst schnell zu verlassen" (1991; Krug, 2003, S. 89) – und Rockmusik meinte durchaus Vielfältiges: In „Wolokolamsker Chaussee" (SWF, BR, hr 1989) setzte Goebbels die Frankfurter Heavy Metal Gruppe Megalomaniax, den klassischen Kammerchor Horbach sowie der Frankfurter Hip-Hop-Gruppe We wear the Crown ein. 1997 nutzte er in „Die Wiederholung" (SWF/TAT 1997) Musik von Bach, Beethoven, Schubert, Chopin, Brahms, Prince und Heiner Goebbels (mit der Folge, dass die gesampelte Produktion aus rechtlichen Gründen einzig Radiohörer erreichte); dann wieder setzte er auf Jazzmusiker wie Don Cherry oder Peter Brötzmann. 2004 griff er auf alte Beach Boys-Aufnahmen zurück.

Goebbels gehörte zu den ersten Hörspielkomponisten, deren Werke unabhängig von der Radiosendung auch als CD käuflich erwerbbar waren.

Hörspiel-Pop

Seit der Etablierung der dualen Systems stieg die Zahl der Radiowellen rapide. Das Hörspiel wurde aus den populären Wellen mehr und mehr verdrängt, musste sich dem Charakter der neuen Wellen anpassen und erhielt seine Sendeplätze zunehmend in den hörerarmen 2. und 3. Programmen (je nach Region). Längst gehörte Popmusik unterschiedlichster Stile zur Sozialisation der Nachkriegsgenerationen. Doch es sollte bis nach 1989 dauern, bis aus vereinzelten Pop-Hörspielen musikalisch definierter *Hörspiel-Pop* (Kapfer, 1999, S. 103) und ein originäres Programmprofil des Hörspiels des BAYERISCHEN RUNDFUNKS wurde. Als der BR 1991 Maria Volks „goldberg ein dutzend täuschungen", (BR, hr) „ein Paradebeispiel für die Münchener Hörspielästhetik der frühen neunziger Jahre" (Kapfer, 1999, S. 103), realisierte, wirkten neben Komponist und Embryo-Musiker Ulrich Bassenge Musiker wie Robert Fripp (einst King Crimson), Holger Hiller oder Holger Szukay (einst Can) mit. In der Produktion der deutschen Avantgardisten wurde gesprochen, nicht gesungen – darin lag die Differenz zur Musik. Ganz konsequent war die Produktion das erste Hörspiel, das von dem Pop-Label Rough Trades auf CD veröffentlicht wurde. Als „Musikproduktion" (Kapfer, 1999, S. 105) begriff man auch Produktionen wie „dr. huelsenbecks mentale heilmethode", das sich auf Fragmente aus dem Richard Huelsenbeck-Nachlass stützte.

> „Das war am Anfang schon so", berichtete Kapfer, „dass das mit großer Skepsis aufgenommen wurde, auch von Kollegen. Ich kann mich noch an Sätze erinnern wie ‚Ah, Pop, von einem Ohr rein, zum anderen Ohr raus', und ähnliches. Aber als so Produktionen, gerade wie Ammer/Einheit große Erfolge hatten, da war das doch eher eine neue Marginalie, die wir da hörspielhistorisch dazugefügt hatten und war jetzt plötzlich Kanon" (Krug, 2004).

Es war ein längerer Prozess und der Hörspiel-Pop blieb nur ein (kleiner) Teil des musikalischen Hörspielspektrums. Beliebt waren Jazzgeschichten – mit Musik von Bix Beiderbecke etwa (in dem Hörspiel von Ror Wolf; SWF 1987). Horst Giese wurde mit seiner Eigenproduktion über „Die sehr merkwürdigen Jazzabenteuer des Herrn Lehmann"; RIAS 1991) prämiert. Weiterhin gab es Klassik-Hörspiele etwa über den russischen Komponisten Dimitrij Schostakowitsch (Jeismann/Avar: „Die graue staubige Straße"; SFB 1997). Und auch die Originalkompositionen gewannen in den 1990er-Jahren wieder an Bedeutung (Peter Zwetkoff, Cornelius Schwehr, Wolfgang Mitterer). 1994 nahm der WDR die alte Pop-Hörspiel-Tradition in der Akustik-Strip-Reihe „Phil Perfect erzählt: Legenden des Rock'n'Roll" wieder auf – und es war nun ein schneller, greller Sound, in dem Geschichten um Frank Sinatra, die Beach Boys, Kinks oder Sex Pistols erzählt wurden. Es war zudem eine der ersten digitalen

Hörspielproduktionen. 360 Musiken, Sprachtakes und Geräusche werden in den drei Kurzspielen verwendet – „ein Aufwand, der nach analoger Produktionsweise undenkbar gewesen wäre" (WDR-Pressemitteilung).

Hörspiel-Konzerte

Anfang der 1990er-Jahre gab es in München einen weiteren, aber ganz anderen Durchbruch für Musikhörspiele, die irgendwo zwischen Popmusik, Live-Event und Wortspiel angesiedelt waren. „Radio Inferno" (1993), ein „Hörspiel in 34 Gesängen", basierte auf einem historischen Text von Dante, war aber ein „Hörspiel mit Musik". Die Kompositionen stammten von dem Schlagzeuger der Avantgarde-Gruppe Einstürzende Neubauten, deren Sänger Blixa Bargeld den Dante-Part übernahm. Radio Legende John Peel wirkte mit, Phil Minton sang in dem Spiel von Andreas Ammer und FM Einheit. Ein Jahr später folgte „Apocalypse Live", ein in 22 Abschnitten songartig aufgebautes Live-Hörspiel aus dem Münchner Marstall-Theater. Diesmal kam die Musik von Einheit und Ulrike Haage, Minton sang erneut – und das Orchester bestand auch Alex Hacke, Ulrike Haage, FM Einheit und Sebastian Hesse. Ihre Neukompositionen waren mit Jazz, Pop, Country, Barock und Improvisationen kombiniert – und auch dieses (mit dem Kriegsblindenpreis ausgezeichnete) Hörspiel war rasch als CD erhältlich. „Ungeachtet ihrer weitgehenden Kunstlosigkeit", so Ammer über seine Bezugsgrößen, „findet in Nischen der Pop-Kultur die eigentliche Kulturarbeit unserer Epoche statt". Und so forderte er von Hörspiel keinen „literarischen Kunstanspruch" mehr, sondern: „Das Hörspiel gehört in die Hitparade" (Preisreden, S. 294). Gelungen freilich ist das nicht. Ammer schuf fortan längere Stücke wie „Odysseus 7 – Radio Space Opera" (BR, hr, WDR 1997), „7 Dances Of The Holy Ghost" (mit Ulrike Haage; BR 1998) und konzentrierte sich auf eher mehrmediale Auftragsproduktionen wie die Sprachoper „Unser Oskar" (BR 2003) oder die im Münchner Grünewald-Fußballstadion aufgeführte Sprachoper „Heimspiel" (BR 2004). Das Münchner Hörspiel hatte nicht nur das Studio verlassen und war in Theater und Fußballstadien gegangen. 1996 wurde das erste musikalische Live-Hörspiel über Radio und Internet (und damit außerhalb des weitgehend noch regionalen Empfangs) gesendet. Dann ließ die inzwischen in „Hörspiel und Medienkunst" umbenannte Abteilung Texte des Sportreporters Günter Koch in (Hörspiel-)Songs gießen oder das erste Country-Musik-Hörspiel produzieren.

Digitalisierung und Hörspielmusik

Wie die Entstehung der UKW-Wellen, die Stereophonie und dann die Etablierung des Dualen Rundfunks die Hörspielmusiken verändert und die Musikalisierung befördert hatten, folgte nun mit der *Digitalisierung* (zunächst der Produktion innerhalb der ARD-

Studios) ein weiterer Schritt. Durch die digitale Produktionsweise konnte rasch auf akustisches, musikalisches, stimmliches Material zurückgegriffen, es konnte schnell und vielschichtig ohne Bandsalat und Tausende Bandmeter montiert, gesampelt werden – und das veränderte den Hörspielsound ziemlich konsequent: Der Hintergrund, einst vor allem zur Handlungsunterstützung genutzt, wurde wichtiger, Stille war nicht mehr gefragt. Die Musik gewann etwa zur Kenntlichmachung von Zeiten und Räumen neue Bedeutung und dürfte die Wortdramaturgien entlastet haben. Denn akustische Räume waren nun ohne umständliche Bandschnitte, quasi „mit links" möglich. Ende 1994 wurde dann das „erste Radio-Musical, das komplett mit Digital-Technik produziert wurde" gesendet: David Zane Mairowitz' „Diktatorweib" (WDR). Alles war jetzt möglich: Die musikalische Bandbreite im „Diktatorweib" reichte von der Oper über Pop, Schnulze und Rock'n'Roll bis zum Rap. Für die Musik- und Gesangsaufnahmen hatte man zusätzlich eine digitale 24-Spur-Machine installiert. Aber das waren erst die Anfänge. 1999 produzierte der WDR eine 560-Minuten-Hörspielfassung von Ken Folletts 1.150-Seiten-Schmöker „Die Säulen der Erde". Henrik Albrecht schuf eine eigene Hörspielmusik, das 120-köpfige WDR-Rundfunkorchester lieferte die Musik – und für die digitale Produktion nutzte man 50 Spuren. Es war eine der teuersten Hörspielproduktionen und setzte außergewöhnlich stark auf die Musik. „Meines Wissens ist es das erste Mal, dass bei einem Hörspiel ein so großer Aufwand für die Musik betrieben wurde", erklärte Dirigent Andreas Hempel. 2004 wurde Ludovico Ariostos 324-minütiges Hörspiel „Orlando Furioso" mit dem WDR-Rundfunkorchester Köln eingespielt; 2005 folgte T. C. Boyles „Wassermusik" als NDR-Hörverlag-Produktion. Die Musik stammte von Albrecht, eingespielt wurde sie von der NDR-Radiophilharmonie und der NDR Big Band (Krug, 2008).

Das Hörspiel ist weiterhin eine zunächst regionale Radiokunst und die entsprechenden Abteilungen innerhalb der ARD haben sehr unterschiedliche Konzeptionen. Der Hessische Rundfunk setzt heute die Musikhörspieltradition fort, setzt aber auf eher klassisch, kunstorientierte Autoren wie etwa den Komponisten Hermann Kretzschmar, der 2004 Ernst Jüngers „Strahlungen" als Musikhörspiel einrichtete. Andere Arbeiten kamen von der Gruppe LCD oder von dem Chellisten Frank Wolff („Kein Wort, kein Ton"; hr 1997):

> „Mein Cello spricht", so Wolff, „wo die Sprache endet. Daraus entwickelt sich ein wunderlicher und manchmal komischer Dialog, der im Grunde ein innerer Monolog ist. Er kreist um mich und mein Cello. Allerdings folgt er auch meinen Wegen durch die Welt, und am Ende bricht die Realität brutal in die musikalische Idylle ein. Die ganze Geschichte ist wie eine Sonate in vier Sätze gegliedert".

Der WESTDEUTSCHE RUNDFUNK in Köln hingegen schuf spezifische, für den Sendeplatz auf der Jugendwelle EINS LIVE angepasste musikalische Hörspielformen. Hier wurde „das tanzbare Hörspiel" (Krug, 2004) entwickelt. Tim Staffel setzte auf den Rap („Hüttenkäse", 1999), Schorsch Kamerun eher auf den Punk. Der MITTELDEUTSCHE RUNDFUNK und der SÜDWEST RUNDFUNK hingegen entdeckten –

nachdem die Goethe- und Schiller-Begeisterung in den 1960er-Jahren auch im Hörspiel abgeebbt war – 2006 „Klassik: Jetzt!". Bestandteil der Neuinszenierungen waren auch neue Hörspielmusiken von Henrik Albrecht, Sebastian Hilken, Steffen Schleiermacher oder UNICYCLEMAN.

Doch neben diesen lange Zeit trendgebenden Musikhörspielen haben sich traditionelle Worthörspiele oder Literaturadaptionen quantitativ behauptet, sind Mainstream geblieben – und inzwischen doch musikorientiert, manchmal gar musikdominiert geworden. Die für moderne Hörspieladaptionen Weichen stellende Produktion „Der Name der Rose" (Umberto Eco, BR, NDR, SWF 1986) hatte eine Originalmusik (Peter Zwetkoff) und konnte sich erstmals sowohl als Radiosendung wie als Cassetten- und CD-Edition auf dem Markt behaupten. Peter Zwetkoff, 36 Jahre musikalischer Berater des SWF/SWR-Hörspiels und als „Meister der ‚angewandten Komposition' bekannt geworden, komponierte in der Folgezeit eine Vielzahl von Musiken für große Projekte. Gleich sieben Stunden Musik schrieb er für „Der Herr der Ringe" (1992), was drei Sinfonien entsprechen soll.

> „Für das Hörspiel verwendete er nur ‚echte' Töne von Solisten des SWF-Sinfonieorchesters. Sie wurden einzeln aufgenommen und dann Ton für Ton im Mehrspurverfahren digital abgemischt. Das geschulte Ohr kann an manchen Stellen des Hörspiels – Geräusche mit eingeschlossen – fünf bis sechs übereinander gelegte Spuren feststellen. Die Musik ist zugleich schlicht und prägnant" (WDR).

Fast alle ambitionierten (Lang-)Produktionen sollten – anders war der Transfer auch zum CD-Markt nicht möglich – in den Folgejahren ihre Originalmusik bekommen: Peter Steinbachs „Mein wunderbaren Schattenspiel" (WDR 1995, Vridolin Enxing; einst Floh de Cologne), Jostein Gaarders „Sofies Welt" (SWF 1995, Zwetkoff), Arno Schmidts „Nobadaddy's Kinder (BR 1997, Klaus Buhlert), Raoul Schrotts „Die Erfindung der Poesie" (BR 1997, Klaus Buhlert), Thomas Manns „Der Zauberberg" (BR 2000, Michael Riessler), Marcel Prousts „Combray" (BR 2003, Peter Zwetkoff, Hans Platzgumer), Herman Melvilles „Moby Dick" (BR 2005, Klaus Buhlert), Ted Williams „Otherland" (hr 2004, 24 Stunden, Pierre Oser) oder Karl Mays „Orientzyklus" (2006, 12 Stunden; M: Pierre Oser; Sounddesign: Peter Schilske). Die Zeiten waren (aus zwei Gründen) für Hörspielkomponisten spätestens seit Mitte der 1990er-Jahre wieder besser geworden: Erstens, weil die digitalen Produktionsmethoden eine stärkere Berücksichtigung des Akustischen (Musik, Geräusche) möglich machten, Collagen wurden sehr schnell möglich, ein „Schlaraffenland" (Bessler) entstand, studiounabhängig, sogar im „Hotelzimmer auf den Knien" (Bessler) möglich. Zweitens, weil das Hörspiel seither nicht mehr ans Radio gebunden war. Die Audiocassette, vor allem aber die CD und (potentiell) das Web ermöglichten neue Vertriebswege und schufen gerade für die einst geforderte und dann praktizierte Verwertung von (CD-)Musik neue Probleme: „Das Hörspiel im Radio darf an Musik alles – von Callas bis Eminem – verwenden, nicht aber, wenn die Produktion auch auf den Audiobuchmarkt zweitverwertet werden soll (...)" (Hess, 2003, S. 15) – und so stieg das Interesse an Originalkompositionen, an „funktionalen Kompositionen", gerade dort, wo Radioproduktionen auch für den CD-Markt geplant wurden. Und auch der Komponistentyp hat sich verändert. Zwar gibt es weiterhin traditionell arbeitende Komponisten wie Pierre Oser, die bei der Abmischung im Studio nicht mehr mitwirken. Andere, wie Buhlert, Bassenge beschränken sich längst nicht mehr auf die Komposition: Sie sind als Komponist, Autor, Bearbeiter, Regisseur oder „Realisator" – und gelegentlich in allen Funktionen – aktiv. Dabei sind Tendenzen zur „closed society" unüberhörbar. Albrecht war in kurzer Zeit für fast 80 Produktionen tätig, Buhlert (seit den 1990er-Jahren) für über 70.

Die Ansprüche an diese eher erzählenden „Prestigeproduktionen" freilich sind enorm. „Die Messlatte", so Regisseur Walter Adler, „hängt – seit Hollywood den Sound als dem Bild gleichwertig erkannt hat – sehr, sehr hoch" (WDR Hörspiel 2007/1). Und so spielt heute manche Produktion auf einem elaborierten Klangteppich. Ohne Klang und Geräusch, ohne Musik geht in der digitalen Radiokunst fast nichts mehr. Selbst das literarische Hörspiel ist längst ein musikalisches Hörspiel geworden.

Literatur

Arbeitsgemeinschaft der Öffentlich-Rechtlichen Rundfunkanstalten der Bundesrepublik Deutschland/Deutsches Rundfunkarchiv (Hrsg.). (seit 1981). Hörspiele in der ARD. Jährliches Hörspielverzeichnis. Zuletzt erschienen (2007): Münster: Verlagshaus Monsenstein und Vannerdat.
Bräutigam, T. (2005). Hörspiel-Lexikon. Konstanz: UVK.
Buggert, C. (2004). Vom Sendespiel zur nomadischen Radiokunst. IASL-Online (11.03.2004). Verfügbar unter: http://www.iaslonline.de/index.php?vorgang_id=792 [abgerufen am 06.06.2008].
Döhl, R. (1988). Das Neue Hörspiel. Darmstadt: Wissenschaftliche Buchgesellschaft.
Döhl, R. (1992). Das Hörspiel zur NS-Zeit. Darmstadt: Wissenschaftlich Buchgesellschaft.
Eckert, G. (1940). Hörspieldichter. Die Neue Literatur, o.Jg.(Ausgabe Februar), 34.
Eich, G. (1991). Gesammelte Werke in vier Bänden (Revidierte Ausgabe. Band IV). Frankfurt a.M.: Suhrkamp.
Fischer, E. K. (1933). Hörspiel und Hörfolge im Jahr 1932. Rufer und Hörer, 3, 44-45.
Hess, M. (2003). Kein alter Hut. Das Hörspiel: Spielräume, so und so. epd medien, o.Jg.(35).
Hörspielpreis der Kriegsblinden. Reden der Preisträger seit 1952. Hrsg. vom Bund der Kriegsblinden Deutschlands. Verfügbar unter: http://www.mediaculture-online.de/fileadmin/bibliothek/hoerspielpreis_reden/hoerspielpreis_reden_neu.pdf [abgerufen am 05.06.2008].
jme (2007). Kriegsblinden-Hörspielpreis: Literarische Widerständler. Funkkorrespondenz, o.Jg.(24).
Kagel, M. (1970). Guten Aussichten fürs Ohr. Ein Gespräch. Die Zeit 40/1970. Verfügbar unter: http://hermes.zeit.de/pdf/archiv/1970/40/Gute-Aussichten-fuers-Ohr.pdf [abgerufen am 07.06.2008].
Kapfer, H. (1997). Pop im Hörspiel. Ein Essay. Augen-Blick. Marburger Hefte zur Medienwissenschaft, o.Jg.(26), 44-61.
Kapfer, H. (Hrsg.). (1999). Vom Sendespiel zur Medienkunst. Die Geschichte des Hörspiels im Bayerischen Rundfunk. Gesamtverzeichnis 1949-1999. München: Belleville Verlag.

Karst, K. (1985). Das Hörspiel in Stichworten. Medium, o.Jg.(10), 6.
Klippert, W. (1977). Elemente des Hörspiels. Stuttgart: Reclam.
Kolb, R. (1932). Horoskop des Hörspiels. Berlin.
Krug, H.-J. (1992). Arbeitslosenhörspiele 1930-1933 (Marburger germanistische Studien; Band 12). Frankfurt a.M.: Peter Lang.
Krug, H.-J. (2003). Kleine Geschichte des Hörspiels. Konstanz: UVK.
Krug, H.-J. (2004). Ätherdramen. Eine akustische Hörspielgeschichte. Audio-Doppel-CD. Köln: WDR 3.
Krug, H.-J. (2008). Kleine Geschichte des Hörspiels (2. erw. Aufl.). Konstanz: UVK.
Ladler, K. (2001). Hörspielforschung. Schnittpunkt zwischen Literatur, Medien und Ästhetik. Wiesbaden: Deutscher Universitäts-Verlag.
Leonhard, J.-F. (Hrsg.). (1997). Programmgeschichte des Hörfunks in der Weimarer Republik (2 Bände). Frankfurt a.M.: Fischer Taschenbuch Verlag.
Naber, H. (2001). Zur Geburt des Hörspiels aus dem Geist der Operette. In A. Stuhlmann (Hrsg.), Radio-Kultur und Hör-Kunst. Zwischen Avantgarde und Popularkultur 1923-2001 (S. 105-116). Würzburg: Königshausen & Neumann.
Schmedes, G. (2002). Medientext Hörspiel. Ansätze einer Hörspielsemiotik am Beispiel der Radioarbeiten von Alfred Behrens. Münster: Waxmann Verlag.
Schneider, I. (Hrsg.). (1984). Radio-Kultur in der Weimarer Republik. Eine Dokumentation. Tübingen: Narr.
Schöning, K. (1982). Hörspiel hören. Akustische Literatur: Gegenstand der Literaturwissenschaft. In K. Schöning (Hrsg.), Spuren des Neuen Hörspiels (S. 287-205). Frankfurt a.M.: Suhrkamp.
Schöning, K. (2001). Ars Acustica. Ein Prospekt. In A. Stuhlmann (Hrsg.), Radio-Kultur und Hör-Kunst. Zwischen Avantgarde und Popularkultur 1923-2001 (S. 246-259). Würzburg: Königshausen & Neumann.
Schwitzke, H. (Hrsg.) (1962). Frühe Hörspiele. Sprich, damit ich dich sehe. Band II. München: Paul List Verlag.
Schwitzke, H. (1963). Das Hörspiel. Dramaturgie und Geschichte. Köln: Kiepenheuer & Witsch.
Stuhlmann, A. (Hrsg.). (2001). Radio-Kultur und Hör-Kunst. Zwischen Avantgarde und Popularkultur 1923-2001. Würzburg: Königshausen & Neumann.
Timper, C. (1990). Hörspielmusik in der deutschen Rundfunkgeschichte. Originalkompositionen im deutschen Hörspiel 1923-1986. Berlin: Spiess.
Wessels, W. (1985). Hörspiele im Dritten Reich. Zur Institutionen-, Theorie- und Literaturgeschichte. (Abhandlungen zur Kunst-, Musik- und Literaturwissenschaft, Band 366). Bonn. Bouvier Verlag Herbert Grundmann.
Würffel, S. B. (1978). Das deutsche Hörspiel. Stuttgart: Metzler.

Musik im Film

SASKIA JASZOLTOWSKI & ALBRECHT RIETHMÜLLER

Seit Beginn des Mediums Film Ende des 19. Jahrhunderts besteht eine kaum zu lösende Verbindung zwischen den sich bewegenden Bildern und Musik. Ist es, bezogen auf die Ära des Stummfilms, auch nicht gerade naheliegend, von Musik im Film zu sprechen, war sie doch genau genommen dort Musik zu einem Film, so war es schon für den Zuschauer damals möglich, sich die Musik als zur Szene gehörig vorzustellen. Selbst als die Bilder sprechen lernten, verlor dieser Aspekt nicht seine Gültigkeit. Die zu hörende Musik konnte als Teil der Filmhandlung oder als Begleitung zum Film erklingen. Dass mit der Einführung der Tonspur nun die Musik zum Film unveränderlich festgelegt werden konnte, war nur eine der radikalen Veränderungen des Tonfilms. Blieben auch die wesentlichen Eigenschaften von Filmmusik, wie etwa ihre fragmentarische und eklektische Form, bis heute bestehen, so beruht sie doch auf Codes und Regeln, die in einem ständigen Wandel immer wieder vom Zuschauer akzeptiert werden. Kompositorische Merkmale sind häufig mit einer Filmkomponistengeneration verbunden, wobei musikalische Zitate und Allusionen integraler Bestandteil der Filmmusik insgesamt sind. Filmkomponisten sind daher nicht zuletzt gute Arrangeure, wie es etwa in Hollywood seit den 30er-Jahren üblich war. Vor allem liegt ihr Bestreben darin, eine Musik zu komponieren, die für den Film geschrieben ist und nur in Wechselwirkung mit den Bildern ihre Funktion erfüllt.

Einleitung

Nach mehr als 100 Jahren Filmgeschichte stellt sich heute wohl kaum jemand mehr die Frage, warum von Anfang an zu den sich bewegenden zweidimensionalen Abbildungen der Realität Musik erklang – mag die Frage auch noch so essentiell für das Verständnis von *Filmmusik* erscheinen. Doch als das neue Medium aufkam, war die Verbindung von Bild und Klang, Bewegung und Musik, visuellem Spektakel und auditiver Kulisse keine Neuheit, sondern aus anderen medialen Phänomenen bekannt. Denn Sprechtheater, Oper, Revue, Varieté sind nur die unmittelbaren Vorgänger bzw. Zeitgenossen der Lichtspielhäuser, Filmtheater, Kinos. Bezeichnend für die Stellung der Musik in den ersten Jahrzehnten der Filmgeschichte ist der Umstand, dass sie am Scheidepunkt vom Stummfilm zum Tonfilm erst einmal quasi verstummte, der Film sich auf die Sprache konzentrierte, bevor sie sich rasch und machtvoll ihren Platz wieder zurückeroberte. Wichtiger als die Frage nach dem „Warum" ist die nach dem „Wie": Auf welche Weise wird die Musik mit den Bildern verbunden, welcher Gestalt ist das Ergebnis dieser Verbindung, und wie verlaufen die Entwicklungen innerhalb der Medien- und Musikgeschichte im Film. Darauf wird in diesem Kapitel zunächst eingegangen, und zwar im Blick auf die Stummfilmzeit und den Übergang zu den frühen Tonfilmen.

Weniger als chronologische Folge, sondern vielmehr als Vertiefung und Akzentuierung der Filmmusikgeschichte schließen sich im darauf folgenden Abschnitt dieses Kapitels einige hervortretende Sachverhalte an: Die Grundlagen des Komponierens zu den bewegten Bildern wurden schon früh gelegt und im Großen und Ganzen über die Jahre hinweg beibehalten, wobei technische Innovationen, das Aufkommen neuer Musikstile und wirtschaftliche Gegebenheiten die Art und Weise der Filmmusik hörbar veränderten wie auch ihren Stellenwert als eigenes künstlerisches Element transformierten, was hinsichtlich der verschiedenen Generationen der Filmkomponisten deutlich wird. Von Anfang an ist das Zitieren von Musik Bestandteil der Filmpartituren und daher relevant für die Musikgeschichte sowie gleichzeitig Bindeglied zur Filmgeschichte.

Im abschließenden Teil des Kapitels werden die Merkmale und Funktionen von Filmmusik im Allgemeinen beleuchtet und den Überlegungen zu den Genres im Speziellen gegenübergestellt. Inwieweit Filmmusik ihre Eigenständigkeit einfordert bzw. sich in den Dienst der Bilder stellt, ist nicht zuletzt abhängig vom Genre und den dramaturgischen Gegebenheiten des jeweiligen filmischen Kontextes.

Die Verbindung von Bildern mit Musik im frühen Medium Film

„You ain't heard nothing yet!" Die Worte von Al Jolson in seiner Rolle als Jazz Singer im gleichnamigen Film sind in aller Munde. Sind sie doch so vielsagend wie eindeutig: Der *Stummfilm* war keineswegs stumm, nur seine Protagonisten, denn der Zuschauer bekam jede Menge Musik zu hören. Allerdings war diese vielleicht selten so informativ, wie man es sich gewünscht hätte – und somit hörte, verstand der Zuschauer bislang eher wenig, was sich mit der Einführung der Tonspur ändern sollte: Endlich konnten die Schauspieler reden und singen, wodurch die Begleitmusik erst einmal aus den Lichtspielhäusern verdrängt wurde.

Stummfilm

„Die Filmmusik (...) hat zu ihrem größten Teil eine besonders hervortretende Eigenschaft: sie ist sehr geschwätzig." (Erdmann & Becce, 1927, S. 47). Die Konstellation einer „geschwätzigen" Musik zu einem stummen Film scheint zunächst schlüssig: Wenn die im Bild gezeigten Personen nicht reden können, äußert sich in ihrer Vertretung die Musik. Doch so einfach lagen die Dinge für Musik im Film nicht.

Denn die Aussage sollte als Kritik an der all zu sehr auf bekannte Stücke zurückgreifenden *Begleitmusik* verstanden werden. Drei Aspekte sind hierbei zu beachten:
- Musik zum Stummfilm bestand meistens aus einem Arrangement von populären Stücken aus allen Sparten, Genres und Epochen und war selten frei erfunden.
- Die Auswahl beschränkte sich mit wenigen Ausnahmen auf ein überschaubares musikalisches Paket, das dem Publikum mittlerweile längst bekannt war und seine „eigene" (Aufführungs-, Entstehungs-, Entwicklungs-)Geschichte mitbrachte.
- Eine gute Filmmusik sollte sich nach Aussage von Hans Erdmann gefälligst im Hintergrund halten und es tunlichst vermeiden, dem Film durch ihre Geschwätzigkeit die Vorherrschaft streitig zu machen.

Um die Situation der *Stummfilmmusik* zu verbessern und den Musikern in diesem Bereich eine praktische Hilfestellung zu geben, entstand das „Allgemeine Handbuch der Film-Musik" von Giuseppe Becce und Hans Erdmann, das eine ausführliche Einleitung über Theorie und Praxis sowie ein Register für die musikalische Stummfilmbegleitung beinhaltet. Nach dramaturgischen Funktionen der Musik im Film gegliedert und nochmals nach Stimmungskategorie und Szeneninhalt unterteilt, finden sich darin detaillierte Angaben und kurze Exzerpte von Musikstücken, so dass sich daraus eine geeignete Begleitung für quasi jeden Film zusammenstellen lässt. Um der bemängelten Geschwätzigkeit Einhalt zu bieten, haben Becce und Erdmann beim Verfassen des Registers weder auf das ständige Konzert- und Opernrepertoire noch auf die gängige Salon- und Schlagermusik zurückgegriffen. Im Handbuch sind vor allem Komponisten wie Verdi, Tschaikowsky, Bizet, Mendelssohn, Puccini vertreten und es verweist darüber hinaus auch auf Stücke aus Becces 1919 veröffentlichter *Kinothek*, einer Sammlung von mehr oder weniger original komponierter oder arrangierter Musik für den Stummfilm. Musikkataloge wie Becces Kinothek oder J. S. Zamecniks „Sam Fox Moving Picture Music" von 1913, ersterer für Orchester, letzterer für Klavier, sind Sammlungen von kleinen, in ihrer Länge und ihren Schlusswendungen variablen Stücken. Je nach Ausrichtung des Verlegers und Umfang der Bände sind es zum Teil vereinfachte, in ihrer Komplexität reduzierte Versionen von Werken des 19. Jahrhunderts oder Originalkompositionen mit starker Anlehnung an bekannte Werke und zum Teil Märsche, Volksweisen und Unterhaltungsmusik. Für jede Stimmung, Emotion, Situation, Ort und Zeit einer Szene fand sich in den Katalogen die passende Musik (vgl. dazu Altman, 2004). „Kompilatorische Illustrationsmethodik" nennt Erdmann (1927, S. 58) die musikalische Begleitung zum Stummfilm: eine Aneinanderreihung von Versatzstücken, die durch Modulation und Improvisation zusammen gehalten werden. Für diese Übergänge liefert das Handbuch zumindest theoretisch die Auflage, sie sollten möglichst unbemerkt erfolgen und die Kontinuierlichkeit der Musik nicht unterbrechen.

Abgesehen von der systematischen Organisation solcher Sammlungen dieser Zeit, bestand die ästhetische Novität der Filmmusik darin, dass von ihr nunmehr verlangt wurde, den disparaten Szenen des Films Kontinuität zu verleihen. Damit einhergehend sprach man der Musik eine *emotionale Wirkung* zu, die dem Publikum das

Einfühlen in die filmische Diegese (das heißt in die Filmhandlung als abgeschlossenes Ganzes) erleichtert und eine Gesamtstimmung des Films evozieren sollte. Um diesem Anspruch an die Musik gerecht zu werden, mussten sich die Stummfilmbegleiter im Vorfeld mit dem jeweiligen Film beschäftigen. Musikkataloge leisteten dazu nur das Gerüst. Ähnlich verhielt es sich mit den Musikvorschlägen zu einzelnen Filmen, die als „musical suggestion sheets" ab etwa 1910 in den einschlägigen Zeitschriften veröffentlicht oder später als „cue sheets" von den Produktionsfirmen der Filme verkauft wurden (siehe dazu Altmann, 2004, zur Entwicklung und Praxis der Stummfilmmusik sei zusätzlich verwiesen auf Pauli, 1981; Lack, 1997; Prendergast, 1992). Beide Formen enthielten anfangs vage, später genauere Angaben über die Auswahl von Musikstücken sowie ihre Platzierung im Film. Bald war es auch keine Seltenheit mehr, dass speziell für bestimmte Filme konzipierte *Partituren* erhältlich waren, was sich allerdings nur größere Häuser für erfolgreiche Filme leisteten. Insbesondere bei Premieren in den 20er-Jahren war eine ausgefeilte Originalmusik zu hören, die in kleineren Kinos der üblichen Improvisation weichen musste. Dass sich die Produktionsfirmen Gedanken über die musikalische Begleitung zu ihren Filmen machten, lag wohl in erster Linie daran, dass viele der ausführenden Musiker – wenn überhaupt – nur wenig Vorbereitungszeit investieren konnten; die Arbeitsbedingungen waren geprägt von hohem Zeitdruck und niedrigen Löhnen. Ein und derselbe Film konnte je nach Niveau der Begleitmusik an verschiedenen Häusern eine recht unterschiedliche Wirkung beim Publikum haben, nicht zuletzt aus dem Grund, dass die Musiker sich populärer Lieder bedienten, deren Inhalt mal mehr oder mal weniger gut zum Film passte. Außerdem wuchsen die Ansprüche an eine gute Begleitmusik mit der Länge der Filme und ihrer damit einhergehenden Veränderung von einem bloß darstellenden Medium zu einem narrativen. Während die Musik in den ersten Jahren der Stummfilmzeit weitestgehend die Aufgabe hatte, *Geräuschkulisse* der Filmrealität zu sein, den Film also um seine bildimmanente Musik- und Klangwelt zu ergänzen, erhob sie nunmehr ihre eigene Stimme, erklang auch, wenn sie nicht direkt vom Bild motiviert war.

Insbesondere in den USA war der Trend zu einer Standardisierung der Stummfilmmusik unter anderem darauf zurückzuführen, dass sich der Produktionsbetrieb zu einem organisierten, auf Arbeitsteilung basierenden System entwickelte. Angefangen als eines von vielen Programmstücken in Café-Häusern, Vaudevilles und Music-Halls über seine Verbreitung als kurze Vergnügen in den einfach ausgestatteten Nickelodeon-Theatern mit ihren Dauervorführungen bis hin zu den ersten großen Picture Palaces mit dem „feature film" als Höhepunkt der Vorstellung, veränderte sich der Stummfilm und mit ihm die musikalische Praxis, die anfangs so verschieden wie die einzelnen Vorführstätten und die musikalischen Gegebenheiten vor Ort war. Der Musik wurde immer eindeutiger eine den Bildern dienende, die Szenen untermalende und die Kontinuität des Films fördernde Rolle zugesprochen. Mit der zunehmenden Größe und Ausstattung der Lichtspielhäuser wuchs auch die Anzahl der dort angestellten Musiker, so dass in den Picture Palaces Orchester mit 25 bis 50 Musikern zu hören und zu sehen waren. Das Prestige einer Premiere und eines Hauses wurde nicht selten auch an der Größe des Orchesters bemessen.

Es gab aber auch weiterhin Vorführungen mit kleineren Ensembles oder Klavierbegleitung, wie bei der ersten Präsentation eines Stummfilms der Lumière-Brüder 1895 in Paris, wo die technische Erfindung an sich im Vordergrund stand. Seither wurden viele Erklärungsversuche unternommen, warum man überhaupt eine wie auch immer geartete musikalische Begleitung für das neue Medium Film bemühte. Am Ende der Stummfilmzeit jedenfalls sahen sich die großen Lichtspielhäuser genötigt, ihre Orchester von der Bühne wieder in den Graben zu verlegen, um die Aufmerksamkeit auf die bewegten Bilder zu fokussieren und die geschwätzige Musik auch visuell in ihre untergeordnete Stellung zu verweisen.

Anfänge des Tonfilms

Sowohl in technischer als auch in künstlerischer Hinsicht erlangte der Film bis zur Mitte der 20er-Jahre einen beachtlichen Reifegrad. Er hatte ländliche Gegenden erobert und die Stadtkulturen mobilisiert. Er fand in Hinterhofkinos ebenso statt wie in Lichtspielhäusern und in Filmpalästen, die sich zumal in den Metropolen zu einem Gegengewicht zu den traditionellen Stätten der Unterhaltungsindustrie wie Schauspiel-, Operetten- und Opernhäusern entwickelt hatten. Vielleicht nicht einmal so sehr das Kinoklavier, wohl aber die immens farbige *Kinoorgel* (Wurlitzer-Orgel), die immer ausgefeilteren Partituren und immer ambitionierteren Filmorchester trugen von Seiten der Musik das ihre dazu bei. Wenige Jahre nach Einführung des neuen Mediums Radio wurde in den Lichtspielhäusern eine äußerlich ganz unspektakuläre Maßnahme ergriffen, aber sie veränderte die Situation gewissermaßen über Nacht: Ein Lautsprecher wurde hinter der Leinwand aufgestellt. Die Umrüstung der Kinos geschah in den USA ab 1927, in Deutschland zwei Jahre später. Von Stund an wurden Stimmen und Geräusche hörbar, und sie wurden zusammen mit der Musik unveränderlicher Teil des Films selbst. Es war das abrupte Ende der Stummfilm-Ära.

„Let's go to the talkies" hieß es zuerst. Das Ereignis des *Tonfilms* war nicht, dass nun Musik aus dem Lautsprecher tönen konnte – die Musikbegleitung war ja schon extensiver, wenn nicht exzessiver Bestandteil des Stummfilmkinos –, sondern dass die bisher stummen Schauspieler zu ihrer eigenen Stimme kamen bzw. sprechen konnten, was womöglich manche Karriere ruinierte, weil sich die Stummfilmschauspieler darauf verlassen konnten, dass ihr Organ nie gehört werden würde. Die Konsequenzen für die Darstellung im Film waren eminent, aber ebenso für die Musik.

1. Es konnte nun nicht nur die eigene Stimme laut, sondern auch gesungen werden. Die Begleitmusik zum Stummfilm war in aller Regel instrumental, nicht vokal, so dass ein neuer Markt entstand für Sänger, nach dem Radio sogleich ein weiteres Transportmittel vor allem für Lieder und Schlager, aber auch für andere Musikformen. Gerade Jazzmusiker wie Louis Armstrong oder Duke Ellington verdanken dem Medium zusätzliche Bekanntheit. Konnten im Stummfilm die Schauspieler durch

Ausbildung mimischer Konventionen noch einigermaßen kompensieren, dass sie nichts zu sagen hatten, so waren vor allem Sänger (aber vielleicht Musiker, die musizierten, überhaupt) eher lächerliche Figuren.

2. Die genauere Abstimmung von Akustischem und Optischem gestattete es, visuelle und auditive Bewegungen, Rhythmen usw. auszunutzen und genau aufeinander abzustimmen, und erlaubte neue musikalische Darstellungsmöglichkeiten, Formen, ja sogar Genres. Der Siegeszug etwa des Tanz- und Revuefilms einerseits und der Cartoons andererseits war recht eigentlich nur als Tonfilm denkbar. Vielleicht ist es kein bloßer Zufall, dass Mickey Mouse zur gleichen Zeit das Licht der Welt erblickte, als der Tonfilm in die Kinos kam.

3. Gleichgültig, wie arbeitsteilig die Produktion der verschiedenen Elemente der auditiven Schicht des Tonfilms – Wort, Geräusch, gesungener und gespielter Ton – vonstatten ging, wie getrennt sie auf dem Filmmaterial aufgezeichnet waren und wem die Entscheidung über ihre Organisation und Koordination zukam, für den Zuhörer boten sie sich tendenziell als eine ästhetische Einheit an. Es schließt individuelle Gewichtungen im Hin- und Überhören (analog den Strategien des genauen Hin- und Übersehens) nicht aus, wenn der Akzent nun auf die Mischungsverhältnisse dieser Elemente gelegt wurde. Der quasi reinmusikalischen Kohärenz des Hörbaren im Stummfilm stand mit dem Tonfilm die Synthesis bzw. Komposition des Auditiven schlechthin gegenüber – eine Organisation von *Sound*, in der Musik zwar eine markante, keineswegs aber ausschließliche Rolle spielte.

Mit der Szenerie von Salvador Dalí drehte Luis Buñuel 1930 in Frankreich „L'âge d'or", eines der mächtigen Manifeste des Surrealismus im Film. Bei der Suche nach einem Komponisten für die Musik war auch Igor Strawinsky im Gespräch, der aber anders als seine jüngeren Kollegen Prokofjew und Schostakowitsch zeitlebens glücklos bei der Komposition für den Film blieb. Am Ende beschränkte man sich darauf, für den 60-minütigen Film nur „klassische" Musik zu arrangieren, ganze Sinfoniesätze von Schubert und Mendelssohn, daneben Stücke von Mozart, Beethoven u.a. Das erinnert durchaus noch an Stummfilm-Usancen. Aber dieser Schein ist trügerisch, der Streifen enthält Momente genuiner *Tonfilmmusik*. Paradigmatisch dafür ist eine mit Musik von Wagner bestrittene Stelle jenes Films, in dem das Vorspiel und der „Liebestod" aus „Tristan und Isolde" musikalischer Dreh- und Angelpunkt sind. Der Mann und die Frau schicken sich an, im Freien Liebe zu machen, Leute eilen herbei und trennen sie; Stimmengewirr, dazu Untermalung mit Musik aus dem Vorspiel; Szenenwechsel in einen Innenraum, die Frau wird sichtbar, dann eine geschlossene Toilettenschüssel, alles unter leiser Fortsetzung der wagnerschen Musik; das Bedienen der Toilettenspülung wird laut hörbar, dazu Szenenwechsel, eine Schlammwoge wird für wenige Sekunden sichtbar, die wagnersche Musik ist unterbrochen; danach Rückkehr zu der Szene im Freien und Fortsetzung der Musik aus dem Vorspiel.

Die auffällige Anspielung auf das Pissoir, das Marcel Duchamps in jenen Jahren als Kunstwerk hat ausstellen lassen und bis heute Stoff zu Untersuchungen und Überlegungen liefert, geht hier akustisch einher mit der Unterbrechung der Musik durch das Geräusch der Klospülung. Weder in den Katalogen der Stummfilmmusik war ein solcher „realistischer" Einbruch in die Musik vorgesehen, noch würde man wohl auf dem Konzertpodium inmitten des zelebrierten Vorspiels eine solche akustische Störung leiden wollen (dort führte allenfalls eine mit großem Aufwand betriebene musikalische Umarbeitung zu einem befriedigenden Ergebnis, nicht das bloße Einkleben eines akustischen Fremdkörpers). In der Konfiguration aus Bild und Ton ist die Stelle plausibel und das Zerschneiden der Musik durch das Geräusch Sinnbild dafür, dass der Tonfilm eine andere Logik der musikalischen Form besitzt als die bis dahin vertraute.

Ähnliche Phänomene lassen sich nicht nur in künstlerisch ambitionierten Produktionen wie „L'âge d'or" beobachten, die sich an ein kleineres intellektuelles Publikum richteten, sondern auch in Produktionen des neuen Massenmediums – und Spielfilme sind zuvörderst Teil der popular culture –, die sogleich ihre akustische Experimentierfreudigkeit an den Tag legten. Der 1929 mit Musik von Nacio Herb Brown unter der Regie von Harry Beaumont bei MGM produzierte *Musikfilm* (bzw. film musical) „The Broadway Melody" beginnt unspektakulär spektakulär. Die erste Einstellung zeigt Luftbilder von Manhattan, begleitet von einer Musik, wie man sie wohl aus Stummfilmen zur Genüge kannte. Die Überraschung erfolgt, als das Auge der Kamera sich auf ein Haus richtet, in dem Musiktheater geprobt wird. In rascher Schnittfolge blickt man in verschiedene Räume, in denen hier eine Arie mit Klavier gesungen, dort gesprochen und andernorts ein Jazzstück einstudiert wird. Die Musik erscheint dadurch wie in Fetzen. In solcher Entgegensetzung und Fragmentierung ist jedes Ideal stilistischer Einheitlichkeit aufgegeben. An dieser „Musik für ein Haus" – um Stockhausens Jahrzehnte später für eine räumliche Klanginstallation verwendeten Titel aufzugreifen – ist die Heterogenität des Hörbaren als Programm abzulesen. Doch auch die Kehrseite der musikalischen Fragmentierung, nämlich der Wille, geschlossene musikalische Inseln (in der Bühnensprache: Nummern) zu bilden, bleibt nicht aus. Man landet dann in jenem Raum, in dem die *Titelmelodie* (theme song) entsteht, der nun ein breiterer Zeitraum gewährt wird. In den 80 Jahren seit „The Broadway Melody" hat diese Grundspannung der Musik sich im Tonfilm erhalten.

Beispiel: The Jazz Singer

Kunst, Werbung und Wissenschaft schätzen es gemeinsam, historische Gegenstände als die ersten zu proklamieren. So gilt auch „The Jazz Singer" mit dem seinerzeit höchst applaudierten Sänger, Tänzer und Entertainer Al Jolson in der Hauptrolle gemeinhin als der Tonfilm, der als erster in die Kinos kam. Es mag als Zufall oder als bedeutungsvolles Symbol angesehen werden, dass es sich um einen Musikfilm handelt. Der Untertitel „A Photo-Dramatic Production of Samson Raphaelson's Play" lässt allerdings keineswegs schon darauf schließen, sondern rückt allein die Tatsache der Verfilmung eines Theaterstücks ins Zentrum.

In einer für das Zeitgefühl in den 1920er-Jahren typischen Weise prallen die Welten hart aufeinander: im Generationskonflikt zwischen alt und jung, Tradition und Fortschritt, sakral und säkular, Synagoge und Vergnügungstheater, Brauchtum und moderne Technik. Das alles wird zuvorderst auf musikalischem Gebiet verhandelt. Den „Jazzsänger" – im Sprachgebrauch der Zeit nichts weiter als jemand, der aktuelle Musiktitel vorträgt – zieht es zum Broadway, und er tingelt durchs Land. Sein Vater ist Kantor an einer New Yorker Synagoge und erwartet von seinem Sohn, dass er die Tradition seiner Vorfahren fortsetzt. Der Sohn kann die Heftigkeit nicht verstehen, mit der der Vater das eine Tätigkeitsfeld vom anderen abgrenzt. Als dieser von seinen anderen musikalischen Neigungen nicht lässt, verleugnet ihn der Vater sogar, da ein Broadway-Sänger unmöglich in der Synagoge singen dürfe. Das Zu-Hause-Sein in beiden Parallelwelten, das der Junge befürwortet und der Alte verbietet, wird zu einem Lehrstück ethischen Aufladens von Musik, in dem die eine Musik die Gottes, die andere die des Teufels ist – ein uralter, hier zeitgemäß adaptierter theoretischer Konflikt, der, vorurteilsbesetzt, wie er nun einmal ist, in manchen religiösen Zirkeln zu heillosen Verwicklungen geführt hat.

„The Jazz Singer" ist bemerkenswert dialogarm und noch gespickt mit den aus dem Stummfilm bekannten Zwischentiteln. Doch die neuen musikalischen Formationen zeichnen sich schon ab. Insbesondere sind die Lieder bzw. musikalischen Nummern vorhanden. In dem von Warner Brothers hergestellten Film führte Alan Crosland Regie und lag die musikalische Leitung bei Louis Silvers. Das heißt nicht, dass alle Musik, die zu Gehör kommt, auch von ihm stammt, sondern nur das, was inzwischen „original score" oder „original music" heißt, also jene Teile der Musik, die eigens für einen Film geschrieben werden.

Als der verstoßene Sohn nach einer Tournee mit einem Geburtstagsgeschenk für den Vater, einem Gebetsschal, nach Hause kommt, setzt er sich ans Klavier und singt seiner geliebten Mutter zu deren Entzücken einen seiner neuen Songs vor, und begleitet sich selbst dabei. Um die Nummer aufzulockern, wird der Song hier nicht en bloc vorgetragen, sondern durch etwas alltägliche Konversation unterbrochen. Die musikalische Insel wird auf diese Weise in Schach gehalten und kann sich doch ausbreiten. Diese Technik wird rasch Schule machen. Jäh allerdings wird der musikalische Vortrag gestoppt, als der Vater eintritt und lautstark den Abbruch befiehlt. Es tritt schreckliche Stille ein – ebenfalls ein Wirkungsmittel, das eigentlich erst im Tonfilm komponierbar wurde –, ehe sich die Personen aus ihrer Erstarrung zu lösen beginnen und auch grundierende Filmmusik wieder in die Gänge kommt. Während der Sohn nun dem Vater seine Liebe entgegenbringen will und dieser ihn weiter aufs schärfste abweist, wechselt die Orchestermusik vom Untermalenden ins Dramatische, bis nach einer Steigerung der Filmkomponist seine eigene Handschrift aufgibt und – was immer damit gemeint sein mag – als Höhepunkt Tschaikowsky für sich sprechen lässt, und zwar das so genannte Liebesthema aus der Konzert-Ouvertüre „Roméo et Juliette", um erst später wieder seine eigenen musikalischen Dialekt anzunehmen. Im Verlauf der Szene sind die Leidenschaft des Liedvortrags, den der Jazz-Sänger für die Mutter bereit hält, und die Leidenschaft des tschaikowskyschen Orchestersatzes, die offenbar mit dem Vater (oder den Gefühlen für ihn) zu tun hat, aufeinander bezogen. Heterogenität und Vielschichtigkeit in den gewählten musikalischen Mitteln, der Instrumentierung, der Herkunft usw., Singen und Spielen, dazu verwoben mit Sprechen und Rufen und selbst noch deren Absenz (Schweigen, Stille) schaffen ein multiples, auf das bewegte Bild bezogenes akustisches Verweissystem, das von Anfang an im Tonfilm einen neuen Umgang mit den auditiven Materialien erforderte.

Schließlich verdient noch ein Detail Aufmerksamkeit: Für ein Konzert mit jüdischen Gesängen wird ein wirklicher Kantor, Joseff Rosenblatt, beigezogen. Gewiss, sein Auftritt im Film wird inszeniert, aber immerhin ist er es selbst, der auftritt und singt. Und das bietet mehr Aufschluss als eine bloß phonographische Aufzeichnung, es erschließt weitere Facetten der musikalischen Aufführungspraxis jener Zeit. Es handelt sich um ein Stück musikalischer Dokumentation oder Semidokumentation (die Grenzen sind bekanntermaßen unumgänglich fließend). Schon ganz am Anfang des Tonfilms entpuppt sich das Medium mithin als eine vielleicht unerwartete Quelle eines neuen Stadiums der *musikalischen Ethnographie*.

Filmmusik als Gattung und Filmkomponist als Beruf?

Filmmusik ist nicht klar umrissen – jegliche Musik kann zu Filmmusik werden, wenn sie in einem Film vorkommt. Daher ist es kontrovers, sie als eigenständige Gattung zu bezeichnen. Ein mit Zitaten gefüllter Eklektizismus ist nur ein wichtiges Merkmal, das sich der Geschlossenheit des Begriffs verwährt und die Offenheit der Musik im Film verdeutlicht. Insbesondere in der Stummfilmzeit bestand die Begleitmusik aus bekanntem Material, das ad hoc zusammengestellt und miteinander verbunden wurde, so dass etwas Neues entstand. Ähnliches spiegelt sich auf Seiten der Komponisten wider, wobei sich die Frage nach dem eigenständigen Beruf erst mit dem Tonfilm stellt: Der ersten Generation von *Hollywoodkomponisten* gehörten fast nur klassisch ausgebildete Musiker aus Europa an, die ihre „alten" Fähigkeiten in die Arbeit für ein neues Medium umwandelten. Erst durch das hierarchisierte Filmgewerbe entstanden Berufe wie die des *Filmkomponisten*, des Orchestrators, des Arrangeurs etc., die zwar nicht neu waren, aber deutlich getrennt und klar umrissen sich ausschließlich dem Medium Film widmeten und vom Rest der Musikbranche abhoben, in der Komponisten auch tätig waren. Nicht selten bot Hollywood eine gute finanzielle Gelegenheit für diejenigen, die den nie oder erst viel später erreichten Sprung ins „ernste" Musikgeschäft dennoch schaffen wollten. Im Laufe der Jahre allerdings ist die von Kunstkritikern propagierte, aber selten haltbare Trennung zwischen hoher Kunst und niedrigem Kommerz flexibler, wenn nicht obsolet geworden, so dass es heutzutage sowohl Künstler gibt, die sich nur auf das Medium Film konzentrieren, als auch diejenigen, die in verschiedenen Bereichen der Musik erfolgreich sind, wie etwa André Previn, der für die Musik zur Satire „One, Two, Three" verantwortlich war.

Kompositorische Trends und Stilrichtungen

Bereits während der Stummfilmzeit bildeten sich gewisse Trends in der Begleitmusik heraus, die sich im Großen und Ganzen bis heute erhalten haben und mehr oder weniger ausgeprägt in den verschiedenen Stilen wiederzufinden sind. Auch wenn die Gefahr bei einer Verallgemeinerung darin besteht, der Vielfalt und der großen Anzahl von Filmen allein aus Europa und den USA nicht gerecht zu werden, sind folgende Aspekte – wenn auch nicht allesamt gleichermaßen – in der Mehrheit der Kinofilme wiederzufinden:
- Zuschreibung eines wiederkehrenden musikalischen Themas oder Motivs für eine bestimmte Person oder Situation (häufig als *Leitmotivtechnik* benannt),
- auf Wiederholung und Wiedererkennen ausgelegte Partitur,
- eine musikalische Sprache, die Stimmung, Emotion, Atmosphäre, Ort und/oder Zeit der Filmhandlung und der Protagonisten unterstützt,
- Neigung zum Eklektizismus (weniger bei Genrefilmen),
- damit einhergehend das Zurückgreifen auf Musik vergangener Epochen (zunächst hauptsächlich die des 19. Jahrhunderts) und das Einbeziehen aktueller, das heißt zeitgemäßer Musik, wie Songs und Schlager sowie generell Pop-, Unterhaltungs- und Tanzmusik aus verschiedenen Zeiten,
- Neukompositionen und/oder Übernahme von präexistenter Musik.

Am Ende der Stummfilmzeit hatte sich die musikalische Begleitung weitgehend zu einer Kompilation von Versatzstücken standardisiert, die damals zum großen Teil entweder aus Werken des 19. Jahrhunderts stammten oder zumindest deren Stil nachahmten. Hinzu kamen nach Bedarf Lieder, Tänze, Märsche und Unterhaltungsmusik, die durch improvisierte Übergänge zusammengehalten wurden. Auch original komponierte Begleitmusiken zu einem Film funktionierten nach dem gleichen Schema, wobei der Kontinuität nachgeholfen wurde, indem ein musikalisches Thema die Partitur durchzog, das immer wiederkehrend auf einen Protagonisten des Films bezogen wurde, ihn charakterisierte und seine Gemütsänderung widerspiegelte.

In der Übergangsphase zum Tonfilm, in der Zeit der „talkies", erforderte das Erklingen von Musik eine Rechtfertigung innerhalb des Films. Die Musik war meist durch die Handlung motiviert und ihre Quelle wurde im Bild gezeigt, so dass es sich immer nur um diegetische Musik handelte. Ob Schlager oder klassische Musik erklang, ob extra für den Film komponiert oder bekanntes Material verwendet wurde, war abhängig von den Bildern und ihrem Inhalt. Nichtsdestoweniger wurde die diegetische Musik zur Verdeutlichung von Stimmung, Gefühl, Ort und Zeit eingesetzt. Als Beispiel dafür kann der Film „Der Blaue Engel" aus dem Jahr 1930 (Regie: Joseph von Sternburg, Musik: Friedrich Holländer) mit Marlene Dietrich herangezogen werden.

Bald setzte sich der orchestral-symphonische Stil durch, der schon in der späten Stummfilmzeit zu hören war. Die Musik zum „klassischen" Hollywoodfilm der 30er- und 40er-Jahre war grundiert von einem spätromantischen Orchesterklang. Dadurch dass nun die Produktionsfirma die Kontrolle über die Musik zu einem Film hatte, wurde ihr Potential zur Verstärkung der emotionalen Wirkung und zur Verdeutlichung der Stimmung ausgeschöpft. Der Begriff des *„underscoring"* beschreibt genau dieses Komponieren, das außerdem den Gebrauch von musikalischen Themen oder Leitmotiven so weit ausreizte, dass die Handlung und Geschehnisse des Films durch die Verdopplung in der Musik ohne Bild hätten verstanden werden können, wie bei der Partitur zu „The Informer" von Max Steiner (1935, Regie: John Ford). Meist handelte es sich um wenige kurze, wandelbare und leicht wieder zu erkennende Fragmente, die einem Protagonisten oder einer Situation zugeordnet wurden. Das Thema erklingt dabei mit dem Erscheinen der Person, kann aber auch stellvertretend zum Beispiel als Gedanke an sie funktionieren. Durch Änderung der Klangfarbe, des Modus, des Rhythmus oder anderer Parameter kann ein Thema Stimmungsschwankungen oder Wandlungen der Person verdeutlichen. Bei monothematisch komponierten Partituren wurde die eingängige Melodie so schnell zum Erkennungszeichen eines Films.

In den 40er-Jahren änderte sich der Stil der Filmmusik kaum. Es gab allerdings die Tendenz, Partituren monothematisch zu konzipieren und die Klangfarben des Orchesters differenzierter einzusetzen. Elemente des Jazz und der neuen Musik wurden in die Partituren aufgenommen – eine Entwicklung, die sich schon in den 30er-Jahren anbahnte und sich in den 50er-Jahren schließlich in der Fokussierung auf psychologisierende Themen in der Filmhandlung widerspiegelte. Jazz im Film gab es demnach schon immer zu hören, doch dient Alex Norths Partitur zu „A Streetcar Named Desire" (Regie: Elia Kazan) aus dem Jahr 1951 als Beispiel für einen Mainstream-Film, der sich der Jazzmusik bedient, allerdings in auskomponierter, nicht in improvisierter Form. Im Kontrast dazu stand die Verfilmung von biblischen oder römisch-antiken Sujets. Für das Genre des Historienfilms blieb man konservativ der symphonisch-orchestralen Partitur verbunden und komponierte eine vermeintlich „alte" Musik zu der im Film dargestellten Zeit in einem allerdings konventionellen Stil. Für die Partitur zu „Quo Vadis?" zum Beispiel (1951, Regie: Mervyn LeRoy) war Miklós Rózsa bemüht, eine dem Schauplatz entsprechende Musik zu schreiben. Ungeachtet dessen, dass keine Quellen über die römisch-antike Musik überliefert sind, galt es, das Vergangene per se zu evozieren. Das Genre des Films bestimmte den Stil der Musik. Doch flossen die neuen Elemente weniger authentisch als stilisiert in die Partituren ein.

Schon seit Stummfilmzeiten dient die *Titelmusik* eines Films zur Einstimmung des Publikums und kann vom Komponisten weitestgehend unabhängig von den Bildern geschrieben werden. Während in den ersten beiden Dekaden des Tonfilms beim Vorspann regelrechte Ouvertüren zu hören waren, in denen die musikalischen Themen vorgestellt wurden, tendierte man in den 50er-Jahren dazu, ein Vorspiel zu komponieren, das sich um das musikalische Hauptthema in vokaler oder instrumentaler Form spann. Einer der ersten Theme Songs ist im Film „High Noon" (1952, Regie: Fred Zinnemann, Musik: Dimitri Tiomkin) zu hören: Tex Ritters Interpretation von „Do Not Forsake Me" lieferte das musikalische Material der Partitur und wurde zu einem Erfolgshit. Spätestens mit den Musikfilmen über die Rock- und Popkultur in den 60er-Jahren bestimmten Songs nicht nur den Vorspann, sondern zogen sich sowohl in diegetischer als auch nicht-diegetischer Form durch den ganzen Film. Aus Popsongs kompilierte Filmmusik kam in Mode und mit ihr die Veröffentlichung des *Soundtracks* auf Tonträgern. Nach Rock'n'Roll erhielten Soul-, HipHop- und Technomusik Einzug ins Filmgeschäft, wobei die „klassisch" orientierten Partituren bis heute fortbestehen. Mit „Rock Around the Clock", gesungen von Bill Haley im Film „Blackboard Jungle" (1955, Regie: Richard Brooks) wurde die Welle der *Rock'n'Roll-Filme* ausgelöst. In den 70er-Jahren war Soul der musikalische Stil der Blaxploitation-Filme wie „Superfly" (1972, Musik (Songs): Curtis Mayfield) und parallel dazu begann mit John Williams Partitur zu „Star Wars" (1977, Regie: George Lucas) die Renaissance der „klassischen" Partituren. HipHop und Techno als anfangs stark im (meist jugendlichen) kulturellen Milieu verankerte Musikrichtungen waren schon Mitte der 80er-Jahre in Filmen zu hören, die in diesem sozialen Umfeld spielten. In den 90er-Jahren tauchten die Stile allmählich aus dem Untergrund und damit auch in Filmen auf, die ein breiteres Publikum ansprechen sollten. Beispiele für ausgefeilte Partituren sind etwa die Musik von Wu-Tang-Clan Rapper RZA in Jim Jarmuschs Film „Ghost Dog" (1999) und die Technomusik in Tom Tykwers Film „Lola Rennt" (1998, Musik: Reinhold Heil, Johnny Klimek).

Hinsichtlich der technischen Möglichkeiten erweiterte sich in den 80er-Jahren das Spektrum um die Verwendung von *Synthesizermusik* für den Film, wofür die Partituren von Vangelis herangezogen werden können, wie etwa zum Film „Blade Runner" (1982, Regie: Ridley Scott). Während es schon in den 50er-Jahren Experimente mit elektronisch produzierten Partituren gab, wurden jetzt durch *Sampling* hergestellte Geräusche und ungewöhnliche Klänge zur Erweiterung des Orchestersounds hinzugezogen. Anfang der 90er-Jahre waren die technischen Möglichkeiten soweit, dass Partituren am PC hergestellt werden konnten mit einer nahezu authentischen Klangimitation eines Orchesters oder eines Chores. Ausführung und Klang der Musik wurden soweit synthetisiert, dass sich die technisch erzeugten Elemente mit den „natürlichen" Instrumental- oder Vokalteilen in die Partitur integrierten. Von hier war es dann nur noch ein kleiner Schritt zu einem allumfassenden „digitalen Handbuch" der Filmmusik, das alle möglichen Musikkonserven per Suchmaschine am PC sofort verfügbar macht.

Das Aufkommen verschiedener Stile ging nicht selten einher mit technischen Erneuerungen und/oder gesellschaftlichen Umstrukturierungen. Ob aus Popsongs kompilierter Soundtrack, ob leitmotivisch zusammengeschnittene HipHop-Partitur, ob elektronisch erzeugte, orchestrale Sphärenmusik – die Stile existieren nicht nur nebeneinander, sie vermischen sich auch innerhalb eines Films.

Filmkomponisten

Bis in die 70er-Jahre hinein war es in Hollywood üblich, dass nicht dem Komponisten, sondern dem Produktionsstudio die *Urheberrechte* an der Musik zu einem Film vertraglich zugesprochen wurden. Zwar gab es einige erfolgreiche Komponisten, die schon in den 50er-Jahren einen Teil der Rechte an den von ihnen geschriebenen Partituren einforderten, aber die meisten verfügten über wenig Druckmittel gegenüber den Studios. Selbst als Elmer Bernstein 1970 Präsident der Composers and Lyricists Guild wurde, war ein wichtiges Anliegen seiner Amtszeit, den Anteil des Komponisten an den Urheberrechten der Filmmusik zu vergrößern (vgl. dazu Prendergast, 1992; Lack, 1997; zu Bernstein siehe Marmorstein, 1997; Karlin, 1994).

Man mag sich darüber wundern, dass die Musik eines Komponisten nicht sein Eigentum ist, und daraus Rückschlüsse ziehen für den Berufsstand. Doch sollte man dabei die Umstände bedenken, unter denen Komponisten in Hollywood ab den 30er-Jahren gearbeitet haben (zum Arbeitsprozess in Hollywood zwischen 1930 und 1950 vgl. z.B. Prendergast, 1992; Karlin, 1994; Darby & Du Bois, 1990). Denn in den „golden years" des Hollywoodfilms waren an einer Partitur in der Regel mehrere Angestellte der Musikabteilung eines Studios beteiligt, die mehr oder weniger anonym im Verbund arbeiteten. Anstelle der vielen Namen, die man bei den Credits unter der Rubrik „music by" eines Films hätte aufzählen müssen, wurde oftmals einfach der Name des Chefs der Musikabteilung genannt. Dabei war es unerheblich, ob er die Musik komponierte, dirigierte, arrangierte oder keines von diesen. Komponisten beim Film waren in erster Linie „artisans" und dann „artists". Komponieren galt als Handwerk und wurde gemäß der etymologischen Bedeutung des Wortes als Zusammensetzen von Musik verstanden. Insbesondere beim Stummfilm wurde die Musik tatsächlich aus Versatzstücken zusammengefügt – die Benennung als Komposition wurde ihr allerdings oftmals verwehrt. So etwa von Hans Erdmann, der – ausgehend von einem geschlossenen Werkbegriff – im seinem Handbuch für Originalmusiken den Begriff „Autorenillustration" benutzte (1927, S. 6f.).

Dies verdeutlicht die Problematik der Filmmusik, die nicht so recht in die traditionelle Vorstellung von Komposition passen wollte, da sie weder ein geschlossenes noch ein autonomes Kunstwerk war und nicht einmal den Komponisten gehörte. Musik für den Film wurde gewöhnlich für minderwertiger gehalten als die für Konzertsaal oder Bühne und ebenso erging es den im jeweiligen Bereich arbeitenden Künstlern. Abgesehen davon galt es anfangs, überhaupt eine angemessene musikalische Sprache für das neue Medium zu finden. Der Beruf des *Filmkomponisten* musste eigentlich erst geschaffen werden, damit er auch anerkannt werden konnte. Maßgeblich daran beteiligt waren – trotz ihrer Anonymisierung des Einzelnen – die Filmstudios in Hollywood mit ihren Musikabteilungen als fester Bestandteil des hochorganisierten, hierarchisierten und auf Arbeitsteilung basierenden Produktionsbetriebs. Denn dort waren Komponisten und Musiker auf allen Ebenen hauptberuflich angestellt, vom „Lehrling", der die Partituren der Komponisten orchestrierte, bis zum Chef, der das Orchester dirigierte. Dass die Komponisten im Hollywoodbetrieb

Partituren wie am Laufband hervorbrachten und so ihren Beitrag zum Industrieprodukt Film lieferten, war für viele so genannten Kunstkritiker Grund genug, sie minder zu bewerten. Doch die eigentliche Schwierigkeit, mit der auch die Komponisten selbst zu kämpfen hatten, lag darin, dass sie eine Musik schreiben mussten, die unselbstständig und nur in Abhängigkeit von den Bildern bestand. Musik im Film war Beiwerk und sie verlor dadurch ihre vermeintliche Autonomie, die sie insbesondere im Bildungsbürgertum genoss. Dass gerade aus diesem Milieu die erste Generation der Komponisten für den Tonfilm in Hollywood zusammenkam, um dem neuen Medium einen neuen Klang zu geben, gehört zur Ironie der Musikgeschichte.

Es waren europäische Emigranten – geboren noch vor der Jahrhundertwende – mit einer traditionellen Musikausbildung. Sie brachten einen Stil mit, der in die Linie der europäischen (Spät-)Romantik passte und hatten eine mehr oder weniger erfolgreiche Vergangenheit im Opern- oder Operettenbetrieb. So unterschiedlich ihre Karrieren auch verliefen, so prägend hinterließen Max Steiner und Erich Wolfgang Korngold ihre Spuren bei den nachfolgenden Generationen von Filmkomponisten (zu den Biographien Steiners und Korngolds siehe z.B. Darby & Du Bois, 1990; Marmorstein, 1997; Karlin, 1994). Steiner, Jahrgang 1888, ging schon 1914 nach New York, um am Broadway zu arbeiten, bevor es ihn dann 15 Jahre später nach Hollywood zog, wo er als Chef der Musikabteilung von RKO und Warner Unmengen von Filmmusiken schrieb. Während Steiner ab seiner Hollywoodzeit ausschließlich für den Film komponierte, zog es den neun Jahre jüngeren Korngold immer wieder sowohl zu den musikalischen als auch den geographischen Wurzeln zurück. Zwar komponierte Korngold zwischen 1935 und 1945 ausschließlich für den Film, doch widmete er sich davor und danach mit einigem Erfolg auch der Opernbühne und dem Konzertsaal. Als er 1934 nach Hollywood ging, um die Musik von Felix Mendelssohn zu Max Reinhardts „A Midsummer Night's Dream" zu adaptieren, war es noch nicht absehbar, dass er schließlich bis zwei Jahre nach Ende des Zweiten Weltkriegs dort bleiben – der „Anschluss" Österreichs an Nazideutschland verhinderte eine frühere Rückkehr nach Wien – und auch dann seine Heimatstadt zeitweise für berufliche Engagements verlassen würde. Nicht nur der symphonisch-orchestrale Stil von Steiner und Korngold war richtungsweisend für die folgenden Generationen. Auch die Tatsache, dass viele von Nationalsozialismus und Krieg ins Exil getriebene Künstler in Los Angeles regen Austausch pflegten, dürfte an den Filmkomponisten wie Hugo W. Friedhofer und David Raksin nicht ohne Notiz vorübergegangen sein. Die Internationalität im Filmgeschäft, wie sie sich spätestens während der Kriegsjahre herausgebildet hatte, war nicht zuletzt in der Musik zu hören. Bemerkenswert dabei ist, dass sich in diese multikulturelle erste Generation von eingewanderten Filmkomponisten auch die erste Generation von amerikanischen Komponisten wiederfinden sollte: Ab 1900 in den USA geborene Komponisten, wie etwa Alfred Newman (Jahrgang 1901), waren nicht selten beim Film tätig, wo sie rasch Erfolg und Anerkennung ernten konnten.

Neben der weit verbreiteten symphonisch-orchestralen Filmmusik war spätestens ab den 40er-Jahren der Jazz in Hollywood angekommen, der sich immer mehr durchzusetzen schien. Unabhängig davon, wenn auch in zeitlicher Nähe, kollabierte in den 50er-Jahren das Studiosystem, so dass Komponisten nun meist freiberuflich tätig waren, was zum einen mehr Freiheit und Individualität, zum anderen aber auch eine größere Abhängigkeit vom Geschmack oder sogar der Willkür der Produzenten bedeuten konnte (zur Situation in Hollywood um 1950 vgl. z.B. Prendergast, 1992). Für Komponisten wie Alex North, Elmer Bernstein oder Henry Mancini, die ihre Karrieren beim Film nach 1950 begannen, war die hierarchisierte Organisation der Studios veraltet. Sie komponierten weniger für die Produktionsfirma als mehr für den jeweiligen Film und seinen Regisseur. Sie waren sich der Stellung ihrer Musik und ihrer eigenen als Komponist bewusst und forderten einen größeren Anteil der Urheberrechte an ihren Partituren ein. Es waren nicht zuletzt die engen Kollaborationen zwischen Regisseur und Komponist, die eine gegenseitige Anerkennung förderten und erfolgreiche Filme hervorbrachten. Mit Ennio Morricone und John Williams wurde der Beruf des Filmkomponisten vollends salonfähig, so dass die in den 50er-Jahren geborene Generation von James Horner, Danny Elfman und Hans Zimmer heute bekannter sind als ihre Zeitgenossen der „ernsten" Musik, denen sie den Platz im Konzertsaal streitig machen. Die Zeiten, in denen der Filmkomponist als unbekanntes Wesen sowohl in der Produktion als auch in der Rezeption kaum wahrnehmbar und kaum beachtet umherschwirrte, sind längst vorbei.

Zitat und Musikgeschichte

Das *Zitieren von Musik* im Film ist so alt wie die Filmgeschichte selbst. Die Begleitmusik zum Stummfilm bestand zum großen Teil aus einer Aneinanderreihung von Zitaten. Doch schon hier bedarf es der Differenzierung: Denn auf ein bestimmtes Stück wurde in erster Linie deswegen zurückgegriffen, weil sein Klang oder Charakter zur Szene passte. Dabei war die Austauschbarkeit relativ hoch und die Auswahl nach Komponist und Epoche sekundär, so dass es streitbar ist, ob man überhaupt von Zitat sprechen kann. Ein Zitat, das funktionieren soll, muss vom Rezipienten erkannt werden und mit einem anderen (dem ursprünglichen) Kontext in Verbindung gebracht werden. Je bekannter das Stück, desto größer ist die Aussagekraft eines Zitats. Indem sich das Repertoire der Stummfilmbegleitung konsolidierte, wurde auch die Hörgewohnheit des Publikums insofern nachhaltig geprägt, als ein bestimmtes Musikstück die entsprechende (Film-)Szene evozierte. Wenn ein zitiertes Stück nicht auf seine ursprüngliche Herkunft verweist, sondern der Rezipient an einen anderen filmischen Kontext erinnert wird, erweitert sich die Bezugsebene von bloßer Musikgeschichte um die der Filmgeschichte. Das Zitieren von „ernster" wie auch „populärer" Musik in Filmen schreibt mit an der Rezeptionsgeschichte der Stücke.

Durch die Verbindung von Bild und Musik haben sich in der Stummfilmzeit Stereotypen herausgebildet, die motiviert durch den ursprünglichen Kontext des Zitats herrühren. Das prominenteste Beispiel dafür wäre der „Hochzeitsmarsch" von Felix Mendelssohn und der „Brautchor" aus Richard Wagners „Lohengrin", was sich nicht nur in Filmen, sondern auch in der gegenwärtigen Realität etabliert hat.

Ähnlich verhält es sich bei *Stilzitaten*, die durch ihre wiederkehrende Verbindung von Bild und Musik zum Stereotyp werden können. Ohne auf ein konkretes Stück zurückzugreifen, werden Motive, Klangfarben und Rhythmen zitiert, die eindeutig aus einem Stil oder Genre stammen. Das Erkennen solcher Zitate beruht auf verallgemeinernder Stereotypisierung, die – wie auch das Wesen der Filmmusik – keinen Anspruch auf Authentizität erhebt. Schon bei der Anfangsmusik eines Films, kann die Musik, ohne dass sie „wörtlich" zitiert, auf das Genre hinweisen.

Innerhalb eines Films funktionieren *Leitmotive* wie Selbstzitate. Indem ein Motiv durch Wiederholung von Bild und Musik einem Protagonisten oder einer Situation zugeschrieben wird, erinnert das Erklingen des Motivs ohne die Verdopplung im Bild an die etablierte Verbindung und wird somit zum Zitat, das die Information des Bildes bereichert, eine weitere Bedeutungsebene hinzufügt und letztendlich kommentiert, indem an den ursprünglichen Kontext erinnert wird.

Wenn Musik und Bild nicht ihre unmittelbare Entsprechung widerspiegeln, sondern das musikalische Zitat ohne Hilfe des Visuellen einen Bezugsraum eröffnet, der außerhalb des Bildes liegt, erhebt die Musik ihre eigene Stimme und wird zu einem Kommentator zwischen Film und Publikum. Wenn der Stummfilmbegleiter einen aktuellen Popsong zitierte, reichten ein paar Takte als instrumentale Version aus, um beim Publikum das Stück in Erinnerung zu rufen und damit zum Beispiel einen ironischen oder humorvollen Kommentar zum Bild zu liefern. Auch das Zitieren von bekannten klassischen Stücken bedarf nur weniger repräsentativer Takte, um erkannt und gedeutet zu werden. Das Zitat, indem es durch seine Bekanntheit die Aufmerksamkeit auf sich zieht, fordert den Rezipienten auf, die Szene mit seinem Wissen über das zitierte Stück zu interpretieren. Es kann Ironie, Humor oder Sarkasmus einer Szene hervorheben, eine unterschwellige Botschaft mitteilen, den Ausgang einer verhängnisvollen Situation antizipieren, Konflikte und Gedanken präzisieren, innerfilmische Zusammenhänge aufzeigen. Die Bedeutung und etablierte Konnotation des zitierten Stücks wird in diesem Fall bestätigt. Doch kann durch eine ungewöhnliche Verbindung von Bild und Zitat ein Subtext entstehen, der dem zitierten Musikstück eine neue Bedeutung verleiht. Unter Umständen ist es die Intention des Regisseurs, die erklingende (bekannte) Musik mit Hilfe der Bilder und der Handlung in ein neues Licht zu rücken, die Musik also durch das Bild zu kommentieren und nicht das Visuelle durch das Auditive zu verdeutlichen. Das musikalische Zitat wird dabei zur Hauptsache, das Stück und sein Komponist werden durch den Film neu kontextualisiert mit dem Effekt, dass genau diese Verbindung von Bild und Musik möglicherweise beim nächsten Hören im Rezipienten wachgerufen wird.

Voraussetzung für das Funktionieren jeglicher Art des Zitierens ist der Rezipient, der die Musik erkennt und ihr Bedeutung beimisst. Sein Wissen und seine Information über die Musik sind ausschlaggebend für die Interpretation des Zusammenspiels von Bild und Musikstück. Wenn das nicht gegeben ist, schlägt auch die von den Filmemachern intendierte Neukontextualisierung fehl. Die Bedeutung des musikalischen Zitats im Film ist sowohl für die Musik- als auch für die Filmgeschichtsschreibung relevant. Seit den Anfängen befindet sich Filmmusik im Kontinuum der Geschichte, sie nimmt

Vergangenes auf und bezieht sich darauf, mal in aller Deutlichkeit, ein anderes Mal unterschwellig und unauffällig.

Beispiel: One, Two, Three

Als Billy Wilders Satire im Dezember 1961 Premiere feierte, konnte sie von wohl kaum einem anderen Film an Aktualität und Brisanz überboten werden. Mit den Auswirkungen des Zweiten Weltkriegs im Nacken und dem Kalten Krieg vor Augen, der sich vier Monate zuvor durch den Bau der Berliner Mauer in Stein vergegenwärtigt hatte, war das Premierenpublikum in den USA und in West-Deutschland gleichermaßen unmittelbar von dem Sujet des Films betroffen und Teil der dargestellten Gesellschaft von Alt-Nazis, Neu-Kommunisten, Demokraten, Kapitalisten, Feministen, Träumern und Idealisten. In „One, Two, Three" werden diese Stereotypen zur Karikatur. Die idealistischen Abgründe zwischen Kapitalisten und Kommunisten, zwischen West und Ost erweisen sich in der satirisch erzählten Handlung als weit aus weniger tief und leichter zu überwinden als von den Verfechtern der Systeme propagiert wurde.

Die aufgeweckte, leicht zu überzeugende, siebzehnjährige Tochter des Konzernchefs von Coca-Cola, Scarlett Hazeltine, wurde auf Europareise geschickt und wird nun in Berlin ankommen, wo sie der Obhut des dortigen für Westdeutschland zuständigen Chefs MacNamara (James Cagney) anvertraut wird. Kaum angekommen, verliebt sich Scarlett in den jungen, überzeugt anti-kapitalistischen, leicht zu manipulierenden Otto aus Ost-Berlin. Als sich die noch unwissenden Eltern Scarletts ankündigen, sieht MacNamara keinen anderen Ausweg, die Heirat der beiden zu vertuschen und ihre geplante Hochzeitsreise nach Moskau zu verhindern, indem er Otto eine Falle stellt, die seine Verhaftung durch die Volkspolizei zur Folge hat. Doch als man die Schwangerschaft der jungen Ehefrau feststellt, muss der werdende Vater wieder zurückgeholt werden. MacNamara verhandelt mit russischen Kommissaren über den Austausch von Otto gegen seine hübsche, blonde Sekretärin Ingeborg (Lilo Pulver). Bei der Übergabe verkleidet sich MacNamaras Assistent und ehemaliger SS-Soldat Schlemmer als Ingeborg, was die Russen zu spät bemerken. Schließlich wird Otto gegen seinen Willen zu einem kapitalistischen, adeligen, Amerika freundlichen Vorzeigedeutschen umerzogen und ist prompt mit der Ankunft seiner Schwiegereltern kein Kommunist mehr, mit der Abgabe seines Parteibuchs hat er sich selbst „entkommunistifiziert".

Der Film lebt von ironischen Bemerkungen, sarkastischen Dialogen, überspitzten Formulierungen, zynischen Einfällen, versteckten Anklagen und slapstickartigen Zitaten. Mit ähnlichen Begriffen kann die Musik beschrieben werden, die André Previn adaptierte und dirigierte, wie es im Vorspann formuliert wird. Was die Adaptation bedeutet, wird schon bei der Ouvertüre des Films erkennbar: Eine kurze und zackige Eröffnungsmusik leitet das für den Film charakteristische Stück ein, das im Folgenden weitere vier Male zu hören sein wird. Es handelt sich dabei um den

„Säbeltanz" von Aram Chatschaturjan aus seinem Ballett „Gayaneh" (komponiert 1942, revidiert 1952 und 1957). Ist man dazu geneigt, kann man Herkunft und Biographie des zitierten, georgisch-armenischen Komponisten berücksichtigen, der wie so viele seiner sowjetischen Kollegen unter der Stalin-Diktatur des Formalismus bezichtigt wurde, infolgedessen zunächst verstummte, sich nur durch das Eingestehen des Fehlers und das Bekennen zum Sozialismus wieder Gehör verschaffen konnte. Zwar mag diese Information zur Rezeption des Films weitestgehend unerheblich sein und kann beim Großteil des Publikums damals wie heute nicht vorausgesetzt werden. Nichtsdestotrotz wird hier die Vielschichtigkeit des Zitats deutlich, sowohl im Speziellen – der wissende Zuschauer interpretiert das Stück im Kontext des Films als Hinweis auf die unterdrückende Kulturpolitik der UdSSR – als auch im Allgemeinen – die Bedeutungszuweisung eines Zitats ist abhängig vom Wissen des Rezipienten. Umso sarkastischer wirkt zudem die Szene im Ost-Berliner Grand Hotel Potemkin, in der MacNamara die russischen Kommissare von dem Austausch seiner Sekretärin mit dem inhaftierten Otto überzeugt: Als einer der Russen nach „Wodka" und „Rock'n'Roll" verlangt, verstummt der alte Herr, der bis dahin einen belanglosen 20er-Jahre-Schlager mit dem aus heutiger Sicht allzu passenden Text „Ausgerechnet Bananen, Bananen verlangt sie von mir" zum Besten gegeben hat, und die Musiker gehen der Aufforderung nach, indem sie den „Säbeltanz" spielen, zu dem Ingeborg aufreizend und die Gemüter der Anwesenden erhitzend auf dem Tisch tanzt. Der vermeintlich unverfängliche, originär aber amerikanische Schlager mit dem Titel „Yes! We Have No Bananas" steht dem politisch belegten „Säbeltanz" gegenüber, der in den Ohren der Russen als Rock'n'Roll wahrgenommen wird.

Nach gelungenem Coup zurück im Büro angekommen trällert Ingeborg die Melodie des „Säbeltanzes", als wäre das Stück ein Ohrwurm aus der Hitparade, das in dieser Szene genau von einem solchen abgelöst wird: Der Song „Itsy Bitsy Teenie Weenie Yellow Polka Dot Bikini", der 1960 in die US-amerikanische Hitparade kam und in verschiedenen Sprachen um die Welt ging, wird von dem noch schläfrigen Otto gebrummt, der sich von dem Verhör der Volkspolizei erholt, die ihm solange eine Aufnahme von eben diesem einfältigen Lied vorgespielt hatten, bis er ein erzwungenes Geständnis ablegte – die Foltermethode hätte vielleicht auch mit „Yes! We Have No Bananas" funktionieren können oder sogar mit Chatschaturjan.

Abgesehen von den Interpretationsmöglichkeiten, die sich durch die Biographie Chatschaturjans und die innerszenischen Musikfolgen ergeben, dient der furiose Tanz in erster Linie dazu, die Schnelligkeit der Erzählstruktur zu unterstützen und die taumelnde Wirkung des hektischen Handlungsablaufs zu betonen. Der charakteristische, schnelle Zweierrhythmus, das chromatische, repetierende Xylophonmotiv und die signalähnlichen, eine Quarte durchlaufenden Posaunenglissandi sind der Grund dafür, dass der „Säbeltanz" prädestiniert zu sein scheint zur Unterlegung einer rasanten Verfolgungsjagd zwischen den betrogenen Russen und MacNamara sowie einer hektischen Autofahrt zum Flughafen Tempelhof mit letzten Verwandlungsmaßnahmen an Otto.

Eindeutig in seinem gesellschaftspolitischen Zusammenhang steht das Zitieren der „Internationalen", die am Anfang des Films von den Demonstranten beim Parademarsch in Ost-Berlin einstimmig gesungen wird. Bei der Verfolgung und anschließenden Verhaftung Ottos durch die Volkspolizei erklingt sie rein instrumental als kurzer ironischer Kommentar, der auf die Zwiespältigkeit des kommunistischen Systems verweist, indem gezeigt wird, wie es wirklich um die besungenen Menschenrechte steht und um welches auffordernde „letzte Gefecht" es sich handelt. In der Anfangsszene werden dem Parademarsch Aufnahmen der zerstörten Gedächtniskirche, des Autoverkehrs und eines Werbeplakats für Coca-Cola gegenübergestellt. Dabei erklärt der Erzähler die Gegensätzlichkeit zwischen Ost und West, während im Hintergrund langsame, melodiöse, von Streichinstrumenten gespielte und mit Trompetensignalen verzierte Musik zu hören ist. Zwar steht diese getragene, harmoniereiche Musik in Kontrast zu dem vorantreibenden, einstimmigen Marschgesang der Ost-Berliner Parade. Doch fällt auf, dass sich die Linienführung der Melodie der beiden Stücken ähnelt; eine Ähnlichkeit, die nicht offensichtlich, sondern versteckt wird, wie auch der Film latent zu verstehen gibt, dass Kommunismus und Kapitalismus gleichermaßen lächerliche Gebilde sind. Es sei dahingestellt, ob Previn dieses Stück Musik im Kontrast zur „Internationalen" intendiert mit leichtem (amerikanischen) Marschanklang komponiert hat.

Ohne Zweifel eine amerikanische, marschartige Musik erklingt aus der Kuckucksuhr in MacNamaras Büro in Gestalt der „Yankee Doodle"-Melodie. Die „amerikanische Propaganda" im Schwarzwälder Kostüm wird gleich eines Kuckuckseis zum als Hochzeitsgeschenk getarnten corpus delicti für Ottos Überführung. Als der nichts ahnende Otto mit der Kuckucksuhr im Seitenwagen seines Motorrades und einem Luftballon am Auspuff mit der Aufschrift „Russki go home" die Grenze zu Ost-Berlin überquert, wird er von der Volkspolizei angehalten, verhört und verhaftet. Am Anfang dieser Szene erklingt zunächst unbestimmte Musik, eine Marschtrommel und Piccolo sind zu hören, wenn sich Otto von Scarlett verabschiedet; beim Losfahren wird die Eröffnungsmusik des Vorspanns wiederholt, die ruhiger wird, sobald MacNamara erklärende Worte spricht; beim Passieren der Grenze steigt ihre Lautstärke und die Trillerpfeife des Grenzbeamten bewirkt ein kurzes Innehalten der Musik; wenn die Volkspolizei die Verfolgung aufnimmt, erklingt die „Internationale" instrumental und in voller Lautstärke, die zurückgenommen wird, sobald Otto verhört wird; beim Inspizieren der Kuckucksuhr ist der „Yankee Doodle" (auch für die Protagonisten) zu hören und bei der darauffolgenden Verhaftung Ottos ertönt wieder die „Internationale" in voller Lautstärke, die crescendierend mit dem Knall des Luftballons endet. Eine ähnliche Einrahmung des „Yankee Doodle" ist in einer späteren Szene zu hören: Während der Verfolgungsjagd zwischen den Russen und MacNamara, erklingt der „Säbeltanz", bei dem Auspuffschießen und Reifengequietsche rhythmisch integriert sind, und der beim Halt an der Grenze von dem Schlagen der Kuckucksuhr unterbrochen wird. Wie schon zuvor wird auch hier das Ende der Szene mit einem musikalischen Arrangement vorbereitet: Eine Marschtrommel begleitet in Anspielung auf die aufgeladenen Agentenaustausche zwischen den USA und der UdSSR die Übergabe von Otto; die folgende Klarinettenmelodie mit anschließendem Violinenschmalz untermalt das Aussteigen der lang ersehnten Blondine; mit einer Überleitung beim Erkennen der Falle beginnt schließlich der „Säbeltanz" und die Verfolgungsjagd.

Während der zweiten Hälfte des Films ermahnt das Schlagen der Kuckucksuhr, das in immer kürzeren Abständen und in einem sich steigernden Tempo erfolgt, zur Eile und an das Verrinnen der Zeit bis zur Ankunft der Hazeltines. Im Handlungszusammenhang erklingt der „Yankee Doodle" wie ein musikalischer Witz, der sich über die Protagonisten lustig zu machen scheint.

Anders als Chatschaturjans „Säbeltanz" ist die Botschaft des Zitierens von Wagners „Walkürenritt" deutlich umrissen: Der von der Musik stereotypisch überzeichnete, deutsche Arzt, der durch den Hausbesuch den ersten Akt der „Walküre" verpasst hat und Scarletts Schwangerschaft feststellt, singt die bekannte Melodie daraus. Sogleich macht sich MacNamara auf den Weg, um dem werdenden Vater zu helfen, ihn aus der Untersuchungshaft zu befreien, während Wagner die passende Fahrtmusik dazu beisteuert. Die Geschehnisse des Films werden durch das Zitat mit der Handlung der Oper parallelisiert mit dem Effekt einer humorvollen Übertreibung der Umstände.

Die Musik von Previn trägt ihren Teil zur Komik des Films bei und fügt sich in die zeitgeschichtliche Brisanz des Sujets ein, wobei die Bedeutungszuweisung von Bild und Musik in Wechselwirkung stattfindet. So unterschiedlich die Zitate auch sein mögen, werden sie doch von Previn musikalisch eingeleitet, eingefügt und weitergeführt – zu etwas Neuem komponiert und vom Film als Ganzem zusammengehalten.

Musik im Film – Musik als Film

Gleichgültig in welchem Genre Musik erklingt, sie hat in erster Linie die Aufgabe, innerhalb des Films zu funktionieren. Sie übernimmt Funktionen, die weitestgehend unabhängig von Genre oder Sujet in den meisten Filmen wiederzuerkennen sind. Je nach Genre (sowie Meinung der Regisseure und Produzenten) kann der Grad der Eigenständigkeit bzw. Unterordnung der Musik variieren. Selbstverständlich dominiert die Partitur zu einem Musikfilm den visuellen Ablauf mehr, als es etwa im Allgemeinen bei Kriminalfilmen der Fall ist. Zum Funktionieren der Musik gehört auch, dass sie sich etablierten Klischees und bekannten Codes bedient, so dass schon nach den ersten Takten beim Vorspann klar sein kann, um welches Genre es sich bei dem kommenden Film handelt, ohne dass die Bilder darüber informiert hätten.

Inhalt und Funktion

Der Film als synthetisches Kunstwerk funktioniert nur im Zusammenspiel der einzelnen Elemente, die in eine Hierarchie miteinander treten. Dabei nimmt die Musik eine dem Visuellen untergeordnete Rolle ein. Während die Bilder eindeutig auf der Leinwand zu lokalisieren sind und zweifelsfrei der Filmrealität angehören, befindet sich die Musik im Zuschauerraum und wird dennoch als Teil des Films wahrgenommen. Zwar breiten sich physikalisch gesehen die Lichtwellen genauso wie die Schallwellen im Raum aus und haben beide eine örtlich festgelegte Quelle (das Bild auf der Leinwand, der Ton aus den Lautsprechern oder von den Stummfilmbegleitern), doch werden in der Praxis Bild und Musik unterschiedlich, in ihrer Begrenztheit und Zugehörigkeit verschieden wahrgenommen. Die Musik verleiht dem zweidimensionalen Film Tiefe und Räumlichkeit und bildet beim Tonfilm zusammen mit Sprache und Geräuschen die auditive Ebene, wobei sie sich den Dialogen unterordnet und die Geräuschkulisse berücksichtigt. Als Teil eines Gesamtkonzeptes muss die Musik den Anforderungen des Films gerecht werden und erlangt ihren Sinn oder ihre Bedeutung nur im Zusammenhang mit den anderen Elementen und in ihrer Abhängigkeit zu den Bildern.

In ihrer „Ästhetik der Filmmusik" formulierte Zofia Lissa (1965, S. 70) es folgendermaßen: „In Verbindung beider [Künste, nämlich die der Bilder und die der Musik] *konkretisiert* das Bild die musikalischen Strukturen, die Musik dagegen *verallgemeinert* den Sinn der Bilder." Die Voraussetzung dafür ist ihre These, dass Musik mehrdeutig und Bilder eindeutig im Inhalt seien. Erst durch die Bilder bekommt die Musik im Film ihren Sinn, was allerdings nicht bedeutet, dass sie ohne die visuelle Ebene inhaltslos wäre. Denn gerade präexistente Musik bringt ihren eigenen Inhalt mit in den Film, der durch die Bilder neu kontextualisiert wird. In Form des musikalischen Kommentars überträgt die Musik ihren Inhalt auf das Bild, so dass im Gesamt ein neuer Sinn entsteht.

Filmmusik hat die Eigenart, vielfältig und nichtkontinuierlich zu sein, was sich sowohl innerhalb eines Films als auch im Gesamt der Filme zeigt. Die Partituren reichen von Originalkomposition über Arrangement zu Kompilation von Musikstücken. Hinsichtlich der Stilauswahl gibt es keine Einschränkung und die Musikrichtung kann von einer Szene zur folgenden extrem variieren. Darüber hinaus wechselt Filmmusik ihre Zugehörigkeit zu den Realitätsebenen: Erklingt sie als Teil der Szene, gehört sie zur Diegese des Films. In ihrer extradiegetischen Gestalt ist sie Teil der Zuschauerrealität. Trotz dieser klaren Differenzierung ist Filmmusik nicht immer deutlich zu dem einen oder anderen zuzuordnen und bewegt sich innerhalb eines Stückes durch die Realitäten. So wie Filmmusik keine räumliche Begrenzung hat (man kann sie auch im Vorraum des Kinosaals hören), so spielt sie mit den Grenzen der Filmdiegese und Zuschauerwahrnehmung.

Das Nichtkontinuierliche und die Vielfalt zeigen sich auch hinsichtlich der *Funktionen von Filmmusik*. Denn sie durchläuft nicht nur viele verschiedene Funktionen im Verlauf des Films, sie kann diese auch gleichzeitig innerhalb eines Stückes übernehmen. Die Funktionen entspringen dabei nicht der musikimmanenten Struktur, sondern der Beziehung der Musik zum Bild beziehungsweise zur Gesamtheit des Films. Lissa sieht die Rolle der Filmmusik darin, „dass sie durch sich jeweils auf etwas von ihr Verschiedenes, d.h. auf einen der vielen nichtmusikalischen Faktoren des Films weist", woraus sich ihre Funktionen ergäben (1965, S. 380). Die Musik übernimmt strukturelle Aufgaben, wie etwa die Überbrückung von Szenen, und unterstützt die Dramaturgie des Films zum Beispiel durch Spannungsaufbau oder Akzentuierung visueller Details. Ihre expressive Wirkung wird zum Einfühlen des Publikums in die Filmdiegese zu Nutze gemacht, nicht nur beim Vorspann als eine musikalische Einstimmung auf die folgende Geschichte, sondern auch während des Films zur Verdeutlichung des emotionalen Gehalts einer Szene oder des Gefühlsausdrucks und psychischen Zustands einer Person. Dabei ist es weniger die Musik, die einen bestimmten emotionalen Inhalt vermittelt, als vielmehr die ausgelöste Gefühlsregung des Rezipienten, die in die dargestellte Situation oder Figur hineinprojiziert wird. Auf diese Weise wird mithilfe der Musik das Identifikationsgefühl des Zuschauers zum Protagonisten gefördert. Darüber hinaus wirkt sie mit bei der Charakterisierung einer Filmfigur, sei es durch extradiegetische Motive, die dieser zugeschrieben werden, oder durch ihren (diegetisch hörbaren) Musikgeschmack. Sie trägt zur Etablierung von Zeit und Ort des Geschehens bei und erleichtert die Identität von Kultur oder sozialer Zugehörigkeit. Bei an sich neutralen szenischen Aufnahmen kann die Musik die vom Regisseur intendierte und für den Film spezifische Stimmung und Atmosphäre evozieren, wobei umgekehrt eine Musik erst durch das Bild ihre Bedeutung erhalten kann, so dass eine Botschaft erst durch das Hin und Her von Visuellem und Auditivem entsteht. Innerhalb der Partitur kann Filmmusik durch die Verwendung von musikalischen Motiven auseinanderliegende Szenen miteinander inhaltlich verbinden oder die fortlaufende Handlung antizipieren. Als musikalisches Zitat kann sie einen außerfilmischen Kontext in die Handlung einbringen und somit den Rezipienten zur Interpretation anregen. Letztendlich wird die Funktion der Musik in einer Szene vom Regisseur und Komponisten intendiert, aber erst beim Rezipienten erfolgt das Funktionieren des Zusammenspiels von Bild und Ton.

Genres

Wer erinnert sich heute noch an die Bezeichnung „Schocker", von der die Besucher sich vor 50 Jahren Nervenkitzel im Kino versprachen? Wer erinnert sich nicht noch daran, dass in den Rubrizierungen der Fernsehzeitschriften vor 25 Jahren nur noch das Label „Antikriegsfilme" bereit gehalten zu werden begann selbst für die Filme, die zuvor als „Kriegsfilme" bezeichnet worden sind? *Filmgenres* sind nicht nur Modifikationen im historischen Fortgang sowie Moden unterworfen, sie sind auch von Sprache zu Sprache verschieden benannt und nicht immer deckungsgleich. Zum angelsächsischen „suspense" lässt sich kein deutsches Äquivalent finden. Zudem sind die Genres unterschiedlich stabil, unterschiedlich groß und verschieden populär.

Wenige Genres sind so klar abgegrenzt wie Western, Science Fiction oder Kung Fu. Aber selbst hier kommt es (und kam es stets) leicht zu Vermischungen. Daraus resultiert, dass eine Systematik der Genres zwar aussichtslos ist, was aber keineswegs ausschließt, dass sich Konventionen und Klischees bilden, die zäh und langlebig sind und sich auf das Narrative und Optische ebenso beziehen wie auf das Akustische bzw. Musikalische. Ein Western ist kaum zu denken ohne Pferd, daher kaum einer ohne Getrappel und Gewieher, Schritt, Trab und Galopp. Das führt zu Stereotypen in der Musik. Kaum ein Western kommt auch ohne ein Stück Country- und Western-Musik aus, wobei gar nicht immer leicht anzugeben ist, ob der Erfolg des musikalischen Genres vom Filmgenre herzuleiten ist oder umgekehrt. Bestimmte Bewegungsarten und Sounds können, wenn nicht genrebildend, so doch genretypisch, ebenso aber auch genreübergreifend sein. Affektive Zustände wie Angst und Horror sind generell gerne mit gesteigert dissonanter oder *atonaler Musik* assoziiert, doch können sich diese Konventionen auch einmal rascher, einmal langsamer wieder ändern. Wie im Optischen gibt es im Akustischen kein genau angebbares Verfallsdatum für Schockwirkungen.

Neben der Stereotypisierung von Musik in einzelnen Genres steht der *Musikfilm* (film musical) als eigenes Genre. Seine Definitionen bleiben ebenfalls verschwommen, die Übergänge fließend. Einerseits lässt sich kaum eine quantitative Bestimmung durchführen: Ein Film, in dem über mehr als 75 Prozent seiner Länge Musik erklingt, muss nicht schon deshalb ein Musikfilm sein; auch die Anzahl der in ihm vorhandenen Lieder oder Schlager ist kein sicheres Indiz (schon in den 1930er-Jahren wurde die Anzahl gelegentlich vertraglich fixiert). Andererseits bleibt eine inhaltliche Bestimmung nicht minder vage, da sie zu weitmaschig ist. Die Forderung etwa, dass ein Musikfilm Musik zum Gegenstand haben sollte, macht tendenziell jeden Film, in dem eine Sängerin oder ein Musiker auftritt, zum Musikfilm. „Der Blaue Engel" (1930) könnte ein Musikfilm genannt werden, weil Marlene Dietrich die weibliche Hauptrolle verkörpert und Hits darin eingebaut sind, aber als Verfilmung des Romans von Heinrich Mann wird man zögern, von einem Musikfilm zu sprechen. Dasselbe gilt für G. W. Pabsts Verfilmung der „Dreigroschenoper" (1931), obwohl ihr zweifelsfrei das 1928 zum ersten Mal in Berlin gegebene Musiktheaterstück von Weill und Brecht zugrunde liegt und sogar das musikalische Personal der Bühnenaufführung im Theater am Schiffbauerdamm für den Film erneut angestellt worden ist. Dennoch zeichnen sich einige Subgenres deutlicher ab, genannt seien nur:

1. Der Tanz-, Revue-, Schlager- und Operettenfilm nahm gleich in den ersten Jahren des Tonfilms immensen Aufschwung. Gleichzeitig blühte das *Musical* auf, das im Film als „backstage musical" besonders virtuos in Szene gesetzt wurde, indem die Produktion eines Bühnen-Musicals zum Gegenstand des Films genommen ist (Mit nichts beschäftigen sich Bühne und Film so gerne wie mit sich selbst). Die Blüte oder klassische Periode reicht bis in die 1960er-Jahre, bis in die Zeit des „West Side Story"-Films (1961). Dabei ist es gleichviel, ob ein für die Bühne bestimmtes Musical nachträglich verfilmt oder ein entsprechendes Stück direkt für die Leinwand konzipiert worden ist. Der anders gelagerte Fall ist ebenso möglich, dass der Film

zuerst da war und später ein Bühnenstück daraus wurde, etwa das film musical „The Producers", das Mel Brooks 1968 als skandalträchtige Hitler-Persiflage in backstage-Manier drehte und das erst eine Generation später im Jahr 2000 am Broadway erfolgreich auf die Bühne kam, woraus inzwischen wieder ein auf dem Bühnenstück fußender Film geworden ist.

2. Ballett- und Opernfilme traten später ans Licht, zumeist nach dem Zweiten Weltkrieg, wobei sie sich in der Regel – auch hier gibt es Überschneidungen – von abgefilmten Operninszenierungen und Choreographien unterscheiden, sofern sie in der Regel über den vorgegebenen Bühnenraum hinausgreifen. „Carmen"-Adaptationen sind besonders häufig. Sie durchziehen das ganze 20. Jahrhundert in medial immer neuen Kontextualisierungen. Zunächst bestand die Tendenz, aus der Oper bzw. ihrem Stoff unter Absehung vom Gesungenen – im Stummfilm war das auch nicht anders möglich – einen Film zu machen, der die Geschichte enthielt. Leni Riefenstahl folgte dem noch in ihrer „filmischen Nacherzählung" der Oper „Tiefland" von Eugen d'Albert, einer Lieblingsoper des von ihr damals verehrten Führers, die sie 1944 bei Garmisch-Partenkirchen aufnahm. Musikalische Motive der Oper sind zwar verwendet, aber unter strikter Absehung vom Gesang. Später dann, bei zugleich verbesserter Tonaufzeichnungssituation, wurden die Partituren statt die Stoffe ins Zentrum gerückt. Nun setzten die Filme ihren Ehrgeiz darein, die Partituren mitsamt dem Gesang so opulent zu bebildern, wie es die räumlich begrenzte Opernbühne von Natur aus nicht vermag.

3. Mehr noch als Filmmusik insgesamt ist der Musikfilm von den aktuellen Strömungen abhängig geblieben, die in der so genannten Unterhaltungsmusik den Ton angeben. Spätestens in den 1960er-Jahren, nicht zuletzt durch die einschlägigen Filme mit den Beatles, wurde Pop- und Rockmusik mitsamt deren Ambiente der Großkonzertveranstaltungen zum Leitfaden von Musikfilmen, um in den 1980er-Jahren dann in dem in der Regel für das Fernsehen produzierten *Videoclip* einen Wechsel zu vollziehen, der mit Madonna und Michael Jackson an der Spitze einem kleinen, zum Medium passenden Format den Vorzug gab vor der Eigendynamik der Leinwand-Produktionen.

Ausblick

In den 1930er-Jahren gründeten die Hollywood-Studios eigene Abteilungen für Musikfilme, die für einige Jahrzehnte Maßstäbe setzen konnten, dann aber wieder aufgegeben wurden. Sie hatten zum Teil Abteilungsleiter und Musikdirektoren mit großem Gespür und Geschick wie bei MGM Arthur Freed, der Highlights wie „An American in Paris" (1951, mit Gene Kelly, in der Regie von Vincente Minnelli) produzierte und nebenher unentwegt eigene Lyrics zu Songs von Musikfilmen beisteuerte, oder bei Twentieth Century Fox Alfred Newman, der als Dirigent und Komponist für ganz unterschiedliche Filmgenres kompositorisch tätig war und dafür mit neun Oscars reichlicher bedacht wurde als jeder Komponistenkollege. Von einer gezielten Sonderstellung der mit Musik befassten Filme kann allerdings zwischen Los Angeles und Moskau längst keine Rede mehr sein. Hingegen sind indische Filme, die es seit vielen Jahrzehnten in kaum ermesslicher Produktionshöhe mit riesigen Zuschauerzahlen gibt und für die sich inzwischen der Ausdruck *Bollywood* eingebürgert hat, fast durchweg (im westlichen Sinne) Musikfilme; sie finden in der westlichen Welt neuerdings vermehrt Aufmerksamkeit, aber es ist kaum abzusehen, einen wie starken Marktanteil sie etwa in Europa oder Nordamerika finden werden. Gegenüber dieser ästhetischen Rechtfertigung des Films aus dem Geiste der vor allem von heimischen Hits getragenen Musik haben die westlichen Filmemacher sich wohl sehr zum Verdruss ihrer eigenen Musikklientel eine vergleichsweise logozentrische Einstellung bewahrt: „Let's go to the talkies." Der Musikfilm – als Sparte ohnehin ein Sammelsurium – wurde hier zwar nie ein dominierendes Genre, die kulturgeschichtlich überkommene logozentrische Haltung hat aber stattdessen vielleicht dazu beigetragen, dass die Techniken der Filmmusik sich in anderen Genres eminent haben verfeinern lassen.

Literatur

Altman, R. (2004). Silent Film Sound. New York: Columbia University Press.
Darby, W. & Du Bois, J. (1990). American Film Music. Major Composers, Techniques, Trends, 1915-1990. Jefferson, London: McFarland.
Erdmann, H. & Becce, G. (unter Mitarbeit von Brav, L.). (1927). Allgemeines Handbuch der Film-Musik. (2 Bände). Berlin, Leipzig: Schlesinger.
Karlin, F. (1994). Listening to Movies. The Film Lover's Guide to Film Music. New York: Schirmer Books.
Lack, R. (1997). Twenty Four Frames Under. A Buried History of Film Music. London: Quartet Books.
Lissa, Z. (1965). Ästhetik der Filmmusik. Leipzig: Henschel.
Marmorstein, G. (1997). Hollywood Rhapsody. Movie Music and its Makers, 1900 to 1975. New York: Schirmer Books.
Pauli, H. (1981). Filmmusik: Stummfilm. Stuttgart: Klett-Cotta.
Prendergast, R. M. (1992). Film Music. A Neglected Art. A Critical Study of Music in Films (erweiterte Ausgabe, Erstausgabe: 1977). New York, London: W. W. Norton & Company.

Weiterführende Literatur

Abel, R. & Altman, R. (Hrsg.). (2004). The Sounds of Early Cinema. Berkeley: University of California Press.
Adorno, T. W. & Eisler, H. (1977). Komposition für den Film (kommentierte Ausgabe, Erstausgabe: 1969). Leipzig, München: Deutscher Verlag für Musik und Rogner & Bernhard.
Altman, R. (1987). The American Film Musical. Bloomington: Indiana University Press.

Brown, R. S. (1994). Overtones and Undertones. Reading Film Music. Berkeley, Los Angeles, London: University of California Press.

Bullerjahn, C. (2001). Grundlagen der Wirkung von Filmmusik (Forum Musikpädagogik Band 43). Augsburg: Wißner.

Burlingame, J. (2000). Sound and Vision. Sixty Years of Motion Picture Soundtracks. New York: Billboard Books.

Chion, M. (1993). Audio-Vision. Sound on Screen. New York: Columbia University Press. (engl. Übersetzung des frz. Originals: L'audio-vision. Paris 1991.)

Chion, M. (1995). La musique au cinéma. Paris: Fayard.

Citron, S. (1991). The Musical: From the Inside Out. Chicago: Dee.

de la Motte-Haber, H. & Emons, H. (1980). Filmmusik. Eine systematische Beschreibung. München: Hanser.

de la Motte-Haber, H. (Hrsg.). (1993). Film und Musik. Mainz: Schott.

Denisoff, R. S. & Romanowski, W. D. (1991). Risky Business. Rock in Film. New Brunswick, London: Transaction Publishers.

Dickinson, K. (Hrsg.). (2003). Movie Music. The Film Reader. London, New York: Routledge.

Donnelly, K. J. (Hrsg.). (2001). Film Music. Critical Approaches New York: The Continuum International Publishing Group.

Dorschel, A. (Hrsg.). (2005). Tonspuren. Musik im Film: Fallstudien 1994-2001. Wien, London, New York: Universal Edition.

Evans, M. (1979). Soundtrack. The Music of the Movies. New York: Da Capo Press.

Faulkner, R. R. (1983). Music on Demand. Composers and Careers in the Hollywood Film Industry. New Brunswick, London: Transaction Books.

Flinn, C. (1992). Strains of Utopia. Gender, Nostalgia, and Hollywood Film Music. Princeton: Princeton University Press.

Flinn, C. (2004). The New German Cinema. Music, History and the Matter of Style. Berkeley: University of California Press.

Flückinger, B. (2001). Sound Design. Die virtuelle Klangwelt des Films. Marburg: Schüren.

Gabbard, K. (1996). Jammin' at the Margins. Jazz and the American Cinema. Chicago, London: University of Chicago Press.

Gorbman, C. (1987). Unheard Melodies. Narrative Film Music. Bloomington: Indiana University Press.

Hayward, P. (Hrsg.). (2004). Off the Planet – Music, Sound and Science Fiction Cinema. London: John Libbey.

Hillman, R. (2005). Unsettling Scores, German Film, Music, and Ideology. Bloomington: Indiana University Press.

Inglis, I. (Hrsg.). (2003). Popular Music and Film. London, New York: Wallflower Press.

Kalinak, K. (1992). Settling the Score: Music and the Classical Hollywood Film. Madison: University of Wisconsin Press.

Kassabian, A. (2001). Hearing Film. Tracking Identifications in Contemporary Hollywood Film Music. New York, London: Routledge.

Keller, M. (1996). Stars and Sounds. Filmmusik – Die dritte Kinodimension. Kassel: Bärenreiter, Gustav Bosse.

Kloppenburg, J. (Hrsg.). (2000). Musik multimedial. Filmmusik, Videoclip, Fernsehen. Laaber: Laaber.

Krones, H. (Hrsg.). (2003). Bühne, Film, Raum und Zeit in der Musik des 20. Jahrhunderts. Wien, Köln, Weimar: Böhlau.

London, K. (1970). Film Music: A Summary of the Characteristic Features of its History, Aesthetics, Techniques, and its Possible Developments. New York: Faber & Faber. (Erstausgabe: London 1936).

Manvell, R. & Huntley, J. (1975). The Technique of Film Music. New York: Hasting House. (überarbeitete Ausgabe, Erstausgabe: London 1957).

Riethmüller, A. (2004). Vom Verstehen der Musik im Film: L'âge d'or von Luis Buñuel (1930). In C. von Blumröder & W. Steinbeck (Hrsg.), Musik und Verstehen (S. 147-163). Laaber: Laaber.

Robertson Wojcik, P. & Knight, A. (Hrsg.). (2001). Soundtrack Available. Essays on Film and Popular Music. Durham, London: Duke Univerity Press.

Romney, J. & Wootton, A. (Hrsg.). (1995). Celluloid Jukebox. Popular Music and the Movies since the 50s. London: British Film Institute.

Schlagnitweit, R. & Schlemmer, G. (Hrsg.). (2001). Film und Musik. Wien: Synema.

Schneider, N. J. (1997). Komponieren für Film und Fernsehen. Ein Handbuch. Mainz: Schott.

Smith, J. (1998). The Sounds of Commerce: Marketing Popular Film Music. New York: Columbia University Press.

Thiel, W. (1981). Filmmusik in Geschichte und Gegenwart. (Ost-)Berlin: Henschel.

Thomas, T. (1997). Music for the Movies. Los Angeles: Silman-James Press. (Erstausgabe: 1973).

Thomas, T. (1991). Film Score. The Art & Craft of Movie Music. Burbank: Riverwood Press.

Wölfer, J. & Löper, R. (2003). Das Grosse Lexikon der Filmkomponisten. Die Magier der cineastischen Akustik – von Ennio Morricone bis Hans Zimmer. Berlin: Schwarzkopf und Schwarzkopf.

Musikformate im Fernsehen

IRVING WOLTHER

Dass das Fernsehen in der Vergangenheit eine wesentliche Rolle für die Wahrnehmung von (vornehmlich Unterhaltungs-)Musik spielte, werden die meisten der heute über 30-Jährigen bestätigen. In der Erinnerung der Zuschauer nehmen viele Musikprogramme der 1960er-, 1970er- und 1980er-Jahre eine singuläre Position ein – auch weil die Sendetermine oft gezielt in die eigene Freizeitgestaltung einbezogen wurden: Der Samstagnachmittag war für den „Beat-Club" reserviert, der Samstagabend gehörte der „ZDF-Hitparade", der Donnerstag der „Starparade". Später ließ man mit „Formel Eins" am Freitagabend die Woche ausklingen (vor dem anschließenden Discobesuch) oder mit „Peter's Pop Show" das musikalische Jahr Revue passieren. Musikformate waren Fixpunkte im Fernsehalltag, an denen sich vor allem jugendliche Zuschauer nur allzu gern orientierten. Durch die zunehmende Ausdifferenzierung der Programmangebote und die Einführung reiner Musiksender wie MTV büßten viele Musiksendungen diesen besonderen Reiz ein. Heute gibt es nur noch wenige Musikformate, die sich im Quotengerangel zwischen öffentlich-rechtlichen und privaten Fernsehanbietern behaupten können. Die Vielfalt des musikalischen Fernsehangebots scheint auf der Strecke geblieben zu sein. Oder sind die verbliebenen Sendungen nur ein Spiegel der gegenwärtigen Musiklandschaft? Ein Blick in die Geschichte der Musikformate im deutschen Fernsehen zeigt, wie sehr die Präsentation von Musik immer auch Veränderungen in unserer Gesellschaft reflektierte.

Musik im Fernsehen

Einführung

Die Idee, Musik im Fernsehen zu präsentieren, ist so alt wie das Medium selbst. Bereits das weltweit erste regelmäßige Fernsehprogramm des Senders PAUL NIPKOW umfasste neben Fernsehspielen und Wochenschauen auch eine Reihe musikalischer Unterhaltungssendungen (vgl. Reiss, 1979, S. 97f.). Das langlebigste Format aus dieser Zeit, die von Ilse Werner moderierte Variété-Show „Wir senden Frohsinn – wir spenden Freude" (1941-1944), kann als „Urmutter" der *Musikformate* im deutschen Fernsehen angesehen werden.

Als die Alliierten nach dem Zweiten Weltkrieg die Wiederaufnahme eines geregelten Sendebetriebs in den vier Besatzungszonen genehmigten, stand schon bald wieder Musik im Fokus der Programmgestalter. Die sich langsam von den Kriegsfolgen erholende Schallplattenindustrie erkannte rasch das Potenzial des Fernsehens zur Vermarktung ihrer Musikprodukte. Allein der technische Zwang zur Direktübertragung verhinderte zunächst eine enge Kooperation zwischen Fernsehen und Plattenfirmen, da die Auswirkungen einer misslungenen Livedarbietung auf die Tonträgerumsätze gefürchtet waren (vgl. Schmidt-Joos, 1960, S. 109). Die Einführung des Playback-Verfahrens entledigte Künstler und Manager schließlich dieser Sorge und bewirkte einen regelrechten Musikboom im deutschen Fernsehen, zumal die Produktionskosten für Musiksendungen durch die neue Technik drastisch reduziert werden konnten, da nicht länger die Anwesenheit eines Begleitorchesters erforderlich war (vgl. Linke, 1972b, S. 263ff.).

Als Werbeträger für die Produkte der Schallplattenindustrie blieben das Fernsehen und seine Musikformate jedoch stets hinter dem Hörfunk zurück (vgl. Sikorski, 1986, S. 42), auch wenn im Zusammenhang mit Sendereihen wie „Musikladen" oder „Formel Eins" zahllose Sampler umgesetzt wurden. Gastauftritte bei „Wetten, dass...?", „Geld oder Liebe" oder „TV Total" – also Showformaten, bei denen Musik gar nicht im Vordergrund steht – erwiesen sich häufig als wesentlich förderlicher für den Tonträgerabsatz als Gigs in „richtigen" *Musiksendungen*. Insofern spielt bei der Auswahl der in diesem Artikel vorgestellten Musikformate weniger ihre kommerzielle Bedeutung als vielmehr ihre Auswirkung auf die *musikalische Sozialisation* ihres Publikums eine Rolle.

Musikformate als Sozialisationsfaktor

Ein Rückblick auf die Geschichte der Musikformate im deutschen Fernsehen wird bei vielen Lesern (wie auch beim Verfasser) nostalgische Erinnerungen an ihr jugendliches Musikerleben wecken. Fast jeder in der Altersgruppe der heute über 30-Jährigen dürfte sich an bestimmte Sendungen erinnern, die für ihn und seine (musikalische) Entwicklung von Bedeutung waren[48]. Das Verfolgen bestimmter Musiksendungen war in einer Zeit beschränkter medialer Angebotsvielfalt über viele Jahre wichtige Grundlage für den verbalen Austausch im Klassenverband oder Freundeskreis (vgl. Nagel, 2007). Noch Mitte der 1980er-Jahre stellt der Musikwissenschaftler Hans Günther Bastian (1986, S. 27) fest: „Musik im Fernsehen gehört zumindest in bestimmten Altersphasen zur Musik im Alltag wie kaum eine andere Musik."

Die Ausdifferenzierung der gesellschaftlichen und kulturellen Systeme, die sich spätestens seit Mitte der 1970er-Jahre vollzog (vgl. Strobel & Faulstich, 1998a, S. 12), sorgte nicht nur für die Entstehung neuer musikalischer Ausdrucksformen, sondern brachte auch immer differenziertere mediale Präsentationen dieser Ausdrucksformen hervor. Vor dem Hintergrund des Konzepts der *musikalischen Selbstsozialisation* (Müller, 1994) konnten jüngere wie ältere Zuschauer auf immer zielgruppenspezifischere

---

[48] Zur musikalischen Sozialisation im Kindes- und Jugendalter siehe auch: Auhagen, Bullerjahn & Höge, 2007.

Musikformate zurückgreifen, um sich „nach außen als Teil einer sozialen Gruppe mit den gleichen wie den eigenen Vorlieben – sei es eine Minderheit oder die breite Mehrheit – zu stilisieren und sich damit sozial zu positionieren" (Müller, Glogner, Rhein & Heim, 2002, S. 16).

Die Ausdifferenzierung des Medienangebots führte letztlich aber auch zu einer Verringerung des Einflusses einzelner Musikformate auf das Publikum – und damit ihrer sozialisierenden Funktion. Für den Austausch mit Angehörigen der Peergroup, wie er in den 1970er- und 1980er-Jahren noch selbstverständlich war, eignen sich klassische Musikformate in der heutigen Fernsehlandschaft nur noch eingeschränkt, da sich die letztlich endliche Zahl von Zuschauerinnen und Zuschauern auf immer mehr unterschiedliche Angebote verteilt und nicht mehr vorausgesetzt werden kann, dass das Gegenüber aus der Fülle der Medieninhalte die gleiche Sendung gewählt hat.

Musikformate – eine aussterbende Gattung?

Das Interesse gerade Jugendlicher an Musik im Fernsehen ist indes ungebrochen. Laut JIM-Studie 2006 nutzen noch immer 50% der Zwölf- bis 19-Jährigen das Fernsehen, um Musik zu hören (Feierabend & Kutteroff, 2007, S. 88). Umso verwunderlicher ist, wie sehr die Zahl der Musikformate – gerade für junge Leute – im deutschen Fernsehen zurückgegangen ist. Lag der Anteil von Musiksendungen am Gesamtprogramm der ARD 1985 noch bei 7,4% (Linz, 1986, S. 94) sind es 20 Jahre später noch gerade einmal 1,5% – Tendenz weiter abnehmend (vgl. Krüger & Zapf-Schramm, 2007, S. 177). Im gleichen Zeitraum hat das ZDF seinen Musikanteil von 5,7% auf 1,1% zurückgeschraubt. Nur die privaten Sender haben noch weniger Musiksendungen im Programm. Wo heute Spartenprogramme um kleinste Zuschauergruppen buhlen, rechnet sich ein ausdifferenziertes Musikangebot offenbar nicht mehr.

Interessanterweise wird der Musikanteil der privaten Programmanbieter in letzter Zeit immer häufiger durch Nostalgiesendungen wie „Die ultimative Chart Show" bestritten, die das Gebot der Ausdifferenzierung konterkarieren, indem sie Hits unterschiedlicher Epochen und Stilrichtungen innerhalb einer Sendung mischen. Auch in der Vergangenheit erfreuten sich genre- und zielgruppenübergreifende Musikangebote immer wieder großer Beliebtheit. Angesichts dieser neueren Entwicklungen lässt sich mutmaßen, dass dies nicht ausschließlich auf die damals eingeschränkte Programmauswahl zurückzuführen ist. Doch wie sahen die Musikformate früher überhaupt aus?

Historische Musikformate im deutschen Fernsehen[49]

Die 50er und 60er – Musikalisches Stelldichein mit Staraufgebot

Das Fernsehen der 1950er-Jahre fungierte zunächst als Medium zur Verbreitung bereits vorhandener kultureller Angebote (vgl. Hickethier, 1998, S. 142). Durch die Übertragung beispielsweise einer Theatervorstellung konnte ein breites Publikum über den Bildschirm an dieser ansonsten örtlich begrenzten kulturellen Darbietung teilhaben, was auch dem Bildungsauftrag des Fernsehens entsprach. Ähnlich gestaltete sich zunächst die Präsentation von Musik: Die großen Unterhaltungsshows, die in der damaligen Zeit ihren Anfang nahmen, waren in erster Linie Saalveranstaltungen mit Liveorchester, zu denen das Fernsehen Eintrittskarten verkaufte und die dann für die Nichtanwesenden in die heimischen Wohnstuben übertragen wurden. Entsprechend orientierte sich die Dramaturgie der Übertragungen stärker an den örtlichen Gegebenheiten als an den Bedürfnissen der Fernsehzuschauer. Musikformate im eigentlichen Sinn bildeten zunächst die Ausnahme und waren nicht selten Adaptionen bereits bestehender erfolgreicher Hörfunksendungen – so auch die erste Hitparade im deutschen Fernsehen, „Die Schlager-Revue" mit Heinz Quermann: Die bis zu ihrer Einstellung 1989 langlebigste Rundfunk-Hitparade der Welt wurde zwischen 1955 und 1956 parallel im DFF-Fernsehprogramm übertragen. Andere DFF-Showformate wie „Da lacht der Bär" (1955-1965) und das weihnachtliche Fernsehritual „Zwischen Frühstück und Gänsebraten" (1957-1991) waren ebenfalls aus Hörfunksendungen hervorgegangen.

Fernseh-Diskjockeys

Auch das erste „moderne" Musikformat der ARD hatte seinen Ursprung beim Radio: „Musik aus Studio B" (1961-1976). Moderator Chris Howland hatte sich als Diskjockey beim britischen Soldatensender BFN und beim NWDR einen Namen gemacht und wurde unter dem selbst gewählten Spitznamen „Mr. Heinrich Pumpernickel" schnell zum Publikumsliebling. In der Sendung blieb er seinem Diskjockey-Image treu und legte zwischen den Auftritten der im Studio anwesenden Schlagerstars Schallplatten am „Kommandopult" auf, zu denen das Hamburger Fernsehballett tanzte. Was aus heutiger Sicht unspektakulär klingt, war für damalige Verhältnisse ausgesprochen progressiv, schließlich dokumentierte sich in der Person des *Diskjockeys* der zunehmende Einfluss der amerikanischen *Unterhaltungskultur* im deutschen Fernsehen (vgl. Hansberger, 1972) – auch wenn in der Sendung vorwiegend deutsche Schlager bzw. deutschsprachige Versionen internationaler Hits vorgestellt wurden.

---

[49] Falls nicht anders angegeben, sind die Eckdaten der genannten Sendungen entnommen aus: Reufsteck & Niggemeyer (2005).

Jede Ausgabe stand unter einem bestimmten Motto, zu dem Regisseur Sigmar Börner die passende Musik auswählte (vgl. von Rüden, 2005, S. 34).

Die daraus resultierende enge Zusammenarbeit mit der Schallplattenindustrie sorgte immer wieder für Diskussionen, denn der WDR fürchtete um seinen Ruf, nachdem bereits gegen einen ehemaligen Abteilungsleiter und vier Angestellte ein Ermittlungsverfahren wegen Bestechung eingeleitet worden war, weil die Werke einzelner Komponisten unverhältnismäßig oft im Programm auftauchten (vgl. Mezger, 1975, S. 58f.). Der DFF hatte weitaus weniger Berührungsängste gegenüber der heimischen Plattenindustrie, wurde das Musikprogramm des „AMIGA-Cocktails" (1958-1964) doch mit Produkten des VEB Deutsche Schallplatten bestückt. Die überaus erfolgreiche Sendereihe wurde nach der zwölften Ausgabe eingestellt, weil das Saalpublikum während der Liveübertragung seinem Wunsch nach mehr *Beatmusik* durch ein lautes Pfeifkonzert Nachdruck verlieh.

Personalityshows und Star-Porträts

Gegen Ende der 1950er-Jahre erfreuten sich Personalityshows im Fernsehen immer größerer Beliebtheit. So schneiderte die ARD der vielseitigen Künstlerin Caterina Valente die Reihe „Bonsoir, Kathrin" (1957-1964) auf den Leib, in der die Gastgeberin nicht nur ihre zahlreichen Showtalente zur Geltung bringen, sondern auch viele internationale Gäste begrüßen durfte. Oft wurden in diesen Shows – in Anlehnung an die beliebten Musikfilme dieser Zeit – kleine Rahmenhandlungen als Aufhänger für den Auftritt der verschiedenen Künstler eingesetzt, so auch in der Unterhaltungsreihe „Hotel Victoria" (1959-1968) die letztlich ein Art *Schlagermusical* darstellte, in dem Hotelier Vico Torriani die Zuschauer mit allerlei Darbietungen unterhielt (vgl. Reufsteck & Niggemeyer, 2005, S. 565). Die Tradition der Personalityshows wurde bis in die 1990er-Jahre aufrecht erhalten, besonders erfolgreich mit Peter Alexander („Peter Alexander serviert Spezialitäten" 1969-1978, „Die Peter Alexander Show" 1987-1994).

In den 1960er-Jahren wurden Star-Porträts fester Bestandteil des Fernsehunterhaltungsprogramms, wobei sich der Saarländische Rundfunk in diesem Genre besonders hervortat. Regisseur Truck Branss machte dabei die Armut seines Haussenders zur formalen Tugend: Seine minimalistischen Inszenierungen kamen ohne kostspielige Requisiten aus und verschmolzen Musik, Text und Bild zu einem eigenständigen Gesamtkunstwerk[50].

> „Truck Branss betrieb auf diese Weise nicht nur eine ästhetische Differenzierung in der Musikpräsentation, er sprach damit ein eher intellektuelles Publikum an, das sich für solche, weniger ‚kitschig' erscheinenden Inszenierungen populärer Musik begeistern konnte" (Hickethier, 1998, S. 256).

---

[50] Schon fast legendär ist die Inszenierung von Drafi Deutschers „Marmor, Stein und Eisen bricht", bei der Branss den Interpreten durch gestapelte Röhren hindurch filmt.

Wenig später sollte dann Regisseur Mike Leckebusch für RADIO BREMEN mit ebenso geringen finanziellen Mitteln und dafür umso mehr Kreativität die Bildästhetik der musikalischen Unterhaltungsprogramme im Rock- und Popbereich revolutionieren.

Musik für alle – Familienprogramm mit Integrationsanspruch

Noch waren Musik- und Showformate nicht an bestimmte Zielgruppen gerichtet, sondern als Familienprogramm konzipiert. Auch eine der langlebigsten Unterhaltungssendungen des deutschen Fernsehens, „Zum Blauen Bock" (1957-1987), verdankte ihre Popularität dem Gebot „durch vieles manchem etwas zu bringen" (Strobel & Faulstich, 1998a, S. 28). Von vielen als Volksmusiksendung erinnert, in der die Gäste stets mit blau-grauen Steingutkrügen, so genannten Bembeln, beschenkt wurden, war „Zum Blauen Bock" immer eher bunter Abend als volkstümlicher Trachtenaufmarsch. Medleys aus *Schlager*, populärer Klassik und Volksliedern boten neben musikalischer Abwechslung einen alle Generationen verbindenden Wiedererkennungseffekt. Die Sendung erreichte in Spitzenzeiten trotz ihres nachmittäglichen Sendeplatzes bis zu 20 Millionen Zuschauer (vgl. Kotte, 1998, S. 208) und vermochte im Unterschied zu reinen *Volksmusiksendungen* wie „Im Krug zum grünen Kranze" (1969-1989) auch ein jüngeres Publikum an sich zu binden. „Frau Wirtin" Lia Wöhr schrieb als erste weibliche Programmproduzentin ebenso Fernsehgeschichte wie „Herr Oberkellner" Heinz Schenk, der seine Stargäste auch dann singen ließ, wenn ihre Prominenz auf ganz anderen Fähigkeiten beruhte und somit Vorreiter für vergleichbare Entwicklungen in späteren Showformaten war.

Die große Samstagabendunterhaltung

Ekkehard Böhmer, der in den ersten 75 Sendungen des „Blauen Bocks" Regie führte, zeichnete für zahlreiche weitere *Unterhaltungssendungen* verantwortlich, die den Anspruch verfolgten, ein Generationen übergreifendes Publikum zu erreichen, so auch für die ZDF-Show „Musik ist Trumpf" (1975-1981). „Das große Fernseh-Wunschkonzert", wie die Sendung untertitelt war, setzte – neben den komödiantischen Fähigkeiten von Moderator Peter Frankenfeld (bzw. später von Harald Juhnke) – auf eine breit gefächerte musikalische Mischung, die von Oper und Operette über Evergreens bis hin zu Schlagern neueren Datums reichte, dabei allerdings auf ein tendenziell älteres Publikum abzielte (vgl. Strobel & Faulstich, 1998b, S. 62f.). Die Zuschauer konnten mithilfe von Stimmzetteln, die in den großen Programmzeitschriften abgedruckt waren, im Vorfeld aus mehreren Melodien auswählen, die für die einzelnen Musikkategorien zur Wahl standen. Dies verlieh der an sich eher beschaulichen Sendung eine gewisse Spannung, da man vor der Ausstrahlung nicht wusste, wie das Musikprogramm letztlich aussehen würde. Nach der Einstellung von „Musik ist Trumpf" setzte Böhmer das Genre mit dem „ARD-Wunschkonzert" (1984-1998) fort, wobei sich der musikalische Schwerpunkt zu Gunsten der Unterhaltungsmusik verlagerte und die Musikwünsche nicht mehr von den Fernsehzuschauern, sondern von geladenen Gästen stammten, die in der Sendung vorgestellt wurden. Ein ähnliches Format führte Moderator Dieter Thomas Heck beim ZDF zum Erfolg: „Melodien für Millionen" (1985-2007).

Gegen den Einfluss der westdeutschen Samstagabendunterhaltung setzte der DFF seit 1972 auf eine Mischung aus Musik, Comedy, Tanz, Artistik und Talk, die zum absoluten Straßenfeger und zur langlebigsten Unterhaltungssendung des DDR-Fernsehens wurde: „Ein Kessel Buntes" (1972-1992). Dabei verfolgte die Show – wie auch die im Wechsel ausgestrahlte Unterhaltungssendung „Da liegt Musike drin" (1968-1985) – gleich mehrere politische Ziele: Zum einen sollte durch Befriedigung der Konsumbedürfnisse der Fernsehzuschauer das Widerspruchbewusstsein in der Bevölkerung gedämpft werden, zum anderen sollte die Sendung als Aushängeschild der *DDR-Unterhaltung* national-kulturelle Identität vermitteln (vgl. Hoff, 1994b, S. 91). Um die Zuschauer von den Programmen des bundesdeutschen „Klassenfeindes" fernzuhalten, wurden keine Kosten gescheut, auch internationale Stars zu verpflichten, die ansonsten nur im Westfernsehen zu sehen waren. Das satirische Ursprungskonzept der Sendung wurde nur in den ersten Folgen konsequent verfolgt und später zu Gunsten des „bunten Abends" fallengelassen.

Staraufgebot für Jung und Alt

Den Spagat zwischen zunehmender Zielgruppenorientierung einerseits und Integrationsanspruch andererseits schaffte das Fernsehen der 1970er-Jahre nicht nur mit Familienprogrammen, die für jüngere Zuschauer attraktiv sein sollten, sondern auch mit Jugendsendungen, die für ein älteres Publikum goutierbar waren. Ein Paradebeispiel für diese Strategie bildete „DISCO" (1971-1982). Die samstägliche *Popmusiksendung* überwand die Genrebarrieren zwischen Schlager, Pop und Rock, die sich seit Ende der 1960er-Jahre gefestigt hatten (vgl. Port le roi, 1998, S. 198). Das jugendliche (Statisten-)Publikum drängelte sich wie in einer echten Diskothek um kleine Bühnenpodeste, auf denen die Interpreten auftraten, tanzte zur Musik und applaudierte frenetisch. In direktem Kontrast zu dieser Inszenierung von Diskothekenatmosphäre stand der jungenhafte Moderator Ilja Richter, der bereits durch seine äußere Erscheinung in Anzug und Krawatte signalisierte, dass die Sendung sich nicht von der Erwachsenenkultur abgrenzen wollte. Die Durchsetzung der Sendung mit Sketchen und Gesangseinlagen des Moderators wurde von so manchem Jugendlichen als verschenkte Sendezeit empfunden (vgl. Engelbrecht & Boebers, 1998, S. 25f.), der klare Aufbau und der stark formalisierte Moderationsstil verliehen ihr indes stark ritualisierte Züge, wobei insbesondere der Spruch „Licht aus! – Spot an!" zu Kultstatus gelangte.

Eine der erfolgreichsten Unterhaltungssendungen des ZDF und bei jungen wie älteren Zuschauern gleichermaßen beliebt war die „Starparade" (1968-1980). Aus den großen Veranstaltungshallen der Bundesrepublik präsentierte Moderator Rainer Holbe Sänger aller Genres, die live vom Orchester James Last begleitet wurden. Künstlerinterviews und Einlagen des Fernsehballetts komplettierten die Sendung, deren Musikmischung von Heino über Johnny Cash bis zu T-Rex reichte. Sängerin Manuela, die in der ersten Ausgabe noch als Co-Moderatorin fungiert hatte, wurde 1973 vom ZDF verklagt, weil sie behauptete, der zuständige Redakteur habe für einen weiteren Auftritt in der Sendung Geld von ihr verlangt (*Manuela*, 2007). Der Rechtsstreit wurde erst sieben Jahre später zu Gunsten des Senders beigelegt. Da war die Starparade bereits trotz anhaltend guter Quoten eingestellt worden, weil sie den Verantwortlichen nicht mehr zeitgemäß erschien (vgl. Reufsteck & Niggemeyer, 2005, S. 1152).

Vorreiter Radio Bremen: Musik für die Jugend

Das Nebeneinander von Musik der Jugendlichen und Musik der Eltern verlief nicht immer so reibungslos wie bei „DISCO" oder der „Starparade". Das Aufkommen der *Beatkultur* in den 1960er-Jahren hatte die Gesellschaft stark polarisiert: auf der einen Seite die Jugendlichen, die sich sowohl äußerlich als auch durch ihre musikalischen Präferenzen von den Erwachsenen abzugrenzen wünschten, auf der anderen Seite das Establishment, das um seinen Bestand fürchtete. Vermutlich war es die weitgehende Boykottierung der Beatmusik im Hörfunk (vgl. Rumpf, 2006), die den „Beat-Club" (1965-1972) als Musikformat im Fernsehen zu einer Legende machte. Auf Initiative von Gerd Augustin, der 1964 die erste Diskothek in Deutschland gegründet hatte, entwarf Regisseur Mike Leckebusch für RADIO BREMEN eine Sendereihe, die sich ganz gezielt an das jugendliche Protestpublikum wandte – wofür Ansager Wilhelm Wieben die übrigen Zuschauer noch ausdrücklich um Verständnis bitten musste (vgl. Nielsen, 2005, S. 12f.).

Ästhetische Trendsetter

Die Sendung betrat in vielerlei Hinsicht Neuland und sorgte immer wieder für Skandale, sei es aufgrund des zu kurz geratenen Garderobe von Moderatorin Uschi Nerke, sei es wegen der noch spärlicher bekleideten Go-Go-Girls, die dort erstmalig ihren Einzug ins deutsche Fernsehen hielten. Neben dem Musikgeschmack prägte der „Beat-Club" vor allem die visuelle Ästhetik seiner Zeit: Der überschwängliche Einsatz neuer Kamera- und Schnitttechniken wurde zum Markenzeichen der Sendung, wobei der chronische Geldmangel von RADIO BREMEN sich als stetige Herausforderung erwies, neue Effekte mit möglichst wenig Kosten zu produzieren (vgl. Nerke, 2005, S. 18ff.). Leckebusch gehört damit zu den Vorreitern der Videoclip-Gestaltung, auch wenn die Zuschauer mit der Zeit der Effektflut überdrüssig wurden, da die Musiker vor lauter Verfremdung mitunter gar nicht mehr zu erkennen waren (vgl. Nerke, 2005, S. 82).

Der „Beat-Club" beschränkte sich nicht auf die bloße Vorstellung der Künstler und ihrer Lieder, sondern informierte über aktuelle Entwicklungen und Trends innerhalb der „Szene". Er zementierte aber auch die Trennung zwischen deutscher und der englischsprachiger Unterhaltungsmusik, da sich Leckebusch weigerte, deutschsprachige Künstler in der Sendung auftreten zu lassen (vgl. Linke, 1972a, S. 302). Diese Linie (wie auch die kreativen technischen Spielereien) wurden in der Nachfolgesendung „Musikladen" (1972-1984) fortgeführt, mit der Radio Bremen den Wechsel von der Beat- zur Popmusik vollzog und die den Ruf des Senders als Heimstatt innovativer *Jugendformate* festigte. Das ebenfalls von Leckebusch verantwortete Jugendmagazin „Extratour" (1985-1989) erweiterte das Konzept des „Musikladens" um Reportageelemente und machte den Ausspruch „Achtung, jetzt kommt ein Karton!", mit dem Cartoon-Einspielungen eröffnet wurden, zum geflügelten Wort.

Kampf um die Zielgruppe

Der „Beat-Club" war allerdings nicht das erste Jugendmusikprogramm im deutschen Fernsehen. Bereits 1964, also ein Jahr vor RADIO BREMEN, hatte der DFF im Zuge einer kurzfristigen Liberalisierung die Sendung „Basar" ins Leben gerufen, in der Schauspieler Dieter Mann aktuelle *Beatmusik* vorstellte, zu deren Rhythmus Jugendliche weniger ausgelassen als choreographiert im Studio tanzten (vgl. Aehnlich & Meier, 2007). Doch die Beatbewegung mit ihrem Protestpotenzial war vielen DDR-Funktionären ein Dorn im Auge, und nach dem „Leipziger Beataufstand" 1965 war mit der neuen Fernsehliberalität schnell wieder Schluss (vgl. Aehnlich, 2005). Erst 1973 startete der DFF anlässlich der „Weltfestspiele der Jugend und Studenten" wieder ein Jugendmagazin: „rund" (1973-1988) war in erster Linie dazu gedacht, die Jugend mit der Politik der Parteiführung vertraut zu machen und sie ideologisch gegen westliche Einflüsse zu immunisieren – die Musik, die 70% der Sendung ausmachte, diente letztlich nur als „,Speck', um die jugendlichen Zuschauer zu ,fangen'" (Hoff, 1994a, S. 215). Dazu wurde gezielt der Samstagnachmittag gewählt, der auch traditioneller Sendeplatz des „Beat-Clubs" war.

Das ZDF folgte dem Trend zur jugendlichen Musiksendung mit „4-3-2-1 Hot and Sweet" (1966-1970) und setzte dort bereits auf die bunte Genremischung, die später auch für „DISCO" charakteristisch werden sollte. Ende der 1970er-Jahre wurde dann als Gegenstück zum „Musikladen" die Sendereihe „Rock-Pop" (1978-1982) kreiert, in der Moderator Christian Simon vor allem jungen Bands eine Plattform bot und auch vor *Heavy Metal* nicht Halt machte. Weitere rockorientierte Formate wurden vor allem in den Dritten Programmen etabliert, so die Konzertreihen „Rockpalast" (WDR, seit 1974) und „Ohne Filter" (SWF/SWR, 1983-2000), die zeitweise auch im ARD-Verbund zu sehen waren. RTL wagte 1988 mit „Mosh" den Versuch eines wöchentlichen Heavy-Metal-Magazins, der jedoch nach gerade mal einem Jahr wieder eingestellt wurde. Auch das Jugendmagazin „Ragazzi" (1989-1991) mit Ingo Schmoll konnte sich trotz zweimaliger Umbenennung langfristig nicht etablieren.

Musik und Humor – eine erfolgreiche Kombination

Die wachsende Unterhaltungsorientierung der öffentlich-rechtlichen Sender Ende der 1970er-Jahre, die sich durch die absehbare Ausstrahlung kommerzieller Programme Anfang des darauf folgenden Jahrzehnts weiter verstärkte (vgl. Hickethier, 1998, S. 341), brachte eine Reihe von Formaten hervor, die auf die Kombination von Musik und Nonsens setzten. Hier war vor allem der WDR Vorreiter: Bereits die erste Staffel der Sketchshow „Klimbim" 1973 war durch musikalische Gastauftritte internationaler Künstler garniert worden. In der „Plattenküche" (1976-1980) bildete dann eine Comedy-Rahmenhandlung mit Helga Feddersen und Frank Zander den Aufhänger für die Präsentation unterschiedlichster Popmusikkünstler, die oft auch als Darsteller in verschiedenen Sketchen auftauchten. Die Sendung verstand sich als „schrillchaotische Persiflage auf damals gängige Musikshows" (Radio und Fernsehen der 70er Jahre, 2007) und war wegen ihres oft geschmacklosen und sexistischen Humors heftig umstritten.

Die ersten Video-Shows

Die Verbindung von Sketchen und Musik wurde von Regisseur Rolf Spinrads mit der Reihe „Bananas" (1981-1984) konsequent weitergeführt. Anstelle der Studioauftritte der Künstler kamen vermehrt *Videoclips* zum Einsatz, was die Sendung zu einem Vorreiter für spätere Video-Shows machte. Ebenfalls von Spinrads stammte die Nachfolgesendung „Känguru" (1985-1986), die dem jungen Hape Kerkeling mit seiner Kunstfigur Hannilein zum Durchbruch verhalf. Hier wurden die Interpreten wieder stärker in die Sketchhandlungen mit einbezogen. Die Kombination von Musik und Sketchen erlebte fast 20 Jahre später in der Reihe „Chartbreak Hotel" (2005-2006) auf SAT.1 eine kurzzeitige Renaissance.

Auch beim ZDF erkannte man Anfang der 1980er-Jahre den Trend, setzte dabei aber auf ARD-erprobtes Personal: Frank Zander moderierte gemeinsam mit Herrn Feldmann, einer zotteligen Hundepuppe, die von Hugo-Egon Balder gesprochen wurde, die Reihe „Vorsicht Musik!" (1982-1984). Im gleichen Jahr startete der Sender „Thommys Pop-Show" (1982-1983) mit dem frisch von der ARD abgeworbenen Thomas Gottschalk, der aktuelle Videoclips mit den ihm eigenen launigen Kommentaren vorstellte. Aus dem Sendeformat wurde ein großes Pop-Festival entwickelt, das unter dem Titel „Thommys Pop-Show extra" 1983 erstmals in der Dortmunder Westfalenhalle veranstaltet und als „Peters Pop-Show" (mit Peter Illmann) bzw. „ZDF Pop-Show" (mit Kristiane Bakker) bis 1993 jedes Jahr im Dezember im Nachtprogramm ausgestrahlt wurde. Das Konzept wurde später von RTL 2 mit „The Dome" (seit 1997), der „Chartparty der Megastars", aufgenommen und auf mehrere Veranstaltungen jährlich ausgedehnt.

Ein besonders erfolgreicher Ableger der „Pop-Show"-Reihe war „Ronny's Pop-Show" (1982-1988). Komiker Otto Waalkes, der die Idee zur Sendung hatte, lieh dem Schimpansen Ronny seine Synchronstimme und präsentierte unter der Regie von Pit

Weyrich allerlei Gags und Kalauer, die allerdings nur selten etwas mit den Musikbeiträgen zu tun hatten, welche in Form von Videoclips vorgestellt wurden. Nach Einstellung der Reihe erschienen unter dem Namen „Ronny's Pop-Show" noch bis Mitte der 1990er-Jahre zahlreiche *Musiksampler*.

Hitparaden und Chartshows – prägend für Generationen

Den größten Coup in Sachen Musikpromotion hatte das ZDF allerdings schon viele Jahre zuvor mit der „ZDF-Hitparade" (1969-2000) gelandet. Das „Schaufenster der Schallplattenindustrie" (Breloer, 1976, S. 222) besaß eine derart hohe Werbewirkung, dass die Sänger auf einen Großteil ihrer üblichen Auftrittsgage verzichteten, um in der Sendung auftreten zu können. Moderator Dieter Thomas Heck hatte schon bei RADIO LUXEMBURG gegen den herrschenden Trend ausschließlich deutsche Schlager präsentiert und war daher für Truck Branss die erste Wahl, als es darum ging, die Idee einer deutschsprachigen Hitparadensendung für das deutsche Fernsehen zu verwirklichen. Nachdem der SAARLÄNDISCHE RUNDFUNK abgewinkt hatte, nahm sich das ZDF des Sendekonzepts an und schuf damit eine regelrechte Fernsehlegende. Dabei war die Idee einer Hitparade mit Publikumswertung nicht einmal neu: Bereits in „Werner Müllers Schlagermagazin" (1961-1965) durften die Zuschauer im Rahmen des „Schlagertotos" über ihre aktuellen Lieblingshits abstimmen. Auch die „Tip-Parade" (1962-1964) im DFF funktionierte nach dem gleichen Prinzip.

Revival des deutschen Schlagers

Neu waren allerdings die musikwirtschaftlichen Rahmenbedingungen, unter denen die „ZDF-Hitparade" stattfand: Nach dem Siegeszug der Beatmusik war die deutsche Schallplattenindustrie in eine schwere Krise geraten. Der Übermacht anglo-amerikanischer Produktionen hatte sie nur wenig entgegenzusetzen (vgl. Mezger, 1975, S. 204f.). Obwohl oder vielleicht auch weil die ganz großen deutschen Stars der „ZDF-Hitparade" fernblieben, gelang es Branss und Heck mit ihrer neuen Sendung, dem von der Beatwelle arg gebeutelten deutschen Schlager neue Impulse zu verleihen und eine Reihe neuer Gesangsidole in das öffentliche Interesse zu rücken.

Die Auswahlkriterien für Neuvorstellungen sowie die Publikumswertung per Postkarte blieben über Jahre heftig umstritten. So erinnert sich Musikproduzent Hans-Rudolf Beierlein: „Die ZDF-Hitparade war (…) ein reines Manipulationsinstrument. Gewonnen hat, wer die meisten Schreibkräfte beschäftigte" (Beierlein & Müllender, 1998, S. 264). Erst 1978 wurde die „ZDF-Hitparade" auch zum Spiegel der tatsächlichen Verkaufszahlen – später auch für englischsprachige Titel, die in Deutschland produziert worden waren. Mit den Jahren verlor das einstige Flaggschiff der ZDF-Unterhaltung viel von seinem Glanz, was nicht zuletzt den allmählichen Qualitätsverfall der Schlagerproduktion in Deutschland dokumentierte. Dennoch war die „ZDF-Hitparade" gerade für jüngere Zuschauer über viele Jahre ein prägendes Fernsehritual

(„Nach dem Bade – Hitparade") und zählte noch Anfang der 1980er-Jahre als einzige Musiksendung zu den zehn beliebtesten Sendungen für Kinder und Jugendliche (vgl. Bastian, 1986, S. 46f.).

DFF-Pendant der „ZDF-Hitparade" war das „Schlagerstudio" (1970-1982), u.a. moderiert von Petra Kusch-Lück. Die Nachfolgesendung „bong" (1983-1989) mit Jürgen Karney bot dem offiziellen DDR-Rock ein wichtiges Forum. Auch hier konnte der Sieger bis zu dreimal wiedergewählt werden und wurde dafür mit dem „Silbernen Bong" ausgezeichnet. Heck, der sich Ende 1984 aus der „ZDF-Hitparade" zurückzog und nur noch einmal im Jahr „Die Super-Hitparade" (1981-2003) moderierte, hob einige Zeit später für den SWF die „Deutsche Schlagerparade" (1988-2000) aus der Taufe, die letztlich das gleiche Konzept verfolgte aber im Unterschied zur modernisierten „ZDF-Hitparade" ausschließlich auf deutschsprachige Produktionen und Publikumswertung setzte. Weitere *Hitparadenformate* folgten im volkstümlichen Bereich.

Chartshows – die wöchentliche Dosis Popmusik

Mit der eigentlichen Verkaufshitparade hatten die genannten Sendungen allerdings wenig zu tun, da die Endplatzierungen durch Zuschauerwertung ermittelt wurden. Eine „echte" Hitparade, wie sie mit „Top of the Pops" bereits seit 1964 im britischen Fernsehen existierte, gab es im deutschen Fernsehen erst recht spät. „Formel Eins" (1983-1987) war nicht nur die erste *Chartshow* im deutschen Fernsehen, sie war aufgrund ihrer Hitparadenausrichtung auch das erste wöchentliche *Popmusikformat*. „Formel Eins" war die Konsequenz aus dem aufkommenden *Musikfernsehen* (1981 war MTV in den USA auf Sendung gegangen) und der wachsenden Popularität von Videoclips, setzte aber vor allem auf die Begeisterung für Hitparaden und Rangfolgen, die zum festen Repertoire von Jugendmagazinen wie „Bravo" bzw. später entsprechenden Jugendformaten wie „Bravo TV" (1985-2007) gehörten. So wurden neben den deutschen auch die britischen und amerikanischen *Charts* in der Sendung vorgestellt.

„Formel Eins" ließ nie einen Zweifel darüber aufkommen, dass sich die Sendung als junges Format verstand. Alle Moderatoren der Sendung, von Peter Illmann (der später im ZDF das Musikmagazin „P.I.T. – Peter-Illmann-Treff" (1985-1990) moderierte) über Stefanie Tücking und Ingolf Lück bis zu Kai Böcking, führten betont cool und lässig durch die Sendung und hatten stets einen witzigen Spruch auf den Lippen. Interpreten, die aufgrund ihrer Verkaufszahlen in die Charts gekommen waren aber nicht in das Konzept der Sendung passten, wurden meist nur kurz angespielt und leicht abfällig kommentiert, zuweilen aber auch zu einem Auftritt in besonders wüste Studiodekorationen geladen, um den Gegensatz zu der in der Sendung propagierten Jugendkultur noch deutlicher hervortreten zu lassen.

Keine andere Chartshow, weder die Adaption des US-amerikanischen „Solid Gold" (1985-1987) im ZDF noch die deutsche Version von „Top of the Pops" (1998-2006) bei RTL erreichten auch nur annähernd die Popularität von „Formel Eins". Nachdem

MTV den Sendebetrieb in Europa aufgenommen hatte und Videoshows überflüssig erschienen, ließ die ARD ihr einstiges Erfolgsformat auf einem Sendeplatz am Samstagnachmittag den stillen Quotentod sterben. Unter dem Namen der Sendung erschienen noch bis weit in die 1990er-Jahre Sampler mit aktueller Popmusik.

Orchideenprogramme – Außenseiter mit großem Namen

Was den Pop- und Schlagerfans recht war, war den Liebhabern der ernsteren Muse nicht immer in gleichem Maße billig. Musikformate im klassischen Bereich fanden und finden sich noch heute vergleichsweise selten im Angebot der großen Fernsehanstalten. Dabei zeigten sich ARD und ZDF in den Anfängen mangels Quotenzwang noch deutlich experimentierfreudiger, wenngleich fast immer mit pädagogisch erhobenem Zeigefinger. So auch bei der ursprünglich aus dem Hörfunk übernommenen Reihe „Musikaleum" (1956-1959): Der Pianist und Musikexperte Ludwig Kusche versuchte darin „klassische Musik von ihrem Image des Bildungsanspruchs zu befreien und durch ausgewählte Klangbeispiele bei der Masse populär zu machen" (Reufsteck & Niggemeyer, 2005, S. 839). Dabei saß Kusche am Klavier und illustrierte seine Erzählungen über Komponisten und das Musikleben vergangener Epochen in Form einer „Fröhlichen Musikgeschichte" (Fröhliche Musikgeschichte von und mit Ludwig Kusche - Joseph Haydn, 2004). Ein ähnliches Konzept verfolgte „Der Opernführer" (1967-1977) mit Marcel Prawy, eine Sendung, die vom österreichischen Fernsehen übernommen und dort noch bis 2002 ausgestrahlt wurde (Zniva, k. A.).

Populäre Klassik

Weitere Anläufe, klassische Musik breiteren Publikumsschichten näher zu bringen, waren die Reihen „Achtung! Klassik" (1990-2000) mit Justus Frantz (der dadurch eine enorme Popularität erlangte) und „Klassisch!" (seit 2001) mit Senta Berger. Auch Götz Alsmann bemüht sich seit 2005 in „Eine große Nachtmusik" um „populäre Klassik auf höchstem Niveau" (Eine große Nachtmusik, 2007). Deutlich langlebiger als all diese Bemühungen um eine Erweiterung der Kernzielgruppe war die Wunschkonzertsendung „Ihr Musikwunsch" (1969-1991), in der beliebte Melodien aus Oper und Operette unter einem bestimmten Oberthema vorgestellt wurden.

Die einzige, die den Brückenschlag zwischen E-Musik und U-Publikum mit Bravour bewältigte, war Anneliese Rothenberger. Als Kind aus musikalisch bzw. künstlerisch unvorbelasteter Familie verkörperte die international gefeierte Sopranistin einen Typus von Opernsängerin, der nicht divenhaft und unerreichbar, sondern bescheiden und ausgesprochen sympathisch wirkte. „Anneliese Rothenberger gibt sich die Ehre" (1971-1981), „Traumland Operette" (1982-1986) und die Nachwuchsshow „Anneliese Rothenberger stellt vor" (1975-1986) machten die Sängerin mit Einschaltquoten von bis zu 59% (Strobel & Faulstich, 1998a, S. 86) zur beliebtesten Vertreterin der klassischen Musik im deutschen Fernsehen. Von vielen Kollegen musste sich

Rothenberger allerdings aufgrund ihres populären Sendekonzepts, das auch Musical, volkstümliche Lieder und Schlager einbezog, den Vorwurf des „Verrats an der Kunst" gefallen lassen (Reufsteck & Niggemeyer, 2005, S. 80).

Musik zum Mitraten

Als vermutlich bestes Medium zur Vermittlung klassischer Musik erwies sich im Übrigen keine Show- sondern eine Quizsendung: „Erkennen Sie die Melodie?" (1969-1985). Insgesamt 153 Folgen lang konnten die Zuschauer mitfiebern, wenn drei Kandidaten Wissensfragen aus der Welt der Oper, Operette und des Musicals beantworten mussten, die natürlich immer wieder Anlass gaben, das eine oder andere Musikstück zu Gehör bzw. zur Aufführung zu bringen. Zwischen 1977 und 1980 wurde die Sendung durch „Spaß mit Musik" abgelöst, einem *Musikquiz* mit leicht abgewandelten Konzept, das auch volkstümlicheren Tönen gegenüber aufgeschlossen war und von Fernsehansagerin Elfie von Kalckreuth moderiert wurde.

Ansonsten fristete das Musikquiz ein Schattendasein im deutschen Fernsehen und war fast ausschließlich Domäne des ZDF. Allein drei Sendeformate wurden zwischen 1981 und 1984 von Hans Rosenthal entwickelt, von denen allerdings nur „Ein Wort aus Musik" (1981-1983) mit Heinz Eckner länger als ein Jahr Bestand hatte. Danach war das Thema Musikquiz erst einmal gestorben. Erstaunlicherweise war es der Privatsender VOX, der das Genre für sich wiederentdeckte und mit der täglichen Gameshow „Hast du Töne" (1999-2001) und Moderator Matthias Opdenhövel die Idee von „Erkennen Sie die Melodie?" neu belebte – wobei der musikalische Schwerpunkt deutlich weniger hochkulturell gelagert war.

Elitär und erfolgreich

Noch weniger als die Freunde der klassischen Musik fanden sich die Fans von Jazz und Chanson im Fernsehprogramm wieder. Der ehemalige Wiener Sängerknabe und Liedermacher Peter Horton präsentierte in seinen Sendereihen „Café in Takt" (1978-1984) und „Hortons kleine Nachtmusik" (1987-1989) bevorzugt gediegeneres Liedgut, was den Formaten neben Kritikerlob auch den Vorwurf des Elitismus einbrachte. Ähnliches gilt für den „Liedercircus" (1976-1988), wo Michael Heltau Sänger, Chansonniers und Kabarettisten vorstellte. Der „ZDF-Jazzclub" (1987-1991) hielt in der Nachfolge der Konzertreihe „Jazz im ZDF" immerhin vier Jahre durch. Bei den Privaten wurden entsprechende Formate vermutlich nicht einmal erwogen.

Tabelle 1: Wichtige Musikformate im deutschen Fernsehen (Auswahl)

Titel der Sendung	Sender	Lief von	Lief bis	Dauer in min.	Frequenz	Sendetag	Sendezeit	Format	Musikgenre
4-3-2-1 - Hot and Sweet	ZDF	1966	1970	45	monatlich	Samstag	nachmittags	Musikshow	Pop, Rock, Schlager
Achims Hitparade	DFF, MDR	1989	2006	60	monatlich	Freitag	20.15 Uhr	Hitparade	volkstümlich
Achtung! Klassik	ZDF	1990	2000	60	an Feiertagen	an Feiertagen	19.15 Uhr	Musikshow	Klassik
Alles singt!	DFF	1976	1991	90	k.A.	Samstag	20.00 Uhr	Musikshow	Volksmusik
AMIGA-Cocktail	DFF	1958	1964	k.A.	2 x jährlich	Sonntag	nachmittags	Musikshow	Schlager, Beat
Anneliese Rothenberger gibt sich die Ehre	ZDF	1971	1981	90	lose Folge	Samstag	20.15 Uhr	Personalityshow	Klassik, Diverse
ARD-Wunschkonzert	ARD	1984	1998	90	4 - 5 x jährlich	Samstag, Donnerstag	20.15 Uhr, 21.00 Uhr	Wunschkonzert	Diverse
Bairisches Bilder- und Notenbüchl	ARD	1962	1984	45	lose Folge	Wochenende	nachmittags	Musikmagazin	Volksmusik
Bananas	ARD	1981	1984	45	monatlich	Dienstag	20.15 Uhr	Musik- und Sketchshow	Pop, Rock, Schlager
Beat-Club	ARD	1965	1972	30, 60	monatlich	Samstag	nachmittags	Musikshow	Beat, Pop, Rock

Titel der Sendung	Sender	Lief von	Lief bis	Dauer in min.	Frequenz	Sendetag	Sendezeit	Format	Musikgenre
Bong	DFF	1983	1989	45	monatlich	Donnerstag	20.00 Uhr	Hitparade	Pop, Rock
Bonsoir, Kathrin	ARD	1957	1964	50	lose Folge	Sonntag	abends	Personalityshow	Schlager, Diverse
Café in Takt	ARD	1978	1984	45	lose Folge	wechselnd	abends	Musiksendung	Jazz, Diverse
Der Opernführer	ZDF	1967	1977	30	lose Folge	Samstag	16.30 Uhr	Musikshow	Klassik
Deutschland sucht den Superstar	RTL	2002	heute	120	in Staffeln	Samstag	21.15 Uhr	Castingshow	Pop, Rock
Die 70er/80er/90er Show	RTL	2002	2005	120	in Staffeln	Samstag	21.15 Uhr	Nostalgieshow	Pop, Rock, Schlager
Die deutsche Schlagerparade	SWR	1988	2000	45	monatlich	Sonntag	vorabends	Chartshow	Schlager
Die deutschen Schlagerfestspiele	ARD	1961	1999	105	jährlich	Samstag	20.15 Uhr	Musikwettbewerb	Schlager
Die Hit Giganten	SAT 1	2003	heute	120	in Staffeln	Samstag	21.15 Uhr	Nostalgieshow	Pop, Rock, Schlager
Die Musik kommt...	ZDF	1973	1983	60	monatlich	Samstag	16.00 Uhr	Musikshow	Volksmusik, volkstümlich
Die Peter-Alexander-Show	ZDF	1987	1994	120	jährlich	Samstag	20.15 Uhr	Personalityshow	Diverse

Titel der Sendung	Sender	Lief von	Lief bis	Dauer in min.	Frequenz	Sendetag	Sendezeit	Format	Musikgenre
Die Schlagerparade der Volksmusik	SWR, ARD	1989	2003	45	monatlich	Montag	20.15 Uhr	Musikshow	volkstümlich
Die Schlager-Revue	DFF	1955	1956	k.A.	k.A.	Donnerstag	k.A.	Chartshow	Schlager
Die Super-Hitparade der Volksmusik	ZDF	1983	heute	90	jährlich	Donnerstag	19.30 Uhr	Hitparade	volkstümlich
Die ultimative Chart Show	RTL	2003	heute	120	lose Folge	werktags	21.15 Uhr	Nostalgieshow	Diverse
Die volkstümliche Hitparade im ZDF	ZDF	1990	2001	60	monatlich	Donnerstag	abends	Hitparade	volkstümlich
DISCO	ZDF	1971	1982	45	monatlich	Samstag	abends	Musikshow	Pop, Rock, Schlager
Ein Kessel Buntes	DFF, ARD	1972	1992	120	6 x jährlich	Samstag	20.00 Uhr	Musikshow	Schlager, Diverse
Eine große Nachtmusik	ZDF	2005	heute	75	lose Folge	Freitag	später Abend	Musikshow	Klassik, Pop
Erkennen Sie die Melodie?	ZDF	1969	1985	60, 45	wechselnd	wechselnd	abends, nachmittags	Musikquiz	Klassik, Musical
Eurovision Song Contest	ARD	1956	heute	180	jährlich	Samstag	21.00 Uhr	Musikwettbewerb	Pop, Rock, Schlager
Extratour	ARD	1985	1989	90	4 x jährlich	Donnerstag	21.00 Uhr	Jugendsendung	Pop, Rock

Titel der Sendung	Sender	Lief von	Lief bis	Dauer in min.	Frequenz	Sendetag	Sendezeit	Format	Musikgenre
Feste der Volksmusik	ARD	1994	heute	90	lose Folge	Samstag	20.15 Uhr	Musikshow	Volksmusik, volkstümlich
Formel Eins	3. Progr., ARD	1983	1990	45	wöchentlich	Freitag, Samstag	vorabends, 15.00 Uhr	Chartshow	Pop, Rock, Schlager
Früh übt sich	ZDF	1979	1981	30	monatlich	Mittwoch	18.20 Uhr	Talentshow	Diverse
Grand Prix der Volksmusik	ARD, ZDF	1986	heute	180	jährlich	Samstag	20.15 Uhr	Musikwettbewerb	volkstümlich
Haifischbar	ARD	1963	1979	wechselnd	wechselnd	Samstag, Montag	20.15 Uhr, 21.00 Uhr	Musiksendung	Diverse
Hast du Töne?	VOX	1999	2001	30, 60	täglich	werktags	19.40 Uhr, 19.10 Uhr	Musikquiz	Diverse
Heimatmelodie	RTL	1984	1994	60	14-täglich, wöchentlich	Sonntag, Freitag	17.45 Uhr, 20.15 Uhr	Musikshow	volkstümlich
Hotel Victoria	ARD	1959	1968	60	lose Folge	Samstag	20.15 Uhr	Musikshow	Schlager
Ihr Musikwunsch	ZDF	1969	1991	60, 45	wöchentlich	Sonntag, Samstag	mittags, nachmittags	Wunschkonzert	Klassik
Im Krug zum grünen Kranze	ARD	1969	1989	wechselnd	monatlich	Mittwoch, Samstag	vorabends, 20.15 Uhr	Musikshow	Volksmusik
Känguru	ARD	1985	1986	45	wöchentlich	Donnerstag	21.45 Uhr	Musik- und Sketchshow	Pop, Rock, Schlager

Titel der Sendung	Sender	Lief von	Lief bis	Dauer in min.	Frequenz	Sendetag	Sendezeit	Format	Musikgenre
Kein schöner Land	ARD	1989	2007	45	in Staffeln	Donnerstag, Montag	21.00 Uhr, 20.15 Uhr	Musiksendung	Klassik, Volksmusik
Klassisch!	ZDF	2001	heute	105	lose Folge	an Feiertagen	abends	Musikshow	Klassik
Klock 8, achtern Strom	DFF	1966	1990	75	Monatlich	Samstag	20.00 Uhr	Musikshow	Seemannslieder
Liedercircus	ZDF	1976	1988	45	6 x jährlich	wechselnd	wechselnd	Musikshow	Chanson
Lustige Musikanten	ZDF	1971	2007	90	lose Folge	Samstag, Sonntag	20.15 Uhr	Musikshow	Volksmusik, Schlager, volkstümlich
Melodien für Millionen	ZDF	1985	2007	100	2 x jährlich	Samstag	20.15 Uhr	Wunschkonzert	Schlager, Klassik
Mini Playback Show	RTL	1990	1998	60	wöchentlich	wechselnd	19.10 Uhr, 20.15 Uhr	Musikshow mit Wettbewerb	Diverse
Musik aus Studio B	ARD	1961	1976	45	k.A.	Montag	21.00 Uhr	Musikshow	Schlager, Beat
Musik ist Trumpf	ZDF	1975	1981	90	k.A.	Samstag	20.15 Uhr	Musikshow	Diverse
Musikaleum	ARD	1956	1959	40	k.A.	wechselnd	20.15 Uhr	Gesprächsreihe	Klassik

Titel der Sendung	Sender	Lief von	Lief bis	Dauer in min.	Frequenz	Sendetag	Sendezeit	Format	Musikgenre
Musikantenstadl	ARD	1983	heute	95	lose Folge	Samstag	20.15 Uhr	Musikshow	Volksmusik, volkstümlich
Musikladen	ARD	1972	1984	45	monatlich	Mittwoch, Donnerstag	21.00 Uhr, 21.45 Uhr	Musikshow	Pop, Rock
Oberhofer Bauernmarkt	DFF	1974	1991	60	k.A.	Sonntag	16.00 Uhr	Musikshow	Volksmusik, volkstümlich
Ohne Filter	SWR, ARD	1983	2000	60	monatlich	Samstag, Mittwoch	später Abend	Musikshow	Pop, Rock, Jazz
P.I.T. - Peter-Illmann-Treff	ZDF	1985	1990	45	monatlich	Mittwoch, Samstag	19.30 Uhr, später Abend	Musikshow	Pop, Rock
Peter Alexander serviert Spezialitäten	ZDF	1969	1978	90	lose Folge	k.A.	abends	Personalityshow	Schlager, Klassik, volkstümlich
Peters Pop-Show	ZDF	1985	1992	180	jährlich	Samstag	nachts	Konzertübertragung	Pop, Rock
Plattenküche	WDR, ARD	1976	1980	45	8 x jährlich	Samstag, Dienstag	22.15 Uhr, 20.15 Uhr	Musik- und Sketchshow	Pop, Rock, Schlager
Popstars	RTL 2, Pro 7	2000	heute	120	in Staffeln	verschieden	abends	Castingshow	Pop, Rock
Rockpalast	WDR, ARD	1974	1998	120	wechselnd	wechselnd	später Abend	Konzertübertragung	Pop, Rock

Titel der Sendung	Sender	Lief von	Lief bis	Dauer in min.	Frequenz	Sendetag	Sendezeit	Format	Musikgenre
Rock-Pop	ZDF	1978	1982	45	10 x jährlich	Samstag	19.30 Uhr	Musiksendung	Pop, Rock
Ronnys Pop-Show	ZDF	1982	1988	45	monatlich	Montag, Mittwoch	19.30 Uhr	Musik- und Sketchshow	Pop, Rock
Rund	DFF	1973	1988	90	monatlich	Samstag	nachmittags	Jugendsendung	Diverse
Schlagerstudio	DFF	1970	1982	45	monatlich	Donnerstag, Mittwoch	20.30 Uhr, 20.00 Uhr	Hitparade	Schlager, Pop
Solid Gold	ZDF	1985	1987	25	wöchentlich	Samstag	18.20 Uhr	Chartshow	Pop, Rock
Soundmix-Show	RTL	1995	1997	k.A.	k.A.	Samstag	abends	Talentshow	Diverse
Souvenirs, Souvenirs	ARD	1983	1985	30	lose Folge	Montag, Samstag	22.00 Uhr, nachmittags	Nostalgieshow	Diverse
Spaß mit Musik	ZDF	1977	1980	45	k.A.	Montag	19.30 Uhr	Musikquiz	Klassik, Volksmusik
Starparade	ZDF	1968	1980	60, 90	k.A.	Donnerstag	abends	Musikshow	Schlager, Pop
Talentschuppen	ARD	1967	1987	versch.	lose Folge	verschieden	verschieden	Talentshow	Diverse
The Dome	RTL 2	1997	heute	180	lose Folge	Sonntag	nachmittags	Konzertübertragung	Pop, Rock

Titel der Sendung	Sender	Lief von	Lief bis	Dauer in min.	Frequenz	Sendetag	Sendezeit	Format	Musikgenre
Thommys Pop-Show	ZDF	1982	1983	60	k.A.	k.A.	vorabends	Videoclip-Show	Pop, Rock
Toi, Toi, Toi	ARD	1958	1961	75	k.A.	Sonntag	nachmittags	Talentshow	Diverse
Top of the Pops	RTL	1998	2006	60	wöchentlich	Samstag	17.45 Uhr	Chartshow	Pop, Rock
Traumland Operette	ZDF	1982	1986	60	14-täglich	Samstag, Sonntag	nachmittags	Musikshow	Klassik
Vorsicht Musik!	ZDF	1982	1984	45	monatlich	Montag	abends	Musikshow	Pop, Rock, Schlager
Werner Müllers Schlagermagazin	ARD	1961	1965	90	lose Folge	Samstag	20.15 Uhr	Hitparade	Schlager
ZDF Jazzclub	ZDF	1987	1991	75	monatlich	wechselnd	später Abend	Musikshow	Jazz
ZDF-Hitparade	ZDF	1969	2000	45	monatlich	Samstag, Mittwoch, Donnerstag	19.30 Uhr, 20.15 Uhr, 17.55 Uhr	Hitparade	Schlager, Pop
Zum blauen Bock	ARD	1957	1987	90	monatlich	Samstag	nachmittags, 20.15 Uhr	Musikshow	Volksmusik, Schlager, Klassik

Quelle: Reufsteck & Niggemeyer (2005) sowie eigene Recherche, u.a. bei www.tvprogramme.net

Musikwettbewerbe – Medienereignisse im Kollektivbewusstsein

Unter den Musikformaten nehmen *Musikwettbewerbe* eine Sonderstellung ein, da es bei ihnen weniger darum geht, bestehendes Repertoire für die Zwecke einer Unterhaltungssendung neu zusammenzustellen, sondern sie Anlass zur Schöpfung von Neukompositionen geben. Für die Schallplattenindustrie sind sie Segen und Fluch zugleich, da sie einem noch unbekannten Musikprodukt in kürzester Zeit zu enormer Popularität verhelfen können, die dafür erforderliche Zusammenarbeit mit den Fernsehanstalten jedoch eine Reihe von Zwängen und Einschränkungen mit sich bringt (vgl. Wolther, 2005). Auch für die Zuschauer sind Musikwettbewerbe etwas Besonderes, weil ihr jährlicher Turnus den Fernsehalltag feiertagsähnlich durchbricht und die häufig langjährige Tradition mit immer gleichem Sendeablauf ihnen rituellen Charakter verleiht.

Eurovision Song Contest

Tatsächlich erweisen sich Musikwettbewerbe als besonders langlebig. Der „Eurovision Song Contest" (seit 1956), ist das älteste aller Musikformate und erfreut sich nach kleineren Modernisierungen ungebrochener Beliebtheit: Jahr für Jahr findet er sich unter den zehn meistgesehenen Unterhaltungssendungen des deutschen Fernsehens (vgl. Zubayr & Gerhard, 2007, S. 196). Er ist zugleich derjenige unter den Musikwettbewerben, bei dem es am wenigsten um Musik geht. Das „medieninszenierte Pseudo-Medienereignis" (Scherer & Schlütz, 2003) diente stets in erster Linie der internationalen Medienkooperation und entwickelte im Laufe seiner Geschichte eine Eigendynamik als Länderwettbewerb, die kommerzielle Interessen gegenüber nationalkulturellen Repräsentationsbedürfnissen in den Hintergrund treten ließ (vgl. Wolther, 2006). Gerade diese Konstellation machte den Wettbewerb zu einem Familienereignis, das den Kindern neben Weihnachten und Silvester einen weiteren Hochtag bescherte, an dem sie länger wachbleiben durften (vgl. Horn, 1998, S. 8). Sein Einfluss auf die musikalische Sozialisation der Zuschauer blieb aufgrund dieser Sonderstellung vergleichsweise gering, da nur wenige der vorgestellten Titel in der Folge weitere Beachtung in den Medien fanden (vgl. Björnberg, 1989, S. 377). Dem im DFF ausgestrahlten „Intervisions-Liederwettbewerb" (1977-1980) war ebenso wenig Auswirkung auf den Musikmarkt, aber keine so lange Lebensdauer beschieden.

Nationale Wettbewerbe

Den kommerziellen Gegenpol zum „Eurovision Song Contest" und seinen nationalen Vorentscheidungen bildeten über viele Jahre die „Deutschen Schlagerfestspiele" (1961-1966, 1994, 1997-1999). Die Siegertitel der frühen Jahre wurden ausnahmslos zu Evergreens, doch die kommerziellen Interessen der Musikindustrie kollidierten schon bald mit den Vorstellungen des ausrichtenden SWF, der sich die Förderung des Autorennachwuchses auf die Fahnen geschrieben hatte (vgl. Linke, 1972c, S. 216).

Das ZDF nahm nach einem Jahr Unterbrechung die Tradition mit dem „Deutschen Schlagerwettbewerb" (1968-1971, 1973) wieder auf, welcher ebenfalls eine Reihe von Erfolgstiteln hervorbrachte. Doch auch hier bereitete die antikommerzielle Grundhaltung des Senders (und der allzu offensichtliche Missbrauch des Wettbewerbs als Abwurfstation für drittklassige Kompositionen) dem Ganzen ein rasches Ende. Der Versuch einer Wiederbelebung der „Deutschen Schlagerfestspiele" Ende der 1990er-Jahre durch Dieter Thomas Heck konnte an die früheren Erfolge nicht mehr anknüpfen und wurde nach drei Jahren wieder eingestellt.

Mehr Erfolg bei der Einbindung der Musikindustrie hatte Stefan Raab mit seinem „Bundesvision Song Contest" (seit 2005). Dreist kopierte der Moderator das Sendekonzept des „Eurovision Song Contests" und brach es auf die föderale Länderstruktur der Bundesrepublik herunter. Auf musikalischer Seite spielte er jedoch (unter dem Deckmantel der Musikförderung) die Karte der Musikindustrie, die um die verkaufsfördernde Wirkung von Raabs Sendungen weiß und daher auch hochkarätige Künstler in den Wettbewerb entsendet. Es bleibt abzuwarten, ob der „Bundesvision Song Contest" sich wie sein ARD-Vorbild zu einem Fernsehritual entwickeln oder den vorzeitigen Quotentod sterben wird.

Ein ganz anderer Ableger des „Eurovision Song Contests" kann schon auf eine über 20-jährige Geschichte zurückblicken: der „Grand Prix der Volksmusik" (seit 1986). Dem Vorboten einer über Jahre anhaltenden Volksmusik-Welle im deutschen Fernsehen blieb zwar der Kultstatus versagt, dafür sorgten die Vermarktung von Tonträgern der Vorentscheidungs- und Finaltitel sowie der Einsatz von Televoting von Anfang an für die kommerzielle Relevanz. In jüngster Zeit wurden allerdings vermehrt Wertungsmanipulationen durch den Einsatz von Call-Centern angeprangert (vgl. medientelegramm Verlag GmbH, 2007).

Volksmusik – alte Masche neu gestrickt

Der Sieg des Original Naabtal-Duos beim „Grand Prix der Volksmusik" 1988 löste in Deutschland geradezu eine Lawine volkstümlich aufgemachter Produktionen aus, die dem Publikum in einer Vielzahl ähnlich strukturierter Fernsehformate nähergebracht wurden. Um die Programmplätze zu füllen, wurden auch in Vergessenheit geratene Schlagerstars aus den 1950er- und 1960er-Jahren in die Sendungen geholt, die zwar streng genommen nichts mit volkstümlicher Musik zu tun hatten, dem vorwiegend älteren Publikum aber noch bestens in Erinnerung waren. Je mehr die Grenzen zwischen Schlager und volkstümlicher Musik verschwammen, desto mehr Konkurrenzformate überschwemmten die Sendeplätze – auch bei den Privaten.

Die (Volks-)Musik kommt ...

Dass die Formatlawine vom ZDF losgetreten wurde, kommt nicht von ungefähr, wie der „Grand Prix der Volksmusik"-Erfinder Beierlein erläutert: „Die ARD hatte Volksmusik ausgesperrt und 20 Jahre gebraucht, bis sie sie in ihr Programm aufgenommen hat. (...) Das ZDF dagegen hat gleich, 1963, mit Volksmusik begonnen, dort wurde liberaler gearbeitet" (Beierlein & Müllender, 1998, S. 262). Dennoch war die erste Volksmusik-Sendung eine ARD-Produktion: Das „Baierische Bilder- und Notenbüchl" (1962-1984) präsentierte mit vielen informativen Hintergründen authentische Volksmusik aus den Alpen. Erst 1971 startete das ZDF mit den „Lustigen Musikanten" das bis heute (mit Unterbrechungen) langlebigste volkstümliche Format – schon damals mit der Mischung aus Schlager und Volksmusik, aus der später der *volkstümliche Schlager* als neues Genre hervorgehen sollte. Ebenfalls eine ZDF-Produktion war die Maria-Hellwig-Show „Die Musik kommt..." (1973-1983), in der die populäre Volksmusiksängerin vor Ort Musik, Land und Leute vorstellte. Ein ähnliches Konzept verfolgte später Opernsänger Günter Wewel mit „Kein schöner Land" (1989-2007).

Eine eigene volkstümliche Musikshow in der Primetime gestattete die ARD sich erst mit dem „Musikantenstadl" (seit 1983), bei dem es sich ursprünglich um ein Format des österreichischen Fernsehens handelte. Moderator Karl Moik wurde durch die Sendung zum Sinnbild schunkelnder Volksmusikseligkeit (und zum prominentesten Angriffsziel ihrer Gegner). Sein weibliches ZDF-Pendant war die für ihre markante Aussprache bekannte Moderatorin Caroline Reiber, die ihre Volksmusik-Karriere bei den „Lustigen Musikanten" begonnen hatte und in der „Super-Hitparade der Volksmusik" (1983-2005) zunächst besonders populäre Interpreten aus dieser Reihe vorstellte. „Die volkstümliche Hitparade im ZDF" (1990-2001) griff dann das bewährte Konzept der „ZDF-Hitparade" für das volkstümliche Genre auf, wo mittlerweile der Großteil der ehemaligen Schlagerkomponisten ein neues Betätigungsfeld gefunden hatte. Mit tatsächlicher Volksmusik hatte das Ganze zu diesem Zeitpunkt bereits nichts mehr zu tun (vgl. Strobel & Faulstich, 1998a, S. 139). Bereits ein Jahr zuvor hatte der SWR die „Schlagerparade der Volksmusik" (1989-2003) ins Leben gerufen und damit etwaige noch bestehende Genreunterschiede souverän beiseite gefegt.

Unaufhaltsame Programmlawine

Die volkstümliche Format-Inflation erfasste auch die Privatsender: RTL holte sich Marianne und Michael für die „Heimatmelodie" (1984-1994) mit ins Boot. Das Traumpaar der deutschen Volksmusik durfte später bei SAT.1 „Feste Feiern" (1989-1990) und übernahm nach langjähriger Moderation der „Lustigen Musikanten" 2005 schließlich die „Superhitparade der Volksmusik" von Caroline Reiber. Es ist nicht zuletzt diesem wilden Personalkarussell zu verdanken, dass selbst volksmusikaffine Zuschauer die Formate irgendwann nicht mehr voneinander unterscheiden konnten.

Die Privaten überließen schließlich Ende der 1990er-Jahre den öffentlich-rechtlichen Sendern das volkstümliche Feld und konzentrierten sich fortan auf die werberelevante Zielgruppe der 19- bis 49-Jährigen.

Auch im DFF hatte volkstümliche Musik ihren festen Platz, wobei sie vor allem dazu diente, „Heimatliebe" zu schüren, um die Widersprüche in der sozialistischen Gesellschaft zu verdrängen (vgl. Hoff, 1994b, S. 93) – angefangen vom „Oberhofer Bauernmarkt" (1974-1991), dem „Blauen Bock des Ostens" (Matzke, k. A.), über die monumentale Chorgesangs-Show „Alles singt!" (1976-1991) bis zu „Achims Hitparade" (1989-2006), die sich nach der Abwicklung des DFF immerhin noch 14 Jahre beim MDR behaupten konnte. Ältestes volkstümliches Format des Senders war die Seemanns-Show „Klock 8, achtern Strom" (1966-1990), in der Songs und Shantys von der Ostseeküste präsentiert wurden und die als ostdeutsche Antwort auf die „Haifischbar" (1963-1979) aus Hamburg gedacht war.

Dass der ehemalige DFF-Fernsehliebling Carmen Nebel nach der Wende eine Vielzahl volkstümlicher Formate wie die „Feste der Volksmusik" (seit 1994) moderierte, ist also kein Zufall. Und mit Florian Silbereisen hat die ARD für die kommenden Jahre ein weiteres publikumswirksames Volksmusikshow-Zugpferd im Stall. Die Zukunft des Genres ist dennoch ungewiss. Nachdem allmählich die Quoten bröckeln, sind zumindest beim ZDF selbst heilige Kühle wie die „Lustigen Musikanten" nicht mehr tabu (vgl. Rüdel, 2007).

Castingshows – die Freude am Scheitern

Was die volkstümlichen Formate für die öffentlich-rechtlichen Sender sind, sind *Castingshows* für die Privaten. Der beispiellose Hype, den die Suche nach Pop-, Super- und sonstigen Stars ausgelöst hat, beschert vor allem den Sendern der Bertelsmann-Gruppe nicht nur erfreuliche Einschaltquoten, sondern auch erkleckliche Tonträgerverkäufe über das hauseigene Label BMG (vgl. Pendzich, 2005, S. 144ff.). Dies ist umso verwunderlicher, als die Idee junge Menschen bekannte Melodien nachsingen zu lassen schon relativ alt ist: Bereits in der „Rudi-Carrell-Show" (1988-1992) imitierten Nachwuchskünstler bekannte Sänger und wurden hinterher von den Studiozuschauern bewertet. Auf diese Weise kam die Show ohne kostspielige Gesangsstars aus und bot trotzdem ein unterhaltsames weil hitbestücktes Musikprogramm (vgl. Reufsteck & Niggemeyer, 2005, S. 1017). Das gleiche Konzept verfolgte auch die „Soundmix-Show", die von 1995 bis 1997 bei RTL lief und auf einem niederländischen Format beruhte, das im Original eine ganze Reihe außerordentlich erfolgreicher Sänger hervorbrachte. Auf die Idee, Plattenaufnahmen mit den ausgeschiedenen Teilnehmern zu machen oder gar die nachgesungenen Titel auf einem Sampler zusammenzufassen, kam damals allerdings noch niemand.

Talentwettbewerb vs. Castingshow

Nachwuchssuche war immer fester Bestanteil des musikalischen Fernsehrepertoires. Bereits in den Pionierzeiten der ARD suchte Peter Frankenfeld in der Show „Toi, Toi, Toi" (1958-1961) nach jungen Talenten aus allen Bereichen der Unterhaltung. Hier wurden nicht nur die später als Schlagersänger erfolgreichen Geschwister Leismann entdeckt, sondern auch Dieter Thomas Heck (vgl. Strobel & Faulstich, 1998b, S. 52). Deutlich erfolgreicher war der „Talentschuppen" (1967-1987), wo spätere Showstars wie Michael Schanze und Hape Kerkeling entdeckt wurden, aber auch erfolgreiche Sänger wie Juliane Werding und Reinhard Mey. Das ZDF hielt mit der „Show-Chance" (1967-1973) dagegen, allerdings ohne nennenswerte Entdeckungen. Ein zweiter Anlauf mit „Früh übt sich" (1979-1981) erwies sich als erfolgreicher: In der von Maria Hellwig (!) moderierten Show hatte die Kelly Family ihren ersten Auftritt.

Keines dieser Formate konnte jedoch auch nur annähernd die Popularität der heutigen Castingshows erreichen. Dabei fing alles zunächst eher schleppend an: Die interaktive Casting-Doku-Soap „Deine Band" (2000) konnte kaum einen Zuschauer hinter dem Ofen hervorlocken und wurde nach acht Folgen vorzeitig aus dem RTL-Programm genommen. „Popstars" (seit 2000) brachte dann für RTL 2 (ab 2003 für PRO 7) den gewünschten Erfolg. Die Zuschauer konnten in dem ursprünglich neuseeländischen Format (*Casting Shows*, k. A.) die Entstehung einer Popgruppe verfolgen, wie sie von den Fernsehmachern bewusst inszeniert und emotionalisiert wurde. Im Unterschied zu „Deutschland sucht den Superstar" (seit 2002), dem zweiten RTL-Anlauf in Sachen Castingshow, besaß die Jury aus wechselnden Komponisten, Musikproduzenten und Choreographen eine fachliche Autorität, mit der die Entscheidung über Ausscheiden oder Weiterkommen der einzelnen Teilnehmer für den Zuschauer mehr oder weniger nachvollziehbar begründet wurde. Die Gesangsgruppen, die aus „Popstars" hervorgingen, konnten sich auf dem umkämpften deutschen Musikmarkt vergleichsweise lange halten.

Superstar für eine Saison

„Deutschland sucht den Superstar" (DSDS) funktionierte nach einem anderen Prinzip. Hier durfte das Publikum entscheiden, welche der jungen Nachwuchssänger die Chance auf einen Plattenvertrag erhalten sollten. Die Jury besaß nur eine beratende Funktion und äußerte sich weniger fachlich als emotional zu den gesanglichen Leistungen der Kandidaten. Vorbild war das britische „Pop Idol"-Format, das auch erfolgreich in andere Länder exportiert wurde und so die Möglichkeit eines Superstar-Weltweit-Wettbewerbs eröffnete, der allerdings eine einmalige Angelegenheit blieb. Das Konzept der Sendung bedingte letztlich, dass die Publikumsentscheidung sich weniger nach der besten Stimme als nach der Popularität der vorgetragenen Musikstücke richtete (vgl. Pendzich, 2005, S. 149).

Weitere musikalische Casting-Show-Formate schossen zwar wie Pilze aus dem Boden (u.a. „Star Search" (2003-2004) bei SAT.1 und „Fame Academy" (2003) bei

RTL 2), konnten sich aufgrund ihrer Beliebigkeit jedoch langfristig nicht durchsetzen. Denn letztlich funktionieren Castingshows aufgrund ihres Eventcharakters: Durch ihre staffelweise Ausstrahlung und den um sie herum konstruierte Medienhype stechen sie für den Zuschauer aus dem Medienalltag hervor – so vorhersehbar sie im Einzelnen mittlerweile auch sein mögen. Um Musik geht es dabei am wenigsten. Wenn sich junge und nicht mehr ganz so junge Menschen vor der Casting-Jury eine Blöße geben, ist DSDS nämlich eher Pannenshow als Musikformat. Das Konzept dreht sich nicht darum, Neues, Spektakuläres oder Individuelles zu entdecken, sondern der Erfolg der Castingshow beruht auf Wiedererkennbarem, Normiertem, Vergleichbarem. Insofern sind Castingshows für das Musikerleben der Zuschauer ähnlich gewinnbringend wie einst die „Mini Playback Show" (1990-1998), in der kleine Kinder wie Erwachsene zurechtgemacht ihre Lippen zur Musik bewegen mussten. Die Vermehrung von Castingshows ist daher eher als Zeichen für einen Niedergang der Musikformate im Fernsehen zu werten.

Musik im Fernsehen heute: Nostalgie-Overkill und was kommt dann?

Gegenwärtig finden sich außer Volksmusik- und Castingshows kaum noch andere Musiksendungen im deutschen Fernsehen. Erfolgreiche Formate basieren fast alle auf dem bekannten Phänomen, „dass nach etwa 20 Jahren eine Gesellschaft ihre Kinder- und Jugendzeit in Phasen glücklicher Regression wiederzufinden sucht" (Port le roi, 1998, S. 211). Nach den Erfolgen der „70er, 80er und 90er Show" (2002-2005) werden in der „Ultimativen Chart Show" (seit 2003, mit Oliver Geissen) und in den „Hit Giganten" (seit 2003, mit Hugo Egon Balder) die ewig gleichen Chartepigonen der 1970er-, 1980er- und 1990er-Jahre in immer wieder neuen Rankings vorgestellt und von Prominenten mehr oder weniger humorvoll kommentiert[51].

Aktuelle Musik findet außer in Konzertübertragungen wie „The Dome" oder in Award-Shows fast nur noch in den Musikkanälen statt, die ihr Videoclip-Angebot allerdings drastisch reduziert haben (vgl. Schuppe, 2005). Musikformate im Fernsehen spielen somit für die musikalische Sozialisation Jugendlicher kaum noch eine maßgebliche Rolle. Die rückläufigen Tendenzen im Musikangebot betreffen aber auch Sendungen für ein erwachsenes Publikum. Klassische Musik wird (außer an Feiertagen) auf Sendeplätze am späten Abend gelegt oder gleich in die Kulturkanäle ARTE und 3SAT verbannt. Selbst der Anteil an Volksmusiksendungen wird vom ZDF ab 2008 zurückgefahren (vgl. Rüdel, 2007). Intendant Markus Schächter sieht für reine Musiksendungen „keine große Zukunft mehr" (Ziob, 2007). Die Tage der Musikformate im deutschen Fernsehen sind offenbar gezählt.

---

51 Eine ähnliche Nostalgiewelle gab es bereits in den 1980er-Jahren, als Sendereihen wie „Souvenirs, Souvenirs" (1983-1985, mit Chris Howland) oder „Das waren Hits" (1987-1994, mit Hans-Jürgen Bäumler) in Evergreens schwelgten.

Vielleicht liegt in den Nostalgieformaten der privaten Anbieter und ihren genreübergreifenden Musikselektionen dennoch die Zukunft des Genres. Denn nach Jahren der Diversifizierung könnte Zielgruppen-Bündelung zum neuen Zauberwort im Kampf um die Quoten werden (vgl. Pendzich, 2005, S. 143). Und eine weitere Funktion solcher Sendungen darf ebenfalls nicht unterschätzt werden: Natürlich dient das Aufeinandertreffen unterschiedlicher Musikrichtungen auch dazu, sich über bestimmte Musik und ihre Hörer lustig zu machen, sich davon abzugrenzen. Denn ohne den Blick auf das Andere ist Sozialisation nicht vorstellbar. Auch nicht in der Musik.

Literatur

Aehnlich, K. (2005, 16.12.). Der „Leipziger Beataufstand" im Oktober 1965. Verfügbar unter: http://www.mdr.de/kultur/musik_buehne/2222809.html [abgerufen am 16.09.2007]

Aehnlich, K. & Meier, A. (Autoren). (2007, 27.06.). Soundtrack Ost – Musik in der DDR [Dokumentation]. Leipzig: Mitteldeutscher Rundfunk.

Auhagen, W., Bullerjahn, C. & Höge, H. (Hrsg.). (2007). Jahrbuch der Deutschen Gesellschaft für Musikpsychologie (Bd. 19). Göttingen: Hogrefe.

Bastian, H. G. (1986). Musik im Fernsehen. Wilhelmshaven: Florian Noetzel Verlag.

Beierlein, H.-R. & Müllender, B. (1998). Hampelmänner in der Haifischbranche. In B. Müllender & A. Nöllenheidt (Hrsg.), Am Fuß der Blauen Berge. Die Flimmerkiste in den 60er Jahren (S. 261-266). Frankfurt a.M.: Fischer Taschenbuch Verlag.

Björnberg, A. (1989). Music spectacle as ritual: The Eurovision Song Contest. In Maison des Sciences de l'Homme (Hrsg.), Proceedings of the IASPM (Bd. 2, S. 375-382). Paris: Maison des Sciences de l'Homme.

Breloer, H. (1976). Das Verkaufsgespräch des Dieter „Thomas" Heck. In H.-C. Schmidt (Hrsg.), Musik in den Massenmedien Rundfunk und Fernsehen. Perspektiven und Materialien (S. 209-236). Mainz: Schott.

Casting Shows (k. A.). Verfügbar unter: http://www.casting-agentur.de/?cmd=castingshows [abgerufen am 16.09.2007]

Eine große Nachtmusik (2007). Verfügbar unter: http://www.zdf.de/ZDFde/inhalt/31/0,1872,5268127,00.html

Engelbrecht, U. & Boebers, J. (1998). Licht aus – Spot an! Musik der 70er Jahre. Frankfurt a.M.: Fischer Taschenbuch Verlag.

Feierabend, S. & Kutteroff, A. (2007). Medienumgang Jugendlicher in Deutschland. Media Perspektiven, o.Jg.(2), 83-95.

Fröhliche Musikgeschichte von und mit Ludwig Kusche – Joseph Haydn (2004, 01.05.). Verfügbar unter: http://www.meinesammlung.com/Schallplatten/Klassik/7137-froehliche-musikgeschichte-von-und-mit-ludwig-kusche-joseph-haydn.html

Hansberger, J. (1972). Der Diskjockey. In S. Helms (Hrsg.), Schlager in Deutschland (S. 277-294). Wiesbaden: Breitkopf & Härtel.

Hickethier, K. (1998). Geschichte des deutschen Fernsehens. Stuttgart: J. B. Metzler.

Hoff, P. (1994a). Jugendprogramm – Das vergebliche Werben um eine Zielgruppe. In H. Riedel (Hrsg.), Mit uns zieht die neue Zeit ... 40 Jahre DDR-Medien (S. 210-217). Berlin: Vistas.

Hoff, P. (1994b). Von „Da lacht der Bär" über „Ein Kessel Buntes" – ins „Aus". In H. Riedel (Hrsg.), Mit uns zieht die neue Zeit ... 40 Jahre DDR-Medien (S. 86-94). Berlin: Vistas.

Horn, G. (1998). Grußwort. In M. Fessmann, K. Topp & W. N. Kriegs (Hrsg.), L'Allemagne Deux Points. Ein Kniefall vor dem Grand Prix (S. 6-7). Berlin: Ullstein.

Kotte, H.-H. (1998). Bembelzeit. In B. Müllender & A. Nöllenheidt (Hrsg.), Am Fuß der Blauen Berge. Die Flimmerkiste in den 60er Jahren (S. 206-210). Frankfurt a.M.: Fischer Taschenbuch Verlag.

Krüger, U. M. & Zapf-Schramm, T. (2007). Sparten, Sendungsformen und Inhalte im deutschen Fernsehangebot 2006. Media Perspektiven, o.Jg.(4), 166-186.

Linke, N. (1972a). Der Kontakt zwischen Hörer und Massenmedien. In S. Helms (Hrsg.), Schlager in Deutschland (S. 295-314). Wiesbaden: Breitkopf & Härtel.

Linke, N. (1972b). Schlager in Rundfunk und Fernsehen. In S. Helms (Hrsg.), Schlager in Deutschland (S. 263-276). Wiesbaden: Breitkopf & Härtel.

Linke, N. (1972c). Schlagerfestivals und -wettbewerbe. In S. Helms (Hrsg.), Schlager in Deutschland (S. 255-262). Wiesbaden: Breitkopf & Härtel.

Linz, G. (1986). Musik im Programm – Musik als Programm. Möglichkeiten der Charakterisierung ihrer Darbietungsweisen. In W. Hoffmann-Riem & W. Teichert (Hrsg.), Musik in den Medien. Programmgestaltung im Spannungsfeld von Dramaturgie, Industrie und Publikum (S. 87-89). Baden-Baden: Nomos.

Manuela (2007). Verfügbar unter: www.schlager.de/[abgerufen am 16.09.2007]

Matzke, L. (k. A.). Oberhofer Bauernmarkt. Verfügbar unter: http://www.fernsehserien.de/index.php?serie=10403 [abgerufen am 16.09.2007]

medientelegramm Verlag GmbH (2007). „Grand Prix" der Call Center. Verfügbar unter: http://www.radio-vhr.de/index.php/musik-aktuell/37-radio-vhr/293-Aktuelle-Medien-Informationen [abgerufen am 16.09.2007]

Mezger, W. (1975). Schlager. Tübingen: Tübinger Vereinigung für Volkskunde.

Müller, R. (1994). Selbstsozialisation. Eine Theorie lebenslangen musikalischen Lernens. In K.-E. Behne, G. Kleinen & H. de la Motte-Haber (Hrsg.), Jahrbuch der Deutschen Gesellschaft für Musikpsychologie (Bd. 11, S. 63-75). Wilhelmshaven: Florian Noetzel.

Müller, R., Glogner, P., Rhein, S. & Heim, J. (2002). Zum sozialen Gebrauch von Musik und Medien durch Jugendliche. In R. Müller, P. Glogner, S. Rhein & J. Heim (Hrsg.), Wozu Jugendliche Musik und Medien gebrauchen. Jugendliche Identität und musikalische und mediale Geschmacksbildung (S. 9-26). Weinheim, München: Juventa.

Nagel, P. (2007, 28.01.). Hitparade im ZDF. Verfügbar unter: http://www.tv-nostalgie.de/Sound/Hitparade.htm [abgerufen am 16.09.2007]

Nerke, U. (2005). 40 Jahre mein Beat-Club. Persönliche Erlebnisse und Erinnerungen. Braunschweig: Kuhle u.a.

Nielsen, U. (2005). 40 Jahre Beat-Club. Berlin: Parthas.

Pendzich, M. (2005). Hit-Recycling: Casting-Shows und die Wettbewerbsstrategie „Coverversion". In D. Helms & T. Phleps (Hrsg.), Keiner wird gewinnen (S. 137-150). Bielefeld: Transcript.

Port le roi, A. (1998). Schlager lügen nicht. Deutscher Schlager und Politik ihrer Zeit. Essen: Klartext.

Radio und Fernsehen der 70er Jahre (2007). Verfügbar unter: http://www.wdr.de/unternehmen/50jahre/chronik/index.jhtml?do=kategoriesuche&startab=28&jahr=1970 [abgerufen am 16.09.2007]

Reiss, E. (1979). „Wir senden Frohsinn" - Fernsehen unterm Faschismus: das unbekannteste Kapitel der deutschen Mediengeschichte. Berlin: Elefanten-Press.

Reufsteck, M. & Niggemeyer, S. (2005). Das Fernsehlexikon. München: Goldmann.

Rüdel, N. (2007, 11.08.). Die Angst vor weniger Volksmusik im Fernsehen. Verfügbar unter: http://www.welt.de/wirtschaft/article1098057/Die_Angst_vor_weniger_Volksmusik_im_Fernsehen.html [abgerufen am 16.09.2007]

Rumpf, W. (2006, 19.09.). Popgefühle im Äther. Popmusik - ein Tabu im ARD-Rundfunk der 1960er. Verfügbar unter: http://aspm.ni.lo-net2.de/samples/Samples5/rumpf.pdf [abgerufen am 16.09.2007]

Scherer, H. & Schlütz, D. (2003). Das inszenierte Medienereignis. Die verschiedenen Wirklichkeiten der Vorausscheidung zum Eurovision Song Contest in Hannover 2001. Köln: Herbert von Halem Verlag.

Schmidt-Joos, S. (1960). Geschäfte mit Schlagern. Bremen: Schünemann.

Schuppe, S. (2005, 09.09.). Stars und Shows rund um die Uhr. Neuordnung bei MTV und Viva - Clips werden von neuen Serien verdrängt. Verfügbar unter: http://www.darmstaedter-echo.de/kultur/
template_detail.php3?id=321337 [abgerufen am 16.09.2007]

Sikorski, H. W. (1986). Musik in den Medien - Erfahrungen der Musikwirtschaft. In W. Hoffmann-Riem & W. Teichert (Hrsg.), Musik in den Medien. Programmgestaltung im Spannungsfeld von Dramaturgie, Industrie und Publikum (S. 39-43). Baden-Baden: Nomos.

Strobel, R. & Faulstich, W. (1998a). Die deutschen Fernsehstars. (Bd. 4). Göttingen: Vandenhoeck & Ruprecht.

Strobel, R. & Faulstich, W. (1998b). Die deutschen Fernsehstars (Bd. 1). Göttingen: Vandenhoeck & Ruprecht.

Thöle, H. (2008, 06.06.). TV Programme von gestern und vorgestern. Verfügbar unter: http://www.tvprogramme.net/ [abgerufen am 16.06.2008]

von Rüden, P. (2005). „Der Schallplattenjockey muss ein Pferd haben". Nordwestdeutsche Hefte zur Rundfunkgeschichte, o.Jg.(3), 24-37.

Wolther, I. (2005). Musikwettbewerb vs. Wettbewerbsmusik - Das Dilemma des Eurovision Song Contests. In D. Helms & T. Phleps (Hrsg.), Keiner wird gewinnen (S. 101-111). Bielefeld: Trans-cript.

Wolther, I. (2006). „Kampf der Kulturen". Der Eurovision Song Contest als Mittel national-kultureller Repräsentation. Würzburg: Königshausen & Neumann.

Ziob, P. (2007, 23.08.). Markus Schächter - Was hat das ZDF gegen Volksmusik? Verfügbar unter: http://www.super-illu.de/kino-tv/supervision_335593.html [abgerufen am 16.09.2007]

Zniva, J. (k. A.). Der Opernführer. Verfügbar unter: http://www.wunschliste.de/links.pl?s=4898 [abgerufen am 16.09.2007]

Zubayr, C. & Gerhard, H. (2007). Tendenzen im Zuschauerverhalten. Media Perspektiven, o.Jg.(4), 187-199.

Musikfernsehsender

AXEL SCHMIDT, KLAUS NEUMANN-BRAUN & ULLA P. AUTENRIETH[52]

> Der vorliegende Beitrag widmet sich einer historischen wie systematischen Betrachtung des Phänomens Musikfernsehen unter Berücksichtigung der medialen Gattung Videoclip/Musikvideo am Beispiel des international operierenden Senders MTV. Hinzu kommt die Berücksichtigung historisch einmaliger Konstellationen, im vorliegenden Fall das Zusammentreffen der Kunst- bzw. Mediengattung „Musikvideo" und der medienökonomischen bzw. -technischen Entwicklung von Musikspartenkanälen – als einer Art „Wahlverwandtschaft" – sowie einer insgesamt mehr und mehr am Visuellen orientierten Pop(musik)kultur. So schien – mit Blick auf die Anfangsjahre – lange Zeit klar gewesen zu sein, was Musikfernsehen bedeutet; die seit längerem feststellbaren programmlichen Veränderungen der Musiktelevision nähren jedoch Zweifel, ob es das klassische Musikfernsehen heutzutage überhaupt noch gibt. Unter diesen veränderten Vorzeichen versucht der vorliegende Beitrag zunächst eine historisch informierte Begriffsbestimmung der Phänomene „Musikfernsehen" und „Musikvideo" zu geben. Daran anknüpfend soll deren historische Verschränkung und Entwicklung bis heute hinsichtlich Produktion (Medienökonomie, Distribution, Programmpolitik) und Produkt (Musikvideos als Programmelemente, Inhalte und Formate des Gesamtprogramms, Senderprofile) betrachtet werden. Abschließend wird auf Aspekte der Nutzung und Rezeption eingegangen.

Musikfernsehen und Musikvideos: Definitionen

Trennt man beide Phänomene zu Definitionszwecken, so handelt es sich im Falle des *Musikfernsehens* um eine soziale Organisation, nämlich um einen kommerziell betriebenen Fernsehsender, welcher hinsichtlich seiner Programmausrichtung als Spartenkanal operiert. Ähnlich wie im Falle anderer Spartenkanäle (wie etwa Nachrichtenkanäle) gruppieren sich Inhalte und Programmgestaltung um ein zentrales Thema, hier: die Pop(ulär)musik bzw. ihre (damals neue) visuelle Erscheinungsweise: das *Musikvideo*. Voraussetzung hierfür war die Entwicklung des Kabelfernsehens in den USA gegen Ende der 1970er-Jahre: „The transatlantic success of music video awaited the moment at which cable TV became an option for a substantial number of Americans and targeted audiences became commercially attractive" (Aufderheide,

---

[52] Der Text zitiert gekürzte und überarbeitete Passagen aus dem Buch: Schmidt, A., Neumann-Braun, K. & Autenrieth, U. P. (2009). VIVA MTV! reloaded. Baden-Baden: Nomos. Wir danken Verlag und Autoren für die freundliche Kooperation.

1986, S. 60). Medienökonomisches Ziel eines solchen *Narrowcastings* ist es, eine spezifische Zielgruppe mit Hilfe eines für diese besonders interessanten Themenkomplex zu erreichen, um dieses spezifische Publikumssegment wiederum an spezifisch interessierte Werbetreibende zu verkaufen. Im Falle der *Musiksender* handelt es sich um die Zielgruppe der Jugendlichen und jungen Erwachsenen auf der einen bzw. um die auf dem so genannten Jugendmarkt operierenden Industrien (so etwa Konsumgüter-, Kleidungs-, Elektronik- und Tonträgerindustrie) auf der anderen Seite, welche durch lifestyle- und konsumaffine Pop(ulär)musik bzw. -kultur mithilfe MTVs (als Popmusiksender) kurzgeschlossen werden (sollen).

Im Falle des US-amerikanischen Fernsehsenders MTV (MusicTeleVision) handelt es sich um den weltweit ersten kommerziellen *Musikspartenkanal* mit einem 24-Stunden-Programm und zugleich um den wohl prominentesten Vertreter des Musikfernsehgenres. MTV ist als Teil der 1984 gegründeten Aktiengesellschaft MTV Networks, welche heute wiederum eine Tochter des Viacomkonzerns ist, ein global operierendes Medienunternehmen, das neben seiner primären Funktion als Fernsehsender vor allem auch als Bestandteil juveniler Lifestylewelten und damit als globale Marke operiert.

Im Falle des Musikvideos hat man es dagegen zunächst mit einer Kunstgattung bzw. einem ästhetischen Gebilde zu tun, welches eigenen Gestaltungsprinzipien folgt, die häufig unter der Bezeichnung „Clipästhetik" firmieren. Musikvideos sind in diesem Sinne ein „act of aesthetic communication" (Williams, 2003, S. 5), welche Zuschauer auf spezifische Weise ansprechen (sollen). Warenförmiger Programminhalt kommerziell operierender Musikfernsehsender sind sie in dieser Hinsicht erst in zweiter Linie. Musikvideos bzw. *Videoclips* sind in der Regel drei- bis fünfminütige Videofilme, in denen ein Musikstück (Pop- und Rockmusik in allen Spielarten) von einem Solointerpreten oder einer Gruppe in Verbindung mit unterschiedlichen visuellen Elementen präsentiert wird. Keazor und Wübbena (2005, S. 55ff.) fügen diesen Kriterien die Spezifikationen der Reproduzierbarkeit und der technischen Manipulierbarkeit hinzu: Damit von einen Musikvideo die Rede sein kann, muss das Produkt zum einen unabhängig von einer Aufführung (wie etwa Oper oder Konzert) verfügbar sein (d.h. die Gleichzeitigkeit von Bewegung, Kunst und Musik ergibt noch kein Musikvideo) sowie sich zum anderen durch eine gewisse „Manipulation des Gezeigten (durch technische Eingriffe wie Zeitlupe oder die Montage anderweitigen Materials)" (S. 56) auszeichnen.

Allerdings waren Musikvideos als eine Synthese aus „Sound" und „Vision" so neu nicht. Die Verschmelzung von Bild und Ton kann auf eine lange kulturhistorische Tradition zurückblicken und so genannte *Popclips* gab es lange Zeit bevor irgendjemand an eine MusicTeleVision gedacht hatte. Allerdings verschaffte erst die historisch einmalige Verschränkung einer spezifischen Darstellungsform (Verschmelzung von (Pop)Musik und (Video)Bild mit einer spezifischen Distributionsform (Musik*fernsehen*)) dem Musikvideo einen festen Platz innerhalb der Populärkultur. So fallen die „eigentliche" Geburtsstunde des (kommerziellen) Musikvideos und die der Musiktelevision zusammen: „What is really important about music video is its emergence in the

1980s as a routine method for promoting pop singles" (Goodwin, 1992, S. 30). Die in den 1980ern mit den Musikfernsehsendern auf diese Weise entstandene und populär gewordene „Clip-Kultur" überschritt schnell die medialen Grenzen und beeinflusste Film- und Fernsehschaffende (besonders eindrücklich in der US-Serie „Miami Vice", die im Jahr 1984 startete und aufgrund ihrer Musiklastigkeit seinerzeit als „videoclipartig" empfunden wurde), so dass MTV bzw. seine Clips auch jenseits des eigenen Senders großen Einfluss auf die ästhetische Entwicklung des Fernsehens hatten (vgl. Goodwin, 1992, S. 186f.; Denisoff, 1988, S. 251ff.). Das Gros der Musikvideos wird inzwischen unter Bedingungen industrieller Massenproduktion hergestellt, dient Werbezwecken und folgt erkennbaren Genrekonventionen. Gleichzeitig avancier(t)en Clips zu künstlerischen Ausdrucksformen, denen in Museen eigene Ausstellungen und Retrospektiven gewidmet werden, beispielsweise in der Düsseldorfer Ausstellung „25 Jahre Videoästhetik" oder der Werksschau „Chris Cunningham – Come to Daddy" in Hannover (vgl. Keazor & Wübbena, 2005, S. 9). Solche Musealisierungstendenzen verweisen auf den Umstand, dass die Ära des Videoclips/des Musikvideos zu Ende geht bzw. zumindest ihren Zenit überschritten hat (vgl. Keazor & Wübbena, 2005, S. 11). Zudem ist heute mit der Rede von (Video-)Clips höchst Unterschiedliches gemeint: Neben dem klassischen Videoclip als das die zu verkaufende Popmusik visualisierende Werbemittel (im Folgenden: kommerzielles Musikvideo) wird mit diesem Ausdruck zunehmend auf recycelte (i.d.R. den Massenmedien entnommenen) bzw. selbstgenerierte AV-Ausschnitte, welche auf entsprechenden Video-Portalen wie youtube.com, clipfish.de oder myvideo.de im Netz zugänglich sind, referiert.

Produktion: Geschichte der Musiktelevision in medienökonomischer, distributiver und programmpolitischer Hinsicht

Genese des Musikfernsehens am Beispiel von MTV

Wurde MTV (bzw. die Musikvideos, welche häufig schlichtweg mit dem Musikfernsehen insgesamt gleichgesetzt wurden) anfangs als ästhetische Errungenschaften einer Genre- und Kunstgattungen sprengenden Postmoderne (vgl. Kaplan, 1987; Fiske, 1986) (miss-)verstanden, so widmeten sich Arbeiten in der Folgezeit mehr und mehr den historischen und ökonomischen Grundlagen des Musikfernsehens als sozialökonomischer Organisation (vgl. Denisoff, 1988; Goodwin, 1992 und 1993; Frith, 1988a, 1988b und 1993). Heute liegt es auf der Hand, dass das Phänomen MTV nicht allein kultur- oder textwissenschaftlich hinreichend erfasst werden kann, sondern vielmehr in technologische und medienökonomische Zusammenhänge der Musik- und Fernsehindustrie einzubetten ist (vgl. insbesondere Frith, 1988b, S. 207). So fungierte MTV von Anbeginn als strategische Speerspitze im internationalen Konkurrenzkampf großer Medienkonglomerate, so dass dessen Entstehungs- und Wandlungsprozesse daher immer von ökonomischen, institutionellen (eigentums- und firmenrechtlichen) und soziokulturellen Faktoren sowie seiner Relation zu angrenzenden Branchen bestimmt war (vgl. Goodwin, 1993, S. 48ff.). Die Gründer MTVs verstanden es, „die Zeichen der Zeit" zu deuten und daran anzuknüpfen: Das Potential der gerade mal 30 Jahre alten Pop- und Rockmusik war noch lange nicht ausgereizt; ihre Visualisierung und dadurch gleichzeitig möglich gewordene globale Verbreitung via TV sollte ungeahnte Möglichkeiten eröffnen. Die Vorboten eines solchen Wandels innerhalb der Pop- und Musikkultur waren unübersehbar: Obwohl der Versuch, Rockmusik und TV zusammenzubringen, sich zunächst oft als unglückliche Liaison entpuppte, häuften sich in den 70ern Projekte, die populäre Musik mit TV-Shows, Filmen und Werbespots verquickten. Die Präsentation der Popmusik beschränkte sich in einschlägigen TV-Shows wie „Shinding", „Hullaballoo", „In Concert" oder „Saturday Night Life" jedoch auf Live- und Playback-Performance. Erst der vermehrte Einsatz visualisierter Popmusik zu Werbezwecken ebnete den Weg für *das* Erfolgsrezept MTVs: das Musikvideo. Damit war der Nährboden für MTV geschaffen: Die Popmusik eroberte das kommerzielle Fernsehen. Dieser Schritt der Verkopplung von *Sound*, *Vision* und *TV* sowie die Rekonstruktion der historischen Umstände, die eine solche Entwicklung angestoßen und ermöglicht haben, ist für ein profundes Verständnis des Phänomens MTV, wie wir es heute kennen, fundamental. In der Folge soll deshalb die besondere historische Konstellation mit Blick auf Entwicklungen musiktechnologischer und popkultureller, medientechnologischer und -ökonomischer, musikindustrieller sowie sozioökonomischer Natur skizziert werden, gewissermaßen eine Art Momentaufnahme der Geburtsstunde MTVs.

Musiktechnologie und Popkultur

Eine Ende der 1970er-Jahre einsetzende Revolutionierung der Produktions- („Recording"-) und Reproduktions- („Performing"-)Technologien in der Musikbranche stellte die materielle Basis, die „Hardware", für die Umsetzung neuer Ideen zur Verfügung: Mit Hilfe von Drumcomputern, Synthesizern und *Sequencern* konnten künstliche Sounds erzeugt, gespeichert und beliebig oft wieder abgerufen werden. Durch Computer-*Sampling* war es nun möglich geworden, ganze Stücke zu komponieren, ohne selbst je ein entsprechendes Instrument bemüht haben zu müssen. Der Job des Studiomusikers war geboren: Versierte Musiker verliehen ihr handwerkliches Geschick, um für die Retorte Sounds zu produzieren, die künftig dazu eingesetzt werden konnten, neue Songs zu sampeln. Die Umwälzungen im Bereich der Produktion veränderten das traditionelle Konzept der Live-Performance: Reproduktionstechnologien hielten Einzug in die „Live-Acts" der Popmusik allein schon deshalb, weil sich die technisch aufwendig produzierten Songs einer Live-Präsentation im herkömmlichen Sinne sperrten. Konzertbesucher der frühen 80er begannen sich daran zu gewöhnen, dass die bei Bühnenauftritten erzeugte Musik unterschiedlichsten Quellen entstammte und dass deshalb die Band, die sie „live" sahen, nicht unbedingt in dem Sinne live spielte, dass Sounds mittels herkömmlicher Musikinstrumente aktuell erzeugt wurden.

Die Grenzauflösung zwischen künstlicher und Live-Performance und ein damit verbundenes „displacement of the musician" (Goodwin, 1992, S. 32) bewirkten eine Relativierung auditiver bei gleichzeitiger Aufwertung visueller Qualitäten der Musik: Mehr und mehr bedeutete „live" aufzutreten, weniger aktuell Musik zu erzeugen, als vielmehr eine dem jeweiligen Starimage angemessene Show zu inszenieren (Rollenwandel des Popinterpreten vom Musiker zum Performer). Hand in Hand mit technologischen Neuerungen begann also die Live-Ideologie als Authentizitätsprädikat des traditionellen Rocks zu bröckeln und eine Welle der *Artifizialisierung* die Werte der Rock- und Popwelt zu erfassen.

Insbesondere Künstler der in der Post-Punk-Ära gediehenen Stilrichtungen des *New Wave* oder *New Pop* definierten sich selbst und ihr Schaffen weniger als Musik bzw. als „Musik machen" denn als popkulturelle Arrangements. Lippensynchrones Singen und die Selbstpräsentation zur Musik wurden zum integralen Bestandteil der Pop-Performance und bereiteten damit den Boden für den Videoclip als *der* popkulturellen Ausdrucksform der kommenden Jahre. Den im Zuge dieser Strömungen entstandenen Popclips (s.o.) mangelte es allerdings an geeigneten Foren, da das traditionelle Broadcast-TV keine regelmäßigen Programmplätze anbot, in denen solche Clips hätten gezeigt werden können. Die im Folgenden zu erörternde Entstehung geeigneter Distributionsstrukturen kann als weitere notwendige Bedingung für die Entwicklung eines Musikfernsehens gelten.

Medientechnologie und Werbeökonomie

Erst mit der Entstehung des Kabel- und Satellitenfernsehens in den USA Ende der 1970er-Jahre wurde der Raum für Spartenkanäle im Stile MTVs geschaffen (vgl. Frith, 1988a). Herkömmliche Sender funktionierten nach der Devise: Je breiter das Programmangebot, desto größer die potentielle Zuschauerschaft, desto höher die Werbeeinnahmen. Spartenkanäle dagegen setzten auf eine Kombination aus *Narrowcasting* (spezialisiertes Programmangebot) und *Globalcasting* (Erreichen eines „Weltpublikums"). Zur werbestrategischen Zauberformel avancierte das Schlagwort der *Zielgruppenspezifität*: Man war nun in der Lage, ein relativ enges Bevölkerungssegment nahezu weltweit zu erreichen. Die Zielgruppe der Jugendlichen – bisheriges Stiefkind der televisionären Werbekommunikation – rückte mit dem Emporkommen der Spartenkanäle in greifbare Nähe. Neben der Entstehung eines lukrativen TV-Jugendmarktes stieß das aufkommende Kabel- und Satellitenfernsehen eine weitere Entwicklung an, die für die Genese MTVs entscheidend sein sollte: Mit der explosionsartigen Vermehrung von Fernsehsendern wuchs das Bedürfnis nach preiswerteren Programmformaten (vgl. Goodwin, 1992, S. 37f.). Da sich Werbeeinnahmen – als nahezu ausschließliche Einnahmequelle kommerzieller Sender – nach Einschaltquoten bemessen und der Zuwachs an Sendern eine Fragmentierung des TV-Marktes, damit also sinkende Einschaltquoten, bedeutete, waren die Sender gezwungen, entweder durch Einwerbung von Spots ihre Einnahmen zu erhöhen oder durch die Verbilligung ihrer Programmproduktion ihre Ausgaben zu verringern. Weil die Werbeminute nicht proportional zum durchschnittlichen Zuwachs an Sendezeit verteuert werden konnte, mussten die Sender versucht sein, die durchschnittlichen Kosten für das Programm zu senken. Sinkende Qualitätsstandards und *Recycling*-Strategien waren eine Lösung. Das MTV-Format bot eine bessere: Werbung und Programm im „Doppelpack" garantierten qualitativ hochwertiges Programm zum Nulltarif. Dass der Impuls, einen Musiksender zu gründen, weniger aus der Musik- als vielmehr aus der Fernsehindustrie kam, zeigen die Umstände der Entstehung MTVs: Unter der Prämisse, einen dritten und kostengünstigen Sender in der TV-Branche zu etablieren, wurde die Entwicklung MTVs einer auf Kabel- und Satellitenprogramme spezialisierten Tochterfirma des Warner Amex-Konzerns übertragen.

Musikindustrie und Videoclips

Als dritter entscheidender Geburtshelfer eines Musikfernsehens erwiesen sich Umwälzungen in der Musikindustrie. Seit der Kommerzialisierung von Rockmusik in den 50ern galt der Verkauf von Tonträgern als sicheres Geschäft. Um so unvorbereiteter und härter traf die Rezession Ende der 1970er die erfolgsverwöhnte Musikbranche: Die Anzahl verkaufter Tonträger fiel in den USA von 726,2 Mio. (1978) auf 575,6 Mio. Stück (1982) und die Bruttoeinnahmen sanken im gleichen Zeitraum von 4,31 Mrd. $ auf 3,59 Mrd. $ (vgl. Banks, 1996, S. 31; Frith, 1988b, S. 92f.). Neben vielerlei kontrovers diskutierter Ursachen (Home-Taping, Mangel an Stars, Konkurrenz durch die wachsende Anzahl alternativer Medienprodukte, rezessive Wirtschaft etc.) war eines Konsens: Die Musikindustrie brauchte effektivere Formen der Produktwerbung. Konzerttourneen und das Radio als vormals einzige Formen der Promotion von Popmusik hatten sich als zu kostenintensiv, schwerfällig, konservativ und in der Reichweite als zu begrenzt erwiesen. Hand in Hand mit popkulturellen Wandlungsprozessen (s.o.) bot MTV ein neues, effektiveres Werbemedium: Musikvideos. Der Clip knüpft zwar an die Idee der Live-Performance von Popmusik (d.h. ihrer prinzipiellen Aufführbarkeit) an, stilisiert und artifizialisiert jedoch den Auftritt des Künstlers zu Werbezwecken: Die Inszenierung des Künstlers im Clip ist Auftritt und Werbung zugleich, ist „performance-as-promotion" (Goodwin, 1992, S. 25). Damit ist eine Waren- und Werbeform geschaffen, die das Produkt „Popmusik" nicht nur synästhetisch erweitert, sondern auch in weitaus höherem Maße manipulierbar, reproduzierbar und distribuierbar macht. Das kommerzielle Musikvideo garantierte somit eine kostengünstige (im Vergleich zu Tourneen), globale und reichweitenintensive (durch die Verbreitung via TV), vernetzte und integrierte (Visualisierung schafft ein größeres Potential für Strategien der *Cross-Media-Promotion*) sowie kontrollierbare (aufgrund höherer vertikaler Integration) Form der Promotion von Popmusik. MTV avancierte nicht nur zum Retter einer angeschlagenen Tonträgerindustrie, sondern erwies sich darüber hinaus als ein Medium, das mit den Tendenzen des Strukturwandels innerhalb einer wieder erstarkten Musikindustrie perfekt harmonierte. So lässt sich das Emporkommen eines Musikfernsehens erstens als eine Antwort auf die Profitabilitätskrise der Musikbranche und der damit einhergehenden Verschiebung von Einnahmequellen begreifen: Die Plattenindustrie trat im Laufe der 1980er-Jahre zusehends als Rechtehändler (Right Exploiter) und weniger als Warenproduzent in Erscheinung, das heißt Kapital wurde mehr und mehr daraus geschlagen, dass Songs, Videoclips und Stars als Werbemedien für andere Produkte eingesetzt wurden (vgl. Frith, 1988b, S. 93ff.; Goodwin, 1992, S. 39). Deutlichstes Indiz für die Tendenz, in erster Linie Fernsehunterhaltung statt Musik zu verkaufen (vgl. Frith, 1988b, S. 92ff.), ist, dass die Plattenindustrie Mitte der 1980er-Jahre Lizenzgebühren für die Ausstrahlung von Clips institutionalisierte. In engem Zusammenhang hiermit steht zweitens, dass Popkarrieren zusehends weniger linear als vielmehr punktuell verliefen. Simon Frith belegte diese Verschiebung mit den dichotomen Begriffen der „Rockpyramid" und des „Talentpools" (vgl. Frith, 1988b). Die 1980er- und beginnenden 1990er-Jahre werden zur Zeit der Shooting-Stars und Revivals. Korrespondierend dazu etablierten sich drittens die Vermarktungsstrategien des *Packagings* (vgl. Burnett, 1996, S. 5; Frith, 1988b, S. 88ff.) und *Recyclings* (vgl. Bunting, 1995, S. 54ff.): Neue Produkte gerieten zu Arrangements Erfolg versprechender Einzelteile und etablierte Produkte zu Diversifikationen in neuem Gewand. Eine Schlüsselrolle in diesem Medienverbund spielten die Musiksender und ihre Musikvideos: Erstere fungierten mehr und mehr als werbestrategisches „Environment" und letztere als „promotional Tools" für alle Arten popkultureller Waren. Dass diese Funktion bereits in der Entwicklung MTVs angelegt war, belegen frühe Selbstdefinitionen: „It's an environment that's created around the centerpiece of music and a youth culture lifestyle you can buy into" (Mark Booth, MTV Europe's Managing Direktor über MTV, zit. n. Frith, 1988a, S. 209).

Publikumsdiversifizierung und Musikspartenkanäle

Das TV-Format „Musikfernsehen" war in den Anfangsjahren vor allem auf eines angewiesen: auf ein Publikum, das die neue Darreichungsform von Rock- und Popmusik akzeptierte und nutzte. Hinsichtlich des Musikkonsums konnten die soziokulturellen Rahmenbedingungen der beginnenden 80er-Jahre günstiger nicht sein: Ein alterndes Rockpublikum und die Entstehung einer Jugendkultur, in deren Zentrum nicht mehr allein die Musik stand (Goodwin, 1992, S. 39f.), kurz, „fernsehreife" Rockveteranen und an einer visuellen Popkultur orientierte „New-Wave-Kids" ebneten den Weg der widerständigen Rockmusik der 70er ins kommerzielle Fernsehen der 80er. Darüber hinaus profitierte MTV von den Effekten gesamtgesellschaftlicher Tendenzen: Der einsetzende „Individualisierungsschub" und die daraus resultierende Entstehung kultureller Nischen brachte den Einheitsmarkt zum Bröckeln. Die Konsumgüter- und Werbebranche reagierte darauf mit einer Differenzierung des Warenangebots und der Produktwerbung. Daraus ergab sich die Notwendigkeit, jeweils relativ begrenzte Gruppen mit spezifischen Produkten und Werbungen versorgen zu müssen. Das Muss zur Zielgruppenspezifität zwang die Medienindustrie gegenüber den Werbetreibenden in eine zunehmend spezifisch werdende Zulieferungsrolle und wies Medieninhalten mehr und mehr die Rolle eines Werbeumfelds zu. Diese zielgruppenspezifische Fragmentierung der populären Medienkultur sollte nun im Modell eines *MusicTeleVisions* seine Entsprechung finden.

Dennoch gestaltete sich die Etablierung eines Musiksenders Ende der 1970er-Jahre alles andere als einfach. Plattenfirmen, Werbetreibende und Kabelnetzbetreiber begegneten dem Projekt skeptisch, Erfahrungen mit Zuschauerakzeptanzen gab es nicht. Die Entstehungs- und Erfolgsgeschichte MTVs gleicht daher bisweilen einem mühseligen Unterfangen, eine potentiell erfolgsträchtige Geschäftsidee „ins Rollen zu bringen" und gegen Konkurrenten zu verteidigen (vgl. Banks, 1996, Kap. 2; Denisoff, 1988; McGrath, 1996). Nach positiv verlaufenen Verhandlungen mit der Platten- und Werbeindustrie (beide signalisierten prinzipiell Interesse, in einen solchen Sender zu investieren) und intensiven Marktanalysen ging MTV am 1. August 1981 um 12.01 Uhr auf Empfang. Der Sendestart MTVs wurde von einem symbolträchtigen Spot eingeleitet: Unterlegt von einer pompösen Musik, erschienen Originalbilder der ersten Mondlandung, und der allen Amerikanern vertraute Neil Armstrong sprach seine berühmten Worte und platzierte (s)eine Flagge auf dem Mond, die jedoch keine Stars and Stripes, sondern ein MTV-Logo zierte. Der darauf folgende erste Clip war nicht weniger symbolträchtig: Die Popband Buggles sangen ihr „Video Killed the Radio Star".

Entwicklung des Musikfernsehens

Der weitere Werdegang MTVs lässt sich durch die Entwicklungsphasen der Etablierung, Konsolidierung und Expansion kennzeichnen (vgl. dazu ausführlich Goodwin, 1993, S. 48ff.).

Phase der Gründung und Etablierung (1981-83)

Der Erfolg des neuen Produkts hing entscheidend davon ab, ob es gelang einen Musiksender zu etablieren, der mehr war als ein *visuelles Radio*, mehr als einfach ein zusätzlicher Spartenkanal, in dem Musikclips laufen. McGrath zufolge sah Robert Pittman, damaliger Programmchef, seine Aufgabe darin, aus vorhandenen Mitteln etwas Neues zu schaffen: „In short, it would have to be more than just rock and roll on television; it would really have to be rock and roll television" (McGrath, 1996, S. 47). MTV verband altes mit altem in neuem Gewand: Existierendes Jugendentertainment (Rock- und Popmusik; Radioformat) wurde in bis dahin ungewöhnlicher Verpackung (Musikvideos) ins Fernsehen gebracht und trug damit zu einem Bedeutungswandel beider Medienformen bei. Fernsehen wurde plötzlich sozialsymbolisch besetzt und funktionierte distinktiv, Rockmusik dagegen wurde häuslich, artifiziell und zeitlich abgekoppelt vom Erlebnis der Live-Performance (vgl. Frith, 1988b, S. 213f.). Tom Freston, MTVs damaliger Marketingchef, bringt die Strategie der Gründerjahre auf den Punkt: „What MTV has done has been to revolutionise the way people view and use television and listen to and consume music. We took the two pastimes of a generation – watching TV and listening to music – and wedded them" (zit. n. Frith, 1988b, S. 212). Die entscheidende Rolle für den Durchbruch MTVs sollte nach Pittman jedoch weniger das „Was" als vielmehr das „Wie" der Programmgestaltung spielen: „People don't watch these clips to find out what's going to happen. They watch to feel a certain way. It's a mood enhancer. It's the essential appeal translated into visuals" (Pittman zit. n. Frith, 1988b, S. 209). Zudem verschrieb sich MTV – in Absetzung zum traditionellen Broadcast-TV – einer eigenen Präsentationsästhetik (heute als *MTV-Style* zu einer eigenständigen populärkulturellen Ästhetik geronnen), deren zentrale Konzepte als *Flow* (im Gegensatz zu diskreten Programmeinheiten) und *Narrowcasting* bezeichnet werden. Hinzukamen entsprechende Details der Imagekonstruktion: Vom gesprayten Programmlogo über die betont schlampige Innenausstattung der Studios bis zur Sprache und Kleidung der Vee-Jays. So verstand es MTV von Anbeginn, sich als unkonventionelles, fernsehfeindliches und widerständiges Medium der Jugend zu inszenieren. Programminhalte der frühen Jahre orientierten sich an der von MTV von beginn an favorisierten Zielgruppe, der Young Urban White Males, deren Musikgeschmack mit so genanntem AOR (Album Oriented Rock) abgedeckt werden sollte. Diese Zielgruppe bot mehrere Vorteile: Sie besaß das technische Equipment, MTV zu empfangen, verfügte über ausreichende Kaufkraft, war quantitativ am stärksten vertreten und galt als Gruppe, die überdurchschnittlich viel für Tonträger und entsprechende Merchandising-Produkte ausgab. Darüber hinaus war MTV anfangs jedoch gezwungen, zunächst zu nehmen, was kam. Und das waren vor allem Clips von Künstlern und Künstlerinnen aus Großbritannien, die sich dem so genannten New Pop verschrieben hatten. MTV schien aus der Not eine Tugend zu machen und hatte damit Erfolg: 'New Pop' sollte zu jener Musikrichtung werden, die MTV zum Erfolg führte und mit der – in der Retrospektive – MTV heute noch identifiziert wird (vgl. Goodwin, 1993). Der durchschlagende Erfolg ließ jedoch zunächst auf sich warten: Die ersten drei Jahre schrieb MTV rote Zahlen, blieb in den USA ein weithin unbekanntes Phänomen und erzielte marginale Reichweiten (anfangs 1,8 Mio. Haushalte). Obwohl sich diese Phase durch wichtige Weichenstellungen für die weitere Entwicklung MTVs auszeichnet, ist sie insgesamt in ihrem Einfluss auf Zuschauer und Medienindustrie vernachlässigbar.

Phase der Konsolidierung (1983-85)

Nach erfolgreicher Gründung ging es nun vorrangig darum, die eigene Marktposition zu stärken und Konkurrenten auszuschalten. MTV sollte diese Bewährungsprobe gelingen; die Jahre 1983-85 gingen als „Second Launch" in die Geschichte des Senders ein (vgl. Denisoff, 1988). Augenfälligster Indikator des Durchbruchs ist zunächst die Tatsache, dass der Sender 1984 zum ersten Mal seit seinem Debüt schwarze Zahlen schrieb (vgl. Banks, 1996, S. 41). Gleichzeitig kommt es zu einer immensen Zunahme der Reichweite: Im Dezember 1983 erreichte MTV 18 Mio. Haushalte, was knapp einem Viertel aller US-amerikanischen Haushalte mit Fernsehanschluss entsprach. Ein wahrer Videomusikboom bricht aus, der sowohl Musikfans als auch die Plattenindustrie in seinen Bann schlägt. Der Siegeszug des Clipsenders beim Publikum erfasste das Popmusikgeschäft in seiner ganzen Breite und zeitigte harte ökonomische Fakten: Nachdem MTV Bands wie The Stray Cats und Duran Duran, die nahezu keine Radioausstrahlung erhielten, zum Durchbruch verhalf (vgl. Banks, 1996, S. 36f.), investierten mehr und mehr Labels in das neue Werbemedium. Die US-amerikanische Tonträgerindustrie begann sich zu erholen: 1984 stiegen die Umsätze der Branche auf über vier Mrd. US-$ und stellten damit die Rekordumsätze des Jahres 1978 ein (Banks, 1996, S. 41). Clips arrivierten darauf hin zu einem marketingstrategischen Muss und verdrängten Konzerttourneen und das Radio zusehends. Len Epand von Polygram Records mutmaßte seinerzeit: „If you're not on MTV, to a large share of consumers you just don't exist" (zit. n. Banks, 1996, S. 42) und die Zahlen sollten ihm Recht geben: Während 1981 gerade mal 23% aller Top-100-Songs einen begleitenden Videoclip einsetzten, stieg diese Zahl im Mai 1983 auf 59% und erreichte ein Jahr später gar 76% (vgl. Banks, 1996, S. 42). Der kontinuierlich wachsende Stellenwert der Videomusik manifestierte sich einerseits in der beträchtlichen Erweiterung des Engagements der Plattenfirmen als auch im dramatischen Anstieg der Durchschnittskosten für Videoclips: Die Labels begannen separate Spezialabteilungen zu etablieren, deren einzige Aufgabe darin bestand, die Entwicklung und Produktion der Clips durchzuführen. Der Investitionsumfang der Branche in den neuen Werbezweig stieg 1984, dem Magazin FORTUNE zufolge, auf 2.000 produzierte Videoclips für insgesamt 100 Mio. US-$, was eine Verdreifachung im Vergleich zum Jahre 1982 bedeutete. Die durchschnittlichen Kosten für Videoclips erhöhten sich im gleichen Zeitraum von 15.000 auf 50.000 US-$ und erklommen in Einzelfällen Rekordhöhen von über 100.000 US-$ (vgl. Banks, 1996, S. 43).

Daneben begann MTV, sich bereits in diesen frühen Jahren programmpolitisch vom ursprünglichen Konzept zu entfernen und aus werbestrategischen Gründen eine Konventionalisierung des Programms anzustreben: Nach und nach wird das Flow-Prinzip aufgegeben und stattdessen diskrete Programmeinheiten eingeführt und eigene Sendungen (z.B. „The Basement Tapes" und „MTV Countdown") entwickelt. In musikstilistischer und -ästhetischer Hinsicht begannen Heavy Metal und Performance-Clips das Programm zu beherrschen.

Phase der Krisenbewältigung, Diversifizierung und Expansion (1986-96)

„MTV had become boring" (zit. n. Banks, 1996, S. 123) – so bringt Tom Freston, seinerzeit Programmchef, die Krise des Senders Mitte der 1980er-Jahre auf den Punkt. Diesen Zustand zu ändern, galten alle der nachfolgenden Anstrengungen auf medieninhaltlicher, selbstpräsentativer, ökonomischer und firmenorganisatorischer Ebene, welche daher zunächst als kurzfristig gedachte Maßnahmen zur (ökonomischen) Krisenbewältigung zu begreifen sind, jedoch Trends initiierten, die MTV bis heute nachhaltig prägen sollten:

- In musikstilistisch-clipästhetischer und programmgestalterischer Hinsicht setzt MTV zunehmend auf *Diversifizierung*. Die beginnende so genannte Post-Pittman-Ära zeichnet sich vor allem durch die Etablierung von *Special-Interest*-Formaten aus, mit denen junge Zuschauer verschiedenster Couleur angelockt und Werbekunden streuverlustärmer bedient werden konnten, so etwa durch den Aufgriff innovativerer Musikstile, insbesondere *Rap* und *Cross-Over*. Ebenso wird das so genannte Flow-Prinzip zugunsten von *Dayparting*-Formaten (diskrete Sendungen mit festen Zeiten) aufgegeben. Es setzt die Entwicklung eines differenzierteren Programmplans ein, welcher zunächst eine Auffächerung der Musiksendungen nach spezifischen Musikstilen mit sich bringt (z.B. präsentierte „YO! MTV Raps" Rap-Musik, „Headbangers' Ball" Heavy Metal, „Club MTV" Dancefloor und „120 Minutes" Alternative Rock). Ferner wurde die Programmpalette um typische Fernsehformate erweitert (etwa Cartoons, Sport- und Nachrichtensendungen, Comedy- und Gameshows sowie Film- und Kulturmagazine).
- Hinzukam eine Profilierung des eigenen Images, *der* Sender einer internationalen Jugendkultur zu sein. Neben der dokumentarischen Begleitung aktueller Highlights der Popwelt (z.B. dem Tod Kurt Cobains) sind es v.a. Selbstpräsentations- (etwa neue Vee-Jays (*Video Jockeys*), Erneuerung des visuellen Styles) sowie Werbemaßnahmen, die hierfür eingesetzt werden. Etwa die multimillionenschwere Werbekampagne „Some People Just Don't Get It", die 1985 eingesetzt wird, um sich in ironischer Weise gegen öffentliche Diffamierungen zu wehren und damit gleichzeitig Rückgrat zu beweisen. Sie zeigte – aus der Perspektive der Zielgruppe – Antisympathieträger wie konservative Politiker und Vertreter kirchlicher Organisationen, die in klischeehafter Weise über den Sender und sein Programm herzogen. Die Strategie zeitigte Erfolg: Selbstproduzierte Sendungen arrivierten zu Verkaufsknüllern (z.B. die äußerst erfolgreiche Sendung „Remote Control") oder gewannen gar Kultstatus (z.B. „MTV-Unplugged" und „Beavis and Butt-Head") und die Vee-Jays wurden als internationale Stars gehandelt (z.B. Ray Cokes, MTV-Europe's Moderator der Sendung „MTV's Most Wanted").
- Letztlich ausschlaggebend für den Erfolg MTVs erwiesen sich allerdings die hartnäckigen Bemühungen, einen globalen Jugendmarkt exklusiv erreichen zu können. Das Potential war Tom Freston zufolge allemal vorhanden: „This is the first international generation. They wear Levi's, shop at Benetton, wear Swatch watches and drink Coca Cola" (zit. n. Banks, 1996, S. 104), und den Schlüssel zur Konsumwelt der transnationalen Jugend hielt MTV – in der Vorstellung seiner Betreiber – bereits in den Händen: „Music is the global language. (…). We want to be the global rock 'n' roll village where we can talk to the youth worldwide" (zit. n. Banks, 1996, S. 104), so MTVs Sara Levinson. Die Umsetzung erfolgte in doppelter Hinsicht: Zum einen durch die Gründung von MTV-Ablegern in Übersee (s.u.), zum anderen durch globale Werbefeldzüge im Verbund mit der Platten- und Konsumgüterindustrie (vgl. Banks, 1996, S. 105ff.). Die Rechnung ging auf: MTV erreichte 1995 mehr als 250 Mio. Haushalte in 58 verschiedenen Ländern der Welt

(Banks, 1996, S. 200) und errang damit den konkurrenzlosen Status des einzigen globalen Werbemediums für jugendspezifische Tonträger und Konsumgüter.

Neben solchen senderinternen Maßnahmen und Umstrukturierungen wird MTV Networks in den Jahren 1985-86 trotz anhaltendem Erfolg des Senders an den Konzern Viacom Inc. für insges. 780 Mio. US-$ verkauft (vgl. Banks, 1996, S. 117). Unter der Regie des Viacom-Konzerns – nach Time Warner das zweitgrößte Medienkonglomerat der Vereinigten Staaten – fanden tief greifende personelle und strategische Umwälzungen statt: Die Ära einer zweiten Generation beginnt, für die Musikfernsehen ein alltägliches Phänomen geworden war. Darüber hinaus fungierte MTV innerhalb des Viacom-Konzerns zunehmend als strategisches Distributions- und Werbemedium für konzerneigene Produkte und wurde im Kampf um internationale Märkte als Wegbereiter eingesetzt. Die aggressiven Vorstöße MTVs in ausländische und angrenzende Märkte (vgl. Banks, 1996, Kap. 5 und S. 130ff.) sind somit zu weiten Teilen seiner strategischen Rolle im Verbund mit hoch integrierten Konzernen geschuldet.

MTV geht schließlich erstarkt aus der Krise hervor: Mit fast allen großen Labels werden 1991 Exklusivverträge unterhalten; die Einnahmen steigen im Jahr 1991 auf 44,7 Mio. US-$; ebenso vergrößern sich die Reichweiten, so dass 1996 jeder vierte Haushalt der Welt MTV empfängt (vgl. Junker & Kettner, 1996, S. 45). Das Gesamtengagement des Senders nimmt in den 90ern gewaltig zu: Mit der Gründung des MTV Record Clubs beginnt der Vertrieb von Videos, Tonträgern und Merchandising-Produkten, die sich unter der Trade Mark „MTV" bestens verkaufen. So konnte der Sender mit Produkten rund um die Sendung „Beavis and Butt-Head" über 100 Mio. US-$ einstreichen.

MTV heute

1993 ging VIVA, das deutsche Pendant zum Marktführer MTV, auf Sendung (Hachmeister & Lingemann, 1999). Bereits nach zwei Jahren konnte der Sender schwarze Zahlen schreiben und ein weiteres Jahr später gelang es VIVA, in der Zielgruppe der 10- bis 18-Jährigen mit einem Marktanteil von 31,2 Prozent MTV (22,3 Prozent) hinter sich zu lassen. Das Erfolgsrezept: Im Gegenzug zum global und künstlerisch anspruchsvoll ausgerichteten MTV gab sich VIVA regional und bodenständig (Hachmeister & Lingemann, 1999, S. 140ff.), was nicht zuletzt auch durch die umfangreiche Präsentation deutschsprachiger Acts erreicht wurde.

In den ersten Jahren des neuen Jahrtausends ließ der wirtschaftliche Erfolg von VIVA spürbar nach. Im Sommer 2002 begannen erste Übernahmegespräche zwischen den beiden Großaktionären EMI und Vivendi Universal, der VIVA Media AG sowie des MTV-Mutterkonzerns Viacom. Nach einem Übernahmekampf mit dem Konkurrenten AOL Time Warner, welcher sich zunächst durchsetzte und bis zum Jahr 2004 über 30 Prozent der VIVA-Anteile besaß, sowie einer Zurückeroberung der Marktführerschaft durch MTV sowie herben Umsatzeinbußen des VIVA-

Unternehmens in den Jahren 2002-2004 übernahm schließlich am 26. August 2004 die Viacom 75,83 Prozent der Aktien der VIVA Media AG zum Preis von rund 309 Mio. € (vgl. Rosenbach & Schulz, 2004, S. 110). Der Betrag wurde in der Fernsehbranche als erstaunlich hoch bewertet. Zum Vergleich: der Amerikaner Haim Saban zahlte im Jahr 2003 525 Mio. € für die Kontrollmehrheit des größten deutschen Fernsehkonzerns Pro-Sieben-Sat-1. Doch dessen Sender machten im ersten Quartal 2004 brutto fast 760 Mio. € Werbeumsatz, während der Jugendpopsender VIVA nur 20 Mio. € vorweisen konnte. Zum Zeitpunkt des Verkaufs hatte VIVA Einschaltquoten von weniger als einem Prozent. Der Sender machte Verluste, die ohne die erfolgreich arbeitende Produktionsfirma Brainpool noch wesentlich drastischer ausgefallen wären (vgl. Theurer, 2004, S. 22).

Die Viacom konnte sich mit der Übernahme VIVAs zwar eines lästigen Konkurrenten entledigen; eine schlüssige Strategie für die vier deutschen Musiksender MTV, MTV2Pop, VIVA und VIVA Plus existierte jedoch zunächst nicht. Obwohl die Übernahme durch die Geschäftsleitung begrüßt wurde, schien die neue Gesellschafterstruktur ein „Ausverkauf" des bisherigen Konzeptes VIVA zu bedeuten: Neben personellen Umstrukturierungen und intransparentem Agieren des Vorstands sollte der Sender auch in programminhaltlicher Hinsicht neu ausgerichtet werden: So nahm man von bisherigen Aushängeschildern wie Charlotte Roches „Fast Forward" oder der eben erst gestarteten „Sarah-Kuttner-Show", die eine ältere, anspruchsvollere Zuschauerschaft ansprachen, Abstand und favorisierte Formate für eine jüngere, weniger anspruchsvolle Zielgruppe. Konkret hieß das: Statt Clips von den Beasty Boys und Björk liefen „Big Brother"-Wiederholungen; statt selbst produzierter Sendungen bekam man eingedeutschte Importware aus dem US-Archiv der Viacom zu sehen, vorzugsweise Kuppel- und Dating-Shows. „Fast Forward" war gestrichen worden, der VIVA-Klassiker „Interaktiv" durch eine Sendung mit dem Namen „17" ersetzt, auch die „News" mussten weichen. Was kam, war nonstop Werbung für Klingeltöne und Handy-Spiele.

Erste nachhaltigere Umstrukturierungen der Programm- und Zielgruppenausrichtung der Sender erfolgten 2005. Es wurde verstärkt auf Kinder als Publikum gesetzt (so ersetzte ab September der Kinderkanal NICK den Musiksender MTV2) und die Sender erhielten eine differenziertere Profilierung: VIVA sollte sich künftig stärker auf deutsche, chartorientierte Musik konzentrieren und damit ein eher weibliches Publikum ansprechen, während MTV eher am männlichen Publikum und am internationalen Geschehen orientiert sowie insgesamt progressiver sein sollte. Obwohl das Deutschland-Geschäft des US-Medienkonzerns 2005 nur mäßig anlief, konnte das Unternehmen bereits 2006 Spitzenwerte vorweisen: Sowohl MTV als auch VIVA konnten sich mit 2,2 bzw. 2,3 Prozent Marktanteilen bei den 14- bis 29-Jährigen sehen lassen. Vorerst letzter Schritt der internen Umstrukturierung war die Ersetzung des VIVA-Ablegers VIVA Plus durch den Comedy Kanal COMEDY CENTRAL. Diese Erweiterung des Senderportfolios hatte auch namentliche Konsequenzen: MTV Networks firmiert seit 2007 in Deutschland unter der Bezeichnung Viacom Germany GmbH.

Funktionsweise von Musiksendern

Grundlegend für den langfristigen und durchschlagenden Erfolg MTVs in den USA war die sich zunehmend intensivierende Beziehung zwischen dem Sender und der Musikindustrie einerseits sowie den Kabelnetzbetreibern andererseits. Durch das Unterhalten von Exklusivrechten mit den Major Record Labels bzw. den Künstlern sowie den Kabelnetzbetreibern gelang es MTV, Konkurrenten systematisch auszuschalten. Für MTV, in der Rolle des Distribuenten (s.u.), waren und sind vor allem zwei Dinge überlebensnotwendig: Programmaterial (d.h. zunächst Musikvideos) und Ausstrahlung. Diese überlebensnotwendige Minimalbasis war es, auf die MTV es in den Anfangsjahren abgesehen hatte: Die Konkurrenten sollten weder Programm erhalten noch die Möglichkeit, dieses auszustrahlen. Mit den Worten Robert Pittmans: „The traditional solution for the distributor (MTV - Anm. d.Verf.) to protect his business is to lock up the shelf space and/or lock up the supply of the product" (Pittman zit. n. Banks, 1996, S. 64). MTV schuf sich auf diese Weise eine Marktposition, deren Rahmenbedingungen bis heute Grundlage des Wirtschaftens des Senders sind.

Musikfernsehen partizipiert sowohl am Musik- als auch am TV-Markt und ist demzufolge durch Strukturen und Dynamiken beider Märkte geprägt. Musikspartenkanäle operieren als Distributionsmedien in einer *doppelten Ökonomie* (Ö1/Ö2) spezieller Art (vgl. Junker & Kettner, 1996, S. 54ff.). Wie andere TV-Medien auch, sind sie auf Zuschauer, Werbepartner und Kabeloperatoren angewiesen. Kabeloperatoren und Zuschauer bringen potentielle Reichweiten und Einschaltquoten (Ö1), welche wiederum die Finanzierung durch die Werbepartner (Ö2) garantieren. Dieses klassische Modell der rundfunkmedienbetreibenden Industrie erfährt im Falle von Musikspartenkanälen eine entscheidende Erweiterung: Die Tonträgerindustrie versorgt die Musiksender mit Werbung und Programm in einem, sprich mit Musikvideos. Sie nimmt somit eine Zwitterstellung zwischen Werbepartner und Programmlieferant ein. Die Musiksender nehmen nun in der Kette „Produktion-Distribution-Verkauf/Ausstrahlung" die klassische Rolle des Distribuenten ein: Fremdproduzierte Werbung und Programme werden an Kabelfirmen weitergegeben, die diese Inhalte unter die Zuschauer (in den USA oft „Subscribers") bringen. Funktioniert die Wertschöpfungskette, trägt ein produziertes Musikvideo zum einen zur Umsatzsteigerung der auf diese Weise beworbenen Popmusik bei wie es zum anderen als Programmbestandteil die Nutzung und Bindung an einen TV-Sender begünstigt.

Zentrale Instanz der Musikvideobranche (vgl. grundlegend Banks, 1996, S. 137ff.) sind die großen Plattenfirmen, die so genannten *Major Labels*, zentrales Element ist das Musikvideo. Mit ihm verbindet sich im Gegensatz zur Promotion durch Live-Auftritte und Konzerttourneen nur ein kurzfristiges werbestrategisches Interesse: Clips werden in einer stark limitierten Zeitspanne hergestellt, um die ohnehin hohen Produktionskosten gering zu halten und eine möglichst rasche Promotion chartverdächtiger Songs zu erreichen (vgl. Goodwin, 1992, S. 41ff.). Einmal erstellt, garantiert der Clip –

aufgrund seiner unbegrenzten Reproduzierbarkeit – ein Maximum an *Content Exploitation* (vgl. Bunting, 1995, S. 54ff.). Ist ein Clip produziert, muss er im Musikfernsehen untergebracht werden. Trotz des scheinbar symbiotischen Verhältnisses zwischen Musiksendern und Plattenfirmen erwies sich die Zusammenarbeit als zunehmend problematischer. Zum einen verlangten die Labels zur Risikominimierung in steigendem Maße Lizenzgebühren für die Ausstrahlung von Clips. Zum anderen divergierten die Interessen mit Blick auf so genannte „New Acts", da MTV als Fernsehsender daran interessiert sein musste, mit Bewährtem hohe Quoten zu erreichen, die Labels dagegen darauf aus waren, neue Künstler aufzubauen. Insbesondere dieser Umstand ließ im Laufe der Zeit ein Gefälle entstehen, das den Labels die Rolle des Lobbyisten zuwies. Hergestellt wird das Musikvideo schließlich von Producern, die den organisatorischen Teil einer Videoclipproduktion übernehmen, sowie den Regisseuren, die die eigentliche, kreative Arbeit leisten. Die Plattenfirmen machen Auflagen hinsichtlich des Inhalts der Clips und geben in vielen Fällen auch ein Konzept vor.

Trotz der Interessensdivergenzen zwischen Majors und Musiksendern fungierten die Musikvideos letztlich als Hauptbestandteil des Programms der Musiksender und sie wurden diesen von den Plattfirmen im Großen und Ganzen kostengünstig zur Verfügung gestellt. Die Musikkanäle wiederum waren für die Major Labels lange Zeit das wichtigste Marketinginstrument, um ihre Produkte einer entsprechenden Zielgruppe präsentieren zu können (vgl. Kurp, 2004, S. 28). Etwa 80 Prozent der gezeigten Videoclips bei VIVA und MTV stammen von den vier großen Tonträgerunternehmen Universal, Sony BMG, Warner und EMI.

Dieses harmonische Modell gerät im Zuge des Strukturwandels der klassischen Tonträgerindustrie mehr und mehr unter Druck. Die Krise der Musikindustrie beginnt das lange Zeit erfolgreiche Geschäftsmodell der Majors, nach welchem etablierte Stars von heute Nachwuchskünstler von morgen durch ihre Gewinne mitfinanzieren, zu zerstören (vgl. Hamann, 2003). Selbst vergleichsweise erfolgreiche Acts sind oft gerade mal in der Lage, ihre eigenen Aufwendungen zu refinanzieren. Der Erlös aus dem Verkauf der Tonträger alleine reicht häufig bei weitem nicht aus. Ein immer häufiger beschrittener Weg ist daher, umfassende *Werbepartnerschaften* mit der Industrie einzugehen, um Investitionsrisiken (etwa einer Konzerttournee) zu minimieren und neue Verdienstquellen zu erschließen. Zu nennen sind hier das *Sponsoring* (wie etwa im Falle des Popstars Shakira durch den Autohersteller Seat) sowie die so genannte *Cross-Promotion*. Hinzukommt das Fortschreiten der Firmenkonzentrationen aus Gründen der Kosteneinsparung (wie etwa Sony BMG), was eine weitere Oligopolisierung des Musikmarktes befördert, sowie (notwendig gewordene) Allianzen mit so genannten *Independent Labels*, deren Anzahl und Einfluss auch aufgrund des drastischen Rückgangs der Produktions- und Vertriebskosten für marktfähige Tonträger enorm zugenommen hat. Schon Dieter Gorny hob die Bedeutung unabhängiger Labels hervor: „Minor Group bedeutet immer Trend, das heißt, sie ist geschäftlich nützlich" (vgl. Martens, 1996, S. 37). Der Deal: Gegen Innovationspotential erhalten die kleinen Labels durch eine Zusammenarbeit mit einem Major bessere Infrastruktur und

Vermarktungsmöglichkeiten und damit den Zugang zu einem breiteren Publikum (wie etwa im Fall der Sony BMG die das von den Fantastischen Vier gegründete Independent Label FourMusic aufkaufte (vgl. Saerbeck, 2006)).

Auch die Musiksender sind in dieser aufgrund strukturellen Wandels wirtschaftlich angespannten Umbruchsituation in der Musik- und Tonträgerbranche gezwungen, bestehende (Werbe-)Allianzen zu intensivieren bzw. auch neue Wege zu beschreiten. Dies betrifft zum einen neue Wege der Distribution (s.o.) sowie – strukturell unaufwändiger – den Aus- und/oder Aufbau von Werbepartnerschaften und Marketingformen. Mit der Viacombrandsolutions hat der MTV-Mutterkonzern Viacom eine eigenständige Abteilung für die Vermarktung seiner diversen TV-Sender ins Leben gerufen. Daneben versteht es der Sender aber ebenso brillant, sich mit eigenen Werbekampagnen bei seinen Zielgruppen ins rechte Licht zur rücken und sich als deren Sprachrohr zu positionieren (vgl. Neumann-Braun, 1999, S. 393ff.). Über die übliche Werbefinanzierung – also die Ausstrahlung von Musikvideos und Werbespots – hinausgehende Marketingengagements bestehen in der Regel in der Übernahme längerfristiger Kooperationsverträge mit Unternehmen, deren Werbeinteresse sich auf die Zielgruppe lifestyleorientierter Jugendlicher und junger Erwachsener kapriziert.

Hierbei existieren mehrere mögliche Formen der Zusammenarbeit. Im Falle der so genannten *On Air-Kooperation* wird die Marke oder das Produkt direkt im Programmumfeld der Sender platziert (etwa in Form eines Sponsorings einer bestimmten Sendung). Ausbaufähig sind solche, der klassischen Spot-Werbung nahe stehende Marketingformen zu umfassenderen, kundenindividuellen Kooperationen, indem fokussierte Aktionen (etwa ein Gewinnspiel) entworfen, exklusiv beworben (etwa durch einen entsprechenden Trailer) und crossmedial (z.B. in TV und Online) geschaltet werden.

Mit den so genannten *Promostorys* (mindestens 90 Sekunden dauernde Clips, in denen Werbekunden viel Raum für die Präsentation ihrer Produkte geboten wird) sowie den *Spotpremieren* (hier wird der Werbespot exklusiv als Erstausstrahlung angekündigt und somit als Event inszeniert) sind Werbeformen angesprochen, die auf einen weiteren entscheidenden Aspekt der musikfernsehtypischen Vermarktungsstrategien aufmerksam machen, nämlich wie sehr Programm und Werbung – sowohl ästhetisch als auch von der Produktion her – ineinander übergehen. Schließlich werden Werbepartnerschaften im Rahmen von Event-Marketingstrategien geknüpft, innerhalb derer entweder bei sendereigenen Events (etwa bei der Verleihung des Musikpreises „VIVA Comet") diverse eingebettete Werbeformen (etwa TV-Präsenz, Online-Präsenz, Präsenz vor Ort, Sponsoring etc.) oder senderfremde Events als fertige Pakete (Tourkonzepte) bzw. als Werbumfeld angeboten werden.

Neue Distributionswege

Der Strukturwandel des Tonträgermarktes (s.o.) sowie die Digitalisierung der Medien(-distribution) insgesamt zwingen auch die Musiksender zum Umdenken. Obwohl die Entwicklungen noch nicht abgeschlossen sind und sich Prognosen schwierig gestalten, ist es unübersehbar, dass sich MTV und VIVA in ganz unterschiedlicher Art und Weise in den Bereichen digitales TV, Internet und Mobilfunk stark engagieren. Es geht dabei um Bereiche, deren (ökonomische) Zukunftsträchtigkeit sich aus Einschätzungen darüber ableitet, dass die Verbreitung bzw. Rezeption medialer Inhalte künftig vermehrt *digital* (etwa über digitales TV), *mobil* (möglich etwa durch Handy-Angebote) und *individuell zugeschnitten* bzw. *interaktiv* (ermöglicht durch Netzangebote) erfolgt. Da es insbesondere das Musikfernsehen zudem mit einer jungen, innovationsfreudigen Zielgruppe zu tun hat, sind vielfältige Bestrebungen zu beobachten, neue Distributionskanäle zu erschließen (MTV digital, MTV interaktiv (iTV), MTV mobil, MTV_IP (Internet Protocol Television); MTV im Netz/Downloads/Streams/Communities u.a.; vgl. hierzu ausführlich Schmidt, Neumann-Braun & Autenrieth, 2009).

Produkt (Musikvideos als Programmelemente, Inhalte und Formate des Gesamtprogramms, Senderprofile)

Ureigenster Programmbestandteil des Musikfernsehens ist das kommerzielle Musikvideo (s.o.). Das ökonomisch relevante Produkt allerdings ist der *Programmfluss* des jeweiligen Senders, innerhalb dessen der Anteil und die Platzierung von Musikvideos variieren können. Als (zumindest zu Anfang) aufmerksamkeitserregende und exklusive Programmelemente der Musiksender waren die Musikvideos von Beginn an ein „Spielball" ökonomischen Wettbewerbs (vgl. Schmidt, 1999, S. 112ff.). In den Anfangszeiten der Musikspartenkanäle äußerte sich dies in langwierigen Auseinandersetzungen zwischen den großen Plattenlabels und MTV um den ökonomischen und kulturellen Status des Musikvideos. Die kontinuierlichen Bestrebungen der Labels, Lizenzgebühren für die Ausstrahlung von Clips zu erheben, ist ein Hinweis auf deren ambivalenten Status als einerseits Werbung für Popmusik und andererseits Programminhalt der Musiksender. Obwohl oder gerade wegen ihres Charakters als einer Art „Kunst-Kommerz-Zwitter" (vgl. zusammenfassend Neumann-Braun & Schmidt, 1999) erfreuen sich die Clips nach wie vor regen Zuspruchs und gelten bis heute als Aushängeschild und Messlatte der Musikspartenkanäle. Dass die Zukunft MTVs in Sendungen zu suchen ist, die sich vom (reinen) Abspielen kommerzieller Clips bzw. überhaupt vom musikalischen Sektor entfernen – was im Übrigen 1993 bereits Goodwin mutmaßte (vgl. Goodwin, 1993, S. 53) –, steht hierzu in keinem Widerspruch: Die Musiksender – so bewerten es kritische Beobachter als auch die Macher selbst – haben heute sowohl den Bereich populärer Musik bzw. überhaupt den Bereich des Pop informiert abzudecken, und dazu gehören für einen AV-Medien-Betreiber auch Musikvideos, als auch ansonsten übliches, allerdings jugendkompatibles TV-Entertainment zu bieten (bis hin zu Info- und Dokutainment). Die programminhaltliche Entwicklung der Musiksender (hier am Beispiel MTVs) lässt sich als ein Weg von reinen Musik(video-)spartenkanälen hin zu klassischen Vollprogrammen begreifen. Dies soll im Folgenden skizziert werden.

In der Anfangsphase trat MTV eindeutig als reiner Musikvideosender an; der *Clip-Flow* bzw. die an das Programm eines DJs erinnernde Präsentation (visueller) Musik durch Vee-Jays war bewusst in Abgrenzung zum traditionellen Fernsehen mit starrem Programmkorsett gewählt. Während man sich in den ersten Jahren auf die Präsentation von Mainstream-Musikstilen beschränkte, erweiterte sich die Musikfarbe sukzessive mit der zunehmenden Diversifizierung jugendkultureller Musikstile. Mehr und mehr avancierte MTV zu einem jugendkulturellen Forum, welches das Spektrum musikalischer Stilrichtungen nicht bloß durch das Abspielen der entsprechenden Clips (hierzu gehören die bis heute aktuellen Clip- und Musikshows wie etwa „MTV Noise" oder „TRL" bzw. Chart-Formate wie etwa „European Top 20" oder „Viva Top 100") abdeckte, sondern auch darüber informierte und berichtete (in Musikmagazinen wie „MTV Rockzone" oder „MTV Urban") und sich durch die Qualität dieser Berichterstattungen selbst als Teil der betreffenden Stilrichtung zu etablieren vermochte. Sendungen wie „Yo! MTV Raps" oder „Wah Wah" (eine Sendung auf VIVA2) steigerten die Popularität und Verbreitung, aber auch das Wissen um bestimmte Musikstilrichtungen enorm. Hinzu kamen Live-Berichterstattungen rund um Musik- und Lifestyle-Events, Konzertmitschnitte sowie Live-Auftritte der Stars (etwa bei „MTV Unplugged"). Schließlich etablierte MTV mit den „MTV Video Music Awards" (erstmals 1984) einen international renommierten Musikpreis (regionales Analogon: „VIVA Comet"). Zugleich griff MTV Trends und Entwicklungen auf, die zwar im Umfeld der Musikszenen und Jugendkulturen entstanden bzw. sich auf diese bezogen, jedoch im engeren Sinne nichts mehr mit Musikberichterstattung zu tun hatten. Hierzu gehör(t)en Sendungen wie „Beavis and Butt-Head" (eine Verballhornung der Heavy-Metal- und Hard-Rock-Szene) oder „Jack Ass" (eine aus der amerikanischen Skaterszene heraus entstandene Stuntshow), welche eindeutig bestimmten Musikszenen und deren typischen Ausdrucksformen zuzuordnen sind. In dem Maße, in dem Popmusik und Lifestyle ineinander aufgingen und im Zuge dessen identifizierbare und differenzierbare Jugendsubkulturen mehr und mehr durch eine allgemeine jugendkulturelle Orientierung abgelöst wurden bzw. in höhere Alterklassen „abwanderten", ging MTV, um seine jugendliche Zielgruppe (weiterhin) zu erreichen, mehr und mehr dazu über, auf andere *Distinktionspotenziale* als die (Pop-)Musik (welche heute auch die über 40-Jährigen konsumieren) alleine zu setzen. So verläuft die Abgrenzung zur Elterngeneration – zumindest in ihrer televisionären Gestalt – heute weit weniger über Musikvorlieben als entlang visueller Geschmacksgrenzen und Ästhetiken sowie Fragen öffentlichen (Nicht-)Zeigens. Dies gilt insbesondere für so genannte Reality-Shows bzw. Doku-Soaps (Pionier: „The Real World"/ Erstausstrahlung: 1992), welche zwischenzeitlich etwa ein Drittel des MTV-Programms ausmachten. Aber auch in Sendungen wie „Jack Ass" und deren Derivaten (etwa „Viva la Bam", „Wildboyz"), Zeichentrickreihen wie „South Park", „Popetown" oder „Drawn Together", Animationsserien wie „Celebrity Deathmatch" oder Comedy-Shows wie „Mein neuer Freund" werden Geschmacksgrenzen und gesellschaftliche Tabus berührt oder überschritten, teilweise werden bewusst Werte einer aufgeklärten Erwachsenenwelt scherzhaft „entweiht" (etwa bei „South Park"). Darüber hinaus versteht es MTV perfekt, jugendliche Sehgewohnheiten und Geschmacksvorlieben zu bedienen. Themenspektren und ästhetische Gestaltungskonventionen scheinen exakt auf die jugendliche Zielgruppe abgestimmt: So bedienen Reality-Shows Bedürfnisse nach Echtheit, Authentizität und Unverstelltheit, Dating-, Casting- und Veränderungs-Shows (etwa „I want a Famous Face", „MTV Made", „Dismissed", „Pimp my Ride", „Room Raiders" etc.) Bedürfnisse nach Persönlichkeitsentwicklung und (beruflichem) Erfolg auf der Basis sozialen Vergleichs, Action- und Stunt-Shows (etwa „Jack Ass", „Viva la Bam") Bedürfnisse nach Freiheit (Regellosigkeit, Nonsens), Spannung (thrill) und Widerständigkeit sowie Party- und Lifestyle-Shows („My Supersweet 16", „Laguna Beach") Bedürfnisse nach Freizeit, Entspannung und sozialem Miteinander. Hinzu kommt eine Vorliebe für sarkastische Comedy und Cartoons (etwa „South Park", „Celebrity Deathmatch", „Happy Tree Friends", „Mein neuer Freund", „Scare Tactics", „Drawn Together" etc.), welche kognitive Bedürfnisse durch die Integration von Wiedererkennbarkeiten, Genrereferenzen, Bewertungsambivalenzen, Absurditäten und Inkongruenzen zu befriedigen vermögen. Zudem sind jugendrelevante Themen wie Sexualität/sexuelle Attraktivität, Kennenlernen/Flirten, Paarbeziehungen, Identitätspräsentation/Status in der Peer-Group, Zusammenleben, Karriere im Medienbereich/Celebrities, Mode/Styling sowie Events/Freizeitgestaltung angesprochen. Zusätzliche Attraktivität wird durch die Verwendung unterschiedlicher medialer Gestaltungstraditionen und -genres (Comic, Animation, Manga, TV-Serie, Live-Bericht, News, Realiy-TV etc.) sowie die insgesamt einer *Clip-Ästhetik* folgende Gestaltung des Programms erzielt. Hinzu kommt ein insgesamt unkonventioneller, wenig textlastiger und in jugendlichem Sprachduktus gehaltener Moderationsstil sowie Moderator/innen, die als Identifikationsfiguren fungieren (vgl. Schmidbauer & Löhr, 1999, S. 330).

Neben soziokulturellen und rezeptionsästhetischen sind es allerdings vor allem medienökonomische Gründe, die den Rückgang der Clips und Musiksendungen zugunsten herkömmlicher Fernsehformate im Programm der Musiksender erzwingen. Galten MTV und VIVA in ihrer Anfangszeit noch als Garanten für Chart-Erfolge, so haben sie heute ihre einstige Monopolstellung verloren. Dies hat unterschiedliche, sich wechselseitig verstärkende Ursachen. Zunächst sind die Musiksender schon lange nicht mehr die einzigen Präsentatoren von Popmusik und Videoclips. Insbesondere entsprechende Internetangebote laufen den Clipsendern mehr und mehr den Rang ab. Darüber hinaus sind durch die Krise der Musikindustrie die Budgets der Plattenfirmen für Clipproduktionen soweit gesunken, dass teilweise weniger als ein Drittel der früheren Gelder zur Verfügung stehen. Hinzu kommt, dass musiksenderseitig auch die Plattformen für Clips sukzessive reduziert werden, was wiederum die Plattenindustrien veranlasst, ihr Engagement in der *Videoclipproduktion* zu drosseln. Diese Situation animiert wiederum die Künstler – wie im Fall der Band Jimmy Eat World – ihre Clips mit geringstem finanziellem und technischem Aufwand gleich selbst herzustellen, da mit dem Internet bzw. den *Videoportalen* ein frei zugängliches, distributives Experimentierfeld gegeben ist (vgl. Keazor & Wübbena, 2005, S. 11). So befinden sich die Musiksender heute in einer Situation, in der sich Clips veralltäglicht und werbestrategisch abgenutzt haben (Inflationierung). Und hier schließt sich der Kreis: Als Reaktion auf diese Entwicklungen gestalten die beiden Kanäle ihr Programm vermehrt mit TV-Formaten ohne Clipanteil, d.h. die Räume für Musikclips schrumpfen weiter. Durch die veränderte Programmstruktur lassen sich Werbezeiten auch besser verkaufen, da durch die TV-Formate Publikum eher gebunden werden kann. MTV ist damit endgültig im traditionellen Fernsehgeschäft angekommen, was v.a. eine deutlichere Profilierung der einzelnen Sender bzw. deren Zielgruppenansprache bedeutet.

Zusammenfassend lässt sich sagen, dass sich das Musikfernsehen im neuen Jahrtausend sukzessive von seinen eigentlichen Wurzeln, der Popmusik, entfernt (hat). Insbesondere nach dem Aufkauf von VIVA kam es bei beiden Sendern zu einem beispiellosen Abbau von musiknahen Programmen und subkulturaffinen bzw. ambitionierten Musik-Sendungen. Musik verschwindet zwischen 13.30 Uhr und 23 Uhr fast vollständig aus dem Programm von MTV. Daneben beschränkte man die ohnehin klein gefahrenen Musikflächen auf den Mainstream-Bereich, so dass das Zielpublikum bei gleichzeitiger Kosteneinsparung vergrößert werden konnte (vgl. Kurp, 2004, S. 30). Die Sender sind deutlicher als früher an die Quoten in der Zielgruppe der 14-29-Jährigen gebunden. Ihr Spagat zwischen Provokation und Mainstream legt hiervon ein deutliches Zeugnis ab. Die Neupositionierungen der Sender – so ist die aktuelle Lage einzuschätzen – haben sich trotz allem gelohnt: VIVA steigerte seinen Erfolg nach Angaben des Senders vor allem mit Eigenproduktionen und günstigen Zukäufen aus den USA wie „Big in America II" und „Dance Star 2006". Bei MTV waren es hingegen vor allem Cartoons wie „South Park", „American Dad", „Popetown" und „Drawn Together" sowie die eigenproduzierten Formate „Pimp my Ride", „Love is Blind" und themenspezifische Musikshows, die Erfolg verbuchen konnten.

Rezeption

Mit dem Begriff Rezeption ist mit Blick auf Medien(-produkte) deren Zugänglichkeit/Verbreitung ((technische) Reichweite), Nutzung (Häufigkeit, Dauer) und Bewertung (Präferenzen) sowie deren Verarbeitung (Perzeption, Kognition) und Aneignung (Einpassung in den Alltag), häufig aufgeschlüsselt nach soziodemographischen Merkmalen (Alter, Geschlecht, Bildung), angesprochen. Geht es um die

Rezeption von Musikfernsehen steht häufig das jugendliche Klientel (repräsentiert durch die Alterklasse der 14-19-Jährigen) bzw. die so genannten „jungen Erwachsenen" (repräsentiert durch die Alterklasse der 20-29-Jährigen), teilweise aber auch zusammengefasste Zielgruppen der Jugendlichen und jungen Erwachsenen (repräsentiert durch die Alterklasse der 14-29- bzw. der 14-49-Jährigen) im Fokus. Mit Blick auf das mediale Produkt der Rezeption ist zwischen Studien zu differenzieren, die sich mit Musikfernsehen im Allgemeinen befassen und solchen, die sich auf Musikvideos kaprizieren. Letztere konnten durchgehend nachweisen, dass – seit es Musikfernsehen gibt – Jugendliche ein besonders hohes Interesse an Musikvideos zeigen (vgl. Altrogge & Amann, 1991, S. 175f.; Behne, 1985, S. 100; zusammenfassend Schmidbauer & Löhr, 1999). Erklärt wurde dieser Umstand in der Regel mit der enormen Bedeutung, die Pop- und Rockmusik für Jugendliche hat (vgl. Altrogge & Amann, 1991). Gezeigt werden konnte auch, dass die Rezeption von Musikvideos – im Gegensatz zur Rezeption anderer AV-Medien-Produkte (Film, TV-Serien etc.) – Besonderheiten aufweist, was vor allem auf deren spezifische Bauweise zurückgeführt wurde (Neumann-Braun & Mikos, 2006, S. 88ff.; Schmidbauer & Löhr, 1996, S. 20ff. und 1999, S. 331ff.; Schorb, 1988 sowie insbesondere Altrogge, 2000). Mit zunehmendem Bedeutungsverlust der Musik und insbesondere der Musikvideos im Programm der Musiksender bzw. deren Entwicklung zu (Jugend-)Vollprogrammen (s. oben) sowie umgekehrt der Etablierung des Musikvideos als einer eigenständigen medialen Gattung treten die Betrachtung der Rezeption von Musikvideos einerseits und des Musikfernsehens andererseits zunehmend auseinander. Der Schwerpunkt des folgenden Überblicks liegt daher auf der Rezeption des Vollprogramms der beiden im Free-TV empfangbaren Hauptmusikfernsehsender (MTV/VIVA), wie sie sich in der heutigen Situation darstellt (zentrale Eckdaten).

Reichweiten- und Nutzungsdaten

Sendereigenen Angaben zufolge umfasst MTV Networks mehr als 120 lokal ausgerichtete und verwaltete TV-Sender, mehr als 100 Webseiten in über 25 Sprachen und erreicht insgesamt über 550 Millionen Haushalte in mehr als 170 Ländern. Damit ist MTV heute das größte TV-Network der Welt[53]. VIVA erreicht als regionaler Ableger MTVs immerhin ca. 40 Millionen Haushalte in 15 Ländern[54]. Die technische Reichweite der beiden Sender liegt in Deutschland bei jeweils knapp 90 Prozent. Laut Pressemitteilungen (Basis: AGF/GfK-Fernsehpanel) des Konzerns erreichten die Marktanteile in der relevanten Zielgruppe (14-29-Jährige) im ersten Halbjahr 2008 bei VIVA mit 2,3 Prozent und MTV mit 2,6 Prozent Spitzenwerte. Kumuliert erreichen

---

[53] http://www.viacombrandsolutions.de/de/sender_programme/mtv/positionierung.html
[54] http://www.viacombrandsolutions.de/de/sender_programme/viva/positionierung.html

die beiden Hauptsender bei den 14-29-Jährigen fast fünf Prozent, bei den 14-49-Jährigen zwei Prozent Marktanteil[55].

Aneignungsformen

Obwohl Musikvideos lange nicht mehr den Hauptbestandteil des Programms der Musikfernsehsender bestreiten, sind ihre Wurzeln nach wie vor spürbar: So wie das Programm insgesamt einer Clip-Ästhetik folgt, so folgen auch die Sehgewohnheiten spezifischen Mustern. Was Lull und Sun 1986 in ihrer einflussreichen Studie zeigen konnten, nämlich dass sich Nutzungsmotive und -formen des Musikfernsehens von jenen des herkömmlichen Musikhörens einerseits bzw. des Fernsehschauens andererseits grundlegend unterscheiden, konnte in späteren Studien immer wieder nachgewiesen werden. Die Studien von Altrogge und Amann (1991) Barth und Neumann-Braun (1996), Paugh (1988) sowie Roe und Cammaer (1993) weisen dem Sender die Funktion eines Hintergrund- bzw. Nebenbei-Mediums zu; Musikfernsehen erscheint als eine Art *visuelles Radio* (Bechdolf, 1996). Insbesondere die breit angelegte Studie (Telefonbefragung von 533 Jugendlichen in NRW) von Frielingsdorf und Haas (1995) vermochte aufzuzeigen, dass die Nutzung von Musikfernsehen sich zwischen Musik-/Radio- und TV-Konsum bewegt. Die oberflächliche Nutzung als Begleitmedium steht einer hohen Bedeutung für soziokulturelle Belange gegenüber. Vor allem aber in qualitativ angelegten Studien (vgl. Bilandzic & Trapp, 2000; Quandt, 1997; Reetze, 1989; Fincke, 1999) lässt sich die enorme Vielfalt und Variation von Nutzungsmotiven und Rezeptionsformen abschätzen: So bedeutet ein hohes Interesse für Popmusik bzw. ein erhöhter Musikkonsum nicht notwendigerweise auch einen erhöhten Konsum von Musikfernsehen; die Nutzung von cliplastigen Sendungen kann sowohl nebenbei als auch konzentriert erfolgen; häufig wechseln sich diese Phasen je nach Auffälligkeitsgrad des Materials ab. Entsprechend variieren Motive der Nutzung von reinem Zeitvertreib, Berieselung und Stimmungsmanagement über soziale Zwecke (popmusik- und lifestylespezifische Information – etwa über Mode, Celebrities, Kinofilme etc. – sowie Programminhalte als kommunikative Ressource in der Peergruppe im Sinne (sub)kulturellen Kapitals) bis hin zu konkretem Interesse an der Musik und deren InterpretInnen.

Der enorme Zuwachs an und die Omnipräsenz von Medien(-inhalten) hat zur Folge, dass Medien häufig parallel zur Verfügung stehen und auch parallel genutzt werden, was es erforderlich macht, ihnen (nur noch) geteilte Aufmerksamkeit entgegen zu bringen (vgl. Kurp, Hauschild & Wiese, 2002, S. 41). Insofern lässt sich das Nebenbei-Rezipieren bzw. das *Channel-Hopping* heute als *ein* (bedeutsames) Muster der Medienrezeption und damit auch als ein (erforderlicher) Aspekt von Medienkompetenz verstehen.

---

[55] http://www.viacombrandsolutions.de/de/meta/homepage/News.html?node:revisionId =f9b5235599d64c8f9cffa8df07aaf63a

Heutige Jugendliche sind technisch deutlich besser ausgerüstet als zu früheren Zeiten: So haben sie neben der Möglichkeit, Radio zu hören bzw. fernzusehen zusätzlich die Option, Medieninhalte über PC/Internet, Handy bzw. mobile Speichermedien (etwa MP3-Player) zu konsumieren. Es wird für die Musiksender ganz entscheidend sein, inwiefern es ihnen zukünftig gelingt, weiterhin sowohl crossmedial zu agieren (unterschiedliche Repräsentanzen eines Produkts, etwa eine TV-Serie mit Website und Fanzine), als auch ihre mediale Präsenz im Hinblick auf Medienkonvergenzen (das hieße gleichen/ähnlichen Content über verschiedene Distributionswege anzubieten – etwa via TV, via Internet, via Handy etc.) auszubauen (s.o.).

Schluss: Vom Musikfernsehsender zur globalen Lifestyle-Marke

Setzte MTV seit seines Sendestarts im Jahre 1981 alles daran, sich als *Gatekeeper* einer internationalen Popmusikkultur zu etablieren und trug aufgrund seiner durch ökonomisches Taktieren (vgl. Banks, 1996) erreichten kulturellen Vormachtstellung zu einer Domestizierung, Standardisierung und Kommerzialisierung (vgl. Schmidt, 1999, S. 126ff.) der globalen Pop(musik)kultur bei, so ist diese Monopolstellung MTVs heute im Schwinden begriffen: Die Musikfernsehsender entfernen sich mehr und mehr von ihren angestammten Geschäftsbereichen, Fernsehen und Bewerbung von Tonträgern, und etablieren sich mehr und mehr als Mediatoren einer globalen Popkultur. Als profitträchtig erweist sich weniger die Position als Distributionskanal (herkömmlich: analoger Musikfernsehsender) oder als spezifisches Werbetool für spezifische Produkte (hier: Bewerbung von Tonträgern mit Hilfe von Musikvideos) als vielmehr der Status als international renommierte Lifestyle- und Popkultur-Marke auftreten zu können, welche „mit einem Marktwert von 6,6 Milliarden Dollar (...) so wertvoll wie sonst kein anderer Medien-Name im globalen Mediengeschäft [ist]" (Kurp, Hauschild & Wiese, 2002, S. 7). Auf der eigenen Website wird die eigene Werbekraft beworben – Zitat: „Music Television (...) ist (...) die führende Multimedia-Marke für 12- bis 34-Jährige. Bereits zum sechsten Mal in Folge wurde MTV in der „World's Most Valuable Brands 2006"-Studie von Business Week und Interbrand zur wertvollsten Medienmarke der Welt gekürt".[56] Dieser Wandel – so war der vorliegende Beitrag bemüht zu zeigen – ist auf vielfältige, sich wechselseitig verstärkende Ursachen zurückzuführen, welche sich als ein interdependentes Geflecht aus technischen Innovationen, veränderten Produktions- und Distributionsstrukturen sowie verändertem Mediennutzungs- und Konsumverhalten sowie – nicht zuletzt – veränderten kulturellen Rahmenbedingungen darstellen.

---

[56] Quelle: http://www.mtvnetworks.de/scripts/contentbrowser.php3?ACTION=showSub&SubID=27&plugin=; letzter Zugriff: 27.02.2008.

Literatur

Altrogge, M. & Amann, R. (1991). Videoclips – Die geheimen Verführer der Jugend? (Schriftenreihe der Landesmedienanstalten). Berlin: Vistas.

Altrogge, M. (2000). Tönende Bilder. Interdisziplinäre Studie zu Musik und Bildern in Videoclips und ihre Bedeutung für Jugendliche. Bd. 3: Die Rezeption: Strukturen der Wahrnehmung. Berlin: Vistas.

Aufderheide, P. (1986). Music Videos: The Look of Sound. Journal of Communication, 36, 57-78.

Banks, J. (1996). Monopoly Television. MTV's Quest to Control the Music. Boulder: Westview Press.

Barth, M. & Neumann-Braun, K. (1996). Augenmusik. Musikprogramme im deutschen Fernsehen – am Beispiel von MTV. In Landesanstalt für Kommunikation Baden-Würtemberg (LFK) (Hrsg.), Fernseh- und Radiowelt für Kinder und Jugendliche (S. 249-265). Villingen: Neckar Verlag.

Bechdolf, U. (1996). Music Video Histories. In C. Hackl, E. Prommer & B. Scherer (Hrsg.), Models und Machos? Frauen- und Männerbilder in den Medien (S. 277-299). Konstanz: UVK.

Behne, K.-E. (1985). Vier Thesen zur Musik im Fernsehen. In W. Hoffmann-Riem & W. Teichert (Hrsg.), Musik in den Medien – Programmgestaltung im Spannungsfeld von Dramaturgie, Industrie und Publikum (S. 99-102.). Hamburg.

Bilandzic, H. & Trapp, B. (2000). Die Methode des lauten Denkens. Grundlagen des Verfahrens und die Anwendung bei der Untersuchung selektiver Fernsehnutzung bei Jugendlichen. In I. Paus-Haase (Hrsg.), Qualitative Kinder- und Jugendmedienforschung (S. 183-209). München: KoPäd.

Bunting, H. (1995). US-Media Markets Leading the World? Bedfordshire: Watkiss Studios.

Burnett, R. (1996). The Global Jukebox. The International Music Industrie. London, New York: Routledge.

Denisoff, R. S. (1988). Inside MTV. New Brunswick, NJ: Transaction Publishers.

Fincke, B. (1999). Veränderungen der musikalischen Sozialisation Jugendlicher durch Musikvideoclips. In M. L. Schulten (Hrsg.), Medien und Musik. Musikalische Sozialisation 5-15jähriger (S. 239-285). Münster: Lit.

Fiske, J. (1986). MTV: Post-structural Post-modern. Journal of Communication, 10(1), 74-79.

Frielingsdorf, B. & Haas, S. (1995). Fernsehen und Musikhören. Stellenwert und Nutzung von MTV und VIVA beim jungen Publikum in Nordrhein-Westfalen. Media Perspektiven, o.Jg.(7), 331-339.

Frith, S. (1988a). Making Sense of Video. Pop into the Nineties. In S. Frith, Music for Pleasure. Essays in the Sociology of Pop (S. 205-225). Oxford: Polity Press.

Frith, S. (1988b). Video Pop: Picking up the Pieces. In S. Frith (Hrsg.), Facing the Music. Essays on Pop, Rock and Culture (S. 88-130). London: Mandarin.

Frith, S. (1993). Youth/Music/Television. In S. Frith, A. Goodwin & L. Grossberg (Hrsg.), Sound and Vision: the Music Video Reader (S. 67-84). London: Routledge.

Goodwin, A. (1992). Dancing in the Distraction Factory. Music Television and Popular Culture. London: Routledge.

Goodwin, A. (1993). Fatal Distraction: MTV Meets Postmodern Theory. In S. Frith, A. Goodwin & L. Grossberg (Hrsg.), Sound and Vision: the Music Video Reader (S. 45-66). London: Routledge.

Hachmeister, L. & Lingemann, J. (1999). Das Gefühl VIVA. Deutsches Musikfernsehen und die neue Sozialdemokratie. In K. Neumann-Braun (Hrsg.), Viva MTV. Popmusik im Fernsehen (S. 132-172). Frankfurt a.M.: Suhrkamp.

Hamann, G. (2003). Prinzip Sternschnuppe. Verfügbar unter: http://zeus.zeit.de/text/2003/47/BMG_2fSony.
Junker, I. & Kettner, M. (1996). Most wanted. Die televisionäre Ausdrucksform der Popmusik. Frauen und Film, 58/59, 45-58.
Kaplan, E. A. (1987). Rocking Around the Clock. Music Television, Postmodernism and Consumer Culture. London: Methuen.
Keazor, H. & Wübbena, T. (2005). Video Thrills the Radio Star. Musikvideos: Geschichte, Themen, Analysen. Bielefeld: transcript Verlag.
Kurp, M. (2004). Musikfernsehen, das unterschätzte Medium. Televizion, 17, 28-31.
Kurp, M., Hauschild, C. & Wiese, K. (2002). Musikfernsehen in Deutschland. Politische, soziologische und medienökonomische Aspekte. Wiesbaden: Westdeutscher Verlag.
Martens, R. (1996). VIVA – Musik am Strang. Spex, 3, 37.
McGrath, T. (1996). The Making of a Revolution: MTV. Philadelphia, London: Running Press.
Neumann-Braun, K. (1999). Subversiver Kulturkampf oder die dramatisierte Doppelung des Alltags? Bildhermeneutische Analysen der Werbekampagnen von MTV/Deutschland und VIVA in den Jahren 1994 bis 1997. Rundfunk und Fernsehen, 47(3), 393-408.
Neumann-Braun, K. & Mikos, L. (2006). Videoclips und Musikfernsehen. Eine problemorientierte Kommentierung der aktuellen Forschungsliteratur. Berlin: Vistas.
Neumann-Braun, K. & Schmidt, A. (1999). McMusic. Einführung In K. Neumann-Braun (Hrsg.), Viva MTV. Popmusik im Fernsehen (S. 7-42). Frankfurt a.M.: Suhrkamp.
Paugh, R. (1988). Music Video Viewers. In C. Heeter et al. (Hrsg.), Cableviewing (S. 237-245). Norwood: Ablex.
Quandt, T. (1997). Musikvideos im Alltag Jugendlicher. Umfeldanalyse und Qualitative Rezeptionsstudie. Wiesbaden: Deutscher Universitätsverlag.
Reetze, J. (1989). Videoclips im Meinungsbild von Schülern. Ergebnisse einer Befragung in Hamburg. Media Perspektiven, o.Jg.(2), 99-105.
Roe, K. & Cammaer, G. (1993). Delivering the young audience to advertisers: Musictelevision and Flemish youth. Communications, 18(2), 169-177.
Rosenbach, M. & Schulz, T. (2004). Chaostage in Köln. Der Spiegel, 50, 110-112.
Saerbeck, A. (2006, 1. August). Musik von unten. Verfügbar unter: http://www.ftd.de/technik/medien_internet/100575.html.
Schmidbauer, M. & Löhr, P. (1996). Das Programm für Jugendliche: Musikvideos in MTV Europe und VIVA. Televizion, 9, 6-32.
Schmidbauer, M. & Löhr, P. (1999). See me, feel me, touch me! Das Publikum von MTV Europe und VIVA. In K. Neumann-Braun (Hrsg.), Viva MTV. Popmusik im Fernsehen (S. 325-350). Frankfurt a.M.: Suhrkamp.
Schmidt, A. (1999). Sound and Vision go MTV. Die Geschichte des Musiksenders bis heute. In K. Neumann-Braun (Hrsg.), Viva MTV. Popmusik im Fernsehen (S. 93-131). Frankfurt a.M.: Suhrkamp.
Schmidt, A., Neumann-Braun, K. & Autenrieth, U. (2009.). VIVAMTV! reloaded. Baden-Baden: Nomos.
Schorb, B. (1988). Videoclips – wie beurteilen? Videoclips kommen gewaltig. Von den mannigfachen Gewaltaspekten in Videoclips. Medien und Erziehung, 32(3), 132-136.
Sun, S.-W. & Lull, J. (1986). The adolescent audience for music videos and why they watch. Journal of Communication, 36, 94-106.
Theurer, M. (2004, 25. Juni). MTV und VIVA. Zahltag im Fernseh-Kinderzimmer. Frankfurter Allgemeine Zeitung, 145, S. 22.
Williams, K. (2003). Why I (still) want my MTV. Music Video and Aesthetic Communication. Cresskill: Hampton Press.

Musik im Internet

GOLO FÖLLMER

Die Vernetzung der Universalmaschine „Computer" im Internet hat weit reichende Auswirkungen auf die Musikkultur. File-Sharing-Netzwerke stellen die von der Musikindustrie aufrecht erhaltenen Geschäftspraktiken aus den Zeiten der analogen und physischen Tonträger im Kontext des digitalen Medienzeitalters auf die Probe. Die Krise der Branche konnte auch durch Novellen des Urheberrechts nicht aufgefangen werden, denn sie hat offenbar komplexe Ursachen, die u.a. mit einem neuen Selbstverständnis der Konsumenten und Musiker zusammenhängen und z.B. sich in der Konjunktur musikalischer Praktiken wie dem Remix äußern. Neue Vertriebsformen und Geschäftsmodelle sollen den Auswirkungen des „digitalen Dilemmas", der technischen Konvergenz, den Möglichkeiten der Produktdiversifikation und den aktivierten Nutzern des Web 2.0 Rechnung tragen, und Podcasting und Radio on demand stellen auch den Radiosektor vor neue Möglichkeiten und Herausforderungen. Schließlich verändern sich keineswegs nur die Distributionsweisen von Musik, sondern auch musikalische Lernvorgänge und das Musikmachen selbst – allein oder in der Gruppe – finden im Netz zu neuen Formen, und die neu entstehenden Handlungsweisen verändern in der Folge auch die sozialen Zusammenhänge, ohne die Musik nicht existieren kann.

Einleitung

Das *Internet* ist ein Verbund vieler Rechnernetzwerke, der wiederum viele so genannte Dienste mit jeweils speziellen technischen Protokollen, also Datenübertragungs- und -darstellungsverfahren umfasst. Das World Wide Web mit dem Hypertext Transfer Protocol (HTTP) und Email mit Simple Mail Transfer Protocol (SMTP) sind davon die prominentesten. Aber erst das Zusammenspiel mit einer stetig wachsenden Zahl weiterer Dienste und Protokolle macht den vernetzten Computer zu dem, was er ist: eine Universalmaschine, die in jedem Augenblick andere Funktionen übernehmen kann, die Medientypen und Übertragungswege konvergieren lässt und die vor allem eines kann: Menschen in komplexer Weise miteinander, mit Datenbeständen und mit Datenverarbeitungsprozessen in Interaktion treten lassen.

Mit diesen Merkmalen wirkt sich das Internet in komplexer Weise auf den Gebrauch von Musik und auf die musikalische Gestalt selbst aus: individuelle Hörweisen, die Bedeutung von Musik für das Sozialleben, ökonomische Bedingungen und ästhetische Vorstellungen sind davon betroffen. Der Ursprung dieser Veränderungen liegt nicht allein im Internet, da die Nutzung eines Mediums im Zusammenspiel mit anderen Medien und kulturellen Praktiken erfolgt. Umgekehrt lassen sich Effekte, die primär Einflüssen des Internets zuzuschreiben sind, nicht nur dort beobachten, sondern haben einen Wirkungsbereich, der über dieses Medium hinausgeht.

Die Entfaltung rezeptiver und produktiver Gebrauchsweisen, Technologien und Konzepte von Musik im Rahmen des Internets werden im Folgenden zuerst historisch eingeordnet. Der Hauptteil handelt darauf folgend drei elementare Prinzipien des Einsatzes von Netzwerken für musikalische Zwecke ab.

Historischer Überblick

Das Internet ist rein strukturell gesprochen das „Netz der Netze", denn seine Größe und sein Wert erwachsen aus dem Zusammenschluss vieler Teilnetzwerke. Wenn auch das ARPAnet seit 1969 (abgelöst 1978 vom NSFnet) Universitätsgroßrechner miteinander vernetzte, basierten erste breitenwirksame Nutzungen vernetzter Computer häufig auf Grassroots-Anwendungen wie den Bulletin Board Systemen (BBS), bei denen sich ein Personal Computer per Modem mit einem anderen Rechner verbindet, um Daten auszutauschen, wenn zu einer Diskussion neue Beiträge eingegangen sind (Arns, 2002, S. 13). Wie Newsgroups, die an die Kultur der Fanzines anschlossen, boten sie die Möglichkeit hoher thematischer Differenzierung und wechselseitiger Kontingenz, d.h. jeder Leser kann mit eigenen Beiträgen auf „Postings" reagieren. Beliebtes Thema war hier von Anfang an die Musik.

BBS boten aber auch die Möglichkeit, Dateien auf einfachem Wege auszutauschen. Daher waren sie es, die in der populären Musikpraxis erste Spuren hinterließen. Angelehnt an einen Editor für Computerspiel-Soundtracks, entwickelte Karsten Obarski 1987 für den AMIGA 500 den *SoundTracker*, der 15 kurze Samples verwalten und auf vier Audiospuren anordnen ließ (Röttgers, 2003, S. 130f.). Das Programm verbreitete sich über Disketten und BBS in einer wachsenden Zahl von Varianten und implementierte das Prinzip des Komponierens mit reduziertem Klangmaterial im Bewusstsein seiner Benutzer. Ästhetischer und struktureller Referenzpunkt dieser Praxis waren die musikalischen Gepflogenheiten aus Soundtracks seinerzeitiger Computerspiele. Diese mussten aufgrund von eklatanten Einschränkungen der Prozessorleistung und der Audio-Hardware mit niedrigsten Ansprüchen an Klangqualität und musikalische Stimmführung auskommen. Dabei zeichneten sie sich durch eine Besonderheit aus: Ähnlich wie in einer MIDI-Datei eines Musikstückes lag in zirkulierenden MODs[57] die gesamte Bauart eines Stückes offen und konnte beliebig modifiziert werden. Kompositionen, Arrangements und Bearbeitungen offenbaren in

---

[57] MOD (kurz für „Module") bezeichnet das vom *SoundTracker* und anderen Tracker-Programmen verwendete Dateiformat, in dem Notenwerte, Samples und sonstige Daten wie z.B. Metrum eines Stückes zusammengefasst sind.

dieser Arbeitsumgebung, dass Musik grundsätzlich Teil eines gesellschaftsweiten und potentiell unendlichen kreativen Prozesses ist.

Das World Wide Web, im Januar 1993 mit dem Browser „Mosaic" ins Leben gerufen (Goldhammer & Zerdick, 1999, S. 38), bedeutete aufgrund seines grafischen Interfaces die rapide Popularisierung des Internets. Technische Standards erwiesen sich als überaus machtvoll: Übertragungsbandbreite und -protokoll, Datenformate und Beschaffenheit der Endgeräte prägen die Medieninhalte grundlegend. Pointiert lassen sich die Wirkungsbereiche des Internets den drei technischen Grundprinzipien Download, Streaming und Interaktion zuordnen.

Den Anstoß einer folgenreichen Entwicklung für den *Download* von Musik gab das Audiokompressionsverfahren „MP3". Die Verbreitung des MP3-Standards inspirierte die Entstehung diverser Download-Webseiten, die durch die verbesserten Suchmöglichkeiten von Napster und anderen P2P-Systemen zu einer immensen Tauschbewegung anwuchsen. Die Musikindustrie reagierte darauf mit Entsetzen und ergriff rigide Maßnahmen gegen das File-Sharing: technische Verfahren, die z.B. das Kopieren von Dateien behindern, ligitative Maßnahmen (juristische Verfolgung von Rechtsverstößen), PR-Kampagnen und legislative Initiativen (Lobbying bei den Gesetzgebern). Auch wenn mittlerweile Abschreckungserfolge erzielt wurden, ist dieser „Kampf zwischen David und Goliath" nicht ausgefochten, und ethisch ist das Problem keinesfalls so trivial wie es Vertreter der Musikindustrie oder des File Sharing in ihrer je eigenen Perspektive darstellen.

Die zweite entscheidende Technologie, das *Streaming*, provozierte Experimente mit radiophonen Inhalten, also neuen Formen der Ausstrahlung. Mitte der 1990er-Jahre entwickelte sich eine Szene von „net.radios", die in medienkünstlerischen Projekten gesellschaftliche und ästhetische Möglichkeiten neuer Sendeformen erprobten (vgl. Xchange, 2000), u.a. wie sie in Bertolt Brechts so genannter „Radiotheorie" als Utopie des sendenden Hörers formuliert worden war (Brecht, 1967, S. 132f.). Originäres *Internetradio*, das ausschließlich für die Übertragung über das Internet produziert wird und auf die technischen Anforderungen des Mediums und die spezifischen Bedürfnisse der Hörer zugeschnitten ist, kann disperse Publika effizient erreichen und die strikte Trennung zwischen Sender und Hörer aufbrechen. Dadurch sind hochspezifische *Special-Interest*-Programme umsetzbar, die sich im terrestrischen, geographisch eng begrenzten Radiobetrieb nur im Sinne eines Kultur-Sponsorings realisieren lassen. Daneben erweiterte das *Simulcasting* oder *Webcasting* als zusätzlich über Internet verbreiteter Sendestrom die Distributionsmöglichkeiten bestehender Radiosender. Nach der Jahrtausendwende wurden Streaming-Angebote durch höhere Übertragungsraten und neue Konzepte der Individualisierung (Podcasting, Radio on demand) eine ernst zu nehmende Alternative.

Ursprünglich textbasiert, integrierte der HTML-Code (Hypertext Markup Language) als Basistechnologie des WWW bald Bild, Ton und Film. Sobald die *Interaktion* durch Mausaktionen und Tastaturbefehle sich auch auf diese multimedialen Inhalte beziehen konnte, entstanden erste Projekte, die das Internet nicht nur distributiv, sondern auch produktiv, zur musikalischen Gestaltung nutzbar machten. Viele dieser

Projekte haben spielerischen Charakter, z.T. bieten sie aber auch Reflexionen der codespezifischen, strukturellen, kommerziellen, sozialen oder ästhetischen Bedingungen des Netzmediums oder übertragen experimentelle Praktiken aus der Computermusik, der Klangkunst und der Radiokunst auf spezifische Weise ins Internet.

Download/Erwerb: der Fall „File Sharing"

Das digitale Dilemma

Mit der rasanten Popularisierung des Internets Mitte der 1990er-Jahre deutete sich an, dass physikalische Tonträger wie die CD ernsthafte Konkurrenz erhalten würden. Als reine Zeitfrage wurde die eklatant unzureichende Übertragungsbandbreite angesehen[58], denn damals wie heute hält sich Moores Gesetz, demzufolge sich die Leistungsfähigkeit digitaler Kommunikationstechnologien bei gleich bleibendem Preis etwa alle 18 Monate verdoppelt (Goldhammer & Zerdick, 1999, S. 77). Offen blieb vorerst, wie der sinnliche Wert des dinglichen Besitzes eines Tonträgers, eines gedruckten Booklets etc. wirkungsvoll aufgewogen werden sollte.

Regelrechte Sorge bereitete hingegen der Umstand, dass digitale Daten – und damit auch Musik – prinzipbedingt die Eigenschaften öffentlicher Güter besitzen, nämlich Nichtausschließbarkeit und Nichtrivalität im Konsum[59], sofern keine wirksamen Gegenmaßnahmen ergriffen werden. Während bei Analogmedien wie der Langspielplatte der Zugang zum Originalprodukt auf den Handel beschränkt ist (schließt Nichtkäufer aus) und nur eine begrenzte Anzahl von Originalen mit maximaler Qualität existiert (Käufer sind Rivalen im Erwerb eines Originals), sind digitale Dateikopien für Internetnutzer prinzipiell leicht zugänglich (nur Nicht-Internetnutzer sind ausgeschlossen) und potentiell mit dem Original identisch, was eine unbegrenzte Anzahl von Originalkopien ermöglicht (wodurch Rivalität nicht auftritt). Solange Wissens- und Kulturgüter an physische Träger gebunden sind, ist Mangel natürlich. Lösen sie sich davon, so treten sie „(...) in eine Wissensumwelt ein, die ihrer ‚Natur' nach keinen Mangel kennt. Der vernetzte Computer ist eine ideale Umwelt für den

---

[58] Ein über ein schnelleres Modem an das Internet angeschlossener Computer, wie sie auch im Jahr 2000 noch verbreitet waren, benötigte für das Laden eines 3-minütigen Musiktitels in CD-Qualität (unkomprimiert) 72 Minuten (Föllmer, 2005, S. 30).

[59] Ein Beispiel eines solchen öffentlichen Gutes ist ein Wald als Erholungsstätte. Die Nichtrivalität besteht darin, dass dessen Nutzung durch Person X die Nutzung durch Person Y nicht wesentlich beeinträchtig, wohingegen ein Verbrauchsgut, etwa ein Nahrungsmittel, von der Nutzung durch Person X für Person Y unbrauchbar oder im Wert gemindert wird. Nichtausschließbarkeit bedeutet, dass es technisch nicht möglich oder zu aufwändig oder moralisch nicht vertretbar ist, Personen, die für ein Gut nichts bezahlen, an dessen Konsum zu hindern. (Bauckhage, 2002, S. 20).

Überfluss an Wissen. (...) Um daraus eine Marktplattform zu machen, bedarf es einer Schließung." (Grassmuck, 2002, S. 383)

Zudem müssen qualitativ vertretbare Kopien von Analogmedien aufgrund ihrer Eigenschaften immer auf einem gekauften Originalmedium beruhen, und die Verbreitung hat daher konzentrisch von legitimen Tonträgern auszugehen. Digitalkopien dagegen können auch noch vollwertig von einer Kopie der 100. Generation – (der Kopie einer Kopie einer Kopie einer Kopie) x25 – gemacht werden. Die Verbreitung kann daher in rhizomatischen Netzwerken erfolgen, die mit wachsender Verbreitung von Kopien (wenn viele Konsumenten eine Kopie einer Datei wünschen) exponentiell wachsende Vervielfältigungskapazität besitzen (während ein CD-Presswerk z.B. nur bestimmte Stückzahlen herstellen kann). Potentiell maximale Qualität bei eigendynamischer Anpassung der Angebotsmenge an die Nachfrage: Ein perfektes Vertriebssystem, aber wie bitteschön soll das mit dem Bezahlen gehen? Ein Dilemma.

P2P-Netzwerke

Darum kümmerten sich die meisten Nutzer anfänglich nicht. Im selben Geiste, wie Teilnehmer von Newsgroups ihr Wissen anderen zur Verfügung stellen, begannen Musikliebhaber damit, Musikstücke ins Netz zu stellen. Ein enormes Hemmnis stellte dabei die geringe Übertragungsbandbreite durchschnittlicher Internetzugänge dar, denn der Download eines 3-minütigen Musiktitels in CD-Qualität dauerte auch an schnelleren Modems eine gute Stunde. Ein Dammbruch erfolgte 1997, als sich das bis 1992 u.a. am Fraunhofer Institut entwickelte Audiokompressionsformat „MPEG-1 Audio Layer 3" (Dateiendung: .mp3) über ein „gehacktes" kommerzielles Kodierprogramm verbreitete[60]. Auffallend an der Verbreitungsgeschichte des MP3-Standards ist der Umstand, dass er sich nicht aufgrund von technologischer Überlegenheit durchsetzte. Konkurrierende Formate wie „RealAudio", „LiquidAudio" oder später „QDesign" wiesen verschiedentlich Vorteile gegenüber MP3 auf. Das Erreichen der „kritischen Masse" wurde vielmehr dadurch ermöglicht, dass die Patentinhaber

---

[60] Wie die meisten anderen heute gebräuchlichen Kompressionsalgorithmen kombiniert MP3 verlustbehaftete und verlustfreie Verfahren zur Verkleinerung von Audiodateien. Verlustbehaftete Verfahren beinhalten das Beschneiden des dargestellten Frequenzbereichs (Abschneiden von Höhen) bzw. der Darstellungsgenauigkeit (Signalauflösung, vergleichbar mit der Anzahl von Pixeln einer Bilddatei) und das Weglassen akustischer Informationen, die zwar das Ohr erreichen, die der menschliche Wahrnehmungsapparat bei der Verarbeitung akustischer Stimuli aber planmäßig ignoriert („perceptual encoding"). Kombiniert mit informationstheoretischen verlustfreien Verfahren (u.a. Huffman-Kodierung) lässt sich so bei relativ geringen qualitativen Einbußen eine Reduktion auf ca. 1/10 der ursprünglichen Dateigröße erreichen (Föllmer, 2005, S. 32f.).

Frauenhofer-Gesellschaft und Thomson den Quellcode des Verfahrens offen legten und die Anwendung im kleineren Maßstab lizenzkostenfrei gestalteten.[61]

Die Suche nach bestimmten Musikdateien auf verstreuten privaten Internetbereichen gestaltete sich aber zeitaufwändig, bis der Informatikstudent Shawn Fanning 1998 die Idee entwickelte, einen zentralen Server automatisch verzeichnen zu lassen, welcher Teilnehmer eines Netzwerks welche Musikstücke zum Tausch anbietet. Da der Datenaustausch (das *File Sharing*) dieser Musiktauschplattform, die *Napster* getauft wurde, direkt zwischen Anbieter und Nachfrager erfolgte (Peer-to-Peer, kurz „P2P", auf deutsch in etwa „von gleich zu gleich"), hatte die alarmierte Musikindustrie Schwierigkeiten, die Rechtsauffassung durchzusetzen, dass es sich dabei *nicht* um Fälle des so genannten „Fair Use" handle, demzufolge Privatkopien zum persönlichen Gebrauch gestattet sind (siehe Abschnitt unten: „Das Urheberrecht"). Im September 1999 in der Version 2.0 Umlauf gebracht, erreichte Napster im Februar 2001 den Höhepunkt seiner Popularität mit mehr als 25 Millionen Nutzern weltweit. Napster ging eine Kooperation mit der Bertelsmann Music Group ein, die Zugang zum Kundenkreis der File Sharer suchte. Das Projekt scheiterte. Ein Gerichtsurteil vom 5. Mai 2001, demzufolge Napster den Austausch urheberrechtlich geschützter Dateien umfassend zu verhindern habe, stellte die Firma vor unlösbare Probleme und bewirkte ihre Schließung im Juli desselben Jahres (Röttgers, 2003, S. 17f.).

Napsters rechtliches Problem war aber nicht der Tauschvorgang als solcher, sondern die verwendete Netzwerkstruktur mit einem zentralen Server, der einzelne „Clients" (das Programm des einzelnen Nutzers) über den Fundort einer gesuchten Datei informiert. Daher entstanden schon im Jahr 2000 alternative Technologien, u.a. das vollständig dezentrale *Gnutella*, bei dem nicht nur der Tauschvorgang, sondern auch die Suche gänzlich ohne Server auskommt und somit die Unterbindung des Betriebs deutlich erschwert wird. Da innerhalb solcher Netzwerke anhand der Identifikation von IP-Adressen rechtliche Verfolgungen einzelner Nutzer noch möglich sind, entstanden mit *Freenet* u.a. schließlich als dritte Generation[62] der P2P-Netzwerke Prinzipien, bei denen durch Verschlüsselung, indirekte Verbindung zwischen Anbieter und Nachfrager oder verteilte Ablage von Informationen die Identität der Teilnehmer anonymisiert oder der Tatbestand des Angebots urheberrechtlich geschützter Daten verunklart wird. „eDonkey2000", „Overnet", „Fast-Track", „Gnutella2", „BitTorrent", „Kademlia" oder „Soulseek" sind heute nur die Spitze eines Eisbergs von Protokollen, Netzwerken und Client-Programmen, der durch immer neue programmiertechnische bzw. netzwerkstrukturelle Prinzipien das Ziel einer effektiven rechtlichen Verfolgung und zielgerichteten Schließung von P2P-Netzwerken aussichtslos erscheinen lässt. Eine stetig wachsende Zahl mobiler Musik-

---

[61] Die „kritische Masse" bezeichnet nach Robert Metcalfe die spezifische Mindestanzahl von Nutzern eines Standards, die zu einer exponentiellen Weiterverbreitung desselben führt. Dieser Netzwerkeffekt beruht darauf, dass der Nutzen an der Verwendung eines Standards für den Einzelnen wächst, wenn die Gesamtzahl der Nutzer steigt (vgl. Grassmuck, 2002, S. 45).

[62] Zu Strukturmodellen von P2P-Netzwerken vgl. Allison (2004) sowie Oberholzer und Strumpf (2005)

Player und ein Anstieg der Nutzung des PCs als Wiedergabegerät machen eine Umkehr zur einfacher kontrollierbaren CD gänzlich unwahrscheinlich. Hinzu kommen weitere Innovationen wie die in der Brennerstudie 2007 (Bundesverband der Phonographischen Wirtschaft/GfK, 2007) erstmals aufgeführte „intelligente Aufnahmesoftware": Programme wie z.B. „ClipInc", die gesuchte Musiktitel automatisch aus dem weltweiten Angebot an Online-Radios von Radiosendern aufzeichnen und dem Musikbestand des Nutzers hinzufügen[63]. Im Fall von „ClipInc" argumentiert der Hersteller in der Kampagne „schonbezahlt.de", dass den Konsumenten solches Mitschneiden über Geräteabgaben und Rundfunkgebühren bereits in Rechnung gestellt würde und man dieses Recht jetzt legitim auskosten solle (www.tobit.com, 30.4.2008).

Die Musikindustrie in der Krise

Der wirtschaftliche Schaden, der durch P2P-Netzwerke entsteht, wird von der Musikindustrie als immens beziffert. Federführend bei Berechnungen sind die International Federation of the Phonographic Industry (IFPI), die Recording Industry Association of America (RIAA) und andere nationale Vertretungen der Musikindustrie (in Deutschland der Bundesverband der Phonographischen Wirtschaft, seit 2007 Bundesverband Musikindustrie) sowie Vertreter der so genannten „Big Four", der vier Major-Labels Universal Music Group, Sony BMG, EMI Group und Warner Music Group, die ca. 80% des weltweiten Umsatzes an Tonträgern erwirtschaften. Das JAHRBUCH DER PHONOGRAPHISCHEN WIRTSCHAFT 2006 beziffert den weltweiten Umsatzrückgang der Musikindustrie von 1996 bis 2006 mit 15%, für Deutschland, den viertgrößten Tonträgermarkt der Welt, sind es sogar 35% (USA: 28,5%; Japan: 10%; Großbritannien: 9%), ein Rückgang von 2,7 Milliarden Euro im Jahr 1996 auf 1,7 Milliarden Euro im Jahr 2006 bei deutschen Tonträgerherstellern. Für diese Einbußen und deren Konsequenzen, u.a. Stellenabbau um über 31%, werden verschiedene Formen der Piraterie verantwortlich gemacht, allen voran die Online-Piraterie über P2P-Netzwerke mit einem Tauschvolumen von 440 Millionen Euro allein im Jahr 2006 in Deutschland (Angabe: Bundesverband Musikindustrie, 2008), also ca. 25% des Jahresumsatzes von etwa 1,7 Milliarden Euro. Die rechnerisch bei weitem größten „Umsatzeinbußen" in Höhe von 6,2 Milliarden Euro allein in Deutschland im Jahr 2006 erleidet die Musikwirtschaft allerdings durch das Brennen von Musik auf CD-Rohlinge. Dabei handelt es sich, der Brennerstudie 2007 zufolge (Bundesverband der Phonographischen Wirtschaft/GfK, 2007), zum größeren Teil um Privatkopien für den eigenen Gebrauch, z.B. als Dubletten zur Nutzung im Auto

---

[63] Technisch besteht der Unterschied zwischen einem Download und einem Stream nur darin, dass die Client-Software des Nutzers keine dauerhafte Speicherung anbietet und die Audiodaten ggf. verschlüsselt sind. Programme wie „ClipInc" oder „Streamripper" greifen mit Hilfe diverser Tricks auf die abgespielten Audiodaten zu und verwandeln sie faktisch in einen Download (Röttgers, 2003, S. 86).

oder für Familienmitglieder sowie als Geschenk für Freunde, die nach § 53 des deutschen Urheberrechtsgesetzes nach wie vor legal sind (UrhG, 2008).[64] Als größte Leidtragende werden dabei in der Regel die Musiker genannt:

> „There's no minimizing the impact of illegal file-sharing. It robs songwriters and recording artists of their livelihoods, and it ultimately undermines the future of music itself, not to mention threatening the jobs of tens of thousands." (Cary Sherman, Präsident der RIAA in USA Today vom 18. September 2003, zit. nach Oberholzer & Strumpf, 2005, S. 2)

Der zeitliche Zusammenhang zwischen den ermittelten Nutzungsraten von P2P-Netzwerken für den Tausch von Musiktiteln und Umsatzrückgängen im Tonträgermarkt drängt sich auf. In den Jahren 2001-2003, die die größten Nutzerraten von P2P-Netzwerken verzeichnen, erfolgten in Deutschland dramatische Umsatzrückgänge um 10,1% (2001), 6,9% (2002) und 17,5% (2003) jeweils zum Vorjahr (siehe Abbildung 1 und 2).

Abbildung 1: Nominale Umsatzänderung gegenüber dem jeweiligen Vorjahr

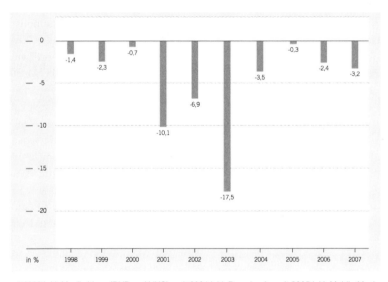

seit 2002 inkl. Musikvideos (DVD und VHS), seit 2004 inkl. Downloads, seit 2005 inkl. Mobile Music
Quelle: Jahreswirtschaftsbericht 2007 (Bundesverband Musikindustrie, 2008)

---

[64] Das Gesetz schreibt vor, die Musikwirtschaft über eine Geräte- und Leermedienabgabe (die so genannte „Kopiervergütung", beim Verkauf jedes CD-Rohlings derzeit 7,2 Cent, für jeden CD-Brenner 7,50 Euro) für derartige Kopien angemessen zu vergüten. Diese von den Konsumenten entrichteten Summen werden über die Verwertungsgesellschaften an die Rechteinhaber ausgeschüttet.

Abbildung 2: Entwicklung der Musikdownloads

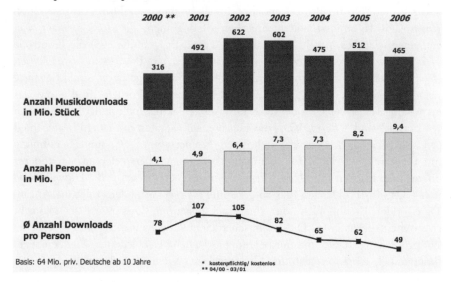

Quelle: Brennerstudie 2007 (Bundesverband der Phonographischen Wirtschaft/GfK, 2007)

Erheblich höhere Summen nennt eine Studie des Institute for Policy Innovation für die USA, den größten Markt und zugleich größten Produzenten im Musikgeschäft. Stephen E. Siwek errechnet darin jährliche direkte Umsatzeinbußen in Höhe von ca. 3,7 Milliarden US-$ aufgrund von File Sharing, wenn davon ausgegangen wird, dass zwei Drittel aller weltweit konsumierten Musik US-amerikanischen Ursprungs sind[65] (und dementsprechend einen Schaden für die US-amerikanische Volkswirtschaft darstellen) und dass jeder fünfte illegale Download ohne die Existenz von P2P-Netzwerken einen Kauf ergeben hätte (Siwek, 2007, S. 7).[66]

Gegenmaßnahmen

Die Musikindustrie reagierte auf die Bedrohung durch P2P-Netzwerke mit vier Arten von Maßnahmen (Whelan, 2006, S. 58):

---

[65] Diese Zahl erscheint deutlich zu hoch gegriffen und wird vom Autor nicht hinreichend belegt. Siwek verweist nur auf den Abschnitt „Methodology" des „2006 Special 301" der International Intellectual Property Alliance (http://www.iipa.com). Dort wiederum wird die Zahl ohne weitere Referenzen nur mit dem Satz begründet: „This is based on legitimate market repertoire data." (Siwek, 2007, S. 5)

[66] Hinzu kommen dieser Studie zufolge Einbußen in angebundenen Industrien, Verluste bei Steuereinnahmen etc. Einschließlich der Verluste durch Brenn-Piraterie ergibt sich demzufolge ein akkumulierter jährlicher volkswirtschaftlicher Verlust von 12,5 Milliarden $ für die US-Wirtschaft (Siwek, 2007, S. 14).

1) Technische Schutzmechanismen sollen Vervielfältigungen und unerlaubte Gebrauchsformen rechtmäßig erstandener Musik verhindern. Dieses *Digital Rights Management* (DRM) umfasst alle technischen Maßnahmen, die dem Besitzer von Mediendateien (seien es Musik, Filme, Bilder, Texte, Programme etc.) die Kontrolle über deren Nutzungsweise entziehen und stattdessen ein Programm kontrollieren lässt, welche Verwendungsformen dem jeweiligen Nutzer gestattet sind. Beispiele dafür sind Textformate wie Adobes Portable Document Format (PDF), die das Kopieren von Textpassagen oder das Drucken selektiv unterbinden lassen. Ein weiteres Beispiel sind Video-DVDs, die sich nur auf Geräten mit einem bestimmten Länder-Code wiedergeben lassen und einen Kopierschutz („Content Scrambling System", Grassmuck, 2006, S. 168) beinhalten, der beim Überspielen auf ein anderes Medium zu Bildrauschen führt. Für Musik existieren Verfahren, die die Umwandlung gekaufter CDs in MP3-Dateien (das so genannte *Rippen*) verhindern oder die Anzahl von Datei- oder Brennkopien, die von einer gekauften Ursprungsdatei gemacht werden können, beschränkt. Die technischen Schutzmechanismen sind in vielerlei Hinsicht problematisch. Sie sind nur begrenzt zwischen verschiedenen Wiedergabegeräten kompatibel, schränken also den Gebrauch ein. Wie im Fall der nicht rippbaren CD unterbinden sie vormals selbstverständliche und nach wie vor legale Nutzungsarten eines erworbenen Konsumgutes. Sie bedeuten ein Sicherheitsrisiko, weil sie teilweise ins Betriebssystem des Computers eingreifen und dabei Schlupflöcher für Viren oder Datenspionage erzeugen. Sie verursachen immense Kosten, die kein anderer als der Konsument zu tragen hat. Und schließlich sind sie bei weitem nicht so wirkungsvoll, wie erwartet (Grassmuck, 2006, S. 184).

2) Die zweite Art von Maßnahme ist die rechtliche Verfolgung illegaler Handlungen. Nachdem sich diese zu Beginn der File-Sharing-Kontroverse gegen Betreiber von Servern wie im Fall von Napster und damit weitgehend auf kommerzielle Angebote beschränkte, gehen Rechteinhaber seit dem Jahr 2003 in den USA und seit 2004 in Deutschland mit großem Aufwand gegen Privatpersonen vor. Dazu lassen sie den Datenverkehr auf P2P-Netzwerken protokollieren, fordern mit rechtlichen Mitteln z.B. Universitäten und Internet Service Provider (ISP) dazu auf, die Identität bestimmter Nutzerkennungen (IP-Adresse) offenzulegen und bieten den so ermittelten File Sharern unter Androhung eines aufwändigen Rechtsstreites eine Niederlegung des Verfahrens bei Bezahlen einer Verlustkompensation in Höhe von mehreren Tausend Dollar oder Euro an. Die Musikindustrie bezeichnet diese Abschreckungsmaßnahme als großen Erfolg. Die von der deutschen Musikindustrie selbst als Beleg angeführten Daten in Abbildung 3 sprechen aber gegen einen Zusammenhang, denn der größte Rückgang der Download-Zahlen erfolgte noch vor dem Einsetzen rechtlicher Verfolgungen. Dennoch hält die Musikindustrie an ihrem Konzept fest und nimmt die Kriminalisierung tausender ihrer Kunden in Kauf.

Musik im Internet

Abbildung 3: Verfolgung von Urheberrechtsverletzungen in den Jahren 2003-2007, Entwicklung illegaler Downloads aus Tauschbörsen und der Anzahl von DSL-Anschlüssen (Deutschland)

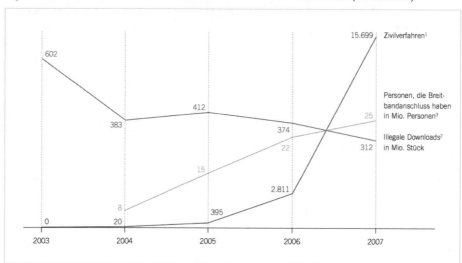

Quelle: Jahresbericht 2007 (Bundesverband Musikindustrie, 2008)

3) Öffentlichkeitsarbeit und Bildungsmaßnahmen zur Rechtslage stellen eine weitere Maßnahme dar, u.a. in Form von Werbekampagnen, Aufklärungsmaßnahmen an Schulen und Branchenberichten.

4) Eine entscheidende Maßnahme ist das Lobbying. Die Interessenvertreter der Musikindustrie kämpfen für die Verlängerung von Schutzfristen, für ein Verbot der Privatkopie und für die strengere Definition von Pirateriedelikten (siehe Abschnitt unten „Das Urheberrecht").

Den Maßnahmen gemeinsam ist, dass sie ausschließlich Restriktionen des Gebrauchs von Medienprodukten zum Gegenstand haben. Noch bis ins Jahr 2003 spielte das eigentliche Geschäft der Musikindustrie unter ihren Maßnahmen die geringste Rolle: innerhalb des neu entstehenden Marktes Angebote und Vertriebsstrukturen zu entwickeln, die den Marktbedingungen angemessen sind und den Kunden Mehrwerte anbieten.

> „[The] music industry has repeatedly given consumers all the incentive they need to take matters into their own hands and feel righteous in doing so. Throughout this period its strategy has been tied to an enforcement mentality, when a model of providing better services would be far more appropriate to the task." (Garofalo, 2003, S. 43)

Fünf Jahre nach Beginn des File-Sharing-Booms und der Verbreitung von MP3-Playern stand die Musikindustrie noch immer ohne ein funktionierendes kommerzielles Konzept da und hatte damit den „First Mover Advantage" verspielt. Im Jahr 2003 hatte von den seinerzeit noch Big Five der Musikindustrie nur der Konzern Universal in Deutschland ein eigenes *Download-Portal* („Popfile"). In den USA richtete im selben Jahr Sony ein Download-Portal ein (Strack, 2005, S. 82f.). Der Erfolg dieser Portale blieb aber vorerst gänzlich aus, wofür die Musikindustrie primär das File Sharing verantwortlich machte. Tatsächlich hatten diese Portale aber eklatante Nachteile in Bezug auf Angebotspalette und Nutzungskomfort. Erstens boten sie z.T. nur Musik aus eingeschränkten Teilen der eigenen Kataloge an, was gegenüber dem Fundus der P2P-Netzwerke nicht konkurrenzfähig war. Zweitens verunklarten komplizierte Abonnements und DRM-Maßnahmen die Kosten-Nutzen-Relation für die Konsumenten. Zum Beispiel erhielt man bei „MusicNet" für monatliche 24,95 $ tausend Streams, hundert Downloads und zwanzig Brenntitel (Garofallo, 2003, S. 43), während „RealOne Music" für monatlich 4,98 $ hundert Streams und hundert Downloads erlaubte, die jedoch per se nur dreißig Tage und auf mobilen Playern oder CD überhaupt nicht verwendbar waren (Strack, 2005, S. 85). Bei Sony Music konnte man zu dieser Zeit zwar Titel einzeln dauerhaft erwerben, aber die Verwendung war durch DRM-Maßnahmen eng begrenzt: Die Stücke konnten nur auf dem Download-Rechner gehört, dreimal auf einen mobilen Player und einmal auf CD kopiert werden (Strack, 2005, S. 83). Solche engen Reglementierungen widersprechen der Wechselhaftigkeit und großen Bandbreite individueller Musikhörweisen und Mediengebrauchsformen – gerade in einer Zeit der Diversifikation und Mobilisierung der Wiedergabemedien.

Dieser Umstand verdross viele Konsumenten, denn die Musikindustrie hinderte die Kunden daran, die in P2P-Netzwerken bereits realisierten, bei Musikliebhabern schon längst angekommenen Vorteile des technischen Fortschritts – ein immens gewachsenes Angebot, schneller und einfacher Erwerb, geringe Vertriebskosten, Musikempfehlungen von Peers mit ähnlichem Geschmack etc. – legal wahrzunehmen.

> „The industry's crusade to block technological innovation has been taken as a declaration of war against young music fans, traditionally its most fervent customers. Fighting back, computer-savvy kids have united and are turning a business dispute into a holy war." (P.J. Huffstutter in der LA Times vom 29.5.2000, zit. n. Garofalo, 2003, S. 39)

Die Musikindustrie in der Kritik

Tatsächlich leidet die Musikindustrie auch unter anderen als dem einen von ihr genannten Problem des „Copyright Theft". So erhalten Tonträger wachsende Konkurrenz von anderen Medien: Musikvideos, Klingeltöne, Computerspiele, Filme, Internet etc. konkurrieren um das zur Verfügung stehende Zeit- und Finanzbudget. Zu Irritationen führt der Umstand, dass Labels und Einzelhändler in manchen

Ländern das auf CD zur Verfügung stehende Angebot reduzieren[67], was die Kosten senkt und den Reinerlös steigert – aber den Gesamtkonsum abschwächt. In der Statistik zeigt sich dies als Umsatzrückgang, während der Gewinn gleichzeitig ansteigen kann. Ein weiterer Hinweis darauf, dass noch andere als die angegebenen Gründe für die Krise verantwortlich sind, findet sich bei CDs im Klassiksegment. Hier sind die Umsätze von 1997-2006 um 60% (gegenüber ca. 35% im deutschen Gesamtmarkt) gesunken, obwohl über 60% der Käufer dieser Musik der Altersgruppe 50+ angehören, die sich nur zu ca. 3% am File Sharing beteiligt (Bundesverband der Phonographischen Wirtschaft/GfK, 2007). Reebee Garofalo interpretiert die Umsatzeinbrüche der Jahre nach Napster als kollektive Protestreaktion vieler Konsumenten gegen rigides, selbstherrliches Verhalten der Musikindustrie:

> „In demonizing its core fan base as pirates and thieves, the music industry (...) lost the good will of the most dedicated segment of the record-bying public. (...) Faced with the backward thinking and outright hostility of the music industry, as well as sluggish economy, consumers simply voted with their wallets." (Garofalo, 2003, S. 39-40)

Michael Geist (2005) hält die regelmäßig vorgebrachten Schadensbezifferungen der Musikindustrie auch deswegen für Augenwischerei, weil es keine verlässlichen Studien darüber gibt, wie das Verhältnis zwischen Downloads und dadurch verhinderten Käufen ist[68]. Darüber hinaus ist nicht bekannt, wie viele der getauschten Musiktitel sowieso gemeinfrei sind und somit legal getauscht werden können. Zudem wird in den Publikationen der Musikbranche nicht gegengerechnet, wie hoch die Kompensation über die Kopiervergütung ausfällt. Und schließlich wird nicht erwogen, dass der Tausch von Musik den Konsum auch anregt, denn wer mehr Musik kennt und besitzt, kauft nachweislich auch mehr. Schon 1989 zeigte eine Studie des US-amerikanischen Office of Technology Assessment, dass „Taper" (Leute, die Musik auf Band oder Cassette aufzeichnen) die intensivsten Käufer sind (vgl. Jones & Lenhart, 2004, S. 196), und einer Studie von Jupiter Research aus dem Jahr 2000 zufolge gaben 19% der Konsumenten an, dass sie seit Beginn des File Sharing mehr CDs kaufen, wohingegen nur 6% von gesunkenen Ausgaben berichteten (vgl. Bauckhage, 2002, S. 95). Auch die Aussagekraft dieser Studien ist jedoch begrenzt, u.a. da der Vergleich zu Situationen fehlt, in denen Kopieren ausgeschlossen ist, und weil letztere Studie auf Selbsteinschätzung und nicht auf konkreten Nutzungszahlen beruht.

---

[67] Nach Michael Geist reduzierte die kanadische Musikwirtschaft ihr Angebot aus dem so genannten Backkatalog, also älterer Aufnahmen, um 40%. Walmart, der größte kanadische CD-Einzelhändler reduzierte sein Ladenangebot von 60.000 auf 5.000 Alben (Geist, 2005).
[68] Siwek zitiert eine Studie von Pietz und Waelbroeck aus dem Jahr 2004 (Siwek, 2006, S. 27), die an einer Population von College-Studierenden ein Verhältnis von 5:1 ermitteln.

Nach einer quantitativen Breitenstudie von Oberholzer und Strumpf (2005) ist eine Kausalität zwischen Downloads und Umsatzrückgängen statistisch gleich Null.[69] Oberholzer und Strumpf gehen auch davon aus, dass File Sharing keinen negativen Effekt auf die Produktion von Musik habe, weil nach Studien u.a. von Donald Passman und Janis Ian aus dem Jahr 2000 weniger als ein Prozent der publizierenden Musiker überhaupt von Tonträgerverkäufen substantiell profitieren (vgl. Oberholzer & Strumpf, 2005, S. 25). Resümierend schätzen die Autoren den Netto-Effekt des File Sharing auf die Wohlfahrt der Gesellschaft als positiv ein, denn es verschaffe Konsumenten Zugang zu Musik, den sie sich ansonsten nicht leisten könnten, während kein nachweislicher wirtschaftlicher Schaden entstehe.[70]

Ökonomische Modelle des Konsumverhaltens des Online-Musikmarktes verdeutlichen einige dieser Zusammenhänge. Nach der „Theorie des positiven Netzwerkeffekts der Nachfrage" steigt der Nutzen, den der Konsum eines Gutes erzeugt, exponentiell zur Anzahl der Nutzer desselben oder eines kompatiblen Gutes.

> „Ein geringer Kopierschutz führt dann nicht zu Umsatzausfällen, sondern erhöht sogar durch die steigende Nutzerbasis die Zahlungsbereitschaft der Käufer und damit den Gesamtumsatz" (Bauckhage, 2002, S. 78).

Dies ist nur der Fall, wenn die Netzwerkeffekte stark und merkliche Qualitätsunterschiede zwischen Original und unautorisierter Kopie vorhanden sind. Bei Musikdateien sind zwar starke Netzwerkeffekte nachgewiesen (Bauckhage, 2002, S. 44), aber die Qualitätsunterschiede sind nahezu Null. D.h. die Substituierbarkeit des Gutes ist hoch und für junge, Technik-affine Menschen sind die entstehenden Kopierkosten (Opportunitäts- und Transaktionskosten: Zeitaufwand, Kosten für Technologie etc.) gering. Diese Situation legt einen „Zero-Tolerance"-Ansatz nahe, der Kopien vollständig auszuschließen versucht (Bauckhage, 2002, S. 98). Ist dies aber faktisch nicht durchsetzbar, so dreht sich der Spieß um: Hoher Kopierschutz durch DRM bedeutet für Käufer eingeschränkte Nutzungsmöglichkeiten, wodurch nun umgekehrt ungeschützte MP3-Dateien aus P2P-Netzwerken eine höhere (Gebrauchs-)Qualität aufweisen, nämlich Mehrwert in Form flexibler Nutzungsmöglichkeiten.

Ein Zweiphasenmodell macht langfristige positive ökonomische Effekte des File Sharing plausibel (Bauckhage, 2002, S. 90). Demzufolge entstehen in Phase 1 in einer jüngeren Gruppe Umsatzeinbußen, weil diese ihr Konsumverhalten aufgrund geringer Kopierkosten weitgehend auf das File Sharing konzentrieren. Dort konsumieren sie aber mehr als wenn sie die Musik kaufen müssten, da ihre Kopierkosten weit unter ihrer Zahlungsbereitschaft liegen. In Phase 2, mit Eintritt in die Berufstätigkeit,

---

[69] Die Studie gleicht die Daten eines FastTracker-Servers über den gesamten Tauschverkehr von September bis Dezember 2002 mit Verkaufszahlen der US-amerikanischen Billboard Charts ab. Die erfassten Daten repräsentieren 0,01 % der gesamten in dieser Zeit über P2P-Netzwerke getauschten Musik (Oberholzer & Strumpf, 2005).

[70] Die Studie ergibt im Übrigen, dass 5.000 Downloads einem entgangenen CD-Verkauf gleichkommen. Das entspricht einem Tausendstel des Wertes, den Siwek nach Pietz und Waelbroeck seinen Berechnungen zugrunde legt.

steigen mit zunehmenden Opportunitätskosten ihre Kopierkosten und sie werden zu Käufern. Da sie aber ein überdurchschnittliches Konsumkapital und dadurch eine höhere Wertschätzung für Musik entwickelt haben, sind ihre maximale Zahlungsbereitschaft und ihre Konsummenge gegenüber vorherigen Nichtkopierern deutlich erhöht (Bauckhage, 2002, S. 90).

Summa summarum: Die Liste der handfesten – auch hausgemachten – negativen Einflussgrößen auf die Umsätze der Musikindustrie ist lang, aber kaum einer dieser Aspekte wird in den Jahresberichten, Pressemeldungen und Anti-Piraterie-Kampagnen der Vertreterverbände angeführt, geschweige denn entsprechend gewürdigt.

> „Nur durch die große Anzahl legaler und illegaler Musikkopien lässt sich der krasse Gegensatz zwischen der Verdreifachung des Musikkonsums von 1995 bis 2005 (14 auf 45 Minuten pro Tag/ARD Massenkommunikation) bei einem gleichzeitigen Umsatzverlust von 38% erklären." (Bundesverband Musikindustrie, 2008, S. 28)

Dass die Musikindustrie die tatsächlichen Verhältnisse verzerrt, wenn sie die Piraterie als Ursprung all ihrer Probleme brandmarkt, bleibt zumindest einem Teil der Konsumenten nicht verborgen – und diese nehmen ihr das übel. Schon seit Jahrzehnten stehen die Major-Labels in der Kritik, die bei Ihnen unter Vertrag stehenden Musiker, ausgenommen allein die Superstars, schamlos auszunutzen. Als Kronzeugin rechnete die erfolgreiche Sängerin Courtney Love der Öffentlichkeit vor, dass eine Newcomer-Band, deren CD sich eine Million mal verkauft, mit einem kleinen, einmalig gezahlten Honorar nach Hause geht, während das Label allein im ersten Jahr über 6 Millionen $ Gewinn erwirtschaftet (Love, 2000). Anderen Berichten zufolge werden mit Hilfe „kreativer Buchhaltung" Honorare auf hanebüchene Weise mit angefallenen Kosten verrechnet (McLeod, 2005b, S. 522; siehe auch Röttgers, 2003, S. 115f.). Auch unfaire Praktiken den Kunden gegenüber wurden bekannt. So zahlen Labels regelmäßig hohe Summen an Radiosender, damit diese einen Titel bevorzugt spielen[71], wodurch der Sender nicht den angeblich im Vordergrund stehenden Hörergeschmack, sondern den Label-Profit als Grundlage seiner Playlists ansetzt – ein Betrug am Hörer. Auch drangen Berichte in die Öffentlichkeit, nach denen Major-Labels den Einzelhandel zu höheren Verkaufspreisen zwangen, als es der Markt erforderte.

> „With such a history of unfairness and one-sided contract negotiations with artists, greed, the lust for power, price gouging, and price fixing, the industry has worked hard to earn its unfavorable reputation." (Bishop, 2004, S. 101)

---

71 Der Payola-Skandal rückte erstmalig 1959 Fälle direkter Bestechung ins öffentliche Bewusstsein. Heute findet sie meist über Mittelsmänner statt, aber auch direkte Zuwendungen werden gelegentlich publik. So mussten Warner und Sony BMG im Jahr 2005 Schadensersatz in Höhe von fünf bzw. zehn Millionen US-$ zahlen, um Gerichtsverfahren wegen Bestechung abzuwenden (http://www.washingtonpost.com/wp-dyn/content/article/2005/07/25/AR2005072501624.html, 30.4.2008).

Das Urheberrecht

In der Debatte um das massenhafte Auftreten von Piraterie spielen die urheberrechtlichen Regelungen eine zentrale Rolle. Grundsätzliche Unterschiede bestehen hier zwischen dem *Copyright* angloamerikanischer Rechtstradition und der kontinentaleuropäischen Tradition des „Droit d'auteur". So kann das „moralische Recht", über die Verwendungsformen eines Werkes zu bestimmen, nach dem Copyright veräußerlich werden, wohingegen es nach dem Droit d'auteur (und damit auch nach deutschem Urheberrecht) für die gesamte Dauer der jeweiligen Schutzfrist beim Autor bzw. seinen Rechtsnachfolgern (den Erben) verbleibt. Grundsätzlich werden aber intellektuelle Rechte nur *befristet* zugestanden. Dies spiegelt die Idee wider, dass jedes neue Werk aus dem Korpus vorangegangener Kulturproduktion schöpft und in unterschiedlichem Maße Elemente davon modifizierend verwendet. Daher soll jedes Werk nach einer Schutzfrist, die dem Autor angemessene Zeit lässt, die Früchte seiner Arbeit zu ernten, in den öffentlichen Besitz (public domain) eingehen und damit „gemeinfrei" werden, d.h. von jedem und jeder ohne Einschränkungen benutzt werden können. Beiden Rechtstraditionen ist zudem gemeinsam, dass sie auch *innerhalb* der Schutzfristen keinen reinen Investitionsschutz oder Besitz intellektueller Güter vorsehen, sondern hier ebenfalls ein sinnvolles Maß an öffentlichen Rechten vorschreiben. So können kurze Ausschnitte geschützter Werke zu Zwecken der Satire oder des wissenschaftlichen Belegs genehmigungsfrei verwendet werden, und auch Kopien zum persönlichen Gebrauch (einschließlich Geschenke an Menschen im engen Familien- oder Freundeskreis) sind grundsätzlich erlaubt (Homann, 2007, S. 72), wenn auch z.B. in Deutschland die Pflicht zur Zahlung einer Kopiervergütung besteht. Urheberrecht schützt damit nicht allein das Recht des Urhebers, sondern regelt eine Balance zwischen einem Urheber- und Investitionsschutz (Wissen als Ware) einerseits und einer ungehinderten Nutzung von Wissen durch die Öffentlichkeit (Wissen als öffentliches Gut) andererseits (Grassmuck, 2002, S. 32). Der Zweck des Urheberrechts ist die Sicherung intellektueller Güter für die Gemeinschaft. Finanzielle Vergütungen für Autoren und Rechteverwerter, die wie z.B. die Musikindustrie bei Verbreitung und Verwertung der Güter helfen, sind in erster Linie Anreiz zur Schaffung dieser Güter und damit zur Wissens- und Kulturvermehrung.[72]

In den USA wurden als Reaktion auf veränderte Verbreitungsmöglichkeiten im Digitalzeitalter mehrere Verschärfungen der Rechtslage erlassen. Der „No Electronic Theft Act" (1997) stellt auch die nichtkommerzielle Verbreitung rechtlich geschützter Güter unter Strafe. Der „Sonny Bono Copyright Term Extension Act" (1998)

---

[72] In Deutschland fallen standardisierte Lizenzgebühren für öffentliche Aufführungen an, die über die Gesellschaft für musikalische Aufführungs- und mechanische Vervielfältigungsrechte (GEMA) abgeführt und an die Rechteinhaber (Komponisten, Textdichter) verteilt werden. Neben den so vergüteten Urheberrechten müssen auch so genannte Leistungsschutzrechte abgegolten werden, die im Bereich der Musik u.a. für ausübende Interpreten und Tonträgerhersteller anfallen und durch die Gesellschaft zur Verwertung von Leistungsschutzrechten (GVL) geregelt werden.

verlängert die Schutzfristen auf 70 Jahre nach dem Tod des Autors bzw. insgesamt 90 Jahre im Fall firmeneigener Rechte.[73] Gegner dieser Entscheidung argumentieren, dass solche Schutzfristen nicht mehr an der Förderung des Wissens, sondern allein am Investitionsschutz, also an wirtschaftlichen Aspekten – auch im Sinne des Staates, der ja über Steuern mitverdient – orientiert sind (vgl. Grassmuck, 2002, S. 58). Der „Digital Millenium Copyright Act" (1998) beschneidet den Spielraum des so genannten „Fair Use" (ähnlich der Privatkopie im deutschen Recht), indem es die Umgehung von Kopierschutzmaßnahmen unter Strafe stellt und damit die Gefahr aufkommen lässt, dass Fair Use zukünftig durch flächendeckende Kopierschutzmaßnahmen per se verunmöglicht werden könnte. (Garofalo, 2003, S. 34f.)

Deutsches Urheberrecht in seiner seit 1965 gültigen Form wurde im Jahr 2003 mit dem ersten Korb und 2008 mit dem zweiten Korb[74] dem Stand heutiger Mediennutzungsformen angepasst. Die wichtigste Änderung des ersten Korbes war das Verbot, technische Kopierschutzmaßnahmen zu umgehen. Das Erstellen von Privatkopien blieb zulässig, u.a. weil die Kontrolle der Einhaltung eines Verbots unmöglich gewesen wäre und daher die Möglichkeit der Kompensation über die Kopiervergütung bevorzugt wurde. Allerdings gesteht das Gesetz kein explizites Recht auf die Privatkopie zu: Verhindert ein Kopierschutz das Erstellen einer legalen Privatkopie, so hat der Konsument das hinzunehmen – oder er macht sich strafbar. Der zweite Korb beinhaltete eine wesentliche Änderung für P2P-Netzwerke. Zuvor war nur das Anbieten urheberrechtlich geschützter Dateien verboten gewesen, weil es als unlizenzierte öffentliche Wiedergabe ausgelegt wurde. Nach der neuen Regelung ist auch das Herunterladen (d.h. Erzeugen einer Dateikopie) einer „offensichtlich rechtswidrig (...) öffentlich zugänglich gemachte[n] Vorlage" (UrhG 2008, § 53) strafbar. Eine vorgeschlagene Bagatellklausel für Verstöße, die zum privaten Gebrauch und in geringem Umfang erfolgen, wurde nicht aufgenommen[75].

> „Die Nutzer sehen sich mit einer Entwicklung konfrontiert, in der seit Jahren oder Jahrzehnten etablierte Nutzungshandlungen plötzlich illegalisiert werden. Zugleich greifen die Verwerter, vom Gesetzgeber sanktioniert, zur technischen Selbsthilfe (Kopierschutz, digitales Rechte-Management), um legale Nutzungshandlungen zu unterbinden. Darüber hinaus betreiben sie Lobbyismus, um den

---

[73] Diese Anpassung erfolgte auf Initiative der Walt Disney Corp., weil die Rechte an Mickey Mouse im Jahr 2004 ausgelaufen wären. Schon 1984 hatte Disney die Verlängerung von 2 x 28 Jahren auf 70 Jahre erwirkt (Grassmuck, 2002, S. 22).

[74] Zweites Gesetzes zur Regelung des Urheberrechts in der Informationsgesellschaft vom 26.10.2007 mit Wirkung vom 1.1.2008 (UrhG, 2008).

[75] Der Bundestag verabschiedete aber im April 2008 das „Gesetz zur besseren zivilrechtlichen Durchsetzung geistiger Eigentumsrechte", demzufolge die Abmahngebühr in einfach gelagerten Erstfällen maximal 100 € betragen darf. Zudem genehmigen Staatsanwaltschaften aus dem Grund der Unverhältnismäßigkeit zunehmend nur noch im nachweislichen Fall gewerblicher Aktivität die Herausgabe der persönlichen Verbindungsdaten von File Sharern an die Kläger und verhindern damit faktisch die Verfolgung von Bagatellfällen. (http://www.sueddeutsche.de/computer/926/303905/text)

Rahmen der legalen Nutzungshandlungen per Gesetz weiter einzuschränken." (Gehring, 2008)

Geschähe dies zum ausgesprochenen Nutzen der Urheber, so wäre der Grundgedanke des Urheberrechtsgesetzes erfüllt, aber daran bestehen berechtigte Zweifel, so dass Kritiker mittlerweile ein Überdenken der gesetzlichen Schwerpunkte erwägen. Reto M. Hilty, Leiter des Max-Planck-Instituts für Geistiges Eigentum, Wettbewerbs- und Steuerrecht, fordert eine stärkeren Schutz der Kreativen gegenüber den Verwertern.

„Wenn wir etwas für den Kreativen tun wollen, müssen wir ihn in der Tat nicht gegenüber der Allgemeinheit schützen, sondern gegenüber seinem Vertragspartner, also dem Verleger, Produzenten etc." (Hilty, 2008)

Friedemann Kawohl und Martin Kretschmer kritisieren, dass das Urheberrecht aufgrund seines Ursprungs im 19. Jahrhundert im Kern auf die Regelung von Konflikten zwischen Verlegern (Verwertern) untereinander sowie zwischen Verlegern und Autoren ausgelegt ist, aber auf Konflikte zwischen Verwertern und Nutzern angewendet wird (vgl. Kawohl & Kretschmer, 2006, S. 212).

Digitale Medien und Internet haben aber nicht nur die Verbreitung der „Ware Musik", sondern auch den kreativen Umgang mit musikalischen Gütern verändert. Der extrem einfache Zugang zu Musik sowie zu den Technologien, mit denen Altes in Neues verwandelt werden kann, macht den *Remix* zu einer prägenden Kulturtechnik der Jahrtausendwende. Nicht nur professionelle Musiker, sondern auch Scharen junger Hobby-Musiker verbreiten über das Internet so genannte „Bootleg-Mixes" oder „Mashups", die Samples verschiedener populärer Titel zu Collagen vereinen. Gelegentlich wird diese kreative Praxis öffentlichkeitswirksam aufgegriffen, z.B. von der Sängerin Kylie Minogue bei der Verleihung der Brit Awards 2002: Minogue präsentierte ihren Hit „Can't get you out of my mind" in der Remixversion eines P2P-Musikers, die zuvor in P2P-Netzwerken populär geworden war (Röttgers, 2003, S. 142f.). Auch Labels versuchen produktiv an diese Praxis anzuknüpfen, indem sie wie bei der Aktion „Remix Madonna" einzelne Bausteine eines Hits zum legalen Remix anbieten (Föllmer, 2005, S. 83f.).

Dies sind aber Ausnahmen. Nach geltendem Recht bedarf die Verbreitung bzw. Aufführung (nicht der Mix selbst) solcher Mashups der Rechteklärung, d.h. für jedes erkennbare Element müsste beim Rechteinhaber die Erlaubnis zu dessen Verwendung eingeholt und Lizenzgebühr bezahlt werden. Zu den bekannteren Auseinandersetzungen um dieses Problem gehören die Online-Proteste gegen die rechtliche Verfolgung des Musikers Danger Mouse, der sein „Grey Album" aus Elementen des „White Album" der Beatles und des „Black Album" des Rappers Jay-Z zusammengesetzt hatte (vgl. McLeod, 2005a). Aufgrund der kulturellen Bedeutung musikalischer Entlehnung beim Sampling und DJing vertreten Kawohl und Kretschmer die Position, dass der hohe Stellenwert des Schutzes der Urheberpersönlichkeit ein unzeitgemäßes Hindernis für die Schöpfung neuer Werke darstelle und durch einen

Schutz vor „Verunklarung der Quellen" ersetzt werden sollte.[76]

> „Das Konzept des ‚abstrakten Werkes' und die Differenzierungen zwischen Original, Bearbeitung und Interpretation basieren auf der Musikpraxis und Musikästhetik des 19. Jahrhunderts. Heutige Musikpraktiken unterlaufen diese Kategorien wieder." (Kawohl & Kretschmer, 2006, S. 216)

Wer als Autor heute z.B. in Deutschland ein musikalisches Werk auf dem normalen Weg schützen lässt, tritt die Verfügungsgewalt über die Frage, ob und in welcher Höhe Nutzungsgebühren anfallen, an die GEMA ab und macht Bearbeitungen seines Werkes grundsätzlich genehmigungspflichtig, unabhängig davon, zu welchem Zweck sie erfolgen. Auch der kostspielige und zeitraubende Verwaltungsaufwand sowie die Formalisierung der Vergütungshöhe nach einem Punktesystem in der GEMA werden vor den technisch bedingten Veränderungen der Produktions-, Verbreitungs- und Nutzungsformen kontrovers diskutiert (vgl. Positionen, 2008). Diverse Initiativen setzen diesem Prinzip Alternativen entgegen, u.a. die auf Software zugeschnittene „General Public Licence" (GPL) und das daran angelehnte, für unterschiedliche Medienprodukte geeignete Prinzip der „Creative Commons"[77] (CC), das ein Kontinuum unterschiedlicher Schutzgrade und -arten anbietet. GPL und CC gehen beide davon aus, dass die Weitergabe eines Werkes grundsätzlich gestattet ist. Sie hat jedoch immer unter Nennung des Autors sowie der Lizenz zu erfolgen, unter der die ursprüngliche Veröffentlichung erfolgte. Bei CC kann für bestimmte Nutzungsformen Genehmigungspflicht deklariert werden, z.B. für kommerzielle Nutzungen oder Derivate (Stalder, 2006, S. 307f.).

Bei unbekannten Musikern sind diese Lizenzen beliebt, denn für sie stellt sich das Problem von Zahlungsausfällen aufgrund des File Sharings nicht. Ihr Problem besteht vielmehr darin, jene kritische Masse der Bekanntheit zu erreichen, die relevante Einkünfte in Aussicht stellt. Folglich ist eine kostenlose, möglichst unkomplizierte (und das heißt auch: legale) Verbreitung ihrer Musik mit den Zielen unbekannter Musiker gut vereinbar.

---

[76] Ein weiterer Kritikpunkt ist das Festmachen des Urheberrechts an der Melodie eines musikalischen Werkes, wo sich doch nicht nur in der Populärmusik einzelne Stücke und Individualstile heute wesentlich durch ihren Sound auszeichnen (Kawohl & Kretschmer, 2006, S. 208).

[77] „Allmende" ist der deutsche Begriff für das englische „commons" und bezeichnet ein gemeinschaftliches Eigentum, das dem allgemeinen Wohl einer Gemeinschaft dient (Grassmuck, 2002, S. 39).

Alternative Vertriebsformen

Das 1993 entstandene *Internet Underground Music Archive* verfolgte bis 2001 ein solches Verbreitungsmodell. Gegründet von zwei Musikern, um Kostproben ihrer Band The Ugly Mugs verfügbar zu machen, verbreitete sich IUMA über persönliche Empfehlungen als Promo-Plattform der Independent-Szene (Röttgers, 2003, S. 132f.). Von Beginn an als Geschäftsidee konzipiert, ging 1998 *mp3.com* online und versuchte sich in der Folge mit dem Angebot einer ganzen Palette verschiedener Angebote – neben dem Verschenken von Musik nach dem Prinzip von IUMA u.a. der Vertrieb so genannter „Digital Automatic Music"-CDs[78] und die Services „Instant Listening" und „Beam-It", mit denen Nutzer online oder auf CD gekaufte Musik überall per Login bei mp3.com als Stream hören konnten[79] (Röttgers, 2003, S. 139; Garofalo, 2003, S. 36). Netlabels wie Mono:tonik, entstanden aus „Release Groups" der Tracker-Szene (s.o.), bieten dagegen ausgewählte, stilistisch klar eingegrenzte Musik auf aufwändig gestalteten Webseiten inkl. Cover Art und Liner Notes und bilden damit ein Gegenmodell zur unübersichtlichen Flut der Angebote bei IUMA und mp3.com (Röttgers, 2003, S. 141).

Für Musiker und Fans bieten diese Plattformen vielfältige Möglichkeiten, sich auszutauschen und Musik bekannt zu machen bzw. zu entdecken. Das erste wirtschaftlich erfolgreiche Modell aber ist *MySpace*. Es beruht darauf, dass Mitglieder Verbindungen zu ihren Freunden aufbauen und über deren Freunde etc. sich schnell große Kommunikationsnetze bilden. Musikalische Tipps können sich auf diese Weise exponentiell verbreiten und im besten Fall einen „hype" hervorrufen, wie es z.B. von den Arctic Monkeys berichtet wurde. Deren Seite auf MySpace hatten aber Fans ohne ihr Wissen eingerichtet. Die Band schreibt ihren Erfolg anderen Werbeformen zu (Dockrill, 2006).

Diese Entwicklung vollzieht sich jedoch weitgehend separat vom Musikvertrieb etablierter Musiker – entgegen hoher Erwartungen, die manche Musiker in die Möglichkeiten eines selbst organisierten Direktverkaufs ihrer Produkte gesteckt hatten:

> „Being the gatekeeper was the most profitable place to be, but now we're in a world half without gates. The Internet allows artists to communicate directly with their audiences; we don't have to depend solely on an inefficient system where the record company promotes our records to radio, press or retail and then sits back and hopes fans find out about our music." (Love, 2000)

Die hier geäußerte Hoffnung, die Musikindustrie könnte im Zuge einer „Disintermediation" als Vertriebs- und Werbekanal überflüssig werden, hält Patrick Burkart für unrealistisch. Aufgrund jahrzehntelanger Marktkonzentration seien die „Big Four"

---

[78] On-demand hergestellte CDs, die die bestellte Musik sowohl im herkömmlichen CD-Format als auch im MP3-Format enthielten (Garofalo, 2003, S. 36).

[79] Klagen von Major Labels führten zur Einstellung dieser Services (Röttgers, 2003, S. 132f.).

heute mehr denn je in der Lage, bei der Errichtung einer „Celestial Jukebox" im Internet einen Flaschenhals-Effekt zu erzeugen. Ihre Kontrolle über einen Großteil der weltweit existierenden Musikrechte und ihre Verwebung in größere Medienkonzerne bewahre ihnen die Rolle als Gate Keeper (Burkart, 2005, S. 490). Auch wenn die Konzerne dem Wechsel ins Internet als Vertriebsplattform nur zögerlich und erst auf Druck der P2P-Netzwerke gefolgt sind, spart ihnen der Online-Vertrieb große Summen durch den weitgehenden Wegfall von Herstellungs-, Transport- und Lagerkosten, Vermeidung von Retouren etc. Horizontale und vertikale Firmenzusammenschlüsse sowie Konvergenzen der Märkte, der Wertschöpfungsketten und der Bereiche Inhalt, Kommunikation und Handel (Schöner, 2001, S. 84f.) sowie eine rapide wachsende Zahl von Produktarten und Vermarktungsformen (IFPI, 2008, S. 14f.) befördern eine Vervielfachung der Wertschöpfungsmöglichkeiten.

Ein Umsatzzuwachs digitaler Vertriebsformen (an erster Stelle Downloads auf den Computer, dicht gefolgt von Downloads auf Mobiltelefone) auf etwa 15% des Gesamtumsatzes der Musikindustrie im Jahr 2007 (IFPI, 2008, S. 5) unterstützt Burkarts These, dass die Schwächung der Konzernmacht der Musikindustrie zur Jahrtausendwende ein Strohfeuer war. Auch wenn die großen Labels etliche Jahre länger brauchten als ihre Kunden, um das Internet für sich nutzbar zu machen, bilden soziale Netzwerke wie z.B. MySpace mittlerweile wichtige Industriepartner bei der Promotion von Superstars (IFPI, 2008, S. 16). Der „Participatory Turn" (Burgess, 2006), der diese Medien ausmacht, verlagert vormalig industrie- bzw. produktionsseitige Aufgaben wie Vorauswahl, konstruktive Kritik, Promotion oder sogar Distribution zu großen Teilen auf Peers und erlaubt das Einschleusen von Werbebotschaften in Kommunikationskanäle, denen von Konsumenten erheblich höhere Glaubwürdigkeit zugesprochen wird als herkömmlichen Werbekanälen.[80]

Auch reflektieren die Vermarktungsstrategien der Labels zunehmend die spezifischen Bedürfnisse von Online-Kunden, die sich nach Chris Anderson im ökonomischen Prinzip des „Long Tail" (Anderson, 2007) äußern. Demzufolge gerät im digitalen Markt die alte betriebswirtschaftliche Regel, nach der eine möglichst geringe Produktvielfalt den Gewinn maximiert, ins Wanken und stellt das bisher gültige Prinzip der „Hit-driven economy" in Frage. Nach Anderson können online gerade im Bereich Musik Nischenprodukte gewinnbringend vermarktet werden, die beim Vertrieb über Ladengeschäfte aufgrund von hohen Handling- und Transaktionskosten Verlust bedeutet hatten. In einer Ökonomie des long tail ist es aufwändiger, Produkte zu evaluieren als sie zu vertreiben. Das Prinzip ist dann besonders wirtschaftlich, wenn der Evaluationsaufwand maßgeblich von der Schar der Konsumenten geleistet wird, wie z.B. bei Kaufempfehlungen von amazon („Kunden, die diesen Artikel gekauft haben, haben auch folgende Artikel gekauft").

---

[80] Ein Verstoß gegen die Regeln wird allerdings geahndet. Der Versuch von Warner Brother Records, die Newcomer-Band Secret Machines über angebliche Fan-Einträge in Blogs zu promoten, flog auf und brachte schlechte Publicity (The New York Times, 16.08.2004).

Musik als soziale Ressource

Den Durchbruch des Online-Vertriebs brachte 2003 der iTunes Music Store (iTMS) des Computer- und Software-Herstellers Apple, ein für den turbulenten Markt des Internets typischer „New Player", der den angestammten Marktgrößen Umsätze streitig macht. Ähnlich wie zuvor Streaming- bzw. Download-Angebote von „Rhapsody" und „Emusic" setzte Apple auf ein möglichst umfangreiches musikalisches Angebot, einfache Handhabung und niedrigen Kopierschutz. Zudem kostete Apple geschickt die Grenzen der Urheberrechtsgesetze aus. So können Benutzer von iTunes in lokalen Netzwerken, z.B. in Firmen, anderen Netzwerkteilnehmern ihre Musik per Stream zur Verfügung stellen. Voida et al. (2006) sehen hierin nicht nur Vorteile für jene, die auf diesem Weg die Musik anderer Leute hören können. Auch für den Anbieter ist die Möglichkeit reizvoll, da er anhand seines Musikangebots im Bekannten-, Freundes- oder Familienkreis aktiv „Impression Management" betreiben kann: Anbieter und Nutzer beurteilen sich gegenseitig sehr konkret auf Grundlage von Angebot und Nachfrage, nach der Devise: Zeige mir was du hörst, und ich sage dir, wer du bist. In der Studie wurde beobachtet, dass mehr Musik von privaten CDs auf den Computer transferiert und angeboten wurde, um im Netzwerk eine repräsentative Musiksammlung vorweisen zu können (Voida et al., 2006, S. 80).

Diese Beobachtungen weisen auf eine wichtige soziokulturelle Funktion von Musik hin: Musik ist nach Tia DeNora eine Schlüssel-„Ressource" bei der Gestaltung sozialer Realität. Die Ressource Musik beeinflusst ihr zufolge tagtäglich soziale, kognitive und emotionale Strukturen (DeNora, 2000, S. 20). Die Möglichkeit des Tauschens stellt in Anlehnung daran einen zentralen Wert von Musik dar: Durch Musik teilen Menschen etwas über sich mit, Gespräche über Musik dienen dem Abgleich von eigenen Werten mit denen der sozialen Umgebung. Über musikbezogene Kommunikationen und Transaktionen drücken Menschen ihre Identität aus und ordnen sich einer Gruppe zu bzw. grenzen sich insbesondere auch von anderen Gruppen ab (vgl. Whelan, 2006, S. 61). Das Tauschen von Musik entfaltet diesen Wert allerdings vor allem in bestehenden sozialen Netzwerken und auf der Basis physischer Tonträger wie der CD, weniger bei anonymem Tausch von Dateien über File Sharing-Netzwerke (Brown & Sellen, 2006, S. 49). Nach Markus Giesler hat das File Sharing dennoch eine hohe soziale Relevanz, indem es durch einen Bruch mit normierten sozialen Beziehungen ein „soziales Drama" im Sinne Victor Turners initiiert (Giesler, 2006, S. 37). Der Bruch besteht im Aufbrechen der bislang als dyadisch vorgeschriebenen Beziehung zwischen Produzent und Konsument in ein dreiseitiges Verhältnis Produzent-Konsument-Konsument, wie sie auch Studien über Brand Communities nahe legen (Giesler, 2006, S. 37). Der Vergleich leuchtet unmittelbar ein: Während man Tipps für das richtige Waschmittel evtl. noch direkt einer Werbeinformation entnimmt, nimmt man Empfehlungen identifikatorisch bedeutsamer Produkte wie Markenartikel und eben Musik viel eher von Peers entgegen. Da diese Vermittlung im sozialen Alltag besonders wirkungsvoll über Geschenke erfolgt – Musikgeschenke wie das Mix-Tape aus der Zeit der Compact Cassette haben als Zeichen der Wertschätzung große soziale Bedeutung –, hält Giesler den Versuch für unangemessen, das alltägliche Verschenken von Musik zu unterbinden. Denn wenn der Käufer seine Musik nicht mehr verschenken kann, dann sinkt für ihn ihr Wert, und zugleich ist damit eine entscheidende Verbreitungsmöglichkeit unterbunden (Giesler, 2006, S. 37).

Streaming/Ausstrahlung: Radio in neuem Gewand

Eine weitere Möglichkeit, Musik gewinnbringend zu verbreiten, bietet das *Radio*. Über Werbung erwirtschaftete Einnahmen werden als Lizenzabgaben an die Rechteinhaber gesendeter Musik ausgeschüttet, und der Werbeeffekt des Radios für die gespielte Musik ist erheblich. Im Internet nimmt Radio verschiedene Formen an.

Webcasting

Kommerzielle Nutzungen konnten sich während der ersten knapp zehn Jahre des WWW nicht etablieren. Das lag zum einen daran, dass die Nutzer bis kurz nach der Jahrtausendwende noch hohe Online-Gebühren zahlten und aufgrund von Kompatibilitätsproblemen technische Schwierigkeiten beim Empfang von Audio-Streams hatten. Zum anderen existierten bis dahin kaum Angebote, die gegenüber den bisherigen Verbreitungsformen und Programmformaten des Radios einen merklichen Mehrwert boten (Kroh, 2002, S. 103).[81] Ausnahmen bildeten die Online-Radios „Youwant.com" mit einer großen Zahl stilistisch differenzierter Spartenkanäle und „SPRAYdio", dessen Hörer durch Mehrheitsentscheidungen die Titelfolge bestimmten. Durchsetzen konnten sich diese frühen Versuche nicht, obwohl sie eine maßgebliche strukturelle Stärke des Internets zu aktivieren versuchten: die Möglichkeit der „Masscustomization" bzw. des *Narrowcasting*, also der individuell oder für kleine Gruppen zusammengestellten Inhalte (Goldhammer & Zerdick, 1999, S. 163f.).

Eine kommerziell erfolgreiche Etablierung des Prinzips gelang mit dem US-amerikanischen Satellitenradio XM, das seit September 2001 auf der Grundlage von Abonnements 67 stilistisch differenzierte Musikkanäle überträgt und damit im Jahr 2006 drei Millionen zahlende Kunden erreichte (vgl. Alper, 2006). Masscustomization auf der Grundlage des Rückkanals über das Internet erfolgt seit November 2005 bei dem Radio on demand-Service *Pandora* (www.pandora.com, derzeit nur in den USA verfügbar). Jeder Hörer empfängt hier seinen eigenen Stream von Musiktiteln, der anhand von Angaben des Hörers, z.B. einem Band-Namen, und Feedback des Hörers („gefällt mir"/„gefällt mir nicht") individuell zusammengestellt wird. Pandora basiert

---

[81] Der ortsunabhängige Empfang weit entfernter Sender und die Möglichkeit, über das Arbeitsgerät Computer am Arbeitsplatz Radio zu hören, bewirkte einen begrenzten Zuspruch (Föllmer, 2005, S. 54).

auf dem „Music Genome Project" (MGP), das ursprünglich nicht für einen Radiosender, sondern als „Music Discovery Service" für die Kunden von Musikvertrieben konzipiert wurde. Innerhalb dessen wurden mittlerweile Musiktitel von ca. 40.000 Musikern[82] anhand von 400 Parametern eingeordnet, um stilistische Nähe zwischen Titeln fundiert ermitteln zu können.[83] Die Vorteile des Prinzips sind erheblich: Hörer erhalten ein personalisiertes Musikangebot und werden mit neuer Musik bekannt gemacht, die überdurchschnittlich oft ihrem Geschmack entspricht – zugleich ein erheblicher Vorteil für die Musikwirtschaft. Nach eigenen Angaben von Pandora kaufen ca. 40% der Hörer mehr Musik, seitdem sie Pandora nutzen[84]. Musiker erhalten auch dann die Chance auf „Airplay", wenn sie kaum bekannt sind[85]. Mit der Möglichkeit des Empfangs über zwei Mobiltelefonnetze erreichte Pandora im Februar 2008 knapp 11 Millionen registrierte Nutzer. Das Geschäftsmodell basiert auf Einkünften aus Werbung und werbefreien Abonnements, Provision beim Verkauf von Musik über Vertriebspartner und die Vermarktung des MGP als Empfehlungssystem für Musikeinzelhändler, wogegen Ausgaben für Lizenzzahlungen und technische Kosten stehen[86].

Das Konvergenzphänomen zeigt sich hier besonders deutlich: Endverbrauchergeräte integrieren in hohem Maße Funktionen, die zuvor auf andere Geräte beschränkt waren (Lauff, 2001). So empfängt der Computer Radio auf verschiedenen Wegen: terrestrisch (über Antenne), per Satellit und Kabelsignal, jeweils in analoger und digitaler Signalform, sowie als Stream oder als Download über das Internet. Damit etablieren sich zeit- und ortssouveräne, nichtlineare Rezeptionsformen, die über das „Windowing" (Verbreitung eines Medienprodukts über verschiedene Vertriebsfenster) hinaus ein „Versioning" erfordern (Verbreitung eines Medienprodukts in verschiedenen Fassungen, die unterschiedlichen Vertriebswegen gerecht werden) (Goldhammer & Zerdick, 1999, S. 163). Die Hörer verwandeln sich in Nutzer (Schneider, 2003, S. 7), die zwar nicht notwendig aufmerksamer zuhören, aber mit zunehmender Routine im Umgang mit Online-Medien aktivere Auswahl- und Rezeptionsformen entwickeln (Oehmichen & Schröter, 2007, S. 407) und daher spezieller auf sie zugeschnittene Programme erwarten.

---

[82] Julia Layton nennt für Mai 2006 400.000 analysierte Titel (Layton, 2006).
[83] Nach Erfahrungen des Autors liefert Pandora höhere Treffsicherheit als das vergleichbare Angebot von „Last.fm" (www.last.fm), das auf stilistischen Einordnungen der Titel durch Hörer („Tagging") beruht.
[84] Angaben des Mitgründers Tim Westergren im Interview mit dem Autor am 21.02.2008.
[85] Nach Westergren stammen 70% der Musiktitel auf Pandora nicht von Major Labels (Interview mit dem Autor am 21.02.2008).
[86] 1,5% des weltweiten Datenverkehrs geht nach Tim Westergren von Pandora aus (Interview mit dem Autor am 21.02.2008).

Podcasting

Eine besondere Form des Radio on demand ist das *Podcasting*. Formal handelt es sich dabei um regelmäßig, z.B. wöchentlich, erscheinende Audioepisoden, die mit Hilfe eines RSS-Feed (Übertragung einer Rich Site Summary ohne Aufruf der entsprechenden Webseite) und einer Podcatcher-Software wie z.B. „iTunes" automatisch auf den Computer eines Abonnenten geladen werden. Der Begriff betont durch die Ersetzung des ersten Wortteils des Begriffs „Broadcasting" durch die Produktbezeichnung des Individualmediums „iPod" nicht nur den individuellen, zeitsouveränen Charakter des Hörvorgangs, sondern auch die stärker individuelle Ansprache der Hörer durch den Autor des Programms. Da Podcasts mit nahezu jedem heute gebräuchlichen Computer produziert und verbreitet werden können und die technische Distribution zumindest im kleinen Rahmen fast keine Kosten verursacht, etablierte sich das Podcasting seit der Veröffentlichung der ersten automatischen Download-Software „RSStoiPod" von Adam Curry im Oktober 2003 als journalistische Praxis nichtprofessioneller Autoren.[87] Schon 2005 entdeckten aber auch herkömmliche Radiosender das Podcasting als Mittel der Zweitverwertung und Promotion, und große Firmen wie BMW nutzen es seitdem als Medium für „virales Marketing" (Bauer, 2007, S. 34).

Abbildung 4: Schematische Darstellung der Produktions- und Distributionsschritte beim Podcasting

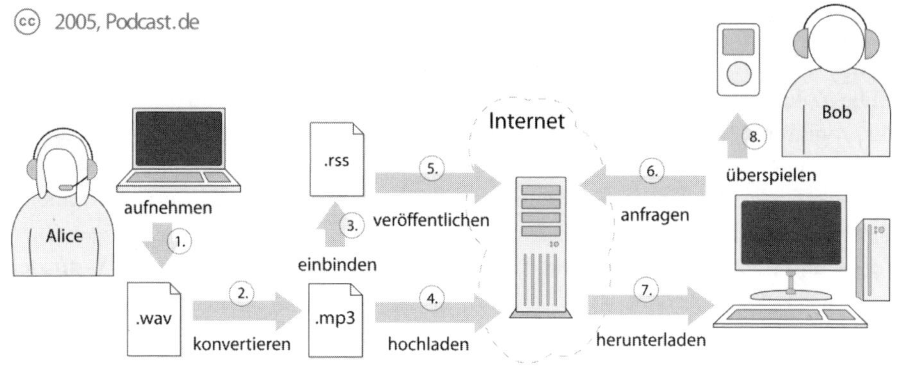

Quelle: www.podcast.de, Fabio Bacigalupo, Matthias Ziehe

Zeitversetztes Hören, uneingeschränkte Mobilität, „Radio zum Zurückspulen" und die Ausstattung mit Metadaten, anhand derer thematisch fokussierte Podcasts von Suchmaschinen zielsicher gefunden werden, aber auch das durch die Entwicklungsgeschichte bedingte Image eines authentischen Mediums nichtkommerzieller Interessen-

---

[87] Im Herbst 2004 wurde der „iPodder" zum Standardprogramm. Die Einbindung dessen Funktion in Apples Software „iTunes" im Juni 2005 bedeutete den endgültigen Durchbruch des Podcasting (Bauer, 2007, S. 7f.).

gemeinschaften[88], haben Podcasting zu einem „buzzword" werden lassen. Zwar hörten nur vier Prozent der deutschen Onlinenutzer im Jahr 2007 regelmäßig Podcasts (ARD/ZDF, 2007). Angesichts steigender Verbreitungszahlen mobiler Audioabspielgeräte, guter Zielgruppenselektion (d.h. geringer Streuverluste) und des positiven Images dieser Distributionsform sehen Medien, Firmen und Interessengruppen darin ein hohes Entwicklungspotential für radiojournalistische wie auch werberische Zwecke. Gerade dem immensen Schwund junger Hörer beim Radio hofft man damit entgegen wirken zu können. So nennt die „ARD-Digitalstrategie" den Ausbau des Podcasting als ein vorrangiges Ziel (ARD, 2007, S. 1).

Ausgerechnet Musik, die Kernkompetenz der Radiosender, ist jedoch lizenzrechtlich problematisch. Während die GEMA seit Juli 2006 ein Lizenzmodell für Podcasting anbietet[89], hat die GVL nur für Webcasting, also programmgebundene, lineare Streams ein Lizenzmodell und verweist zur Erlangung der Verbreitungsrechte per Podcasting auf die einzelnen Rechteinhaber (Bauer, 2007, S. 33f.). Podcaster müssen daher faktisch auf „podsafe" Musik ausweichen, die in Bezug auf die Leistungsrechte nicht geschützt ist, u.a. Aufnahmen älter als 50 Jahre oder Musik, die unter der Creative Commons-Lizenz o.ä. veröffentlicht wurde. Für private Podcaster mag dies eine praktikable, wenn auch umständliche Alternative sein. Für Radiostationen, die ihre Hörer insbesondere über Musik ansprechen, ist die Situation unbefriedigend. Ausweg und zugleich Mittel der Kundenbindung sind *Web 2.0*-Angebote wie die „Soundgarage" des Senders ANTENNE BAYERN, die unbekannten Musikern (ohne GEMA-Vertrag) die Möglichkeit bietet, Titel einzustellen, woraufhin diese evtl. in einem offiziellen Podcast des Senders Verbreitung finden (Bauer, 2007, S. 78).

Die Zukunftsoption, die das Podcasting bereit hält, sind individualisierte Vollangebotsprogramme, die – vom inhaltlichen Mix her wie eine Magazinsendung im Radio, jedoch nach thematischen Vorgaben des Hörers kombiniert – automatisiert aus einzelnen Podcasts zu flüssigen Programmfolgen zusammengestellt werden könnten[90]. Für HTML-Browser leisten dies heute schon „Mashups" wie *Pageflakes*, beim Webcasting sind Radio on demand-Musikangebote wie *Pandora* erfolgreiche Vorbilder.

---

[88] Nach einer Studie von House of Research stammten im Jahr 2007 40% der Podcasts von Privatpersonen, 22% von Radiosendern, 21% von TV-Sendern und Verlagen und 16% von sonstigen Dienstleistern, Unternehmen und Institutionen (Breßler & Martens, 2007, S. 7).

[89] Für einen Podcast mit zwei Monaten Angebotszeit, der fünf maximal zu 50% ausgespielte Musiktitel (mit weiteren Verwendungseinschränkungen) plus musikalisches Intro und Outro enthält, erhebt die GEMA zehn Euro Gebühr (www.gema.de/musiknutzer/senden/podcasting).

[90] In Martin Bauers Modellszenario entspricht dies dem „individualisierten Poly-Content-Audio-Distribution-Desktop-Approach". Dem stehen Modelle gegenüber, die auf geringer Inhaltevariation (Oligo-Content) bzw. multimedialer statt nur auditiver Aufbereitung basieren (vgl. Bauer, 2007, S. 89f.).

Interaktion/Gestaltung: das Internet im musikalischen Produktionsprozess

Das Internet nimmt auch in musikalischen Produktionsprozessen wichtige Funktionen ein. Zum einen bietet es umfassende Möglichkeiten musikpraktischer Bildung. Zum anderen kann es räumliche Distanzen überbrücken und den Raum ersetzen, in dem sich Musiker untereinander und mit einem Publikum zum Musizieren zusammenfinden. Schließlich können sogar Funktionen von Musikinstrumenten auf vernetzten Strukturen aufbauen.

Große Bedeutung des Internets besteht darin, musikalische Bildung und musikalischen Austausch auf spezielle Weise zu fördern. Ben Shneiderman charakterisiert den vernetzten Computer mit dem Begriff „Genex" (vgl. Shneiderman, 1998). Er schließt mit dieser Bezeichnung an Vannevar Bushs Konzept des „Memex" (Memory Extender) an, der mit Hilfe von Mikrofilmarchiven das Bildungsmodell des Buches, des „Codex", durch die Verfügbarkeit immenser Informationsmengen ersetzen sollte. Über den Memex geht der Genex als „Generator of Excellence" hinaus, indem er nicht nur den Wissensspeicher gegenüber dem Buch und auch dem Mikrofilmarchiv effektiv erweitert, sondern zusätzlich kreative und kommunikative Werkzeuge an die Hand gibt (Shneiderman, 1998). Wissenssammlung, didaktisch aufbereitete Aneignung von Fertigkeiten, Innovation mit Hilfe geeigneter Werkzeuge, Supervision durch kompetente Peers und weitläufige Verbreitung der Ergebnisse können beim Genex-Modell unter der Bedingung, dass das gewählte instrumentale und musizierpraktische Prinzip an einen vernetzten Computer „anschlussfähig" ist, vollständig innerhalb des Genex durchgeführt werden.

Bedroom Producer

Den typischen Bildungsweg eines „Bedroom Producers"[91], also eines Musikers, der seine Musik zuhause am vernetzten Computer produziert, beschreibt Andrew Whelan (2006). Er beobachtete die Lernschritte anhand von Chat-Vorgängen in einem von vielen spezialisierten Chat-Rooms, hier Breakcore und Ragga Jungle. Der Musiker orientiert sich im Chat mit den Peers über Stilmerkmale, Protagonisten etc. zuerst stilistisch und sozial: Die Chattenden legen mit ihren musikalischen Vorstellungen und ihrer Art der Kommunikation ihr „subkulturelles Kapital" offen (vgl. Thornton, 1996, S. 11f.) und verhandeln unterschwellig oder auch ganz unverhohlen, ob ein Neuling in der Runde willkommen ist. Wird er angenommen, kann er sich z.B. informieren, wo er die für ihn zweckmäßigen Programme herunter laden, wie er sie gegebenenfalls

---

[91] Der Begriff charakterisiert die hier beschriebene Produktionsweise treffender als der ältere Terminus des „Homerecording", da dieser Musikertyp häufig nicht im eigentlichen Sinne „aufzeichnet" (recording), sondern vielfach bereits bestehendes Klangmaterial (Samples) verwendet. Der Ursprung des Begriffs ist nach Whelan ungewiss (Whelan, 2006, S. 59).

freischalten kann und wie sie zu bedienen sind. Er erhält Hinweise, welche Samples sich für den speziellen Musikstil und seine individuellen Bedürfnisse eignen und wo er sie finden kann. Die Peers kommentieren seine Kompositionsversuche und geben ihm schließlich Tipps, wie er für seine Musik am besten eine Öffentlichkeit finden kann (Whelan, 2006, S. 66f.).

Nicht alle musikalischen Bildungsmöglichkeiten im Internet realisieren das Genex-Modell so mustergültig wie das Beispiel der Musikerforen. Viele Online-Angebote bieten eher vereinzelte Informationen zu Musikgeschichte oder Spieltechniken, andere halten Noten oder Hörbeispiele bereit, wieder andere lassen die Nutzer musikalische Gestaltungsweisen mit Hilfe interaktiver Webseiten aktiv ausprobieren oder offerieren Übungswerkzeuge zur Gehörbildung o.ä. Durch ihre Verbindung über Hyperlinks und Erschließungshilfen wie Suchmaschinen, Linkslisten und Mailinglisten bilden aber auch solitäre Inhalte im Verbund letztlich ein Genex. Ein Typus von Werkzeugen geht über das oben beschriebene Genex-Beispiel hinaus, nämlich Programme, mit denen Musiker online miteinander musizieren und die Grenzen des Schlafzimmerstudios sich noch weiter auflösen.

Online Music Collaboration: asynchron & synchron

Plattformen für *Online Music Collaboration* (OMC) sollen Musiker in der Zusammenarbeit mit anderen räumlich und zeitlich unabhängig machen. Sie unterliegen allerdings Bedingungen, die das Musizieren beeinträchtigen. Eine Einschränkung besteht im Fehlen körperlicher Präsenz und visuellen Feedbacks. Musikhörer sind zwar durch die Dominanz von Übertragungsmusik heute längst daran gewöhnt, dass sie die Musiker nicht unbedingt sehen, auch wenn diese live spielen. Musiker, die miteinander musizieren, benötigen dagegen den visuellen Kontakt zum einen ganz praktisch für verschiedene Abstimmungszwecke in Bezug auf das Tempo, den Wechsel zwischen Formteilen etc. Zum anderen wird die körperliche Anwesenheit, vor allem der gestische und mimische Ausdruck der Spieler, auch als stimulierend für den kreativen Austausch und die Ausdruckskraft eingeschätzt. Videoübertragungen können das Problem mindern, aber nicht kompensieren.[92]

Noch tiefer greift das Synchronitätsproblem, das ab einer bestimmten geographischen Distanz aus physikalischen Gründen nicht zu vermeiden ist. Dazu eine Modellrechnung: Latenzen bis ca. 25 Millisekunden [ms] (1/40 Sekunde)[93] nimmt der Mensch nicht als Verzögerung wahr (Carôt & Werner, 2007, S. 1), höhere Werte werden aber als störend empfunden, und Latenzen von deutlich mehr als 50 ms behindern synchrones Zusammenspiel zunehmend bis hin zum „Auseinanderfallen"

---

[92] Chris Brown z.B., ein Protagonist vernetzter Musik-Performances, widmet seinen Artikel „Wieso Netzwerkmusik?" diesem Problem (vgl. Brown, 2004).

[93] Dies entspricht der Situation, wenn zwei Musiker in ca. 8,25 Meter Entfernung voneinander spielen, da sich Schall in Luft mit einer Geschwindigkeit von ca. 330 Meter pro Sekunde ausbreitet (Carôt & Werner, 2007, S. 2).

der Stimmen. Da sich Elektrizität mit ca. 70% der Lichtgeschwindigkeit bewegt, benötigt sie für 1000 km Distanz circa fünf Millisekunden (Carôt & Werner, 2007, S. 1). Aufgrund der selten geradlinigen Streckenführung der Internet-Backbones kann die tatsächliche Leitungsstrecke die Luftliniendistanz aber erheblich übersteigen. Hinzu kommen Verarbeitungszeiten der Signale in der Soundkarte der Computer u.a. Als Daumenregel haben Carôt und Werner empirisch ermittelt, dass bei Distanzen bis 1000 km die Verzögerungszeit in der Regel unterhalb der kritischen Grenze von 25 ms bleibt, wohingegen sie bei größeren Distanzen selten einzuhalten ist. Zwischen Lübeck und Stanford wurden beispielsweise etwa 100 ms Zeitverzögerung gemessen.

Die gravierenden Auswirkungen des Synchronitätsproblems legen eine Unterscheidung in synchrone und asynchrone Prinzipien (Jensen & Larsen, 2007, S. 11f.) der OMC nahe: in „Online Jams" und „post and edit"-Ansätze[94]. Der asynchrone „post and edit"-Ansatz kann bis zu den eingangs erwähnten Tracker-Programmen der 1980er Jahre zurückverfolgt werden, mit denen Stücke sukzessive – zuhause – modifiziert und weiterentwickelt wurden, um dann weiter zu zirkulieren. Das Modell wurde vom Vorreiter heutiger OMC-Software, der seit 1994 entwickelten Plattform *Res Rocket Surfer*[95], weitergeführt, wo man in einem virtuellen MIDI-Studio Arrangements deponieren konnte, so dass andere sie weiter bearbeiten können. Plattformen für asynchrone OMC wie z.B. *kompoz.com* oder *iCompositions* legen ihren Schwerpunkt heute auf ausgeklügelte Social Software-Funktionen, die die Zusammenarbeit der Bedroom Producer weniger technisch als sozial unterstützen, indem Hilfsmittel für effektives soziales Networking, für möglichst weit reichende Sichtbarkeit der Produktionen (z.B. über Podcasts oder Webcasts ausgewählter Produktionen) und für den Austausch von Tipps und konstruktiver Kritik bereit gestellt werden. Die Audiobearbeitung erfolgt in diesen Fällen in verbreiteter Musik-Software, bei *kompoz.com* mit jedem beliebigen Programm, bei *iCompositions* ausschließlich mit Apples *GarageBand*. Bei *Splicemusic* greift man aus einem Flash-basierten Audiomixer, der automatisch im Browser-Fenster geladen wird, auf Samples zu, die von der Nutzer-Community zur Verfügung gestellt werden.

Bereits die Clients von *Res Rocket Surfer* boten aber auch einen annähernd synchronen Spielmodus: Musiker, die sich zeitgleich in einem Studio befanden, spielten fortlaufend zu einer z.B. 16-taktigen, kontinuierlich wiederholten Passage, in die jeweils zu Beginn eines neuen Durchlaufes die im Durchgang davor eingespielten MIDI-Noten der anderen Musiker eingefügt wurden – ein Ansatz, den Carôt und Werner in ihrer Typologie der Umgangsweisen mit dem Latenzproblem als „Fake Time Approach" bezeichnen. Die freie Software „ninjam" basiert ebenfalls auf diesem Modell, erlaubt aber die Reduktion des Zeitversatzes auf beispielsweise nur einen Schlag (z.B. eine Viertelnote) oder einen Takt, so dass die Musiker in Bezug auf

---

[94] Fokko Schulz in einer Email an den Autor, 20.02.2008.
[95] Die Plattform wurde später umbenannt in „Rocket Network". Der dazugehörige Software-Client hieß anfänglich „DRGN", dann „Res Rocket Client". Ein später entwickeltes Plugin für gängige Audiobearbeitungsprogramme war „RocketControl" (Föllmer, 2005, S. 47f.).

musikalische Form neue Wege gehen müssen[96]. Konzepte für ausgesprochene synchrone OMC wie *eJamming AUDiiO* oder *Digital Musician* verwenden wieder andere Ansätze, um das oben beschriebene Latenzproblem zu bewältigen. *eJamming AUDiiO* z.B. setzt den „Delayed Feedback Approach" ein (Carôt & Werner, 2007, S. 6), bei dem sich jeder Musiker selbst um einen Zeitwert von Sekundenbruchteilen verzögert hört, der die maximale Latenz zwischen den verbundenen Mitspielern ausgleicht. Mögliche weitere Modelle umfassen den „Master Slave Approach" (ein Solist (der „Slave") spielt synchron zum eintreffenden Signal eines Rhythmusinstruments, während dieser „Master" sich nicht um das für ihn erheblich verzögert erklingende Signal des Slave kümmert) und den „Latency Accepting Approach", bei dem die Musiker jede auftretende Latenz als Charakteristikum des Internets hinnehmen und der sich daher nur für Musik eignet, die kein verbindliches Metrum besitzt (Carôt & Werner, 2007, S. 3f.).

Während dem Latenzproblem nur mit Kompromissen begegnet werden kann und das „User Interface Design" sich den Grenzen der Optimierbarkeit nähert, wird die Strukturierung sozialer Interaktion und Beförderung konstruktiver Gruppenprozesse durch „Social Interface Design" als Potential für das Musizieren aufgefasst (Jensen & Larsen 2007, S. 41).

Netzmusik

Unter dem Begriff *Netzmusik* werden hier musikalische Praktiken gefasst, die Spezifika elektronischer Netzwerke bewusst in den Vordergrund rücken. Produktionsweise, Ästhetik und/oder Rezeptionsweise solcher Musik ist maßgeblich von Merkmalen der Kommunikation über das Internet geprägt. Solche Ansätze loten die technisch-kommunikativen Möglichkeiten des Mediums experimentell aus oder verstehen sich als Kommentar oder Kritik des Mediengebrauchs. Sie implizieren, dass technische Maßgaben der verwendeten Endgeräte (Computer, spezielle Audio- und Musik-Hardware), der Software (Anwenderprogramme, Webseitenprogrammierung) sowie strukturelle Merkmale der Übertragungskette über das Internet (Übertragungsprotokolle, Leitungsführung) grundlegende Bedeutung für die resultierenden musikalischen und kommunikativen Prozesse und Resultate haben. Die Möglichkeiten und Grenzen, die das Medium Internet für das Machen und Hören von Musik bedeutet, müssen aus dieser Sicht nicht einfach „gemeistert" werden. Vielmehr gehen die Autoren solcher Projekte davon aus, dass der Gebrauch eines Mediums den bestehenden Musikbegriff und die damit verbundenen Praktiken des Musizierens und der Rezeption grundlegend verändert. Netzmusik umfasst somit Prototypen musikalischer Strukturierung und Kommunikation unter den Bedingungen des Internets und schließt experimentel-

---

[96] Justin Frankel, einer der Betreiber von „ninjam", charakterisiert das Spiel mit diesem Ansatz als „not quite like playing in real life", da sich die Spieler auf die speziellen Grenzen und Eigenschaften des Systems einlassen müssen (Frankel in einer Email vom 19.02.2008 an den Autor).

le Formen der oben beschriebenen Praktiken der Bedroom Producer und des Online Jamming ein, sofern sie Effekte des Internets nicht zu verbergen suchen, sondern produktiv einsetzen.

Entsprechend dem Anspruch, das musikalische Potential des Internets auszuloten, ist die Anzahl verschiedener Ansätze groß. Typologien vernetzter Musikpraktiken gehen in erster Linie von strukturellen Kriterien aus. Gil Weinberg etwa differenziert zwischen den vier Kategorien „The Server" (Nutzer spielen einzeln online ein Software-Instrument), „The Bridge" (mehrere Nutzer führen ihre Klangquellen über das Internet zusammen), „The Shaper" (individuelle Nutzeraktionen werden durch einen Algorithmus zusammengeführt und ergeben kollektiv gesteuerte Klangfolgen) und „The Construction Kit" (Nutzer erhalten Werkzeuge, die ihnen großen Spielraum in Bezug auf Wahl und Formungsweise von Klangmaterial geben) (Weinberg, 2005, S. 26f.). Die strukturelle Komplexität der vier Typen nimmt hier vom Server zum Construction Kit zu, jedoch erfolgt u.a. keine Differenzierung zwischen musikalischer und kommunikativer Komplexität. Eine Typologie von Álvaro Barbosa ermittelt auf Grundlage einer 2x2-Matrix mit den Variablen „synchron/asynchron" und „lokal/disloziert" die (selbsterklärenden) Kategorien „Music Composition Support System", „Co-Located Musical Network", „Remote Music Performance System" und „Shared Sonic Environment" (Barbosa, 2006, S. 41f.).

Abbildung 5: Klassifikationsraum für Netzmusik nach Barbosa (2006, S. 42)

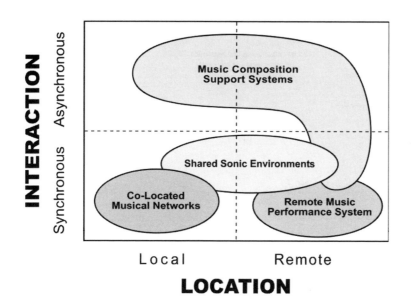

Die Klassifikation des Autors des vorliegenden Beitrags verbindet technische, formale und soziale Kriterien in einem dreidimensionalen Klassifikationsraum, der aus den Dimensionen „Netzbezug" (Einfluss von Charakteristika des Internets), „Interaktivität/Offenheit" (Grad der Interaktion durch die Nutzer) und „Komplexität/Flexibilität" (Vielfalt der verfügbaren Klangmaterialien und musikalischen Strukturierungsmöglichkeiten) gebildet wird (Föllmer, 2005, S. 73).

Die ermittelten Typen und Typen-Cluster in Abbildung 6 erlauben eine feinere Differenzierung des heterogenen Schaffensfeldes und bilden auch soziale Komponenten wie z.B. den Forumsgedanken und das Spiel sowie ästhetische Modelle wie die in vernetzten Musikpraktiken hervorstechenden Konzepte des Remix, der Klanginstallation und der algorithmischen Komposition gesondert ab.

So umfasst das Cluster der „Foren" neben den oben angesprochenen eigentlichen Diskussionsforen (Mailing-Listen, Chats etc.) auch Foren des Austauschs von Audiomaterial und Werkzeugen (z.B. *forumhub*, initiiert 1996 von Jérôme Joy) sowie das spezifische Konzept des sukzessiven Remix, also der schrittweisen kollektiven Verarbeitung von einzelnen Klängen oder Musikstücken. Ein Beispiel für eine Remix-Liste ist *sound_injury* (initiiert 2000 von Joachim Lapotre, später umbenannt in *sound_recovery*). Bei diesem Projekt wurde monatlich über eine kostenlose Mailingliste ein Ausgangsklang an alle Subskribenten verschickt und im Laufe von vier Wochen von Teilnehmern entweder im Alleingang für eine Miniaturkomposition verwendet oder sukzessive mit modifizierten Versionen anderer Teilnehmer montiert und collagiert, so dass Werke mit kollektiver Urheberschaft entstanden.

Abbildung 6: Klassifikationsraum für Netzmusik nach Föllmer (2005, S. 75)

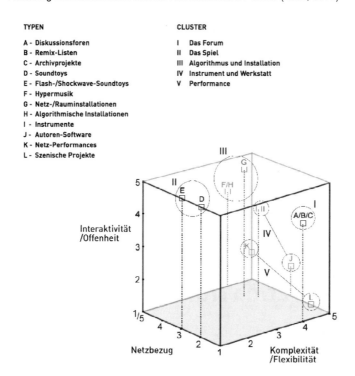

Bei „Soundtoys" können die vorgegebenen Klänge nur in engen Grenzen kombiniert und selten modifiziert werden. Das Spielen erfordert in der Regel keine musikalischen Kenntnisse. Daher sind sie die am weitesten verbreitete Form von Netzmusik und eignen sich dazu, Menschen über den Weg des Spiels für Musik (oder auch andere Inhalte) zu interessieren, wie es z.b. das Boston Symphony Orchestra mit dem „Online Conservatory" praktiziert[97].

Der Spielraum der Nutzer ist im Fall der beiden installativen Typen (Cluster III) ähnlich gering, aber die Komplexität der verwendeten Materialien sowie der zur Anwendung kommenden kompositorischen Struktur ist erheblich höher. Der Nutzer nimmt hier nur übergeordnete Regelmaßnahmen vor, Detailentscheidungen werden von Algorithmen oder z.B. natürlichen Prozessen organisiert. Die Netz-/Rauminstallation „Silophone" (2000) von [The User] z.B. lässt die Nutzer Klänge in ein Archiv einstellen und prägt diesen Klängen den Nachhall eines realen, leer stehenden Silos auf, indem der Klang dort abgespielt und neu aufgezeichnet und so mit der unverwechselbaren Charakteristik dieses Raumes versehen wird. Charakteristika des Internets und damit die Dimension „Netzbezug" stehen bei der algorithmischen Installation *Bits & Pieces* (1999) von Peter Traub im Vordergrund, das automatische Suchprozesse in stündlich produzierten kurzen Miniaturkompositionen konkretisiert (vgl. Abbildung 7).

Projekte vom Typ der „Instrumente" richten sich an Musiker und musikpraktisch interessierte Laien, die in der Lage sind, mit komplexen Software-Instrumenten umzugehen. FMOL von Sergi Jordà z.B. ist ein vollwertiger Software-Synthesizer mit einem speziell entwickelten, intuitiv mit der Maus spielbaren Interface. Das Instrument kann zwar in seiner Ursprungsversion nur allein gespielt werden, bietet aber die Funktion, eine Art Partitur des eigenen Spiels aufzuzeichnen und online zur Weiterverarbeitung anzubieten. Einzelne Stücke – oder Improvisationen – erhalten auf diese Weise generative „Nachkommen", die auf einer zugehörigen Webseite in einem regelrechten Stammbaum nachgehört werden konnten (Jordà, 1999). Urheber ist das Kollektiv der beteiligten Musiker, und anders als z.B. bei einem improvisierenden Instrumental-Ensemble, das ebenfalls kollektive Urheberschaft für seine Stücke beansprucht, sind hier die schöpferischen Anteile nicht anhand separater Stimmen zu differenzieren. Solche Instrumente müssen häufig erst konfiguriert werden, bevor sie ein klingendes System ergeben. Dieser Aufwand und die dafür nötigen Kenntnisse können so groß sein, dass die Bezeichnung „Werkstatt" eher zutrifft als der Begriff „Instrument", etwa bei „netpd" von Roman Haefeli (2005), das seine Nutzer in die Lage versetzt, den Programm-Code ihrer Instrumente während des Spiels zu modifizieren (Echtzeitprogrammierung) und untereinander auszutauschen[98].

---

[97] http://www.bso.org (30.4.2008)
[98] http://www.netpd.org, 30.4.2008

Abbildung 7: Funktionsdiagramm eines einfachen Kompositionsalgorithmus in *Bits & Pieces* von Peter Traub[99]

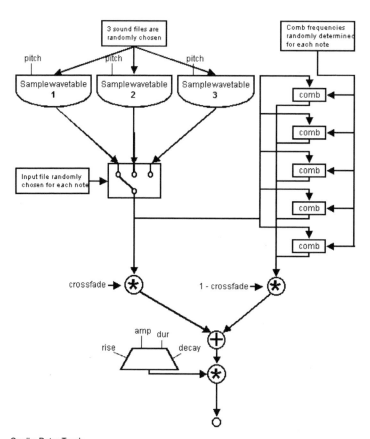

Quelle: Peter Traub

Die League of Automatic Music Composers (1978-1983) und ihre Nachfolgeformation The Hub (seit 1985) setzen in ihren Performances lokal vernetzter Computer für jedes Stück eigens konzipierte Netzwerk- und Gerätekonfigurationen ein. In diversen Varianten loten sie das kommunikative und ästhetische Potential dezentraler, kollektiver musikalischer Prozesse aus.

---

[99] In dem dargestellten Teilprozess werden drei von 25 Audiodateien, die zuvor nach bestimmten Vorgaben automatisch aus dem Netz geladen wurden, nach Zufallskriterien wechselnd wiedergegeben und parallel mit so genannten Kammfiltern verfremdet. Die mit „crossfade" bezeichnete Stufe blendet zwischen den originalen und den gefilterten Klängen hin und her. Die unterste Stufe moduliert den einzelnen Elementen eine Hüllkurve auf, d.h. blendet sie ein und aus.

"The content of the work is shaped by the design of the instruments being invented by the composers/performers. Each new piece conforms to a uniquely designed software/hardware configuration." (Gresham-Lancaster, 1998, S. 40)

Sie realisieren das Konzept der „Intra-Aktion", bei dem die Musiker unmittelbar in die musikalischen Handlungen der anderen eingreifen. Ähnlich wie beim Beispiel FMOL, nur eben nicht sukzessive, sondern in Echtzeit, erhält der Schöpfungsprozess damit einen hohen Grad der Kollektivität, der mit akustischen Instrumenten kaum zu erreichen ist. Vergleichbar wäre höchstens etwa ein Gitarrenspiel, bei dem eine Person die Bünde greift und eine andere die Saiten zupft, ohne dass sie ihre Handlungen synchronisieren. Strukturell ähnlich beruhen die oft weltumspannenden Performances des ORF-Kunstradios, z.B. *Horizontal Radio* (1995) mit 120 Teilnehmern an über 20 Orten, auf weitgehend horizontaler Hierarchie und machen damit ein gesellschaftspolitisch hoch relevantes Charakteristikum von Netzwerken zum Kern ihres Konzeptes. Darüber hinaus würdigen sie die Bedeutung der technischen und strukturellen Vorgaben des Mediums.

"Basically a project like Horizontal Radio is orchestrated through the configuration of lines and channels, gateways and interfaces and by determining frequency ranges and access rights." (Grundmann, 2001, S. 240)

In den meisten Fällen von Netzmusik stellen Musiker kein musikalisches Werk, sondern die Mittel für die Erzeugung eines solchen zur Verfügung. Generell lassen sich dabei zwei Paradigmen der Konzeption vernetzter Musikprojekte erkennen. Nach dem „Kompositionsparadigma" dienen Netzwerke der Suche nach neuen Möglichkeiten musikalischer Interaktion, kollektiver Komposition, partizipativer Rezeption und damit auch neuen klangästhetischen Resultaten. Nach dem „Kommunikationsparadigma" sind musikalisch-klangliche Phänomene nicht der Zweck, sondern ein Mittel der Wahl, um die immateriellen, schwer fassbaren Eigenschaften elektronischer Netzwerke und deren Auswirkung auf individuelle und gesellschaftliche Kommunikation plastisch darzustellen und gegebenenfalls zu kritisieren (Föllmer, 2005, S. 226f.). Die Rezipienten sind partizipativ eingebunden und handeln in unterschiedlichen Graden musikalisch verantwortlich. Auch die Rezeption kann zwei verschiedenen Paradigmen folgen. Nach dem „Play-Paradigma" begreifen die Nutzer ein Netzmusikprojekt als spielerische Herausforderung, bei der es musikalisch artikulierte Rätsel zu lösen oder instrumentale Vorgaben motorisch zu meistern gilt. Nach dem „Jam-Paradigma" verfolgen sie das Anliegen, das zur Verfügung stehende Instrument o.ä. nach ihren ästhetischen Vorstellungen erklingen zu lassen und in musikalische Interaktion mit anderen Nutzern zu treten. In der Praxis treten diese idealtypischen Paradigmen auch in Mischformen auf.[100]

---

[100] Eine Beispielsammlung bietet Föllmer (2004).

Zusammenfassung

Geschäftsmodelle im Überblick

Nach Mark Fox stehen im Internet vier Geschäftsmodelle für den Vertrieb von Audioprodukten zur Auswahl.

1) Beim „Broadcasting Model" werden die Inhalte (Musik, Hörbücher etc.) umsonst verbreitet und Einkünfte über Werbung erwirtschaftet. Im Fall von Radio on demand ergibt sich der Vorteil, dass anhand der vom Hörer spezifizierten Musikwünsche Werbeinhalte genau zugeschnitten werden kann. Zudem bringt der Kauf von Musik bei Vertriebspartnern Provisionen ein (Fox, 2004, S. 207).

2) Das „Subscription Model" beruht auf einer monatlichen Abonnementzahlung des Kunden, der dadurch Zugriff auf einen großen Musikbestand erhält. Bisher werden reine Streaming-Angebote von der Online-Kundschaft schlecht angenommen. Eine mit diesem Modell verbundene Hoffnung ist die, dass durch deren Einfachheit die so genannten „Sleeper", also potentielle Kunden, die bislang aus vielerlei Gründen nicht zum Kauf von Musik bewegt werden können, hier gute Bedingungen für sich vorfinden (Fox, 2004, S. 209).

3) Der Erfolg des Modells „Pay-per-track or –album" hat gezeigt, dass die Konsumenten „ihre" Musik in vielerlei Situationen hören wollen, was in Bezug auf viele mobile Situationen durch Streaming noch nicht ermöglicht wird (Fox, 2004, S. 210).

4) Das Modell „Artist to Consumer" hat für Musiker den Vorteil der Disintermediation und damit potentiell höherer eigener Einkünfte, während die Hörer von größerer Vielfalt profitieren könnten (Fox, 2004, S. 211). Fraglich ist bei diesem Modell, ob die durch soziale Netzwerke leistbare Strukturierung des Musikangebots mit einem professionellen A&R-Mitarbeiter[101] mithalten kann, d.h. ob musikalische und technische Qualitätssicherung, Promotion etc. das Niveau eines Labels erreichen können. John Ryan und Michael Hughes äußern die Befürchtung, dass alternative Verbreitungsformen im Internet kreative Produkte im Einerlei massenhaft für sich werbender Musiker untergehen lassen könnten (Ryan & Hughes, 2006, S. 251).

Analoges vs. digitales Modell

Das Musizieren mit vernetzten Computern beruht auf einem prozessualen Musikbegriff, auf kollektiver Autorschaft und Partizipation der Rezipienten. Damit führt es in besonderer Prägnanz vor, was auch die musikalische Rezeptionskultur im Internet prägt: In stärkerem Maße als es für andere Medien gilt, sind Rezipienten im Netz nicht auf den Status passiver Endverbraucher zu reduzieren. Sie beteiligen sich aktiv an

---

[101] Die so genannten „Artist & Repertoire"-Mitarbeiter sind bei Labels u.a. für die Talentsuche zuständig.

Wertschöpfungsprozessen, schon wenn sie z.B. CDs rippen, indizieren, kommentieren und verbreiten. Individualisierte Rezeptionsformen wie Radio on demand und Podcasting integrieren partizipative, kollektive Elemente in den alltäglichen Musikgebrauch. Prozessuale Praktiken wie der Remix haben Einfluss auf den Musikbegriff in der Jugendkultur.

Prinzipien der Vernetzung sind in der musikalischen Kultur heute fest verankert. Jahrelang vermissten die Rezipienten aber legale Angebote, die ihre Leistungen würdigen und strukturelle Vorteile des digitalen Netzmediums sowie effektiv geringere Vertriebskosten an die Kunden weitergeben. Überdies wurde deutlich, dass viele verschiedene Faktoren für die Umsatzrückgänge auf dem Musikmarkt verantwortlich sind, u.a. wachsende Konkurrenz zu anderen Medien. Aber auch eine sprunghaft gewachsene innere Distanz der Konsumenten gegenüber der Musikindustrie hat der Branche geschadet, seitdem die Debatten um das File Sharing die schon länger bestehenden Zweifel an der moralischen Integrität der Plattenfirmen verstärkt ins öffentliche Bewusstsein brachten. File Sharing ist unter all diesen Gesichtspunkten nicht als bloße Selbstbereicherung der Konsumenten zu verstehen. Diese Interpretation würde Musik auf ein Konsumgut reduzieren und ihrer kulturellen und gesellschaftlichen Bedeutung nicht gerecht werden.

Tabelle 1: Analoges vs. digitales Modell der Produktion und Distribution von Musik

Analoges Modell	**Digitales Modell**
Diskrete, physische Tonträger (CD etc.)	Informationsbasierte Produktformate
Produktbasierte Einnahmen	Servicebasierte Einnahmen
Knappe, teure Produktions-Ressourcen	Ubiquitäre, billige Produktions-Ressourcen
Zentralisierte Märkte: The Big Five [bzw. Four]	Nischenmärkte: Tausende von Produzenten
Ökonomie des Mangels/der Knappheit	Ökonomie der Reichhaltigkeit: Popularität erzeugt aus sich heraus Verfügbarkeit
Massendistribution	P2P-/User-to-user-Distribution
Zentrale Content-Auswahl (Experten-Urteil)	Verteilte Content-Auswahl (kollektives Urteil)
Planmäßige Vermarktung	Selbstorganisierende, emergente Vermarktung
Proprietäre Musik	Musik mit offenen Lizenzmodellen
Dichotomie zw. Schöpfer und Konsument	Konvergenz von Schöpfer und Konsument

Quelle: Allison, 2004, o.S., Übertragung durch den Autor

Cathy Allison stellt analoge und digitale Umgangsformen mit Musik idealtypisch gegenüber (siehe Tabelle 1). Zweifelsfrei spielen alle zehn Merkmale ihrer Beschreibung des digitalen Modells in unterschiedlichen Fällen von musikalischer Kultur im

Internet eine tragende Rolle. Die Auflistung der Merkmale kann aber dazu verleiten, das Wandlungspotential des Netzes hin zu einem sozialeren Umgang mit musikalischer Kultur zu überschätzen. Zum größten Teil stehen die Merkmale des digitalen Modells nämlich im Widerspruch zu marktwirtschaftlichen Prinzipien. Zentralisierte Märkte, planmäßige Vermarktung, Ökonomie des Mangels, Massendistribution, zentralisierte Content-Auswahl, proprietäre Musiklizenzen und Dichotomie zwischen Schöpfer und Konsument sind Grundfesten des heutigen Musikmarktes. Die Entwicklung der letzten Jahre lässt vermuten, dass so manches Prinzip des digitalen Modells eher unterdrückt oder in den Dienst des Marktes gestellt wird, als dass sich der Markt entsprechend umorientieren würde. Umgekehrt stellt sich z.B. die Frage, wie viele Rezipienten dauerhaft aktiv in Prozesse der Auswahl, Organisation und Distribution von Musik einbezogen sein wollen. Statistiken zufolge bringen sich heute nur kleine Minderheiten im Web 2.0 aktiv ein, während der große Rest sich seine Informationen zwar aktiv selbst zusammensucht, aber nicht produktiv agiert (Gscheidle & Fisch, 2007, S. 405). Offen ist auch, welche Aufgaben in kollektiven Prozessen dauerhaft leistungsfähig und bedarfsgerecht erfüllt werden können, d.h. in welchen Bereichen das Kollektiv gegenüber industriellen Strukturen konkurrenzfähig ist. Diese Faktoren entscheiden maßgeblich über die Frage, welche Prinzipien des digitalen Modells den Mediengebrauch in Zukunft prägen.

Literatur

Allison, C. (2004). The Challenges and Opportunities of Online Music. Technology Measures, Business Models, Stakeholder Impact and Emerging Trends. Verfügbar unter: http://www.canadianheritage.gc.ca/progs/ac-ca/progs/pda-cpb/pubs/online_music/index_e.cfm [abgerufen am 30.04.2008].

Alper, G. (2006). XM Reinvents Radio's Future. Popular Music and Society, 29(5), 505-518.

Anderson, C. (2007). The Long Tail. How endless choice is creating unlimited demand. London: Century.

ARD (Hrsg.). (2007). Die ARD in der digitalen Medienwelt. Saarbrücken: ARD.

ARD/ZDF (Hrsg.). (2007). ARD/ZDF-Onlinestudie 2007. Verfügbar unter: http://www.ard-zdf-onlinestudie.de [abgerufen am 30.04.2008].

Arns, I. (2002). Netzkulturen. Hamburg: Europäische Verlagsanstalt.

Barbosa, Á. (2006). Displaced Soundscapes. Computer-Supported Cooperative Work for Music Applications. Diss. Pompeu Fabra Univ., Barcelona.

Bauckhage, T. (2002). Das Ende vom Lied? Zum Einfluss der Digitalisierung auf die internationale Musikindustrie. Stuttgart: Ibidem.

Bauer, M. (2007). Vom iPod zum iRadio. Podcasting als Vorbote des individualisierten Hörfunks. Masterarbeit Hochschule Mittweida (FH), Mittweida.

Bishop, J. (2004). Who are the Pirates? The Politics of Piracy, Poverty, and Greed in a Globalized Music Market. Popular Music and Society, 27(1), 101-106.

Brecht, B. (1967). Schriften zur Literatur und Kunst. Bd. 1. Frankfurt a.M.: Suhrkamp.

Breßler, S. & Martens, D. (2007). Podcast in Deutschland 2007. Verfügbar unter: http://www.houseofresearch.de/news/Presse/Pressemeldung%20Podcast-Studie2007.pdf [abgerufen am 30.04.2008].

Brown, B. & Sellen, A. (2006). Sharing and Listening to Music. In K. O'Hara & B. Brown (Hrsg.), Consuming Music Together. Social and Collaborative Aspects of Music Consumption Technologies (S. 37-56). Dordrecht: Springer.

Brown, C. (2004). Wieso Netzwerkmusik? Neue Zeitschrift für Musik, 165(5), 25-26.

Bundesverband der Phonographischen Wirtschaft/GfK (Hrsg.). (2007). Brennerstudie 2007. Verfügbar unter: http://www.musikindustrie.de/statistik-publikationen.html [abgerufen am 30.04.2008].

Bundesverband Musikindustrie (Hrsg.). (2008). Jahreswirtschaftsbericht Musikindustrie 2007. Verfügbar unter: http://www.musikindustrie.de/statistik-publikationen.html [abgerufen am 30.04.2008].

Burgess, J. (2006). Vernacular Creativity. Cultural Participation and New Media Literacy. Photography and the Flickr Network. Paper im Rahmen der Konferenz „IR7.0: Internet Convergences". Brisbane. September 2006. Verfügbar unter: http://creativitymachine.net/downloads/publications/JeanBurgessAoIR2006.pdf [abgerufen am 30.04.2008].

Burkart, P. (2005). Loose Integration in the Popular Music Industry. Popular Music and Society, 28(4), 489-500.

Carôt, A. & Werner, C. (2007). Network Music Performance. Problems, Approaches and Perspectives. Paper im Rahmen der Konferenz „Music in the Global Village", Budapest 06.-08.09.2007. Verfügbar unter: http://globalvillagemusic.net/wp-content/uploads/carot_paper.pdf [abgerufen am 30.04.2008].

DeNora, T. (2000). Music in Everyday Life. Cambridge: Cambridge University Press.

Dockrill, P. (2006). Arctic Monkeys. Were they really a P2P/MySpace-fuelled success story? Verfügbar unter: http://apcmag.com/arctic_monkeys_were_they_really_a_p2pmyspacefuelled_success_story.htm [abgerufen am 30.04.2008].

Föllmer, G. (2004). Netzmusik/Net Music (CD-ROM mit ca. 70 Beispielen). Mainz: Schott.

Föllmer, G. (2005). Netzmusik. Elektronische, ästhetische und soziale Strukturen einer partizipativen Musik. Hofheim: Wolke.

Fox, M. (2004). E-commerce Business Models for the Music Industry. Popular Music and Society, 27(2), 201-220.

Garofalo, R. (2003). I Want My MP3. Who Owns Internet Music? In M. Cloonan & R. Garofalo (Hrsg.), Policing Pop (S. 30-45), Philadelphia: Temple University Press.

Gehring, R. (2008). Wer will was? Die Auseinandersetzung um das Urheberrecht. Verfügbar unter: www.irights.info [abgerufen am 30.04.2008].

Geist, M. (2005). Piercing the peer-to-peer myths. An examination of the Canadian experience. Verfügbar unter: http://firstmonday.org/issues/issue10_4/geist [abgerufen am 30.04.2008].

Giesler, M. (2006). Cybernetic Gift Giving and Social Drama. A Netnography of the Napster File-Sharing Community. In M. D. Ayers (Hrsg.), Cybersounds. Essays on Virtual Music Culture (S. 21-55), New York: Lang.

Goldhammer, K. & Zerdick, A. (1999). Rundfunk online. Entwicklung und Perspektiven des Internets für Hörfunk- und Fernsehanbieter. Eine Studie im Auftrag der Direktorenkonferenz der Landesmedienanstalten (DLM). (Schriftenreihe der Landesmedienanstalten Bd. 14). Berlin: Vistas.

Grassmuck, V. (2002). Freie Software. Zwischen Privat- und Gemeineigentum. Bonn: Bundeszentrale für Politische Bildung.

Grassmuck, V. (2006). Wissenskontrolle durch DRM. Von Überfluss zu Mangel. In J. Hoffmann (Hrsg.), Wissen und Eigentum. Geschichte, Recht und Ökonomie stoffloser Güter (S. 164-186), Bonn: Bundeszentrale für Politische Bildung.

Gresham-Lancaster, S. (1998). The Aesthetics and History of the Hub. The Effects of Changing Technology on Network Computer Music. Leonardo Music Journal, 8, 39-44.

Grundmann, H. (2001). Radio as Medium and Metaphor. In P. Weibel & T. Druckrey (Hrsg.), net_condition. art and global media (S. 236-243). Karlsruhe: ZKM.

Gscheidle, C. & Fisch, M. (2007). Onliner 2007. Das „Mitmach-Netz" im Breitbandzeitalter. Media Perspektiven, o.Jg.(8), 393-405.

Hilty, R. M. (2008). Im Interview. Verfügbar unter: www.irights.info [abgerufen am 30.04.2008].

Homann, H.-J. (2007). Praxishandbuch Musikrecht. Ein Leitfaden für Musik- und Medienschaffende. Berlin, Heidelberg, New York: Springer.

IFPI (International Federation of the Phonographic Industry) (Hrsg.). (2008). IFPI Digital Music Report 2008. Verfügbar unter: http://www.ifpi.com/content/section_resources/dmr2008.html [abgerufen am 30.04.2008].

Jensen, M. M. & Larsen, R. R. (2007). Beta Music. Online Music Collaboration. Social Software Report der IT University Copenhagen. Verfügbar unter: http://betamusic.atlastop.com [abgerufen am 30.04.2008].

Jones, S. & Lenhart, A. (2004). Music Downloading and Listening. Findings from the Pew Internet and American Life Project. Popular Music and Society, 27(2), 185-199.

Jordà, S. (1999). Faust Music On Line (FMOL). An approach to Real-time Collective Composition on the Internet. Leonardo Music Journal, 9, 5-12.

Kawohl, F. & Kretschmer, M. (2006). Von Tondichtern und DJs. Urheberrecht zwischen Melodieneigentum und Musikpraxis. In J. Hofmann (Hrsg.), Wissen und Eigentum. Geschichte, Recht und Ökonomie stoffloser Güter (S. 189-220). Bonn: Bundeszentrale für Politische Bildung.

Kroh, M. (2002). Marktchancen von Internet-Radioanbietern (Arbeitspapiere des Instituts für Rundfunkökonomie an der Universität zu Köln, 154). Köln: Universität Köln.

Lauff, W. (2001). Neue Inhalte und Nutzungsformen als Folgen technischer Konvergenz. (Arbeitspapiere des Instituts für Rundfunkökonomie, 149). Köln: Universität Köln.

Layton, J. (2006). How Pandora Radio Works. Verfügbar unter: http://entertainment.howstuffworks.com/pandora.htm [abgerufen am 30.04.2008].

Love, C. (2000). Courtney Love Does the Math. Verfügbar unter: http://archive.salon.com/tech/feature/2000/06/14/love/print.html [abgerufen am 30.04.2008].

McLeod, K. (2005a). Confessions of an Intellectual (Property): Danger Mouse, Mickey Mouse, Sonny Bono, and My Long and Winding Path as a Copyright Activist-Academic. Popular Music and Society, 28(1), 79-93.

McLeod, K. (2005b). MP3s are Killing Home Taping. The Rise of Internet Distribution and its Challenge to the Major Label Music Monopoly. Popular Music and Society, 28(4), 521-531.

Oberholzer, F. & Strumpf, K. (2005). The Effect of File Sharing on Record Sales. An Empirical Analysis. Verfügbar unter: http://www.unc.edu/~cigar/papers/FileSharing_June2005_final.pdf [abgerufen am 30.04.2008].

Oehmichen, E. & Schröter, C. (2007). Zur typologischen Struktur medienübergreifender Nutzungsmuster. Media Perspektiven, o.Jg.(8), 406-421.

Positionen. Texte zur aktuellen Musik (2008). Urheberrecht/copyright, o.Jg.(77). (Themenheft)

Röttgers, J. (2003). Mix, Burn & R.I.P. Das Ende der Musikindustrie (Netzausgabe). Verfügbar unter: http://www.mixburnrip.de [abgerufen am 30.04.2008].

Ryan, J. & Hughes, M. (2006). Breaking the Decision Chain. The Fate of Creativity in the Age of Self-Production. In M. D. Ayers (Hrsg.), Cybersounds. Essays on Virtual Music Culture (S. 239-253). New York: Lang.

Schneider, I. (2003). Profile des (Zu)Schauens im 20. Jahrhundert. Spectator – Viewer – User (Arbeitspapiere des Instituts für Rundfunkökonomie, 169). Köln: Universität Köln.

Schöner, F. (2001). Multimedia. Revolution der Musik- und Medienwirtschaft. In R. Flender & E. Lampson (Hrsg.), Copyright. Musik im Internet (S. 83-108). Berlin: Kulturverlag Katmos.

Shneiderman, B. (1998). Codex, Memex, Genex. The Pursuit of Transformational Technologies. International Journal of Human-Computer Interaction, 10(2), 87-106.

Stalder, F. (2006). Neue Formen der Öffentlichkeit und kulturellen Innovation zwischen Copyleft, Creative Commons und Public Domain. In J. Hofmann (Hrsg.), Wissen und Eigentum. Geschichte, Recht und Ökonomie stoffloser Güter (S. 301-318). Bonn: Bundeszentrale für Politische Bildung.

Strack, J. (2005). Musikwirtschaft und Internet. Osnabrück: Electronic Publication.

Thornton, S. (1996). Club Cultures. Music, Media and Subcultural Capital. Middletown: Wesleyan University Press.

UrhG (Urheberrechtsgesetz) (2008). Verfügbar unter: http://dejure.org/gesetze/UrhG [abgerufen am 30.04.2008].

Voida, A., Grinter, R. E. & Ducheneant, N. (2006). Social Practices Around iTunes. In K. O'Hara & B. Brown (Hrsg.), Consuming Music Together. Social and Collaborative Aspects of Music Consumption Technologies (S. 57-83). Dordrecht: Springer.

Weinberg, G. (2005). Interconnected Musical Networks. Towards a Theoretical Framework. Computer Music Journal, 29(2), 23-39.

Whelan, A. (2006). Do U Produce? Subcultural Capital and Amateur Musicianship in Peer-to-Peer Networks. In M. D. Ayers (Hrsg.), Cybersounds. Essays on Virtual Music Culture (S. 57-81). New York: Lang.

Xchange/Smite, R., Smits, R. & Ratniks, M. (Hrsg.). (2000). AcousticSpace3. Net Audio Issue. Riga: Ozone.

Computermusik

ANDRÉ RUSCHKOWSKI

> Dieses Kapitel thematisiert, was in einer Zeit, in der nahezu jeder Lebensbereich von Computern beherrscht wird, noch unter dem Begriff „Computermusik" zu verstehen ist. Für diesen Zweck wird die musikalische Anwendung von Computern in den Bereichen Komposition, Klangerzeugung, Klangsteuerung und Klangspeicherung gegenüber gestellt. Dabei wird insbesondere der Bereich der Computerkomposition bzw. algorithmischen Komposition näher untersucht. Dieses Gebiet wird in seiner methodologischen Ausrichtung und historischen Kontinuität betrachtet. Die Beiträge wichtiger Komponisten, wie Lejaren A. Hiller und Iannis Xenakis, zur Entwicklung dieses Bereiches werden ebenso diskutiert wie die Rolle von Computern beim Komponieren mit elektronischen Mitteln im Studio, bei live-elektronischen Anwendungen sowie beim Komponieren für traditionelle Instrumente.

Was ist Computermusik?

Spricht man heute über *Computermusik*, so befindet man sich in einem Dilemma. Aufgrund des massenhaften Gebrauchs von Computern in nahezu allen Lebensbereichen, d. h. also auch bei der Produktion, Verbreitung und Rezeption von Musik ist eine Verständigung, was denn Computermusik im eigentlichen Sinn überhaupt sei und was sie von anderer Musik unterscheidet, unvermeidlich. Ebenso unscharf wie der Begriff *elektronische Musik* wird sowohl im umgangssprachlichen als auch im fachsprachlichen Bereich der Begriff Computermusik gebraucht. Auch hier wird der Begriff durch die massenhafte Verwendung von Musikcomputern in den verschiedensten Bereichen populärer Musikproduktion in der Öffentlichkeit heute fast ausnahmslos mit diesem musikalischen Bereich assoziiert. Eine vage stilistische Einordnung ergibt sich aus der Tatsache, dass typische Resultate der Computeranwendung in Musikproduktionen, wie etwa ein „maschinenhafter" Rhythmus, sich in unterschiedlichem Maß offenbart.

Aus diesem Grund wird oft elektronische Musik bzw. Computermusik – hier als Synonym gebraucht! – vermeintlich „handgemachter" Musik gegenübergestellt. Seit den 1980er-Jahren tritt zunehmend eine gewisse modische Komponente bei der Verwendung des Begriffes Computermusik in den Vordergrund. Dies ist nicht weiter verwunderlich, gilt der Computer heute doch in zahlreichen Bereichen unseres Lebens als „personifizierter Übermensch", als Synonym für die Höhe der Zeit und technischen Fortschritt schlechthin. So heißt es beispielsweise im Katalog des jährlich in Linz ausgeschriebenen Internationalen Wettbewerbes für Computerkünste:

> „Mit der Dekade der 1990er Jahre steht der Computertechnologie eine Fortsetzung der stürmischen Entwicklung im letzten Jahrzehnt bevor. Begreifen wir kulturelle Veränderungen in einem umfassenden Sinn, so kommt den Künsten und den Wissenschaften umso mehr die Rolle einer Avantgarde im ursprünglichen Sinn zu." (Leopoldseder, 1990)

Kunst, die in diesem Umfeld präsentiert wird, nutzt - ob bewusst oder unbewusst - den Bedeutungshof, der heute mit Computertechnologie als Informationsverarbeitungsmedium neuer Qualität verbunden ist. Dies erfolgt vor allem durch Begriffsprägungen wie „Computergrafik", „Computermusik" oder einfach „Computerkunst", welche – neben einer allgemeinen Charakterisierung ihrer technologischen Basis – auch einen (in der Regel nicht unerwünschten) Werbeeffekt im genannten Sinne darstellen.

Aber auch die fachsprachliche Verwendung des Begriffes erfolgt nicht einheitlich. In („E"-)musikalischen Fachkreisen werden die Begriffe „Computermusik" und „elektronische Musik" häufig synonym verwendet, wobei es meist nur um die Charakterisierung des Unterschiedes zu Musik geht, die mit traditionellen Mitteln und Methoden komponiert und aufgeführt wird. Auch auf der nachfolgenden Sprachebene begrifflicher Verallgemeinerung lässt sich diese Art von Synonymgebrauch feststellen. So ist im Katalog der Ars Electronica 1990, dem Internationalen Wettbewerb für Computerkunst, sowohl von „Computerkunst" als auch von „elektronischer Kunst" jeweils im gleichen Bedeutungszusammenhang die Rede (Leopoldseder, 1990).

Für die Zuordnung zum Bereich der Computermusik genügt in der Regel bereits, dass Computer in irgendeiner Weise an Zustandekommen der Musik beteiligt sind. So nennt die NEUE ZEITSCHRIFT FÜR MUSIK ihre Anfang 1990 begonnene Artikelserie „Forum Computermusik". Die in dieser Reihe veröffentlichen Beiträge verschiedener Autoren beziehen sich auf unterschiedliche musikalische Bereiche, wobei die Gemeinsamkeit lediglich eine technologische ist, d.h. in der Verwendung von Computern besteht. Ein wichtiger Grund dafür dürfte in der Tatsache zu suchen sein, dass Computermusik – wie elektronische Musik auch – in Rahmen traditioneller, bis heute praktizierter musikalischer Fachausbildung kaum eine Rolle spielt. Als Folge existieren bei vielen musikalischen Fachleuten meist nur verschwommene Vorstellungen über das, was sich hinter diesen Begriffen verbirgt. Dem steht lediglich ein kleiner, vom „traditionellen" Musikleben relativ isolierter Kreis von Spezialisten gegenüber, dessen intensive internationale Zusammenarbeit sich fast ausschließlich nicht in deutscher, sondern in englischer Sprache vollzieht. Ein Resultat ist, dass terminologische Fragen – zumal noch in Deutsch – lediglich am Rande von Bedeutung sind. In terminologischer Hinsicht zusätzlich erschwerend ist, dass Computermusik im Gegensatz zu elektronischer Musik neben der gemeinsamen technologischen Komponente auch eine Struktur bildende Rolle des Computers einschließen kann.

Neben der Verwendung in studiotechnischen Geräten lassen sich heute vier große Anwendungsbereiche für Computer im musikalischen Bereich ausmachen, die mit den Stichworten Komposition, Klangerzeugung, Klangsteuerung und Klangspeicherung charakterisiert werden können.

Die historisch älteste Möglichkeit stellt die Komposition mit Computerunterstützung dar. Sie wird auch als *Partitursynthese* bezeichnet, da sich in diesem Fall die Mithilfe des Computers auf einen mehr oder weniger großen Anteil bei der Errechnung von musikalischen Strukturen beschränkt. Diese Strukturen müssen anschließend in eine musikalische Partitur umgewandelt werden, die von traditionellen Instrumenten in traditioneller Weise interpretiert wird. Weiß der Hörer bei dieser Musik nicht, dass sie mit Hilfe eines Computers zustande gekommen ist, so ist es schier unmöglich diese Produktionstechnologie herauszuhören. Ausgangspunkt ist hier die Annahme, dass jede Kompositionsregel, die sprachlich formuliert werden kann, auch für einen Computer programmierbar ist.

Derzeit die technisch aufwendigste Art der Computeranwendung ist die *Klangsynthese*. Hier werden die Klänge nicht - wie bei elektronischer Klangerzeugung mit analoger Technik - mittels elektronischer Schwingkreise erzeugt, sondern zuerst berechnet, digital gespeichert und dann in einem Digital/Analog-Wandler in Signale umgeformt, die durch Verstärker und Lautsprecher hörbar gemacht werden können. In Abhängigkeit von der Komplexität der Klänge und dem gewählten technischen Verfahren kann dies in Real-Time geschehen oder auch mehrere Stunden Wartezeit beinhalten.

Die *Steuerung* klangerzeugender Geräte, dem dritten großen Anwendungsbereich, bildet gewissermaßen eine Kombination der ersten beiden Anwendungen. Einerseits dient sie der Verbesserung der Handhabbarkeit steuerbarer Klangerzeuger indem sich eine Vielzahl von Regelungsvorgängen simultan und mit großer Präzision ausführen lassen. Andererseits lässt sich auf diese Weise eine Art Prozesssteuerung musikalischer Abläufe realisieren, die im kompositorischen Sinne konstitutiv wirken kann.

Neu hinzugekommen ist in den letzten Jahren der Bereich der *Klangspeicherung*, wobei dieser eng mit dem Komplex der Klangbearbeitung verbunden ist. Die entsprechenden Geräte werden auch als Festplatten-Aufzeichnungssysteme bezeichnet, da hier die über einen Analog/Digital-Wandler in den Computer gelangten Klangdaten direkt auf Festplatten-Computerspeicher aufgezeichnet werden.

Historisch betrachtet stammt der unterschiedliche Gebrauch der Begriffe „Computermusik" und „elektronische Musik" im Wesentlichen aus einer Zeit, in der die Begriffe für ganz konkrete musikalische Konzeptionen standen, speziell für die elektronische Musik der 1950er-Jahre aus Köln und Computermusik für mit dem Computer errechnete musikalische Strukturen, wie sie Lejaren A. Hiller und andere ebenfalls in den 1950er-Jahren in den USA entwickelten. Diese stilistischen Eingrenzungen sind heute durch zahlreiche weitere Differenzierungen dieser Bereiche vollständig überholt.

Der skizzierte Gebrauch der Begriffe elektronische Musik, elektroakustische Musik und Computermusik zeigt, dass dieser weitgehend uneinheitlich und widersprüchlich erfolgt.

Computerkomposition statt Computermusik

Um zu inhaltlichen Aussagen über die musikalische Rolle elektronischer Techniken zu gelangen, ist zunächst eine Präzisierung bzw. Neubestimmung des vorhandenen Vokabulars notwendig. Auf ihrer Basis ist eine neue, dies berücksichtigend Ordnung, eine neue Systematik dieser Begriffe notwendig. Im Sinne des zu Beginn umrissenen Verständnisses von elektronischer Musik als der Beteiligung elektronischer Techniken bei der Erzeugung und Formung des musikalischen Materials handelt es sich nicht notwendigerweise um elektronische Musik, da es hier lediglich um die Anordnung von (im Prinzip auswechselbarem) musikalischen Material geht. In Abgrenzung zum ungenauen Begriff Computermusik ist es sinnvoll, zur Charakterisierung der hier praktizierten Arbeitsweise die weitaus präzisere Bezeichnung *Computerkomposition* zu verwenden.

Bei der Integration von Computern in die musikalische Strukturierungsarbeit ging man zunächst von einem Modell des Kompositionsvorganges als einer Folge von Entscheidungen aus. Um im Computer die Bedingungen für eine Simulation dieser Entscheidungsprozesse zu schaffen, unterteilte man diesen Prozess in zwei Stufen. Zunächst wird ein Zustand geschaffen, in dem Willkür herrscht. Diesem „chaotischen" Zustand wird in weiteren Arbeitsschritten ein von zuvor programmierten Arbeitsanweisungen abhängiges Maß von Ordnung auferlegt (Hiller, 1964, S. 37). Willkürliche ganze Zahlen – so genannte Zufallszahlen – werden im Computer in der Regel durch einfache mathematische Vorgänge erzeugt. Für die Transformation dieser Zahlen ins Musikalische gibt es verschiedene Möglichkeiten. Die einfachste und direkte Methode besteht im Zuordnen von Zahlen und musikalischen Parametern. Man setzt die ganzen Zahlen zu musikalischen Parametern – wie Tonhöhe, Tonlänge und Lautstärke – in Beziehung. Dies geschieht, indem man den einzelnen Tonparametern Folgen von Zufallszahlen zuordnet. Diese Zufallszahlen variieren dann die musikalischen Parameter in zuvor festgelegten Grenzen. So entsteht innerhalb der vorab bestimmten Parameterbereiche eine musikalische Zufallsfolge. Die anschließende zweite Stufe wählt aus den zufälligen Ereignissen der ersten Stufe Tonfolgen aus, deren Struktur einem zuvor festgelegten musikalischen Regelsystem entspricht. Für diese Auswahl lassen sich mathematische Algorithmen definieren, was auch zu der Bezeichnung algorithmische Komposition für diesen Prozeß geführt hat.

Diese Auswahlprinzipien fallen in der Regel von Komponist zu Komponist unterschiedlich aus. Sie sind abhängig von Geschmacks- und Stilauffassungen der Zeit und des Komponisten, vor allem aber vom Zweck der Komposition. In ihrer Gesamtheit machen diese Bedingungen die „Kompositionsregeln" aus, die jedoch weit mehr sind, als sich in speziellen Lehrsätzen formulieren lässt. Um nun trotzdem zu Auswahlprinzipien zu gelangen, die auch ein Computer versteht, gibt es zunächst die Möglichkeit, bestimmte Kontrapunkt- oder Harmonielehreregeln als Grundlage für das Auswahlprogramm im Computers zu benutzen. Dies kann durch einfache arithmetische Manipulation der als Zahlenwerte vorliegenden musikalischen Parameter geschehen, indem die sukzessive Verknüpfung von Tonhöhen und -längen mathematischen Bedingungen entspricht, die gleichzeitig musikalisch sinnvoll sind (z.B. Verbot von Quint- und Oktavparallelen, Bevorzugung komplementärer Stimmfortschreitungen usw.). Bei der zweiten Möglichkeit, die ebenfalls bereits in den 50er-Jahren ausgearbeitet wurde, bildet die „Lernfähigkeit" des Computers den Ausgangspunkt. Hier werden statt expliziter Regeln eine Anzahl fertiger Kompositionen in den Computer eingeben, die in ihrer Struktur die Regeln implizit enthalten. In diesem Fall hat der Computer zwei Arbeitsschritte zu bewältigen: zuerst die Analyse des eingegebenen Materials und anschließend die Synthese von musikalischen Abläufen nach diesen Regeln (exemplarische Beispiele bei Neumann & Schappert, 1959; Reynolds, 1986; Greenberg, 1988; Rahn, 1989; Cope, 2001).

Dieses Prinzip der Übersetzung von Zahlen in musikalische Parameter durch „Ausfiltern" von bestimmten Regeln genügenden Daten aus Zufallszahlen bildet nach wie vor eine wichtige Grundlage für den Einsatz von Computern als musikalische Strukturierungshilfe. Lediglich die Art von Eingabe und Bedienung hat sich seit den 1970er-Jahren von der numerischen Ein- und Ausgabe zu anschaulicheren, oftmals grafisch orientierten Benutzeroberflächen gewandelt (z. B. UPIC von Iannis Xenakis).

Von diesem Verständnis der Computerkomposition ist auch eine Definition von Gottfried Michael Koenig geprägt, welcher von der Ausführung musikalischer Regelsätze mit Hilfe eines Computers zur Ausarbeitung musikalischer Zusammenhänge ohne explizite Definition des akustischen Darstellungsraumes spricht (Koenig). Der „akustische Darstellungsraum", wie Koenig ihn nennt, kann dabei sowohl elektronisch erzeugtes Klangmaterial umfassen als auch in Form von Partituren für traditionelle Instrumentalbesetzungen oder Stimmen definiert werden. Weiß der Hörer in diesem Fall nicht, dass diese Musik mit Hilfe eines Computers zustande gekommen ist, so ist es vollständig unmöglich, diese Produktionstechnologie herauszuhören. Trotz der begrüßenswerten terminologischen Präzisierung durch Koenig ist der von ihm geprägte Begriff „Darstellungsraum" in Bezug auf elektronische Musik nicht ganz eindeutig, da der akustische Raum bereits als eigenständiger kompositorischer Parameter existiert. Es scheint demnach sinnvoller, hier von der „akustischen Darstellungsform" zu sprechen, da es sich in diesem Fall um die materielle Ausformung – quasi die Instrumentierung – einer primären kompositorischen Intention handelt.

Die Probleme bei der Simulation musikalischer Kompositionsprozesse mit Hilfe von Computern sind groß und ausgesprochen vielfältig. Insbesondere die Formalisierung künstlerischer Kriterien – die Grundbedingung für Computerkomposition schlechthin – erweist sich stets als neue Herausforderung. Dennoch – oder gerade darum – übt dieses Thema auf Komponisten und Computerspezialisten einen ungebrochenen Reiz aus, so dass ständig neue Entwicklungen eine Orientierung in diesem Bereich erschweren. Dieses Kapitel untersucht Quellen und Ursachen für die Computeranwendung in kompositorischen Prozessen und fragt nach Zielen, Methoden und Resultaten der Computerkomposition.

Computerkomposition in historischem Kontext

Der Traum von der automatischen Erzeugung und Steuerung musikalischer Abläufe ist schon sehr alt. Nicht erst seit Beginn der elektrischen Epoche in der technischen Entwicklung wird über diese Möglichkeiten nachgedacht. Bereits an der Wende zum 17. Jahrhundert wurde mit Hilfe mechanischer Musikinstrumente derselbe Zweck verfolgt. Zwar existierten die frühesten Formen mechanischer Musikinstrumente – die Glockenspiele – bereits im Mittelalter, erst zu Beginn des 17. Jahrhunderts aber waren durch die Entwicklung der Mechanik als physikalische Disziplin Grundlagen für eine breitere Anwendung vorhanden.

Als eine der frühesten Überlieferungen in diesem Bereich gilt die „Arca Musarithmica", eine mechanische Komponiermaschine, von der der Jesuitenpater und Musikgelehrte Athanasius Kircher (1601-1680) in seiner 1650 gedruckten „Musurgia Universalis" berichtete. Die Bedienung der Maschine erfolgte durch freie Kombination von hölzernen Schiebern, auf denen sich Symbole für Tonhöhe, Takt und Rhythmus befanden. Diese Art mechanischen Komponierens bezeichnet Kircher im Buch VIII seiner „Musurgia Universalis" als „Ars Combinatoria", die nach speziellen Regeln der Permutation zu erfolgen hat. Die Anzahl der kombinatorischen Möglichkeiten war so groß, dass Kircher zu dem Schluss kommt: Wenn ein Engel seit Anbeginn der Welt angefangen hätte, die Zahlen zu kombinieren, wäre er heute – also 1650 – noch immer nicht damit fertig (Prieberg, 1960, S. 106-107). Neben der „Musurgia Universalis", die sonst eher als Quelle zu Stil und Ästhetik der Barockzeit bekannt ist, widmete er auch sein Traktat „Phonurgia Nova" (1673) der Verbindung von Musikauffassung und mechanischer Technik.

Im 18. Jahrhundert waren es vor allem *Spieluhren*, die mechanische Musik beim Bürgertum populär machten. Anders als bei den Flötenuhren des Rokoko diente hier ein abgestimmter Stahlkamm zur Tonerzeugung. Berühmte Komponisten wie Johann Joachim Quantz, Carl Philipp Emanuel Bach, Johann Philipp Kirnberger, Michael und Joseph Haydn, Georg Friedrich Händel und auch Wolfgang Amadeus Mozart widmeten eine Reihe von Kompositionen diesen Automaten. Ein Teil dieser Komponisten ist auch als Verfasser so genannter *musikalischer Würfelspiele* bekannt, einer frühen Form automatischen Komponierens. Das Prinzip war denkbar einfach: Jeder ausgewürfelten Zahl wurden zuvor komponierte Takte zugeordnet, die aufeinander abgestimmt und untereinander beliebig kombinierbar waren. Zu Beginn des 19. Jahrhunderts nahm die Verbreitung dieser Methode zu, und fand, vor allem durch den sprunghaft anwachsenden Bedarf an Tanz- und Unterhaltungsmusik, bei der Komposition von Walzern, Schleifern, Menuetten und Polonaisen Verwendung (Batel, 1987).

Erst mit der Weiterentwicklung der Technik im 20. Jahrhundert fielen zahlreiche technologische Barrieren, wogegen die Konstrukteure mit ihrem Traum von der automatischen Erzeugung und Steuerung musikalischer Abläufe bisher vergeblich angekämpft hatten. In den 40er-Jahren dieses Jahrhunderts ermöglichte der Übergang von der elektromechanischen zur elektronischen Bauweise erstmals die Konstruktion großer, wirklich funktionierender Rechenautomaten. Der erste echte Elektronenrechner, der ohne elektromechanische Elemente ausschließlich mit Elektronenröhren arbeitete, – insgesamt nicht weniger als 18.000 Stück – wurde von den Ingenieuren J. Presper Eckert und John W. Mauchley 1946 an der Universität von Pennsylvania fertig gestellt und „Electronic Numerical Integrator And Computer" (ENIAC) genannt. Die kurze, nur zweijährige Entwicklungszeit des ENIAC war in erster Linie Ergebnis eines speziellen militärischen Interesses der USA, die sich zu dieser Zeit noch im Kriegszustand befanden. Zu spüren bekamen die Forscher dieses Interesse an Entwicklung und Konstruktion von Großrechenanlagen vor allem durch die großzügige Finanzierung ihres Projekts.

Lejaren A. Hiller und die Anfänge der Computerkomposition

Das Ende des zweiten Weltkrieges sowie zahlreiche Neuentwicklungen auf dem rasch expandierenden Gebiet der elektronischen Rechentechnik begünstigten die Verfügbarkeit von Großrechnern für zivile Anwendungen. An der Universität von Illinois in Urbana begannen im September 1955 Lejaren A. Hiller und Leonard M. Isaacson, den dortigen Computer zur Lösung musikalischer Aufgaben zu verwenden. Neben musikalischer Analyse unter informationstheoretischen Aspekten war es insbesondere die Idee Computer im kompositorischen Prozess zu verwenden, die hier erstmals im Zentrum umfangreichen wissenschaftlichen Interesses stand (Hiller, 1970; Olson, 1967). Im August des folgenden Jahres lag das erste klingende Resultat vor: ein Großteil der insgesamt 21minütigen „ILLIAC-Suite" für Streichquartett von Hiller und Isaacson. Ihren ungewöhnlichen Namen verdankt diese Suite dem universitätseigenen Rechenautomaten (**ILLI**nois **A**utomatic **C**omputer). Daher gilt Hiller als der erste Komponist, der erfolgreich Musik mit Hilfe eines Computers generierte.

Zusammen mit der „ILLIAC-Suite" als dem ersten größeren Werk, an dessen Zustandekommen ein Computer maßgeblich beteiligt war, begann man sich auch für ihre Schöpfer zu interessieren. Neben dem später in die Industrie übergewechselten Mathematiker Leonard M. Isaacson ist es vor allem Lejaren A. Hiller (1924-1994), der heute als Pionier der Computermusik gilt. Ein Blick auf seinen Lebenslauf fördert Erstaunliches zutage: Ausgebildet zum Doktor der Chemie arbeitete er lange Zeit wissenschaftlich, veröffentlichte ein Chemielehrbuch und ist Inhaber eines Patents im Bereich Acrylfasern. Er besuchte Kurse für Elektrotechnik und Elektronik, studierte „nebenbei" Musik u. a. bei einem so arrivierten Komponisten wie Milton Babbitt. Nach vorübergehender Tätigkeit in der Chemieindustrie übernahm er 1958 eine Lehrtätigkeit für musikalische Akustik an der Universität Illinois, die bald auch elektronische und Computermusik umfasste. In seinen Kompositionen beschränkte er sich jedoch nicht auf dieses musikalische Material und auch bei den von ihm benutzten Kompositionstechniken dominierte keine bestimmte. Diese Heterogenität von Materialien und Stilen, die in Europa immer wieder Skepsis an der Ernsthaftigkeit kompositorischer Arbeit aufkommen lässt, ist charakteristisch für eine ganze Reihe amerikanischer Komponisten. So findet sich nicht nur Computermusik in Hillers umfangreichem musikalischen Werkverzeichnis. Einen breiten Raum nimmt vor allem Kammermusik für unterschiedlichste Besetzungen ein.

1959 erschien unter dem Titel „Experimental Music" ein Buch, in dem Hiller und Isaacson ihre „ILLIAC-Suite" ausführlich kommentierten (Hiller & Isaacson, Experimental Music, 1959). Das bei diesem Stück angewandte Prinzip geht vom Modell des Kompositionsvorganges als eine Folge von Entscheidungen aus, der so vollständig wie möglich innerhalb des Computers simuliert werden sollte. Der Computer fungiert in diesem Fall nicht als „Kompositionshilfe", um Entscheidungen des Autors zu verifizieren, sondern als eigenständiges Kreationssystem, welches auf der Grundlage programmierter Regeln – sprich Algorithmen – selbst eine Auswahl vornimmt, Entscheidungen trifft und entsprechende Resultate hervorbringt.

Explizite Kompositionsregeln bildeten bei Hiller und Isaacson die Grundlage für ihre ILLIAC-Suite. Diese Regeln waren für die vier Sätze des Stückes – Hiller nannte die Formteile „Experimente" – jeweils verschieden. Im ersten und zweiten Satz dominierten die Palestrina-Kontrapunktregeln, die Johann Josef Fux 1725 in seinem berühmten Werk „Gradus ad Parnassum" formuliert hatte. Von einfachen Cantus Firmi aus drei bis zwölf Tönen steigerte sich die Komplexität bis zum vierstimmigen Satz. Dabei erhöhte sich neben der Stimmenanzahl auch die Art des Kontrapunktes, was gleichfalls zu einer Ausweitung des Tonvorrats führte. Im dritten und vierten Satz dominierten neuzeitlichere Kompositionsregeln, angefangen von Elementen der Zwölftontechnik bis zu Grundtypen stochastischer Musik, in der die musikalische Struktur von Wahrscheinlichkeitsüberlegungen für das Auftreten einzelner Töne oder Tongruppen bestimmt wird.

Zu diesem Zweck entwickelten Hiller und Isaacson auf dem ILLIAC-Computer ein spezielles Kompositionsprogramm mit dem Namen „MUSICOMP" (**MU**sic-**S**imulator-**I**nterpreter for **COM**positional **P**rocedures). Sie versuchten damit ein allgemeingültiges Modell zu schaffen, das die normalerweise im Kopf des Komponisten ablaufenden logischen Selektionsvorgänge des musikalischen Materials maschinell nachvollziehbar machen sollte. Grundlage dafür war das Modell vom Komponieren als fortlaufende Reihe hierarchischer Entscheidungen. Das Spektrum der Entscheidungsebenen reicht von grundsätzlichen Auswahlkriterien (*was* komponiere ich *wofür?*) bis zu den satztechnischen Details einer einzelnen Stimme beispielsweise. Gegenstand dieser Entscheidungen sind zum einen der Ablauf des Kompositionsvorganges, die musikalische Großform, zum anderen die Elemente, welche in diesem Ablauf angeordnet werden sollen. Diese Prozesse wurden bei MUSICOMP durch unterschiedliche Programmebenen repräsentiert. Damit sollte erreicht werden, dass kein bestimmter musikalischer Stil reproduziert wird, sondern der Komponist selbst mit von ihm ausgewählten Techniken, Elementen und Formen diesen bestimmt.

Dieses Programm kam bei der „Computer Cantata" erstmals zur Anwendung, Hillers zweitem Projekt, das ursprünglich als Fortsetzung der ILLIAC-Suite geplant war. Doch als er es gemeinsam mit Robert A. Baker im Frühjahr 1963 realisieren wollte, war der ILLIAC-Computer wegen Wartungsarbeiten nicht mehr zugänglich, so dass alle verwendeten Teile des MUSICOMP-Programmes für ein neues Computersystem vollständig umgeschrieben werden mussten. Da es sich bei dem neuen IBM 7090-Computer um ein serienmäßig hergestelltes und damit weit verbreitetes System handelte, hatte dieser Umstand auch einen Vorteil: Die Zahl derjenigen, die das Programm MUSICOMP nutzen konnten, erhöhte sich schlagartig.

Die Kompositionsmethode der „Computer-Cantata" für Sopran, Tonband und Kammerensemble unterschied sich von der der "ILLIAC-Suite". Die fünf Strophen, welche jeweils von einem Pro- bzw. Epilog eingerahmt wurden, sind stochastische Annäherungen an die Struktur von gesprochenem Englisch (Hiller & Baker, 1964). Diese Struktur wurde durch Phonemreihen repräsentiert, Folgen kleinster Lauteinheiten, wie sie Grundlage für jede Sprache sind. Die Struktur dieser englischen Phonemreihen wurde durch statistische Analyse einer zufällig ausgewählten Textstelle in einer Zeitschrift ermittelt. Die Anordnung der Phoneme und ihre Verkettung in charakteristischen Kombinationen bildete die Basis für die musikalische Strukturermittlung. Es wurden die Wahrscheinlichkeiten für das Auftreten einzelner Phoneme sowie die Übergangswahrscheinlichkeiten für Phoneme in Gruppen wachsender Größe ermittelt, und davon – ebenfalls auf statistische Weise – vier Stufen synthetischer Annäherung an die phonetische Ausgangsstruktur errechnet. Die nach dieser Struktur angeordneten musikalischen Elemente waren ebenfalls konkreter Herkunft. Sie stammen aus der Partitur des Orchesterstückes „Three Places in New England", das Charles Ives 1914 komponierte.

Die phonetischen Strukturen der Texte mit ihren zunehmenden Annäherungen an die Struktur des Ausgangstextes bestimmten den Aufbau der einzelnen Strophen der „Computer-Cantata". Damit näherte sich das musikalische Gefüge in steigender Weise einer Ordnung an, die durch den Ausgangstext vorgegeben wurde. Zu den Besonderheiten dieses Stückes zählt, dass die wechselnden statistischen Verteilungen der Phoneme als Ordnungsprinzip für die Gruppierung von Tonhöhen und Tondauern herangezogen werden. Als Basis diente die Ermittlung von Übergangswahrscheinlichkeiten, der bei der Synthese von Tönen eine wachsende Tendenz zur Wiederholung identischer oder benachbarter Parameter in Tonhöhe und Tondauer innewohnt. Mit steigenden Übergangswahrscheinlichkeiten – durch Annäherung an die ursprüngliche Phonemstruktur – wurde so der Eindruck zunehmender Stetigkeit und Festigkeit musikalischer Abläufe erreicht.

In den ebenfalls 1963 entstandenen „Sieben Studien für Zweikanaltonband" knüpft Lejaren A. Hiller an die Erfahrungen beim Umgang mit Sprachstrukturen an. Das Schwergewicht lag hier jedoch weniger auf einer statistischen Aufbereitung dieser Strukturen als auf unmittelbar daraus ableitbaren musikalischen Parametern. So nutzte Hiller in der ersten Studie beispielsweise Vokalklänge und ihre charakteristischen Resonanzfrequenzen als Ausgangspunkt für elektronische Klangbildungsprozesse. Der Sprachrhythmus diente hier direkt als Strukturierungsgrundlage.

Auch bei der Komposition von „HPSCHD" (für ein bis sieben Cembali und cembaloähnliche Klänge), einem gemeinschaftlichen Projekt von Lejaren Hiller und John Cage, wurde auf das MUSICOMP-Programm zurückgegriffen. Hiller beschreibt den Entstehungsprozeß im Jahr 1967 als Erweiterung der bestehenden MUSICOMP-Programmroutinen, um die von Cage zu dieser Zeit bevorzugten I Ching-Operationen auch mit den Computer durchzuführen (Hiller, 1970, S. 61). Diese Operationen wurden zur Auswahl der Tonhöhen in gleichstufigen Skalen von 5 bis 56 Tönen pro Oktave verwendet, zur Bestimmung von Abweichungen davon sowie für die Ermittlung der Dauern für jede Tonhöhe. Zwar hätte Cage dieses Stück auch durch manuelles Münzenwerfen komponieren können, doch auch rein praktische Gründe sprachen für einen Computereinsatz: Bei einer Realisierung des Kompositionsplanes per Hand wären insgesamt 18.000 Würfe mit jeweils drei Münzen erforderlich gewesen.

Bemerkenswert ist, dass sich Hiller neben Kompositionen, in denen informationstheoretische Überlegungen eine grundlegende Rolle spielen, wie der „ILLIAC-Suite" und der „Computer Cantata", weiterhin auch unmittelbareren, und damit leichter handhabbaren kompositorischen Verfahren zuwendet. Dies mag als ein Indiz dafür gewertet werden, dass quantitative Kompositionsverfahren durch statistische Methoden nur einen Teil dieses schöpferischen Vorganges widerspiegeln und kompositorische Phantasie neben der konzeptionellen Ebene ebenso die Reibung am konkreten musikalischen Material sucht.

Iannis Xenakis Beitrag zur Computerkomposition

War die Verbindung von Kunst und Naturwissenschaft bereits für den Lebenslauf von Lejaren A. Hiller charakteristisch, so ist sie es in noch größerem Maß bei Iannis Xenakis. Sein Name ist wie kaum ein zweiter mit der Anwendung mathematischer Prinzipien bei der Planung musikalischer Prozesse verbunden. Xenakis, 1922 in Griechenland geboren, lebt seit 1947 in Frankreich, studierte zunächst Architektur, aber auch Musik u. a. bei den Komponisten Arthur Honegger und Darius Milhaud. Besonders prägte ihn jedoch der Kontakt zu Olivier Messiaen, bei dem er von 1950 bis 1952 Vorlesungen in musikalischer Analyse und Musikästhetik hörte. Kaum in Frankreich angekommen, bot ihm der Architekt Le Corbusier eine Zusammenarbeit an, die zwölf Jahre dauern sollte und in deren Folge eine Reihe bedeutender Bauprojekte entstanden. Zu den bekanntesten Dokumenten dieser Kooperation gehört die Konstruktion des Philips-Pavillons für die Weltausstellung 1958 in Brüssel, in dem Varèses „Poème électronique" präsentiert wurde.

Mitte der 50er-Jahre, als in Europa die *serielle Kompositionstechnik* ihren Höhepunkt erreicht hatte, begann Xenakis mit seinen eigenen musikalischen Vorstellungen hervorzutreten. Sie entsprangen – ähnlich wie bei Hiller und Cage – in erster Linie aus der Kritik an serieller Kompositionstechnik. Er bemängelte, dass als Ergebnis komplexer Reihenbildungen die lineare Polyphonie zerstört wird. Das akustische Resultat entzieht sich zunehmend einer differenzierten menschlichen Wahrnehmung:

„Was man hört, ist in Wahrheit nichts als Massen von Tönen in verschiedenen Registern. Die enorme Komplexität verhindert ein Verfolgen der Verflechtungen einzelner Linien durch den Hörer und übt damit einen makroskopischen Effekt aus, der sich in einer irrationalen und zufälligen Streuung von Tönen über das gesamte hörbare Spektrum äußert. Da ist ein prinzipieller Widerspruch zwischen einem polyphonen linearen System und dem gehörten Resultat, das aus Oberfläche bzw. Masse besteht." (Xenakis, 1956, S. 2f.)

Des Weiteren kritisierte Xenakis am seriellen System, dass es weder eine Vielfalt von Glissandi noch andauernde Evolutionen, noch mehr oder minder dichte Komplexe schaffen kann (Bois, 1968, S. 20). In der Art der Formulierung seiner Bedenken ist bereits ein neuer Ansatz enthalten. Er besteht darin, musikalische Phänomene auch theoretisch als das zu behandeln, was sie von ihrer Wahrnehmung her bereits sind.

„Der dem seriellen System inhärente Widerspruch läßt sich durch die Anwendung statistischer Mittel zur Beschreibung einzelner Tonzustände und zur Transformation von Klangkomponenten im zeitlichen Ablauf beseitigen. Der makroskopische Effekt läßt sich durch die Selektion von Elementen und deren gezielte Bewegungen beherrschen. Das Ergebnis ist die Einführung von Wahrscheinlichkeit (...)." (Xenakis, 1956, S. 3)

Dennoch geht Xenakis bei der Schaffung seiner Kompositionen nicht orginär von mathematischen bzw. statistischen Überlegungen aus.

„Ich beginne mit einer Gehörvorstellung oder sogar mit einer optischen Vorstellung, die Ideen kommen, sie nehmen Gestalt an oder aber sie verblassen." (zit. n. Bois, 1968, S. 12)

Dieses Herangehen verweist auf Xenakis' Erfahrungen als Architekt und damit auf eine unmittelbare Verbindung von Ästhetik und mathematischer Logik. So bilden graphische Strukturen gleichermaßen den Ausgangspunkt für musikalische und architektonische Erfindung. Am deutlichsten kommt diese Verwandtschaft in seinem ersten großen Orchesterstück, „METASTASEIS" für 61 Instrumente, komponiert 1953/54, zum Ausdruck. Wichtige Konstruktionsideen dieser Komposition, wie die zahlreichen Glissandi der Streicher, welche durch ihre unterschiedlichen Geschwindigkeiten ständig wechselnde Klangräume schaffen, übertrug Xenakis kurz darauf beim Entwurf des genannten Philips-Pavillions in das räumliche Medium Architektur.

Zur zentralen Kategorie musikalischer Abläufe wurde für Xenakis die Dichte von Klangereignissen und ihre Anordnung nach den Gesetzen mathematischer Wahrscheinlichkeit. Zur Beschreibung dieser Klangergebnisse verwendete er den Begriff „stochastische Musik", der, ebenso wie der Begriff „aleatorische Musik", zunächst lediglich darauf hinweist, dass am Zustandekommen der Klangprodukte auf irgendeine Art der Zufall in Form von Wahrscheinlichkeiten beteiligt war. Die Erforschung der Wahrscheinlichkeitsgesetze im musikalischen Bezug beherrschte seine Stücke bis zum Ende der 50er-Jahre. („PITHOPRAKTA" für 50 Instrumente, 1955/56; „ACHORRIPSIS" für 21 Instrumente, 1956/57; „DIAMORPHOS" elektronisch realisiert 1957). Eine ganze Gruppe von Werken entstand 1962 durch die Anwendung eines Computers, an dessen Programmierung Xenakis seit 1956 arbeitete.

Hierbei handelte es sich um einen IBM 7090-Computer, das gleiche Modell also, mit dem schon Hiller und Baker ihre „Computer Cantata" errechnet hatten.

Xenakis formulierte seinen Ausgangspunkt in eine Frage: „Kann man, anhand eines allgemeinen Planes, der sich auf ein Minimum von Kompositionsregeln stützt, ein Werk schaffen und hat dies überhaupt einen Sinn?" (zit. n. Bois, 1968, S. 13). Die Antwort suchte und fand Xenakis in der Wahrscheinlichkeitsrechnung und stellte dabei fest, dass sich diese Regeln auch in einer Rechenmaschine formalisieren ließen. Besonders interessant war für ihn dabei eine Kompositionsform zu schaffen, die nicht mehr Gegenstand, sondern Idee an sich ist, d.h. eine Familie möglicher Musikwerke hervorbringen kann. Xenakis verwendete den Computer zur Programmierung genau der Wahrscheinlichkeitsgesetze, welche er bereits zur Komposition von Orchesterstücken (spez. 1956/57 „ACHORRIPSIS") verwendet hatte. Sein Ziel formulierte Xenakis so:

> „Man muß (...) ein Gebäude errichten können, ein abstraktes Gerippe aus Formeln und Schlußfolgerungen aufbauen, das, in Musik umgesetzt, vom Anfang bis zum Ende interessant ist." (zit. n. Bois, 1968, S. 13)

Auch über seine Arbeitsweise äußert sich Xenakis ausführlich:

> „Ich füttere die Maschine mit einem scharf umrissenen, dichten Netz aus Formeln, mit einer ganzen Kette, was effektiv das Programm ausmacht. Dann fixiert man die Anfangsdaten, die man in eine Art ‚schwarzen Behälter' gibt. Die Maschine arbeitet und wirft gewisse Ergebnisse aus. Die Breite dieser Anfangsdaten kann sehr groß oder sehr klein sein, das hängt von einem selbst ab. Zu Beginn trifft man eine beliebige Auswahl, aber die Struktur, das abstrakte Gebilde ändert sich nicht. Von da aus gesehen hat man eine Vielfalt von feststehenden Gegebenheiten und beliebige Wahlmöglichkeiten: Die feststehenden Gegebenheiten entsprechen dem Programm, die beliebige Wahlmöglichkeit der besonderen Auswahl von Anfangsdaten." (zit. n. Bois, 1968, S. 13-14)

Als erstes Werk dieser Gruppe entstand das Stück „ST/10-1, 080262". „ST" steht dabei für das Kompositionsprinzip „stochastisch", „10-1" für das erste Werk mit 10 Instrumenten und die restlichen Ziffern für das Datum, an dem der Rechenvorgang durchgeführt wurde. Die anderen Werke dieser Gruppe unterscheiden sich lediglich durch den Umfang ihrer Besetzungen, für die jeweils eine kompositorische Struktur nach diesem Programm errechnet wurde.

Von besonderem Interesse ist, dass Xenakis zwei Komponenten zur Steuerung des Resultats gleichermaßen favorisiert: die Struktur des Programms und die Variation der zu verarbeitenden Ausgangsparameter dieses Programms. Damit bleibt der Einfluss des Komponisten auf hoher Stufe gewährleistet. Dennoch ist bei dieser Methode eindeutig das Computerprogramm primär, in das der Komponist lediglich durch die Variation der Rahmenbedingungen eingreifen kann.

Xenakis begründet die Notwendigkeit der Einflussnahme weniger theoretisch als unmittelbar aus praktisch dominierten Unzulänglichkeiten abgeleitet. Hier geht es

Xenakis vor allem um notationstechnische Fragen und um die Korrektur für Instrumentalisten unspielbarer Computervorschläge. Wäre der Computer von sich aus in der Lage, all dies bereits von sich aus zu berücksichtigen und dazu noch ein „musikalisch interessantes Endresultat" zu generieren, würde Xenakis das Ergebnis auch ohne individuelle Nacharbeit akzeptieren (zit. n. Bois, 1968, S. 14).

Doch nicht nur Wahrscheinlichkeitsverteilungen und deren Simulation im Computer bildeten den Ausgangspunkt für Xenakis' kompositorische Technik. Schrittweise erweiterte er sein musikalisches Konzept durch andere mathematische Methoden. Die *Spieltheorie* bildete die Grundlage für die Stücke „DUEL"(1959) und „STRATEGIE" (1959/62), in denen jeweils zwei Orchester mit ihrem Dirigenten nach vorgegebenen Regeln „gegeneinander" agieren, woraus sich bei jeder Aufführung wechselnde Kombinationen der stochastischen Klangkonstruktionen ergeben.

Die mathematische Gruppentheorie war Grundlage des Stückes „NOMOS ALPHA" (1965/66) für Violoncello solo. Anwendungen der Reihentheorie und einfache algebraische Verknüpfungen finden sich im Klavierstück „HERMA" (1960/61) sowie in „EONTA" (1963/64) für Klavier und fünf Blechblasinstrumente.

Bei Xenakis' enger Verknüpfung von Mathematik und Musik war die Verwendung von Computern zur Ermittlung der musikalischen Struktur eine folgerichtige Entscheidung. Xenakis war einer der ersten, die diese Anwendung auch mit neuartigen kompositorischen Ideen verknüpften und damit die zeitgenössische Musik seit den 1950er-Jahren nachhaltig beeinflussten. Eine dieser Ideen war in der zweiten Hälfte der 1970er-Jahre die Entwicklung des Computersystems UPIC. Es gestattete eine direkte Klangsynthese im Computer, die – das war das Besondere – durch eine graphische Eingabe gesteuert werden konnte. Dem Komponisten wurde damit die Beschäftigung mit komplizierten Programmiersprachen weitgehend abgenommen. Stattdessen konnte er alle musikalischen Prozesse durch graphische Elemente steuern, die hier für den Computer „verständliche" Arbeitsanweisungen darstellen. Die Details der zeichenbaren musikalischen Abläufe wurden wiederum von stochastischen Gesichtspunkten bestimmt. An der Konzeption dieses Systems wird Xenakis' enge Verbindung zwischen Musik und Architektur durch eine Verwendung von graphischen Elementen als Basis für die Erfindung von Strukturen erneut deutlich.

Außerdem umging Xenakis auf diese Weise ein Problem deterministischer Computerkomposition, was sich vergleichsweise deutlich noch in den Arbeiten Hillers, aber auch in seinen eigenen Frühwerken gezeigt hatte. Während Hiller Reihenstrukturen aus Zufallssequenzen durch programmierte Regeln erzeugte, arbeitete Xenakis mit den Mitteln unterschiedlicher Wahrscheinlichkeitsverteilungen bei der Formung von Werken. Schon in den frühen Stücken Hillers („ILLIAC-Suite", „Computer-Cantata") ließen sich gute musikalische Detaillösungen finden; bei der Konzipierung größerer Zusammenhänge jedoch, etwa der Entwicklung stückspezifischer Formprinzipien oder stilistischer Charakteristiken, zeigten sich deterministische Kompositionsprogramme in der Regel überfordert. Und auch die konkrete Formung von individuellen kompositorischen Einzelheiten erwies sich mit derartigen Programmen als nicht realisierbar.

Methodologische Spezifika der Computerkomposition

Auch mit neueren und perfekteren Computersystemen blieb bisher stets ein prinzipieller Unterschied zwischen der „Denkweise" eines Computers, seiner formalen, an mathematischer Logik mit dem Ziel größtmöglicher Eindeutigkeit orientierten Sprache, und der Denkweise eines Komponisten, der selbst bei vermeintlicher Zufälligkeit seines Tuns nicht von individuellen und gesellschaftlichen Implikationen unabhängig ist.

Anders dagegen das Auswahlprinzip des Computers, der – bei entsprechender Programmierung – mathematisch exakte Zufallsentscheidungen trifft. Daher ist die Frage berechtigt, ob Zufallsoperationen nicht einem fundamentalen ästhetischen Prinzip entgegenstehen: dem, dass Kunst aus der Planung und organisierten Präsentation verwandter Reize entsteht (Strang, 1970).

Es gibt jedoch auch eine fundamental entgegengesetzte Sichtweise, wie sie etwa der Komponist Herbert Brün (1918-2000) vertritt. Er geht von der Beobachtung aus, dass wir als denkende Wesen einem Computer zwar insgesamt überlegen sind, dennoch aber nicht in der Lage sind, das Gesamtpotential unserer Gehirne voll auszunutzen, frei zu verwalten und zeitlich die „eingebläuten gesellschaftlichen Bedingungen eines atavistischen Wettbewerbes um Leben und Tod zu koordinieren" (Brün, 1971). Er bemängelt, dass „unsere Denkbilder, sowohl die der Wirklichkeit, als auch die der sogenannten naturgegebenen Bedingungen für jegliche Wirklichkeit, überaltert und längst nicht mehr adäquat" sind. Daraus leitet Brün die Notwendigkeit ab, sich vom Computer „helfen zu lassen", d.h. „von der Maschine zu lernen, was im menschlichen Hirn noch mobilisierbar wäre." (Brün, 1971)

Bei genauerer Betrachtung haben diese beiden entgegen gesetzten Sichtweisen jedoch mehr Gemeinsamkeiten, als es zunächst scheinen mag. Während auf der einen Seite die „Intuition" des Komponisten als Fenster des Unbewussten, für ein Kunstwerk jedoch konstitutives Element, verstanden wird, ist es auf der anderen Seite ebenfalls die schöpferische Phantasie, welche den Computer-Output interpretiert und damit zum Teil des Interpretierenden selbst macht. Ein weiterer Punkt ist ebenfalls wesentlich, den der Komponist Gottfried Michael Koenig so beschreibt:

> „Der Computer kann aufgrund der bis jetzt geschriebenen Programme seine Arbeit nicht fortwährend kontrollieren, wie der Komponist das tut. Der Computer kann sich nur, wenn er gerade ein Element wählt, nach den Regeln richten; er kann nicht aufgrund der getroffenen Wahl einen früher komponierten Takt verändern." (Koenig, 1973)

Die Struktur heutiger Computersprachen, die den schrittweisen Ausschluss von Möglichkeiten nur durch hierarchische Beziehungen der einzelnen Entscheidungsebenen ermöglicht – quasi „von oben nach unten" –, steht der auf Parallelität von Entscheidungsprozessen orientierten menschlichen Denkweise nach wie vor gegenüber. Der Computerkomponist steht damit gewissermaßen am Scheideweg. Zwei verschiedene Methoden der weiteren Arbeit bieten sich an: Die erste Methode besteht in der weiteren Entwicklung musikalischer Algorithmen mit dem Ziel einer immer genaueren Simulation menschlicher Denkvorgänge bei der musikalischen Komposition um entsprechende Musikstücke schließlich „automatisch" zu generieren. Für diesen Bereich der algorithmischen Komposition liefert Heinrich Taube eine exemplarische Beschreibung (Taube, 2004). Die zweite Methode integriert menschliche Entscheidungsprozesse in die computergestützte Komposition, was letztlich auf eine immer engere Interaktion zwischen Mensch und Computer innerhalb schöpferischer – sprich hier: kompositorischer – Prozesse hinausläuft.

Fragt man nun nach den musikalischen Konsequenzen dieser technischen Entwicklung, so ist es sinnvoll, zwischen drei Bereichen zu unterscheiden: dem Komponieren mit elektronischen Mitteln im Studio, live-elektronischen Anwendungen sowie dem Komponieren für traditionelle Instrumente.

Computer beim Komponieren mit elektronischen Mitteln im Studio

Sehr deutlich sind die Auswirkungen der Computeranwendung beim Komponieren mit elektronischen Mitteln im Studio zu spüren. In den 1980er-Jahren war es noch ein exotisches und zeitraubendes Unterfangen, avancierte Klangbearbeitungstechniken auf Kleincomputern zu verwenden, wie etwa beim an der York University entwickelten „Composers Desktop Project" CDP (Composers Desktop Project, 2008) für Atari-Computer. Heute sind leistungsfähige PCs allgegenwärtig und viele Musikprogramme, wie z.B. „Csound", „PureData" oder „Common Music" liegen als frei verfügbare Public Domain- oder Open Source-Software für nahezu jede Rechnerplattform vor und lassen sich via Internet direkt in jeden Computer laden. Auch die MIDI-Technik hat sich, trotz aller Beschränkungen, zu einem universellen Werkzeug nicht nur für die Produktion von Popmusik entwickelt. Ihre Domäne ist die Steuerung von Klangerzeugern durch Sequenzer-Programme, die schon längst nicht mehr nur Tonhöhe und Dauer, sondern Dutzende von Controller-Daten für die Steuerung der Klangerzeugung in Echtzeit übertragen können. Seit die amerikanische Firma Alesis 1992 ihr digitales Aufzeichnungsgerät ADAT für acht Tonspuren auf einer Videokassette vorstellte, sind analoge Bandmaschinen sind nahezu vollständig aus den Studios verschwunden. Selbst Kaufhaus-PCs mit Soundkarte und entsprechender Software ermöglichen heute mehrspurige digitale Aufzeichnung von Klängen auf Festplatten, eine Technik, wie noch in den 1990er-Jahren ausschließlich HiEnd-Systemen, wie „Fairlight" und „Synclavier", vorbehalten war.

Für Komponisten ist diese Entwicklung sicherlich nicht von Nachteil, haben sie doch nun die Möglichkeit – entsprechende Kenntnisse vorausgesetzt –, im eigenen „Heimstudio" an individuellen kompositorischen Lösungen zu arbeiten, die sich – und das ist die eigentlich neue Qualität – im technischen Niveau nicht mehr von Produktionen in professionellen Studios unterscheiden müssen. Im Gegenteil: Durch eine detaillierte Kenntnis der Technik und umfangreiche praktische Erfahrungen im Umgang damit, wie sie in einem von vielen Personen genutzten Studio nie möglich wären, entstehen mitunter künstlerische Produkte, die ein Höchstmaß an musikalische Kreativität mit technischer Perfektion verbinden.

Computer und Live-Elektronik

Die Verfügbarkeit von Computern hat, neben der Arbeit im Studio, auch den live-elektronischen Bereich nachhaltig verändert. Seit den Anfängen der Live-Elektronik in den 70er-Jahren mit ihren exzessiven Ringmodulationen gab es eine permanente Ausdehnung von Klang verändernden Prozeduren, die jedoch alle an das Potential der im konkreten Fall vorhandenen Geräte gebunden waren. Mehr technische Unabhängigkeit brachten Stücke für Instrument(e) und Tonband, wobei das Tonband zuvor im Studio auf jede erdenkliche Weise präpariert werden konnte. Nun hatte man allerdings das Problem der zeitlichen Synchronisation, da der Lauf des Tonbandes starr den Stückverlauf determinierte. Diese Praxis steht jedoch in krassem Gegensatz zum bisherigen Verständnis musikalischer Interpretation. Pierre Boulez verwendete zur Charakterisierung dieses Phänomens die Begriffe „chronologische" und „psychologische Zeit", wobei er aus eigener Erfahrung als Komponist und Dirigent um die Unmöglichkeit weiß, beide Ebenen wirklich miteinander zu verbinden (Boulez, 1985).

Diesem Problem rückte eine der wichtigsten Innovationen elektronische Technik der letzten Jahre im Musikbereich zu Leibe, das von Miller Puckette am IRCAM entwickelte Computerprogramm „Max" (Cycling '74 | | New Tools for Media, 2008). Das Hauptziel der technischen Entwicklung bestand darin, diese Diskrepanz der Zeitebenen durch die Entwicklung von elektronischen Geräten zu beseitigen, deren Funktionen in Klangerzeugung und -steuerung auch unmittelbar in einer Aufführungssituation beherrschbar sind, ohne dabei von vornherein in ihrer Komplexität reduziert zu werden. Bei bisherigen Anwendungen der Live-Elektronik hatte die elektronische Technik in bezug auf den Interpreten als Hervorbringer von Klangereignissen lediglich eine modifizierende Funktion. Im neuen Bereich der *elektronischen Live-Musik* ist nun aber neben dem Reagieren des Interpreten auf nicht von ihm hervorgebrachte Klangereignisse, welche bisher in der Regel vom Tonband kamen, auch der umgekehrte Fall – das Reagieren der elektronischen Apparatur auf den Interpreten – und so eine wechselseitiger Kommunikation möglich. Technisch realisiert wird dies – allgemein gesagt – durch die Analyse musikrelevanter Daten (z.B. gedrückter Tasten, bewegter Regler, Dynamikschwellen, teilweise auch Tonhöhen), die – in Abhängigkeit von ihren zuvor programmierten Eigenschaften – weitere Ereignisse auslösen. Auf diese Weise ist der Computer in der Lage, jede zuvor vereinbarte musikalische Spielsituation wieder zu erkennen, und davon ausgehend, in beliebigen Freiheitsgraden vorgearbeitete musikalische und technische Abläufe zu starten, zu steuern oder zu modifizieren. Damit gehen mit dieser Technik komponierte und aufgeführte Stücke sowohl über die lediglich modifizierenden Verfahren traditioneller Live-Elektronik als auch über die starren Zeitverhältnisse, wie sie beim Musizieren eines Interpreten zu einem Tonband gegeben sind, weit hinaus.

Doch nicht nur die Überführung von chronologischen in psychologische Zeitabläufe ist für elektronische Live-Musik charakteristisch, auch die Qualität der Kommunikation zwischen Interpret und Elektronik ist eine neue. Feste Vorgaben vom Tonband oder Modifikationen der Klangprodukte des Interpreten durch Live-Elektronik weichen einer weitaus komplexeren Beteiligung elektronischer Techniken am kompositorischen Gesamtprodukt. Der Interpret bzw. Komponist steuert durch seine Vorgaben die elektronische Apparatur, die ihrerseits in der Lage ist, in einen Dialog mit ihm einzutreten, da die Vermittlungen hier weitaus komplexer gestaltet werden können als bei der in den 60er- und 70er-Jahren praktizierten Live-Elektronik. Diese interaktive Regelung gestattet die Erzeugung und Modifizierung von kompositorischen Strukturen – in Abhängigkeit von zuvor programmierten Rahmenbedingungen – im Augenblick der Aufführung.

Wenn auch die Anwendungen solcher Techniken an heute allgemein verfügbare leistungsfähige Computer mit entsprechender Software geknüpft sind, so ist geradezu verblüffend, das bereits in den 50er-Jahren Louis und Bébé Barron so genannte *kybernetische Klangmaschinen* konstruierten, die von selbst in der Lage waren, Tonfolgen hervorzubringen, gleichzeitig aber auch auf Reize der Außenwelt, wie Licht und Temperatur etwa, mit Modifikationen dieser Tonanordnungen reagieren konnten. Sie sprachen in diesem Fall von einem „elektronischen Nervensystem", welches eigene Emotionen entwickeln, und über die verschiedenen Klangbilder mit den Emotionen der Hörer in Kontakt treten konnte. Heutige avancierte Anwendungen dieser Technik finden sich vor allem auch in interaktiven Installationen, jenem Grenzbereich zwischen Musik, SoundArt und bildender Kunst, welcher sich seit den 1990er-Jahren, nicht zuletzt durch die leichter verfügbare Technik, sprunghaft entwickelt hat (Blum, 2007).

Computer beim Komponieren für traditionelle Instrumente

Nicht auf den ersten Blick ersichtlich ist der Einfluss des Computers auf das Komponieren für traditionelle Instrumente. Dennoch ist er hier vorhanden und – insbesondere bei jungen Komponisten – vielleicht sogar besonders nachhaltig wirksam. Aufsätze, die sich diesem Thema widmen, beschränken sich seit Ligetis „Atmosphères" in den 1960er-Jahren meist auf das Aufzeigen von Wechselbeziehungen und strukturellen Verwandtschaften zwischen instrumentalem und elektronischem Tonsatz, wie etwa der Adaption bzw. Imitation elektronischer Techniken zur Klangmanipulation mit instrumentalen Mitteln. Diese ohne Zweifel vorhandenen Beziehungen werden allerdings seit mehreren Jahren durch eine neue Komponente elektronischer Techniken ergänzt, die man mit dem Gebrauch des Computers als „taktisches Mittel" bezeichnen könnte.

Die Ahnenreihe des Komponierens mit technischen Hilfsmitteln reicht zwar bis zu Athanasius Kircher zurück, wird aber meist mit dem Eintritt des Computers in diesen Bereich in den 1950er-Jahren verknüpft. In der Tat stellte dies eine neue Qualität dar, da elektronische Rechenmaschinen nun auch gezielt für musikalische Aufgaben programmiert werden konnten. Das setzte jedoch Spezialisten voraus, die – neben ihrer musikalischen Qualifikation – über das notwendige mathematische Rüstzeug ebenso wie technische Detailkenntnis und Programmiererfahrung verfügen mussten. Diese Spezialisten gab es, ihre Namen – Hiller, Xenakis, Koenig – sind bekannt und heute bereits Teil der Musikgeschichte. Die meisten übrigen Komponisten taten sich schwer mit dem, was da aus dem Computer kam. Dabei waren die zugrunde liegenden Prozeduren in ihrer Mehrzahl nicht neu, da all die seriellen, aleatorischen und mit kontrollierten Wahrscheinlichkeiten operierenden mathematischen Manipulationen auch bisher schon zum Handwerkszeug eines Avantgarde-Komponisten gehörten, wenn auch um den Preis wochenlanger Rechenarbeit. Nicht ohne einen solchen ökonomischen Grund versicherte sich John Cage 1967 bei der Komposition von HPSCHD der Hilfe von Lejaren Hillers Computer. Seit dieser Zeit führt der Bereich der Computerkomposition sein Schattendasein am Rand der Neuen Musik, indem immer neue Algorithmen entwickelt werden, die mit wachsender Genauigkeit die maschinelle Simulation menschlicher Denkvorgänge gestatten sollen.

Vergleichsweise unspektakulär hat sich dagegen eine kompositorische Anwendung elektronischer Techniken entwickelt, die unter dem Namen „Computer Aided Composition" bekannt geworden ist. Gemeint ist eine Methode, die menschliche Entscheidungsprozesse in die computergestützte Komposition integriert, was eine individuell gewichtbare Interaktion zwischen Mensch und Computer innerhalb kompositorischer Prozesse zur Folge hat. Bedurfte es auch hier in den 1980er-Jahren der Pionierarbeit einzelner, wie etwa den damals am IRCAM forschenden finnischen Komponisten Magnus Lindberg und Kaija Saariaho, (Lindberg, Potard & Saariaho, 1988), so hat sich gerade dieser Bereich der Computeranwendung seit Beginn der 1990er-Jahre enorm entwickelt. In der Öffentlichkeit wird dies allerdings weniger wahrgenommen, da die technische Hilfe hier eher diskret erfolgt und in ihren musikalischen Resultaten vollständig getilgt ist. Immer mehr arrivierte Komponisten, wie etwa Brian Ferneyhough, aber auch zahlreiche junge Komponistinnen machen kein Geheimnis aus ihrer Arbeitsweise.

Typisches Werkzeug in diesem Bereich ist etwa das am IRCAM entwickelte Computerprogramm „OpenMusic" (IRCAM, 2008), ein graphisches, mit traditionellen Notationssymbolen arbeitendes Interface für die Programmiersprache Lisp, welche in den 1960er-Jahren am Massachusetts Institute of Technology ursprünglich für Forschungen im Bereich der künstlichen Intelligenz entwickelt wurde. Programme, wie dieses, werden in der Regel als selbstverständlicher Teil kompositorischer Präformationsprozesse zur Strukturbildung verwendet. Entscheidender Vorteil dieser hybriden Partnerschaft ist für den Komponisten die Möglichkeit zur versuchsweisen Entwicklung und umfangreiche Testung von kompositorischen Ideen, vorausgesetzt diese Einfälle lassen sich als Kompositionsregeln bzw. Programmanweisungen formulieren. Ihr kleinster gemeinsamer Nenner besteht darin, dass Ebenen von musikalischen Parametern gebildet werden, die dann im Sinne von übergreifenden Strukturbildungsprozessen manipuliert werden.

Damit lässt sich bei dieser Art der Computerkomposition ein ähnlicher Prozess beobachten, wie er sich bei der elektronischen Klangsynthese vollzogen hat. Waren dort elektronische Klangmodifikationstechniken durch Live-Elektronik relativ problemlos in bereits existierende musikalische Denk- und Ausführungsmuster integrierbar, so sind Methoden der Computerkomposition als Teillösungen in bereits entwickelten individuellen Schaffenskonzepten ebenfalls weitaus einfacher zu integrieren als etwa der Individualstil eines Komponisten in entsprechende Kompositionsalgorithmen zu fassen wäre.

Fazit

Computer haben sich von ihren historischen Anfängen und den ersten PCs für Jedermann in den 1980er-Jahren zu einem allgegenwärtigen Teil unseres Lebens entwickelt. Das gilt insbesondere auch für den Bereich der Musik: Komposition, Produktion und Rezeption sind ohne Computer nicht mehr denkbar. MP3-Player haben die CD als Tonträger weitgehend abgelöst und Harddisk-basierte Musikaufnahmen sind Standard selbst im „Klassik"-Bereich. Für den Bereich der Computerkomposition zeichnet sich seit einigen Jahren ein starker Trend zu immer mehr Interaktivität ab, welcher u.a. auch Game-Controller und Gesture Control-Kameras einbezieht. Möglich wurde dies vor allem durch die erfolgreiche Weiterentwicklung von in Real-time arbeitenden Audio-Programmiersprachen wie „Max/MSP", „Pure Data" (Pure Data – PD Community Site, 2008) oder „SuperCollider" (The SuperCollider Home Page, 2008), welche Objekte für diese Zwecke bereitstellen oder die Möglichkeit bieten, diese selbst zu programmieren. Der Vorteil einer interaktiven Steuerung computerkompositorischer Prozesse liegt vor allem in einer stärkeren Individualisierung des Kompositionsprozesses und damit größeren Diversifizierung der Ergebnisse von traditionellen Tape-Kompositionen bis hin zu audiovisuellen Installationen.

Literatur

Batel, G. (1987). Zur Geschichte der Computermusik. In G. K. Günther Batel, Computermusik (S. 49-77). Laaber: Laaber.
Blum, F. (2007). Digital Interactive Installations. Saarbrücken: VDM Verlag.
Bois, M. (1968). Iannis Xenakis – Der Mensch und sein Werk.. Bonn: Boosey & Hawkes.
Boulez, P. (1985). Über Repons – Ein Interview mit Josef Häusler. Teilton 4, Schriftenreihe der Heinrich-Strobel-Stiftung des Südwestfunks .
Brün, H. (1971). Über Music und zum Computer. Karlsruhe: G. Braun.
Composers Desktop Project. (2008, Dezember). Verfügbar unter: http://www.composersdesktop.com/history.html

Cope, D. (2001). Virtual Music. Computer Synthesis of Musical Style. Cambridge, MA, London: MIT Press.
Cycling '74 | | New Tools for Media. (2008). Verfügbar unter: http://www.cycling74.com/
Greenberg, G. (1988). Musical Learning - Compositional Thinking. Proceedings of the ICMC 1988 (S. 150ff.). Köln: International Computer Music Association.
Hiller, L. A. (1964). Informationstheorie und Computermusik. Mainz: Darmstädter Beiträge zur Neuen Musik VIII.
Hiller, L. A. (1970). Music Composed with Computers. In H. B. Lincoln (Hrsg.), The Computer and Music (S. 42-96). Ithaca, London: Cornell University Press.
Hiller, L. A. & Baker, R. A. (1964). Computer Cantata: A study in compositional method. Perspectives Of New Music, 3(1), 62-90.
Hiller, L. A. & Isaacson, L. (1959). Experimental Music. New York: McGraw Hill.
IRCAM. (2008). Open Music – A Visual Programming Language. Verfügbar unter: http://recherche.ircam.fr/equipes/repmus/OpenMusic/
Koenig, G. M. (1973). In U. Stürzbecher, Werkstattgespräche mit Komponisten (S. 29). München: dtv.
Koenig, G. M. (1991). Analyse als Teil der Synthese. In A. Ruschkowski (Hrsg.), Die Analyse elektroakustischer Musik – eine Herausforderung an die Musikwissenschaft (S. 19-26). Berlin: Deutsche Gesellschaft für Elektroakustische Musik.
Leopoldseder, H. (Hrsg.). (1990). Der Prix Ars Electronica. Linz: Veritas.
Lindberg, M., Potard, Y. & Saariaho, K. (1988). Esquisse – A Compositional Environment. Proceedings of the ICMC 1988 (S. 108ff.). Köln: International Computer Music Association.
Neumann, P. G. & Schappert, H. (1959). Komponieren mit elektronischen Rechenautomaten. Nachrichtentechnische Zeitschrift, 8, 403ff.
Olson, H. F. (1967). Music, Physics and Engineering. New York: Dover.
Prieberg, F. (1960). Musica Ex Machina. Berlin, Frankfurt a.M., Wien: Ullstein.
Pure Data – PD Community Site. (2008). Verfügbar unter: http://puredata.info/
Rahn, J. (1989). On Some Computational Models of Music Theory. In C. Roads (Hrsg.), The Music Machine (S. 663ff.). Cambridge, MA, London: MIT Press.
Reynolds, R. (1986). Musical Production and related Issues at CARL. Proceedings of the ICMC 1986 (S. 228ff.). Den Haag: International Computer Music Association.
Strang, G. (1970). Ethics and Esthetics of Computer Composition. In H. B. Lincoln (Hrsg.), The Computer and Music (S. 39-40). Ithaca, London, New York: Cornell University Press.
Taube, H. (2004). Notes from the Metalevel. Introduction to Algorithmic Music Composition. London, New York: Taylor & Francis.
The SuperCollider Home Page. (2008). Verfügbar unter: http://www.audiosynth.com/
Xenakis, I. (1956, Juli). La crise de la musique serielle. Gravesaner Blätter Nr.1.

icon # III. Musik in nicht-auditiven Medien

Musikjournalismus in der Zeitung

GUNTER REUS

> In der Kunstberichten eigenen Dialektik von ästhetischer und sozialer Referenz legt die Tagespresse, anders als die Fachpublizistik, seit ihren Anfängen mehr Gewicht aufs Soziale. Sie orientiert sich vor allem am Gesprächswert von Kunstereignissen. Der folgende Abriss zeichnet nach, wie sich das öffentliche Gespräch über Musik in der Zeitung von der Aufklärung bis zur Mitte des 19. Jahrhunderts als „Musikpublizistik für alle" durchsetzt. Ausgangspunkt bilden die Gelehrten Journale und Moralischen Wochenschriften des 18. Jahrhunderts, die bereits unterschiedliche journalistische Darstellungsweisen erproben und allmählich entdecken, dass sich auch unterhaltsam (zum Beispiel ironisch) über Musik und Musiker schreiben lässt. Eine weitere Quelle des modernen Musikjournalismus stellen die Musikmeldungen in der Avisen- und Zeitungspresse des 18. Jahrhunderts dar. Aufführungs- und Virtuosenberichte werden bald auch mit Wertungen angereichert. Um 1800, als das Musikleben aus der höfischen Begrenztheit endgültig herausdrängt, beginnt auch der Musikjournalismus der Tagespresse sich zu professionalisieren. Kulturzeitungen wie das „Morgenblatt für gebildete Stände" stehen für den Siegeszug der musikalischen Tagesschriftstellerei. Sie wenden sich an ein interessiertes, aber künstlerisch nicht unbedingt gebildetes Publikum von Liebhabern und setzen dabei schon auf Nachrichtenfaktoren wie Prominenz, Nähe oder Kuriosität. Bis 1850 etabliert sich dann das Feuilleton der Tagespresse und bringt bedeutende Kritikerpersönlichkeiten hervor.

Einleitung

Der Meister verlor die Contenance. „Das Oratorium", schrieb Beethoven am 8. Oktober 1811 an seinen Verleger Breitkopf & Härtel, „lassen Sie, wie überhaupt alles, rezensieren, durch wen Sie wollen. Wer kann nach solchen Rezensionen fragen, wenn er sieht, wie die elendsten Sudler in die Höhe von ebensolchen elenden Rezensenten gehoben werden, und wie sie überhaupt am unglimpflichsten mit Kunstwerken umgehen (...)." Dann fing sich der Polternde wieder: „Wenn's einen auch ein wenig wie einen Mückenstich packt, so ist's ja gleich vorbei, und ist der Stich vorbei, dann macht's einen ganz hübschen Spaß. Re-re-re-re-re-zen-zen-si-si-si-si-siert-siert-siert nicht bis in alle Ewigkeit, das könnt Ihr nicht. Hiermit Gott befohlen!" (zit. n. Lachner, 1954, S. 78)

Auch für Arthur Honegger war der Rezensent nur ein elender Skribent, weit entfernt von dem, was wünschenswert wäre: „Er müsste die technischen Kenntnisse eines Komponisten haben und eine tiefe Liebe zur Musik, zum musikalischen

‚Phänomen', zur klingenden Materie. Er müsste empfänglich sein für die Schönheit einer musikalischen Linie, für die Vitalität eines Rhythmus, für den Charme einer Modulation, für die Klarheit und für das Gleichgewicht einer tönenden Architektur." (Honegger, 1948, S. 99) Solche Kompetenz aber, stimmte vier Jahrzehnte später der Jazzgitarrist Volker Kriegel bei, haben sie eben nicht, die Damen und Herren von der Presse: „Das Elend unsrer Jazzkritik besteht darin, daß die Kritiker ihren plombierten Geschmack, ihren ebenso zufälligen wie belanglosen Blickwinkel für wichtiger halten als die Musik." (Kriegel, 1986, S. 44)

So wie Beethoven, Honegger und Kriegel haben Künstler über zwei Jahrhunderte hinweg immer wieder den Sachverstand und manchmal gar den Verstand musikalischer Tageskritiker angezweifelt. Das ist verständlich als Reaktion auf Nonchalance und Häme, die in wenigen Minuten und mit einem Federstrich die Anstrengung von Jahren öffentlich zunichtemachen können. Gleichwohl sind pauschale Vorbehalte gegen „die" Kritiker unangebracht und zeugen ihrerseits von Ignoranz. Denn Funktion der Kunstberichterstattung in Massenmedien ist eben nicht der Expertendiskurs, ja nicht einmal der Blickwinkel der Kunst und die hehre Form der Kritik müssen Vorrang haben. Die journalistische Norm heißt zwar „Vermittlung" des öffentlichen Anliegens der Kunst (vgl. Lachner, 1954, S. 65) – doch im Auftrag und im primären Interesse der Öffentlichkeit (vgl. Reus, 1999; Stegert, 1998). In der Kunstberichten eigenen Dialektik von ästhetischer und sozialer Referenz (vgl. Tadday, Flamm & Wicke, 1997, Sp. 1371; Tadday, 1993) legt die Tagespresse, anders als die Fachpublizistik, seit ihren Anfängen stets ein stärkeres Gewicht aufs Soziale. Das ist demokratietheoretisch begründbar. Kommunikationsziel der Massenmedien ist der Selbstverständigungsprozess der Gesellschaft durch „Information" und „Artikulation" (Glotz & Langenbucher, 1969, S. 26f.). Nicht anders als politische Information sollte sich kulturelle Berichterstattung am „Gesprächswert" orientieren (vgl. Glotz & Langenbucher, 1969, S. 89). Die Nutzer des Massenmediums Zeitung erwarten von Musikjournalisten auch in erster Linie Vermittlungskompetenz (vgl. Lesle, 1984, S. 87ff.; Bruhn, 1984, S. 855), die Fähigkeit also, ein öffentliches Gespräch über Musik informativ und verständlich zu moderieren, von dem sie sonst ausgeschlossen wären. Ein Gespräch unter Experten erwarten sie nicht. Verkürzung, Polemik, Fehlurteile – und mitunter eben auch die fehlenden „technischen Kenntnisse eines Komponisten" sind der Preis, der in Massenmedien für die „Demokratisierung" der Kunstkommunikation zu zahlen ist.

Dieser Funktion von Massenmedien entsprechend, rückt der folgende historische Abriss in den Mittelpunkt, wie sich das öffentliche Gespräch über Musik seit dem Zeitalter der frühen Aufklärung in der Zeitung[102] durchsetzt. Nicht musikwissenschaftliche Perspektiven, nicht der Wandel ästhetischer Anschauungen, Theorien und Grabenkämpfe stehen hier zur Debatte (vgl. im Überblick und beispielhaft: Schering, 1929; Becker, 1965; Braun, 1972). Der Akzent liegt vielmehr auf der Genese einer Musikpublizistik für alle.[103] Es geht nicht darum nachzuzeichnen, wie Musikjournalisten im Laufe der Jahrhunderte „den Prozess des Kunstwerks durch Kritik" entfalten, was Adorno (1968, S. 12) der Musikkritik apodiktisch als alleiniges Ziel zuschrieb. Sehr wohl aber geht es im Folgenden um den „informativen Musikreferenten", vor dem der Medienverächter Adorno (1968, S. 17) nachgerade warnte.

Dabei rankt sich die Darstellung um vier Aspekte, die für die Entstehung des *Feuilletons* konstitutiv sind (vgl. u.a. Reus, 1999; Stegert, 1998; Tadday, 1993; Haacke, 1951ff.; Meunier & Jessen, 1931):

1. das Ziel, tendenziell alle Zeitungsleser an aktuellen künstlerischen Äußerungen aller Art teilhaben zu lassen (Bildung);
2. das Ziel, kulturelles Wissen verständlich zu vermitteln und diesen Vermittlungsprozess durch unterschiedliche Darstellungsweisen und Artikulationsmöglichkeiten zu befördern, was eine Vielfalt von Textgenres neben Kritik bzw. Rezension hervorbringt;[104]
3. das Ziel, nicht mit Dogmatik und Gelehrsamkeit anzustrengen, sondern den Rezeptionsprozess gefällig zu gestalten (Unterhaltung), was auktorialen Ehrgeiz und Subjektivität[105] begünstigt und auch die Leser in ihrer Subjektivität bestärken will;
4. die Synthese von Bildung, Rhetorik und Unterhaltsamkeit als Stilideal („Feuilletonismus").

---

[102] Unter „Zeitung" werden im Folgenden die universell und aktuell informierenden, in der Regel im Tages- oder Wochenrhythmus erscheinenden Nachrichtenblätter für die allgemeine Öffentlichkeit verstanden, die zu Beginn des 17. Jahrhunderts in Deutschland aufkommen und sich bis zur zweiten Hälfte des 19. Jahrhunderts zur modernen Tageszeitung weiterentwickeln. Die Darstellung berührt aber auch die frühen, thematisch vielfach spezialisierten Zeitschriften- und Zielgruppenperiodika – nicht weil sie im Begriffswirrwarr des 18. Jahrhunderts auch „Zeitungen" hießen (vgl. „Gelehrte Zeitungen", „Allgemeine Musikalische Zeitung"), sondern weil sie eine wichtige Rolle bei der Entstehung des Feuilletons der Tagespresse spielten. Koszyk (1966, S. 10) weist mit Recht darauf hin, „daß ohnehin eine strenge Unterscheidung per definitionem zwischen Zeitung und Zeitschrift nicht möglich sein dürfte".

[103] Vom früheren Frankfurter Kulturdezernenten Hilmar Hoffmann stammt der Topos „Kultur für alle" (vgl. Hoffmann, 1981). Auf die sozial gezogenen Grenzen dieses emanzipatorischen Anspruches können wir hier nicht näher eingehen.

[104] Musikjournalismus wird gemeinhin vorschnell mit „Musikkritik" gleichgesetzt. Der Kritiker Claus Spahn bemerkt aber zu Recht, dass „andere Textformen" ein „Thema oft viel besser transportieren als eine Kritik" (Spahn, 1992, S. 105).

[105] Hans Heinz Stuckenschmidt erinnerte an das Diktum George Bernard Shaws: „Wer bin ich, daß ich gerecht sein soll?" (Stuckenschmidt, 1962, S. 59)

Die Anfänge des Musikjournalismus im 18. Jahrhundert

Im Zeitalter von Rationalismus und Aufklärung folgt die Kunst in der Vorstellung zahlreicher Gelehrter fest begründeten Regeln. Sie ist Teil des wissenschaftlichen Normengefüges. Nachrichten aus der Welt der Wissenschaft aber sind in jener Zeit der Entdeckungen, Erfindungen und Neuerungen ein „Quotengarant" für Zeitungsschreiber und Verleger. Der frühen Avisenpresse mit ihren dürren Meldungen aus Politik und Handel erwächst deshalb schon nach wenigen Jahrzehnten publizistische Konkurrenz in den *gelehrten Journalen*, aus denen sich erste Fachzeitschriften entwickeln. Kurz darauf tauchen die *moralischen Wochenschriften* sowie *Unterhaltungszeitschriften* aller Art auf; sie wollen gleichfalls der Gelehrsamkeit dienen (nun aber Bildung popularisieren) oder ihr Publikum auch einfach nur unterhalten. Dieser Pressetypus spezialisiert sich zum Teil ebenfalls auf Fachgebiete. Schließlich sickern *gelehrte Artikel* und Nachrichten über Begebenheiten aus der Welt der Bildung und des Geistes nach und nach auch in die allgemein informierenden Zeitungen und Intelligenzblätter ein. Hauptsächlich auf diesen drei Kanälen finden Musikberichte seit dem Ende des 17. Jahrhunderts in den Journalismus.[106]

Gelehrte Journale

Als erstes gelehrtes Journal in Deutschland, dem Pariser JOURNAL DES SÇAVANS folgend, gelten die Leipziger ACTA ERUDITORUM, die ab 1682 auf Lateinisch erscheinen. Mit ihrer Beilage, den NEUEN ZEITUNGEN VON GELEHRTEN SACHEN (ab 1715), zielen die ACTA, wie vergleichbare andere Blätter, auf die Verbreitung und Diskussion wissenschaftlicher Erkenntnisse für ein wissenschaftlich gebildetes Publikum. Im Mittelpunkt steht die Besprechung von Büchern, mit denen Gelehrte aller Fachrichtungen hervortreten. Darunter finden sich auch musiktheoretische Schriften. In der zweiten Hälfte des 18. Jahrhunderts, als die Zeit der gelehrten Journale schon zu Ende geht, bespricht das Leipziger Blatt zusätzlich musikpraktische Literatur, also Liedersammlungen und Notendrucke, für ein Publikum von Liebhabern.

Ankündigungen von Konzerten oder gar Konzertbesprechungen fehlen dagegen in den gelehrten Journalen in aller Regel (vgl. die Inhaltsanalyse von Schenk-Güllich, 1972, S. 8ff.). Das hängt auch damit zusammen, dass in der höfisch bestimmten Musikwelt des 18. Jahrhunderts Aufführungen vielfach noch „Privatveranstaltungen

---

[106] Dagmar Schenk-Güllich (1972) bezieht in ihrer Erlanger Dissertation zu den Anfängen der Musikkritik auch die *belletristischen Zeitschriften* ein.

geschlossener Gesellschaften" (Krome, 1897, S. 8) bleiben.[107] Im Gegensatz zu den gelehrten Journalen nehmen die Zeitungen aber, wie noch zu zeigen ist, diejenigen Konzertereignisse, die schon jedermann zugänglich sind, durchaus zur Kenntnis. So dürfte es zu einem guten Teil auch am publizistischen Anspruch liegen, wenn die Gelehrtenblätter „öffentliche Musik" ignorieren.

Musikjournalismus entwächst also dem Geist der Akademien: Experten disputieren für Experten über Expertenschriften – über Theorien, Regeln, Schulen und Normen, zum Beispiel über das Wesen „wahrer Kirchenmusik" (vgl. Schering, 1929, S. 11). Daran ändert sich auch wenig, als die universalwissenschaftlichen Journale zu eng werden für die Flut von Neuerscheinungen und sie, ab 1720, langsam von Fachperiodika abgelöst werden, die Erkenntnisse einzelner akademischer Disziplinen viel besser bündeln können (vgl. Dolinski, 1940, S. 73f.). Von 1722 bis 1725 gibt der Kapellmeister, Kantor, Kanonikus und Komponist Johannes Mattheson in Hamburg seine Monatsschrift CRITICA MUSICA heraus. Andere auf Musik spezialisierte gelehrte Journale folgen, wie zum Beispiel ab 1736 Lorenz Christoph Mizlers MUSIKALISCHE BIBLIOTHEK in Leipzig.

Weiterhin steht die Diskussion von Büchern und Theorien im Zentrum, getragen von der Überzeugung, dem Wesen der Musik sei vor allem wissenschaftlich beizukommen. Mizler etwa preist die Bedeutung der Mathematik zur Untersuchung der Harmonie (vgl. Krome, 1897, S. 23). Von *Feuilleton*, Unterhaltsamkeit und lebendiger, jedermann verständlicher Tagesberichterstattung sind diese Periodika noch weit entfernt. Und doch finden sich erste Zeichen, die den Weg in diese Richtung weisen. Zu nennen wäre der zuweilen sehr subjektive Zuschnitt dieser Schriften: Hier fechten ja einzelne publizistische Persönlichkeiten und keine anonymen Redaktionsapparate für ihre Überzeugungen, und sie tun es, aller Wissenschaft zum Trotz, durchaus mit spitzer Feder, gelegentlich wohl auch mit stumpferem Gerät (vgl. Dolinski, 1940, S. 83). Lachner (1954, S. 9) spricht vom „Symptom autonomen und individualistischen Geistes" dieser Publizistik; Schering (1929, S. 13) verweist auf die „sich jagenden Wortspiele und Anekdoten" Matthesons. Es sind also schon feuilletonistische Stilmittel im Einsatz.

Auch dass die gelehrten Journale bereits unterschiedliche Darstellungsweisen erproben, macht ihren Journalismus „modern", was die Forschung (auch wenn sie die Formen zum Teil registrierte) in seiner Bedeutung eher verkannt hat. So zeichnen Mizlers BIBLIOTHEK wie auch Friedrich Wilhelm Marpurgs HISTORISCH-KRITISCHE BEYTRÄGE ZUR AUFNAHME DER MUSIK (1754-1762) Lebensläufe von Musikern nach und führen damit bereits die Stilform des Porträts ein (vgl. das Inhaltsverzeichnis bei Krome, 1897, S. 43ff. sowie Dolinski, 1940, S. 96, S. 126). Mattheson korrespondiert mit Musikern seiner Zeit und bittet sie um Stellungnahmen zu von ihm vertretenen

---

[107] Schmitt-Thomas (1969, S. 50) weist darauf hin, dass das erste jedermann zugängliche Konzert gegen Entgelt in Deutschland erst 1716 in Frankfurt am Main aufgeführt wurde. In Hamburg fand das erste öffentliche Konzert, für das Eintritt zu zahlen war, 1722 unter der Leitung von Telemann statt. Bis in die zweite Hälfte des 18. Jahrhunderts bleiben Musikereignisse vielfach exklusiv und auf den höfischen oder akademischen Raum beschränkt.

Positionen, die er dann in der CRITICA MUSICA veröffentlicht (vgl. Krome, 1897, S. 15) – bedient sich also einer Art Umfragetechnik.

Mattheson hat außerdem bereits ein Gespür dafür, dass er von den Zinnen der Wissenschaftlichkeit aus die Aktualität nicht einfach übersehen kann. Deshalb schreibt er im Vorwort der CRITICA MUSICA, er wolle auch „einige musicalische Nouvelles, Avantures, Avertissements, Histörgen und Bedenken/ von Opern/ Concerten/ besondern Subjectis & c zu allseitigen Nutzen/ Recommendation und Aufnehmen/ mit einfliessen" lassen (zit. n. Schenk-Güllich, 1972, S. 78). Kleine Geschichten und Begebenheiten also, Personalia und jetzt doch auch erstmals Konzertanzeigen – Mattheson ahnt, dass damit ein breiteres Publikum zu erreichen ist, und gibt solche „Zeitungen" seiner Schrift jeden Monat bei. Zu lesen sind da zum Beispiel Hinweise auf Telemanns „Privat-Concerte" und auf Opernaufführungen, Nachrichten von Kastraten, von den Sängerinnen „Mlles. de Monjou" und von verunglückten Geigern, Nachrufe, vereinzelt Werkkritiken, ein Bericht aus Venedig über italienische Gesangsmanieren und einer aus dem Oberelsass über Musikgebräuche am „Pfeiffer-Tag".[108] Damit hat dieses Gelehrtenblatt zumindest einen Schritt hin zum späteren Ressort „unter dem Strich" getan. Es ist eine interessante Marginalie, dass Marpurg, der 30 Jahre nach Mattheson seinen BEYTRÄGEN ebenfalls vermischte Nachrichten anhängt, diese tatsächlich durch einen Strich vom Hauptteil seiner Zeitschrift trennt (vgl. Schenk-Güllich, 1972, S. 86) – eine Rubrizierung, die man nach 1800 in Deutschland mit dem *Feuilleton* der Tagespresse verbinden wird.

Moralische Wochenschriften und Unterhaltungszeitschriften

Ungleich populärer als die gelehrten Journale sind die moralischen Wochenschriften, die englische Zeitschriftenkonzepte nachahmen und sich der Erziehung zu Vernunft und Sittlichkeit verschreiben. Wissensvermittlung vermischt sich mit moralisierender Betrachtung und Zeitkritik, die aber bei den Lesern auch „ankommen", also unterhalten und weniger tagesaktuelles Geschehen erörtern will. Den Anfang in Deutschland macht wieder der rastlose Mattheson mit seinem VERNÜNFFTLER (1713). Elf Jahre später gibt, ebenfalls in Hamburg, die patriotische Gesellschaft den PATRIOTEN heraus, die bekannteste und wohl am meisten gelesene moralische Wochenschrift. Der Zeitschriftentypus diversifiziert sich rasant; unter anderem entstehen die ersten Frauenzeitschriften – aber auch Journale, deren moralischer Impetus zunehmend vom bloßen Unterhaltungsanspruch, von Modischem und Marktgängigem verdrängt wird. Im Umfeld dieser sehr vielfältigen Unterhaltungspresse entstehen auch einige musikalische Fachperiodika; Matthesons MUSIKALISCHER PATRIOT (1728) gehört dazu oder etwa Marpurgs CRITISCHER MUSICUS A. D. SPREE (1749).[109]

---

[108] Dagman Schenk-Güllich (1972, S. 79-84) hat in ihrer Dissertation sämtliche Beiträge dieser Rubrik in den „Critica Musica" tabellarisch aufgelistet.

[109] Inwieweit man sie den „moralischen" Wochenschriften im engeren Sinne zurechnen darf, ist umstritten (vgl. Tadday, 1993, S. 41ff.).

Anders als die gelehrten Journale setzen diese Musikzeitschriften nicht auf Rezensionen, sondern auf essayistische Abhandlungen, die oft über mehrere Heftnummern gehen. Mattheson tritt im MUSIKALISCHEN PATRIOTEN in 43 „Betrachtungen" und mit reichlich Bibelzitaten für einen neuen Stil der Kirchenmusik ein; Marpurg präsentiert eine Harmonie- und Generalbasslehre in Fortsetzungen (vgl. Krome, 1897, S. 16ff., S. 39ff.). Der bürgerliche Rezipientenkreis ist erweitert und wird im Sinne der Publikumsbindung auch unmittelbar angesprochen: So bezieht Mattheson seine Leser mit einer Preisfrage in seine Betrachtungen ein und verspricht, ganz im Plauderton des Moderators: „Wer mir die Auslegung (...) schrifftlich und richtig einsendet, dem will ich ein ganz neues und nützliches Buch zurückschicken und verehren." (zit. n. Krome, 1897, S. 17)

Dem Unterhaltungsanspruch dienen außer essayistischen Formen wieder Anekdoten und Satire, z. B. fingierte, karikierende Äußerungen, die Personen oder Personentypen zugeschrieben werden – ein Stilmittel, das seit den MONATS-GESPRÄCHEN des Christian Thomasius (1688-90) in der Zeitschriftenpresse außerordentlich beliebt ist (vgl. Stöber, 2000, S. 83f.). Marpurg spießt Aufgeblasenheit und Unfähigkeit von Musikern in erfundenen Zuschriften an die Redaktion auf[110] (vgl. Krome, 1897, S. 39ff.; Dolinski, 1940, S. 16ff.) – wie es auch heute jeder Glossenschreiber im *Feuilleton* tun könnte. Konzertanzeigen, Hinweise auf Musikalien und Stellungnahmen zum aktuellen Musikgeschehen spielen dagegen in dieser Musikpresse kaum eine Rolle (vgl. Schenk-Güllich, 1972, S. 77). Das ändert sich mit Johann Adam Hillers WÖCHENTLICHEN NACHRICHTEN UND ANMERKUNGEN DIE MUSIK BETREFFEND (Leipzig, 1766-70). Hiller erkennt erstmals die Chronistenpflicht, das zeitgenössische Musikleben in Konzertrezensionen und Nachrichten für ein neues Liebhaberpublikum zu reflektieren (zu seinem Konzept vgl. u. a. Andres, 1938, S. 54ff.).

Den Aktualitätsanspruch des *Feuilletons* zu erfüllen wird nun aber zunehmend die Aufgabe der Zeitungen. Ihnen ist, zwei Jahrzehnte nach Marpurgs MUSICUS, ein holsteinisches Dorfblatt namens WANDSBECKER BOTHE eher zuzurechnen als den moralischen Wochenschriften. Und doch zeigt der Stil seines Redakteurs Matthias Claudius, wie sehr der Feuilletonismus der Unterhaltungsblätter in der zweiten Hälfte des 18. Jahrhunderts auf das gesamte Pressewesen abfärbt.[111] Am 4. Mai 1771 rückt Claudius im „gelehrten Teil" seines Nachrichtenblättchens folgenden „Auszug eines Briefes, Hamburg, den 3 May" ein:

---

[110] Ähnlich verfährt Marpurg später in seinen „Kritischen Briefen über die Tonkunst" (1759-63), in denen er auf fingierte Briefe mit fingierten Antwortschreiben zum Beispiel an berühmte Musiker antwortet (vgl. Dolinski, 1940, S. 130).

[111] Claudius selbst spricht Ende Oktober 1770 in einem Brief an Herder von einem „Wechselbalg" (zit. n. Rengstorf & Koch, 1978, S. XI).

„Er spielt das Clavier vortreflich, der ältere und der kleine – der ist ohngefähr acht Jahr, etwas grösser als eine Violin, und viel kleiner als ein Violoncello, und spielt, als wenn er so groß als ein Contrabaß wäre, und nun will ich von vorne anfangen. Hier ist Herr Schröter aus Leipzig mit seinen Kindern, zweenen Söhnen und einer Tochter, angekomen. Die Tochter singt, ich habe sie aber noch nicht gehört. Der ältere, ein Jüngling von etwa 18 Jahren, ist der Clavierspieler. Sie wissen, daß wir hier Carl Philipp Emanuel Bach haben, und daß es uns ein wenigs nicht thut, aber der junge Schröter spielt vortreflich. Ein Concert haben sie vorige Woche gegeben, mit allgemeinen Beyfall, und künftigen Montag den 6ten May geben sie wieder eins. Die hiesigen Musickliebhaber, besonders unsre feinen musikalischen Damen haben sich alle beredet, hinzugehen. Ich habe mich nicht beredet, ich gehe so hin." (Rengstorf & Koch, 1978, Erster Jahrgang 1771, o. S.; vgl. auch Lesle, 1991, S. 71)

Ein fingierter Brief, Spott über die Kulturbeflissenheit der Damen der Gesellschaft, augenzwinkerndes Einvernehmen mit der Leserschaft („Sie wissen"): Das ist der *Feuilleton*-Ton, den auch Mattheson und Marpurg anschlugen. Doch da ist etwas Neues: der „Service", der öffentliche Veranstaltungshinweis – und die Selbstverständlichkeit, mit der das „Ich" des Journalisten nun seinen Besuch ankündigt: „Ich gehe so hin."

Gelehrte Artikel und Musiknachrichten in Zeitungen

Bis ins 18. Jahrhundert hinein sind die Avisen und Zeitungen, zu denen sich ab etwa 1720 die „Intelligenzblätter" (Anzeigenblätter mit unterschiedlichen redaktionellen Inhalten) gesellen, verhältnismäßig schlicht aufgemacht. Ihre Stärke liegt auf dem Gebiet der politischen Korrespondenzen und der Handelsnachrichten. An Aktualität sind sie den Zeitschriften weit überlegen. Auch über ihre Breitenwirksamkeit täusche man sich nicht: In Gaststätten und Dorfhäusern ausgelegt und vorgelesen, erreichen sie keineswegs nur das gebildete Bürgertum, sondern im 17. Jahrhundert vermutlich bis zu einem Viertel, Ende des 18. Jahrhunderts schon die Hälfte aller Erwachsenen (vgl. Stöber, 2000, S. 69).

Diese weit verbreitete Nachrichtenpresse nimmt in den ersten Jahrzehnten des 18. Jahrhunderts nun auch „gelehrte Artikel" in ihren Spalten auf, Meldungen und Berichte aus der Welt des Geistes und der Künste. Vorwiegend handelt es sich um Buchbesprechungen; nach und nach aber thematisieren die Blätter auch das Musikleben. Zunächst noch taucht Musik nur kurz in Gesellschaftsnachrichten von höfischen Bällen, Festtafeln oder Geburtstagen, von Aufmärschen, Audienzen oder Prozessionen auf. Die MAGDEBURGISCH PRIVILEGIERTE ZEITUNG gibt beispielsweise am 23. November 1717 in einer Meldung aus Wien lakonisch bekannt, das der sächsische Kurprinz „bey allseits Käyserl. Höfen die Audientz gehabt, und Vorgestern der erst producirten Opera beygewohnet" habe (Buchmann, 1989, S. 10). Etwas ausführlicher gerät eine Woche später der Bericht von Jubiläumsfeiern in Rostock:

> „Die Predigt hielte Ih. Hochfl. Durchl. Hoff-Prediger Buchardi, nach deren endigung sang man unter tausend Freudenthränen das Te Deum Laudamus, dabey sich 12. Trompeten und 12. Paar Paucken (...) hören liessen (...). Nach geendigtem Gottesdienst musten die Musicanten von den vornehmsten Thürmen mit Paucken und Trompeten sich hören lassen. (...) und also kam man endlich ins Auditorium (...). Da hub sich nun eine schöne Vocal- und Instrumental-Music an, nach deren Endigung ein Doctor eine Teutsche Oration von dem zerbrechlichen u. unzerbrechlichen Luthero hielte, worauf abermahl eine Music den Schluß machte. (...) Um 8. Uhr nahm die Proceßion der Hrn. Studiosorum ihren Anfang, die vom Rathaus ab mit 200. fackeln unter der schönsten Nachtmusic von Waldhörnern, Hautbois und Bassons von dreyen Marschälle geführt nach dem Hopffen-Marckt ihren March nahmen, u. so endlich ins Auditorium abgiengen, da denn abermahl musiciret, eine Oration gehalten (...) wurde." (Buchmann, 1989, S. 11f.)

Solche Nachrichten aus der Hof- und Kirchenwelt waren für die Zeitungen des Barockzeitalters typisch.[112] Manche Blätter, zum Beispiel in der Musikstadt Hamburg, gehen zu Beginn des 18. Jahrhunderts aber schon deutlich weiter und weisen in den „gelehrten Sachen" die Leser wiederholt auch auf Opernaufführungen, Konzerte und Gastspiele von Virtuosen hin, so der RELATIONS-COURIER und der UNPARTHEYISCHE CORRESPONDENT (vgl. die Dokumentation bei Schenk-Güllich, 1972, S. 157ff.). Während sich das Konzertwesen allmählich öffnet und den höfischen Raum zu verlassen beginnt, trägt die Presse mit Ankündigungen dieser Art zur „Öffentlichkeit" von Musik erheblich bei. Dass damit keineswegs nur die Privilegierten angesprochen sind, belegt ein Hinweis auf die Abonnementskonzerte der Kölner Zünfte in der KAISERLICHEN REICHSOBERPOSTAMTSZEITUNG vom 18. November 1769:

> „Am Samstag den 18ten November wird auf dem Saale E.E. Barbierer=Zunft, unweit den Minoriten, ein unter den besten Musicis dahier vereinbartes vollstimmiges Concert aufgeführt, damit auch führohin alle Donnerstage bis Ostern continuiret werden. Da nun jedes mal die schönsten Abänderungen, so wohl im Singen, als den schönsten Fagotto= Flauto= Violino= Clavier= und Waldhorn=Concerten vorkommen, als sind *alle hohen und niederen Standes-Personen und Liebhabere* hierzu geziemend invitiret. Der Anfang ist abends 5 Uhr. Der erste Platz zahlet 30 Stüber, der zweite 20." (Oepen, 1955, S. 9; Hervorhebg. v. mir, G. R.)

---

[112] Vgl. auch Norbert Tschuliks Anmerkungen zum Wiener „Diarium", der späteren „Wiener Zeitung" (in Wagner, 1979, S. 5).

Oepen (1955, S. 13f.) dokumentiert, dass die Kölner Zeitungen gegen Ende des Jahrhunderts auch Unterhaltungs- und Tanzmusik in ihre Veranstaltungshinweise aufnehmen – ein wichtiges Indiz für die inhaltliche Ausweitung der *Feuilleton*-Perspektive.

Selbst aber sind die Zeitungsmeldungen noch nicht sonderlich unterhaltsam. Sie könnten heute zwar teilweise auf der „bunten Seite" mitlaufen, wenn da der Hamburger RELATIONS-COURIER am 7. Juli 1741 vom Beginn der Bauarbeiten am Berliner Opernhaus berichtet oder der geneigte Leser am 19. Oktober erfährt, welche Gage die Tänzerin Gelardini für ihren Auftritt auf der hiesigen Schaubühne einstreichen darf. Die Abonnenten des CORRESPONDENTEN lesen am 30. Januar 1737, der König von Frankreich habe einem Monsieur Cuisinier ein Privilegium für ein neues Tasteninstrument namens „Orpheon" zu verleihen geruht. Und am 6. März erfahren sie schaudernd, dass ein technisches Versagen der Maschinerie Akteure und Zuschauer der Pariser Oper gefährdet hat. Natürlich werden Musikalia angezeigt, so am 14. April 1740 im RELATIONS-COURIER „sechs Präambula vors Clavier, welche nach dem heutigen Geschmack melodieuse und so leichte abgefasst sind, dass sie auch vom Frauenzimmer ohne grosse Schwürigkeit tractiret werden können" (vgl. Schenk-Güllich, 1972: 194ff.). Mitunter gibt es auch etwas zum Schmunzeln, wie in einer Meldung der MAGDEBURGISCH PRIVILEGIERTEN ZEITUNG aus Krakau am 11. Juli 1719:

> „Jüngstens an dem Fronleichnams-Tage, entstand bey der Proceßion, zwischen denen Goldschmieden und Kauffleuten ein grosser Tumult, in dem jene statt ihrer gewöhnlichen Pfeiffen und Drommeln, Paucken und Waldhörner brauchen wollen, welches denn die Kauffleute mit Macht verhinderten, und denen Goldschmieden die Musikalischen Instrumente um die Ohren schmeissen lassen, bis endlich die Stadt Militz auf des Herrn Präsidenten Befehl diesen Ceremonien ein Ende machte." (Buchmann, 1989, S. 23)

Aber stilistisch bleiben die Meldungen und Berichte nüchtern, aufzählend und referierend. Das gilt auch für Konzert- und Opernrezensionen, die sich nun (neben Buchkritiken) allmählich ihren Platz in den Zeitungen erkämpfen. Sie entwickeln sich aus Meldungen musikalischer Attraktionen heraus, wofür dieser Text aus Dresden im RELATIONS-COURIER vom 27. September 1725 stehen mag:

> „Nachdem neulich der Capell-Director aus Leipzig Mr. Bach anhero kommen, so ist selbiger von hiesigen Hoff- und Stadt-Virtuosen sehr wohl empfangen worden, welcher um seiner Geschicklichkeit und Kunst in der Music von ihnen allerseits sehr admiriret wird, wie er denn Gestern und vorgestern in derselben Gegenwart auff dem neuen Orgel-Werck in der St.Sophien-Kirche in Praeludiis und diversen Concerten mit unterlauffender Doucen Instrumental-Music in allen Tonis über eine Stunde lang sich hören lassen." (Schenk-Güllich, 1972, S. 195)

Aufführungs- und Virtuosenberichte dieser Art werden bald mit wertenden Attributen angereichert. So informiert die MAGDEBURGISCH PRIVILEGIERTE ZEITUNG am 21. Oktober 1741 über eine Versammlung in Leiden,

> „in welcher sich eine in England geborne und in Italien erzogene Jungfer von 10. Jahren hören ließ, und solche Proben ablegte, daß sie ein jeder bewunderte. Sie sang verschiedene von Händel, Hasse und Kellerie componirte Englische und Italiänische Arien mit einer erstaunenden Fertigkeit der Stimme und sehr kindlich. Dabey sie zugleich auf dem Clavezin sehr schön, und zwar die schwerten Stücke von Scarlatti, Händel und Kellerie so fertig gespielet, daß, wer es nicht selbst gesehen und gehöret, sich kaum eine Vorstellung davon machen wird." (Buchmann, 1989, S. 79)

Noch sehr knapp fällt der erste nachweisbare Konzertbericht in der Kölner Presse vom 10. August 1781 aus, also immerhin 40 Jahre später:

> „Am 8ten hat Frau von Kurtz ein musicalische Concert im hiesigen Comödienhause gegeben, wobei sie der hohen Noblesse und dem ganzen Publikum ein sehr großes Vergnügen verschaffet und wovon sie den größten Beifall erhalten." (Oepen, 1955, S. 18, ohne Angabe der Zeitung)

Die Notiz verdeutlicht, wie sehr im frühbürgerlichen Kulturjournalismus die „soziale Referenz" gegenüber der ästhetischen ins Gewicht fällt. Musikaufführungen haben als gesellschaftliches Ereignis aktuellen Gesprächswert, und so werden sie von der Presse registriert. Als der Berichterstatter des WELT- UND STAATSBOTEN Anfang 1780 in Köln einer Operetten(!)aufführung beiwohnt, hält er sich in seiner Besprechung vom 31. Januar gar nicht erst lange mit der Musik, dafür umso länger mit Publikum und Beifall auf. Die „vornehmen Kölnerinnen" waren nämlich so aus dem Häuschen, „dass sie sich auf Stühle und Bänke erhoben, und mit ihren artigen Füßchen dem Herrn Kapellmeister ihren lauten Beifall zutrippelten". Einige „auswärtige hohe Herrschaften" hätten daraufhin das Theater wieder verlassen. Für die Zukunft empfiehlt der Referent den Musikliebhaberinnen, „wenigstens ihren an solcher Stelle angebrachten Kopfputz um einige Stockwerke zu erniedrigen, damit die Aussicht dadurch nicht gehemmt werde" (Oepen, 1955, S. 25).

Selbst in der Weltstadt Wien bleiben die Rezensionen bis zum Ausgang des Jahrhunderts immer noch nachrichtlich karg und „äußerlich".[113] Mit folgenden Worten berichtete die WIENER ZEITUNG am 14. November 1787 aus Prag[114] über eine Sternstunde der Musikgeschichte – die Uraufführung von Mozarts „Don Giovanni":

---

[113] Gleichwohl gab es sie schon. Tadday bemerkt zu Unrecht: „Korrespondenznachrichten, Bekanntmachungen und Charakterisierungen von Musik*aufführungen* hatte bislang [= zu Beginn des 19. Jahrhunderts, G. R.] noch keine allgemeine Zeitschrift, gar Zeitung ausdrücklich geboten." (Tadday, 1993, S. 70)

[114] Der Beitrag war bereits am 3. November wortgleich in der „Prager Oberpostamtszeitung" erschienen.

„Theater-Nachricht. Montags den 29. Oktober wurde von der Italienischen Operngesellschaft in Prag die mit Sehnsucht erwartete Oper des Meisters Mozart, Don Giovanni, das steinene Gastmahl, aufgeführt. Kenner und Tonkünstler sagen, dass zu Prag ihres gleichen noch nicht aufgeführt worden. Herr Mozart diregirte selbst, und als er in das Orchester trat, wurde ihm ein dreymaliger Jubel gegeben, welches auch bey seinem Austritt geschah. Die Oper ist übrigens äusserst schwär zu exequiren, und jeder bewundert dem ungeachtet die gute Vorstellung derselben, nach so kurzer Studierzeit. Alles, Theater und Orchester bot seinen Kräften auf, Mozarten zum Dank mit guter Exekution zu belohnen. Es wurden auch sehr viele Kosten, durch mehrere Chöre und Dekorationen erfodert, welches alles Herr Guardasoni glänzend hergestellet hat. Die ausserordentliche Menge Zuschauer bürgen für den algemeinen Beyfall." (Wagner, 1979, S. 31)

Die Professionalisierung des Musikjournalismus im 19. Jahrhundert

Gegen Ende des 18. Jahrhunderts kommt eine große Zahl *neuer Musikzeitschriften* für ein Publikum aus Kennern und Liebhabern auf den Markt. Parallel dazu entsteht etwas Neues: *Kulturzeitungen*, die täglich erscheinen, aber auf politische Nachrichten aller Art strikt verzichten. In einer Zeit rigider Pressezensur lässt sich damit in den Städten des aufstrebenden Bürgertums gutes Geld verdienen. Für ein gebildetes, musikalisch aber wenig beschlagenes Publikum berichten diese Kulturzeitungen über das Opern- und Konzertleben erkennbar anders als die musikalischen Fachzeitschriften. Sie können als letzte Vorstufe in der Entwicklung des Ressorts *Feuilleton* gelten, das sich bis zur Jahrhundertmitte im deutschen Sprachraum endgültig etabliert.

Neue Musikzeitschriften und Kulturzeitungen

Wie die Premierenkritik zu „Don Giovanni" belegt, registrieren die Rezensenten der allgemeinen Tagespresse zu Mozarts Lebzeiten das Musikgeschehen zwar schon, aber Charakter und Individualität haben ihre Texte noch kaum zu bieten. Um so moderner sticht die Ausnahmegestalt eines Matthias Claudius hervor, dessen WANDSBECKER BOTHE gerade einmal 400 Exemplare absetzt, mit seiner neuartigen Synthese aus Tagesaktualität und von den Wochenschriften übernommenem Ich-Stil aber zu den großen Zeitungen der deutschen Pressegeschichte gehört und bereits auf das „poetische" *Feuilleton* des 19. Jahrhunderts verweist. In seine zur Ostermesse 1775 herausgegebene Buch-Sammlung mit *gelehrten* Artikeln des WANDSBECKER BOTHEN nimmt Claudius eine Rezension von „Herrn Doktor Cramers Psalmen mit Melodien von C. P. E. Bach etc." auf. Bemerkenswert daran ist nicht nur, wie launig[115] der Journalist, der immerhin von Musik einiges verstand, mit seiner musikalischen „Inkompetenz" kokettiert. Bemerkenswert ist auch, wie er hier, schon ganz im Sinne der Romantik, das innere Empfinden und Erleben von Musik anspricht und wie dabei der Geschmack zur richterlichen Instanz wird:

> „Es hatten mir aber auch honette Leut' vorher gesagt, daß der C. P. E. Bach kräftig und desperat setzen und spielen solle, und da dacht' ich: so 'n schöner Psalm mit einer kräftigen Melodie wird sich unterwegen in der Morgenstund' oder sonst recht gut singen lassen, und so pränumerirt' ich, und es gereut mich wie gesagt nicht! 's sind mehr als eine Melodie drin, die 's Geld allein wert sind. Gleich die erste, ob wohl sonst aller Anfang schwer zu sein pflegt, ist ganz leicht und simpel und gerade weg daß es eine Lust ist. Aber meine Leibmelodien sind S. 27 und S. 10; die erste tönt so schön tief und innig klagend, daß sie einem die Brust recht zusammenzieht, und die andre macht sie wieder weit, den hohen Lobpsalm mit aller Macht herauszusingen, und daß man auf ‚Grö-ße-Got-tes' so lang aushalten muß, *das ist just wie ichs gern mag*. S. 16, 45 und 51 sind wohl Futter für die Erzmusiker, *ich bin aber der keiner*. Ein paar Melodien sind mit Klavierakkompagnement versehn. Aber woher das wenn ich auf 'm Wege bin? Ei, was Klavierakkompagnement? ich singe meinen Psalm, mag der Nachtschauer und der Wald akkompagnieren." (Claudius, 1975, S. 47; Hervorhebg. v. mir, G. R.)

Es ist, als habe sich Claudius unmittelbar zu Herzen genommen, was der Musiker und Journalist Johann Friedrich Reichardt ein Jahr zuvor, 1774, in seinen „Briefen eines aufmerksamen Reisenden die Musik betreffend" für sich in Anspruch genommen und dem Musikjournalismus der Zeit nahe gelegt hat: nämlich Betrachtungen zu liefern, die „nicht allein für den Kunstverständigen und Künstler, sondern auch für den blossen Liebhaber der Musik deutlich und unterrichtend sind". Und weiter schreibt Reichardt: „Es fehlt uns in der Musik so sehr an Schriftstellern, die die Wirkung und Ausführung musikalischer Stücke zu dem Gegenstande ihrer Untersuchungen machen (...)." (Reichardt, 1977: Vorbericht) Das ist Programm: Reichardt umreißt in wenigen Worten, dass der Musikjournalismus ein neues Publikumsegment nicht mehr übergehen kann, das an die Seite der Musikexperten getreten ist – ein Publikum musikkundiger oder zumindest für Musik empfänglicher Amateure. Und er fordert, auch in Hinblick auf diese neue Klientel, den Rezeptionsprozess endlich in der Berichterstattung zu etablieren – sprich: die Rezension.

Denn Musik drängt nun endgültig heraus aus der höfischen Begrenztheit, entzieht sich dem Machtgebaren und Repräsentativansprüchen der Duodez-Fürsten. Was lange Zeit als „Gebrauchskunst" galt, ringt nun um „Autonomie" (vgl Tadday, 1993,

---

[115] In dem bereits zitierten Brief an Herder (vgl. Anm. 10) schreibt Claudius, als er überlegt, wie seine neue Zeitung wohl beschaffen sein und sich abheben könne, „ein naiver launigter Ton in den Rezensions wäre freilich ganz gut" (zit. n. Rengstorf & Koch, 1978, S. XI).

S. 104). Zugleich bildet sich ein bürgerliches Konzertpublikum heraus, das seine eigenen Ansprüche entwickeln und seinen „Geschmack" zur Geltung bringen will. Ein neues Publikum also, eine neue Rezeptionssituation, ein neuer Anspruch mitzuhören und zu erkennen verleihen der Musik um 1800 auch einen neuen Nachrichtenwert. Waren von Matthesons CRITICA MUSICA 1722 bis zu Hillers WÖCHENTLICHEN NACHRICHTEN 1766 im deutschen Sprachraum elf Musikzeitschriften entstanden, so sind es von 1770 bis 1800 schon 28 und vom Beginn des Jahrhunderts bis zum Jahr 1834 noch mal 31 Zeitschriften (vgl. Bruckner-Bigenwald, 1965, S. 90ff.). Und diese Magazine erscheinen nun nicht mehr nur in den Kulturmetropolen Hamburg, Leipzig oder Berlin, sondern auch in Mannheim, Gotha, Speyer, Augsburg oder Linz.

Die Fachzeitschriften, deren wichtigste von 1798 an für ein halbes Jahrhundert die Leipziger ALLGEMEINE MUSIKALISCHE ZEITUNG sein wird (vgl. Schmitt-Thomas, 1969; Bruckner-Bigenwald, 1965) – sie stehen längst nicht mehr nur für den Monolog ex cathedra. Sie treiben das Rezensionswesen voran und setzen journalistische Stilmittel effektbewusst ein. Gleichwohl bleiben sie Fachzeitschriften, wenden sich also an ein Publikumsegment, das neben Leidenschaft schon über ein gewisses Maß an musikalischer Bildung verfügt.

Auf die Mehrheit des Lesepublikums trifft dies jedoch nicht zu. Das ist die Chance und die publizistische Herausforderung der Tagespresse. Auch für deren Kulturberichterstattung, ja gerade für sie, sind die Zeitumstände günstig. Nach der französischen Revolution von 1789 verschärft sich die Zensur in Deutschland spürbar; Metternich wird die „Preßfreiheit" mit den Karlsbader Beschlüssen, denen 1819 das Bundespressegesetz folgt, noch weiter einschränken. Was in den Zeitungen über Politik geschrieben wird, steht unter schärfster Beobachtung. Es wird gekürzt, gestrichen und verboten in Deutschland. Die neuen Kulturräume aber, die das Bürgertum nun für sich erobert, die Theater und Opernhäuser, die Lesungen, Liederabende und Konzerte, Redouten und Soirées, die öffentlichen Auftritte von Virtuosen, Wunderkindern und Primadonnen – das alles verfängt da schon weniger. Hier trifft sich das Bürgertum der Städte um 1800 zum Tagesgespräch, hier ist es in Maßen frei und bei sich selbst, hier sind seine Orte sozialer Selbstverständigung und Selbstvergewisserung, wenn ihm denn schon die Räume politischer Emanzipation und Kommunikation verschlossen bleiben.

Die Verleger erkennen die Lücke. Und sie bringen etwas auf den Markt, was es bis dahin in der Pressegeschichte noch nicht gegeben hat: Zeitungen, die nicht mehr über Politik, sondern nur noch über Kunst und Kultur berichten. Der Nürnberger VERKÜNDIGER geht 1797 voran[116]; 1801 folgt in Leipzig die ZEITUNG FÜR DIE ELEGANTE WELT, 1803 DER FREIMÜTHIGE in Berlin. Friedrich Laun gibt 1805 die erste Ausgabe der Dresdener ABENDZEITUNG heraus, und Cotta verlegt in Tübingen ab 1807 das MORGENBLATT FÜR GEBILDETE STÄNDE. Der Name ist Programm: Denn in diesen neuen Kulturzeitungen schreiben zwar auch Musikkenner wie Carl

---

[116] Das Blatt erscheint allerdings im Wochenrhythmus und wird erst 1812 zur Tageszeitung.

Maria von Weber oder Schriftsteller wie E. T. A. Hoffmann (die zugleich für die ALLGEMEINE MUSIKALISCHE ZEITUNG arbeiten). In erster Linie aber beliefern hier gebildete Bürger ohne Expertenstatus die Redaktionen, und sie werden gelesen von eben diesem Bildungsbürgertum. Für die Musikbeiträge bedeutet das: In den Kulturzeitungen erscheinen keine Fachartikel auf Kennerniveau (wie in der AMZ), sondern journalistische Texte, die möglichst breit gestreut bleiben und ihr Publikum nicht überfordern sollen. Sie enthalten jenes Maß an musikalischer Information, das der Selbstverständigung des Bürgertums genügt und Gesprächswert hat. Genau das, nicht mehr und nicht weniger, ist Ziel und Funktion des *Feuilletons*.

Ulrich Tadday (1993) hat das musikjournalistische Angebot der ZEITUNG FÜR DIE ELEGANTE WELT, des FREIMÜTHIGEN und des MORGENBLATTES FÜR GEBILDETE STÄNDE inhaltsanalytisch untersucht und mit dem der ALLGEMEINEN MUSIKALISCHEN ZEITUNG verglichen. Er fand heraus, dass Musiktheorie und -ästhetik fast nur in der AMZ, kaum dagegen in den Kulturzeitungen berücksichtigt werden. Die Berichterstattung der Kulturzeitungen wiederum ist sehr viel stärker auf Personalisierung (Leistung von Virtuosen, Künstlerbiographien etc.) ausgerichtet, während die AMZ im Verhältnis dazu sehr viel mehr die Konzertmusik selbst thematisiert. Die Zeitungen orientieren sich also erkennbar am Nachrichtenfaktor „Prominenz". Auch „Kuriosität" trägt zum Nachrichtenwert bei, wenn die Zeitungen zum Beispiel ausgiebig über neue Instrumente und Musikautomaten berichten.

Von allen Musikereignissen thematisieren sie am häufigsten Opernaufführungen,[117] obwohl Konzerte das Musikleben der Zeit erheblich stärker prägen dürften. Das verweist sehr anschaulich auf die soziale und kommunikative Bedeutung der Theater- und Opernhäuser für das aufstrebende Bürgertum im partikular zerstückelten und politisch rückständigen Deutschland um 1800 – ein Erbe, das sich auch heute noch im *Feuilleton* nachweisen lässt:[118] Claudia Leyendecker fand inhaltsanalytisch heraus, dass Opernkritik in den Kulturteilen der FRANKFURTER ALLGEMEINEN und der SÜDDEUTSCHEN ZEITUNG im Jahr 2001/02 die Liste der musikalischen Aufführungsberichte klar anführt (vgl. Leyendecker, 2003, S. 90f.).

Aktuell erscheint noch ein weiterer Befund von Tadday: Zählt man vorsichtig zusammen, was er als „Aufführungskritiken", „Werkkritiken" und „Virtuosenkritiken" ermittelt hat und berücksichtigt man, dass unter seine Kategorie „Bericht" möglicherweise auch Aufführungsberichte fallen[119], so zeigt sich sehr klar die Dominanz von

---

[117] Tadday ermittelte zum Beispiel in der „Zeitung für die elegante Welt" der Jahrgänge 1801 bis 1815 folgende Themenverteilung: Oper (394 Beiträge), Virtuosen, Künstler, Komponisten (263), Konzert (245), Instrumente (68), Musikleben (53), Instituts- und Vereinsleben (32), Musikästhetik (13), Lied (4), Musikbeilagen (144), Musikalien (= Musikalienanzeigen, Kurzrezensionen) (435) (vgl. Tadday, 1993, S. 111).

[118] Dagegen wird sich schwerlich behaupten lassen, dass die Bühnen der Gegenwart immer noch im Mittelpunkt des kulturellen Diskurses der Gesellschaft stehen.

[119] Tadday dokumentiert in seiner verdienstvollen Studie leider nicht exakt, wie er die Textformen abgrenzt und definiert. Nach seiner Auszählung enthalten die Jahrgänge 1801 bis 1815 zum Beispiel des „Morgenblatts für gebildete Stände" 260 Nachrichten, 179 Aufführungskritiken, 170

Meldungen einerseits und von ereignisbezogenem „Terminjournalismus" andererseits. Die Palette der Darstellungsformen ist zwar nicht mehr schmal, Aufsatz, Anekdote, Glosse sind schon deutlich ausgebildet; aber sie kommen ungleich seltener zum Einsatz als die kurze Nachricht und die Rezension. Auch das kann heute als typisch für den Kulturteil gelten (vgl. Reus & Harden, 2005, S. 168). Mit dem Eintritt ins 19. Jahrhundert und der Übernahme seiner Rezensionsfunktion hat der Musikjournalismus der Zeitungen offenbar schlagartig seine Routinen entwickelt.

Dafür sprechen auch die Wertungsattribute, die Tadday aus dem Textkorpus der Zeitungen herausgefiltert und zu einem Glossar zusammengestellt hat: Nicht anders als heute bedienen sich die Kritiker um 1800 bereits formelhafter Epitheta zur Kennzeichnung musikalischer Qualität: „ausdrucksvoll", „biegsam", „brillant", „glänzend", „hinreißend melodisch" oder „präzise" hier; „fade", „manierirt", „pompös" oder „schwülstig" da (Tadday, 1993, S. 172-182; vgl. dazu Böheim, 1987). Doch mag die Stereotypisierung des Vokabulars, die von nun an ein Kennzeichen der Musikkritik bleiben wird, der kommunikativen Sicherheit des Publikums im Biedermeier entgegenkommen. Sie erlaubt es zwar nicht, Musikgeschehen differenziert zu beschreiben, dient aber der raschen Zuordnung, ohne angestrengt und lange um Begriffe zu ringen. Im Zusammenhang liest sich das wie in diesem Konzertbericht aus der ZEITUNG FÜR DIE ELEGANTE WELT vom 17. Mai 1808:

> „Am 5ten May gaben die Schauspieler L a b e s und K a s e l i t z ein Konzert im Saale des Nazionaltheaters. Die Zahl der Zuhörer war nur geringe und sie haben daher wenig oder gar keinen Gewinn gehabt. Es war diesen Tag gerade eine große Fete in Cöpenick, wo alles Vornehme von den Franzosen eingeladen war, und überdies die erste Zusammenkunft einer großen *Gesellschaft* im Thiergarten, die alle Donnerstage unter der Leitung des Kammergerichtsraths D e n s o sich versammelt. Das Konzert selbst war *unterhaltend* und die Wahl der Stücke gefiel.
>
> Ein Rondo von R i g h i n i sang Madame M ü l l e r (vom Nazionaltheater) mit vieler Fertigkeit und *Geschmack*. Hr. W e s t e n h o l z spielte ein Adagio und Allegro auf der Hoboe mit vieler Feinheit und zartem Ausdruck. *Man bewunderte* hauptsächlich, daß er die so schwierige Höhe bei diesem Instrumente so ganz in seiner Gewalt hatte. Hr. Wilhelm S c h n e i d e r, noch ein ganz junger Mann, spielte ein Thema mit von ihm selbst komponirten Variationen auf dem Fortepiano. Die Arbeit war lobenswerth, die Ausführung aber vorzüglich schön.
>
> Er ließ sich zum ersten Mal *öffentlich* hören und erntete allgemeinen Beifall ein.
>
> Im 2ten Teil fing man mit einem Thema aus Fanchon mit Variationen für Orchester an. *Nach dem Urtheil von Kunstverständigen* ist dies eine sehr vortheilhaf-

---

Berichte, 74 Virtuosenkritiken, 55 Aufsätze, 19 literarische Formen, 14 Beschreibungen und 4 Werkkritiken (Tadday, 1993, S. 117).

te Art, die verschiedenen Instrumente des Orchesters zweckmäßig zu benutzen. Die Verschiedenheit der Instrumente erweckt immer ein neues Vergnügen, das Ganze ist einem Blumenstrauß zu vergleichen, der von eines Künstlers Hand mit Einsicht geordnet ist. [...]" (Tadday, 1993, S. 140) (Kursive Hervorhebg. v. mir, G. R.)

„Öffentlich", „unterhaltend", „Geschmack", „Gesellschaft" – der Kritiker, der sich ausdrücklich nicht zu den „Kunstverständigen" zählen mag und im generalisierenden „man" eins wird mit dem Publikum, stellt hier nicht nur einiges an Rezensionsformeln zusammen, sondern flicht von sich aus auch jene Schlüsselbegriffe ein, die zum Verständnis des Musikjournalismus und des Feuilletons notwendig sind.

Ressort Feuilleton

Um 1850 ist der Stern der Kulturzeitungen gesunken. Ihre kommunikative Funktion ist auf die allgemein informierenden Tageszeitungen übergegangen, in denen sich nach und nach ein neues Ressort etabliert hat – das *Feuilleton*. Auch hier geht es nicht um Expertendiskurs und akribische Analyse, sondern um rasche Selbstverständigung und um den Gesprächswert für den Alltag. Als der Einsender einer „Privatmittheilung" am 25. Oktober 1842 seinen Bericht von der Premiere der Wagner-Oper „Rienzi" an die Redaktion der LEIPZIGER ZEITUNG schickt, weiß er sehr wohl um seine Aufgabe und die Grenzen des Rezensierens in der Tageszeitung: „*Es ist hier nicht der Ort, näher in die Vorzüge und Eigenthümlichkeiten dieses Musikwerks einzugehen*, aber die Originalität, Gediegenheit, Größe und Wärme der Composition traten glänzend hervor [...]." (Kirchmeyer, 1967ff., Teil 4/2: Sp. 24; Hervorhebg. v. mir, G. R.) Noch deutlicher wird der Rezensent eines Winterkonzertes im Gewandhaus, der vier Wochen später, am 28. November 1842, im Konkurrenzblatt LEIPZIGER ALLGEMEINE ZEITUNG schreibt: „Dem hinreißenden Gesange der weltberühmten Sängerin braucht *hier, wo es sich übrigens nur darum handelt, das mindergewöhnliche Ereigniß allgemeinhin zu besprechen*, kein neuer Kranz geflochten zu werden [...]." (Kirchmeyer, 1967ff., Teil 4/2, Sp. 51; Hervorhebg. v. mir, G. R.) Und dann folgt doch eine recht selbstbewusst urteilende und preisende Rezension.

Funktionsbewusstsein also paart sich mit neuem Selbstbewusstsein, während das *Feuilleton* die Tagespresse erobert. Oepen dokumentiert in seiner Chronik des Kölner Musiklebens, wie der Verfasser eines Konzertberichtes im BEOBACHTER vom 14. September 1802 sich noch keinerlei musikalisches Urteil zutraut und stattdessen auf die Schilderung der Zuhörer ausweicht, „welche in den entfernten Vorzimmern, von den Accorden des Künstlers ergriffen, sich begierig an das Orchester drängten" (Oepen, 1955, S. 42). Zwei Jahrzehnte später, am 12. Dezember 1821, liest sich ein Konzertbericht in der COLONIA schon sehr viel professioneller:

„Es mochte jedoch wohl an der Komposition liegen, daß dieses Stück weniger ansprach als das im zweiten Teil gegebene Septuor von Beethoven. Es ist zum

Erstaunen, mit welcher Gewandtheit in dieser Komposition die Eigentümlichkeiten des Hornes benutzt und seine Hauptschönheiten dargestellt sind, die übrigen begleitenden, mitunter obligaten Stimmen, hätten etwas kräftiger gespielt werden können; besonders war die erste Violine etwas zu hart behandelt und dadurch erschien sie zu schwach und dünn gegen die mächtigen Hörner." (Oepen, 1955, S. 123)

Preußens Metropole Berlin hat in der SPENERSCHEN und der VOSSISCHEN ZEITUNG zwei (bildungsbürgerliche) Blätter, die schon zu Beginn des Jahrhunderts ihren Konkurrenzkampf über die Feuilleton-Berichterstattung austragen (vgl. Tadday, 1993, S. 58). 1819 scheint der „Rezensentenunfug" einige Bürger um einen gewissen Magistratsobersekretär Martin so aufzubringen, dass sie einen „antikritischen Verein" gründen (vgl. Stege, 1936, S. 46-50). Die beiden Zeitungen veröffentlichen dessen Anwürfe, kontern ihrerseits mit Hohn und Spott und genießen es, in aller Munde zu sein: Opernkritik als Stadtgespräch – besser kann es für das *Feuilleton* nicht kommen.

Als erster Musikjournalist, „der professionelle Tageskritik in der bürgerlichen Presse, an einer bedeutenden Tageszeitung betreibt" (Döpfner, 1991, S. 39), gilt Johann Carl Friedrich Rellstab. Er betreut das Musikreferat der VOSSISCHEN ZEITUNG von 1808 bis 1813. Journalismusgeschichtlich bedeutender ist sein Sohn Friedrich Ludwig, der 1826 das Erbe des Vaters bei der VOSSISCHEN antritt. 34 Jahre lang, bis zu seinem Tod 1860, ist er der „Papst" der Berliner Musikkritik. Ob man in ihm wirklich den Journalisten sehen muss, der „das feuilletonistische Element in die musikalische Kritik als Novum eingeführt" (Döpfer, 1991, S. 40) und den „musikalische[n] Journalismus, welcher sich in allgemein verständlichem Stil an alle Leser wendet" (Lachner, 1954, S. 15), begründet hat (vgl. auch Andres, 1936, S. 30f.; Schering, 1929, S. 19) – das sei dahingestellt. Die feuilletonistische Fährte lässt sich gewiss schon früher aufnehmen, und auch Rellstab schreibt nicht für die Berliner Bäckerjungen. Aber zweifellos schärft er das Profil des Musikjournalismus und verleiht ihm so etwas wie „Macht". An politische Rebellion muss man dabei nicht denken – mit dem Kampf für Demokratie und Pressefreiheit, der das *Feuilleton* im Vormärz zunehmend bestimmt und zum heimlichen „Politikressort" werden lässt, hat die Musikkritik ohnehin und hat speziell Rellstab wenig zu tun. Er muss wohl als unpolitisch gelten und steht 1848, ohne besondere Einsicht in die politischen Auseinandersetzungen zu haben, auf der Seite der Restauration (vgl. Rehm, 1983, S. 71). Auch sein Aufbegehren gegen den Berliner Generalmusikdirektor Gaspare Spontini, das ihm 1836 vier Monate Festungshaft einbringt,[120] ist, anders als es die

---

[120] Seine Fehde mit dem Italiener, gegen dessen Aufführungsstil und Kompositionen Rellstab polemisiert, beginnt 1827 in der VOSSISCHEN ZEITUNG und zieht sich 14 Jahre auch in der ALLGEMEINEN MUSIKALISCHEN ZEITUNG, in einer Broschüre „Über mein Verhältniß als Kritiker zur Herrn Spontini" und in den von Rellstab selbst redigierten Zeitschriften hin. Spontini strengt nach dem Erscheinen der Broschüre einen Beleidigungsprozess gegen Rellstab an und hat Erfolg – der Kritiker wird 1836 für vier Monate in der Berliner Stadtvogtei inhaftiert. Dass Spontini am Ende dennoch stürzt und 1841 fluchtartig Berlin verlässt, nachdem es im

NS-nahe Musikgeschichtsschreibung glauben machen wollte (vgl. Stege, 1936, S. 51ff.), kein Akt politischen Heroentums.

Eher geht es um die Macht des musikalischen Geschmacksurteils (Meunier und Jessen sprechen gar von einer „Diktatur", 1931, S. 75), die Rellstab für das Zeitungsfeuilleton erobert. An ihm kommt dreieinhalb Jahrzehnte lang niemand vorbei, der in Berlin mit Musik zu tun hat. Rellstab dürfte der bekannteste Journalist im Preußen seiner Zeit sein (vgl. Rehm, 1983, S. 50). Er schreibt nicht nur Rezensionen, sondern auch Reportagen, Reiseberichte und vieles mehr, er beherrscht das Spektrum der journalistischen Formen und Kniffe, gibt überdies noch selbst Musikzeitschriften heraus, er ist allgegenwärtig und kommt an bei den Bürgern der Stadt – was wohl auch darin begründet liegt, dass sein Musikgeschmack eher am Bekannten als an der Avantgarde seiner Zeit ausgerichtet ist.

Jürgen Rehm (1983, S. 200) hat ihn einen „Prototyp des modernen Zeitungsmannes" genannt und ist zugleich mit Rellstabs musikalischem Konservatismus und seiner „schier hemmungslose[n], keinesfalls vorurteilsfreie[n] Subjektivität" (Rehm, 1983, S. 196) energisch ins Gericht gegangen. Wie immer man dazu stehen mag – das Verdienst, den Musikjournalismus als Institution der Presse zu festigen und dabei deren Stilmittel effektbewusst zu entfalten, muss man Ludwig Rellstab zubilligen. Ein Auszug aus jenem Verriss in der VOSSISCHEN vom 6. März 1827, der am Anfang seiner Auseinandersetzung mit Spontini steht, dokumentiert, mit welcher Souveränität der Musikjournalismus jetzt aufzutreten vermag. Nach der Aufführung von Spontinis Oper „Nurmabal" spießt Rellstab die „lyrische" (statt der von ihm befürworteten „dramatischen") Grundstimmung des Werkes auf, um sie – ironisch – als „Ironie" Spontinis zu glossieren:

> „Dem weiter strebenden Genius genügte die in der Olympia errungene Höhe nicht; es drängte ihn, sich eine eigene Region zu schaffen. Dies geschah in Nurmahal, und in erhöhter Potenz in Alcidor. Wir bezeichnen diese Stufe als ‚lyrische Auffassung der Ruhe, aus dem Standpunkt der Ironie'. Dies giebt zu einer allgemeinen Kunstbetrachtung Anlaß, nämlich der, daß verwandte Künste gemeinschaftlich fortschreiten. So wie in der Poesie jetzt der Standpunkt der Ironie errungen ist, (durch F. Schlegel, Solger, Tieck und W. Alexis), so ist er gleichzeitig musikalisch durch Spontini errungen. Die Kritik hat sich nun zu bemühen, auch das ihre zu thun. (...) Als Meisterstück (...) kann das Finale des ersten Aktes gelten, wo auf das geschickteste alle Handlung vermieden, und alles in lyrischer Ruhe aufgelöst wird. Der Ankläger Bahar erscheint. Jeder andere würde jetzt Nurmahal vor den Richterstuhl gezogen und eine der gewöhnlichsten Schlußszenen geschrieben haben (...). Dadurch wäre der Nachtheil entstanden, daß erstlich die Freude des Festes auf die [sic!] Bühne hätte gestört werden müssen, und zweitens wären die handelnden Personen alle in verschiedener Nuancierung erschienen (...) Wie sonderbar hätte da die Stimmenführung

---

Opernhaus zu Tumulten gekommen ist, ist keine unmittelbare Folge, gewiss aber auch ein „Langzeiteffekt" der Berichterstattung Rellstabs (vgl. Rehm, 1983, S. 116ff.).

seyn müssen? Und was wäre aus dem festlichen Chor geworden? So ist alles glücklicher gelöst. Dschehangir singt sein Recitativ mit Ballet, wobei uns seine Stimmung sogleich durch Worte deutlich wird, welches man der bloßen Andeutung, die die Musik nur geben kann, doch unstreitig vorziehen muß. Bahar wird sogleich wieder fortgesendet, um den Verräther aufzusuchen, und Nurmahals Klage und Angst kann durch den Chor: ‚Mit Jubel, mit Siegesgesange, sey froh dies Fest verbracht' überstimmt werden. Wie natürlich wird auf diese Art die künstlerische Ruhe in die Situation gebracht, während wir in andern Opern durch unangenehme Empfindungen (z.B. Schmerz) gequält werden." (Rehm, 1983, S. 118f.)

Ein Ironiker ist auch Rellstabs Zeitgenosse Heinrich Heine, dessen Bedeutung für das moderne *Feuilleton* nicht hoch genug veranschlagt werden kann (vgl. Reus, 2003). Als Musikkritiker steht Heine zugleich für eine andere Tendenz der Zeit – die Künstlerkritik (poetische Kritik). Während Carl Maria von Weber in der PRAGER ZEITUNG und der Dresdener ABENDZEITUNG eher erklärend und sachlich schreibt, versuchen E. T. A. Hoffmann in der ALLGEMEINEN MUSIKALISCHEN ZEITUNG und mehr noch Robert Schumann in der 1834 von ihm gegründeten NEUEN ZEITSCHRIFT FÜR MUSIK, das Problem der sprachlichen Bewältigung von Musik (auch) „poetisch" zu lösen. Statt sich mit Rezensionsformeln zu begnügen oder Schutz hinter technischen Fachbegriffen zu suchen, übersetzen sie Musik in Bilder.

Das ist so recht nach dem Geschmack auch des Lyrikers Heine, der zeitlebens musikalischer Laie bleibt. Seit 1831 in Paris, schreibt er Korrespondenzen für die AUGSBURGER ALLGEMEINE ZEITUNG, darunter etliche Betrachtungen über das Musikleben der französischen Hauptstadt, die er später in der Schrift „Lutetia" bündeln wird. Er schildert und glossiert, er notiert und klatscht, er schickt Porträts wie das von Spontini (Heine, 1981, S. 290ff.), bietet Hintergrundberichte zur musikalischen Saison und zur Pariser „Szene" an, und Heine, der Feuilletonist par excellence, übt sich dabei auch in Feuilletonkritik:

„Er [Giacomo Meyerbeer, G. R.] kann das ungeheure Orchester dieses Ruhmes dirigieren. – Er nickt mit dem Haupte, und alle Posaunen der großen Journale ertönen unisono; er zwinkert mit den Augen, und alle Violinen des Lobes fiedeln um die Wette; er bewegt nur leise den linken Nasenflügel, und alle Feuilleton-Flageolette flöten ihre süßesten Schmeicheltöne." (20. April 1841; Heine, 1981, S. 363)

Vor allem aber gelingt Heine immer wieder jene Übersetzungsleistung, jene Transition von Gehörtem in Geschautes, von Musik in Körperlichkeit und Farbe, die leichter zu beschreiben und zu begreifen sind. So kann er die „soziale Referenz" des Musikjournalismus zum Vergnügen seiner Leserschaft mit spielerischer Leichtigkeit bedienen:

„Ja, an diese kleine fromme Mummerei mußte ich unwillkürlich denken, als ich der Aufführung des ‚Stabat' von Rossini zum erstenmal beiwohnte: das ungeheure erhabene Martyrium ward hier dargestellt, aber in den naivsten Jugendlauten, die furchtbaren Klagen der Mater dolorosa ertönten, aber wie aus unschuldig kleiner Mädchenkehle, neben den Flören der schwärzesten Trauer rauschten die Flügel aller Amoretten der Anmut, die Schrecknisse des Kreuztodes waren gemildert wie von tändelndem Schäferspiel, und das Gefühl der Unendlichkeit umwogte und umschloß das Ganze wie der blaue Himmel, der auf die Prozession von Cette herableuchtete, wie das blaue Meer, an dessen Ufer sie singend und klingend dahinzog!" (Mitte April 1842; Heine, 1981, S. 399)

Oder, kombiniert mit Heines unnachahmlichem Spott, in einer Korrespondenz vom 1. Mai 1844:

„In der Tat, die Garcia [die Opernsängerin Pauline Viardot, G. R.] mahnt weniger an die zivilisierte Schönheit und zahme Grazie unsrer europäischen Heimat, als vielmehr an die schauerliche Pracht einer exotischen Wildnis, und in manchen Momenten ihres passionierten Vortrags, zumal wenn sie den großen Mund mit den blendend weißen Zähnen überweit öffnet, und so grausam süß und anmutig fletschend lächelt: dann wird einem zumute, als müßten jetzt auch die ungeheuerlichsten Vegetationen und Tiergattungen Hindostans oder Afrikas zum Vorschein kommen; – man meint, jetzt müßten auch Riesenpalmen, umrankt von tausend-blumigen Lianen, emporschießen; – und man würde sich nicht wundern, wenn plötzlich ein Leoparde, oder eine Giraffe, oder sogar ein Rudel Elefantenkälber über die Szene liefen." (Heine, 1981, S. 543)

Als Stilprinzip bleibt die „poetische Kritik" eine Episode der romantisch geprägten Autoren;[121] ihr Erbe findet sich aber noch im Bild- und Metaphernreichtum moderner Rezensionen (vgl. Böheim, 1987, S. 213ff.; auch Ortner, 1982, S. 286ff.).

Um die Mitte des 19. Jahrhunderts ist auch im Musikjournalismus ausgebildet, was als konstitutiv für das *Feuilleton* gelten kann: Er begleitet jetzt tagesaktuell und informativ das Kunstgeschehen seiner Zeit und will eine möglichst große Öffentlichkeit an „Bildung" teilhaben lassen; er strebt Verständlichkeit an und erprobt sich in unterschiedlichen Textformen (mit einem Schwerpunkt auf der Rezension); er will zugleich gefallen und subjektive Glanzlichter setzen; und er hat eine „feuilletonistische" Grundhaltung entwickelt, eine Melange aus Bildungsanspruch, Unterhaltung und „Narrativität", wobei die Bestandteile von Zeitung zu Zeitung sehr unterschiedlich vermengt und die feuilletonistischen Talente sehr verschieden ambitioniert sein können.

Was folgt, ist Ausbreitung, Konsolidierung, weitere Professionalisierung, auch in der sogenannten Provinz. Mit Kirchmeyers Quellendokumentation lässt sich am Beispiel der Rezeption von Richard Wagner nachvollziehen, in welchem Umfang nun auch Zeitungen außerhalb der Kulturmetropolen Musik thematisieren: So erscheint

---

[121] Sie kann auch gewiss nicht für den Musikjournalismus dieser Zeit *insgesamt* stehen, der – wie im Zusammenhang der Musikzeitungen schon erwähnt – recht bald seine Routinen entwickelt und sich im Tagesgeschäft nicht anders als heute vielfach mit Mittelmaß begnügt.

am 12. Juni 1843 in den BEIBLÄTTERN ZUR KASSELSCHEN ALLGEMEINEN ZEITUNG eine zweiteilige (vermutlich von zwei Autoren verfasste) Besprechung einer Premiere des „Fliegenden Holländers" in Kassel, die sich über drei Seiten erstreckt (vgl. Kirchmeyer, 1967ff., Teil 4/2, Sp. 147-152). Legt man eine Spaltenbreite von 40 Zeichen zugrunde, so käme der Beitrag in einer heutigen Tageszeitung auf 300 Zeilen. Wagners „Cola Rienzi" bespricht „A. S." im WANDSBECKER INTELLIGENZBLATT vom 23. August 1844 in einer Länge, die heute immerhin 175 Zeilen entspräche (vgl. Kirchmeyer, 1967ff., Teil 4/2, Sp. 471-474). Und etwa 825 Zeilen nähme eine Erörterung von „Fr. Chrysander" zu Wagners „Tannhäuser" ein, die der NORDDEUTSCHE CORRESPONDENT in Schwerin im Anschluss an eine Rezension vom 29. Januar bis zum 3. Februar 1852 in vier Fortsetzungen druckt (vgl. Kirchmeyer, 1967ff., Teil 4/6, Sp. 401-417).

Im DRESDNER ANZEIGER UND TAGEBLATT beziehen im März 1851 Bürger, in Anzeigen und Beiträgen, für und wider Richard Wagner Position (vgl. Kirchmeyer, 1967ff., Teil 4/6, Sp. 47-55) – Musik wird also, modern ausgedrückt, auch zum „Debattenthema".

Wie Musik in einer der vielen neuen Lokalzeitungen des 19. Jahrhunderts zum Berichterstattungsanlass wird, hat Fritz Ihlau (1935) in seiner Dissertation über die Münchener NEUESTEN NACHRICHTEN nachgezeichnet. Das Blatt, aus der Revolution von 1848 hervorgegangen, kommt Anfang Juni jenes Jahres auf eine Auflage von 6.000 Exemplaren. Es hat zunächst weder *Feuilleton* noch Musikredakteur und veröffentlicht „1848-49 vorwiegend Ankündigungen von Gartenkonzerten, Blechmusiken mit Feuerwerk, Volkssängern, Gesangsvorträgen von Gesangsvereinen" (Ihlau, 1935, S. 20f.). 1860 sind die NEUESTEN NACHRICHTEN mit mehr als 18.000 Exemplaren bereits die größte Zeitung Bayerns und verfügen seit sechs Jahren über einen hauptamtlichen Opernredakteur. Zuvor haben die Leser selbst mit eingesandten Besprechungen ihr Verlangen nach Musikberichten immer wieder bekundet. Zwischen 1848 und 1856 verzehnfacht sich der Umfang aller musikbezogenen Beiträge (vgl. Ihlau, 1935, S. 155). Deren Tenor wird ab 1854 zunehmend kritischer. Auch kulturpolitisch engagiert sich die Redaktion; in Kommentaren und Polemiken schlagen sich die NACHRICHTEN für den vielfach angefeindeten Hoftheater-Intendanten Franz Dingelstedt (vgl. Ihlau, 1935, S. 34ff.). Das Konzertleben wird regelmäßig in die Berichterstattung einbezogen; ebenso schenkt das Blatt aber der Unterhaltungsmusik in den Biergärten und Massenattraktionen wie den mechanischen Musikinstrumenten Aufmerksamkeit (vgl. Ihlau, 1935, S. 146f.).[122]

---

[122] Ähnliches dokumentiert Oepen für die Kölner Presse (vgl. Oepen, 1955, S. 125f.). Und auch dort nimmt die Presse selbstbewusst Einfluss auf das Musikleben: Nach heftiger Kritik an Opernaufführungen im Kölner Theater unter der Leitung von F. S. Ringelhardt kommt es bereits 1826 zu einem öffentlichen Skandal im Theater. Danach scheinen sich die Aufführungen gebessert zu haben (vgl. Oepen, 1955, S. 133-136).

Musikjournalismus in der Moderne

Man wird über heutigen Musikjournalismus nicht befinden können, ohne Eduard Hanslick (1825-1904) zu erwähnen. Der Wiener Journalist, bekannt vor allem durch seine ausgeprägte Wagner-Gegnerschaft, kann als die Kritikerfigur gelten, die aus dem 19. Jahrhundert unmittelbar in die Gegenwart hineinragt. Einerseits setzt er die nun gefestigte Tradition eines Musikjournalismus fort, dessen Adressat das Medienpublikum ist (vgl. Tadday, Flamm & Wicke, 1997, Sp. 1373; Lange, 1994, S. 72) – ein Publikum, mit dem er zugleich die Abneigung gegen musikalischen Experimente und „Fortschritt" teilt (vgl. Lange, 1994, S. 41, 52).[123] Andererseits steht Hanslick, der neben seiner journalistischen Tätigkeit seit 1861 als außerordentlicher Professor für Geschichte und Ästhetik der Musik in Wien lehrt[124], auch für die Rückkehr des Akademismus ins Musikfeuilleton. Das gilt sowohl für den Begriffsapparat der Musikanalyse als auch für die Ex-Cathedra-Pose, mit der einst die *gelehrten Journale* angetreten waren. In seinem Theoriewerk „Vom Musikalisch-Schönen" sagt er sich los von reiner „Gefühlsästhetik" und betont, das Schöne liege ohne jeden äußeren „Inhalt" nur in der Absolutheit der Töne. Rezeption ist für ihn eine geistige Tätigkeit, ein Nach-Denken, was den Laien folglich vom wahren Kunstgenuss ausschließt (vgl. Lange, 1994, S. 48; Tschulik in Wagner, 1979, S. 9).

Auch wenn Hanslick als Rezensent dann doch keineswegs die Wirkung von Musik auf die Gefühle ignorierte – in seinem journalistischen Schaffen ist dieser intellektuell-analytische Ansatz unübersehbar. Für die Fachwelt gewiss wünschenswert, muss man ihn feuilletonhistorisch als Schritt zurück werten. Das musikästhetische Expertentum tritt nun wieder aus dem Zirkel der Fachzeitschriften heraus und zieht in die Tageskritik ein. Fortan wird sie einen Januskopf tragen, der bis heute charakteristisch ist: um Publikumsnähe, Farbe, Subjektivität und Temperament weiterhin ringend, zugleich aber auch einem „Fachdiskurs" folgend, voraussetzungsvoll, terminologisch beladen und stark von technischer Musikanalyse bestimmt, die einen Gutteil der Leserschaft ratlos zurücklässt. Als Beispiel für dieses Janusgesicht, dieses Nebeneinander von bildlich-plastischem *Feuilleton* und gelehrt-sezierender Attitude im Musikjournalismus Eduard Hanslicks sei hier ein Ausschnitt seiner Rezension der 2. Sinfonie von Johannes Brahms zitiert, erschienen am 3. Januar 1878 in der NEUEN FREIEN PRESSE:

---

[123] In seiner Wagner-Ablehnung allerdings stand er gegen große Teile seiner Leser und des Publikums der Zeit.

[124] Hanslick, dessen Vater bereits Professor für Ästhetik an der Prager Universität war, hat, obwohl selbst Jurist, seine 1854 erschienene Schrift „Vom Musikalisch-Schönen" als Habilitationsschrift eingereicht. Tagesjournalistisch arbeitet er seit 1848 für die WIENER ZEITUNG als Musikreferent, vorübergehend als politischer Korrespondent der PRAGER ZEITUNG und (seit 1852 Beamter im Finanzministerium) von 1855 an als Musikreferent der PRESSE. 1864 wechselt er zur NEUEN FREIEN PRESSE, für die bis zu seinem Ende schreibt.

"Reizend klingt das Scherzo, ein anmuthiges Neigen und Beugen in Menuett-Tempo (Allegretto G-dur), das durch ein flüchtig, wie in Funken aufsprühendes Presto in Zweiviertel-Tact zweimal unterbrochen wird. Dieser Satz, in seiner liebenswürdigen Grazie an den g-dur-Menuett [sic!] aus Brahms' ‚Serenade' erinnernd, erregte förmlichen Jubel und mußte wiederholt werden. Das Finale (D-dur, Vierviertel-Tact), etwas belebter, aber noch immer behaglich in seiner goldenen Heiterkeit, hält sich weit abseits von den stürmischen Finalsätzen modernerer Schule; es fließt Mozart'sches Blut in seinen Adern. Zu der C-dur-Symphonie von Brahms bildet die in D mehr ein Gegen- als ein Seitenstück; auch in der Wirkung auf das Publikum. Dieses mochte beim Anhören der ersten Symphonie oft die Empfindung haben, als lese es ein wissenschaftliches Buch voll tiefer philosophischer Gedanken und geheimnißvoller Fernsichten. Brahms' Neigung, Alles zu verschleiern oder abzudämpfen, was nach ‚Effect' aussehen könnte, machte sich in der C-Symphonie bedenklich geltend; die Hörer vermochten unmöglich all die Moive und Motivtheilchen aufzufassen, welche da bald wie Blümchen unter dem Schnee schlummern, bald wie ferne Punkte über den Wolken schweben. Einen Satz von dem großartigen Pathos des Finales der ersten Symphonie hat die zweite nicht aufzuweisen, dafür besitzt sie in ihrer einheitlichen Färbung und sonnigen Klarheit einen nicht zu unterschätzenden Vorzug vor jener. Die vornehme, aber gefährliche Kunst, seine Ideen unter polyphonem Gewebe zu verstecken oder contrapunktisch zu durchkreuzen, hat Brahms diesmal glücklich zurückgedrängt, und erscheint die thematische Verarbeitung hier weniger erstaunlich als dort, so sind doch die Themen selbst fließender, frischer und ihre Entwicklung natürlicher, durchsichtiger, auch wirksamer." (Wagner, 1979, S. 224f.)

Wenn dieser Dualismus, dieses Schwanken zwischen Metapher und Terminus, seit Hanslick als Typikum des Musikjournalismus gelten kann, so bedeutet das nicht, dass er sich in allen Texten und Blättern gleichermaßen ausgeprägt findet. In der üppig aufblühenden Zeitungslandschaft der Gründerjahre und des Kaiserreichs mit der neu aufkommenden Generalanzeigerpresse und einer Vielzahl von Parteiblättern, zu denen sich zu Beginn des 20. Jahrhunderts die Straßenverkaufszeitungen gesellen, begegnet einem vielmehr im Ganzen gesehen nun beides – die akademisch-intellektuelle Analyse neben der im Anspruch bescheideneren, „feuilletonistisch" unterhaltenden (zum Teil auch neben einer volkspädagogisch ambitionierten) Musikbetrachtung (vgl. Döpfner, 1991, S. 47f.). Die Massenpresse braucht eine Unzahl neuer Autoren und greift dabei einerseits auf ein Heer musikjournalistischer Amateure und Dilettanten zurück.[125] Andererseits bringt die Professionalisierung und Ausdiffe-

---

[125] „Der Kommis", schreibt Schering (1929, S. 23), „der etwas Klavier spielte, der Rechtsanwalt, der immer wieder ergriffen Loewes ‚Uhr' sang, der Student, dem eine bescheidene Auffüllung seiner Börse willkommen war, Damen der Gesellschaft, die es umsonst taten, – es fand sich eine höchst gemischte Kritikergarde ein." Für kleine Zeitungen gilt diese Beschreibung heute wohl immer noch.

renzierung des Journalismus in den Zentren einen Kritikertypus hervor, der rasch an Autorität und Einfluss gewinnt. In die musikästhetischen Debatten der Zeit, z. B. die Auseinandersetzungen um Wagner, Liszt, Brahms, Bruckner, etwas später dann um die Neue Musik, greifen diese Kritiker selbstbewusst und meinungsfreudig ein: Ludwig Speidel, August Wilhelm Ambros, Max Kalbeck, der junge Hugo Wolf, Julius Korngold und viele andere in den Wiener Zeitungen. Zu Beginn des 20. Jahrhunderts ragen die Berliner Kritiker hevor: Oskar Bie (BERLINER BÖRSEN-COURIER), Adolf Weissmann (BERLINER TAGEBLATT), Wilhelm Schrenk (DEUTSCHE ALLGEMEINE ZEITUNG) und Hermann Springer (DEUTSCHE TAGESZEITUNG), nach dem Ersten Weltkrieg Heinrich Strobel, Alfred Einstein (BERLINER BÖRSEN-COURIER) und Hans Heinz Stuckenschmidt (BZ AM MITTAG). Bei der FRANKFURTER ZEITUNG profilieren sich Emil Humperdinck, Paul Bekker und Karl Holl; bei der MÜNCHENER ZEITUNG Alexander Berrsche.

Auf die Entwicklung der ästhetischen Positionen des Musikjournalismus im 20. Jahrhundert, für den die Interpretationskritik nun wichtiger als die Kompositionskritik wird, kann und soll hier nicht weiter eingegangen werden. Die *feuilletonistische* Entwicklung erfährt mit dem Beginn des Nazi-Schreckens noch einmal eine Zäsur. Das Konzertwesen verändert sich; jüdische Komponisten verschwinden aus den Spielplänen, jüdische Interpreten werden diffamiert, drangsaliert und verfolgt. Unmittelbar nach seinem Machtantritt lässt Hitler den 20 Jahre zuvor gegründeten „Verband deutscher Musikkritiker" auflösen; jüdische Musikfeuilletonisten wie Paul Bekker und Alfred Einstein fliehen ins Ausland, andere erhalten Schreibverbot.

Im Juli 1933 schon beginnen die Nazis auf der „Ersten Konferenz des deutschen Feuilletons", das traditionsreiche Ressort in die Sparte „Kulturpolitik" umzuwandeln. Nicht mehr kritische, unabhängige und „auktoriale" Begleitung des Kulturgeschehens ist erwünscht, sondern Affirmation und Propaganda „zur Durchsetzung des deutschen Menschen und seiner kulturellen Schöpfungen" – so der Nazi-Ideologe Wilfried Bade (zit. n. Haacke, 1968f., S. 230). Im November 1936 spricht Goebbels offiziell ein Verbot der Kunstkritik aus; an ihre Stelle soll die „Kunstbetrachtung" treten. Wie alle anderen Ressorts auch, unterliegt der Kulturteil fortan den auf Pressekonferenzen ausgegebenen Direktiven und Sprachregelungen der NS-Ideologen.

Ob die Ideologisierung des Musikjournalismus in der Tagespresse allerdings im Ganzen gesehen so effektiv ist, dass man wie Döpfner (1991, S. 49f.) von einer „Annullierung der Kritik" und vom Kriegsende als „einer ‚Stunde Null'" sprechen muss, erscheint fragwürdig. Vor allem kleinere Zeitungen, so darf man vermuten, unterlaufen das Kritikverbot beim Thema Musik vielfach. In ihrer Marburger Dissertation wies Ulrike Gruner für die OBERHESSISCHE ZEITUNG nach, dass sich deren *Feuilleton* zwar unmittelbar nach 1933 sehr weit der NS-Ideologie öffnet und NS-Organisationen wie den „Kampfbund für deutsche Kultur" oder die Ortsgruppe der Reichsmusikkammer zu Wort kommen lässt. Schon 1934 schwächt sich diese Entwicklung jedoch ab; „die Spiegelung des heimischen Musiklebens in den Spalten der OZ blieb rege, regelmäßig und umfangreich" (Gruner, 1990, S. 17). Nicht anders als vor 1933 behalten während der gesamten NS-Diktatur Rezensionen den größten Anteil an der Musikberichterstattung der OBERHESSISCHEN ZEITUNG. Dass sie zeitweise „überdurchschnittlich gut" sind, sich dann aber auch vielfach mit „wohlwollender Oberflächen-Kritik" begnügen, führt Gruner (1990, S. 19f.) weniger auf Goebbels' Kritikverbot, als auf die Konventionen lokaler Berichterstattung zurück.

Offenbar können die NS-Ideologen Musikjournalisten, die sich in den Jahrhunderten zuvor kaum durch politisches Aufbegehren ausgezeichnet hatten, an einer längeren Leine laufen lassen als Buch- oder Theaterkritiker. Ulrike Gruner resümiert in ihrer Marburger Fallstudie jedenfalls: „Seit 1935/36 überwogen in der OZ wieder solche Besprechungen, die ohne Referenzen ans Regime auskamen." (Gruner, 1990, S. 120) So spricht einiges dafür, dass die Jahre des NS-Terrors die Tradition des Musikfeuilletons weniger beeinträchtigen, als man vermuten könnte.

Im Musikjournalismus nach 1945 setzt sich die Linie der Interpretationskritik fort, die nach der Jahrhundertwende zu dominieren begonnen hat. Dem Kanon der Spielpläne entsprechend, herrschen in den *Feuilletons* der Tageszeitungen Opernrezensionen und Rezensionen des klassisch-romantischen Konzertrepertoires vor (vgl. Reus & Harden, 2005, S. 164; Leyendecker, 2003, S. 90f.; Hänecke & Projektgruppe, 1992, S. 72; Renger, 1984, S. 330f.). Neue Musik kommt vergleichsweise selten zur Sprache; wenn sich Tageskritiker mit ihr auseinandersetzen, geschieht dies in der Regel jedoch wohlwollend und durchaus engagiert (vg. Döpfner, 1991, S. 266f.). Während Musikgenres wie Jazz, Folklore oder Chanson stark unterrepräsentiert bleiben (vgl. Leyendecker, 2003, S. 87), hat sich seit den 80er-Jahren des 20. Jahrhunderts die angelsächsisch geprägte Popularmusik ihren Platz im Musikfeuilleton erobert. Aus Musikzeitschriften hervorgegangen, in denen sie ihre Charakteristika entwickelt hat (vgl. Tadday, Flamm & Wicke, 1997, Sp. 1383f.; Rumpf, 2004), tritt die Popkritik im heutigen Zeitungsfeuilleton gleich stark auf wie Rezensionen sogenannter E-Musik (vgl. Reus & Harden, 2005, S. 164f.). Dies hängt zusammen mit der Schallplatten- und Tonträgerkritik (vgl. Leyendecker, 2003, S. 85f.; Renger, 1984, S. 334), die sich in der Zeit nach dem zweiten Weltkrieg als integraler Bestandteil des Musikjournalismus etabliert.

In ihrer Tendenz sind Musikkritiken der Gegenwart überwiegend positiv (vgl. Döpfner, 1991, S. 264ff.; auch Böheim, 1987). Das starke Übergewicht der Rezension und des Terminjournalismus über alle anderen journalistischen Formen und Berichterstattungsanlässe (schon im frühen 19. Jahrhundert angelegt) und der akademische Einfluss der Fachkritik seit Eduard Hanslick überziehen die Sprache im Musikfeuilleton weiterhin mit einem „Abrakadabra von Formeln und Vokabeln", einem „Rotwelsch" aus Fachbegriffen (Stuckenschmidt, 1962, S. 48). Auf der anderen Seite lebt die Bild- und Metaphernseligkeit des frühen 19. Jahrhunderts fort (vgl. Böheim, 1987, S. 213ff.) Beides gilt gleichermaßen für die Popkritik (vgl. Reus, 1992; Ortner, 1982).

Die Verständlichkeit musikkritischer Beiträge gilt heute vielfach als problematisch. In einer Untersuchung Herbert Bruhns waren alle Lesergruppen mit der sprachlichen Beschaffenheit von Musikkritiken unzufrieden – bis auf die Gruppe der Musikwissenschaftler (vgl. Bruhn, 1984, S. 854). Reportagen, Glossen oder Essays, die geeignet wären, den Sprach- und Formenbestand des Musikjournalismus im Hinblick auf seine „soziale Referenz" auszuweiten und der Alltagssprache anzunähern, kommen im Feuilleton heute eher selten vor (vgl. Reus & Harden, 2005, S. 168; Hänecke & Projektgruppe, 1992, S. 69; Renger, 1984, S. 327).

Auf der anderen Seite fand Döpfner in seinen Inhaltsanalysen heraus, dass Musikkritiken in hohem Maße auch „außermusikalische Faktoren" (Organisationskritik, Biographisches, Geschichtliches, optische und atmosphärische Aspekte von Aufführungen etc.) behandeln (vgl. Döpfner, 1991, S. 272ff.). Vor allem Popmusik und Popkritik, die sehr stark von visuellen und biographischen Bezügen leben, haben für große Leserkreise jenen Gesprächswert, der die Entstehung des Musikfeuilletons seit dem 18. Jahrhundert stets begleitet hat. So trägt der moderne Musikjournalismus auch in dieser „U"-Variante, die die Kulturteile der Zeitungen sowie feuilletonistische Äußerungen im Internet künftig noch stärker bestimmen dürfte, unübersehbar das Erbe weiter, das sich vor annähernd 300 Jahren durchzusetzen begann.

Literatur

Adorno, T. W. (1968). Reflexionen über Musikkritik. In H. Kaufmann (Hrsg.), Symposion für Musikkritik. Beiträge von Theodor W. Adorno u. a. (S. 7-21). Graz: Institut für Wertungsforschung.
Andres, H. (1938). Beiträge zur Geschichte der Musikkritik. Greifswald: Abel (Phil. Diss. Heidelberg 1936).
Becker, H. (Hrsg.).(1965). Beiträge zur Geschichte der Musikkritik. Regensburg: Bosse.
Böheim, G. (1987). Zur Sprache der Musikkritiken. Ausdrucksmöglichkeiten der Bewertung und/oder Beschreibung. Innsbruck: Universität Innsbruck.
Braun, W. (1972). Musikkritik. Versuch einer historisch-kritischen Standortbestimmung. Köln: Gerig.
Bruckner-Bigenwald, M. (1965). Die Anfänge der Leipziger Allgemeinen Musikalischen Zeitung. Hilversum: Knuf.
Bruhn, H. (1984). Musikkritik und Leserpsychologie. Schreiben Musikkritiker zu kompliziert? Das Orchester, 32, 727-733, 850-855.
[Buchmann, L.] (1989). Die musikalischen Nachrichten der „Magdeburgisch Privilegierten Zeitung" 1717-1719 und 1740/41, gesammelt, kommentiert und mit Registern versehen von Lutz Buchmann. Hrsg. v. Eitelfriedrich Thom. Michaelstein/Blankenburg: Kultur- und Forschungsstätte.
Claudius, M. (1975). Der Wandsbecker Bote. Mit einem Vorwort von Peter Suhrkamp und einem Nachwort von Hermann Hesse. Frankfurt a.M.: Insel.
Dolinski, K. (1940). Die Anfänge der musikalischen Fachpresse in Deutschland. Geschichtliche Grundlagen. Phil. Diss. Berlin.
Döpfner, M. O. C. (1991). Musikkritik in Deutschland nach 1945. Inhaltliche und formale Tendenzen. Eine kritische Analyse. Frankfurt a.M., Bern, New York, Paris: Lang.
Glotz, P. & Langenbucher, W. R. (1969). Der mißachtete Leser. Zur Kritik der deutschen Presse. Köln, Berlin: Kiepenheuer & Witsch.

Gruner, U. (1990). Musikleben in der Provinz 1933-45. Beispiel: Marburg. Eine Studie anhand der Musikberichterstattung in der Lokalpresse. Marburg: Presseamt der Stadt.

Haacke, W. (1968f.). Das Feuilleton in Zeitung und Zeitschrift (Unterhaltung, Kultur und Kulturpolitik). In E. Dovifat (Hrsg.), Handbuch der Publizistik. Unter Mitarbeit führender Fachleute (S. 218-236). Bd. 3. Berlin: de Gruyter.

Haacke, W. (1951ff.). Handbuch des Feuilletons. Drei Bände. Emsdetten: Lechte.

Hänecke, F. & Projektgruppe (1992). Musikberichterstattung in der Schweizer Presse. Ergebnisse aus Inhaltsanalysen, Redaktions- und Journalistenbefragungen. Zürich: Seminar für Publizistikwissenschaft.

Heine, H. (1981). Sämtliche Schriften. Band 9. Schriften 1831-1855. Hrsg. v. Karl Heinz Stahl. (H. Heine: Sämtliche Schriften in zwölf Bänden. Hrsg. v. Klaus Briegleb). Frankfurt a.M., Berlin, Wien: Ullstein.

Hoffmann, H. (1981). Kultur für alle. Perspektiven und Modelle. Erweiterte und aktualisierte Ausgabe. Frankfurt a.M.: Fischer.

Honegger, A. (1948). Über die Musik-Kritiker. Melos, 15, 97-99.

Ihlau, F. (1935). Die Entwicklung der Musikberichterstattung in den Münchener „Neuesten Nachrichten" als Spiegelbild des Münchener Musiklebens von der Gründung der „Neuesten Nachrichten" bis zum Jahre 1860. München: Zeitungswissenschaftliche Vereinigung.

Kirchmeyer, H. (1967ff.). Situationsgeschichte der Musikkritik und des musikalischen Pressewesens in Deutschland, dargestellt vom Ausgange des 18. bis zum Beginn des 20. Jahrhunderts. Sechs Teile. Regensburg: Bosse.

Koszyk, K. (1966). Deutsche Presse im 19. Jahrhundert. Geschichte der Deutschen Presse, Teil II. Berlin: Colloquium.

Kriegel, V. (1986). Unser Jazz und unsre Kritiker. Der Rabe, o. Jg.(14), 37-56.

Krome, F. (1897). Die Anfänge des musikalischen Journalismus in Deutschland. Leipzig: Pöschel & Trepte.

Lachner, C. (1954). Die Musikkritik (Versuch einer Grundlegung). Phil. Diss. München.

Lange, S. (1994). Der Musikkritiker Eduard Hanslick – Eine Untersuchung zu den Bedingungen seiner Kritik. Diplomarbeit Hochschule für Musik und Theater Hannover.

Lesle, L. (1984). Der Musikkritiker – Gutachter oder Animateur? Aspekte einer publikumspädagogischen Handlungstheorie der Musikpublizistik. Hamburg: Wagner.

Lesle, L. (1991). Maulzucken und schnelle Donnerwetter. Matthias Claudius als Musikberichter und Wortmusikant. Musica, 45, 71-74.

Leyendecker, C. (2003). Aspekte der Musikkritik in überregionalen Tageszeitungen. Analyse von FAZ und SZ. Frankfurt a.M.: Lang.

Meunier, E. & Jessen, H. (1931). Das deutsche Feuilleton. Ein Beitrag zur Zeitungskunde. Berlin: Duncker.

Oepen, H. (1955). Beiträge zur Geschichte des Kölner Musiklebens 1760-1840. Köln: Volk.

Ortner, L. (1982). Wortschatz der Pop-/Rockmusik. Das Vokabular der Beiträge über Pop-/Rockmusik in deutschen Musikzeitschriften. Düsseldorf: Schwann.

Rehm, J. (1983). Zur Musikrezeption im vormärzlichen Berlin. Die Präsentation bürgerlichen Selbstverständnisses und biedermeierlicher Kunstanschauung in den Musikkritiken Ludwig Rellstabs. Hildesheim u. a.: Olms.

Reichardt, J. F. (1977). Briefe eines aufmerksamen Reisenden die Musik betreffend I/II. [Faksimileausgabe]. Hildesheim, New York: Olms

Renger, R. R. (1984). Musikkritik in der österreichischen Tagespresse. Eine Zustandsanalyse der musikalischen Tagesberichterstattung unter Berücksichtigung der österreichischen Musik- und Medienindustrie. Phil. Diss. Salzburg.

Rengstorf, K. H. & Koch, H.-A. (1978). Der Wandsbecker Bothe. Redigiert von Matthias Claudius. [Faksimileausgabe]. Hildesheim, New York: Olms.

Reus, G. (1992). „Ziemlich grauenvoller Sound". Zum Wortschatz der Popkritik in Tageszeitungen. Musik und Unterricht, 3, 44-49.

Reus, G. (1999). Ressort: Feuilleton. Kulturjournalismus für Massenmedien (2. Auflage). Konstanz: UVK.

Reus, G. (2003). Ironie als Widerstand. Heinrich Heines frühe Feuilletons Briefe aus Berlin und ihre Bedeutung für den modernen Journalismus. In B. Blöbaum & S. Neuhaus (Hrsg.), Literatur und Journalismus. Theorien, Kontexte, Fallstudien (S. 159-172). Wiesbaden: Westdeutscher Verlag.

Reus, G. & Harden, L. (2005). Politische „Kultur". Eine Längsschnittanalyse des Zeitungsfeuilletons von 1983 bis 2003. Publizistik, 50, 153-172.

Rumpf, W. (2004). Pop & Kritik: Medien und Popkultur. Rock ‚n' Roll, Beat, Rock, Punk. Evis Presley, Beatles/Stones, Queen/Sex Pistols in SPIEGEL, STERN & SOUNDS. Münster: Lit Verlag.

Schenk-Güllich, D. (1972). Anfänge der Musikkritik in frühen Periodika. Ein Beitrag zur Frage nach den formalen und inhaltlichen Kriterien von Musikkritiken der Tages- und Fachpresse im Zeitraum von 1700 bis 1770. Phil. Diss. Erlangen-Nürnberg.

Schering, A. (1929). Aus der Geschichte der musikalischen Kritik in Deutschland. In R. Schwartz (Hrsg.), Jahrbuch der Musikbibliothek Peters für 1928 (S. 9-23). Leipzig: Peters.

Schmitt-Thomas, R. (1969). Die Entwicklung der deutschen Konzertkritik im Spiegel der Leipziger Allgemeinen Musikalischen Zeitung (1798-1848). Frankfurt a.M.: Kettenhof.

Spahn, C, (1992). Musikkritik. In D. Heß (Hrsg.), Kulturjournalismus. Ein Handbuch für Ausbildung und Praxis (S. 101-108). München, Leipzig: List.

Stege, F. (1936). Bilder aus der deutschen Musikkritik. Kritische Kämpfe in zwei Jahrhunderten. Regensburg: Bosse.

Stegert, G. (1998). Feuilleton für alle. Strategien im Kulturjournalismus der Presse. Tübingen: Niemeyer.

Stöber, R. (2000). Deutsche Pressegeschichte. Einführung, Systematik, Glossar. Konstanz: UVK.

Stuckenschmidt, H. H. (1962). Musikkritik. In G. Blöcker, F. Luft, W. Grohmann & H. H. Stuckenschmidt (Hrsg.), Kritik in unserer Zeit. Literatur, Theater, Musik, Bildende Kunst. Mit einem Vorwort von K. Otto (2. Auflage, S. 46-63). Göttingen: Vandenhoeck & Ruprecht.

Tadday, U. (1993). Die Anfänge des Musikfeuilletons. Der kommunikative Gebrauchswert musikalischer Bildung in Deutschland um 1800. Stuttgart, Weimar: Metzler.

Tadday, U., Flamm, C. & Wicke, P. (1997). Musikkritik. In L. Fischer (Hrsg.), Die Musik in Geschichte und Gegenwart. Allgemeine Enzyklopädie der Musik, begründet von F. Blume (Sp. 1362-1389). Zweite, neubearbeitete Ausgabe. Bd. 6. Kassel: Bärenreiter.

Wagner, M. (1979). Geschichte der österreichischen Musikkritik in Beispielen. Mit einem einleitenden Essay von Norbert Tschulik. Tutzing: Schneider.

Musikzeitschriften

TILL KRAUSE & STEFAN WEINACHT

> Dieses Kapitel widmet sich der Mediengattung Musikzeitschrift. Es beschreibt die Entwicklung von Printpublikationen mit Musikschwerpunkt in Deutschland vom achtzehnten Jahrhundert bis zur gegenwärtigen Popzeitschrift. Die Darstellung zeigt eine Entwicklung von publizistischen Alleingängen hin zu einer gesellschaftlich akzeptierten Pressegattung. Das aktuelle Bild weist Gratisblätter und Kundenzeitschriften mit den höchsten Auflagen aus. Insgesamt verliert die Musikzeitschrift zunehmend ihre Rolle als Meinungsführer an partizipatorische Medien. Um einen Überblick über aktuelle Phänomene hinsichtlich Markt, Verbreitung und Inhalt von Musikzeitschriften zu liefern, nimmt dieses Kapitel eine Typologie der Publikationen vor.

Einleitung

Das Dilemma der Musikzeitschriften

Das Schreiben über Musik ist ebenso vielversprechend wie das Tanzen zu Architektur (Walser, 2003, S. 22)[126], sagen die Kritiker des *Musikjournalismus*. Sie treffen in erster Linie die *Musikzeitschriften*. Hinter dem Sammelbegriff verbergen sich internationale Marken wie der ROLLING STONE, in Mikroauflage handkopierte Fan-Magazine (*Fanzines*) und auch traditionsreiche Publikationen wie die von Robert Schumann gegründete NEUE ZEITSCHRIFT FÜR MUSIK. Inhaltlich decken sie ein schier grenzenloses musikalisches Spektrum zwischen Kammermusik, experimentellen Elektronikklängen und Death Metal ab.

Printpublikationen müssen sich mit einer paradoxen Rolle innerhalb des *Musikjournalismus* abfinden: Sie können nur beschreiben, was andere Medien zu Gehör bringen können. Radio-DJs oder Fernsehmacher können auf die Rezension bestimmter Musikstücke entsprechende Hörbeispiele folgen lassen und Online-Magazine verlinken direkt auf Musiktitel oder -videos. Hier sprechen Töne, Songs, Videos oder Konzertaufnahmen sozusagen ihre eigene Sprache. Printmedien müssen

---

[126] Dieses Zitat wird verschiedenen Musikern in den Mund gelegt – eine überprüfbare Quelle führt es auf Elvis Costello zurück (MUSICIAN MAGAZINE, No. 60 - October 1983, S. 52). Dass das Tanzen zu Architektur indes durchaus vielversprechend sein kann, zeigen nicht zuletzt Tanz-Performances von Künstlern wie Toni Mira, etwa dessen eindrucksvolle Annäherung an Mies van der Rohe.

ohne diese audio-visuellen Signale auskommen. Ihnen steht nicht einmal der Audiokanal zur Signalübermittlung zur Verfügung, sondern nur das geschriebene Worte und das gedruckte Bild. Ihre Autoren müssen beim Schreiben über Musik auf verschiedene sprachliche und inhaltliche Stützen zurückgreifen. Bei der Beschreibung von Musik zählen dazu beispielsweise Verweise auf Ähnlichkeiten mit bekannteren Interpreten[127], Thematisierungen von inhaltlichen und personellen Überschneidungen mit anderen Gruppen oder die vielgeschmähte Kochrezept-Formel („Man nehme eine Brise Velvet Underground, rühre ein wenig Londoner Gossenslang unter und schmecke das ganze vorsichtig mit Fatboy Slim ab."). Ferner sind musikwissenschaftliche Beschreibungen zu finden, allerdings fast ausschließlich in der Berichterstattung über klassische Werke. All diesen Annäherungsversuchen ist gemein, dass sie das Hörerlebnis für den einzelnen Rezipienten nicht adäquat wiedergeben können. Denn auch die Decodierung von Audiosignalen ist ein subjektiver Vorgang[128].

Dieser Umstand gilt für alle Formen der Musikberichterstattung in nicht-auditiven Medien. Doch er trifft insbesondere Musikzeitschriften aufgrund ihrer monothematischen Ausrichtung. Schließlich konzentriert sich hier die Berichterstattung auf ein Phänomen (Musik), welches sich durch die natürliche Begrenztheit des Mediums (Printmagazin) nur sehr lückenhaft darstellen lässt.[129] Auf der anderen Seite ist Musik (vor allem Popmusik) nicht „nur" ein akustisches Phänomen: Image, Mode, politische Positionierung und Biographie der Künstler sind oft wichtiger als die musikalische Performanz. Inszenierung, Versprechungen und Dringlichkeit stehen im Vordergrund. Karl Bruckmaier (1997, S. 119) schreibt: „Ob jemand technisch versiert sein Instrument beherrscht, kann im Einzelfall wesentlich unwichtiger sein, als die Farbe seiner/ihrer Baseballmütze". Und die kann durch Worte eindeutig beschrieben werden. Dieser Tatsache bewußt, tendieren Musikzeitschriften bei ihrer Musikbeschreibung traditionell in eine oftmals personen- und ästhetikorientierte Richtung (Jones, 2002) und fungieren als Identifikationsmedium unterschiedlicher musikalischer (Sub-)Kulturen.

Bernd Gockel (1997, S. 537), Chefredakteur der deutschen Ausgabe des ROLLING STONE, zitiert einen PR-Manager der Plattenindustrie: „Musik-TV und Rundfunk sind unerläßlich, um einen Song bekannt zu machen – die Presse ist aber notwendig, um die dazugehörige Person zu etablieren". So wären Popkarrieren ohne die Omniprä-

---

[127] Diese traditionsreiche Technik von Printmedien genießt in der Gesellschaft so viel Anerkennung, dass sie von Online-Händler wie Amazon.com mit großem wirtschaftlichem Erfolg übernommen werden konnte.

[128] Die Beschreibung eines Hörerlebnisses ist aus wissenschaftsdidaktischer Sicht ein Paradebeispiel für Sekundärquellen, weil es den Stille-Post-Effekt von Sekundärquellen besonders deutlich veranschaulicht.

[129] Einen Umgehungsversuch stellen CD-Beilagen dar. Sie enthalten jedoch aufgrund der technischen Beschränkung des Mediums und wegen der rechtlich begrenzten Verfügbarkeit niemals alle im Text einer Zeitschriftenausgabe erwähnten Musikstücke und werden bei weitem nicht jeder Musikzeitschrift beigegeben.

senz von Musikern durch Abbildungen und Interviews in entsprechenden Magazinen ebenso undenkbar wie heutige Stilisierungen aktuellerer Musiker zu „Celebrities", Mode- oder Stilikonen[130].

Aus Platzgründen wird sich dieser Text auf Musikzeitschriften innerhalb Deutschlands beschränken.

Forschungsgegenstand

Der Forschungsgegenstand „Musikzeitschrift" grenzt sich auf zweierlei Weise von verwandten Phänomenen ab: Einerseits durch die Kommunikationsplattform „Zeitschrift", andererseits durch den Kommunikationsinhalt „Musik". Die Definition von „Zeitschrift" hat sich in der rund einhunderfünfzigjährigen Geschichte der statistisch-wissenschaftlichen Betrachtung des Zeitschriftenmarktes kontinuierlich weiterentwickelt. Der Ursprung des Begriffs Zeitschrift geht bereits auf das mittellateinische Wort Chronographicon zurück (eine Schrift, die eine Jahreszahl beinhaltet) und wurde von Georg Philipp Harsdörffer („Frauenzimmer Gesprächsspiele", 1645) erstmals in diesem Zusammenhang verwendet (Fellinger, 1968, S. 10). Als erste periodisch in Deutschland erscheinende Zeitschriften gelten je nach Quelle die 1597 erschienene Monatszeitschrift HISTORISCHE RELATIO (siehe Raabe, 2006, S. 312) oder der GÖTTER-BOTH MERCURIUS (eine Ergänzung zur Zeitung TEUTSCHER KRIEGS-CURIER aus dem Jahre 1674/75; siehe Schröder, 2006, S. 396). Die Leipziger ACTA ERUDITORUM, eine lateinischsprachige Gelehrtenschrift aus dem Jahre 1682, wird in fast allen historischen Analysen genannt (bspw. Bleis, 1996, S. 20f.). Laut Gerlach (1988, S. 24f.) taucht der Begriff Zeitschrift als Bezeichnung für eine eigene Mediengattung erst ab ca. 1750 auf und verbreitet sich parallel zu den Begriffen Gelehrtenschrift, Magazin oder Journal. Im Titel einer periodischen Musikpublikation wird der Begriff „Zeitschrift" erstmals 1791 verwendet, als die NEUE MUSIKALISCHE ZEITSCHRIFT aus Halle erscheint.

Heute werden die Termini „Zeitschrift", „Magazin" und „Periodika" im allgemeinen Sprachgebrauch oft gleichbedeutend verwendet, was eine Eingrenzung des Topos kompliziert. Wir verwenden den Begriff Zeitschrift rein formal als „Sammelbezeichnung für Druckschriften der periodischen Presse mit maximal wöchentlicher und mindestens halbjährlicher Erscheinungsweise" (vgl. Raabe, 2006, S. 320; ähnlich in der amtlichen Pressestatistik: Presse- und Informationsamt der Bundesregierung, 1994, S. 104). Auf dieser Basis kann die Musikzeitschrift bereits von anderen Plattformen der massenmedialen Musikthematisierung (vgl. Weinacht, 2003, S. 117) abgegrenzt werden.

Innerhalb des verbleibenden Spektrums der Mediengattung Zeitschrift ist die Musikzeitschrift nicht eindeutig einzuordnen. Die Informationsgemeinschaft zur Fest-

---

[130] beispielsweise: Curtis „50cent" Jackson, Pete Doherty, Madonna, Gwen Stefani oder auch Florian Silbereisen, Renée Flemming und Luciano Pavarotti

stellung der Verbreitung von Werbeträgern (IVW) kategorisiert Publikums- und Kundenzeitschriften in Rubriken wie „Buch/Musik/Kino/Rundfunk" oder „Lifestyle". Eine alleinige Kategorie für Musikzeitschriften gibt es nicht. Verschiedene Typen von Musikzeitschriften werden daher diversen Unterkategorien von Zeitschriften zugeordnet. Dabei kommen vier formale und inhaltliche Unterscheidungsebenen zum Einsatz. Zum einen sind die Zeitschriften, in denen Musik thematisiert wird, anhand der Zentralität dieses Themas im Zeitschriftenkonzept zu unterscheiden: Entweder ist die Musik das Hauptthema, oder ein Nebenthema unter vielen[131]. Zweitens können Musikzeitschriften wissenschaftliche Fachzeitschriften, Branchenpresse oder Publikumszeitschriften sein (in Abhängigkeit der angesprochenen Publika). Als Publikumszeitschriften können sie drittens entweder Special- oder Very-Special-Interest-Zeitschriften sein (inhaltliche Spezifikation) und durch Verkauf und/oder Werbung finanziert werden (formale Differenzierung anhand von Geschäftsmodellen). In diesem Beitrag werden unter Musikzeitschriften alle Druckwerke mit dem Hauptthema Musik verstanden[132], die mindestens halbjährlich und höchstens wöchentlich erscheinen.

Typologie der aktuellen Musikzeitschriften

In der folgenden Typologie werden nur Musikzeitschriften gemäß der weiter oben getroffenen Definition berücksichtigt.

Sie werden erstens anhand ihrer groben Zielgruppen unterschieden in wissenschaftliche Fachzeitschriften vs. Branchenpresse vs. Publikumszeitschriften. Unter den wissenschaftlichen Zeitschriften werden auch die musikpädagogischen Publikationen gefasst. Beispiele sind daher MUSIKFORUM, MUSIK & ÄSTHETIK oder auch

---

[131] Die Themenzentralität ist ein rein quantitatives Kriterium, operationalisierbar durch den Flächenanteil.

[132] Dadurch sind folgende Typen von Zeitschriften, die Musik als Nebenthema präsentieren, ausgegrenzt: Unter den Fachzeitschriften bspw. die sozial-, wirtschafts- und rechtswissenschaftlichen. Unter der Branchenpresse bspw. die Publikationen der Veranstaltungswirtschaft, Gastronomen oder Journalisten. Sowie unter den Publikumszeitschriften die General-Interest-Publikationen, bspw. Kinder- und Jugendzeitschriften, Aktuelle Illustrierte, Stadtmagazine sowie Programmzeitschriften. Von besonderer Bedeutung in der Musikwirtschaft ist die Teeniepresse mit den Paradebeispielen BRAVO und POPCORN. Folgende Besonderheiten sind im Unterschied zur Musikzeitschrift als Charakteristika der Teeniepresse festzuhalten: Sie sind von stärkeren Auflagenfluktuationen gekennzeichnet als alle anderen Publikumszeitschriften und von kurzlebigen Trends abhängig. Ihre Kernleserschaft wechselt in regelmäßigen Zyklen alle drei bis vier Jahre (Schulze, 1995, S. 160-161). Aktuelle Illustrierte sind entweder Nachrichtenmagazine (STERN, DER SPIEGEL, FOCUS) oder Zielgruppentitel wie etwa nach Geschlecht oder sexueller Orientierung kategorisierbare Lifestyle-Magazine (PETRA, MAX, PLAYBOY, DU & ICH). Stadtmagazine und Programmzeitschriften werden hier aufgeführt, weil sie für die Promotion der Musikindustrie unter den aktuellen Illustrierten von besonderer Bedeutung sind (vgl. Weinacht, 2000, S. 55-56).

MUSIK & BILDUNG. Die Übergänge zur Branchenpresse der Tonträgerindustrie sind definitorisch fließend[133], praktisch aber augenscheinlich: In Deutschland zählen die Magazine MUSIKMARKT und MUSIKWOCHE oder die GEMA-NACHRICHTEN zu den Branchenzeitschriften.

Als Publikumszeitschriften gelten „periodische Publikationen, deren Inhalt gar nicht oder nur so weit eingeschränkt ist, daß er auch von Nicht-Fachleuten und Außenstehenden noch verstanden werden kann;(...) [die] sich an ein durch Beruf, Stand oder Mitgliedschaft prinzipiell nicht begrenztes, sondern breites Publikum wenden; die sich weniger der Bildung und Unterrichtung, dafür mehr der Beschäftigung ohne Anstrengung, der Unterhaltung oder Beratung widmen." (Wilke, 1997, S. 403)

Die Publikumszeitschriften werden auch inhaltlich spezifiziert (vgl. Heinrich, 1994, S. 278-279). Diese Dimension bezieht sich auf die Breite, in der „Musik" verhandelt wird:

- Special-Interest-Zeitschriften wie MUSIKEXPRESS (55.595)[134], ROLLING STONE (56.798), VISIONS (29.443) oder SPEX (19.145) berichten über diverse Musik-Genres. Sie werden hier als „Popmagazine" bezeichnet, um das relativ breite Themenspektrum jeweils aktuell-populärer Stile, die dort verhandelt werden, zu veranschaulichen.
- Very-Special-Interest-Zeitschriften thematisieren entweder
    o nur einen Musikstil (bspw. volkstümliche Musik in MEINE MELODIE (53.432); Jazz in JAZZ THING (26.000[135]); neue Musik in NEUE ZEITSCHRIFT FÜR MUSIK (8.000[136]); Hard Rock/Heavy-Metal in METAL HAMMER (48.162), ROCK HARD (40.043); HipHop/Dance in RAVE LINE (68.095), JUICE (25.405) und BREAKBEATS). Oder sie legen den Schwerpunkt auf
    o Einzelaspekte der Musikproduktion (Musikerzeitschriften wie GITARRE & BAß (33.904), GUITAR (24.794), KEYS (13.249), DAS ORCHESTER (20.000)[137])

---

[133] Fachzeitschriften sind „Organe, die der fachlichen, insbesondere beruflichen Unterrichtung dienen" (Wilke, 1997, S. 410). Auch in der Definition des Verbandes deutscher Zeitschriftenverleger (VDZ) (2007) dienen Fachzeitschriften „der beruflichen Information und der Fortbildung eindeutig definierbarer, nach fachlichen Kriterien abgrenzbarer (...) Zielgruppen." Allerdings wird dort weiter ausgeführt: „Sie bieten darüber hinaus die Plattform für die Generierung qualifizierter Geschäftskontakte". Dieser Aspekt dient hier der Abgrenzung von Branchenzeitschriften: Sie richten sich in erster Linie an die Hersteller und Händler von Tonträgern. Die Branchenpresse liefert der Industrie vor allem statistische Marktdaten, aber auch Hintergrundinformationen zu einzelnen Produkten sowie den begleitenden Marketing-Kampagnen und Verkaufserfolgen (Schulze, 1995, S. 160; Lencher, 1997, S. 533-536).
[134] Wenn nicht anders angegeben, bilden die folgenden Klammernangaben die verbreitete Auflage im dritten Quartal 2007 ab. (Quelle: IVW.de)
[135] Nicht IVW-gelisteter Titel; Druckauflage laut Verlagsangabe
[136] Nicht IVW-gelisteter Titel; „Auflage" laut Verlagsangabe
[137] Nicht IVW-gelisteter Titel; „Auflage" laut Verlagsangabe

- o   Informationen für Tonträger- und Instrumentensammler wie OLDIE-MARKT (3000)[138][139]
- o   oder der Musikrezeption (Audio-Magazine wie AUDIO (45.102), STEREO (41.431) oder STEREOPLAY (33.176)).

Special- und Very-Special-Interest-Zeitschriften können schließlich hinsichtlich der zu Grunde liegenden Geschäftsmodelle differenziert werden. Die formale Differenzierung unterscheidet damit auch verschiedene Distributionswege (Abonnement/Einzelverkauf oder kostenlose Auslage). Die bisher genannten Beispiele basieren auf der Finanzierung aus Verkauf und Anzeigengeschäft. Daneben existieren rein werbefinanzierte Special-Interest-Zeitschriften wie INTRO (134.914) oder UNCLE SALLY'S (122.566), zu denen auch die als Teil der Unternehmenskommunikation finanzierten Händlermagazine wie das WOM-MAGAZIN (211.972) zählen. Aus letzterer Gruppe stammt auch die 2007 reichweitenstärkste Musikzeitschrift: MUSIX liegt in den Filialen der Handelskette Media Markt und in Vorverkaufsstellen kostenlos aus; die verbreitete Auflage beläuft sich im dritten Quartal auf 250.475 Exemplare. Schließlich überleben bis heute vereinzelte Fanzines alleine auf der Basis des Verkaufs. Im tabellarischen Überblick ergibt sich folgende Typologie):

Tabelle 1: Typologie von Musikzeitschriften

Allgemeiner Typ	Ausprägungen von Musikzeitschriften	
Fachzeitschriften	Musikwissenschaftliche Zeitschriften	
Branchenpresse	Zeitschriften für die Musikindustrie	
Publikumszeitschriften	Special-Interest	Very-Special-Interest
Verkauf und Werbefinanzierung	Popmagazine	• Musikmagazine mit musikstilistisch spezialisierten Schwerpunkten • Audio-Presse • Musikermagazine • Magazine für Musiksammler
Reine Werbefinanzierung oder reiner Verkauf	Kundenmagazine	Fanzines

---

[138] Nicht IVW-gelisteter Titel; „Auflage" laut Verlagsangabe

[139] Dieses wöchentlich erscheinende Magazin für Tonträgersammler wurde 1977 als RINGTAUSCH REPORT gegründet und 1983 in OLDIE-MARKT umbenannt. Es hält heute den größten Marktanteil innerhalb eines wirtschaftlich unbedeutenden Segments der Musikzeitschriften. Internationale Titel auf dem deutschen Markt sind z.B. RECORD COLLECTOR oder GOLDMINE.

Eine solche Kategorisierung umfasst selbstverständlich zahlreiche Grauzonen und Ambivalenzen. Vor allem kann sie keine Systematik liefern, in die alle anderen in der Literatur vorhandenen Typologien integrierbar sind: Zu unterschiedlich sind die verwendeten Begriffsdefinitionen.[140] Dennoch vermag diese Typologie einen Kulminationspunkt für die historische Betrachtung von Musikzeitschriften zu bilden. So soll die folgende Abhandlung das Ziel haben, die Entstehung dieser Typen und ihrer Charakteristika aufzuzeigen und zu erklären.

Forschungsstand

Obgleich sowohl in der Medien- und Kommunikationswissenschaft als auch in der Kultur- und Musikwissenschaft bislang recht wenig kontinuierliche Forschung über das Phänomen Zeitschrift stattfindet, ist in den letzten zehn Jahren doch ein steigendes Interesse an diesem Thema zu beobachten – siehe etwa den aufschlußreichen PUBLIZISTIK-Sonderband zu diesem Thema (Vogel & Holz-Bacha, 2002). Über Musikzeitschriften existiert jedoch weiterhin kaum wissenschaftliche Literatur. Das liegt zum einen an der in Fachtraditionen begründeten Zurückhaltung beim Themenkomplex Musik & Medien im Allgemeinen (vgl. Weinacht & Scherer, 2007, S. 8-9) sowie am relativ geringen Anteil, den Musikzeitschriften auf dem Zeitschriftenmarkt ausmachen im Speziellen. Trotz ihrer Vielfältigkeit sind laut dem Online-Archiv der Datenbank „Pressekatalog" nur 1,6 Prozent der in Deutschland erscheinenden Zeitschriften hauptsächlich auf Musikthemen spezialisiert (vgl. Vogel & Gleich, 2007). Darüber hinaus stellen Musikzeitschriften auf dem deutschen Zeitschriftenmarkt ein „wirtschaftlich eher unbedeutsames Feld" (Lencher, 1997, S. 533) dar. Angesichts solcher Argumente wird das Erkenntnispotenzial des Untersuchungsgegenstandes oft übersehen, etwa die in besonderem Maße ausgeprägte Position der Redaktionen im Spannungsfeld zwischen journalistischer Unabhängigkeit und Marktorientiertheit.

Im Folgenden wollen wir daher aufzeigen, wie sich die heutige Vielfalt von Musikzeitschriften im Laufe der Zeit entwickelt hat. Dabei sollen neben gesellschaftlichen insbesondere wirtschaftliche Rahmenbedingungen hinsichtlich ihrer Auswirkungen auf die sich wandelnden Konzepte und Inhalte von Musikzeitschriften dargestellt werden. Entsprechend wird ein Schwerpunkt der Betrachtungen auf die Entwicklung der heute – im Intramediavergleich – reichweitenstärksten Musikzeit-

---

[140] Beispielhaft: Lencher (1997) zählt Titel wie den 1926 gegründeten englischen MELODY MAKER (der im Jahr 2000 mit dem NEW MUSICAL EXPRESS fusionierte) als „Pflichtlektüre innerhalb der Branche" (S. 534) zu den Fachmedien, während Gockel (1997) im selben Sammelband (S. 540f.) Publikationen wie (das mittlerweile eingestellte) FACHBLATT und andere Musikermagazine (etwa GITARRE & BASS) zu den Publikumszeitschriften zählt, obgleich auch diese Publikationen sich durchaus an professionelle Musiker richten und deren „beruflicher Information und der Fortbildung" dienen. Die genaueste Differenzierung liefert Wernke (2002), die Musikzeitschriften in vierzehn Sachgebiete unterteilt.

schriften gelegt: auf die nach 1945 in Deutschland entstandenen „Popzeitschriften". Während die Musikpresse in England und Nordamerika weitaus vollständiger dokumentiert ist (exemplarisch: Jones, 2002), besteht bei der akademischen Betrachtung deutschsprachiger Musikzeitschriften trotz einiger aufschlußreicher Veröffentlichungen zu einzelnen Zeitabschnitten (etwa Rohlfs, 1961) weiterhin Nachholbedarf.

Musikzeitschriften eignen sich als Forschungsgegenstand einer historisch orientierten Publizistik sehr gut, da sie als Momentaufnahmen des populären gesellschaftlichen wie auch musikalischen Klimas einer bestimmten Epoche zu lesen sind. Da – anders als im Rundfunkwesen der Bundesrepublik – ein duales System im Zeitschriftenmarkt (also die Trennung zwischen öffentlich-rechtlich und privatwirtschaftlich) nie existierte, waren Zeitschriften von Anfang an Unternehmen im ökonomischen Sinn. Aufgrund der damit einhergehenden Nachfrageabhängigkeit ihrer Existenz können Sie als kulturelle Seismographen für gesellschaftliche Entwicklungen dienen: Wenn die Nachfrage nach Informationen und Bewertungen aus einer Szene nachgelassen hat, wurden die auf diese Zielgruppe spezialisierten Zeitschriften eingestellt, umgebaut, zusammengelegt oder verkauft. Aus einer Geschichte der Musikzeitschrift lässt sich daher ein mannigfaltiges Bild der Musik- und Kulturgeschichte eines Landes zeichnen.

Vor dem Hintergrund dieser Einschätzung ist die im folgenden gewählte Gliederung der Entwicklung in Phasen nicht als Abbild von Epochen der Musikzeitschriftenentwicklung zu verstehen, die gemäß einer zentralen Unterscheidungskategorie trennscharf wären. Vielmehr werden ereignisabhängig wirtschaftliche, politische, gesellschaftliche, musikstilistische oder mediale Veränderungen als Gründe herangezogen, um die einzelnen Phasen voneinander abzugrenzen.

Unter dieser Herangehensweise werden in Anknüpfung an die Zeitschriftenforschung in der Bundesrepublik chronologisch gegliederte Phasen der Entwicklung von deutschen Musikzeitschriften seit Anfang des 18. Jahrhunderts aufgezeigt werden. Die Phasen schildern jeweils das Aufkommen oder den Wandel eines Typus von Musikzeitschrift, der heute Teil der publizistischen Vielfalt in diesem Bereich ist. Im abschließenden Teil wird auf die veränderte Rolle der Musikmagazine in Zeiten von digitalen Angeboten eingegangen.

Von der Experten- zur Bürgerpresse: der Beginn der musikalischen Zeitschriften in Deutschland im 18. Jahrhundert

Die ersten wissenschaftlichen Fachzeitschriften

Während sich die Fachzeitschriften in Deutschland zunächst meist auf historisch-politische oder theologische Themen beschränken, erscheinen in den Gelehrtenschriften ab dem späten 17. Jahrhundert auch Anzeigen von Musikbüchern und wenig später auch Abhandlungen über Musik (wie etwa „Zum Mißbrauch der Kirchen-Music", Nova Literaria Germaniae, April 1704; vgl. Fellinger, 1998). Die ersten Periodika mit inhaltlichem Schwerpunkt auf Musik entstehen ab der ersten Hälfte des 18. Jahrhunderts (Freystaetter, 1963, S. 1). Oft handelt es sich dabei um periodische Publikationen einzelner Personen, die in der Tradition der universalwissenschaftlichen Gelehrtenschriften stehen. So produziert etwa Johann Mattheson in Hamburg seine ab 1722 erscheinende CRITICA MUSICA (die als erste musikalische Fachzeitschrift gilt) in ausdrücklicher Bezugnahme auf die bereits erwähnte ACTA ERUDITORUM. CRITICA MUSICA will – noch in der Tradition der moralischen Wochenschriften – auf musikalischem Gebiet belehren und sieht sich der „möglichen Ausreutung aller groben Irrthümer und zur Beförderung eines besseren Wachsthums der reinen harmonischen Wissenschaft" verpflichtet (zit. n. Freystaetter, 1963, S. 1). Wie auch andere frühe Musikzeitschriften dieser Zeit (examplarisch: MUSIKALISCHE BIBLIOTHEK ab 1736 oder KRITISCHE BRIEFE ÜBER DIE TONKUNST ab 1759) richtet sich CRITICA MUSICA primär an Musikkenner und dient der Förderung der musikalischen Wissenschaft innerhalb eines exklusiven Rezeptionsrahmens (Fellinger, 1983, S. 179f.). In dieser Tradition stehen bis heute die wissenschaftlichen Fachzeitschriften zum Thema Musik, bspw. die zwischen 1885 und 1895 erschienene VIERTELJAHRSSCHRIFT FÜR MUSIKWISSENSCHAFT, die seit 1918 erscheinende ARCHIV FÜR MUSIKWISSENSCHAFT oder die ab 1928 erscheinende ACTA MUSICOLOGICA.[141]

Die erste Publikumspresse

In seinen ab 1766 in Leipzig erscheinenden WÖCHENTLICHEN NACHRICHTEN UND ANMERKUNGEN DIE MUSIK BETREFFEND bezieht J. A. Hiller explizit auch den Liebhaber der Musik mit ein: „Wir werden uns bey allen unsern Anzeigen und Beurtheilungen an die Stelle der Liebhaber setzen und gerade so viel von einer Sache sagen als sie notwendig wissen müssen". (Jg. I, Erstes Stück vom 1. Juli 1766; zit. in:

---

[141] Einen relativ weitreichenden Überblick liefert die elektronische Zeitschriftenbibliothek der Universität Regensburg unter http://rzblx1.uni-regensburg.de/ezeit/fl_vifa.phtml?vifa=ViFa Musik.

Fellinger, 1968, S. 12). Die intendierte inhaltliche Verbreitung unter der auch heute noch gültigen Werbemaxime „und immer an die Leser denken" findet also bereits Mitte des 18. Jahrhunderts Einzug in das Selbstverständnis von Musikzeitschriften (Fellinger, 1968, S. 11f.). Hiller arbeitet selbst als Musiker und sieht sich damit von der Tradition anderer „gelehrter" Herausgeber gelöst, die Musik primär aus akademisch-analytischer Perspektive zu betrachten. Seine anonym und im Selbstverlag veröffentlichte Zeitschrift unterscheidet sich von ihren Vorgängern darüber hinaus nicht nur durch ein größeres Format und wöchentliche Erscheinungsintervalle bei reduziertem Umfang. Sie gilt aufgrund der inhaltlichen Gliederung in Abhandlungen, Besprechungen (im Sinne heutiger Renzensionen) und Berichte sowie aufgrund ihres unterhaltsameren Schreibstils als Wegbereiter der heutigen Musikzeitschrift (vgl. unten). Aus wirtschaftlicher Sicht sind diese Publikationen indes nur wenig erfolgreich: Von den Musikperiodika des 18. Jahrhunderts erscheint kaum eine Publikation länger als fünf Jahre. Die technischen und finanziellen Probleme eines einzelnen Herausgebers/Autors können mögliche Gründe für die kurze Halbwertszeit dieser frühen Musikzeitschriften sein (vgl. Wernke, 2002, S. 5). Gleichwohl könnte die durch Hiller begonnene inhaltliche Verbreitung (auch der KRITISCHE MUSICUS konzentriert sich bereits früh auf ein Laien- und Liebhaberpublikum) sowie die Öffnung gegenüber unterhaltenden Inhalten zu einem veränderten Selbstverständnis der Zeitschriften und einer Ausweitung des Leserkreises geführt haben.

Die ersten Musikerzeitschriften

Mit zunehmender Bedeutung des Bürgertums nimmt gegen Ende des 18. Jahrhunderts in Deutschland auch die Vielfalt an Laienmusik zu und es entsteht eine rege bürgerliche Musikkultur. Damit bricht eine neue Ära der Musikzeitschriften an: „Mit der Emanzipation des Bürgertums begann die ‚öffentliche Meinung' auch im Musikleben und schaffte sich mit den musikalischen Publikumszeitschriften ihre Organe" (Wernke, 2002, S. 14f.). Konzerte sind nicht länger nur gesellschaftliches Ereignis, auch in bürgerlichen Privathaushalten wird gemeinsam musiziert und gefachsimpelt. Parallel zum ökonomischen Aufstieg des Musikalienhandels nimmt auch der Stellenwert musikalischer Erziehung in dieser Zeit rapide zu. In diesem Klima erscheint 1791 die NEUE MUSIKALISCHE ZEITSCHRIFT. Sie richtet sich an eine Leserschaft aus Laienmusikern und enthält hauptsächlich Notationen und bearbeitete Musikstücke und dient der „Beförderung einsamer und geselliger Unterhaltung beim Klavier für Geübte und Ungeübte" (zit. in Fellinger, 1968, S. 11). Ende des 18. Jahrhunderts erlebt das Musikzeitschriftenwesen eine erste Blütezeit. Es entstehen kaum zählbare Publikationen unterschiedlichster Ausrichtung vom MUSIKALISCHEN KUNSTMAGAZIN (1782) zur UNPARTEIISCHEN KRITIK (1798). Auch der Beruf des Musikkritikers erlebt zu dieser Zeit ein verändertes Selbstverständnis: Konzerte werden Gegenstand öffentlicher, im wahrsten Sinne „populärer" Diskurse und werden nicht länger hauptsächlich von Experten diskutiert (vgl. Beitrag von Reus in diesem Handbuch). Der Kritiker ist – wie Immanuel Kant in seiner 1790 veröffentlichten „Kritik der Urteilskraft" beschreibt – nicht länger nur Regelwart, der über die Qualität der dargebotenen Künste urteilt, sondern nimmt zunehmend die Rolle des Publikumssprechers ein und wird zum Mittler zwischen Künstler und Zuhörer (vgl. Lesle, 1984, S. 26f.). In der Tadition „bürgerlicher Musikkultur" als Medieninhalt stehen heute die Musikermagazine. Das Grundkonzept von GITARRE&BASS, GUITAR oder KEYS wurde also bereits in der ersten Phase der Entwicklung von Musikzeitschriften im ausgehenden 18. Jahrhundert gelegt.

Markt und Abgrenzung: vom 19. Jahrhundert bis zum ersten Weltkrieg

Weiterentwicklung der Publikumszeitschriften

Auch wirtschaftlich wird die Zielgruppe der „musikinteressierten Öffentlichkeit" zunehmend attraktiv, und Verlage beginnen, in den Markt der musikalischen Zeitschriften zu investieren. Zu Beginn des 19. Jahrhunderts etabliert sich so mit der ALLGEMEINEN MUSIKALISCHEN ZEITUNG (1798) die erste Musikzeitschrift, die über einen längeren Zeitraum bestehen kann. Streng periodisch erscheint das von Friedrich Rochlitz gegründete Blatt bis 1848 wöchentlich im Leipziger Verlag Breitkopf und Härtel, wird ab 1863 sporadisch weitergeführt und erscheint mit Unterbrechungen ab 1868 bis ins Jahr 1882 unter neuer Führung im Verlag Rieter-Biedermann. Inhaltlich konzentriert sich die AMZ auf musikästhetische Abhandlungen, Nachrichten und fachliche Rezensionen. Jedoch finden auch Beschreibungen neu erfundener Musikinstrumente ihren Platz in der Zeitschrift. Ziel ist nicht länger die Fortführung eines reinen Experten-Diskurses über Musik. Die Zeitschrift soll universal angelegt und informativ sein und – ganz dem Zeitgeist verpflichtet – eine „soziographisch ‚tiefergreifende' Teilnahme des Bürgertums an den Hervorbringungen der ‚Musikkultur'" ermöglichen (Lesle, 1984, S. 25). Dementsprechend war das Schreiben von Leserbriefen sowie das Einsenden eigener Artikel von Lesern ausdrücklich erwünscht. Bereits ab der ersten Ausgabe hatte diese Publikation cirka 130 Mitarbeiter. Ein deutliches Indiz für die zunehmende Relevanz von Musikzeitschriften, die ja – wie oben beschrieben – anfänglich als Privatveröffentlichungen von Einzelpersonen begonnen hatten.

Während die AMZ nach dem Ausscheiden des Herausgebers Rochlitz ab 1818 zunehmend an Qualität und Relevanz verliert, erscheint ab 1834 mit der von Robert

Schumann gegründeten NEUEN ZEITSCHRIFT FÜR MUSIK (NZfM)[142] ein weiterer wichtiger Titel, der als einziger der vor 1850 gegründeten Musikzeitschriften bis heute regelmäßig publiziert wird (seit 1955 im Schott Verlag, Mainz). Im Unterschied zur AMZ ist die NZfM weitgehend unabhängig von einem Verlag organisiert. Außerdem grenzt sie sich inhaltlich deutlich ab: Ausgangspunkt für die Gründung der Zeitschrift ist die zunehmende Unzufriedenheit der Herausgeber mit der damaligen musikalischen Situation. Im Rückblick schreibt Schumann:

> „Man kann nicht sagen, daß die damaligen musikalischen Zustände Deutschlands sehr erfreulich waren. Auf der Bühne herrschte noch Rossini, auf den Klavieren fast ausschließlich Herz und Hünten (…). Da fuhr eines Tages der Gedanke durch die jungen Brauseköpfe: laßt uns nicht müßig zusehen, greift an, daß es besser werde, greift an, daß die Poesie der Kunst wieder zu Ehren komme." („Über Musik und Musiker", 1854, zit. in Fellinger, 1968, S. 15).

Obgleich Schumann die formale Gliederung der AMZ übernahm (also neben Artikeln auch Kritiken, Anzeigen und größere Aufsätze abdruckte), repräsentierte die AMZ für ihn einen inhaltlich uninspirierten und statischen *Musikjournalismus* ohne kreativen Impuls (Kehm, 1943, S. 15f.). Schumann wollte radikal anders sein und vor allem persönlich eingefärbten Journalismus auf hohem Niveau für ein vorgebildetes Publikum praktizieren: In seiner „Zeit- und Streitschrift [rechnete er] gewiß mit Lesern (…), die einen Modulationsgang nachbuchstabieren konnten" (Lesle, 1984, S. 52). Musikkritik ist für Schumann eher mit Mitteln der Poesie als mit rigider Sachlichkeit zu erreichen. Die NZfM kultiviert einen Kult um den Schöpfergeist – neben Schumann arbeiten auch andere Komponisten als Autoren für die Zeitschrift und es ist erklärtes Ziel der NZfM, Künstlern ein Organ zu verschaffen, in dem sie sich Ausdruck verleihen und „gegen einseitige und unwahre Kritik verteidigen" können (NZfM I, No. 1, S. 1, zit. in Fellinger, 1968, S. 16). Entsprechend seiner – von der Romantik geprägten – Auffassung von Musikproduktion verzichtet Schumann beispielsweise auf die Integration von „Dilettanten" (i.S.v. Amateuren, Laien) in die Herstellung seiner Zeitschrift, deren Musikbegeisterung ihm zu trivial und damit grundsätzlich suspekt war. Der Erfolg der NZfM ist vor dem Hintergrund ihrer weitgehenden Unabhängigkeit von einem großen Verlag für die weitere Entwicklung der deutschen Musikpresse bedeutsam: Mit Schumann hat die NZfM eine Herausgeberautorität, die dem Typus des leidenschaftlichen und meinungsbildenden „Blattmachers" entspricht. Die Zeitschrift wird nicht nur Schauplatz wechselnder musikkritischer Standpunkte und Methoden (vgl. Lesle, 1984, S. 25f.), sondern wird auch stark vom subjektiven Geschmack Schumanns geprägt. Kehm (1943) zeigte auf, wie in der NZfM stets jene musikalische Gattung besonders im Mittelpunkt der

---

[142] Schumann gründet die Zeitschrift zusammen mit Friedrich Wieck, Ludwig Schunke und Julius Knorr. Nach einigen Differenzen führt Schumann die NZfM bereits wenige Monate später zunächst alleine. Ein neuer Verleger wurde erst 1837 gefunden.

Berichterstattung stand, die Schumanns eigenes kompositorisches Schaffen gerade dominierte. Auch der Schreibstil änderte sich: Werkkritik wird zugunsten der Aufführungskritik vernachlässigt und Schumann legte großen Wert auf die subjektive, momentane Wirkung von Musik. Nachdem Schumann die Redaktion der NZfM ab 1845 an Franz Brendel übergab, sinkt das Ansehen der Zeitschrift kontinuierlich[143]. Gleichwohl wird das heute gültige Prinzip der Rezension (also das kritische Beschreiben, Werten und Einordnen von Werken) in der NZfM etabliert und in der ab 1843 erscheinenden Zeitschrift SIGNALE FÜR DIE MUSIKALISCHE WELT zum publizistischen Prinzip erhoben. Einem zunehmend unübersichtlichen Angebot an Musik (bestehend aus Konzerten und Noten – Tonaufzeichnungen sind erst ab den 1880er-Jahren möglich) setzt diese Zeitschrift aus Leipzig einen kommentierenden und kritischen Überblick über aktuelle Neuerscheinungen entgegen: „Das gebildete Publikum erhält in dieser wöchentlich erscheinenden Revue in gedrängter Kürze schnelle Nachricht von Allem, was nur irgend Interesse hat" (SIGNALE FÜR DIE MUSIKALISCHE WELT I, 1843; zit. in: Fellinger, 1968, S. 20). Auch diese Zeitschrift verwendet einen unterhaltsamen Schreibstil und wird aufgrund ihrer übersichtlichen und umfassenden Information über das Musikgeschehen zu einem erfolgreichen Titel. Die Rezension an sich sowie die subjektive Färbung von Kritik, vor allem aber der Überblick über Neurscheinungen als Leserservice sind bis heute fester Bestandteil der Publikumstitel unter den Musikzeitschriften.

Die ersten Very-Special-Interest-Zeitschriften

Zum Erfolg der NZfM und den SIGNALEN FÜR DIE MUSIKALISCHE WELT trägt auch bei, dass das Lesen von Zeitschriften sich zu einem selbstverständlichen Zeitvertreib für eine größer werdende Öffentlichkeit entwickelt. Dadurch können in dieser Zeit auch erstmals musikalische Nischen- und Fachpublikationen entstehen: Die Gründung von Gesangsvereinen und die Veranstaltung von Sängerfesten hatte ab der zweiten Hälfte des 19. Jahrhunderts einige Magazingründungen zur Folge, die sich an eine sehr eng umgrenzte Zielgruppe richten. Versuchen sich große Blätter an einer mehr oder weniger breitgefächerten Berichterstattung, so vertreten spezialisierte Publikationen wie DIE SÄNGERHALLE (ab 1861) hauptsächlich die Interessen von Mitgliedern der Gesangsvereine. Damit reagiert der Zeitschriftenmarkt erneut auf einen Wandel in der Musikausübung und im Musikkonsum.

Gänzlich anders begründet ist das Aufkommen anderer Zeitschriften, die sich ausschließlich mit dem Oeuvre einzelner Komponisten beschäftigen (wie etwa PARSIFAL. HALBMONATSSCHRIFTEN ZUM ZWECKE DER ERREICHUNG DER RICHARD WAGNERISCHEN KUNSTIDEALE, 1884-1885). Hier ist erstmals eine musikalische

---

[143] Einen publizistischen Tiefpunkt erreicht die NZfM im Jahre 1850, als Richard Wagner darin (unter dem Pseudonym Karl Freigedank) seine anti-semitische Hetze „Das Judentum in der Musik" veröffentlicht (Kramer, 2004, S. 46)

Stilistik der Grund für Zeitschriftenneugründungen. Die komponistenbezogenen Titel halten sich zwar nicht lange am Markt. Doch die musikalische Innovation als Auslöser für Veränderungen im Segment der Musikzeitschriften ist hier erstmalig zu beobachten und sie wird im anschließenden Jahrhundert zunehmend an Bedeutung gewinnen.

Spezialisierungen unterschiedlichster Art: vom Beginn des Ersten bis zum Ende des Zweiten Weltkriegs

Allgemeine Einstellung und Fortführung von wissenschaftlichen Fachzeitschriften

Der Erste Weltkrieg bedeutet für das gesamte Zeitschriftenwesen einen entscheidenden Einschnitt, da die Presse dem Kriegsrecht unterstellt wird. Speziell für Musikzeitschriften lässt darüber hinaus sowohl die wirtschaftliche Situation als auch der Rezeptionsrahmen keinen Markt zu. 1918 werden direkt nach Kriegsende zunächst nur sehr wenige Titel wieder aufgelegt (Fellinger, 1997, S. 2262f.). Zum Beispiel erscheint die 1901 gegründete Zeitschrift DIE MUSIK aus Berlin erst wieder ab 1922 regelmäßig. Wirtschaftliche und technische Ressourcenknappheit ist der Grund.

Unter diesen Rahmenbedingungen finden die akademischen Diskurse über Musik nach dem Ersten Weltkrieg relativ schnell wieder zu einem publizistischen Forum. Die ZEITSCHRIFT FÜR MUSIKWISSENSCHAFT wird 1918 gegründet und die ab 1928 erscheinende ACTA MUSICOLOGICA existiert bis heute.

Etablierung des Typs „Very-Special-Interest-Zeitschrift"

In die Zeit zwischen den beiden Weltkriegen fällt die Etablierung des Typus der Very-Special-Interest-Publikation unter den Musikzeitschriften. Diese kennt zwei Motoren: Erstens die Verbreitung von Musikvereinen und -gruppen sowie zweitens die Entwicklung neuer musikalischer Stilistiken.

Das musikinteressierte Laienpublikum organisiert sich zwischen den Weltkriegen in zahllosen Musikvereinen und –gruppen, die jeweils eigene Publikationen herausgeben. Gesellschaftliche Veränderungen führen zu neuen Organisationen wie der Jugendmusikbewegung, die ihrerseits Zeitschriften wie MUSIK IM LEBEN. EINE ZEITSCHRIFT DER VOLKSERNEUERUNG hervorbringen (vgl. Schäfers & Scherr, 2005, S. 150f.).

Mit der steigenden Popularität musikalischer Innovationen (z.B. dem experimentellen musikalischen Expressionismus sowie Kabarett und Musiktheater) entstehen in Deutschland ab 1918 einige Publikationen, die sich ausschließlich mit zeitgenössischen Stilen beschäftigten. In Berlin erscheint mit MELOS im Jahr 1920 ein Magazin, das sich ganz auf moderne Musik konzentriert und mit der Internationalen Gesellschaft für Neue Musik zusammenarbeitet. Gegründet vom Dirigenten Hermann Scherchen und im festen Glauben an die systemsprengende Kraft avantgardistischer Kunst widmet sich diese zunächst bis 1934 erscheinende Publikation[144] unter anderem der Musik Arnold Schönbergs und setzt sich mit Atonalität und Kulturtheorien der Musik auseinander. In der Tradition der NZfM werden auch prominente Komponisten als Gastautoren für MELOS verpflichtet, unter anderen Béla Bártok. Die im 19. Jahrhundert begonnene Diversifizierung der Musikzeitschriftentitel setzt sich also nach 1918 weiter fort.

Gleichschaltung im „Dritten Reich" als Form der inhaltlichen Spezialisierung von Publikumszeitschriften

Im Rahmen der kulturellen Gleichschaltung durch das Nazi-Regime während des so genannten Dritten Reichs werden zahlreiche Medien verboten oder von staatlichen Organisationen wie der Reichskulturkammer kontrolliert. Auch die vielfältige Landschaft der Musikzeitschriften verödet unter dem nationalsozialistischen Regime. Progressive Titel wie MELOS erscheinen bereits 1934 nicht mehr, und Verleger, die die fatale Ideologie „völkischer" Musik nicht unterstützen wollen, haben mit Zensur, Verfolgung und Gewalt zu rechnen. Auch Musikzeitschriften werden zu Propagandamedien der NSDAP und Publikationen wie MUSIK UND VOLK schreiben 1933: „Weil im Singen ein besonderes Hilfsmittel zur völkischen Willensbildung (…) liegt, muß sich das Reich auch seine Pflege vorbehalten und angelegen sein lassen" (zitiert in Benzing-Vogt, 1997, S. 49f.). Das Ergebnis dieser „Pflege" ist bekannt – die systematische Unterdrückung und gewaltsame Verfolgung so genannter „entarteter" Musik. Dazu tragen auch die ZEITSCHRIFT FÜR MUSIK oder die bereits erwähnte MUSIK UND VOLK einen erheblichen Teil bei.

Für die Entwicklung der Musikzeitschriften in Deutschland hat dieser Zeitabschnitt lediglich eine Bedeutung als Phase der inhaltlichen Spezialisierung auf bestimmte musikalische Stilformen. So gesehen setzt sich in dieser Zeit auf dem Zeitschriftenmarkt nur fort, was bereits Ende des 19. Jahrhunderts mit Zeitschriften über das Werk einzelner Komponisten erfunden und mit dem Aufkommen der Neuen Musik forciert wurde. Es ist anzunehmen, dass durch die staatspolitische Unterstützung (im Rahmen der Kulturpolitik und der medienpolitischen Gleichschaltung als Instrumentarium einer Diktatur) erstmals der Massenmarkt für Musikzeit-

---

[144] MELOS wird als eine der ersten Musikzeitschriften nach dem Zweiten Weltkrieg ab 1946 wieder publiziert.

schriften angebotsseitig dominiert wird durch Titel, die sich durch einen musikstilistischen Fokus definieren.[145]

Aufkeimende Popkultur und „die anderen" Zeitschriften: 1945 bis 1966

Wiederbelebung etablierter Typen von Musikzeitschriften

Das Zeitschriftenwesen etabliert sich nach 1945 in Deutschland entsprechend der Maßgaben in den vier Besatzungszonen der Alliierten[146]. Nach der Währungsreform sind ab 1948/49 die für die Zeitschriftenproduktion notwendigen Ressourcen (technische Anlagen, Papier etc.) wieder in einem für die Massenproduktion ausreichendem Maße verfügbar. Wie erwähnt, wird MELOS sogar schon ab 1946 wieder gedruckt, und mit der Gründung der Gesellschaft für Musikforschung entsteht 1948 DIE MUSIKFORSCHUNG, eine einflußreiche musikwissenschaftliche Publikation.

Neben den allgemeinen Musikzeitschriften für ein breiteres Publikum gewinnen auch Periodika wieder an Bedeutung, die sich bereits vor der Einflußnahme der „Reichsmusikkammer" herausgebildet hatten. Das Angebot an Very-Special-Interest-Zeitschriften für Kirchenmusik (FORUM KIRCHENMUSIK 1950), Oper, Instrumentenbau, Chor- und Orchesterwesen (DAS ORCHESTER, 1953) und Musikerziehung (MUSIK IN DER SCHULE, 1949) erreicht ab den 1950er-Jahren wieder eine interessierte Öffentlichkeit.

Die ersten Audiozeitschriften

Bis dato neue medientechnische Entwicklungen wie Rundfunk und Schallplatte sind indes im gesellschaftlichen Mainstream angekommen. Sie ziehen eine Vielzahl an spezialisierten Printmedien nach sich, die sich mit Aufnahmetechnik und Urheberrecht (FONO FORUM, 1956) beschäftigten. In dieser vergleichsweise jungen Tradition stehen die heutigen Audio-Zeitschriften. Gillig-Degrave (in Druck) stellt heraus, dass in den Audio-Zeitschriften erstmals die heute in allen Musikzeitschriften

---

[145] Eine genauere Betrachtung der Musikzeitschriften von 1933-45 würde den Rahmen dieses Kapitels sprengen. Daher wird an dieser Stelle lediglich auf die Monographie von Lovisa (1997) verwiesen.

[146] In der ehemaligen DDR erscheint mit MELODIE UND RHYTHMUS ab 1957 ein – so die Eigenbezeichnung – „Fachblatt für Tanz- und Unterhaltungsmusik, in dem vor allem die Veröffentlichungen des DDR-Plattenlabels „Amiga" rezensiert werden. Über Musikzeitschriften in der DDR existiert kaum Literatur.

weit verbreiteten Bewertungsskalen und Bestenlisten für Tonträgerveröffentlichungen („vier von fünf Ohren"; „die 50 wichtigsten Jazzplatten") eingeführt wurden.[147] Für die 80er-Jahre schreibt Gillig-Degrave den Audio-Zeitschriften sogar eine direkt Kauf auslösende Wirkung zu. Mit Tonträgern und v.a. den technischen Geräten zur Wiedergabe von Klangerlebnissen beschäftigen sich u.a. AUDIO, STEREO und STEREOPLAY. Sie erreichen heute Auflagenzahlen, die höher liegen als die der Musikermagazine und fast so hoch wie die der auf bestimmte Musikstile spezialisierten Publikumszeitschriften (vgl. Ausblick in diesem Kapitel).

Popkultur noch ohne Popzeitschriften

Obgleich verschiedene Stile und deren Zielgruppen in den 1950er-Jahren mit spezialisierten Musikzeitschriften bedient werden, etablieren sich Zeitschriften für moderne populäre Musik und Jazz zögerlich.[148] Die erste Fachzeitschrift für den Jazz-Freund (so die Eigenbezeichnung von JAZZ PODIUM) erscheint zwar 1952. Doch entsprechende Titel mit Fokus auf Swing, Blues und frühen Rock'n Roll sind aus dieser Zeit kaum bekannt.

Zwar hat die BRAVO im ersten Jahr ihres Erscheinens 1956 unter anderen die Aufforderung: „Kommt und macht mit: Rock'n Roll" auf dem Cover (BRAVO 13/56, 18.11.1956). Doch bis auf einige unverbindliche Informationen zu Tanz und Interpreten weiß man den musikalischen Wandel nicht recht einzuordnen. In Deutschland wird die Herausbildung eigener Zeitschriften für Pop- und Rockmusik erst Anfang der 1960er-Jahre einsetzen.[149] Die ersten Berichte über die aufkeimende Populärmusik sind in Tageszeitungen zu lesen, wo viele dieser Künstler auf Unverständnis stoßen: Im Vordergrund der Berichterstattung steht das Unbehagen gegenüber dieser „obszönen" Musik, sowie Sensationsmeldungen über die neuen Stars wie Elvis Presley, diesem „Rock'n Roll Sänger und Bauchtänzer" (FAZ, 1957; vgl. Rumpf, 2004, S. 28). Nachrichtenmagazine berichten zwar über „Massenhysterien" bei Konzerten von Haley und Presley, wissen mit deren Musik und Modestil allerdings recht wenig anzufangen: „Aus Ratlosigkeit wurde Presley im SPIEGEL 1956 in der Rubrik Schlager einsortiert, erst ab 1958 wurde der Begriff „Rock'n'Roll" als Definition eines Musikstils und Tanzes erwähnt, [und] orthographisch korrekt geschrieben" (Rumpf, 2004, S. 8).

---

[147] Diese Form der Serviceorientierung an Leserwünschen hat Robert Christgau als internationalen Vorreiter. Er führte 1969 in der amerikanischen VILLAGE VOICE den „consumer guide" ein: Eine nur 100 Worte umfassende Rezension samt Schulnote am Ende (Grubbs, 2007, S. 14).

[148] Diese Genres entsprechen dem Nachkriegsverständnis von U-Musik und werden in dieser Zeit von Kulturkritikern wie dem MELOS-Leser und Schönberg-Verehrer T. W. Adorno als „Schund" bezeichnet.

[149] In den USA erschien bereits ab 1918 eine Zeitschrift mit dem bezeichnenden Titel THE TUNEFULL YANKEE - A MONTHLY MAGAZINE FOR LOVERS OF POPULAR MUSIC" (vgl. Fellinger, 1968, S. 449).

Popkultur in Branchenzeitschriften

Noch bevor die erste Popzeitschrift auf dem deutschen Markt ist, erscheint im Juni 1959 mit dem MUSIKMARKT eine Branchenzeitschrift. Ihr Vorbild ist das amerikanische BILLBOARD, das 1894 gegründet wurde und seit 1955 die „Top 100 Single-Charts" publiziert (Anand, 2005, S. 139f.). Branchenmagazine veröffentlichen „alle Details, die für einen reibungslosen Ablauf des [Tonträger-] Verkaufs unabdingbar sind" (Lencher, 1997, S. 534). Die besonderheit dieser Titel liegt darin, dass die Musikindustrie für sie zentraler Informant und einziger Konsument zugleich ist (Gillig-Degrave, in Druck). Der MUSIKMARKT[150] hält in Deutschland lange Zeit ein Monopol, bis 1993 die MUSIKWOCHE[151] gegründet wird.

Zunehmender intermediärer Wettbewerb

Entsprechend ist bis zur Gründung der ersten Special-Interest-Zeitschriften für die neuen Musikstile der wichtigste Multiplikator für die Aufnahmen von Interpreten wie Elvis Presley, Eddie Cochran oder Little Richard das Radio. Die hierbei einflussreichsten Sender sind die englischsprachigen Stationen RIAS, BFN, AFN oder RADIO LUXEMBURG.

Während die Zeitschriften im Bereich der Popmusik hinter dem Radio her hinken, bekommen sie in anderen Bereichen durch das Radio Konkurrenz. Mit neu entstehenden, modernistischen Radiosendungen wie dem „Musikalischen Nachtprogramm" von Herbert Eimert (ab 1948 im Nordwestdeutschen Rundfunk, später: WDR) findet die kritische Auseinandersetzung mit neuer Musik verstärkt im Rundfunk statt. Neben die Spezialisierung im Printbereich tritt die intermediale Konkurrenz im Angebot von Nachrichten aus der Musikwelt.

Die Entstehung moderner Musikzeitschriften: 1967 bis Ende der 1970er-Jahre

Entstehung der Popzeitschriften

Viele Bereiche der Musik verfügen auch nach 1966 weiterhin über spezialisierte Publikationen. Diese sind aber für das heutige Verständnis von Musikzeitschriften nicht so prägend wie die Popmagazine. Daher wird deren Entwicklung im Folgenden genauer dargestellt.

---

[150] Aktuelle Auflage nach Verlagsangaben: 5000
[151] Aktuelle Auflage nach Verlagsangaben: 4400

Die Entwicklung der Popmagazine setzt in Deutschland in der zweiten Hälfte der 1960er-Jahre ein. Sie basiert auf einem Vakuum rund um das Phänomen der Popmusik. Das entsteht, wie Rumpf (2004) es in seiner Studie über Medien und Popkultur ab 1963 herausgearbeitet hat, durch die weiterhin dichotome Berichterstattung der populären Nachrichtenmagazine: hier die gesittete Tanzmusik, dort der zottelige Krawall-Pöbel. Fans moderner Beatmusik sind häufig gebildete jugendliche Leser, die durch Zeitschrifteninhalte nicht bedient werden.

Am Beispiel der Berichterstattung über die Beatles können die Rahmenbedingungen für die Entstehung von Musikzeitschriften heutiger Prägung besonders klar gezeigt werden. Die Musik dieser Band ist ab 1963 in Großbritannien, den USA und auch Deutschland omnipräsent, populär und kann nicht ignoriert werden[152]. Dennoch scheint kaum ein massenhaft publiziertes Printmedium zu einer differenzierten Auseinandersetzung mit dem Phänomen Pop in der Lage zu sein. In den allgemeinen deutschen Zeitschriften finden die Fans eine Rhetorik der Ablehnung gegenüber dieser Musikrichtung vor.[153] In der Teen-Presse ist Popmusik zwar Thema, doch reichen die Artikel selten über die Qualität von pauschalisierendem Sensations- und Euphoriejournalismus hinaus (vgl. Maase, 1992). Diesem Tonfall schließen sich in wenigen, folgenden Jahren weite Teile der Medienlandschaft an.[154] Von allzu plumper Ablehnung zu plötzlicher gesellschaftlicher Lobhudelei über erfolgreiche Popbands liegt nur ein kurzer Zeitraum. Ein fundierter Diskurs über das während der letzten Dekade radikal veränderte Klima für Musik- und Jugendkultur findet nicht statt. Auch nicht in populären Musikzeitschriften. Zu viele Artikel erscheinen aus einer Außenperspektive und unterliegen einem Redaktionskonzept von „Jugendexperten und Meinungsforschern". Der Raum für einen „Szenejournalismus ‚von unten' bzw. ‚aus der Szene' [bleibt] lange unbesetzt" (Stark, 2001a, S. 140). Er wird erst Ende der 1960er und Anfang der 1970er gefüllt in Magazinen wie SOUNDS, MUSIKEXPRESS und ROLLING STONE.

---

[152] Im Gegensatz dazu ist etwa die „neue Musik" zu sehen, deren Diskurse sich zu dieser Zeit bereits weitestgehend in entsprechende Nischen-Publikationen zurückgezogen hatten, in denen wiederum Beat etc. nicht weiter beachtet werden.

[153] Ihre Idole werden als „monoton singende, hopsende Seelen-Heuler" (so DER SPIEGEL Anfang 1964, vgl. Rumpf, 2004, S. 66) verunglimpft, oder mit boulevardesker Häme übergossen: „Beatlekopf – Ausdruck der Persönlichkeit? Die Tanzstunde kann im richtigen Alter viel zur ‚Klärung' beitragen" (FUNK UHR, Nr. 48, 1965). Siehe hierzu die aufschlussreiche Materialsammlung von Matheja, 2003.

[154] Auf dem Höhepunkt der deutschen „Beatlemania" überschlägt sich die mittlerweile in Millionenauflage erscheinende BRAVO 1966 in der Berichterstattung über die vom eigenen Verlag geförderte „Beatles Blitztournee". Plötzlich kann sogar die konservative Publikation RUF INS VOLK. MONATSSCHRIFT FÜR VOLKSGESUNDUNG UND JUGENDSCHUTZ Gutes am Beat finden. Die Musik der Beatles sei „durchaus nicht prinzipiell negativ zu bewerten", immerhin könne dadurch „die Jugend ein Ventil gegen die allzu normierte, geordnete Umwelt" finden (zit. in Siegfried, 2003, S. 28). 1968 druckt DER SPIEGEL eine positive Kritik von „Sergeant Pepper's Lonely Hearts Club Band".

Breites Spektrum bei klarer Abgrenzung

SOUNDS versucht bereits früh, differenziert von den gesellschaftlichen Hintergründen der rezipierten Musik zu berichten, und legt dabei großen Wert auf Subjektivität, sympathisierende Distanz und spielerische Sprache.[155] Ende 1967 unterscheidet SOUNDS „nicht mehr zwischen Jazzfreunden, Beatfans und Freunden der klassischen Musik" (Heft 4/1967). Die Zeitschrift versteht sich als Sprachrohr eines anspruchsvolleren Publikums und möchte Orientierung bieten. Daher wird über ein breites Spektrum populärer Musik berichtet, was nach langen Jahren der Spezialisierung im Musikzeitschriftensegment einem radikalen Schritt gleichkommt.

Ein damit einhergehender, weiterer Schritt des Wandels liegt in der Auffassung von Musikkritik: Ab 1968 konzentriert sich SOUNDS auf eine „ernsthafte, musikologisch fundierte und vergleichend argumentierende Pop-Kritik ohne Abwertung" (Rumpf, 2004, S. 77). Im Gegensatz zum professionellen Jugendjournalismus wird in SOUNDS sowohl sprachlich als auch inhaltlich nicht auf Perfektion gesetzt.[156] Mit diesem Hang zum Experiment ist SOUNDS eines der ersten Magazine in Deutschland, das mit den ästhetischen Mitteln der Popkultur über die Geschichte des Pop reflektiert.

Die Neupositionierung wird betont durch eine normativ-qualitative Abgrenzung ex-negativo: Für das Blatt ist Pop-Musik relevant, die nicht aus medialen Hypes der Teenie-Presse erwachsen ist[157]. Diese Haltung wird journalistisch umgesetzt durch eine „Wir Versus Die"-Rhetorik. Damit wählt SOUNDS dieselben argumentativen Waffen wie jene Nachrichten- und Unterhaltungsmagazine der 60er-Jahre, die ebenso strikt zwischen „Musik contra Lärm" unterscheiden. Nur dass SOUNDS auf der „anderen" Seite steht und sich dort selbst und aggressiv als Teil des Wir-Gefühls definiert: „Seht her, ‚wir' kennen uns aus. Lasst ‚die' doch weiterhin im Dunkeln tappen und über ‚Zottelmusik' schimpfen." Aus der oft unkonventionellen Präsentation, der starken Meinung des Heftes und den süffisant-informativen Abhandlungen entsteht ein subkulturelles Zugehörigkeitsgefühl zwischen Medium und Publikum, das die Intelligenzia der (Pop-)Musikzeitschrifenmacher und -leser der nächsten Dekaden entscheidend prägt.

Dazu trägt ab den frühen 1970er-Jahren der Trend bei, die Analyse von und den Diskurs über Popkultur zunehmend akademisch und differenziert zu betreiben. Dass SOUNDS zur Pflichtlektüre einer erstarkenden, intellektuell-kritischen Szene wird, liegt nicht zuletzt an den Texten von Helmut Salzinger[158]. Unter dem Pseudonym Jonas Überohr verfasst er ab 1973 unter anderen einige wegweisende Beiträge über die

---

[155] Die Zeitschrift erscheint ab 1966 in Köln, zunächst als Zeitschrift für Neuen Jazz.
[156] In den frühen Ausgaben finden sich zahllose Rechtschreib- und Layoutfehler.
[157] Also ist beispielsweise die erste TV-gecastete Band The Monkees in SOUNDS keine Empfehlung wert. Außerdem werden die Konzerte der Rolling Stones 1970 von einem Laienschreiber kritisiert – als Zeichen für die eigene Distanz zur geölt laufenden Entertainment-Maschine.
[158] Salzinger verfasst als promovierter Germanist im Jahr 1972 das Buch „Rock Power". Darin behandelt er die Phänomene der Popkultur mit bislang in Deutschland unbekannter theoretischer wie auch publizistischer Manövrierfähigkeit (vgl. Nedo, 2005).

popkulturelle Kapazität der Gegenkultur, oft aus der Perspektive eines politisch linken Melancholikers mit Hang zur Esoterik. Vorbild für die stilistische Experimentierfreude der SOUNDS sind unter anderen Autoren wie Hunter S. Thompson, der mit seinen halsbrecherischen „Gonzo"-Reportagen in Zeitschriften wie dem amerikanischen ROLLING STONE[159] neue journalistische Maßstäbe in Punkto Subjektivität und literarischem Freigeist setzte. Ebenso wie der ROLLING STONE in seinen Anfangstagen will auch SOUNDS mehr als nur Musikzeitschrift sein: Essays, gesellschaftliche Debatten und nicht zuletzt die stets offene Solidarität zu subversiver (Gegen-)Kultur sollen den Lesern nicht nur das Gefühl geben, musikalisch nah am Zeitgeist zu sein, sondern auch deutlich machen, dass es sich bei Pop auch um ein politisches Phänomen handelt. Entsprechend wird ab ca. 1975 beispielsweise auch über die „deutsche Jugendbewegung im Faschismus oder religiöse Subkulturen in der Bundesrepublik; über Psychotherapie, Alternativszene auf dem Land oder Otto Mühls Kommune" berichtet (Rumpf, 2004, S. 36).

Neben SOUNDS ist es vor allem der in Deutschland ab 1969 erscheinende Ableger der Holländischen Zeitschrift MUZIEKEXPRESS[160], der Themen der Popmusik nicht länger aus der Perspektive der "Jugendexperten" beleuchtete, sondern mit einer jüngeren Redaktion eine Zeitschrift von und für Musik-Afficionados produziert. Der deutsche MUSIKEXPRESS ist jedoch wesentlich generalistischer angelegt als SOUNDS und widmet sich den Stars durchaus wohlwollend.

Die 1970er-Jahre sind eine erfolgreiche Zeit für diskursorientierte Musikzeitschriften: Mit einem größeren Angebot an musikalischen Stilen und einer immer unüberschaubar werdenden Flut an Plattenveröffentlichungen bilden sich immer mehr Milieus mit eigenen musikalischen wie auch ästhetischen Codes heraus. Eine Entwicklung die bekanntlich bis heute anhält. In diesem Kontext bieten Musikzeitschriften Orientierung und erfüllen die klassische Magazinfunktion des „Nutzwertes", indem sie ihre Leser mit möglichst klar definierten Positionen zu bestimmten Musikrichtungen, Tonträgern und Entwicklungen adressieren – im Falle der SOUNDS war es ab Ende der 1970er das Spektrum von „der kritischen Theorie über l'art pour l'art bis zur Punk-Apokalypse" (Selbstdarstellung, zit. in Rumpf, 2004, S. 37).

---

[159] 1967 in San Francisco gegründet.
[160] Das niederländische Original war bereits seit 1955 erschienen. Auf dem Cover der ersten Ausgabe war Elvis abgebildet.

Vier Trends seit den 1980ern

Konzentration

Als mit der „Punk-Apokalypse" die Zersplitterung des Musikangebots ihren vorläufigen Höhepunkt erreicht[161], müssen auch Musikzeitschriften einige ihrer Konstanten hinterfragen. SOUNDS wird ab 1979 mit Redakteur Diedrich Diederichsen zunehmend elitär-kryptisch und Musik dient oft nur noch als Ausgangspunkt für Abhandlungen über den Zustand des Kapitalismus oder die Möglichkeit subkultureller Konsensfähigkeit. Das baut die Stellung der Zeitschrift unter hochgebildeten Intellektuellen zwar weiter aus, lässt aber die Auflage unter weniger versierten Lesern zunehmend schrumpfen. Punkbeeinflußte Popmusik erreicht in Deutschland als „Neue Deutsche Welle" die Massen und transportiert ein Lebensgefühl, das sich nicht für Popdiskurse interessiert. SOUNDS ist zwar weiterhin am Puls der Zeit: Beispielsweise taucht dort der Begriff „Neue Deutsche Welle" bereits 1979 auf; also lange vor dem so genannten „Popsommer 1982". Doch das Blatt schreibt am Markt vorbei und der wirtschaftliche Kollaps ist nicht mehr zu stoppen. Die letzte Ausgabe erscheint 1983. Der Verleger Jürg Marquard kauft die Rechte am Namen und legte die vormaligen Konkurrenzblätter MUSIKEXPRESS und SOUNDS zusammen. Die daraus entstehende Zeitschrift ME/SOUNDS entwickelt sich zu einem angesehenen Titel, der weitestgehend auf die Experimentierfreude der SOUNDS verzichtet. ME/SOUNDS ist so für viele Jahre als anspruchsvolles Musikmagazin mit hoher Auflage und entsprechendem wirtschaftlichen Einfluss in Deutschland relativ konkurrenzlos. Heute erscheint die Zeitschrift unter dem Titel MUSIKEXPRESS.

Sie wird vom Axel Springer Verlag herausgegeben. Ebenso erscheinen dort METAL HAMMER und seit 2002 auch der ROLLING STONE[162]. Ein anderes Beispiel der Konzentration auf dem Markt für Musikzeitschriften: Die insolvente Spex Verlagsgesellschaft geht im Jahr 2000 an die auf Musik spezialisierte Piranha Media GmbH, die auch das HipHop Magazin JUICE und die Reggaezeitschrift RIDDIM im Portfolio hat.[163]

---

[161] Als Indikator für das erneut gewandelte gesellschaftliche Klima der Musikrezeption diene die Titelstory des Nachrichtenmagazins DER SPIEGEL vom Januar 1978: Sie war dem Punk gewidmet und trug die Überschrift „Kultur aus den Slums: brutal und häßlich".

[162] Deutsche Ausgabe ab 1994, nachdem ein erster Versuch, das Magazin auf Deutsch herauszubringen, Anfang der 1980er-Jahre gescheitert war.

[163] 2007 gerät der Verlag in die Schlagzeilen, weil er den Redaktionssitz der SPEX von Köln nach Berlin verlegt, was den Rücktritt der kompletten Redaktion zur Folge hat.

Grassrooting und Spezialisierung

Die Berichterstattung der etablierten Zeitschriften wird seit den 1980er-Jahren eskortiert von Nischenpublikationen, die als Very-Special-Interest-Zeitschriften verstanden werden können. Durch ihr Selbstverständnis haben sie Gemeinsamkeiten mit der politischen Grassroots-Bewegung der 1980er-Jahre: Sie orientieren sich fernab des Mainstreams, pflegen die Überzeugung von der Machbarkeit einer besseren Welt und wollen gar nicht ein Massenpublikum erreichen. Zu diesem Typ zählen die popintellektuelle SPEX sowie die aufkommenden *Fanzines*.

Die von SOUNDS etablierte Autorität bestimmter Musikzeitschriften innerhalb einer eng definierten Leserschaft, sowie ihr Hang zum popkulturellen Blick über den Tellerrand finden in den frühen 1980er-Jahren in SPEX[164] eine neue publizistische Heimat und viele ehemalige „Sounds" Autoren wie Diederichsen oder Rainald Goetz arbeiten für diese neue Zeitschrift. Der ehemalige SPEX Redakteur Dietmar Dath (2006) beschreibt die Gründung der Zeitschrift als die Idee „eine[r] Handvoll junger Publizistinnen und Publizisten, die der Blitz des Einfalls streifte, man könne in den Hervorbringungen kulturindustrieller Randzonen – etwa kleiner Plattenfirmen – eventuell mehr kulturelle Wirklichkeit, mehr wertvollen Dreck, mehr zuckendes Feuer zu fassen kriegen als beim Durchnudeln der gängigen Feuilletonthemen". Das Resultat dieses Einfalls ist für einen Großteil der Popinteressierten zwar unverständlich, wie Dath (2006) selbst einräumt. Doch das Distinktionspotential durch ausgewiesene SPEX-Lektüre macht die Zeitschrift zum Symbol einer kulturellen Zugehörigkeit zur gut situierten Popdiskursavantgarde. Und zwar unabhängig davon, ob der Leser jede Einschätzung der Redaktion von „Musik als wie auch immer aufschlußreiches Statement in einer spezifischen Situation, als sinnliches Korrelat einer Haltung" (Hinz, 2002, S. 257) teilt oder nicht. Die SPEX vermischt bis heute wie keine andere Zeitschrift die Grenzen zwischen Popkritik und Popkulturkritik. Sie hat eine intellektuelle Nische besetzt.

Musikalische Nischen sind bereits ab den 1970er-Jahren zunehmend von Fanzines besetzt worden. Eine aufkeimende „Do-it-Yourself" Szene setzt der professionellen Musikpresse selbstproduzierte und selbstdistribuierte, von journalistischen Laien „authentisch" im Szenejargon verfasste Fan-Zeitschriften[165] entgegen, die weder großformatige Anzeigen der Musikindustrie enthalten, noch inhaltlich auf Leser außerhalb des eigenen Mikrokosmos Rücksicht nehmen. In vielerlei Hinsicht drängen sich Parallelen zu den historisch ersten Musikzeitschriften auf: In der häufigen Personalunion von Herausgeber, Autor, Drucker, Distributor und Finanzier, im Expertentum derselben Person[166], im unregelmäßigen Erscheinen und in den geringen

---

[164] Anfangsmotto der 1980 gegründeten Zeitschrift: „Musik zur Zeit"
[165] Aktuelle Beispiele der Fanzine-Kultur sind und waren Titel wie ROAD TRACKS, ROCKIN' FIFITIES, DYNAMITE, KICKS, UGLY THINGS, PITTIPLATSCH 3000 oder auch DER KOSMISCHE PENIS.
[166] Das Expertentum speist sich nun freilich nicht mehr aus einer musikwissenschaftlichen Ausbildung, sondern aus der tiefen Verwurzelung in einer Szene.

Auflagen sowie im rasch durchschrittenen Lebenszyklus der Publikation.[167] Es kann daher durchaus kritisch hinterfragt werden, ob es sich bei Fanzines in der frühen Phase ihres Erscheinens überhaupt schon um Zeitschriften gemäß heute gültiger Kriterien handelt. Schließlich weisen sie oftmals keine Periodizität auf und erfüllen somit eine wichtige Kategorie der Mediendefinition nach Groth nicht[168]. Nur wenige dieser Fanzines erreichen mittelfristig eine wirtschaftlich tragfähige Werbefinanzierung. Auf dieser Entwicklungsstufe allerdings werden manche von ihnen zu Wettbewerbern für die etablierten Musikzeitschriften. So beginnt etwa der HARD ROCK & HEAVY METAL HAMMER als Fanzine für harten Rock im Jahr 1984 und entwickelt sich in den nächsten Jahren zum Marktführer der Rock-&-Metal-Magazine. Mit GROOVE entsteht 1989 ein einflussreiches Magazin für elektronische Musik, das zunächst kostenlos erscheint und seit 2005 als kostenpflichtiges Magazin mit CD-Beilage verkauft wird. Die Landschaft der HipHop-Zeitschriften kann, ähnlich wie die der Punk-Magazine, auf eine lange Tradition der von Fans veröffentlichten Zeitschriften zurückblicken. Daher können heute absatzstarke HipHop-Magazinen wie JUICE auf Mitarbeiter zurückgreifen, deren Laufbahn bei HipHop-Fanzines wie IN FULL EFFEKT begann (vgl. Verlan & Loh, 2005, S. 396). Das perfekte Beispiel für die Karriere eines Fanzines, das zum Wettbewerber etablierter Zeitschriften auf einem engen Nischenmarkt wurde, ist die VISIONS. Im Jahr 1990 als Fanzine mit dem Untertitel „Crossover Magazine" gestartet und später zum Magazin der „Musik für die Neunziger" ausgeweitet, bearbeitet sie das Feld der gitarrenlastigen, „alternativen" Rock- und Popmusik. Dabei konkurriert sie mit drei großen (und unzähligen kleineren) Musikzeitschriften[169]: Neben VISIONS widmen sich auch MUSIKEXPRESS, SPEX und INTRO[170] in weiten Teilen denselben Bands und Platten innerhalb einer ohnehin schon eingegrenzten Genrekultur.[171] Teilweise zeigen sich auch thematische Überschneidungen mit Metal- (u.a. METAL HAMMER, ROCK HARD), Punk- (u.a. OX), Gothic- (u.a. ZILLO, SONIC SEDUCER), etablierten Pop-Magazinen (u.a. ROLLING STONE) und nicht zuletzt mit ausländischen Musikzeitschriften, die im deutschen Fach- und Bahnhofsbuchhandel erhältlich sind (u.a. NME, SPIN). Das bedeutet: Die Zielgruppe wird von vielen Titeln bedient, die sich zwar im Timbre ihrer Stimme, nicht aber im Thema ihrer Rede unterscheiden. Entsprechend zeigt Abbildung 1 eine

---

[167] Zu den Charakteristika der Fanzines siehe Husslein, 1995, S. 226-231

[168] Groth (1960, S. 101-257) nennt Publizität, Aktualität, Universalität und Periodizität als kategorische Merkmale von Medien.

[169] Unter dem Wettbewerbsaspekt sei bemerkt, dass der Visions Verlag mittlerweile im Zeitschriftensegment außerdem das Interviewmagazin GALORE, das Kulturmagazin PUBLIC und die jährlich erscheinende Musikfestivalübersicht FESTIVALPLANER etabliert hat.

[170] Das INTRO-Magazin wird weiter unten genauer vorgestellt.

[171] Anspruch und Herangehensweise dieser Zeitschriften sind allerdings grundlegend verschieden: SPEX und INTRO widmen sich vor allem der Rockkultur stets mit Distanz; VISIONS hingegen verfügte insbesondere zu Beginn kaum über ein Referenzsystem außerhalb rockimmanenter Kriterien, und bewertete Musik auch 20 Jahre nach Punk stellenweise noch nach Maßstäben des „amtlichen Sounds" und der „echten Gefühle"(vgl. Wittenberg, 2005).

insgesamt negative Auflagenentwicklung von Musikzeitschriften seit 1998. Während die verbreitete Auflage insbesondere des ROLLING STONE, aber auch des MUSIKEXPRESS in diesem Zeitraum deutlich abnimmt, hält sich das ehemalige Fanzine VISIONS relativ konstant. Es ist zu einem etablierten Wettbewerber geworden.

Abbildung 1: Entwicklung der verbreiteten Auflage von etablierten Musikzeitschriften und ehemaligen Fanzines

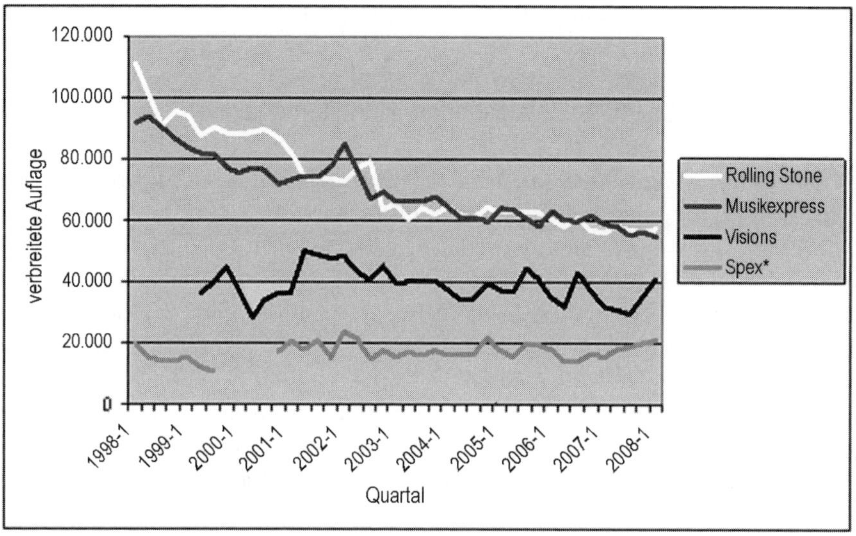

Quelle: IVW.de[172]

Neben der Übersättigung der Nischenmärkte verhindert ab Mitte der 1990er-Jahre ein gesamtgesellschaftlicher Trend, dass die Spezialisierungsstrategie weiterhin verfolgt werden kann: Die Summe der Nischen bildet seither den Mainstream. Diederichsens 1992 in SPEX veröffentlichter Essay „The kids are not alright", in dem er anklagte „wie austauschbar die Symbole der Dissidenz sind, weil plötzlich auch die ganz Falschen (Neonazis) mit den vermeintlichen Insignien des Guten (Malcom-X-Kappen) herumliefen" (Hanske, 2006), gilt als Wendepunkt in der popkulturellen Entwicklung. Die vorher stillschweigend akzeptierte Annahme subversiver oder zumindest politisch linksgerichteter Grundhaltung und Symbolik in „schlauem" Pop ist nicht länger aufrechtzuerhalten: Weil ehemals distinguierende Symbole nunmehr in diversen Kontexten eingesetzt werden, ist das System der Nischen-in-der-Nische implodiert. Im „Mainstream der Minderheiten"[173] gibt es kein „Middle-of-the-road"-Segment mehr. Heute sind Very-Special-Interest-Zeitschriften wie MEINE MELODIE, METAL HAMMER oder RAVELINE genauso auflagenstark wie die Popzeitschriften. Daneben gibt es einerseits Very-Very-Special-Interest-Kommunikation. Das sind

---

[172] Fehlende Quartalszahlen in der IVW-Statistik beruhen in der Regel auf Nicht-Meldungen.
[173] Titel eines 1996 erschienenen Sammelbandes mit Beiträgen von SPEX Autoren

nahezu personalisierte Kommunikationsformen knapp vor der Telekommunikation, also mit viel zu kleinen Zielgruppen, als dass eine Zeitschriftenproduktion wirtschaftlich tragbar wäre. Andererseits werden die Nischenbewohner auch von Generalisten-Medien bedient. Zum Beispiel konkurrieren die immer pop-affiner werdenden Feuilletons der überregionalen Tageszeitungen und die sich rasant aus dem Stand verbreitende Internet-Nutzung verstärkt um die Aufmerksamkeit der Musikfans. Pauschal gesprochen: Für die Popzeitschriften sind die vielen Generalisten zu generalinterested und die wenigen Spezialisten zu special-interested.

Kostenlose Musikzeitschriften, insbesondere Händlermagazine

Neben dem Grassrooting in den Nischen des Musikmarktes tritt seit Mitte der 1980er-Jahre ein neues Phänomen am Markt für Musikzeitschriften auf: die Gratisblätter. Waren bis dato die meisten Titel entweder per Abonnement oder Einzelverkauf zu beziehen, bringt die Handelskette WOM („World of Music") im Jahr 1985 mit der Kundenzeitschrift WOM JOURNAL das erste kostenlose und zugleich sowohl flächendeckend als auch in hoher Auflage verbreitete[174] Musikmagazin heraus. Sein Erscheinen mag begünstigt werden durch die Einführung der Compact Disk ab 1982, die der Musikindustrie eine Konjunktur beschert. Es finanziert sich ausschließlich durch Werbung (bzw. Firmengelder), versucht jedoch trotz der eindeutigen Zuordnung zu einem Musikunternehmen eine klare Trennung zwischen redaktionellen und werblichen Inhalten beizubehalten. Obgleich in dieser Publikation freilich keine kulturellen Debatten vom Format einer SPEX stattfinden, wird der Service eines journalistisch aufbereiteten Überblicks über aktuelle Neuerscheinungen von vielen Lesern genutzt. Jedoch verliert das Konzept der popmusikalisch orientierten Musikzeitschrift mit dem WOM JOURNAL seine „Authentizität" als Vermittler unabhängig-kritischer Redaktionsmeinung[175]. Natürlich kann ein Händlermagazin wie das WOM JOURNAL zwar kritisch über bestimmte Veröffentlichungen berichten. Tadel an Prinzipien der Musikindustrie oder ein Abwägen der Vor- und Nachteile des kaufhausartigen Plattenhandels im Vergleich zum kleineren lokalen Plattenladen sind in einer solchen Musikzeitschrift undenkbar: „Das käme geschäftsschädigendem Verhalten gleich", wie Dirk Peitz (2007) in der SÜDDEUTSCHEN ZEITUNG reüssiert.

---

[174] Das WOM JOURNAL liegt zunächst nur in den Filialen, später auch in Bars und Clubs kostenlos aus.
[175] Zwar finanzieren sich auch alle anderen Musikzeitschriften zum Großteil durch Werbung. Verkauf und Abonnements machen – je nach Zeitschrift – nur einen recht geringen Teil der Einnahmen aus Aber ihre wirtschaftliche Kontrolle obliegt eigenständigen Verlagen, deren Handeln nicht mit Unternehmen der Musikindustrie abgestimmt werden muss. Selbst in der Musikbranche wird die Glaubwürdigkeit redaktioneller Beiträge in Handels-Magazinen nicht sehr hoch geschätzt, weil redaktionelle Beiträge in der Regel durch die Schaltung von Anzeigen, häufig verbunden mit P.o.S.-Maßnahmen wie der Gestaltung von Ladenfläche erreicht werden (Weinacht, 2000, S. 57).

Dem Vorbild des WOM JOURNALS folgt unter anderen die Drogeriemarktkette Müller mit der kostenlosen Point-of-Sale-Zeitschrift MÜLLER MUSIK, später MUSIKPRINT, und nicht zuletzt der heutige Marktführer unter den CD-Händlern Media Markt/Saturn mit MUSIX. Die Verbreitung dieser Kundenzeitschriften hat negative Auswirkungen auf das Anzeigenvolumen sowie die Abverkäufe von anderen (Musik-)Zeitschriften (Gockel, 1997, S. 540-541). Mit dem von einer Handelskette finanzierten Gratis-Musikjournalismus ist daher eine neue Phase in der Entwicklung von Musikzeitschriften erreicht.

Dass eine kritikfähige und diskursfreudige Zeitschrift jedoch auch als Gratismagazin überlebensfähig ist, zeigt die Entwicklung des Magazins INTRO seit 1994. In dieser Zeitschrift mit dem Untertitel „Musik und so" schreibt eine neue Generation kritischer Popexperten wie etwa Martin Büsser oder Kerstin Grether über Musik im Spannungsfeld zwischen Kommerzialisierung, Omnipräsenz und der aufblühenden Zitate-Verliebtheit der Popmusik und -literatur der 1990er-Jahre. Daneben treten in dieser Zeit auch andere bundesweit und kostenlos vertriebene Musikmagazine auf, wie bspw. UNCLE SALLY'S. Abbildung 2 zeigt die Entwicklung der verbreiteten Auflage von Musikzeitschriften unter Berücksichtigung der Gratismagazine.

Abbildung 2: Auflagenentwicklung von Gratis- und Verkaufszeitschriften zum Thema Musik

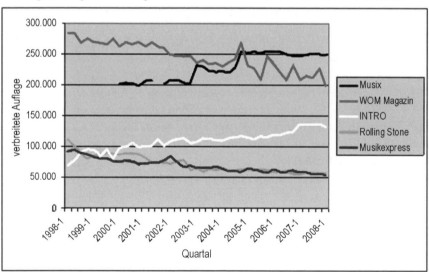

Quelle: IVW.de

Offensichtlich startete das Handelsmagazin WOM JOURNAL mit einer überwältigenden Auflage. Obwohl diese seit 1998 sank, liegt die Auflage 2007 immer noch fast vier Mal so hoch wie jene der Verkaufszeitschriften. Übertroffen wird sie alleine durch das kostenlose Media Markt-Magazin MUSIX. Der einzige Titel mit kontinuierlicher Auflagensteigerung ist das ebenfalls kostenlos verbreitete INTRO. Die verbreitete Auflage gibt keine Auskunft über die tatsächliche Nutzung. Es ist plausibel anzunehmen, dass zahlreiche Exemplare der Gratiszeitschriften gar nicht oder nur flüchtig beachtet werden. Trotz dieser Einschränkung darf angenommen werden, dass die Gratismagazine heute weit mehr Reichweite erlangen als die Verkaufszeitschriften. Mit dem Aufkommen der Gratiszeitschriften hat sich der Markt für Musikzeitschriften radikal gewandelt. Sie brachten die bislang höchsten Reichweiten und begründen daher die zweite Hochphase in der Geschichte für Musikzeitschriften.

Wandel der Deutung von Musikkritik

Als weiterer Aspekt der Veränderungen rund um die Musikzeitschriften ist ein Wandel der Bedeutung von Musikkritik charakteristisch. Die Musikkritik in SPEX ist bis heute ein Paradebeispiel für die sozialwissenschaftlich orientierte Kritik: Sie liefert ein „Geflecht aus Referenzen und Abgrenzungen (…), die auf so verschiedene Lebenspraxen wie Politik, Theorie/Wissenschaft und Medien rekurrieren" (Hinz, 2002, S. 257). Diese Kritikform, ergänzt um ein klares ästhetisches Urteil, ist bis in die 1980er-Jahre prägend für die meisten Musikzeitschriften. Und sie ist von wirtschaftlicher Bedeutung. Der ehemalige ROLLING STONE-Chefredakteur Bernd Gockel berichtet dazu in einem Interview: „Der Promotionchef von Rough Trade/Jive erzählte mir mal, dass noch in den frühen neunziger Jahren, als wir bei ME/SOUNDS regelmäßig die Platte des Monats auswählten, seine Firma in diesem Fall von der Platte aus dem Stand bis zu 15.000 Stück verkaufte" (Stark, 2001b, S. 145). Aus den zahlreichen Veröffentlichungen selektieren Redakteure[176] die ihrer Meinung nach relevanten Tonträger und nehmen den Musikinteressierten dadurch die unmögliche Aufgabe ab, alle Neuerscheinungen zu begutachten. Sie geben also zweifache Orientierung: Einmal durch die Vorselektion und zum anderen durch Beschreibung und/oder Bewertung. Geschieht dies in Übereinstimmung mit dem musikalischen Geschmack der Zielgruppe[177], verschaffen sie den jeweiligen Interpreten ein begehrtes Forum der Publicity (Weinacht, 2003, S. 119).

Doch der direkte Einfluss der Popzeitschriften auf Plattenverkäufe und die daraus resultierende Funktion als „Trendscout" für neue, heiße und unbekannte Bands geht ab Mitte der 1980er-Jahre zurück. Der private Rundfunk wird eingeführt und mit den dadurch deutlich verstärkt vorhandenen audio- und audio-visuellen Kommunikationskanälen zur Vermittlung moderner Musik verliert der Musikjournalismus in Printmedien für den Massenmarkt an Bedeutung. Die Musikkritik wird zunehmend zur Serviceleistung für zeitknappe Leser und wandelt sich immer häufiger zur bloßen Musikbeschreibung. Die Funktion des Musikjournalismus beschränkt sich zunehmend auf die erste Orientierung durch Vorselektion. Die Bewertungsaufgabe übernimmt der Rezipient alleine.

---

[176] Ab den 1980ern selektieren auch immer mehr Redakteurinnen.
[177] Das Ausschlag gebende Kriterium liegt alleine in der Wahrnehmung der Rezipienten. Erfahren sie eine Belohnung hinsichtlich ihrer Erwartung, werden sie das Medium erneut nutzen (Uses & Gratifications Approach).

Ausblick: Musikzeitschrifen – wofür und für wen?

In einer sich schnell verändernden Medienlandschaft, die aktuell geprägt ist vom Aufkommen partizipatorischer Medien, gibt die zukünftige Rolle der Musikzeitschriften Anlass zu Spekulationen. Bisher hatten solche Publikationen auf Grund ihrer prominenten Stellung innerhalb der Musikindustrie (vorzeitige Kenntnis von Neuveröffentlichungen, loyales Vertrauen ihrer Leser etc.) Einfluss auf Meinung und Kaufverhalten ihres Publikums. Jetzt stehen Musikzeitschriften vor der exisitenziellen Herausforderung, in der Ära des „Endes der Bescheidwisser" noch relevant zu sein, wie Thomas Gross (2007) in der Wochenzeitung DIE ZEIT schreibt: „In ihrer postheroischen, postavantgardistischen Phase weiß sie es nicht besser als das informierte Publikum." Noch vor zehn Jahren konnten Very-Special-Interest-Zeitschriften für relativ homogene und zugleich sehr informationsbegierige Zielgruppen quasi ein Informations-Monopol halten, weil deren ausgefallene Interessen durch die anderen Medien nicht ausreichend abgedeckt wurden.[178] Heute informiert sich die Zielgruppe selbst auf diversen Plattformen der computervermittelten Kommunikation. Die Friedrich-Ebert-Stiftung etwa sponsorte im Rahmen der Popkomm 2007 eine Diskussion zum Titel „Kapitulation? – Zur Krise des Pop-Journalismus". In der Ankündigung werden bereits einige der Kernprobleme thematisiert:

> „Ein Informationsvorsprung zur breiten Masse besteht kaum noch, auf Weblogs kann sich jeder Konsument ein eigenes Urteil über nahezu jede Neuveröffentlichung in einem beliebigen Nischensegment bilden. Während unter dem Druck der Anzeigenkunden Printmagazine wieder stärker auf Service-Charakter und Lesbarkeit setzen, lebt die Netz-Community eine persönliche Empfehlungskultur und ungehemmte Subjektivität aus. Kein Wunder, dass auch diese Oase der Freiheit in den Einflussbereich von Marketing-Strategien gerät."

Dass in Printmedien weiterhin über Musik geschrieben wird, steht nicht zur Diskussion. Allerdings werden Musikzeitschriften eine Unique Selling Proposition entwickeln müssen; ein einzigartiges Versprechen an die Nutzer, damit die ihre Aufmerksamkeit nicht der Darstellung von Musik in all den anderen Medien schenken.

Der wesentliche Vorteil, den Musikzeitschriften heute noch gegenüber allen anderen Medien zu haben scheinen, liegt in der Lagerfähigkeit ihres Trägermediums Papier: Zeitschriften können (im Unterschied zum Rundfunkprogramm) aufgehoben und jederzeit (im Unterschied zum Online-Angebot) „zur Hand" genommen werden. Dadurch steigt die Wahrscheinlichkeit, dass ein Beitrag über einen Künstler mehrfach

---

[178] siehe Gillig-Degrave (1998, S. 105-107): Interviews mit verantwortlichen Redakteuren von etablierten Very-Special-Interest-Zeitschriften.

Beachtung bei ein und demselben Zeitschriftenleser findet.[179] Jede dieser Beachtungen stellt in der Logik der werbetreibenden Wirtschaft einen „Kontakt" dar. Kontakt schafft Sympathie und die ist relevant für den Kauf von Musikprodukten (Weinacht, 2003, S. 119). Die Darstellung von Musik in Zeitschriften stellt aus der Perspektive des Musikmarketings heute trotzdem nur mehr eine ergänzende Maßnahme neben der Produktpräsentation in audiovisuellen Medien dar. Die Anzeigen-Auflagen-Spirale dreht sich nach unten.

Aufgrund der zu Beginn dargestellten Beschränkungen des Kommunikationskanals, der keine Audiosignale zu vermitteln vermag, waren Printmedien aus Sicht der Plattenindutrie bislang nur dann relevant, wenn die audiovisuellen Kanäle keine Aussendung zugelassen haben. Das traf im Fall von neuen Musikstilen, Spartenprodukten und unbekannten Acts zu (Weinacht, 2003, S. 119). Da heute weite Teile des audio-visuellen Online-Angebots keine redaktionellen Gatekeeper kennen, die den Zugang für derartige Produkte verwehren könnten, hat die Musikpresse für diese, ihre bisherige Spezialfunktion, an Bedeutung verloren.

Die Entwicklung der Musikzeitschriften steht derzeit also am Beginn einer neuen Phase. Sie sehen sich der Herausforderung gegenüber, auf eine massenhafte Kultur der musikalischen Netzwerke Gleichgesinnter regaieren zu müssen. Die informierte und meinungsorientierte Berichterstattung über Musik hat sich teilweise in ein schnelleres Medium verlagert: In Blogs und Internet-Communities finden Debatten über unendlich verästelte Details von Musik jeglicher Couleur ausreichend Platz und sofortige Veröffentlichung. Vieles deutet darüber hinaus darauf hin, dass Musik alleine heute nicht mehr ausreichend Aufmerksamkeit bindet – Musik als Bestandteil eines Multimedia-Angebotes dagegen sehr: MySpace.com war ursprünglich als Musikkontaktbörse gestartet und wurde 2005 als popkulturorientierte Online-Community von NewsCorp. für 580 Millionen US-$ gekauft. Die multimedialen Lösungen der deutschen Zeitschriftenverlage beschränken sich dagegen bislang ganz überwiegend auf eine Online-Veröffentlichung der Zeitschrifteninhalte, ein wenig inhaltlich gekürzt und ergänzt um audiovuelles Material. Konvergenz ist bspw. bei e-papern wie VISIONS WEEKLY oder dem live-paper der MUSIKWOCHE eine rein technische Dimension. Man könnte aus diesen Eindrücken ableiten, dass die Zukunft der Musikzeitschriften in der Verbreiterung der Themenpalette und der Vertiefung der behandelten Aspekte liegen könnte.

Wie die chronologische Darstellung in diesem Beitrag gezeigt hat, entwickelten sich die Musikzeitschriften in fast 300 Jahren von publizistischen Alleingängen (sei es nun die CRITICA MUSICA, die NEUE ZEITSCHRIFT FÜR MUSIK oder SOUNDS) zu einem massenhaft verbreiteten, hoch spezialisierten und gesellschaftlich akzeptierten Angebot. Im Kern ist das eine quantitative Entwicklung. Vermutlich ist es jetzt Zeit für einen Qualitätswettbewerb. Wenn die größten Konkurrenten Laienjournalisten (oder auch Blogger) und Vertreter von Partikularinteressen sind, könnte die Zukunft

---

[179] Als Paradebeispiel hierfür gilt das Poster in Jugendzeitschriften, das täglich mehrfach die Beachtung des Zeitschriftenkäufers findet, wenn es einmal im Jugendzimmer aufgehängt ist.

in der Besinnung auf die Zuverlässigkeit und Tiefe der professionell-journalistischen Information liegen. Entsprechend wird die Aufgabe der Musikzeitschriften zu einem großen Teil sein, die im Netz begonnenen Debatten publizistisch ansprechend aufzugreifen und die unvollständige Information von Interessenvertretern mit Mitteln des professionellen Zeitschriftenjournalismus einzuordnen und kritisch zu reflektieren.

Literatur

Anand, N. (2005). Charting the music business: Billboard Magazine and the developement of the commercial music field. In J. Lampel, J. Shamsie & T. K. Lant (Hrsg.), The Business of Culture: Strategic Perspectives on Entertainment And Media (S. 139-154). London: Routledge.

Benzing-Vogt, I. (1997). Vom Kind in der Krippe zum Kind in der Wiege. Das Weihnachtslied der NS-Zeit. Neue Musikzeitung, 12(1), 49-51.

Bleis, T. (1996). Erfolgsfaktoren neuer Zeitschriften. München: Reinhard Fischer.

Bruckmaier, K. (1997). Exkurs: Popkritik im Feuilleton. In D. Heß (Hrsg.), Kulturjournalismus. Ein Handbuch für Ausbildung und Praxis (S. 118-130). München: List.

Dath, D. (2006). Wie wir „Spex" zerstört haben. Frankfurter Allgemeine Zeitung vom 19.12.2006.

Fellinger, I. (1968). Verzeichnis der Musikzeitschriften des 19. Jahrhunderts. Regensburg: Bosse.

Fellinger, I. (1983). Mattheson als Begründer der erstem Musikzeitschrift (Ciritica Musica). In G. J. Buelow & H. J. Marx (Hrsg.), New Mattheson Studies (S. 179-198). Cambridge, UK: Cambridge University Press.

Fellinger, I. (1998). Zeitschriften. In L. Finscher (Hrsg.), Die Musik in Geschichte und Gegenwart, Allgemeine Enzyklopädie der Musik (2., neubearbeitete Ausgabe, Sachteil Band 8, Spalte 2252-2275). Kassel: Bärenreiter.

Freystaetter, W. (1963). Die musikalischen Zeitschriften seit ihrer Entstehung bis zur Gegenwart [unveränderter Nachdruck des Originals von 1884]. Amsterdam: Frits A. M. Knuf.

Gerlach, P. (1988). Zeitschriftenforschung. Probleme und Lösungsansätze - dargestellt am Beispiel ‚Journalism Quarterly' (1964-1983). München: Buchwissenschaftliche Beiträge aus dem Deutschen Bucharchiv.

Gillig-Degrave, M. (1998). It's only words ... Eine Umfrage bei deutschen Musikmagazinen. In D. Gorny & J. Stark (Hrsg.), jahrbuch 1998/1999 pop & kommunikation (S. 104-111). München, Düsseldorf: Econ.

Gillig-Degrave, M. (in Druck). Musikjournalismus in Printmedien. In B. Schneider & S. Weinacht (Hrsg.), Musikwirtschaft und Medien. Märkte, Unternehmen, Strategien (2., überarb. u. erw. Aufl.). Baden-Baden: Nomos/Edition Fischer.

Gockel, B. (1997). Publikumspresse. In R. Moser & A. Scheuermann (Hrsg.), Handbuch der Musikwirtschaft (4. vollst. überarb. Aufl., S. 537-543). Starnberg, München: Josef Keller Verlag.

Groth, O. (1960). Die unerkannte Kulturmacht. Grundlegung der Zeitungswissenschaft (Periodik), Bd. 1: Das Wesen des Werkes. Berlin: De Gruyter.

Grubbs, D. (2007). Was nicht passt, wird passend gemacht. Zwischen Blog und Buch geraten: Die traditionelle Musikkritik wird auch in den USA gerade abgewickelt. Süddeutsche Zeitung vom 21.11.2007, S. 14.

Hanske, P. P. (2006). Rasender Stillstand - Wo sind die großen Ideen? Die Malaise der Musikzeitschrift „Spex" verrät einiges über den Zustand des Pop im Jahr 2006. Süddeutsche Zeitung vom 22.12.2006.

Heinrich, J. (1994). Medienökonomie, Band 1. Mediensystem, Zeitung, Zeitschrift, Anzeigenblatt. Opladen: Westdeutscher Verlag.

Hinz, R. (1999). Cultural Studies und avancierter Musikjournalismus in Deutschland. In A. Hepp & R. Winter (Hrsg.), Kultur – Medien – Macht. Cultural Studies und Medienanalyse (S. 255-268). Wiesbaden: VS-Verlag für Sozialwissenschaften.

Husslein, U. (1995). Fanzines. Motoren und Meßstationen der Popkultur. In U. Deese et al. (Hrsg.), Jugendmarketing. Das wahre Leben in den Szenen der Neunziger (S. 226-231). Düsseldorf, München: Metropolitan.

Jones, S. (Hrsg.). (2002). Pop Music and the Press. Philadelphia: Temple University Press.

Kehm, P. (1943). Die „Neue Zeitschrift fur Musik" unter Schumanns Redaktion 1834-1844. Dissertation München.

Kramer, L. (2004). Opera and Modern Culture: Wagner and Strauss. Berkeley: University of California Press.

Lencher, U. (1997). Fachpresse. In R. Moser & A. Scheuermann (Hrsg.), Handbuch der Musikwirtschaft, (4. vollst. überarb. Aufl., S. 533-536). Starnberg, München: Josef Keller Verlag.

Lesle, L. (1984). Der Musikkritiker – Gutachter oder Animateur? Hamburg:Wagner.

Lovisa, F. R. (1993). Musikkritik im Nationalsozialismus. Die Rolle deutschsprachiger Musikzeitschriften 1920-1945 (Neue Heidelberger Studien zur Musikwissenschaft 22). Laaber: Laaber Verlag.

Maase, K. (1992). Bravo Amerika. Hamburg: Junius.

Matheja, M. (2003). Internationale Pilzvergiftung. Die Beatles im Spiegel der deutschen Presse 1963–1967. Hambergen: Bear Family.

Nedo, K. (2005). „Lest mal Swinging Benjamin". Über Helmut Salzingers popjournalistisches Projekt der späten 1960er und 1970er. In J. Bonz, M. Büsser & J. Springer (Hrsg.), Popjournalismus (S. 113-130). Mainz: Ventil.

Peitz, D. (2007). Endlich den Überblick verlieren. Musikmagazine sind heute kaum noch journalistisch und eigentlich überflüssig. Die auflagenstärksten Blätter gibt es gratis. Süddeutsche Zeitung vom 22. 5. 2007

Presse- und Informationsamt der Bundesregierung (Hrsg.). (1994). Bericht der Bundesregierung über die Lage der Medien in der Bundesrepublik Deutschland 1994 - Medienbericht. Bonn: o.V..

Raabe, J. (2006). Zeitschrift. In G. Bentele, H.-B. Brosius & O. Jarren (Hrsg.), Lexikon Kommunikations- und Medienwissenschaft (S. 320-321). Wiesbaden: VS-Verlag für Sozialwissenschaften.

Reus, G. (2007). Musikjournalismus – Ergebnisse aus der wissenschaftlichen Forschung. In S. Weinacht & H. Scherer (Hrsg.), Wissenschaftliche Perspektiven auf Musik und Medien (S. 81-98). Wiesbaden: VS-Verlag für Sozialwissenschaften.

Rohlfs, E. (1961). Die deutschsprachigen Musikperiodika 1945-1957. Regensburg: Bosse.

Rumpf, W. (2004). Pop & Kritik: Medien und Popkultur: Rock'n Roll, Beat, Rock, Punk; Elvis Presley, Beatles/Stones, Queen/Sex Pistols in Spiegel, Stern & Sounds. Reihe: Beiträge zur Medienästhetik und Mediengeschichte. Münster: Lit.

Schäfers, B. & Scherr, A. (2005). Jugendsoziologie. Einführung in Grundlagen und Theorien (8. Aufl.). Wiesbaden: VS-Verlag für Sozialwissenschaften.

Schröder, H.-D. (2006). Zeitschrift. In Hans-Bredow-Institut (Hrsg.), Medien von A bis Z (S. 395-398). Wiesbaden: VS-Verlag für Sozialwissenschaften.

Schulze, R. (1995). Die Musikwirtschaft. Marktstrukturen und Wettbewerbsstrategien der deutschen Musikindustrie (Reihe: Kultur, Medien und Recht, Bd. 4). Hamburg: Kammerer & Unverzagt.

Siegfried, D. (2003). „Trau' keinem über Dreißig" – Konsens und Konflikt der Generationen in der Bundesrepublik der langen Sechziger Jahre. Aus Politik und Zeitgeschichte B 45/2003, S. 25-33.

Stark, J. (2001a). Nische vs. Mainstream vs. Nische – der Markt der Musikzeitschriften. In D. Gorny & J. Stark (Hrsg.), Jahrbuch Pop & Kommunikation, S. 140-143.

Stark, J. (2001b). Gegen den Info-Overkill: On the Cover of a Rolling Stone. In D. Gorny & J. Stark (Hrsg.), Jahrbuch Pop & Kommunikation, S. 144-149.

Verband deutscher Zeitschriftenverleger (2007). Definition – Fachmedien. Verfügbar unter: http://www.vdz.de/167.html [abgerufen am 17.09.2007]

Verlan, S. & Loh, H. (2005). 25 Jahre HipHop in Deutschland. Höfen: Hannibal.

Vogel, A. & Holtz-Bacha, C. (Hrsg.). (2002). Zeitschriften und Zeitschriftenforschung. Publizistik-Sonderheft 3/2002. Wiesbaden: VS-Verlag für Sozialwissenschaften.

Vogel, I. & Gleich, U. (2007). Music's in the air – and everywhere...Musik als Teil des Medienangebots. In S. Weinacht & H. Scherer (Hrsg.), Wissenschaftliche Perspektiven auf Musik und Medien (S. 62-80). Wiesbaden: VS-Verlag für Sozialwissenschaften.

Walser, R. (2003). Popular music analysis: ten apothegms and four instances. In A. F. Moore (Hrsg.), Analyzing Popular Music. (S. 16-37). Cambridge, UK: Cambridge University Press.

Weinacht, S. (2000). Zur produktbezogenen Pressearbeit der Tonträgerindustrie in Deutschland. Am Beispiel der Pressepromotion durch die Rock-/Pop-Labels der Major Companies. Unveröffentlichte Diplomarbeit am Lehrstuhl für Kommunikationswissenschaft der Friedrich-Alexander Universität Erlangen-Nürnberg.

Weinacht, S. (2003). Der Traktor im Marketing-Mix. Zur Funktion der Pressearbeit in der Produkt-PR am Beispiel der Musikindustrie. pr-forum, o.Jg.(3), 117-121.

Weinacht, S. & Scherer, H. (2007). „Musik und Medien" auf dem Weg aus dem Niemandsland der Disziplinen. In S. Weinacht & H. Scherer (Hrsg.), Wissenschaftliche Perspektiven auf Musik und Medien (S. 7-16). Wiesbaden: VS-Verlag für Sozialwissenschaften.

Wernke, K. (2002). Der Musikzeitschriftenmarkt in Deutschland. Journalismus im Spannungsfeld zwischen inhaltlichem Anspruch und wirtschaftlichem Zwang. Magisterarbeit, Hochschule für Musik und Theater Hannover.

Wilke, J. (1997). Presse. In E. Noelle-Neumann, W. Schulz & J. Wilke (Hrsg.), Fischer Lexikon Publizistik/Massenkommunikation (2. akt., vollst. überarb. Neuausgabe, S. 382-417). Frankfurt a.M.: Fischer Taschenbuch Verlag.

Wittenberg, D. (2005). Die Mühlen des Rock und die Diskurse des Pop. Überlegungen zum Schreiben über Popmusik in Intro, Spex und Visions. In J. Bonz, M. Büsser & J. Springer (Hrsg.), Popjournalismus (S. 22-34). Mainz: Ventil.

Musik in der Literatur des 20. Jahrhunderts

JULIA CLOOT

Das Kapitel widmet sich dichterischen Bezugnahmen auf Musik, vorwiegend in der Romanliteratur. Es wird dabei grundsätzlich zwischen Musik als literarischem Motiv und Musik als poetologischem Vorbild unterschieden. Das Aufkommen des Unsagbarkeitstops in der Literatur und die damit einhergehende Neubewertung der absoluten Instrumentalmusik lässt die Musik ab etwa 1790 zum Vorbild für die Dichtung werden – ein Gedanke, der bis ins 20. Jahrhundert hinein zyklisch immer wieder aufflammt. Grundfragen des folgenden Kapitels sind: Was bedeutet „Musik" im Text und wo kommt die darin vermittelte Musikauffassung her? Und: Welche Strukturmerkmale rücken einen Text in die Nähe „musikalischer" Verfahrensweisen? Der Rekurs auf musikalische Formen offenbart das Bewusstsein eines zumindest partiell empfundenen poetologischen Mangels. Motivisch eingesetzt, wird „Musik" zu einem dichterischen Zeichen, das den herausgehobenen Moment für den Leser im Text markiert. „Musikalisch" wirkt eine Dichtung vor allem dort, wo das Material der Sprache in den Vordergrund tritt, durch Wiederholung, Variante und den Einsatz von Leitmotiven. Von diesen dichterischen Stilmitteln sind vor allem jene Werke geprägt, die mit der Technik des Bewusstseinsstroms arbeiten. Im Lautgedicht dagegen nähert sich die Sprache durch partiellen oder vollständigen Verzicht auf semantische Entschlüsselbarkeit der Musik.

Einleitung

> „Dichtung und Musik: zwei geheiligte Giganten!
> Wie oft schon haben wir ihren Zweikampf mitangesehen!"
> (Pierre Boulez, 1972, S. 145)

Was auf den ersten Blick wie eine Äußerung aus einer Kunstdebatte des 18. Jahrhunderts anmutet, ist auf den zweiten Blick ein Symptom für die Literatur des 20. Jahrhunderts: Der Wettstreit der Künste, der seit der Neuzeit vor allem in der Theorie der Bildenden Kunst verhandelt wurde und seit etwa 1800 explizit die beiden „Schwesterkünste" Literatur und Musik in den Blick rückte, erscheint zwar stets im Spiegel der aktuellen Kunstdebatten der jeweiligen Epoche. Bestimmte Topoi der Rezeption und Poetik haben sich jedoch über die Jahrhunderte unvermindert halten können. Dazu zählen die Auffassung der Musik als heiliger Kunst, die Vorstellung einer ungebrochen wunderbaren Macht der Töne oder – Folge davon – die vielen Ausläufer des Orpheus-Mythos. Ohne Zweifel hat Pierre Boulez, der schaffende

Komponist und bedeutende Repräsentant der zeitgenössischen Musik, den Zweikampf von Dichtung und Musik in der Musikgeschichte nicht nur beobachtet, sondern viele Male in Form von Vertonungen selbst gestaltet. Der Komponist nahm jene Auffassung des Verhältnisses von Musik und Dichtung zum Vorbild, wie Stéphane Mallarmé sie vertrat: Zwar empfand er deutlich ein Konkurrenzverhältnis zwischen Literatur und Musik; in den Möglichkeiten, eine abstrakte Idee zum Thema der Kunst zu machen, war ihm die Musik jedoch mindestens ebenbürtige Partnerin für die Dichtung, wo nicht sogar Modell.

Überlegungen zum Wechselverhältnis oder Wechselspiel der Künste blicken auf eine mehrhundertjährige Geschichte zurück. Zyklisch wurden sie vor allem in jenen Phasen der ästhetischen Debatte nach oben gespült, in denen man durch Applikation der Attribute einer anderen Kunst auf die eigene einen poetologischen Mehrwert zu erzielen sucht, also um 1750, in den beiden Jahrzehnten um die Wende zum 18. Jahrhundert, kurz nach 1900 und am Ende des 20. Jahrhunderts. Das Ideal einer *poetischen Musik* und einer *musikalischen Dichtung* charakterisiert vor allem die Literatur- und – mit der charakteristischen Zeitverzögerung von etwa einer Generation – die Musikästhetik der Romantik; durch die Entdeckung der Synästhesie wird der Gedanke eines Austauschs zwischen den Künsten zusätzlich angefacht.

Voraussetzungen

Um 1790 war die Musik infolge des vielzitierten Unsagbarkeitstopos zum Vorbild für die Dichtung geworden. Nicht mehr naturgetreu abbilden sollte nunmehr der Landschaftsdichter, sondern durch die Wahl als musikalisch bezeichneter Stilmittel die Literatur der Musik annähern (zu diesem Zeitraum vgl. Müller, 1989; Cloot, 2001; Caduff, 2003). Die postulierte Unbestimmtheit der Musik wurde nun als entscheidender Vorteil gegenüber der Sprache gesehen. Im Verlauf des 19. Jahrhunderts flaut diese Begeisterung für das Vorbild Musik ab, um ab der Jahrhundertwende eine erneute Hochphase zu erleben. Diese verläuft im 20. Jahrhundert in Wellen: Ist eine erste Konjunkturphase für die Jahrzehnte zwischen 1900 und 1930 zu vermerken, so erlischt das Interesse nach 1933. Erst in den 1950er- und 1960er-Jahren spielt *Musik in der Literatur* wieder eine wichtige Rolle und seit 1990 ist buchstäblich ein Boom festzustellen, der sich allerdings vor allem im verstärkten Erscheinen von Musikerfiguren in der Literatur äußert, weniger in der Orientierung an Formmodellen aus der Musik. Huber (1992, S. 225f.) verknüpft das literarische Interesse an der Musik mit der jeweilig wechselnden Höhe des avantgardistischen Schreibens:

> „Die Jahrzehnte zwischen 1910 bis etwa 1930 und die 60er Jahre, in denen Musik verstärkt poetologisch thematisiert wird, zeigen sich dabei als eng aufeinander bezogene Phasen artistisch-avantgardistischen Schreibens. Sie werden je-

weils eingerahmt durch eher restaurative Zeiten, in denen die Reflexion des Schreibvorgangs gegenüber thematischen Intentionen zurücktritt."

Musik als literarisches Motiv

Sänger, Instrumentalisten und Komponisten werden zu bevorzugten Protagonisten, historische Vorbilder zu Anregern für ein fiktionales Geschehen. Beispiele aus jüngerer Zeit sind etwa Helmut Kraussers „Melodien" (1993), Margriet de Moors Roman „Der Virtuose" (1993, deutsche Ausgabe 1994) oder ihre Liebesgeschichte „Kreutzersonate", in der sie den Titel von Tolstois berühmter Erzählung aufgreift. Ähnlich wie in der Musikernovelle der Romantik, in E.T.A. Hoffmanns „Ritter Gluck" (1809), „Kreisleriana" (1810ff.), „Don Juan" (1812) und vielen mehr, beziehen sich die Autoren so gut wie nie auf Künstlergestalten ihrer eigenen Epoche, sondern wenden sich weit zurück in die Vergangenheit.

Eine Ausnahme bildet Hans Ulrich Treichels Roman „Tristanakkord" (2000), in dessen Titel der Autor sich auf Richard Wagner, in der Schilderung seines fiktiven Komponisten Bergmann jedoch auf Hans Werner Henze (* 1926) bezieht. Romantische Topoi werden dabei in der Regel unverändert ins 20. Jahrhundert übernommen. Meist ist die Musik der soeben vergangenen Epoche Gegenstand der Dichtung. Es manifestiert sich somit auch hier die bereits für das 19. Jahrhundert vielfach festgestellte Ungleichzeitigkeit der literarischen und musikalischen Epochen: Für die Dichter der Romantik scheint in der Instrumentalmusik ihrer Zeit – in Werken von Haydn, Stamitz, Mozart und Beethoven – das vielzitierte Geisterreich des Romantischen auf.

Literarische Paraphrasen

Die Suggestion real existierender und im Rahmen der (Roman-)Handlung erklingender Musik und die dichterische Charakterisierung imaginierter Musik ist für die Literatur naturgemäß eine Herausforderung, mit der je nach Ausbildung und dichterischer Intention individuell verfahren werden kann. Die Wirkung der Musik steht dabei stets im Vordergrund, sekundär für Autor und Leser ist, welches Musikstück konkret zu dieser Wirkung geführt hat. Nur so lässt sich erklären, dass sich bestimmte Topoi der dichterischen Rezeption über mehrere Jahrhunderte hinweg halten konnten.

In den seltensten Fällen versuchen Dichter bewusst Musik in Sprache nachzubilden. Nur zu gut wissen die häufig musikalisch hervorragend ausgebildeten Autoren, dass zwischen den musikalischen und den sprachlichen Zeichen eine direkte Übertragung unmöglich ist. Denn diese würde ein neutrales Drittes erfordern, das die bimediale Schnittstelle überwinden helfen würde: „Die Alterität von Musik und Sprache auf den Ebenen Syntax (Regelsystem und -abweichung) und Semantik (ideeller Bezug) ist evident und sollte respektiert werden." (Gruber, 1995, S. 33) Eine literarische Bezugnahme auf Musik bleibt daher immer monomedial, sie ereignet sich im Medium der Sprache.

Ohne eine poetische Paraphrasierung von Musik nach dem Vorbild von Wackenroders „Berglinger"-Novelle kommt nahezu keiner der Erzähltexte aus (vgl. Dahlhaus, 1988, S. 68). Die Paraphrase ist der literarische Raum, in dem sich – dem Medium Sprache gemäß – Musik ereignen soll. So wird die Ohnmacht der Dichter, Musik durch Sprache nicht zum Klingen bringen zu können, zur Macht der dichterischen Gestaltung, die aus dem Rekurs auf „Musik" einen literarischen Mehrwert zieht, der vor allem darin liegt, den wunderbaren Moment im Text durch „Musik" zu markieren und besondere Ereignisse, vor allem solche, die über die Ebene der bloßen Handlung hinausgehen, herauszustellen.

Musik als „Superzeichen"

Der Einsatz von „Musik" ist solchermaßen immer ein Hab-Acht-Signal im dichterischen Text (Claudia Albert spricht treffend von einem „ästhetischen Superzeichen", 1998, S. 75), das vom Leser erhöhte Aufmerksamkeit und die Bereitschaft zur Transferleistung zwischen den Künsten im Sinne einer unspezifisch tiefer gehenden Interpretation des Textes fordert. Für die Literaturwissenschaft ist es daher unumgänglich, möglichst genau zu bezeichnen, wie der jeweilige Autor mit „Musik" im Text verfährt.

Der Gehalt dieser Signalwirkung eines musikalischen Zeichens im literarischen Text beruht auf der Bildung eines festen Kanons von Topoi seit etwa 1750. Beispiele für solche Topoi sind das rührende oder schmelzende Adagio, das treue Klavier, die von fern herüberwehenden Klänge, das durch die Zeitkunst Musik evozierte Aufscheinen von Vergangenheit und Zukunft im gegenwärtigen Moment und – wirkungsästhetisch – der Einfluss der Musik auf das Gemüt und – dies ein Schritt weiter – auf die (dichterische) Fantasie.

Der weite Bereich der Komponisten- oder Musikerfiguren in der *Musiknovelle*, in zahlreichen Anthologien für ein breiteres Lesepublikum gebündelt zugänglich, soll hier nur dann Beachtung finden, wenn der literarische Einbezug von „Musik" über bloße motivische Bezugnahmen hinausgeht. Generell ist die Literatur, in der Musik eine scheinbar wichtige Rolle spielt, weil der Protagonist komponiert oder die Heldin Geige spielt, für das Thema Literatur und Musik weit weniger ergiebig als jene Prosa, in der Musik punktuell, dafür aber als umso wichtigeres Signal im Text gesetzt wird.

Vollkommen andere Möglichkeiten bieten sich dem Autor hingegen dort, wo er Musik real erklingen lassen kann, nämlich auf der Bühne oder im Hörspiel. Auf den Titel des gleichnamigen Werks von Ludwig van Beethoven bezieht sich Samuel Beckett in seinem Fernsehstück „Geister-Trio". Er verwendet das Trio darin zudem als zugespielte Bühnenmusik. Michael Maier hat überzeugend nachgewiesen, wie differenziert Beckett hier mit erklingender Musik umgeht, wie er sie von einem zunächst fragmentarischen Auftreten zum beherrschenden Mittel macht (Maier, 2000, v.a. S. 187f.).

Arthur Schnitzler

Auf diesem Hintergrund liest sich beispielsweise die Konzertszene in Arthur Schnitzlers früher Erzählung „Sterben" (1891) wie eine Motivsammlung en miniature, was die Qualität der literarischen Schilderung ebenso wenig schmälert wie die Funktion des Konzerterlebnisses als Markierung des herausgehobenen Augenblicks im Text. Der todgeweihte Felix besucht darin mit seiner Verlobten Marie ein Gartenrestaurant. Im nahegelegenen Park beginnt ein Chor zu singen, dessen Klänge von fern herüber dringen und bei den Protagonisten die Illusion eines Windhauchs erzeugt, der das Blätterdach über ihnen sanft bewegt. In Umkehrung des oben erwähnten Topos der Empfindsamkeit befreien Felix die Klänge von Vergangenheit und Zukunft und erzeugen in ihm, dem Sterbenden, das Bedürfnis, sich ganz in den Moment zu versenken. Die Möglichkeit, seinem Leben selbst ein Ende zu setzen und damit den Moment zu fixieren, scheint als befreiende Perspektive vor ihm auf:

> „Er stellte eine letzte Anforderung an seinen Willen, von allem befreit zu sein, was Vergangenheit und Zukunft war. Er wollte glücklich sein oder wenigstens trunken. Und plötzlich, ganz unvermutet, kam ihm eine ganz neue Empfindung, die etwas wunderbar Befreiendes für ihn hatte; dass es ihm nämlich jetzt kaum einen Entschluß kosten würde, sich das Leben zu nehmen. (…) Und das stände ihm ja immer frei; solche Stimmung wie die jetzige fände sich bald." (Schnitzler, 1961, S. 132)

Ansätze der Forschung

Eine äußerst vielfältige Forschungsliteratur widmet sich dem Beziehungsgeflecht zwischen Musik und Sprache (vgl. Gruber, 1995). Gleich mehrere Studien haben die Vorbildfunktion der Musik für die Dichtung von der literarischen Empfindsamkeit über die bedeutsame Weichenstellung um 1800 bis ins 19. Jahrhundert hinein zum Thema (Müller, 1989; Naumann, 1990; Lubkoll, 1995; Cloot, 2001; Albert, 2002). Einen guten Überblick geben überdies die Aufsatzsammlungen von Schnitzler (1979), Dahlhaus und Miller (1988) und Henze (1990).

Die Perspektive richtet sich dabei stets von der Literatur auf die Musik, seltener wird die Frage nach der medialen Vermittlung der Musik durch den dichterischen Text gestellt. Verwunderlich ist das nicht, steht doch die hermeneutische Deutung von „Musik" im Text im Vordergrund und der Gewinn, den dies für die Textanalyse hat – und nicht die Frage nach der Qualität einer Werkbeschreibung. Letztere zu beantworten würde eine Analyse des literarischen Sprechens über Musik erfordern, die so nur von der Musikwissenschaft geleistet werden kann, der dafür in der Regel das literaturwissenschaftliche Handwerkszeug fehlt. Charakteristisch ist, dass die Aufmerksamkeit für das Thema bei den Exponenten der Literaturwissenschaft in den letzten Jahren stetig gestiegen ist, während die Vertreter der Musikwissenschaft mit dem Argument mangelnder Solidität und grundsätzlicher Unvergleichbarkeit der beiden Künste eine entsprechende Forschung von sich weisen:

> „Während allerdings in der Literaturwissenschaft und der Semiotik das Feld transtextueller Grenzgänge zwischen den Medien in jüngster Zeit ständig erweitert wird, beharrt die Musikwissenschaft weitgehend auf einem enggefassten, referentenbezogenen Sprachbegriff, der Literatur- und Gebrauchssprache nicht differenziert, so dass für beide ein unüberbrückbarer Gegensatz zur ‚bedeutungslosen' Musik bestehen bleibt." (Kuhn, 1996, S. 52)

Das gilt freilich nicht für die Applikation textueller Kategorien auf die Musik, wie sie im Bereich der Musikwissenschaft zu beobachten ist. Der Linguist Harald Weinrich (1972) spricht von „Textpartitur", der Musikwissenschaftler Carl Dahlhaus (1979) umgekehrt von „Musik als Text". Die Bereitschaft zur Übertragung der Attribute der jeweils anderen, weniger vertrauten Kunst auf die eigene, vertraute mag größer sein als umgekehrt.

Analogiezaubereien

Dort, wo eine dichterische Evokation von „Musik" nachgewiesen werden soll, wird sie meist auf zwei verschiedenen Ebenen des Textes aufgespürt. Sie kann die literarische Mikrostruktur (Satzbau und Wortwahl, meist in der Lyrik) oder die Makrostruktur, das literarische Werk als Ganzes betreffen. Besonders beliebt sind dabei Formmodelle aus der Musik, die zum klassisch-romantischen Kanon gehören, etwa die Fuge und der Sonatenhauptsatz. Die auch für den musiktheoretischen Laien vermeintlich leichte Fasslichkeit etwa der Sonatenhauptsatzform mit zwei gegensätzlichen Themen in dominantisch sich zueinander verhaltendem harmonischem Verhältnis regt dazu an, sie auf literarische Kontraste zu beziehen.

Paradebeispiel ist Thomas Manns Novelle „Tonio Kröger" (1903), die Horst Petri (1964, S. 43ff.) explizit auf die *Sonatenhauptsatzform* zurückgeführt hat. Tonio Kröger und sein Gegenbild Hans Hansen werden dabei als Exponenten gegensätzlicher Themen gedeutet, Inge Holm als „Seitenthema"; die Schilderung von Tonio Krögers Entwicklungsgang ist die „Durchführung", im Anschluss daran kommt es zu einer durch Wiederholung charakterisierten „Reprise". Petris Beweisführung ist nicht nur auf der inhaltlichen Ebene auf dem gegensätzlichen Wesen der beiden Freunde aufgebaut, im Zentrum seiner Interpretation steht vielmehr Thomas Manns Technik der variierenden Wiederholung, die ihm als „Beweis" für seine These dient. Die Frage, ob „musikalische Formgesetze ohne Transformation in der Literatur Anwendung finden können" (S. 24), glaubt Petri positiv beantworten zu können, indem er jede musikalische Form auf wenige grundsätzliche Elemente zurückführt. Petris in seltener Konsequenz betriebener Strukturvergleich ist keine Erscheinung der 60er-Jahre, wie der Blick auf Lech Kolagos (1997) Publikation erweist.

Systematisierungen

Wie das zitierte Beispiel zeigt, steht das rege Interesse der literaturwissenschaftlichen Forschung seit der Wende zum 20. Jahrhundert in krasser Diskrepanz zur zunächst fehlenden Kategorienbildung und einem bis in die 1970er-Jahre hinein reichenden Desinteresse an Fragen der Systematisierung. Die Einbeziehung von Semantik und Semiotik haben zur Begriffsklärung nur wenig beigetragen. Erst mit dem Aufkommen der komparatistischen Literaturwissenschaft wurden neue Perspektiven erobert. Gegenstand dieser Forschungsrichtung ist nicht nur der „Vergleich zweier oder mehrerer literar(ischer) Werke aus verschiedenen Sprachbereichen" (Zima, 2001, S. 327f.), sie umfasst vielmehr auch sparten- oder medienübergreifende Phänomene und damit der Bereich der Intermedialität.

Steven Paul Scher (1984) hat in seinem Sammelband erstmals eine Systematisierung des Themenbereichs vorgenommen, die zumindest den Blick für methodologische Fragestellungen schärft und die verschiedenen Kategorien der wechselseitigen Bezugnahme voneinander abgrenzt. Er hält drei Kategorien der Bezugnahme fest: Literatur in der Musik, Musik und Literatur und Musik in der Literatur. Zur ersten Kategorie, die er als Gegenstand musikwissenschaftlicher Forschung klassifiziert, rechnet er die Gattung der Programmmusik, zur dritten Kategorie, die er vornehmlich in der Literaturwissenschaft ansiedelt, alle Erscheinungen von „Musik" im literarischen Text, die er im einzelnen in „Wortmusik", „musikalische Form- und Strukturparallelen" und „verbal music" differenziert. Allein „Musik und Literatur", seine Klassifizierung der Vokalmusik, ist für ihn Gegenstand für ein „musikliterarisches Studium" (Scher, 1984, S. 14). Corina Caduff (1998, S. 62) bemängelt zu Recht an Schers Typisierung, dass sie die einzelnen Figurationen von Musik im Text voneinander sondert, was der literarischen Sinnkonstitution grundsätzlich zuwider laufe.

Kommt Scher unabweislich das Verdienst der Systematisierung zu, so ist seine Klassifizierung dahingehend zu erweitern, dass „Musik" grundsätzlich in zwei Formen im dichterischen Text vorkommt: als literarisches Motiv und als Vorbild für Form und Struktur. Claudia Albert (1998, S. 75) spricht in ihrem erhellenden Aufsatz ebenfalls von zwei Kategorien: „1. Musik und Musiker in literarischen Texten. (...) 2. Musik als Form, Struktur und Zitat". Eine motivgeschichtliche oder -vergleichende Untersuchung erfordert nicht unbedingt musikwissenschaftliches Handwerkszeug, unerlässlich ist dieses jedoch bei jeglicher Forschung, die dem Modellcharakter musikalischer Formen und Strukturen gewidmet ist. Hermeneutisch werden solche Versuche immer zweifelhaft bleiben:

> „Als methodisch problematisch erwies sich hierbei, dass formale Kategorien der Musikwissenschaft, die ja selbst nur verbalisierte Beschreibungsversuche eines nonverbalen Mediums sind, wiederum auf narrative, also verbale Prozesse übertragen werden. Diese doppelte Bedeutungsübertragung über die Grenzen eines Mediums hinweg ist bei jedem Versuch, den Text als musikalisches Gebilde zu beschreiben (…) zu berücksichtigen." (Huber, 1992, S. 225)

Kuhn (1996, S. 54) gibt zu bedenken:

> „Wie aber lässt sich eine hermeneutische Theorie für ein (vielleicht) asemantisches Material begründen? Solange diese Frage ungeklärt ist, wird jeder Versuch, einen literarischen Text als *musikalisch* zu qualifizieren, dem Vorwurf metaphorischer Willkür ausgesetzt bleiben."

Intermedialität

Seit etwa zwei Jahrzehnten erscheint die betreffende Forschung im Licht medientheoretischer Überlegungen. Lauteten die Titel entsprechender Seminare vor dieser Zeit „Literatur und Musik um 1800/im 18. und 19. Jahrhundert/im 20. Jahrhundert", so werden inzwischen Seminare über „ästhetische Medienkonkurrenzen" angeboten – so der Titel der Lehrveranstaltung von Prof. Dr. Joachim Jacob im Sommersemester 2006 an der Universität Augsburg (vgl. dazu auch die instruktive Einleitung von Joachim Grage zu dem von ihm herausgegebenen Kongressbericht, 2006).

Dass die vergleichende Forschung seit Anfang der 80er-Jahre des letzten Jahrhunderts nicht nur einen Boom erlebt, sondern auch einen Qualitätssprung aufweist, hängt mit der Literatur selbst zusammen. An der modernen Literatur geschult, schärft sich auch der Blick auf „Musik" und andere Künste. Dienen frühe Arbeiten zur Rolle der Musik in der Literatur der vergangenen drei Jahrhunderte auf Grund fehlender methodischer Kategorien heute in erster als Materialsammlungen, so sind für die zuletzt boomende Forschungsphase seit etwa Anfang der 80er-Jahre zwei große Linien festzustellen: die des Motivvergleichs und die der Strukturanalyse. Im ersten Fall wäre zu fragen: Was bedeutet „Musik" im Text und wo kommt die im Text vermittelte Musikauffassung her? Im zweiten Fall lautet die Frage: Welche Strukturmerkmale rücken einen Text in die Nähe „musikalischer" Verfahrensweisen? Beides voneinander zu trennen erweist sich deswegen in den wenigstens Fällen als tragfähig, weil sich gerade die Autoren, die über gute musikästhetische Kenntnisse verfügen und diese auch in den literarischen Text einbringen, häufig „musikalisch" deutbarer Strukturen bedienen.

Im Folgenden wird versucht – ohne jeglichen Anspruch auf Vollständigkeit –, einige Breschen in das komplexe Thema zu schlagen. Der Schwerpunkt liegt dabei auf der deutschen (Erzähl-)Literatur mit gelegentlichen Seitenblicken auf die europäische. Ein Sonderfall in der Literatur des 20. Jahrhunderts sind die vielen Gedichte, in denen Musik als Motiv erscheint und zuweilen sogar poetologisch oder ästhetisch reflektiert wird (vgl. Riethmüller, 1996). Eine Auswahl bleibt immer unvollständig, die Bibliografie umfasst daher weitere für das Thema relevante Quellen.

Musikausübung als Fluchtpunkt – Musik als Medium der Weltbegegnung: Modellfälle von Musik als literarischem Motiv

In Romanen und Erzählungen, in denen die musikalische oder synästhetische Erweckung eines durch körperliche Entstellung, Missbildung oder durch das Milieu seiner Herkunft benachteiligten Helden geschildert wird, ist meist Wilhelm Heinrich Wackenroders Novelle „Das merkwürdige musikalische Leben des Tonkünstlers Joseph Berglinger" von 1796 das unausgesprochene Vorbild (vgl. Cloot, 2005). Kennzeichnend für diesen Motivbereich ist die enge Verbindung von Musik und Religion.

Joseph Roth: Hiob

In Joseph Roths „Hiob. Roman eines einfachen Mannes" (1930) gelingt es allein Menuchim, dem jüngsten der vier Kindern des jüdischen Dorfschullehrers Mendel Singer, eine dauerhafte Existenz aufzubauen. Verkrüppelt zur Welt gekommen, lernt Menuchim weder sich zu bewegen noch zu sprechen. Nur wenn der Vater rhythmisch mit einem Löffel gegen ein Teeglas schlägt, zeigt der Sohn eine Reaktion. Obwohl der Rabbi Mendels Frau Deborah geraten hat, ihren Sohn niemals zu verlassen, wandert die Familie vor dem ersten Weltkrieg nach Amerika aus und lässt den behinderten Jungen in ihrer polnischen Heimatstadt zurück. Der Verlust seiner anderen Söhne, seiner Frau und seiner Tochter lässt Hiob den Glauben an Gott verlieren. Verwaist zieht er bei der ebenfalls polnischstämmigen Familie Skowronnek ein und erhält durch einen heimgekehrten Soldaten nach Kriegsende einen Stapel Schallplatten. Eine davon, „Menuchims Lied", löst Mendel Singers Trauerstarre:

> „(...) niemals war ein Lied wie dieses hier gewesen. Es rann wie ein kleines Wässerchen und murmelte sacht, wurde groß wie das Meer und rauschte. Die ganze Welt höre ich jetzt, dachte Mendel. Wie ist es möglich, daß die ganze Welt auf so einer Platte eingraviert ist? Als sich eine kleine, silberne Flöte einmischte und von nun an die samtenen Geigen nicht mehr verließ und wie ein getreuer, schmaler Saum umrandete, begann Mendel zum erstenmal seit langer Zeit zu weinen. (...) Jeden seiner Schritte begleitete das Lied. Während er einschlief, schien es ihm, dass sich die blaue und silberne Melodie mit dem kläglichen Wimmern verbinde, mit Menuchims, seines eigenen Menuchims, einzigem, längst nicht mehr gehörtem Lied." (Roth, 1994, S. 216)

Mendel Singer erscheint seinen Freunden fortan verändert, summt manchmal das bewusste Lied und zieht sogar selbst das Grammophon auf. Dem Erzähler dient der bedeutungsvolle Einsatz des Liedes dazu, die Rückkehr des verloren geglaubten Sohnes gebührend vorzubereiten. Nach der Abreise der Familie mit Hilfe reicher Förderer in einer Spezialklinik geheilt, ist Menuchim mit der Hilfe der Frau seines Arztes zum berühmten Unterhaltungsmusiker und Komponisten geworden, auf dessen für den Vater erlösende Äußerung „Ich selbst bin Menuchim" (Roth, 1994, S. 233) alles zuläuft.

Das Beispiel von Joseph Roth zeigt, dass bestimmte Topoi im 20. Jahrhundert unvermindert gelten: die Funktion der Musik, den Protagonisten einen Mangel bewusst zu machen und sie gleichzeitig darüber zu trösten, die enge Verbindung zur Religion und der dichterische Einsatz von Musik als Medium für die Selbstfindung des gequälten Protagonisten.

Robert Schneider: Schlafes Bruder

Elemente der Heiligenlegende, des Musiker-, des Dorf- und des Heimatromans bilden die Folie für Robert Schneiders Geschichte des Organisten Johann Elias Alder, „der zweiundzwanzigjährig sein Leben zu Tode brachte, nachdem er beschlossen hatte, nicht mehr zu schlafen". Die Hauptfigur des Romans „Schlafes Bruder" (1992) ist ein nach dem Vorbild romantischer Künstlerfiguren entworfenes, verkanntes Originalgenie, dessen Andersartigkeit ihre äußeren Zeichen in der gelben Farbe seiner Augen und einem durchdringenden Pfeifton anstelle einer Sprechstimme findet. Nachdem Alder bereits als Täufling den Orgelklang entdeckt hat, hört er in als Fünfjähriger in einer synästhetischen Sinneswahrnehmung das Universum tönen und den Herzschlag der ungeborenen Elsbeth, die seine Liebe nicht erwidern wird. Autodidakt an der Orgel, erweist sich der Sonderling Alder bald als Ausnahmeorganist und genialer Improvisator, der durch sein Spiel die Zuhörer nicht nur zu rühren vermag, sondern ihr Bewusstsein manipuliert, indem er vor ihren Augen konturenscharfe Bilder entstehen lässt.

Handelt Schneiders zweiter Roman „Die Luftgängerin" (1998) von der auf dem Grat zwischen Mensch und Engel gehaltenen Existenz der Maudi Latuhr, so entwirft Schneider im dritten Roman „Die Unberührten" (2000) den Lebensweg der Sängerin Antonia Sahler, die im Rückgriff auf eine übliche Praxis in den 1920er-Jahren zur Kinderarbeit nach Amerika verkauft wird. Durch ärmliche Umstände bis an den Rand einer menschlichen Existenz verkommen, verhilft ihr ein Korrepetitor der New Yorker Met schließlich zu einer grandiosen Opernkarriere.

Schneider verbindet eine zuweilen altertümelnde Wortwahl, den Gebrauch von österreichischen Dialektwörtern in ungewöhnlichem Kontext und ein Faible für rhetorische Wiederholungen mit dem Rekurs auf literarische Topoi vergangener Jahrhunderte (etwa die Macht der Musik, der Antagonismus Stadt-Land und der Leidensweg des Originalgenies). Schneider selbst nennt sein Schreiben „musikalisch", ohne sich auf eine musikalische Form im engeren Sinn zu beziehen („Ich schreibe musikalisch" – Äußerung im Interview mit H. Koelbl, zit. n. Steets, 1999, S. 63). Im Gegenteil, der Autor wendet sich ausdrücklich gegen eine entsprechende Interpretation von Celans „Todesfuge", da die simultane Mehrstimmigkeit der Fuge in der Sprache nicht darstellbar sei (ebd.). Angeregt durch die Äußerungen des Autors und seine Sujets, wird eine nicht näher spezifizierte „Musikalität" seiner Prosa häufig angenommen. Angelika Steets diskutiert die Frage, inwiefern diese in Schneiders Roman „Schlafes Bruder" festzumachen seien:

> „An einen Roman, der das Thema Musik in den Mittelpunkt stellt, wird die Erwartung herangetragen, dass er als sprachliches Kunstwerk auch musikalischen Kompositionsprinzipien gehorcht." (Steets, 1999, S. 63)

Schneiders Romane stehen somit für eine Richtung von Literatur, deren farbenreiche Schilderungen überkommener Motive und Topoi aus der literarischen Rezeptionsgeschichte der Musik zur Feststellung eines vermeintlich „musikalischen" Stils geführt haben. Sie stehen zugleich für eine Feuilleton-Kritik, die unkritisch und ohne eine entsprechende Kategorienbildung in frühere Jahrhunderte zurückfällt, in denen es die literaturwissenschaftlichen Errungenschaften des 20. Jahrhunderts noch nicht gab.

Thomas Bernhard

Unverkennbar zeigt sich Robert Schneider von der Prosa Thomas Bernhards beeinflusst (vgl. Huber (2000, S. 101), der Parallelen vor allem „auf thematischer Ebene, am deutlichsten beim ‚Dreigestirn' Musik, Genie und Tod" sieht). In den Teilbänden seiner Autobiografie schildert Thomas Bernhard die Funktion der Musik für seine Entwicklung. Hat er zunächst einen „krankhaften Widerwillen" gegen das ihm auferlegte „Geigen*lernen*" (Bernhard, 1977, S. 36) – wohlgemerkt nicht gegen das Instrument an sich, sondern gegen das mit dem professionellen Geigenspiel verbundene Regelwerk –, so nennt er die Geige bald „mein kostbares Melancholieinstrument" (1977, S. 39) und betont, dass Musik ihm „das Schönste überhaupt auf der Welt sei" (1977, S. 36). Der Internatsschüler Bernhard nutzt die Beschäftigung mit der Geige als Fluchtmöglichkeit zur Kompensation einer als querständig zu seinen Bedürfnissen empfundenen Existenz (vgl. Bloemsaat-Voerknecht, 2005). Wenige Seiten später wird der abgerissene Hals der Geige wird zum Symbol für die Katastrophe des Zweiten Weltkriegs. Mit einem Stipendium studiert Bernhard schließlich Operngesang am Mozarteum in Salzburg, muss eine Laufbahn als Sänger aber aufgeben, nachdem er sich infolge einer Verkühlung ein unheilbares Lungenleiden zugezogen hat. Im Krankenhaus wird – nicht etwa gehörte, sondern imaginierte – „aus mir heraus gehörte Musik zu einem, wenn nicht zu *dem* wichtigsten Mittel meines Heilungsprozesses" (Bernhard, 1981, S. 38). Im Sanatorium fachsimpelt der Autor mit dem Kapellmeister Rudolf Brändle:

„Die Musik hatte mich einen Menschen finden, mich einem Menschen anschließen lassen, die Musik, die mir so viele Jahre alles gewesen war und die ich schon so lange nicht mehr gehört hatte, da war sie wieder und so kunstvoll wie lange nicht." (Bernhard, 1984, S. 50)

Heimito von Doderer: Divertimento Nr. IV

Die oben geschilderten Romanverläufe wären mit einem Maler oder einer Malerin, einem Dichter oder einer Dichterin als Protagonistin/en kaum denkbar. Zwar verfügen beide Künste über eine mehrhundertjährige Wirkungsgeschichte, doch ist offenbar die seit dem 17. Jahrhundert physiologisch begründete Auffassung, dass eine Kunst, die durch das Ohr in den Körper eindringt, stärker wirke als eine, die durch das Auge aufgenommen werde, ungebrochen wirksam.

Dies steht unausgesprochen auch hinter Heimito von Doderers „Divertimento Nr. VI". Musik ist nicht nur Vorbild für Doderers Poetik, sondern auch literarisches Motiv. Viktoria, die Protagonistin der Erzählung, wird blind geboren und er-lauscht sich die Welt, das Ohr wird auf diese Weise zum Medium der Weltbegegnung für das heranwachsende Kind. Im zweiten Abschnitt der Erzählung beschreibt Doderer Viktorias Höreindrücke, indem er sich, ausgehend von der Lebenswelt eines Kleinkindes, vom weiteren Umfeld des Gutshofes allmählich dem Flügel als zentralem Mittelpunkt seiner Welt in konzentrischen Kreisen nähert:

„(…) der Weltkörper selbst scheint ein leises Summen tief unter alles zu legen, welches nun erst in's Gehör tritt.

Sie lauschte in ihre dunkle Welt hinaus, die Klänge und Töne gebar ohne Unterbruch, in Fülle, Geräusche, die in zahllos einzelnes zerfielen: denn Viktoria hörte schärfer als die mit sehenden Augen Begabten, denen das vielfach zerwürfelte Licht den Blick beschäftigt.

So gestaltete und wölbte sich ihr aus dem Dunkel der Umschwung des Jahres, von Tönen getragen durch alle seine Zeiten.

Wie versammelt aber im Umkreis war all die tönende Welt, versammelt und gebannt rund um das Musikzimmer, wenn die Mutter am Flügel saß. Feinste Spinnweben – so zog es sich über die tastbekannten Dinge ringsum, und sie ordneten sich alle nach den Tönen und schienen teilzunehmen daran; so wurde das Instrument der Mittelpunkt für Viktorias dunkle Welt, die rings um diese Mitte Gestalt gewann." (Doderer, 1972, S. 145ff.)

Elfriede Jelinek

Bei Elfriede Jelinek wird der Topos der Musikausübung als Fluchtpunkt pervertiert und damit in eine existenziell und wesenhaft disparate Moderne überführt. Die ausgebildete Pianistin Jelinek schildert in ihrem Roman „Die Klavierspielerin" (1983) das Dasein der 36-jährigen Klavierlehrerin Erika Kohut. Die maßlosen Besitzansprüche und die Dressur einer übermächtigen Mutter haben Erika zu einer gestörten, zwanghaft voyeuristischen, zu menschlichen Bindungen unfähigen Persönlichkeit heranwachsen lassen, für die der Flügel nicht mehr „Resonanzboden" für eine empfindsame Gefühlswelt, sondern Symbol einer autistischen Störung ist. Auch Elfriede Jelineks Prosa hat die Kritiker der Feuilletons zu Vergleichen mit Musik angeregt. Termini aus der Musiktheorie werden dabei metaphorisch eingesetzt. Thomas Steinfeld schrieb über die Dichterin:

> „Elfriede Jelinek ist virtuos, so virtuos, dass die schwedische Akademie bei ihr zurecht den ‚musikalischen Fluss von Stimmen und Gegenstimmen' lobt. Sie beherrscht die Sprache in all ihren Registern, sie kann tückisch und grob, zart und feierlich zugleich sein (...) Aber virtuos kann man auch mit Ressentiments umgeben, mit unbegründeten Vorwürfen und verfehlten Urteilen. Zur Musikalität von Elfriede Jelinek gehört der freihändige Umgang mit der Nervensäge, dem Nebelhorn und der Matschpauke. Zusammen bilden sie ein kakophones Meisterorchester (...)" (Steinfeld, 2004)

Grafische Notenzitate und Leitmotivtechnik

Ähnlich wie der Name „Klopstock" in Goethes Werther als „Losung" fungiert, genügt oft die bloße Nennung eines Komponistennamens, um einen ästhetischen Code aufzurufen. Die wenigen Fälle in der Literatur, in denen eine oder mehrere Passagen aus einem bestimmten Werk der Musikgeschichte im Text optisch zitiert werden, scheinen zunächst indirekt darauf hinzuweisen, dass die literarische Paraphrase Musik nicht zum Klingen bringen kann, dass Worte „Musik" bestenfalls evozieren können. In einer Tiefenschicht des Textes sind diese Passagen jedoch als höchst bedeutsam für die Sinnkonstitution einzustufen (vgl. Eilert, 1991). Sie sind so selten wie der Abdruck von Fotos zu einer fiktiven literarischen Landschaftsbeschreibung (etwa im Fall von W.G. Sebalds Roman „Austerlitz").

Kundige Forscher können aus der Interpretation der grafischen Notenzitate Erkenntnisse für ein weitergehendes Verständnis des literarischen Textes gewinnen:

> „Gerade der musikliterarische Text bietet die Chance, durch den ihm inhärenten Montagecharakter aus Brüche und Widersprüche, auf die innere Verfasstheit von Sprache und damit auf seinen Entstehungs- und Bearbeitungsprozess zurückzuweisen (...)" (Albert, 1998, S. 77).

Eins der bedeutendsten Beispiele sind die Notenzitate aus Arnold Schönbergs „Pierrot lunaire", die in Ingeborg Bachmanns Roman „Malina" (1971) die Handlung einrahmen. Erst spät wurde bemerkt, dass die Dichterin den Notentext abgewandelt hat (vgl. Spiesecke, 1993, S. 192, Anm. 263).

Arthur Schnitzler: Fräulein Else

In Arthur Schnitzlers Erzählung „Fräulein Else" (1924) erscheinen an zentraler Stelle zwei Notenzitate aus Robert Schumanns Klavierzyklus „Carnaval". Else, die Tochter eines Wiener Anwalts, soll in einem italienischen Kurort den Kunsthändler Dorsday um ein Darlehen von 30.000 Gulden bitten, um ihren Vater, der Mündelgelder veruntreut hat, vor dem Gefängnis zu retten. Der Geschäftsmann verlangt als Gegenleistung, Else eine Viertelstunde nackt sehen zu dürfen. Elses Konflikt zwischen vorgestellter Entblößungslust und schließlichem Entblößungszwang, der dazu führt, dass die junge Frau ein Schlafmittel nimmt, wird in einem kontinuierlichen Bewusstseinsstrom geschildert.

Zu den Insignien von Elses bürgerlicher Existenz, die durch den demütigenden Akt zerstört wird, gehört das Klavierspiel. Die Klaviermusik, die in der Szene ertönt, eröffnet somit ein weites Assoziationsfeld – allerdings nur für den Leser (vgl. dazu Huber, 1992, S. 78ff.). Für Else selbst verbleiben die Töne im Bereich des ästhetisch Schönen, sie lobt das Spiel der Pianistin. Für den Leser jedoch wird der Aspekt der bürgerlichen Scheinmoral und des Maskenspiels, den Elses rastloser Monolog offenbart, auf einer oberflächlichen Textebene verstärkt. Schnitzlers Zitierweise ohne nähere Bezeichnung des Stücks setzt die Kenntnis des Werks beim Leser einerseits als selbstverständlich voraus; „Carnaval" unterliegt für ihn einem ästhetischen Code. Andererseits gehört Schumanns Zyklus auf Grund seines Schwierigkeitsgrades nicht zu den Werken, die der bürgerlich dilettierende Pianist am Instrument zu bewältigen pflegt. Die Abfolge der Musikzitate, von denen zwei aus „Florestan" und ein weiteres aus „Reconnaissance" stammen, suggeriert dem wissenden Leser auf Grund der zyklischen Abfolge der Stücke, dass die Pianistin just bei der Miniatur „Coquette" angekommen ist, als Else vor Dorsday tritt. Die Musik spielt damit auf die unterdrückte, exhibitionistische Seite in Elses Gefühlsleben an. Die Herkunft der Zitate ist nur dem Kenner offenbar, und diesem eröffnet sich, wie Martin Huber überzeugend dargelegt hat, durch die Disposition der Zitate ein „Psychogramm Elses" (Huber, 1992, S. 91). Schnitzler gehört damit zu den wenigen Autoren, die mit dem von einem kenntnisreichen Leser imaginierten Zeitfluss der Musik arbeiten.

Chiffre für die Existenz der Hauptperson ist der Titel von Marguerites Duras' Roman „Moderato cantabile". Die Fabrikantengattin Anne Desbaresdes begleitet darin ihren Sohn zur Klavierstunde. Die Sturköpfigkeit, mit der das Kind sich weigert, eine Komposition wie vorgeschrieben „gemäßigt und singend" auszuführen, findet ihre Entsprechung im verzweifelten Versuch der Protagonistin, ihrer Existenz im goldenen Käfig echte Leidenschaft abzuringen.

Thomas Mann: Tristan

Dies charakterisiert auch die groß angelegte Klavierszene im achten Abschnitt von Thomas Manns Novelle „Tristan" (1902). Auf optische Notenzitate hat der Autor verzichtet, die Passage evoziert durch die Disposition der Ereignisse zwischen den beiden Protagonisten die Annäherung zwischen Tristan und Isolde. Der erfolglose Literat Spinell und die lungenkranke Gabriele Klöterjahn, die sich von der Geburt ihres kräftigen Sohnes Anton erholen soll, stehen auf der Seite der Kunst, Gabrieles Ehemann, der Fabrikant Klöterjahn, und sein dicklicher Sohn auf der Seite des Lebens. In der Klavierszene wird der Aufbau von Richard Wagners Oper förmlich „nachgestellt", das Wagnersche Musikdrama in den Erzähltext eingeblendet, ohne dass der Name des Komponisten auch nur einmal genannt würde (vgl. dazu die Ausführungen und weiterführenden Literaturhinweise in Eilert, 1991, S. 260-268). Gabriele spielt zunächst das Nocturne Es-Dur op. 9 von Chopin. Das Paar, „dekadentem Wagnerismus" (zum Begriff vgl. Koppen, 1973, S. 184-194) verfallen, entdeckt schließlich einen Klavierauszug der Oper „Tristan und Isolde". Gabrieles Interpretation des Vorspiels wird so beschrieben:

> „Das Sehnsuchtsmotiv, eine einsame und irrende Stimme in der Nacht, ließ leise seine bange Frage vernehmen. Eine Stille und ein Warten. Und siehe, es antwortet: derselbe zage und einsame Klang, nur heller, nur zarter. Ein neues Schweigen. Da setzte mit jenem gedämpften und wundervollen Sforzato, das ist wie ein Sichaufraffen und seliges Aufbegehren der Leidenschaft, das Liebesmotiv ein, stieg aufwärts, rang sich entzückt empor bis zur süßen Verschlingung, sank, sich lösend, zurück, und mit ihrem tiefen Gesange von schwerer, schmerzlicher Wonne traten die Celli hervor und führten die Weise fort (...)" (Mann, 1991, S. 237f.)

Thomas Manns literarische Paraphrase des Beginns von Richard Wagners Oper ist insofern ein Sonderfall, als der Autor nicht nur versucht, das musikalische Geschehen mit Worten treffend und nachvollziehbar zu beschreiben, sondern dass er die zeitliche Dauer dieser Vorspieltakte annähernd nachvollzieht, in „Echtzeit" beschreibt: Die Passage zu lesen nimmt etwa so viel Zeit in Anspruch wie das Anhören der beschriebenen Takte. Die Überanstrengung Gabrieles durch das ihr ärztlich verbotene Klavierspiel führt später zu ihrem Tod. Das Leben triumphiert über die Kunst, und der Tod wird durch die Begegnung mit Wagners Musik beschleunigt.

Leitmotivtechnik

Die oben zitierte Passage aus der „Tristan"-Novelle erweist eine literarische Paraphrase-Technik, die sich mit der bloßen Beschreibung musikalischer Sachverhalte nicht zufrieden gibt, darüber hinaus eine Affinität zu Wagner, über die Thomas Mann unmittelbar nach Abschluss der „Buddenbrooks" Rechenschaft abgelegt hatte. Die

Tatsache, dass Wagners Musik im Text zur Chiffre für die Dekadenz des Bürgertums wird, ändert nichts an der Vorbildfunktion, die sie für den Autor hat: Wagners Werk habe „so stimulierend, wie sonst nichts auf der Welt auf meinen Kunsttrieb" gewirkt. Der Autor verweist dafür auf zwei wesentliche Merkmale, den „von Leitmotiven verknüpften und durchwobenen Generationenzuge" und die Nachbildung des Wälsungen-Mythos in der Geschichte der „Buddenbrooks" (vgl. Vaget, 2006, S. 99).

Der Verweis auf die *Leitmotivtechnik* ist nicht nur ein wichtiger Hinweis für die Interpretation von Thomas Manns Werk, sondern ein Schnittpunkt zwischen den widerstreitenden Überzeugungen, der Wesensunterschied zwischen Literatur und Musik verbiete die vergleichende Analyse, und der Auffassung, literarische und musikalische Gestaltungsprinzipien seien partiell vergleichbar:

> „Einerseits ist nicht zu übersehen, dass die Wirkungsweise der Leitmotivtechnik in Musik und Literatur verschieden ist; andererseits wäre es aber kurzsichtig, deshalb zu ignorieren, dass wesentliche Neuerungen der Erzählkunst in diesem Jahrhundert von Wagners Motivtechnik inspiriert worden sind." (Vaget, 2006, S. 101)

Christian Thorau unterscheidet in seiner Untersuchung des Leitmotivs als Konstituente der Wagner-Rezeption zwischen exoterischem und esoterischem Leitmotiv-Gebrauch. Das exoterische Leitmotiv wirkt statisch und dient der Charakterisierung, das esoterische Leitmotiv entfaltet dynamische Wirkung und dient der Organisation von Zeit (Thorau, 2003, S. 23f.). Bei Thomas Mann sind das vielzitierte blaue Äderchen an der Schläfe seiner dekadenten Gestalten oder die schadhaften Zähne seiner dem Verfall entgegen gehenden Figuren die wohl berühmtesten Beispiele für eine exoterische Leitmotivtechnik äußerlicher Charakterisierung. Im Einsatz dieser mehr äußerlichen Leitmotive sind Musik und Literatur durchaus vergleichbar. Versagt bleibt dem Dichter jedoch jegliche Doppelgleisigkeit, wie sie Wagner vor allem durch den Kommentar des redenden Orchesters schuf: Durch das Erscheinen eines zuvor eingeführten Leitmotivs in der Orchesterbegleitung kann diese in Widerspruch zu dem treten, was auf der Bühne geschieht, sie kann dem Publikum zusätzliche Informationen liefern und ihm damit einen Wissensvorsprung vor den Protagonisten der Oper verschaffen. Durch die Bezugnahme auf etwas Vergangenes kann sie zudem eine Gleichzeitigkeit in der Musik schaffen, die der Sprache in ihrem erzählerischen Nacheinander verwehrt ist.

Der harmonische Kern von Wagners Oper, der so genannte „Tristan-Akkord" aus dem zweiten Takt des Vorspiels, ist ein Akkord, den man nicht eindeutig auf eine Tonart beziehen kann. Er lässt mehrere Deutungsmöglichkeiten zu, was ihn zum beliebten Gegenstand musikwissenschaftlicher Fachliteratur hat werden lassen. Seine harmonische Mehrdeutigkeit und die Verbindung mit dem unauflösbaren Liebesdrama zwischen Tristan und Isolde machten ihn zum Inbegriff romantischer Sehnsucht. Er ist eine Art Initialzündung für die atonale Musik und markiert damit auch den Übertritt zur *Neuen Musik* des 20. Jahrhunderts. Diese Fülle von Implikationen lässt ihn schließlich selbst zum Code werden, der keiner weiteren Erläuterung bedarf.

Hans Ulrich Treichel: Tristanakkord

Diesen Umstand hat Hans-Ulrich Treichel in seinem Roman „Tristanakkord" humoristisch verarbeitet. Georg Zimmer, ein junger Mann mit soeben abgeschlossenem Magisterstudium in Germanistik, gerät darin zunehmend in den Bann eines berühmten Komponisten, der ihn engagiert, damit er seine Biografie lektoriere und das Personenverzeichnis erstelle – ein Projekt, das im Verlauf des Romans zunehmend unwichtiger wird. Denn der berühmte Komponist arbeitet unablässig und hat nie Zeit für die Arbeit am Manuskript. Auch sonst ist er mit allen Insignien eines „Stars" versehen: Er besitzt mehrere Wohnsitze und Angestellte, er lässt auf sich warten und er neigt zu Zornesausbrüchen.

Georg Zimmer dagegen, aus dessen Perspektive die Geschehnisse berichtet werden, ist jung, unbekannt und Sozialhilfeempfänger. Er erhält schließlich vom Komponisten den Auftrag, eine Hymne für den letzten Satz einer viersätzigen Symphonie zu schreiben – intendiert ohne Zweifel als opus magnum des Komponisten. Immer dann, wenn der junge Mann selbst zum Schaffen kommen will, wird er durch die übermächtige und ohrenfällige Präsenz des Komponisten daran gehindert: „je schneller Bergmann komponierte, umso mehr erstarrte Georgs Schreibhand unter Bergmanns Komponiertempo". Entscheidend ist jedoch, dass der Tristanakkord für Georg zum Insignium eines vertieften Musikverständnisses wird, das wiederum den Schlüssel zum Lebens- und Berufserfolg darstellt. Eine überzeugende musikwissenschaftliche Erklärung des Akkords würde den Germanisten Georg nicht nur als „Kenner" ausweisen, sondern ihn zudem zur männlichen Attraktion für jene hübsche rothaarige Musikwissenschaftsstudentin werden lassen, für die das Verständnis des vagierenden Akkords ein Leichtes ist. Diese Implikationen fokussieren sich an dem Punkt, wo Georg Bergmann einen Akkord auf dem Klavier anschlagen hört und – ohne die Passage jemals bewusst gehört zu haben – instinktiv erkennt: das muss der berühmte Akkord sein!

Hans Henny Jahnn

Einer der wenigen Autoren, die auf Musikbeschreibungen weitgehend verzichten, ist Hans Henny Jahnn in seinem Jahrhundertroman „Fluß ohne Ufer" (1950/51). Das vielschichtige Werk, dessen Hauptfigur der Komponist Gustav Anias Horn ist, enthält eine Fülle von musikästhetischen, kompositionstechnischen und rezeptionsästhetischen Überlegungen, die im Rahmen eines Überblicksartikels kaum wiederzugeben sind. Unreflektiert von „musikalischen Phantasien" zu sprechen, wie es der Komponist Diethelm Zuckmantel in seiner Untersuchung zu Hans Henny Jahnns Trilogie tut, ist ausgesprochen problematisch. Unter den von Zuckmantel verwendeten Begriff werden alle Erscheinungen „vom ungefähren Nachdenken über Musik im allgemeinen bis hin zur fachmännischen Darstellung genau beschriebener Kompositionen mit Notenschriftbeispielen" gefasst (Zuckmantel, 2004, S. 11). Eine verdienstvolle

Leistung ist indes der „Index sämtlicher musikalischer oder musikbezogener Begriffe" (Zuckmantel, 2004, S. 329-381), ebenso die These, dass zwischen Jahnns Versuchen mit einem elektrischen Klavier und Conlon Nancarrows Klavierwerk Konkordanzen bestehen.

Für Uwe Schweikert ist Jahnns Trilogie der „Abschluss einer fast unübersehbaren Zahl von literarischen Werken seit der Frühromantik, die den Geist und das Wesen von Musik ins Medium der Sprache zu übersetzen versuchten" (Schweikert, 1988, S. 49). Auf jeden Fall gehört der zweite Teil von Jahnns Roman zu den wenigen umfangreicheren Werken, in denen Musik allgegenwärtig ist, ohne jedoch Strukturvorbild zu sein. Insbesondere Jahnns Schilderungen der Problematik des schaffenden Künstlers zeugen von einer vertieften Kenntnis musikalischer Komposition. Umso verständlicher, dass Musikbeschreibungen im Sinne der oben genannten Paraphrasen, die in so vielen Erzählwerken breiten Raum einnehmen, hier nur am Rande vorkommen.

Der Autor, ausgebildeter Orgelbauer, aber keineswegs umstandslos mit seiner Romanfigur gleichzusetzen, gehört zu den wenigen, die sich zur Problematik des Medienwechsels geäußert haben: „(…) die musikalische Kompositionskunst benutzt andere Mittel als die Dichtkunst". Vordergründig mit einem Verweis auf die Jahrhunderte zuvor postulierte semantische „Unbestimmtheit" der Musik fährt Jahnn fort: „Sie kann nämlich den ‚See der Tränen' und den ‚Pfuhl des Schmutzes' gar nicht darstellen, sie kann es sich nur einbilden" (zit. n. Schweikert, 1988, S. 60f.). Unabhängig davon, ob Jahnn in dieser Äußerung möglicherweise die Ebene des Autors mit der des Rezipienten vermischt, spielt „Musik" vielleicht deswegen in diesem Roman eine Rolle, die mit derjenigen in den erwähnten Romanen kaum vergleichbar ist: Der Autor bedient sich in „Fluß ohne Ufer" nicht nur eines kontinuierlichen Bewusstseinsstroms, sondern es handelt sich gewissermaßen um eine erzählerische Suche nach der verlorenen Zeit. Vergangenheit, Gegenwart und Zukunft des Komponisten Horn sind der Gegenstand dieser Schilderung, als dessen adäquates Bezugssystem als Kunst, die sich in der Zeit ereignet, allein die Musik dienen kann.

Die Zwölftonmusik als Modell und Symptom

Thomas Mann: Doktor Faustus

In seinem nahezu ein halbes Jahrhundert nach der „Tristan"-Novelle erschienenem Roman „Doktor Faustus" (1947) setzt Thomas Mann sich mit der Zwölftontechnik Arnold Schönbergs, die ihm über den Kontakt mit Theodor W. Adorno und seine „Philosophie der Neuen Musik" vermittelt wurde, theoretisch auseinander. Der Komponist Adrian Leverkühn, dessen Werke unschwer als „modern" im Sinne einer Nachfolge der Zweiten Wiener Schule zu erkennen sind, ist die Hauptfigur des

Romans. Musik verweist in diesem Roman nicht als „Musik" auf eine metaphysische, über dem Text liegende Ebene, „Superzeichen" für ein Unsagbares; der Wagnerianer Thomas Mann distanziert sich vielmehr nach den Erfahrungen des Nationalsozialismus und des Zweiten Weltkriegs von der deutschen Spätromantik in der Nachfolge Wagners.

Hans Vaget hat den Zusammenhang zwischen Thomas Manns politischen Überzeugungen und der Funktion der Musik in seinem Werk aufgezeigt. Es finde darin die „implizite These" Ausdruck, „dass Deutschlands Hinwendung zum Nationalsozialismus in gewissem Maße aus seinem Musikkult herzuleiten sei" (Vaget, 2006, S. 24, vgl. auch das Kapitel „Salome und Palestrina als historische Chiffren. Zur musikgeschichtlichen Codierung des Doktor Faustus", ebd., S. 222ff.) Mit der bewussten Abkehr von einer politisch obsolet gewordenen Musik, nämlich der Richard Wagners und der Spätromantiker Richard Strauss und Hans Pfitzner, ist zu begründen, dass die Ausführungen Manns über künstlerische „Subjektivität" und „Objektivität", über „Wildwuchs" und „Durchorganisation" (Mann, 1990, S. 257f.), die schließlich in die Methode der Komposition mit 12 Tönen mündet, zwar aspektereich, aber hölzern wirkt (zu den Parallelen zwischen „Doktor Faustus" und Hermann Hesses Roman „Das Glasperlenspiel" im Hinblick auf ihre politischen Implikationen vgl. Schulze, 1998). Übrigens versucht Thomas Mann auch hier, existierende musikalische Werke adäquat in Sprache darzustellen, allerdings ohne sie mit Blick auf die „Handlung" des Romans zu verwerten. In „Doktor Faustus" sind das die Paraphrasen des Vorspiels zum 3. Akt von Wagners „Meistersingern" und der Variationssatz aus Beethovens letzter Klaviersonate.

Wolfgang Koeppen: Tod in Rom

Hoch aufgeladen mit poetischer und zeitgeschichtlicher Bedeutung ist die Zwölftontechnik Arnold Schönbergs, die für den Beginn der Neuen Musik schlechthin steht, bei Wolfgang Koeppen. Bei seinem Roman „Tod in Rom" (1954) handelt es sich vordergründig um einen Komponistenroman in der Nachfolge von Thomas Manns „Doktor Faustus". Die enge Bindung an die Situation in Nachkriegsdeutschland haben die beiden Romane gemeinsam. Anders als bei Thomas Mann werden jedoch die Musik und ihre Entstehung bei Wolfgang Koeppen an keiner Stelle thematisiert (vgl. Dahlhaus, 1988). Die zentrale Szene des Romans ist die Aufführung einer Symphonie des Komponisten Siegfried Pfaffrath unter der Leitung des Dirigenten Kürenberg, dessen Frau das Konzert ebenfalls besucht. Die Beschreibung der im Konzert erklingenden Musik erfolgt aus der Perspektive der Romanfiguren und dient dazu, deren Umgang mit der herrschenden neo-faschistischen Grundhaltung aufzudecken. Die divergierenden Höreindrücke der anlässlich des Konzerts zusammen gekommenen Sippe der Pfaffraths zeigen die Fremdheit der Familienmitglieder untereinander.

Siegfried Pfaffraths Zwölftonmusik steht bei Koeppen für das Neue in der Kunst, das bei den Erben des Nationalsozialismus in den 1950er-Jahren auf Unverständnis stößt. In der Beschreibung von Ilse Kürenbergs Gefühlen beim Anhören der Symphonie spiegeln sich jene widersprüchlichen Gefühle, die 50 Jahre zuvor kundigere Hörer in Wien in Konzerten mit der Musik der zweiten Wiener Schule geplagt haben mögen, die aber bei Koeppen eng verzahnt sind mit der Verarbeitung der nationalsozialistischen Vergangenheit:

> „(…) in Siegfrieds Symphonie war trotz aller Modernität ein mystisches Drängen, eine mystische Weltempfindung, von Kürenberg lateinisch gebändigt, aber Ilse Kürenberg erkundete jetzt, warum ihr die Urkomposition bei aller Klarheit der Wiedergabe unsympathisch blieb. Es war zu viel Tod in diesen Klängen, und ein Tod ohne den heiteren Todesreigen auf antiken Sarkophagen. Zuweilen bemühte sich die Musik um diese Sinnenfreude der alten Grabmale, aber dann hatte Siegfried falsche Noten geschrieben, hatte sich in den Tönen vergriffen, sie wurden trotz Kürenbergs kühler Konduktion grell und maßlos, die Musik verkrampfte sich, sie schrie, das war Todesangst, das war nordischer Todestanz, eine Pestprozession, und schließlich verschmolzen die Passagen zu einer Nebelwand." (Koeppen, 1986, S. 579)

Demgegenüber stößt die Musik bei den Eltern des Komponisten Pfaffrath auf bloßes Unverständnis und lässt die in den 30er-Jahren als „entartet" diffamierte Kunst assoziieren:

> „Sie entsetzten sich, sie waren enttäuscht. Die Musik war anders als alle Musik, die sie kannten. Sie entfernte sich von aller Vorstellung, die Pfaffraths von Musik hatten. (…) Siegfrieds Töne machten sie frösteln, sie empfanden Unbehagen, es war, als wehe Eishauch sie an, und dann klang es gar wie Verhöhnung ihrer deutschbürgerlichen Sitte, sie meinten Jazz-Rhythmen zu erkennen, einen Urwald ihrer Einbildung, einen Negerkral voll Entblößung und Gier, und dieser Dschungel entarteten Getöses wurde wieder abgelöst von einfach langweiligen Stellen, von wahrhaft eintönigen Partien disharmonischer Notenreihen." (Koeppen, 1986, S. 580f.)

Die Reaktionen der Familienmitglieder kulminieren schließlich in der Feststellung von Pfaffraths Bruder Dietrich:

> „(…) diese Musik war dem Komponisten nicht zugeflogen, wie die schönen und großen Klänge Beethoven und Wagner wohl zugeflogen waren, diese Musik war gemacht, sie war ein raffinierter Schwindel, es war Überlegung in den Dissonanzen, und das beunruhigte Dietrich – vielleicht war Siegfried kein Narr, vielleicht war er gefährlich und am Beginn einer großen Laufbahn. Dietrich flüsterte den Eltern zu: ‚Er ist ein Neutöner!'" (Koeppen, 1986, S. 581)

Anders als der auf Thomas Manns „Tod in Venedig" anspielende Titel des Romans nahe legt, steht nicht eine einzelne Künstlerfigur im Mittelpunkt, sondern die Funktion der Musik in einer von vielfältigen weltanschaulichen Strebungen und vergangenen politischen Katastrophen belasteten Gesellschaft.

Musik als Paradigma der Poetik

Heimito von Doderer: Symphonie und Divertimento

Heimito von Doderer hat späteren Interpreten auf mehreren Ebenen Material für eine komparatistische Interpretation geliefert: In seiner Poetik bezieht er sich auf die Gattungen Symphonie und Divertimento; mit dem Titel „Divertimento Nr. I-VI" sind auch Erzählungen überschrieben, die zwischen 1924 und 1926 in rascher Folge entstanden, ein „Divertimento Nr. VII" schrieb Doderer 1951. Brieflichen Äußerungen des Autors zufolge dienten diese Bezüge vor allem der (schriftstellerischen) Selbstdisziplinierung:

> „(…) da ich nämlich meinem eigenen Leben die rechte Form noch nicht zu geben vermochte (…), fühlte ich mich durch strenge Formen als Schreibender stets angenehm gestützt. Solche Formen fand ich in der Musik vor (den Sonaten-Satz) und so kam es zu einer ganzen Reihe von Stücken, die ich ‚Divertimenti' nannte (…)" (zit. n. Buchholz, 1996, S. 45)

In der Rezension „Symphonie in einem Satz" beschreibt Doderer Hans Leberts Roman „Die Wolfshaut" (1960) mit Metaphern, die er der Formen- und Instrumentationslehre entlehnt. Die Querverbindungen, die er dabei zieht, sind eher originell als qualifizierend zu werten, etwa, wenn er schreibt: „Es ist eine gute, volle Orchesterpalette, die Holzbläser stark besetzt" und dann aus Leberts Roman zitiert: „(…) sah er nach jener Stelle zwischen den Bäumen, wo durch den distanzlosen Nebelfleck der Erscheinung das violette Waldherz dämmerte" (Doderer, 1970, S. 181) und dem Autor Beifall spendet: „Applaus bei spielendem Orchester!" Doderer schließt mit der Feststellung: „Der große Roman, die große symphonische Form, hat Teile, von denen jeder zum anderen ein Jenseits im Diesseits darstellt. (…) Es gibt keine Symphonie in einem Satz." (Doderer, 1970, S. 182)

Die Begriffe „Symphonie" und „Divertimento" verwendet Doderer nahezu gleichberechtigt:

> „Für mich persönlich scheinen alle diese Forderungen durch das ‚Divertimento' erfüllbar zu sein: die kurze, in vier straffe Sätze (analog der Symphonie) möglichst spannend gefasste Erzählung (…)" (zit. n. Buchholz, 1996, S. 47)

Dass diese Formvergleiche zu kurz greifen, ist weniger bemerkenswert als vielmehr das Bedürfnis des Autors, überhaupt mit solchen Bezügen zu arbeiten: Ähnlich wie der Einsatz von „Musik" im dichterischen Text die Funktion eines inhaltlichen „Hab

Acht"-Signals hat, erweist sich beim Erscheinen von Formbezügen in der Poetik das Bewusstsein eines dichterischen Mangels und daraus resultierend die Suche nach neuen Gestaltungsmöglichkeiten. Die Sehnsucht nach einem Medienwechsel zeigt sich immer dort, wo die Mittel der eigenen Kunst nicht hinreichend zu sein scheinen. Es sind vor allem die simultane Mehrstimmigkeit und eine dem dichterischen Formenkanon als überlegen empfundene Mehrteiligkeit musikalischer Formen, die die Musik zum Vorbild werden lassen.

Irene Dische: Ein fremdes Gefühl

Den erklärten formal-inhaltlichen Bezugsrahmen von Irene Disches Roman „Ein fremdes Gefühl" (1993) mit dem Untertitel „Veränderungen über einen Deutschen" bilden Beethovens Diabelli-Variationen. Die Rezeption des Romans im deutschen Feuilleton ist übrigens ein schönes Beispiel für mangelnde Genauigkeit oder fehlende Sachkenntnis bei der Beschreibung literarisch-musikalischer Beziehungen: Die Kritik spricht von einem „Roman im Rhythmus der Diabelli-Variationen von Beethoven" (Matussek, 2005).

Die Hauptfigur des kurz nach der deutschen Wiedervereinigung spielenden Romans, der Physiker Benedikt Graf Waller von Wallerstein, leidet an einer tödlichen Krankheit. Per Zeitungsannonce sucht er einen Adoptivsohn: einen russischen Jungen mit seiner Klavier spielenden Mutter im Schlepptau.

Formal handelt es sich um einen Roman mit einem Prolog (Thema) und 33 Kapiteln (Variationen), in deren Titeln musikalische Tempobezeichnungen bzw. Vortragsanweisungen mit einer kurzen Charakterisierung des folgenden Kapitelinhalts verbunden sind. Der Vorsatz Irene Disches lautet: „Die Autorin dankt Anatol Ugorski: Seine Interpretation der Beethovenschen Diabelli-Variationen (…) hat bei der Entstehung dieses Buches eine entscheidende Rolle gespielt." (Dische, 1993, o.S.) Kurz nach der Wende lernte Dische den unbekannten und mittellosen Pianisten Anatol Ugorski kennen und hörte ihn das Klavierwerk spielen. Sie soll dem damaligen Rowohlt-Verleger Michael Naumann angeboten haben, ein Buch für den Verlag zu schreiben, wenn er sich bereit erkläre, eine CD der Beethoven-Variationen mit Ugorski zu produzieren und diese dem Buch beizulegen.

Unabhängig davon, ob dies sich so oder ähnlich zugetragen hat, ist an Irene Disches Romankonzeption bemerkenswert, dass sie keineswegs Beethovens Tempobezeichnungen übernimmt, sondern nur den Duktus klassisch-romantischer Tempo- und Vortragsbezeichnungen aufgreift, um ihn für frei erfundene Kapitelüberschriften zu nutzen. Die Kombination aus Vortragsanweisung und Handlungsskizze wirkt äußerst humoristisch, weil sie das Hohe, traditionell vertreten durch die Würde der Musik, mit dem Niedrigen, nämlich der Prosa des im Roman geschilderten alltäglichen Lebens verbindet.

Beethovens Zyklus über ein Thema des Musikverlegers Anton Diabelli gehört zu seinen späten Werken, er begann damit 1819 in zeitlicher Nähe zur 9. Symphonie, der

„Missa solemnis" und den späten Klaviersonaten. Neben Bachs „Goldberg-Variationen" sind sie das umfangreichste Variationswerk für Klavier. Dische nutzt die Aura des Beethovenschen Spätwerks, um sie im Roman humoristisch zu konterkarieren. Die Bandbreite der Satzcharaktere der 33 Variationen scheint für Irene Disches Schilderung des wechselhaften Lebens ihrer Hauptperson ein ideales Vorbild abgegeben zu haben, befördert durch das musikalische Interesse der Autorin – nicht mehr und nicht weniger.

Thomas Bernhard: Der Untergeher

„Musik" als literarisches Motiv und Strukturvorbild ist womöglich das meistuntersuchte Phänomen in Thomas Bernhards Gesamtwerk, spielt tatsächlich aber für ihn selbst kaum eine Rolle. Sein Musikstudium und das Interesse an musikalischen Zusammenhängen sind der Grund dafür, dass man die literarische Paraphrase von Musik bei diesem Autor vergebens suchen wird. Stark beeinflusst von der Philosophie Ludwig Wittgensteins, bringt Bernhard vor allem Musik und Philosophie miteinander in Verbindung. Für seinen Schaffensprozess ist – wie der Autor in einem Interview geäußert hat, der Rhythmus der Prosa unabdingbar:

> „Ich würde sagen, es ist eine Frage des Rhythmus und hat viel mit Musik zu tun. Ja, was ich schreibe, kann man nur verstehen, wenn man sich klarmacht, dass zuallererst die musikalische Komponente zählt und erst an zweiter Stelle das kommt, was ich erzähle. Wenn das erste einmal da ist, kann ich anfangen, Dinge und Ereignisse zu beschreiben. Das Problem liegt im Wie?" (zit. n. Mittermayer, 2003, S. 63)

Dies und die Tatsache, dass in Thomas Bernhards Roman „Der Untergeher" (1983) eine Interpretation von Johann Sebastian Bachs „Goldberg-Variationen" dazu dient, das Schicksal von drei Pianisten zu exemplifizieren, hat zu vielfältigen Spekulationen über mögliche „musikalische" Formbezüge geführt. Umstandslos führt etwa Liesbeth M. Voerknecht die literarische Form des Romans auf Bachs Variationenwerk zurück (Voerknecht, 1999, S. 195-206). Den „Beweis" für die Richtigkeit ihrer Beobachtung macht sie anhand numerischer Bezüge zwischen der Variationenzahl der Goldberg-Variationen fest. Ziehe man die zeitliche Entfernung des Horowitz-Meisterkurses, bei dem sich die drei Pianisten kennengelernt hätten (28 Jahre) sowie die Zahl der Künstler (drei) und die Anzahl der von ihnen bezogenen Häuser (eins) zusammen, so ergäbe sich die Gesamtzahl der Variations-Teile (32).

Karin Marsoner hingegen setzt die Romanstruktur in Beziehung zur *Dodekaphonie*. Der Umgang Bernhards mit den zehn Personen des Romans sei mit den Permutationen einer Zwölftonreihe vergleichbar (Marsoner, 2000, S. 156f.). Demgegenüber ist Gudrun Kuhns Parallelisierung der entwickelnden Variation bei Johannes Brahms und Thomas Bernhard als nahezu erhellend einzustufen (Kuhn, 1999).

Selbst, wenn man der Versuchung widersteht, dergleichen „Interpretationen" zu belächeln, so ergibt sich aus Zahlenspielen wie dem beschriebenen die berechtigte Frage, welche Schlüsse daraus für die Interpretation des literarischen Kunstwerks zu ziehen seien. Die Antwort bleibt Voerknecht, wie so viele Autoren vor ihr, schuldig, weil die Freude über das Aufspüren einer äußerlichen Parallelität den mangelhaften Erkenntnisgewinn derselben verstellt.

Ingeborg Bachmann: die metaphysische Dimension der Musik

Für viele Autoren des 20. Jahrhunderts ist Musik nicht nur Strukturvorbild, sondern Ausdrucksideal schlechthin. Dies ist zum Beispiel eindeutig bei Ingeborg Bachmann, wenn sie äußert: „Für mich ist Musik größer als alles was es gibt an Ausdruck." (unveröffentlichtes Statement aus den Filmaufnahmen von Gerda Haller, zit. n. Caduff, 1998, S. 69).

Ähnlich wie für mehrere Autoren des 18. Jahrhunderts (vgl. das Kapitel „Empfinden und Erfinden: Fantasieren am Klavier als Weg zur Dichtung" bei Cloot, 2001, S. 47ff.), ist die eigene Musikausübung für Ingeborg Bachmann der Weg zur dichterischen Tätigkeit. Der Aspekt einer möglichen Selbststilisierung, die in der Berufung auf die Musik liegt, sollte dabei niemals außer Acht gelassen werden:

> „Aber ich habe ganz plötzlich aufgehört, habe das Klavier zugemacht und alles weggeworfen, weil ich gewusst habe, dass es nicht reicht, dass die Begabung nicht groß genug ist. Und dann habe ich nur noch geschrieben." (zit. n. Caduff, 1998, S. 68)

In zwei Essays hat sich die Dichterin theoretisch zur Musik geäußert. In einem „Die wunderliche Musik" betitelten Text demontiert sie eine klassische Konzertszene und ihre Ingredienzien: Dirigent, Instrumentalisten und Publikum, und ironisiert die traditionell mit dem Entstehen, der Ausübung und der Wirkung der Musik verbundenen Topoi, allerdings ohne sie zu zerstören. Es ist dabei in erster Linie die metaphysische Dimension der Musik, die Bachmanns dichterische Fantasie anregt:

> „Was aber ist Musik?
>
> Was ist dieser Klang, der dir Heimweh macht? (...)
>
> Was ist dieser Akkord, mit dem die wunderliche Musik Ernst macht und dich in die tragische Welt führt, und was ist seine Auflösung, mit der sie dich zurückholt in die Welt heiterer Genüsse? Was ist diese Kadenz, die ins Freie führt?
>
> Wovon glänzt dein Wesen, wenn die Musik zu Ende geht, und warum rührst du dich nicht? Was hat dich so gebeugt und was hat dich so erhoben?" (Werke, Bd. IV, S. 57f.)

Versucht die Autorin in diesem Aufsatz, das Wesen der Musik aus der Perspektive der Rezipientin zu fassen, so erörtert sie in „Musik und Dichtung" Probleme der zur Vertonung schaffenden Dichterin. Sie bezieht sich auf das vorübergehende Abflauen der vergleichenden Forschung, wenn sie schreibt: „Wir haben ja aufgehört, nach ‚poetischen Inhalten' in der Musik zu suchen, nach ‚Wortmusik' in der Dichtung." (Werke, Bd. IV, S. 59) Dichtung und Musik können ihre jeweiligen Ausdrucksdefizite durch eine fruchtbringende Verbindung in der Vertonung gegenseitig ausgleichen.

Alfred Andersch: elektronische Musik als Vorbild für die moderne Dichtung

Liegt der Vorbildcharakter von Musik für Ingeborg Bachmann eher auf der Ausdrucksebene, so bezieht sich Alfred Andersch konkret auf die zeitgenössische Musik. Der „ekmelische Stil" des fiktiven Komponisten Werner Hornbostel wird in Anderschs Roman „Efraim" (1967) zum Vorbild für den modernen Roman. Damit ist der Dichter zugleich einer der wenigen, der sich bei der Wahl des musikalischen Vorbilds in seiner eigenen Epoche bewegt. Als Rundfunkredakteur unter anderem beim Süddeutschen Rundfunk in Stuttgart verfolgte Andersch nicht nur die zeitgenössischen Literatur- und Kunstszene, sondern hatte als Besucher der Donaueschinger Musiktage für zeitgenössische Tonkunst Zugang zur aktuellen Musik (vgl. Huber (1992, S. 206ff.), der ein von Andersch so bezeichnetes „mathematisch-musikalisches Prinzip" erwähnt, das die Vorlage zu seinem Roman „Winterspelt" bilde, während er sich bis zur Mitte der 50er-Jahre an der amerikanischen Moderne der 20er-Jahre orientiert habe).

In einer zentralen Passage des Romans beschreibt Andersch eine Komposition, in der vorproduziertes Material elektronisch bearbeitet ist, eine Musikrichtung, die als *Musique Concrète* zu den wichtigen Errungenschaften der Nachkriegszeit gehörte. Die Beschreibung rekurriert erkennbar auf eins jener Werke, wie sie im elektronischen Studio in Köln unter der Leitung von Herbert Eimert ab 1951 produziert wurden. Offenbar verändert die technische Reproduzierbarkeit der musikalischen Kunstwerke auch ihre Rezeption im dichterischen Text (zum Verhältnis von Sprache und Musik unter dem Blickwinkel ihrer technischen Reproduzierbarkeit vgl. Hiebler, 2006, S. 33-59). Der Erzähler hört geräuschhaft manipulierte Klänge eines Klaviers, kleiner Schlaginstrumente, Selbstklinger und das Klopfen von Fingerspitzen auf einem Gefäß. Sie sind offenbar durch Wiederholung zu einem rhythmischen Pattern geordnet, Andersch spricht von „einem Klang-Gewebe, das sich an ein paar Stellen zu rhythmischen Figuren verdichtete." (Andersch, 2004, S. 191) Den Klängen unterlegt, erklingt ein Gespräch, das der Erzähler zuvor mit einer der Figuren des Romans geführt hat: „Sogar eine Füllstimme hatte er komponiert, denn unter der Laut-Sonate lag das Gespräch, das ich die ganze Zeit über mit Anna geführt hatte (...)" (ebd.). Als Füllstimmen bezeichnet man jene mittleren Stimmen in einer kompositorischen Faktur, denen weder die Funktion einer Ober- oder Melodiestimme, noch die einer Unter- oder Bassstimme zukommt, d.h. eine Stimme, die für einen vollen Klang zwar wichtig ist, aber keine kontrapunktische Funktion im Tonsatz hat. Bezogen auf das leise unterlegte Gespräch ist dieser Begriff der Füllstimme, die für einen vollen Klang zwar wichtig ist, aber keine kontrapunktische Funktion im Tonsatz hat, falsch: Ein Begriff aus der Musiktheorie wird ad libitum verwendet, ohne definitorische Genauigkeit, ein Charakteristikum, das besondere Bedeutung für Andersch Poetik gewinnt: „Sollte ich (...) mich danach endgültig entschließen, das Leben eines Schriftstellers zu führen, (...) so werde ich versuchen, ein Buch im ekmelischen Stil zu schreiben." (ebd., S. 192) Der Begriff „ekmelisch", den der Autor selbst knapp erläutert, stammt aus der griechischen Musiktheorie und bezeichnet Töne, die „ek melos": „außerhalb der Reihe" liegen, das heißt solche, die im altgriechischen Tonsystem nicht enthalten waren. *Ekmelische Musik* ist Musik, die Töne enthält, die außerhalb unseres traditionellen, zwölfstufig temperierten Tonsystems liegen. In der Musiktheorie hat sich der Begriff nicht durchgesetzt. Töne, die außerhalb der zwölf Halbtöne der Oktave liegen, werden als Mikrotöne bezeichnet. Erstaunlicherweise wird nur der Aspekt thematisiert, dass Hornbostels Komposition weder tonal noch atonal sei, sondern „ekmelisch". Dabei ist Hornbostels anti-prozessuale Schnitt- und Montagetechnik, auf die sich doch offenbar die Vorbildfunktion seiner Musik für die Dichtung gründet, der eigentlich moderne Aspekt in seinem Werk.

Sprachpartituren und Lautpoesie

Ein echter Sonderfall sind jene Dichtungen des 20. Jahrhunderts, die als „Sprachpartituren" zu bezeichnen wären. Spürbar angeregt durch die Fähigkeit der Musik und ihrer Notation, verschiedenartige Vorgänge *gleichzeitig* erfahrbar zu machen, wird darin versucht, mittels einer vom Üblichen abweichenden, weil über- und nebeneinander sowie diagonalen grafischen Anordnung der Wörter Sinn zu vermitteln. Ein frühes avanciertes Beispiel ist Mallarmés „Un coup de dés jamais n'abolira le hasard" (1897, Mallarmé, 1992, S. 227-245), in dem der Dichter eine Struktur erzeugt, die Verfahrensweisen der seriellen Musik des 20. Jahrhunderts vorwegnimmt. Nicht zufällig bezieht sich Pierre Boulez, einer der Initiatoren der *seriellen Musik*, auf den französischen Autor (vgl. dazu Kesting, 1968, Torra-Mattenklott, 2004). Die serielle Musik der 1950er-Jahre diente der entschiedenen Abkehr von einem nicht mehr steigerungsfähigen und überdies durch den nationalsozialistischen Missbrauch obsolet gewordenen musikalischen Subjektivismus, von überlieferten Formen und Gattungen und fragwürdig gewordenen Themen. Auch Mallarmé wünschte sich ein halbes Jahrhundert zuvor eine „poésie pure", die von allem Alltags- und Weltbezug entkleidet sein sollte. Die Musik erschien ihm hierfür als geeignetes Modell, allerdings ging bereits die Klanglichkeit der Musik über das von Mallarmé gewünschte Abstraktionsbedürfnis hinaus. Der Autor disponiert übrigens auf die beschriebene Weise jedoch nicht nur die Binnenstruktur des Gedichts, sondern er organisiert auch den Lese-Akt auf der Grundlage der als Buch gebundenen Blätter der Gedicht-Partitur seriell: die Anzahl der beteiligten Leser, der zu veranstaltenden Lektüren, der Platzzahl, Preise etc.

In der Anordnung der Wörter bildet Mallarmés Poem ein frühes Beispiel für jene visuelle Poesie des 20. Jahrhunderts, bei der die Präsentation des Textes untrennbar verbunden ist mit der künstlerischen Konzeption. Einen Grenzbereich zwischen Musik und Literatur markiert auch die Lautpoesie des 20. Jahrhunderts, eine Gattung der Lyrik, in der unter weitgehendem oder völligem Verzicht auf semantische Entschlüsselbarkeit der Materialcharakter der Sprache in den Vordergrund tritt. Ähnlich wie die abstrakte Malerei des 20. Jahrhunderts – am Beispiel von Wassily Kandinsky, Paul Klee und anderen wurde dies verschiedentlich untersucht – nähert sich die Lyrik damit der Musik. Vorbereitet von Christian Morgenstern, wurde die Gattung Lautposie zunächst vertreten von Hugo Ball und Kurt Schwitters, nach 1945 dann von Bob Cobbing, Henri Chopin, Ernst Jandl, Franz Mon, Josef Anton Riedl und Gerhard Rühm (vgl. dazu die zweibändige Überblicksdarstellung von Lentz, 2000, einem Autor, der selbst an der Schnittstelle zwischen Musik und Literatur tätig ist). An vielen Stellen überschreitet die Lautpoesie die Grenze zur visuellen Poesie, darin vergleichbar jener Musikrichtung, die als „visible music" im Extremfall (vgl. Dieter Schnebels „Mo-No. Musik zum Lesen" von 1969) auf die Dimension des Erklingens völlig verzichtet und als reines Lese-Buch daher kommt. In Ergänzung zur visuellen und zur auditiven Poesie erarbeitete Gerhard Rühm seit den 1970er-Jahren „eine spezielle spielart der bildenden kunst: die ‚visuelle musik'." (Rühm, 2006, Bd. 2.2., S. 649). Das Beziehungsgeflecht erläutert der Autor so: „wie dem auditiven text, den man hören muss, um ihn angemessen rezipieren zu können, der visuelle oder ‚lesetext' gegenübersteht, so der klingenden musik ihre notation als ‚lesemusik'." (ebd., zu Rühms Begriff einer „auditiven Posie" vgl. Lentz, 2000, Bd. 1, S. 132f.). Arbeiten der genannten Künstler sollten daher stets im Hinblick auf die darin intendierte und verwirklichte Grenzüberschreitung der Künste betrachtet werden (vgl. Lentz, 2000, Bd. 1, S. 223, der auf Josef Anton Riedls Unterscheidung zwischen akustischen und visuellen Lautgedichten innerhalb seiner multimedialen Arbeiten hinweist).

Das „Musikalische" – eine Annäherung

Paul Celan: Todesfuge

Einige Grundlinien des dichterischen Umgangs mit „Musik" als Motiv und als Strukturvorbild sind bereits skizziert; die Frage, welche dichterischen Mittel zur Attribuierung eines literarischen Werks als „musikalisch" führen, ist jedoch unbeantwortet. Martin Huber (1992, S. 9ff.) hatte für die Relation zwischen Musik und Literatur im 20. Jahrhundert in Abgrenzung von dem der klassisch-romantischen Epoche einen wichtigen Hinweis gegeben: Es sei nunmehr die musikalische Form, die zum Vorbild für die Dichtung werde. Paul Celans „Todesfuge" (1947) ist eins der wenigen Werke, deren Titel ein musikalisches Formmodell zitiert. Dies sollte jedoch nicht dazu verleiten, die Formkriterien der Fuge auf das Gedicht anzuwenden:

> „Mein Gedicht *Todesfuge* (…) ist nicht ‚nach musikalischen Prinzipien komponiert'; vielmehr habe ich es, als dieses Gedicht da war, als nicht unberechtigt empfunden, es ‚Todesfuge' zu nennen: von dem Tod her, den er – mit den Seinen – zur Sprache zu bringen versucht. Mit anderen Worten: ‚Todesfuge', - das ist ein einziges, keineswegs in seine ‚Bestandteile' aufteilbares Wort." (Brief an einen Verlagsvertreter vom 23.2.1961, zit. in Celan, 2004, S. 129)

Dem Autor ging es nicht um eine bestimmte musikalische Form, darauf deutet auch die Tatsache, dass die Todesfuge 1947 zunächst als „Tangoul mortii" (Todestango) in der rumänischen Zeitschrift CONTEMPORANUL gedruckt wurde. Keineswegs weist der Titel darauf hin, „dass es sich um die Problematik der Dichtung-Musik-Beziehungen handelt", wie Kolago (1997, S. 201) vermutet. Tatsächlich weist das Gedicht zwei Motive auf, die den gesamten Verlauf prägen: „schwarze Milch der Frühe" und „ein Mann wohnt im Haus". Beide Äußerungen werden aus der Perspektive der Häftlinge gemacht, ohne dass jedoch ein Ich-Erzähler etabliert würde. Ob man in der Verarbeitung der beiden Motive ein Subjekt und ein Kontrasubjekt sehen möchte, die kontrapunktisch gegeneinander geführt werden, ist letztlich Geschmackssache. Exemplarisch zeigt sich an der Todesfuge, dass die Sprache ihre „musikalischen" Möglichkeiten aus sich heraus entwickelt, vor allem durch Wiederholung und Variationstechnik, außerdem durch Metrum und Rhythmus, wie die zunächst unregelmäßig, dann aber regelmäßig schwingenden Daktylen zeigen. Eine simultane Mehrstimmigkeit wie in der Musik wäre nur durch eine entsprechende grafische Anordnung des Gedichts und die Darstellung mithilfe mehrerer Sprecher zu erzeugen, wie im Hörspiel.

Die von Adorno postulierte Unmöglichkeit, nach dem Holocaust Gedichte zu schreiben, wird durch den Verweis auf die musikalische Form im Titel seltsam konterkariert und durch die rhythmische Dynamik dem Tabubereich entzogen. Die Sprache scheint hier „ganz bei sich" zu sein, als sei dies die einzige Möglichkeit einer Literatur nach Auschwitz. Der Titel wird eingelöst in jener einen Gedichtzeile, auf die alles zuläuft: „Der Tod ist ein Meister aus Deutschland".

Die „Todesfuge" enthält in nuce alle musikalischen Mittel, die in den obigen Ausführungen als „musikalisch" klassifiziert wurden: Variation, Wiederholung und Leitmotiv. Das Element der Wiederholung, in beiden Künsten eindeutig zu bestimmen, wird am häufigsten als „musikalisch" klassifiziert. Da es sich dabei in der Sprache tatsächlich um ein Zeit strukturierendes und damit Rhythmus stiftendes Stilmittel handelt, liegt der Schluss gewissermaßen nahe (zur rhythmischen Figuration als Strukturprinzip in Marcel Prousts „À la recherche du temps perdu" vgl. Torra-Mattenklott, 2005). Als eine der wenigen mit dem „Musikalischen" assoziierten literarischen Techniken (eine andere ist die Alliteration) hat es mehrere Jahrhunderte vorgehalten. Andere Stilmittel, die im Diskurs des 18. Jahrhunderts als „musikalisch" klassifiziert wurden, weil sie „Bewegung" in den literarischen Text brachten, etwa die parataktische Aneinanderreihung von Hauptsätzen oder die Wenn-Periode der Empfindsamkeit, haben das 19. Jahrhundert nicht überdauert. Zeitgemäße dichterische Gestaltungsmittel sind an ihre Stelle getreten und nehmen nunmehr den Rang „musikalischer" Prosa ein. Auffallend häufig erscheint das Attribut „musikalisch" in der Literaturwissenschaft dort, wo der Materialcharakter der Sprache in den Vordergrund tritt, wo mit repetitiven, rhythmisierten oder lautmalerischen Strukturen gearbeitet wird. Die drei genannten Eigenschaften sind Musik und Literatur gemeinsam, ihre Feststellbarkeit nahezu unzweifelhaft:

> „Literarische Operationen an dem und mit dem Sprachmaterial wie Rhythmisierungen, Wiederholungen und Lautspielereien sind genuin sprachliche Prozesse. Musik hat anderes Material zum Ausgangspunkt, musikalische Prozesse verlaufen anders. Wann immer also die Rede vom ‚Musikalischen' der Literatur auftaucht, dann ist das ein Hinweis darauf, dass gerade etwas sehr Sprachliches abgeht, denn der Begriff des Musikalischen taucht in der Regel genau dort auf, wo die literarische Sprache am meisten um ihre Existenz ringt, wo sie an Grenzen kommt, wo sie Sinn abstreift, wo sie sich selber materiell am radikalsten zum Ausdruck bringt." (Caduff et al., 2006, S. 216)

Eine literarische Technik, in der das Material nach den oben genannten Prinzipien geordnet wird, ist der „Bewusstseinsstrom" oder „stream of consciousness", wie ihn zunächst Arthur Schnitzler in seinen Erzählungen und wenig später James Joyce und Virginia Woolf in ihren Romanen verwendeten. Vielleicht handelt es sich hier am nachvollziehbarsten um „musikalisierte Prosa". Hermann Broch hat dies theoretisch in den Kommentaren zu seinem Roman „Tod des Vergil" (1945) beschrieben. Das Geschehen wird aus der Perspektive des Vergil in Form eines fortgesetzten Bewusstseinsstroms beschrieben. In Abschnitt 4 beschreibt Broch „Die Methode" seines Schreibens. Kernstück seiner Argumentation ist eine Rechtfertigung der Technik des inneren Monologs:

> „Der innere Monolog hat die Aufgabe, alle seelischen Empfindungen und Begebenheiten so vollinhaltlich als möglich wiederzugeben. (…) In all dem ist nichts Gewolltes oder Gekünsteltes. Es entwickelt sich dies alles in völliger Natürlichkeit aus der Erzählung selber und gewinnt mit deren Entfaltung zusehends an Klarheit. Ebenso natürlich hat sich aus der angewandten Methode deren ‚Musikalität' entwickelt, nämlich die sich daraus ganz ungewollt ergebenden Verflechtungen und Wiederholungen von Leitmotiven und deren Variationen und Abwandlungen." (Broch, 1976, S. 470f.)

Schluss

Da die dichterische Dynamik des Bewusstseinsstroms derjenigen ungeordneter Gedankengänge des menschlichen Gehirns nachempfunden ist, impliziert sie naturgemäß einen von Wiederholungen, Leitmotiven und wiederkehrenden Idées fixes geprägten Stil. Es sind dergleichen Passagen, in denen die Sprache zeigen kann, wessen sie mächtig ist; mit „Musikalität" hat das insofern zu tun, als es sich um eine „potenzierte" Sprachlichkeit handelt, die von jeher mit dem Attribut des „Musikalischen" belegt wurde. Als These ist hier somit festzuhalten, dass ein musikalischer Eindruck der Sprache am ehesten dort entsteht, wo die Möglichkeiten der Wortsprache voll ausgeschöpft werden, wie Celan es mit schlichten, aber wirkungsvollen Mitteln tut.

Es verwundert daher auch nicht, dass professionelle und nicht-professionelle Leser Thomas Bernhards sämtliche Romane häufig als „musikalisch" empfinden, ohne dies eigentlich begründen zu können. Der an der Zeitkunst Musik geschulte Einsatz von Wiederholung und Variante, der bei diesem Autor geradezu obsessiv erscheint, erzeugt den Eindruck einer stark rhythmisierten Prosa.

Unabhängig davon, dass vergleichende Untersuchungen von Musik und Sprache hermeneutisch stets das Moment des Zweifelhaften eignet, kann der Blick auf „Musik" im dichterischen Text interessante Deutungsperspektiven eröffnen. Es hat sich gezeigt, dass beim literarischen Umgang mit „Musik" nahezu alle Topoi lebendig bleiben, die mit der Kunstreligion der Romantik gestiftet wurden oder sogar schon in der Antike aufkamen. Insbesondere dort, wo die Autoren (auto-)biografisch ihr eigenes Verhältnis oder das ihrer Figuren zur Musik schildern, ist diese Tradition unverändert lebendig. Die Beispiele von Celan und Mallarmé haben gezeigt, dass es also weniger eine wie auch immer geartete musikalische „Form" ist, die zum Vorbild der Dichtung wird, sondern ein Aufspüren von dichterisch verwertbaren Gestaltungsmitteln, die über den engeren Kanon der sprachlichen Mittel hinausgehen und ihn damit fruchtbringend erweitern.

Die vergleichende Forschung kann im Idealfall dazu dienen, neue, erhellende Perspektiven für die Deutung eines literarischen Werkes zu gewinnen. Auch wenn der direkte Vergleich zwischen den beiden Medien Literatur und Musik auf Grund der mangelnden Kompatibilität ihrer ästhetischen Zeichen unbefriedigend bleibt, macht dies komparatistische Gedankenexperimente keineswegs überflüssig – methodische Probleme sollten vielmehr präzise benannt und die Grenzen des jeweiligen Ansatzes aufgezeigt werden. So lange die Aura der beiden „geheiligten Giganten" Dichtung und Musik erhalten bleibt und ihre Vertreter sich wechselseitig beeinflussen, werden sie fächerübergreifend die Wissenschaft herausfordern.

Literatur

Primärquellen

Andersch, A. (2004). Efraim. Zürich: Diogenes.
Andersch, A. (2004). Winterspelt. Zürich: Diogenes.
Beckett, S. (1996). Stücke für das Fernsehen. Frankfurt a.M.: Suhrkamp.
Bachmann, I. (1978). Werke. Hrsg. von Christine Koschel u.a. München: Piper (4 Bde.).
Bernhard, T. (1977). Die Ursache. Eine Andeutung. München: dtv.
Bernhard, T. (1981). Der Atem. Eine Entscheidung. München: dtv.
Bernhard, T. (1983). Der Untergeher. Frankfurt a.M.: Suhrkamp.
Bernhard, T. (1984). Die Kälte. Eine Isolation. München: dtv.
Boulez, P. (1972). Werkstatt-Texte. Aus dem Französischen von Josef Häusler. Frankfurt, Berlin: Ullstein.
Broch, H. (1976). Der Tod des Vergil. Hrsg. von P. M. Lützeler. Frankfurt a.M.: Suhrkamp.
Celan, P. (2004). Todesfuge und andere Gedichte. Ausgewählt und mit einem Kommentar versehen von Barbara Wiedemann. Frankfurt a.M.: Suhrkamp.
Dische, I. (1993). Ein fremdes Gefühl oder Veränderungen über einen Deutschen. Hamburg: Rowohlt.
Doderer, H. v. (1970). Die Wiederkehr des Drachen. Aufsätze / Traktate / Reden. Hrsg. von Wendelin Schmidt-Dengler. München: Biederstein.
Doderer, H. v. (1972). Die Erzählungen. Hrsg. von Wendelin Schmidt-Dengler. München: Biederstein.
Duras, M. (1959). Moderato cantabile. Roman. Aus dem Französischen von L. Gescher und W. M. Guggenheimer. Frankfurt a.M.: Suhrkamp.
Jahnn, H. H. (1974). Fluß ohne Ufer. In T. Freeman & T. Scheuffelen (Hrsg.), Werke und Tagebücher in sieben Bänden (Romane II und III). Hamburg: Hoffmann und Campe.
Jandl, E. (1997). Poetische Werke. Hrsg. von Klaus Siblewski. München: Luchterhand (9 Bde.).
Jelinek, E. (1986). Die Klavierspielerin. Hamburg: Rowohlt.
Jelinek, E. (1992). Clara S. musikalische Tragödie. In Theaterstücke. Hamburg: Rowohlt.
Joyce, J. (1981). Ulysses. Übersetzt von Hans Wollschläger. Frankfurt a.M.: Suhrkamp.
Koeppen, W. (1986). Tauben im Gras. Das Treibhaus. Tod in Rom. Drei Romane. Frankfurt a.M.: Suhrkamp.
Krausser, H. (1993). Melodien. Leipzig: Paul List.
Kronauer, B. (2004). Verlangen nach Musik und Gebirge. Stuttgart: Klett-Cotta.
Mallarmé, S. (1992). Sämtliche Dichtungen. Zweisprachige Ausgabe. München, Wien: Hanser.
Mann, T. (1990). Doktor Faustus. Das Leben des deutschen Tonsetzers Adrian Leverkühn erzählt von einem Freunde. Frankfurt a.M.: Fischer.
Mann, T. (1991). Der Wille zum Glück und andere Erzählungen. Frankfurt a.M.: Fischer.
Proust, M. (2002). Auf der Suche nach der verlorenen Zeit. Hrsg. von Luzius Keller. 7 Bde. Frankfurt a.M.: Suhrkamp.
Roth, J. (1994). Hiob. In Romane, Bd. 1. Köln: Kiepenheuer & Witsch.
Rühm, G. (2006). Gesammelte Werke. Hrsg. von Michael Fisch. Berlin: Parthas (4 Bde.).
Schneider, R. (1992). Schlafes Bruder. Leipzig: Reclam.
Schnitzler, A. (1961). Sterben. In Das erzählerische Werk, Bd. 1. Frankfurt a.M.: Fischer.
Schnitzler, A. (1961). Fräulein Else. In Das erzählerische Werk, Bd. 5. Frankfurt a.M.: Fischer.
Treichel, U. (2000). Tristanakkord. Frankfurt a.M.: Suhrkamp.

Sekundärliteratur

Albert, C. (1998). Probleme der Darstellung: Wünsche der Germanisten an die Editoren. In W. Dürr, H. Lühning, N. Oellers & H. Steinecke (Hrsg), Der Text im musikalischen Werk. Editionsprobleme aus musikwissenschaftlicher und literaturwissenschaftlicher Sicht (S. 73-83). Berlin: Beihefte zur Zeitschrift für deutsche Philologie, 8.

Albert, C. (2002). Tönende Bilderschrift. „Musik" in der deutschen und französischen Erzählprosa des 18. und 19. Jahrhunderts. Heidelberg: Synchron Wissenschaftsverlag der Autoren.

Bachmann. I. (1978). Werke. Hrsg. von C. Koschel, I. v. Weidenbaum & C. Münster. 4 Bde. München, Zürich: Piper.

Bloemsaat-Voerknecht, L. (2005). „Nicht nur ein musikalischer Mensch, sondern ein Musiknarr ..." Einführende Bemerkungen zu Thomas Bernhard und der Musik (sic). In M. Mittermayer (Hrsg.), Thomas Bernhard (ide. Informationen zur Deutschdidaktik 29, H. 4, S. 69-78).

Buchholz, T. (1996). Musik im Werk Heimito von Doderers. Frankfurt a.M.: Lang.

Caduff, C. (1998). „dadim dadam" – Figuren der Musik in der Literatur Ingeborg Bachmanns. Köln u.a.: Böhlau.

Caduff, C. (2003). Die Literarisierung von Musik und bildender Kunst um 1800. München: Wilhelm Fink.

Caduff, C. et al. (2006). Intermedialität. Zeitschrift für Ästhetik und allgemeine Kunstwissenschaft, 51(2), 211-237.

Cloot, J. (2001). Geheime Texte. Jean Paul und die Musik. Berlin: de Gruyter.

Cloot, J. (2005). Robert Schneider. In L. Finscher (Hrsg.), Die Musik in Geschichte und Gegenwart, Bd. 14. Kassel u.a.: Bärenreiter u.a.

Dahlhaus, C. (1979). Musik als Text. In G. Schnitzler (Hrsg.), Dichtung und Musik. Kaleidoskop ihrer Beziehungen (S. 11-28). Stuttgart: Klett-Cotta.

Dahlhaus, C. & Miller, N. (Hrsg.). (1988). Beziehungszauber. Musik in der modernen Dichtung. München, Wien: Hanser.

Dahlhaus, C. (1988). Die abwesende Symphonie. Zu Wolfgang Koeppens Tod in Rom. In C. Dahlhaus & N. Miller (Hrsg.), Beziehungszauber. Musik in der modernen Dichtung (S. 67-77). München, Wien: Hanser.

Eilert, H. (1991). Das Kunstzitat in der erzählenden Dichtung. Studien zur Literatur um 1900. Stuttgart: Steiner.

Fetz, B. (Hrsg.). (2005). Ernst Jandl. Musik, Rhythmus, radikale Dichtung. Wien: Zsolnay.

Gier, A. (2002). Marcel Proust und Richard Wagner. Zeittypisches und Einmaliges in einer Beziehung zwischen Literatur und Musik. In T. Hunkeler & L. Keller (Hrsg.), Marcel Proust und die Belle Époque. Frankfurt a.M., Leipzig: Insel.

Grage, J. (Hrsg.). (2006). Literatur und Musik in der klassischen Moderne. Mediale Konzeptionen und intermediale Poetologien (S. 7-17). Würzburg: Ergon.

Gruber, G. W. (1995). Literatur und Musik – ein komparatives Dilemma. In A. Gier & G. W. Gruber (Hrsg.), Musik und Literatur. Komparatistische Studien zur Strukturverwandtschaft (S. 19-33). Frankfurt a.M.: Lang.

Henze, H. W. (Hrsg.). (1990). Die Chiffren. Musik und Sprache. Neue Aspekte der musikalischen Ästhetik IV. Frankfurt a.M.: Fischer.

Hesse, H. (2001). Das Glasperlenspiel. Frankfurt a.M.: Suhrkamp.

Hiebler, H. (2006). Sprache und Musik im Kontext der Medienkulturgeschichte der literarischen Moderne. In J. Grage (Hrsg), Literatur und Musik in der klassischen Moderne. Mediale Konzeptionen und intermediale Poetologien (S. 33-59). Würzburg: Ergon.

Huber, M. (1992). Text und Musik. Musikalische Zeichen im narrativen und ideologischen Funktionszusammenhang ausgewählter Erzähltexte des 20. Jahrhunderts. Frankfurt a.M.: Lang.

Huber, M. (2000). Vom Wunsch, Klavier zu werden. Zum Spiel mit Elementen der Schopenhauerschen Musikphilosophie in Thomas Bernhards Roman „Der Untergeher". In O. Kolleritsch (Hrsg.), Die Musik, das Leben und der Irrtum. Thomas Bernhard und die Musik (S. 100-110). Wien, Graz: Universal-Edition.

Kesting, M. (1968). Mallarmé und die Musik. Melos, 35(2), 45-56.

Kogler, S. & Dorschel, A. (Hrsg.). (2006). Die Saite des Schweigens. Ingeborg Bachmann und die Musik. Wien: Steinbauer.

Kolago, L. (1997). Musikalische Formen und Strukturen in der deutschsprachigen Literatur des 20. Jahrhunderts. Anif, Salzburg: Müller-Speiser.

Koppen, E. (1973). Dekadenter Wagnerismus: Studien zur europäischen Literatur des Fin de siècle. Berlin, New York: de Gruyter.

Kuhn, G. (1996). „Ein philosophisch-musikalisch geschulter Sänger". Musikästhetische Überlegungen zur Prosa Thomas Bernhards. Würzburg: Königshausen & Neumann.

Kuhn, G. (1999). Entwickelnde Variation. Thomas Bernhard als schreibender Hörer von Johannes Brahms. In J. Hoell & K. Luehrs-Kaiser (Hrsg.), Thomas Bernhard. Traditionen und Trabanten (S. 177-193). Würzburg: Königshausen & Neumann.

Lentz, M. (2000). Lautpoesie/-musik nach 1945. Wien: edition selene (2 Bde.).

Lubkoll, C. (1995). Mythos Musik. Poetische Entwürfe des Musikalischen um 1800. Freiburg im Breisgau: Rombach.

Maier, M. (2000). Geistertrio. Beethovens Musik in Samuel Becketts zweitem Fernsehspiel. Archiv für Musikwissenschaft, LVII, 172-194.

Marsoner, K. (2000). Musikalische Gestaltungsvorgänge in Thomas Bernhards Roman „Auslöschung". In O. Kolleritsch (Hrsg.), Die Musik, das Leben und der Irrtum. Thomas Bernhard und die Musik (S. 153-168). Wien, Graz: Universal-Edition.

Matussek, M. (2005). Himmlische Versöhnung. Spiegel online vom 24. Oktober 2005

Mittermayer, M. (2003). Ein musikalischer Schriftsteller. Thomas Bernhard und die Musik. In G. Melzer & P. Pechmann (Hrsg.), Sprachmusik. Grenzgänge der Literatur. Katalog des Literaturhauses Graz zu „graz2003 – Kulturhauptstadt Europas", Graz: Sonderzahl.

Müller, R. E. (1989). Erzählte Töne. Studien zur Musikästhetik im späten 18. Jahrhundert. Stuttgart: Steiner.

Naumann, B. (1990). "Musikalisches Ideen-Instrument" : das Musikalische in Poetik und Sprachtheorie der Frühromantik. Stuttgart: Metzler.

Petri, H. (1964). Literatur und Musik. Form- und Strukturparallelen. Göttingen: Sachse & Pohl.

Riethmüller, A. (1996). Gedichte über Musik. Quellen ästhetischer Einsicht. Laaber: Laaber.

Scher, S. P. (1984). Literatur und Musik. Ein Handbuch zur Theorie und Praxis eines komparatistischen Grenzgebietes. Berlin: E. Schmidt.

Schnitzler, G. (Hrsg.). (1979). Dichtung und Musik. Kaleidoskop ihrer Beziehungen. Stuttgart: Klett-Cotta.

Schulze, M. (1998). Die Musik als zeitgeschichtliches Paradigma. Zu Hesses Glasperlenspiel und Thomas Mann Doktor Faustus. Frankfurt a.M.: Lang.

Schweikert, U. (1988). „Das Ganze ist die Musik." Musik in Hans Henny Jahnns „Fluß ohne Ufer". In C. Dahlhaus & N. Miller (Hrsg.), Beziehungszauber. Musik in der modernen Dichtung (S. 47-65). München, Wien: Hanser.

Schweikert, U. (Hrsg.). (1994). „Orgelbauer bin ich auch". Hans Henny Jahnn und die Musik. Paderborn: Igel.

Spiesecke, H. (1993). Ein Wohlklang schmilzt das Eis. Ingeborg Bachmanns musikalische Poetik. Berlin: Klaunig.

Steets, A. (1999). Robert Schneider. Schlafes Bruder (Oldenbourg Interpretationen 69). München.

Steinfeld, T. (2004). Schwarze Koloratur. Die Prosaschriftstellerin Elfriede Jelinek. Süddeutsche Zeitung, 8. Oktober

Thorau, C. (2003). Semantisierte Sinnlichkeit. Studien zu Rezeption und Zeichenstruktur der Leitmotivtechnik Richard Wagners. Stuttgart: Steiner.

Torra-Mattenklott, C. (2004). Stéphane Mallarmé. In L. Finscher (Hrsg.), Die Musik in Geschichte und Gegenwart, Bd. 11. Kassel u.a.: Bärenreiter u.a.

Torra-Mattenklott, C. (2005). Blütenintervalle. Rhythmische Figuration als Strukturprinzip in Prousts À la recherche du temps perdu. In C. Brüstle et al. (Hrsg.), Rhythmus in Kunst, Kultur und Natur (S. 289-305). Bielefeld: transcript.

Vaget, H. (2006). Seelenzauber. Thomas Mann und die Musik. Frankfurt a.M.: S. Fischer.

Wackenroder, W. H. (1991). Sämtliche Werke und Briefe. Historisch-kritische Ausgabe, 2 Bde. Hrsg. von S. Vietta und R. Littlejohns. Heidelberg: Winter.

Voerknecht, L. M. (1999). Thomas Bernhard und die Musik: „Der Untergeher". In J. Hoell & K. Luehrs-Kaiser (Hrsg.), Thomas Bernhard. Traditionen und Trabanten (S. 195-206). Würzburg: Königshausen & Neumann.

Weinrich, H. (1972). Die Textpartitur als heuristisch-didaktische Methode. DU, 24(4), 43-60.

Zima, P. V. (2001). Komparatistik. In Metzler Lexikon Literatur- und Kulturtheorie. Ansätze – Personen – Grundbegriffe (2. Auflage). Stuttgart, Weimar: Metzler.

Zuckmantel, D. (2004). Tradition und Utopie. Zum Verständnis der musikalischen Phantasien in Hans Henny Jahnns Fluß ohne Ufer. Frankfurt a.M.: Lang.

Plattencover und Konzertplakate

ROLAND SEIM

Plattencover und Konzertplakate sind nicht nur „Verpackungen" oder Werbeträger, sondern prägen mit ihrer spezifischen Ästhetik das Selbstverständis sowohl der Bands als auch das Lebensgefühl der Fans. Neben einer Unzahl von beliebig austauschbar wirkender Cover und Plakate gibt es maßgebliche „Leuchttürme", bei denen das Artwork als Experimentierfeld für avantgardistische Designer wie auch Projektionsfläche für Sehnsüchte oder politische Statements in die Kulturlandschaft strahlt. Diese Zeitzeugen überdauern die jeweiligen Musik- oder Modeströmungen und beeinflussen nachfolgende Generationen. Im Artwork manifestiert und konserviert sich der Zeitgeschmack auch der jeweiligen Jugendkulturen und wird nicht selten zur Ressource für Retro-Trends. Als dokumentarische Archivalien der Zeitgeschichte und kulturhistorisch relevante Primärquellen lässt die Gestaltung authentische Rückschlüsse auf die Entwicklung der Popkultur zu, die mit der digitalen Revolution in eine neue Phase eingetreten ist. Im folgenden Beitrag werden einige Charakteristika und stilbildende Beispiele aus den ersten 50 Jahren Rock- und Popmusikgeschichte vorgestellt.

Einleitung

Musik ist eines der wichtigsten Bestandteile populärer Kultur. Jede Generation von Jugendlichen identifiziert sich mehr oder weniger intensiv mit den jeweilig transportierten Lebensgefühlen, vor allem durch Abgrenzung zu anderen Stilrichtungen und Einstellungen.

Dabei ist Musik aber eigentlich eine körperlose und vergängliche Kunstform. Sie existiert nur solange, wie sie gerade erklingt. Um sie immer wieder hören zu können, bedarf es einer materiellen Konserve. Schallplatten sind die Verpackung für Musik, Cover sind die Verpackung für Platten. Erst durch sie wurde Musik dauerhaft, handfest und berührbar.[180]

Allerdings besitzt das Albumcover Eigenschaften, die über die rein schützende Funktion als Hülle sowie als inhaltsangebendes oder werbendes Etikett einer für den baldigen Verzehr gedachten Konservendose hinausgehen. Vielmehr ist *Artwork* ein bedeutender Teil der ästhetischen Inszenierung von Populärmusik, das zumeist durch ein Zusammenspiel von Designern, Typographen, Illustratoren, Fotografen und Art

---

[180] vgl. Dean, 1984, S. 8: „The album cover is the package for the record; the record is the package for the music (...) Ultimately, only the packaging makes it tangible and real."

Directors in Abstimmung mit den Musikern entsteht. Bis zur Erfindung des Promo-Video-Clips im Musik-TV 1981 war das Frontcover einer Platte das primäre selbstdefinitorische Aushängeschild, ein visuelles Abbild der Musik, das Zentrum des Stils. Wie ein Kleid, das – der Mode entsprechend – die Trägerin auszeichnet, macht ein Cover die Musik real, indem es ihr durch Fotografien, Illustrationen und Textinformationen ein individuelles und wiedererkennbares Gesicht verleiht. Beide „Bekleidungsarten" besitzen eine zeittypische Mischung aus Phantasie und Fabrikation, können aber auch nur Dutzendware sein, was angesichts der Unmengen von auf dem Markt befindlichen „Schnelldrehern" die Regel sein dürfte.

Bis zur Auflösung in digitale Daten war Musik nur als gegenständliches Produkt für Distribution und Konsumtion interessant. Als Ware besaßen Tonträger einen funktionalen und formalen Gebrauchswert: Man musste sie hören können, wollte darüber hinaus aber etwas sehen und in der Hand halten.

Noch mehr als das Cover verkörpert das Plakat für Livekonzerte das unwiederholbar Flüchtige der Interaktion aller Teilnehmer. Selbst Mitschnitte können die begeisternde Event-Atmosphäre und das persönliche Erlebnis nur unvollständig einfangen.

Das gestalterische Entwerfen von Plattencovern und Konzertplakaten, kurz das Artwork, besitzt im Rock- und Popmusikbereich mindestens eine Doppelfunktion: Zum einen ist es ein zielgruppenorientiertes Marketinginstrument der Werbung für ein bestimmtes Popkulturprodukt bzw. Event, zum anderen wichtiger Teil des „Gesamtkunstwerks", deren Gestalt nicht nur einen verkaufsfördernden Eye-Catcher darstellt, sondern – zumindest im Idealfall – mit künstlerisch originellem Anspruch sowohl den musikalischen und textlichen Inhalt als auch das zu transportierende Lebensgefühl und den Zeitgeist widerspiegelt. Originäres Artwork ist – in Anlehnung an Marshall McLuhan – ein „message medium", dessen Aussage Rückschlüsse auf seine Entstehungszeit zulässt.

Denn gelungenes Cover und Plakate sind nicht nur verkaufspsychologisch optimierte Reklame, auch wenn sie deren Spielregeln der Aufmerksamkeitsgewinnung unterliegen, sondern mehr: eine Form von Gebrauchs- oder Alltagskunst, die sowohl zeittypische als auch zeitlose Elemente aufweist, aber in sich stimmig und mitunter sogar stilprägend ist. Manchmal wirken diese künstlerischen Vehikel des musikalischen Ausdrucks sogar magisch, wenn sie etwas einfangen, das genau dem spezifischen Zeitgefühl entspricht. Für das erfolgreiche Erlangen von Aufmerksamkeit gibt es Kriterien wie z.B. Innovation, Humor, Bizarrheit, Minimalismus und eine gewisse Dreistigkeit, ebenso wie für das Scheitern wegen langweiligem Populismus, öder Illustrationen oder hässlicher Gesamtwirkung.

Abhängig von der medientechnischen und medienkulturellen Entwicklung bestimmen diese Produkte der *Pop-Ikonographie* die Außenwirkung der Band, und bleiben lange im Gedächtnis, da sie nicht nur in den Plattenläden und im Internet bzw. später auf Flohmärkten und Plattenbörsen zu finden sind, sondern den Käufer bzw. Sammler oft ein Leben lang begleiten. Gutes Artwork erhöht die Sammelwürdigkeit des Popproduktes und hat mehr als nostalgischen Wert. Nicht nur ist die Musik, die man als Jugendlicher gehört hat, am prägendsten, auch die Covermotive beeinflussen die Erinnerung an die wichtige Sozialisationsphase der Adoleszenz, in der die kulturelle Konstruktion einer Identität durch Distinktion von anderen stattfindet. Und wer wollte damals nicht so aussehen oder sich so anziehen wie die Idole? Stimmiges Artwork spiegelt die jeweilige Befindlichkeit, den Zeitgeschmack, die Wünsche, Sehnsüchte, Einstellungen und den Zeitgeist einer jeweiligen Epoche wider, da die Gestaltung unmittelbare Rückschlüsse auf gesellschaftspolitische, alltagskulturelle und kulturhistorische Zustände zulässt.[181]

Durch die Fabrikation von Lifestyle-Mustern bildet das multi-dimensionale, musikalisch-kulturelle Produkt Cover für die Bands und Labels die Hauptmöglichkeit, sich von anderen Interpreten und Stilen durch spezifische Codes und Attitüden abzugrenzen. Es ist die dauerhafte Bühne für das Selbstverständnis, die Selbstdarstellung und den Starkult. Sie kreieren das Image (im doppelten Sinne), schaffen womöglich durch Coolness die gewünschte „Street Credibility" und Authentizität. Manchmal entsteht Originalität oder sogar ein eigener Stil. Glaubwürdigkeit, Unverwechselbarkeit und Wiedererkennbarkeit sind wichtige Aspekte beim Artwork. Eine weitere kommunikativ-ästhetische Funktion der Cover Art sind „Corporate Identity" bzw. „Corporate Design", das „Branding" einer Marke. Kunst und Kommerz gehen bei dieser Form der visuellen Kommunikation häufig ineinander über.

Die allermeisten der im Laufe der ersten 50 Jahre Popmusik zu Hunderttausenden auf den Markt geworfenen Titel dürften allerdings auch hinsichtlich ihrer Umschlaggestaltung Massenware sein, die höchstens für Nostalgiker und Kulturhistoriker einen anekdotischen Wert besitzen, da ausschließlich der Werbe- bzw. Informationscharakter überwiegt. Dennoch ließe sich aufgrund dieser Vielschichtigkeit anhand des Artworks eine Entwicklungsgeschichte der gesamten Rock- und Popmusik schreiben. Das kann dieses Kapitel natürlich nicht leisten. In der gebotenen Kürze sollen vielmehr, nach einer kurzen Einleitung zu Geschichte und Funktion des Artwork, einige „Leitfossilien" aus den verschiedenen Popkulturepochen und Musikstilen vorgestellt werden. Da Rock- und Popmusik vorwiegend eine anglo-amerikanische Erfindung ist, wird auch das Artwork zu großen Teilen von den USA und England bestimmt. Da Plattencover einzelner Dekaden gestalterisch variierte Gemeinsamkeiten ihres Zeitgeistes haben, soll chronologisch vorgegangen werden. Diese sind von der soziokulturellen Ausrichtung der musikalischen Richtung abhängig und orientieren sich an bestimmten ästhetischen Trends der popkulturellen Entwicklung und ihrer stilistischen Intentionen.

---

[181] Es gibt die Theorie, dass die Werbung in Magazinen mehr über den Zeitgeist aussagt, als die redaktionellen Beiträge selber. Auch ein Kaufhauskatalog stellt für Kulturwissenschaftler eine authentische Primärquelle dar, da sich hier Modestile, Geschmäcker, Produktpalette, technische Entwicklungen, Preise, Präsentationsformen, Käufererwartungen etc. direkt ablesen lassen. Ähnliches ließe sich auch über Plattencover sagen.

Zu den Charakteristika von Cover-Artwork und Konzert-Plakaten

Cover – Funktionalität und Zusatznutzen

Ebenso wie die Erfindung von industriell gefertigten Farben in Tuben die „Plein-Air-Malerei" des Impressionismus begünstigt, wenn nicht gar erst ermöglicht hat, bedurfte es auch in der Popmusik technischer Voraussetzungen, um ihre unterschiedlichen Ausprägungen hervorzubringen.

Die Entwicklung der Tonträger reicht von Edisons Walzenphonographen 1877 über Emil Berliners Grammophon 1887 bis hin zur CD 1982 bzw. 1985[182] und der Multimedia-DVD bzw. aktuellen digitalen Speichermedien.

Eine rein zweckförmige Schutzverpackung der Schallplatte kam zwar schon um 1910 auf, aber erst nach dem Zweiten Weltkrieg entwickelte sich daraus eine eigene Kunstform.[183] War bis dahin die leicht zerbrechliche, und mit 78 Umdrehungen abspielbare (aber lediglich rund vierminütige) *Schellackplatte* nur entweder auf dem Label mit knappen Angaben zu Interpretnamen, Songtitel und Verlag oder im Material selbst beschriftet, so erlaubte die Erfindung des Magnettonbandes und des Trägermaterials *Vinyl* wesentlich längere Wiedergabezeiten und eine größere Lebensdauer.[184] Damit wurde es interessant, die bis dahin nur schützende Hülle nun vielfältiger zu verwenden: als Träger für Werbebotschaften und Inhaltsangaben sowie für künstlerische Experimente und als Projektionsfläche für ein möglichst authentisches Lebensgefühl.

Es liegt auf der Hand, dass die ersten international bekannten Cover der Rockgeschichte von den ersten Superstars stammen. Vor allem die bei RCA veröffentlichten Platten von Elvis Presley Mitte der 1950er-Jahre läuteten eine neue Epoche ein, obwohl die Cover zumeist nur den posierenden Interpreten zeigen. Natürlich gab es bereits vorher schon bemerkenswerte Motive, vor allem im Easy-Listening- und Jazz-Bereich durch die Labels Blue Note und Verve. Allerdings stehen gerade bei Samplern nicht die Künstler im Vordergrund der Gestaltung; vielmehr setzten sie Stimmungen, Sehnsüchte und Wünsche ins Bild. Beliebte Topoi waren z.B. die Teenager-Party, das Twist-Tanzen oder die Highschool-Zeit. Gruppen und Interpreten wie Champs,

---

[182] Der erste Millionenseller auf CD war „Brothers In Arms" der Dire Straits 1985.
[183] vgl. zu frühen Formen bis 1949 Nick de Ville, 2003, S. 16-41.
[184] vgl. Rock Hard (Hrsg.): Cover Mania, S. 10ff. Vinyl war ein Kriegsprodukt, dass es ermöglichen sollte, Musik an die Front zu schicken. Aber erst 1948 konnte die damit beauftragte Firma Columbia Records das gewünschte Produkt auf den Markt bringen: haltbare LPs und 7-Inch-Singles. Die 12-Inch-Maxi-Single wurde erst Mitte der 1970er-Jahre während des Disco-Booms auf den Markt gebracht, wohl um den DJs die Arbeit zu erleichtern. Eine Zwischenform ist die EP. Zu den Sonderformen wie die Picture-Disc mit einem Motiv direkt auf der Platte, dem „coloured vinyl" als eingefärbter Tonträger und der „shaped disk" mit nicht-runder Kontur komme ich in einem späteren Exkurs noch zu sprechen.

Fabian und die frühen Beach Boys verbildlichten ein Feeling, indem sie direkt ihre erträumten Objekte wie Surfen und Strand oder Motorräder wiedergaben.

Doch es dauerte noch bis Mitte der 1960er-Jahre, bis das wirkliche künstlerische Potenzial erkannt und genutzt wurde und nicht nur Fotos der Interpreten, naheliegende Stimmungen und markante Typographien zu sehen waren. Nicht zuletzt die steigende Zahl der jährlich veröffentlichten Platten machte eine Individualisierung der Hüllengestaltung nötig. Doch erst als bekannte Künstler z.B. für die Beatles (vor allem „Sgt. Pepper" und „Revolver") ernsthafte Cover designten und damit auch für Intellektuelle von Interesse waren, wurde die Pop- bzw. Rockmusik sozusagen „erwachsen". Durch Erfindung des Albums eröffnete sich den Kreativen eine rund 1.000 qcm große Spielwiese mit beinahe grenzenlosen Experimentiermöglichkeiten.[185] Pop-Artist Andy Warhol entwarf etwa rund 30 Cover, das bekannteste 1967 für Velvet Underground, auf dem die berühmte Banane ursprünglich als Abziehbild appliziert war (Abbildung 1 auf S. 417). Hochkultur und Alltagskultur durchdrangen sich gegenseitig. Seitdem gestalteten Künstler wie Robert Rauschenberg („Speaking In Tongues" von den Talking Heads), M. C. Escher („Mott the Hoople"), Richard Hamilton („White Album" der Beatles), H. R. Giger (u.a. „Kookoo" von Debbie Harry) oder A. R. Penck („Die Rache der Erinnerung") Cover und transformierten sie von der Produktgestaltung zum mehr oder weniger autonomen Kunstwerk. Später kamen Foto-Künstler wie Robert Mapplethorpe, Richard Avedon, Annie Leibovitz, Helmut Newton und Anton Corbijn hinzu. Einige wichtige deutsche Gestalter waren Günther Kieser und Niklaus Troxler, wie der Katalog „Kontraste" vermittelt. So entstand auch ein neuer Absatzmarkt für Händler und Sammler.

Doch es war nicht nur eine reine Werbemaßnahme, um die Ware Musik zu „veredeln". Verpackung und Inhalt stehen häufig in enger Beziehung, sind Ausdruck eines Lebensgefühls. Vor allem die experimentierfreudigen Sixties waren die erste Blütezeit des ambitionierten Artworks, wie etwa Thorgerson (1989) dokumentiert. Die Platten wurden nun mit künstlerisch gestalteten (Klapp-)Covern, bedruckten Insleeves, Textbeigaben und oftmals aufwändigen *Booklets* ausgestattet. Auch sollten sie den Fans Zusatzinformationen liefern. Die konnten so vielfältig sein wie Musik und Künstler selber, und das Selbstverständnis der Bands, ihre „Message" übermitteln, aber auch zu Reklamezwecken für weitere Produkte des Labels dienen.

Dabei ist die Herangehensweise, wie ein Art Director zum spezifischen Sleeve-Design gelangt, durchaus unterschiedlich. Häufig dient der Titel einer LP als Anregung für die Covergestaltung. Kasper de Graaf von Assorted Images, die Cover u.a. für Culture Club und Duran Duran entwarfen, meinte:

---

[185] Siehe auch im Folgenden zur Kunst auf Plattencovern Spiegel (Hrsg.), 2002, passim. Er unterscheidet zwischen schlichten Übernahmen, Verfremdungen, Zitaten und künstlerischen Anlehnungen sowie verwandten Bildmotiven und Gestaltungsprinzipien. Zahlreiche Bücher z.B. von Dean, 1984, Smith & Bacon, 2005 oder Seabrook, Black & Palmer, 2008, dokumentieren bedeutende Alben.

„We don't create an image out of nothing and impose it. We are able to help these artists, these other artists, the musicians, to express themselves in a medium which is not their own medium." (zit. n. Dean, 1984, S. 9).

Bei den meisten kommerziellen Gruppen ist der kreative Prozess vom Zusammenspiel zwischen den Musikern und dem Designer geprägt, bei dem entweder ein individueller Bezug zur Musik vorhanden ist, oder der die Platte über das Image der Band verkaufen will. Weniger individuelle Sleeve-Designs finden sich bei Disco- und Black Music-Platten, die von Marketingexperten eher als anonymer und austauschbarer Pop gesehen werden, der auch ohne eingängige Identität funktioniert.

Nicht wenige „ernsthaftere" Bands, vor allem im Independentbereich, entwerfen häufig ihr Artwork selbst, wie z.B. Bauhaus oder Einstürzende Neubauten. Dort stehen weniger Fotos der Mitglieder im Mittelpunkt als vielmehr eine Gestaltung, die eine Aussage oder das Weltbild der Musiker transportieren soll. Der „visual style" muss zum Gesamtimage passen. Das Cover wird zur Projektionsfläche.

Der künstlerische Ansatz im Sinne von „Musik ist gemalter Sound" (Kodwo Eshun) und die produktorientierte Vermarktungsstrategie befinden sich auf einer Gratwanderung zwischen innovativer Avantgarde und Bedienen der Sehgewohnheiten der Zielgruppe, die sich orientiert an bekannten Stereotypen z.B. im Bereich Metal und HipHop. Solche Erwartungshaltungen an die „Credibility" engen das Spektrum der darstellerischen Möglichkeiten ein, da das Publikum völlig deviante Motive nicht goutieren würden.

Bis zum Siegeszug des Musikfernsehen mit der *Videoclip-Ästhetik* Anfang der 1980er-Jahre[186] stellten Platten-Cover die Hauptmöglichkeit dar, sich einen bildlichen Eindruck der Künstler und ihrer Musik zu machen. Mit dem Siegeszug der ebenfalls zu dieser Zeit eingeführten CD reduzierte sich der zur Verfügung stehende Platz für Cover Artwork von 30 auf 13 cm. Viele der einfach übernommenen alten Motive funktionierten im Miniformat nicht mehr wirklich, neue Ansätze kamen hinzu. Bei Neuerscheinungen legen vor allem Mainstream-Plattenfirmen nicht mehr so großen Wert auf eine originelle Gestaltung, sondern bevorzugen werbewirksame Botschaften. Cover und Booklet vermitteln nur noch wenige Hintergrundinformationen, Texte und Fotos. Aus der Funktion des Covers als experimentelle Alltagskunstform ist im Zuge von Visualisierung und Digitalsierung der Popmusik eine informativere Gebrauchsform geworden.[187]

---

[186] Erste Clips hat es bereits in den Sechzigern gegeben, geradezu Aufsehen erregend die Stones mit dem Clip „We love you", die Beatles mit dem Clip zu „Strawberry Fields", auch „Magical Mystery Tour" ist eher ein langer Clip und die späteren Beat-Club Sendungen waren eher eine Aneinanderreihung von diversen Clips mit technischen Verfremdungen.

[187] vgl. den Artikel „Schallplatte/CD" von Klaus Neumann-Braun & Axel Schmidt in Hans-Otto Hügel (Hrsg.) 2003, S. 392.

Plakate – Klassische Alltagskunstform im neuen Gewand

Bei *Plakaten* handelt es sich um eine vergleichsweise alte Alltagskunstform, die in diesem Zusammenhang vor allem auf die Revue-Lithographien Toulouse-Lautrecs zurückgeht, und durch Erfindung der Rotationsdruckmaschinen im 19. Jahrhundert seinen Siegeszug durch die Innenstädte antrat.

In der Theorie der populären Kultur hat das Plakat eine Mittelstellung zwischen dem elitären Anspruch von Kunst und dem Alltagsleben der Allgemeinheit. Plakate besitzen zwar weder die „Aura" eines Kunstwerkes, noch die Unmittelbarkeit von Volkskunst,[188] spielen bei der visuellen Kommunikation dennoch eine wichtige Rolle, da sie eine „demokratische" Form der Werbung bzw. „folks art" darstellen: Sie sind relativ günstig herzustellen und werden – im Gegensatz zu Zeitungsanzeigen – unterschiedslos von allen im öffentlichen Raum wahrgenommen.[189] Jedes Plakat wirbt: sei es für ein Produkt, eine Veranstaltung oder eine Idee. Ein Plakat muss durch seine attraktive Gestaltung ein Blickfang sein, auf Fernsicht konzipiert, eine rasche Erfassung des Wesentlichen „im Vorbeigehen" erlauben.

Die direkte Ankündigung einer Veranstaltung und der „Event-Charakter" eines Live-Konzertes schlagen sich in der Gestaltung nieder. So fallen meistens detailreiche Informationen zu den Songs und Texten weg, während sowohl die Künstler als auch die Performance und das Lebensgefühl im Vordergrund stehen.

Auf frühen Plakaten bis in die 1950er-Jahre stand der Bandname in zeittypischer Typographie im Mittelpunkt. Spätere Arbeiten legen größeren Wert auf Abbildung der Musiker und vermitteln Dynamik und Wiedererkennbarkeit. Wie bei den Plattenhüllen sind Plakate Teil dessen, was wir heute „Corparate design" bzw. „identity" nennen.

Beide Formen des musikbegleitenden Artworks sind nicht nur Verpackungen bzw. Reklame für die beworbenen Produkte, sondern signifikante Symbole einer jeweiligen Zeitströmung. Ähnlich wie die kleinformatigeren „Handbills" bzw. „Flyer" (Werbehandzettel mit Infodaten zum Auftritt) vor allem der Punk-, Indie- und Raver-Szene bringen sie das „Feeling" sowohl der Musiker als auch des Zielpublikums authentisch zum Ausdruck, sind Symbole der Jugendkultur.

Während Cover als eine Art dauerhaftes Etikett konzeptionelle Nähe zum Inhalt des Tonträgers und zum Selbstverständnis von Interpret und Label haben, erlaubt das „klassische" Medium des „flüchtigeren" Plakates eine größere künstlerische Freiheit und Bandbreite in Form und Ausdruck, nicht zuletzt auch wegen des größeren Formats, das eine affirmativere, auf Fernsicht konzipierte und eingängige Gestaltung erfordert.

Dabei kann man unterscheiden zwischen kurzlebigen Plakaten, die neben den notwendigen Angaben zu Ort und Zeit der Veranstaltung lediglich Promotionmaterial

---

[188] vgl. den Artikel „Plakat" von Margit Dorn, in Hans-Otto Hügel (Hrsg.), 2003, S. 339-342.
[189] vgl. das Zitat von Chet Helms zu den soziokulturellen Hintergründen der Posterkunst, in „The American Psychedelic Poster", S. 5, der sie als Ausdruck von „civil libertry and personal freedom" deutet.

wie z.B. das aktuelle Plattenmotiv zur Tour in vergrößerter Form wiedergeben, und stilbildenden autarken Arbeiten, die speziell für Konzerte entworfen werden und aufgrund ihrer innovativ-kreativen Gestaltung über das jeweilige Ereignis hinausweisen und damit aus der Masse der austauschbaren Werbebotschaften herausragen.

Erstere sind aufgrund ihres nur kurzfristig intendierten Anzeigencharakters mehr dem direkten Tagesgeschäft verpflichtet und werden selten aufbewahrt, letztere haben einen künstlerischen Anspruch bzw. verkörpern ein bestimmtes Lebensgefühl so glaubwürdig, dass sie auch für Fans, Sammler und Kulturhistoriker interessant sind. Vor allem die aufwändigeren Stücke wurden durchaus im Hinblick auf das Aufhängen zuhause konzipiert.

Letztlich unterliegen beide Arten von Konzertplakaten grundsätzlich ähnlichen Funktionsmechanismen als Werbemedium, unterscheiden sich in Gestaltung und Intention aber voneinander. Sie sind, wie auch die Plattencover, nicht nur Bild gewordene Zeugnisse der Musik und ihrer Interpreten, sondern als Zeitzeugen gewissermaßen Botschafter des jeweils herrschenden Zeitgeschmacks.[190] Manche überdauern die Moden, die meisten werden am nächsten Tag überplakatiert.

Neben dem reinen Werbecharakter besitzen diese wenigen eine Aura des Authentischen, sind gewissermaßen Relikte einer einmaligen Veranstaltung. Direkt auf Konzerten verkauft, kann sich der Besucher so ein Stück Erinnerung an das Ereignis erwerben und zu Hause an die Wand hängen. Dieses Potenzial erkannte auch die Jugendzeitschrift BRAVO, die seit 1965 zum Axel-Springer-Konzern gehörte. Deren Starschnitte stellen zwar keine Konzertplakate im eigentlichen Sinne dar, aber sie machten sich den Starkult um die jeweils angesagten Pop-Ikonen zunutze oder riefen ihn durch hochauflagige Verbreitung erst hervor.

Das Artwork drückt – vermittelt durch die Interpretation des jeweiligen Plakatkünstlers – das Selbstverständnis der Musiker bzw. das Bild der Musik durch Gestaltung, Typographie und Fotos aus. Es transportiert die beabsichtigte Außenwirkung der Beteiligten, suggeriert dem Betrachter aber auch Wunschbilder, die sie mit der Musik und den Bands verbinden. Das kann – je nach Zeitströmung – alle denkbaren Botschaften, Formen und Inhalte umfassen, von Friede, Freude, Flower-Power der Sixties, über die Wut der Punk-Ära oder die existenzielle Verzweiflung der Gothics, bis hin zur betonten Coolness der HipHopper.

Die Entwicklung von Populärmusik und deren *Artwork* ging Hand in Hand mit dem Zeitgeist, manchmal als Vorreiter eines neuen Lebensgefühls, manchmal als Trittbrettfahrer angesagter Strömungen. Cover und Plakate dokumentieren gleichsam die Geschichte der Popmusik, die wiederum als Spiegel der Gesellschaft interpretiert werden kann.

---

[190] Grushkin, 1987, S. 10: „The posters are a visual history not only of the music but also of a little bit of the world that produced the music."

Artwork im Wandel der Rock-Dekaden

Die 50er-Jahre

Bestimmten in den 40er- und frühen 50er-Jahre noch die Jazz-Alben mit ihren zumeist handgezeichneten oder gemalten Covern sowie Easy-Listening- und Country-Bands die Musikszene, so begann Mitte der 50er-Jahre die Popkultur im heutigen Sinne durch den *Rock'n'Roll* vor allem von Bill Haley, Chuck Berry und Elvis Presley (Abbildungen 2 und 3 auf S. 417). Die ersten Rebellionen von „Halbstarken" gegen das Althergebrachte zeigen sich vor allem bei Konzerten, aber auch in Mode und Attitüden. Das Artwork der frühen Jahre wird bestimmt durch Abbildung der Gruppen oder Einzelinterpreten. Die Weiterentwicklung von Fotografie und Offsetdrucktechnik beeinflusste auch den Publikumsgeschmack, der Farbfotos der Künstler erwartete. Die Plakate sind vorwiegend im „boxing style" (Grushkin, 1987, S. 10) gemacht, bei dem der Schwerpunkt auf den Schlüsselwörtern – vor allem den Namen und Songtiteln – liegt, die mit beschwingter Typographie im Holzschnitt gedruckt und mit wiedererkennbaren Fotos der Interpreten versehen wurden. Stilbildende Plakate finden sich auch in der Werbung für die zahlreichen Rock'n'Roll-Filme der Zeit, z.B. für „Rock Around The Clock" oder „Don't Knock The Rock" (Abbildung 4 auf S. 418) mit Bill Haley, 1956. Das frühe Artwork ist nicht absichtsvoll schön, sondern evokativ, und stilistisch angelehnt an Zirkus- oder Jahrmarktreklame (Abbildung 5 auf S. 418). Die authentische Patina ruft Erinnerungen wach an die rauhe neue Zeit, in der der Rock'n'Roll startete.

Die 60er-Jahre

Erste kulturhistorisch bedeutsame Artworks finden sich ab Mitte dieser Dekade. Bei den Platten der vorwiegend amerikanischen Tanz- und Soul-Music in der ersten Hälfte des Jahrzehnts überwogen noch die traditionellen Covergestaltungen, auf denen Fotos der Interpreten – zumeist in Tanzposen – zu sehen sind. Die Typographie korrespondiert mit den beschwingten Motiven und kommt bunt bewegt daher. Nach dem Rock'n'Roll der 50er-Jahre entstand ab 1963 mit der *Beatbewegung* die zweite große Musikjugendkultur. Neben kurzlebigen Modetrends wie Twist und Surf-Musik sowie eher traditionellen Musikrichtungen entwickelte sich eine innovative Alternativ- und Protestkultur durch Bob Dylan, die Beatles und die Rolling Stones, die einen Wertewandel einleitete.

In die 60er-Jahre fallen einige wichtige Neuerungen, die folgende Generationen prägen sollten. Ein Trend zu „entpersonalisierter" Gestaltung ist erkennbar, dessen Höhepunkt 1968 das „Weiße Album" der Beatles darstellt. Bereits 1967 schufen sie mit ihrer LP „Sgt. Pepper's Lonely Hearts Club Band" das erste *Konzeptalbum*, das nicht nur mehr oder weniger beliebige Singles kompilierte, sondern ein durchgehendes

Thema behandelt. Auch dank der künstlerisch aufwändigen Covergestaltung von Peter Blake ging „Sgt. Pepper" in die Musikgeschichte ein.[191] Das Klappcover enthält auf der Vorderseite ein collagiertes Motiv, in dessen Zentrum die kostümierten Bandmitglieder stehen. Neben Wachsfiguren und vor ausgeschnittenen Portraitfotos wichtiger Persönlichkeiten arrangiert, bestimmt ein Beet, auf dem der Bandname mit Blumen gebildet wird, den Vordergrund (Abbildung 6 auf S. 419). Wenige Monate nach Erscheinen persiflierte Frank Zappa mit seiner Band The Mothers of Invention es mit seinem Plattencover „We're only in it for the money". McCartney und EMI verboten die Verbreitung.[192]

Ihre Blütezeit erlebte die Pop-Plakatkunst während der Hippie-Ära 1965-1971, vor allem im so genannten „Summer of Love" 1967, als – besonders in San Francisco – die ersten großen Rockkonzerte im eigentlichen Sinne veranstaltet wurden. Inspiriert von den Beatniks der 1950er-Jahre um Allen Ginsberg und Jack Kerouac, von fernöstlicher Spiritualität und psychedelischer Drogenerfahrung des „Acid Rock", entstand die „Counter-Culture" der „Hipster" bzw. *Hippies*, die sich als friedlicher Gegenentwurf zum Vietnam-Amerika verstand. Das Artwork kann als sichtbare Manifestation der Verweigerung gegenüber dem Anpassungsdruck der US-Gesellschaft interpretiert werden, ein künstlerischer Ausdruck des eigenen Lebensgefühls, das von Musik, Bewegung, Licht, Farbe und Poesie bestimmt wurde.[193] Die Ideale von Harmonie, freier Liebe, Aussteigertum, Experimente, gewaltfreier Philosophie, Umweltbewusstsein und Drogenrausch spiegeln sich nicht nur in der Musik von Bands wie The Grateful Dead, Jefferson Airplane und Quicksilver Messenger Service wider, sondern auch in Magazinen wie Allen Cohens ORACLE und im ROLLING STONE sowie besonders in der psychedelischen Plakatkunst, deren erste Arbeiten vor allem von Altan Kelley (Typographie) und Stanley „Mouse" Miller (Illustration) entworfen wurden, um die Auftritte z.B. im „Red Dog Saloon", im „Fillmore Auditorium", im „Avalon Club"[194] und beim legendären *Monterey Pop Festival* anzukündigen (Abbildung 7 auf S. 419). Die Gestalter waren zumeist keine professionellen Designer, Graphiker oder Werbefachleute, sondern gehörten selber zur Hippieszene, während dem Veranstalter Bill Graham schon auch der kommerzielle Erfolg der Veranstaltungen wichtig war.

Es lässt sich ein Westküsten- und Ostküstenstil unterscheiden: Psychedelisch bunt mit Stilübernahmen aus Jugendstil/Art Nouveau und Op-Art (Optical Art) die einen, experimentelle Variationen der Typographie die anderen. In Los Angeles setzt das Artwork von The Doors den charismatischen Leadsänger Jim Morrison ins Zentrum. Die Plakatkünstler verwendeten bewusst Zitate aus Werken der bildenden Kunst (z.B.

---

[191] Kunsthistoriker Walter Grasskamp (2004) wies ihm sogar eine Schlüsselrolle der Pop Art zu. Es gibt zahlreiche Abwandlungen dieses Covers.
[192] vgl. Farin 2006a, S. 49 und Dean 1984, S. 13.
[193] vgl. den Ausstellungskatalog „The American Psychedelic Poster", S. 4.
[194] So wurden zwischen Februar 1966 und November 1968 für die wöchentlichen Dance Rock Festivals Poster in Auftrag gegeben. Die Auflagenhöhe betrug anfangs 300, später bis zu 5000 Stück, vgl. „The American Psychedelic Poster", S. 4.

der Impressionisten, Gustav Klimt, Aubrey Beardsley bis hin zu den Farbfeldexperimenten von Josef Albers), der indianischen Tradition und der amerikanischen Alltagskultur sowie der Traumfabrik Hollywoods. So kreierten The Grateful Dead zeitweise praktisch zu jedem Konzert ein eigenes Poster.

Natürlich sind Plakate zunächst Informations- und Werbeträger; aber gerade in der Hippie-Ära legte man großen Wert auf eine Visualisierung der Musik, um das ekstatische Lebensgefühl bei den Live-Events in eine authentische Form gießen zu können. Grelle Komplemtärfarben, fließende Formen und pulsierende Ornamentik sollen an die „bewusstseinserweiternde" Wirkung eines LSD-Trips oder die Wahrnehmungsveränderung durch Marihuanakonsum erinnern. Außerdem nehmen sie Bezug auf die Light-Shows bei solchen Konzerten, auf denen wabernde Lichteffekte an die Wände projiziert wurden. Erstmals visualisierte das Artwork umfassend die Message, „indem sie Werke voller sensorischer Überreizung, visueller Verzerrung, alogischer Symbolismen und simultaner Bildeffekte schufen" (The American Psychedelic Poster, S. 4). Die harte Realität sollte aufgeweicht werden; alle Formen erscheinen in organisch weicher, durchlässiger, blumiger, spielerisch fließender Transformation und verbildlichen damit die Botschaften der Bands, die Stimmung und das Typische der Musik, die durch lange improvisierte Soli ihrerseits die Auflösung herkömmlicher Hörgewohnheiten intonierten. The Grateful Dead führten mit ihren Knochenmännern zudem das Morbide ins Artwork ein (Abbildung 8 auf S. 420). Höhepunkt und Anfang vom Ende der Hippiebewegung war das gigantomanische *Woodstock Music and Art Festival* 1969. Arnold Skolnicks Final Festival-Poster mit Taube und Gitarre (Abbildung 9 auf S. 420) wird zu einem kommerziellen Emblem des Mythos. Die späten 60er brachten in Deutschland mit dem so genannten *Krautrock* eine relative eingenständige und heute hochgehandelte Richtung hervor, die zu den Anfängen der Elektronik-Musik beitrug, z.B. Kraftwerk, Can, Klaus Schulze u.a. Gerade die Cover und Bühnenshows von Kraftwerk der 70er-Jahre waren ähnlich stilbildend wie ihre pionierhaften Computerklänge (Abbildung 10 auf S. 421).

Die 70er-Jahre

Diese Dekade weist in ihrer Pluralisierung der Lebensstile eine erstaunliche Vielfalt an Alltagskulturen und neuen Trends in der Musikszene auf.[195] Viele der Sixties-Band lösten sich auf und verfolgten Solokarrieren. Aus der Gegenkulturbewegung Rockmusik wird eine dominante – wenn auch sehr heterogene – Populärkultur mit erfolgreichen Bands wie Pink Floyd (Abbildung 11 auf S. 421), Queen, Led Zeppelin, David Bowie, ABBA, Bee Gees, KISS und AC/DC (Abbildungen 12-15 auf S. 422).

Wachsender Wohlstand und sinkende Arbeitslosigkeit nivellieren Anfang der 70er-Jahre auch das Protestgebaren vieler Jugendkulturen, die den Mainstream der

---

[195] z.B. idealistische und pragmatisch-materialistische Denkweisen, alternative Entwürfe, kommerzialisierter Alltag vs. Utopien und ökologischer Untergangsszenarien; siehe Faulstich (2004).

Kulturindustrie bevorzugten, wo plötzlich das große Geld zu machen ist: Glam-Rock, Disco, Bombastrock, Popmusik, Schlager und Krautrock.

Aus einer Mischung aus Motown Soul, Rhythym & Blues und dem Funk eines James Brown entstand in den New Yorker Underground-Clubs der Schwulen, Schwarzen und Latinos Anfang der 70er-Jahre Disco-Musik. Mit Ende des Vietnamkrieges wollte man „Fun" und fröhliche Tanzmusik statt der ernsthaften 60er. DJs ersetzten die alten Tanzkapellen in den neuen Clubs wie „Studio 54" und „Paradise Garage". Earl Young, The Trampps, Donna Summer und Gloria Gaynor wurden zu Trendsettern. Die unpolitische Oberflächlichkeit von Disco-Musik dominierte mit ihrem „Saturday Night Fever" das Freizeitverhalten der Massen vor allem zwischen 1977 und 1980. Der tanzbare 4/4-Disco-Beat und die androgyne Mode der Disco-Ursprünge in der Schwulen-Szene à la Village People (von Greenwich Village) wurden schnell zu einem Massenphänomen, das sogar Bands wie Blondie („Heart of Glass", 1979) und KISS („I Was Made For Loving You") beeinflusste und später von Techno und House aufgegriffen wurde. Doch der Großteil von Disco-Musik war eher glatt und leicht konsumierbar. Ebenso gestaltete sich das Artwork, das weniger auf individuelle Motive als vielmehr auf eingängige Wiedererkennbarkeit Wert legte, indem vor allem die neuen Stars mit Tanzposen, Glitzereffekten, Glamour und Diskokugeln abgebildet wurden. Tendenziell wurden deutlich weniger Wörter als in den 60er-Jahren auf dem Vordercover verwendet.[196] Anders als in der vorangegangenen Dekade brachten die Mainstream-Bands der 70er die Poster-Kunst nur wenig voran. Vorzugsweise wurden die Plattenmotive vergrößert und mit Konzertdaten versehen. Zeitungsanzeigen und Radiowerbung waren die bevorzugten Reklamekanäle.

Mit Wirtschafts- und Ölkrise sowie steigender Arbeitslosigkeit entwickelten sich ab Mitte der 70er politischere Gegenkulturen der gesellschaftlichen Außenseiter und Desillusionierten. Eigentlich stilbildend und auch für nachfolgende Generationen ästhetisch relevant wurden Underground und Subkultur, die sowohl gegen den hohlen Rock-Pathos der so genannten Supergruppen wie Yes oder Pink Floyd mit ihrer vermeintlichen Virtuosität, aber auch gegen die Disco-Happiness, die Spießer mit ihrer verlogenen heilen Schlagerwelt und die abgefeierten Hippie-Träume antraten: Punk und Independent-Musik. Wichtigste Vorreiter in den USA waren Iggy Pop and the Stooges, Velvet Underground und Patti Smith, sowie heute kaum noch bekannte frühe Garagen-Bands wie Seeds und Shadows of the Night. Auch die frühen The Who und die Kinks bereiteten mit ihren roughen 2-Minuten-Stücken wie „All day and all night" den Weg. In Deutschland sind am ehesten Ton Steine Scherben (seit 1970) als Proto-Punk-Band zu nennen. Hauptvertreter des frühen Punk waren die Ramones, Sex Pistols, Television, Heartbreakers, New York Dolls und Blondie. Kurz darauf folgten The Clash, Talking Heads und The Damned.

---

[196] Nick de Ville, 2003, S. 9: „Over the past forty years there has been an insistent tendency for the most blithely self-confident – from the Rolling Stones to Björk - to banish lettering from their covers entirely."

Punk lässt sich als Verweigerung und Abgrenzung verstehen. Gegen die musikalische Selbstverliebtheit ins eigene Können brachte Punk erfrischende Drei-Akkorde-Garagenbands hervor. Statt „Big Business" „Do-It-Yourself" (DIY). Dies schlägt sich nicht nur in Musik und Lebenseinstellung, sondern auch im Artwork nieder. Gegen die in den Sixties postulierte Natürlichkeit und Gesundheit setzen die Punkcover Künstlichkeit. Gegen den überbordenden Kunstanspruch eine Ästhetik des Hässlichen. Organische Materialien (wenn man Lederjacken nicht dazu zählen möchte) tauchen kaum noch auf, sondern Beton oder Plastik. Die musikalische Dekonstruktion schlägt sich auch im Design des Artwork nieder. Statt harmonischer Farbigkeit werden vor allem starke Schwarzweißkontraste, Neonfarben und Blutrot verwendet, wie z.B. Seiler (1998) dokumentiert.

Anders als die psychedelische Cover-Kunst wollten Punk-Poster und -Cover keine inneren Erfahrungen verbreiten, sondern die rauhen und rebellischen Wurzeln des Rock'n'Roll wiederbeleben. Dies zeigt sich im ausdrucksstark holzschnittartig collagierten Artwork, das statt für das Wohnzimmer eher für die Straße gedacht war und an den „boxing-style" der Black-Music-Motive der 50er-Jahre mit seinen übergroßen Schrifttypen, den schlichten Pressefotos und einfachen Drucktechniken erinnert.[197] Die improvisiert wirkende graphische Gestaltung der „cut-and-paste" zusammengeklebten und billig vervielfältigten Hektographien verspricht eine laute, dreckige und kaputte Musik. Das Abgerissene („Bricollage") kann als vielschichtige Anspielung gedeutet werden: Optisch auf die teilweise Entfernung und Überplakatierung dieser kurzlebigen Poster an Hauswänden und Litfasssäulen, ästhetisch auf DaDa als einen Ursprung der schockierenden Zusammenfügung von Disparatem in wilden Collagen, und semiotisch auf Erpresserbriefe als Zeichen für den unverfrorenen Angriff auf den guten Geschmack und die Sitten der Spießer. Inhaltlich verbildlicht es die authentisch-rohe Musik, die vulgären Texte und das „Do-it-yourself"-Lebensgefühl sowohl der Bands wie ihrer Fans. Alles Geplante, Kontemplative, Künstlerische und Kommerzielle sowohl der Hippie-Ära als auch des Stadion-Rock-Pomps der Mainstream-Bands sollte vermieden werden. Stattdessen vermittelt das mit Filzstiften und Zeitungsausschnitten Zusammengefügte das Echte, Unkalkulierbare und Einfache des Ausdrucks. Die Botschaft dieser bewusst unprofessionellen Gestaltung war: Jeder kann eine Band gründen und spielen, jeder kann solche Plakate und Cover machen.

Sowohl die nihilistische Pose und der rebellische Furor gegen tradierte Werte, als auch anarchische Texte und ein Hang zum Unschönen setzten in Musik und Artwork Maßstäbe: In formaler Reduktion auf betont schlichte Fotokopien transportiert Punk betont hässlich eher sperrige Aussagen und politische Themen, wie die gewalttätige Natur des Menschen, Krankheit, Nicht-Funktionieren, Verbrechen und Krieg.[198] Selbst Songtitel und Bandnamen wurden oft möglichst provozierend gewählt, wie z.B.

---

[197] vgl. Grushkin 1987, S. 426ff.
[198] vgl. zur Photokopie-Ästhetik von Punk-Artwork Turcotte & Miller, 1999. Ich danke Petra Uhlenkamp für die zahlreichen Literaturhinweise und Tipps.

Suicide, Dead Boys, Circle Jerks usw. Punk sollte als Bedrohung ästhetischer Kategorien und bürgerlicher Lebensentwürfe gesehen wurden und wurde oftmals zur Bedrohung der Musiker selbst. Umso weniger erstaunt, dass solche – gewissermaßen dekonstruktivistischen – Prinzipien gerade auch beim Artwork verwendet werden (Abbildung 18 auf S. 423). Vorherrschend sind bei den „Old-School-Punks" abrupte Übergänge und rechte Winkel, eine Collagetechnik, die auch bei der Typographie z.B. von Jamie Reid für das Album „Never Mind The Bollocks" (1977; Abbildung 16 auf S. 423) der Sex Pistols verwendet wird. Der Stilmix vereint nicht Zusammengehöriges zu einem neuen Ausdruck. Wenn überhaupt sind die Gruppen wie z.B. die Ramones (Abbildung 17 auf S. 423) auf den Covern in zerrissenen Hosen, ausgetretenen Turnschuhen und abgewetzten Lederjacken vor kaputter Stadt- oder Industriekulisse zu sehen.

Seit den 80er-Jahren erweitern Untergruppierungen bzw. Weiterentwicklungen wie New Wave, Hard Core und Fun-Punk das ästhetische Ur-Punk-Repertoire aus Sicherheitsnadeln, Nieten, zerstörten Dingen, zerbrochenem Glas, Blitzen, Totenköpfen, Stacheldraht, Graffitis usw. Die Symbole für Gefahr, Aggression und Tod werden ergänzt durch einen fröhlichen Fatalismus. Nach der kurzen Phase des frühen Punk waren es vor allem die zahllosen New Wave- und Post-Punk-Bands wie Talking Heads oder PIL, die großen Einfluss hatten und neue Trends setzten.[199] Das Independent-Bildmaterial wird künstlerisch anspruchsvoller, nicht zuletzt inspiriert durch die in dieser Zeit dominante Malerei der „Neuen Wilden".

Die 80er-Jahre

Das „Anything Goes" der Postmoderne, gepaart mit einem unterkühlten Narzissmus und Hedonismus sowie einem gewissen „Null Bock"-Feeling, bestimmt in den heterogenen 80er-Jahren Musik, Mode und Artwork. Auch die Anti-AKW- und Hausbesetzer-Szene, Friedens- und Umweltbewegung hinterlassen unterschiedliche ästhetische Spuren. Die Diversifizierung der Möglichkeiten begünstigten stilistische Experimente zwischen Underground und Mainstream, wobei die kommerzielle Kulturindustrie manch musikalische Geschmacksverirrung, aber auch bei Mode und Frisuren, hervorbrachte.

Neben dem Post-Disco-Mainstream gab es zahllose Nischen, in denen experimentiert wurde. Einige der neuen Musikrichtungen waren New Wave, New Romantics, Off-Szene (Neubauten, Tödliche Doris), Synthie-Electro-Pop (Heaven 17, Blancmange), Post Punk/Hardcore, Oi!, Neue Deutsche Welle, Gothics (The Cure, Siouxsie, Depeche Mode, Joy Divison, Sisters of Mercy), Brit Pop, Heavy Metal, Rap (Grandmaster Flash), Acid House/Rave und Manchester Music Scene (Happy Mondays, Hacienda Club).

---

[199] vgl. zum Einfluss des Post Punks 1978-1984: Reynolds, 2007.

Jede dieser Nischen brachte eine individuelle Ästhetik hervor, die die Musik und das Lebensgefühl widerspiegelt. Gerade die NDW produzierte eine wesentlich vielfältigere Szene,[200] als heutige 80er-Jahre-Shows mit den immergleichen Chart-Hits vermitteln. Heute kaum mehr bekannte Formationen wie Der Plan, Die Tödliche Doris aber auch die kulturetablierten Einstürzenden Neubauten bestachen nicht nur durch avantgardistisch inszenierte Konzerte, die eher Performances ähnelten, sondern auch durch eine ebenso künstlerisch anspruchsvolles Artwork, das auf dieses Lebensgefühl abzielte. Sei es intelligent-naiv-verspielt wie bei Der Plan, für den Bandmitglied Moritz Rrrr als bildender Künstler nicht nur die Bühnendeko, sondern auch die Covermotive selbst malte, sei es mit düsterem Untergangsszenario wie bei den Einstürzenden Neubauten, die eine frühe Single im Stahlcover herausbrachten, oder sei es durch ungewöhnliche Abspielvorrichtungen für Tonträger wie bei der Tödlichen Doris, die einige ihrer Stücke auf Mini-Platten für *Sprechpuppen* veröffentlichte.

Die Krupps legten für ihre LP „Stahlwerksynfonie" eine Covergestaltung vor, die geradezu klassisch beide Assoziationsbereiche verknüpft (Abbildung 19 auf S. 424).

Vor allem im anglo-amerikanischen Independent- und Underground-Bereich sollten detailreich gestaltete Supplements politische Botschaften transportieren, etwa indem die Cover eigentlich erstaunlich große Faltposter sind, z.B. bei CRASS, oder als Beilage (etwa bei Dead Kennedys) zusammen mit einem Booklet voller Collagen, Texte, Kunstwerke, Fotos und Kommentare die Aussagen der Songs untermauern.

Weitgehend unpolitisch hingegen geriert sich das Artwork der Metal-Szene, dem in den 80er-Jahren häufig Jugendgefährdung vorgeworfen wurde. Die Bundesprüfstelle indizierte zahlreiche Motive wegen Sex- und Gewaltdarstellungen.[201] „Appetite for Destruction" von Guns N'Roses wird trotz – oder wegen – seines latent an eine Vergewaltigung erinnernden Covers zu einem der erfolgreichsten Metal-Album der 80er-Jahre. Kritiker bemängeln eine Reduktion auf immer wiederkehrende, nicht selten frauenfeindliche Motive im Hard Rock, Heavy Metal und seinen Spielarten. Allerdings schöpfen die Gestalter längst nicht nur aus dem Pool bewährter Versatzstücke wie Gewalt- und Todessymbolik, Satanismus, Fiction- und Fantasymotive mit Zombies, Drachen, muskulösen Kriegern, Motorrädern, Sex und sonstigem Männlichkeitskult, gothische Fraktur-Schrift etc. In kaum einem anderen Genre sind derart phantasie- und assoziationsreiche Kreationen zu finden.[202]

Stereotyper – aber deutlich erfolgreicher – geriert sich Rap/HipHop. Der Sprechgesang von Straßengangs schwarzer US-Ghettos wie Grandmaster Flash, Run DMC, Sugar Hill Gang, N.W.A., Cypress Hill und Public Enemy (Abbildung 20 auf S. 424) trat seinen internationalen Siegeszug Mitte der 80er-Jahre an. Vor allem die Beastie Boys machten Rap auch für Weiße interessant. Finster dreinblicken und gefährlich posen gehört nicht nur bei den „Battles", sondern auch beim CD-Artwork zum Style,

---

[200] vgl. Graf, 2003, wo auch zahlreiche der spielerischen Cover abgebildet sind.
[201] siehe dazu Wehrli, 2005, und zur Zensur von Plattencovern allgemein Seim & Spiegel, 2004.
[202] siehe z.B. das von der Zeitschrift ROCK HARD herausgegebene Buch „Cover Mania" oder die Kompilation von Aldis & Sherry.

als 1987 ICE-T mit „Rhyme Pays" das erste Westcoast-Gangsta-Rap-Album herausbrachte.

Im Mainstream der 80er dominierten die großen Solo-Popstars wie z.B. Michael Jackson, Madonna, Prince, Grace Jones, Boy George, Cindy Lauper und George Michael, die dann gerne auch im optischen Mittelpunkt der Cover-Alben stehen (vgl. Abbildungen 21-24 auf S. 425). Synthesizerdominierter Elektropop mit Hang zur hedonistischen Selbstbespiegelung im coolen Ambiente drückt sich in den hippen Artworks aus, die die Neonfarben, Stahl- und Chromeffekte sowie Glas-Optik und Graffiti-Kunst dieser Zeit einsetzen.

Vor allem zwei Neuerungen der frühen 80er-Jahre sollten die Ästhetik des Artwork nachhaltig beeinflussen: das Musikfernsehen MTV 1981 und die CD 1982/1985. Die *MTV-Ästhetik* mit schneller Schnittfolge und kurzer Aufmerksamkeitsspanne hat in Verbindung mit den neuen technischen Möglichkeiten des digitalen Remastering bzw. Remixing auf kleinstem Raum bis heute Auswirkungen auf Musik und Covergestaltung.

Exkurs I: Zensureingriffe bei Plattencovern

Nicht nur die bereits erwähnten Heavy Metal-Platten waren ein häufiger Grund für Indizierungen, Verbote und Retuschen – die Zensurgeschichte der Rock- und Popmusik ist lang. Laut Art. 5 des Grundgesetzes findet zwar eine Zensur nicht statt. Die Kunst ist frei. Alles Weitere regeln aber die Gesetze. Da auch der Jugendschutz Verfassungsrang hat, können als gefährdend eingestufte Medien von der Bundesprüfstelle indiziert oder – bei richterlich festgestellter „Sozialschädlichkeit" – polizeilich beschlagnahmt werden.[203] Da bei einer Indizierung u.a. empfindliche Werbeverbote und Vertriebsbeschränkungen greifen, möchten vor allem große Firmen keinen Ärger, vom Prestigeverlust ganz abgesehen. Für den Musikbereich existiert keine FSK (Freiwillige Selbstkontrolle) wie es sie für praktisch alle anderen Medien gibt. So müssen die Label selber schon im Veröffentlichungsvorfeld sicherstellen, dass die Platten gegen keine Gesetze verstoßen.

Vor allem können Texte Anstoß und Kritik erregen, aber auch das Artwork geriet oft genug in den Fokus von Jugendschützern, Polizei und Pädagogen. Die häufigsten potenziell jugendgefährenden und damit strafrelevanten Themen sind:

Gewaltdarstellung bzw. -verherrlichung: Hier finden sich vor allem Metal-Bands unterschiedlicher Genres. So wurden z.B. mehrere LPs der Böhsen Onkelz, Cover der US-Death-Metal-Kombo Cannibal Corpse sowie u.a. von W.A.S.P., The Rods, Quiet Riot und T.N.T. inkriminiert.

---

[203] Laut „BPjM-Aktuell" (hier Nr. 2/2008, S. 65ff.), dem amtlichen Mitteilungsblatt der Bundesprüfstelle in Bonn, sind im Mai 2008 772 Tonträger indiziert sowie 82 bundesweit beschlagnahmt und/oder eingezogen. Laut Kurzinfo kamen allein im Juni 2008 15 weitere Tonträger auf den Index und drei auf die Totalverbotsliste.

Pornographie bzw. sexuelle Diskriminierung: Mehrere Platten der Berliner Fun-Punk-Band Die Ärzte wurden 1987 u.a. wegen des Liedes „Geschwisterliebe" indiziert. Selbst das Cover von „Ab 18" kam auf den Index wegen einer winzigen „Gwendoline"-Comiczeichnung. Ein besonders bizarrer Verbotsfall betraf 1996 das LP-Cover von „Eating Lamb" der US-Punk-Band NOFX. Das Amtsgericht Münster beschlagnahmte das gemalte Artwork wegen Tierpornographie. Die ähnliche CD blieb erlaubt (Abbildungen 25-26 auf S. 426). Beide Motive sind allerdings bis heute nicht einmal indiziert. Textlicher Sexismus wird aktuell vor allem zahlreichen deutschen Ghetto- und Gangsta-Rappern u.a. des Labels Aggro Berlin vorgeworfen.

Rechtsextremismus/Ausländerfeindlichkeit: Der Großteil der indizierten oder verbotenen Tonträger entstammt diesem Segment. Sprechende Bandnamen wie Arisches Blut, Endlösung oder Kraft durch Froide und eindeutig faschistoides Artwork lassen kaum Zweifel an der Ausrichtung. Als erste Band wurde die Gruppe Landser als kriminelle Vereinigung verurteilt und ihre Platten verboten.

Drogenverharmlosung: Angefangen von Peter Toshs „Legalize it" bis hin zu Sidos „Maske"-CD wegen des Stücks „Endlich Wochenende" wird den Interpreten vorgeworfen, ihre Songs wären schlechte Vorbilder für Minderjährige und verführten sie zu Betäubungsmittelmissbrauch.[204]

Außerdem kann „Political Correctness" – vor allem in den USA – bestimmte Plattenmotive verunmöglichen, wie Seim und Spiegel (2004) belegen.

Zensurumgehungsstrategien

Bei strittigen Motiven haben Firmen die Möglichkeit von Selbst-, Vor- oder Nachzensur, um die Platten dennoch auf dem deutschen Markt verkaufen zu können.

Ein klassisches Beispiel von Selbstzensur stellt die LP „Virgin Killer" der Scorpions dar, das 1976 mit einem unbekleideten Mädchen auf der Vorderseite bei RCA erschien. Obwohl das Motiv nicht offiziell indiziert oder verboten wurde, verwandte die Plattenfirma für alle späteren Auflagen stattdessen ein Gruppenfoto der Bandmitglieder (Abbildungen 27-28 auf S. 426).

Ein Beispiel für Präventivzensur ist das Label Metal Blade, das nach früheren Verboten umstrittenes Artwork in unterschiedlichen Versionen veröffentlicht. Für die CD „Bloodthirst" von Cannibal Corpse brachte man 1999 eine harmlose Fassung für den deutschen Markt, und eine heftigere für den internationalen Vertrieb heraus (Abbildungen 29-30 auf S. 426).

Nachzensur reinsten Wassers ist auf dem Punk-Sampler „Soundtracks zum Untergang" zu hören, auf dem durch Beschluss des Amtsgerichts Tiergarten 1983 alle untersagten Textpassagen in den Songs von Slime und Middle Class Fantasies durch Pieptöne entschärft werden mussten, damit spätere Auflagen noch verkauft werden

---

[204] Während Toshs Platte nach Ablauf von 25 Jahren vom Index gestrichen wurde, ist Sidos „Die Maske" seit 2005 indiziert.

durften. Die Originalversion mit den angeblich gewaltauffordernden Songs ist seit 1982 indiziert.

Eine zeitgemäßere Umgehungsstrategie ließ sich die Rap-Band The Coup einfallen, nachdem das für Herbst 2001 geplante Cover ihrer CD „Party Music" mit brennenden Twin-Towers nicht veröffentlicht werden konnte. Stattdessen erschien die CD mit zwei flambierten Cocktailgläsern, die bei Seim und Spiegel (2004, S. 117) dokumentiert sind. Das ursprüngliche Motiv, das nach Angaben der Band schon lange vor den Terroranschlägen entworfen war, stellte sie ins Internet, dessen globaler „Marketplace of Ideas" regionale Zensurmaßnahmen obsolet erscheinen lässt.

Die mehr oder weniger subtilen Ein- bzw. Angriffe auf die Medien- und Kunstfreiheit werfen nicht nur juristische, soziologische und pädagogische, sondern auch kommunikationswissenschaftliche Fragen auf, die in diesem Zusammenhang leider nicht geklärt werden können.[205]

Die 90er-Jahre

Weiterentwicklung sowohl von Rave-Kultur als auch von Independent-Musiker und Ausnahmeerscheinungen wie Björk und Nirvana (Abbildungen 31-32 auf S. 427), die die Post Punk- und Grunge-Bewegung der späten 80er-Jahre fortführten.

Nach Amateuranfängen als Protestmusik schwarzer Ghettos Ende der 70er über den Breakdance der 80er-Jahre etabliert sich Rap/Hip-Hop als internationaler Musik-Stil auch im Mainstream. Den ersten HipHop-Hit landete die Sugar Hill Gang mit „Rappers' Delight"; für Weiße wurde Rap vor allem durch die Beastie Boys interessant. Andere einflussreiche Bands waren Grandmaster Flash And The Furious Five, Cypriss Hill, Afrika Bambaataa, Public Enemy, Ice T, N.W.A., Dr. Dre und Run DMC. Allerdings kann die ewig gleiche Ästhetik des *Gangsta-Rap* auf Dauer als Sackgasse von Stereotypen gesehen werden, deren restringierter Code von seinen Vertretern mit Macho-Gehabe als „Chick Checker" perpetuiert wird. Nicht nur in Videoclips und auf der Bühne, sondern auch im Artwork sollen durch Präsentation von Statussymbolen wie muskulöse Oberkörper, Tattoos, halbnackte Frauen, Goldketten, teure Uhren, „fette" Autos und sonstigem Gangsta- oder „Pimp-Chic" „Street-Credibilty", Coolness und Erfolg bewiesen und „Respect" eingefordert werden. Gerade der East Coast-Style eines LL Cool J protzt mit viel „Bling Bling" in Form von überdimensioniertem Schmuck aus Gold und Brillanten (Abbildung 33 auf S. 428), wie z.B. Andrew Emery (2004) in seinem HipHop-Artwork-Buch dokumentiert. Die wenigen weiblichen Rapper wie Lil' Kim, Foxy Brown oder Amil verwenden eine vergleichbare Ästhetik des ostentativen Prunks: Designermode, Pelze, Geldbündel, Limousinen etc., präsentiert in sexy Pose (Abbildung 34 auf S. 428). Als HipHop von der schwarzen Ghetto-Protestmusik zum millionenschweren Top-Act wurde, ergab sich auch ästhetisch ein Glaubwürdigkeitsspagat zwischen dem ostentativen

---

[205] Ich verweise auf die einschlägige Literatur, auch von Seim (1997) und Wehrli (2005).

Markenbewusstsein schwerreicher Rapper wie 50 Cent oder Eminem und dem postulierten *Ghetto-Look* mit Straßen- und Knastästhetik wie schnürsenkellosen Turnschuhen, Baggy-Pants und Kapuzenpullovern.[206]

Die Klub-Kultur der House-, Techno- und Electro-Szene brachte – in Erweiterung der frühen Elektro-Pioniere wie Can und Kraftwerk – nicht nur neuartige Mixtechniken (Loops, Sampling etc.) und eine Neudefinition des Diskjockeys (DJs) als „Master of Ceremony" sowie körperbetonter Rave-Tanzstile wie Electronic Body Music inkl. der Love-Parade hervor, sondern gerierte auch neue ästhetische Sichtweisen im vorwiegend computergenerierten Artwork-Design. Hauptwerbeträger waren die Club-Flyer der Techno-Szene, die nicht nur das alte Hippie-Motto „Love, Peace & Happiness" aufgriff, sondern auch die psychedelischen Farbexperimente der 60er digital in nicht gekannter Vielfalt weiterentwickelte.[207] Die ähnlich großen CD-Cover zeigen zumeist grell-bunte, witzige, digital gestaltete Motive, häufig mit Motivfragmenten der Neuen Medien wie „Emoticons", Navigationsbuttons u.a. (Abbildung 36 auf S. 429). Neue Computertechnologien und Gestaltungstechniken wie Photoshop greifen die Dynamik der digitalen Grooves auf. Stefan Sagmeister, einer der einflussreichsten Sleeve-Designer der 90er-Jahre, meinte, die CD-Hülle müsse dem Käufer ein gutes Gefühl in Bezug auf die Band geben. Außerdem könne man in einer CD vielmehr unterbringen, als in einem traditionellen LP-Cover:

> „While album covers were almost like posters, CD covers are more like book design. Twenty-page booklets, transparent trays with concealed graphics underneath the CD, and elaborate printing are seen on many general releases" (zit. n. de Ville, S. 204).

Exkurs II: zum Objektcharakter von Picture-Vinyl und Gimmick-Covern

Nicht nur das Cover, sondern auch der Tonträger selber wurde als Gestaltungsfläche entdeckt. Als sehr frühe Beispiele sei an Ansichtskarten der 50er-Jahre erinnert, auf die Klangfolien mit touristisch relevantem Liedgut gedruckt waren. Im Popmusikbereich setzte sich dieser PR-Gag mit Tonrillen indes nicht durch. Dort bestand die simpelste Variation darin, das schwarze Vinyl uni oder kunterbunt einzufärben. Bei einer Goldenen Schallplatte mag das ja noch Sinn machen, aber viele Materialveredelungen führten zu grenzwertigen Geschmacksverirrungen wie dem rosafarbenen Doppel-Album „Elvis's 40 Greatest", das RCA 1978 posthum als „Special Pink Pressing" herausbrachte.

---

[206] Ich danke Magnus See für die hilfreichen Cover-Beispiele. Zum HipHop-Style auf Plattencovern siehe z.B. Emery, 2004.

[207] Vgl. zu Techno usw. die Bücher von Pesch & Weisbeck, die in der Züricher Edition Olms erschienen sind. Anhand der Logos und Schrifttypen auf den Flyern erfuhren Insider alles Wissenswerte zur Veranstaltung, siehe Farin, 2006b, S. 47.

Sinnvoller erschienen die Picture-Records, bei denen Fotos der Interpreten und sonstige Illustrationen direkt auf das Vinyl gepresst wurden. Gerade Rockbands mit großem Fandom wie KISS bedienten die Sammler unter ihren Fans gerne mit solchen allerdings relativ teuren „Bildplatten".

Blieben die Materialvariationen der Flachware noch zweidimensional, so war das „Shaped Vinyl" ein weiterer Schritt in Richtung Objektcharakter. Als man erkannt hatte, dass weder eine Schallplatte noch eine CD unbedingt rund zu sein haben, experimentierten die Layouter mit den wildesten Konturen (Abbildung 38 auf S. 430). So brachte z.B. The Police Ende der 70er-Jahre/Anfang der 80er-Jahre u.a. ihre Singles „Roxanne", „Message In A Botlle" und „Don't Stand So Close To Me" in Form von Polizeimarken heraus. Die Platte „Down Under" von Men At Work gab es 1981 auch in einer Sonderedition mit den Umrisslinien des Kontinents Australien; und 1982 kam „The Safety Dance" der Men Without Hats in Form eines tanzenden Paares daher.

Zwar konnte man die Motivplatten theoretisch durch das Mittelloch an die Wand pinnen, doch das Material ist anfällig für Kratzer und Staub. Auch wenn sich die kleinformatige CD nicht zum Aufhängen eignet, so war sie irritationsresistenter. Kein Wunder also, dass die Designer des Post-Vinyl-Zeitalters zumindest den Picture-Disc-Ansatz übernahmen und ausbauten. Keines der Silberlinge kommt heute unbearbeitet daher, allein schon, um sie von den selbstgebrannten Rohlingen unterscheiden zu können.

Experimentierfreudige Coverdesigner erkannten die zahllosen Möglichkeiten von Sonderformaten, über die naheliegende Funktion der plattenumhüllenden Zweckform hinaus zu gehen. Ein erster Schritt in die dritte Dimension stellte das *Klappcover* dar, entweder um doppelt so viel Platz für Texte, Fotos, Werbung und sonstige Beilagen zu gewinnen, wie beim ersten Klappcover der Beatles, dem 1967 u.a. der Bastelbogen „Sgt. Pepper Cut-Outs" beilag, oder einfach um ein Doppelalbum unterbringen zu können. „Pop-Up"-Cover waren eine eher seltene Weiterentwicklung des Klappcovers, bei dem durch das Öffnen kartonierte Motivausschnitte aufgerichtet wurden. Der Phantasie von findigen „Verpackungskünstlern" waren keine Grenzen gesetzt, vor allem bei den so genannten Gimmick-Covern, bei denen nicht nur das Motiv, sondern die Form, das Material oder eine Beilage für Aufsehen sorgten.[208] So veröffentlichten die Small Faces 1968 „Ogden's Nut Gone Flake" (Abbildung 37 auf S. 429) in Form einer Tabakdose, die man mehrfach aufklappen konnte. Kurz darauf kam „Odessa" der Bee Gees in einem Filzcover heraus. 1972 legte Schock-Rocker Alice Cooper „School's Out" in einer Art aufklappbarem Schülerpult vor (Abbildung 39 auf S. 431), wobei in der Erstauflage Mädchenslips aus Papier beigelegt waren. 1972 verpackte Jethro Tull die LP „Thick As A Brick" in eine selbst gemachte Zeitung.

---

[208] siehe Hesse-Lichtenberger, 2006, S. 13ff. und im Rock Hard-Buch „Cover Mania", S. 155-169.

Plattencover und Konzertplakate

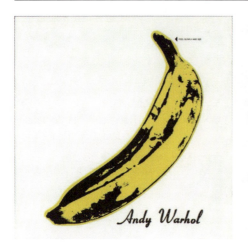

Abbildung 1:
The Velvet Underground
Debütalbum „The Velvet Underground & Nico", 1967

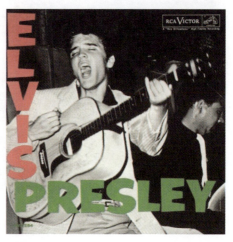

Abbildung 2:
Elvis Presley
Debütalbum „Elvis Presley", 1956

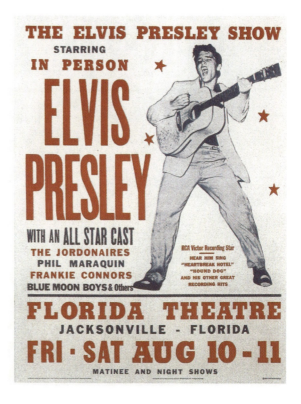

Abbildung 3:
Elvis Presley
Plakat „The Elvis Presley Show"
Florida Theatre,
Jacksonville, 1956
(Quelle: Grushkin, 1987, S. 25)

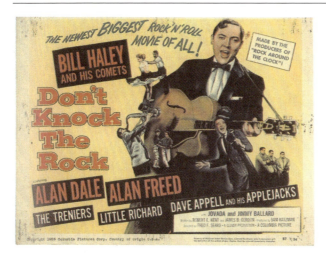

Abbildung 4:
Bill Haley and The Comets
Lobby Card „Don't Knock The Rock", 1956
(Quelle: Grushkin, 1987, S. 27)

Abbildung 5:
Various Artists
Plakat „The Biggest Show of Stars for 1957"
Forum,
Wichita, Kansas, 1957
(Quelle: Grushkin, 1987, S. 31)

Plattencover und Konzertplakate

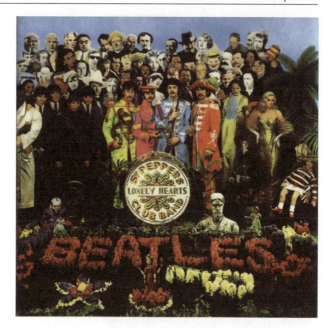

Abbildung 6:
Beatles
„Sgt. Pepper's Lonely Hearts Club Band", 1967

Abbildung 7:
Various Artists
Plakat „Quicksilver Messenger Service"
Fillmore Auditorium,
San Francisco, 1966
(Quelle: Grushkin, 1987, S. 98)

Abbildung 8:
Grateful Dead
Plakat „It's a Beautiful Day"
Honolulu International Center,
Honolulu, 1969
(Quelle: Grushkin, 1987, S. 291)

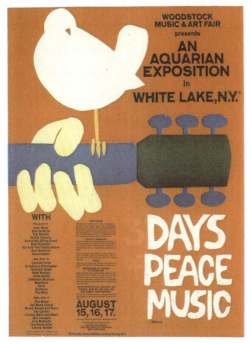

Abbildung 9:
Various Artists
Plakat „Woodstock Music and Art Fair"
Max Yasgur Farm,
Bethel, New York, 1969
(Quelle: Grushkin, 1987, S. 257)

Plattencover und Konzertplakate

Abbildung 10:
Kraftwerk
Plakat „Autobahn"
Gürzenich,
Köln, 1975
(Quelle: Weigelt Auktionen, S. 29)

Abbildung 11:
Pink Floyd
Plakat „Pink Floyd in Concert"
Niedersachsenhalle,
Hannover, 1970
(Quelle: Weigelt Auktionen, S. 14)

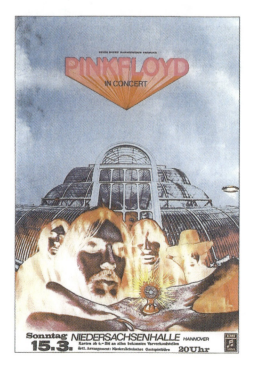

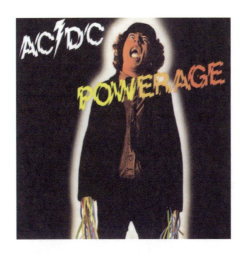

Abbildung 12:
AC/DC
„Powerage", 1978

Abbildung 13:
David Bowie
„Aladdin Sane", 1973

Abbildung 14:
Various Artists
„Saturday Night Fever", 1978

Abbildung 15:
KISS
Debütalbum „Kiss", 1974

 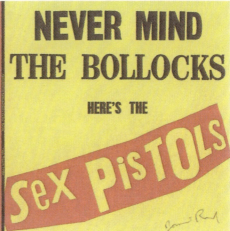

Abbildung 16:
The Sex Pistols
Debütalbum „Never Mind the Bollocks, Here's the Sex Pistols", 1977

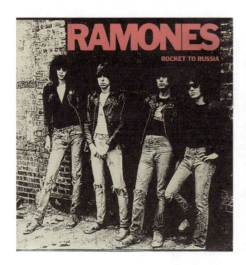 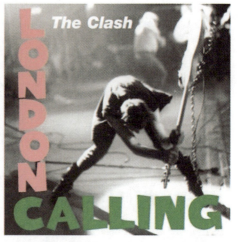

Abbildung 17:
Ramones
„Rocket to Russia ", 1977

Abbildung 18:
The Clash
„London Calling ", 1979
(Adaption vom Cover „Elvis Presley", 1956: Abbildung 2)

Abbildung 19:
Die Krupps
Debütalbum
„Stahlwerksynfonie", 1981

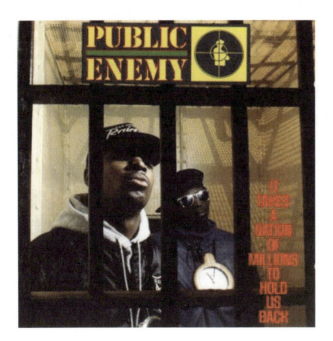

Abbildung 20:
Public Enemy
„It Takes a Nation of Millions to Hold us Back", 1988

Plattencover und Konzertplakate

Abbildung 21:
Michael Jackson
„Thriller ", 1982

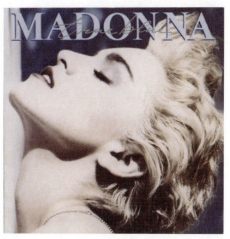

Abbildung 22:
Madonna
„True Blue ", 1986

Abbildung 23:
Prince
„Purple Rain ", 1984

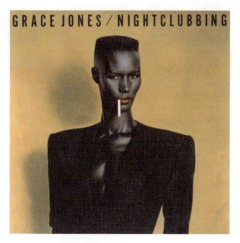

Abbildung 24:
Grace Jones
„Nightclubbing ", 1981

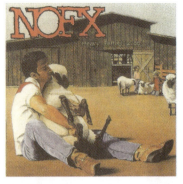

Abbildung 25:
NOFX, „Eating Lamb", 1996 (verboten)

Abbildung 26:
NOFX, „Eating Lamb", 1996 (erlaubt)

Abbildung 27:
Scorpions, „Virgin Killer", 1976 (Nudecover)

Abbildung 28:
Scorpions, „Virgin Killer", 1976 (Normalcover)

Abbildung 29:
Cannibal Corpse
„Bloodthirst", 1999 (unzensiert)

Abbildung 30:
Cannibal Corpse
„Bloodthirst", 1999 (zensiert)

Quelle der Abbildungen auf dieser Seite: Seim & Spiegel, 2004, S. 70, 71, 79, 112, 113

Abbildung 31:
Björk
„Debut", 1993

Abbildung 32:
Nirvana
„Nevermind", 1991

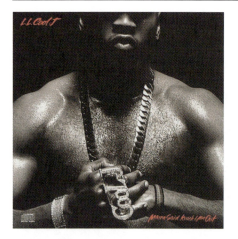

Abbildung 33:
LL Cool J
„Mama Said Knock You Out ", 1990

Abbildung 34:
A.M.I.L.
„All Money Is Legal ", 2000

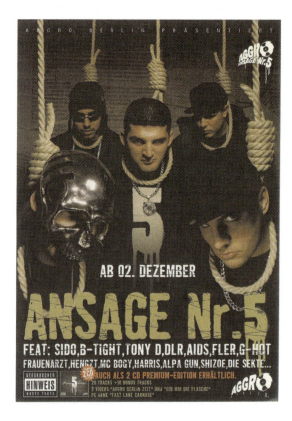

Abbildung 35:
Aggro Berlin
Promo-Sticker „Ansage Nr. 5", 2005

Plattencover und Konzertplakate

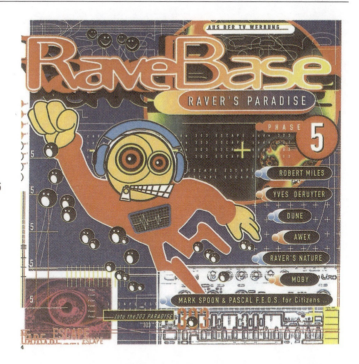

Abbildung 36:
Various Artists
„Rave Base 5", 1996

Abbildung 37:
Small Faces
„Ogden's Nut Gone Flake", 1968
Tabakdose als Gimmick-Cover

Musik in nicht-auditiven Medien

Abbildung 38:
Various Artists
Geformte Motivschallplatten („Shaped Vinyl")
(Quelle: Dean & Howells, 1984, S. 138)

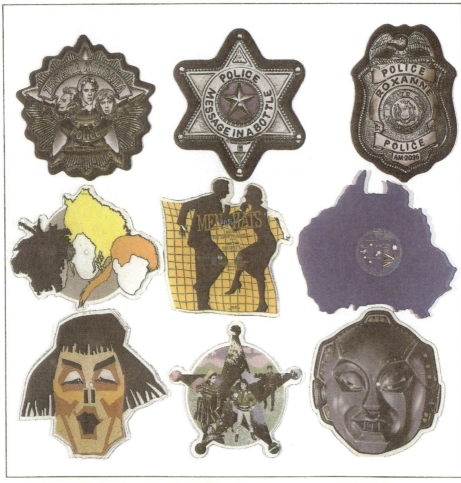

Artist	The Police
Title	Don't Stand So Close To Me
Company	A & M
Date	1980
Design	Chuck Beeson; A.D.: Jeff Ayeroff; Illus: Willard/White

Artist	The Police
Title	Message In A Bottle
Company	A & M
Date	1980
Design	Chuck Beeson; A.D.: Jeff Ayeroff; Illus: Willard/White

Artist	The Police
Title	Roxanne
Company	A & M
Date	1978
Design	Chuck Beeson; A.D.: Jeff Ayeroff; Illus: Willard/White

Artist	Thompson Twins
Title	Watching
Company	Arista
Date	1983
Design	Satori; A.D.: David Shortt; Photo: Andy Airfix

Artist	Men Without Hats
Title	The Safety Dance
Company	Statik
Date	1982

Artist	Men At Work
Title	Down Under
Company	Epic
Date	1981

Artist	Barclay James Harvest
Title	Victims Of Circumstance
Company	Polydor
Date	1984
Design	& A.D.: Alwyn Claydon

Artist	Yip Yip Coyote
Title	Dream Of The West
Company	IRS
Date	1984
Design	Jeremy Williams; Photo: Miss Moss

Artist	Styx
Title	Don't Let It End
Company	A & M
Date	1983
Design	A.D.: Mike Ross; Illus: Terry Day

Plattencover und Konzertplakate

Abbildung 39:
Alice Cooper
„School's Out", 1972
Schülerpult als Gimmick-Cover
(Quelle: de Ville, 2003, S. 120)

Abbildung 40:
Die Ärzte
„Runter mit den Spendierhosen, Unsichtbarer!", 2000
Plüschhülle als Gimmick-Cover
(Quelle: Rock Hard, 2006, S. 162)

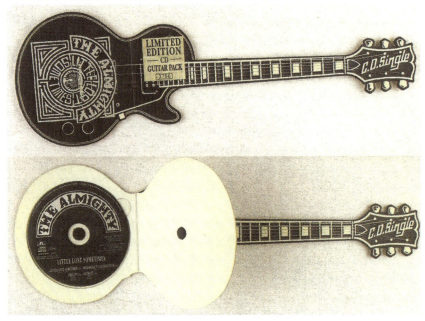

Abbildung 41:
The Almighty
„Little Lost Sometimes", 1991
Kartongitarre als Gimmick-Cover
(Quelle: Rock Hard, 2006, S. 164)

Abbildung 42:
Megadeth
„Rust In Peace", 1990
Pappsarg als Gimmick-Cover
(Quelle: Rock Hard, 2006, S. 159)

Schließlich werden Cover mit skulpturaler Qualität kreiiert, angefangen von „Sticky Fingers" der Rolling Stones mit appliziertem Reißverschluss, über Lou Reeds Metallbox für sein experimentelles Werk „Metal Machine Music" 1975 bis hin zu solch bizarren Abspielvorrichtungen der Tödlichen Doris, die in den 80er-Jahren Songfragmente auf Sprechpuppenplatten herausbrachten, bei denen – in beliebiger Reihenfolge abgespielt – immer neue Stücke entstanden.

Gerade in dieser experimentierfreudigen Dekade gab es mannigfaltige Innovationen bei der Plattenverpackung. Angefangen von der naheliegenden Idee, ein zusammengefaltetes Poster mit Infomaterial auf der Rückseite als Hülle zu nehmen, oder eine LP-Box mit mehreren Tonträgern und Zusatzmaterial zu bestücken (beide Konzepte vor allem von CRASS z.B. bei „Yes, Sir, I Will" bzw. „Christ - The Album" verwendet), über individuelle Covergestaltung wie bei der LP „They Could Have Been" von TV Personalities (Whaam Records), die jedes Exemplar der 1.000er-Auflage per Hand unterschiedlich mit Airbrushpistole besprühen ließen, bis hin zu haptischen und optischen 3D-Covern oder der flauschigen Plüschhülle des Albums „Runter mit den Spendierhosen, Unsichtbarer!" (Abbildung 40 auf S. 431) der Band Die Ärzte. Die Cramps brachten eine LP heraus, deren Motiv durch eine Rot-Grün-Brille betrachtet werden musste; und 1987 veröffentlichte Der Plan seine Platte „Es ist eine fremde und seltsame Welt" in einem weitgehend schwarzen Cover. Die Songtitel sind durch Prägedruck auf der vollständig dunklen Rückseite reliefartig erhaben und nur bei schrägem Lichteinfall lesbar. Sehr liebevoll für eine Single-Verpackung kam auch das „Limited Edition CD Guitar Pack" des Songs „Little Lost Sometimes" der Band The Almighty (Abbildung 41 auf S. 432) daher, das aus einer aufklappbaren Kartongitarre besteht. Ein besonders sprechendes Cover stellte der Pappsarg dar, in welchem die CD „Rust In Peace" von Megadeth untergebracht war, aus dem sich beim Öffnen als Pop-Up das Bandmaskottchen Vic Rattlehead erhebt (Abbildung 42 auf S. 432).

Bei den Gimmick-Covern geht es um eine Weiterentwicklung der Hülle meist ins Dreidimensionale oder um zusätzliche Effekte, bei den Bildplatten umgekehrt um eine Rückführung der Hülle, des Bildes auf den Tonträger.[209] So oder so sollen sich die zumeist recht aufwändigen Zusatzeffekte originell von der Massenware absetzen oder gar das „Auratische" des „Gesamtkunstwerkes" hervorheben. Die limitierten und zumeist relativ teuren Sammleditionen wirken mitunter wie „Multiples", skulpturale Objekte in kleiner Auflage.

---

[209] Ich danke Josef Spiegel für seine freundlichen Hinweise zu diesem Exkurs. Siehe zu den Gimmick-Covern: Goldmann & Hiltscher, 1980.

Aktuell

Musik als eines der zentralen Medien der Populärkultur ist im 21. Jahrhundert von einem zunehmenden Pluralismus divergenter mikrokultureller Reservate, Szenen und Netzwerke gekennzeichnet,[210] was eine Benennung sowohl maßgeblicher Trends wie auch deren Artwork schwierig macht. Es gibt nicht mehr den ausschlaggebenden Hauptnenner – weder im Mainstream, noch in den zahllosen Subkulturen –, sondern unübersichtlich viele Nischenströmungen.

Das, was in Radio und Fernsehen durch clevere mediale Vermarktung verbreitet wird, spiegelt die Musikszene nur fragmentarisch wider. Als bekannteste sind diverse Retro-Wellen inkl. Revivals und Wiedervereinigungen bekannter Bands auf der einen Seite zu nennen, während vor allem die jüngere Zielgruppe auf gecastete Retortenbands à la „Deutschland sucht den Superstar" und Teenie-Boy-Groups wie Tokio Hotel und Killerpilze steht. Radiotaugliche neue deutsche Musik kommt von den Bands Juli, Silbermond, Wir sind Helden, Sportfreunde Stiller und Tocotronic, die auch durchaus witziges Artwork aufweisen, das allerdings keinen eigenen Stil bildet.

Ein spezielles Phänomen stellt der deutsche Ghetto-HipHop u.a. von Aggro Berlin (Abbildung 35 auf S. 428) mit Sido, Die Sekte, Bushido, Fler usw. dar, der durch seine betont tabubrechenden Texte und provokanten Proll-Posen, die im Artwork bekannte Bad-Boy-Posen der US-Rap-Szene variieren, für Diskussionen und Indizierungen wegen Sex, Gewalt, Diskriminierung, Drogenverharmlosung und „Bad Language" sorgte.

Breite Massen erreicht tanzbarer Rave. Die Style-Designer für die Club-Szene versuchen, die Energie der Musik und der Lounge-Sounds zu visualisieren. Zeitgemäße Strömungen in diesem Bereich sind Underground und Indie-Musik,[211] Pop, Alternative-Rock und Electronica.

Die ästhetische Vielfalt im Independentbereich ist unüberschaubar groß. Gleichwohl sieht sich der Post Punk einem gewissen stilistischen Purismus verpflichtet, dessen tradierter Formenkanon eine leichte Wiedererkennbarkeit gewährleistet, z.B. bei Green Day. Aber auch der bewusste Verstoß gegen Erwartungen kann Erfolg bringen, wie man am häufig betont punk-untypischen Artwork etwa von den Toten Hosen oder Die Ärzte sieht. Vinyl-Platten mit authentischem Cover-Artwork werden aber auch im Indie-Bereich nur noch von Puristen veröffentlicht, während Konzertposter in Kleinstauflagen weit verbreitet sind.

Nischenbereiche wie Industrial, New-Metal (z.B. Slipknot) und Schock-Rock à la Marilyn Manson tradieren und erweitern bekannte Schemata des Heavy Metal. Auch Vertreter der so genannten „neuen deutschen Härte" wie z.B. Rammstein und

---

[210] vgl. den Artikel „Musik" von Peter Wicke in Hans-Otto Hügel, 2003, hier S. 325.
[211] siehe zu den extrem zahlreichen Postern in diesen Bereichen: Grushkin, 2004. Die junge Independent-Szene greift dabei häufig auf traditionelle Drucktechniken zurück und bezieht sich nicht selten auf die stark farbigen Vorläufer der psychedelischen Plakatkunst.

Eisregen greifen nicht nur die umstrittene Ästhetik Leni Riefenstahls bzw. nordischer Mythologien auf, sondern überraschen durch unkonventionelle Settings.

Die neuen Medien halten sowohl bei den Major Labels des Mainstream als auch im Indie-Bereich Einzug und verändern den Umgang mit Artwork. Der Download von einzelnen Musikstücken erscheint wichtiger als das Gesamtkonzept von Album, Cover und Plakaten. Wenn überhaupt laden sich viele Nutzer das Coverbild aus dem Netz herunter und drucken es zu Hause aus. Aufgrund des zunehmenden Einflusses von neuen Lösungen wie dem MP3-Format, ist attraktives Cover- und Verpackungsdesign für die stagnierende Musikindustrie zu einem entscheidenden Faktor geworden, Musik in traditionellen Formen weiterhin verkaufen zu können.[212] Angesichts dieser Entwicklung startete der deutsche Ableger des Major-Labels BMG 2004 eine neue Preisoffensive, bei der es Musik in drei Produktversionen anbot: als Luxusedition mit Cover, Songbook und exklusivem Internetsupport, als CD-Standardausführung wie bisher, und als Schnäppchenangebot für zehn Euro ohne Cover, Texte und Infomaterial, wie Hartmann (2004) bemerkt. Prince hingegen stellte 2007 seine neuen Songs kostenlos ins Netz und verteilte sein neues Album als Gratisbeilage der Boulevard-Zeitung MAIL ON SUNDAY. Ähnlich machten es Radiohead, die dem User anheimstellten, wieviel sie für den Download freiwillig entrichten möchten. Geld bringen vor allem die Konzerte.

Ausblick

Im Digital-Zeitalter des Web 2.0 mit „MySpace", „YouTube" und „Second Life" sowie den neuen Möglichkeiten von MP3, Music-Downloads, Klingeltonverwertung, Online-Tauschbörsen und dem großen Digitalmusikdatenver-einheitlicher iPod scheint nicht nur die künstlerische Verpackung an Bedeutung verloren zu haben, sondern das Konzept vom Musikmachen und Vermarkten, die romantische Idee vom Popalbum als einer Sammlung von Liedern, die durch ein Leitmotiv, eine thematische Dramaturgie verbunden waren, steht zur Disposition. Es werden immer weniger komplette Platten oder CDs gekauft und gehört, sondern die besten Stücke häppchenweise kompiliert, heruntergeladen und gebrannt. Die Süddeutsche Zeitung vom 7. August 2007 (S. 11) meint in ihrem Artikel „Gefährdeter Plattenschrank", alle physischen Tonträger von der Musikkassette über das Vinyl bis zu CD und DVD seien vom Aussterben bedroht. Der unter 30-jährige Konsument lege weniger Wert auf das sinnliche Erlebnis des Plattenkaufs, sondern setze auf die schnelle Verfügbarkeit und einfache Handhabung, auch wenn die Tonqualität einer MP3-Datei nicht an das LP/CD-Hörerlebnis heranreiche.

„Das Album, jahrzehntelang das künstlerisch und kommerziell wichtigste Produkt einer Musikkarriere, wird degradiert als Werbemittel für Konzerte, T-Shirts oder

---

[212] siehe zu den heutigen Coverdesignern: Klanten et al., 2004

bedruckte Kaffeebecher".[213] – oder zum Grund, um Konzerte zu geben, mit denen Geld verdient wird. Gingen früher Musiker auf Tour, um den Verkauf ihrer neuen Platte anzukurbeln, so ist es heute umgekehrt: Ein neues Album wird zum Anlass für Tourneen. Denn gleichzeitig zum Bedeutungsverlust der gesamtkünstlerisch intendierten Alben ist ein zunehmendes Interesse an Live-Acts zu verzeichnen, da sich die Emotionalität und Authentizität, der Eventcharakter eines Konzertes nicht digitalisieren lässt. So verwundert nicht, dass gedruckte Plakate als Werbeankündigungen neben Internet, Fernsehen und Fanzines durchaus bestehen können.

Gleichwohl kommen kommerziell erfolgreiche Marketingstrategien an den wichtigen Vermarktungsinstrumenten Musikclip seit MTV und Internet nicht herum. Aber die praktisch unendliche Speicherkapazität des Netzes bietet auch zahllosen Independent-Labels die Möglichkeit, ihre Nischen-Produkte zu präsentieren. „Long Tail" nennt man die Chance, für jedes Produkt irgendwann einen Interessenten finden zu können.

Im Independent-Bereich lebt noch die alte DIY-Parole des Punk Rock, dass jeder sein eigener Star sein kann. Andy Warhols Prognose, in Zukunft werde jeder für 15 Minuten berühmt sein, scheint aufzugehen. Sein Diktum „All is pretty" wurde allerdings auch zur Legitimation für all die Casting-Bands und Shows, der designten und irgendwie geklonten „Superstar"-Acts, die in der Kulturverwertungsindustrie das schnelle Geld machen wollen oder eine skurrile Berühmtheit im exhibitionistischen Web 2.0 mit ihren Foren, Blogs und Plattformen erlangen möchten. Internet-Suchmaschinen und „social networking" ersetzen bei der jungen Zielgruppe weitgehend die handlungsorientierungsstiftende Leitfunktion des Artworks.

Marketingtechnische Produktinformationen mit den Gesichtern der aus Web und TV bekannten Künstler überwiegen sowohl bei den Plattenhüllen als auch den Konzertplakaten, zumindest im Mainstreambereich.

Es mag am „rasenden Stillstand" (SZ) der derzeitigen Popbranche liegen, oder auch am noch fehlenden historischen Abstand, der die Spreu vom Weizen trennt, aber aktuell lässt sich auch im Bereich des Artwork keine stilbildende neue Ästhetik ausmachen. Die heterogen zersplitterten Nischen pflegen ihren jeweils spezifischen Fundus. Im Mainstream herrscht der Retro-Trend gecoverter Dubversions und austauschbar Erwartbares vor. Was angesichts einer immer kürzer werdenden Aufmerksamkeitsspanne und eines immer lückenhafteren kulturhistorischen Gedächtnisses den jugendlichen Zielgruppen gar nicht mehr auffällt, da sie die Originalversionen (vorwiegend aus den 1980er-Jahren) nicht mehr kennen.

---

[213] Dallach (2007), der in seinen Pro-und-Contra-Disput beide Meinungen zum Thema Popalbum als Gesamtkunstwerk versus Download einzelner Lieder gegenüberstellt.

Sollte ein Retro-Trend es auch für sie wieder „cool" erscheinen lassen, Vinyl-Platten zu sammeln, könnte die von Bernhard Rietschel[214] auf der Internationalen Funkausstellung in Berlin 2007 beobachtete Tendenz zum Comeback des Plattenspielers dazu führen, dass auch die Covergestaltung wieder eine Renaissance erlebt. Der menschliche Hang zum ästhetisch veredelten Haptischen könnte dann das Diktat der schnellen Verfügbarkeit und der digitalen Beliebigkeit durchbrechen.

Literatur

Aldis, N. & Sherry, J. (2006). Heavy Metal Thunder. Album Covers That Rocked The World. London: Mitchell Beazley.
Dallach, C. (2007). Am Stück oder geschnitten? Pro und Contra Popalbum. KulturSpiegel, (7), Verfügbar unter: Spiegel-Online, 25.6.2007.
Dean, R. & Howells, D. (Hrsg.). (1984). Album Cover Album Vol. 3. Limpsfield/GB (ein Re-Issue erscheint 2008 in der Edition Olms, Zürich).
de Ville, N. (2003). Album – Style And Image In Sleeve Design. London: Mitchell Beazley.
Dimery, R. (2006). 1001 Alben. Zürich: Edition Olms.
Emery, A. (2004). The Book Of HIP HOP Cover Art. London: Mitchell Beazley.
Farin, K. (2006a). Jugendkulturen in Deutschland 1950-1989. Bonn: Bundeszentrale für politische Bildung.
Farin, K. (2006b). Jugendkulturen in Deutschland 1990-2005. Bonn: Bundeszentrale für politische Bildung.
Faulstich, W. (Hrsg.). (2004). Die Kultur der 70er Jahre. München: Wilhelm Fink Verlag.
Goldmann, F. & Hiltscher, K. (1980). The Gimmix Book of Records. Das Album der sensationellsten Schallplatten, Plattenhüllen und Picture Discs. Zürich: Edition Olms.
Graf, C. (2003). Das NDW-Lexikon. Die Neue Deutsche Welle – Bands und Solisten von A bis Z. Berlin: Schwarzkopf & Schwarzkopf.
Grasskamp, W. (2004). Das Cover von Sgt. Pepper. Eine Momentaufnahme der Popkultur. Berlin: Wagenbach Verlag.
Grushkin, P. D. (1987). The Art of Rock. Posters from Presley to Punk. (zuerst: New York), hier: Zürich 2005: Edition Olms.
Grushkin, P. D. & King, D. (2004). Art of Modern Rock. The Poster Explosion. San Francisco: Chronicle Books.
Hartmann, A. (2004). Die Kunst geht undercover. taz, 27.8.2004, S. 15.
Hesse-Lichtenberger, U. (2006). Die Geschichte des Plattencovers. Das Auge hört mit. In Rock Hard (Hrsg.), Cover Mania. Die besten Plattencover aller Zeiten (S. 9-21). Königswinter: Heel Verlag.
Hügel, H.-O. (Hrsg.). (2003). Handbuch Populäre Kultur. Stuttgart: Metzler Verlag.

---

[214] siehe Süddeutsche Zeitung, 31. August 2007. Dort meint der Redakteur der Zeitschrift AUDIO u.a.: „Die Digitalisierung hat in gewisser Weise zu einer Entwertung der Musik beigetragen. CDs sind durch die Möglichkeit der Vervielfältigung beliebig geworden. Wenn eine CD kaputtgeht, brenne ich eben eine neue – eine Platte war noch etwas Einzigartiges, die musste man pflegen. Audiophile Hörer haben genug von der Ungreifbarkeit der MP3-Sammlung. Schallplatten bieten einfach mehr fürs Auge. Und man hat etwas in der Hand."

Klanten, R., Hellige, H. & Hulan, T. (2004). Sonic – Visuals For Music. Berlin: Die Gestalten Verlag.

Kontraste. Musikplakate von Günter Kieser und Niklaus Troxler (1955-1993), Ausst.-Kat. von Jörg und Heidi Weigelt, Hannover o.J.

Ochs, M. (2005). 1000 Record Covers. Köln: Taschen Verlag.

Pesch, M. & Weisbeck, M. (1998). Techno Style – The Album Cover Art. Music, Graphics, Fashion and Party Culture of the Techno Movement. Zürich: Edition Olms.

Pesch, M. & Weisbeck, M. (1999). Discstyle. The Graphic Arts of Electronic Music and Club Culture. Zürich: Edition Olms.

Reynolds, S. (2007). Rip It Up And Start Again – Schmeiß alles hin und fang neu an. Postpunk 1978-1984. München: Hannibal.

Rock Hard (Hrsg.). (2006). Cover Mania. Die besten Plattencover aller Zeiten. Königswinter: Heel Verlag.

Sackmann, E. (1992). Undercover, Ausst.-Kat. Hamburg.

Seabrook, T. J., Black, J. & Palmer, T. (2008). Classic Tracks: Back to Back. Albums & Singles. London: Outline Press.

Seiler, B. (1998). The Album Cover Art of Punk. Zürich: Edition Olms.

Seim, R. (1997). Zwischen Medienfreiheit und Zensureingriffen. Diss. phil., Münster: Telos Verlag (hier 6. Aufl. 2008).

Seim, R. (2001). „Ja, dies ist nur – ein Lied über Zensur". Musikindizierungen und -verbote in Deutschland. In W. Pieper (Hrsg.), 1000 Jahre Musik & Zensur in den diversen Deutschlands (S. 188-198). Löhrbach: Verlag Grüner Zweig.

Seim, R. & Spiegel, J. (Hrsg.). (2004): „Nur für Erwachsene" – Rock- und Popmusik: zensiert, diskutiert, unterschlagen. Münster: Telos Verlag.

Smith, S. & Bacon, T. (2005). Albums. The Stories Behind 50 Years Of Great Recordings. London: Thunder Bay Press.

Spiegel, J. (Hrsg.). (2002). „Oops" – Kunst auf Plattencovern. Katalog zur Ausstellung und zum Projekt. Schöppingen: Verlag Stiftung Künstlerdorf.

The American Psychedelic Poster Art Of The Sixties (1988). Katalog zur Ausstellung in der Stadthaus-Galerie Münster 1988 von Uwe Hußlein und Gerda Wendermann.

Thorgerson, S. (1989). Classic Album Covers of the 60's. Über 200 der besten Schallplattenhüllen aus den 60ern. Zürich: Edition Olms.

Thorgerson, S. & Powell, A. (1999). One Hundred Best Album Covers. Zürich: Edition Olms.

Turcotte, B. R. & Miller, C. T. (1999). Fucked Up + Photocopied. Instant Art of the Punk Rock Movement. Los Angeles: Gingko Press (hier 4. Aufl. 2004).

Wehrli, R. (2005). Verteufelter Heavy Metal. Skandale und Zensur in der neueren Musikgeschichte. Münster: Telos Verlag (2. erw. Aufl.).

231 Plakate Rock & Pop (1965-1984). Jörg Weigelt Auktionen, Sonderkatalog zur Auktion 48 „Music – Non Stop", Hannover 2001.

IV. Komposition und Produktion von Musik unter dem Einfluss von Medien

Musiktheater

JULIA FRANZREB & ANNO MUNGEN

Nach einem weiten Verständnis von „Medium" ist das Musiktheater nicht nur selbst Medium, sondern besteht zudem aus Medien und wird durch Medien kommuniziert. Die Chancen einer medienorientierten Betrachtung des Musiktheaters eröffnet die Möglichkeit, den häufig betonten Gegensatz von Werk und Aufführung in den Gattungen des Musiktheaters wie Oper, Operette und Musical in der analytischen Betrachtung auf den Vermittlungsaspekt zu beziehen. Der medienspezifische Bezug im Musiktheater ist zudem häufig einer der wesentlichen Motoren gerade für geschichtliche Entwicklungen in seinen Einzelgattungen gewesen, während die Entwicklung z.B. des Filmes insbesondere von den Voraussetzungen, die das Musiktheater schuf, wesentlich mit abhing. Der Vorschlag einer Systematisierung geht von der engen Bezüglichkeit im Dreieck von Medien-, Theater- und Musikgeschichte aus und bereitet systematische wie historische Aspekte am Beispiel der Oper auf. Ausgehend von Überlegungen, was unter dem Begriff „Musiktheater" verstanden werden kann, wird reflektiert auf die Medien *des* Musiktheaters und stehen Frage nach den Medien *im* Musiktheater im Mittelpunkt, bevor abschließend der Bedeutung der Verbreitungsstrategien von Musiktheater *durch* die neuen Medien nachgegangen wird.

Medien und Musiktheater

Das *Musiktheater* ist Medium wie der Film, das Radio oder das Internet; das Musiktheater besteht aus Medien, und das Musiktheater wird durch Medien kommuniziert. Demnach kann die Geschichte des Musiktheaters als die Geschichte seiner Medien entwickelt werden. Der in der Wissenschaft traditionell verankerte Weg, sich dem Musiktheater zu nähern, verfährt entgegen dieser Auffassung eher über die Herangehensweise über die Gattung. Für diese Fokussierung auf den Gattungsbegriff sind vor allem wissenschaftsgeschichtliche Gründe anzuführen. Das Musiktheater – und hierunter insbesondere die Oper – erweist sich in akademischer Verortung bislang vor allem als ein Feld der Musikwissenschaft und unterliegt somit der bevorzugten Methodik dieses Faches, die stark philologisch geprägt ist. Die folgenden Ausführungen postulieren, dass die Geschichte des Musiktheaters, ohne seine medienrelevanten Dimensionen einzubeziehen, in ihrer ganzen Vielfalt nicht adäquat zu verstehen ist. Die Ausführungen gehen dabei von zwei Überlegungen aus. Erstens ist der medienspezifische Bezug ganz allgemein gesprochen häufig einer der wesentlichen Motoren gerade für gattungsgeschichtliche Entwicklungen im Musiktheater (Mungen, 2007, S. 37). Dies trifft insbesondere für das 19. sowie ganz ausgeprägt für das frühe 20.

Jahrhundert zu. Zweitens – daraus folgend – hängen die Geschichte der Medien im Allgemeinen und die Entwicklung des Filmes insbesondere von den Voraussetzungen, die das Musiktheater schuf, wesentlich mit ab. Der Wunsch nach einem technisierten kinetischen Verfahren eines Bildertheaters im 19. Jahrhundert rekurriert unmittelbar auf die Vorstellung eines multimedialen Zusammenspiels von Bild und Musik, wie es nicht nur die Oper seit 1600, sondern auch andere Medien seit dem ausgehenden 18. und während des gesamten 19. Jahrhundert bereit stellen.

Ein medienorientierter Zugriff auf das Musiktheater schafft methodologische Voraussetzungen, die den Spezifika des Musiktheaters in besonderer Weise gerecht werden. Die Theaterwissenschaft hat und hatte ebenso wie die Medienwissenschaft Berührungsängste mit den genuinen Gegenständen des Musiktheaters. Dies betrifft insbesondere eine seiner wichtigsten textlichen Voraussetzungen: die Partitur. Die wenige Beschäftigung von dieser Seite führte zu einer geringen Berücksichtigung theater- und medienwissenschaftlicher Aspekte innerhalb der zu erörternden Phänomene. Die Chance einer medienorientierten Betrachtung des Musiktheaters besteht darin, dass die als Medium definierte Einheit für sich erschließbar ist, ohne dass der scheinbare und häufig betonte Gegensatz von Werk und Aufführung (bzw., um diese problematischen Begriffe zu ersetzen mit „Produktion durch das Fertigen von Texten" – Libretto und Partitur – und der „Produktion durch die Aufführung") herausgestellt werden müsste: „Aufführung", zunächst vor allem ein Feld der Theaterwissenschaft, und „Werk", als ein Feld der Musikwissenschaft, gehen im Medienbegriff in einer Einheit auf, weil nun dem Vermittlungsaspekt zentrale Bedeutung zukommt. Der Gegensatz von Produktion in der Komposition und Produktion durch die Aufführung (respektive die Rezeption) geht im Sender-Empfängermodell auf. Um ein Beispiel zu geben: Es ist nicht von entscheidender Bedeutung, ob z.B. der Einsatz einer bildlichen Projektion im Musiktheater (wie im Film) auf die Autoren (den Librettisten/den Komponisten) zurückgeht oder auf den Regisseur. Die Projektion gewinnt medial einen so herausragenden Stellenwert, dass die Frage nach dem Urheber sekundär ist.

Die Forschungen zu einem medienorientierten Musiktheaterverständnis stecken in den Kinderschuhen. In der wissenschaftlichen Diskussion ist eine Konzentration auf eine historische wie auch systematische Beschäftigung mit den heutigen so genannten Massenmedien vorherrschend. Auf der Suche nach einer (einzel-)medienwissenschaftlichen Auseinandersetzung mit dem Musiktheater spiegeln sich die oben benannten Berührungsängste wider. So findet man in den entsprechenden Nachschlagewerken nur selten einen Beitrag zur Mediengeschichte des Theaters oder der Musik, wobei das Musiktheater meist unkommentiert unter den Stichworten Theater oder Musik subsumiert und nicht weiter spezifiziert wird (vgl. z. B. Kühnel, 2001 oder Burow, 2001), wenn es überhaupt Gegenstand der Betrachtung ist. In den musikwissenschaftlichen Nachschlagewerken ist der Befund ähnlich. In der wichtigsten Spezial-Enzyklopädie zum Musiktheater mit Sachbegriffen „New Grove Dictionary of Opera" sind keine Beiträge unter dem Stichwort „Medium" oder „Media" zu finden. Nur das deutlich weniger umfangreiche „Lexikon der Oper" verzeichnet einen kurzen

Artikel „Medien" (Schmierer, 2002). Dennoch ist inzwischen auch in der musiktheaterwissenschaftlichen Debatte der *Medienbegriff* allgegenwärtig, auch wenn nicht explizit dargelegt wird, um welchen es sich hierbei handelt. In der historischen Betrachtung von Musiktheater verifiziert sich Hickethiers (2002, S. 173) allgemeine Beobachtung, dass mediengeschichtliche Darstellungen der Künste den Medienaspekt implizieren und sich vor allem mit den Formen der künstlerischen Auseinandersetzung mit der Welt beschäftigen. Dabei geht es vornehmlich um eine urheberbezogene Geschichtsschreibung, die sich in der Musikwissenschaft in zahlreichen Gesamtausgaben und Denkmälerreihen der Meister der Musikgeschichte widerspiegelt. Wie kann man nun, trotz der benannten Defizite, das Musiktheater als „ein[en] Ort der Kommunikation nach innen wie nach außen" (Zuber, 2007, S. 231) aus medienwissenschaftlicher Perspektive fassen? Wir schließen uns einem weiten Verständnis von Medium an und betrachten das Musiktheater als ein Primärmedium, das die von Faulstich (2004, S. 11-12) geforderten vier Voraussetzungen erfüllt, um als „komplexes, ‚problemlösendes System'" bei der Kommunikation zwischen Menschen zu fungieren. Musiktheater ist demnach ein „institutionalisiertes System um einen organisierten Kommunikationskanal von spezifischem Leistungsvermögen mit gesellschaftlicher Dominanz".

Der Beitrag hier ist als ein Versuch ebenso grundsätzlicher wie offener Art zu verstehen, der erstens ein großes Desiderat benennt, zweitens Anregung für entsprechende Forschung geben möchte und drittens einen ersten Vorschlag der Systematisierung unterbreitet. Ausgehend von der ebenso engen wie faszinierenden Bezüglichkeit im Dreieck von Medien-, Theater- und Musikgeschichte entsteht so ein allgemeiner und vorläufiger Überblick der insgesamt überaus vielfältigen Anknüpfungspunkte, die sich aus einer medienorientierten Beschäftigung mit dem Musiktheater ergeben können. Hierfür haben wir eine Aufbereitung der Thematik in historischer und systematischer Verschränkung gewählt. Im Anschluss an die Überlegungen, was unter dem (nicht unproblematischen Begriff) „Musiktheater" verstanden werden kann, verfährt der anschließende Abschnitt systematisch, indem er das Musiktheater „zerlegt", auf seine Einzelkomponenten reflektiert und somit auf die Medien *des* Musiktheaters Bezug nimmt. Der nächste Abschnitt ist historisch angelegt und unternimmt einen Streifzug vom 17. bis ins 20. Jahrhundert im Hinblick auf die Frage nach den Medien *im* Musiktheater. Der letzte Abschnitt befasst sich mit der Bedeutung der Verbreitungsstrategien von Musiktheater *durch* die (neuen) Medien.

Musiktheater, Oper, Film

Die Frage, was eigentlich genau zur Untersuchung kommt, wenn wir von Musiktheater sprechen, ist im Kontext von Überlegungen zum Medienbegriff zentral. Der Begriff des Musiktheaters ist ein ebenso häufig verwendeter wie selten näher definierter. Er umfasst diverse Aspekte, deren Vielfalt grob zu umreißen ist. Geht man vom Wort aus, so benennt das Kompositum ein Theater, das von der Musik her getragen wird, indem die Musik die treibende Kraft einer (mehr oder weniger locker gefügten) spezifischen Dramaturgie ist. Es können vier Definitionsansätze unterschieden werden: der „qualitative" (1.), der „institutionelle" (2.), der „gattungsorientierte" (3.) und der „additive" (4.) (Mungen, 2007, S. 31-33).

1. Historisch ist mit dem Begriff die Zeit der 1920er-Jahre verbunden, als Komponisten wie Kurt Weill, Ernst Křenek, Paul Hindemith sowie Kulturorganisatoren wie Paul Bekker oder Leo Kestenberg die Oper als zeitgemäße Gattung den verkrusteten bürgerlichen Strukturen entreißen und als gesellschaftlich relevante Form als Gegenmodell zum Musikdrama Wagners stärken wollten. Die Oper sollte Tagesaktualität abbilden und zum Tagesgespräch werden. Das Zeitgemäße ist dem Begriff vom Musiktheater gewissermaßen inhärent. Der Aspekt des Anspruches auf Aktualität lebt in späterer Zeit mit demjenigen vom Regietheater fort. Dass gerade in der Zeit der Weimarer Republik der Einsatz von Medien in der Oper einerseits Bedeutung erlangte, und andererseits die Medien Schallplatte, Film und Radio der Oper eine neue massenhafte Verbreitung zusicherte, ist Teil dieses Anspruches an Aktualität und gesellschaftlicher Wirksamkeit.

2. Ein anderes Verständnis von Musiktheater betrifft den institutionellen Aspekt. Im deutschen Kulturraum, von dessen Perspektive aus die Ausführungen hier entwickelt werden, ordnet sich das Stadttheatersystem nach Sparten, die vor allem dem darstellenden Personal nach unterschieden werden: das Musiktheater, das Sprechtheater und das Tanztheater.

3. Eine weitere Definitionsoption schließt hieran an und geht von den wichtigsten Gattungen aus, welche die Künste – also die Dichtung, die Szenographie und die Musik – zusammenführen. Er rekurriert auf die diversen Repertoires in Oper, Operette, Musical und Ballett. Die weniger häufig vorkommenden Formen wie die Zarzuela oder das Melodram sind hier rudimentär aber auch berücksichtigt. Dieser Ansatz wird von „Pipers Enzyklopädie des Musiktheaters" (in sieben Bänden, hrsg. unter der Leitung von Sieghart Döhring am Forschungsinstitut für Musiktheater Thurnau an der Universität Bayreuth, 1986-1997) mit weltweiter Verbreitung wesentlich mitbestimmt.

4. Schließlich lässt sich eine weitere Verstehensoption von Musiktheater betrachten, welche die größtmögliche Vielfalt an Phänomenen einbezieht. Demnach umfasst der Musiktheaterbegriff auch gerade unabhängig von seiner Medialität jegliche Konstellationen, in denen bildliche und szenische Anteile auf Musik stoßen, die demnach auch lockerere dramaturgische Formen wie die Revue oder das Vaudeville einschließen. Die Theaterwissenschaft ist mit ihrem Beschäftigungsfeld darüber hinaus längst in andere Gebiete vorgestoßen und befasst sich auch mit dem Film und anderen audiovisuellen Medien innerhalb eines erweiterten Theaterbegriffes. Da auch hier gerade den Musik- bzw. Audioanteilen große Bedeutung zukommt, erweisen sich der Musik- und der Spielfilm selbst als Gegenstände des Musiktheaters im weiten Verständnis. Darüber hinaus spielt die Musik in vielen eher alltäglichen theatralen Konstellationen eine große Rolle, die ihrerseits vor allem eine mediale Wirklichkeit im Medium Fernsehen entfalten und dort einen wichtigen Ort finden. Auch diese Phänomene einer, nach

Milton Singer, „Every-Day-Performance" könnten einer Begrifflichkeit von Musik und Theatralität zugeordnet werden. Musiktheater im eigentlichen und emphatisch zu verstehenden Sinne allerdings sind sie wohl nicht mehr.

Der Forschungsstand unabhängig einer medienorientierten Sicht auf diese Felder ist recht unterschiedlich. Wissenschaftlich die weitaus größte Aufmerksamkeit erlangte die Gattung der Oper. Die Verfahren zur Analyse der Oper sind vor allem innerhalb von Werk- und weniger von Aufführungskontexten (s.o.) fortgeschritten, so dass sie paradigmatisch für die medienorientierte Anwendung im Hinblick auf ihr wichtiges Referenzmedium Film hier im Mittelpunkt stehen soll.

Medien des Musiktheaters

Intermedialität

Was ist es, was das Musiktheater von anderen Medien unterscheidet? Visualität und Sprache teilt es mit dem Sprechtheater, die Kombination mit der Musik ist jedoch sein Alleinstellungsmerkmal. Das Zusammenwirken von Dichtung, Szene und Musik ist für die Oper konstitutiv. Die Art und Weise des Zusammenwirkens ist jeweils neu und weiterhin veränderlich (Wagner, 2006, S. 76). Sie lässt sich in einem Schlagwort zusammenfassen, das in Verbindung mit dem Musiktheater immer wieder fällt: *Intermedialität*. Ohne nun die fachwissenschaftliche Diskussion um diesen ebenfalls inflationär benutzten Begriff aufrollen zu können (vgl. im Überblick z.B. Wolf, 2001 oder Rajewsky, 2004), schließen wir uns Rajewksys Definition an, die Intermedialität im weitesten Sinne beschreibt als „Hyperonym für die Gesamtheit aller Mediengrenzen überschreitende Phänomene [...], also all *der* Phänomene, die, dem Präfix ‚inter' entsprechend, in irgendeiner Weise *zwischen* Medien anzusiedeln sind." Unter diesen Begriff der Intermedialität fallen hier das Phänomen der „Medienkombination", also das Zusammenspiel verschiedener Medien, auch Medien-Fusion, Multi-, Pluri- oder Polymedialität genannt. Musiktheater ist also ein mediales Produkt aus verschiedenen Einzelmedien, das aber nicht als ein „Nebeneinander verschiedener medialer Qualitäten", sondern als „ein Ort des Hybriden, als oszillierender, ‚bewegter' Zustand *zwischen* den Medien" (Rajewsky, 2004, S. 12) aufgefasst werden soll. Es geht jedoch nicht nur um die Kombination unterschiedlichster Medien, die das Musiktheater zu einem solch schillernden Gegenstand werden lässt. Intermedialität, die mit dem Phänomen des „Medienwechsels" einhergeht, betrifft vor allem die erste Phase im Produktionsprozess („Werk") und findet in der Oper am häufigsten in der Adaption eines literarischen Werkes zu einem Libretto statt (Literaturoper). Man findet aber auch die Adaption von Filmen (z. B. „Lost Highway" von Olga Neuwirth und Elfriede Jelinek, 2006, nach dem gleichnamigen Film von David Lynch). Als weiteres Phänomen nennt Rajewsky (2004) die „intermedialen Bezüge", also den „Bezug eines literarischen Textes, eines Films oder Gemäldes auf ein bestimmtes Produkt eines anderen Mediums oder auf das andere Medium *qua* System bzw. auf bestimmte Subsysteme desselben, also bestimmte Genres oder Diskurstypen, die konventionell dem fraglichen Medium zugeordnet werden": z. B. die Funkoper (s.u.).

Die Oper als Phänomen setzt sich also aus Einzelkünsten zusammen, deren Komponenten jeweils – mal stärker, mal weniger stark – medial zu verorten sind. Zwar sind die hier zu untersuchenden Bereiche Text, Bild, Ton/Musik, Köper, Aufführungsort für sich nicht immer Medien im eigentlichen Sinne. Als eigene Einheiten aber kann jedes benannte Phänomen für sich medialen Charakter im Sinne von Verbreitungs- und Vermittlungsinstrumenten jenseits des Gesamterlebens von Oper erlangen. Oper selbst erweist sich als ein System, das keineswegs nur auf die Aufführung ihrer selbst im Opernhaus zugeschnitten ist, sondern seine gesellschaftliche Funktion und Wirksamkeit in medial diverser Form bewahrheitet. Die genannten Bereiche zeigen die medialen Möglichkeiten von Oper gerade als historischer Form, wobei die Materialtät im Mittelpunkt steht, der die Transzendenz im Produktionsvorgang der zweiten Ebene (Aufführung von Oper) als Gegenwicht immer vermittelt bleibt.

Text

Der Text als Medium kann verschiedene Funktionen innerhalb der Prozesse von Entstehung und Rezeption von Oper einnehmen. Das *Libretto* ist einerseits Anregungsmedium, aber zugleich auch Medium der Rezeption, wenn nämlich bei Aufführungen bis ins 20. Jahrhundert hinein der Zuschauer in der Regel im erleuchteten Zuschauersaal des Opernhauses das Libretto mitliest und dieses dann mit nach Hause nimmt. In späterer Zeit übernehmen projizierte Übertitelungen und/oder Programmhefte diese Funktionen, wobei die Trennung nach aktuellem Vollzug im Mitlesen des Textes und Erinnerungsmedium beim Nachlesen von Libretto oder Programmheft zu unterscheiden wäre. Andere Texte wie Partituren und Klavierauszüge kombinieren den Worttext der Oper mit dem Text der Musik und gewinnen als Verbreitungsmedium von Oper jenseits von Bühne und szenischer Aufführung allergrößte Bedeutung in der Rezeption. Mediengeschichtlich sind insbesondere Klavierauszüge von Bedeutung, da sie, auch wenn sie völlig anders funktionieren, der Wirkung nach ähnlich den ersten mechanischen Tonträgern (vor allem des 19. Jahrhunderts) als die Vorläufer der Schallplatte einzustufen sind. Sie können etwas von dem Opernerleben im Theater in die heimischen vier Wände transportieren, sei es, indem man zuhause Teile der Oper in Erinnerung der Aufführung selbst musizierend erklingen lässt, oder indem man nur die Noten- und Worttexte liest und sich so an die Aufführung erinnert. Überaus große Verbreitung hatten neben den Reduktionen von Opern für Stimme und Klavier seit der zunehmenden Verbreitung von Drucken im 18. Jahrhundert auch die Reduktionen von Opern für diverse Besetzungen: von der Harmoniemusik über das Klavier (ohne Gesangsstimme) bis hin zu einzelnen Instrumenten Solo oder im Duett. Diese „Opern ohne Worte" für den privaten sowie halböffentlichen Gebrauch im Salon kreierte eine eigene künstlerische Tradition, diejenige der Opernparaphrase, die in der Art eines erweiterten Potpourris zentrale Momente des Theaters musikalisch zusammenzieht, ggf. deutet und so die Oper klanglich als eine Art virtuelles Theater erfahrbar macht. Das Moment der Erinnerung an die Aufführung ist eines der zentralen Kriterien, das auch die Textsorte der Rezension betrifft, die als Speichermedium des Theatralen ausgewählte Aspekte der Aufführung rekapitulieren kann.

Bild

Das Bild bzw. die visuellen Komponenten des Theaters sind zwar einerseits zentral für das Gesamterlebnis Oper, sie sind aber andererseits medientheoretisch schwerer zu verorten als die textlichen Anteile. Zunächst ist darauf hinzuweisen, dass Bühnenbilder und Kostümentwürfe über die eigentliche Aufführung hinaus in eigenen Druckwerken sowie (später seit ca. der Mitte des 19. Jahrhunderts) in illustrierten Zeitungen sowie auch in der Malerei Verbreitung fanden und dass diese Tradition der medialen Reproduktion von Aufführung später in der Aufzeichnungstechnik des Videos eine wichtige Fortsetzung fand, dass aber zugleich auch die Eigenwertigkeit des Verbreitungsmediums Bild für die Oper nicht von der Bedeutung ist, die die Texte für sich beanspruchen können. Das Licht als eine Art Energiespender für das Bild und das Theater hat hierbei eine besonders wichtige Aufgabe, die aber zunächst nur als theaterimmanentes Instrument fungiert und erst mit der Erfindung bzw. Durchsetzung filmischer Techniken innerhalb und vor allem außerhalb des Theaters eine mediale Funktion der Vermittlung zugewiesen erhält.

Körper

Zentrale Medien des Theaters sind die Körper, die es in seine Prozesse einbindet. Der Mensch und sein Körper selbst können Vermittler sein, wie es in Gian Carlo Menottis Oper „The Medium" (1946) thematisiert erscheint. Im Sinne eines erweiterten Musiktheaterbegriffes, wie ihn u.a. auch Maurizio Kagel vertrat, ist hierbei aber auch an die Körper der Instrumente zu denken, die aber im Kontext der Oper eine zu vernachlässigende Größe sind, wenn auch das Orchester selbst einen Körper bildet. Andere Körper aber sind zentral. Der menschliche Körper hat in der Oper eine gewichtige Funktion, die zwei zentrale Aspekte in sich vereint. Einerseits verfügt er über das für das Theater grundlegende gestische, andererseits über das für das Musiktheater gesanglich-stimmliche Potential. Das eine ist ohne das andere nicht denkbar, und doch wird gerade das gestische Potential vom Stimmlichen in zwei Sonderfällen dezidiert dissoziert. Angesichts des Regelfalls der tönenden Stimme in Kombination mit gestischen und mimischen Anteilen, wie es den Sänger ebenso wie den nicht singenden Schauspieler betrifft, sind pantomimische Techniken innerhalb und außerhalb der Oper (im Tanztheater etwa) Hinweise auf die zentrale Funktion des Köpers und der Stimme. Der Dirigent wäre der zweite Fall einer Ausnahme im Musiktheater, der körperhaft aber schweigend wichtige Funktionen übernimmt für die Umsetzung künstlerischer Arbeit. Notwendigerweise gut sichtbar für Orchester und Sänger ist er einerseits Mediator des künstlerischen Produktes in diese Richtung. Er erweist sich spätestens seit der Mitte des 19. Jahrhunderts mit seinen ausladenden Bewegungen zugleich auch als Vermittler dessen, was künstlerisch in Musik und Bild des Theaters zum Ausdruck kommt, und zwar in Richtung auf das hörende und auch sehende Publikum. In einem weiten Verständnis von Musiktheater hat der Dirigent als Medium ein eigenes und starkes Profil des Theatralen.

Raum

Dem spezifischen Ort jeglicher Aufführung von Musik im Theater und Oper, der sehr unterschiedliche Bedingungen bereitstellen kann, kommt eine zentrale Funktion zu. Man denke etwa an einen niedrigen mit Teppichen ausgestatteten engen Raum, der von vielen Menschen bevölkert wird, in dem eine Aufführung von Oper (konzertant oder szenisch) stattfindet, oder – im Gegensatz dazu – an einen leeren hoch aufragenden Innenraum einer Kirche. Beide Räume dienen der Resonanz der Musik und bilden, wenn keine zusätzlichen Dekorationen eingeplant sind, zugleich ihre eigene Kulisse für die Musik aus. In dem einen Fall wird der Raum mit „trockener" Akustik zum schlechten Übertragungsmedium, im anderen Fall verliert sich die Präzision des Klangs in den Untiefen der übergroßen Dimension. Die ideale Architektur für das Theater und seine Stimmen zu finden, bedeutet eine bis in die Antike zurückgehende Bauaufgabe. Innenräume, die ideale akustische Übertragungsmerkmale für Oper aufweisen, bilden demgegenüber – gemäß dem relativ geringen Alter der Gattung – eine recht neue Aufgabe. Diese aber ist immerhin länger nachweisbar als die Bauaufgabe von Sälen für eigene Konzerte, die zunächst, als seien sie selbst theatrale Gattung, meist in den Theatern stattfanden. Die „Orchestra" als der Teil des Theaters, an dem die Musik ihren Ort findet, ist zentraler Schnittpunkt des Musiktheaterinnenraums und wird historisch sowie architektonisch häufig als großes Instrument eigener Prägung gedeutet. Im 19. Jahrhundert findet sich unterhalb der Orchestra im Theaterbau deshalb vielfach ein paukenartiger Hohlraum, der der Verstärkung des Klanges dient und somit die These vom Theaterinnenraum als Medium der Musik stützt.

Medien im Musiktheater

Wurde im vorhergehenden Teil versucht, die einzelnen Medien *des* Musiktheaters systematisch zu erfassen, so soll nun eine Geschichte der Medien *im* Musiktheater skizziert werden. Hierbei wird von der Existenz bestimmter Einheiten, die zum festeren Zustand medialen Zuschnitts innerhalb der Oper tendierten, ausgegangen. Trotz der Tendenz der Oper, die Künste bzw. die verschiedenen Elemente zu verschleifen, bewahren sie ihre Eigenständigkeit und grenzen sich somit mehr oder weniger stark von der Gesamterscheinung ab. Die Frage der formalen Festigkeit nach Innen bzw. der Offenheit nach Außen, sowie der Optionen sich zu verbinden (oder sich nicht zu verbinden), ist hierbei grundlegend. Dies lässt sich am Beispiel des Einsatzes vom Medium Film in der Oper von der negativen Beobachtung her erläutern. Die mediale Dissoziation kann als so stark erlebt werden, dass „die Hereinnahme von Elementen der technischen Reproduktion in den Kontext ‚lebendiger' Aufführungen (...) ästhetisch als nicht unproblematischer Widerspruch" erscheint (Heister, 2002a, S. 236). Neben diesem Aspekt ist die Tatsache für die zu behandelnden Phänomene bedeutend, dass der Oper durch den Einsatz der entsprechenden Medien ein großer Zuwachs an Attraktivität beim Publikum im Sinne einer „Sensation" zukommt. In einem Streifzug, die Stationen der Geschichte der Oper aufgreifend, sollen einzelne Medien exemplarisch auf ihre Funktion hin untersucht werden. Dies geschieht für die Oper des 17. und 18. Jahrhunderts am Beispiel der Flugmaschinen und für die Oper des 19. Jahrhunderts am Beispiel der Wandeldekoration. Die Oper im 20. Jahrhundert beleuchten wir unter dem Gesichtspunkt des Einsatzes neuer Medien, insbesondere in der Zeitoper. Das Dekorationswesen steht somit im Mittelpunkt. Aus der Bedeutung des Dekorationswesens leitet sich die bis heute vielfache Verwendung des Films in der Oper historisch ab.

17./18. Jahrhundert

Die *Oper* entstand zu Beginn des 17. Jahrhunderts in den Zentren Florenz, Venedig und Rom. Anlässlich von Festen und Hochzeiten diente die noch junge Gattung mit ihrer aufwendigen Ausstattung der Repräsentation der jeweiligen Herrscher. Durch Allegorien aus der antiken Mythologie sollten sie den Ruhm und die Überlegenheit der Gefeierten repräsentieren. Mit Einführung der ersten kommerziellen Theater (1637, San Cassiano in Venedig) trat neben der repräsentativen auch ihre unterhaltende Funktion gegenüber ihrem Publikum, das aus der venezianischen Bevölkerung sowie aus Diplomaten und anderen Gästen aus dem Ausland bestand, in den Vordergrund. Es blieb nicht mehr bei einer einzigen Aufführung eines Werkes anlässlich eines einmaligen Erlebnisses wie einer Fürstenhochzeit. Die gefeierten Werke wurden entsprechend der Nachfrage aufgeführt. Aufwendige Bühnenausstattung und die Maschinerie trugen zum kommerziellen Erfolg der Aufführung bei. Die Libretti bewegten sich zwischen mythologischen und literarischen, je nach kulturellem

Zentrum auch religiösen Stoffen. Ab Mitte des 17. Jahrhunderts fanden sich auch historische Themen als Grundlage für die Handlung. Sie spiegelten den Wunsch des Publikums nach opulenten Verkleidungen, Täuschungen und Überraschungen wider (Leopold, 2004, S. 151). Das Weltbild des Barock, in der Realität und Illusion ineinander fließen, die „Welt als Bühne" oder das „große Welttheater" rückten die Auseinandersetzung mit Schein und Sein, mit der Wirklichkeit und dem Wunderbaren ins Zentrum der Opernbühne. Das Barocktheater entwickelte sich zum Theater der Verwandlung und des Staunens (Leopold, 2004, S. 165-166). Während in Venedig ein szenischer Realismus mit schnellen Verwandlungen auf der Bühne, Darstellung von Innenraumszenen, Repräsentation der höfischen Gesellschaft in Hallen, Atrien, Kabinetten und Schlafzimmern immer mehr an Gewicht gewann, bewahrte die französische Bühne mit Jean Baptiste Lully die Vorherrschaft der Wunder. Im deutschsprachigen Europa zeigten die Fürsten mehr Interesse an der italienischen Oper als Ludwig XIV. in Frankreich. Wie die italienische Oper waren italienische Architekten und Dekorationsmaler führend: im deutschsprachigen Raum vor allem Giovanni und Lodovico Burnacini und in allen wichtigen Städten Europas die weit verzweigte Familie Galli-Bibiena. Diese Künstler nähern sich dem Ideal des uomo universale. Sie waren Architekten, Szenographen, Bühnenmaler, Erfinder hydraulischer Maschinen und auch Theoretiker und wurden bewundernd große Zauberer, „quimpéro ingeniero" (Cosimo Lotti in Madrid) oder „grand sorcier" (Giacomo Torelli in Paris) genannt (Nelle, 2005, S. 34). Die italienische Barockoper ist eine Oper der Bewegung, des Raumes, der Unterhaltung, der Präsentation und der Repräsentation. Bühnenarchitekten und -ingenieure schufen die perfekte räumliche Illusion mit perfekter optischer Täuschung. Aleotti baute im Teatro Farnese in Parma 1618/19 das damals größte Theater der Welt, dessen Kulissenbühne und Bühnenmaschinerie den europäischen Standard des barocken Theaters festlegte. Mit der Überwindung der Zentralperspektive durch die Winkelperspektive durch Galli Bibiena zu Beginn des 18. Jahrhunderts wurden dem Zuschauer neue Ansichten des Bühnenraums geschaffen, die den Zuschauer in die Szene hinein ziehen, seine Phantasie und Vorstellungskraft herausfordern. Die Oper zu jener Zeit ist multimediales Erlebnis aus Dekoration, technischem Spektakel, Dichtung, Musik und Darstellung, vielleicht vergleichbar mit dem Ausstattungsaufwand des heutigen Musicalbetriebs.

Die aufwendige Bühnenmaschinerie spielte demnach eine zentrale Rolle in der Barockoper. Die visuelle Unterhaltung war fast wichtiger als die musikalische. Ziel des barocken Bühnenbildners war es, das „Natürliche" und „Wahre" nachzubilden und beim Zuschauer Überraschung, Schock und Staunen zu erregen (Nelle, 2005, S. 21). Die barocke Bühne lebte von der Schnelligkeit und der Anzahl der Verwandlungen. Bis zu achtzig Szenenwechsel mit nun beweglichen Kulissen konnten bei großen Aufführungen stattfinden. Hier griffen musikalische und visuelle Aspekte der Barockoper ineinander. Um 1670 konnten in Venedig bis zu 60 Arien und mehr in einer Oper erklingen (Rosand, 1991, S. 282). Abwechslung, Schnelligkeit und Raffinesse wurden zum Bewertungsmaßstab der Aufführung. Ein Blick in Nicola Sabbattinis 1638 in Ravenna erschienenes Buch „Pratica di fabricar scene, e machine ne'teatri" (Eger, 1980, S. 17-58) dokumentiert die aufwendigen Bühnenmaschinerien und die gewünschten Effekte. Komplizierte Wolkenmaschinen ließen einen Sänger aus dem Schnürboden herabschweben, Geistererscheinungen tauchten aus dem Bühnenboden auf und verschwinden wieder, Lichtspiele, Wasserdarstellungen vom Meer bis zum Wasserfall, Schiffsmanöver und eindrucksvolle Geräuscheffekte mit Wind- und Donnermaschinen lassen das barocke Theater zu einem Erlebnis mit synästhetischen Dimensionen werden. Dabei wird deutlich, dass es sich um bestimmte szenische Topoi handelt, die in jedes Prunk- und Überraschungstheater gehören, dementsprechend auch in den Aufführungen zur Geltung gebracht werden sollten. Flugwerke wie der geflügelte Pegasus (vgl. Schröder, 1993) traten überall in Aktion, zuweilen scheinen Stücke extra geschrieben worden zu sein, um die aufwendige Maschinerie angemessen zur Geltung bringen zu können. Diese „apparati scenici" bedeuten einen ungeheuren finanziellen Aufwand, dementsprechend mussten sie möglichst vielseitig einsetzbar sein. Die Bühne wird zum Präsentationsmedium der Welt, das die Ständegesellschaft in Architektur, Sitzordnung und dramatischem Geschehen zeigt. Mythologische, literarische später auch historische Stoffe wurden in den Mikrokosmos des absolutistischen Staatsapparates transferiert. Die Bühne als theatrum mundi wurde zum flüchtigen Schauplatz grundlegender Prinzipien, die dem Zuschauer helfen konnten, in ihrer Welt Sinn zu stiften. Gleichzeitig wurde die Bühne zum Repräsentationsmedium der Macht des jeweiligen Herrschers, die sorgfältig in Szene gesetzte Bühnenmaschine zum Symbol der perfekten Ordnung des absolutistischen Staates (Nelle, 2005, S. 14). So wurden Flugapparate, pyrotechnische Effekte, Wolkendekorationen, aus denen die Götter herabschweben, lodernde Höllenfeuer, in denen der Sünder versinkt, Wassermassen, die über die Bühne strömen, Donner und Wind nicht nur zum als Ausstattungsmittel zur Unterhaltung benutzt, sondern prägten vielmehr das Selbstverständnis der Zuschauer auf ihrer Suche nach Orientierung.

19. Jahrhundert

Die Veränderungen im Dekorationswesen seit dem Ende des 18. Jahrhunderts in der Oper hin zum charakteristischen Bühnenbild, die mit dem Historismus einhergehen, schaffen neue Verhältnisse der Aufführung von Oper. Der Gesamtheit der Bühne und ihren einzelnen Bestandteilen kommt nun idealtypisch eine Funktion innerhalb der Dramaturgie zu. Diese Einzelbestandteile können als Medien in der Oper zum Vehikel der Handlung werden. Äußerlich ist der Umstand der Überwältigung, die etwa das Schlussbild einer Grand Opéra auslöst, dem Gefühl, dass die Bewunderung einer barocken Flugmaschine bewirkte, nicht unähnlich. Die Bühne aber wird im 19. Jahrhundert dem Gesamten als integrativer und handlungsmotivierender Faktor bereitgestellt, ein Umstand, der nur erzielt werden kann, weil das einzelne Element wie Dekoration, Projektion oder – im 20. Jahrhundert – technisches Requisit (vom Telefon über die Schreibmaschine zum Grammophongerät) 1. über eine elaborierte Technik verfügt, 2. den Charakter eines Eigenmediums sich bewahrt und 3. als solches für den Kontext nutzbar gemacht wird. Dieser grundsätzliche Unterschied in den Verfahren der Bühnenästhetik hängt wesentlich mit der dezidierten Etablierung einer Couleur-locale seit dem ersten Drittel des 19. Jahrhunderts zusammen (Victor Hugo). Diese Ästhetik geht davon aus, dass die verwendeten Elemente in der Zeichnung nicht nur charakteristisch zu sein haben – also in einer gewissen Weise „hervorstechen" –, sondern zugleich auch in das Drama und seinen Plot involviert sein müssen und so gesehen keine pittoreske Akzidenz sein dürfen (Mungen, 1997). Der allgemeinen These dieser Ausführungen zufolge zeigen sich auch hier innovative Potentiale der Operndramaturgie des 19. Jahrhunderts anhand von Verfahren, die selbst mediengeschichtlich konnotiert sind und so für wichtige Veränderungen der Oper aber auch anderer medialer Entwicklungen sorgten. Filmische Prinzipien avant la lettre betreffen insbesondere neue Optionen zeitlicher Gestaltung in der Oper. In diesem Zusammenhang sind Verwandlungen einerseits und Projektionen andererseits zu berücksichtigen. Exemplarisch sei das Prinzip der Wandeldekoration benannt. Bewegte Panoramen, bei denen eine großformatige, häufig mit landschaftlichen Darstellungen versehene Leinwand vor den Augen der Zuschauer abgerollt wurde, fungierten im Rahmen von Theateraufführungen als Möglichkeit, entweder Handlungsorte in schneller Folge miteinander zu verknüpfen oder eine Reihe von (meist) Landschaftsbildern in die Opernhandlung zu integrieren. Das Medium des Bewegten Panoramas (verschiedene Bezeichnungen sind überliefert, u.a. Moving Panorama) war in London seit dem frühen 19. Jahrhundert auch in eigenständigen Aufführungen für sich bekannt und wurde dort immer mit Musik aufgeführt. So übernahmen die Theater- und Opernproduktionen in London das Prinzip früh, u.a. für die szenisch aufwendig gestaltete Uraufführung von Webers „Oberon" an Covent Garden 1826 in der Ausstattung von Thomas und William Grieve. Wie weit die Verbreitung von solchen bewegten Bühnenbildern mit eigener medialer Wirkung in der Oper im 19. Jahrhundert tatsächlich war, lässt sich bislang nicht sagen (Mungen, 2006, S. 291). Richard Wagner, möglicherweise vermittelt über Frankreich, jedenfalls setzte die Wandeldekoration in technisch und musikalisch erweiterter Form in „Parsifal" in Zusammenarbeit mit seinen Bühnenbildern und Carl Brand in Bayreuth 1882 ein. Überhaupt steht Wagners Verfahren, verschiedene Medien zusammenzuführen, im Wunsch sie zu amalgamieren (insbesondere im „Ring"), für die Spannung des intermedialen Spiels im Musiktheater ein. Hierbei kam, wie schon in der Grand Opéra – man denke an die Prophetensonne in „Le Prophète" (1849) sowie an die von der Pariser Bühnentechnik verwendeten Dioramen, etwa in „La Muette de Portici" (1828, in der Ausstattung von Luc Charles Cicéri) – dem Licht eine bedeutende Funktion zu. Zu erwähnen ist auch die Einführung des Gaslichtes an der Opéra, dessen neues Theatergebäude 1822 mit Nicolas Isouards „La Lampe merveilleux" in der Ausstattung von Cicéri eine damals viel beachtete Premiere hatte. Bei Wagner finden sich diverse Lichtprojektionen mit Nebelbildern (die reitenden Walküren in der „Walküre") sowie verschiedenfarbig beleuchtete Dampfwände für Verwandlungen im „Ring", letzteres ermöglicht im Bayreuther Festspielhaus durch die elaborierte und neuartige Bühnentechnik. Wagner ging es zwar explizit um die Verwirklichung eines Gesamtkunstwerks, in dem die einzelne Kunst ihre Grenzen überschreitet und so das einzelne Medium im anderen aufgeht. Zugleich aber intensivierte Wagner zu diesem Zweck auch die Profilierung und Schärfung jedes einzelnen Mediums. Er schreibt technische und künstlerische Verfahren jenseits des übergeordneten medialen Rahmens – demjenigen des Gesamtkunstwerks – fort, die auch der Hervorbebung des Einzelelements dienen. Dieser Aspekt betrifft auch die Musik, die im Kontext der *Leitmotivtechnik* als musikalische „Projektion" gedeutet werden kann. Das Verfahren, das Drama mit einem Netz von musikalischen Motiven, die inhaltlich entsprechend aufgeladen sind, zu bespannen, entspringt zwar primär einer formalen Gestaltungsaufgabe, da die traditionellen Einheiten der Oper wie Arie, Ensemble und Chor bei Wagner in Frage gestellt werden. Sie lässt sich aber auch im Kontext des Lichts in der Rubrik der Projektionsverfahren untersuchen. Vergleichbar den Aufgaben des Bühnenlichts, beleuchtet das Motiv einen Vorgang aus spezifischer Perspektive. Denkt man an (proto)filmische Prinzipien, so ist mit diesem systematisch ausgeweiteten Vernetzungspotential die Möglichkeit an Vor- und Rückblenden sowie Deutungen jenseits von Bühne und Text gegeben, die der Musik den Stellenwert einer ganz eigenständigen Vermittlungsform zuweisen. Zugespitzt könnte man sagen, dass das Leitmotiv als Medium des Musikdramas, diesem zur unverwechselbaren Genese verhilft. Gerade diese Verhältnisse aber auch die vielfachen, anderen Bezüge zwischen Film und dem Musikdrama Wagners, die immer wieder postuliert werden und sich sowohl historisch (s.o.) als auch aktuell (s.u.) ergeben, sind hinreichend noch nicht untersucht.

20. Jahrhundert

Nicht mehr Mythen und Märchen, sondern Flugzeuge und Ferngespräche bestimmten seit dem Beginn des 20. Jahrhunderts die Opernbühne:

> „Durch die Lüfte sausen schon/ Bilder, Radio, Telephon./ Durch die Luft geht alles drahtlos,/ Und die Luft wird schon ganz ratlos,/ Flugzeug, Luftschiff, alles schon!/ Hört wie's in den Lüften schwillt! Ferngespräch und Wagnerton,/ Und dazwischen saust ein Bild."

Die zweite Strophe des Titelsongs der Kabarettrevue „Es liegt in der Luft" (1928) von Marcellus Schiffer und Mischa Spolansky (Heister, 2002a, S. 228) greift die neue Ästhetik der Zeit auf. In der Gegenbewegung zur Musikdramatik in der Nachfolge Wagners richteten sich junge Komponisten wie Křenek („Jonny spielt auf", 1927), Hindemith („Neues vom Tage", 1928/29), Max Brand („Maschinist Hopkins", 1929), George Antheil („Transatlantic", 1930) sowie Weill („Der Zar lässt sich photographieren", 1927, und „Aufstieg und Fall der Stadt Mahagonny", 1930) mit ihren so genannten *Zeitopern* explizit an ein neues und breites Publikum jenseits der Oper als elitärer Veranstaltung. Aktuelle Themen wie die Kommerzialisierung des Lebens unter dem Einfluss der Massenmedien, die Welt der großen Industrie oder moderne gesellschaftliche Probleme wie die „Scheidungswut" bestimmten die Handlungen der

Zeitopern. Das Integrieren von populären Musikstilen wie amerikanischer Unterhaltungsmusik („Jazz") und moderner Tanzmusik machten den musikalischen Ton aus. Der Einsatz von modernsten technischen Errungenschaften wie Telefon, Radio, Photoapparat, Maschinen, Badewannen und Zentralheizungen waren maßgeblich für die Gestaltung der Handlung und der Bühne (vgl. z. B. Geuen, 1997, S. 134-139). Diesen zu Medien avancierten „Requisiten" sind vor allem für Komponisten dann von Interesse, wenn sie eine eigene Klanglichkeit aufweisen und diese so für die Partitur verwertet werden kann. Finden im Gegensatz hierzu der – hier tatsächlich – „stumme" Film und die Oper mit der Musik eine wesentliche gemeinsame Grundlage, so stellen das Radio, das Grammophon oder das Telefon ihre eigene und aktuelle Klanglichkeit dem Gesamtereignis zur Verfügung, ein Aspekt der gerade für das Genre der Zeitoper von größtem Interesse war. Dies zeigt etwa die häufige Verwendung des Telefons in Stücken dieses Genres u.a. von Brand, Hindemith, Weill und später vor allem Menottis „The Telephone or L'Amour à Trois" (1947). Das Genre der Zeitoper wurde auch kritisiert, weil sich hier nur oberflächlich das moderne Leben abbilde und man sich der Tagesaktualität nur als Staffage bediene. Das erklärte ästhetische Ziel der Komponisten, Kritik an der Gattung Oper selbst zu üben aber blieb: Hier wird die Oper zum Medium des Diskurses. Das Genre der Zeitoper entstand auf der Suche nach einer Erneuerung und Entmystifizierung der traditionellen Form der Oper. Dieser explizite Haltung gegen den Wagnerismus spiegelt sich wider in der Auseinandersetzung mit der Gattung selbst: in einem „Spiel mit der Oper in der Oper". Geuen (2002, S. 222) nennt diesen Vorgang einen „interessanten Versuch […], die traditionellen musikalischen und szenischen Rezeptionsmuster des Musiktheaters gebrauchsästhetisch zu funktionalisieren, das heißt, sie zum Zweck der Desillusionierung nutzbar zu machen." Da mit der Zeitoper massenkommunikative ästhetische Überlegungen sowie der Wunsch, Musik mit dem Leben, mit der Außenwelt und einer außermusikalischen Realität in Beziehung zu setzen, ins Zentrum rückt, ist die in diesen Stücken gezeigte Darstellung von kommunikativen Prozessen durch die aktuellen Medien nahe liegend. Dies geschieht durch das Integrieren und Zitieren von populärer Musik. Durch dieses Verweisen auf eine außerhalb des Operndiskurses liegende (musikalische) Realität wird hier die Musik selbst zum Medium. Diese Kommunikationsstrategie wird durch Präsenz der technischen Medien noch unterstützt (Grosch, 1999, S. 116ff. und S. 135ff.). Dabei lässt sich der Einsatz der „zeitgemäßen" Requisiten nicht auf Fragen der bloßen Ausstattung reduzieren. Neben dem äußerlichen Zeit- und Alltagsbezug übernehmen sie als Handlungselemente eine unmittelbare dramatische Funktion und wirken gleichzeitig in die Oper hinein als auch aus der Oper heraus.

Die Kommunikationsmöglichkeiten werden zu Inhalten der Oper ausgestaltet. In Křeneks „Jonny spielt auf" wird das *Radio* zum Handlungsträger, zum Mittel der Schaffung einer eigenen Opernrealität, zum Reflexionsmittel der modernen Massenkommunikation über das Radio (vgl. Grosch, 1999, S. 136ff. und S. 192-196). Auch in Weills „Der Zar lässt sich photographieren" spielt das neue Medium *Grammophon* eine ähnliche Rolle. Weill lässt zum Höhepunkt der Handlung im Moment, als das geplante

Attentat auf einen Zaren in einem Photoatelier durch eine als Photographin mit ihren Angestellten getarnte Terroristengruppe aufzufliegen droht, zum Zeitpunkt der größten Verwirrung eine Grammophonplatte mit einem von ihm eigens komponierten Tango, dem Tango Angèle, abspielen. Der über das Grammophon erklingende Tango, für den Weill eine große Vorliebe hatte (Geuen, 2002, S. 172-173), übernimmt als diegetische Musik – also eine vom Zuschauer als auf der Bühne stattfindenden wahrgenommenen und hier auch tatsächlich dort gespielten Musik – verschiedene Funktionen. Der Tango gehört mit dem Grammophon zur typischen Ausstattung der Zeitoper. Tango und Grammophon fungieren als Symbole der aktuellen modernen Unterhaltungs- und Tanzmusik sowie als Identifizierungsmerkmal einer Gesellschaft, die sich immer mehr mit den Medien der Unterhaltung umgibt und im Umgang mit diesen eine eigene Kompetenz gerade entwickelt. Der Einsatz des Grammophons auf der Bühne und das Abspielen der Tango-Schallplatte ist vor allem aber dramaturgisch motiviert, um, nach Weill, eine Steigerung der Spannung durch die Veränderung der Klangfarbe, also durch den Einsatz des Saxophons und des Jazzklangs, zu bewirken (Weill, 1999). Das vordergründig erotische Moment des Tangos wird zugunsten eines Happy Ends der Oper genutzt und strukturiert zugleich musikalisch die Szene. Die Darsteller singen zu einem vorproduzierten Instrumentalstück und – nach heutigen Terminologie – zum Halb-Playback. Die Schallplatte wirkt aber auch als kommerzielles Massenmedium. Wie wichtig diese Wirkung für Weill war, verdeutlichen einerseits die Studien, die Weill zur bestmöglichen musikalischen Integration der neuen Klangfarbe vorgenommen hatte und andererseits die außermusikalischen Anstrengungen, die er im Vorfeld für die mediale Vermarktung seiner Aufnahme unternahm. Die Schallplatte sollte losgelöst von der Oper an ein großes Publikum verkauft werden, um so als eigenständiges Stück musikalischer Unterhaltung rezipiert zu werden.

Die Verwendung von Medien in der Oper betrifft seit dem frühen 20. Jahrhundert, in dem sich ein festes Repertoire an Stücken etabliert hatte, zwei Seiten. Der Produktion von Oper auf der Aufführungsebene („Inszenierung") kommt durch die zugleich sich etablierende zunehmende Historizität des Repertoires eine immer größere Rolle zu. Oper lässt sich demnach – gerade für das 20. Jahrhundert, das dann als eine wesentliche neue Darstellungsoption von Oper das so genannte Regietheater entwickelte – von der Seite der Produktion auf zwei Ebenen ansiedeln: zum einen bei der Herstellung der die Opernaufführung vorbereitenden Texte des Librettisten und des Komponisten, das so genannte Werk (s.o); und zum anderen auf der Ebene der Aufführung selbst, für die Regisseur, Bühnenbilder und Kostümbildner zuständig sind, die so genannte Inszenierung. Die Verwendung von (Fremd)Medien können Librettist und/oder Komponist selbst einfordern, oder sie sind auf der zweiten Produktionsebene vom Regisseur gewollt.

Oper und Film

Schiffer/Spolanski mit ihrem Hinweis „Und dazwischen saust ein Bild" (s.o.) verweisen auf das Medium, das seit seiner Etablierung eine ebenso fruchtbare wie vielseitige Beziehung mit der Oper einging: den *Film*. Mit der Wende vom 19. zum 20. Jahrhundert verändern sich durch ihn die allgemeinen Bedingungen der Produktion sowie die Rezeptionsweisen des Theaters und des Musiktheaters insgesamt. Es ist hervorzuheben, dass zwar die Medien Theater und Film auch in Konkurrenz zueinander traten, dies auf längere Sicht gesehen aber in belebender Weise geschah, und nicht als sich in ausschließender, wie man zu Beginn des Jahrhunderts noch glaubte. Ob die häufig zu findende Behauptung, dass der Film die Opernbühne des 20. Jahrhunderts sei, wirklich berechtigt ist, wäre in diesem Zusammenhang zu hinterfragen. Gerade weil bei solcher Argumentation ein Argument der Rezeption im Mittelpunkt steht, erscheint diese Auffassung verkürzt. Die Medien bedingen einander: Oper ohne Film und Film ohne Oper sind nicht vorstellbar, und Filmgeschichte ohne Operngeschichte und umgekehrt kann nicht gedacht werden. Gerade die Frühgeschichte des Films auch jenseitig einer spezifischen Perspektive des Musiktheaters zu betrachten, ist, ohne die Oper einzubeziehen, kaum möglich. Mediengeschichtlich muss also einerseits die große Nähe und Abhängigkeit betont werden, während sich andererseits die Spezifika beider in dem ‚Anders-sein' schärfen. Dieser Spannung gerecht zu werden und die Bedeutung des Films für die Oper auch als – gleichsam – integriertes Fremdmedium angemessen darzustellen, seien die Medien Film und Oper kurz gegenübergestellt. Der vergleichende Blick geht aus von der Überlegung, dass die Oper und der Spielfilm eine ähnliche Zielsetzung haben: nämlich das Erzählen einer Geschichte unter der Verwendung – mehr oder weniger intensiv genutzter – musiktheatraler Anteile. Ein grundlegender Unterschied betrifft wichtige finanzielle und damit zusammenhängende soziale Fragen und ergibt sich aus dem hauptsächlichen Unterschied. Oper basiert auf einer Live-Aufführung, die nicht wiederholbar ist, während der Film in gleicher Weise x-fach gezeigt werden kann, d.h. er basiert auf medialisierter Aufführung. Die Oper als teure Kunstform ist seit jeher dem Vorwurf des Elitären ausgesetzt, wobei der Film auf Grund seiner Technik massenwirksam sein kann. Der Zuschauer in der Oper hat das Bild (jenseits der Verwendung eines Opernglases) immer als Totale vor Augen, und der Film widmet sich ständig wandelnden Perspektiven. Hiermit einher geht die generelle Starrheit des Blickes ‚auf' die Oper, während der Blick im Film – durch Kamerafahrten – beweglich geführt ist. In der Opernaufführung ist demnach ein aufwendiger Vorgang vonnöten, einen Szenenwechsel herbeizuführen, während der Film in hoher Geschwindigkeit viele Orte miteinander zu verknüpfen vermag. Das in der Oper in aller Regel zu findende Zeitkontinuum im Gegensatz zur möglichen diskontinuierlichen Zeitgestaltung im Film hängt hiermit zusammen. Der letzte hier zu nennende und überaus gewichtige Unterschied, dass das Theater dreidimensional ist, während der Film als Projektionskunst in der Fläche verhaftet bleibt, spielt für die Integration des Mediums Film in die Oper eine wichtige Rolle. Die Musik im Film allerdings schafft die dritte

Dimension (Kracauer, 1999, S. 188), woraus wir schließen können, dass die Musik in der Oper sogar eine vierte Dimension eröffnet.

Der Film in der Oper hat sicherlich die größte und wichtigste Verbreitung aller Medien in der Oper im 20. Jahrhundert gefunden. Mit den drei zentralen Funktionen dieser Verwendung seien einige wenige Beispiele aus dem Genre der Zeitoper genannt. So verwenden z.B. Weill in „Royal Palace" (1927) und Alban Berg in „Lulu" (1937) den Film als Mittel, Zeitblenden zu implementieren: eine Form des gerafften und wortlosen, von der Musik gestützten Erzählens. Die Aufführung eines Stummfilms gemeinsam mit einem symphonischen Orchesterzwischenspiel schließt in „Lulu" die Handlungslücke zwischen ihrer Verhaftung und Freilassung und verbindet so die beiden Wedekind-Tragödien, die dem Libretto zugrunde liegen:

> „Der zeitlich zwischen den beiden Dramen ursprünglich liegende Sprung gerät dadurch ins Innere eines Aktes der Oper und kann durch das Zwischenspiel in Kombination mit einem der ersten Beispiele des Einbezugs filmischer Mittel im Musiktheater überbrückt werden." (Mauser, 2002, S. 136)

Křenek setzt den Film in „Jonny spielt auf" (1927) als Teil der Bühnendekoration ein, und lässt bei einer Autofahrt die Landschaft am Publikum vorbeiziehen, ein Trick der Theatertechnik zur Darstellung von Bewegung auf der Bühne, der schon die Wandeldekorationen des 19. Jahrhundert ermöglichte und später von Hollywood aufgegriffen wurde. Darius Milhaud hingegen verwendet in „Christoph Kolombus" (Berlin, 1930) den Film nicht als Staffage, sondern als zusätzliche Ebene des Kommentars, die, vergleichbar der Funktion der Musik in der Oper die Nähe von Film und Musik medienspezifisch hervorhebt. Dieser Aspekt des Werkes griff die Neuinszenierung der Oper 1998 in Berlin auf (Döhring, 2004). Auf die Nähe von Film und Oper verweisen auch die Komponisten selbst. Im dritten Akt von Antheils „Transatlantic" oder Hindemiths kurzem Sketch „Hin und Zurück" (1927) hängen dramaturgische Rolle des eingesetzten Films und Struktur der Komposition eng zusammen: die Möglichkeit des Films, durch Montage z. B. die Narration und die erzählte Zeit zu manipulieren, findet hier ihre Ergänzung im musikalischen Krebsgang der Komposition (Heister, 2002a, S. 236 und Grosch, 1999, S. 145ff.).

Film in der Oper aber ist nicht nur Bestandteil der Werkkonzeption, die hier gleichermaßen vom Librettisten Claudel wie dem Komponisten Milhaud abhängig war, sondern auch Bestandteil der szenischen Umsetzung. Verankert in der Tradition des epischen Theaters und initialisiert von Erwin Piscator ist der Film als Projektion vielfach Bestandteil der Inszenierung. Um zwei Beispiele der jüngeren Vergangenheit aus dem Wagnerumfeld zu nennen, in dem berühmte Künstler sich der Regie annahmen, sei auf Bill Violas Produktion von „Tristan und Isolde" (New York/Paris 2006) verwiesen und Christoph Schlingensiefs „Parsifal" für Bayreuth (2004-2007) genannt. Schlingensief verwendet verschieden große Projektionsflächen, die er in paralleler Verwendung mit in der Regel bewegten Standbildern füllt und in Verschränkung mit den anderen Bestanteilen der Bühne zu einem sich in ständiger Bewegung befindenden Gesamtbild fügt. Berühmtheit erlangte der am Schluss der Aufführung groß projizierte tote Körper eines verwesenden Hasen (Hartung, in Vorb.). Hier werden die filmischen Projektionen zur Bildwelt der Bühne, welche die Musik, als sei sie Filmmusik, live begleitet und somit ein Amalgam ermöglicht, das erstens Wagner nicht fremd gewesen sein dürfte und zweitens den oben postulierten Ergänzungsoptionen von Film und Oper entspricht.

Für alle Ebenen des Einsatzes von Medien und insbesondere des Films lässt sich zusammenfassen, dass durch die Integration von Massenmedien in die Dramaturgie der Oper die Gesellschaft selbst Gegenstand der Charakterisierung wird. Zugleich tritt das sich selbst reflektierende, sich mit traumatischen Konflikten auseinandersetzende Individuum (wie es etwa aus dem Expressionismus bekannt ist) zurück. Durch die daraus entstehende Vernetzung verschiedenster Diskursfelder wandelt sich nach Grosch (1999, S. 139) der Werkcharakter der Oper zum Mediencharakter. Der Werkbegriff des 19. Jahrhunderts, der sich in der Vorstellung gründet, dass das musikalische Kunstwerk in seiner Identität trotz verschiedenartiger Interpretation einmalig, abgeschlossen und unveränderlich sei (Schläder, 1990, S. 135), wird durch den Einbezug technisch-reproduzierbarer Medien, die außerhalb des musikalischen Diskurses liegen, zu Beginn des 20. Jahrhunderts in Frage gestellt.

Musiktheater in den Medien

Bild und Ton

Wenn im Anschluss an die Verwendung von Medien innerhalb der Oper nun die Verbreitung der Gattung Oper *durch* die Medien betrachtet wird, so ist dem vorauszuschicken, dass sich Oper im Verhältnis zu anderer (so genannter klassischer) Musik (wie jeglicher Instrumentalmusik und nichtsszenischer vokaler Musik: Lieder und Oratorien etc.) grundsätzlich durch den Umstand unterscheidet, dass die visuelle Schicht substantieller Bestandteil des Gesamtphänomens ist. Zwar könnte man im Hinblick auf die theoretischen Ansätze der Theatralitätsforschung die Aufführungssituation von Musik im Konzert z.B. dahin gehend deuten, dass die visuellen Anteile der Musikaufführung zu ihr gehören wie das Bühnenbild und die Szenerie in einer Oper. Doch ist unmittelbar einleuchtend, dass hier ein Unterschied im Niveau der Bedeutung der theatralen und visuellen Schichten besteht. Zugleich aber ist bei allen Verbreitungsmedien von Musik jeglicher Qualität, sei es Audio-Medium oder audiovisuelles Medium, immer zu berücksichtigen, dass die Speicherung ohnehin niemals ein irgendwie geartetes authentisches Abbild des Ausgangsphänomens sein kann, jegliche *Medialisierung* Veränderung, Verschiebung, Erweiterung oder Segmentierung und Beschränkung mit sich bringt: eine der wesentlichen Grundphänomene der Medienwechsel innerhalb bestimmter Werkkontexte. Zwar stand zu Beginn der Entwicklung neuer medialer Optionen für Audio und Video bei Edison im letzten

Drittel des 19. Jahrhunderts die Idee einer Apparatur im Fokus, die Bild und Stimme zusammen und gleichzeitig in einer anderen, neuen (medialen) Realität hätte repräsentieren sollen, doch ging die Entwicklung einen anderen Weg. Die Dissoziation von Audio und Video seit dem Ende des 19. Jahrhunderts, wie sie mit der Durchsetzung des Phonographen und des Grammophons und später des Radios, ist eine Entwicklung von größter Relevanz, die musikwissenschaftlich noch kaum die entsprechende Beschäftigung erfahren hat (Goslich & Mead, 2007). Ob es nur am technischen Unvermögen oder am kulturellen „Unwillen", die technischen Möglichkeiten zu entwickeln, gelegen hat, dass erst viel später mit dem Tonfilm ab dem zweiten Drittel des 20. Jahrhunderts die Einheit von Ton und Bild auch medial ermöglicht wurde, kann derzeit nicht beantwortet werden. Wie grundsätzlich in solchen Fällen anzunehmen, steht aber auch hier zu vermuten, dass der technische Stand auch das kulturelle Bedürfnis der Gesellschaft spiegelte und so dem Wunsch nach einer „reinen" Tonkunst des 19. Jahrhunderts, die das Visuelle aussparte, medial hier Rechnung getragen wurde.

Audio

Überlegungen, Opern- und Konzertaufführungen nur in ihrer auditiven Schicht zu übertragen, gehen demnach weit zurück ins 19. Jahrhundert und stehen im Kontext nach dem Wunsch einer unsichtbaren Musik (Mungen, 2006, S. 87-97). Bei der Weltausstellung Paris 1881 war man wohl frühzeitig in der Lage von der Pariser Oper in die Ausstellung auf ein individuelles Paar von Kopfhörern zu übertragen. Und das Radio wurde an der New Yorker Metropolitan Opera, die auch in den folgenden Jahrzehnten bis zum heutigen Tage eine Vorreiterrolle in Sachen medialer Verbreitung von Oper einnimmt, schon seit 1910 eingesetzt. Im großen Stil wurde mit Live-Übertragungen von ganzen Opern aber erst seit den 1920er-Jahren (Berlin, Salt Lake City, London) gearbeitet. Berühmtheit erlangten die ersten wöchentlichen Übertragungen aus der New Yorker Metropolitan Opera seit 1931. Seit den frühen 1930er-Jahren wurden zugleich reine *Höropern* in großer Zahl geschrieben und übertragen, die auf die spezifischen Bedingungen und Restriktionen des Mediums reagierten u.a. von Werner Egk („Columbus" 1933), Bohuslav Martinů (zwei Opern für das Tschechische Radio 1935 und 1937), Jacques Ibert, Luigi Dallpiccola, Hans Werner Henze und vieler andere (Salter, 1992, S. 1212).

Video

Das Thema Oper bzw. Musiktheater in Film und Fernsehen ist komplex, handelt es sich doch einerseits um zentrale technische Aspekte, welche die Aufzeichnung betreffen, und andererseits um Fragen der Vermittlung, die in unterschiedlichen historischen, kulturellen und sozialen Kontexten stattfinden kann. Die Vielzahl der zu findenden Begriffe (man denke an: Videooper, Filmoper oder im Bereich Tanz auch Tanzvideo, Video-Tanz usw.) und die Unklarheit der Terminologie in den unterschiedlichen Sprachen deutet einerseits die Vielfalt an und belegt andererseits die schlechte Forschungslage. Eine grundsätzliche Unterscheidung nimmt Buhler (2006, S. 339) im Anschluss an Kracauer vor. Er unterscheidet nach *gefilmter Oper* und meint hiermit die Aufzeichnung einer bestimmten Operninszenierung, und *Opernfilm*, d.h. der Umsetzung von Oper als Spielfilm. Die gefilmte Oper basiert auf der Aufzeichnung einer vorhandenen oder eigens hergestellten Produktion bzw. Aufführung einer Oper entweder für das Fernsehen oder/und für Verbreitungsmedien wie das Video oder die DVD. Die Filmoper verarbeitet Stoff und Werk als Spielfilm, der in der Regel für das Kino produziert wird. Diese grobe Differenzierung wäre um zwei weitere Kategorien zu erweitern, wo einerseits Oper und somit auch ihre Musik im Film als Teil einer Handlung präsent ist (z.B. „Moonstruck", 1987) und wo andererseits der Spielfilm mit hohen musikalischen und melodramatischen Anteilen als opernhafter Film bezeichnet werden kann (z.B. „Gone with the wind", 1939). Die folgende Skizze zur weiteren Beschreibung vor allem der ersten beiden Aspekte soll dazu dienen, die Komplexität der Filmpraxis anzudeuten. Als Medien der Verbreitung von Oper in audiovisueller Form können Film, Video, DVD, das Fernsehen oder das Internet eingesetzt werden. Unterscheiden hiervon muss man die Aufzeichnungstechnik selbst. Das jeweilige Ergebnis dieser Technik „Film" (analog) und „Video" (digital) unterscheiden sich in der Ästhetik sowie in der Kostenfrage. Das Fernsehen als Verbreitungsinstanz muss von den Aufführungen medialisierter Oper im Kino unterschieden werden. Letzteres wird aktuell (Initiativen der Metropolitan Opera und anderer) auch als Ort für Live-Übertragungen von Aufführungen genutzt. In jedem Fall also ist die Spannung zwischen „Live" und „Medialisiert" eines der Kernprobleme der Systematisierung in der Wissenschaft aber auch einer der treibenden Faktoren in der Praxis für Innovation.

Die Techniken und Aufgaben des Films unterscheiden sich, wenn sie für das Musiktheater zum Einsatz kommen, prinzipiell nicht von anderen Genres, also bei der Aufzeichnung einer Theater- bzw. Konzertaufführung oder bei der Produktion eines Spielfilmes. Grundlegend aber für verfilmte Opern ist immer das Verhältnis von Audio und Video, das im vom Gesang getragenen Handlungsverlauf der Oper anderen Herausforderungen und Möglichkeiten der künstlerischen Umsetzung unterliegt und anregt als Handlungen, die sich unabhängig entwickeln. Auch sind – wie allerdings bei jedem filmischen Ereignis – die Verhältnisse der Rhythmen von Musik und Bildfolge bzw. Bildschnitt grundlegend für die Formen der filmischen Umsetzung von Oper.

Opernfilm – gefilmte Oper

Die Aufzeichnung von Oper als Live-Ereignis mittels Video ist heute Standard. Eigene Studioproduktionen von Oper speziell für das Fernsehen, wie sie vor allem bis in die 1970er-Jahren (u.a. von der BBC) durchgeführt wurden, haben sich auch wegen des finanziellen Aufwands nicht durchgesetzt. Bei der Aufzeichnung der Aufführung im Opernhaus ist die Anzahl der Kameras bedeutend. Eine einzige Kamera in totaler Perspektive findet Verwendung bei der Aufzeichnung zu Dokumentationszwecken mit semiprofessionellem Anspruch (Hausmitschnitt). In der Regel aber werden vier bis fünf Kameras sowie bei bestimmten Produktionen (wie in der Arena von Verona) bis zu zehn Kameras bei der Herstellung von Filmen für das Fernsehen verwendet (Large, 2001, S. 50 und Large, 2007, S. 2). Die räumlichen Gegebenheiten sind hierbei entscheidendes Kriterium. Teil der Aufgaben ist die Nachbearbeitung des erstellten Materials, u.a. die Neuabmischung (*Remix*) von Ton und Bild (Large, 2007, S. 3). Als Beispiel für eine aufwendige Produktion sei die Filmversion des so genannten Jahrhundert-„Rings" von Patrice Chéreau genannt, die der bedeutendste Regisseur für Opernmitschnitte Brian Large aufgrund der besonderen Situation unter speziellen Bedingungen während zweier Spielzeiten in der Probenphase der Bayreuther Festspiele herstellte. Die Aufzeichnung von Oper funktioniert, nach Large, als „Übersetzung" der ursprünglichen Regie, vorgenommen vom Fernsehregisseur (Large, 2007, S. 6).

Opernfilm – Filmoper

Der Regisseur hingegen, der eine Oper als Gegenstand eines Spielfilms *ver*filmt, entwirft sein eigenes Konzept speziell für das im Mittelpunkt stehende Medium Film. Anders als im regulären Spielfilm wird hier der Ton zuerst aufgenommen, der dann während der Produktion zur Orientierung der Schauspieler abgespielt wird. Berühmte Beispiele von Adaptionen von Opern für den Film sind Jean-Pierre Ponnelles „Le nozze di Figaro" (1975) von Mozart. Genuin Filmisches betrifft hier die Idee des Regisseurs, die Musik einer Arie aus dem Off erklingen zu lassen, während sich die Person, der die Arie zugeordnet ist – die Gräfin –, pantomimisch hierzu bewegt ohne die entsprechenden Bewegungen der Lippen auszuführen. Der Monolog wird so nach Innen verlegt. Ingmar Bergmann nähert sich in seiner „Zauberflöte" (1974) einer Aufführungssituation im Drottningholmer Theater an, das er im Studio nachbauen ließ. Er durchkreuzt diese aber immer wieder mit Mitteln des Spielfilms. Einen Sonderfall betrifft die speziell für ein Medium komponierte Oper, wie die *Fernsehopern* seit den 1950er-Jahren (Werke von Menotti, Benjamin Britten, Heinrich Sutermeister u.a.). Zwar konnte sich diese Form der Oper nicht durchsetzen, doch war man gerade in den Nachkriegsjahren, als sich das Fernsehen rasch zu einem Massenmedium entwickelte, sehr an den neuen Möglichkeiten und Verbreitungsoptionen interessiert. Ein Projekt, das dezidiert auf das Medium reagiert, war die Fernsehoper „Perfect Lives" von Robert Ashley und anderen Künstlern (1979-86). Hierbei waren das fernsehspezifische Prinzip der Serie sowie das für eine Oper ungewöhnliche halbstündige Format prägend (Barthelmes, 2004, S. 339). Insgesamt kann festgehalten werden, dass mit der Popularisierung audiovisueller Medien seit den 1980er-Jahren über das Video, ein neuer Markt für Distribution von Oper und Musiktheater jenseits der reinen Audioprodukte entstanden ist. Letztere werden hier nicht eigens behandelt, da sie prinzipiell den Bedingungen anderer Musik entsprechen.

Trotz noch fehlender guter Übersichten über die verschiedenen medialen Möglichkeiten von Oper in Verbreitungssystemen und eigenen künstlerischen Systemen gleichermaßen kann auch gesagt werden – wie dies für viele Bereiche gilt – , dass die Praxis gerade bei eher hybriden oder ungewöhnlichen Formen zu Lösungen gekommen ist, die sich nur schwer zuordnen lassen. Da ist beispielsweise an die Operettenfilme der dreißiger Jahre, die Traditionen des Theaters mit denjenigen des Filmes vermischten (z.B. „Viktor und Viktoria" von 1933), zu erinnern oder an die Praxis der Stummfilmzeit, für die als prominentestes Beispiel der „Rosenkavalier"-Film (1926) nach Richard Strauss zu nennen ist, der ohne Gesang auskommend, instrumentale Musik von Strauss zu einer Stummfilmhandlung kombiniert, welche die Geschichte des Librettos von Hofmannsthal mehr oder weniger aufgreift.

Digitalisierung

Ähnlich wie die Durchsetzung des Films nach 1900 ist der letzte Jahrhundertwechsel als ein „Quantensprung" in der gemeinsamen Geschichte der Musik und der Medien zu sehen (Faulstich, 2000). Die Auswirkungen des großen Feldes Musiktheater und Digitalisierung auf die Musiktheatergeschichte sind im Hinblick auf Ästhetik und Funktion noch nicht abschätzbar. Die digitale Medialisierung des Musiktheaters nimmt heute vielfältig Formen an, die zum jetzigen Zeitpunkt nur schwer zu systematisieren sind. Die aktuellen technischen und digitalen Möglichkeiten revolutionieren nicht nur die Formen der Postproduktion, der Reproduktion und der Distribution von Musiktheater, sondern bieten Anregung und Material zu einer vielseitigen ästhetisch-künstlerischen Auseinandersetzung. Komponisten explorieren nicht nur digital die Möglichkeiten der Klangmaterialerweiterung oder komponieren am Bildschirm mit speziellen Notenprogrammen, sondern sie lassen in ihren Werken die neuen Medien ästhetisch erfahrbar werden (Sanio, 2006). Das Herstellen von virtuellen Realitäten, die Interaktion von Mensch und Computer hinter und auf der Bühne oder die Visualisierung von Musik durch die neuen Medien sind hier nur einige Ansatzpunkte. Im Beethoven-Haus in Bonn wurde eigens eine mit neuester Technik bestückte „Bühne für Musikvisualisierung" eingerichtet. Ausgestattet mit „3D-Virtual Reality Technology" einer vom Fraunhofer Institut für Medienkommunikation installierte Anlage für 3D-Computergrafik und mit einer Raumklang erzeugenden Soundanlage wurde diese 2004 Schauplatz für die durchweg programmierte Oper „Fidelio, 21. Jahrhundert" (UA 2.12.2004), (Dombois, 2007). Die Charaktere Florestan, Leonore, Pizarro und Rocco dieser Strichfassung der Beethovenoper sind komplett durch holographische Figuren im Raum dargestellt, die jeweils an ihrer spezifischen Farbe und Form zu erkennen sind. Nach Parametern, die aus der Partitur und dramaturgischen Vorgaben abgeleitet sind, verändern sie sich fortwährend. Der Zuschauer verfolgt dies durch eine 3D-Brille und hat die Möglichkeit, über vier Interaktionsgeräte an festgelegten Stellen in die Inszenierung einzugreifen und den akustischen wie visuellen Ablauf zu beeinflussen. Auf diese Weise wird er selbst Teil der *virtuellen Realität*.

Die Idee, dass der Hörer auch selbst Produzent ist, wird auch auf das Massenmedium Internet und seine verschiedenen Formen angewandt und auf seine ästhetische Brauchbarkeit hin untersucht. Das Internet als *das* Medium der Informations- und Unterhaltungsgesellschaft des 21. Jahrhunderts bietet dem Rezipienten – dem User – schon jetzt unzählige Möglichkeiten der Auseinandersetzung mit dem Musiktheater. Als wichtigstes Distributions- und Vermarktungsmedium bietet es seit der immer effektiver werdenden Kompressionsverfahren (z. B. mp3-Format), der Streaming-Technologie (dem gleichzeitigem Empfangen und Wiedergeben von Audio- und Videodateien) und der immer schneller werdenden Übertragung (Münch, 2007, S. 377-379) dem Hörer schnellen Zugang zum Musiktheater, wann, wo und so oft er will. Im Internet ist Oper ubiquitär verfügbar. Das Internet als Kommunikationsmedium tritt zunehmend auch in Konkurrenz zu den Printmedien. Längst haben alle wichtigen Opern- und Musikzeitschriften ihre eigenen Homepages, genauso wie Theater, Künstler oder Komponisten. Die Rezipienten haben hier ihre ganz individuellen Möglichkeiten, sich mit Musiktheater auseinanderzusetzen: beim Herunterladen von Auszügen oder ganzen Alben von kommerziellen Downloadplattformen, bei Musiktauschbörsen, beim Austausch über Inszenierungen oder allgemeinen ästhetischen Fragen in Weblogs (den so genannten Blogs, siehe http://opernhaus.blog.de). Einen Schritt weiter geht das Portal „You Tube – Broadcast yourself", wo neben populärer Musik auch andere Sparten zu finden sind. Hier kommuniziert man nicht mehr über die Oper, sondern mit der Oper. Man hat die Möglichkeit, eigene Videos der ganzen Welt zur Verfügung zu stellen und diese kommentieren zu lassen. Von der illegalen Aufzeichnung einer Aufführung über Playbackversionen der bekanntesten Arien bis zur Selbstdarstellung in privat gedrehten Beiträgen präsentiert man sich der Community und stellt sich so auf die gleiche Stufe mit den Stars des Opernbetriebs.

Auch in die virtuelle Realität von „Second Life" hat das Musiktheater Einzug erhalten. „'Second Life' verhindert das Aussterben der Oper" lautete der Beginn einer Headline der Kolumne „Meine Welt" der Tageszeitung DIE WELT im November 2007 (Baier, 2007). Das virtuelle Spiel im WWW der Generation Web 2.0 bietet sechs Millionen Menschen weltweit die Möglichkeit, ihr virtuelles Leben parallel zum analogen so zu leben, wie es sich der Einzelne vorstellt: Längst gibt es einen „Second Life"-Oscar für das beste Musikvideo; es finden Festivals statt; Musiker spielen virtuelle Instrumente auf virtuellen Parties; und am 15. Mai 2007 gab Lang Lang sein Debut in „Second Life". Die Audiotonträgerbranche hat das Werbepotential der Internetplattform längst für sich entdeckt. Auch Cecilia Bartoli integriert Pangaea Island, die Heimat von Universal Classics, in die virtuelle Welt von „Second Life". Anlässlich ihrer Maria Malibran-Tour präsentierte die Cecila Bartoli-Musikstiftung 2007 eine europaweite mobile Ausstellung über das Leben und den Opernalltag der berühmten Sängerin, Schauspielerin und Komponistin Maria Malibran auch im Web: http://www.mariamalibran.net/de/introduction/. Im Internet heißt es auf der Seite der Cecilia Bartoli-Stiftung, dass das Ziel es sei, das Interesse und die Neugier der „Second Life"-Bewohner zu wecken, die ersten Eindrücke im „realen" Leben zu vertiefen (http://www.second-life-info.de/sl/das-rollende-museum/). Dahinter steht natürlich der Wille, neue Publikumsschichten zu gewinnen. Für Künstler stellt das WWW aber auch die Möglichkeit dar, die für den Musiktheaterbetrieb noch längst nicht explorierten relevanten Mittel ästhetisch zu nutzen. Noch ist wohl keine Oper für „Second Life" komponiert worden. Welche ästhetischen Auswirkungen sich aus dem Komponieren für eine vollkommen virtuelle Realität ergibt, in der es keinen Unterschied mehr zu geben scheint zwischen Realität und Simulation, körperlicher und geistiger Erfahrung, natürlicher und künstlicher Welt, stellt auch eine spannende Herausforderung für die Forschung dar.

Die Schritte in Richtung einer Internetoper, die das Medium nicht als Distributionsmittel, sondern als Plattform der ästhetischen Auseinandersetzung versteht, werden nur zögerlich unternommen. Martin Stahnke versucht in „Orpheus Kristall" (2000/2001), einer „Oper in zwei Medien", „die Idee einer Internationalität und Kollektivität des Produktionsprozesses durch kommunikative Verschaltung mehrerer Beteiligten an verschiedenen Orten, ungeachtet der realen, materiellen, räumlichen Entfernung" (Heister, 2002b, S. 425) in Verbindung mit dem Einsatz von Live-Elektronik künstlerisch zu explorieren. Keith und Mendi Obadike gehen in ihrer „net.opera" „The Sound Thunder" (2002; vgl. Homepage http://blacknetart.com/sour.html) ähnlichen Fragen nach wie Stahnke in seiner Version des Orpheus-Mythos. Live-Performance trifft auf programmierte Website. Der User muss vielseitig selbst in Aktion treten und sich die mp3-Files der Oper herunterladen. Er muss zu vorgegebenen Zeitpunkten den live video stream, der die Aufführung überträgt, laden und sich durch die verschiedenen programmierten Text- und Bildebenen klicken. Dabei bestimmt er seine Reise durch den Hypertext und wird selbst zum Produzenten des Kunstwerkes. Durch das Medium Internet werden viele ästhetische Grundfragen an die Gattung Oper neu gestellt. Insbesondere die Frage nach der Werkhaftigkeit wird medial reflektiert, wenn sich die *Internetoper* als „work [!] in progress" erweist und sich nicht mehr in einer Partitur festhalten lässt. In welchem Raum manifestiert sich die Oper, in welchem Raum erlebt sie der Zuschauer, welche Form oder Formen der Aufführung erlebt der Sänger und Musiker? Welche Rolle spielen Körper und Körperlichkeit in einer Aufführung im Cyber Space? In was für eine Art der Interaktion können Künstler untereinander und mit dem Rezipienten treten? Was bedeutet die Bezeichnung „Live" überhaupt noch, wenn so genannte Live-Aufführungen ständig medial reproduzierbar und überall verfügbar sind?

Neben dieser sehr spezifischen Kunstform der Internetoper wird das Medium zu einem wichtigen Distributionsapparat der Musikindustrie. Firmen wie Institutionen erkennen das Vermarktungspotential des Musiktheaters über das Internet und nutzen dieses, wenn auch unter unterschiedlichen Gesichtspunkten. Während Musikproduktionsfirmen den ständig wachsenden Absatzmarkt der so genannten mobilen Musik und Downloads neben der Stagnation der physischen und analogen Formate auch wegen der noch schwierig zu überwachenden Einhaltung der Urheberrechte durch illegale Musikpiraterie auch mit Sorge betrachten, erkennen Opernhäuser das Internet als Marketinginstrument, neue Zuschauer zu gewinnen und langfristig zu binden. Die Metropolitan Opera in New York ließ, wie schon erwähnt, seit Beginn des 20. Jahrhunderts weltweit eigene Produktionen im Radio übertragen. Heute kann man im Internet über Satellitenradio neben historischen Aufnahmen bis zu vier Live-Übertragungen in der Woche hören, darunter auch die historisch legendären Samstagnachmittag-Übertragungen neuer Produktionen. Über „streaming on demand" besteht die Möglichkeit, Aufnahmen der Met herunter zu laden, zu speichern und im mp3-Format individuell zu verwerten (vgl. Homepage der Metropolitan Opera http://www.rhapsody.com/metropolitanopera). Seit Dezember 2006 können Zuschauer in Nordamerika, Europa und Japan mehrere Vorstellungen im Jahr (6 im Jahr 2007, 2008 werden es 8 sein) in Kinos besuchen, die nach Angaben der Met mit aufwendigen technischen Mitteln (u.a. 10 High-Definition Videokameras, die an verschiedenen Stellen auf der Bühne und im Hinterbühnenbereich eingerichtet sind) produziert werden. Damit soll zumindest der ansatzweise verloren gehende Aufführungscharakter der Oper kompensiert werden. Im letzten Jahr konnten ca. 325.000 Menschen an 248 Orten auf der ganzen Welt diese Aufführungen erleben (Wasserman, 2007, S. 60). Die Met möchte sich damit explizit vom Image der Oper als Einrichtung elitärer Hochkultur entfernen und neue, junge Zuhörer für die Oper begeistern, die dann den Weg aus dem Kino ins Opernhaus findet. Im Sommer 2008 wurde mit Katharina Wagners Inszenierung der „Meistersinger von Nürnberg" erstmalig eine Produktion der Richard-Wagner-Festspiele im Internet und auf Großleinwand in Bayreuth live übertragen.

Zu den Vermarktungsstrategien der großen internationalen Opernhäuser gehört es auch, die publikumswirksamen Stars der Opernszene, zu denen etwa 40 Sängerinnen und Sänger, zehn Dirigenten, eine Handvoll Regisseure und Bühnenbildner aller Nationalitäten gehören, möglichst regelmäßig zu verpflichten (Bovier-Lapierre, 2006, S. 236-237). Dabei spielen die Medien nicht nur die Rolle des Vermittlers, sondern agieren als konstruktives Moment des Images der Stars. Durch sie wird selektiert, die Karriere gestaltet, die Distribution ermöglicht und somit das Spannungsfeld zwischen Nähe und Distanz, Realität und Fiktion aufrechterhalten. Letzteres ist für die komplizierte Beziehung Fan und Star zentral:

> „Star-Images sind somit nicht nur mediale Abbilder von Musikern, sie beeinflussen ihrerseits das Image des Senders und verlangen Anpassung an die jeweiligen Formate. So benötigen Stars Auftritte bzw. Berichte in den für ihre Zielgruppe relevanten Medien, und diese wiederum brauchen Stars, die mit ihren Werten und Anschauungen den Formaten Inhalt und Sinn sowie den Leitbildern des Senders ein Gesicht geben" (Borstedt, 2007, S. 330).

Damit wird die Aufführung an große Interpreten-Namen gekoppelt, und der Komponist als Schöpfer steht im Hintergrund. Man spricht heute vom „Chéreau-Ring" oder der „Netrebko-Traviata". Mit Stars besetzte Inszenierungen werden über DVD vertrieben und einem weltweiten Publikum angeboten, das immer anspruchsvoller in Bezug auf den Eventcharakter der Aufführung wird. Längst singen die drei oder die zehn Tenöre im Fußballstadion, auf der Berliner Waldbühne oder dem Berliner Gendarmenmarkt. Somit gewinnt auch der Ort der Veranstaltung an ästhetischem und gesellschaftlichem Wert und wird neben oder sogar vor dem künstlerischen Inhalt zum Publikumsmagneten (Bovier-Lapierre, 2006, S. 238).

Fazit

Die Oper als Referenzbegriff zum zentralen Gegenstand des Handbuches erweist sich selbst als ein 400 Jahre altes Medium, das sich als Kommunikationssystem selbst wiederum aus anderen Medien zusammensetzt, mit anderen Medien in den Dialog tritt und die Kommunikationssysteme verändert. Innerhalb der Kunstform Oper lösen Medien einander ab, bleiben aber dennoch in ihm enthalten (z. B. im Libretto). Trotz großer historischer Wandlungen auch gerade sozialer Art ist die Oper nach wie vor auch aktuelles Medium, wie nicht zuletzt die jüngsten Entwicklungen und Phänomene zeigen. Sie erhält sich aktuell auch wegen ihrer Flexibilität neue mediale Konstellationen einzugehen. Sie ist im Laufe der Geschichte nicht verdrängt worden, weil sie gerade mit den ‚neuen' Medien ihrer Zeit in Interaktion getreten ist. Hier trifft McLuhans These, dass ein neues Medium das alte nicht verdrängt, es aber doch wesentlich verändert, exakt zu.

Ein weiter Begriff von Musiktheater im Sinne der vierten Verstehensoption, gerichtet auf Theatralität und Musik verweist auf weitere Optionen, wenn man den Medienbegriff im Kontext des Musiktheaters ernst nimmt. Schaut man sich die Vielgestaltigkeit des Begriffes Musiktheater an, so sind die Bezüge zum Medienbegriff zunächst zwar vor allem eines: unübersichtlich. Diese Einschätzung aber entspricht auch der medialen Wirklichkeit unserer heutzutage durch und durch medialisierten Welt, die sich zugleich als eine theatralisierte Welt erweist. Weder Medium noch Theatralität sind ohne ihre akustischen und sogar musikalischen Komponenten denkbar. Akustische Reize jenseits von Sprache und insbesondere Musik treffen unentwegt auf Theatralität und werden teilmedialisiert oder direkt durch das Medium kommuniziert. Jegliche im öffentlichen Raum gegebene Musik etwa, der meist eine mediale Realität zu Grunde liegt (Audiomedien, audiovisuelle Medien), bietet sich als Folie der Selbstdarstellung der ihr zugewiesenen Akteure des Alltags an.

Die Sichtung der Literatur sowie die eigene Beschäftigung mit dem Thema Musiktheater und Medien zeigen, dass es sich bei dem vorliegenden Feld um ein ausgesprochen komplexes handelt. Disparat und vorläufig sind die Ansätze einer an den Medien orientieren Musikwissenschaft. Es wird, daran aber kann kein Zweifel sein, eines der großen Themen kulturanalytischer Beschäftigung der kommenden Jahrzehnte sein. Das Verstehen kommunikativer Prozesse der Gesellschaft ist einerseits abhängig von den Formen und Gattungen und ihrer historischen Bedingungen. Andererseits verlangt das große mediale Interesse dieser Gesellschaft nach einer tieferen wissenschaftlichen Durchdringung, die der Bedeutung ‚der' Medien im Bereich Oper, Musiktheater sowie Musik/Theatralität deutlich hinterherhinkt. Hierbei erscheint aktuell die Klärung des spannungsreichen Verhältnisses von ‚Live' und ‚Medialisiert' als zentraler Schlüssel, den Defiziten in der kulturwissenschaftlichen Analyse auf die Spur zu kommen. Zwei Grundtendenzen sind hierbei in Erwägung zu ziehen. Zum Einen machen sich besonders die audiovisuellen Massenmedien Musik mit ihren implizit theatralen Komponenten zu Nutze, und zum Anderen ist das Singen als unmittelbarstem Ausdruck musikalischer und künstlerischer Identität als aktuelles Faszinosum des Musiktheaters und von Musik/Theatralität in all seinen Erscheinungsformen noch kaum erkannt: von der Oper (Netrebko) bis hin zu „Deutschland sucht den Superstar" und anderer Talentshows im Fernsehen.

Literatur

Baier, U. (20.11.2007). Letzte Rettung. „Second Life" verhindert das Aussterben der Oper und fördert die Brieffreundschaft. Welt online, Artikel 1380177, gesehen am 11.12.2007 auf http://www.welt.de/welt_print/article1380177/Letzte_Rettung.html.

Barthelmes, B. (2004). Music is coming out of the TV – Die Fernsehoper Perfect Lives von Robert Ashley. In F. Reininghaus & K. Schneider (Hrsg.), Experimentelles Musik- und Tanztheater (Handbuch der Musik des 20. Jahrhunderts, Bd. 7, S. 338-341). Laaber: Laaber.

Borstedt, S. (2007). Stars und Images. In H. de la Motte-Haber & H. Neuhoff (Hrsg.), Musiksoziologie (Handbuch der Systematischen Musikwissenschaft, Bd. 4, S. 327-336), Laaber: Laaber.

Bovier-Lapierre, B. (2006). Die Opernhäuser im 20. Jahrhundert. In A. Jacobshagen & F. Reininghaus (Hrsg.), Musik und Kulturbetrieb. Medien, Märkte, Institutionen (Handbuch der Musik im 20. Jahrhundert, Bd. 10, S. 231-252). Laaber: Laaber.

Buhler, J. (2006). Book review [Ken Wlashin (2004). Encyclopedia of Opera on Sccreen, New Haven and London: Yale University Press]. Cambridge Opera Journal, 18(3), 333-339.

Burow, H. W. (2001). Mediengeschichte der Musik. In W. Schanze (Hrsg.), Handbuch der Mediengeschichte (S. 347-372). Stuttgart: Kröner.

Döhring, S. (2004). Im Bann der Bilder: die Rolle des Films in Inszenierungen von Darius Milhauds ‚Christophe Colomb' (Berlin 1930/1938). In E. Fuhrich & H. Haider (Hrsg.), Theater – Kunst - Wissenschaft: Festschrift für Wolfgang Greisenegger zum 66. Geburtstag (S. 85-94). Wien, Köln, Weimar: Böhlau.

Dombois, J. (2007). Musikstrom. Inszenieren mit Neuen Medien am Beispiel „Fidelio". Musik & Ästhetik, 11(41), 91-107.

Eger, M. (1980). Bühnenzauber des Barocktheaters zur Zeit der Markgräfin Wilhelmine von Bayreuth. Bayreuth: Druckhaus Bayreuth.

Faulstich, W. (2000). Musik und Medium. Eine historiographische Skizze von den Anfängen bis heute. In W. Faulstich, Medienkulturen (S. 189-200). München: Fink.

Faulstich, W. (2004). Medienwissenschaft. Paderborn: Fink.

Geuen, H. (2002). Von der Zeitoper zur Broadway Opera. Kurt Weill und die Idee des musikalischen Theaters. Schliengen: Edition Argus.

Goslich, S. & Mead, R. H. (2007). Radio. Grove Music Online. Verfügbar auf http://www.grovemusic.com/shared/views/article.html?section=music.42011.1 [13.12.2007]

Grosch, N. (1999). Die Musik der Neuen Sachlichkeit. Stuttgart: Metzler.

Hartung, U. (in Vorb.). Schlingensiefs „Parsifal". In A. Mungen (Hrsg.), „Mitten im Leben"? Musiktheater von der Oper zur Everyday-Performance mit Musik. Würzburg: Königshausen und Neumann.

Heister, H.-W. (2002a). Versachlichung und Zeitoper. In S. Mauser (Hrsg.), Musiktheater im 20. Jahrhundert (Handbuch der musikalischen Gattungen, Bd. 14, S. 215-246). Laaber: Laaber.

Heister, H.-W. (2002b). Medialisierung. In S. Mauser (Hrsg.), Musiktheater im 20. Jahrhundert (Handbuch der musikalischen Gattungen, Bd. 14, S. 413-430), Laaber: Laaber.

Hickethier, K. (2002). Mediengeschichte. In G. Rusch (Hrsg.), Einführung in die Medienwissenschaft. Konzeptionen, Theorien, Methoden, Anwendungen (S. 171-188). Wiesbaden: Westdeutscher Verlag.

Kracauer, S. (1999). Theorie des Films. Die Errettung der äußeren Wirklichkeit (1960), hrsg. von Karsten Witte. Frankfurt a. M.: Suhrkamp.

Kühnel, J. (2001). Mediengeschichte des Theaters. In W. Schanze (Hrsg.), Handbuch der Mediengeschichte (S. 316-346). Stuttgart: Kröner.

Large, B. (2001). Gespräch mit Brian Large über Probleme der Oper im Fernsehen. Gesprächsführung: Sigrid Wiesmann und Jürgen Kühnel. In P. Csobádi, G. Gruber u.a (Hrsg.), Das Musiktheater in den Audiovisuellen Medien „ … ersichtlich gewordene Taten der Musik". Vorträge und Gespräche des Salzburger Symposions 1999 (S. 44-59). Salzburg: Mueller-Speiser.

Large, B. (2007). Filming. Videotaping. Grove Music Online. Verfügbar auf http://www.grovemusic.com/shared/views/article.html?section=opera.901619.2.3 [13.12.2007]

Leopold, S. (2004). Die Oper im 17. Jahrhundert (Handbuch der musikalischen Gattungen, Bd. 11) Laaber: Laaber.

Mauser, S. (2002). Zwischen Avantgardistischem Aufbruch und Formen der Konsolidierung (bis ca. 1945). Vom expressionistischem Einakter zur großen Oper: das Musiktheater der Wiener Schule. In S. Mauser (Hrsg.), Musiktheater im 20. Jahrhundert (Handbuch der musikalischen Gattungen, Bd. 14, S. 121-145). Laaber: Laaber.

Münch, T. (2007). Musik im Radio, Fernsehen und Internet. Inhalte, Nutzung und Funktion. In H. de la Motte-Haber & H. Neuhoff (Hrsg.), Musiksoziologie (Handbuch der Systematischen Musikwissenschaft, Bd. 4, S. 369-387). Laaber: Laaber.

Mungen, A. (1997). Musiktheater als Historienbild. Gaspare Spontinis „Agnes von Hohenstaufen" als Beitrag zur deutschen Oper (Mainzer Studien zur Musikwissenschaft 38). Tutzing: Schneider.

Mungen, A. (2006). „BilderMusik" – Panoramen, Tableaux vivants und Lichtbilder als multimediale Darstellungsformen in Theater- und Musikaufführungen vom 19. bis zum frühen 20. Jahrhundert (2 Bände, Filmstudien 45/46). Remscheid: Gardez.

Mungen, A. (2007). Musiktheater!? Überlegungen zu einem viel gebrauchten Begriff. In A. H. Wasmuth & A. Mungen (Hrsg.), Musiktheater – quo vadis? (S. 25-43). Schliengen: Edition Argus.

Nelle, F. (2005). Künstliche Paradiese. Vom Barocktheater zum Filmpalast. Würzburg: Königshausen & Neumann.

Rajewsky, I. O. (2004). Intermedialität – eine Begriffsbestimmung. In M. Böninghausen & H. Rösch (Hrsg.), Intermedialität im Deutschunterricht (S. 8-30). Hohengehren: Schneider.

Rosand, E. (1991). Opera in Seventeenth-Century Venice. Berkely: Univ. of California Press.

Salter, L. (1992). Radio. In S. Sadie (Hrsg.), The New Grove Dictionary of Opera (Bd. 3, Spalte 1212-1214). London: Macmillan.

Sanio, S. (2006). Musik - Technik – Medien. In A. Jacobshagen & F. Reininghaus (Hrsg.), Musik und Kulturbetrieb. Medien, Märkte, Institutionen (Handbuch der Musik im 20. Jahrhundert, Bd. 10, S. 22-38). Laaber: Laaber.

Schläder, J. (1990). Musikalisches Theater. In R. Möhrmann (Hrsg.), Theaterwissenschaft heute. Eine Einführung (S. 129-148). Berlin: Reimer.
Schmierer, E. (2002). Medien. In E. Schmierer (Hrsg.), Lexikon der Oper. Komponisten – Werke – Interpreten – Sachbegriffe (Bd. 2, S. 155-156). Laaber: Laaber.
Schröder, D. (1993). Von Ruhmfelsen und Flugmaschinen. Pegasus in den Gärten und auf der Theaterbühne der Renaissance- und Barockzeit. In C. Brink & W. Hornbostel (Hrsg.), Pegasus und die Künste (S. 93-101). Hamburg: Deutscher Kunstverlag.
Wagner, N. (2006). Oper: „Musik mit Bildern?". In B. Knauer & P. Krause (Hrsg.), Von der Zukunft einer unmöglichen Kunst. 21 Perspektiven zum Musiktheater (S. 75-84). Bielefeld: Aisthesis Verlag.
Wasserman, A. (2007). Changing Definitions. Opera News, 72(6), 60-61.
Weill, K. (1990). Über „Der Zar lässt sich photographieren". In S. Hinton & J. Schebera (Hrsg.), Kurt Weill. Musik und Theater. Gesammelte Schriften mit einer Auswahl von Gesprächen und Interviews (S. 51). Berlin: Henschel.
Wolf, W. (2001). Intermedialität. In A. Nünning (Hrsg.), Metzler Lexikon Literatur- und Kulturtheorie (2., überarb. und erw. Aufl., S. 284-285). Stuttgart: Metzler.
Zuber, X. (2007). Vision der Oper. In Institut für Auslandsbeziehungen & Robert Bosch Stiftung in Zusammenarbeit mit dem British Council, der Schweizer Kulturstiftung Pro Helvetia & der Stiftung Deutsch-Polnische Zusammenarbeit (Hrsg.), Kulturreport Fortschritt Europa (S. 231-234). Stuttgart: ifa.

Internetquellen:
- http://blacknetart.com/sour.html [abgerufen am 11.12.2007]
- http://www.rhapsody.com/metropolitanopera [abgerufen am 11.12.2007]
- http://opernhaus.blog.de/ [abgerufen am 19. Dezember 2007]
- http://www.mariamalibran.net/de/introduction/ [abgerufen am 21. 12. 2007]
- http://www.second-life-info.de/sl/das-rollende-museum/ [abgerufen am 11.12.2007]

Neue Musik als mediale Kunst

HELGA DE LA MOTTE-HABER

Die Entwicklung der technischen Medien hat sich im Bereich der neuen Musik vor allem auf die Produktionsbedingen ausgewirkt. Bereits zu Beginn des 20. Jahrhunderts wurden neue elektrische Instrumente gebaut. Daneben haben Komponisten Speichermedien kreativ umgewidmet, indem sie damit neue Klänge geschaffen haben. Aber auch die Formprinzipien der Musik haben sich durch die technischen Medien geändert, weil damit nicht nur neue Klangideale realisiert sondern auch unterschiedliche Klangmaterialien collagiert werden konnten. Die medienbasierte Musik ersetzte jedoch nicht das traditionelle Repertoire. Sie brachte eigenständige Teilkulturen hervor. Teilweise ragt die traditionelle Praxis der Präsentation von Musik als Konzert noch in diese Teilkulturen hinein, so daß sich Zonen des Übergangs gebildet haben. Jedoch haben sich besonders im Kontext der Entwicklung des Radios auch neue Formen gebildet. Aber auch hier haben sich Übergänge, etwa beim Hörspiel, gebildet, die auch die Gattungsgrenzen der Künste (so Literatur und Musik) überschreiten. Grundsätzlich tendiert medienbasierte Musik aber zu neuen Gattungen, deutlich ablesbar an Begriffen wie Musique Concrète und elektronische Musik, weil sie durch die jeweiligen technischen Erfindungen, heute den Computer, neue Impulse erhält.

Vorbemerkung

Die Geschichte der Musik im 20. Jahrhundert ist eng mit der Entwicklung der technischen Medien verbunden (Blaukopf, 1977). So ist der Aufschwung der Popularmusik in der zweiten Hälfte dieses Jahrhunderts ohne die Reproduktionstechniken der Medien undenkbar, wobei davon allerdings auch die traditionelle Musik, einschließlich der so genannten alten Musik, profitierte, weil sie weiter verbreitet werden konnte als zu ihrer Entstehungszeit.

Die neue Musik hingegen nutzte vor allem die neuen Produktionsmöglichkeiten. An der massenkulturellen Entfaltung nahm sie nicht teil, was jedoch – unabhängig von fehlendem Marketing – damit zusammenhängt, dass ihre Entwicklung durch Innovationen geprägt war, die zwar die Zuwendung zu neuen Medien begünstigte, aber vom Publikum zuviel an neuen kognitiven Leistungen verlangte. Nicht selten nahmen die Komponisten der Technik gegenüber einen forschenden Gestus ein, was ihnen den Vorwurf des Experimentierens eintrug. Der Begriff Experiment, der ja ein stimmiges Resultat umschließen kann, konnte jedoch von Künstlern, vor allem solchen, die eine technikbasierte Musik hervorbrachten, positiv gebraucht werden. Pierre Schaeffer bezeichnete seine *Musique Concrète* als experimentell und schloss anlässlich der Veranstaltung „Première Decade Internationale de Musique Expérimentale", die 1953 in Paris stattfand, die elektronische Musik mit ein (Schaeffer, 1957). Lejaren Hiller und Leonard Isaacson (1959) sprachen angesichts des ersten Beispiels von Computermusik von Experiment. Dieter Schnebel (1976, S. 464) benutzte den Begriff synonym für eine Musik, die Neuheitsanspruch stellte: „Im Grund ist alle Musik experimentell, die vorangeht, Neues sucht". Der künstlerisch forschende Gestus von Komponisten ist Anlass für eine Hypothese, die in diesem Text verfolgt werden soll: Neue technologische Errungenschaften stimulierten die künstlerische Phantasie, aber das Verhältnis ist nicht nur als Benutzung von neuen Mitteln zu definieren, sondern als interaktiv, weil durch künstlerisches Denken auch neue Techniken angeregt wurden. Das Verhältnis scheint sich im Laufe eines Jahrhunderts mit zunehmender technischer Komplexität allerdings verschoben zu haben. Es fanden weniger regelrechte Neuerfindung statt sondern eher ein neuartiger Gebrauch. Neuerfindung lässt sich leicht an den technischen Instrumenten der 1920er-Jahre zeigen. Handelt es sich dabei aber um neue Medien?

Zum Begriff Medium

Schwierigkeiten im vorliegenden Kontext bereitet der Begriff „Medium". Medien sind nicht gleich zu setzen mit neuen Technologien, obwohl die gängige Einteilung (Pross, 1972; Faßler & Halbach, 1998) in Primär-, Sekundär-, Tertiär- und Quartiärmedien, in der sich die Geschichte von oralen und literalen Kulturtechniken zum Druck, der elektronischen und digitalen Gestaltung spiegelt, dies nahe legt. Die Einteilung erlaubt jedoch für den vorliegenden Kontext eine erste Präzisierung des Gegenstandes dahingehend, dass Tertiär- und Quartiärmedien zur Diskussion stehen, die wie Schallplatte, Telefon, Radio, Film, Fernsehen, Internet sowohl bei der Produktion von Informationen als auch der Rezeption einer technisch-apparativen Ausstattung bedürfen. Der Übergang zwischen Tertiär- und Quartärmedien ist fließend, beide sind ohne Elektrizität undenkbar, ihre verschiedenen Funktionen bündelte seit den 1990er-Jahren die digitale Codierung und Speicherung. Der Computer ersetzte analog arbeitende Geräte wie Tonband oder Kassetten, die breiteren Publikumsschichten als veraltet erscheinen.

Einteilungen sollten eigentlich der zweite Schritt bei der Bestimmung eines Gebietes sein. Es gibt bislang jedoch keine klar umrissene Medientheorie, wobei die an die Kommunikationswissenschaft angelegte Definition von Medium als „Mittel" weiter gefasst ist als die medienwissenschaftliche, die den Aspekt der „Vermittlung" akzentuiert. Die Technik kann die Funktion eines Mittels bei Vorgängen der Produktion, Bearbeitung und Speicherung übernehmen; Vermittlung meint neue Übertragungswege. Die Fotografie zum Beispiel im Unterschied zum Film genügt der letztgenannten Aufgabe nicht in vollem Umfang. Sie wurde deshalb zuweilen nur im Rahmen der Technik– oder Kunstgeschichte behandelt (Faulstich, 2006, S. 72) Die elektrischen Musikinstrumente ließen sich bei einem eng gefassten Medienbegriff analog zur Fotografie oder auch das Video ebenfalls nur als technologische Erfindung kategorisieren oder allenfalls als „Zwischenmedium" (Faulstich, 2006, S. 146). Um die Diskussion abzukürzen[215], dass in diesem Text die elektrische Audiotechnik zur Diskussion steht, sei ein als kurzschlüssig rügbares Argument benutzt: Musik als solche ist zweifelsfrei ein Medium, dessen Struktur von seiner apparativen Basis geprägt ist. Im Sinne der erwähnten Einteilung der Medien gemäß ihrer technologischen Voraussetzungen betreffen auch die elektrischen Musikinstrumente neuartige Produktionsvorgänge, die zudem nicht selten eine Verbindung mit einem Massenmedium eingingen.

Als letzter Gesichtspunkt dieser Vorbemerkung sei der Umstand angesprochen, dass die Anfänge einer Entwicklung ausführlicher dargestellt werden. Sie verweisen stärker auf ästhetisch neue Vorstellungen, die später technologisch leichter zu realisieren waren.

Neue Formen der Klangproduktion und Übertragung[216]

Telefonmusik

Epochengliederungen verwischen gern den Umstand, dass die meisten Entwicklungen nicht ruckartig, sondern kontinuierlich verlaufen. So reichen denn Versuche mit elektrischen Instrumenten, auch Elektrophone genannt, weit in das 19. Jahrhundert zurück und können ihrerseits als Weiterentwicklung der mechanischen Instrumente verstanden werden. Große Bedeutung erlangten zu Beginn des 20. Jahrhunderts die *Pianola* und das Welte Mignon-Klavier (Ernst, 1977). Sie waren Konkurrenten der Schallplatte – Speichertechnologien, mit denen das Spiel berühmter Interpreten festgehalten werden sollte. Den gedanklichen Ausgangspunkt der Elektrophone bildete jedoch nicht die Speicherung von Interpretationen, sondern Kritik am traditionellen Klangapparat. Dies gilt bereits für das Dynamophon oder Telharmonium von Thaddeus Cahill, ein 200 Tonnen schweres Instrument, das den Anfang funktionsfähiger elektrischer Klangproduktion markiert.

Cahills Absicht war es, ein Instrument zu bauen, das akkordfähig sein sollte, aber im Unterschied zum Klavier oder zur Orgel Töne aushalten und zusätzlich noch modifizieren konnte. Das Dynamophon basiert auf der Addition von Sinusschwingungen, die durch Zahnradgeneratoren erzeugt wurden. Die Addition von Sinus-

---

[215] Wie langatmig diese Diskussion werden könnte, zeigt sich z. B. an der Zuordnung der Pianola, die ein Instrument ist, deren Daten tragende Rolle aber als Speichermedium zu bezeichnen ist.

[216] Zu einem detaillierten Überblick über die technischen Konstruktionen, die der elektrischen Musikproduktion zugrunde liegen, vgl. André Ruschkowski (1998).

schwingungen war auch viel später die Grundlage der Produktionsästhetik im Kölner Studio. Neue Musik hatte Cahill jedoch keineswegs im Sinn. Er wollte populäre Klassik in neuer Klanggestalt für zahlendes Publikum senden. Darin kündigt sich an, dass die massendemokratische Sozialstruktur, die mit dem 20. Jahrhundert herauf zu ziehen begann, ganz allgemein mit einer Unterordnung der medialen Verbreitung von Kultur unter ökonomische Interessen verbunden war. Distribution und Konsumentenwünsche begannen sich wechselseitig zu stimulieren. Cahills Erfindung ist aus zweierlei Gründen in den Kontext neuer Musik eingerückt worden. Einmal hat dazu die – anlässlich einer Zeitungsnotiz – geäußerte Begeisterung von Ferruccio Busoni (1983) beigetragen über die neuen Klangmöglichkeiten und der daraus geschlussfolgerten Idee einer feineren Abstufung des Tonvorrats in Dritteltöne. Weiterhin ist Cahills Erfindung nicht nur als Erfindung zur Produktion neuer Klänge zu bewerten, sondern auch als ein Konzept, das neue Verbreitungswege benutzt. 1902 sandte er über das Telefonnetz Musik zum Wohnsitz eines Fabrikanten und eines Freundes nach Baltimore. Die Verbindung mit einem bereits existierenden Medium, dem Telefon, war nicht nur dadurch erzwungen, dass es noch keine Lautsprecher gab, denn Cahill hatte raumübergreifend geplant, Musik an Hotels, Restaurants, Theater, Konzertsäle und Warenhäuser zu vertreiben, wie aus einem Artikel der Electrical World vom 10. März 1906 hervorgeht (Prieberg, 1960). Die Idee, das Telefon zu benutzen, war aber nicht neu (Ruschkowski, 1998, S. 20f.), denn um die Wende zum 20. Jahrhundert wurde in manchen Städten in öffentlichen Räumen an Telefonhörern Musik gehört. Das Wort „Electrophone" benannte eine entsprechende Praxis in London. Cahill scheiterte allerdings mit seiner 1906 in New York gegründeten Firma, weil seine Übertragungen sich oft zu störend auf Telefongespräche auswirkten. Sein Konzept wurde einige Jahrzehnte später von der Firma MUZAK gewinnbringend umgesetzt.

Es wurde aber auch erneut künstlerisch genutzt. 1967 sandte die Komponistin Maryanne Amacher aus ihrem Studio am „Massachusetts Institute of Technology" an verschiedene Orte Klangbilder (City Links) (Gertich, 2000) Der Klangkünstler und Schlagzeuger Max Neuhaus begann ebenfalls in den 1960er-Jahren mit dem Telefon zu experimentieren. In einer der Fassungen seiner „Public Supplies" waren Anrufer gebeten zu pfeifen, abgemischt wurde das Ergebnis durch örtliche Rundfunkanstalten ausgestrahlt. 1982 fanden im Rahmen der Ars Electronica Klangeinspielungen aus aller Welt statt („Die Welt in 24 Stunden"). Als Vorläufer heutiger Improvisationen im Netz erscheint die von dem Schweizer Komponisten Andres Bosshard initiierte „Telefonia. Transatlantic Performance" (1991), bei der Örtlichkeiten in der Schweiz und in New York über Telefonleitungen nachts sechs Stunden lang verbunden waren. Es wurde nach einer Art Drehbuch (fast) in Echtzeit transatlantisch musiziert. Kurzzeitig wurden die Zuhörer vor Ort auf einem Bildschirm per Videotelefon über die jeweiligen anderen Örtlichkeiten informiert. Die raumzeitliche Dimension, die bereits im 19. Jahrhundert sich durch die Verkehrsmittel veränderte, war auf Bruchteile von Sekunden geschrumpft.

Elektrophone

Der Einzug der Künstler in das 20. Jahrhundert war aggressiv-provokativ. Der klassischen Kunst sollte eine Absage erteilt werden, um dem neuen, von technischen Umwälzungen und naturwissenschaftlichen Entdeckungen geprägten Lebensgefühl Rechnung zu tragen. „Alles bewegt sich, alles rennt, alles verwandelt sich in rasender Eile" (Asholt & Fähnders, 1995, S. 11-12) heißt es im Text „Die futuristische Malerei: Technisches Manifest" (1910). Die Schrumpfung räumlicher Entfernungen durch neue Verkehrsmittel und die schnelle Nachrichtenübertragung, die empfundene Geschwindigkeit, die ständig wachsenden Großstädte und der Lärm der Maschinen, machten neue Vorstellungen vom Verhältnis von Kunst beziehungsweise von Künstlern zum Leben notwendig: Der Künstler als Teil des Lebens. Das Geräusch hielt lautstark Einzug in die Musik. Die Intonarumori, die der futuristische Maler Luigi Russolo entwickelte sind dafür das eklatanteste Beispiel. Der Veränderung des Lebensgefühl, das in Europa auf gesellschaftliche Veränderungen drängte, korrespondierte eine neue Kunst[217], wenngleich auf die zu Beginn des 20. Jahrhunderts unterschiedlichen Avantgardebewegungen die Bemerkung von Walter Gropius (1923) zuzutreffen scheint, dass der allgemeine Geist der Epoche erkennbar war, aber seine Form nicht klar definiert (Harrison & Wood, 1992, S. 338). So lässt sich auch nur manchmal eine direkte Beziehung der technischen Erfindungen zum musikalischen Ausdrucksbedürfnis feststellen. Kompositorisch waren neue Klänge und ein antiromantisches Rattern angesagt, oft solche Klänge, die harsch, archaisch wirkten wie in Bela Bartoks „Allegro barbaro" (1910) oder in Igor Strawinskys „Jeu du Rapt" aus dem „Sacre du printemps" (1913). Der Bruitismus der 1920er-Jahre schwappte von Europa in die Neue Welt. Übergänge vom Geräusch zum Klang wurden gesucht oder Ultrachromatik, die durch Forschungen in St. Petersburg (Akademie der Künste, 1983, S. 294-298) weit über Busonis Dritteltönigkeit zu einer 19-tönigen, fast kontinuierlichen Tonleiter ausgeweitet werden sollte.

Die neuen Apparate waren aber nur selten den Bedürfnissen von Komponisten angemessen und erwiesen sich vielfach auch technisch als ungenügend (Ulbricht, 1952). Dies gilt selbst für die Weiterentwicklung des Pianolas durch die Pariser Firma Pleyel, weshalb Igor Strawinsky die Fassung von „Les Noces" von 1919 zurückzog. Auch George Antheil stieß bei seiner Version (1926) seines „Ballet mécaniques" für 16 Pianolas an technische Grenzen und realisierte eine andere Fassung für herkömmliche Instrumente und Alltagsgeräuschtöner, in seinem Fall Sägen, Hammer, elektrische Klingel, zwei Flugzeugpropeller. So schockierend wie die Werke von Edgard Varèse, in denen eine Sirene verwendet wurde, wurde jedoch Antheils Musik nicht empfunden (de la Motte-Haber, 1993, S. 191-226). Die Technikbegeisterung richtete sich auch auf andere Medien. So war das „Ballet mécanique" zur Begleitung

---

[217] Eine Aufarbeitung kultureller Utopien, die sich mit der Technik verbanden findet sich bei Martha Brech (2006).

des gleichnamigen Films von Fernand Léger gedacht. Auch dies scheiterte an der Synchronisation.

Die elektrischen Musikinstrumente verbanden sich ob ihres spezifischen Klangcharakters leichter mit Unterhaltungsmusik als mit Neuer Musik. Lew Sergewitschs Termen (Leonin Theremin in den USA genannt) experimentierte zwar nach der Begegnung mit Henry Cowell an dem fotoelektrischen Rhythmicon, das 1937 bei der Aufführung von Cowells „Rhythmicana" und der „Musik für Violine als Rhythmicon" Aufsehen erregte, aber sein Aetherophon, bzw. Theremin, wurde – wie immer – von Varèse für Ecuatorial vorgesehen im Unterhaltungsmilieu bekannt, und es diente Filmkomponisten wie Franz Waxman, Miklós Rózsa oder Bernard Herrmann zur Illustration von Horror- und Science-Fiction-Filmen („Frankensteins Braut", „Spellbound", „The lost Weekend", „The Day the Earth stood still"). Termen (1979) hatte weniger die Absicht, neue Klänge zu erzeugen, als vielmehr ein Instrument zu bauen, das auf die freie Bewegung seiner Hände reagierte. Das Spiel seines Instruments, das wie das Sphärophon und die Ondes Martenot auf der Differenz aus zwei hochfrequenten Schwingungen beruhte, bot in der Tat mit der vor einer Antenne frei bewegten Hand einen spektakulären Anblick. Termen faszinierte durch sein Spiel von Camille Saint-Saëns „Der Schwan" und durch das „Ave Maria" von Bach/Gounod. Bereits bei den Aufführungen 1920/21 in Russland und nachdem ihm 1927 die Ausreise in die USA genehmigt worden war, hatte er großen Erfolg. 1938, vom russischen Geheimdienst gekidnappt, verschwand er für viele Jahrzehnte. Weniger erfolgreich war „La Croix sonore", das der nach der russischen Revolution in Paris lebende Komponist Nicolai Obuchow auf der Grundlage des Aetherophons nachbaute. Das „Croix sonore" war ein Instrument, mit dem er seine mystischen Vorstellungen mit Antennen in Kreuzesform Ausdruck zu verleihen suchte, dabei mikrotonaler Ultrachromatik verpflichtet.

Neue mikrotonale Vorstellungen waren auch der Ausgangspunkt für Jörg Magers Konstruktion des Sphaerophons, das seinem Konzept vierteltöniger Musik dienen sollte (Schenk, 1952). Das Instrument wurde ursprünglich mit einer Kurbel bedient. Interessant ist, dass eine technische Änderung, nämlich die Entwicklung zum dreistimmigen Spiel und die Ausrüstung mit einer Klaviatur sowie entsprechenden Filtern, die jeder Stimme eine eigene Klangfarbe geben konnten, ästhetische Konsequenzen hatten. Magers Interesse wandte sich nämlich den Oberstonstrukturen zu, das heißt der Klangfarbe; ständige Verbesserungen führten bis zum fünfstimmig spielbaren *Partiturophon*. Magers Instrument weckte das Interesse der Filmindustrie um Visionen zu illustrieren („Stärker als Paragraphen", 1936), allerdings war für den erklärten Pazifisten bereits 1937 dieser Weg abgeschnitten, als das Deutsche Reich die UFA übernahm.

Dass sich die elektrischen Instrumente in der Funktion eines Effektgerätes mit den ebenfalls neuen Massenmedien verschwisterten, dem Film und bald auch dem Radio, bedeutete eine Anerkennung für ihre Erfinder. In der Regel aber war der Ausgangspunkt, ihre Liebe zur Musik mit technischem Fortschritt zu verbinden. Bemerkenswert an der ersten Phase der Verwendung von Elektrizität ist der Umstand, dass es zu produktiver Entwicklung von Geräten kam, und es sich nicht um die Benutzung vorhandener Apparaturen handelte. Die Erfinder hatten in der Regel einen musikalischen Hintergrund. Termen hatte Physik an der Leningrader Universität und Cello am Konservatorium studiert, Maurice Martenot war Komponist, Jörg Mager war Volksschullehrer und Organist. Er erhielt im Übrigen während des Orgelspiels Anregungen, weil sich die Orgel durch sommerliche Hitze verstimmt hatte.

Auch der Physiker Friedrich Trautwein spielte Orgel. Zunächst beim Telegraphentechnischem Reichsamt als Postrat angestellt, wurde er 1930 an die 1927 gegründete *Rundfunkversuchsstelle* der Musikhochschule in Berlin-Charlottenburg berufen. Das von ihm entwickelte Trautonium markiert einen neuen Abschnitt (Mersmann, 1930; Lion, 1932). Es war ein Instrument, das zur Tonerzeugung Kippschwingungen von Klimmlampen verwendete, zunächst einstimmig, später zweistimmig konstruiert. Es konnte während des Spiels Klangformanten, d.h. die Klangfarbe ändern. Gemäß dem Problem, das sich die Rundfunkversuchsstelle gestellt hatte, das die noch mangelhafte Aufnahmetechnik durch die damaligen Mikrophone betraf, entwickelte Trautwein ein Instrument, das unmittelbar an ein Radio angeschlossen werden konnte und im Übrigen deshalb auch als ein Instrument für Jedermann zuhause gedacht war. Paul Hindemith und sein Schüler Harald Genzmer hatten Stücke für das Trautonium geschrieben. Aufgrund seines Klangfarbenreichtums kam auch dieses Instrument im Film zu Ehren. Der Pianist Oskar Sala, auch er ein Schüler von Hindemith, spielte 1930 die Musik von Paul Dessau zu Arnold Fancks Dokumentarfilm „Stürme über dem Mont Blanc" ein. Die Möglichkeiten des Instruments lassen den Soundtrack dieses Films (z.B. bei abbrechenden Schneelawinen) als Vorläufer des Sound Designs der 1990er-Jahre erscheinen. Für Hunderte von Filmen realisierte Sala mit dem Ausbau zum Mixturtrautonium Soundtracks, darunter auch die Geräuschkomposition von Bernard Herrmann zu Alfred Hitchcocks „Die Vögel". Sala spielte auch 1954 bis 1956 die Gralsglocken in der legendären Bayreuther Inszenierung des Parsifals durch Wieland Wagner. Winifred Wagner hatte dafür bereits 1931 Jörg Mager und sein Partiturophon eingeladen.

Es verwundert, dass, abgesehen von wenigen Kompositionen und trotz einer an Musikhochschulen institutionalisierten Beschäftigung mit den technischen Neuerungen, sich die Komponisten neuer Musik den Apparaten gegenüber sehr zurückhaltend zeigten. Über Gründe lässt sich nur spekulieren angesichts dessen, dass bei den wenigen Stücken von Olivier Messiaen für Ondes Martenot oder von Hindemith für Trautonium die Instrumente meist als Melodie-Instrumente, wie immer in der Höhenlage erweitert, verwendet wurden. Sie wurden nicht als Klangfarbeninstrumente eingesetzt. Trotz Arnold Schönbergs (1911) berühmter kurzer Passage am Ende seiner Harmonielehre waren keine satztechnischen Modelle zur Komposition für Klangfarben und Geräusche vorhanden. Die instrumentalen Klangsynthesen von Edgard Varèse, der heute darob als Vorläufer der elektronischen Musik gilt, hatten keine große Verbreitung gefunden. Zu der Hypothese fehlender kompositorischer Modelle fühlt man sich veranlasst durch die Entstehungsgeschichte des spannungsgesteuerten Synthesizers (um 1964), der vor allem mit dem Namen von Robert Moog verknüpft ist. Moog hatte Aetherophone gebaut. Die Anregung zum Synthesizer ging von dem mit neuen Klängen operierenden Komponisten Herbert Deutsch aus, dessen Tonband-Kompositionen Moog beeindruckten. Die Zeit war künstlerisch reif für ein neues Instrument, nur anfänglich gab es einiges Misstrauen von Seiten der Komponisten angesichts des Siegeszugs, den der Synthesizer im Bereich der Pop-Musik antrat.

Experimente mit Speichermedien

Bereits die Pianola und das Welt Mignon-Klavier reizten die kreative Phantasie von Komponisten zu einer Musik, die nicht des Interpreten bedurfte, ihn sogar übertreffen konnte. Strawinskys Ragtime für Pianola (1917), Hindemiths und Tochs Kompositionen (1926) für Welte Mignon entsprangen nicht nur den Idealen einer mechanischen Musik, so das Thema des Donaueschinger Festivals, das sie anregte. Befreit von den Ausdrucksidealen der Vergangenheit, spielen sie virtuoser als ein Pianist es könnte, – ein Grund, warum Conlon Nancarrow später auch noch die meisten seiner Kompositionen einer Pianola anvertraute (Braun, 2000; Ungeheuer 1992).

Das Grammophon reizte ebenfalls zum experimentellen Umgang. Hindemith und Toch ließen an der Berliner Rundfunkversuchstelle Platten mit schnellerer Geschwindigkeit ablaufen und versuchten sich an der heutigen DJ-Praxis der Überblendung. Toch überlagerte in verschiedenen Rhythmen gesprochene Städtenamen in verschiedener Geschwindigkeit („Gesprochene Musik" 1930), Hindemith bearbeitet auf diese Weise Aufnahmen von Gesang und Musik („Trickmusik" 1930). Wenig Später benutzte auch John Cage Schallplatten, um Musik zu komponieren. Die „Imaginary Landscape Nr. 1" ist für gedämpftes Klavier, Becken und zwei Plattenspieler konzipiert; letztere erzeugten aus Messschallplatten mit Sinusfrequenzen durch variable Geschwindigkeit sirenenähnliche Klänge (1939). „Credo in Us" (1942) verwendet beliebige gespeicherte Klassische Musik kombiniert mit Schlagzeugquartett. In 33 1/3 (1969) sind 12 Schallplatten, beliebig ausgewählt von 12 Teilnehmern zu spielen. Die heutigen Turntablisten haben ihre Vorgeschichte in der ersten Hälfte des 20. Jahrhunderts.

In Amerika folgten in den 1950er-Jahren den Schallplattenexperimenten solche mit Tonband (Ernst, 1977; Pritchett, 1993). Die „Music for Tape" gilt zwar heute als amerikanisches Äquivalent der Musique Concrète und der elektroakustischen Musik, sie hatte jedoch einen anderen gedanklichen Ausgangspunkt. Das Tonband wurde nicht oder nicht nur als Speichermedium aufgefasst sondern als Instrument. Im Studio von Louis Barron, Schüler von Henry Cowell und seiner Ehefrau Bébé gründete 1951 Cage zusammen mit Earle Brown, David Tudor, Morton Feldman und Christian Wolff das „Project of Music for Magnetic Tape". Die Barrons, die überwiegend Musik für Science Fiction Filme produzierten, waren offen für Experimente. John Cage schien das Tonband das geeignete Mittel zu seine, um seine Idee einer Zufallsmusik zu realisieren. „Imaginary Landscape Nr. 5" (1952) basiert auf 42 Jazzschallplatten, deren Musik mit Hilfe des Tonbandes in fragmentierter Form neu zusammengesetzt wurde. „Williams Mix" (1952) benutzt nicht weniger als 600 Tonbandschnipsel, teils Bandabfälle, neu organisiert nach dem „I Ging".

Zwei andere Pioniere, die Komponisten Vladimir Ussachevsky und Otto Luening arbeiteten ebenfalls mit elektromagnetischer Schallaufzeichnung, um neuen Klänge zu gewinnen. Die Elektrophone erschienen ihnen zu sehr am traditionellen Instrumentatrium orientiert. Die mit der neuen Technologie unbegrenzt erscheinenden Möglichkeiten der Schallproduktion engten sie ein, indem sie nur Töne von mechanischen Instrumenten (Luening als Flötist vor allem Flöte) speicherten. Ihre Tonbandmanipulationen bestanden weniger wie bei Cage im Schnitt als vielmehr in der Veränderung von Bandgeschwindigkeit. Darüber hinaus verwendeten sie „Fehler", vor allem Rückkopplungseffekte von frei über Lautsprechern schwingenden Mikrofonen. Das Tonband als Instrument wurde von Synthesizer und Computer abgelöst.

Bemerkenswert an den Experimenten mit den Speichermedien ist der Umstand, dass deren ursprüngliche Funktion kreativ umgestaltet wurde, als hätten die Komponisten dem Ersatz des Konzerts durch die Medien misstraut. John Cage, von dem berichtet wird, er hätte alle Aufnahmen seiner Musik freundlich beiseite gelegt, hat sich explizit dagegen gewandt, daß man Schallplatten als „beweglichen Konzertsaal" gebrauchen könnte. Was zählt ist die Situation der Aufführung, bei der man auch Schallplatten in einer Weise gebrauchen soll, „daß etwas Neues entsteht" (Zeller, 1978, S. 115-116).

Die Speichermedien werfen offensichtlich Probleme auf, die die Wiedergabe von Realität durch ein Abbild betreffen. Wie authentisch ist dieses Abbild. Michael Snow widmete sich dieser Frage mit einer seine akustischen Arbeiten, die gleichzeitig entstanden wie seine Experimentalfilme: „The Last LP 1987" – der Titel spielt auf das Ende der Vinyl Platten an – speichert Musik primitiver exotischer Völker. Aber alle Beispiele wurden von Snow selbst komponiert und eingespielt: ein Fake als Kritik am Gedanken Wirklichkeit sei medial repräsentierbar.

Die Speichermedien ermöglichen Dokumente von Werken oder – um den Werkbegriff nicht überzustrapazieren – von Arbeiten, die in einen anderen Wahrnehmungskontext gehören. In der Sprache Goethes fehlt dem Dokument das Ereignishafte des Hier und Jetzt, im Denken von Cage die Erfahrung des Zufallenden, Einmaligen. Benjamin sprach vom Verlust der Aura. Er betonte jedoch die gewaltig gestiegenen Verbreitungsmöglichkeiten technisch reproduzierbarer Kunst, ihren Ausstellungswert. Und verband dies mit der positiven Vorstellung eines neuen Verhältnisses der wie immer zerstreut wahrnehmenden Massen zur Kunst. Man kann diese Idee dahingehend weiterdenken, dass Speichermedien einer eigenen künstlerischen Gestaltung bedürfen. Mikrophonaufstellung, Schnitt, Mischung, Simulation künstlicher Räume u. a. mehr bestimmen die Klanggestalt auf einer CD. Keine Schallplattenkritik kommt ohne die Besprechung solcher technischer Details aus. Besonders interessant gestaltet sich das Verhältnis von Dokumentation zur künstlerischen Arbeit, wenn letztere wie etwa Performance Aktionskunst, einige Landart-Gestaltungen oder Klanginstallationen zeitlich begrenzt geboten werden und nicht einfach wieder in Szene gesetzt werden können. Das Dokument kann in diesen Fällen weitgehend seine ursprüngliche Funktion der Speicherung verlieren und eine eigenständige Qualität gewinnen.

Zuwendung der Komponisten zu Massenmedien

Radio und Film

Der revolutionäre Ausbruch aus der Welt der Kunst hatte sich in den 1920er-Jahren gewandelt zur Gebrauchs- und angewandten Musik, das heißt einer lebensdienlichen Kunst (Grosch, 1999). Intendiert waren nicht neue Klänge, sondern eine sachliche Musik, die breitere Publikumsschichten ansprechen sollte. Alles, was amerikanisch erschien, das heißt alles, was als Jazz erschien, diente einem neuen Demokratieverständnis. Experimente wurden nicht durch, sondern mit den Medien vorgenommen. Dazu eignete sich die an der Aktualität des Jazz und der Modetänze ausgerichtete Zeitoper. Ein prototypisches Beispiel bietet Ernst Křeneks „Jonny spielt auf", 1927, in der ein Radio mitspielt, das unter anderem zur entscheidenden Wendung beiträgt. Der Protagonist, entschlossen zum Suizid, wird in seiner eisigen Berglandschaft durch eine Arie seiner geliebten Anita (übertragen von einem Radio auf einer Hotelterrasse) in seinem Entschluss erschüttert. Das Radio ist von Křenek nicht als Requisit verwendet, sondern in seinen medialen Eigenschaften. Selbst entfernte Orte wie die Eiswüste, können erreicht werden. Křenek war sich aber durchaus der Schwierigkeiten bewusst, die sich mit dem Umstand der Popularisierung Neuer Musik verbanden. Er lässt die Hotelgäste auf der Terrasse ironisch Anitas Arie kommentieren: „Hören Sie die Stimme! Sie klingt so göttlich schön! Schade, dass sie so gerne moderne Musik singt".

Das Radio auf der Bühne blieb kein Einzelfall. Ernst Toch verwendete es als Symbol der modernen Welt für die in China spielende Handlung des „Fächer" (1930). Es erlaubt den Protagonisten Teilen aus einer Opernübertragung in Budapest zu lauschen: Tochs „Prinzessin auf der Erbse" wird dort gespielt. Auch andere Massenmedien wurden verwendet. Wichtige theoretische Beiträge stammen von Kurt Weill (1975)[218]. Weill verfuhr mediengerecht in seinem buffonesken Einakter: „Der Zar läßt sich fotografieren" (1928). Der Zar, der bei einem Fototermin einem Anschlag zum Opfer fallen sollte, wird durch ein Grammophon und den damit zu reproduzierenden Tango von der Flucht der falschen Fotografin abgelenkt. Weill ließ den Tango vor der Aufführung auf einer Schallplatte, einem so genannten *Parlophon* der Firma Lindström, erscheinen und wünschte sich eine entsprechende Werbung, so dass der Tango dem Publikum bekannt sein sollte. Das Grammophon, Verweis auf

---

[218] Kurt Weill hatte sich ab 1925 durch Kritiken und Essays zu den Massenmedien einen Namen gemacht. Dazu trug vor allem seine Tätigkeit für die Zeitschrift DER DEUTSCHE RUNDFUNK bei.

die außerhalb der Bühne existierende, bereits von der Technik bestimmte Realität, ist auch hier ein Handlungsträger. In diesem Tango kündigt sich im übrigen Weills späterer Stil am Broadway an. Die Schallplatte wurde von Weill früh als ein von entsprechenden Marketing-Strategien getragenes Distributionsmittel für Musik begriffen. Der Film hingegen als Illusionsmaschine. Er verwendete ihn in „Royal Palace" 1929 als Einblendung, die alle Reichtümer des Kontinents zeigte, von einem rauschenden Ball bis zu einem Flug zum Nordpol.

Der Film war in den Anfängen ein wichtiges Medium für die Komponisten. Das bis zum heutigen Tag bedeutsame 1921 gegründete, 1927 bis 1929 nach Baden-Baden verlegte Donaueschinger Festival widmete sich 1927 Filmexperimenten, wobei Synchronisationsprobleme im Vordergrund standen. Hindemiths verschollene Musik für mechanische Orgel zu dem Film „Sullivan, Felix der Kater im Zirkus", diente der Vorführung des Chronometers von Karl Robert Blum. Hans Eislers „Passacaglia" zu einem kurzen abstrakten Film von Walter Ruttmann (Opus III oder IV) wurde einmal life gespielt und einmal als Tonfilm nach dem Tri-Ergon-Verfahren (Häusler, 1996, S. 95). Die Entwicklung des „sprechenden Films", wie man damals manchmal sagte, weil Sprache das Neue war, verlief sehr schnell. 1928 war der surrealistische Film „Vormittagsspuk" von Hans Richter (darunter als ein Mitspieler Darius Milhaud) mit der Musik für mechanisches Klavier life gespielt, 1929 als Tonfilm (Häusler, 1996, S. 97). Mit der Tonfilmära entwickelte sich jedoch in den USA wie in Europa Komponieren für den Film zu einem spezialisierten Beruf. Ausnahmen bildeten die Verpflichtung von Erich Wolfgang Korngold und Hans Eisler nach ihrer Emigration in die USA.

Der Rundfunk als Leitmedium

Dies ist ein Grund dafür, dass zum wichtigsten Medium für die neue Musik der Rundfunk wurde. Es betraf dies sowohl Aufträge, wie sie schon 1929, merkwürdigerweise zuerst an Franz Schreker, aber auch an Paul Hindemith vergeben worden waren. Dies betraf ab Ende der 1940er-Jahre die Nutzung apparativen Ausstattung des Rundfunks durch Komponisten sowie die Übertragung von Konzerten. Der Rundfunk würde früh, wie Kurt Weill (1975, S. 111/113) in seinem Aufsatz von 1926 „Der Rundfunk und die Umschichtung des Musiklebens" schrieb, als Kulturindustrie erkannt.1928 war am Klindworth-Scharwenka Konservatorium in Berlin eine weitere Stätte eingerichtet worden, an der Max Butting Komponisten für Radiobedingungen ausbildete (Brennecke, 1973). In den Anfängen boten die noch unzureichend entwickelten aufnahmetechnischen Verfahren Probleme. Die Kammermusiktage Baden-Baden (1929) stellte sich das von Paul Hindemith angeregte Thema „Originalkompositionen für den Rundfunk" und gaben klare Richtlinien vor. Dabei spielte die Rücksichtnahme auf eine spezielle Instrumentation eine große Rolle. Sie war jedoch nicht nur technisch begründet. Sie entsprach dem Kammermusik-Ideal mit dem Vorrang des linearen vor dem verschmelzenden Klang. Kurze Formen sollten außerdem dem Fassungsvermögen breiter Bevölkerungsschichten entgegenkommen. Bemerkenswert ist Max Buttings Überlegung zum Verlust der Aura. Butting (1929) reflektierte über die (bei Walter Benjamin 1936 zerstreut genannte) Rezeption angesichts der Räumlichkeit, in der gehört wurde, der Akustik des Wohnzimmers, der fehlenden Festlichkeit.

In Baden-Baden wurden 1929 insgesamt acht Rundfunkkompositionen aufgeführt. Die spektakulärste war der Lindbergh-Flug von Paul Hindemith und Kurt Weill nach dem an eine Reportage angelehnten Lehrstück von Bertold Brecht. Das Werk wurde zweimal geboten, einmal aus dem Aufnahmeraum durch Telefon-Hörer in den Saal übertragen, ein zweites Mal konzertant, vor dem Kammermusikensemble ein Schild: Das Radio und vor dem etwas abseits sitzenden Solisten ein Schild: Der Hörer. Damit sollte Brechts Theorie angedeutet werden, dass das Radio ein Kommunikations- und nicht ein Distributionsapparat sein solle und der Hörer ein aktiv Mitwirkender. Denn vorgesehen war beim Lindbergh-Flug, dass das Radio die Funktion haben sollte, die instrumentalen Teile zuzuspielen sowie die Motorengeräusche, der Hörer Lindberghs Part wenigstens mitsummen oder parlando sprechen sollte nach der Textvorlage in der Rundfunkzeitung. Die verwickelte Geschichte des Lindbergh-Flugs ist ausführlich von Rudolf Stephan (1982) dokumentiert. Weill soll von allem Anfang an daran gedacht haben, einen Ersatz der Hindemithschen Teile zu komponieren (Häusler, 1996, S. 107). Einer Aufführung in Baden-Baden widersetzten sich aber die nachträglichen textlichen Änderungen von Brecht, vor allem der Ersatz der letzten Nummer „Das Unerreichbare" durch das – ideologisch hoffnungsvollere – „Das noch nicht Erreichte"[219].

Musique Concrète

Sampling und Klangobjekte

Die Idee, Musik zu schreiben, die speziell für die Zwecke des Rundfunks eingerichtet ist, bot eine Lösung, um mit dem neuen, breite Bevölkerungsschichten erreichenden Medium, umzugehen. Aber die dabei nur reproduktive Verwendung des Rundfunks erschien als Kompromiss angesichts der neuen Instrumente. 1929 schrieb der Intendant der BERLINER FUNKSTUNDE:

> „Man könnte sich denken, dass einmal aus der Eigenart der elektrischen Schwingungen, aus ihrem Umwandlungsprozeß in akustische Welten etwas

---

[219] Eine Einspielung 1930 von Hermann Scherchen, dem Dirigenten der Uraufführung, die heute im Rundfunkarchiv Frankfurt aufbewahrt wird, endete gemäß meiner hoffentlich nicht trügerischen Erinnerung bei der vorletzten Nummer.

Neues geschaffen wird, was wohl mit Tönen, aber nichts mit der musikalischen Komposition in der bisherigen Gestaltung zu tun hat" (Häusler, 1996, S. 102).

Er verwies auf das Sphärophon und auf das Aetherophon. Eine wichtige Anregung verdankt sich jedoch der Tonspur des Films, mit deren Hilfe Walter Ruttmann 1930 Umweltklänge sampelte für sein Hörspiel „Weekend". Wiederholungen und Tempogestaltung rücken es nahe, wie dies auch für Ruttmanns abstrakte Filme gilt, an musikalische Strukturen heran. Neu aber war bei „Weekend" die Ausschließlichkeit der Verwendung von Umweltgeräuschen, die nicht als Einbruch der Realität in die Kunst verstanden wurden, sondern als Material, dem Kunstrang verliehen wurde. Neu war im akustischen Bereich auch die technische Montage von Klängen.

Die am 5. Oktober 1948 aus der Taufe gehobene Musique Concrète von Pierre Schaeffer hatte zwar einen anderen gedanklichen Hintergrund, aber mit Ruttmann die Aufwertung der Alltagsgeräusche und die Sampling-Technik gemeinsam. Schaeffer intendierte anfänglich die Klänge völlig von der Schallquelle abzulösen und sie durch rhythmische Montage zu verschmelzen. Er bezeichnete diese Abstraktion als „konkret" in Analogie zur mit Farbe, Form und Fläche arbeitenden abstrakten Malerei, die (unter anderem von Theo von Doesburg) auch als konkret bezeichnet wurde, weil sie ihre die Wirklichkeit repräsentierende Funktion abgestreift und sich auf die ihr genuin eigenen Mittel besonnen hatte. Schaeffer speicherte bis zum Einsatz 1950 eines funktionsfähigen Tonbandes die Umweltgeräusche in geschlossenen Rillen einer Schallplatte und mischte bis zu acht Platten ab. Die etwa zweiminütige Eisenbahn-Etude („Étude aux chemins de fer"), das bekannteste Stück aus den „Concert des bruits", gibt allerdings ihre akustische Herkunft deutlich preis.

Im Unterschied zu seinem späteren Mitarbeiter, dem Schlagzeuger und Komponisten Pierre Henry, Schüler von Olivier Messiaen, empfand sich Schaeffer nicht als Musiker. Er war Fernmeldetechniker und Literat. 1943 hatte er den Club d'Essai als Forschungsstelle für radiophone Kunst gegründet; 1958 wurde er umbenannt in GRM (Groupe de Recherches Musicales). Wichtige Anregungen für die konkrete Musik erhielt er durch den Surrealismus, dabei vor allem durch die Idee des Objet trouvé, das neu kontextualisiert zu neuer Bedeutung gelangt. Schaeffers literarische Vorbilder waren Raymond Roussel und der Comte de Lautréamont. Die konkrete Musik ergänzte die Malerei und Literatur um eine geheimnisvolle rätselhafte akustische Welt. Sie entsprang künstlerischer Phantasie und erst in zweiter Linie technologischer Erfindung. 1943/44 hatte das Radio Schaeffers surreales Hörspiel „La Coquille à Planète" aufgenommen, eine „phantastische Suite für eine Stimme und 12 Monster", so der Untertitel. Als Komponist ist Claude Arrieu verzeichnet. An einigen Stellen ist bei diesem Stück Sprache von Autogeräuschen überlagert oder aber Musik von Glockengeläut. Schaeffer sprach bezüglich dieser Mischung von einer „Composition sonore". Letztendlich handelt es sich hierbei bereits um eine Montage, für die die Herkunft des Schalls unwichtig war, als dass der Klang als solcher zählte. Diese Idee arbeitete Schaeffer (1966) theoretisch in seinem „Traité des Objets Musicaux" aus mit der Untersuchung und Systematisierung der morphologischen Struktur der Klangobjekte. Er wollte eine allgemeine Lehre für eine „neue musikalische Landschaft" schaffen, für die das „Gehör der einzige Richter" sein sollte (Schaeffer, 1974. S. 27).

In der Kette der Vermittlung setzte Schaeffer andere Akzente als sie bei den erwähnten Rundfunkkompositionen vorlagen. Nicht die Frage zwischen Musik und Apparat, sondern akustische Gestalterkennung, die Relation zwischen Klangobjekt und Hörer steht bei ihm im Mittelpunkt. Das Radio ermöglichte mehr oder weniger eine Konzentration auf rein akustische Ereignisse. Die Intention abstrakter konkreter Klänge schien mit der „Symphonie pour un homme seul" (1951), zusammen mit Pierre Henry konzipiert, bereits aufgegeben. Die ausschließlich auf den Menschen bezogenen Geräusche, Summen, Pfeifen, Musizieren, Atmen, die in dieser Symphonie verwendet werden, blieben referenziell auf ihren außermusikalischen Kontext bezogen. Angesichts solcher Semantisierung war ein Konflikt mit den im Kölner Studio des Nordwestdeutschen, (später Westdeutschen) Rundfunks um reine, nur strukturell definierte Klänge ringende Komponisten unausweichlich. 1953 kam es in Donaueschingen zum Eklat. Das „Spectacle lyrique Orphée 53", ein musiktheatralisches Ereignis, das Lautsprecher mit klassischen Instrumenten paarte, war semantisch überladen. Was, akustisch „viel zu dick"[220], an Heulen, Toben, Knacken, Sprachfetzen oder sanften Wispern zu hören war, überbot an illustrativer Wirkung alles bisher auf einer Bühne bekannte. Das Publikum, das sich ein Jahr später höchstens erheitert zeigte, wenn David Tudor und John Cage im Inneren eines Klaviers spielten, war zutiefst schockiert.

Die konkrete Musik ist im Kontext des Rundfunks entstanden. Aber ähnlich wie Paul Hindemith und Ernst Toch an der Berliner Rundfunkversuchsstelle nutzte Pierre Schaeffer nur die technische Ausstattung des Rundfunks. Darf man die Interpretation, es handele sich bei der Musique Concrète um genuine Radiomusik bezweifeln? Bedenkt man, dass das Radio ein Massenkommunikationsmittel ist, so erstaunt immerhin, dass Schaeffer darüber nicht reflektierte. Er besaß kein telematisches Konzept. Der Hörer, von dem er spricht, ist nicht wie bei Butting der Radiohörer in einer alltäglichen Umgebung. Darüber hinaus besaß Schaeffer kein Konzept für die Raumorganisation von Klängen, obwohl bereits in der ersten Hälfte der 1950er-Jahre in Paris Experimente mit stereophoner Darbietung unternommen wurden. Schaeffers Ästhetik war objekt- und nicht raumzentriert. Erst später, so bei François Bayle oder Iannis Xenakis, wurde die Disposition von Lautsprechern immer wichtiger, und zwar nicht nur zur akustischen Strukturierung des Umgebungsraumes, sondern auch um innermusikalische räumliche Strukturen und Bewegungen zu komponieren.

Hörkultur der Akusmatiker

Bereits in den 1930er-Jahren träumte jedoch ein anderer Komponist von einer sich im Raum entfaltenden telematischen Musik, ohne jedoch mehr als mit der „Étude pour

---

[220] So urteilte der Zeitzeuge Prieberg (1960, S. 79).

Espace" ein Chorwerk realisieren zu können. Edgar Varèse, der zwischen 1928 bis 1933 in Paris weilte, hatte eigentlich ein multimediales Spektakel im Sinn, für das er auf einen Text von Antonin Artaud hoffte. Die Bemerkungen und Skizzen für sein hybrides mystisches Unterfangen sahen Stimmen im Himmel vor, wie wenn magische und unsichtbare Hände die Knöpfe von phantastischen Radios drehten, die Stimmen den Raum füllten, sich kreuzten (Varèse, 1983, S. 55). Schaeffers Musique Concrète brauchte eher einen Saal mit Lautsprechern. „Orphée 53" ist medienbasierte Konzertmusik, die für ein Ballet umgearbeitet wurde. Bereits 1950 fanden in Paris die ersten Lautsprecherkonzerte im Saal ohne Radio statt. Allerdings erwies sich dadurch (wie auch für die Konzerte elektronischer Musik im Sendesaal des Kölner Senders), das referenzlose Klangobjekt als Problem. Denn Klang ist ein Medium, dass in der Alltagswahrnehmung eng mit der Schallquelle verknüpft ist. Das Radio als Empfänger erlaubte noch an eine ferne Klangquelle zu glauben. Der Lautsprecher verschärfte die Künstlichkeit der Situation. Lösungen boten sich in Paris durch teilweise stark semantisierbare, das heißt, identifizierbare Klänge. Durch sie gewinnen die Hörspiele, berühmt „La Ville" von Pierre Henry, auch Hörfilme genannt, ihren eigenartigen Reiz. Das „Diapositive Sonore" von Luc Ferrari konnte sogar wie bei der Originalfassung von „Presque rien" (1970) einen reinen Abbildcharakter eines heraufdämmernden Morgens an einem Strand vorsehen.

Damit nähert sich die Musique Concrète an die Sound Scape Ideen des Kanadiers R. Murray Schafer an, der aus ökologischen Gründen eine Sensibilisierung für die Klangkulisse einer Stadt oder Landschaft bewirken wollte. Seine Mitarbeiterin Hildegard Westerkamp (1994, S. 88) dachte daran, durch entsprechende Aufnahmen das Radio zu einem Ort zu machen, für das Hören von Umgebungsklängen, die zum alltäglichen Leben gehören könnten. Derart Realität als Fiktion zu bieten reizte auch zu Eingriffen: Sound Scape Compositions entstanden, bei denen Zikadenzirpen zum Rhythmusinstrument werden konnte. Einige dieser Kompositionen, wohlgemerkt nur einige, haben einen ausgesprochenen Wellness-Charakter.

Den Akusmatikern[221] bot sich außer Klangfotographie eine andere Möglichkeit der Kompensation einer unimodalen Wahrnehmung im Konzert durch eine optisch reizvolle Gestaltung der Lautsprecher. Dieses technische Orchester wurde „Acousmonium" genannt und seinerseits durch Lichteffekte in Szene gesetzt.

Die Möglichkeit einer reinen Hörkultur, wie sie mit der akusmatischen Musik zumindest in den Anfängen erprobt werden sollte, wurde in jüngerer Zeit auf dem Hintergrund der ökologischen Wahrnehmungslehre von James Gibson problematisiert mit dem Ergebnis, dass ein konfligierendes Spiel zwischen virtueller künstlicher Setzung und Umgebungsgeräusch das strukturelle Hören eines Stückes intensivieren könnte (Windsor, 2000). Nicht einbezogen in diese Überlegung ist der Umstand, dass sich mit den Speichermedien und entsprechenden Empfangsgeräten wie Walkman und iPod ohnehin eine zuvor nie gekannte Hörkultur entwickelt hat, die die Rezeption

---

[221] Das aus dem Begriff Akustik abgeleitete Kunstwort wurde mit dem Mythos von Pythagoras verbunden, den seine Schüler nicht sehen konnten, weil er hinter einem Vorhang sprach.

elektro-akustischer Musik vielleicht erleichtert, als Alltagskultur jedoch eine ständige Teilung der Aufmerksamkeit erfordert, der sich eine komplexe Musik widersetzen würde. Solche Musik ist an Lautsprecherkonzerte im Saal gebunden. Auch an der elektronischen Musik, ein Begriff, der heute in die Popularmusik abgewandert ist, lässt sich ablesen, wie stark durch die technologische Entwicklung eine allgemeine Hörkultur den Musikbegriff verändert hat. Die traditionelle Instrumentalmusik hatte immer den Hör- und den Sehsinn zugleich angesprochen. Ob die multimedialen Techniken die eingetretenen Veränderungen wieder rückgängig machen werden, bleibt abzuwarten.

Elektronische Musik

Der Musikbegriff hat sich gewandelt. Dazu beigetragen haben die zahlreichen Studios, die in der zweiten Hälfte des 20. Jahrhunderts in Europa und Amerika entstanden sind. Außer dem Münchner Siemens Studio, das auf Anregung von Carl Orff mit der Leitung seines Schülers Josef Anton Riedl betraut, 1960 gegründet wurde, waren in Europa meist die Rundfunkanstalten die institutionellen Träger. Dabei spielt der Nordwestdeutsche Rundfunk und das Studio in Köln eine besondere Rolle, weil es in der Anfangsphase ein anderes musikalisches Konzept entwickelte als das Pariser Studio (Ungeheuer, 2002). Der Musikwissenschaftler Herbert Eimert, Leiter des Nachtprogramms des NWDR, strahlte am 18.10.1951 eine Sendung aus – Ergebnis einer Darmstädter Arbeitstagung – mit dem Titel „Die Klangwelt der elektronischen Musik", letzteres ein Begriff, der von dem Phonetiker Werner Meyer-Eppler stammte. Die Sendung war sehr erfolgreich, es kam zum Auftrag, ein Studio aufzubauen, als dessen Gründungsdatum ein Konzert vom 26. Mai 1953 gilt. Eimert (1953), der Autor eines Buches zur Zwölfton-Technik und der Theorie von Theodor W. Adorno verpflichtet[222], definierte mit großer Strenge: *Elektronische Musik* sei serielle Musik. Damit gemeint war eine Musik, die in allen ihren Bestandteilen, auch der Klangfarbe, durch ein einziges Prinzip geregelt war. Das bedeutete, vereinfacht gesprochen, nicht Klangmaterialien zu sampeln und zu bearbeiten wie in Paris, sondern sie aus Sinus-Schwingungen gemäß einer Reihe zu erzeugen. Als paradigmatisches Beispiel gilt die „Studie II" (1954) von Karlheinz Stockhausen (1963) mit der Regelung aller Parameter durch die $\sqrt[12]{2}$. Aber bereits diese Studie war weniger puristisch als die nur aus Sinus-Tönen konstruierte „Studie I", weil zur klanglichen Verschmelzung der Töne Stockhausen sie durch einen Hallraum geschickt hatte. Der „Gesang der Jünglinge" (1955/56) nahm Anregungen der konkreten Musik auf. Das Stück verschmilzt gesampelte gesungene Sprache und elektronische Klänge. Stockhausen hatte bei seinem Parisaufenthalt 1952 im Studio von Pierre Schaeffer gearbeitet. Beim

---

[222] Adornos Neigungen galten allerdings nicht der elektroakustischen Musik; er meinte, sie klänge wie „Webern auf einer Wurlitzer Orgel gespielt". Theodor W. Adorno (1973, S. 160).

„Gesang der Jünglinge" bewirken Raumgröße, Entfernungen, Raumqualitäten wie offene Räume und anderes mehr unterschiedliche Form bildende Verständlichkeitsgrade der Sprache. Die in enger Nachbarschaft zu diesem elektronischen Stück entstandenen Gruppen für drei Orchester, bei denen der musikalische wie der Umgebungsraum räumlich durch die Aufstellung der Klangkörper organisiert ist, nahmen Anregungen aus der elektronischen Musik auf. Derart differenziert wie bei der elektroakustischen Musik konnte jedoch mit Raum nicht verfahren werden. Im „Gesang der Jünglinge" zeigt sich daher eine neue musikalische Gattung.

Überlegungen zu einer radiophonen Musik standen jedoch auch in Köln nicht im Zentrum. Es ging um die technische Nutzung für die Produktion neuartig klingender Stücke. Bereits die „Kontakte" (1960) von Stockhausen existieren in einer Version für Schallplatte und einer zweiten für Klavier, Schlagzeug und elektronische Klänge.

Der Rundfunk hatte zwei wichtige Funktionen. Er stellte die Apparate zur Verfügung und er diente der Verbreitung der neuen Musik, wobei die Nachtprogramme des Westdeutschen Rundfunks einen wichtigen Abschnitt in der Geschichte der Neuen Musik darstellen. Ihre Besonderheit: Erläuterungen der Musik, die abschnittsweise auch gespielt werden konnte, ehe sie als Ganzes hörbar war, bedachte auch das Endglied der Übertragungskette, den Hörer. Dies entsprach dem Programmauftrag der öffentlich rechtlichen Sendeanstalt, zur Bildung beizutragen.

War aber, so fragt man sich, das Medium, das die Entwicklung der Neuen Musik so stark förderte, im Sinne der Theorie von McLuhan letztendlich gar nicht geeignet, genuin radiophone Ideen bei Komponisten neuer Musik anzuregen? Marshall McLuhan (1965) bestimmte das Radio als ein heißes Medium. Es ist detailreich, an ein einziges Sinnorgan adressiert, das eng mit den Emotionen verknüpft ist. Verständlich wird damit, dass es hysterische Reaktionen auslösen konnte wie bei einem Hörspiel (1938 „The War of the World"), das eine Marsinvasion als Sujet hatte. Das Radio war im Dritten Reich ein ausgezeichnetes Propagandamittel. Ob es heute aber noch ein heißes Medium ist, darf bezweifelt werden. Es begleitet den Alltag. Seine Nutzung ist von erhofften Bedürfnisbefriedigungen eines Individuums bestimmt, und zwar von Bedürfnissen nach Unterhaltung oder nach Information. Die ersten Untersuchungen zu dieser Medienwirkungstheorie des „Use and Gratification" datieren aus den 1940er-Jahren (McLeod & Becker, 1981), d.h. sie sind fast so alt wie der Einsatz des Radios zur Übertragung Neuer Musik. Welche Befriedigung/Gratifikation aber sollte ein Hörer aus ihm unbekannter Musik ziehen, wenn sein Lebensstil von ganz anderen Wünschen geprägt ist als von dem Wunsch nach einem ästhetischen Abenteuer? In der gegenwärtigen Radiokultur hat die Neue Musik dennoch einen kleinen Platz behalten, dank dessen dass von einer Individualisierung der Mediennutzung ausgegangen wird, die sich in Sendeformaten und einer Differenzierung von Medieninhalten zeigt. Als Folge davon berühren die Medien nur Teilöffentlichkeiten. Generell kann man nicht oder nicht mehr von einer einheitlichen Musikkultur ausgehen.

Radiophonien

Hörspiel – eine neue musikalische Gattung

Neue Medien dienen meist nicht nur der Reproduktion, der Speicherung und Übermittlung, sie sind oft Anlass für neue Kunstgattungen. Was für Film und Video gilt, zeigt sich auch beim Rundfunk. Genuin radiophon ist das Hörspiel, das als neue Form dramatischer(teils grotesker) Literatur in die Anfänge des Rundfunks auf das Jahr 1924 datierbar ist. Auch das sog. neue Hörspiel, das sich in den 1960er-Jahren entwickelte, war vor allem noch literarisch inspiriert, wichtig dabei die konkrete Poesie. Der erste Komponist, der für ein Hörspiel („Ein Aufnahmestand" 1969) einen Preis erhielt, war Mauricio Kagel. „Hörspiel" war im Titel in Klammer gesetzt. Dieses Werk reiht sich in die Gesamtproduktion des Komponisten einerseits nahtlos ein, weil für Kagel die Arbeit mit Medien, Film, Tonbandband sowie Lautsprecher, ohnehin eine Rolle gespielt hatte, aber es stellt auch die Beschäftigung mit einer neuen Gattung dar. Das bedeutet, dass medienspezifische Anforderungen zu lösen waren. Die Technik war längst so weit entwickelt, dass damit nicht mehr die Anpassung von Musik an technische Bedingungen gemeint sein konnte. Kagels Hörspiele reflektieren das Medium in allen seinen Bedingungen.

Sein erstes Hörspiel ist dem Aspekt Produktion, wie der Titel besagt, der Aufnahmesituation, in einem Studio gewidmet. Die Nutzung des Radios zu kommerziellen Zwecken und zur Propaganda haben Hörspiele wie „Guten Morgen. Hörspiel aus Werbespots" (1971) oder „Der Tribun. Hörspiel für einen politischen Redner, Marschklänge und Lautsprecher" (1979) zum Gegenstand. Eine andere medienspezifische Eigenschaft ist der Unterhaltungswert des Rundfunks. Kagels „Soundtrack" (1975) verfremdet ihn zum Filmhörspiel. Akustisch repräsentiert zu komponierten Geräuschen sind die Bemerkungen einer einen Western sehenden Familie, der Soundtrack dieses Films, Umgebungsgeräusche sowie die Klavierübungen des Sohnes im Nebenzimmer. Das alles ergibt eine kunterbunte, letztendlich unterhaltende, Mischung. Unterschiedliche Räume sind ebenfalls eine typische Möglichkeit, radiotechnischer Simulation von Wirklichkeit. In „Nah und Fern" oder „Drinnen und Draußen" bestimmen bei Kagel Räumlichkeiten, die Dramaturgie des Geschehens. Typische Merkmale des Hörspiels, Übergänge von Musik und Geräusch, artifiziell umgestaltete Sprache, wie sie grundsätzlich im Hörspiel eine neue Rolle spielt, gestaltet Kagel personalstilistisch in reichen Fassetten aus, so dass man kaum dem Titel „Vorzeitiger Schlussverkauf" eines seiner jüngsten Werke (2004) recht geben kann. Das Modell Sender-Empfänger bleibt bei all diesen Stücken unangetastet.

Neukonzeption des Modells Sender/Empfänger

Aus den vielen Medienkompositionen von John Cage ist die „Imaginary Landscape Nr. 4" (1952) für 12 Radioapparate, 24 Spieler und einen Dirigenten – einem Gedanken von Hans Rudolf Zeller (1978) folgend – von besonderem Interesse, weil sie das Sender-Empfänger-Modell umfunktioniert: Der Empfänger wird zum Sender für die klanglichen Ereignisse einer in traditioneller Weise geschriebenen Partitur. Noten geben die am Radio einzustellenden Frequenzen an, ein zweiter Spieler hat ob der Komplexität die Lautstärke zu regeln. Das Stück lehnt sich eng an die „Music of Changes" (1951) an, bei der Henry Cowell gerügt hatte, dass selbst der Interpret das verwendete Zufallsverfahren ob der völlig fixierten Partitur nicht wahrnehmen kann. Welche akustischen Ereignisse jedoch aus dem Senderradio in der „Imaginary Landscape" erklingen, ist von jeglicher kompositorischer Vorgabe frei. Ob Cage dabei ein Verfahren gewählt hat, das dem Verhalten eines wellenreitenden Hörers entspricht, bleibe dahingestellt. Theodor W. Adorno (1973) hatte in solchem Herumspielen mit den Knöpfen eine Möglichkeit der Medienkritik gesehen.

Den Hörer beziehungsweise die Hörsituation thematisierte auch Dieter Schnebel (1972) mit seinen Radiostücken „Hörfunk" durch die Collage von klassischer und U-Musik sowie Umgebungsgeräuschen (z. B. Düsenjäger), Nachrichten, Zeitansagen, Atemgeräuschen, das heißt all dessen, was der Hörer vor dem Radio erlebt oder woran er möglicherweise denkt. Man könnte auch von einer Extrapolation sprechen dessen, was sich im Kopf des Hörers akustisch abspielt. Tom Johnson setzte sich in anderer Weise mit dem zerstreuten Hören vor dem Rundfunk auseinander. In „Music and Questions" (1988) wird permutativ variiert eine melodische Linie von Glocken vorgetragen. Das Spiel ist unterbrochen von Fragen, z. B.: „Are you listening more to the questions than to the music?" Irgendwann im Verlauf des Stücks wird dem Rezipienten bewusst, dass er nicht genau hinhört.

Hörspiele werden heute meist als literarische Gattung verstanden. Institutionen wie das Kölner „Studio für akustische Kunst" des WDR, 1991 aus dem Hörspielstudio hervorgegangen, oder das „Kunstradio" des ORF in Wien verpflichten sich allerdings nicht auf eine solche enge Auffassung. Grenzüberschreitende Kunst kann bei ihnen einen Platz finden (Mixner, 1996). „Horizontal-Radio", ein Projekt des Wiener „Kunstradios" und der Ars Electronica, vernetzte 1995 weltweit 20 Rundfunkstationen von Jerusalem bis Vancouver. Mehr als 100 Künstler waren an diesem interaktiven Radioprojekt beteiligt und schufen eine Klanglandschaft. Frei nach Wahl konnten die Rezipienten sich vor Ort Hörinseln schaffen. Auch eines der spektakulärsten Projekte des Kölner Studios war eine weiträumige Vernetzung, die Klangbrücke Köln-Kyoto (1993). In Echtzeit wurden Klänge von jeweils 15 verschiedenen Orten der einen Stadt auf einen Platz der anderen Stadt geschickt. Bill Fontana war seit den 1980er-Jahren mit solchen auf großräumiger Versetzung von Schall beruhenden „Sound Sculptures" hervorgetreten, in denen sich die Idee der Machbarkeit der Welt mit der der Sensibilisierung für Umweltklänge verband. Das Radio strahlte drei Stunden lang die mehr als 10 Stunden dauernde Klangbrücke aus, die auf einem großen Platz installiert war. Rundfunkspezifische Kunstformen wie das Hörspiel haben die Grenzen des Mediums verwandelt. Dazu trägt die technische Entwicklung bei, was bei Horizontalradio erfolgreich erprobt wurde, nämlich die Begünstigung von Vernetzung durch den Computer. Deutlicher noch wird die Ausweitung an der Kombination von Installation und Sendung. Auch Alvin Currans „Transdadaexpress, 2. Extraordinäre Renderings" (2006), die Bearbeitung eines älteren Hörspiels, eine Collage aus Klang, Musik und Sprache zur Erinnerung an die Dada-Aktivitäten 1916, wurde als Installationen in 5.1 Mehrkanalton in Stuttgart vor Publikum geboten und zugleich als Rundfunksendung ausgestrahlt. Die Installationen verweisen darauf, dass, vergleichbar den Anfängen der Studioproduktion der elektroakustischen Musik, das Bedürfnis nach einer Präsentation vor einem vor Ort versammelten Publikum besteht, als glaubten die Künstler nicht, dass das Radio in ihrem Wohnzimmer den angemessenen Rahmen für ihre Arbeiten biete.

Vorbildwirkung Konzert

Die Präsentation vor einem Publikum hat seine faszinierende Wirkung behalten. Von der Standardisierung der Vernetzung elektronischer Musikinstrumente durch die MIDI hat die Life-Elektronik profitiert, weil die Interaktivität zwischen Interpret und Apparat erleichtert wurde gegenüber dem Biofeedback, das z. B. die Gruppe Musica Elettronica Viva in den 1960er-Jahren einsetzte. Der zur Klangspeicherung wie Bearbeitung und als zentrale Steuereinheit tauglich Computer ist seit den 1990er Jahren ein unerlässliches Requisit geworden. Mit seinem Einsatz hat sich die neue Form des Laptop-Konzerts herausgebildet. Auch für sie, eine Art von Improvisation mit möglichen akustischen Reaktionen der Spieler in Echtzeit, wenngleich ohne traditionelle Instrumente, immer noch die angemessene Art der Präsentation. Das klassische Konzert war nicht durch die Speichermedien zu ersetzen, weil es zum Hören und zum Sehen bestimmt war. Technisch erzeugte gespeicherte Musik musste daher manchmal kompensatorisch verfahren, wozu heute gern Videos benutzt werden. In den improvisatorischen Formen bewirkt zusätzlich der Wunsch nach Situationsspezifik[223], dass an traditionellen Präsentationsformen festgehalten wird.

Von besonderer Bedeutung ist sie beim *Media Bending*, das vielleicht gar nicht zum Gebiet der gängigen Medientheorien zu rechnen ist. Gemeint ist eine Manipulation (Verbiegung) elektronischer Geräte, die ganz einfach sein können, beispielsweise Operationen mit batteriebetriebenen Kinderspielzeugen einschließen können, wenn letztere Audio-Signale erzeugen. Beliebt beim Media Bending, um neue Klänge hervorzubringen, ist der Kurzschluss (Circuit Bending), aber auch der Umbau von

---

[223] Situationsspezifik als Terminus technicus meint, dass eine ästhetische Erfahrung nicht von Zeit, Ort, Interaktion mit der Aufmerksamkeit des Publikums und anderen konkreten Gegebenheiten, z.B. auch den Umweltgeräuschen ablösbar sein sollte. Sie ist typisch für Improvisationen.

Geräten und ihre Anordnung in komplexen Arrangements aus Schaltern, Potentiometern usw. Zuweilen wird die Software vorhandener Geräte umprogrammiert. (Davis, 2006). Media Bending ist ein kreativer Umgang mit den elektrischen Geräten, die uns umgeben. Und es bedeutet die Suche nach neuen Ausdrucksformen, deren Produktion beim Circuit Bending schmerzhaft sein kann, wenn die Kurzschlüsse mit den Händen ausgeführt werden. Media Bending erfordert ein zuhörendes, aber auch ein die Handlung aufmerksam verfolgendes Publikum. Erstaunt bemerkt man, dass die Technifizierung das performative Bedürfnis von Musikern nicht gemindert hat.

Fazit

Blickt man zurück auf den Parcours durch die Entwicklung von neuer medienbasierter Musik, so scheinen dreierlei Gesichtspunkte von besonderer Bedeutung:

1) Die Komponisten haben sich neuen Technologien zugewandt, um satztechnische und ästhetische Vorstellungen leichter realisieren zu können. Mechanische Musik, die nicht mehr dem romantischen Ausdrucksideal entsprach, stärkere Einbindung in das alltägliche Leben und neuartige Klangideale, Collagen wie Zufallsprozesse, ebenso serielle Strukturen ließen sich damit optimieren.

Die Ausweitung der Musik in den Bereich der Technik ging jedoch mit Abgrenzungen einher, weil die traditionellen Formen des Konzerts weiterhin ihren Platz beanspruchten. Verdanken sich einerseits der Experimentierfreudigkeit bis in die Generation der heute 60- bis 80-jährigen Komponisten Zonen des Übergangs, so tendiert die Beschäftigung mit neuen Medien heute dazu, neue Gattungen hervorzubringen. Die elektroakustische Musik ist fast zu einer eigenständigen Teilkultur geworden, Life-Elektronik als Erweiterung des Instrumentalspiels verstanden, ragt noch am ehesten in die Praxis traditionellen Musizierens hinein, wie immer vor allem die vermehrte Verwendung von Computern seit den 1980er-Jahren zur Steuerung interaktiver Prozesse auf dem Podium spezialisiertes Wissen verlangt. Die Ausdifferenzierung der Arbeit mit gesampelten und synthetischen Klängen zum reinen Laptop-Konzert, gar in jener Form, die mit den Störgeräuschen, früher von Rückkopplungen, heute von Clicks und Cuts arbeiten, gelten eher als Grenzfälle der so genannten Clubmusik, denn als neue Musik. Sie ragen in die Multimedia-Kunst hinein, weil der fast reglos auf dem Podium sitzende Musiker eines belebenden Elements bedarf und sei dies nur die Projektion dessen, was er selbst auf dem Bildschirm sieht.

Die Tendenz zur Ausbildung neuer Gattungen zeigt sich am deutlichsten in der seit den 1980er-Jahren expandierenden Klangkunst. Festival neuer Musik wie Donaueschingen oder das Kammermusikfest in Witten versuchen in diesen Bereich Einblicke zu verschaffen, aber sie stoßen dabei auf Ablehnung von Komponisten, die die traditionelle Notenschrift als Medium verwenden. In das Schaffen der unter 50-jährigen hat allerdings der Computer als Hilfsinstrument bei der Erstellung einer

Partitur Eingang gefunden. Beliebt ist es, musikalische Entwicklungen analog zu dem 1968 von Aristid Lindenmeyer vorgeschlagenen fraktalen Modell des Pflanzenwachstums zu modellieren. Der Computer errechnet und zeigt Schritt für Schritt die möglichen Verzweigungen, die aber dem kontrollierenden Blick des Komponisten ausgesetzt sind. Der Computer ist nur ein Hilfsmittel, das Arbeit spart bei algorithmischen Konzepten, die zurückverweisen auf serielles Denken.

2) Die technologische Entwicklung hat durch die Speicherung und Reproduktion den Klang verfügbar gemacht. Er ist von seiner Schallquelle ablösbar als Objekt zu behandeln und beliebig im Raum zu postieren oder zu bewegen. Die Anfänge der Musique Concrète zeigen die damit einhergehende Möglichkeit der künstlerische Verwendung von Schall durch die Hand eines Nicht-Musikers. Im letzten Jahrzehnt kam es fast zu einer inflationären Entwicklung bezüglich der Verwendung von Sound durch bildende Künstler. Die um 1960 einsetzende Auflösung des Werkbegriffs machte den flüchtigen Klang attraktiv, der sich zudem gut dazu eignete, Eigenschaften eines Raumes zu betonen. Es sind oft nur einfache Loops, die dabei verwendet werden. Zufallsschwankungen ändern nichts am statischen Eindruck. Räumliche Wirkungen intendieren auch Musiker, dennoch aber sind sie in der Regel zugleich an der zeitlichen Strukturierung interessiert. So entstand im Kontext der so genannten Soundart eine weitere neue Form, die „Konzertinstallation". Der Komponist Robin Minard war wahrscheinlich der Erste, der diesen Begriff verwendet hat für die Installation von gesampelten in den Raum ausgreifenden Klängen, einer Installation, der jedoch ein Verlauf, ein Anfang und Ende gesetzt ist.

3) Zumindest gegenwärtig werden die traditionellen Gattungen stärker konturiert, weil die Komponisten Anschluss an den Ausdrucksgehalt der traditionellen Musik zu gewinnen trachten. Sie versuchen sich einzuordnen. Gegenteilig gilt, dass Elektrizität gebrauchende Klangproduktionen sich als Teilkulturen entfaltet haben, aber im Wechselspiel von Kunst und Technik einer ständigen Ausdifferenzierung unterliegen. Die Grenzen zwischen elektro-akustischer Musik, Klangkunst und Multimedia sind zudem fließend, wobei jedoch bei den beiden erstgenannten die technischen Aspekte gern verborgen werden, die multimediale Kunst hingegen beeindrucken kann durch das Aufzeigen der künstlerischen Möglichkeiten und Verfremdungen der elektronischen Apparaturen. Wie immer man ästhetisch unterschiedliche Intentionen bemerken kann, so gilt doch für alle elektrisch erzeugte Kunst, dass sie zunehmend die reine Hörkultur, wie sie sich im Zusammenhang mit den Medien im 20. Jahrhundert entwickelt hatte, hinter sich lässt zugunsten eines multisensorischen Erlebens. Ästhetische Bedürfnisse und technische Möglichkeiten stimulieren sich dabei wechselseitig.

Literatur

Adorno, T. W. (1973). Das Altern der neuen Musik (1954). In T. W. Adorno, Gesammelte Schriften Bd. 14 (S. 143-168). Frankfurt a.M.: Suhrkamp.

Adorno, T. W. (1973). Radio Research (1941), deutsch: Über die Verwendung des Radios. In T. W. Adorno, Der getreue Korrepetitor (S. 217-248). Frankfurt a.M.: Suhrkamp.

Akademie der Künste Berlin (Hrsg.). (1983). Sieg über die Sonne. Aspekte russischer Kunst zu Beginn des 20. Jahrhunderts. Berlin: Frölich und Kaufmann.

Asholt, W. & Fähnders, W. (1995). Manifest und Proklamationen der europäischen Avantgarde 1909-1938. Stuttgart-Weimar: Metzler.

Benjamin, W. (1963). Das Kunstwerk im Zeitalter seiner technischen Reproduzierbarkeit (1936). Frankfurt a.M.: Suhrkamp.

Blaukopf, K. (1977). Massenmedium Schallplatte. Wiesbaden: Breitkopf & Härtel.

Braun, H.-J. (Hrsg.). (2000). I Sing the Body Electric. Music and Technology in the 20th Century. Hofheim: Wolke.

Brech, M. (2006). Können eiserne Brücken schön sein. Über den Prozeß des Zusammenwachsens von Technik und Musik. Hofheim: Wolke.

Brennecke, D. (1973). Das Lebenswerk Max Buttings. Leipzig: VEB.

Busoni, F. (1983). Entwurf einer neuen Ästhetik der Tonkunst (1907/1916). In F. Busoni, Ausgewählte Schriften. Leipzig: VEB.

Butting, M. (1929). Rundfunkmusik – Wie wir sie brauchen. Die Musik, 21(11), 443-447.

Davis, P. B. (2006). Media Bending and Hacktivism. In H. de la Motte-Haber, O. Osterwold & G. Weckwerth (Hrsg.), Sonambiente Katalog (S. 330-337). Heidelberg: Kehrer.

de la Motte-Haber, H. (1993). Die Musik von Edgard Varèse. Hofheim: Wolke.

Eimert, H. (1953). Was ist elektronische Musik? Melos. Zeitschrift für neue Musik, 20(1), 1-5.

Ernst, D. (1977). The Evolution of Electronic Music. New York, London: Schirmer.

Faßler, M. & Halbach W. R. (1998). Geschichte der Medien. Stuttgart: UTB.

Faulstich, W. (2006). Mediengeschichte von 1700 bis in das 3. Jahrtausend. Göttingen: Vandenhoeck & Ruprecht.

Gertich, F. (2000). Lange Leitung – Klangkunst im Telefon. In F. Geißler (Hrsg.), Neue Musik und Medien (S. 77-86). Altenburg: Kamprad.

Gropius, W. (1923). Die Theorie und Organisation des Bauhauses. In C. Harrison & P. Wood (Hrsg.), Art Theory 1900-1990. An Anthology of Changing Ideas (1992). Oxford: Blackwell.

Grosch, N. (1999). Die Musik der Neuen Sachlichkeit. Stuttgart, Weimar: Metzler.

Harrison, C. & Wood, P. (Hrsg.). (1992). Art Theory 1900 – 1990. An Anthology of Changing Ideas. Oxford: Blackwell.

Häusler, J. (1996). Spiegel der Neuen Musik: Donaueschingen. Kassel: Bärenreiter.

Hiller, L. & Isaacson, L. M. (1959). Experimental Music – Composing with an Electronic Computer. New York: Mc Graw Hill.

Lion, A. (1932). Das Trautonium. Die Musik, 24(11), 834.

McLeod, J. & Becker, L. B. (1981). The Use and Gratification Approach. In D. D. Nimmo & K. R. Sanders (Hrsg.), Handbook of Political Communication (S. 67-99). Beverly Hills, CA: Sage.

McLuhan, M. (1965). Understanding Media. The extension of man. New York: McGraw Hill.

Mersmann, H. (1930). Dr. Trautweins elektrische Musik. Melos. Zeitschrift für neue Musik, 9(7), 228.

Mixner, M. (1996). Radiokunst als Raumkunst. In Akademie der Künste Berlin (Hrsg.), Klangkunst (S. 261-263). München: Prestel.

Prieberg, F. (1960). Musica ex Machina. Über das Verhältnis von Musik und Technik. Frankfurt a.M., Berlin: Ullstein.
Pritchett, J. (1993). The Music of John Cage. Cambridge: University Press.
Pross, H. (1972). Medienforschung. Darmstadt: Habel.
Ruschkowski, A. (1998). Elektronische Klänge und musikalische Entdeckungen. Stuttgart: Reclam.
Schaeffer, P. (1957). Vers une Musique Expérimentale. Revue Musicale, o.Jg.(236).
Schaeffer, P. (1966). Traité des Objets Musicaux. Essai Interdisciplinaire. Paris: Seuil.
Schaeffer, P. (1974). La Musique Concrète (1967), deutsch: Musique Concrète. Stuttgart: Klett.
Schenk, E. (1952). Jörg Mager, dem deutschen Pionier der Elektro-Musikforschung zum Gedächtnis. Darmstadt: Städtische Kulturverwaltung.
Schnebel, D. (1972). Radiophonien (1969/70). In H. R. Zeller (Hrsg.), Denkbare Musik. Schriften 1952-1972 (S. 375-381). Köln: DuMont.
Schnebel, D. (1976). Über experimentelle Musik und ihre Vermittlung. Melos. Zeitschrift für neue Musik, 43, 461f.
Schönberg, A. (1911). Harmonielehre. Wien: UE.
Stephan, R. (1982). Einleitung zu Hindemiths Szenischen Versuchen. In Hindemith: Sämtliche Werke Band 1/6. Mainz: Schott.
Stockhausen, K. (1963). Texte zur instrumentalen und elektronischen Musik. Schriften, Band 1. Köln: DuMont.
Termen, L. S. (1979). Interview in: Sowjetskaja 25. 9. 1979, dt.: Presse der Sowjetunion 9, 1979.
Ulbricht, H. W. (1952). Akustische Artistik oder elektrische Musik. Zeitschrift für Musik, 113(2), 69-74.
Ungeheuer, E. (1992). Wie die elektronische Musik erfunden wurde. Mainz: Schott.
Ungeheuer, E. (Hrsg.). (2002). Elektroakustische Musik. Laaber: Laaber.
Varèse, E. (1983). Écrits (hrsg. von Louise Hirbour). Paris: Christian Bourgois.
Weill, K. (1975). Ausgewählte Schriften (hrsg. von D. Drew). Frankfurt a.M.: Suhrkamp.
Westerkamp, H. (1994). The Soundscape on Radio. In D. Augaitis & D. Lander (Hrsg.), Radio Rethink: Art, Sound, and Transmission. Banff Center: Walter Phillips Gallery.
Windsor, L. (2000). Through and Around the Acousmatic: The Interpretation of Electroacoustic Sounds. In S. Emerson (Hrsg.), Media and Culture (S. 7 -35). Aldershof: Ashgate.
Zeller, H. R. (1978). Medienkomposition nach Cage. In H. K. Metzger & R. Riehn (Hrsg.), Musik-Konzepte Sonderband John Cage (S. 107-131). München: Text & Kritik.

Komposition und Produktion von „U-Musik" unter dem Einfluss technischer Medien

ALBRECHT SCHNEIDER

Das Kapitel bietet eine begriffliche Klärung von Fachausdrücken der technisch gestützten Musikproduktion wie Track, Take, Overdub, Bounce usw. und erläutert die Besonderheiten der modernen Produktionsverfahren (auch im Verhältnis zur konventionellen Komposition). Näher erörtert sind Geräte und Verfahren der Tonstudiotechnik, mit deren Hilfe erklingende Musik auf Tonträgern aufgezeichnet und gegebenenfalls nachbearbeitet wurde, so etwa die in den 1950er-Jahren und noch zu Beginn der 1960er-Jahre vorherrschende Sound-on-Sound-Technik (SoS) und die dann folgenden Produktionsmethoden mit Hilfe von Multitrack-Tonbandgeräten und Overdubs. Alle diese Verfahren werden an Hand tatsächlich realisierter und veröffentlichter Musikproduktionen erklärt und durch den Hinweis auf diese Beispiele für interessierte Leser bzw. Hörer auch leicht nachvollziehbar. Es wird ausdrücklich empfohlen, die in diesem Kapitel genannten Musikproduktionen vor dem Hintergrund der hier gebotenen Informationen analytisch zu hören. Zur Sprache kommen auch besondere Instrumente und Geräte, die vor allem bei der Produktion von Rock- und Popmusik seit den 1960er-Jahren eine wichtige Rolle gespielt haben (z.B. Mellotron, Synthesizer, das MIDI- und das SMPTE-Protokoll usw.) sowie die seit den 1980er-Jahren immer stärker gewordene Produktion von Musik mit Hilfe von Computern, spezieller Soft- und Hardware.

Einführung und Begriffliches

Der Begriff der „Komposition" kann von lat. componere = zusammenstellen, -legen, -setzen hergeleitet werden; das Ergebnis des Zusammenfügens ist eine compositio, der compositor im lateinischen Sinne ein „Anordner". Dieser stellt durch seine Tätigkeit mithin Gebilde her, deren Elemente nach gewissen Überlegungen geordnet sind. Der Begriff der Komposition beinhaltet insoweit die ordnende und schon hierdurch gestaltende Tätigkeit einer Person, er fällt jedoch keineswegs mit der musikästhetisch und historisch geprägten Vorstellung eines Werkschöpfers zusammen, der im Wege notationaler Fixierung „Opusmusik" zu Papier bringt, die dann auch aufgeführt und klanglich realisiert werden mag. Komposition als Akt des Zusammenfügens und Strukturierens ist weder an eine Notation noch auch an ein bestimmtes Medium gebunden, in dem bzw. mit dessen Hilfe musikalische Gebilde hergestellt werden (Schneider, 1986, 1987, 1995).

Unter „Produktion" versteht man im Musikbereich die sowohl musikalische wie technische Realisierung von Gebilden bis zu ihrer Fertigstellung. Im Kontext von Rock- und Popmusik, aber auch bei Jazz und so genannter „E-Musik" bedeutet dies in der Regel die Einspielung von Musik in Studios mit den dort üblichen Techniken und Hilfsmitteln sowie die Bearbeitung dieser Einspielung (z.B. durch Abmischen einer Mehrspuraufnahme, s.u.) bis zum Pre-Master. Dies ist, physisch betrachtet, typischerweise ein Ton- oder Bildtonträger in einem analogen (Magnetband, Film) oder digitalen Format (DAT, CD-R), auf den Schall- und/oder Bildsignale aufgezeichnet vorliegen, die gegebenenfalls noch in einem weiteren Prozess („Mastering") spektral und dynamisch für die Veröffentlichung nachbearbeitet werden. Zwar ist es durchaus üblich, den Begriff „Produktion" auch im Zusammenhang mit der Inszenierung von Opern oder anderen Bühnenwerken zu verwenden, die an einem bestimmten Ort aufgeführt und dort von BesucherInnen gesehen und gehört werden. In mehr spezifischer Bedeutung meint der Begriff „Produktion" jedoch Konzepte und Verfahrensweisen, die erst mit der Technik der Aufnahme und Wiedergabe von Musik und der industriellen Herstellung sowie Verbreitung von Tonträgern (später auch Bildtonträgern) entwickelt wurden. Sie stellen im Wesentlichen auf eine musikalisch und technisch fehlerfreie sowie die klanglichen und dynamischen Möglichkeiten eines Mediums (z.B. CD) ausschöpfende Einspielung von Musik ab.

Der Terminus „U-Musik" hat sich vor allem beim öffentlich-rechtlichen Rundfunk und bei urheberrechtlichen Verwertungsgesellschaften seit langem eingebürgert, und zwar aus vornehmlich organisatorischen und anderen praktischen Motiven. Gemeint ist das weite Feld der Unterhaltungsmusik, das inhaltlich sehr verschiedene Phänomene umfasst. Als typische Genres von U-Musik gelten nach wie vor (deutsche) Schlager, so genannte „volkstümliche" Musik sowie internationale Pop- und Rockmusik. Dass die Dichotomie von so genannter „E-Musik" und „U-Musik" problematisch oder sogar sachwidrig ist, lässt sich etwa an den Beispielen „leichter Klassik" (auch dies ein Terminus des Rundfunks und der Tonträgerindustrie) auf der einen Seite, zahlreicher Werke und Künstler aus Bereichen des Jazz oder auch „progressiver" Rockmusik auf der anderen unschwer zeigen (vgl. z.B. Wernsing, 1995; Gushurst, 2000).

Im vorliegenden Kapitel geht es insbesondere um Pop- und Rockmusik, wobei aus Gründen, die mit der Quellen- und Dokumentationslage, der Geschichte der Studiotechnik und der Popmusikgeschichte zusammenhängen, hauptsächlich Materialien und Entwicklungen aus der Zeit zwischen etwa 1955 und den 1990er-Jahren berücksichtigt wurden. In dieser Periode sind die bei der technischen Produktion und Reproduktion von Musik eingetretenen Veränderungen handgreiflich und – worauf es hier ankommt – vielfach durch ein Zusammenspiel von technischen und musikalischen Neuerungen charakterisiert. Während die technischen Möglichkeiten der Produktion von Pop- und Rockmusik vor allem durch die Computerisierung und damit Digitalisierung von Musik (in nahezu allen denkbaren Erscheinungsformen, Distributions- und Rezeptionszusammenhängen) bis zur Gegenwart zunehmen und auch immer preiswerter zugänglich sind, dürften neuartige Kompositionstechniken sowie musikalisch „unerhörte" Hervorbringungen eher selten zu finden sein. Vor allem herkömmliche Pop- und Rockmusik in den bekannten Spielarten (von Country bis Heavy Metal, von Popsongs bis zu Rappern usw.) lebt von Schablonen, Inszenierungen und der Wiederholung mehr oder minder vorbekannter Muster. Sie ist daher ungeachtet einer Vielzahl von Rockfestivals, Hitparaden, Casting Shows and anderen Veranstaltungen, die den kommerziell höchst lukrativen Betrieb am Laufen halten, mittlerweile ein historisches Phänomen (vgl. Schneider, Dammann & Kleist, 2008).

Zur Vermeidung von Unklarheiten und Fehlern (die einem in der Literatur und auf Webseiten zahlreich begegnen) werden in diesem Kapitel die Begriffe Track, Take, Part, Backing Tracks, Overdub und Bounce/bouncing nach folgenden Definitionen verwendet:

- *Track* ist eine Aufnahme- und Wiedergabespur, in der Regel auf einem Tonband bzw. bei einem Tonbandgerät oder in einem digitalen Aufnahmesystem; bei Tonbandgeräten gibt es solche mit einer Aufnahme- und Wiedergabespur sowie mit zwei, drei, vier, acht, zwölf, sechzehn, vierundzwanzig und zweiunddreißig Aufnahme- und Wiedergabespuren. Die Geräte mit nur einer Spur auf der gesamten Bandbreite heißen Vollspur (full track), solche mit zwei Spuren oft auch Stereo-Recorder bzw. Stereo-Tonbandgerät. Alle Geräte und mit mehr als zwei Aufnahme- und Wiedergabespuren in einer Aufzeichnungsrichtung sind im Prinzip Multitrack-Recorder/Reproducer; gleiches gilt für digitale Systeme, die den analogen Geräten insoweit nachempfunden sind.
- *Take* ist der einzelne Versuch, ein Stück oder einzelne Stimmen auf Tonband aufzunehmen, sowie die dabei entstehende Aufnahme; zu unterscheiden ist jedoch der Ausdruck „in one take" von Angaben wie „take one" oder „take nineteen". Wenn z.B. davon die Rede ist, dass Bill Haley & The Comets den Song „Rock around the clock" am 12. April 1954 in einem New Yorker Studio „in one full take" aufnahmen, so bedeutet dies erstens, dass es überhaupt nur einen Anlauf gab, das Stück aufzunehmen, zweitens, dass Haley und die Comets das Stück vollständig und zusammenhängend (und ohne das Erfordernis späterer Bandschnitte oder anderer Korrekturen) eingespielt haben. Wenn indessen mitgeteilt wird, die Beatles hätten ihren Song „All my loving" am Abend 30. Juli 1963 im Abbey Road Studio 2 in London „in 13 takes" aufgenommen (vgl. Lewisohn, 1988, S. 34; McDonald, 1998, S. 83), so kann dies einmal bedeuten, dass es 13 voneinander vollständig unabhängige Anläufe gab, den Song aufzunehmen, indem die Band – quasi wie auf der Bühne – den Song mit allen Instrumental- und Vokalparts mehrmals hintereinander gespielt und ein Tontechniker diese Darbietungen jeweils einzeln hintereinander auf ein Tonband (bzw. auf mehrere solcher Bänder) aufgenommen hat. Es kann, zweitens, jedoch bedeuten, dass es 13 Aufnahmen dieses Songs gibt, die einen unterschiedlichen Grad der Produktion aufweisen, indem bei einigen lediglich die so genannten Backing tracks (s.u.) und bei anderen diese plus so genannte Overdubs (s.u.) vorhanden sind. Drittens wäre es denkbar, dass dreizehn Arbeitsschritte (bzw. Überlagerungen von Aufnahmen i.S. des Sound on sound-Verfahrens; nachfolgend SoS, s.u.) benötigt wurden, um das Stück von der Auf-

nahme der ersten Instrumentalparts über die Gesangsstimmen bis zum fertigen Mix zu produzieren.
- *Part* bedeutet in der Regel eine Stimme i.S. eines Zusammenspiels mehrerer solcher vokaler oder instrumentaler Stimmen („multi-part music" = mehrstimmige Musik). Bei Produktionen von Pop- und Rockmusik sind damit gewöhnlich die einzelnen Instrumente („drum part", „guitar part") oder vokale Linien in einem Stück bzw. in einer Aufnahme gemeint, wobei diese Parts den Stimmen in einer Partitur vergleichbar sind. Bisweilen ist allerdings von Parts i.S. zeitlich und strukturell hintereinander folgender Teile eines Stücks oder eines einzelnen Instruments bzw. einer Singstimme in einem Stück die Rede, also im Sinne der musikalischen Form.
- *Backing tracks* sind in der Regel Aufnahmen von Instrumenten (insbesondere von Schlagzeug, Bass sowie weiteren Instrumenten, vor allem solchen, die Akkorde liefern, z.B. Rhythmusgitarre, Orgel, E-Piano usw.), die als Grundlage für dann aufzunehmende Gesangsspuren oder solistisch eingesetzte Instrumente dienen. Insofern der Begriff „tracks" auf Spuren einer Bandaufnahme verweist, sind Backing Tracks die Spuren einer Mehrspuraufnahme (Multitrack recording), die zuerst auf ein entsprechendes Tonband bzw. Tonbandgerät mit typischerweise vier, acht oder mehr Spuren aufgenommen wurden. Der Ausdruck „Backing tracks" begegnet jedoch auch beim SoS-Verfahren (zur Erklärung s.u.), bei dem Parts nicht auf einzelne Spuren eines Mehrspurbandes *neben*einander, sondern durch Überlagerung sukzessiver Aufnahmen *über*einander geschichtet werden.
- *Overdub* ist die Hinzufügung von Parts zu vorbestehenden, beispielsweise von Singstimmen zu zuvor aufgenommenen Backing tracks. Außerdem können per Overdub bereits aufgenommene Parts gelöscht und durch neue bzw. korrigierte ersetzt werden. Overdubs sind mithin Parts, die einem grundsätzlich additiven Aufnahmeprozess nacheinander entweder im SoS-Verfahren oder durch Multitracking nach den Backing Tracks aufgenommen und mit diesen später zu einem Stück oder Song gemischt werden. In vielen Veröffentlichungen, Interviews, Texten zu LPs und CDs usw. wird nicht zwischen Overdubs beim SoS-Verfahren einerseits und beim Multitracking andererseits unterschieden. Der Begriff Overdub kommt allerdings aus der Zeit und aus der Praxis des SoS-Verfahrens und trifft hier den Kern der Sache, nämlich Überspielung einer Aufnahme von einer Tonbandmaschine auf eine andere bei gleichzeitiger Hinzufügung zusätzlicher Stimmen (s.u.).
- *Bounce, bouncing* meint einmal den Überspielvorgang einer Aufnahme von einer Tonbandmaschine auf eine zweite (wobei dann ggf. Overdubs gemacht werden)[224]; zweitens bezeichnet Bouncing auch die Überspielung von Aufnahmen, die auf mehrere Spuren eines Mehrspur-Tonbandgeräts aufgenommen wurden, auf eine weitere Spur oder ggf. mehrere Spuren, die noch frei sind. Beispielsweise kann man bei einer Achtspur-Tonbandmaschine sechs bereits bespielte Spuren im Wiedergabemodus über ein Mischpult laufen lassen und aus diesen Spuren als Zwischenmix

---

[224] Da man von der zweiten Maschine nun wieder auf die erste überspielen und weitere Overdubs aufnehmen kann, hieß diese Technik in der deutschen Studioszene auch „Ping-pong-Verfahren".

eine Stereoaufnahme herstellen, die gleichzeitig zur Wiedergabe von Spur 1-6 auf die Spuren 7 und 8 aufgenommen wird. Dieser Stereoaufnahme können zusätzliche Mikrophon- oder Linesignale (weitere Instrumente, Singstimmen oder dergl.) über das Mischpult zugemischt werden. Ist der Zwischenmix auf den Spuren 7 und 8 zufriedenstellend, können die zuvor belegten Spuren 1-6 gelöscht bzw. mit weiteren Aufnahmen von Instrumenten, Singstimmen, Geräuschen usw. belegt werden. Durch Bouncing plus Zwischenmix erhält man also faktisch mehr Spuren für Multitrack-Aufnahmen als die jeweilige Tonbandmaschine im Normalbetrieb bieten könnte. Der Nachteil dieses Verfahrens ist aber, dass nach Zwischenmix und Überspielen der zuvor meist mit einzelnen Instrumenten (Schlagzeug, Bass, Klavier etc.) belegten Spuren eine Änderung des so hergestellten Klanggefüges oder gar eine Korrektur an den einzelnen Stimmen und Instrumenten, die in den Zwischenmix eingegangen sind, nicht mehr möglich ist. Bouncing wurde aus der Natur der Sache beim SoS-Verfahren mit zwei Mono- oder Stereo-Tonbandmaschinen immer, auf Multitrack-Maschinen mit nur vier Spuren häufig, bei Maschinen mit acht, sechzehn oder gar vierundzwanzig Spuren zunehmend weniger praktiziert.

Konventionelle Komposition und Produktion

Folgt man dem Bild, wonach genuine E-Musik zumal im späteren 18. und quer durch das 19. Jahrhundert auf möglichst singulären Einfällen (etwa bei Melodien, harmonisch-akkordischen, metrischen und rhythmischen Strukturen, formalen Gliederungen), deren Ausarbeitung in meist mehrsätzigen Werken sowie auf schriftlicher Fixierung des so Komponierten per Notation gründet, so wurde ein beachtlicher Teil der damaligen U-Musik zwar nach grundsätzlich gleichem Ansatz, jedoch oft mit einer bescheideneren Gestaltungshöhe geschaffen. Musikhistoriker sprechen insoweit gern von der „Trivialmusik" (vgl. Dahlhaus, 1980, S. 261ff.) des 19. Jahrhunderts (und übersehen dabei gewöhnlich triviale Muster in Werken von Haydn oder Mozart). Immerhin ist der so genannte „Melodienschutz", der als Erbe des Operetten-Zeitalters im deutschen Urheberrecht fortlebt (§ 24 Abs. 2 UrhG), ein starkes Indiz dafür, dass auch die U-Musik um 1900 Kriterien wie Originalität und Schöpfertum kultiviert hat, die sich eben in möglichst prägnanten, klar identifizierbaren musikalischen Gebilden wie jenen „unsterblichen" Melodien niederschlug, die Léhár, Kálmán, Stolz, Lincke, Benatzky und viele andere geschrieben haben. Komposition von U-Musik folgte durchaus den Regeln der „Tonkunst", aber in einer „leichteren" Gangart, die eher auf Breitenwirkung bei Musikliebhabern zielte. Ihre Tonsetzer waren in vielen Fällen „klassisch" ausgebildet und jedenfalls handwerklich in Satztechniken und Instrumentation versiert. Diese Tradition hielt sich im Wesentlichen bis weit ins 20. Jahrhundert, in dem etwa die großen Tanz- und Unterhaltungsorchester (daher der Terminus „U-Musik") der öffentlich-rechtlichen Rundfunkanstalten durch Kapellmeister geleitet wurden, die das umfangreiche Repertoire konventionell komponierter

U-Musik beherrscht und durch Arrangements vorbestehender Werke sowie auch eigene Kompositionen bereichert haben.

Die Entstehung des Rundfunks basiert, technisch gesehen, auf einigen zentralen Erfindungen, nämlich der Elektronenröhre (R. von Lieben, L. de Forest 1906), dem Hochfrequenzverstärker (O. v. Bronk, 1911) und dem Überlagerungsempfänger für modulierte Signale (E. H. Armstrong und W. Schottky, 1915-18). Der Rundfunk wurde 1922 in den USA und 1923/24 in Deutschland mit Sendern (Mittelwelle) in Berlin, Leipzig, Frankfurt, München usw. eingerichtet (Breitkopf, 2007; Koch & Glaser, 2005). Für die Sendungen standen einerseits Musikaufnahmen aus vielen Bereichen der E-Musik und der U-Musik durch bereits veröffentlichte Tonträger (Schellackplatten diverser Hersteller) zur Verfügung, andererseits gab es im Prinzip die Möglichkeit, Musik – darunter auch aktuelle Werke, die noch unveröffentlicht waren – in den Räumen des Senders spielen zu lassen und entweder live auszustrahlen oder die Musik selbst auf einen Tonträger aufzuzeichnen und zeitversetzt zu senden. Die für eine qualitativ ansprechende Musikaufnahme erforderliche Tontechnik erhielt durch das erste in Serie gefertigte Kondensatormikrophon der Welt, Georg Neumanns CMV 3 (mit Vorverstärker) aus dem Jahre 1928, großen Auftrieb. Die Produktion von Musik (E- und U-Musik) lief gewöhnlich so ab, dass ein Orchester unter dem Dirigat eines Kapellmeisters die zuvor geprobten Stücke auswendig oder vom Blatt spielte und diese Darbietung als Schallsignal dann per Mikrophon akustisch-elektrisch gewandelt sowie entweder live gesendet oder auf einen Tonträger aufgezeichnet wurde. Die gleiche Verfahrensweise, die professionelle MusikerInnen erfordert, weil nachträgliche Korrekturen der Darbietung ausgeschlossen sind, wurde auch bei der Produktion von Filmen mit Musik (z.B. den damals sehr beliebten Revuefilmen) und bei der Produktion von Schallplatten mit Musik aller Art (Schlager, Jazz, E-Musik) angewandt. Sie läuft im Grunde darauf hinaus, die musikalische Darbietung statt vor einem aktuell anwesenden Publikum (wie beim Konzert) vor einem Mikrophon bzw. mehreren an ein Mischpult angeschlossenen Mikrophonen durchzuführen. Die Aufnahme- und Übertragungstechnik spielte jedoch bei dieser Form der Produktion noch keine entscheidende Rolle, da die Darbietung selbst nicht wesentlich anders als im Konzertsaal ablief; Stücke (bzw. Sätze eines Werkes) mussten vollständig und fehlerfrei (in einem Take) gespielt werden. Die Aufnahmetechnik beschränkte sich anfangs darauf, die MusikerInnen und das Mikrophon so in einem gegebenen Raum (Sendesaal, Studio usw.) zu platzieren, dass ein gewünschtes Klangbild in etwa erreicht wurde. Der „Mix" war mithin vor allem von der Aufstellung der Instrumente bzw. InstrumentalistInnen und des Mikrophons abhängig, im Übrigen natürlich von Spielanweisungen und anderen Absprachen zwischen den Musikern selbst sowie einem Produzenten oder Aufnahmeleiter. Bei der Reichs-Rundfunkgesellschaft (RGG) war Ende der 30er-, Anfang der 40er-Jahre bei Orchesteraufnahmen die Verwendung von drei CMV3-Mikrophonen üblich, die links, rechts und in der Mitte (in der Nähe des Dirigentenpultes) positioniert wurden; die drei Mikrophonsignale wurden zu einem Monosignal gemischt und dieses gesendet[225]. Diese Vorgehensweise hat sich nach Wiederaufbau des öffentlich-rechtlichen Rundfunks zunächst nur wenig geändert, weil nach wie vor „klassisch" geschulte Kapellmeister, wie z.B. Willy Berking (1910-1979) beim HESSISCHEN RUNDFUNK (HR), ihre Arrangements für das Tanz- und Unterhaltungsorchester schrieben, die gleichfalls „notenfesten" Musiker die Stücke in der Regel vom Blatt spielten und eben die meisten Aufnahmen quasi als live-Mitschnitt gehandhabt wurden. Es gab allerdings zu dieser Zeit bereits zahlreiche Mitschnitte solcher Darbietungen auf Tonband sowie (am Beispiel Berkings, der es zu zahlreichen Veröffentlichungen von Schallplatten und hier zu großem Erfolg brachte, gut erkennbar) in den 50er-Jahren zunehmend die Produktion von Tonträgern im Studio mit dem Ziel einer kommerziellen Verwertung auch außerhalb des Rundfunks.

Tonbandgerät, Bandschnitt, Sound on Sound, Multitracking

Die Musikproduktion erhielt durch die Einführung von *Tonbandgeräten*, wie sie ab 1936 von der AEG entwickelt wurden[226], klanglich und bald auch in ihren Abläufen und Verfahren eine neue Dimension. Nachdem bei den Geräten 1941 selbst durch J. v. Braunmühl und W. Weber die Hochfrequenz-Vormagnetisierung als Lösung vieler Probleme gefunden war und zu einer wesentlichen Verbesserung des Frequenzgangs, des Rauschabstands und des Klirrfaktors geführt hatte, erfolgten bei der RGG bereits 1943/44 erste Stereoaufnahmen mit einer modifizierten AEG K7-Maschine. Noch in den 1940er-Jahren erkannte man die Vorteile des neuen Mediums für die Produktion von Tonträgern, und zwar offenbar zunächst bei der E-Musik, bei der es üblich wurde, aus mehreren Takes die musikalisch und aufnahmetechnisch besten Passagen per Schere und Kleber aneinander zu fügen (auch eine Art „compositio"). Die auf einer Schallplatte veröffentlichte Einspielung eines Werkes war dann tatsächlich nicht selten aus mehreren Takes geschnitten. Die Exploration dieser Arbeitsweise wird häufig Leopold Stokowski zugeschrieben; später hat sie vor allem Glenn Gould häufig angewandt.

Die hier skizzierte Schneidetechnik hat man intensiv auch in der Pop- und Rockmusik genutzt, was sich bei der einfachen und klaren Struktur von Songs (gewöhnlich gegliedert in Intro, zwei bis drei Strophen, Refrain, instrumentales Zwischenspiel, Strophe, Refrain, Schlussteil oder ähnlich) geradezu anbietet. Nach Einführung der Tonbandtechnik zu Beginn der 50er-Jahre ließ man eine Band gewöhnlich mehrere

---

[225] Die ersten Experimente mit Stereoaufnahmen bei der RGG fanden 1943/44 mit gleicher Mikrophonaufstellung statt. Diese (und weitere) Informationen verdanke ich Günther Schütte (Wuppertal, früher Entwickler bei TAB (Tonographie Apparatebau)).

[226] Das erste AEG-Magnetophon in Serienfertigung war das K2 von 1936; sehr viele Informationen zu Herstellern und Gerätetypen von Tonbandmaschinen von den Anfängen bis zum Ende des 20. Jahrhunderts finden sich unter http://www2.tonbandmuseum.de und bei http://useddlt. com

Takes eines Songs oder Instrumentalstücks spielen und gegebenenfalls singen, wobei dann der beste Take für eine Veröffentlichung ausgewählt wurde. Nicht selten schnitt man aus mehreren Takes das *Masterband* eines Songs; beispielsweise beruht die deutsche Version des Beatles-Songs „I want to hold your hand" („Komm, gib mir Deine Hand", Vocals mit deutschem Text sowie Handclapping aufgenommen im EMI Pathé Marconi-Studio, Paris, 29.1.1964; Lewisohn, 1988, S. 38) auf einem solchen Zusammenschnitt aus zwei Takes.

Die Aufnahmen erfolgten in den 1950er-Jahren oft mono und mit wenigen Mikrophonen sowie sehr einfachen Mischpulten, die aus Röhren-Vorverstärkern bestanden, deren Verstärkungsfaktor (engl. gain [dB]) regelbar war. Diese Vorverstärker benötigte man, um den Pegel der Mikrophone (Bändchen oder Kondensator) auf die für Tonbandgeräte erforderliche Eingangsspannung anzuheben. Eventuell gab es noch einen Summenverstärker mit Pegelsteller vor der Tonbandmaschine. Da in solchen Pulten nicht immer eine Klangregelung zur Verfügung stand, war der Mix erheblich von raumakustischen Faktoren und der konkreten Aufstellung der MusikerInnen sowie der Mikrophone im Raum abhängig. Als Beispiel eines in dieser Weise arbeitenden Studios sei auf das legendäre (als Räumlichkeit bis heute erhaltene und als Tonstudio operierende) Sun-Studio von Sam Phillips in Memphis verwiesen, in dem in der Frühzeit (ab etwa 1951) direkt auf eine einzige Ampex 200 (Vollspur mono) aufgenommen wurde. Auch die ersten Aufnahmen mit Elvis Presley wie z.B. „That's all right" (aufgenommen bei Sun am 5.7.1954) entstanden offensichtlich in einem Take und technisch als „one track mono", d.h. die Musiker spielten den Song praktisch live auf die Bandmaschine[227]. Der kompakte Sound resultiert aus geschickter Positionierung der Mikrophone im Aufnahmeraum, der nicht besonders groß ist, mit seinen großflächig gekachelten Wänden jedoch einen natürlichen, relativ kurzen Hachhall liefert[228]. Im Sun-Studio wurden die ersten Singles von Elvis Presley („That's all right", „Good rockin' tonight", „Baby let's play house" usw.) und dann Hits von Carl Perkins („Blue Suede Shoes"), Jerry Lee Lewis („Whole lotta shakin' goin' on", „Great Balls of Fire"), Johnny Cash („I walk the line") und anderen mit relativ wenigen, aber hochwertigen Geräten unter Einbeziehung der Akustik des Raumes produziert.

Aufnahmen auf Vollspur-Tonbandgeräte (mit 38 und/oder 76 cm/sec Bandgeschwindigkeit auf Bänder mit ¼-Zoll, seltener ½-Zoll) bedeuten bei Vollaussteuerung hohe magnetische Sättigung des Bandes und daher sehr gute Dynamik; eine Übersteuerung des Signals auf dem Band tritt erst bei Pegelspitzen ein. Der Klang entspricht dem, was heute gerne als „warmer Analogsound" bezeichnet wird. Die Grenzen des „One track mono"-Verfahrens liegen in fehlenden Möglichkeiten einer

---

[227] Elvis Presley, Gesang, akustische Gitarre; Scotty Moore, elektrische Gitarre; Bill Black, Bass.
[228] Bei „Good Rockin' tonight" (aufgenommen 25.9.1954) und anderen frühen Aufnahmen liegt – anders als bei „That's all right" – auf der Stimme von Elvis ein deutlich wahrnehmbarer Hallanteil, der vermutlich in und mit diesem Raum erzeugt wurde. Der Verfasser dieses Beitrags hatte 1988 Gelegenheit, das Sun-Studio und dabei die Raumakustik sowie Teile des originalen Equipments zu inspizieren.

musikalischen Korrektur des eingespielten Materials sowie auch darin, dass dem Signal nachträglich keine zusätzlichen Instrumente, Stimmen oder Effekte auf dem Band selbst mehr hinzugefügt werden können. Weitaus mehr Freiheit musikalisch-technischer Gestaltung gewinnt man erst durch Verwendung entweder (a) zweier Monomaschinen, die über ein Mischpult miteinander gekoppelt sind, oder (b) durch eine Tonbandmaschine mit mindestens zwei Aufnahme- und Wiedergabespuren, die einzeln aktiviert und – worauf es entscheidend ankommt – synchron jeweils entweder im Aufnahme- oder im Wiedergabemodus betrieben werden können. Diese beiden Ansätze, die man als Sound on Sound (SoS) sowie als Multitracking bezeichnet und in der Sache klar unterscheiden muss (in vielen Darstellungen werden sie aus Unkenntnis vermengt), lassen sich technisch wiederum kombinieren (s.u.).

Sound on Sound (SoS)

Das SoS-Verfahren basiert auf drei Arbeitsschritten: (1) es wird zunächst eine Aufnahme eines beliebigen Musikstücks mit Hilfe der elektrischen Aufnahmetechnik, d.h. per Mikrophon und Verstärker, auf einen Tonträger hergestellt. Dieser Träger war nach 1945 typischerweise ein Magnetband (Tonband mit ¼-Zoll bzw. ca. 6.3 mm Bandbreite), es war aber auch denkbar, die Aufnahme direkt auf ein Schallplatten-Schneidegerät im so genannten „Direct-to-disc"-Verfahren laufen zu lassen. Dabei wird die Aufnahme als Oszillogramm mit einem feinen Stichel in die Lackschicht einer rotierenden Platte geritzt und so eine spiralförmige „Rille" (Groove) erzeugt, die in einer bestimmten Schrift (Seitenschrift oder Flankenschrift; vgl. Meyer & Neumann, 1967; Webers, 1985) die musikalische Information enthält[229]. Diese Lackmatrize kann wieder abgespielt und der Schall bzw. die Musik über Verstärker und Lautsprecher hörbar gemacht werden. Beim SoS-Verfahren wird nun (2) die entweder auf eine Lackmatrize oder ein Tonband aufgenommene Musik hörbar gemacht, so dass SängerInnen und/oder InstrumentalistInnen diese per Kopfhörer oder Monitor-Lautsprecher im Aufnahmeraum (Studio) hören und synchron z.B. vokale und/oder instrumentale Stimmen zu der gerade ablaufenden Aufnahme singen bzw. spielen. Diese Schallsignale werden (3) über Mikrophon(e) akustisch-elektrisch gewandelt und als elektrisches Signal (Wechselspannung, die dem Schalldruckpegel proportional ist) zusammen mit der vorbestehenden Aufnahme (gleichfalls eine Wechselspannung) auf ein zweites Gerät (Schallplatten-Schneidegerät oder Tonband-gerät) aufgezeichnet. Hierzu bedarf es eines Mischverstärkers mit zwei oder mehr Eingängen, denen die beiden Wechselspannungsquellen zugeführt und in ihrem Pegel so eingestellt werden, dass der Mix den musikalisch gewünschten Verhältnissen entspricht. Das SoS-Verfahren beruht also auf Überlagerung (Superposition) von – im einfachsten Fall: zwei – Wechselspannungen in einem Mischverstärker, dessen

---

[229] Diese Lackmatrize, die im Musiker- und Studiojargon oft – technisch inkorrekt – „Azetat" genannt wurde, dient gewöhnlich als Mastermatrize für die Schallplattenproduktion.

Ausgangssignal auf einen geeigneten Träger (Tonband, Matrize) aufgezeichnet wird. Dieser Träger kann nun wiederum als Ausgangsmaterial im Sinne des Arbeitsschrittes (1) genommen und mit einer weiteren Aufnahme gemäß der Arbeitsschritte (2, 3) überlagert werden usw. Im Prinzip sind etliche Überlagerungsvorgänge möglich, in der Praxis begrenzen freilich Pegel- bzw. Qualitätsverluste sowie eine Zunahme des Störpegels (Rauschen und dergl.) pro Überspielung den Prozess. Mit jeder Überspielung nimmt der Nutzpegel etwas ab, der Störpegel hingegen zu. Daher versuchte man beim SoS-Verfahren, bei dem mehrere Aufnahmen nacheinander entstehen und zu immer komplexeren Schallsignalen führen, mit möglichst wenigen Überspielungen auszukommen. Geht man von der zuletzt durchgeführten Aufnahme aus, so enthält diese alle früheren als „Schichten" (engl. „layer") der Überlagerung. Ein weiteres Problem des SoS-Verfahrens ist nun, dass nach mehreren Überspielungen weder die Pegelverhältnisse noch etwa klangliche Differenzen zwischen den früheren „Schichten" beeinflusst und ggf. korrigiert werden können, es sei denn, man geht wieder an den Anfang oder jedenfalls bis zu der Stufe des Verfahrens zurück, die als fehlerhaft oder sonst unbefriedigend empfunden wurde. In der Praxis genügten bei Popmusik meist zwei bis vier Überspielungen, um das gewünschte Ergebnis zu erzielen.

Die Anfänge des SoS-Verfahrens sind wohl bereits in den 1930er-Jahren zu suchen. Der Opernsänger Laurence Tibbett soll schon 1931 per SoS mit sich selbst im Duett gesungen und Sidney Bechet 1941 sämtliche Instrumente auf „The Sheik of Araby" gespielt haben. Als gesichert gilt, dass der bekannte Gitarrist Les Paul (Lester W. Polsfuss bzw. Polfus, geb. 1915), der zugleich ein versierter Techniker (Aufnahmetechnik, Elektrogitarren) war, bereits 1947 das SoS-Verfahren für das Stück „Lover" („When you're near me") verwendet hat, bei dem er nacheinander acht verschiedene Gitarren-Parts spielte. Die Aufnahmen selbst erfolgten wie oben beschrieben auf auf zwei Schallplatten-Schneidemaschinen[230].

Seit den 1950er-Jahren war es zur praktischen Umsetzung des SoS-Verfahrens in Studios üblich, zwei Tonbandmaschinen (in der Regel Vollspur auf ¼-Zoll, wahlweise 38 und 76 cm/sec Bandgeschwindigkeit, z.B. AEG/Telefunken M5) mit einem Mischpult zu verbinden, an das zugleich mehrere Mikrophone angeschlossen waren. So konnte eine Aufnahme von Tonbandgerät A auf Tonbandgerät B überspielt und gleichzeitig mittels Mikrophon(en) zusätzliche Stimmen bzw. Instrumente aufgenommen und als Mix mit dem Signal von Tonbandgerät A auf das Gerät B aufgezeichnet werden. Es handelt sich also um Bouncing von A nach B mit Overdubs. Dieses Verfahren ermöglichte sog. Double tracking von Gesangsstimmen, d.h. ein(e) Sänger(in) sang zweimal die gleiche Stimme. Da die Toneinsätze auch bei gutem Timing nicht genau synchron erfolgen, entsteht durch Überlagerung eine scheinbar kräftigere Stimme, die auch mehr Räumlichkeit besitzt. Lennon und McCartney haben diese Methode gern genutzt (vgl. Lewisohn, 1988; McDonald, 1998). Ab 1966 stand

---

[230] Ein Photo, das augenscheinlich diese Situation abbildet, findet sich unter http://www.music.columbia.edu/cmc/courses/g6630/recordproduction.html

den Beatles in den Abbey Road-Studios ein mittels Verzögerungsschaltung erzeugtes „Double tracking" zur Verfügung[231].

Das auch außerhalb fest verdrahteter Studios mit zwei Tonbandmaschinen und einem kleinen Mischpult realisierbare SoS-Verfahren galt wegen des vergleichsweise geringen Aufwands als effektiv und wurde Anfang der 1960er-Jahre beispielsweise von der BBC für Produktionen von Popmusik bei regionalen Veranstaltungen mit Beatgruppen wie den Beatles eingesetzt[232].

Das beim Bouncing mit Overdubs verwendete Mischpult kann als Erweiterung des oben erwähnten Mischverstärkers auf eine größere Anzahl von Eingangskanälen betrachtet werden; es besteht im Wesentlichen aus je einem Verstärker pro Eingangskanal für Mikrophone, Tonbandmaschinen oder andere Quellen sowie einem Verstärker für die damals meist noch monaurale Summe. Hinzu kam gegebenenfalls noch eine aktive Klangregelung für hohe und tiefe Frequenzen sowie in manchen Geräten ein Präsenzfilter, mit dem sich insbesondere Sprach- bzw. Gesangssignale oder solistisch eingesetzte Instrumente (z.B. Geige, Saxophon) in einem Mix hervorheben lassen[233]. Diese Klangregelung befand sich nicht selten nur in der Summe des Mischpultes, d.h. das Spektrum eines einzelnen Mikrophonsignals konnte in diesem Fall nicht für sich und unabhängig von anderen Eingangskanälen per Klangfilter verändert werden.

Effektwege im Mischpult waren ebenfalls selten, da z.B. Hallplatten zur künstlichen Erzeugung von Nachhall (EMT 140) erst ab 1957 gebaut wurden und Halleffekte vorher über einen eigens baulich zu errichtenden Hallraum erzeugt werden mussten[234]. Das Mischpult im Abbey Road-Studio 2 der EMI, in dem die Beatles die

---

[231] ADT (Automated double tracking) benannt und über die kurze Laufzeitdifferenz zwischen Aufnahme- und Wiedergabekopf einer zweiten, parallel laufenden Bandmaschine erzeugt; vgl. Lewisohn, 1988, S. 70.

[232] Die BBC brachte Ende der achtziger Jahre eine zweiteilige Sendung „The Beatles at the BBC 1962-1965", in der die Produzenten von damals (u.a. Peter Pillbeam) interessante Informationen über den Produktionsablauf gaben. Für einen Mitschnitt der Sendung danke ich Robert Crash (London). Die Beatles-Aufnahmen der BBC erschienen 1994 auf zwei CDs.

[233] Ein solches Gerät mit drei Filtern (Höhen und Bässe als so genannte „Kuhschwanzcharakteristik", zusätzlich ein semiparametrisches Präsenzfilter) war in der deutschen Tonstudiotechnik z.B. das TAB/Telefunken W 395, das Mitte der 60er-Jahre vor allem für die ARD-Anstalten entwickelt wurde, aber auch in Tonstudios der Schallplattenindustrie sowie beim Mastern von Schallplatten zum Einsatz kam.

[234] Ein Hallraum (engl. echo chamber oder reverb chamber) ist in der Regel ein fensterloser Raum, dessen Wände mit stark schallreflektierenden Materialien (z.B. Keramikfliesen) ausgekleidet sind. In eine Ecke des Raumes wird ein Lautsprecher eingebaut, in eine ihm längs des Raumes gegenüber liegende ein Mikrophon (oder deren zwei für Stereo-Effekte). Das zu verhallende Signal wurde vom Mischpult über den Lautsprecher in den Hallraum eingespielt, dort vielfach an den Begrenzungsflächen (Wände, Boden, Decke) reflektiert und das so entstandene, komplexe Hallsignal per Mikrophon(en) im Raum wieder aufgenommen und dem Mischpult zugeführt, wo es dem „trockenen" Signal eines Eingangskanals oder dem Summensignal zugemischt wurde. Eine solche „echo/reverb chamber" besaß z.B. das Abbey Road Studio der EMI in London. Die Hallplatte wurde von Walter Kuhl (NDR, Schule für Rundfunktechnik) entwickelt und ab 1957

meisten ihrer Songs aufgenommen haben (vgl. Lewisohn, 1988), war in den 60er-Jahren eine REDD 37-Konsole, die von EMI (einem Mischkonzern, zu dem mehrere Firmen im Bereich elektrotechnischer Anlagen einschließlich Studiotechnik gehörten) unter Verwendung deutscher Verstärker gebaut wurde. Dieses Mischpult hatte acht Mikrophoneingänge, vier Eingänge für Geräte mit Line-Pegel (Aux) sowie vier Outputs i.S. von Subgruppen mit je einem großen Aussteuerungsinstrument (VU-Meter).

Geht man von Verhältnissen der 1950er- und noch der frühen 1960er-Jahre aus, so umfasste ein typisches Studio für SoS-Anwendungen folgende Räume und Geräte:

- Aufnahmeraum: Instrumente (Flügel, Schlagzeug usw.), mehrere hochwertige Mikrophone (Bändchenmikrophone, z.B. RCA 44BX, Kondensatormikrophone, z.B. Neumann U 47) mit Mikrophonständern, bewegliche schallabsorbierende Trennwände (engl. Baffles) zur akustischen Isolierung einzelner Instrumente bzw. Mikrophone;
- Kontrollraum: zwei Tonbandmaschinen (oft Telefunken M5 oder Ampex 200er und 300er Serie) für Aufnahmen; evtl. eine dritte Maschine für Mastering.
- Mischpult (häufig ‚custom built') mit meist vier bis acht Eingangskanälen für Mikrophone, zwei bis drei Eingangskanälen für Tonbandmaschinen, ggf. weitere Eingangskanäle für Plattenspieler oder andere Zusatzgeräte wie z.B. externe Filter, Limiter (Fairchild 670, Telefunken/TAB U73); Send/Return-Signalweg zum Hallraum (später Hallplatte EMT 140); Mono- und/oder Stereosumme, u.U. bereits Subgruppen.
- Abhöranlage (Verstärker, Kopfhörer, Lautsprecher) für Aufnahme- und Kontrollraum.

Multitracking und Produktion von Pop/Rockmusik

Das SoS-Verfahren erlaubt zwar die Addition von Stimmen oder Parts durch Überlagerung mehrerer Aufnahmen, es bietet aber nur eingeschränkt Korrektur- und Nachbearbeitungsmöglichten. Eine grundsätzlich bessere Lösung kam durch Tonband-Maschinen zustande, bei denen gleichzeitig eine bereits aufgezeichnete Tonspur abgehört und (mindestens) eine weitere aufgenommen werden konnte. Damit Wiedergabe und Aufnahme zeitlich exakt synchronisiert sind, muss sich dabei

---

von EMT serienmäßig als Modell 140 gebaut (vgl. Dickreiter, 1979, S. 178f.). Sie beruht darauf, ein Signal elektromagnetisch auf eine dünne Metallplatte zu übertragen, die so zu Biegeschwingungen angeregt wird. Diese nimmt man mit einem Tonabnehmer wieder ab, der in einem Abstand von ca. 1.5 m vom Anreger entfernt montiert ist. Die Nachhallzeit wird durch die Dimensionen der Platte und die Stärke der Anregung bestimmt; sie kann (bei der EMT 140-Platte, die weltweit Verbreitung fand) durch eine mechanische Dämpfung der Biegeschwingungen beeinflusst werden.

eine Hälfte eines Zweispur-Tonkopfes, der im Wesentlichen aus zwei übereinander angeordneten Spulen mit je einem Kopfspalt besteht, im Wiedergabe-Modus, die andere im Aufnahme-Modus befinden. Dies bedeutet in der Praxis erstens eine besondere Konstruktionsform solcher Tonköpfe, da eben ein Aufnahmekopf auch zur Wiedergabe geeignet sein muss[235]; zweitens muss die gesamte Schaltung des Geräts so ausgelegt sein, dass die Spuren einzeln und wahlweise auf entweder Aufnahme oder Wiedergabe gestellt werden können. Es scheint, dass Ampex in den USA als erster die Konstruktion solcher Tonbandgeräte durchgeführt hat (nach manchen Quellen auf Initiative von Les Paul, der ein Pionier des SoS-Verfahrens und sicher auch an Multitracking interessiert war), bei denen die skizzierte Umschaltung der Spuren möglich war. Die Vorrichtung wurde Sel-Sync (selective synchronous recording) benannt und kam ca. 1955 mit Geräten der Serie 300 auf den Markt, bei der Ampex neben einer Maschine mit zwei Tonspuren dann auch eine mit drei Tonspuren auf ½-Zoll-Band entwickelte (Modelle 350, 352). Diese offenbar von der Plattenfirma RCA in Auftrag gegebene und ab 1957 u.a. bei Aufnahmen mit Elvis Presley eingesetzte Dreispur-Ampex war die erste echte Multitrack-Maschine; man konnte z.B. sämtliche Instrumente einer Produktion als Stereo-Playback auf zwei Spuren aufnehmen und die dritte dann für die Aufnahme von Gesang oder Solo-Instrumenten nutzen. Eine andere Möglichkeit bestand etwa darin, auf Spur 1 Instrumente der Rhythmusgruppe (Schlagzeug, Bass; dazu Gitarre, Klavier und/oder Orgel mit rhythmisch akzentuierten Grundakkorden eines Songs), auf Spur 2 einen Begleitchor und/oder Bläsersatz und auf Spur 3 eine Solistin bzw. einen Solisten oder eine Vokalgruppe aufnehmen. Die drei Spuren wurden dann – ggf. unter Hinzufügung von Effekten sowie unter Einsatz von Filtern und Regelverstärkern zur Bearbeitung der Dynamik – als monophones (einkanaliges) Master gemischt, das dann zur Herstellung einer Lackmatrize für die Pressung von Schallplatten diente. Ende der 50er-Jahre und noch weit in die 60er-Jahre stand das Mono-Format bei Pop-Schallplatten klar im Vordergrund; das in den USA dominierende und auch in Europa weit verbreitete Mittelwellen-Radio sendete ohnehin nur monophon[236].

In den Abbey Road-Studios in London gab es zu Beginn der 1960er-Jahre lediglich Maschinen vom Typ BTR/2 (BTR = British Tape Recorder, ebenfalls eine Firma der

---

[235] Die Geometrie, die elektrischen und elektromagnetischen Eigenschaften von Aufnahme- und Wiedergabeköpfen sind verschieden, um optimale Ergebnisse zu ermöglichen. Ein auf ‚Wiedergabe' geschalteter Aufnahmekopf hat nicht die volle Frequenzbandbreite und Dynamik eines für die Wiedergabe optimierten Tonkopfes (vgl. Dickreiter et al., 1979, S. 278ff.; Webers, 1985).

[236] In den USA herrschte das AM-Radio (Mittelwelle) bis Ende der 60er-Jahre vor. In Europa sendete in den sechziger Jahren u.a. Radio Luxemburg sein internationales (englischsprachiges) Programm mit Popmusik auf Mittelwelle, außerdem alle Piratensender (Radio Caroline, Radio London. Radio Veronica usw.). In der Bundesrepublik Deutschland begann der UKW-Rundfunk ab dem Herbst 1963 mit der regelmäßigen Ausstrahlung von Stereosendungen, vorzugsweise von ‚E-Musik', Hörspielen und dergl.

EMI), anfangs als Monoversion, später als Twin Track in Zweispur[237]. George Martin als Produzent der Beatles und anderer Gruppen nutzte die Twin Track in der Tat als Zweispur- und nicht etwa als Stereomaschine, d.h. er ließ meist auf eine Spur Instrumente und auf die andere den Gesang (Vocals) aufnehmen. Wenn weitere Instrumente und/oder Vocals gewünscht wurden, überspielte man die Zweispur-Aufnahme mittels Bouncing auf einen oder beide Kanäle einer weiteren Twin Track und nahm gleichzeitig Overdubs auf. Dies war bis in das Jahr 1964 die Standardsituation bei nahezu allen Beatles-Aufnahmen (vgl. Lewisohn, 1988; McDonald, 1998).

In Europa wurde von Willi Studer (Studer, Revox) eine technisch sehr anspruchsvolle Tonbandmaschine mit der Modellbezeichnung J37 entwickelt, die vier Spuren auf ein 1-Zoll-Band aufzeichnete. Dies entspricht ungefähr der Klangqualität von vier ¼-Zoll-Vollspur-Tonbandgeräten, die parallel betrieben werden. Die J37 kam 1964 auf den Markt und war in zahlreichen europäischen Tonstudios im Einsatz, so auch bei EMI in der Abbey Road[238]. Die Beatles-Aufnahmen wurden von 1964 bis 1968 durchweg auf Studer J37-Maschinen gemacht, erst im Laufe der Aufnahmen zum so genannten „White Album" nahm man im September 1968 eine Achtspur-Maschine der amerikanischen 3M-Company in Betrieb (Lewisohn, 1988, S. 153). Es ist heute kaum noch vorstellbar, dass so komplexe Alben wie „Revolver" (1966) und „Sgt. Pepper" (1967) auf lediglich zwei Vierspur-Geräten aufgenommen wurden. Die geringe Anzahl von Spuren (bei allerdings erstklassiger Klangqualität) erforderte in der Regel, dass auf den einzelnen Spuren sowohl Vocals als auch Instrumente liegen, deren Mischungsverhältnis dann naturgemäß nicht mehr verändert werden konnte. Zudem werden so beim Einsatz von Filtern oder Effekten während des Abmischens zwangsläufig alle Instrumente und Vocals auf einer Spur beeinflusst. Man war daher gehalten, die auf das Band laufenden Signale bei der Aufnahme selbst durch die Aufstellung der Mikrophone (meist Neumann U 47, dann auch U 67 und KM 84) im Raum, die Wahl der Richtcharakteristik (Kugel, Niere, Acht), den Abstand eines Mikrophons zur Quelle und andere Parameter zu optimieren. Hinzu kam die Verwendung von Regelverstärkern (Limiter, Kompressor), um das Signal mit gleichmäßig hohem Pegel, aber ohne Übersteuerung aufzunehmen. Der Einsatz vor allem von Kompressoren führt dabei nicht nur zur Begrenzung der Dynamik durch Anhebung schwacher Signalanteile einerseits, Bedämpfung von Pegelspitzen andererseits; vielmehr wurden Kompressoren spätestens in den 60er-Jahren zu einem Mittel musikalisch-klanglicher Gestaltung, indem z.B. Abschläge auf Crash-Becken aus einem impulsartigen Schallverlauf in einen für Sekunden nahezu konstant auf einem Level gehaltenen Klang (verwandt dem eines chinesischen Gongs) überführt, akustische Gitarren sowie vor allem Vocals in einem Mix weit „nach vorne" gebracht oder Tönen eines Elektrobasses mehr Fülle und Sustain verliehen wurde. Regelver-

---

[237] Instruktive Photos aus den Abbey Road Studios mit drei der extrem großen BTR/2 (mono), die von Technikern in weißem Laborkittel (damals Pflicht bei EMI) bedient wurden, enthält das Booklet der CD „Beat at Abbey Road 1963 to 1965", EMI (London) 1997.
[238] Nach einer Aussage des Studiomanagers Ken Townsend (vgl. Lewisohn, 1988, S. 36) stand die Vierspur-Technik in Abbey Road ab dem 17.10.1963 zur Verfügung.

stärker wurden, wie Filter und Effektgeräte (Bandecho, Hallplatte und dergl.), in der U-Musik zur Gestaltung von *Sound* genutzt. Dieser meint das Ineinandergreifen dynamischer und spektraler Parameter, die als solche objektivierbar, zugleich psychoakustisch und für die musikalische Wahrnehmung von Bedeutung sind (vgl. Schneider, 2002).

Zu den gestalterischen Möglichkeiten des Tonstudios mit musikalisch relevanten Auswirkungen gehörte auch die Veränderung der Aufnahme- und Wiedergabegeschwindigkeit mittels Varispeed[239], womit nicht allein die Tonhöhe eines aufgenommenen Signals (etwa einer Singstimme) verändert werden kann, sondern zugleich der wahrgenommene Eindruck von Kohärenz und Kompaktheit der Aufnahme. Nimmt man etwa einen Song mit einer Bandgeschwindigkeit auf, die wenige Prozent *unter* der Sollgeschwindigkeit des Tonbandgeräts von 38 cm/sec liegt und spielt diese Aufnahme mit einer Geschwindigkeit ab, die wenige Prozent *über* der Sollgeschwindigkeit liegt, so ändern sich nicht allein der ‚Pitch' (um etwa einen Halbton nach oben) und das metronomische Tempo (bpm), sondern der gesamte Klangeindruck: ein Song wirkt so in der Regel kompakter, da durch diese in Studios beliebte Maßnahme kleine Unebenheiten des Timing zwischen mehreren Instrumenten sowie Singstimmen verringert und umgekehrt die Ereignisdichte pro Zeiteinheit des auf Band aufgezeichneten Signals erhöht wird. Verlangsamt man die Abspielgeschwindigkeit gegenüber der Aufnahme, so erscheinen Schlagzeug und Bass nicht nur tiefer, als sie tatsächlich gestimmt sind, sondern schwer im Sinne einer „Klangmasse". Die Verlangsamung verändert dann, wenn sie nicht geringfügig im Verhältnis zur Sollgeschwindigkeit ist, die Wahrnehmung der gesamten musikalischen Textur. Diesen Ansatz wählten die Beatles bei „Rain" (rec. 14.4.1966, vgl. Lewisohn, 1988, S. 74; Miles, 1998, S. 320) für die Backing tracks, über die dann in normaler Tonhöhe gesungen wurde. Allerdings bietet „Rain" am Ende auch noch eine Phrase von Lennons Gesang in Rückwärts-Montage. Die Nutzung von Varispeed als klangliches Gestaltungsmittel findet sich deutlich auch z.B. bei einigen Songs von Jimi Hendrix auf dem Album „Electric Ladyland" (Reprise 1968).

Da bei Vierspurmaschinen wie der J37 (oder vergleichbaren Geräten der 60er-Jahre von Ampex, Scully etc.) gewöhnlich mehrere Instrumente und/oder Singstimmen auf eine Spur aufgenommen wurden, unterlegte man Vocals oder Instrumente nicht selten schon bei der Aufnahme mit Effekten wie Bandecho und Nachhall und fügte diese nicht erst beim Abmischen hinzu. So finden sich beispielsweise etliche Tracks auf Vierspurbändern des „Sgt. Pepper"-Albums, bei denen John Lennons Gesang mit Bandecho versehen ist[240].

---

[239] Profi-Tonbandmaschinen hatten bzw. haben seit den frühen 50er Jahren Varispeed, d.h. die Laufgeschwindigkeit der Motoren für den Bandtransport bei Aufnahme/Wiedergabe lässt sich stufenlos in einem größeren Bereich um die vorgegebenen Sollgeschwindigkeiten (19, 38, 76 cm/sec) einstellen.

[240] In einem Bandecho-Gerät läuft eine Tonbandschleife über mehrere Aufnahme- und Wiedergabeköpfe. Mittels Aufsprechverstärker werden Signale diesen Tonköpfen zugeführt, die bei fortgeschrittenen Geräten, wie sie in Italien von Binson (Echorec) und seit 1959 in Deutsch-

Wenn die vier Spuren nicht mehr ausreichen, griff George Martin auf das bewährte Verfahren des Bouncing zurück und überspielte eben die vier Spuren von einer J37 unter Durchführung eines Zwischenmixes auf drei oder sogar nur zwei Spuren einer weiteren J37. So standen dann per ‚reduction mix' (vgl. Lewisohn, 1988, S. 92, mit Informationen zu Aufnahmen von „Penny Lane" im Februar 1967) wieder freie Spuren für weitere Instrumente und Vocals zur Verfügung.

Nach Aussagen von George Martin (1979, 1994) und Paul McCartney lernten die Beatles vor allem in den Jahren 1964-1966 zunehmend, die technischen Einrichtungen und Möglichkeiten des Tonstudios als Werkzeuge der Komposition zu nutzen. Komposition von Songs oder Instrumentalstücken im Bereich der Pop/Rockmusik beginnt (vergleichbar Praktiken der E-Musik) nicht selten damit, dass ein Musiker bzw. eine Musikerin am Klavier oder mit Hilfe einer Gitarre als Begleitinstrument versucht, ad hoc oder unter Rückgriff auf frühere Einfälle sowie vorbekannte Elemente, Formtypen und dergleichen ein zusammenhängendes, in sich gegliedertes und möglichst ausdrucksstarkes Gebilde zu schaffen. Dabei entstehen Songs meist als Gefüge aus einer Akkordfolge und darüber gelegten Melodielinien, die einem Metrum zugeordnet und in den Melodielinien sowie der akkordischen Begleitung rhythmisch gestaltet sind. Das so geschaffene, meist liedartige Gebilde mit Strophen, Refrain usw. kann nun z.B. von einer Band einstudiert, gegebenenfalls in Details verändert und dann live bei Konzerten aufgeführt werden. Dies war gängige Praxis zu Zeiten der Beatmusik (1962-65), bei der es eine Standardbesetzung (in der Regel zwei Gitarren, Bassgitarre, Schlagzeug bisweilen auch elektronische Orgel, E-Piano sowie Tenor- oder Altsaxophon, Mundharmonika) und zudem die Übung gab, Songs zunächst vor Publikum auszuprobieren, bevor sie etwa als Single eingespielt und veröffentlicht wurden. Es war bei dieser Arbeitsweise relativ einfach, eine Band ins Studio zu bringen, wo sie Songs aus ihrem Repertoire quasi „live" spielte und die Produktion einer Single (A- und B-Seite) oder gar einer EP (EP = Extended Play, Tonträger im Single-Format [17,5 cm, 45 rpm], aber mit vier oder sogar fünf Titeln auf A- und B-Seite) typischerweise in wenigen Stunden abgeschlossen war.

Die so produzierte Musik überzeugte in vielen Fällen durch die Spielfreude und Präsenz der beteiligten Musiker, von denen manche aus dem Bereich R&B oder des Jazz kamen und über besondere instrumentale oder vokale Fertigkeiten verfügten. Da die Produktionen in der Regel jedoch nach dem SoS-Verfahren (s.o) mit möglichst wenig Overdubs durchgeführt wurden, sind ausgefeilte Kompositionen mit entsprechend differenzierter Instrumentierung eher selten[241].

---

land von Klemt (Echolette NG 51) und Dynacord (Echocord bzw. ab 1960 Echocord Super) gebaut wurden, einzeln ein- und ausgeschaltet sowie in ihren Stärkeverhältnissen eingestellt werden können. Außerdem stehen wahlweise zwei Geschwindigkeiten für den Tonmotor und so für die Bandschleife zur Verfügung. Aus der Kombination der Tonköpfe und der Geschwindigkeiten resultieren komplexe Echofolgen (so genannte „Kaskadenechos").

[241] Ein Album, das relativ früh Anstrengungen zur musikalischen und klanglichen Differenzierung erkennen lässt, wurde von Van Morrison und seiner Gruppe Them 1965 eingespielt („Them again", Decca 1966).

Diese Situation änderte sich mit der Verfügbarkeit der Mehrspur-Technik, da die kreativen Möglichkeiten schon bei Vierspur-Maschinen unter Nutzung des Bouncing deutlich zunehmen. Es ist so erheblich einfacher, zusätzliche Instrumente bzw. Musiker oder auch Musikkonserven von vorhandenen Bändern in die Produktion eines Stückes einzubauen. Die Mehrspur-Technik lädt zu Montage und Collage geradezu ein. Damit veränderte sich aber auch der vordem übliche Ansatz, eine Band im Studio quasi „live" aufzunehmen, zu einer mehr konstruktiv-experimentellen Arbeitsweise, die insbesondere auf den Beatles-Alben „Revolver" und „Sgt. Pepper" klar zu erkennen sowie aus nachträglich veröffentlichten Probeaufnahmen genauerer Analyse zugänglich ist. Beispielsweise fertigte McCartney für den Song „Tomorrow never knows" der LP „Revolver" (1966), den eigentlich John Lennon geschrieben hatte, eine Reihe von Bandschleifen (Loops) mit Sounds (vgl. Lewisohn, 1988, S. 72ff.; Miles, 1998, S. 336), die teils normal, teils rückwärts ablaufend in den bordunartigen Gesamtklang einfließen, über dem sich Lennons Gesang, verfremdet durch ein Leslie-System[242], erhebt. Dazu schlägt Ringo Starr beharrlich sein Pattern, Harrison spielt offenbar eine Tambura als Bestandteil des Borduns. So wurde eine teils auf indische, teils auf elektronische Musik verweisende Komposition realisiert.

Aufschlussreich für den Prozess der Komposition sind auch Aufnahmen von „Strawberry Fields Forever" (November/Dezember 1966), die die Entstehung des Songs von einer Skizze (John Lennon mit akustischer Gitarre, aufgenommen in seinem Haus) über den ersten Take im Studio bis zu einem vorläufigen Master dokumentieren[243]. Das Studio wurde in der zweiten Hälfte der 60er-Jahre zunehmend zum Ort der Komposition in dem Sinne, aus Skizzen (schriftlichen Notizen und/oder einfachen ‚Demos' auf Tonband) ausgefeilte Produktionen zu entwickeln, in die Elemente der (tonal-harmonischen) Satztechnik ebenso eingingen wie erweiterte Instrumentierungen unter Aufbietung von Orchestermusikern. Hinzu kamen Experimente bei der Herstellung neuartiger Klänge und Montagetechniken, z.B. durch

---

[242] Das Leslie-System besteht aus einer Box mit einem nach unten abstrahlenden Tiefton-Lautsprecher sowie zwei horizontal abstrahlenden, gegeneinander um 180° versetzten Druckkammer-Hochton-Lautsprecher. Letztere sind auf eine Scheibe montiert, die sich um die Mittelachse drehen kann und von einem Elektromotor angetrieben wird. Vor dem Tieftöner befindet sich eine Trommel aus Styropor, in die ein rechteckiges Fenster (bisweilen auch zwei, die sich um 180° gegenüber liegen) geschnitten ist und der sich gleichfalls mittels Elektromotor in Drehbewegung versetzen lässt. Die Anzahl der Umdrehungen der Trommel und der beiden Hochtöner pro Minute kann stufenlos von 0 bis zu einem Maximalwert über ein Potentiometer von Hand oder per Fußpedal eingestellt und jederzeit verändert werden. Durch die rotierenden Hochtöner und die gleichfalls rotierende Trommel unterliegt der abgestrahlte Klang in Bezug auf HörerInnen, die sich in einer festen Position relativ zur Schallquelle befinden, dem Doppler-Effekt, so dass durch Stauchung und Dehnung des Wellenfeldes für die HörerInnen Modulationen der Tonhöhe sowie ein insgesamt vibrierender, rauschender Klang wahrnehmbar sind. Das Leslie-System wurde für die Klangabstrahlung der Hammond-Orgeln geschaffen, aber auch für Gitarren (vgl. Jimi Hendrix, „Little Wing", auf der LP „Axis: Bold as love", Track 1967) und Gesang eingesetzt.

[243] Zu finden auf „The Beatles-Anthology" T. II, EMI/Apple 1996.

Schneiden und Kleben von Bandkonserven, die dann in Stücke wie z.B. „For the Benefit of Mr. Kite" mit einflossen. Zusammen ergab dies Alben mit einer für Pop/Rockmusik bemerkenswerten Bandbreite musikalisch-klanglicher Ausdrucksmittel.

Der Dokumentarfilm „The Making of Sgt. Pepper", konzipiert und realisiert wesentlich von George Martin, erläutert sehr instruktiv die Produktion des „Sgt. Pepper"-Albums und lässt im Detail erkennen, wie George Martin, seine Mitarbeiter und die Beatles die einzelnen Songs des Albums im Studio erarbeitet und dabei technische Hilfsmittel sowie auch ungewöhnliche Instrumente bzw. unübliche Instrumentation verwendet haben[244]. Zu den exotischen Instrumenten gehörte u.a. eine indische Dilruba[245], zur beachtenswerten Instrumentation mindestens vier Mundharmonikas in Form eines Quartetts auf „Being for the Benefit of Mr. Kite" (vgl. Lewisohn, 1988, S. 105). Wie Paul McCartney im Dokumentarfilm „The Making of Sgt. Pepper" einräumt, hatten die Beatles diese Idee bei Brian Wilson (Beach Boys) „abgeschaut", der kurz zuvor das als epochal geltende Album „Pet Sounds" (Capitol 1966) produziert und dabei u.a. mehrere Mundharmonikas von der Tenorlage bis zum Bass eingesetzt hatte[246]. Das Konzept, das Wilson bei einigen Aufnahmen zu „Pet Sounds" verfolgt hat, war die Erzeugung eines spektral sehr dichten und aus zahlreichen Schallquellen bzw. Instrumenten geschichteten Sounds. Dieser Ansatz war einige Jahre zuvor von Phil Spector bei der Produktion von Singles der Ronettes („Be my baby", 1963) verfolgt und als „Wall of Sound" bekannt geworden. Spector packte so viele Musiker bzw. Instrumente (darunter bisweilen zwei Klaviere) wie möglich in den Aufnahmeraum und erhielt so einen für die damalige Zeit extrem „fetten" Sound, wobei allerdings technische Hilfsmittel (Kompressor, Hall) unverkennbar eine Rolle spielten.

Spätestens bei den Aufnahmen zu „Smiley Smile" 1967 im Gold Star-Studio Los Angeles stand Wilson bereits eine Achtspur-Bandmaschine (auf 1"-Basis) zur Verfügung. Auch die Doors hatten bei den Aufnahmen zu ihrem zweiten Album „Strange Days" (Elektra 1967, aufgenommen in den Sunset Sound Studios, L.A., vgl. Densmore, 1990, S. 126ff.) acht Spuren zur Verfügung und begannen diese kreativ zu nutzen, indem z.B. im Song „Unhappy Girl" ein Klavierpart mit allen Akkorden des

---

[244] Vgl. die Videodokumentation „The Making of Sgt. Pepper" (zuerst ausgestrahlt in England auf ITV am 14.6.1992, später auch in Deutschland, inzwischen veröffentlicht als DVD) sowie Martin & Hornsby, 1979 und Martin & Pearson, 1994.

[245] Ein Streichinstrument aus Nordindien und Pakistan mit relativ langem Hals und Bünden auf dem Griffbrett. Die Dilruba hat vier Saiten plus mitschwingende Resonanzsaiten (wie bei der Sitar). Die Beatles ließen einen indischen Musiker auf der Aufnahme zu „Within you without you" die von George Harrison Harrison gesungene Melodie mit der Dilruba doppeln, was George Martin in „The Making of Sgt. Pepper" demonstriert.

[246] Informationen zur Entstehung von „Pet Sounds" und der nachfolgenden Alben „Smile" (begonnen 1966, unvollendet, in veränderter Form veröffentlicht erst 2004) und „Smiley Smile" (1967) mit Szenen bei Studioaufnahmen enthält der Dokumentarfilm „Die Beach Boys und der Satan" (Buch und Regie: Christoph Dreher, 1997), der für die ZDF/3SAT-Sendereihe „PopOdissey" produziert wurde.

Stückes als ‚Krebs' (also beginnend mit dem letzten Akkord) erst auf ein Tonbandgerät aufgenommen und dann, rückwärts abgespielt, auf eine der acht Spuren der Multitrack-Maschine gelegt wurde. So stimmte die Akkordfolge mit der Songstruktur überein, aber alle Klaviersounds begannen nun mit dem Ausklang und endeten jeweils mit dem eigentlichen Klangeinsatz (Attack). Melodisch basierte Gitarrenparts in dieser Technik hatte schon Jim McGuinn von den Byrds erarbeitet; ein schönes Solo aus Vorwärts- und Rückwärtsparts in „psychedelischer" Manier ist in „Thoughts and words" (auf dem Album „Younger than yesterday", CBS 1967) eingespielt.

Multitracking hat, was an zahlreichen Alben aus der zweiten Hälfte der 60er-Jahre deutlich wird, die Ausarbeitung musikalischer Strukturen, z.B. von Vokalsätzen oder von Stücken mit erweiterter Instrumentierung, sowie auch die Einbeziehung von Montage- und Collagetechniken in die Produktion von Popmusik sehr erleichtert bzw. im gegebenen Umfang überhaupt erst ermöglicht[247]. Hingegen gewann der Gesichtspunkt vollständiger akustischer Separierung von Instrumenten mit dem Ziel, beim Abmischen jedes Instrument noch einmal klanglich nachbearbeiten zu können, erst später, bei Aufnahmen auf 24, 32 oder gar 48 Spuren, zentrale Bedeutung (s.u.). Nachdem etliche Hersteller (Ampex, 3M, Scully, Studer u.a.) Multitrack-Maschinen mit vier und acht Spuren auf den Markt gebracht hatten und zahlreiche Studios diese insbesondere für Popproduktionen nutzten[248], stellte 3M (Minnesota Mining & Manufacturing Co.) schon im Oktober 1968 bei der Tagung der Audio Engineering Society in New York eine Multitrack-Maschine mit sechzehn Audiospuren auf 2"-Band vor[249]. Ampex (Modelle 1000, 1100) und andere folgten alsbald; 16 track/2"-Geräte wurden der Industrie- bzw. Studiostandard, von einigen Sonderformen wie einer Zwölfspurmaschine von Scully (auf 1"-Band) abgesehen[250]. Auf dieser hat Jimi Hendrix 1968 in New York Songs wie „All along the watchtower" und „Crosstown traffic" für das „Electric Ladyland"-Album (Reprise bzw. Track 1968) aufgenommen (vgl. Shapiro & Glebbeek, 1990, S. 523 und S. 529f.).

Multitrack mit sechzehn oder (ab etwa 1975) gar vierundzwanzig Aufnahme- und Wiedergabespuren hat wesentlich auch zur Entwicklung „progressiver" Rockmusik

---

[247] Zu verweisen wäre etwa auf die Beatles-Aufnahmen „Strawberry Fields Forever"/„Penny Lane" (veröffentlicht Februar 1967), etliche Stücke des Sgt. Pepper-Albums (insbesondere „A day in the life") und auch andere Produktionen der Zeit, beispielsweise die Titel „Draft Morning" und „Dolphin's Smile" auf „The Notorious Byrds Brothers" der Byrds (aufgenommen Sommer/Herbst 1967, veröffentlicht von CBS am 2.1.1968) oder der Song „The White Ship" von H.P. Lovecraft (auf dem Album H.P. Lovecraft, Philips 1967).

[248] In England scheinen die britische Decca und das Trident-Studio in London die ersten gewesen zu sein, die Achtspurtechnik boten. Bei Decca nahmen die Moody Blues 1967 das Album „Days of Future passed" (Deram 1967) auf, die Beatles im August 1968 bei Trident (auf Ampex MR 70) u.a. „Dear Prudence" für das „White Album" (vgl. Lewisohn, 1988, S. 152), bevor man endlich in den Abbey Road Studios im September eine Achtspur-Maschine (3M) installierte.

[249] Die vollständige technische Beschreibung samt Bildmaterial findet sich unter http://www.manquen.net/audio/.

[250] Die für ihren Sound berühmte Scully 284 „Bridgeport" und zahlreiche andere Multitrack-Maschinen sind mit Abbildungen unter http://www.sonicraft.com beschrieben.

beigetragen. Komplexere musikalische Strukturen, wie sie dann auf Alben des so genannten *Art Rock* (u.a. von King Crimson, Gentle Giant, Van der Graaf Generator, Yes, Jethro Tull) mit polyphonen Gitarren- und Keyboardstimmen, abruptem Wechsel von Formteilen, Metren, Tempi und Instrumentierungen zu finden sind, ließen sich mit vertretbarem Aufwand (Anzahl der benötigten Musiker, Studiozeit, Klangqualität) erst mittels Multitrack realisieren. Diese Technik bot zudem einzelnen Musikern die Möglichkeit, mehrere Instrumente bei einer Produktion nacheinander auf verschiedene Spuren zu spielen oder gar allein sämtliche Instrumente sowie gegebenenfalls Vocals eines Stücks aufzunehmen. Bekannte Produktionen dieser Art sind z.B. das Album „Switch on Bach" mit Walter [Wendy] Carlos am Moog-Synthesizer (CBS 1968), der Rocksong „Dear Mr. Fantasy" mit Stephen Stills (2 Gitarren, Bass, Schlagzeug und Hammond-Orgel sowie zwei Gesangsstimmen, aufgenommen in L.A. 1968 auf acht Spuren bei Wally Heider Recording), das berühmte Album „Tubular Bells" von und mit Mike Oldfield (Virgin 1973) sowie Soloalben von Paul McCartney und Stevie Winwood, die praktisch im Alleingang entstanden. Dabei agierten Stills, McCartney und Winwood quasi als „Band", d.h. sie spielten die Instrumente, die in einer Rockband üblich sind, mit den musikalischen Gestaltungsmitteln von Bands.

Die Möglichkeit, allein per Multitracking ein ganzes Album zu produzieren, ist einerseits eine Verlockung, andererseits auch eine Gefahr. Der Freiheit individueller Gestaltung steht die fehlende Interaktion mit anderen Musikern gegenüber. Der im Zusammenspiel erzielbare Groove (mit Ineinandergreifen rhythmischer und melodischer Akzente verschiedener Spieler/Instrumente, sowie oft mit kleinen Temposchwankungen) ist allein schwer zu erreichen, zumal Solo-Produktionen fast zwangsläufig zunächst mit der Aufnahme eines Metronoms als so genanntem „Click track" beginnen. Dieser dient dann der musikalischen Synchronisation mehrerer Parts bzw. Tracks.

In den siebziger und achtziger Jahren wurden preiswertere Multitrack-Maschinen mit vier, acht und schließlich sogar 16 Spuren (auf ½-Zoll- bzw. ¼-Zoll-Bändern) für den Markt außerhalb professioneller Studios angeboten (vor allem von TEAC/Tascam und Fostex). Es entstand eine große Bewegung des Home Recording (vgl. Schneider, 1991), das einerseits von bekannten Musikern wie Pete Townshend (The Who) intensiv genutzt wurde, um zu Hause in Ruhe neue Songs für das nächste Album der Gruppe zu entwickeln, oder um überhaupt musikalische Ideen sowie Sounds festzuhalten[251]. Andererseits hatten so zahlreiche Bands aus dem semiprofessionellen Lager sowie AmateurmusikerInnen Gelegenheit, in kleinen Studios, im Proberaum oder eben zu Hause Musik nach Verfahren zu produzieren, die in großen Studios ein Jahrzehnt zuvor noch „State of the Art" waren.

---

[251] Sehr instruktiv sind die Alben „Scoop" (WEA 1983) und „Another Scoop" (ATCO 1987) von Pete Townshend, die solches Material einschließlich der aufnahmetechnischen Dokumentation bieten.

Das Multitrack-Verfahren nahm seit Mitte der 1970er-Jahre und quer durch die 1980er-Jahre extreme Formen an, da nach Einführung von Tonbandgeräten mit 24 Spuren (gebaut u.a. von Studer, Telefunken, Otari) auch mit 32 Spuren (Otari MX 80) sowie mit der Kopplung von zwei 24-Spur-Maschinen mittels Synchronisation der Tonmotoren gearbeitet wurde[252]. So standen dann bis zu 46 Spuren auf zwei gekoppelten Analog-Bandmaschinen zur Verfügung (je eine Spur pro Maschine wurde für die Synchronspur benötigt). Nicht wenige Produktionen aus dieser Zeit wirken überladen, weil Stimmen und Instrumente gedoppelt (zweifache Aufnahme der gleichen Instrumental- oder Vokalstimme; s.o. bei Double tracking) oder gar vervielfacht, Gitarrenlinien parallel geführt und (mit unterschiedlichen Sounds pro Track) harmonisiert, außerdem Spuren mit Sounds aus Synthesizern oder anderen Keyboards sowie mit Background Vocals oder anderen Zutaten ohne wirklichen Zugewinn an musikalischer Struktur gefüllt sind. Insoweit gab es manieristische Züge, die sich in dieser Zeit auch bei Konzerten einiger „Supergroups" mit geradezu bombastischen Klangcollagen und entsprechender Lightshow feststellen lassen.

Nachfolgend seien nun zwei Aspekte kurz erläutert, die erst mit der Multitrack-Technik und der Aufnahme vieler Schallquellen auf in der Regel 16-48 Kanäle besonderes Gewicht erhielten: der erste hat mit der Erhaltung bzw. Erzeugung von Räumlichkeit in Abmischungen von Multitrack-Aufnahmen zu tun, der zweite, mit dem ersten zusammenhängend, mit dem Problem der auditiven Identifizierbarkeit von Instrumenten und/oder Singstimmen in einem spektral und dynamisch dicht gepackten Mix, wie er z.B. bei Hardrock-Produktionen vielfach hergestellt wurde und wird.

Bei praktisch allen Aufnahmen mit mehreren Schallquellen (Instrumenten, Singstimmen etc.) stellt sich das Problem einer räumlichen Abbildung der Instrumente und/oder Singstimmen. Dabei greifen akustische, psychoakustische und psychologische Sachverhalte, physikalisch objektivierbare und für die subjektive Wahrnehmung und Vorstellung relevante Gegebenheiten eng ineinander (vgl. Dickreiter, 1987, Bd. I, Kap. 1-3). Denkt man etwa an Stereophonie, so gehören zu den objektiv messbaren und technisch genutzten Parametern vor allem Laufzeiten (ms) und Intensitäten (dB), während psychoakustisch z.B. spektrale und dynamische Verdeckungseffekte, subjektiv schließlich gewisse Eindrücke der durch die Aufnahme vermittelten Raumtiefe oder der Transparenz eines Orchesterklangs von Belang sind.

In der Aufnahmetechnik wurden raumakustische Parameter von jeher berücksichtigt, während psychoakustische und psychologische Sachverhalte mit Einführung stereophoner und später quadrophonischer Techniken zwangsläufig mehr Beachtung fanden. Bei Popproduktionen überwogen bis in die Mitte der sechziger Jahre (bei Singles ohnehin, aber auch bei vielen LPs) monophone Abmischungen bei weitem; sie

---

[252] 24-Spur-Maschinen waren 1975 so neu, dass Steely Dan auf dem Cover des Albums „Katy Lied" (ABC Records 1975) ausdrücklich darauf hinweisen, „a specially constructed 24-channel tape recorder" zu verwenden.

blieben nicht selten die Grundlage der Produktion selbst dann, wenn zusätzlich ein Stereomix hergestellt wurde[253].

Geht man von stereophonen Abmischungen solcher Aufnahmen aus, die eine Mehrzahl von Instrumenten und Singstimmen beinhalten, so können diese einzeln entweder als Mikrophonsignal oder nach Multitrack-Aufnahme als Line-Signal einmal mit dem Panoramaregler auf der Stereobasis und durch Einstellen des Pegels im Mix positioniert werden. Sie erscheinen dann für HörerInnen links, rechts oder in der Mitte des Stereo-Panoramas sowie je nach Pegel mehr „vorne" oder mehr „hinten" im Mix. Hinzu kommt, dass die Lokalisation einer Schallquelle im Mix sowohl durch deren spektrale und dynamische Eigenschaften wie vor allem durch Hinzufügung von (künstlich erzeugtem) Nachhall oder durch andere Effekte erheblich beeinflusst werden kann. Die Parameter Stereobasis bzw. Panorama, Pegel, spektrale und zeitliche Hüllkurve, Nachhall usw. lassen sich beim Abmischen einzeln in ihren Werten einstellen, sie wirken aber auf HörerInnen nicht unabhängig voneinander, sondern führen zu komplexen Raumeindrücken, die z.T. akustisch reale Verhältnisse (etwa eines Konzertsaales, in dem aufgenommen wurde) ab- bzw. nachbilden, z.T. einen virtuellen Raum erzeugen, in dem Schallquellen beispielsweise bei Benutzung eines Kopfhörers sich kreisförmig um den Kopf eines Hörers zu bewegen *scheinen* (vgl. Schneider, 1992). Es lassen sich also schon bei stereophonen (und mehr noch bei quadrophonen) Aufnahmen durch entsprechende Auswahl und ggf. Nachbearbeitung von Klängen sowie durch geschickte Handhabung der genannten Parameter künstliche Räume und Raumillusionen herstellen, die HörerInnen über die Wahrnehmung vermittelt werden und zu intensiven Vorstellungen, Assoziationen sowie emotionalen Eindrücken führen können.

Die skizzierten Möglichkeiten der Erzeugung von Raumeffekten wurden bei der Produktion von Popmusik kreativ genutzt, z.B. durch „wandernde" Schallquellen bzw. Instrumente in Stereomixen; eindrucksvolle Beispiele sind etwa Teile des Gitarrensolos von Jimi Hendrix in „All along the watchtower" (1968) und das gesamte Instrumentalstück „Nimbus" von Beggar's Opera (auf dem Album „Waters of change", Vertigo 1971).

Eine eher problematische Entwicklung im Zuge der Multitrack-Produktionen stellt die seit den 1970er-Jahren zu beobachtende spektrale und dynamische Verdichtung von Aufnahmen mit dem Ziel dar, diese als besonders professionell (bzw. bei Rock eher „fett") im Sound sowie im Hörvergleich mit anderen Produktionen auch als „lauter" erscheinen zu lassen. Die zu diesem Zweck durchgeführten Operationen bei der Aufnahme, beim Abmischen und schließlich beim Mastering (vgl. hierzu Katz, 2002) sind nicht nur psychoakustisch und musikpsychologisch von Belang, sondern durchaus auch im Hinblick auf den Verkaufserfolg und den Einsatz von Tonträgern etwa beim Rundfunk.

Es sei daran erinnert, das ungefähr gleichzeitig mit der Ausbreitung der Multitrack-Technik seit Mitte der 60er-Jahre Entwicklungen elektronischer Musikinstrumente

---

[253] Hierzu zahlreiche Belege und Erläuterungen zu Beatles-Aufnahmen bei Lewisohn, 1988.

(Mellotron, Synthesizer) und Effektgeräte (Verzerrer, Phaser, durchstimmbare Bandpass-Filter [„Wah-Wah"], Envelope Follower etc.) stattfanden, die der Pop- und Rockmusik nicht nur neuartiges Klangmaterial, sondern mit diesem auch andere Spielweisen und Kompositionen brachten. Beispielsweise ermöglichte das Mellotron, bei dem auf Tonbänder aufgezeichnete Klangquellen (Aufnahmen von Streichinstrumenten, Vokalstimmen) über eine Klaviatur aktiviert werden, die Erzeugung von Akkorden in einem meist homophonen Satz. Die Akkorde bildeten dann eine Art Klangfläche, auf der als „Grund" (i.S. der Gestaltpsychologie) sich Soloinstrumente und Singstimmen mit „Figuren" bewegen[254]. Syntheziser wie die von Robert Moog in den 60er-Jahren entwickelten (vgl. Pinch & Trocco, 2002) waren zunächst nur monophon, d.h. einstimmig spielbar, denn jeweils nur die zuletzt gedrückte Taste der Klaviatur löst einen Klang aus. Dieser konnte allerdings durch Überlagerung mehrerer Oszillatoren bzw. Wellenformen in sich harmonisch sehr komplex oder (durch Verstimmen der Oszillatoren gegeneinander sowie durch Frequenzmodulation) mit inharmonischem, zudem zeitlich veränderlichem Spektrum ausgestattet sein. Im Studio waren per Multitrack vielfältige Synthi-Sounds in einem Stück sowohl für polyphone Linien wie für die Schichtung von Klängen zu Akkorden möglich (vgl. W. Carlos, 1968).

Nachdem im Laufe der 70er-Jahre polyphon bzw. homophon spielbare Synthesizer auf den Markt kamen (von Oberheim, Sequential Circuits, Korg, Moog u.a.), wurde in zahlreichen Pop- und Rockproduktionen der homophone „Streicher-Teppich", erzeugt durch vollgriffiges akkordisches Spiel, als Folie, auf der sich Vocals und solistisch geführte Instrumente wie Gitarre und Saxophon bewegen, beinahe obligatorisch. Dazu kamen oft weitere Keyboards (E-Piano, Orgel) und diverse Spuren mit Gitarrensounds (unverzerrt und besonders bei Lead guitar-Spuren oft erheblich verzerrt), nicht selten sogar mehrere Spuren mit Elektrobass einerseits, Synthi-Bass andererseits. Ferner finden sich Bläsersätze, Chöre sowie bei Pop- und Rockmusik eher ungewöhnliche Instrumente (z.B. Glocken, Röhrenglocken, Pauken, Pfeifenorgel, echte Streichinstrumente wie Geigen, Viola, Celli, gelegentlich auch folkloristische und exotische Instrumente wie Dudelsack, Sitar, Shakuhachi).

Die stärksten Veränderungen durch die Multitrack-Technik vor allem nach Einführung von 24-Spur-Maschinem gab es wahrscheinlich bei der Aufnahme und der Klangästhetik von Schlagzeugen. Diese wurden zu Zeiten des Rock'n'Roll und der Beatmusik in der Regel mit lediglich zwei Mikrophonen aufgenommen, wovon eines typischerweise vor der Bass drum platziert wurde (meist ein dynamisches Mikrophon, z.B. AKG D 12), ein weiteres (dynamisches oder Kondensatormikrophon) in der Mitte dicht über dem Schlagzeug, um dessen Klang insgesamt zu erfassen. Bisweilen kam ein drittes Mikro speziell für die Snare drum sowie die HiHat dazu. Diese

---

[254] Instruktive Beispiele für den Einsatz des Mellotrons sind u.a. „Strawberry Fields Forever" (Beatles, 1967), mehrere Stücke auf der LP „Days of Future Passed" (Moody Blues, Deram 1967), „2000 light years from home" (auf „Their Satanic Majesties request", Rolling Stones, Decca 1967) und vor allem die ersten drei Alben von King Crimson („In the Court of the Crimson King", Island 1969; „In the Wake of Poseidon", Island 1970; „Lizard", Island 1970).

Technik blieb im Prinzip bei Vierspur-Aufnahmen erhalten, ebenso die klangliche Balance, wonach Vocals oder Soloinstrumente in ihrem Pegel deutlich vor dem Schlagzeug liegen und dieses meist in den gesamten Mix der Instrumente, Background Vocals und dergl. eingepasst, keinesfalls aber dominant ist (von Schlagzeug-Soli natürlich abgesehen).

Die klanglich-dynamische Rolle des Schlagzeugs änderte sich bei Achtspur-Aufnahmen, wo es nunmehr möglich war, das Schlagzeug separat auf eine Spur oder zwei aufzunehmen und ihm später im Stereomix mehr Gewicht als zuvor üblich einzuräumen. John Densmore, der Drummer der Doors, bemühte sich, durch seine Spieltechnik und die Stimmung seines Drum Sets einen für die damalige Zeit sehr kräftigen Sound zu erzeugen. Das Schlagzeug kam aber beim ersten Doors-Album („The Doors", Elektra 1967), aufgenommen auf vier Spuren, noch nicht richtig zur Geltung, während es auf den nächsten Alben, aufgenommen auf acht und sogar sechzehn Spuren (vgl. Densmore, 1990, S. 126ff. und S. 256), klar hervortritt.

Während der siebziger und quer durch die achtziger Jahre ging man dazu über, Schlagzeuge mit vielen Mikrophonen abzunehmen und die einzelnen Trommeln (Snare drum, Bass drum, mehrere Tom-Toms), die Becken, die HiHat und dann noch einmal Signalspannungen von Mikrophonen, die oberhalb des Schlagzeugs (Overheads) sowie gegebenenfalls im Aufnahmeraum positioniert sind, jeweils auf separate Spuren einer Multitrack-Maschine zu legen (vgl. auch Ross, 1987). Der Grund war hauptsächlich der, dass auf diese Weise jede aufgenommene Spur beim Abmischen eines Songs einzeln mit Filtern im Klang nachbearbeitet und gesondert mit Effekten (s.u.) versehen werden kann. Da die klangliche Gestaltung wesentlich auf den Vorgang des Mixens verlagert wurde, gab es Tendenzen, die Studioräume selbst akustisch stark zu bedämpfen und die Trommeln und Trommelfelle so zu verändern (durch das Material, die Konstruktion und/oder durch Abkleben der Felle), dass der von den (meist sehr nahe am Trommelfell montierten) Mikrophonen aufgenommene Schall arm an Teiltönen ist. Der Klang wirkt durch die vorwiegend nahe Mikrophonierung oft sehr „fett", aber relativ dumpf und – durch elektronische Nachbearbeitung mit Hilfe von Noise Gates, Kompressoren, Flangern – nicht selten künstlich oder gar steril. Dabei wurde das Schlagzeug im Mix absolut in den Vordergrund gerückt, insbesondere die Snare drum dominiert in vielen Aufnahmen geradezu den Mix (bis zur Penetranz). Da die einzeln aufgenommen Trommeln und Becken zudem beim Abmischen frei auf das Stereo-Panorama verteilt werden konnten, finden sich etliche Produktionen, bei denen das Schlagzeug wie folgt klanglich und dynamisch aufbereitet ist:

(a) die Bass drum liegt in der Mitte der Stereo-Basis, sie ist durch ein Noise Gate[255] in ihrer zeitlichen Hüllkurve einem Rechteck-Impuls angenähert, evtl. mit einem

---

[255] Eine Art elektronischer Schalter (vergleichbar einem Schmitt-Trigger), der einen Verstärker-Schaltkreis dann schließt, wenn eine an den Eingang der Schaltung gelegte Signalspannung einen Schwellenwert (Threshold) überschreitet. Das Eingangssignal gelangt so (i.d.R. verstärkt) an den Ausgang der Schaltung. Fällt die Signalspannung wieder unter den Schwellenwert, öffnet der Schalter, so dass am Ausgang keine Signalspannung mehr abgegeben werden kann. Der Schwel-

kurzen Hall bestimmter klanglicher Färbung versehen und erscheint, räumlich betrachtet, frontal, dabei durch ihre tiefe Stimmung auch „unten". (b) Die Snare drum ist „fett" im Sound, liegt meistens ebenfalls in der Mitte oder etwas nach rechts oder links in der Stereo-Verteilung, aber durch stärkeren Hallanteil deutlich „hinter" der Bass drum, oft sogar sehr weit in der Tiefe des klanglich aufgespannten, psychoakustisch realen (und psychologisch imaginären) Raumes. (c) Die Toms liegen weit verteilt und überdecken das Stereo-Panorama in seiner gesamten Breite, so dass Schlagfolgen über drei bis fünf Toms (von der kleinsten bzw. höchst gestimmten bis zur größten bzw. tiefsten) sich als Bewegung über die Stereo-Basis von links nach rechts darstellen. (d) Die Hi-Hat liegt scharf rechts oder links und ist meist mit einem Effekt (z.B. Flanging[256]) so bearbeitet, dass die einzelnen Klänge und vor allem Klangfolgen durch Spielfiguren (z.B. Triolen) einer bestimmten Modulation unterliegen. (e) Die Becken werden wie die Toms auf die Stereo-Basis verteilt, wobei gewöhnlich ein Crash-Becken ausschließlich auf einen Stereo-Kanal, ein Ride-Becken auf den anderen gelegt wird. Vor allem das Crash-Becken, die Snare drum und die Bass drum sind meist durch Kompressor oder Limiter in ihrer Dynamik so bearbeitet, dass zwar die Vollaussteuerung (0 dB bzw. 6dBm) des Signals gewährleistet, Übersteuerung hingegen ausgeschlossen ist.

Der gesamte Ansatz zielt darauf ab, das Schlagzeug im Mix als eine räumlich-klanglich-dynamische Superstruktur aufzubauen, in die häufig alle übrigen Instrumente und Vocals (evtl. mit Ausnahme einer Lead-Stimme) eingebettet sind, d.h. eine Band oder eine Gruppierung von StudiomusikerInnen spielt nach dem Klangeindruck, den solche Produktionen vermitteln, nicht mehr mit einem Schlagzeug, sondern gewissermaßen „in" ihm.

Das in dieser Weise dominante Schlagzeug sowie generell die Überlagerung zahlreicher Klangquellen bzw. Spuren in einem Mix führen innerhalb der musikalisch besonders wichtigen sechs Oktavbänder von 63 Hz bis 4 kHz (vgl. Dickreiter, 1987, Bd. 1, S. 363) unweigerlich zu hoher spektraler Dichte. Hinzu kommt, dass die Dynamik durch Einsatz von Kompressoren und Limitern eingeengt und zugleich das Summensignal am Ausgang eines Mischpults wiederum im Pegelverlauf verdichtet wird. Unter diesen Bedingungen, die sich im Zuge der Multitrack-Produktionen mit zunehmender Anzahl verfügbarer Spuren verschärften, ist die Identifizierung

---

lenwert lässt sich einstellen; je höher er gewählt wird, desto impulsförmiger (d.h. steilflankig bis hin zum perfekten Rechteck) wird z.B. der Spannungsverlauf bei einem Trommelschlag als Eingangssignal.

[256] Phasing, Flanging und Chorus sind Effekte, bei denen ein Eingangssignal in zwei Signalwege aufgespalten wird, von denen einer (z.B. durch so genannte Allpass-Filter) geringfügig (meist 0.1 – 5 ms) verzögert und die absolute Verzögerungszeit durch einen LFO (Low Frequency Oscillator, einstellbar meist von 0.1 bis etwa 10 Hz) moduliert wird. Mischt man nun am Ausgang der Schaltung den direkten und den verzögerten Signalweg wieder zusammen, kommt es wegen der Modulation per LFO zu periodischen Verstärkungen und Auslöschungen von Signalanteilen durch Überlagerung bzw. Interferenz. Letztere prägen sich im Spektrum des Ausgangssignals als Kerben (wie bei einem Kammfilter) aus.

einzelner Instrumente und die Verständlichkeit eines von einem Sänger oder einer Sängerin deklamierten Textes nur schwer zu gewährleisten. Man versucht daher erstens, bestimmte Instrumente spektral so zu bearbeiten, dass diese sich möglichst wenig wechselseitig verdecken. Dazu werden bei jedem Instrument und auch bei den Vocals manche Frequenzen bzw. Frequenzbänder durch schmalbandige, in ihrer Filterkurve einstellbare Filter hervorgehoben, andere stark abgesenkt oder ganz unterdrückt. Bei den Vocals hebt man die Sprachformanten und oft den so genannten ‚Singing formant' (bei ca. 3,2 kHz) durch Präsenzfilter hervor, um die Sprach- bzw. Textverständlichkeit auch in dichten Mixen zu erhalten. Zweitens muss die Signalstruktur aus den diversen Tracks so beschaffen sein, dass – musikalisch gesehen – die Akzente eines Instruments entweder exakt mit denen anderer zusammenfallen oder aber genau in deren Lücken passen. Dies gilt beispielsweise für die Schläge der Bass drum im Verhältnis zu den Tönen eines Elektrobasses, aber auch für den Einsatz von Crash-Becken und anderen breitbandigen, geräuschhaften Sounds, die naturgemäß die Verständlichkeit eines gesungenen Textes sehr behindern können. Abschläge auf Crash-Becken oder gar heftige Schläge auf ein China-Crash finden sich daher vorzugsweise am Ende einer Phrase oder Singzeile, wo das Schlagzeug auch sonst durch „Brakes" besonders zur Geltung kommt.

Der Mix z.B. von Pop- und zumal Rock-Produktionen wurde (trotz Automatisation der Mischpulte in den achtziger Jahren) zum Balanceakt, weil die Schallquellen von 24 oder gar 48 Spuren zu einem Stereosignal zusammengeführt und hierbei Sprach- und Textverständlichkeit sowie die Identifizierbarkeit zumindest bestimmter Instrumente und ihrer Parts erhalten bleiben sollen. Um möglichst viele Schallquellen im Mix „nach vorne" zu bringen, bediente man sich zunehmend der dynamischen Bearbeitung durch Kompressoren. Das Ergebnis ist nicht selten, dass – zeitlich gesehen – der Pegelverlauf einer fertigen Produktion ständig auf oder nahe der Vollaussteuerung liegt und ein Song oder Instrumentalstück so nur noch Dynamikunterschiede von 2-3 dB aufweist. Solche Befunde sind zumal bei Produktionen im Hard Rock- und im Heavy Metal-Bereich nicht selten. Im Fachjargon heisst es dann, die Produktion sei „gegen die Wand gefahren", d.h. durch ein Übermaß an Kompression jeglicher Dynamik beraubt worden. Solche Produktionen sind ständig „laut" (messtechnisch und in der subjektiven Wahrnehmung), was aber auf Dauer ermüdend wirkt. Dieser Trend hat sich im digitalen Zeitalter noch verstärkt (s. u.).

Eine andere Klangästhetik wurde in den 1970er-Jahren im Bereich der so genannten *Fusion* aus Jazz, Rock, „klassischen" und anderen Musikstilen entwickelt. Auch hier kamen massiv elektronische Instrumente (vor allem Synthesizer) und die Studiotechnik (Multitrack, Hall, Kompressor) zum Einsatz, jedoch eher mit dem Ziel, musikalische Konzepte durch die Soundgestaltung (nach Kriterien wie Transparenz, Räumlichkeit, Prägnanz) deutlich werden zu lassen. Verwiesen sei etwa auf Alben wie „Timeless" von John Abercrombie (ECM 1974), „Aurora" von Jean-Luc Ponty (Atlantic 1976) sowie etliche Produktionen von Jan Hammer, Herbie Hancock, Weather Report, Klaus Doldinger/Passport etc.

Digitalisierung und Computerisierung der Musik

Die *Digitalisierung* von Musik im Studiobereich (außerhalb der Computermusik, die z.T. ein wissenschaftliches Projekt war und ist) begann in den 70er-Jahren, indem analoge Aufnahmen durch Analog-digital-Konverter (ADC) und Puls-Code-Modulation (PCM; vgl. Watkinson, 1989; Dickreiter, 1990, Bd. 2, S. 265ff.) in ein digitales Format gewandelt und die Daten auf Magnetbändern gespeichert wurden (anfangs oft U-Matic-Videobänder, so 1978 beim Sony PCM-1600). Es gab digitale Zweispur-Recorder als Mastermaschinen (von 3M), auf denen der Gitarrist Ry Cooder 1978 sein Album „Bop till you drop" (WEA 1979) aufnahm. Dies geschah als direkte Einspielung (Mikrophon, Mischpult), d.h. ohne vorheriges Multitracking. 3M hatte allerdings bereits einen 32-Spur-Digitalrecorder entwickelt (Modell DDS), Sony folgte mit der digitalen Multitrack-Maschine PCM-3324 mit 24 Spuren[257]. Solche Geräte traten im Laufe der achtziger Jahre häufig an die Stelle der analogen. Mit dem CD-Standard (44,1 kHz Samplingfrequenz, Quantisierung 16 bit) und der Serienfertigung von CDs ab Sommer 1982 ging man vielfach dazu über, die gesamte Produktion digital durchzuführen, also Multitrack-Aufnahme, Stereo-Master und die letzten Korrekturen und Edits vor Veröffentlichung einer CD. Bei diesen mit der Abkürzung „DDD" gekennzeichneten Aufnahmen blieben freilich die akustisch-elektrischen Schallwandler (Mikrophone), das Mischpult und gegebenenfalls Regelverstärker sowie Filter in Analogtechnik, während bei den Hall- und sonstigen Effektgeräten gleichfalls sehr früh die Digitalisierung Platz griff. Der erste programmierbare Digitalhall wurde von EMT (Modell 250) Ende der 70er-Jahre auf den Markt gebracht; es folgten ein vierkanaliger digitaler Raumsimulator von Quantec und andere digitale Hallgeräte (Lexicon, Yamaha, t.c.electronic), bei denen Parameter wie Raumgröße, Predelay (Signal-Laufzeit in einem Raum vor Einsetzen der ersten Reflektionen), Halldichte, Abklingzeit (Decay) usw. frei wählbar und so Räume akustisch nachzubilden oder virtuell herzustellen sind. Hallräume spielten schon in der Produktion von Pop- und Rockmusik seit den 50er-Jahren eine wichtige Rolle, beispielsweise bei etlichen deutschen Schlagern. Hier findet man die Stimme des Sängers bzw. der Sängerin zugleich komprimiert, in einen großen Hallraum gelegt und – um den süßen Wohlklang noch zu steigern – mit einem gemischten Chor harmonisch „ausgeterzt". In ähnlicher Manier sind in vielen internationalen Pop-Produktionen seit den achtziger Jahren nicht nur Singstimmen durch ein Übermaß an Digitalhall aufgebläht, sondern auch sämtliche Instrumente bzw. Spuren mit Hall oder anderen Delay-Effekten versehen worden. Das Ergebnis ist ein Sound, bei dem sämtliche Klangquellen einer Produktion den Eindruck hervorrufen, sie seien in Hall „eingepackt", d.h. es gibt in diesen Fällen praktisch kein „trockenes", im Mix ganz „vorne" liegendes und direkt wirkendes Signal mehr.

Digitale Effektgeräte arbeiten wie Digitalrecorder mit Sampling, das analoge Eingangssignal wird also per ADC gewandelt und der Strom aus die Datenwörtern

---

[257] Später gab es zusätzlich die PCM 3348 mit 48 Spuren sowie entsprechende Geräte von Studer.

(u.U. über einen Zwischenspeicher) dem Prozessor und so algorithmischer Berechnung zugeführt. Das Ergebnis sind Daten, die ein DAC (Digital-Analog-Converter) wieder in ein analoges Ausgangssignal wandelt. Der gesamte Prozess läuft quasi in Echtzeit. Mittlerweile haben viele Effektprozessoren digitale Eingänge, da auch die Mischpulte, Filter usw. vollständig digital ausgeführt sind und der Computer das (analoge oder digitale) Multitrack-Gerät ersetzt hat (s.u.).

Die Computerisierung der Pop- und Rockmusik erhielt 1982/83 durch die Einführung des MIDI-Protokolls und der entsprechenden Hardware-Schnittstelle sowie schließlich durch ein eigenes Dateiformat zur Abspeicherung von MIDI-Files entscheidende Impulse[258]. Es war zuvor mit gewissem Aufwand möglich, analoge Synthesizer untereinander durch Triggersignale zu synchronisieren sowie Tonfolgen über CV (control voltage) eines Analog-Sequencers abspielen zu lassen[259]. Diese Technik unterlag aber Beschränkungen, die durch das digitale MIDI-Format überwunden wurden. Hauptzweck der MIDI-Entwicklung war es zunächst, mehrere Synthesizer von einem Instrument aus gleichzeitig spielen zu können. Über die serielle MIDI-Schnittstelle eines Synthis werden dazu Steuersignale auf weitere Instrumente übertragen. Einfache Befehle sind z.B. „Note on" und „Note off", die das Ein- und Ausschalten eines bestimmten Tons realisieren, sowie ein Wechsel von Sounds durch „program change". Wegen der seriellen Schnittstelle und einer relativ langsamen Übertragungsgeschwindigkeit der Steuerbefehle eignete sich MIDI für die Übertragung quasi-kontinuierlicher Vorgänge (z.B. Glissandi, ausgeführt auf einem Synthi mittels Pitch Wheel oder Joystick) weniger gut[260]. Auch kann bei der Verbindung mehrerer Geräte, von denen eines als „Master" fungiert, die übrigen als „Slaves", Latenz eintreten, die im Extremfall hörbar wird, d.h. das letzte Gerät der Übertragungskette „hinkt" dann mit seinen Tönen oder Schlägen dem ersten merklich hinterher. Dieser Effekt wirkt bei einem Drum Computer als letztem Glied der Kette besonders störend. Ungeachtet mancher Probleme setzte sich der MIDI-Standard sehr schnell in Tonstudios, im Home Recording und auch als Hilfsmittel bei live-Auftritten von Bands durch. In allen drei Bereichen spielten alsbald einige Computer wie der Atari ST, der bereits 1984 serienmäßig über MIDI In/Out verfügte, sodann der Commodore C 64 und Geräte von Apple-MacInstosh eine große Rolle. Für diese Rechner gab es bald nach Einführung des MIDI-Standards 1983 spezielle Software, so

---

[258] MIDI = Musical Instrument Digital Interface. Die gesamte Dokumentation ist über die MIDI Manufacturers Association (MMA) als Dachverband der Hersteller von MIDI-Geräten und Software (unter http://www.midi.org) zugänglich. Zu Grundlagen von MIDI vgl. auch Gibbs, 1987; Rothstein, 1992.

[259] Es gab zudem ingeniöse Lösungen in Hybridtechnik analog/digital, auf die hier nicht weiter eingegangen werden kann. Ein solches System entwickelte Andreas Beurmann (a.k.a. Jon Santo) in Zusammenarbeit mit W. Palm (PPG, Hamburg) für die von ihm 1974/75 auf etlichen Synthis und sonstigen Keyboards eingespielte LP „Jon Santo plays Bach. Synthesized Electrons". MCA Records 1976.

[260] Die MMA (vgl. Fn 34) hat seit 1982 zahlreiche Verbesserungen an MIDI-Spezifikationen durchgeführt.

genannte MIDI-*Sequencer*; zu den weltweit führenden Herstellern gehörten Steinberg und C-Lab (später unter dem Namen Emagic, heute Apple) aus Hamburg. Ein Sequencer ist im Prinzip ein Programm für die Aufnahme, Bearbeitung und Speicherung von MIDI-Daten, es werden also nicht Töne als Klänge (wie auf einem Tonband), sondern lediglich digitale Daten aufgezeichnet, die den Notenwert von Tönen (Tonname, Beginn und Ende, Anschlagsdynamik [velocity], relative Stärke und andere Merkmale) repräsentieren. Sequencer-Programme, die als Master viele Slaves (Synthis, sonstige Keyboards wie etwa Sampler, Drum Computer, Effektgeräte) ansteuern, waren wiederum dem Konzept eines Multitrack-Recorders nachempfunden, boten mithin mehrere Spuren (Tracks). Die Daten jeder Spur kann man im Editor bearbeiten und dabei u.a. falsch gespielte Töne in der Tonhöhe sowie in ihrem Einsatzpunkt (Onset) und in der Dauer korrigieren. Musikalisch wirkt sich insbesondere die Wahl der so genannten „Quantisierung" aus, weil hierdurch alle gespielten Noten (als Events) auf ein zeitliches Raster bezogen und entsprechend zurecht gerückt werden. Spielt man z.B. eine Melodie legato sowie mit etwas rubato und unterwirft die so hergestellte MIDI-Spur einer „harten" Quantisierung (etwa mit der Achtelnote oder gar Viertelnote – je nach Tempo [M.M. bzw. bpm] – als Bezugsgröße), so entsteht ein „maschinenhaft" präziser Melodieverlauf. Durch MIDI-Spuren und deren Bearbeitung lassen sich aber auch sehr vertrackte Rhythmen durch Überlagerung und Versatz von Figuren, Riffs und Beats herstellen, was etwa bei der Produktion von HipHop, Techno/Tekkno und bei Dancefloor-Produktionen gerne genutzt wurde.

Sequencer-Programme boten im Laufe der 80er-Jahre immer neue Korrektur- und Editiermöglichkeiten, die ein effektives Arbeiten auf der graphischen Oberfläche und die Generierung von Songstrukturen aus einfachen Grundbausteinen (Patterns, Riffs, Beats) weitgehend mit „Copy & Paste"-Operationen zuließen. Hinzu kam als weitere Option die Synchronisation des MIDI-Setups mit analogen Bandmaschinen über einen Time code (SMPTE; vgl. das Blockschaltbild in Schneider, 1991), so dass vollständig als MIDI-File hergestellte Backing tracks leicht mit Vocals vom Band zum fertigen Song kombiniert werden konnten. Nach diesem Ansatz haben Produktionsteams wie Stock, Aitken & Waterman (GB) und Anzilotti & Münzing (A & M Productions, a.k.a. ‚Snap', Offenbach) Popsongs in großer Zahl hergestellt, von denen etliche Hits wurden.

MIDI-Sequencer gewannen im Bereich der Filmmusik-Produktion, aber auch in etlichen Segmenten der Popmusik zentrale Bedeutung. Der bereits in den 70er-Jahren in England aufgekommene und in anderen europäischen Ländern praktizierte „Synthi-Pop", zu dessen prominenten Vertretern z.B. die Eurythmics mit dem Hit-Album „Sweet dreams are made of this" (RCA 1982) zählen, erhielt durch die MIDI-Technologie, zu der sich dann auch noch über MIDI spielbare Sampler (s.u.) gesellten, mächtigen Auftrieb. Zu verweisen wäre etwa auf das Album „Some great reward" von Depeche Mode (Mute Records 1984), aber auch auf Veröffentlichungen solcher Formationen wie OMD (Orchestral Manœuvers in the dark), Blancmange oder das deutsche Projekt Alphaville, das zeitweilig höchst erfolgreich war.

Bei den MIDI-Produktionen ersetzten Drum Computer Schlagzeuge(r), Synthis lieferten die akkordische Begleitung, melodische Motive und Basslinien; elektrische Gitarren waren in diesem Metier, das sich insoweit deutlich vom meist gitarrenbasierten Rock-Format unterschied, eine Randerscheinung oder blieben sogar aus Produktionen verbannt.

Der wahrscheinlich meist verbreitete Synthesizer der 80er-Jahre wurde von Yamaha als Modell DX 7 (und davon abgeleitete Modelle wie DX 9, TX 81 Z usw.) gebaut. Dieser Synthi verwendet als Prinzip der Klangerzeugung die FM-Synthese, also die Frequenzmodulation, die sonst aus der Rundfunktechnik (UKW, vgl. Breitkopf, 2007) bekannt ist. Der Komponist und Musikwissenschaftler John Chowning hatte in den 70er-Jahren an der Stanford University mit FM-Technik an der Entwicklung von neuartigen Klängen sowohl mit harmonischen wie mit nichtharmonischen Spektren für die Verwendung in Werken der Computermusik gearbeitet (vgl. Chowning, 1973/1985). Seine bahnbrechenden Erfindungen wurden von Yamaha in der Konzeption des DX 7 umgesetzt, bei dem sechs untereinander kombinierbare so genannte Operatoren entweder die Funktion eines Carriers oder die eines Modulators ausüben können[261]. Je nach Algorithmus (der DX 7 ist im Prinzip ein digitales Instrument, bei dem der Klang erst am Ausgang per DAC in den analogen Bereich übertragen wird) kommen durch die serielle und/oder parallele Schaltung der Operatoren sowie durch Einstellung diverser Parameter innerhalb eines jeden Operators Klänge zustande, die z.T. „natürliche" Musikinstrumente, darunter auch solche mit inharmonischen Spektren wie z.B. Glocken, Gongs oder Trommeln, sehr gut nachbilden, z.T. eher geräuschhafte oder sonst ungewöhnliche Klangstrukturen ergeben. Der DX 7 war nach seiner Markteinführung 1984 das bevorzugte Keyboard der internationalen Pop-Szene und auf zahllosen Produktionen zu hören. Durch die bis dahin sonst kaum bekannte FM-Technik und die z.T. „kalt", metallisch und inharmonisch wirkenden, oft perkussiven Sounds ergänzte er klanglich die auf Analogtechnik (VCO, VCA, VCF) basierten Synthis mit vorwiegend subtraktiver Klangformung, ihren Tiefpass- und Bandpassfiltern und den „warmen" Sounds[262].

Beliebtheit bei den ‚New Wave' getauften Poppern, aber auch bei Rockproduktionen, gewannen zudem Sampler, also Geräte, in die man beliebiges Klangmaterial, darunter natürliche Instrumente (wie Saxophon, Klavier, Singstimme) in einem digitalen Format aufnehmen, abspeichern, ggf. bearbeiten und über eine Klaviatur in den musikalisch gebildeten Tonstufen bzw. Tonhöhen abspielen kann. Das Klangmaterial, das zu Samples verarbeitet wurde, umfasst so unterschiedliche Quellen wie außereuropäische Instrumente (z.B. des javanischen und balinesischen Gamelan oder der japanischen Hofmusik, afrikanische Trommeln und sonstige Perkussionsinstru-

---

[261] Frequenzmodulation beruht, elementar ausgedrückt, darauf, dass eine Trägerfrequenz, der Carrier, durch eine Modulatorfrequenz zeitabhängig moduliert wird.

[262] Die Abkürzungen VCO, VCA und VCF bedeuten voltage controlled oscillator, voltage controlled amplifier und voltage controlled filter, d.h. in diesen Geräten werden Klangerzeugung und Klangformung durch Spannungen gesteuert, deren Beträge als CV vor allem vom gerade gespielten Ton des Keyboards abhängen.

mente etc.), berühmte Konzertflügel (Steinway, Bösendorfer usw.) und Synthesizer sowie das Mellotron (s.o.), einzelne Trommelschläge berühmter Drummer wie John Bonham (Led Zeppelin) oder auch Segmente aus charakteristischen Vokalparts von „Godfather" James Brown (aus „Sex machine"), Mick Jagger (aus „Sympathy for the devil") und anderen Größen. Hinzu kam eine ganze Palette von Geräuschen wie etwa klirrendes Glas, quietschende Reifen, Wellenrauschen, Donner usw., die in vager Anlehnung an die Musique Concrète in Produktionen mit eingebaut und auch bei Konzerten nicht selten live auf der Bühne aktiviert wurden. Sampler hatten in den achtziger Jahren aus Kostengründen zunächst nur eine Auflösung von acht, dann 12 bit. Echte Stereo-Sampler mit 16 bit und einer relativ hohen Samplingfrequenz (wie der Emax II mit fast 40 kHz) sowie vielen Optionen hinsichtlich Polyphonie, Editiermöglichkeiten und Speicherplatz wurden erst gegen Ende des Jahrzehnts für Musiker erschwinglich, dann allerdings als integrierte Produktionsumgebung (Sampling, MIDI, Master-Keyboard) sehr verbreitet.

Die Computerisierung und Digitalisierung von Musik und Musikproduktion führte schon um 1980 zu einigen professionellen Produktionssystemen für Musik, die aus einer Kombination von digitalem Multitrack-Recorder, Sampler und MIDI-Sequencer bestanden. Von diesen High end-Plattformen ist das Synclavier II (New England Digital) mit bis zu 128 Stimmen polyphon spielbar. Es besaß zudem mit einer Sampling-Frequenz von bis zu 100 kHz bei 16 bit-Quantisierung einen hoch auflösenden Stereo-Sampler. Das Synclavier wurde u.a. von Genesis bzw. Peter Gabriel und Sting im Bereich von Pop/Rock und von Frank Zappa für die Produktion seiner eher zur E-Musik zu rechnenden Orchesterwerke (das Orchester stand auf dem Synclavier in Form sehr guter Samples zur Verfügung) verwendet. Das etwas einfachere und preisgünstigere Fairlight-System (entwickelt und gebaut von CMI in Australien) nutzten etwa der englische Erfolgsproduzent Trevor Horn (ABC, 1982; Frankie Goes to Hollywood, 1984, Art of Noise, 1984 usw.; vgl. Warner, 2003) und Joni Mitchell für das Album „Dog eat Dog" (Geffen 1985). Synclavier und Fairlight, deren Systeme neben der Hardware jeweils umfangreiche Software boten[263], eröffneten das Zeitalter des computerbasierten Hard disc-Recording.

Längst ist der Computer selbst das „Zentralorgan" für Aufnahme und Wiedergabe von Musik wie auch für alle Editierarbeiten. Die Festplatte dient als Speicher für Audiodateien unter Einschluß von MIDI-Files und anderen musikbezogenen Dateien (etwa Noten, die aus MIDI-Files erstellt wurden), zudem kann man im Rechner fertige Songs durch Mastering zur Veröffentlichung vorbereiten (vgl. Katz, 2002), eigene Audio-Dateien auf CD brennen, umgekehrt CDs (und mittlerweile auch DVDs) einlesen und die Daten wieder in Produktionen als Samples einbauen usw. Da digitale Signalverarbeitung (DSP) sowohl mit Audiodaten wie mit Videodaten umgeht, gibt es Software, die Sound- und Bildgestaltung (z.B. für die Herstellung von Musikvideos und die Vertonung von Filmen) kombiniert.

---

[263] Darunter beim Synclavier auch FFT-basierte Software für Klanganalysen, vgl. z.B. Schneider, 1992.

Der Computer (Mac, PC) ist in den neunziger Jahren zur universellen Plattform für die Produktion, Distribution und Rezeption gerade von Popmusik geworden. Hinsichtlich der Produktion stehen schnelle Rechner (z.T. mit mehreren Prozessoren) und ungemein leistungsfähige Software-Pakete (wie etwa Logic Audio Platinum von Emagic bzw. Apple oder Cubase von Steinberg) zur Verfügung. Die Programme lehnen sich in ihrer Grundkonzeption nach wie vor an die Multitrack-Maschine (s.o.) an, operieren also mit Tracks und Parts, allerdings mit faktisch unbeschränkten Zugriffsmöglichkeiten auf jedes Sample und auf alle Parameter, so dass Produktionen bis in kleinste Details planbar, editierbar und in ihren Resultaten zu kontrollieren sind. Dies gilt übrigens nicht nur für Audio-, sondern in gleicher Weise für digitale Videoproduktionen, die mit der von Musik einhergehen.

Für die Produktion von Popmusik bedient man sich heute oft diverser Plug-Ins, also spezieller Software, die entweder erprobte Instrumente (wie etwa den MiniMoog oder ein Fender Rhodes-Piano) oder legendäre Effektgeräte (vom Fairchild-Limiter und der EMT-Hallplatte bis zum Eventide-Harmonizer) digital zu emulieren trachten[264].

Die Klangqualität digitaler Musikproduktionen übertrifft mit 96 oder gar 192 kHz Sampling bei meist 24 bit Auflösung den CD-Standard bei weitem. Soundkarten mit vorgenannten Samplingnormen kamen schon in den 90er Jahren auf den Markt, sind aber gerade wegen der hohen Auflösung anfällig für Störquellen im Computer und werden daher zunehmend durch externe Hardware ersetzt, die mit dem Rechner über USB oder die leistungsfähigere FireWire 400- bzw. nun 800-Schnittstelle kommuniziert.

Beim Mastering fertiger Produktionen und auch im Sendebetrieb privater wie öffentlich-rechtlicher Rundfunksender hat sich dank digitaler Technik mittlerweile eine unerfreuliche Tendenz durchgesetzt, Songs zwecks Erzielung einer größeren subjektiven Lautstärke bzw. Lautheit möglichst durchgängig bis an die Aussteuerungsgrenze (0 dBfs = 0 dB full scale), bisweilen darüber hinaus zu komprimieren. Nichtlineare Verzerrungen und Verlust jedweder Dynamik werden billigend in Kauf genommen. Der erst durch avancierte Technik möglich gewordene „loudness war" (v. Ruschkowski, 2008) soll bestimmte Produktionen bzw. Sender gegenüber ihren Mitbewerbern durch einen höheren Durchschnittspegel hervorheben und so für mehr Aufmerksamkeit bzw. für mehr Umsatz sorgen. Tatsächlich wird Pop- und Rockmusik so klanglich-dynamisch zu ihrem Nachteil beschnitten. Der Höreindruck ist ermüdend, im Übrigen stellen solche Tonträger bzw. Sender z.B. für HörerInnen, die ihre Musik täglich über längere Zeit per Kopfhörer perzipieren, ein ernstes Gesundheitsrisiko dar.

Was die Distribution von Musik und insbesondere Pop/Rockmusik anbelangt, ist der Verkauf von physischen Tonträgern (CDs oder dergl.) in etlichen Ländern

---

[264] Der Rechenaufwand wäre für eine korrekte und vollständige algorithmische Nachbildung vieler Geräte und Instrumente schon wegen deren Nichtlinearitäten sehr aufwändig. Für eine Näherungslösung werden daher vereinfachte Modelle realisiert, die klanglich in vielen Fällen jedoch dicht beim Original liegen.

deutlich rückläufig; seitens der Musikindustrie wird dies wesentlich auf die vor allem von Jugendlichen geübte Praxis des vielfachen Kopierens einmal erworbener CDs auf dem heimischen PC sowie dessen Nutzung für (halblegale und illegale) Downloads zurückgeführt. In den letzten Jahren hat sich indessen der Online-Vertrieb von Musik gegen Entgelt positiv entwickelt, ohne die Verluste beim Absatz von Vervielfältigungsstücken (CDs, DVDs) bislang kompensieren zu können.

Die Rezeption von Pop- und Rockmusik scheint sich durch die Digitalisierung und vor allem durch das Internet als Leitmedium der Gegenwart gleichfalls erheblich zu ändern. Die Möglichkeiten des kostenfreien Downloads beliebig vieler Songs und sonstiger Produktionen der Pop/Rockmusik usw. haben diese zu einer jederzeit und allerorts verfügbaren Ware werden lassen, auf die man leicht zugreifen und so große Bestände anhäufen kann. Aus empirischen Untersuchungen der letzten Jahre (vgl. etwa Feierabend & Kutteroff, 2007) geht hervor, dass Jugendliche sehr viele, in Einzelfällen gar Tausende von MP3-Files aus dem Internet herunterladen und davon wieder zahlreiche Titel auf ihre MP3-Player kopieren usw. Dabei scheint diese Aktivität als solche und der Besitz möglichst umfangreicher Dateien wichtiger als das Anhören der Musik. Auch sonst gibt es zahlreiche Indizien, wonach ein eher flüchtiger Umgang vor allem mit Popmusik geübt wird, deren Produktionen daher meist kurzlebig als Stimmungsregulator (vgl. auch Schramm, 2005), als Begleitmedium für allerlei Verrichtungen im Haus, bei der Arbeit oder sonst be- und genutzt, dann abgelegt und durch andere, nach Machart und Wirkung jedoch ähnliche, ersetzt werden.

Fazit

In diesem Kapitel wurden in einem Überblick technische Bedingungen und Konzepte bei der Produktion von ‚U-Musik' dargelegt. Momente der Komposition als Aktivität, die auf das Gestalten von Musik nicht nur als syntaktisches Gebilde, vielmehr als dynamisches Klanggefüge gerichtet ist, sind zumal bei Pop- und Rockmusik in vielen Fällen untrennbar mit der Produktion der Musik im Studio bzw. unter studioähnlichen Bedingungen zu Hause verbunden. Studiotechnik war und bleib die Arbeitsumgebung, in der aus Skizzen, auf der Basis längerer Übung oder spontan, aus spielerischen Betätigungen, ad hoc-Experimenten, Improvisation und dergl. Musik in einem Prozess der Produktion zu z.T. komplexen Gebilden gestaltet wurde. Man kann dies unschwer bereits an so genannten *Konzeptalben* wie „Pet Sounds" (Beach Boys, 1966), „Sgt. Pepper" (Beatles, 1967), „The Who Sell-out" (The Who, 1967), „The United States of America" (The United States of America, 1968) und zahlreichen anderen Alben dieser Zeit untersuchen und deutlich machen. Die musikalisch-künstlerische Entwicklung, die sich in der Geschichte von Pop- und Rockmusik von den 50er-Jahren bis in die 70er-, in manchen Segmenten bis in die 80er-Jahre verfolgen lässt, wurde wesentlich durch Technik ermöglicht und ist ohne deren Kenntnis in ihren konkreten Ergebnissen nur schwer oder gar nicht nachvollziehbar. Aus diesem Grunde wurden in diesem Kapitel Einrichtungen und Verfahren der Studiotechnik im Zusammenhang mit bestimmten Produktionen beschrieben, allerdings unter Verzicht auf eine detaillierte Darstellung elektronischer Schaltungen oder solcher Sachverhalte, die, wie Sampling, in den DSP-Bereich fallen (vgl. als Einführung etwa Watkinson, 1989; Neukom, 2003).

Nicht eigens behandelt werden konnte aus Platzgründen auch der Bereich der Film- und Videoproduktion, der mit der Musikproduktion seit Jahrzehnten aus künstlerischen wie aus kommerziellen Gründen eng verbunden ist. Bekanntlich haben die Beatles, des Reisens und der live-Auftritte unter widrigen Umständen müde, im August 1966 ihr letztes Konzert vor Publikum gegeben und dann beschlossen, Filme zu ihrer jeweils neuesten Single zu drehen, die, statt der Band, auf Reisen gehen und den Leuten den Song des Tages näher bringen sollten[265]. Die ersten Film- bzw. *Videoclips* der Popmusik scheinen die zu „Penny Lane" und „Strawberry Fields Forever" (gedreht im Januar 1967, Regie Peter Goldman) gewesen zu sein, denen zahllose folgten[266]. In den 80er- und frühen 90er-Jahren, zu Hochzeiten von MTV und ähnlichen Kanälen, war der Video-Clip für Pop- und Rockmusik das Hauptvehikel der Promotion, so wichtig wie der Song selbst. Die Produktion solcher Videos wurde bei Top Acts wie Michael Jackson, Madonna etc. mit großem finanziellem Aufwand und mit oft atemberaubender (oder, weniger euphemistisch ausgedrückt, entnervender) Schnitttechnik durchgeführt. Daneben gab es, wie etwa am Video zu Peter Gabriels „Sledgehammer", einer Collage/Montage-Produktion auf der Basis von Arcimboldo-Gemälden (St. Johnson, 1986) zu erkennen, immer auch künstlerisch motivierte Hervorbringungen in diesem Genre.

Es ist schließlich nicht zu verkennen, dass in der Musikproduktion der letzten Jahre nostalgische Elemente eine erhebliche Rolle spielen. Zwar laufen praktisch alle Produktionen heute digital auf Computerbasis ab, es ist aber üblich geworden, sowohl bei der Aufnahme wie beim Abmischen vermehrt wieder analoge Bauteile wie vor allem Nachbauten bekannter Kanalzüge aus Mischpulten, legendäre Vorverstärker, Filterbänke und Kompressoren zu verwenden. Es gibt inzwischen einen riesigen Markt für tatsächlich altgedientes Vintage-Equipment sowie für Repliken von Vintage-Geräten. Außerdem versucht man, die „gute alte Zeit" der Musikproduktion, also die 1950er-, 1960er- und 1970er-Jahre, durch digitale Plug-Ins klanglich einzufangen. Wenn indessen damit geworben wird, man könne durch den Erwerb solcher Gerätschaften die „analoge Wärme" wieder gewinnen, so ist zugleich klar, dass

---

[265] vgl. hierzu die Erläuterungen von McCartney in „The making of Sgt. Pepper", 1992

[266] Analoge Videotechnik wurde von Ampex bereits in den 50er-Jahren erprobt. In den späteren 60er-Jahren waren Videoaufnahmen möglich, allerdings auf riesigen Recordern (mit Blei-Akkus für Außenaufnahmen). 1971 erfolgte die Einführung des sog. Video-Synthesizers, mit dem sich Video-Aufnahmen mischen und sonst bearbeiten lassen. Etliche „Videos" im Pop- und Rockbereich wurden tatsächlich nicht auf Magnetband als Video, sondern konventionell auf Film (meist 16 oder 35 mm) gedreht und im Schneideraum fertig gestellt.

die Frische und Originalität der Musikproduktion jener Dekaden historisch geworden und für die Gegenwart uneinholbar ist.

Literatur

Breitkopf, Klaus (Hrsg.). (2007). Rundfunk. Faszination Hörfunk. Mit Beiträgen von Hans-Joachim Manger und Rolf Nusser. Heidelberg: Hüthig.

Chowning, John (1973/1985). The Synthesis of complex audio spectra by means of frequency modulation. Journal of the Audio Engineering Society, 21(7), 1973. Reprinted in Curtis Roads & John Strawn (Hrsg.). (1985), Foundations of computer music (S. 6-29). Cambridge, MA: MIT Press.

Dahlhaus, Carl (1980). Die Musik des 19. Jahrhunderts. Wiesbaden: Athenaion.

Densmore, John (1990). Riders on the storm. My life with Jim Morrison and the Doors. New York: Delacorte Press.

Dickreiter, Michael (Bearb.). (1979). Handbuch der Tonstudiotechnik. Hrsg. von der Schule für Rundfunktechnik (4. Aufl.). München, New Yok: K.G. Saur.

Dickreiter, Michael (Bearb.) (1987, 1990). Handbuch der Tonstudiotechnik. Hrsg. von der Schule für Rundfunktechnik. Bd 1 und 2 (5. Aufl.). München, New York: K.G. Saur.

Feierabend, Sabine & Kutteroff, Albrecht (2007). Medienumgang Jugendlicher in Deutschland. Media Perspektiven, o.Jg.(2), 82-95.

Gibbs, Jonathan (1987). Electronic music. In John Borwick (Hrsg.), Sound recording practice (3. Aufl., S. 347-360). Oxford, New York: Oxford University Press.

Gushurst, Wolfgang (2000). Popmusik im Radio. Musik-Programmgestaltung und Analysen des Tagesprogramms der deutschen Servicewellen 1975-1995. Baden-Baden: Nomos.

Katz, Bob (2002). Mastering Audio. The art and the science. Oxford: Focal Press.

Koch, Hans Jürgen & Glaser, Hermann (2005). Ganz Ohr: eine Kulturgeschichte des Radios in Deutschland. Köln: Böhlau.

Lewisohn, Mark (1988). The complete Beatles recording sessions. London: Hamlyn Publishing Group/EMI Records Ltd.

Martin, George & Hornsby, Jeremy (1979). All you need is ears. New York: St. Martin's Press.

Martin, George & Pearson, William (1994). With a little help from my friends. The making of Sgt. Pepper. Boston: Little, Brown.

McDonald, Ian (1995, 1998). Revolution in the head: the Beatles records and the sixties. London: Pimlico (updated edition 1998).

Meyer, Erwin & Neumann, Ernst-Georg (1967). Physikalische und technische Akustik. Braunschweig: Vieweg.

Miles, Barry (1998). Paul McCartney. Many years from now. (London: Secker & Warburg 1967). Dt. Ausg. Reinbek: Rowohlt.

Neukom, Martin (2003). Signale, Systeme und Klangsynthese. Frankfurt a.M.: Lang.

Pinch, Trevor & Trocco, Frank (2002). Analog days: the invention and the impact of the Moog synthesizer. Cambridge, MA: Harvard University Press.

Ross, Mike (1987). Popular music. In John Borwick (Hrsg), Sound Recording Practice (3. Aufl., S. 327-346). Oxford, New York: Oxford University Press.

Rothstein, Joseph (1992). MIDI. A comprehensive introduction. Madison, Wisc.: A-R Editions.

Ruschkowski, Arne von (2008). Loudness War. In A. Schneider (Hrsg.), Systematic and Comparative Musicology: Concepts, Methods, Findings (S. 213-230). Frankfurt a.M.: Lang.

Schneider, Albrecht (1986). GEMA-Vermutung, Werkbegriff und das Problem sogenannter "GEMA-freier" Musik. Gewerblicher Rechtsschutz und Urheberrecht, 88, 657-663.

Schneider, Albrecht (1987). Musik, Sound, Sprache, Schrift: Transkription und Notation in der Vergleichenden Musikwissenschaft und Musikethnologie. Zeitschrift für Semiotik, 9, 317-343.

Schneider, Albrecht (1991). Home Recording: die neue Art der Hausmusik. Ein Beitrag zur Soziologie und Technik „populärer" Musik. In M. Fink, R. Gstrein & G. Mössner (Hrsg.), Musica privata. Die Rolle der Musik im privaten Leben (Festschrift für Walter Salmen, S. 283-298). Insbruck: Helbling.

Schneider, Albrecht (1992). On Concepts of ‚Tonal Space' and the Dimensions of Sound. In R. Spintge & R. Droh (Hrsg.), MusicMedicine (S. 102-127). St. Louis: MMB Music.

Schneider, Albrecht (1995). Musik sehen – Musik hören. Über Konkurrenz und Komplementarität von Auge und Ohr. Hamburger Jahrbuch für Musikwissenschaft, 13, 123-150.

Schneider, Albrecht (2002). Klanganalyse als Methodik der Popularmusikforschung. In H. Rösing, A. Schneider & M. Pfleiderer (Hrsg.), Musikwissenschaft und populäre Musik (S. 107-129). Frankfurt a.M.: Lang.

Schneider, Albrecht, Dammann, Lars & Kleist, Florian (2008). Live-Musik-Publikum in Hamburg. Empirische Studien zu einer urbanen Musik-Szene im digitalen Zeitalter. Münster, Hamburg: LIT-Verlag.

Schramm, Holger (2005). Mood Management durch Musik. Die alltägliche Nutzung von Musik zur Regulierung von Stimmungen. Köln: Halem.

Shapiro, Harry & Glebbeek, Caesar (1990). Jimi Hendrix. Electric Gypsy. London: W. Heinemann (Paperback ed. London: Mandarin 1992).

Warner, Timothy (2003). Pop Music-Technology and Creativity. Trevor Horn and the digital revolution. Aldershot: Ashgate.

Watkinson, John (1989). The Art of digital audio (überarb. Aufl.). London, Boston: Focal Press.

Webers, Johannes (1985). Tonstudiotechnik (3. Aufl.). München: Franzis.

Wernsing, Andreas A. (1995). E- und U-Musik im Radio. Faktoren und Konsequenzen funktionsbedingter Kategorien im Programm. Musik-Programmanalyse beim Westdeutschen Rundfunk. Frankfurt a.M.: Lang.

Medienkonstellationen zeitgenössischer Musik- und Klangkunstformen

MARION SAXER

> Die Musik des 20. Jahrhunderts ist von dem Medienumbruch geprägt, der von der Erfindung der Tonträger im letzten Viertel des 19. Jahrhunderts ausgelöst wurde. Dieser Umbruch hat den Prozess einer medialen Ausdifferenzierung der Musik freigesetzt, der sich nicht allein in der Überschreitung der künstlerischen und musikalischen Gattungsgrenzen manifestierte sondern darüber hinaus ein Auslöser für den Prozess der Erweiterung der Darbietungsformen war, der sich bis in die Gegenwart erstreckt. In dem Beitrag werden anhand vieler Beispiele Fragestellungen zur Mediensituation der musikalischen Gegenwartskultur diskutiert. Dabei wird einerseits die ästhetische Integration medialen Materials in den künstlerischen Prozess thematisiert. Ein weiterer Schwerpunkt liegt auf der Diskussion möglicher „Verbreitungsdefizite" neuer zeitgenössischer Musik- und Klangkunstformen.

Einleitung

Die Frage, was ein Medium ist, kann bis heute nicht eindeutig geklärt werden, die Bestimmung des Begriffs bleibt bis auf weiteres „chronisch prekär" (Mersch, 2006). Wenn für die folgenden Überlegungen dennoch einige Einsichten und Definitionsansätze der jüngeren Diskussion der Medientheorie herangezogen werden, dann geschieht dies nicht mit der Absicht einen eigenständigen, neuen Definitionsvorschlag zu entwickeln, sondern vielmehr lediglich um Beschreibungskriterien für einige medienspezifische Aspekte der gegenwärtigen Situation der Musik und Klangkunst zu gewinnen. Der Versuch, mit diesen zeitgenössischen Kunstformen einen Teilaspekt des unüberschaubaren Pluralismus des Medialen in den Blick zu nehmen und Vorschläge zu einer Dechiffrierung zu entwickeln, versteht sich jedoch durchaus als ein Beitrag zu einer Medientheorie, die der Anreicherung mit zunächst heuristisch bleibenden „Fallstudien" bedarf, um ihre Ansätze zu überprüfen, zu erweitern und zu modifizieren.

Für die Untersuchung der medialen Situation der zeitgenössischen Musik sowie gattungsüberschreitender künstlerischer Praktiken wie der Klangkunst kann im Folgenden lediglich eine „Gegenwarts-Stichprobe" entnommen werden. Die Entwicklungen in diesem Bereich sind so außerordentlich dynamisch, dass bereits innerhalb weniger Jahre enorme, heute noch nicht absehbare Wandlungen möglich sind. Dies liegt zum einen an der rasanten Ausweitung der technischen Möglichkeiten digitaler Tonträger sowie des Internets. Darüber hinaus stehen Medien eben nicht zu Zwecken bereit, wie Instrumente und Apparate, sondern sie greifen unmittelbar in die kulturellen Prozesse selber ein und induzieren ihre eigenen, nicht kontrollierbaren Effekte, wie Dieter Mersch bemerkt hat (Mersch, 2006, S. 56).

Ausgangspunkt der folgenden Untersuchung ist die Überlegung, dass einerseits die klassischen Verbreitungsmedien nicht mehr lediglich in der Funktion der authentischen Abbildung und Weitervermittlung ästhetischer Gegenstände und Situationen verwendet werden, sondern sie vielmehr selbst als künstlerisches Material fungieren.[267] Zudem bedürfen jedoch neue Musik- und Klangkunstformen durchaus der medialen Vermittlung in den sogenannten Verbreitungsmedien, um sich in der zeitgenössischen Kultur verankern zu können. Die gegenwärtige Situation ist dadurch gekennzeichnet, dass die Darstellung zeitgenössischer Musik- und Klangkunstformen in den eingespielten Verbreitungskanälen nur lückenhaft realisierbar ist. Zahlreiche Musik- und Klangkunstformen stellen Rezeptionssituationen her, die mit Hilfe der etablierten Transfermedien, wie etwa Tonträgern, Abbildungen oder mit audiovisuellen Aufzeichnungsmöglichkeiten nicht mehr kommunizierbar sind. Paradoxerweise sind heute häufig die technisch am fortgeschrittensten Entwicklungen am schwierigsten zu dokumentieren und medial weiterzutransportieren. Es hat sich so etwas wie ein neuer Live-Charakter herausgebildet, ein technisch vermitteltes Live-Erlebnis zweiter Ebene, das häufig aufgrund technischer Innovationen inszeniert wird.

In dieser neuen Situation können die eingefahrenen Praktiken medialer Vermittlung oftmals nur lückenhaft greifen. Tendenziell kann dies zur Konsequenz haben, dass sowohl die mediale Verbreitung der neuen Musik- und Klangkunstformen wie auch der ästhetische Diskurs darüber dadurch eingeschränkt werden, dass sich noch keine „mediale Logistik" für ihren Transport in die Öffentlichkeit etabliert hat. Was sich der medialen Darstellung entzieht, setzt sich jedoch der Gefahr aus, nicht ins kulturelle Gedächtnis zu gelangen, denn es kann weder massenmedial verbreitet noch überhaupt dokumentiert werden und es kann darüber hinaus nicht in der gleichen Weise diskutiert werden, wie Kunstformen, die sich eingespielter medialer Kanäle bedienen.

Diese doppelte Entwicklung von ästhetischer Integration medialen Materials in den künstlerischen Prozess und gleichzeitig damit einhergehendem „Verbreitungsdefizit" setzt eine eigene Dynamik frei, die gleichermaßen künstlerische Prozesse, wie neue medientechnische Entwicklungen anstößt. Einige Aspekte dieser Entwicklung sollen im Folgenden in den Blick genommen werden.[268]

---

[267] Rolf Grossmann spricht in diesem Zusammenhang von der „Emanzipation des medientechnischen Materials von seiner Funktion authentischer Abbildung" (Grossmann, 2004, S. 107).
[268] Der vorliegende Beitrag greift einige Überlegungen und Beispiele aus zwei Texten der Autorin auf und führt sie weiter (Saxer, 2007a, 2007b).

Die Notenschrift: eine stabile Medienkonstellation

Um das Spezifische der zeitgenössischen Situation zu verstehen, ist ein Vergleich neuartiger medialer Netze mit dem traditionellen Musikmedium par excellence notwendig – der *Notenschrift* und ihren Begleitmedien. Dieses musikalische Aufschreibesystem dominierte die mit Musik verbundenen medialen Konstellationen mit all ihren unterschiedlichen Entwicklungsschüben über viele Jahrhunderte.[269]

Im Hinblick auf die Notenschrift sei insbesondere auf eine Eigenschaft dieses musikalischen Mediums hingewiesen, die innerhalb der Entwicklung der Medien singulär ist. Es handelt sich um eine strukturelle Besonderheit der medialen Konstellation, innerhalb derer sich das musikalische Aufschreibesystem realisiert. Drei Aspekte musikalischer Kommunikation sind hier zu einem einzigartigen Bedingungsgefüge zusammengebunden:

1. Verbreitungsfunktion
Zum einen ist die Notenschrift ein typisches Verbreitungsmedium. Partituren jeder Art, seien sie handschriftlich notiert, gedruckt oder digital erstellt, dienen dem Erreichen einer Vielzahl von Empfängern. Sie überwinden Ort und Zeit und gehen damit über eine „Interaktion in unmittelbarer Anwesenheit" hinaus, wie sie für die mündliche Weitergabe typisch ist.

2. Darbietungsfunktion
Zugleich jedoch hat die Notenschrift die Funktion, Voraussetzung einer musikalischen Darbietung zu sein, sie befördert die unmittelbare musikalische Interaktion in einer konkreten Situation, sei es zwischen Interpreten untereinander oder zwischen Interpreten und Zuhörern. Sie ist die Bedingung eines realen Klanggeschehens – der Aufführung komponierter Musik, wie z.B. dem Konzert. Diese Rückbindung des Verbreitungsmediums an die Situation der „Interaktion in unmittelbarer Anwesenheit", also der musikalischen Darbietung, ist ein wesentliches Charakteristikum der abendländischen Musik, das im musikalischen Bewusstsein fest verankert ist. Die Koppelung von Verbreitungsmedium und Darbietungsaktualität ist der Mediengeschichte der Musik eingeschrieben und prägt gleichsam das Gesicht des Verbreitungsmediums Notenschrift. Diese Koppelung markiert zugleich die Differenz zur Schriftkultur der geschriebenen Sprache, die jener Aufführungsaktualität nicht in der Weise bedarf wie die Musik.[270]

---

[269] Von wann an es sinnvoll ist, von der Notenschrift als dem musikalischen Leitmedium zu sprechen, ist strittig. Anna Maria Busse Berger konnte überzeugend darlegen, dass die Musikkultur des Mittelalters noch in hohem Maß von der Mündlichkeit geprägt ist, auch wenn bereits schriftliche Quellen vorliegen (Busse Berger, 2005). Der Übergang von der Mündlichkeit zur Schriftlichkeit stellt sich aus dieser Sicht als ein langwieriger, komplexer Prozess dar.

[270] Die Frage nach dem medialen Status von Schrift und (gesprochener) Stimme ist zwar der Anlass für eine der fruchtbarsten Diskussionen der Medienwissenschaft, die zu kontroversen Positionen

3. Funktion immanenter Ausdifferenzierung
Als dritter Aspekt in diesem eng aufeinander bezogenen Wirkungs-Gefüge kommt die Rolle hinzu, die die Notenschrift für die musikalisch immanente Ausdifferenzierung der Musik im Lauf der abendländischen Musikgeschichte gespielt hat: Das Aufschreibesystem der Notenschrift komponierte von Beginn seines Entstehens an gleichsam mit. So hängt es bekanntlich mit den Abbildungsqualitäten des Liniensystems zusammen, dass die Tonhöhe bis zum Beginn des 20. Jahrhunderts als der am stärksten ausdifferenzierte Parameter der Musik gelten kann. Aus dieser Perspektive wird deutlich, dass die Notenschrift selbst als künstlerischer Akteur zu begreifen ist, der mit dem komponierenden Subjekt kooperiert. Auch dieser Aspekt ist mit der Darbietungs- und der Verbreitungsfunktion der Notenschrift verknüpft.

Die Verbreitung, die Darbietung in Anwesenheit und die immanente Ausdifferenzierung der Musik werden durch die Notenschrift in einer Weise verkoppelt, wie sie keinem anderen Medium eigen ist.[271] Die drei Aspekte entfalten eine extreme Dynamik, sie verstärken und modifizieren sich gegenseitig. Es ist keine Übertreibung zu sagen, dass sie den geschichtlichen Prozess der abendländischen Musik von ihren Anfängen bis in die zweite Hälfte des 19. Jahrhunderts mit hervorbringen.

Erst im Verlauf des 20. Jahrhunderts entbrannte eine Mediendiskussion über den ästhetischen Eigenwert der Notationsformen. Eine klangfarbenorientierte Musik, wie die Anton Weberns, ist mit der in traditioneller Standardnotation verfertigten Partitur zwar noch darstellbar, die ständigen Instrumentenwechsel erzeugen jedoch ein verwirrendes Partiturbild, das den melodischen Verlauf einzelner Linien nicht mehr kohärent abzubilden vermag. Webern hat auf diesen Sachverhalt sensibel reagiert. Auch seine kompositorischen Anstrengungen, das Taktmetrum zu unterlaufen, waren bereits eine Auseinandersetzung mit der rhythmischen Darstellungsqualität der Notenschrift.

In der zweiten Hälfte des Jahrhunderts vertrat etwa Morton Feldman, die ursprünglich von Nietzsche formulierte Erkenntnis, dass „[u]nser Schreibzeug [...] mit an unseren Gedanken [arbeitet]" (Nietzsche, 1975-1985, S. 172) und entwickelte ausgehend von dieser Einsicht die neue Kompositionsweise der Patternkomposition. Die Paradoxien seiner Notationen zeigen, wie bewusst er das Problem der Übertragung klanglicher Realität in ein normiertes Symbolsystem reflektiert hat (Saxer, 1998).

Die künstlerischen Entwicklungen des 20. Jahrhunderts insgesamt können als ein Bewusstwerdungsprozess medialer Gehalte der Künste verstanden werden. Boris Groys hat darauf hingewiesen, dass sich der Ursprung der Medientheorie selbst entscheidenden Impulsen aus dem Ideen-Pool der klassischen Avantgarde verdankt

---

führte. (vgl. z.B. Derrida, 1972 und De Kerckhove, 1995). Über die Differenz von gesprochenem Wort und musikalischer Aufführung sind sich jedoch alle Theoretiker einig.

[271] Vergleichbar wäre die schriftliche Niederlegung von Theaterstücken, die ebenfalls eine Aufführung ermöglichen. Hier ist allerdings die innere Ausdifferenzierung selbst nicht in der Weise dynamisiert wie in der Musik, weil in der Dichtung die Grundlage des Sprachcodes nicht in der Weise modifiziert wird wie in der musikalischen Entwicklung.

(Groys, 2000, S. 93ff.). Marshall Mc Luhans zu Beginn der 60er-Jahre des 20. Jahrhunderts formulierte, die Medientheorie begründende Kernaussage „Das Medium ist die Botschaft" übernimmt eine Grundfigur der amerikanischen Avantgarde der 40er- und 50er-Jahre, die auf alles Inhaltliche, bewusst intendierte, Mitteilende zu verzichten versucht zugunsten einer Reinheit des Mediums. In der bildenden Kunst, z.B. des Abstrakten Expressionismus firmiert dies als die Idee der „Farbe als Farbe", in der Musik analog als die Idee vom „Klang als Klang", wie sie z.B. von Edgard Varèse (de la Motte-Haber, 1993) und John Cage wirkmächtig formuliert wurde. Der Prozess der Medienreflexion erstreckt sich einerseits auf eine kritische Hinterfragung der Grundlagen musikalischer Codes, etwa mit der Abkehr von der Tonalität, der Entwicklung neuer Codes wie der seriellen Musik oder dem Versuch, sämtliche Codes aufzulösen im Schaffen John Cages. Zudem wird auch die Wahrnehmungsdimension musikalischer Medien einer künstlerischen Untersuchung unterzogen, z.B. indem die Gattungsgrenzen hinterfragt und in Richtung audiovisueller Kunstformen überschritten werden.

Die Tonträger: Medienkonstellationen im Umbruch

Die Erfindung und Verbreitung der *Tonträger* – wie Schallplatte, Tonband, CD und digitale Klangresourcen – zieht eine fundamentale Umstrukturierung der musikalischen Medienkonstellationen nach sich. Der erste Klang eines Phonographen, den Rainer Maria Rilke als „eine neue, unendlich zarte Stelle der Wirklichkeit" (Rilke, 1919) wahrgenommen hat, setzt in einem Ausmaß Veränderungen der musikalische Kultur in Gang, das zunächst, in der Anfangszeit des Mediums nicht erahnbar war. Heute wird erkennbar, dass der wesentliche Wandel, der sich mit der Etablierung der Tonträger vollzieht, darin besteht, dass das über Jahrhunderte hinweg eingespielte Bedingungsgefüge zwischen Aufführung, schriftlicher Fixierung und musikalischer Differenzierung durch die Tonträger aufgebrochen wird, die als weiterer wirkungsmächtiger Teilaspekt hinzukommen. Die sich daraus ergebenden Medienkonstellationen sind komplexer und vielfältiger als zuvor.

Wesentliches Charakteristikum der Tonträger ist zum einen ihre Fähigkeit, die erklingende Musik von der Aufführung abzukoppeln. Sie kann nun in den unterschiedlichsten Räumen jederzeit zum Erklingen gebracht werden, sei es in privaten Kontexten oder in öffentlichen Räumen wie Kaufhäusern, Schulen usw. Die Ablösung von der Aufführungssituation geht einher mit einer immensen Zunahme der Verbreitungskapazität der Tonträger. Während die Partitur lediglich einem musikbewanderten Fachpublikum sowie den ausführenden Musikern zugänglich war, können die Tonträger jedem Hörer eine musikalische Erfahrung unmittelbar zugänglich machen. Die Tonträger sind historisch gesehen die ersten Medien, bei denen eine Zunahme der Verbreitungskapazität nicht zugleich die Seite der Aufführung von Musik befördert, wie es im dreistelligen Bedingungsgefüge von Aufführung, schriftlicher Notation und immanenter Ausdifferenzierung stets der Fall ist. Aufführung und Verbreitung sind nun voneinander abgekoppelt.

Für die Seite der immanenten Ausdifferenzierung der Musik sieht die Sache etwas anders aus: Künstlerinnen und Künstler haben die technischen Möglichkeiten der neuen Tonträgermedien längst auch künstlerisch fruchtbar gemacht. Prominentes und bereits historisches Beispiel ist die französische *Musique Concrète*, deren Begründer Pierre Schaeffer Ende der 40er-Jahre des 20. Jahrhunderts das Tonband zur Generierung neuartiger kompositorischer Verfahren einsetzt. Besonders im Bereich der digitalen Musikmedien ist ein Prozess in Gang gesetzt in dem die Medien zum ästhetischen Material werden und neue musikalische Strukturierungsverfahren erzeugen (Grossmann, 2004).

Ein weiteres wesentliches Merkmal der Tonträger besteht in ihrer Eigenschaft, das auditive Moment aus dem Gesamtkontext einer musikalischen Darbietung herauszuselektieren. Das Herausfiltern einer einzigen Sinnesqualität, das nach Mc Luhan zur Exklusivität eines detailreichen, spezialisierten, intensivierten „heißen" Mediums führt (Mc Luhan, 1968, S. 29ff.), fordert zugleich vom Hörer eine geringe Beteiligung im Sinn einer Vervollständigung des Dargebotenen.

Jenes selektive Hören hat sich im Lauf des 20. Jahrhunderts als ein fest etabliertes Setting herausgebildet: Über die Jahre hinweg ist das Hören der Tonträger so selbstverständlich geworden, dass das Wegfallen der visuellen und sozialen Komponenten des Konzerts von vielen Hörern gar nicht mehr eigens bemerkt wird und die Rezipienten vielmehr davon ausgehen, das komponierte Musikstück ‚als Ganzes' zu erfahren, wenn sie eine Aufnahme hören. Diese Hörweise, in der sich exemplarisch die in der Medientheorie beschriebene Transparenz der Medien, ihr Übersehen-Werden, einlöst, besitzt eine Affinität zur Idee der absoluten Musik, die davon ausgeht, dass das Musikalische „nichts mit den Augen zu tun habe" und „reine, tönend bewegte Form sei." Die Tonträger sind das passende mediale Komplement der entsprechenden Rezeptionsweise des in sich versunkenen Hörers, der alle Reize der Außenwelt ausschaltet, um sich ganz der Welt der Töne hingeben zu können.[272] Die Idee der autonomen Musik findet hier – mit einiger historischer Verspätung – ihre mediale Einlösung.

Die Künste haben früh auf die neue mediale Konstellation reagiert und sie kommentiert. Der bildende Künstler Moholy Nagy schlug z.B. 1923 vor: „aus dem Grammophon als aus einem Reproduktionsinstrument ein produktives zu schaffen, so, dass auf der Platte ohne vorherige akustische Existenzen durch Einkratzen der dazu nötigen Ritzschriftreihen das akustische Phänomen selbst entsteht." (Moholy-Nagy, 123, S. 104) Mit dieser individuellen Einschreibung auf dem Tonträger, die Spur einer Anwesenheit ist, wird gleichsam die Aufführungssituation wiederhergestellt. Der „medial turn", den Moholy Nagy vom selektiven Hörmedium zum audiovisuellen Medium vornimmt, macht die Einschränkung der Sinne, die den Tonträgern eignet,

---

[272] Was nicht ausschließt, dass die Musik auf Tonträgern auch zu ganz anderen, gegebenenfalls entgegen gesetzten Zwecken eingesetzt werden kann.

rückgängig. Die von Moholy Nagy geritzte Platte wird zu etwas Einzigartigem, das der beliebigen Wiederholbarkeit der Tonträger widerspricht. Zudem wird die Unbewusstheit und Transparenz des Mediums durch diese Intervention aufgehoben. Die Bemerkung von Dieter Daniels „dass alle ‚moderne' Kunst immer schon ‚Medienkunst' ist, weil sie sich, positiv oder negativ, in Beziehung zu den Medien und der von ihnen geformten Weltsicht definiert" (Daniels, 2002, S. 166), gilt über diese Pioniertat Moholy Nagys hinaus uneingeschränkt auch für die Musik und die audiovisuellen Kunstformen des 20. Jahrhunderts

Zwischen Medienverweigerung und medialer Innovation: die zeitgenössischen Medienkonstellationen

Sobald neue musikalische Formen entstehen, die den Musikbegriff erweitern und sobald sich damit das eingespielte Setting der Musikvermittlung per Tonträger ändert, ergeben sich mediale Vermittlungs- bzw. Verbreitungsprobleme. Zugleich ist ein gegenläufiger Prozess zu beobachten, in dem gerade die medialen Darstellungslücken die Entwicklung neuer medialer Transportwege in Gang setzen und dabei neue technische Möglichkeiten generieren. „Das Neue entsteht erst durch die Dokumentation" heißt es im Trailer der bei WERGO erscheinenden DVD-Reihe „musiva viva. Forum der Gegenwartsmusik", die es sich zur Aufgabe gemacht hat zeitgenössische Musik filmisch zu dokumentieren und zu vermitteln, um nur ein Beispiel zu nennen. Jenseits rein medienpolitischer Fragestellungen geht es zunächst einmal darum, überhaupt neue mediale Übertragungswege zu entwickeln. Die Bündelung und Neukombination bereits etablierter Medien, sowie der intermediale Möglichkeitsraum des Internets, dessen Nutzung für die mediale Vermittlung von Musik und Klangkunst erst an ihrem Anfang steht, sind hier zu nennen. Viele neue künstlerische Ansätze bewegen sich im Spannungsfeld zwischen medialem Ausfall und neuen innovativen Darstellungsstrategien. Zudem erzeugen neue Vermittlungswege immer auch neue Kunstformen, weil die medialen Materialien unweigerlich in den künstlerischen Prozess hineingezogen werden.

Die Medienkonstellationen, die sich aus diesem Prozess ergeben, sind wesentlich komplexer als in der Phase der Notenschrift oder in der Phase der Tonträger vor ihrer Digitalisierung. Die dinglichen Ensembles der neuen Medien und die in ihnen technisch sedimentierten, operationalen Möglichkeitsfelder eröffnen eine Vielfalt neuer performativer Räume des Klanglichen. Der Prozess der medialen Ausdifferenzierung gehört zu den wesentlichen Charakteristika der Musik und Klangkunst des 20. Jahrhunderts bis zur Gegenwart. Einige Aspekte der zeitgenössischen Situation seien im Folgenden erläutert.

Problem: auditive Raumdarstellung

Problematisch wird der mediale Transfer bereits dann, wenn in komponierter Musik der Raum mit ins Spiel kommt. Eine Ablösung von der Aufführungssituation ist dann nicht mehr in der Weise möglich wie bei den Tonträgern, die die übliche Konzertmusik abbilden. Klang-Bewegungen im Raum, wie sie etwa Luigi Nonos Werke für Live-Elektronik vorsehen, bei denen die Interpreten musizierend im Raum hin- und hergehen, lassen sich nur annäherungsweise mit traditionellen Tonträgern medial übertragen. Hier wird der Bruch zwischen der realen Aufführung, in der man sehend mit vollzieht, dass sich die Interpreten im Raum bewegen, und der CD-Aufnahme, bei der die Bewegung allein über die Lautsprecherwechsel nachvollzogen wird, plötzlich sehr deutlich.[273]

Als aktuelles Beispiel sei Beat Furrers „Fama. Hörtheater für großes Ensemble, acht Stimmen, Schauspielerin und Klanggebäude" genannt, das bei den Donaueschinger Musiktagen 2005 uraufgeführt wurde.[274] In „Fama" ist der zentrale Umschlag des Geschehens räumlich inszeniert: Das Publikum befindet sich in einer „Box", deren Wände aus sich bewegenden Lamellen bestehen, die den Klang modifizieren. Um diese Box verteilen sich die Musiker, so dass ein subtil bewegter Raumklang entsteht, der innerhalb der Narration des Hörtheaters für einen Verlust des Bewusstseins, der räumlichen und inneren Verortung der Protagonistin steht. Diese räumliche Konzeption des Werks, die seine eigentliche Kernaussage ist, lässt sich auf einer traditionellen Audio-CD nicht darstellen. Mittlerweile hat jedoch das Label Col Legno eine Aufnahme des Werks auf SACD (Super Audio Compact Disc) herausgebracht. Dabei handelt es sich um ein 1999 eingeführtes, hoch auflösendes Tonträger-Format mit Mehrkanal-Fähigkeit. Die mehrkanalige Wiedergabe von „Fama" gleicht sich zwar in hohem Maß dem Klangereignis einer Aufführung an, das Wegfallen der fest umschließenden Wände des Raums, das in „Fama" für einen Kontrollverlust und für das Verfließen der Grenze von Innen und Außen steht, ist jedoch lediglich direkt im Rahmen einer Aufführung als Hörer in der Box zu erfahren. Für diese spezifische Erlebnisqualität der Raumsituation existiert kein Aufzeichnungsgerät.

---

[273] Im Falle Nonos zeigt sich darüber hinaus eine weitere „mediale Bruchstelle": Was die räumlichen Komponenten betrifft, sind Nonos Angaben in den Partituren recht ungenau, so dass sich eine zweite orale Praxis herausgebildet hat, in der Interpreten, die mit dem Komponisten zusammengearbeitet haben, ihre Kenntnisse mündlich an nachfolgende Interpretengenerationen weitergeben. Dieser Sachverhalt stellt eine Herausforderung für die Herausgeber der Gesamtausgabe dar. Für „Das atmende Klarsein" existiert neben der Partitur eine DVD mit Angaben für die Realisation des Stückes.

[274] vgl. die CD: KAIROS 0012562KAI

Abbildung 1: „Fama" von Beat Furrer, Blick auf die beweglichen Lamellenwände der „Box"

Was die mediale Darstellung von Räumlichkeit in der Musik betrifft, sind allerdings durchaus technische Innovationen zu verzeichnen, die große Schritte in Richtung Abbildbarkeit räumlicher Klangbewegungen gemacht haben. Richtungsweisend ist z.B. das als „Klangdom" bezeichnete Forschungsprojekt des Instituts für Musik und Akustik am Zentrum für Kunst und Medientechnologie Karlsruhe, das die bereits historischen frühen technischen raummusikalischen Innovationen z.B. der Lautsprecherbestückung des Philipps-Pavillon der Pariser Weltausstellung von 1958, das Kugelauditorium Stockhausens in Osaka oder die „Polytopes" von Iannis Xenakis weiterentwickelt. Ziel des Klangdoms ist es, Raummusik für den Konzertalltag nutzbar zu machen. Darin geht das Karlsruher Forschungsvorhaben über die einmaligen Installationen der früheren Jahre hinaus und löst zugleich eine Utopie der Pioniere der Raummusik ein. Im Rahmen des Projektes wurde die software „Zirkonium" entwickelt, die komplexe polyphone reproduzierbare Raumbewegung des Klanges in jede Richtung ermöglicht. Dazu bemerkt Ludger Brümmer, der Leiter des Instituts: „Nicht nur dass hier dreißig oder gar vierzig Klänge in Echtzeit interaktiv mit einem normalen Computer im Raum bewegt werden können. Diese Kanäle können auch über ein beliebiges Set an Lautsprechern in jedem beliebigen Konzertraum wiedergegeben werden. Dazu ein Beispiel: Eine kurze Einrichtungsphase ließ den Klangdom in der Stuttgarter Staatsoper anlässlich des Antrittsfests des neuen Intendanten entstehen, ohne dass auch nur ein einziger Lautsprecher verrutscht werden musste! Die Komponisten können die mehrkanaligen Raumbewegungen sogar zuhause per Kopfhörer hören – mit einem Knopfdruck!" (Brümmer, 2007, S. 24)

Bemerkenswert an diesem technischen Großprojekt ist die Verschmelzung von künstlerischem Raumdenken und der Berücksichtigung des Verbreitungsaspekts. Die Software „Zirkonium" steht bereits als Public Domain Software allen Interessierten zur Verfügung, es ist aber beabsichtigt sie als Open Source-Projekt weiter zu entwickeln (Infos unter http://www.zkm.de/zirkonium). Hier eröffnet sich eine völlig neue Medienkonstellation, die das Gestaltungspotenzial der Medienamateure mit einbezieht (Daniels, 2002, S. 206ff.).

Zudem wird die musikalisch-räumliche Ausdifferenzierung auf den audiovisuellen Bereich erweitert. Mit Hilfe des am ZKM Institut für Bildmedien entwickelten 360-Grad-Panorama-Screen konnte der Klangdom bereits im Rahmen einer Kooperation mit der Hochschule für Gestaltung Karlsruhe unter Verwendung von Rundumklang und Panorama-Filmen zu einem totalen 360-Grad-Wahrnehmungsenvironment gestaltet werden.

Ein weiteres Audio-Wiedergabeverfahren zur klanglichen Raumdarstellung ist die *Wellenfeldsynthese*, die 1988 an der Technischen Universität Delft entwickelt wurde. Dabei erzeugen Lautsprecherreihen ein Schallfeld, in dem die Schallquelle unvergleichlich viel stabiler ortbar ist als bei konventionellen Beschallungsanlagen.[275] In der Arbeit „Hallenfelder" der Komponistin und Klangkünstlerin Kirsten Reese, die 2006 für die Donaueschinger Musiktage entwickelt wurde, ist die spezifische Übertragungsqualität des Raumklangs, die mit der Wellenfeldsynthese erzeugt wird, integraler Bestandteil der künstlerischen Arbeit selbst. Damit ist „Hallenfelder" ein Beleg dafür, wie intensiv neue technische Möglichkeiten das aktuelle künstlerische Denken und Handeln durchdringen und zu immer neuen, in diesem Fall subtil auskomponierten, medialen Settings führen.

Spezifisch für Reeses Ansatz ist ihr Interesse daran, mediale Klangaufzeichnungen genau dort zur Aufführung zu bringen, wo sich die Schallquellen der Aufzeichnungen befinden. Darin unterscheidet sie sich von älteren Ansätzen künstlerischer medialer Klangübertragung, denen es eher darum ging, bestimmte Klänge, wie z.B. Alltagsgeräusche, aus ihrer gewohnten Umgebung in andere Räume zu übertragen. Bill Fontana möchte z.B. mit seiner „Satelliten-Ohrbrücke Köln – San Francisco" (1987) Wahrnehmungsirritationen hervorrufen, indem er Klänge der Golden Gate Bridge aus San Francisco per Satellit auf den neben dem Kölner Dom gelegenen Heinrich-Böll-Platz übertragen ließ, um damit eine Verschiebung der gewohnten Klangumgebungen der öffentlichen Räume, eine Ortsverlagerung der Klänge zu erzeugen (Kolberg & Schöning, 1987). Auch Kirsten Reese geht es um die Frage der Realität bzw. der Transformation der Realitätswahrnehmung, bei ihr wird diese jedoch ausschließlich anhand subtil eingesetzter medialer Verschiebungen inszeniert. Der Ortswechsel entfällt. Bei Reese stellt sich die Irritation deshalb gerade durch die scheinbare Identität von Aufführungsraum und medial dargestelltem Raum ein. Für „Hallenfelder" hat sie während eines ganzen Jahres wiederholt Ton- und Videoaufnahmen von neun Hallen und Sälen gemacht, in denen während der Donaueschinger Musiktage

---

[275] zur Wellenfeldsynthese vgl. http://www.kgw.tu-berlin.de/baalman/

regelmäßig Konzerte stattfinden. Dabei hat sie in den Mehrzweck- und Turnhallen sowohl das alltägliche Geschehen wie auch die Veranstaltungen beobachtet und dokumentiert, für die die Räume außerhalb des Konzertgeschehens genutzt werden. Das Spektrum reicht von schulischen Sportstunden über Karnevalsveranstaltungen bis zu einer Viehauktion. In der Nachbearbeitung wurde das klangliche Aufnahmematerial von etwa 25 Stunden nicht elektronisch manipuliert, es wurde vielmehr durch minutiöses Beschneiden und neu Zusammensetzen der Soundfiles extrahiert und konzentriert. Kirsten Reese kommentiert: „So wurde z.B. beim Badmintontraining jede sprachliche Kommunikation der Spieler herausgeschnitten oder beim Hallenflohmarkt fiel mir im Grundklang des Menschengewühls an mehreren Stellen das Klingeln von Glöckchen auf, die ich isolierte und überlagerte. Durch die Fokussierung auf bestimmte Klänge wird das Material abstrahiert, durch die Verdichtung stilisiert und zudem musikalisiert, indem Rhythmen und Tonhöhen sowie formale Elemente wie Wiederholung, Variation, Steigerung oder Beruhigung freigelegt werden." (Reese, 2007, S. 19).

Abbildung 2: „Hallenfelder" von Kirsten Reese

Die Wellenfeldsynthese nutzte Reese, um eine hochgradige klangliche Plastizität und Brillanz für die eigentlich unspektakulären Alltagsklänge ihrer Installation zu erzielen. In dieser extrem realitätsgetreuen Klanglichkeit liegt paradoxerweise ein Moment der klanglichen Verfremdung, denn die abgebildeten Alltagsgeräusche werden dadurch gleichsam überhöht. Sie erhalten eine Präsenz, die sie so in der immer auch verwischten, unmittelbaren, nicht medial übersetzten Wahrnehmung nicht besitzen. Darüber hinaus konnte Reese mit der Wellenfeldsynthese den Grad der Abstraktion und Stilisierung des Klanggeschehens erhöhen, in dem sie bestimmte räumliche Positionen oder Bewegungen akzentuierte, verschiedene Perspektiven von Nähe und Ferne herstellte oder sogar verschiedene Räume überlagerte. Die Arbeit wurde in einer der darin abgebildeten Hallen gezeigt. Durch zusätzliche visuelle Strategien der Verschiebung (Reese, 2007) bekam so die künstlerisch extrem zurückhaltend bearbeitete mediale Übersetzung von „Realität" etwas Unwirkliches. Ein der Tendenz nach unabschließbares Wechselspiel zwischen der Wahrnehmung der Installation und der realen Umgebung wurde evoziert.

Visuelle Aspekte in komponierter Musik

Wenn auch die Tonträger die Sinneswahrnehmung des Hörens aus dem musikalischen Ereignis selektiv herausfiltern, so besitzt dennoch jegliche komponierte Musik stets auch eine visuelle Komponente. In manchen Werken ist die Sichtbarkeit darüber hinaus in besonderer Weise akzentuiert. Diese intendierte Sichtbarkeit evoziert ebenfalls ein mediales Darstellungsproblem. Den Partituren eingeschriebene, sichtbare körperliche Aktionen z. B., entziehen sich der Abbildung auf einem Tonträger. Der „stumme Schrei" in Michael Reudenbachs Vokalkomposition „kommen" aus dem Jahr 2001 ist einerseits integraler Bestandteil der Komposition, weil gerade die auditive Negation des nun sichtbar gemachten Klanges ausdruckssteigernd eingesetzt wird; dieser „shift" ins Visuelle kann jedoch mit rein auditiven Medien nicht dargestellt werden. In noch höherem Maß gilt dies für „Der Unsichtbare" (2004) für Klavier solo des Frankfurter Komponisten Robin Hoffmann, ein Stück, das ganz von den Spielaktionen des Pianisten her konzipiert ist. Hoffmann bezeichnet in seiner Partituranweisung „die Sichtbarkeit von Klangproduktion" als „konstruktiven Bestandteil" dieser Komposition. Der Pianist sitzt mit dem Rücken zum Publikum, so dass die Mittellage des Instruments für das Publikum verdeckt ist, während die Tasten der hohen und tiefen Lage sichtbar sind. Aus diesem visuellen Setting entwickelt Hoffmann ein trickreiches Spiel von sichtbaren und unsichtbaren Aktionen, das auf der CD-Aufnahme völlig verloren geht. Die Audioversion wird zu einem völlig anderen Stück. Hoffmanns „Der Unsichtbare" verweigert sich zudem einer filmischen Darstellung, die bei fixierter Kameraeinstellung auf den Rücken des Pianisten notwendig starr und steril bleiben müsste. Das Stück kann lediglich in einer Konzertaufführung adäquat realisiert und wahrgenommen werden. Eine gelungene filmische Umsetzung existiert dagegen für Helmut Oehrings Orchesterstück „Verlorenwasser" (aus: Der Ort/Musikalisches Opfer) für Stimme, E-Gitarre solo, Kontrabass solo, Gebärdenchor, großes Orchester, CD-Zuspiel und Live-Elektronik (2000). Das visuelle Moment des Gebärdenchors, der von taubstummen Akteuren realisiert wird, fällt bei der traditionellen Audio-CD unter den Tisch. Filmisch dagegen konnte es überzeugend auf DVD übertragen werden[276]. Die Aufnahme insgesamt dokumentiert eindrucksvoll die audiovisuelle Polyphonie zwischen den zum Teil weit auseinander platzierten Gebärden-Chorgruppen und dem Orchesterklang, die diesem Werk zugrunde liegt.

Zwischen Dokumentation und ästhetischem Anspruch

Noch schwieriger erweist sich die Darstellung multimedialer Events. Ein Beispiel dafür ist die Aufführung von Cages legendärem fünfstündigen Multimedia-Event HPSCD für sieben im Raum verteilte Cembali, 51 aus Tapes erklingenden Tonbändern sowie acht Film- und achtzig Diaprojektoren, im Jahr 1968.[277] Die Besucher von HPSCD erschlossen sich im Raum umhergehend ihre individuelle Hör- und Seherfahrung, dabei war der Wechsel zwischen visuellen und auditiven Wahrnehmungseinstellungen sowie die Eigenbewegung im Raum entscheidend. Cage berichtet:

> „Es kamen ungefähr sechstausend Leute, aber in den Saal hätten bestimmt fünfzehn- oder zwanzigtausend Leute gepasst. Folglich erlebte jeder eine große Bewegungsfreiheit, da es möglich war, jeden Moment den Klang und die visuellen Dimensionen des Ereignisses zu ändern, indem man sich umdrehte oder in eine andere Richtung ging. [...] Die Menge bewegte sich völlig frei umher und manchmal begannen die Leute spontan zu tanzen und fügten dem ganzen globalen Theater, das ihnen geboten wurde, ihr eigenes Theater hinzu." (Charles, 1984, S. 245ff.)

Die Schallplatte, mit einer Aufnahme dieses Ereignisses bleibt ein reines (Zeit-)Dokument, das – auch aus ästhetischen Gründen – niemals den Anspruch erheben könnte (und wollte), Darstellung des „Ganzen" zu sein, wie z.B. eine Aufnahme von Beethovens 5. Symphonie.[278] Sie kann lediglich einen Ausschnitt des Geschehens wiedergeben, die Darstellungslücke bleibt stets bewusst und wird in Kauf genommen.

Mit der Aufnahme einer Realisierung von David Tudors elektroakustischem Environment, „Rainforest IV" (Konzeption 1973, Aufnahme der Berliner Realisation aus dem Jahr 1980) verhält es sich anders. „Rainforest IV" ist wie HPSCD ein Environment, das sowohl visuell, akustisch wie auch haptisch erfahrbar ist. Jeder der insgesamt sechs beteiligten Komponisten hat eine Gruppe von Skulpturen entworfen und konstruiert, die frei im Raum platziert sind und als „instrumentale Lautsprecher" eingesetzt werden, d.h. die elektronisch erzeugten Klänge werden nicht über herkömmliche Lautsprecher geleitet, sondern mittels eines Transducers über die im

---

[276] Helmut Oehring, „Weit auseinander liegende Tage", Symphonieorchester des BAYERISCHEN RUNDFUNKS, Leitung: Martin Brabbins, Ingo Metzmacher, Filme: Peider A. Defilla, WERGO NZ 61

[277] Der Titel des Werks ergibt sich aus dem Begriff „Harpsichord" (Cembalo), bei dem die Vokale weggelassen wurden.

[278] vgl. die LP: H-71224-A

Raum verteilten Skulpturen. Die beteiligten Künstler erzeugen so selbständig und unabhängig Klangmaterial, das die spezifischen Eigenschaften ihrer Skulpturen vorstellt. Das Publikum wandert frei zwischen jenen tönenden Skulpturen in dem künstlichen „Klangwald" umher. Obgleich diese Arbeit also zweifellos räumlich und audiovisuell konzipiert ist, hat die Schallplattenaufnahme dieser Arbeit einen starken klanglichen Eigenwert, so dass sich hier durchaus von einem eigenständigen Musikstück sprechen lässt.[279] Es ist allerdings außerordentlich schwierig, objektive Kriterien zu benennen, die angeben, was die Schallaufnahme einer solchen Rauminstallation bloßes Dokument bleiben lässt und was sie zu einer musikalisch eigenwertigen Arbeit transformiert. Hier öffnet sich ein neuer Raum, eine vage Zone zwischen Dokumentation und ästhetischem Anspruch, die sich der Definition entzieht. Im Falle Tudors lassen sich Vermutungen anstellen: Als einer der virtuosesten Pianisten seiner Zeit, der fast sämtliche bedeutenden Uraufführungen der Avantgarde der 50er-Jahre bestritt – von Boulez' „Deuxieme Sonate" bis zu „Music of Changes" von Cage – hat sich Tudor bekanntlich in den 60er-Jahren vom Klavierspiel verabschiedet und sich der Komposition bzw. der Konzeption elektroakustischer Arbeiten zugewandt. Seine Werke sind oftmals äußerst verdichtete Rhythmus- und Klanggefüge mit installativem Charakter, fast scheint es, als wolle er damit an die Virtuosität seines Klavierspiels anknüpfen und sie überbieten. Man könnte demnach folgern, dass seine Konzepte stark von einem musikalischen Ausgangsgedanken her entwickelt sind und deshalb die unvollständige Dokumentation des realen Erlebnisses von „Rainforest IV" in der Form der rein auditiven CD-Aufnahme, einen so starken Höreindruck erzeugen. Zu bedenken bleibt dabei jedoch, dass es sich hier um einen Transformations- bzw. Übersetzungsprozess handelt, in dem sich das Klangdokument der räumlichen Installation zum Musikstück wandelt.

Einen anderen Weg zwischen Dokumentation und ästhetischem Anspruch geht die Klangkünstlerin Christina Kubisch mit ihren Arbeiten im öffentlichen Raum. In „Electrical Walks Köln" (RaumKlang KlangRaum, Köln 2004) bewegen sich die Besucher/Rezipienten frei im Stadtraum, nachdem sie magnetische Induktionskopfhörer (Stromhörer) erhalten haben, die unhörbare elektrische Schwingungen in akustische Daten übersetzen. Das Erkunden jener unbekannten Hör-Dimensionen des Stadtraums wird für die Rezipienten zum Experiment, dem neben der intentionalen Ausrichtung auf die ästhetische Erfahrung eine selektive Lenkung der Aufmerksamkeit zugrunde liegt. Diese Arbeiten lassen sich nicht medial übersetzen. Zu viele neue Erfahrungsparameter kommen mit ins Spiel, für die es keine medial abbildenden Transportmöglichkeiten gibt – wie etwa die Eigenzeiterfahrung bei der Auswahl der Klangquellen, die Veränderung der Seherfahrung, das Moment des Gesehen-Werdens und die Erforschung neuer Klangquellen, das völlig neue Erleben des Stadtraums sowie der eigenen Verhaltensweise der Teilnehmer dieser Arbeit, die sich zwischen

---

[279] Vgl. die LP David Tudor, Rainforest IV. Berlin Version (1980), realized by Composers Inside Electronics with John Driscoll, Philip Edelstein, Ralph Jones, Martin Kalve, David Tudor und Bill Viola, Edition Block, Schaperstr. 11, Berlin, GRAMAVISION, GR-EB 1

Wahrnehmung und Performance abspielt. Fotografien hörender Rezipienten im Stadtraum können lediglich eine ungefähre Ahnung der eigentlichen Erlebnisqualität der „Electrical Walks" vermitteln. Reine Klangaufnahmen ohne die konkrete Beziehung zu Zeit und Ort werden zu einer völlig anderen Klangerfahrung transformiert. Gerade jene Transformationsprozesse, die lückenhafte Dokumentationen auslösen, scheinen Christina Kubisch zu interessieren. Die Künstlerin hat Klangaufnahmen der „Electrical Walks", die mittlerweile in vielen Städten verschiedener Länder realisiert wurden, gesammelt und kompositorisch zu Hörstücken verarbeitet, die auf CD erschienen sind.[280] Die „fotografischen" Klangaufnahmen werden hier in ästhetisches Material umgewandelt – vergleichbar den Verfahren der Musique Concrète unter veränderten technischen Bedingungen. Neu daran ist, dass die Aufnahmen selbst einem künstlerischen Kontext entstammen, aus dem sie herausgefiltert, in das Medium der Tonträger übertragen und zu etwas Neuem, Eigenständigen weiterverarbeitet werden.

Abbildung 3: „Electrical Walks" von Christina Kubisch

---

[280] Important Records.com (PO Box 1281), Newburyport, MA 01950, USA)

Mut zur Lücke

Für viele neuere Kunstformen wie z.B. die Klangkunst ist die Begrenztheit ihrer medialen Darstellungsmöglichkeiten offensichtlich und geradezu ein charakteristisches Merkmal. Wenn etwa Klangkünstlerin Christina Kubisch eine Arbeit in einem besonderen, bewusst gewählten Raum installiert[281], dann tut sie dies gerade unter der Voraussetzung, dass eine adäquate Erfahrung dieser Arbeit nur in diesem einen Raum während der Zeit der Installation möglich ist.

Ein eindringliches Beispiel dafür ist Christina Kubischs Arbeit „Consecutio Temporum VI (Sky Lights)" aus dem Jahr 1995, die im Eastern State Penitentiary Philadelphia installiert wurde, einem von dem englischen Architekten John Havilock erbauten, 1829 eröffneten Prototyp eines Gefängnisses, das Vorbild für über 300 Gefängnisse in der ganzen Welt wurde. Das architektonische Experiment beruhte auf der Idee, vollkommene Isolation, regelmäßige Arbeit und Bibelstudium könnten die einsitzenden ehemaligen Kriminellen zu „neuen" Menschen machen. Die Isolationszellen sind sakral anmutende Innen-Kerker, fensterlose Räume, mit gewölbten Decken und aus der Höhe durch ein Oberlicht einfallendem Tageslicht. Die Eingriffe, die Christina Kubisch an jenen Un-Orten der Exklusion vornahm, waren behutsam. Sie schloss die Oberlichter und hängte darunter je zwei auf die Decke ausgerichtete Schwarzlichtröhren. Dieses Licht beleuchtete die gewölbte Decke der Zelle und machte die Spuren vieler verschiedener Farbschichten und der Verwitterung sichtbar; Spuren, die mit dem bloßen Auge nicht zu sehen gewesen wären. In jedem Raum wurde über dem Eingang der einzelne Klang einer Glasharmonika von einem Lautsprecher wiedergegeben. Die Klänge waren in den Zellen deutlich hörbar, auf dem Gang aber nur noch mit Mühe wahrnehmbar (Kubisch, 1996). Durch diese Licht/Klang-Inszenierung geschieht zweierlei: Kubisch erzielt eine Verdichtung der Atmosphäre der Räume, die ihre inhärente Semantik, die um Begriffe wie Eingeschlossenheit, Verlassenheit und Einsamkeit kreist, auf der sinnlichen Ebene wahrnehmbar macht und zuspitzt. Zugleich aber verwandeln sich die Gefängniszellen in Kunst-Räume. Denn die Intensivierung der Wahrnehmung, die mit den Mitteln des Lichtes und des Klanges erzeugt wird, bedarf einer ästhetischen Grundeinstellung, um erfahren werden zu können.

Eine mediale Abbildung dieser Installation kann lediglich abstrahierende Ausschnitte präsentieren, wie z.B. Abbildungen des Raumes, wobei Raumtemperatur, Halligkeit des Raumes, u.U. wechselnde Lichtverhältnisse, Luftfeuchte und Geruch nicht darstellbar sind – oder Klangaufnahmen, die jedoch den Aspekt der Eigenzeit des Rezipienten und eben die räumliche Situierung vernachlässigen. Die Rezeption dieser Situation ist an die Anwesenheit in den Räumen gebunden. Für die Arbeiten der

---

[281] Wie etwa in der Reihe „Consecutio temporum I-VI", in der sie geschichtsträchtige Orte wie z.B. das Alte Kurhaus Kleve, in dem sich ein ehemaliges Atelier Beuys befindet, die ehemalige Akademie der Künste Ost-Berlin, den Paco Imperial in Rio de Janeiro oder das Eastern State Penitentiary Philadelphia klangkünstlerisch bearbeitet (vgl. dazu Kubisch, 1996).

Klangkunst kehrt sich die Medienkonstellation der Tonträger in gewisser Weise um: Während diese eine Zunahme der Verbreitungskapazität auf Kosten der Interaktion in Anwesenheit verzeichnen, verdichtet und intensiviert die Klangkunst die Bedeutung der Interaktion in Anwesenheit und verliert dabei den Zugang zu den medialen Verbreitungskanälen.

Zwar existieren Möglichkeiten der medialen Abbildung, doch sie unterscheiden sich von bisherigen Verbreitungswegen. So wurde eine neue Katalogform als Medienkombination entwickelt, die in etwa dem typischen Darstellungsmittel der traditionellen bildenden Kunst entsprechen, der jedoch eine CD mit Klangaufnahmen beigegeben ist (z.B. de la Motte-Haber, 1996 und Jeschke & Ott, 2006). Doch auch wenn beides nebeneinander vorliegt, Abbildung und Klangdokument, wird noch lange nicht der wirkliche Raumeindruck erfahrbar, bei dem diese beiden Komponenten jeweils spezifisch miteinander interagieren. Von traditionellen Kunstkatalogen unterscheiden sich diese Klangkunst-Dokumentationen auch deshalb, weil sie auf Werke verweisen, die oft nicht mehr existieren. Viele Klangkunstarbeiten sind nicht auf Dauer gestellt. Während der Kunstkatalog lediglich einen Hinweis auf das „eigentliche Werk" darstellt, dessen adäquate Rezeption im Museum stattfindet, stellen die Abbildungen der Klangkunst oftmals den einzigen Zugang zu den Werken dar. Damit verselbständigen sich diese Kataloge, zudem nimmt ihr Dokumentationscharakter zu. Die beigegebenen Klangbeispiele können oft nur einen ungefähren Eindruck der Klangsituation geben. Da der Klang in diesen Installationen eng mit dem Raum verschmolzen ist, scheint das Klangergebnis – abgekoppelt von der Gesamtsituation – oftmals unbefriedigend. Audiovisuelle Medienkombinationen wirken im Internet überzeugender[282], dies mag auch der Grund dafür sein, dass der neueste Katalog des „sonambiente"-Klangkunstfestivals Berlin 2006 auf Klangdokumentationen verzichtet.

Für gattungsüberschreitende Kunstformen sind diese lückenhaften Darstellungsformen jedoch unumgänglich, damit sie überhaupt in den Diskurs der Künste Eingang finden. Bei den Lesern und Hörern solcher Dokumentationsformen wird die Imagination herausgefordert, um sich die Arbeit möglichst realistisch vorzustellen, wobei Ungenauigkeiten und Irrtümer nicht zu vermeiden sind.

Als weitere mediale Möglichkeit eröffnet sich zudem die filmische Darstellung. Doch auch sie erweist sich als ein stark abstrahierendes Medium. Der kanadische Klangkünstler David Rokeby demonstriert auf seiner Internet-Site seine Pionierarbeit, das interaktive Klangenvironment „Very Nervous System" (1982-1991) mit einer Videoaufnahme, auf der er selbst das Environment „bespielt". Das „Very Nervous System" ist ein interaktiver Klangraum, der den Besuchern eine experimentelle, spielerische Erkundung der Wechselwirkung des eigenen körperlichen Verhaltens mit dem Klangmaterial sowie dem Raum ermöglicht. Dabei werden die Bewegungen der Personen oder einer Person im Raum von Video-Kameras registriert und per Computer an einen Synthesizer weitergeleitet, der die Bewegungsdaten in Klänge

---

[282] vgl. weiter hinten in diesem Beitrag

transformiert. Die Klangreaktionen des „Very Nervous System" richten sich sowohl nach der Schnelligkeit der Bewegungen als auch nach der Position der Besucher im Raum. Ändert der Besucher z.B. letztere und bewegt sich durch das Environment, löst er dabei Geräusche und Klänge aus, die gewissermaßen unhörbar im Raum lokalisiert sind (Dinkla, 1997, S. 147-166). Wenn Rokeby nun selbst im Video dieses Environment vorführt, bekommt der Betrachter zwar einen Eindruck davon, welche Klänge er benutzt und wie das Wechselspiel von Klang und Bewegung des Akteurs beschaffen ist. Die Demonstration wirkt aber wie eine Art Performance, wie ein Tanz; das Eigentliche der Arbeit, die eigene Erkundung des Systems durch die Besucher, lässt sich nicht darstellen. Deshalb wirkt die Demonstration Rokebys in gewisser Weise auch irreführend, seine Arbeit kann als reine Performance missverstanden werden.

Mediale Darstellungsprobleme ergeben sich grundsätzlich bei interaktiven Arbeiten. Der Frankfurter Klangkünstler Jörg Niehage z.B. dokumentiert seine bei der Ars Elektronika in Linz im Jahr 2008 mit einem Preis ausgezeichnete Klanginstallation „Samplingplong" mit einer gut gestalteten DVD[283], die sowohl die visuellen Seiten der Arbeit, wie auch die Klangaspekte und deren Interagieren in vielen Facetten deutlich macht. Der eigentliche Witz der Arbeit besteht jedoch darin, dass jeweils ein Besucher per Mausbewegung die bizarre Versammlung von klangerzeugenden Gegenständen nach eigenem Belieben in Gang setzen kann, wie ein etwas aus den Fugen geratenes Interface. Dieses partizipative Element lässt sich jedoch nicht darstellen. Es kann lediglich mit einem Textkommentar verdeutlicht werden.

Abbildung 4: „Samplingplong" von Jörg Niehage

[283] jörg-niehage@online.de, Ottostr.12, 60329 Frankfurt am Main

Neue Kommentarbedürftigkeit

Aus all diesen Lücken, Brüchen und Transformationen ergeben sich neue Herausforderungen für die Imaginationskraft der Rezipienten medialer Darstellungen, den Diskurs der Künste sowie für die Weiterentwicklung medialer Vermittlungsformen selbst. Die Leser, Betrachter und Hörer der „medialen Transportmittel" sind zu neuen imaginativen Leistungen aufgefordert, geht es doch darum, sich aufgrund der ausschnitthaften Darstellungen eine Raum-Klang-Situation zu vergegenwärtigen, bei der zum einen visuelle und auditive Aspekte zu einer Ganzheit integriert werden müssen und zum anderen die eigene Person in der Vorstellung mit berücksichtigt werden muss. Die Unmöglichkeit einer vollständigen Vergegenwärtigung bleibt dabei stets bewusst, gilt es doch die Frage mit zu bedenken: „Wie wäre es, wenn ich in diesem beschriebenen Raum umhergehen würde, wie würde ich mich dort verhalten?" So gesehen eröffnen die neuen, an das Live-Erlebnis gebundenen Kunstformen neue Vorstellungsräume – gerade weil sie *nicht* medial abbildbar sind.

Ein weiteres Teilmoment dieses vielschichtigen, in ständiger Veränderung befindlichen Geschehens medialer Übertragungsmöglichkeiten betrifft die sprachliche Dimension der Vermittlung, die ein neues Gewicht erhält: Abbildungen, Klangdokumente oder Video-Aufnahmen bedürfen notwendig des verbalen Kommentars, um verständlich zu werden.

Der Klang- und Medienkünstler Achim Wollscheid hat für seine Arbeit „ohne titel" an einer 18m langen und 3,5m hohen, weißen Wand des Kunstvereins Frankfurt 1.000 kleine Piezo-Lautsprecher in einem völlig regelmäßigen Gittermuster angebracht. Von einem Sinus-Ton-Generator gespeist, gibt jeder dieser Klangwandler dieselbe Frequenz von ca. 1.500 HZ ab. Wollscheid dokumentiert diese Arbeit in seinem Werkkatalog mit einer Abbildung, die nur minimale visuelle Informationen bietet (Wollscheid, 2004, S. 28-29). Zu sehen ist ausschließlich das völlig neutrale, gleichmäßige Gittermuster der an die Wand montierten Lautsprecher. Erst durch den kommentierenden Text gewinnt die Abbildung einen Sinn. Allein dieser Text vermag die Intention dieser Arbeit zu verdeutlichen. Nach einiger Zeit des Aufenthalts in dem Raum der Installation machen die Besucher nämlich die Erfahrung, dass sie selber „Klangquellen" sind. Denn allmählich werden Veränderungen des Sinuston-Klangfeldes wahrnehmbar, die sich aus Positionswechseln der im Raum befindlichen Personen ergeben. Diese Erfahrungsqualität ist jedoch weder visuell noch auditiv darstellbar, sie ist an die reale Erfahrung des von Wollscheid gestalteten Ausstellungsraums gebunden.

Für die Musikwissenschaft und die Kulturwissenschaften ergibt sich aus dieser Situation die Aufgabe, ein neues Vokabular und neue Beschreibungsformen zu entwickeln, die darstellerische Strategien aus dem Bereich der Kunstwissenschaften für die visuelle Seite der Arbeiten sowie aus dem Bereich der Musikwissenschaft für die klingenden Anteile miteinander verbindet, um nur wenige Aspekte der neuen sprachlichen Anforderungen zu benennen (Saxer, 2005). Wie sich das Sprechen über die neuen Kunstformen weiter entwickeln wird, bleibt abzuwarten, die Aufgabe, sich

Nicht-Darstellbarem sprachlich zu nähern, ist dem Kunst-Diskurs so fremd nicht. Abzuwarten bleibt auch, welche neuen technischen Möglichkeiten entwickelt werden, um bisher nicht medial Übertragbares dennoch darzustellen. Auch hierbei handelt es sich um einen äußerst dynamischen Prozess. Die Lücken und Brüche halten diesen Prozess in Gang.

Viele Künstlerinnen und Künstler legen neuerdings besonderen Wert auf die audiovisuelle Dokumentation ihrer Arbeiten. Der Berliner Komponist Klang- und Medienkünstler Georg Klein z.B. hat seine Arbeit TRASA warszawa-berlin (2004), die er als eine „interaktive audiovisuelle Situation mit internet live stream zwischen Berlin/Alexanderplatz und Warschau/Plac Defilad" bezeichnet, sorgfältig mit einer DVD dokumentiert, in der verschiedene Aspekte dieser Arbeit anhand eingeblendeter, geschriebener Textkommentare erläutert und sodann mit filmischem Dokumentationsmaterial belegt werden.[284] Die Arbeit des Künstlers teilt sich hier somit in die Realisation der eigentlichen künstlerischen Installation und in die Gestaltung der Dokumentation eigener Arbeiten. Die Klang- und Medienkünstlerin Kirsten Reese gibt auf ihrer Internet-Seite in vergleichbarer Weise Einblicke in ihre Arbeiten, mit Abbildungen, Klangbeispielen und begleitenden Texten.[285] Wegweisend ist die von Julia Gerlach für das Projekt MUGI (Musik und Gender im Internet) der Hochschule für Musik und Theater Hamburg gestaltete medienspezifische Präsentation „Körperbilder in der musikalischen Performance sowie intermedialer und partizipativer Musik".[286] Hier finden sich reichhaltige Angebote von Texten, Abbildungen, Klangbeispielen und Videostreams zum Thema.

Wie sich der komplexe Prozess der medialen Verweigerung und medialen Erschließung medienpolitisch auswirken wird, bleibt abzuwarten; ebenso wie das Internet als Verbreitungsmedium die Musik- und (Klang-)Kunstrezeption modifizieren wird. Die vorangegangenen Überlegungen haben versucht einen Blick auf jenen weit verzweigten Prozess medialer Ausdifferenzierung der Musik und Klangkunst zu werfen, der ein Spezifikum der gegenwärtigen Situation einer Musikkultur im Medienumbruch ist. Im Spannungsfeld medialer Verbreitung und künstlerischer Aneignung neuer medialer Möglichkeiten geht es dabei vielen Künstlerinnen und Künstlern um ein Ausschöpfen der möglichen Neu-Kombinationen medialer Settings, dessen Charakteristikum es ist, dass das künstlerische Denken in ganz neuer Weise mit den medialen technischen Entwicklungen kooperiert. Es zeichnet sich bereits jetzt ab, dass die Schlüsselbegriffe der traditionellen musikalischen Schriftkultur „Produzent – Werk – Rezipient" nicht allein aufgrund einer eher ästhetisch geführten Debatte, sondern bereits ausschließlich medieninduziert eine so starke Wandlung erfahren, dass sie einer Neu-Formulierung bedürfen. Die zeitgenössische Musikkultur im Medienumbruch manifestiert sich an den neuen künstlerischen Möglichkeiten komponierter Musik- und Klangkunst.

---

[284] www.georgklein.de
[285] www.kirstenreese.de
[286] http://mugi.hfmt.hamburg.de

Literatur

Brümmer, L. (2007). Produktion – Forschung – Multiplikation. Die Aufgaben des Instituts für Musik und Akustik des Zentrums für Kunst und Medientechnologie Karlsruhe. Neue Zeitschrift für Musik, 168(5), 22-25.
Busse Berger, A. M. (2005). Medieval Music and the Art of Memory. University of California Press.
Charles, D. (1984). Für die Vögel. John Cage im Gespräch mit Daniel Charles. Berlin: Merve Verlag.
Daniels, D. (2002). Kunst als Sendung. Von der Telegrafie zum Internet. München: Verlag C. H. Beck oHG.
de la Motte-Haber, H. (1993). Die Musik von Edgard Varèse. Hofheim: Wolke Verlag.
de la Motte-Haber, H. (Hrsg.). (1996). Klangkunst. sonambiente festival für hören und sehen. Berlin 1996. Berlin: Prestel.
Derrida, J. (1972). Die Schrift und die Differenz. Frankfurt a.M.: Suhrkamp.
Dinkla, S. (1997). Pioniere interaktiver Kunst von 1970 bis heute. Ostfildern: Cantz Verlag.
Grossmann, R. (2004). Signal, Material, Sampling. In S. Sanio & C. Scheib (Hrsg.), Übertragung – Transfer – Metapher. Kulturtechniken, ihre Visionen und Obsessionen (S. 91-110). Bielefeld: Kerber Verlag.
Groys, B. (2000). Unter Verdacht. Eine Phänomenologie der Medien. München, Wien: Carl Hanser Verlag.
Jeschke, L. & Ott, D. (Hrsg.). (2006). Neue Musik Rümlingen. Basel: Christoph-Merian-Verlag.
Kerckhove, D. de (1995). Schriftgeburten. Vom Alphabet zum Computer. München: Fink Verlag.
Kittler, F. (1986). Grammophon-Film-Typewriter. Berlin: Brinkmann und Bose.
Kolberg, G. & Schöning, K. (1987). Bill Fontana. Satelliten-Ohrbrücke Köln – San Francisco. Köln: Druck- + Verlagshaus Wienand.
Kubisch, C. (1996). Zwischenräume, Stadtgalerie Saarbrücken. Dillingen: Krüger Druck und Verlag.
McLuhan, M. (1968). Die magischen Kanäle. „Understanding Media". Düsseldorf, Wien: Econ-Verlag.
Mersch, D. (2006). Medientheorien zur Einführung. Hamburg: Junius Verlag.
Moholy-Nagy, L. (1923). Neue Gestaltungen in der Musik. Möglichkeiten des Grammophons. Der Sturm, 14, 103-105.
Nietzsche, F. (1975-1984). Briefwechsel. In G. Colli & M. Montinari (Hrsg.), Kritische Gesamtausgabe, Bd. III.1, Berlin.
Reese, K. (2007). Experiment Wirklichkeit. Komponieren zwischen Realität und Medialität. Positionen, (70), 18-20.
Rilke, R. M. (1919) Ur-Geräusch zitiert nach: Kittler, F. (1986). Grammophon-Film-Typewriter. Berlin: Brinkmann und Bose.
Saxer, M. (1998). Between Categories. Studien zum Komponieren Morton Feldmans von 1951-1977. Saarbrücken: Pfau.
Saxer, M. (2005). Drei Wände. Multiple Aufmerksamkeitsstrategien in neuen audiovisuellen Kunstformen. In Hören und Sehen. Audiovisuelle Musikformen (Veröffentlichungen des Instituts für Neue Musik und Musikerziehung Darmstadt, Band 45, S. 12-28). Mainz: Schott.
Saxer, M. (2007a). Lücken, Brüche Transformationen. Zur medialen Vermittlung neuer Musik- und Klangkunstformen. Positionen, (72), 26-30.
Saxer, M. (2007b). Zwischen Medienverweigerung und medialer Innovation. Zum medialen Transport neuer Musik- und Klangkunstformen. Neue Zeitschrift für Musik, 168(5), 38-42.
Wollscheid, A. (2004). Selected Works. Münsterschwarzach: Selektion.

V. Ergänzende Perspektiven

Interkulturelle Unterschiede in der Entwicklung und Bedeutung von Musikmedien

PETER IMORT

Die Entwicklung und Bedeutung von Musikmedien im Umfeld von Interkulturalität umfasst einen weiträumigen Untersuchungsgegenstand, der nach Begrenzung verlangt. Musikmedien und Interkulturalität stehen im Schnittpunkt verschiedener Disziplinen und Forschungsansätze, z.B. der Sozial-, Bildungs-, Kultur-, oder Medienwissenschaften. Ausgangspunkt des Beitrags ist eine kulturwissenschaftliche Bestimmung von Musikmedien: Sie repräsentieren Kulturtechniken, die in ihrem technischen Bezug doppelt konnotiert sind. „Technik" meint nicht nur Apparate und Geräte, sondern zielt auf damit einhergehende kulturelle Praxis (z.B. Nutzung, Gebrauch). Musik downloaden und Karaoke, „Smsen" oder Chatten ist sowohl mit Handhabung als auch mit apparativen Technologien verknüpft, wobei Musikmedien regionale und globale kulturgeschichtliche Entwicklungen sehr grundsätzlich beeinflussen können. Eine musikalische, interkulturelle Verständigung wird von einem Dialog kollidierender Sounds und Stimmen überlagert. Kulturell Fremdes und Eigenes stehen sich spannungsreich gegenüber, wobei digitale und andere mediale Revolutionen den kulturellen Transfer beschleunigen. Musikmedien erscheinen vor diesem Hintergrund als Resonanzkörper, die interkulturelle Unterschiede nicht nur transportieren, sondern spezifisch „färben". Diese Färbungen werden schließlich anhand medialer Inszenierungen des kulturell Anderen, aber auch durch die Möglichkeit einer offenen Codierung kultureller Differenz verdeutlicht.

Interkulturelle Unterschiede und die Resonanz von „fremder" und „eigener" Musik

Musikmedien als doppelt konnotierte Kulturtechniken

Musikmedien sind Bestandteil jeder Kultur, ihre Entwicklung umfasst u.a. ästhetische, soziologische, technologische oder ökonomische Dimensionen. Musikmedien ermöglichen und beeinflussen Produktions- und Rezeptionsweisen bzw. begründen und verändern Nutzungsweisen, Wirklichkeit und Weltsicht. Ihre Geschichte manifestiert sich beispielsweise in der Entwicklung von *Kulturtechniken* (z.B. Notenschrift, elektronische Musikaufzeichnung) oder in den politisch-ökonomischen Konstellationen von Kulturmacht weltweit agierender Musikkonzerne.

Das europäische Verständnis von Kultur ist seit der Antike technisch konstituiert (Nanz & Siegert, 2006). Etymologisch zielen lat. „colere" und „cultura" auf die Bestellung und Pflege des Bodens als praktische Techniken der Urbarmachung und Besiedelung. Der Begriff Kultur (im ursprünglich landbaulichen Sinne) wird dann zum Ausdruck des menschlichen Schaffens im ländlichen Raum im umfassenden Sinn. In diesem etymologischen Ursprung wird noch etwas von der technischen Komponente deutlich, die dem Begriff innewohnt. Ein Begriff von Kultur in der Verwandtschaft zu Kulturtechniken ist doppelt konnotiert. Denn einerseits zielt „Technik" auf eine spezielle Handhabung und Praxis (z.B. Musik aufzeichnen), zum anderen auf die dazu gehörigen Objekte, Geräte und Apparate (z.B. Cassettenrecorder, Tonbandgeräte, MP3-Recorder).

Musikmedien, beispielsweise Noten, Phonographe oder Online-Musikdienste, verkörpern weitreichende Kulturtechniken. Ihre gleichzeitig apparativ und praktisch konnotierte Verwendung begegnet uns auch heute im Alltagsverständnis von Medien und Musikmedien: Musik downloaden oder aufnehmen, Smsen oder Chatten sind sowohl mit Praktiken als auch mit apparativen Technologien verknüpft. Die enge Verknüpfung von Handhabung und Technologie weist über den Werkzeugcharakter des Mediums hinaus. Der analoge Cassettenrecorder und der MP3-Recorder sind zwar Werkzeuge (tools) zur Speicherung von Musik. Die damit verbundenen Kulturtechniken erschließen sich jedoch über einen bloßen Vergleich der Hardware – hier die analoge, dort die digitale Aufzeichnungstechnologie – nur unzureichend. Denn die Entwicklung von Hardware verändert nicht nur Nutzungsverhalten, sondern beeinflusst kulturgeschichtliche Entwicklungen viel grundsätzlicher. Das wird z.B. an dem folgenden Beispiel der europäischen *Notenschrift* deutlich.

Viele Kulturen verhandeln und überliefern ihr kulturelles Erbe mündlich, demgegenüber misst Europa von je her der Schriftlichkeit eine hohe Bedeutung zu. Das gilt sowohl für die Wort- als auch für die Musiksprache. Der gedruckte Noten- bzw. Urtext, eines der zentralen Medien im Diskurs europäischer Kunstmusik, ist untrennbar mit der Entwicklung artifizieller Musik verbunden. Die Musik von Bach und Mozart, Ligeti und Boulez wären ohne die differenzierten, später hyperkomplexen Notationssysteme nicht denkbar bzw. realisierbar. Notenschrift und Notendruck wurden im abendländischen Kulturprozess der Kunstmusik zum zentralen Medium, in dem sich die mehrstimmige Musik entfaltete.

Die Entwicklung komlexer Musikformen ist nicht automatisch an differenzierte Notenschrift oder überhaupt an Notenschrift gebunden, wie die Musikkulturen außerhalb des europäischen Kunstmusikdiskurses zeigen. Beispielsweise im Jazz: Eine knapp notierte Skizzierung des musikalischen Themas einschließlich Akkordsymbolen und Formverlauf (so genannte „Leadsheets", vgl dazu Sikora, 2003, S. 63-66) ermöglicht dennoch komplexe Musizierpraxis auf der Basis von Improvisation. „Paper Music", die Bezeichnung für europäische Opusmusik aus der Perspektive von Jazzmusikern, verweist semantisch auf diese Differenzen in der Nutzung und Bedeutung des Musikmediums Notenschrift.

Wie begrenzt die Tragweite von Kulturtechniken durch die rein materielle, objekthafte Seite von Kultur beschreibbar ist, wird ebenfalls an dem Beispiel der Leadsheets deutlich. Sparsam, meist auf einem Notenblatt notiert, fungieren sie sozusagen als Gedankenstütze in improvisierter Musikpraxis. Die Komplexität der Musik erschließt sich wesentlich gerade nicht durch die Analyse der objekthaften Seite des Mediums, sondern durch die Praxis der Improvisation. Nicht die „Kurzpartitur" auf dem Notenblatt, sondern das Wissen um die mit Leadsheets verbundenen, improvisatorischen Praktiken (z.B. unterschiedliche Spielweisen im Blues, Bebop oder modalem Jazz) spielt die entscheidende Rolle. Die Praktiken bilden also eine komplementäre Einheit mit der materiellen Seite von Kulturtechniken. Sie erstrecken sich auf alle Musikmedien, von Möglichkeiten der schriftlichen zur akustischen Aufzeichnung, von der Schelllackplatte bis zum digitalen Download.

Die Entwicklung von Musikmedien im Diskurs von Interkulturalität

Musikmedien stehen im komplexen System doppelt konnotierter Kulturtechniken für technologische Konzepte und damit verbundene Praktiken. Ihre komplementäre Struktur wird sowohl in intra- als auch interkulturellen Zusammenhängen erforscht. Interkulturalität lässt sich als kulturwissenschaftlicher Forschungsgegenstand aus verschiedenen theoretischen Ansätzen, z. B. aus Systemtheorie, Kulturanthropologie oder Strukturalismus, herleiten. Auch im Kontext der Entwicklung von Musikmedien steht Interkulturalität im Schnittpunkt verschiedener Forschungsansätze und -literaturen. Trotz unterschiedlicher Bezugspunkte in Sozial-, Bildungs-, Kultur-, oder Medienwissenschaften lassen sich interdisziplinär orientierte, übergreifende Forschungsfelder benennen, die für die Entwicklung von Musikmedien im Zusammenhang von Interkulturalität bedeutsam sind. Aus kulturwissenschaftlicher Perspektive werden im Folgenden besonders drei aktuelle Strömungen akzentuiert, die sich partiell überlagern. Es sind (1) kulturwissenschaftliche Diskussionen über (intra-, inter-) kulturelle Transfers, (2) Untersuchungen zu kultureller Homogenisierung und Fragmentierung und (3) Forschungen zur Entstehung transnationaler (Medien-) Öffentlichkeiten. Diese werden nun in ihrer Beziehung zu den Musikmedien unter Verweis auf die entsprechenden Kapitel skizziert.

(1) In jüngerer Zeit gilt die wissenschaftliche Aufmerksamkeit der kulturwissenschaftlich orientierten *Transferforschung* den komplexen Strategien kultureller Aneignung, wobei Formen der Hybridisierung (kulturelle Mischformen) und Appropriation (kulturelle Aneignung) im Zusammenhang von Globalisierung im Vordergrund stehen (Schneider & Thomsen, 1997; Ha, 2004; Scholz, 2004). Untersucht werden weniger kulturelle „Einflüsse", „Übernahmen" oder „Missverständnisse", sondern Spuren, die interkulturelle Prozesse der Aneignung und Hybridisierung in den beteiligten Gesellschaften hinterlassen. Auch kulturelle Transfers unter Bedingungen von Globalisierung sind demnach keineswegs immer kulturelle Einbahnstraßen (von West nach Ost), sondern multidirektionale Prozesse, die die Gegenstände in beiden

Richtungen verändern. Wenn Musiker aus Frankreich und Gabun J. S. Bachs Musik in afrikanische Interpretations- und Klangvorstellungen einbetten, dann spielen sie mit den Möglichkeiten dieser Hybridisierung. Obwohl kultureller Transfer multidirektional angelegt ist, bleiben kulturelle Machtkonstellationen vorhanden. Angesichts der weltweiten, medialen Verbreitung abendländischer Musikvorstellungen hinterfragen Repräsentanten nicht-europäischer Musikkulturen, z.B. der indische Komponist Sandeep Bhagwati, das Recht auf deren exklusive Verbreitung und Deutung zunehmend. Der indische Politologe Partha Chatterjee spricht daher von Transfers, die außerhalb des Westens lediglich „abgeleitete Diskurse" produzieren und die keine wirklichen Alternativen zu europäischen Kulturvorstellungen zulassen. (Chatterjee, 2004).

(2) Untersuchungen zu kultureller *Homogenisierung und Fragmentierung* beschäftigen sich mit Fragestellungen, inwiefern kulturelle Verflechtungen zu einer Anpassung und kulturellen Homogenisierung oder zu Mechanismen kultureller Abgrenzung und Eigenständigkeit führen. Technologische, auch medientechnologische Erfindungen (z.B. Telegraph) hatten seit dem 19. Jahrhundert nicht zu unterschätzenden Anteil an einer Einebnung bzw. Standardisierung regionaler und nationaler Verschiedenheiten. Auch die musikalische Elektrifizierung läutete eine neue Ära ein (Mayer, 1989): Sie erlaubte die Musikspeicherung, deren beliebige Reproduzierbarkeit und massenhafte Verbreitung. Heute löst die Digitalisierung von Musik per Internet, MP3 oder Mobiltelefon eine ähnliche mediale Musikrevolution aus. Im globalen Maßstab sind Standardisierungsprozesse innerhalb asymmetrischer Machtverhältnisse oft, aber keinesfalls immer mit „Verwestlichung" gleichzusetzen, denn Strategien der Durchsetzung regionaler und kulturell spezifischer Normen wurden und werden weiterhin verfolgt (vgl. Münch, 1998; Morley, 1999).

(3) Kulturwissenschaftliche Studien zur *Entwicklung regionaler und transnationaler (Medien-)Öffentlichkeiten* thematisieren die Träger, Institutionen und Technologien lokaler und globaler Kommunikationsstrukturen und -prozesse. So wie die Herausbildung eines modernen Pressewesens im 19. und 20. Jahrhundert z.B. in Europa, Japan oder Lateinamerika zu einer gefühlten „Raum-Zeit-Kompression" (Harvey, 1990) beitrug, so gewann dieser Prozess erst durch elektronische, dann durch die digitalen Medien zusätzlich an Dynamik. Einerseits vermitteln Zeitung, TV, Radio und Internet Kenntnisse der kulturellen Dynamik in anderen Gesellschaften, andererseits sind die so mediatisierten Kulturlandschaften durch Entzeitlichung, Enträumlichung und Vervielfältigung von Kommunikation gekennzeichnet – mit den Konsequenzen, die daraus für einen interkulturellen Dialog erwachsen. Medienöffentlichkeit kann auch Gegenöffentlichkeit bedeuten. Bei der Etablierung von Gegenstandards sind Foren des Austausches von Einfluss (Gunsenheimer, 2007). Hier spielen transnationale Medienereignisse (z.B. Festivals wie WOMAD) eine Rolle, die in unterschiedlichen kulturellen Kontexten rezipiert und auf verschiedene Weise angeeignet werden.

Ein musikalischer, interkultureller Dialog der Verständigung oder der kollidierenden Stimmen und Klänge?

Jede Kultur geht mit der Bestimmung von Unterscheidungen einher: Wir trennen Neues und Altes, Wahres und Falsches, Kultur und Natur, Schönes und Hässliches, Eigenes und Fremdes. Diese Unterscheidungen hinterfragen wir meistens nicht, sondern erleben sie als natürlich gegebene Ordnung der Dinge. Oft wird dabei übersehen, dass es sich um kulturell prozessierte Unterscheidungen handelt, die nicht in jeder Kultur so erlebt werden. Das gilt beispielsweise im musikalischen Bereich für die Unterscheidung von Klang und Rauschen. Ob wir Klänge als Musik oder als Geräusch wahrnehmen, hängt u.a. von soziokulturellen und ästhetischen Faktoren ab. Kulturelle Unterscheidungen werden so vom biografisch gewachsenen Standpunkt des Rezipienten aus mitbestimmt. So wird ein „Klassik"-Liebhaber die elektronische Musik von Stockhausen möglicherweise als nicht, Heavy-Metal jedoch sehr wohl als zu geräuschhaft empfinden. „Kultur" differenziert sich in dieser multiperspektivischen Sicht notwendig in die plurale Heterogenität von „Kulturen", denn in der Analyse von Erscheinungs- und Ausdrucksformen erweisen sich kulturelle Homogenität und monokulturelle Orientierungen sowohl im inter- als auch in intrakulturellen Kontext als Fiktion (vgl. Eagleton, 2001).

Kulturelle Unterscheidungen, speziell in der Spannung von „Eigenem" und „Fremdem", spielen in interkulturellen Relationen eine besondere Rolle. Prinzipiell lässt sich Eigenes und Fremdes in der Rezeption jeder Musik unterscheiden, sowohl im intra- als auch im interkulturellen Diskurs (vgl. Baumann, 2006, S. 31-36). Max Baumann spannt einen weiten kulturhistorischen Bogen zwischen „dem Konservieren des kanonisiert ‚richtigen Zusammenklingens' und dem kreativen Dekodieren durch die ‚Neutöner' und Avantgardisten, zwischen Anhängern der ‚(art-)echten' Lehre des Eigenen und denen, die musikalische Normen bewusst durch Fremdes durchbrechen wollen" (Baumann, 2006, S. 35f.). Das schließt nicht aus, dass das Dialogische zum integrativen Moment des Verstehens und Verstehen-Wollens werden kann – und bereits geworden ist. Baumann hebt hervor, dass das Eigene und das Fremde im inter- und intrakulturellen Diskurs eine Relation beschreibt, die auf gelingende interkulturelle Kommunikation zielt:

> „In der Begegnung der Kulturen, im Gefolge von Migration, Segregation, Integration und globaler Modernisierung, bei regionalen Musik-Events oder transnationalen Festivals, in der Gleichzeitigkeit traditioneller, globaler ‚hybridisierter' und mediatisierter Kulturlandschaften von ethnischer Musik, von Kunstmusik, Jazz oder world music ist das Dialogische längst schon ein integratives Moment des gegenseitigen Verstehens und Verstehen-Wollens geworden, das – trotz Ökonomisierung des Neuen und des Ästhetischen, trotz Machtkonflikt, Markt und Hegemonie – die interkulturelle Idee eines besseren Lebens grenzüberschreitend am Leben hält." (Baumann, 2006, S. 32).

Das Dialogische als integratives Moment des Verstehens in Verbindung mit der interkulturellen Idee eines besseren Lebens stimmt optimistisch, trotz des Wissens um die Widrigkeiten des hohen Anspruchs. Denn manchmal erweisen sich strukturelle Eigenarten traditioneller, hybridisierter oder mediatisierter Kulturlandschaften als widerständig gegen Formen eines einvernehmlichen Dialogs. Betrachtet man die angesprochenen mediatisierten Kulturlandschaften unter kommunikationswissenschaftlichem Aspekt, so ist *Mediatisierung* (syn. Medialisierung) dreifach charakterisiert (vgl. Schulz, 2004 und Krotz, 2001). Mediatisierung der Kommunikation beinhaltet (1) eine zunehmende Verschmelzung von Medienwirklichkeit und kultureller Wirklichkeit (Entzeitlichung von Kommunikation), (2) eine verstärkte Wahrnehmung von Kultur auf dem Wege medienvermittelter Erfahrung (Enträumlichung von Kommunikation und (3) eine Orientierung kultureller Handlungs- und Verhaltensmuster an den Gesetzmäßigkeiten des Mediensystems (Vervielfältigung von Kommunikation).

Entzeitlichung, Enträumlichung und Vervielfältigung von Kommunikation sind grundlegende Charakteristika jeder TV-, Radio- oder Internetübertragung. Die mediale Aufbereitung von Ereignissen spiegelt und erzeugt Realität dadurch, dass Wirklichkeit zu Ereignissen z.B. in Nachrichtenmagazinen gebündelt werden („Die Welt in 5 Minuten"). Das den Medien innewohnende Charakteristikum der räumlichen und zeitlichen Neukontexierung bzw. Neukonstruktion („wirklich ist, was in den Medien erscheint") hat Auswirkungen auf dialogische Kommunikationsstrukturen in mediatisierten Kulturlandschaften. Mediatisierte „cultural landscapes", gefasst als Systeme der Interaktion menschlicher Tätigkeiten und natürlicher Umwelt (Pannell, 2006), sind ebenfalls durch Prozesse der Entzeitlichung, Enträumlichung und Vervielfältigung von Kommunikation gekennzeichnet. Realitäten werden für Kamera, Mikrophon, Tonträger, Radio inszeniert bzw. erst erzeugt: Realität wird zum Produkt von Medien. In dieser kritischen Sicht erscheint zwar ein Dialog, aber ein Dialog kollidierender Klänge, Sounds und Stimmen, in dem Dissonanzen nicht aufgehen, sondern fremd und eigen nebeneinander stehen.

Transnational organisierte Musikfestivals geben Beispiele für versöhnlicher stimmende, medial verbreitete Kommunikation, einschließlich der im Zitat angesprochenen Hoffnung auf besseres Leben. Dazu zählen die von Sting initiierten Rainforest-Konzerte (vgl. „Rainforest Foundation", N.N., 2008a) oder die Live Aid, Band Aid oder Band-8-Reihe, die seit 1985 von Bob Geldof organisiert werden (N.N., 2008b). Die bislang 15 Rainforest-Konzerte zum Erhalt des Regenwaldes erbrachten einen Erlös von ca. 25 Millionen Dollar, die dem Erhalt des Regenwalds zu gute kommt. In ganz anderen (auch finanziellen) Dimensionen bewegte sich 1985 *Live Aid*, das damals aus Anlass der akuten Hungersnot in Äthiopien organisiert wurde. Live Aid wurde global übertragen und erreichte per TV und Radio ca. 1,5 Milliarden Menschen. Von zwei Bühnen, davon eine in London (UK), die andere in Philadelphia (USA) wurde das 16-stündige, gigantische Spektakel parallel übertragen. Westliche Musikstars gaben sich abwechselnd die Instrumente in die Hand, unter ihnen Rockveteranen von Bob Dylan bis The Who, aber auch Repräsentanten der (damals) jüngeren Musikszene wie U2, Simple Minds, Duran Duran und Tracy Chapman. Die medial inszenierte enträumlichte, entzeitlichte und vervielfältigte Kommunikation war in diesem globalen Medienprojekt kommerziell äußerst erfolgreich. Allein Band Aid 1985 erbrachte ca. 102 Millionen Euro, die der Hungerhilfe in Afrika zugute kam.

Globale, medial ausgestrahlte Benefiz-Festivals bringen kulturellen Dialog als westlich initiierte Solidaritätsbekundung in Rollen. Der kulturelle, d.h. musikalische, ethische und besonders ökonomische Transfer geht eindeutig vom Westen aus. Das Dialogische bleibt oft eine interkulturelle Einbahnstraße. Ein Beispiel für einen stärker interkulturell, bidirektional ausgerichteten dialogischen Austausch ist m.E. eher WOMAD („World of Music, Arts and Dance"). WOMAD, seit 1982 von Peter Gabriel maßgeblich organisiert, fand seitdem in 22 verschiedenen Ländern mit rund 145 Veranstaltungen statt. WOMAD wird nicht in erster Linie von westlichen Pop- und Rockstars bestritten. Es gibt Auftritte von Künstlern aus verschiedenen Teilen der Welt, DJ-Sessions, Workshops für Erwachsene und Kinder. 2008 waren in der damit verbundenen summer school u.a. Musiker aus Ägypten (Bedouin Jerry Can Band), Südafrika (Doreen Thobekile), Gambia (Juldeh Camara), Brasilien (Serena Ramzy) und USA (Billy Cobham) beteiligt (N. N., 2008c).

Mediale Resonanzen von „fremder" und „eigener" Musik

Die ambivalente, dialogische Spannung von Eigenem und Fremdem wird im Folgenden mit dem Begriff der Resonanz gekennzeichnet. Resonanzen ergeben sich sowohl in der Begegnung von Menschen unterschiedlich kultureller Herkunft als auch in der Gleichzeitigkeit mediatisierter Kulturlandschaften. Interkulturelle Unterscheidungen resonieren in den Musikmedien. Im Gegensatz zur „Sonanz" schwingt in der Bezeichnung „Re-sonanz" etwas von Widerhall, Echo und Antwort mit. Dieses Antworten schließt u.a. den Anspruch ein, Strategien zu entwickeln, das Fremde zu erschließen. Die Erschließung des Fremden ist jedoch nicht gleichbedeutend mit einem vereinnahmenden Zu-Eigen-Machen. Der Grund dafür besteht nicht nur darin, dass diese Resonanzen des Fremden in normativen Deutungsmustern problematisch werden. Dann werden die Pole „fremd" und „eigen" zu hierarchischen Etikettierungen kulturelle Objekte und Praktiken.

Distinktions- und Integrationsmechanismen im Umgang mit interkulturellen Unterschieden sind ein relevantes musiksoziologisches, medien- und musikpädagogisches Thema, wobei aus Sicht interkultureller Musikpädagogik die Ziele keineswegs in authentischer, z.B. außereuropäischer Musikerfahrung zu suchen sind (vgl. Clausen, 2005, S. 51; vgl. Grundsätzliches zum Kulturbegriff in interkulturell orientierter Musikpädagogik bei Barth, 2007). Hierarchisierung, Ablehnung oder Integrationsbemühungen von different erfahrener Musik ist nicht erst ein Kennzeichen der Gegenwart (vgl. Clausen, 2003). Euro- bzw. ethnozentristische Deutungsschemata durchziehen die gesamte Musikgeschichte. Dabei spielen auch subtilere Mechanismen als die Unterscheidung von „zivilisierten" und „primitiven" Kulturen oder von Hoch- und Populärkultur eine Rolle. „Wie deutsch ist das Abendland?" Diese provokante

Frage wird zum Ausgangspunkt, von dem aus Vladimir Karbusicky geschichtliches Sendungsbewusstsein im Spiegel der Musik nachzeichnet (Karbusicky, 1995).

Das Abendland als „Botschafterin einer musikalischen Weltsprache" ist auch angesichts medialer Mechanismen und Techniken der weltweiten Verbreitung europäischer Musik zwar Realität, aber eine ebenfalls zu kritisierende. Repräsentanten nicht-europäischer Musikkulturen reagieren zunehmend sensibel auf dieses Postulat und bestreiten, besonders in globalen, medialisierten Kontexten, das Recht auf exklusive Verbreitung und Deutungshoheit europäischer Musikkultur (vgl. Bhagwati, 2000, S. 13). Sandeep Bhagwati kritisiert vehement, dass das in Europa entworfene kulturelle Programm noch immer auf andere Gesellschaften übertragen wird. Demgegenüber tritt deutlich zu Tage, dass die Definitionshoheit von dem, was z.B. die „Moderne" ausmacht, nicht mehr ausschließlich im Westen liegt. Denn „Multipolarität der Welt" bedeutet nicht nur unterschiedliche Pole von Macht, sondern unterschiedliche Sichtweisen auf das, was „modern" sein soll. So erscheint die Moderne etwa in Beijing mit anderen Werten befrachtet als in New York. Konzeptionell liegt der kulturpolitische Gegenentwurf in der Anerkennung vielfältiger, außereuropäischer kultureller Muster. Programmatisch kommt er im kulturwissenschaftlich verwendeten Begriff der „multiple modernities" zum Tragen und wird aktuell weitreichend und intensiv rezipiert. Ein Anliegen ist es, die eurozentristische, „verwestlichende" Modernisierungskonzeptionen zu überwinden und an der Pluralisierung von Entwicklungslinien der Moderne zu arbeiten (Featherstone, Lash, & Robertson, 1995; Sachsenmaier, Riedel & Eisenstadt, 2002).

Die Entwicklung von Musikmedien als Geschichte (inter-)kultureller Resonanzen und Transformationen

Digitale und andere mediale Revolutionen

An der Kulturtechnik der Notenschrift wurde eingangs verdeutlicht, dass die Entwicklung eines Mediums eminenten Einfluss auf die gesamte Entwicklung abendländischer Musikgeschichte haben kann. Die Entwicklungslinien verlaufen nicht geradlinig, sondern sind von Verschiebungen, Umbrüchen und Neuorganisationen gekennzeichnet, die selten spannungsfrei verlaufen. So lässt sich eine kulturgeschichtlich orientierte Geschichte der Musikmedien als Geschichte von Umbrüchen beschreiben, die gravierenden und nachhaltigen Einfluss auf kulturelle Organisationsprozesse genommen haben (vgl. Elsner et al., 1990; vgl. Gieseke, 1990; Schnell, 2006). Stuart Hall fokussiert solch tiefgreifende kulturelle Transformationen in der klassischen Metapher vom „revolutionären Augenblick". Solche Metaphern müssen Stuart Hall zufolge u.a. leisten:

„Sie müssen es ermöglichen, uns vorzustellen, was geschieht, wenn die vorherrschenden kulturellen Werte in Frage gestellt und transformiert, die alten gesellschaftlichen Hierarchien umgestoßen werden (…) und neue Bedeutungen und Werte, soziale und kulturelle Konfigurationen aufzutauchen beginnen." (Hall, 2000, S. 113)

Der „revolutionäre Augenblick" als Metapher für kulturelle Transformationen ist auch für musikalisch-mediale Umbruchsituationen bedeutsam. Helmut Rösing stellt für die europäische Entwicklung zwei dieser Schwellensituationen heraus. Als erstes markiert auch er den Übergang von der mündlichen musikalischen Überlieferung zur Notation (vgl. Rösing, 1996). Rösing beruft sich hier u.a. auf Christian Kaden, der die Notation als Möglichkeit der „Entfaltung der Komposition als einer mehrfach reflektierten, von memorialer Tradition abgehobenen Form musikalischen Produzierens" charakterisiert (Kaden, 1983, S. 334, zit. n. Rösing, 1996, S. 107).

Für die zweite revolutionäre Schwelle, die den Umbruch zur musikalischen Elektrifizierung kennzeichnet, ist die Speicherung von klingender Musik und deren beliebiger Reproduzierbarkeit bestimmend (Rösing, 1996, S. 107). Beide Einschätzungen verweisen auf die Prozesshaftigkeit im Verlauf kultureller Umbruchsituationen. Entsprechend metaphorisch verdichten sich mediale Schwellensituationen zu „revolutionären Augenblicken". Eine weitere Umbruchsituation erleben wir gegenwärtig. Online-Portale, Musik-Tauschbörsen und handliche, mobile Abspielgeräte haben Möglichkeiten der flexibilisierten Musiknutzung geschaffen, die die CompactDisc so schnell abzulösen scheinen, wie die CD die Vinylplatte in den 1980er-Jahren. Ein Indiz mag dafür sein, dass in 2007 in Deutschland ähnlich wenig reine CD-Player verkauft wurden wie Schallplattenspieler Mitte der 1990er-Jahre. Stattdessen wächst beständig der Markt für mobile, computerkompatible Medien, die auch musikalisch genutzt werden. Technologien unter dem Stichwort „Music on the go" verursachen eine explosionsartige Ausbreitung portabler MP3-Player und Musik-/Photo-Handys, was die wiederum Auswirkungen auf die alltägliche Nutzung von Musik hat (u.a. individuellere, zeitunabhängigere Auswahl, bessere Anpassung an aktuelle Bedürfnisse; vgl. Schramm & Kopiez, 2008, S. 255; Schramm & Hägler, 2007). Festzustellen ist eine verstärkte *Konvergenz* zwischen den Musikmedien, mit denen man beispielsweise gleichzeitig Musik hören und Videos sehen (z.B. Podcasts) oder telefonieren, Musik hören und fotografieren kann (Theunert & Wagner, 2002). Die multifunktionalen Nutzungsmöglichkeiten machen eine traditionelle Trennung zwischen den Medien zunehmend obsolet (Münch, 2008, S. 266).

Wie aus den folgenden Daten der International Federation of Phonogram Producers (IFPI) hervorgeht, wächst durch die rasche Verbreitung dieser hybriden Musikmedien auch der globale Markt der digitalen Musik-Downloads rasant.

Tabelle 1: Internet-Musikmarkt

	2003	2007
Zahl legaler Online-Dienste	weniger als 50	über 500
Bereitgestellte lizensierte Tracks	1 Million	6 Millionen +
Volumen digitaler online-Musikverkäufe in US-Dollar	um die 20 Mill. US-Dollar	um die 2,9 Milliarden US-Dollar
Prozentsatz digitaler Musik am Gesamtvolumen verkaufter Musikaufnahmen	0 %	15 %
Anzahl an Formaten, die pro Künstler-Veröffentlichung erhältlich sind	weniger als 10 (von CD und Cassette dominiert)	über 100

Quelle: IFPI, 2008, S. 6

Die Tabelle zeigt, dass sich die Zahl der legalen Online-Anbieter weltweit innerhalb von fünf Jahren von weniger als 50 auf über 500 mehr als verzehnfacht hat, die nun ein Repertoire von mehr als sechs Millionen Musikstücken online bereitstellen. In 2007 umfasste das weltweite Internet-Geschäftgeschäft der Plattenfirmen geschätzte 15 Prozent der Gesamteinnahmen, gegenüber elf Prozent in 2006 und null Prozent in 2003. Auf dem größten digitalen Musikmarkt, den USA, werden bereits ca. 30 Prozent aller Musikaufnahmen online oder via Mobilfunk verkauft. Das entspricht Einnahmen von rund 2,9 Milliarden US-Dollar im vergangenen Jahr, ungefähr 40 Prozent mehr als in 2006 (2,1 Milliarden US-Dollar) (IFPI, 2008, S. 6).

Diese rasante Entwicklung von Wirtschaftszahlen in nur fünf Jahren ist nicht möglich ohne ebenso rasanten Wandel im Nutzungsverhalten. Ein Sechstel online verkaufter Musik kommt bereits auf Online-Vertriebswegen. Festgestellt und aufgegriffen wird der Trend, dass Künstler-Veröffentlichungen in multiplen Formaten erscheinen. Zum Beispiel umfasst Justin Timberlakes „Future Sex/Love Sounds" 115 Produkte, die 19 Millionen Mal verkauft wurden. Der reine CD-Anteil betrug nur noch 20 Prozent (IFPI, 2008, S. 6).

Der digitale Online-Musikmarkt wird von der IFPI als globaler Markt verstanden. Allerdings partizipiert nur ein Bruchteil der Welt daran, denn in zehn Ländern (vgl. Tabelle 2) wird 90 Prozent des Geschäfts gemacht. Die Tabelle 2 stellt zwei Musik-Vertriebswege gegenüber (online und mobile). Das Verhältnis von Online-Musikverkäufen und von Musikverkäufen für das Mobiltelefon variiert zum Teil gravierend. Folgende Tendenzen lassen sich feststellen: Zum einen bewegt sich das Verhältnis häufig um 2/3 zu 1/3 zu Gunsten von Online-Verkäufen, wobei in Kanada (58% zu 42%), Australien (59% zu 41%) und Italien (44% zu 56%) das Verhältnis ausgewogener erscheint. Umgekehrt läuft in China die Musiknutzung per Telefon der Online-Nutzung den Rang ab (27% zu 73%). Die Umkehrung ist in Japan vollständig vollzogen, denn lediglich neun Prozent gehen online über den Äther. Bereits 91 Prozent der Digitalmusik wird in Japan vom Handy aus gekauft. Ein derart hoher Anteil von 91 Prozent sieht selbst die IFPI in der Monopolstellung eines einzigen

Anbieters, der seit 2001 die auf die regionalen Bedürfnisse zugeschnittene Musik über die Mobilfunkanbieter vermarktet.

Tabelle 2: Prozentualer Verkaufsanteil nach Vertriebswegen (in %)

		Online	Mobile
1	USA	67	33
2	Japan	9	91
3	UK	71	29
4	Südkorea	63	37
5	Deutschland	69	31
6	Frankreich	39	61
7	Kanada	58	42
8	Australien	59	41
9	China	27	73
10	Italien	44	56

Quelle: IFPI, 2008, S. 8

Obwohl hybride Medien zunehmend genutzt werden, lässt sich aus der Verhältnisbestimmung nicht unbedingt ablesen, dass die Musiknutzung per Mobiltelefon der Online-Nutzung generell den Rang ablaufen wird. Unabhängig vom Vertriebsweg ist der Download einzelner Musiktracks die bevorzugte Nutzungsweise, allerdings sind für das Mobiltelefon so genannte Mastertones – kurze Ausschnitte aus einem Originaltitel, die erklingen, wenn das Telefon läutet – beliebt (IFPI, 2008, S. 7). Auch wenn die Tabelle nicht zwischen Klingeltönen und kompletten Musikstücken unterscheidet, sind Klingeltöne über Japan hinaus auch in anderen asiatischen Ländern das bevorzugte Musikformat. So ist Indonesien der drittgrößte Markt hinter den USA und Japan (IFPI, 2008, S. 8).

Die angeführten Daten geben einen eindrucksvollen Einblick in das, was sich als digitale Revolution in den Musikmedien machtvoll ankündigt. Zwei kritische Aspekte sind den Zahlen allerdings hinzuzufügen:

(1) Untersuchungen zu globaler und regionaler Mediennutzung, zu Medienbesitz und -verbreitung sowie zu Marktstrategien basieren, wenn sie auf internationaler Ebene angesiedelt sind, beinahe ausschließlich auf Daten, die von der International Federation of Phonogram Producers (IFPI) veröffentlicht werden. Die damit verbundene Problematik hinsichtlich Abhängigkeit, Zuverlässigkeit und Validität ist offensichtlich, zumal, wie Alfred Smudits plausibel vermutet, aus unternehmenspolischen Gründen eine völlige Transparenz auch gar nicht erwünscht ist und ein großer Teil der Daten auf Schätzungen beruhen. Als weitere Quelle könnten internationale Tantiemenflüsse ausgewertet werden, die allerdings schwer zugänglich sind (Smudits, 2002, S. 41f.)

(2) Die Daten sagen in erster Linie etwas über Umfang und Nutzung legal erworbener digitaler Musik aus. Die IFPI selbst schätzt, dass das Verhältnis von unlizensierten und legalen Tracks ungefähr 20 zu 1 beträgt. Sie beruft sich auf Zahlen, nach

denen pro Jahr z.B. in Mexiko 2,6 Milliarden, in Brasilien 1,8 Milliarden und in Japan 400 Millionen Tracks illegal gedownloaded werden. In China geht man sogar von sagenhaften 99 Prozent aus. In den USA stieg der Anteil illegaler Downloads 2007 um 14 Prozent. Laut einer Studie des Institute of Policy Innovation verlor die US Wirtschaft dadurch 3,7 Milliarden US-Dollar (IFPI, 2008, S. 18).

Auch wenn die Daten die Situation nur tendenziell und punktuell abbilden, ist doch deutlich, dass den Industriedaten ein gigantisches Nutzungsverhalten gegenüber steht, das (ökonomisches) Konfliktpotenzial birgt, die mit den neuen Kulturtechniken einhergehen. Große mediale Umbrüche, wie diese globale, digitale Revolution, sind nicht frei von Spannungen. Die damit verbundenen kulturellen Anpassungen und Transfers, die sich z.B. hier in illegalem Nutzerverhalten („Piraterie") ausdrücken, stellen die Industrie vor ökonomische Probleme, die vermutlich nicht einfach durch juristische Verbote aus der Welt zu schaffen sind. Daher setzen Plattenfirmen auf Mehrfachstrategien. Einerseits werden restriktive, juristische Maßnahmen in Kooperation mit Regierungen verfolgt (z.B. darf Nutzern, wie in Frankreich seit 2008 durchgesetzt, unter bestimmten Bedingungen im Wiederholungsfall der Internetzugang gesperrt werden). Andererseits werden Geschäftsmodelle angepasst. Dazu gehören Übereinkommen mit Netzwerken wie MySpace, Bebo, YouTube, LastFM and Imeem zum legalen Streamen von Musik („Advertising-supported models"), außerdem die Vermarktung und der Verkauf von Produkten auf den Webseiten der Künstler („direct to fans")sowie die Zusammenführung von Marken auf einer Internetplattform (brand partnership) (IFPI, 2008, S. 15ff.).

Kulturelle Transfers und mediale Transformationen: die Gleichzeitigkeit von fremd und vertraut

Kulturelle Transfers, z.B. von Musikvorstellungen oder von Musiktechnologien, werden, häufig zu recht, in erster Linie als Diffusion von westlichen Kulturgütern wahrgenommen. Das Konzept einer vehementen Kritik daran wurde skizziert. In kulturellen Transfers stellt sich zweifellos die Frage von Macht. Jedoch bewegen sich Kulturgüter auf ihrem Weg nicht so, dass die Reise sie nicht verändern würde. Denn in den Transferprozessen werden nicht nur die Kulturtechniken der aufnehmenden Gesellschaft, sondern auch die Gegenstände (Medien) des Transfers selbst umgeformt. Die Geschichte der Orgel zwischen „Magie und Ratio" steht bei Hans-Peter Reinecke als ein Beispiel für solch historisch langwierige, konfliktreiche Prozesse kultureller Umdeutung und Vereinnahmung eines ehemals „heidnischen" Musikinstruments aus der antiken Welt des östlichen Mittelmeerraums (Ägypten, Griechenland, dann Rom) zur christlichen „Königin der Instrumente" (Reinecke, 1990). „Türkenmusiken" im Wien des 17./18. Jahrhunderts (vgl. Striegel, 2004; Gradenwitz, 1977, S. 177-242), noch heutige lebendige spanisch-arabische Musizierpraxis in Nordafrika oder die bereits angesprochene „world music" der multikulturell geprägten Musikszenen sind einige weitere Beispiele für außereuropäisch initiierte Akkulturations- und Assimilationsprozesse, die allerdings auch als „Lokalisierung im Klischee" (Wyrwich, 2007) enden können.

Einerseits erfüllen Musikmedien in diesen (inter-)kulturellen Transformationsprozessen die kritisch zu hinterfragende Funktion, kulturell Differentes (z.B. Spielpraxis, Tonsysteme, Repertoire) im Kontext der eigenen Kultur aufgehen zu lassen. Andererseits kann eine Funktion medialer Transformationsprozesse darin bestehen, die Eigenartigkeit und Eigenständigkeit des kulturell Fremden zu bestärken, indem es bewusst medial inszeniert wird. Diese medial inszenierte Differenzerfahrung kommt in folgendem Beispiel in hybridisierter Form zum Vorschein.

Wenn Musiker, die sowohl in europäischer als auch außereuropäischer Kultur verwurzelt sind, J. S. Bachs Musik in afrikanische Instrumentations- und Klangvorstellungen, in ein chinesisches Ritual musikalisch-mystischer Ahnenverehrung oder im Dialog mit Jazz interpretieren, dann spielen sie bewusst mit diesen Möglichkeiten der Dekontextualisierungen und Bedeutungsverschiebungen (vgl. Imort, 2004). Bachs Musik erweist sich in diesen medial inszenierten Konstellationen sowohl fremd als auch vertraut: Die mediale Inszenierung des musikalisch Fremd-Vertrauten korrespondiert mit der beliebigen Verfügbarkeit elektronisch verbreiteter Medien. Die medientechnologische Generierung und Fixierung von individuellen musikalischen Spezifika, von Sound und Interpretation ermöglicht die musikalisch-mediale Gleichzeitigkeit des Ungleichzeitigen als eine *bewusste Inszenierung kultureller Differenz*. Hier erscheint Bachs Musik weder als musikalische Weltsprache noch als „Sonderfall Abendland". Der Verweis auf europäische Kunstmusik bleibt fragmentarisch bestehen und wird in globalen, medial vermittelten Kulturprozessen neu textiert.

Transformationsleistungen der Neu- bzw. Dekontextualisierung sind im interkulturellen Kontext der Musikmedien allemal nicht auf Kunstmusik bezogen, sondern in verschiedenen Genres und Formaten globalisierter Musikkultur allgegenwärtig. Es ist die Frage, inwiefern Populäre Musik als „Prototyp globalisierter Kultur" (Binas, 2001) Bestand hat. Populäre, medial inszenierte Formen von „volkstümlicher Musik" bis „Weltmusik" zielen immer auch auf kulturindustrielle Verwertungslogik und Warencharakter, in der kritischen Wendung als „Zurichtung des Fremden" als bloß touristische Aneignung des Exotischen (vgl. Steinert, 1997, S. 158-163).

Andere Ausprägungen der medialen, interkulturellen Neu- und Dekontextierung kommen etwa in den veränderten Gestaltformen von lokalen Musikpraxen in globalisierten Kulturprozessen zum Vorschein. Diese Vollzüge schildern Max Baumann, auch, nochmals differenziert, Susanne Binas in der Rekonstruktion des kommerziell äußerst erfolgreichen Wegs eines melanesischen Wiegenliedes in die globalen Dance-Charts, der auch als ein Ergebnis von tiefgreifenden technologischen und gesellschaftlichen Modernisierungsprozessen aufgefasst werden kann (vgl. Baumann, 2000, S. 431-454; Binas, 2002 und 2004, S. 130-143). In weltweit verbreiteten, stilisierten Medienbildern sind technologische, kommerzielle, kulturelle und soziale Wandlungen, Arbeitsweisen und Herstellungsverfahren verschmolzen. Der Mix von vagen Assoziationen traditioneller Instrumentenklänge und synthetischer Sounds wird zum Szenarium von ästhetisch-kulturellen und ökonomischtechnologischen Aspekten in globalisierten Medienlandschaften. Modellierte, gesamplete Sounds, Effekte und Styles werden zu Projektionsflächen kultureller Bedürfnisse. Terabyte große Medienpools ermöglichen Song- und Soundmodelling sowohl als vollständige mediale Fiktion ebenso wie als überzeugende musikalische Symbiose des interkulturell Differenten, in der „Weltmusik" und „Musik(en) der Welt" tatsächlich eine Schnittmenge bilden.

Musikmedien als Resonanzkörper interkultureller Differenzen

Der strukturell durchfärbte „Eigenklang" der Musikmedien

Die abschließende Reflexion fokussiert einen speziellen Aspekt der Bedeutung von Musikmedien in interkulturellen Kontexten. Dieser Aspekt betrifft eine strukturelle Eigenschaft von Musikmedien in interkulturellen Kontexten, die nachstehend durch das Bild des „Resonanzkörpers" veranschaulicht wird.

Musikmedien bringen, in übertragenem Sinn, einen spezifischen „Eigenklang" in die Übermittlung von Musik ein. Man kann sagen, sie wirken wie Resonanzkörper, die die Musik unterschiedlich kultureller Herkunft „färben": Sie verstärken oder schwächen ab, verfremden oder konturieren, wobei die Musikübermittlung mit einem eigenen, charakteristischen Spektrum versehen wird. Grundsätzlich entstehen charakteristische Färbungen nicht nur durch Lautsprechermusik, die ganz ohrenfällig werden, wenn akustische Instrumente und Stimmen auf Minilautsprechern von Handys oder Computermonitoren abgespielt werden. „Mediale Färbungen" im übertragenen Sinn sind natürlich nicht in erster Linie eine Frage der Klangcharakteristik von Übertragungsgeräten. Auch auf der musikalischen Produktionsebene geht der medial gefärbte Eigenklang über beispielsweise bloß exotisches Kolorit (z.B. durch die Verwendung von synthetisch generierten Sounds von Sitars, Didgeridoos, Kotos etc.) hinaus. Der strukturelle Eigenklang wirkt umfassend und setzt sich aus einem komplexen Zusammenspiel zusammen, an dem außer Technologien auch Verteilungs-, Vermarktungs- und Verbreitungsmechanismen beteiligt sind. Analog spricht Helmut Rösing von medialen Konstruktionen, die alle Bereiche medialer Produktion, Distribution und Rezeption durchdringen (Rösing, 2000, S. 14). Die drei Bereiche konkretisieren sich als technikgestützte, musikstrukturelle Konstruktionsebene von Musik (Produktionsebene), als Vermittlungsebene mit u.a. Fachjournalisten, Produktmanagern, Werbespezialisten, zuständig für den Aufbau von Images, Formaten und medialen Etikettierungen (Distributionsebene) und auf die Rezeptionsebene. Alle Ebenen stehen in Abhängigkeit zueinander und wirken dicht aufeinander bezogen.

Entsprechend umfassend nimmt der strukturell durchfärbte „Eigenklang" von Musikmedien Einfluss auf die mediale Konstruktion des kulturell Anderen. Sie erstreckt sich umfassend vom „Orientalismus in gegenwärtiger Popmusik" (Wyrwich, 2007), über „Tonträgerindustrie und Vermittlung von Livemusik in Kuba" (Schlicke, 2007) und „Klezmermusik" als Verkaufsschlager (Handrock, 2002) bis in die Strukturen einer „interkulturellen Vernetzung und Medienbilder am Beispiel der Neuen Musik (Kharissov, 2002).

Die Mehrfachcodierung des kulturell Differenten

Interkulturelle Unterschiede werden durch Medien inszeniert und werden von Prozessen der Transformation bzw. „Übersetzung" begleitet. Wie im vorherigen Kapitel dargelegt wurde, ist diese Art kultureller Übersetzungsleistung nicht in jedem Fall mit Respekt vor der Eigenart des Anderen gleichzusetzen, sondern schließt gesellschaftliche Prozeduren der Abgrenzung oder Vereinnahmung ein. Prozesse kultureller Passung verlaufen, wie oben dargestellt, unterschiedlich spannungsreich. Der Spannungsreichtum hängt mit dem kommunikativen Potenzial der als „fremd" erfahrenen Inszenierung und dem „eigenem" kulturellem Kontext zusammen.

Kommunikatives Potenzial entsteht durch Deutungsfreiräume, die z.B. Möglichkeiten zur Projektion einschließen. Projektionsflächen entstehen durch mediale Prozesse kultureller Dekontextualisierung und Neukonfiguration, die eine Bedeutungszuschreibung vor der Folie der eigenen Kultur erlauben. Die Bedeutungen, die der Inszenierung des kulturell Fremden in dem medialen Kontext zugesprochen werden, liegen nur begrenzt fest und geben Interpretationsspielräume. Vor diesem Hintergrund bekommen Musikmedien als Resonanzkörper interkultureller Differenzen eine besondere Färbung. Die Färbung besteht in der Mehrfachcodierung des kulturell Differenten.

Als Beispiel für diese Mehrfachcodierung lässt sich die klassische, häufig zitierte empirische Studie zu Madonnas „Papa don't preach" anführen. Vor dem theoretischen Hintergrund der Cultural Studies analysierten die Autorinnen Jane D. Brown und Laurie Schulze, inwiefern soziokulturelle Faktoren wie Ethnie, Geschlecht und Fankultur die unterschiedliche Rezeption von Musikvideos bestimmen (Brown & Schulze, 1990/1993). 376 Studierenden wurde u.a. „Papa don't preach" vorgeführt. In der anschließenden Auswertung des offenen Fragebogens stellten Brown und Schulze große Differenzen in der Interpretation des Videos fest. Die weißen TeilnehmerInnen sahen in der Zeile „I'm keeping my Baby" einen Bezug zu einer Teenagerschwangerschaft gegeben, während die schwarzen ZuschauerInnen in „my Baby" den Freund der Teenagerin zu erkennen glaubten, der vom Vater abgelehnt wird.

Die Mehrfachcodierung kann, über soziokulturelle Kontexte hinaus, bis in tiefe Schichten des musikalischen Verständnisses reichen. So kennen viele traditionelle Gesellschaften der Welt keinen abstrakten Begriff von Musik. Im westafrikanischen Ghana beispielsweise existieren stattdessen eine beachtliche Anzahl von Spezialbegriffen, die unterschiedliche musikalische Praktiken bezeichnen und deren Bedeutungen von Situation, Zeit oder Ritual abhängig sind. Der Musikbegriff, so wie wir ihn verwenden, wird in der kulturellen Umgebung Ghanas folgendermaßen konnotiert:

> „Music is the English sounding musical sound you can hear from a transistor radio, a sound connoted with a feeling of being modern." (Kofie, zit. n. Reinecke, 1991, S. 17)

In diesem Zitat spiegelt sich Musik als Resonanzkörper interkultureller Differenzen abschließend anschaulich wider: Das Transistorradio erscheint hier nicht nur als technischer Übermittler dessen, was wir selbstverständlich „Musik" nennen. Das elektronische Medium selbst erzeugt „Eigenklang" bis in die tiefen Schichten des Musikverständnisses, indem es zum Bestandteil und zur Begrenzung von Bedeutung im Kontext seiner Nutzung wird.

Ein Ausgangspunkt des Beitrags war eine Bestimmung von Musikmedien als doppelt konnotierte Kulturtechniken. Am Schluss muss ergänzt werden: Von doppelt konnotierten Kulturtechniken, die eine Verständigung über musikalische Bedeutungshorizonte erforderlich machen und bis in Tiefenstrukturen des musikalischen Fremd- und Selbstverständnisses vordringen können. Musikmedien, z.B. das Radio, werden zu Generatoren musikalischer Bedeutung im Sinne kultureller Gebrauchspraxen, wobei deren interkulturell resonierendes Kommunikationspotenzial über mögliche Bedeutungshorizonte entscheidet.

Literatur

Barth, D. (2007). Ethnie, Bildung oder Bedeutung. Zum Kulturbegriff in der interkulturell orientierten Musikpädagogik. (Forum Musikpädagogik, Band 78, hrsg. von R.- D. Krämer). Augsburg: Wißner.

Baumann, M. P. (2000). Musik der Regionen im Kontext globaler Konstrukte. In S. A. Bahadir (Hrsg.), Kultur und Region im Zeichen der Globalisierung. Wohin treiben die Regionalkulturen? (S. 431-454). Neustadt a. A.: Degener.

Baumann, M. P. (2006). Musik im interkulturellen Kontext. Nordhausen: T. Bautz.

Bhagwati, S. (2000). Musik – eine Weltsprache? Eine Polemik. Neue Zeitschrift für Musik, 161(4), 10-13.

Binas, S. (2001). „Populäre Musik als Prototyp globalisierter Kultur?". In B. Wagner (Hrsg.), Kulturelle Globalisierung - Zwischen Weltkultur und kultureller Fragmentierung (S. 93-105). Essen: Klartext.

Binas, S. (2002). Pieces of Paradise – Technologische und kulturelle Aspekte der Transformation lokaler Musikpraktiken im globalen Kulturprozess. In H. Rösing, A. Schneider & M. Pfleiderer (Hrsg.), Musikwissenschaft und populäre Musik. Versuch einer Bestandsaufnahme (S. 187-197, Hamburger Jahrbuch für Musikwissenschaft. Band 19). Frankfurt a.M.: Lang. Auch überarbeitet erschienen als Binas, S. (2004). „Pieces of Paradise - von der Südseeinsel Malaita in die europäischen Dancecharts". In J. Terhag & M. Ansohn (Hrsg.), Musikunterricht heute 5 (S. 130-143). Oldershausen: Lugert.

Brown, J. D. & Schulze, L. (1990). The Effects of Race, Gender and Fandom on Audience Interpretations of Madonna's Music Videos. Journal of Communication, 40(2), 88-102. Auch 1993 erschienen in B. S. Greenberg, J. D. Brown & N. L. Buerkel-Rothfuss (Hrsg.), Media, Sex and the Adolescent (S. 264-276). Cresskill: Hampton.

Chatterjee, P. (2004). Nationalist thought and the colonial world. A derivative discourse (5. Aufl.). Minneapolis: University of Minnesota Press.

Clausen, B. (2003). Das Fremde als Grenze. Fremde Musik im Diskurs des 18. Jahrhunderts und der gegenwärtigen Musikpädagogik. Augsburg: Wißner.

Clausen, B. (2005). ...um die Melodie genießbarer zu machen. Forschendes Lernen im transkulturellen Zusammenhang. Musik und Bildung, 37(2), 50-53.

Eagleton, T. (2001). Was ist Kultur? Eine Einführung. München: Beck.

Elsner, M. & Gumbrecht, H.-U., Müller, T. & Spangenberg, P.-M. (1990). Von Revolution zu Revolution. Zur Kulturgeschichte der Medien. In K. Merten, S. J. Schmidt & S. Wieschenberg (Hrsg.), Funkkolleg: Medien und Kommunikation. 12. Kollegstunde. Frankfurt a.M.: Hessischer Rundfunk.

Featherstone, M., Lash, S. & Robertson, R. (Hrsg.). (1995). Global modernities. London: Sage.

Gebesmair, A. (2008). Die Fabrikation globaler Vielfalt. Struktur und Logik der transnationalen Popmusikindustrie. Bielefeld: transcript.

Giesecke, M. (1990). Als die alten Medien neu waren. Medienrevolutionen in der Geschichte. In R. Weingarten (Hrsg.), Information ohne Kommunikation? (S. 75-98) Frankfurt a.M.: Fischer.

Gradenwitz, P. (1977). Musik zwischen Orient und Okzident. Eine Kulturgeschichte der Wechselbeziehungen. Wilhelmshaven: Heinrichshofen.

Gunsenheimer, A.(Hrsg.). (2007). Grenzen. Differenzen. Übergänge. Spannungsfelder inter- und transkultureller Kommunikation. Bielefeld: transcript.

Ha, K. N. (2004). Ethnizität und Migration reloaded. Kulturelle Identität, Differenz und Hybridität im postkolonialen Diskurs. Berlin: wvb.

Hall, S. (2000). Cultural Studies. Ein politisches Theorieprojekt. Ausgewählte Schriften 3 (hrsg. und übersetzt von N. Räthzel). Hamburg: Argument.

Handrock, A. (2002). Klischees als Verkaufsschlager? Die ‚jüdische' Musikszene in Deutschland. In L. Grün & F. Wiegand u.a. (Hrsg.), musik netz werke. Konturen der neuen Musikkultur (S. 96-105). Bielefeld: transcript.

Harvey, D. (1990). The condition of postmodernity. Malden: Blackwell.

IFPI (2008). Digital music report 2008. Verfügbar unter: http://www.ifpi.org/content/library/ DMR2008.pdf [abgerufen am 06.09.2008].

Imort, P. (2004). „Das Vertraute fremd erscheinen lassen". J. S. Bachs Musik – Mit musikalischen Zwischenstopps in Gabun, Hunan, New York. In M. Ansohn. & J. Terhag (Hrsg.), Musikunterricht heute 5. Musikkulturen – fremd und vertraut (S. 331-343). Oldershausen: Lugert.

Kaden, C. (1985). Musiksoziologie. Wilhelmshaven: Heinrichshofen.

Karbusicky, V. (1995). Wie deutsch ist das Abendland? Geschichtliches Sendungsbewusstsein im Spiegel der Musik. Hamburg: von Bockel.

Kharissov, I. (2002). Interkulturelle Vernetzung und Medienbilder am Beispiel der Neuen Musik. Am Beispiel der Komponistin Frangis Ali-Sade. In L. Grün & F. Wiegand u.a. (Hrsg.), musik netz werke. Konturen der neuen Musikkultur (S. 82-95). Bielefeld: transcript.

Krotz, F. (2001). Die Mediatisierung des kommunikativen Handelns. Der Wandel von Alltag und sozialen Beziehungen, Kultur und Gesellschaft durch die Medien. Opladen: Westdeutscher Verlag.

Mayer, G. (1989). Zum Verhältnis von politischer und musikalischer Avantgarde. In A. Riethmüller (Hrsg.), Revolution in der Musik – Avantgarde von 1200-2000 (S. 28-46). Kassel: Bärenreiter.

Morley, David (1999). Wo das Globale auf das Lokale trifft. Zur Politik des Alltags. In K.-H. Hörning & R. Winter (Hrsg.), Widerspenstige Kulturen. Cultural Studies als Herausforderung (S. 442-475). Frankfurt a.M.: Suhrkamp.

Münch, R. (1998). Globale Dynamik, lokale Lebenswelten. Der schwierige Weg in die Weltgesellschaft (2. Aufl.). Frankfurt a.M.: Suhrkamp.

Münch, T. (2008). Musik in den Medien. In H. Bruhn, R. Kopiez & A. C. Lehmann (Hrsg.), Musikpsychologie. Das neue Handbuch (S. 266-289). Reinbek: Rowohlt.

N.N. (2008a). Rainforest Foundation US. [Offizielle Website der Rainforest Foundation]. Verfügbar unter: http://www.rainforestfoundation.org [abgerufen am 06.09.2008].

N.N. (2008b). Live 8. What´s it all about. [Offizielle Website zu Live 8]. Verfügbar unter: http://www.live8live.com/whatsitabout [abgerufen am 06.09.2008].

N.N. (2008c). WOMAD. World of Music, Arts and Dance. [Offizielle Website WOMAD]. Verfügbar unter: http://womad.org/ [abgerufen am 06.09.2008].

Nanz, T. & Siegert, B. (Hrsg.). (2006). ex machina. Beiträge zur Geschichte der Kulturtechniken. (C. Pias, J. Vogl & L. Engell (Hrsg.), [´me:dien] - 19). Weimar: Verlag und Datenbank für Geisteswissenschaften.

Pannell, S. (2006). Reconciling nature and culture in a global context? Lessons from the world heritage list. Research report. Cairns: J. C. University.

Reinecke, H.-P. (1990). Die Geschichte der Orgel zwischen Magie und Ratio. Bemerkungen über psychologische Entwicklungen zwischen "Schwarzem Tod" und "Computer Zeitalter". In H.-H. Eggebrecht (Hrsg.), Berliner Orgel-Kolloquium. Bericht über das siebente Kolloquium der Walcker-Stiftung für orgelwissenschaftliche Forschung in Verbindung mit dem Institut für Musikforschung Preußischer Kulturbesitz (S. 13-29). Berlin: Murrhardt.

Reinecke, H.-P. (1991). Musicology in the Dialogue of Cultures. In M. P. Baumann (Hrsg.), Intercultural Music Studies 2. Music in the Dialogue of Cultures. Traditional Music and Cultural Policy (S. 15-21). Wilhelmshaven: F. Noetzel.

Rösing, H. (1997). Digitale Medien und Musik. Dritte Revolution oder Fortführung des Elektrifizierungsprozesses? In H. Rösing (Hrsg.), Step across the Border. Neue musikalische Trends – neue massenmediale Kontexte (S. 104-127, Beiträge zur Popularmusikforschung 19/20). Karben: Coda.

Rösing, H. (2000). Zur medialen Konstruktion musikalischer Lebenswelten. Eine kritische Bestandsaufnahme. In H. Rösing & T. Phleps (Hrsg.), Populäre Musik im kulturwissenschaftlichen Diskurs (S. 11-23, Beiträge zur Popularmusikforschung 25/26). Karben: Coda.

Sachsenmaier, D., Riedel, J. & Eisenstadt, S. N. (2002). Reflections on muliple modernities. European, chinese and other interpretations. Leiden: Brill.

Schlicke, C. (2007). Tonträgerindustrie und Vermittlung von Livemusik in Kuba. Populäre Musik im Kontext ökonomischer Organisationsformen und kulturpolitischer Ideologien. (Populäre Musik und Jazz in der Forschung, Bd. 13). Berlin: Lit.

Schneider, I. & Thomsen, C.W. (1997). Hybridkultur: Medien, Netze, Künste. Köln: Wienand.

Schnell, R. (Hrsg.). (2006). MedienRevolutionen. Beiträge zur Mediengeschichte der Wahrnehmung. Bielefeld: transcript.

Scholz, A. (2003). Rap in der Romania. Glocal Approach am Beispiel von Musikmarkt, Identität, Sprache. In J. Androutsopoulos (Hrsg.), HipHop. Globale Kultur - lokale Praktiken (S. 147-167). Bielefeld: transcript.

Scholz, A. (2004). Kulturelle Hybridität und Strategien der Appropriation an Beispielen des romanischen Rap unter besonderer Berücksichtigung Frankreichs. In E. Kimminich (Hrsg.), Rap. More than Words (S. 45-65, Welt - Körper - Sprache. Perspektiven kultureller Wahrnehmungs- und Darstellungsformen, Bd. 4). Frankfurt a.M.: Lang.

Schramm, H. & Hägler, T. (2007). Musikhören im MP3-Zeitalter. Substitutions-, Komplementaritäts- oder „more and more"-Effekte? Medien- und Kommunikationswissenschaft, 55 (Sonderheft „Musik und Medien"), 118-135.

Schramm, H. & Kopiez, R. (2008). Die alltägliche Nutzung von Musik. In H. Bruhn, R. Kopiez & A. C. Lehmann (Hrsg.), Musikpsychologie. Das neue Handbuch (S. 253-265). Reinbek: Rowohlt.

Schulz, W. (2004). Reconstructing mediatization as an analytical concept. European Journal of Communication, 19(1), 87-101.

Sikora, F. (2003). Neue Jazz-Harmonielehre. Mainz: Schott.

Smudits, A. (2002). Die Kleinen und die Großen. Lokale und minoritäre Sounds und der globale Musikmarkt. In T. Phleps (Hrsg.), Heimatlose Klänge? Regionale Musiklandschaften heute (S. 35-56, Beiträge zur Popularmusikforschung 29/30). Karben: Coda.

Striegel, L. (2004). Weltmusik I. Band 1: Türkenmode und Orientschwärmerei. Vom Umgang mit dem Fremden bis 1900. Leipzig: Klett.

Theunert, H. & Wagner, U. (Hrsg.). (2002). Medienkonvergenz: Angebot und Nutzung. München: R. Fischer.

Wyrwich, M. (2007). Lokalisierung im Klischee – Orientalismus in gegenwärtiger Popmusik. In D. Helms & T. Phleps (Hrsg.), Sound and the City. Populäre Musik im urbanen Kontext (S. 65-86). Bielefeld: transcript.

Medienkonvergente und intermediale Perspektiven auf Musik

THOMAS MÜNCH & MARTINA SCHUEGRAF

> Ausgehend von den zentralen Begriffen „Medienkonvergenz" und „Intermedialität" wird gezeigt, dass Medien in komplexen technischen, ökonomischen/organisatorischen, inhaltlichen und nutzungsorientierten Beziehungen zueinander stehen. Ihre Faktur erklärt sich also in nicht geringem Maße durch ihr mediales Umfeld sowie durch ihre Angebots- und Nutzungsweisen. Am Beispiel von Musik sollen diese Dependenzen exemplarisch gezeigt werden. Zwar erweist es sich als ein gewisses forschungsstrategisches Problem, den Fokus ausschließlich auf Musik zu richten, da Veränderungen – wie bei dependenten Prozessen nicht anders zu erwarten – nie ausschließlich durch einen Medieninhalt bestimmt werden. Trotz dieser Einschränkung und der bislang nur wenig entwickelten Forschungslage ist Musik jedoch besonders geeignet, die Effekte von Medienkonvergenz und Intermedialität zu zeigen, da die Popularität vieler Musikrichtungen schon in den Anfängen der elektronischen Medien vielfältige Versuche initiierte, sie aus Gründen der Verkaufsförderung oder zur Intensivierung von Wirkungen mit anderen Medieninhalten zu kombinieren, wie an einer Vielzahl von Beispielen im Text dargestellt wird. Somit versteht sich der folgende Artikel als eine Grundlegung zur Betrachtung bzw. Erforschung medienkonvergenter und intermedialer Phänomene in Bezug auf Musik.

Einführung und Begrifflichkeiten

Dass fast jeder (Deutsche) täglich eine Vielzahl von Medien selbstbestimmt nutzt und darüber hinaus im Kontext anderer Aktivitäten mit ihnen in Berührung kommt, ist wegen der Alltäglichkeit des Befunds kaum noch einer speziellen Erwähnung wert. So wird allein für die Radio-, Fernseh-, Video- und Tonträgernutzung (einschl. PC) 2008 insgesamt ein durchschnittliches Zeitbudget von fast sieben Stunden erhoben, in den Jahren 2004 bis 2007 sogar ein Zeitbudget von fast acht Stunden (Arbeitsgemeinschaft der ARD-Werbegesellschaften, 2008, S. 69-70), wobei der Musikanteil im Radio mit etwa 75 Prozent und im Fernsehen mit etwa 10 Prozent anzusetzen ist (Schramm, 2006). Hinzu kommen bei den meisten Menschen weitere Kontakte mit medial vermittelter Musik im Laufe eines Tages. Erinnert sei nur an Besuche in Geschäften und Gaststätten, die aus dem Hintergrund mit Musik beschallt werden. Aber auch bei der Nutzung des Internets oder beim Lesen von Zeitung oder Zeitschriften kann

Musik gehört bzw. zum schriftlichen Thema werden. So summiert sich der tägliche Musikkontakt insgesamt auf etwa fünf Stunden (Schramm, 2006).

Angesichts dieses erheblichen durchschnittlichen Nutzungsumfangs und der explosionsartig gewachsenen Zahl der Medien stellt sich u.a. die Frage, welche Veränderungen sich hierdurch im Hinblick auf die Ausdifferenzierung der Inhalte ergeben. Wie wird ein Thema durch das jeweilige Medium aufbereitet und wie finden dabei konkurrierende Angebote nicht nur aus der eigenen Mediensparte Berücksichtigung. Aus Nutzerperspektive kann dagegen u.a. gefragt werden, wie der Gebrauch der verschiedenen Medien in Abhängigkeit von musikbezogenen Funktionalitäten im Alltag ausdifferenziert wird.

Die hier angedeuteten Fragestellungen und Befunde zur Interaktion von Medien(inhalten) untereinander und den Umgang mit diesen aus der Produktions- und Rezeptionsperspektive lassen sich unter den Begriffen der *Medienkonvergenz* und der *Intermedialität* bündeln und systematisieren, weshalb diese für die Strukturierung der weiteren Ausführungen leitführend sein werden.

Medienkonvergenz und Intermedialität bzgl. Musik sind nicht erst im Medienzeitalter erkennbar (Wollermann, 2006, S. 105ff.). So findet z.B. schon mit Verweis auf den Begriff des Gesamtkunstwerks (E.T.A. Hoffmann) oder das klassische Instrumentallied (Huber, 2006) diese Begrifflichkeit Verwendung. Die Präsenz von Musik in unterschiedlichsten Kontexten hat seit ihren Anfängen zu einer unüberschaubaren Vielzahl von Verbindungen mit Tanz, Bild und Sprache geführt, die jedoch unter dem Einfluss analoger und digitaler Medien zahlreichen Veränderungen unterliegen.

So offensichtlich Momente von Medienkonvergenz und Intermedialität im Alltag zu lokalisieren sind, so schwierig gestaltet sich ihre Konkretisierung im Hinblick auf Musik, da hierzu nur wenig medienwissenschaftliche und musikwissenschaftliche Literatur vorliegt. Die Auseinandersetzung mit Medienkonvergenzen findet bislang vor allem aus technischer, wirtschaftlicher und rechtlicher Perspektive statt, wobei unter dem Eindruck der rasanten aktuellen Entwicklungen historische Aspekte nur wenig Berücksichtigung finden. Auch ist Musik fast immer nur ein Teilmoment in medienkonvergenten Prozessen, weshalb die alleinige Fokussierung auf sie für das Verständnis zumeist nicht ausreicht. Hier eine sinnvolle Eingrenzung des Themenfeldes zu erreichen, ist angesichts der Komplexität nicht immer sachlich zwingend möglich. So ist der nachfolgende Text als Versuch zu verstehen, Grundlagen für dieses wichtige Themenfeld zu legen, wofür zunächst ausführlicher auf die verwendete Begrifflichkeit eingegangen wird, um dann Medienkonvergenz und Intermedialität aus technischer, organisatorischer/ökonomischer, inhaltlicher und nutzungsorientierter Perspektive im Hinblick auf Angebot und Nutzung von Musik in den Medien zu diskutieren.

Begrifflichkeit

Die Begriffe „Medienkonvergenz" und „Intermedialität" bedürfen der Begründung und Klärung, denn im Bereich grenzüberschreitender und verschmelzender Phänomene gibt es eine ganze Reihe von Begriffen, die dem ersten Eindruck nach gleiche oder ähnliche Erscheinungen zu beschreiben versuchen, sich aber bei näherer Betrachtung differenzieren lassen. Man könnte an dieser Stelle eine beträchtliche Anzahl von Begrifflichkeiten gegenüberstellen, die sich mit Phänomenen beschäftigen, welche auf Überschneidungen, Verknüpfungen und ein Zusammenlaufen von Medien und ihren Inhalten hindeuten. Eine – nicht systematisierte – Auswahl wäre hier: Multimedialität, Polymedialität, Plurimedialität, Transmedialität, Crossmedialität, Mediamix, Medienwechsel, Medientransfer etc. All dies sind Termini, die im Rahmen einer Debatte um medienkonvergente und intermediale Effekte bzw. Erscheinungsformen diskutiert werden könnten. Doch soll die Auswahl auf die beiden oben angeführten Begriffe beschränkt bleiben, da sich hier einerseits enge Bezüge bzw. Überlappungen erkennen lassen und andererseits ebenso deutliche Abgrenzungen möglich sind. Zudem können einige der beispielhaft genannten Bezeichnungen unter die Begriffe Medienkonvergenz und Intermedialität subsumiert werden.

Medienkonvergenz

Der Begriff „Konvergenz" verweist auf eine Annäherung, ein Zusammenlaufen oder auch ein Verschmelzen. Konvergenz kommt aus dem Lateinischen und kann von „conventus" abgeleitet werden, was so viel bedeutet wie Zusammenkunft oder Versammlung und in der Form „conventum" mit Übereinkunft übersetzt werden kann. Möglich ist auch der Verweis auf die lateinische Vokabel „convergere", welche mit „sich hinneigen" übersetzt wird und ebenso ein Aufeinanderzustreben zum Ausdruck bringt.

Setzt man nun den Begriff Konvergenz mit dem Begriff Medien zusammen, deutet dies auf die Bereiche der Medien-, Kommunikationswissenschaft und Publizistik hin. Aber auch Branchen, Technologien und Unternehmen operieren mit ihm, wobei dabei die Perspektiven variieren. Grundsätzlich meint *Medienkonvergenz* das Zusammenrücken bzw. die Annäherung vormals getrennt betrachteter Einzelmedien: sie konvergieren in Bezug auf technische, ökonomische/organisatorische, inhaltliche und nutzungsorientierte Aspekte. Dies zeigt, dass die Debatte um Medienkonvergenz auf unterschiedlichen Ebenen stattfindet und in der Analyse deshalb differenziert werden sollte.

Zum ersten wird von Medienkonvergenz auf technischer Ebene gesprochen, wobei es um das Zusammenwachsen von verschiedenen Einzelmedien zu einem multimediafähigen Endgerät oder um das Verschmelzen von unterschiedlichen Übertragungswegen geht. Zum zweiten wird die Konvergenz von Branchen als medienkonvergent bezeichnet. Hiermit ist gemeint, dass Unternehmen aus vormals getrennten Branchen fusionieren. Zum dritten wird von einer Konvergenz der Inhalte gesprochen, wenn sich Angebote verschiedener medialer Plattformen aufeinander beziehen, zitieren und auf jeweils komplementäre Angebote verweisen. Zum vierten wird die Nutzung entsprechender Angebote und die Verknüpfung verschiedener aufeinander bezogener Medieninhalte als konvergent bezeichnet. Dazu gehört auch die Parallelnutzung unterschiedlicher Einzelmedien. Diese vierfache Differenzierung wird den hier vorliegenden Artikel nach einer weiteren begrifflichen Einführung strukturieren.

Intermedialität

Wie bereits im vorangegangenen Abschnitt deutlich geworden ist, lässt sich der Begriff *Medienkonvergenz* auf ganz unterschiedliche Bereiche anwenden. *Intermedialität* ist dagegen ein Terminus, der weder die Angebotsseite noch die Nutzungsseite fokussiert. Der Begriff bezieht sich allein auf das Produkt bzw. die Produktverbindung und damit auf den Medieninhalt, weshalb sich das Konzept der Intermedialität auch eher als eine Analyse- bzw. Beschreibungskategorie verstehen lässt. Irina Rajewsky hat in ihrer Arbeit zur Intermedialität (vgl. Rajewsky, 2002) versucht, eine Systematik der Bedeutungsaspekte dieser Begrifflichkeit zu entwickeln, um auf diese Weise die unterschiedlichen Dimensionen des Intermedialen herauszuarbeiten. Dabei wählt sie eine deutlich literaturwissenschaftlich geprägte Perspektive und grenzt Intermedialität vom Konzept der Intertextualität ab, da ihrer Ansicht nach diese beiden Konzepte häufig ähnlich verstanden und verwendet werden. Rajewsky (2002, S. 8) zeigt zwei Traditions- bzw. Forschungslinien auf, auf welche sie das Konzept der Intermedialität zurückführt:

> „Der erste Forschungsstrang ist dem Bereich der Komparatistik zuzuordnen, in dem seit Jahrzehnten verdienstvolle Studien zur ‚wechselseitigen Erhellung der Künste' betrieben werden, deren Ursprünge bis in die Antike zurückreichen. Herausgebildet hat sich hier der Zweig der ‚interart(s)' bzw. ‚comparative art studies', der sich vorrangig mit den Wechselbeziehungen zwischen Literatur, bildender Kunst und Musik auseinandersetzt (...) Der zweite Forschungsstrang entwickelte sich Anfang des 20. Jahrhunderts aus der Auseinandersetzung von Autoren, Film- und Kulturtheoretikern mit dem damals neuen Medium Film."

Zur zweiten Traditionslinie führt sie als Beispiele die Auseinandersetzung mit Bezeichnungen wie die „Filmisierung der Literatur", die „filmische Schreibweise" oder auch die „Literarisierung des Films" an (vgl. Rajewsky, 2002). Diesen zweiten Forschungsstrang macht sie dann auch als denjenigen aus, aus dem ihrer Meinung nach der Terminus „Intermedialität" hervorgegangen ist.

Als hilfreich sieht Rajewsky die Unterscheidung zwischen drei Phänomenbereichen, die sie als Inter-, Intra- und Transmedialität klassifiziert. In der Intermedialitätsdebatte hat sich ihrer Ansicht nach eine Definition für Intermedialität durchgesetzt, nach der

„Mediengrenzen überschreitende Phänomene, die mindestens zwei konventionell als distinkt wahrgenommene Medien involvieren" (Rajewsky, 2002, S. 13), gefasst werden. Hierbei betont sie das Präfix „inter", welches auf Phänomene *zwischen* Medien verweist.

Intramedialität bezeichnet hingegen „Phänomene, die nur ein Medium involvieren" (Rajewsky, 2002). Die Betonung liegt hier auf dem Präfix „intra", welches auf Phänomene *innerhalb* eines Mediums hindeutet. Diese Phänomene kommen also nur innerhalb eines Mediensystems vor und überschreiten keine medialen Grenzen. Unter diesen Begriff werden ihrer Ansicht nach auch Phänomene gefasst, die ebenso als intertextuell bezeichnet werden könnten. Beispiele sind für sie Bezugnahmen eines Films auf einen Film, eines Gemäldes auf ein Gemälde oder auch einer Oper auf eine Oper. Von Bedeutung ist dabei, dass diese Bezüge innerhalb eines einzigen medialen Systems gezogen werden.

Dem entgegen steht die *Transmedialität*. Dieses Konzept beschreibt „medienunspezifische Phänomene, die in verschiedensten Medien mit den dem jeweiligen Medium eigenen Mitteln ausgetragen werden können, ohne daß hierbei die Annahme eines kontaktgebenden Ursprungsmediums wichtig oder möglich ist" (Rajewsky, 2002). Rajewsky (2002, S. 12) bezeichnet diese auch als medienunspezifische „Wanderphänomene", da es sich hierbei beispielsweise um das Sichtbarwerden eines bestimmten Themas oder einer Ästhetik in differenten Medien handelt. Die Wanderphänomene sind als medienunspezifische Phänomene den Präsentationsmedien untergeordnet. Im Gegensatz zur Intramedialität werden bei der Transmedialität jedoch Mediengrenzen überschritten. Als Beispiel nennt Rajewky hier die Parodie, sie kann ebenso in literarischen Texten wie auch in filmischen Darstellungen mit den Mitteln des jeweiligen Mediums umgesetzt werden.

Zusammenfassend lässt sich hierzu konstatieren, dass Rajewsky diese drei Phänomenbereiche auf ein und derselben Ebene sieht, ohne dass dabei Hierarchisierungen eine Rolle spielen oder eine Subsumptionslogik greift. Auch diese Differenzierungen werden noch im weiteren Verlauf eine Rolle spielen, wenn es um die Besprechung der inhaltlichen Ebene geht.

Nach diesen begrifflichen Ausführungen soll es nun um die oben eingeführten Ebenen der Medienkonvergenz gehen, die aus ihrer jeweiligen Perspektive, Medienkonvergenz bzw. Intermedialität unter besonderer Berücksichtigung von Musik beleuchten und explizieren sollen. Dabei wird der Begriff der Intermedialität in Anlehnung an Rajewsky nochmals in drei verschiedene Felder differenziert werden.

Technische Ebene

Die aktuelle technische Grundlage für Medienkonvergenzen ist die *Digitalisierung* von Daten, wodurch Schrift, Bild, bewegtes Bild und Ton auf dieselbe Weise gespeichert, übertragen und empfangen werden können. Zudem sind sie maschinell lesbar und damit schneller als analoge Medien zu bearbeiten.

Die Verbindung von Musikmedien mit anderen technischen Geräten ist jedoch keine neue Entwicklung, die erst in Folge der Digitalisierung der Medien entstand. Erinnert sei nur an den Radiowecker (auch Uhrenradio genannt), eine Kombination von – wie der Name es schon ausdrückt – einem Wecker und einem Radio, der es erstmals u.a. erlaubte, komfortabel mit Musik einzuschlafen oder aufzuwachen.

In den letzten Jahren hat sich jedoch die Entwicklung verstärkt, dass bislang separate Medien in einem Endgerät zusammenwachsen und verschmelzen. Ein überaus erfolgreiches Beispiel hierfür sind Handys, die inzwischen eine kaum noch zu überschauende Fülle von technischen Funktionen beinhalten. Sie ermöglichen in Abhängigkeit von der Ausstattung neben dem Telefonieren das Verschicken von Kurznachrichten (SMS) und multimedialen Inhalten (MMS), das Surfen im Netz, das Abrufen von GPS-Daten als Navigationshilfe oder das Abrufen von E-Mails. Zudem werden sie zum Radiohören, als Photo- und Kurzfilmkamera, MP3-Player, Adressdatenbank, Terminkalender, Spielekonsole usw. genutzt. Manche Handys können sogar als Fernseher und Walkie-Talkie genutzt werden. Die spektakuläre Einführung des iPhone der Firma Apple im Jahr 2007 belegt den hohen Attraktivitätswert dieser Geräte, die nicht mehr als Handys sondern zutreffender als Smartphones bezeichnet werden. All diese technischen Möglichkeiten werden daneben auch separat in Einzelmedien (z.B. Photokamera) bzw. in „kleineren Kombinationen" (z.B. Organizer) angeboten. Musik ist bei Smartphones ein unverzichtbarer Bestandteil. Neben dem Hören eigens aufgespielter Musik, kann Musik auch via Radio oder sogar via Fernsehen genutzt werden. Ein nicht unwesentliches musikalisches Accessoire sind zudem die Klingeltöne, deren Vertrieb sich zu einem profitablen Geschäft entwickelt hat.

Eine stark beworbene aber bislang nur in Ansätzen entwickelte Tendenz zur Medienkonvergenz zeigt sich beim so genannten „Wohnzimmer-PC", der seit etwa 2004 auf dem Markt ist (Fisch & Gscheidle, 2006). Auch hier kann auf unterschiedlichste Medieninhalte (Audio, Video, Fernsehen, Radio, Bilder) zugegriffen werden. Zugleich dienen die Rechner als DVD-Player. So genannte „Media-Center"-Software sorgt dafür, dass auf die unterschiedlichen Medieninhalte in gleicher Weise zugegriffen werden kann. So finden sich dieselben Nutzungsroutinen für das Audioarchiv, das Videoarchiv mit Fernsehmitschnitten und Bilderarchiv. Über weitere Software können diese Inhalte dann auf CD-ROM oder DVD gebrannt werden.

Die Etablierung von zentralen Rechnern im Wohnbereich als „Medienzentralen" bremsen derzeit neben nicht abgeschlossenen Standardisierungen ein nicht unerheblicher finanzieller und technischer Aufwand z.B. im Bereich der Lärmreduktion. Auch die durch die zahlreichen Bedienungsmöglichkeiten durch die Fernbedienung gegebene Komplexität ist ein Hindernis vor allem für ungeübte Nutzer.

Die spektakulärsten medienkonvergenten Entwicklungen – nicht nur aus technischer Perspektive – zeigen sich im Internet. In kürzester Zeit ist hier eine Vielzahl von Diensten entstanden, die sich teilweise in ihrer Funktionalität an ‚alten Medien' orientieren (z.B. Internet-Radio), sich dabei unter den besonderen Bedingungen des neuen Mediums immer weiter von den Vorbildern entfernen, indem sie z.B. eine zeitunabhängige Nutzung ermöglichen oder nur einzelne (Musik-)Sendungen anbieten (Stichwort: Podcast; vgl. Berg & Hepp, 2007). Für andere Angebote wie Download-Börsen findet sich hingegen kein entsprechendes „mediales Gegenstück". Folge dieser technischen Entwicklung ist eine Entkopplung von Geräten und Dienstleistungen.

Von der technischen Konvergenz auf Seiten der Empfangsgeräte kann die Seite der Vertriebswege unterschieden werden. Gemeint ist hier die zunehmend genutzte Möglichkeit, unterschiedliche Inhalte (Schrift, Bild, bewegtes Bild, Ton) auf demselben Vertriebsweg zu transportieren (Hoff, 2001). So werden über Internetanschlüsse nicht nur Texte, Bilder, Musik, Filme usw. abgerufen, sondern sie dienen auch als Anschluss für Telefon- und Faxgeräte.

Unter dem Stichwort „Triple Play" finden sich Angebote von Kabelbetreibern, Internet, Fernsehen, Radio und Telefonie aus einer Hand anzubieten. Kunden könnten so auf einen separaten Festnetzanschluss für das Telefon und DSL-Anschluss für das Internet verzichten. Während die Nutzung des Internets zum Transport unterschiedlicher Inhalte in schnellem Tempo voranschreitet, hat die Nachfrage nach Triple Play-Angeboten Ende 2007 trotz massiver Werbung noch ein geringes Niveau (Fisch & Gscheidle, 2007, S. 403).

Angesichts der Vielfalt der Inhalte z.B. auf einem Wohnzimmer-PC ist es für die Nutzer kaum noch nachvollziehbar, auf welchem Wege ihnen diese zur Verfügung stehen. Letztlich ist es aber auch unerheblich, ob z.B. Fernsehprogramme über Fernsehkabel oder DSL-Breitbandverbindung (IP-TV) kommen, oder ob die Hörfunkprogramme terrestrisch, über Kabel oder Satellit empfangen werden.

Eine weitere Folge technischer Konvergenz ist die Steigerung der Mobilität von Medieninhalten durch zahlreiche Schnittstellen. Die CD, die am PC eingelesen wurde, kann z.B. mittels eines Wireless-LAN-Funknetzes im ganzen Haus gehört und Musik, die via Handy aus dem Internet heruntergeladen wurde, per Bluetooth-Funk zur Hi-Fi-Anlage übertragen werden.

Kurz gesagt hat technische Konvergenz die Aufhebung traditioneller, auf technischen Differenzen beruhender Unterscheidungen zur Folge. So ist die in der Kommunikationswissenschaft lange wesentliche Unterscheidung zwischen Individual- und Massenmedien hinfällig geworden. Auch lässt sich anhand des Endgeräts nicht mehr verlässlich auf seine Nutzung und aktuelle Funktion schließen.

Organisatorische/ökonomische Ebene

Die Organisation und Ökonomie von Medienunternehmen unterliegen in den letzten Jahrzehnten massiven Umbrüchen. Die Diskussion um die Gründe für diese Prozesse des Wandels kreist vor allem um vier interdependente Themenfelder: (1) technologischer Wandel (2) Globalisierung, (3) Privatisierung und Deregulierung, sowie (4) Wandel von Werten und Normen (Maier, 2004, S. 18). Da der technologische Wandel schon im vorhergehenden Abschnitt ausführlich diskutiert wurde, soll hier nur auf die anderen Aspekte eingegangen werden. Unter ökonomischer Perspektive "lässt sich Globalisierung als eine Verdichtung weltweiter Beziehungen auffassen, welche die gegenseitige Einwirkung lokaler und weit entfernter Ereignisse zur Folge haben" (Maier, 2004, S. 19). Mit den Stichworten Privatisierung und Deregulierung wird auf Tendenzen des Rückgangs des staatlichen Einflusses auf Medienangebote Bezug genommen, was zu einer starken Ausweitung der Medienangebote z.B. im Fernsehbereich geführt hat. Im Hinblick auf den Wandel von Werten und Normen wird vor allem auf die Tendenzen zur Pluralisierung der Lebensformen abgehoben, was für Kulturgüter einerseits viele kleine Nischen eröffnet, andererseits die singuläre Vermarktung im großen Rahmen erschweren kann.

All diese Entwicklungen sind in der Musikindustrie besonders deutlich spürbar, da Musik vom interkulturellen Austausch lebt, ihre Vermarktung offensiv im internationalen Rahmen gesucht wird, stark von technischen Medien abhängig ist und zudem besonders dem jeweiligen Zeitgeist unterliegt.

Obwohl Musik mehr denn je zu einem unverzichtbaren Lebensbestandteil und allgegenwärtig geworden ist, was in dem viel genutzten Bild von „Musik wie Wasser" (Kusek & Leonhard, 2006) plakativ zum Ausdruck gebracht wird, sind die Tonträgerverkaufszahlen seit Jahren rückläufig. Das Ende des 19. Jahrhundert etablierte musikindustrielle Geschäftsmodell, wesentlich über Tonträgerverkäufe Gewinn zu erzielen, welches durch neue technische Formate immer wieder neue Umsatzimpulse erhält (Single, Kassette, CD, Audio-DVD usw.), ist damit zunehmend in Frage gestellt.

Die durch Pluralisierung der Lebensformen erfolgte Fragmentierung der musikalischen Publika macht die Lancierung von Million-Sellern immer schwieriger. Zudem wird Musik aufgrund ihrer Allgegenwart latent zunehmend als kostenfrei wahrgenommen (Hutzschenreuter, Espel & Schneemann, 2004, S. 15), weshalb die inzwischen unkompliziert nutzbare, digitale Kopiertechnik, die eine verlustfreie Reproduktion von Musiktiteln zulässt, ebenso extensiv genutzt wird wie der Download von Musiktiteln aus dem Internet. Versuche, durch Digital Right Management, verschärftes Urheberrecht und intensivere strafrechtliche Verfolgung das illegale Kopieren einzudämmen, sind nicht zuletzt wegen bislang konkurrierender, nicht miteinander kompatibler DRM-Formate nur begrenzt erfolgreich (Coridaß & Lantzsch, 2007).

Die Krise der Musikindustrie hat zu tiefgreifenden Veränderungen geführt. Traditionelle Musikfirmen wie EMI, die 1897 als The Gramophone Company gegründet wurde, bauen wegen kontinuierlich zurückgehender Tonträgerverkaufszahlen massiv Arbeitsplätze ab. Das ihnen zu Grunde liegende Geschäftsmodell, die gesamte

Wertschöpfungskette (Funktion des Produzenten, Herstellung der physischen Tonträger, Vertrieb, Marketing, Promotion, Rechteverwertung) zu kontrollieren, wird erfolgreich durch neue Wettbewerber, die keinen originären musikindustriellen Ursprung haben, sondern Musik als eine Ware unter vielen verkaufen und damit nur einen Teil der bisherigen Wertschöpfungskette nutzen, in Frage gestellt. Sehr erfolgreich ist hier u.a. der Anbieter Amazon, der 1994 als reiner Internet-Buchhandel begann und Anfang 2008 als weltgrößter Internethändler in Kooperation mit Sony BMG in den Verkauf von Liedern ohne Kopierschutz über das Internet einsteigt. Auch die Firma Apple, die in den 70er-Jahren mit der Herstellung von Hard- und Software begann, sich jedoch zunehmend zu einem Unterhaltungskonzern entwickelt, bei dem der iTunes-Store, in dem (zunächst kopiergeschützte) Musiktitel und Videos verkauft sowie Podcasts aufgelistet werden, eine zentrale Rolle spielt. Musik ist hier wie auch bei vielen anderen Unternehmungen zwar noch eine Ware, durch deren Verkauf Gewinne erzielt werden sollen, aber zugleich auch ein Werbefaktor für die anderen Produkte wie den iPod, den kommerziell überaus erfolgreichen MP3-Player von Apple. Noch radikaler vom traditionellen Tonträgerverkauf setzen sich Geschäftsmodelle ab, bei denen Musik, refinanziert durch Werbung, ganz legal im Stream kostenlos angeboten wird. Die nicht mehr durch Tonträgerverkäufe zu erreichenden Gewinne werden also zukünftig noch stärker als bisher durch Verlagsarbeit, Merchandising und Live-Entertainment zu erwirtschaften sein (Kusek & Leonhard, 2006). Ein überaus erfolgreiches Beispiel ist die seit 2002 auf RTL in verschiedenen Staffeln ausgestrahlte Sendung „Deutschland sucht den Superstar" (DSDS), in der Kandidaten in „Gesangsduellen" gegeneinander antreten. Neben den Fernsehshows wurde ein Magazin von Bertelsmann herausgegeben, BMG war für die Tonträger zuständig, Universum-Film erstellte auf DVD und VHS Zusammenschnitte der Sendungen; andere kümmern sich um den Online-Auftritt usw. Ein nicht geringer Anteil der Einnahmen wird zudem durch die gebührenpflichtigen Anrufe bei den Abstimmungen erzielt (Köhler & Hess, 2004).

Ein weiteres Beispiel für Medienkonvergenzen aus ökonomischer Perspektive ist die Jugendzeitschrift BRAVO (seit 1956), deren Inhalt zu einem großen Teil einen starken Musikbezug ist. Neben der Zeitschrift BRAVO, die durch BRAVO GIRL! (1988), BRAVO SPORT (1994) und BRAVO SCREENFUN (1998) ergänzt wurde, ist seit langem die Compilation „Bravo Hits" mit den jeweils aktuellen Hits aus den Charts erfolgreich. Daneben wird auf wechselnden Sendeplätzen seit 1993 „Bravo TV" produziert, seit 2001 ist zusätzlich „Bravo.de" online (Sobek, 2004).

Auf der Produktionsseite führen die sich schnell verändernden technischen und ökonomischen Rahmenbedingungen zu gelockerten Anbindungen an die Musikindustrie. Zunehmend produzieren Musiker ihre Musik ohne Tonträgervertrag selbst und vertreiben diese auch in Eigenregie über das Internet. Viel Beachtung findet 2007 das Beispiel der Gruppe Radiohead, die es den Nutzern freistellen, ob und in welcher Höhe sie für ihre Musik zahlen wollen. Auch Künstler aus dem Bereich der abendländischen Kunstmusik praktizieren zunehmend dieses Modell. Radikal ist der Schritt, den Madonna 2007 geht, indem sie ihren Vertrag mit Warner Music auslaufen lässt, um stattdessen bei dem Konzertveranstalter „Live Nation" unter Vertrag zu kommen. Der Ex-Beatle Paul McCartney verlässt EMI nach mehr als 40 Jahren für das Label der Kaffeehaus-Kette Starbucks.

Die hier angedeuteten Veränderungen der ökonomischen Bedingungen führen zu einer Konvergenz von Branchen, die bislang weitgehend unabhängig voneinander agierten. Telekommunikation, Informationstechnologie (IT), Multimedia und Entertainment verschmelzen immer mehr, wobei diese Tendenzen nicht neu sind, aber in den letzten Jahrzehnten stark an Dynamik gewonnen haben.

Die Aufhebung des technischen Medienbegriffs und die dadurch maßgeblich implizierten Veränderungen der Wettbewerbsverhältnisse haben auch politische Konsequenzen. So dringen z.B. die öffentlich-rechtlichen Rundfunkanstalten auch unter dem Gesichtspunkt ihrer Existenzsicherung im dualen Rundfunksystem darauf, statt von einem technisch geprägten von einem inhaltlich definierten Rundfunkbegriff auszugehen. Dies hätte zur Konsequenz, dass ihre Programmangebote nicht nur in Radio und Fernsehen sondern auch im Internet verbreitet werden müssten, um den gewandelten Nutzerstrategien zu entsprechen.

Inhaltliche Ebene

Beim Blick auf die inhaltliche Ebene von Medienkonvergenz-Phänomenen soll zunächst noch einmal auf Rajewskys Systematik zur Intermedialität zurückgegriffen werden. Wie oben bereits angedeutet, differenziert sie den Gegenstandsbereich intermedialer Forschung und schlägt hierfür eine „Dreiteilung des Objektbereichs" (Rajewsky, 2002, S. 15) vor. Sie spricht von „drei Phänomenbereichen des Intermedialen":
1) das Phänomen der Medienkombination
2) das Phänomen des Medienwechsels
3) das Phänomen intermedialer Bezüge

Die Medienkombination ist für Rajewsky die „punktuelle oder durchgehende Kombination mindestens zweier, konventionell als distinkt wahrgenommener Medien, die sämtlich im entstehenden Produkt materiell präsent sind" (Rajewsky, 2002, S. 19). Die Bandbreite reicht hier von einem Nebeneinander der Medien bis zu einem Zusammenspiel, das zu einer Synthese oder Fusion der involvierten Medien führen kann. Hierfür nennt Rajewsky als Beispiel u.a. den Fotoroman. Im Hinblick auf Musik kann z.B. von Medienkombination gesprochen werden, wenn eine Zeitung eine CD-Reihe mit Begleitbüchern herausgibt, wie dies die Süddeutsche Zeitung tat.

> „Eine 51-bändige Buchreihe mit 51 Musik-CDs und über 1000 Songs präsentiert die Highlights aus über fünfzig Jahren Popmusik, ausgewählt, kommen-

tiert und präsentiert vom Magazin der Süddeutschen Zeitung unter der Mitwirkung von vielen prominenten Musikexperten."[287]

Als Medienwechsel bezeichnet Rajewsky (2002) die „Transformation eines medienspezifisch fixierten Produkts bzw. Produkt-Substrats in ein anderes, konventionell als distinkt wahrgenommenes Medium; nur letzteres ist materiell präsent". Dieses Phänomen lässt sich auch als Medientransfer oder -transformation bezeichnen, da hier das Ursprungsmedium nicht mehr erkennbar ist, sondern lediglich in seiner „Neuinszenierung" vorliegt und somit das Ursprungsmedium nur als Quelle dient. Beispiele hierfür sind die Literaturverfilmung oder -adaption (vgl. Rajewsky, 2002, S. 16) oder auch das Hörbuch bzw. Hörspiel.

Strategien des Medienwechsels sind mit Blick auf Musik leicht identifizierbar. So wird der so genannte erste Tonfilm „Der Jazzsänger" (1927) in der Hauptrolle mit dem Sänger Al Jolson besetzt. Durch den überraschend großen Erfolg des Films, der nicht zuletzt auf der Popularität des Sängers beruht, erhält dessen Karriere wiederum erhebliche neue Impulse. Diese Strategien des Medienwechsels finden ihre Fortsetzung u.a. in Filmen mit prominenten Musikern ab den 50er-Jahren (z.B. Elvis Presley, in Deutschland: Peter Kraus und Conny Froboess).

Als drittes Phänomen beschreibt Rajewsky (2002, S. 19) intermediale Bezüge als

> „Verfahren der Bedeutungskonstitution eines medialen Produkts durch Bezugnahme auf ein Produkt (Einzelreferenz) oder das semiotische System (Systemreferenz) eines konventionell als distinkt wahrgenommenen Mediums mit den dem kontaktnehmenden Medium eigenen Mitteln; nur letzteres ist materiell präsent. Bezug genommen werden kann auf das fremdmediale System als solches oder aber auf ein (oder mehrere) Subsystem(e) desselben."

Dabei denkt sie beispielsweise an „Bezüge eines literarischen Textes auf einen bestimmten Film, ein filmisches Genre oder auf den Film *qua* System". Gemeint ist hiermit u.a. die Musikalisierung literarischer Texte oder umgekehrt: die Narrativisierung von Musik. Als Beispiele können hier popkulturelle Phänomene wie der Rap angeführt werden. Dabei werden Reime, so genannte Lyrics, als Sprechgesang in musikalisierter Form zur Aufführung gebracht. Einen wichtigen Part übernimmt dabei der DJ (Diskjockey), der den Rapgesang des MCs (Master of Ceremonies) musikalisch unterstützt bzw. interpretiert und so zur gemeinsamen Performance beiträgt. Eine der ersten bekannten deutschen HipHop-Bands[288] war das Rödelheimer Hartreim Projekt (RHP), das in seinem Song „Reime" genau diese Technik besingt. Aus dem Bereich der abendländischen Kunstmusik bieten sich als Beispiel Instrumentalkompositionen an, die sich auf Bilder (z.B. die sehr bekannte Klaviersuite „Bilder einer Ausstellung" von Modest Petrowitsch Mussorgsky nach Bildern des Architekten Viktor Hartmann)

---

[287] http://sz-shop.sueddeutsche.de/mediathek/shop/catalog/editionen/SZ-Diskothek.jsp.
[288] Die HipHop-Kultur umfasst nicht ausschließlich Musik, sondern außer Rap (MCing) und DJing gehören ebenso Breakdance (B-Boying) und Graffiti (Writing) dazu.

oder literarische Texte (sehr bekannt hierfür ist „Also sprach Zarathustra" von Richard Strauss nach einem Text von Friedrich Nietzsche) beziehen.

Die aufgeführten intermedialen Bezüge bilden Rajewskys (2002, S. 28ff.) Verständnis nach den Kern ihres Intermedialitätskonzepts. Einschränkend betont sie jedoch, dass Medienprodukte durchaus zwei oder allen drei Phänomenbereichen des Intermedialen zugeordnet werden können. Ihr geht es somit nicht um eine Ausschließlichkeit in der kategorialen Zuweisung. Von Bedeutung ist ihr vielmehr, die verschiedenen Dimensionen des Intermedialen aufzuzeigen und mittels dieser Subkategorien verschiedene Erkenntnisbereiche und -ziele für die Intermedialitätsforschung beschreiben zu können.

Um diese und die weiter oben eingeführten Begriffe von Rajewsky noch anschaulicher zu machen, ist es hilfreich, sich beispielhaft umfänglicher auf einen der bekanntesten Filme der Filmgeschichte zu beziehen und seinen Einfluss auf andere Filme und das Musikfernsehen bzw. Musikvideoclips zu hinterfragen. Gemeint ist hier der von Fritz Lang inszenierte und 1927 uraufgeführte Film „Metropolis". „Metropolis" ist einer der einflussreichsten Stumm- und zugleich Sciencefiction-Filme der Filmgeschichte. Bis heute wird sich immer wieder auf diesen Film bezogen, wenn es darum geht mediengeschichtliche Entwicklungen aufzuzeigen.

Fritz Lang entwarf für den Film eine technisch überdimensionierte und hyperindustriell anmutende Stadt. Sie besteht vor allem aus Hochhäusern, deren Ästhetik und Architektur an Häuserschluchten in Manhattan (New York) erinnern. Zusehen sind zumeist die Maschinen und Techniken, die von Menschen betrieben und gesteuert werden müssen.

Kurz zur Handlung: Die Stadt ist in zwei absolut getrennt lebende Klassen geteilt. Die Oberschicht bestimmt das Leben in der Stadt, kann sich amüsieren und dem Luxus frönen. Die Unterschicht sind die Arbeiter, welche die Stadt mittels der Maschinen am Leben erhalten müssen. Sie leben im Untergrund und fahren täglich mit einem überdimensionierten Fahrstuhl in den unteren Teil der Stadt. Joh Fredersen führt das Regime über die Unterstadt und sorgt für den reibungslosen Ablauf. Sein Sohn Freder lernt eines Tages Maria, eine Frau aus dem Untergrund, kennen und lieben. Joh Fredersen lässt von dem Erfinder Rotwang einen Maschinen-Menschen erschaffen, der Maria gleicht, da die echte Maria den Widerstand mit der Arbeiterschaft plant. Daraufhin wird die echte Maria eingesperrt. Doch aus Rache, da ihm Joh Fredersen einst seine Frau Hel wegnahm, treibt Rotwang die Arbeiter mit der Maschinen-Maria zur Revolte. Diese zerstören die unterirdischen Fabriken wie auch die lebensnotwendige Herzmaschine, deren Zeiger stets zum Überleben aller von einem Arbeiter bedient werden müssen. Die echte Maria wird von Rotwang gejagt, da dieser, wahnsinnig geworden, in ihr seine Frau Hel sieht. Freder rettet jedoch Maria und bekämpft Rotwang am Ende in der Kathedrale.

Insbesondere Filmschaffende bezogen sich auf den Klassiker von Fritz Lang und ließen sich von seiner filmischen Ästhetik, Architektonik und Thematik inspirieren. Eines der prominentesten Beispiele hierfür ist der 1982 erschienene US-amerikanische Sciencefiction-Film „Blade Runner", bei dem Ridley Scott Regie führte. Die literarische Vorlage für diesen Film ist der von Philip Dick geschriebene Roman „Träumen Androiden von elektrischen Schafen?". Somit handelt es sich in Bezug auf den Roman um einen Medienwechsel oder auch Medientransfer. Die Einflüsse von „Metropolis" zeigen sich in erster Linie im Hinblick auf die Gestaltung der Stadt, in der „Blade Runner" spielt. Schauplatz ist ein Los Angeles aus dem Jahre 2019, in dem es fast unaufhörlich regnet. Die Stadt ist durch Dunkelheit und molochartige Gebäudekomplexe geprägt. Auch die Atmosphäre und Thematik – künstliche Wesen, so genannte Replikanten und Androiden, die den Menschen perfekt ähneln, bevölkern die Stadt – erinnern an Fitz Langs Filmklassiker. Insofern lässt sich „Blade Runner" bzgl. „Metropolis" als ein intramediales Phänomen begreifen, da es sich hier um Bezugnahmen eines Films auf einen anderen Film handelt, wobei beide dem Genre Sciencefiction zugeordnet werden können. Allerdings ist die gleiche Genrezugehörigkeit bei Rajewsky nicht zwingende Voraussetzung.

Fritz Langs „Metropolis" dient jedoch auch als Vorlage für den musikalischen Bereich und hier insbesondere für die visuelle Inszenierung von Musik im Videoclip. Queens Musikclip zu „Radio Ga Ga" (1984) verarbeitet beispielsweise Originalfilmausschnitte und stellt Szenen des Films durch die einzelnen Bandmitglieder nach. Ebenso hier lehnt sich die Clipästhetik an der Filmästhetik an (Hochhausschluchten, schwarz-weiß Look). Der Clip lässt sich in weiten Teilen als Zitat von „Metropolis" lesen. Queen zitiert und imitiert einzelne Szenen des Films originalgetreu. Zum Beispiel bedient Freddy Mercury die Zeiger der lebenswichtigen Herzmaschine. In einer anderen Szene lässt er sich anstelle von Maria als Maschine erschaffen. Auf diese Weise werden Originalszenen und Abwandlungen davon in die clipeigene Erzählstruktur integriert. Diese Szenen werden wiederum mit anderen Szenen und Originalaufnahmen kombiniert, die ihrerseits als Zitate oder Imitate funktionieren. Insgesamt wird durch diese Art der Inszenierung ein Medienwechsel vom Spielfilm zum Musikvideoclip deutlich. Doch lässt sich diese Form der Musikalisierung des Filmischen auch als das Herzstück Rajewskys Intermedialitätskonzepts begreifen und zwar als intermediale Bezüge. Da darüber hinaus weitere Medien wie Radio und Buchbände im Clip integriert sind, die teils von den Ereignissen berichten, sowie Szenen aus anderen Filmen, kann das Musikvideo zudem als Medienkombination betrachtet werden. Somit zeigen sich in Queens „Radio Ga Ga" alle drei Phänomenebereiche des Intermedialen.

Zuletzt soll ein weiteres Musikclipbeispiel herangezogen werden, das jedoch freiere und interpretativere Bezüge zu „Metropolis" erkennen lässt. Gemeint ist der Clip von Madonna zu „Express yourself" aus dem Jahre 1989. „Express yourself" arbeitet nicht mit Originalszenen, doch werden einige ästhetische Elemente wie die Stadtarchitektur und die industriellen Maschinen wie Zahnräder, Kurbeln und große Apparate aus Fritz Langs Film imitiert. Ebenso arbeitet Madonna mit einer Zweiteilung der Gesellschaft: arbeitende Bevölkerung (Proletariat) und herrschende Klasse, die im Luxus lebt (verkörpert durch Madonna und den Fabrikanten). Dies wird unterstützt durch die Farbgebung. Erste Szenerie ist in kaltem Blau gehalten, zweite in grellen, farbigen, eher warmen Tönen. Zudem gibt es eindeutige Zitate wie die Treppe in den

Fabrikschlund von „Metropolis"; es fließen Wassermassen in der Arbeiterstadt wie in der Unterstadt von „Metropolis" nach der Revolte. Schließlich gibt es auch im Clip Tumulte unter den Arbeitern, die sich dem aufoktroyierten Arbeitsablauf widersetzen wollen und denen der Fabrikant fassungslos beiwohnt. Letztlich erkämpft sich ein Arbeiter den Weg zu Madonna in die Oberstadt. Hier ist es jedoch nicht die schöne Arbeiterin, in die sich der Fabrikantensohn verliebt, sondern umgekehrt die schöne Oberschichtlerin, die den Arbeiter (sexuell) befreien will. Dies zeigt auch schon, dass der Clip atmosphärisch in einer hochstilisierten, Madonna typischen Sex(ualitäts)ästhetik in Szene gesetzt wird, in der die arbeitenden Männer durchtrainierte, gestählte Körper besitzen, die sie während der Arbeit zur Schau stellen. Damit entsprechen sie eher medialen Schönheitsidealen und werden – anders als im Film – auch individualisiert dargestellt. Doch sind die Bezüge architektonischer, szenischer und erzählerischer Art zum Filmklassiker „Metropolis" trotzdem deutlich zu erkennen.

Damit lässt sich zu Madonnas „Express yourself" sagen, dass es sich ebenso bei dieser Inszenierung um einen Medientransfer vom Spielfilm zum Musikvideoclip handelt, doch treten hier die intermedialen Bezüge noch deutlicher hervor. Durch die Musikalisierung von Teilen des Filmstoffes „Metropolis" findet eine neue, ganz eigene Bedeutungskonstitution statt, in der mit Geschlechter- und Rollenzuschreibungen gespielt und erotisierte Emotionalität gepaart mit einem ausgeprägten Körperfetischismus dargestellt wird (zur Inszenierung von Körper im Videoclip am Beispiel von Madonna siehe auch Schuegraf, 2007; zur Inszenierung von Madonna siehe Wicke, 2001, Krützen, 2002; zur Inszenierung im Videoclip vgl. Neumann-Braun & Mikos, 2006). Dies trägt eindeutig die Handschrift Madonnas und führt letztlich zu einer neuen Erzählung alten Stoffes.

Nach der Darstellung der inhaltlichen Ebene hinsichtlich verschiedener Produktbezüge bzw. -verbindungen wird nun die letzte unserer vier Ebenen der Medienkonvergenz vorgestellt und zwar die Rezeptions- bzw. Nutzungsebene.

Nutzungsorientierte Ebene

Die kombinierte Nutzung von Medien ist keineswegs neu. Schon in den zurückliegenden Jahrzehnten wurden Zeitungs- und Buchlektüre, Radiohören, Fernsehen, Tonträgernutzung usw. im Tagesverlauf aufeinander abgestimmt und miteinander kombiniert. Ein typisches Beispiel ist die „genüssliche Zeitungslektüre" im Sessel im Wohnzimmer, bei der gleichzeitig Musik aus dem Grammophon oder der Stereoanlage gehört wird.

> „Doch die Vervielfältigung der Möglichkeiten passiv-rezeptiver oder aktivgestaltender Mediennutzung, die wachsende, auch zeitsouveräne Verfügbarkeit von Information und Unterhaltung auf verschiedenen Verbreitungsplattformen

ermöglicht weitergehende und sehr unterschiedliche mediale Handlungsmuster. Auch wenn die klassischen Funktionen des Fernsehens, des Radios sowie der Zeitungen oder Zeitschriften im Kern zunächst noch gültig zu bleiben scheinen, entstehen immer vielfältigere konvergierende, komplementäre, aber auch substitutive Nutzungsweisen der einzelnen Medien" (Oehmichen & Schroeter, 2007, S. 406).

Gerätenutzung und -ausstattung

Beim Blick auf den Stand der Geräteausstattung für Unterhaltungselektronik in deutschen Haushalten zeigt sich, dass fast überall eine Vielzahl von Medien vorhanden sind, manche sogar in mehrfacher Zahl oder mit unterschiedlichen Ausstattungsmerkmalen.

Tabelle 1: Unterhaltungselektronik: Geräteausstattung[1], Angaben in %

Personen aus Haushalten mit ...	2000	2001	2002	2003	2004	2005	2006	2007	2008
Fernsehgerät	98,0	98,0	98,1	98,0	97,9	97,9	97,7	97,7	97,0
ein Gerät	60,7	61,4	60,8	60,1	58,9	58,5	59,4	59,0	61,1
zwei und mehr Geräte	37,1	36,6	37,3	37,9	39,1	39,4	38,4	38,7	36,0
Mini-Fernseher/Watchman	3,4	3,0	2,7	3,3	2,4	2,7	2,4	3,0	2,9
Fernseher mit Flachbildschirm[2]	-	-	-	-	-	5,2	7,4	13,0	20,8
Pay-TV-Decoder/d-box[2]	7,0	7,6	8,3	16,6	13,7	19,1	25,1	29,2	35,7
Radiogerät	98,8	98,8	98,9	98,8	98,7	98,6	98,3	98,6	98,2
als Teil einer Stereoanlage	74,2	74,4	75,2	74,6	74,2	74,1	70,8	70,7	70,6
Radio mit CD-Player/Kassette[2]	-	-	-	-	-	-	-	52,1	50,1
Radio ohne CD-Player/Kass.rec. [2]	-	-	-	-	-	-	-	35,2	32,8
Uhrenradio/Radiowecker[2]	-	-	-	-	-	-	-	51,3	48,4
Küchenradio[2]	-	-	-	-	-	-	-	35,5	32,9
anderes Radiogerät[2]	-	-	-	-	-	-	-	14,0	14,0
Anzahl Radiogerätearten[3]									
eine Geräteart	6,9	7,0	7,0	6,8	7,0	7,0	7,0	6,4	7,5
zwei Gerätearten	19,2	20,3	20,0	19,9	20,0	20,1	17,9	17,7	17,7
drei Gerätearten	25,3	25,5	26,1	25,3	25,3	25,3	22,6	21,4	21,8
vier und mehr Gerätearten	38,8	45,9	45,8	46,7	46,5	46,2	50,8	53,1	51,3
Autoradio	83,3	82,8	82,6	83,5	84,1	83,9	83,5	84,1	62,4
Plattenspieler[4]	37,9	35,5	33,0	30,0	29,0	27,1	25,6	-	-
Kassettenrecorder[4]	68,7	68,5	68,3	65,4	63,1	61,3	55,8	-	-
CD-Player[4]	68,2	69,3	70,5	69,7	69,8	69,9	66,4	-	-

Personen aus Haushalten mit ...	2000	2001	2002	2003	2004	2005	2006	2007	2008
MP3-Player[2]	-	-	-	-	14,8	23,1	29,1	-	-
Walkman/MP3/Handy mit Radio[2]	-	-	-	-	-	-	-	24,1	27,4
MP3-Player ohne Radio[2]	-	-	-	-	-	-	-	34,1	38,9
Kassettenrecorder	-	-	-	-	-	-	-	26,2	24,9
Tragbarer CD-Player	-	-	-	-	-	-	-	27,9	26,4
Walkman	-	-	-	-	-	-	-	21,7	21,1
Videorecorder	67,4	67,8	61,5	63,5	67,0	67,8	64,6	61,1	57,5
DVD-Player (nur Abspielgerät)[2]	-	-	-	-	37,3	51,1	55,7	58,6	64,1
DVD-Recorder (Aufn. u. Wiederg.)[2]	-	-	-	-	9,5	16,8	20,4	25,7	18,8
Festplattenrecorder[2]	-	-	-	-	-	3,8	5,3	7,8	8,1
Digitaler Fotoapparat[2]	-	-	-	-	26,4	37,9	47,3	54,4	58,7
Videokamera/Camcorder	22,3	23,5	21,1	23,9	27,4	23,7	19,5	20,1	18,3
Digitale Videocamera[2]	-	-	-	-	12,0	16,3	20,8	23,9	23,9
WebCam[2]	-	-	-	-	-	4,9	6,4	9,5	13,8
Personalcomputer	40,2	43,4	48,6	53,3	57,5	59,7	60,0	60,9	61,1
Laptop/Notebook[2]	5,6	6,4	8,5	11,1	14,0	18,2	21,9	26,5	32,3
Anrufbeantworter[2]	37,6	39,1	41,4	42,4	43,8	45,7	46,1	46,5	48,4
Telefaxgerät[2]	14,6	16,3	17,0	17,4	21,3	22,0	21,2	21,7	22,3
Modem, ISDN-Anschluss usw.[2]	14,2	20,7	35,2	43,0	49,4	54,1	58,2	62,7	68,2

1) Basis: ma2000 bis ma 2007: D14+; ma 2008: D+EU 10+.
2) Nicht in allen Jahren erhoben.
3) Radiogerätearten sind: Radioteil als Teil einer Stereoanlage, stationäres Radio, tragbares Radio, Uhrenradio/Radiowecker, Autoradio.
4) Erhoben mit dem Zusatzkriterium "als Teil einer Stereoanlage".

Quelle: Arbeitsgemeinschaft der ARD-Werbegesellschaften, 2008, S. 64

Unter dem Aspekt der Medienkonvergenz ist die Altersgruppe der Jugendlichen besonders interessant, da diese an technischen Neuerungen stärker als andere Altersgruppen interessiert ist und mit deren Nutzungsmöglichkeiten extensiv und kreativ umgeht. Die meisten Jugendlichen besitzen eine Vielzahl von Medien, über deren Gebrauch sie eigenverantwortlich d.h. ohne elterliche Einflussnahme bestimmen können. Ein zentraler Ort für deren Nutzung ist das eigene Zimmer.

> „From around 9 years old, children's bedrooms become important to them as a private space for socialising, identity display and just being alone. The media play an increasing role in this. Overall, 72% have their own rooms and need not share with a sibling. Thus for many children and young people, the bedroom also provides a well-equipped opportunity for media use, away from intrusion or regulation by parents and siblings. Older children and teenagers es-

pecially are likely to view their bedroom as a social place where they can combine friends and media, establishing a lifestyle away from parental monitoring" (Livingstone & Bovill, 1999, S. 33).

Abbildung 1: Gerätebesitz Jugendlicher 2008, Angaben in %

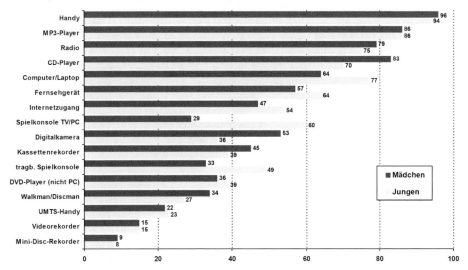

Quelle: JIM-Studie 2008 (Medienpädagogischer Forschungsverbund Südwest, 2008)

Mit Ausnahme der Digitalkamera können alle Medien genutzt werden, um Musik zu speichern und zu hören, teilweise kann auch Musik aufgenommen werden. Damit eröffnet sich eine Vielzahl musikbezogener medienkonvergenter Nutzungsmöglichkeiten, zumal Musik nur selten den vollen Fokus der Aufmerksamkeit erhält, sondern überwiegend begleitend zu anderen Tätigkeiten (z.B. Arbeit am Computer) gehört wird.

Medienkonvergenz aus der Nutzungsperspektive

Was bedeutet nun aber Medienkonvergenz aus Nutzerperspektive genau und wie gehen die Mediennutzenden konkret mit dem ihnen zur Verfügung stehenden Medienangebot um? Erst in den letzten Jahren wurde verstärkt nach den Modalitäten konvergenter Mediennutzung gefragt, wodurch diese in den Blickpunkt von Untersuchungen gelangt. Beispiele aus der Sozialforschung hierzu sind die Sammelbände von Theunert und Wagner (2002; 2006) sowie von Hasebrink, Mikos und Prommer (2004), die Studien von Wagner, Theunert, Gebel und Lauber (2004) sowie von Schuegraf (2008). Zuvor gliedert sich die Nutzungs- und Rezeptionsforschung

„weitgehend nach einzelnen Medien: Es geht um *Fernseh*nutzung oder *Hörfunk*nutzung, es geht um die Nutzung von *Online-Medien* oder von *Computer- und Videospielen*. Ausschlaggebend ist dabei jeweils der Kontakt zwischen Nutzern und bestimmten technischen Geräten. Was genau unter ‚Fernsehnutzung' zu verstehen ist, braucht nicht eigens definiert zu werden. (…) Diese weit verbreitete Denkweise wird nun durch den Prozess der technischen Konvergenz in Frage gestellt. Im Zuge der Digitalisierung mehren sich [wie oben dargestellt; T.M & M.S.] die bei den Nutzern verfügbaren Endgeräte, die für ganz unterschiedliche Anwendungen genutzt werden können. Diese Vielseitigkeit bzw. Multifunktionalität hat zur Konsequenz, dass allein an dem Umgang mit einem bestimmten Gerät nicht mehr erkannt werden kann, was der oder die Nutzer(in) tut, etwa ob er oder sie fernsieht, Bestellungen vornimmt, E-Mails bearbeitet oder im Internet nach Informationen sucht" (Hasebrink, 2004, S. 67f.).

Von Seiten der Medienforschung, die von Medienanbietern getragen wird, werden MedienNutzerTypen entwickelt. Diese sollen sich möglichst trennscharf im Hinblick auf ihre Programm- und Genrepräferenzen, ihre Zuwendungsinteressen, Nutzungsintensitäten der einzelnen Medien unterscheiden (Oehmichen, 2007).

Die Ergebnisse der Studien zeigen, dass vor allem eine jüngere Mediennutzerschaft ein reges Interesse an technischen Innovationen hat und mit diesen sehr flexibel umgeht, wie beispielhaft am verbreiteten Besitz von Handys „neuester Bauart" gezeigt werden soll. 95 Prozent aller Jugendlichen besitzen 2008 ein solches Gerät (Medienpädagogischer Forschungsverbund Südwest, 2008). Der technischen Multifunktionalität von Handys, die von den meisten Nutzern in ihrer Gesamtheit gar nicht ausgenutzt wird, entspricht eine Vielfalt der Nutzungsmodalitäten und -funktionen. Döring (2006) unterscheidet auf der Basis einer Literatursichtung folgende Funktionen: Sicherheitsfunktion: Kinder/Jugendliche sind über das Handy jederzeit erreichbar bzw. können Hilfe holen: Organisationsfunktion: Hilfe für terminliche Absprachen etc.; Beziehungsfunktion: Das Handy ist für Jugendliche die Schaltzentrale ihres sozialen Netzwerkes; Identitätsfunktion: Die Personalisierbarkeit über auswechselbare und dekorierbare Handyschalen und über Logos usw. macht das Mobiltelefon gerade für Jugendliche auch zum Medium der Identitätsdarstellung; Informationsfunktion: Über das Handy sind prinzipiell eine Vielzahl von Informationsdiensten abrufbar, was angesichts der Kosten jedoch bislang noch wenig genutzt wird; Transaktionsfunktion: kostenpflichtige Nutzung von Klingeltönen, Logos, SMS-Premium-Diensten etc.; Empowermentfunktion: gezielte Unterstützung marginalisierter und benachteiligter Kinder und Jugendlicher durch telefonisch erreichbare Beratungsstellen usw.; Unterhaltungsfunktion: Mittel des Zeitvertreibs (Spiele, Musik, Anrufe etc.); Sozialisationsfunktion: Der Gebrauch des Mobiltelefons in sozialen Settings wie Elternhaus, Schule oder Freundesgruppe unterliegt sozialen Normen und Regeln, an deren Aushandlung Kinder und Jugendliche beteiligt sind.

Musik kann für die Realisierung vieler genannter Funktionen bedeutsam sein: Das gemeinsame Hören von Musik aus dem Handy stärkt die Beziehung zwischen den beiden Hörern. Musikalische Accessoires wie Klingeltöne, die sehr bewusst auch von

Außenstehenden wahrgenommen werden, eröffnen die Möglichkeit, einen Beitrag zur Identitätsbildung zu leisten. Die Unterhaltungsfunktion von Musik und das Moment des schnellen Zeitvertreibs stehen häufig bei der Nutzung des eingebauten MP3-Players oder des Radios im Mittelpunkt.

Unter den besonderen Bedingungen des Mediums haben sich neue musikalische Ausdrucksformen ausgebildet. Die erweiterten gestalterischen Möglichkeiten und die gestiegene Klangqualität regen den Kauf und die Selbstgestaltung vielfältigster Klingeltöne an, die sich immer mehr von ihren klanglichen Vorbildern, den traditionellen Klingelsignalen entfernen, um stattdessen vor allem Anleihen aus der Populären Musik zu verarbeiten. Inzwischen hat das Handy mit seiner Musik sogar Einzug in den traditionellen Kunstbetrieb gehalten (Behrendt, 2004).

Die im Handy eingebauten zahlreichen Schnittstellen zu anderen Medien erlauben die Integration musikalischer Inhalte aus anderen Kontexten. So können etwa kurze Videoclip-Sequenzen im Handy aus dem Internet abgerufen werden, was vor allem von jüngeren Handybesitzern zunehmend genutzt wird. Das Handy kann zudem zur „Kontaktaufnahme" mit anderen Medien genutzt werden. So hat

> „das *Musikfernsehen* (…) Handy-Kurzmitteilungen als Rückkanal integriert: Jugendliche Musikfans können per SMS an TV-Gewinnspielen teilnehmen, per SMS-Voting ihre Lieblings-Videoclips wählen sowie SMS-Grüße auf den Fernsehschirm senden, die parallel zum gewählten Video-Clip in einem Laufband eingeblendet werden" (Döring, 2006, S. 52).

Angesichts der vielfältigen Aspekte von Handymusik, die hier nur knapp angedeutet werden konnten, ist deshalb Behrendt zuzustimmen, die dem Handy „das Potential die Produktion und Distribution von Musik zu verändern" zuspricht (2004, S. 73).

Fünf verschiedene Formen der konvergenten Mediennutzung

Losgelöst von diesem in die Nutzerperspektive einführenden Beispiel lässt sich Konvergenz aus dieser Perspektive zum einen anhand des Umgangs mit den vorhandenen Medien(endgeräten) untersuchen und zum anderen anhand der konkreten Nutzung der Medieninhalte über unterschiedliche Medien hinweg. Hasebrink differenziert hier fünf verschiedene Erscheinungsformen:

Erstens spricht er von „individuellen Medienmenüs" (Hasebrink, 2002, S. 97), die sich die Nutzenden in ihrem Alltag aus dem Medienangebot zusammenstellen. Er sieht hierbei die Funktionen der medialen Angebote als komplementär an und wendet sich damit gegen eine Annahme, dass die so genannten Neuen Medien die alten substituieren.

Medienmenüs konstituieren sich – besonders bei Jugendlichen – nicht zuletzt durch ihre musikalischen Präferenzen, indem sie sich verstärkt den Medien zuwenden, auf/in denen ihre Musik besonders präsent ist. So nutzen Fans von Heavy Musik – Musik jenseits des Mainstreams – besonders intensiv Tonträger, Fanzines und das

Internet, da Radio und Fernsehen ihre Musik in der Regel nicht ausstrahlen. Jüngere Jugendliche nutzen hingegen besonders stark das Musikfernsehen, lesen Jugendzeitschriften wie BRAVO, nutzen Poster aus diesen Publikationen, um ihr Zimmer individuell zu gestalten und durchstöbern das Internet nach Informationen über ihre Stars. Für das Ausleben sehr spezieller Musikinteressen eignet sich besonders das Internet, da sich hier unabhängig von Zeit und Ort auch kleinste Interessengruppen bilden können. So haben sich schon in den Anfängen des Internets in Newsgroups virtuelle Gemeinschaften gebildet, deren Zusammenhalt sich vor allem aus den gemeinsam geteilten Musikinteressen und Werthaltungen ergab (Münch, 2006). Heute findet sich im Internet eine unüberschaubare Zahl von musikbezogenen Fansites und Communities, die alle Formen des Involvements vom ‚passiven Vorbeischauen' bis hin zur ‚aktiven Mitgestaltung' ermöglichen (z.B. Gothic-Fans, vgl. Hodkinson, 2006).

Individuelle Medienmenüs sind nicht nur das Resultat einer Auswahl aus bestehenden Medienangeboten sondern können auch durch ‚Eigenproduktionen' ergänzt werden. Ein schönes Beispiel hierfür ist die mit dem Aufkommen des Kassettenrecorders in den 60er-Jahren entstandene Praxis, sich selbst Kassetten mit individuellen Musikmischungen (Mixtapes) zu erstellen, die dann im Auto zum Hören während der Fahrt bereit gelegt oder mit liebevoll bemalten und beschrifteten Kassettenhüllen verschenkt werden (Herlyn & Overdick, 2003). Kassetten erlauben erstmals in großem Umfang die mobile, selbstbestimmte Nutzung von Musik und werden dadurch schnell zu einem unverzichtbaren Bestandteil individueller Medienmenüs, wobei andere Medien als Materialquelle (Radio und Schallplatten) genutzt werden. Ab den 80er-Jahren übernimmt zunehmend die selbstgebrannte CD dann die DVD die Funktion der Kassette und als Materialquelle kommen Downloads aus dem Internet hinzu. Je leistungsfähiger (Speicherumfang, Tonqualität, Größe usw.) mobile Speicherträger wie Discman, MP3-Player, Handy werden, umso stärker wird – besonders bei jüngeren Nutzern – ihr Nutzungsanteil in individuellen Medienmenüs.

Zweitens nennt Hasebrink die strategische Suche der Mediennutzenden nach gleichen Themen in verschiedenen Medien „medienübergreifende Auswahlstrategien". Diese Form der Nutzung wird durch die individuellen Interessen und insofern durch die handlungsleitenden Themen der Mediennutzenden bestimmt. Hinweise auf medienübergreifende Auswahlstrategien geben die Images und Funktionen, die Medien im Vergleich zugesprochen werden.

Tabelle 2: Nutzungsmotive für die Medien im Direktvergleich, BRD gesamt, Pers. ab 14. J., trifft am meisten zu auf... , in %

	Fernsehen		Hörfunk		Tageszeitung		Internet	
	2005	2000	2005	2000	2005	2000	2005	2000
damit ich mitreden kann	43	41	13	14	33	38	11	6
weil ich Denkanstöße bekomme	39	39	15	17	28	36	18	8
weil ich mich informieren möchte	34	35	12	14	36	44	18	8
weil ich dabei entspannen kann	54	54	36	38	6	7	4	1
weil es mir Spaß macht	53	55	24	30	6	7	18	8
weil ich mich dann nicht allein fühle	51	52	35	36	5	6	8	3
weil ich damit den Alltag vergessen möchte	60	59	27	29	6	6	6	2
weil es aus Gewohnheit dazugehört	45	45	30	31	19	22	6	1
weil es mir hilft, mich im Alltag zurechtzufinden	33	35	19	19	32	38	16	6

Basis: Befragte, die mindestens zwei Medien mehrmals im Monat nutzen, 2005: n=4402; 2000: n=4933; jeweils gewichtet. Quelle: ARD/ZDF-Langzeitstudie Massenkommunikation.

Tabelle 3: Nutzungsmotive für die Medien im Direktvergleich, BRD gesamt, Pers. ab 14. J., trifft am meisten/ an zweiter Stelle zu auf... , in %

	Fernsehen		Hörfunk		Tageszeitung		Internet	
	2005	2000	2005	2000	2005	2000	2005	2000
damit ich mitreden kann	75	77	45	49	56	62	24	11
weil ich Denkanstöße bekomme	71	74	46	53	52	60	31	13
weil ich mich informieren möchte	69	73	41	45	59	68	30	13
weil ich dabei entspannen kann	88	89	77	81	21	24	13	5
weil es mir Spaß macht	85	86	62	72	22	27	31	14
weil ich mich dann nicht allein fühle	86	87	75	79	18	21	18	6
weil ich damit den Alltag vergessen möchte	88	87	72	78	19	22	19	7
weil es aus Gewohnheit dazugehört	78	78	67	71	40	46	14	4
weil es mir hilft, mich im Alltag zurechtzufinden	66	70	51	56	55	61	27	10

Basis: Befragte, die mindestens zwei Medien mehrmals im Monat nutzen, 2005: n=4402; 2000: n=4933; jeweils gewichtet. Quelle: ARD/ZDF-Langzeitstudie Massenkommunikation.

Die Zahlen verdeutlichen, dass das Internet für alle erfassten Nutzungsmotive in wenigen Jahren erheblich an Bedeutsamkeit gewonnen hat wohingegen die anderen drei Medien insgesamt an Bedeutsamkeit verloren haben. Diese Entwicklung, die auch an den Nutzungszahlen ablesbar ist, hat sich in den letzten Jahren beschleunigt fortgesetzt. Noch dominieren jedoch Fernsehen und Hörfunk die Mediennutzung, wobei dem Hörfunk eine unterhaltende Funktion zugesprochen wird, während das

Fernsehen neben der Unterhaltung und Entspannung fast gleichstark auch als Informationsmedium genutzt wird.

Die Befunde im Hinblick auf Musik zu konkretisieren ist nur bedingt möglich, da die Funktionen sehr umfassend formuliert sind. Es ist aber gut erkennbar, dass die Nutzungsmotive bzgl. des Radios insgesamt besonders mit denen korrelieren, die aus der Musikforschung bekannt sind. So wird Musik im Alltag häufig zur Stimmungsregulierung genutzt (Schramm, 2005).

Drittens beschreibt Hasebrink die „Nutzung konvergenter Angebote" (ebd.). Hierunter fasst er die Nutzung der bereits vonseiten der Anbietenden konvergent angelegten Inhalte. In der Sprache der Medienwirtschaft vernetzen „konvergente Kampagnen (…) über eine formale und thematische Leitidee neue und alte Medien unter Berücksichtigung der Vorteile der jeweils eingesetzten Medien. Indem sie den Rezipienten neue Anreize in Form von individuellen Mehrwerten bieten, werden Zielgruppen aktiv von einem Medium in das andere geführt" (SevenOne Media GmbH, 2004).

Konvergente Medienangebote im hier angesprochenen Sinne haben – wie oben schon ausgeführt – eine lange Tradition. So wird gegen Ende des 19. Jahrhunderts durch den Verkauf von Schellackschallplatten nicht nur der Verkauf von Noten für das heimische Musizieren am Klavier sondern auch der Besuch von öffentlichen Auftritten gefördert. Das Radio, in dem von Anfang an Tonträger einen unverzichtbaren Programmbestandteil ausmachen, trägt ab den 20er Jahren durch das immer mehr an den Charts orientierte Airplay wesentlich dazu bei, den Absatz der Tonträgerindustrie zu kanalisieren und zu befördern (Münch, 2001).

Aktuell sind aufeinander abgestimmte konvergente Medienangebote angesichts der hohen Produktionskosten zur Refinanzierung unverzichtbarer denn je und werden wohl auch von Seiten der Rezipienten selbstverständlich erwartet. Ein herausragendes Beispiel hierfür ist die Filmtrilogie „Herr der Ringe" (Mikos, Eichner, Prommer & Wedel, 2007; Thompson, 2007; Münch, 2002). Sparten der Medien- und Konsumindustrie sowie des traditionellen Kunstbetriebs sorgen für ein reiches medienkonvergentes Angebot rund um die drei Filme: Schon vor der Filmpremiere 2001 erscheint ein Musiktitel von Enya, der für die Trilogie wirbt, und ein Trailer für den Film ist im Internet abrufbar. Inzwischen können Schmuck, Kleider, Musik, Filme, Poster, Spielfiguren, Computer- und Handyspiele, Pfeifen usw. gekauft werden, in speziellen Internet-Foren wird die Teilhabe an Fan-Communities angeboten, in Konzerten Filmmusik von Howard Shore, dem Komponisten der Filmreihe, zur Aufführung gebracht.

Ein anderes Beispiel ist die Verbindung von Tonträgern mit Computerspielen. Viel Aufmerksamkeit erzeugte hier z.B. die Veröffentlichung einiger Titel aus dem Album „Death Magnetic" der Gruppe Metallica simultan mit der CD-Fassung auf Xbox Live und dem Playstation Network für Guitar Hero.

Die mit kommerziellem Hintergrund aus mehreren Komponenten entwickelten Media Mixes eröffnen den Anbietern die Möglichkeit, in einer durch pluralisierte Lebensstile fragmentierten Gesellschaft, Zielgruppen zunächst durch einzelne

Komponenten anzusprechen, um sie dann miteinander zu vernetzen. Durch kontinuierliche Neuveröffentlichungen soll das Interesse möglichst lange aufrechterhalten werden.

Aus Nutzerperspektive bieten medienkonvergente Angebote die Möglichkeit, unaufwändig inhaltlich und formal aufeinander bezogene Medienmenüs zu erstellen, die dennoch durch die Auswahl der Komponenten zugleich einen gewissen Grad von Individualität besitzen. So kann abhängig vom Grad der Zuwendung und von persönlichen Interessen das eigene Fantum auf vielfältige Art und Weise ausgelebt werden (vgl. hierzu auch Jenkins, 2006a, 2006b).

Bei medienkonvergenten Angeboten wie „Deutschland sucht den Superstar" kommt als Reiz hinzu, dass sich Zuschauer zugleich als potentielle Mitakteure des Geschehens sehen können. Denn vor allem die Casting-Shows zeigen, dass eigentlich jeder teilnehmen kann und zudem über telefonische Abstimmungen die Möglichkeit besteht, den weiteren Verlauf der Shows mitzubestimmen.

Viertens bezeichnet Hasebrink (2004, S. 98) die „Nutzung von Angeboten mit intertextuellen Bezügen" als konvergent. Hiermit spricht er Angebote über die verschiedenen Medien hinweg an, die aufeinander verweisen, sich gegenseitig kritisieren, imitieren oder zitieren. Die unter dem Stichwort ‚Nutzung konvergenter Angebote' angesprochenen Medien haben diese intertextuellen Angebote durch ihre auf wirtschaftlichen Erfolg abzielende Machart bewusst und sorgfältig geplant. Die meisten intertextuellen Bezüge entstehen jedoch ohne explizit wirtschaftlichen Hintergrund, sondern erklären sich z.B. bei Musik aus der Genese kultureller Praktiken. Zitieren und Imitieren (Stilzitat) sind essentielle Bestandteile der Musikkultur. Dies gilt in besonders hohem Maße für die musikalischen Ausdrucksformen der Populären Kultur. Eine unendliche Fülle von Verweisen auf andere Filme, Videoclips, Kleidung, Körpersprache, Sprachgestus, Texte usw. schafft Vertrautheit, vermittelt das Vergnügen des Wiedererkennens, ordnet ein bzw. zu und ist für Kenner Mittel zum Genuss, können sie hier doch ihre Expertise unter Beweis stellen. Das oben ausführlich vorgestellte Beispiel ‚Metropolis' zeigt dies u.a. an Bezügen zwischen dem Originalfilm und Videoclips.

Fünftens beschreibt Hasebrink (2004) die „Parallelnutzung verschiedener Medien" als Konvergenzphänomen. Damit meint er die Kombination verschiedener Tätigkeiten (mit Medien) in ein und derselben Situation. Ein Beispiel hierfür ist das zeitgleiche Musikhören und Downloaden von Musikdateien am Computer. Dies kann mit zwei verschiedenen Geräten (Radio und Computer) geschehen, aber auch allein am Computer, wenn dank Multitasking zeitgleich ein Download und das Abspielen von Audiodateien stattfinden.

Nachdem die Nebenbeinutzung von Musik spätestens mit dem Aufkommen von Schallplatte und Radio zum vorherrschenden Rezeptionsmodus geworden ist, ist die Parallelnutzung von zwei Medien, bei denen eins Musik verbreitet, ein alltägliches Phänomen. Musik ist zwar ein unverzichtbarer Bestandteil zur Gestaltung des Alltags und ihr Fehlen würde umgehend bemerkt werden, dennoch wird sie nur selten voller Aufmerksamkeit wahrgenommen.

Ganz neue Möglichkeiten der Parallelnutzung verschiedener Medien ergeben sich durch den Computer. Noch interessanter als die schon angesprochene Möglichkeit des Multitaskings sind Programme, mit denen z.B. sowohl Bild- als auch Tonbearbeitung durchgeführt werden können, um beide dann in einem Produkt zusammenzuführen. Beispiele hierfür sind Sequenzer wie Cubase oder Logic. Aber auch Software, deren Verwendungszweck zunächst nicht auf Musik zu zielen scheint, hat diese längst integriert. So bieten Präsentationsprogramme die Möglichkeit, durch akustische Effekte besondere Akzente zu setzen. Zusätzlich können ganze Tonspuren oder Videofilme mit Ton in die Präsentation eingefügt werden. Da alle Funktionen unter einer einheitlichen Benutzeroberfläche zur Verfügung stehen, bedarf es zur Integration vormals einzelner Medien (Text, Bild, Ton, Film, Animation) kaum noch spezieller Kenntnisse. Grundlegende Funktionen wie Kopieren, Verschieben, Einfügen, Löschen und Speichern stehen überall in gleicher oder ähnlicher Form zur Verfügung, womit die Grenzen zwischen vormals singulären Medien zur Text- oder Bilderstellung und -bearbeitung zunehmend durchlässiger und damit weniger wahrnehmbar sind.

Die Integration von Musik mit einer Vielzahl anderer digitalisierter Inhalte unter einer Benutzeroberfläche gewinnt durch die Anbindung der Computer ans Internet zusätzlich an Dynamik. Immer mehr Anwendungen und Inhalte werden von den Nutzern von der Festplatte im PC ins Internet verlagert, wo Social Networks wie Facebook bemüht sind, zu zentralen Portalen zu werden, in denen alle persönlichen Daten verwaltet und zueinander in Beziehung gesetzt und zudem die Sozialkontakte gepflegt werden können. Diese vernetzten Inhalte können dann auch mit dem Handy abgerufen werden. So hat z.B. MySpace eine mobile Version seiner Dienste realisiert.

Die von Hasebrink eingeführten Ebenen der Mediennutzung sollen um einen Aspekt erweitert werden, der über eine Komplementaritätslogik, die zumeist im Hinblick auf Medienkonvergenz diskutiert wird, hinausgeht. In der Literatur wird zum einen über eine *Substitution* der klassischen Medien durch die so genannten Neuen Medien debattiert, wobei sich diese Befürchtungen durch die meisten Studien (siehe u.a. oben angegebene Studien, Trepte & Baumann, 2004, Schramm & Hägler, 2007 und Hartmann et al., 2007) nicht bestätigen lassen. Dagegen werden stets ergänzende Vorgehensweisen im Umgang mit den medialen Angeboten hervorgehoben. Dieses deutet auf ein *Komplementaritätsverhältnis* hin. Doch zeigte sich in der empirischen Untersuchung von Schuegraf (2008), dass die Nutzenden in den Beschreibungen ihrer Handlungsformen mit Medien bzgl. sie interessierender Inhalte immer wieder den Mehrwert des einen gegenüber dem anderen Medium in Bezug auf deren spezifische Funktionen betonen. Dies deutet darauf hin, dass die Funktionsweisen der Medien über ein komplementäres Beziehungsverhältnis hinausgehen. Denn dieser Mehrwert zielt auf eine erweiternde Beziehung ab, bei der nicht die wechselseitige Ergänzung oder ein Additionsverhältnis, sondern die gegenseitige Erweiterung und somit ein Multiplikations- oder potenzierendes Verhältnis zum Ausdruck kommt. Diese Beziehung der Medien bezeichnet Schuegraf als „extensives Konvergenzverhältnis" oder „extensive Medienkonvergenz" (vgl. hierzu auch ausführlicher Schuegraf, 2006).

Die sich gegenseitig erweiternden Funktionen der Medien beziehen sich hierbei auf zwei Richtungen. Das lässt sich am Beispiel von Musikfernsehen und Internet im Hinblick auf die Sendung „MTVselect", für welche über Songtitel im Internet abgestimmt werden kann, die in der nächsten Sendung gespielt werden sollen, anschaulich verdeutlichen. Das Internet erweitert das Fernsehen aufgrund seiner reziproken Kommunikationsdimension, die Interaktion unter den Zuschauenden und Äußerungen an den Musiksender zulässt. Zudem stellt es Hintergrundinformationen zur Sendung bereit. Das Fernsehen ist zwar unidirektional angelegt, hat aber eine größere Reichweitenfunktion z.B. in Bezug auf Meinungsäußerungen im Musikfernsehen. Auf diese Weise erweitert das eine Medium das andere, wobei jedoch der konkrete Inhalt wie die Sendung „MTVselect" im Mittelpunkt steht. Das zeigt, dass Internet und Fernsehen bezogen auf einen Inhalt – hier auf den Sender MTV und seine Sendung „MTVselect" – in Beziehung zueinander gesetzt werden. Bei diesem konvergenten Umgang mit Medien wird nicht von den Medien allgemein ausgegangen, sondern von ihren Angeboten, Sendungen und Inhalten. In dieser Hinsicht ist die Nutzung von Musikfernsehen und Internet direkt aufeinander bezogen. Sie bedingen sich gegenseitig und zwar in ihrer jeweiligen Funktionalität. Für das angeführte Beispiel von „MTVselect" bedeutet dies eine gelungene Sendungsgestaltung: Das Internet ermöglicht das Abstimmen über Musiktitel und das Versenden von Botschaften per E-Mail, die in der nächsten Sendung verlesen werden sollen (Interaktion). Über das Fernsehen können diese Meinungsäußerungen der Zuschauenden gesendet und verbreitet werden (Reichweite). Somit ist das Verhältnis der Medien nicht durch eine parallele, sondern durch eine integrierte Struktur gekennzeichnet. Die *Integration* der Medien bzgl. des konkreten Angebotes „MTVselect" bestimmt hier die Beziehung, wodurch ein Multiplikationsverhältnis zum Tragen kommt. Musikfernsehen und Internet „verschmelzen" hier unter der Perspektive des Angebots des Senders bzw. der Sendung und werden zu einem „Medienkonglomerat". Diese Integration zeugt von einer Grenzverwischung nach innen. Außerdem bezieht sich das eine Medium direkt auf das andere und erweitert es mittels seiner spezifischen medialen Inszenierungsmöglichkeiten. Diese Erweiterung durch die verschiedenen Funktionen lässt sich mit Blick auf ein konkretes Angebot als eine Grenzverwischung nach außen begreifen. Der Sender MTV bzw. die Sendung „MTVselect" wird durch das WWW präsentiert. Mit dem Internet kommt die Kontaktmöglichkeit und Informationserweiterung hinzu. Das Internet ermöglicht somit den Kontakt zum Sender und seinen Mitarbeitenden. Durch das Fernsehen kann der Inhalt an ein reichweitenstärkeres Publikum verbreitet werden. Beide Medien sind in dieser Erweiterungslogik über ihren Inhalt bzw. ihr Angebot direkt aufeinander bezogen und in diesem Fall voneinander abhängig, da das Sendungskonzept von „MTVselect" auf das Mitmachen der Zuschauenden aufbaut. Somit zeugt dieses Beispiel von einer gegenseitigen Erweiterung und verweist auf ein „extensives Konvergenzverhältnis" der Medien. Darüber hinaus wird bei diesem Konzept zudem die oben angesprochene gestärkte Rolle der Rezipientenschaft durch den Einfluss digitaler Medien deutlich, welche sich der Sender für seine Sendung zunutze macht.

Ein historisches Beispiel soll abschließend nur kurz andeuten, dass der Einfluss der Nutzer schon immer wesentlich dazu beigetragen hat, welche Medienkonvergenzen sich entwickeln und durchsetzen konnten. Gemeint ist der Phonograph, bei dessen Einführung Ende des 19. Jahrhunderts eher die Vorstellung bestand, ihn als Diktiergerät zu nutzen. Erst als dies auf den deutlichen Widerstand der vorgesehenen Nutzerinnen in den Büros stieß, da diese die Bedienung als zu umständlich und das Gerät als zu wenig nützlich empfanden, und gleichzeitig der Nickel-in-the-Slot Phonograph, die früheste Form einer Jukebox überraschend viel Erfolg hatte, wurden Musik als verkaufsfördernder Inhalt von Tonträgern populär (Gitelman, 2003).

Schlussbemerkung

Die unter den Stichworten Medienkonvergenz und Intermedialität dargestellten Phänomene haben entscheidend darauf Einfluss, wie heute und in Zukunft Musik hergestellt, verbreitet und genutzt wird. In der Beurteilung dieser Veränderungen finden sich neben kulturpessimistischen Positionen, die vor allem auf eine immer stärkere Kommerzialisierung und Kontrolle des Musikmarktes abheben, kulturoptimistische Positionen, die vor allem die gesunkenen Schranken bei der Musikproduktion und die potentiell vielfältigen Möglichkeiten des Umgangs mit Musik propagieren, die es so bisher nicht gegeben hat. Beide hier schematisch gegeneinander gesetzten Positionen fokussieren wichtige Momente, und das hierdurch gegebene Spannungsgefüge macht einen entscheidenden Moment von Medienkonvergenz aus. Bei aller Heftigkeit der Debatte sollte jedoch nicht vergessen werden, dass medienkonvergente Tendenzen keine „Erfindung" der heutigen Zeit sind sondern Medien schon immer dem Wandel unterlegen haben. Medienkonvergenz ist dabei keine Entwicklung mit einem finalen Ziel, sondern ein Prozess, der nach Thorburn und Jenkins vor allem dann eintritt,

> „when an emerging technology has temporarily destabilized the relations among existing media. On this view, convergence can be understood as a way to bridge or join old and new technologies, formats and audiences. Such cross-media joinings and borrowings may feel disruptive if we assume that each medium has a defined range of characteristics or predetermined mission. Medium-specific approaches risk simplifying technological change to a zerosum game in which one medium gains at the expense of its rivals. A less reductive, comparative approach would recognize the complex synergies that always prevail among media systems, particularly during periods shaped by the birth of a new medium of expression" (2004, S. 3).

Der Begriff der Medienkonvergenz ist u.E. der breiter angelegte und in dieser Hinsicht der in jüngster Zeit immer wichtiger gewordene. Er bezeichnet die im Zitat angesprochene Prozesshaftigkeit der Veränderung durch Medien im weitesten Sinne und bezieht sich dabei auf unterschiedliche Ebenen (technisch, organisatorisch/ökonomisch, inhaltlich, rezeptionsorientiert), wie in diesem Artikel gezeigt werden konnte. Intermedialität ist dagegen das ältere Phänomen und ein enger auf (künstlerisch-)mediale und ästhetische Erscheinungsformen angewandter Begriff, wobei die „Intermedialitätsforschung momentan noch nicht über ein kohärentes System, welches es ermöglichen würde, *alle* intermedialen Phänomene zu erfassen" (Müller, 2008, S. 32), verfügt. Zudem ist bislang noch zu wenig die Forderung nach einer medienhistoriographischen Perspektive von der Forschung eingelöst worden.

Literatur

Arbeitsgemeinschaft der ARD-Werbegesellschaften (Hrsg.). (2008). Media Perspektiven Basisdaten. Daten zur Mediensituation in Deutschland 2008. Frankfurt a.M.: Arbeitsgemeinschaft der ARD-Werbegesellschaften.

Behrendt, F. (2004). Handymusik. Klangkunst und „mobile devices". Osnabrück: Electronic Publ.

Berg, M. & Hepp, A. (2007). Musik im Zeitalter der Digitalisierung und kommunikativen Mobilität. Chancen, Risiken und Formen des Podcastings in der Musikindustrie. Medien & Kommunikationswissenschaft, 55 (Sonderheft „Musik und Medien", hrsg. von H. Schramm), 28-44.

Coridaß, C. & Lantzsch, K. (2007). DRM-Formate und Standardisierungsstrategien in der digitalen Musikdistribution. Medien & Kommunikationswissenschaft, 55 (Sonderheft „Musik und Medien", hrsg. von H. Schramm), 14-27.

Doering, N. (2006). Handy-Kids. Wozu brauchen sie das Mobiltelefon? In U. Hoyer & M. Dittler (Hrsg.), Machen Computer Kinder dumm? Wirkung interaktiver, digitaler Medien auf Kinder und Jugendliche aus medienpsychologischer und mediendidaktischer Sicht (S. 45-65). München: kopaed.

Fisch, M. & Gscheidle, C. (2006). Online 2006 – Zwischen Breitband und Web 2.0 - Ausstattung und Nutzungsinnovation. Ergebnisse der ARD/ZDF-Online-Studien 1997 bis 2006. Media Perspektiven, o.Jg.(8), 431-440.

Fisch, M. & Gscheidle, C. (2007). Onliner 2007: Das „Mitmach-Netz" im Breitbandzeitalter. PC-Ausstattung und Formen aktiver Internetnutzung: Ergebnisse der ARD/ZDF-Online-Studie 2007. Media Perspektiven, o.Jg.(8), 393-405.

Gitelman, L. (2003). How users define new media. A history of the amusement phonograph. In D. Thorburn & H. Jenkins (Hrsg.), Rethinking media change. The aesthetics of transition (S. 61-79). Cambridge, Mass.: MIT Press.

Hartmann, T., Scherer, H., Möhring, W., Gysbers, A., Badenhorst, B., Lyschik, C. & Piltz, V. (2007). Nutzen und Kosten von Online-Optionen der Musikbeschaffung. Medien & Kommunikationswissenschaft, 55 (Sonderheft „Musik und Medien", hrsg. von H. Schramm), 105-109

Hasebrink, U. (2002). Konvergenz aus medienpolitischer Perspektive. In H. Theunert & U. Wagner (Hrsg.), Medienkonvergenz: Angebot und Nutzung. Eine Fachdiskussion veranstaltet von BLM und ZDF (S. 91-101). München: Reinhard Fischer.

Hasebrink, U. (2004). Konvergenz aus Nutzungsperspektive: Das Konzept der Kommunikationsmodi. In U. Hasebrink, L. Mikos & E. Prommer (Hrsg.), Mediennutzung in konvergierenden Medienumgebungen (S. 67-85). München: Reinhard Fischer.

Hasebrink, U., Mikos, L. & Prommer, E. (Hrsg.). (2004). Mediennutzung in konvergierenden Medienumgebungen. München: Reinhard Fischer.

Herlyn, G. & Overdick, T. (Hrsg.). (2003). Kassettengeschichten. Von Menschen und ihren Mixtapes. Münster: Lit-Verlag.

Hodkinson, P. (2006). Subcultural Blogging. Online Journals and Group Involvement Among UK Goths. In A. Bruns & J. Jacobs (Hrsg.), Uses of blogs (S. 187-198). New York: Lang.

Hoff, D. (2001). Technische Konvergenz. Fakten und Perspektiven. Köln: Institut für Rundfunkökonomie.

Huber, A. (2006). Das „Lied ohne Worte" als kunstübergreifendes Experiment. Eine komparatistische Studie zur Intermedialität des Instrumentalliedes; 1830-1850. Tutzing: Schneider.

Hutzschenreuter, T., Espel, P. & Schneemann, A. (2004). Industrieentwicklung und Marketing-Mixe. Erfassung und empirische Untersuchung für die Musik- und Filmindustrie. Wiesbaden: Deutscher Uni-versitäts-Verlag.

Jenkins, H. (2006a). Convergence Culture. Where Old and New Media Collide. New York, London: New York University Press.

Jenkins, H. (2006b). Fans, Bloggers, and Gamers. Exploring Participatory Culture. New York, London: New York University Press.

Köhler, L. & Hess, T. (2004). Deutschland sucht den Superstar. Entwicklung und Umsetzung eines cross-medialen Produktkonzepts. MedienWirtschaft – Zeitschrift für Medienmanagement und Kommunikationsökonomie, 1, 30-37.

Kusek, D. & Leonhard, G. (2006). Die Zukunft der Musik. Warum die digitale Revolution die Musikindustrie retten wird. München: Musikmarkt-Verlag.

Krützen, M. (2002). Madonna ist Marilyn ist Marlene ist Evita ist Diana ist Mummy ist Cowgirl ist – Madonna. In W. Ulrich & S. Schirdewahn (Hrsg.), Stars. Annäherungen an ein Phänomen (S. 62-104). Frankfurt a.M.: Fischer-Verlag.

Livingstone, S. M. & Bovill, M. (1999). Young People, New Media. Summary [Report of the research project ‚Children, Young People and the Changing Media Environment']. London: London School of Economics and Political Science. Verfügbar unter: http://www.lse.ac.uk/collections/medialse/pdf/young [abgerufen am 04.03.2008].

Maier, M. (2004). Medienunternehmen im Umbruch. Transformation ökonomischer Dispositive, neue Organisationsstrukturen und entgrenzte Arbeitsformen. In K.-D. Altmeppen & M. Karmasin (Hrsg.), Medien und Ökonomie. 2. Problemfelder der Medienökonomie (S. 15-40). VS - Verlag für Sozialwissenschaften.

Medienpädagogischer Forschungsverbund Südwest (2008). JIM-Studie 2008. Jugend, Information, (Mul-ti-)Media. Basisuntersuchung zum Medienumgang 12-19jähriger. Baden-Baden: Medienpädagogischer Forschungsverbund Südwest.

Mikos, L., Eichner, S., Prommer, E. & Wedel, M. (2007). Die „Herr der Ringe"-Trilogie. Attraktion und Faszination eines populärkulturellen Phänomens. Konstanz: UVK.

Müller, J. E. (2008). Intermedialität und Medienhistoriographie. In J. Paech & J. Schröter (Hrsg.), Intermedialität. Analog /Digital Theorien, Methoden, Ansätze (S. 31-46). Paderborn: Fink.

Münch, T. (2001). Populäre Musik im Radio. Musik- und Mediengeschichte. In P. Wicke (Hrsg.), Rock- und Popmusik (153-186). Laaber: Laaber.

Münch, T. (2002). Zum Umgang Heranwachsender mit Konvergenzen im Medienensemble am Beispiel Populärer Musik. In H. Theunert & U. Wagner (Hrsg.), Medienkonvergenz: Angebot und Nutzung. Eine Fachdiskussion veranstaltet von BLM und ZDF (S. 183-198). München: Reinhard Fischer.

Münch, T. (2006). Sammeln, Tauschen und mehr. Jugendliche Musiknutzer im Netz. In R. Vollbrecht & Tillmann (Hrsg.), Abenteuer Cyberspace. Jugendliche in virtuellen Welten (S. 133-148). Frankfurt a.M.: Lang.

Neumann-Braun, K. & Mikos, L. (2006). Videoclips und Musikfernsehen. Eine problemorientierte Kommentierung der aktuellen Forschungsliteratur. Berlin: Vistas.

Oehmichen, E. (2007). Die neue MedienNutzerTypologie MNT 2.0. Veränderungen und Charakteristika der Nutzertypen. Media Perspektiven, o.Jg.(5), 226-234.

Oehmichen, E. & Schroeter, C. (2007). Zur typologischen Struktur medienübergreifender Nutzungsmuster. Erklärungsbeiträge der MedienNutzer- und der OnlineNutzerTypologie. Media Perspektiven, o.Jg.(8), 406-421.

Rajewsky, I. O. (2002). Intermedialität. Tübingen, Basel: Francke.

Ridder, C.-M. & Engel, B. (2005). Massenkommunikation 2005: Images und Funktionen der Massenmedien im Vergleich. Ergebnisse der 9. Welle der ARD/ZDF-Langzeitstudie zur Mediennutzung und -bewertung. Media Perspektiven, o.Jg.(9), 422-448.

Schramm, H. (2005). Mood Management durch Musik. Die alltägliche Nutzung von Musik zur Regulierung von Stimmungen. Köln: Halem.

Schramm, H. (2006). Consumption and Effects of Music in the Media. Communication Research Trends, 25(4), 3-29.

Schramm, H. & Hägler, T. (2007). Musikhören im MP3-Zeitalter. Substitutions-, Komplementaritäts- oder „more and more"-Effekte? Medien & Kommunikationswissenschaft, 55 (Sonderheft „Musik und Medien", hrsg. von H. Schramm), 120-137.

Schuegraf, M. (2006). Medienkonvergente Interaktionen im Kontext von Musikfernsehen. Das Internet als Partizipations- und Protestmedium. In A. Tillmann & R. Vollbrecht (Hrsg.), Abenteuer Cyberspace. Jugendliche in virtuellen Welten (S. 149-164) Frankfurt a.M.: Lang.

Schuegraf, M. (2007). Körper-Performance und mediale Präsentation: Zur Inszenierung von Körper im Videoclip. In C. Würrmann, M. Schuegraf, S. Smykalla & A. Poppitz (Hrsg.), Welt.Raum.Körper. Transformationen und Entgrenzungen von Körper und Raum (S. 125-138) Bielefeld: Transcript.

Schuegraf, M. (2008). Medienkonvergenz und Subjektbildung. Mediale Interaktionen am Beispiel von Musikfernsehen und Internet. Wiesbaden: VS - Verlag für Sozialwissenschaften.

SevenOne Media GmbH (Hrsg.). (2004). Vernetzte Kommunikation. Das kompakte Nachschlagewerk. Verfügbar unter: http://www.sevenonemedia.de/imperia/md/content/content/TopThemen/Werbeformen/Downloads/Vernetzte_kommunikation.pdf [abgerufen am 05.03.2008].

Sobek, E. (2004). Crossmediale Markenführung im Segment der Jugendzeitschriften. Frankfurt a.M.: Holger Ehling Publishing.

Theunert, H. & Wagner, U. (Hrsg.). (2002). Medienkonvergenz: Angebot und Nutzung. Eine Fachdiskussion veranstaltet von BLM und ZDF. München: Reinhard Fischer.

Thompson, K. (2007). The Frodo franchise. The Lord of the Rings and Modern Hollywood. Berkeley: University of California Press.

Thorburn, D. & Jenkins, H. (Hrsg.). (2003). Rethinking media change. The aesthetics of transition. Cambridge, Mass.: MIT Press.

Trepte, S. & Baumann, E. (2004). „More and More" oder Kannibalisierung? Eine empirische Analyse der Nutzungskonvergenz von Nachrichten und Unterhaltungsangeboten in TV und WWW. In U. Hasebrink, L. Mikos & E. Prommer (Hrsg.), Mediennutzung in konvergierenden Medienumgebungen (S. 173-197). München: Reinhard Fischer.

Wagner, U. & Theunert, H. (Hrsg.). (2006). Neue Wege durch die konvergente Medienwelt. Studie im Auftrag der Bayerischen Landeszentrale für neue Medien (BLM). München: Reinhard Fischer.

Wagner, U., Theunert, H., Gebel, C. & Lauber, A. (2004). Zwischen Vereinnahmung und Eigensinn – Konvergenz im Medienalltag Heranwachsender. Erster Untersuchungsabschnitt zur Studie „Umgang Heranwachsender mit Konvergenz im Medienensemble". München: Reinhard Fischer.

Wicke, P. (2001). Von Mozart zu Madonna. Eine Kulturgeschichte der Popmusik (1. Aufl.). Frankfurt a.M.: Suhrkamp.

Wollermann, T. (2006). Musik und Medium: Entwicklungsgeschichte der Speicherung, Publikation und Distribution musikspezifischer Informationen. Osnabrück: epos.

VI. Anhang

Autorinnen und Autoren

Ulla Patricia Autenrieth, geb. 1981, ist nach dem Studium der Diplom-Sozialwissenschaften an den Universitäten Koblenz/Landau und Wien zurzeit wissenschaftliche Mitarbeiterin und Doktorandin im interdisziplinären Graduiertenkolleg „Intermediale Ästhetik. Spiel – Ritual – Performanz" am Institut für Medienwissenschaft der Universität Basel. Ihre Forschungsschwerpunkte liegen in den Bereichen Populärkulturanalyse, Rezeptionsforschung sowie Jugendkommunikation im Web 2.0. Mitautorin von „Viva MTV reloaded" (2009, zusammen mit A. Schmidt und K. Neumann-Braun).

Herbert Bruhn, Prof. Dr. phil., Dipl.-Psych., geb. 1948, seit 1989 Professor für Musik in der schleswig-holsteinischen Lehrerausbildung. Musikstudium an der HMT Hamburg (Dirigieren: Wilhelm Brückner-Rüggeberg, Klavier: Erich Andreas); Gründung des ersten deutschen Landesjugendorchesters (Hamburger Jugendorchester, 1968); Tätigkeit an verschiedenen Musiktheatern (u.a. Bremerhaven, Bielefeld, Stuttgart, München, Bayreuther Festspiele). Die Begegnung mit dem rumänischen Dirigenten Sergiu Celibidache führte zu einer intensiven Beschäftigung mit dessen Musikphänomenologie (1977-1982); Studium der Psychologie, Musikwissenschaft und Musikpädagogik an der LMU München; Diplom 1983; Promotion 1987 (Harmonielehre als Grammatik der Musik) bei Rolf Oerter. Schwerpunkte: wahrnehmungspsychologische Grundlagen mitteleuropäischer Musiktheorie, empirische Unterrichtsforschung insbesondere zum Thema Transfereffekte von Musik. Autor/Hrsg. u.a. von „Musikpsychologie. Ein Handbuch in Schlüsselbegriffen" (1985, hrsg. zusammen mit H. Rösing und R. Oerter), „Musikpsychologie. Ein Handbuch" (1993, hrsg. zusammen mit H. Rösing und R. Oerter), „Musikwissenschaft. Ein Grundkurs" (1998, hrsg. zusammen mit H. Rösing), „Musiktherapie. Geschichte, Theorien, Methoden" (2000), „Musikpsychologie. Das neue Handbuch" (2008, hrsg. zusammen mit R. Kopiez und A. Lehmann).

Julia Cloot, Dr. phil., studierte Musikwissenschaft und Germanistik in Berlin, wo sie 1999 promovierte (Geheime Texte. Jean Paul und die Musik, Berlin 2001). Von 1999 bis 2001 war sie Chefdramaturgin am Theater Görlitz, von 2001 bis 2005 Referentin bei einer Kulturstiftung in Hannover, wo sie Förderprogramme und Festivals zur Neuen Musik und Literatur konzipierte („Zeitgenössische Musik in der Schule", „Texte und Töne"). Seit 2005 leitet sie das Institut für zeitgenössische Musik an der Hochschule für Musik und Darstellende Kunst Frankfurt, seit 2006 das Off-Programm der Donaueschinger Musiktage. Seit 2007 ist sie im Vorstand der Frankfurter Gesellschaft für Neue Musik (FGNM). Publikationen, Vorträge, Seminare und Workshops über (Kunst-)Ästhetik um 1800, Oper/Musiktheater, Libretto, Lied, Musik und andere Künste sowie Neue Musik und ihre Institutionsgeschichte.

Helga de la Motte-Haber, Prof. Dr. phil., seit 1978 Professorin für Systematische Musikwissenschaft am Institut für Kommunikations-, Medien- und Musikwissenschaft der Technischen Universität Berlin, Mitgründerin der Deutschen Gesellschaft für Musikpsychologie sowie 1984-2005 Mitherausgeberin des Jahrbuchs Musikpsychologie. Forschungs- und Arbeitsschwerpunkte: Musikalische Urteilsbildung, Wahrnehmung und ästhetische Anschauung, Neue Musik, Filmmusik. Autorin/Hrsg. u.a. von „Musik und Bildende Kunst" (1990), „Musik und Natur" (2000), „Handbuch der Musikpsychologie" (1992), „Handbuch der Systematischen Musikwissenschaft, 4 Bände" (2004-2007).

Golo Föllmer, J.-Prof. Dr. phil., Lehre zum Klavierbauer, Studium der Musik- und Kommunikationswissenschaften (TU Berlin) sowie Broadcast Communication Arts (San Francisco State Univ.). Forschung zu Klangkunst, zeitgenössischer Musik und akustischen Medien. Mitwirkung bei der Gesamtüberarbeitung des Brockhaus-Riemann-Musiklexikons. 2002 Promotion am Institut für Musikwissenschaft der Martin-Luther- Universität (MLU) Halle-Wittenberg zum Thema "Musikmachen im Netz". Seit 2007 Juniorprofessor für „Interkulturelle Medienwissenschaft: Schwerpunkt Audiokultur" am Institut für Kommunikations- und Medienwissenschaft der MLU. Autor/Hrsg. u.a. von „Netzmusik. Elektronische, ästhetische und soziale Strukturen einer partizipativen Musik" (2005), „Audio Art" (2004, in: „Medien Kunst Netz. Medienkunst im Überblick", hrsg. von R. Frieling & D. Daniels), „Relating Radio. Communities, Aesthetics, Access. Beiträge zur Zukunft des Radios" (2006, hrsg. zusammen mit S. Thiermann).

Julia Franzreb, Kulturmanagerin, studierte Musik und Englisch auf Lehramt an der Musikhochschule und an der Universität in Köln, war Wissenschaftliche Mitarbeiterin im Institut für Kommunikationswissenschaften, Abteilungen Musikwissenschaften / Sound Studies an der Friedrich Wilhelms Universität Bonn und am Forschungsinstitut für Musiktheater der Universität Bayreuth, seit 2008 Projektleiterin und Organisatorin der International L. v. Beethoven Competition for Piano in Bonn. Autorin von Einzelbeiträgen zum Reclam KomponistInnenlexikon und von „Wie kreativ ist Musikpädagogik? Eine Spurensuche aus musikpädagogischer Sicht" (2008, zusammen mit C. Stöger und E. Emmler in: Diskussion Musikpädagogik, Heft 39).

Peter Imort, Prof. Dr. phil., seit 2003 Professor für Musikwissenschaft und Musikpädagogik an der Pädagogischen Hochschule Ludwigsburg, Studium der Schulmusik, Kirchenmusik und Musikwissenschaft in Köln und Hamburg. Arbeitsschwerpunkte in Forschung und Lehre: Kulturwissenschaftlich orientierte Musikforschung, Musik und Medienästhetik, Musik(unterricht) und Neue Medien. Autor/Mithrsg. u.a. von „Medienästhetik in Bildungskontexten" (2009); „Ludwigsburger Beiträge zur Medienpädagogik" (Online Magazin: www.ph-ludwigsburg.de/2081.html), „,Das Vertraute fremd erscheinen lassen.' J. S. Bachs Musik – Mit musikalischen Zwischenstopps in Gabun, Hunan, New York" (2004, in: „Musikunterricht heute 5. Musikkulturen – fremd und vertraut", hrsg. von M. Ansohn & J. Terhag), „‚Der Song sprach in Rätseln, so wie unser bisheriges Leben verlaufen war.' Zur medialen Konstruktion musikalischer Lebenswelten in eigenproduzierten Musikvideos Jugendlicher" (2002, in: „Jugend, Musik und Medien", hrsg. von R. Müller, J. Heim, P. Glogner & S. Rhein).

Saskia Jaszoltowski, M.A., Studium der Musikwissenschaft und Theaterwissenschaft an der Freien Universität Berlin sowie an der Universidad de Granada mit den Schwerpunkten Filmmusik, Musik und Politik sowie Musik und Theater des 20. Jahrhunderts in Spanien. Zurzeit Promotion über André Previns Beitrag zur Filmmusik. Autorin von „Musik und Politik" (2006, in: „Geschichte der Musik im 20. Jahrhundert: 1925-1945", hrsg. von A. Riethmüller).

Till Krause, geb. 1980, studierte Theater- und Medienwissenschaft in Erlangen (Magister Artium, 2007) sowie Broadcasting and Electronic Communication Arts mit einem Fulbright Stipendium an der San Francisco State University (Master of Arts, 2007). Er wurde von 2007 bis 2009 an der Deutschen Journalistenschule München (DJS) und der Ludwigs-Maximilians-Universität zum Redakteur und Diplom-Journalisten ausgebildet und promoviert bei Prof. Dr. Uwe Wirth am International Graduate Centre for the Study of Culture an der Universität Gießen über die selbstveröffentlichten Musikmedien Fanzine und Musikblog. Er arbeitet regelmäßig für das Feuilleton der Frankfurter Allgemeinen Zeitung und den Bayerischen Rundfunk, hauptsächlich über Popkultur, Medien, Digitalisierung und Gesellschaft. Aktuelle Publikation: "‚Amerrrika ist Wunderrrbarrr' – Promotion of Germany through Radio Goethe's Cultural Export of German Popular Music in North America" (2008, in: Popular Music, 27. Jg., Heft 2).

Hans-Jürgen Krug, Dr. phil., lebt als Medienjournalist und Medienwissenschaftler in Hamburg. Lehrbeauftragter am „Institut für Medien und Kommunikation" der Universität Hamburg. Er war Mitglied der Jury „Hörspiel des Jahres" sowie der Jury des Günter-Eich-Preises. Zuletzt Konzeption und Leitung der Tagungen „Terrorismus und Medien" (2007), „Politik, Medien und der Siegeszug der Plausibilität" (2008) sowie „Themen und Themenkonjunkturen" (2009) für die Bundeszentrale für politische Bildung. Jüngere Publikationen: „Radiolandschaften. Beiträge zur Geschichte und Entwicklung des Hörfunks" (2002), „Kleine Geschichte des Hörspiels" (2003; 2. erw. Auflage 2008). Realisierte mit „Ätherdramen" (Hörbuch, WDR 2004) die erste akustische Hörspielgeschichte.

Thomas Münch, Prof. Dr. phil., Lehrer für Hauptschulen, Musikredakteur, Musikwissenschaftler; seit 2000 Professor für Musikpädagogik/Musikdidaktik an der Hochschule für Musik Würzburg. Forschungsschwerpunkte: Musik in den Medien, Medien im Musikunterricht, Musiksozialisation im Jugendalter. DFG-Forschungsprojekte zu Rundfunk, Fernsehen, Internet als Sozialisationsinstanzen im Jugendalter (zusammen mit Prof. Dr. Boehnke) sowie Leitung (zusammen mit Prof. Dr. Niels Knolle) des BLK-Forschungsprojekts Me[i]Mus im Rahmen von KUBIM (Kulturelle Bildung im Medienzeitalter). Autor/Hrsg. u.a. von „Musik in den Medien" (2008, in: „Musikpschologie. Das neue Handbuch", hrsg. von H. Bruhn, R. Kopiez & A. C. Lehmann), „Jugendsozialisation und Medien" (2005, hrsg. zusammen mit Klaus Boehnke).

Anno Mungen, Prof. Dr. phil., ist seit Wintersemester 2006 Inhaber des Lehrstuhls für Theaterwissenschaft unter besonderer Berücksichtigung des Musiktheaters sowie Leiter des Forschungsinstituts für Musiktheater an der Universität Bayreuth. Von 2005 bis 2006 war er Professor für Musikwissenschaft an der Universität Bonn, wo er zuvor auch vertreten hat. In den Jahren 1995 bis 2002 war Mungen mit dem Musikwissenschaftlichen Institut der Universität Mainz verbunden, wo er Wissenschaftlicher Mitarbeiter in verschiedenen Positionen und Projekten war. Hier verfasste er seine Habilitationsschrift zur multimedialen Kunst im 19. und frühen 20. Jahrhundert. Seine Dissertation behandelt das Berliner Schaffen Gaspare Spontinis und die deutsche Oper seiner Zeit. Er studierte Flöte an der Musikhochschule Ruhr, Abteilung Duisburg, sowie Musik- und Kunstwissenschaft an der Technischen Universität Berlin (u.a. bei Carl Dahlhaus). Längere Forschungsaufenthalte führten ihn nach Paris, Wien und in die USA. Lehrtätigkeit im Fach Musikwissenschaft außer an den genannten Institutionen auch an der Hochschule für Musik Hans Eisler und der Musikhochschule Köln. Zahlreiche Publikationen im Bereich Oper 18.-20. Jahrhundert, Musikgeschichte in Deutschland der ersten Hälfte des 20. Jahrhunderts, Musik und Gender sowie Musik und Film.

Klaus Neumann-Braun, Prof. Dr. phil., 1992 bis 2005 Lehr- und Forschungstätigkeiten im Rahmen von Professuren für Soziologie sowie Markt-, Konsum- und Kommunikationsforschung an den Universitäten Trier, Frankfurt a.M. und Koblenz-Landau/Campus Landau sowie als Gastprofessor an der Universität Wien, seit 2005 Ordinarius für Medienwissenschaft an der Universität Basel. Schwerpunkte in Lehre und Forschung: Medien- und Kommunikationssoziologie, Populärkulturanalysen, Publikums- , Wirkungs- und Rezeptionsforschung, Jugendmedienschutz, Interpretative Methoden. Autor/Hrsg. u.a. von „VIVA MTV! Popmusik im Fernsehen" (1999), „Popvisionen. Links in die Zukunft" (2003, zusammen mit A. Schmidt & M. Mai), „Videoclips und Musikfernsehen. Eine problemorientierte Kommentierung der aktuellen Forschungsliteratur" (2006, zusammen mit L. Mikos).

Gunter Reus, Prof. Dr. phil., außerplanmäßiger Professor für Journalistik an der Hochschule für Musik und Theater Hannover. Nach Studium (Allgemeine und Vergleichende Literaturwissenschaft, Germanistik, Kunstgeschichte) und Promotion in Mainz fünf Jahre Lehrtätigkeit als DAAD-Lektor an der Universität Lille (Frankreich). Freier Journalist für die Allgemeine Zeitung Mainz und den Südwestfunk. Nach einem Volontariat Tätigkeit als Redakteur bei der Taunus Zeitung Bad Homburg und der Frankfurter Neuen Presse. Seit 1987 in der akademischen

Journalisten- und Medienausbildung an der Hochschule für Musik und Theater Hannover. Dort Sprecher des Studienganges „Medien und Musik". Redakteur der wissenschaftlichen Fachzeitschrift „Publizistik". Schwerpunkte in Lehre und Forschung: Kulturjournalismus, Pressegeschichte, Sprache und Stil der Massenmedien, journalistische Darstellungsformen. Autor u.a. von „Ressort: Feuilleton. Kulturjournalismus für Massenmedien" (2. Auflage: 1999).

Albrecht Riethmüller, Prof. Dr. phil., o. Professor für Musikwissenschaft von 1986 bis 1992 an der Universität Frankfurt a.M. und seitdem an der Freien Universität Berlin. Mitglied der Akademie der Wissenschaften und der Literatur, Mainz (seit 1991), John G. Diefenbaker Award des Canada Council for the Arts (1999). Arbeits- und Publikationsschwerpunkte: Musikgeschichte des 19. und 20. Jahrhunderts, voran Beethoven und Busoni; Musik der griechischen Antike; Geschichte der Musikästhetik und Musiktheorie; Filmmusik; das Verhältnis von Musik und Literatur sowie von Musik und Politik. Zuletzt erschienene Buchveröffentlichung: „Annäherung an Musik" (2007). Seit 2000 gibt er die Zeitschrift „Archiv für Musikwissenschaft" heraus.

André Ruschkowski, Prof. Dr. phil., studierte Musikwissenschaft an der Humboldt-Universität Berlin, 1993 Promotion, 1992-2006 Lehrbeauftragter für elektronische Musik an der Technischen Universität Berlin, 1995 Gastprofessor für Musik des 20. Jahrhunderts an der Universität Köln, 1995-2006 Professor für Elektronische und Computermusik an der Musikuniversität Mozarteum Salzburg, seit 2006 Professor of Sound Art, Savannah College of Art and Design, Savannah, GA (USA). Autor u.a. von „Elektronische Klänge und musikalische Entdeckungen" (1998). Website: www.ruschkowski.net.

Marion Saxer, PD Dr. phil., Musikwissenschaftlerin, Autorin, Forschungsschwerpunkte: Zeitgenössische Musik, gattungsübergreifende künstlerische Phänomene (Klangkunst), zeitgenössisches Musiktheater, Experimentelle Musik/Kunst, Musik und Religion im 19. Jahrhundert. Habilitation zu Fragestellungen der Ausdrucksästhetik im 19. und 20. Jahrhundert. Vertretungsprofessur am Institut für Musikwissenschaft der Goethe Universität Frankfurt am Main. Autorin u.a. von „En passant. Aufmerksamkeitsstrategien der Klangkunst im öffentlichen Raum" (2006, in: „sonambiente 2006 Berlin. Klangkunst. Sound Art", hrsg. von H. de la Motte-Haber, M. Osterwold & G. Weckwerth), „Nichts als Bluff? Das Experiment in Musik und Klangkunst des 20. Jahrhunderts bis zur Gegenwart" (2007, in: Musik & Ästhetik, Heft 43), „Klangkunst im Prozess medialer Ausdifferenzierung" (2008, in: „Musik-Konzepte. Sonderband Klangkunst", hrsg. von U. Tadday).

Axel Schmidt, Dr. phil., geb. 1968, ist nach Lehr- und Forschungstätigkeiten an den Universitäten Frankfurt/ Main und Koblenz/ Landau zurzeit Assistent am Institut für Medienwissenschaft der Universität Basel. Seine Lehr- und Forschungsschwerpunkte liegen in den Bereichen Populärkultur, Fernsehen, Jugendkultur und -kommunikation sowie den Methoden der qualitativen Sozialforschung. Autor/Hrsg. u.a. von „Popvisionen. Links in die Zukunft" (2003, zusammen mit K. Neumann-Braun & M. Mai), „Die Welt der Gothics – Spielräume düster konnotierter Transzendenz" (2004, zusammen mit K. Neumann-Braun), „Viva MTV reloaded" (2009, zusammen mit K. Neumann-Braun und U. Autenrieth).

Albrecht Schneider, Prof. Dr., geb. 1949, arbeitete nach dem Studium in der Geschäftsführung von Verbänden der Musikwirtschaft und als Lehrbeauftragter an der Universität Bonn und der RWTH Aachen. Seit 1983 Professor für Systematische Musikwissenschaft an der Universität Hamburg. Lehrte als Gastprofessor an der University of California, Los Angeles, and als Gastdozent an mehreren europäischen Universitäten. Er ist Mitbegründer des Internationalen Arbeitskreises Systematische und Vergleichende Musikwissenschaft (International Cooperative in Systematic and Comparative Musicology, Inc.) und war Co-Editor der Zeitschrift „Systematische Musikwissenschaft – Systematic Musicology". Veröffentlichte zuletzt (als Hrsg. und Mitautor) „Systematic and Comparative Musicology: Concepts, methods, findings" (2008), „Live-Musik-Publikum in Hamburg. Empirische Studien zu einer urbanen Musik-Szene im digitalen Zeitalter" (2008, zusammen mit L. Dammann & F. Kleist).

Holger Schramm, Dr. phil., Dipl.-Medienwiss., Jg. 1973, studierte Medienmanagement (Medienwissenschaft, Kommunikationsforschung und Rechtswissenschaften) in Hannover und Austin/USA sowie Musik in Detmold. 2003 promovierte er über das Musikhören zwecks Stimmungsregulation. Seit 2003 ist er als Oberassistent am Institut für Publizistikwissenschaft und Medienforschung der Universität Zürich tätig, seit 2007 ist er Sprecher der Fachgruppe Rezeptions- und Wirkungsforschung der Deutschen Gesellschaft für Publizistik- und Kommunikationswissenschaft. Er veröffentlichte zahlreiche Publikationen über Musikrezeption und -wirkungen und ist Herausgeber der Buchreihe „Musik und Medien" im VS-Verlag. Des Weiteren berät er Radiosender und Musikredaktionen. Seine Hauptarbeitsgebiete sind: Musik und Medien, Medienrezeptions- und Medienwirkungsforschung, Unterhaltungs- und Emotionsforschung, Sport und Medien sowie Methoden der Kommunikationsforschung. Autor/Hrsg. u.a. von „Mood Management durch Musik. Die alltägliche Nutzung von Musik zur Regulierung von Stimmungen" (2005), „Musik und Medien" (2007, Sonderband der Fachzeitschrift Medien & Kommunikationswissenschaft) und „Musik im Radio: Rahmenbedingungen, Konzeption, Gestaltung" (2008).

Martina Schuegraf, Dr. phil., studierte Diplom-Pädagogik und Musikwissenschaft mit dem Schwerpunkt Massenmedien, derzeit wissenschaftliche Mitarbeiterin im Fach Medienwissenschaft an der Universität Siegen, zuvor Vertretung der Professur „Medien und Kommunikation" in Siegen. Arbeitsschwerpunkte: Qualitative Medien- und Sozialforschung, Medienkonvergenz- und Diskursforschung, Musik- und Populärkultur. Autorin von „Medienkonvergenz und Subjektbildung. Mediale

Interaktionen am Beispiel von Musikfernsehen und Internet" (2008), „Girl, Interrupted: Zur Performativität des Körpers im Film" (2009, in: „Body Images – Interdisziplinäre Zugänge zum dargestellten Körper", hrsg. von D. Hoffmann), „Welt.Raum. Körper. Transformationen und Entgrenzungen von Körper und Raum" (2007, hrsg. zusammen mit C. Würrmann, S. Smykalla & A. Poppitz).

Roland Seim, Kunsthistoriker (M.A.) und Soziologe (Dr. phil.), Autor und Verleger (www.telos-verlag.de); 1997-1999 wiss. Mitarbeiter am Landesmedienzentrum Westfalen; Lehraufträge am Institut für Soziologie der Universität Münster; Vorträge u.a. für die University of Toronto und das Goethe-Institut Libanon; wiss. Leiter der im Aufbau befindlichen Arbeitsgemeinschaft „Deutsches Zensurmuseum"; Forschungsschwerpunkt: Zensur in der deutschen Populärkultur. Autor/Hrsg. u.a. von „Zwischen Medienfreiheit und Zensureingriffen" (1997, Dissertation), „Ab 18" (1998ff., 2 Bde. zusammen mit J. Spiegel), „‚Nur für Erwachsene'. Rock- und Popmusik: zensiert, diskutiert, unterschlagen" (2004, zusammen mit J. Spiegel).

Stefan Weinacht, Dipl.-Sozialwirt, wissenschaftlicher Mitarbeiter am Lehrstuhl für Kommunikationswissenschaft der Friedrich-Alexander Universität Erlangen-Nürnberg (2001-2005) und am Institut für Journalistik und Kommunikationsforschung der Hochschule für Musik und Theater Hannover (2005-2008). Freier Musikjournalist (1993-2005) und Dozent an der Popakademie Mannheim (seit 2008). Schwerpunkte in Forschung und Lehre: Musik und Medien, Medienmarketing, Journalismus/PR. Autor/Hrsg. von „Wissenschaftliche Perspektiven auf Musik und Medien" (2008, hrsg. zusammen mit H. Scherer), „Musikwirtschaft und Medien" (2007, hrsg. zusammen mit B. Schneider), „Charts als Steuerungselement des Musikmarkts – Der medienökonomische Nutzen von Hitlisten aus Sicht der Musikindustrie" (2006, zusammen mit M. Seegel, in: „Neue Technik, neue Medien, neue Gesellschaft? Ökonomische Herausforderungen der Onlinekommunikation", hrsg. von M. Friedrichsen, W. Mühl-Benninghaus & W. Schweiger), „Der Traktor im Marketing-Mix. Zur Funktion der Pressearbeit in der Produkt-PR am Beispiel der Musikindustrie" (2003, in: pr-forum, Heft 3).

Peter Wicke, Professor für Theorie und Geschichte der populären Musik am Institut für Musik- und Medienwissenschaft der Humboldt-Universität zu Berlin, Direktor des dortigen Forschungszentrums populäre Musik sowie Adjunct Research Professor am Department of Music der Carleton University Ottawa; Mitbegründer und von 1987-1993 Generalsekretär der International Association for the Study of Popular Music, Mitglied der Herausgebergremien von Popular Music und Popular Music History; Herausgeber und Redaktionsleiter der Online-Zeitschrift PopScriptum; Mitglied im Advisory Board des International Institute for Popular Culture (University of Turku); Mitglied des Deutschen Musikrates; zahlreiche Veröffentlichungen zur Geschichte, Theorie und Ästhetik der populären Musik, zu kulturellen Aspekten der Musikindustrie sowie zum Sonischen in der Musik, darunter „Rock Music: Culture, Aesthetic,

Sociology" (1990), „Music and Cultural Theory" (1994, zusammen mit J. Shepherd), „Rock- und Popmusik. Handbuch der Musik des 20. Jahrhunderts" (2001), „Von Mozart bis Madonna" (2003), „Handbuch der populären Musik" (2007, zusammen mit W. Ziegenrücker).

Irving Wolther, Dr. phil., geb. 1969, studierte angewandte Sprach- und Kulturwissenschaften an den Universitäten Mainz und Genf sowie Journalistik an der Hochschule für Musik und Theater Hannover (HMTH). Promotion 2006 mit der Arbeit „‚Kampf der Kulturen' – Der Eurovision Song Contest als Mittel national-kultureller Repräsentation". Seit 1994 freier Journalist und Moderator, Mitbegründer und Inhaber des phonos-Journalistenbüros in Hannover. Als Experte für nationale Unterhaltungsmusik und Musikwettbewerbe seit 2005 Lehrbeauftragter am Institut für Journalistik und Kommunikationsforschung der HMTH und Mitarbeiter der Online-Redaktion des Norddeutschen Rundfunks für die offizielle deutsche Internetseite des Eurovision Song Contests. Zahlreiche Vorträge und Publikationen zu diesem und anderen Themen der Unterhaltungsmusik. Initiator des Musikwettbewerbs „Hören! – Hannover Song Contest".

Register der Personen, Bands, Firmen und Institutionen

50 Cent 415

Abba 407
Abbey Road-Studios 505
AC/DC 407, 422
Afrika Bambaataa 62
Aggro Berlin 413, 428
Alexander, Peter 181
Alphaville 523
Alsmann, Götz 189
American Graphophone Company 36
American Record Corporation 57, 59
A.M.I.L. 428
Amon Düül II 139
Andersch, Alfred 387
Apple Corporation 63, 256, 583
Arctic Monkeys 254
Ariola 61
Armstrong, Louis 56, 153
Aschenbrenner, Johannes 132, 134
Atlantic Records/Studios 82

Bach, Carl Philipp Emanuel 282
Bach, Johann Sebastian 19, 27
Bachmann, Ingeborg 386
Bakker, Kristiane 186
Balder, Hugo Egon 204
Bártok, Béla 343
Beach Boys 401
Beastie Boys 411
Beatles 61, 71, 138, 172, 401, 405, 419, 497, 502, 505
Becce, Giuseppe 151
Beckett, Samuel 366
Bee Gees 407, 422
Beethoven, Ludwig van 18, 299, 366

Berg, Alban 457
Berliner, Emil(e) 38, 50
Bernhard, Thomas 373, 385
Berry, Chuck 405
Bertelsmann AG 49
Bertelsmann Music Group 51
Björk 414, 427
Blondie 408
Blue Note 400
BMG 61, 62, 64, 240
BMG Music Publishing 64
Böhmer, Ekkehard 182
Böhse Onkelz 412
Boulez, Pierre 363
Bowie, David 407, 422
Boy George 412
Brainpool 221
Branson, Richard 61
Branss, Truck 181, 187
Bredow, Hans 90, 92
British Gramophone Company 51
Buggles 216
Bundesverband Musikindustrie 241

Cage, John 285, 478, 489, 543
Cahill, Thaddeus 473
Can 407
Cannibal Corpse 413, 426
Capitol Records 67
Carl-Lindström-AG 55
Caruso, Enrico 43, 52, 65
Cash, Johnny 62, 502
CBS 60
Celan, Paul 389
Celibidache, Sergiu 27
Charles, Ray 82
Claudius, Matthias 305

Cobain, Kurt 219
Cokes, Ray 219
Coleman Research 103
Columbia Graphophone Company 41
Columbia Phonograph Company 37, 41, 49
Columbia Records 49, 67, 71
Cooper, Alice 416, 431
Corbijn, Anton 401
Costello, Elvis 329
Cros, Charles 34
Crosby, Bing 59
Culshaw, John 79

da Vinci, Leonardo 32
Dauner, Wolfgang 137
de Forest, Lee 90
Decca Gramophone 59
Decca Records 79
Degenhardt, Franz Josef 139
Depeche Mode 410, 523
Deuter, Georg 139
Deutsche Grammophon Gesellschaft 39, 42, 51
Deutscher, Drafi 181
Die Ärzte 413, 431, 433
Die Fantastischen Vier 224
Die Krupps 411, 424
Dietrich, Marlene 158
Dire Straits 400
Dische, Irene 384
Doderer, Heimito von 374, 383
Duran Duran 218
Duval, Frank 140
Dylan, Bob 67, 405

Ebert, Hans 125
Edison Phonograph Company 36
Edison Records 37
Edison, Thomas Alva 32, 49
Einstürzende Neubauten 143, 402

Electrola GmbH 70
Ellington, Duke 57, 153
Emerick, Geoffrick 83
EMI 44, 51, 56, 60, 62, 64, 241
Eminem 415
Eno, Brian 83
Erdmann, Hans 151
Eurythmics 523

Fanning, Shawn 63, 240
Fessenden, Reginald Aubrey 89
Fitzgerald, Ella 67
Flesch, Hans 121
Floh des Cologne 139
FourMusic 224
Foxy Brown 414
Frankenfeld, Peter 182, 203
Franklin, Aretha 67
Frantz, Justus 189
Fraunhofer Institut 239
Freed, Arthur 172
Furrer, Beat 538

Gaisberg, Frederick 43, 51
Gaynor, Gloria 73, 408
Geissen, Oliver 204
Geldof, Bob 560
GEMA 17, 102, 253
Glass, Louis T. 50
Goebbels, Heiner 139, 141
Goehr, Walter 125
Gorny, Dieter 223
Gottschalk, Thomas 186
Gould, Glenn 66
Grandmaster Flash 411
Green Day 434
Grönemeyer, Herbert 139
Gronostay, Walter 125, 128
Guns N'Roses 411
Gutenberg, Johannes 18

Haley, Bill 59, 405, 418, 497
Hammer, Jan 520
Hammond, John H. 67
Hancock, Herbie 520
Händel, Georg Friedrich 282
Hanslick, Eduard 321
Haydn, Joseph 282
Heck, Dieter Thomas 183, 187
Heine, Heinrich 318
Hellwig, Maria 201
Hendrix, Jimi 509
Hiller, Lejaren A. 283
Hindemith, Paul 121, 122, 444, 481
Hoffmann, Robin 542
Honegger, Arthur 299
Horn, Trevor 83
Horowitz, Vladimir 66
Howland, Chris 180

Illmann, Peter 186
Insterburg & Co. 139
International Federation of the
  Phonographic Industry (IFPI) 63,
  241, 564
Ives, Charles 285

Jackson, Michael 68, 412, 425
Jahnn, Hans Henny 379
Jarrett, Keith 20
Jefferson Airplane 406
Jelinek, Elfriede 375
Jenkins, Gordon 67
Jethro Tull 416
Joel, Billy 75
Johnson, Eldridge 41, 51
Jones, Grace 412, 425
Joy Divison 410
Juhnke, Harald 182

Kagel, Mauricio 488
Kinks 408
KISS 408, 416, 422
Klein, Georg 550
Knauer, Karl 128
Kodaly, Zoltan 26
Koeppen, Wolfgang 381
Kolb, Richard 124
Kölner Studio für Elektronische
  Musik 133
Korngold, Erich Wolfgang 162
Kraftwerk 407, 421
Kubisch, Christina 544
Kühn, Dieter 139

Lang, Fritz 586
Lang, Lang 463
Large, Brian 461
League of Automatic Music
  Composers 268
Led Zeppelin 407
Legge, Walter 79
Lewis, Jerry Lee 502
LL Cool J 414, 428
Lokomotive Kreuzberg 139

Madonna 68, 412, 425, 583, 587
Mann, Thomas 377, 380
Manson, Marilyn 434
Martin, George 83
MCA 62
Megadeth 432, 433
Menotti, Gian Carlo 447
Mercury Records 67
Metallica 596
Mille Plateaux 62
Miller, Mitch 67
Minogue, Kylie 252
MIRAG 119
Moik, Karl 201
Moog, Robert 477

617

Register der Personen, Bands, Firmen und Institutionen

Moroder, Georgio 83
Morricone, Ennio 163
Morrison, Jim 406
Moulton, Tom 72
Mozart, Wolfgang Amadeus 18, 19, 282
MTV Networks 220
Musica Elettronica Viva 490
Musiphone Company 52
Mussorgsky, Modest 585
MUZAK 474

National Phonograph Company 37
Nebel, Carmen 202
Newman, Alfred 162, 172
Newton, Helmut 401
Niehage, Jörg 548
Nirvana 414, 427
Nono, Luigi 538
NORAG 119
North American Phonograph Company 36

Odeon 41, 52, 69
OKeh Phonograph Corporation 56
Oldfield, Mike 61
OMD 523
Orbison, Roy 62
Original Dixieland Jass Band 66
Original Naabtal-Duo 200

Passport 520
Philips 75
Phonograph Recording Company 51
Pink Floyd 407, 408, 421
Polydor 61
PolyGram 61, 62
Pop, Iggy 408
Presley, Elvis 62, 400, 405, 417, 502
Prince 412, 425, 435

Public Enemy 411, 424

Queen 407, 587

Raab, Stefan 200
Radio Bremen 184
Radio Corporation of America 59
Radio Luxemburg 187
Radiohead 435, 583
Rammstein 434
Ramone, Phil 83
Ramones 408, 410, 423
RCA Victor 44, 51, 59, 71
Recording Industry Association of America 72, 241
Red Seal 44
Reed, Lou 433
Reese, Kirsten 540
Reiber, Caroline 201
Reichs-Rundfunk-Gesellschaft 90
Rellstab, Johann Carl Friedrich 316
Renner, Tim 68
Richter, Ilja 183
Roche, Charlotte 221
Rödelheimer Hartreim Projekt 585
Rokeby, David 547
Rolling Stones 138, 405, 433
Rosenthal, Hans 190
Roth, Joseph 371
Rothenberger, Anneliese 189
Rubinstein, Anton G. 42
Rühm, Gerhard 137
Run DMC 411
Rundfunkversuchsstelle 121

Salsoul Records 73
Schaeffer, Pierre 483
Schenk, Heinz 182
Schlingensief, Christoph 457
Schnebel, Dieter 489

Schneider, Robert 372
Schnitzler, Arthur 367, 376
Schoen, Ernst 121
Schönberg, Arnold 376, 381
Schulte, Klaus 139
Schumann, Robert 318, 340, 376
Schwitters, Kurt 389
Scorpions 413, 426
Sczuka, Karl 129
Seagram Company Ltd. 62
Shakira 223
Siemens AG 61
Silbereisen, Florian 202
Sinatra, Frank 67, 93
Slipknot 434
Smith, Norman 83
Smith, Patti 408
Societé Pathé-Frères 42, 55, 56
Sony/Sony BMG 49, 62, 64, 75, 241, 583
Spector, Phil 83
Springsteen, Bruce 67, 68
Steiner, Max 162
Sting 76, 560
Stockhausen, Karlheinz 486, 539
Storz Broadcasting Company 94
Storz, Todd 94
Strauss, Richard 462, 586
Sun Records 62

Tangerine Dream 61, 132
Telefunken AG 60
The Almighty 432, 433
The Clash 408, 423
The Cure 410
The Doors 406
The Grateful Dead 406, 420
The Hub 268
The Police 416, 430
The Sex Pistols 408, 410, 423
The Who 408
Tommy Boy Records 62

Ton Steine Scherben 408
Torriani, Vico 181
Treichel, Hans-Ulrich 379
Tudor, David 543

United States Marine Band 42
Universal Music Group 51, 61, 62, 64, 241

Valente, Caterina 181
VEB Deutsche Schallplatten 181
Velvet Underground 401, 408, 417
Verband deutscher Musikkritiker 323
Viacom 220
Victor Talking Machine Company 41, 51, 58, 69
Village People 408
Virgin Records 61
VIVA Media AG 220

Waalkes, Otto 186
Wagner, Richard 19, 377, 452
Waits, Tom 54
Warhol, Andy 401, 417, 436
Warner Brothers 156
Warner Music Group 62, 64, 241
Weather Report 520
Weill, Kurt 119, 444, 480
WERAG 119, 125
Wilder, Billy 165
Williams, Clarence 67
Williams, John 163
Winterhalter, Hugo 67
Wollscheid, Achim 549
Wonder, Stevie 84

Xenakis, Iannis 286, 539

Yes 408

Zander, Frank 186
Zappa, Frank 406
Zillig, Winfried 130

Zonophone Records 69
Zwetkoff, Peter 145

Sachregister

AC-Format 96, 98
Achims Hitparade 202
Achtspurmaschine 81
Achtung! Klassik 189
Akusmatiker 484
algorithmische Komposition 277
Alles singt! 202
Amberol 40
Amiga 344
Anneliese Rothenberger gibt sich die Ehre 189
Anneliese Rothenberger stellt vor 189
AOR 217
AOR-Format 98
ARD-Wunschkonzert 182
Ars Electronica 278
Art Rock 514
Artifizialisierung 213
Artist & Repertoire 67, 270
Artwork 397
 - faschistoides Artwork 413
atonale Musik 171
Audiodatei 102
Audiokassette 73, 74
Audion-Röhre 90
Audiozeitschriften 344
auditive Raumdarstellung 538
Auditorium-Test 105

Backing track 498
Baierisches Bilder- und Notenbüchl 201
Beat-Club 184
Beatmusik/-kultur/-bewegung 181, 184, 185, 405
Beavis and Butt-Head 219, 220, 226
Bedroom Producer 261
Begleitmusik 119, 151

belletristische Zeitschriften 302
bell-ringing 25
Bits & Pieces 267
Bollywood 173
bong 188
Booklet 401, 411
Bouncing 498
Branchenpresse der Tonträgerindustrie 333
Branding 399
Bravo 188, 332, 345, 404, 583
Bravo TV 188
Brit Pop 410
Bühnenästhetik 452
Bundesvision Song Contest 200
Burn Out 104

Café in Takt 190
Call-In 106
Call-Out 104
Castingbands 436
Castingshow 202
Changes 16
Channel-Hopping 230
Charts 188
Chartshow 188
CHR-Format 98
Clipästhetik 210, 227, 230
Clip-Flow 226
Clip-Kultur 211
Compact Cassette 73, 256
Compact Disc 75
Computer Cantata 284
Computerklänge 407
Computerkomposition 277, 280
Computermusik 277, 472
Content Exploitation 223
Copyright 250

Sachregister

Countrymusik 58, 96
Cross-(Media-)Promotion 214, 223
Cross-Over 219

Da liegt Musike drin 183
Dayparting-Format 219
DDR-Rock 188
DDR-Unterhaltung 183
Decca 59
Der Blaue Engel 158, 171
Der Herr der Ringe 145, 596
Deutsche Schlagerfestspiele 199
Deutsche Schlagerparade 188
Deutscher Schlagerwettbewerb 200
Deutschland sucht den Superstar 203, 583, 597
Die 70er, 80er und 90er Show 204
Die Klavierspielerin 375
Die Musik kommt... 201
Die Schlager-Revue 180
Die volkstümliche Hitparade im ZDF 201
Differenzierungsstrategie 103
Digital Musician 264
Digital Rights Management 244, 582
Digitalisierung 76, 84, 143, 225, 271, 462, 521, 562, 580
Diskjockey 180, 415, 585
Disco(musik) 72, 408
DISCO (TV-Sendung) 183
Distinktion 226, 561
Diversifizierung 219
Dodekaphonie 385
Don Giovanni 309
doppelte Ökonomie 222
Download 102, 237, 255
Download-Portal 246
Dreigroschenoper 171
Duales Rundfunksystem 96
DX 7 524

Eich-Sound 134
Ein Kessel Buntes 183
Eine große Nachtmusik 189
eJamming AUDiiO 264
ekmelische Musik 388
Electronic Body Music 415
Electronica 63, 434
elektronische Live-Musik 292
elektronische Musik 63, 133, 277, 472, 486
Elektrophon 475
emotionale Wirkung 151
E-Musik 58, 189
ENIAC 283
Erkennen Sie die Melodie? 190
ethnische Musik 44
Eurovision Song Contest 199
Event-Marketing 224
Evergreen 204
experimentelle Musik 20

Fanzine 329, 351
Fernsehen 93
Fernsehoper 461
Feste der Volksmusik 202
Feuilleton 301, 315
File Sharing 240, 256
Film 456, 480
Filmgenre 170
Filmkomponist 157, 161
Filmmusik 149
   - Funktionen 169
Flow 217
Formatradio 94, 140
Formel Eins 188
Formenlehre 21
forumhub 266
Fragmentierung 558, 582
Freenet 240
Friedens- und Umweltbewegung 410
Funkerspuk 90
Funkoperette 123

Funktionstheorie 16
Fun-Punk 410
Fusion 520

Gangsta-Rap 412, 414
GarageBand 263
Gatekeeper 231
gefilmte Oper 460
gelehrte Artikel 302
gelehrte Journale 302
GEMA 250
Generalbass 16, 24
Geräuschkulisse 152
Geräuschmaschine 119
Ghettoblaster 74
Ghetto-Look 415
Gimmick-Cover 416, 429, 431, 432
Glam-Rock 408
Gleichschaltung des Rundfunks 92
Globalcasting 213
Gnutella 240
Gothic 410
Grammophon 39, 50, 454, 478
Grand Prix der Volksmusik 200
Graphophone 36
Grassrooting 351
gregorianische Gesänge/Melodien 16, 21
Grunge 414
GVL 250

Haifischbar 202
Hard Core 410
Hard Rock 411
Harmonielehre 21
Hausmusik 17
Heavy Metal 185, 218, 411
Heimatmelodie 201
HipHop 62, 411, 414, 585
Hippie-Ära 406
His Master's Voice 44

Hit Giganten 204
Hitparade 187
Hitparadenformat 188
Hollywoodkomponist 157
Home Phonograph 37
Hook 103
Hörerforschung 94, 103
Hörfolge 123
Horizontal Radio 269
Höroper 459
Hörspiel 117, 488
  - literarisches Hörspiel 122
  - musikalisches Hörspiel 122
Hörspielmusik 119, 121
Hörspiel-Pop 142

iCompositions 263
Ihr Musikwunsch 189
ILLIAC-Suite 283
Im Krug zum grünen Kranze 182
Independent 402, 408, 411, 414
Independent Label 62, 223
Indizierung 412
Industrial 434
Interaktion 237
Interaktiv (TV-Sendung) 221
Interkulturalität 557
Intermedialität 370, 445, 576, 578
Internet 235
Internet Underground Music Archive 254
Internetoper 464
Internetradio 101, 237
Intramedialität 579
iPod 63, 74, 583
iTunes 63, 256
iTV 225

Jack Ass 226
Jazz 66, 190
Jugendformat 185

Sachregister

Jugendkultur 403
Jugendschutz 412
Jukebox 37, 41, 50, 66, 94

Kästchenradio 97
Kein schöner Land 201
Kinoorgel 153
Kinothek 151
Klangdom 539
Klangphotographie 79
Klangspeicherung 279
Klangsteuerung 279
Klangsynthese 279
Klappcover 416
klassische Musik 58, 66, 119, 189
Klimbim 186
Klock 8, achtern Strom 202
Komplementarität 598
Kompositionsalgorithmus 268
kompoz.com 263
Kontrapunkt 20
konvergente Musiknutzung 593
Konvergenz 258, 563, 576, 577
Konzeptalbum 405, 527
Konzertplakate 397
Krautrock 407
Kryptografie 26
Kugelauditorium 539
kultureller Transfer 566
Kulturtechnik 555
Kulturzeitungen 310
kybernetische Klangmaschine 293

Langspielplatte 70
Lautpoesie 388
Lebensgefühl 398, 403
Leipziger Beataufstand 185
Leitmotiv(technik) 158, 164, 378, 453
Libretto 446
Liedercircus 190
Literatur und Musik 364

Lithurgie 16
Live Aid 560
Livestream 102
Love-Parade 415
Lustige Musikanten 201

Mainstream 408
Major Label 222
Mapping-Studie 103
Masterband 502
Mastering 75
Maxi-Single 72
Media Bending 490
Medialisierung/Mediatisierung 458, 560
Medienbegriff 443, 472
Mehrstimmigkeit 17
Melismatik 22
   - orientalische Melismatik 24
Melodien für Millionen 183
Melodieradio 99
Metal 411
METASTASEIS 287
Methoden der Computerkomposition 295
Metropolis 586
Middle-of-the-Road 94
MIDI 25, 263, 291, 522
Mikrorillenverfahren 70
Mini Playback Show 204
Mischpult 82
mobiles Musikhören 74
MOD 236
Mono-to-Mono 81
Monterey Pop Festival 406
moralische Wochenschriften 302
Motivplatten 416
MP3 112, 237, 239
mp3.com 254
MP3-Player 583
MTV 188, 210, 412
MTV Unplugged 219, 226

MTV Video Music Awards 226
MTV's Most Wanted 219
MTV2 221
MTV-Ästhetik/-Style 217, 412
MTV-Logo 216
MTV Select 599
Multimedia 76, 543
Multitracking 506
Musical 171
musical boxes 35
MusicMaster 108
MusicNet 246
MUSICOMP 284
Musik als literarisches Motiv 365, 371
Musik in der Literatur 364
Musik ist Trumpf 182
musikalische Dichtung 364
musikalische Ethnographie 157
musikalische Sozialisation 178
musikalisches Würfelspiel 282
musikalisierte Prosa 391
Musikantenstadl 201
Musik-Download 565, 582
Musikerforum 262
Musikermagazine 335
Musikerzeitschriften 338
Musikexpress 349, 350
Musikfernsehen 188, 209
Musikfilm 155, 171
Musikformat 98
 - im Fernsehen 177
Musikforschung 103
Musikindustrie 582
Musikjournalismus 310, 329, 340
Musikkritik(er) 14, 314, 338
Musikkultur 558
Musikladen 185
Musikmarkt 333, 346
Musikmedien 555
Musikmischung 113
Musiknovelle 366
musikpädagogische Zeitschriften 332
Musikportale 102

Musikproduktion 79
Musikproduzent 82
Musikquiz 190
Musikredaktion 106
Musiksampler 187
Musiksender 210
Musiksendung 178
Musiktheater 441
Musiktheorie 21
Musikuhr 109
Musikvermittlung 537
Musikvertrieb 564
Musikvideo(clip) 209, 214, 587
Musikvisualisierung 462
Musikwettbewerb 199
Musikwoche 333, 346
Musikzeitschriften 329
Musikzitat 163
Musique Concrète 133, 387, 471, 482, 536
MySpace 254

Napster 63, 237, 240
Narrowcasting 210, 213, 217, 257
Network 93
Netzmusik 264
Netzwerkeffekt 248
Neue Deutsche Härte 434
Neue Deutsche Musik 434
Neue Deutsche Welle 410
Neue Musik 133, 378
Neue Musikalische Zeitschrift 331, 338
neue Musikzeitschriften 310
Neue Zeitschrift für Musik 318
Neumen 21
New Pop 213, 217
New Wave 213, 410
New Metal 434
nihilistische Pose 409

Sachregister

Notation 13, 556
- Blindennotation 27
- diasthematische Notation 22
- Mensuralnotation 22

Noten 14
Notendruck 18
Notenschrift 23, 533, 556
Notizen 14

Oberhofer Bauernmarkt 202
Ohne Filter 185
Oldie 105
Oldie-Format 98
On Air-Kooperation 224
On-Demand-Streaming 102
One, Two, Three 165
Online Music Collaboration 262
Online-Befragung 107
Oper 443, 449
Operette 189
Opernfilm 460
orientalische Musik 24
Orthophonic Phonographs 69
Overdub 80, 498

Packaging 215
Pageflakes 260
Paléophone 34
Pandora 257
Parlophon 480
Part 498
Partitur 23, 152
Partiturophon 476
Partitursynthese 279
Patent 33, 38, 49
Peer-to-Peer(-Netzwerke) 63, 239, 240
Peters Pop-Show 186
Phonautographe 34
Phonogeige 54
Phonograph 33, 49

Phonographische Zeitschrift 54
Pianola 473, 478
Plakat 403
Plattencover 397
Plattenküche 186
Playlist 104
Podcasting 102, 259
Poème électronique 286
poetische Musik 364
Pop(musik) 58, 66, 212
Popclip 210
Pop-Hörspiele 138
Pop-Ikonographie 398
Popkultur 345
Popmagazine 333
Popmusikformat 188
Popmusiksendung 183
Popstars (TV-Sendung) 203
Popwellen 138
Popzeitschriften 346
Power-Score 105
prima-vista-Spiel 23
Programmfluss 225
Programmplanungs-Software 109
Programmuhr 109
Promostory 224
Promotion 214, 222, 332
Publikumszeitschriften 333
Punk 408

qualitative Methoden 106

Radio 118, 257, 454, 480
Radio Arabella 99
Radio Luxemburg 97
Radioempfangsgerät 91
Radioformate
- in den USA 95
- in Deutschland 99
Radiokunst 120
Radiophonie 488

Sachregister

Radiosenderdichte 95
Rap 62, 219, 410, 411, 585
Räumlichkeit in der Musik 539
Rave 410, 414, 429
Recurrent 105
Recycling 214, 215
Red-Label-Serie 52, 65
regionale Musik 58
Remix 252, 461
Repertoirekategorien 58
Res Rocket Surfer 263
Retro 437
Rhythm & Blues 58
Rippen 244
Rock'n'Roll 62, 345, 405
Rock'n'Roll-Film 160
Rockpalast 185
Rolling Stone 349, 406
Ronny's Pop-Show 186
Rotation 109
Rudi-Carrell-Show 202
rund (TV-Sendung) 185
Rundfunk 58, 500
Rundfunkempfänger 58
Rundfunkversuchsstelle 477

Sample 263
Sampling 160, 212, 415, 482
Satellitenradio 257
Saturday Night Fever 408
Schallaufzeichnung 32
Schallplatte 38
Schellack 68
Schellackplatte 37, 39, 400
Schlager 182, 187
Schlagermusical 181
Schlagerparade der Volksmusik 201
Schlagerstudio 188
Selector 108
Sendespiele 119
Sequencer 212, 523
Sequenzer-Programm 291

serielle Kompositionstechnik 286
serielle Musik 388
Servicewelle 97
Sgt. Pepper's Lonely Hearts Club Band 405, 419
Shanty 202
Shaped Vinyl 416
Simulcasting 102, 237
Single 71
Software-Synthesizer 267
Sonatenhauptsatzform 368
Soul 405
Sound 154, 509, 568
Sound on Sound 503
Sound-Design 81
Sounds 348
Soundtrack 160
SoundTracker 236
Sozialisation 399
Special Interest 237
Special-Interest-Format 219
Special-Interest-Zeitschriften 333
Spex 351
Spieltheorie 289
Spieluhr 282
Splicemusic 263
Sponsoring 223
Spotpremiere 224
Sprachpartitur 388
singende/sprechende Puppen 35, 37, 51, 411
Starparade 183
Stereoschallplatte 72
Stereotechnik 72
Stereoübertragung 95
Stilzitat 164
stochastische Musik 287
Straßen- und Knastästhetik 415
Streaming 237
Studio-Test 106
Stufentheorie 16
Stummfilm 150
Stummfilmmusik 151

627

Sachregister

Stundenuhr 109
Substitution 598
Super-Hitparade der Volksmusik 201
Synthesizer 139, 520
Synthesizermusik 160
Synthi-Pop 523

Tabulatur 25
Take 81, 497
Talentschuppen 203
Talking machine 33
Tango 55, 455
Techno 415
Telefonmusik 473
The Broadway Melody 155
The Dome 186
The Jazz Singer 155
The Köln Concert 20
Thommys Pop-Show 186
Tin foil Phonograph 35
Titelmelodie 155
Titelmusik 159
Tonbandgerät 501
Tonfilm 153
Tonfilmmusik 154
Tonsilbe 26
Tonstudio 506
Tonträger 40, 55, 535
Tonträgerformate 68, 76
Tonträgermarketing 64
Tonträgerproduktion 67
Tonträgerunternehmen 49
Top of the Pops 188
Top-40-Format 94
Track 497
Transferforschung 557
Transistor-Radio 95
Transmedialität 579
Tristan-Akkord 378
Typographie 403
Ultimative Chart Show 204
U-Musik 58, 94, 345, 496

Underground 411
underscoring 159
Unterhaltungskultur 180
Unterhaltungsrundfunk 90
Unterhaltungssendung 182
Unterhaltungszeitschriften 302
Urheberrecht 161, 250

Very-Special-Interest-Zeitschriften 333
Victrola 65, 69
Video Jockey 219
Videoclip 172, 186, 188, 210, 528
Videoclip-Ästhetik 402
Videoclipproduktion 228
Videoportal 211, 228
Vinyl 70, 400
Virgin Mega Stores 61
virtuelle Realität 463
Visions 352
visuelle Aspekte in der Musik 542
visuelles Radio 216, 230
VIVA 220
VIVA Comet 224, 226
VIVA Plus 221
Volksempfänger 92
Volksmusik 200
Volksmusiksendung 182
volkstümliche Musik 202
volkstümlicher Schlager 201
Vorsicht Musik! 186

Walkman 74
Web 2.0 260, 435
Webcasting 102, 237, 257
Webradio 102
Weiße Album 405
Wellenfeldsynthese 540
Weltmusik 568
Werbepartnerschaft 223
Werbung 214

Werkbegriff 19
Werner Müllers Schlagermagazin 187
Wertschöpfungskette 583
West Side Story 171
WOMAD 561
Woodstock Music and Art Festival/Fair 407, 420
World Music 566

ZDF-Hitparade 187
ZDF-Jazzclub 190
Zeitgeist 398
Zeitoper 453
Zensur 412
Zensurumgehung 413
Zielgruppe 98
Zielgruppenspezifität 213
Zon-o-phone 39
Zum Blauen Bock 182
Zwölftonmusik 380

Weiterlesen

Musik & Medien: Praxis

Andreas Weidinger
Filmmusik
2006, 176 Seiten, broschiert
ISBN 978-3-89669-514-7

Béatrice Ottersbach, Thomas Schadt (Hg.)
Filmmusik-Bekenntnisse
2009, ca. 350 Seiten, broschiert
ISBN 978-3-86764-193-7

Bastian Clevé (Hg.)
Von der Idee zum Film
Produktionsmanagement für Film und Fernsehen
5., überarbeitete Auflage
2009, ca. 250 Seiten, broschiert
ISBN 978-3-86764-177-7

Peter Overbeck (Hg.)
Musikjournalismus
2005, 366 Seiten, broschiert
ISBN 978-3-89669-422-5

Peter Overbeck (Hg.)
Radiojournalismus
Ein Handbuch
2009, ca. 350 Seiten
ca. 20 s/w Abb., gebunden
ISBN 978-3-89669-573-4

Martin Ordolff
Fernsehjournalismus
2005, 412 Seiten
48 Abb. s/w, broschiert
ISBN 978-3-89669-457-7

Stephan Porombka
Kritiken schreiben
Ein Trainingsbuch
2006, 270 Seiten, broschiert
ISBN 978-3-8252-2776-0

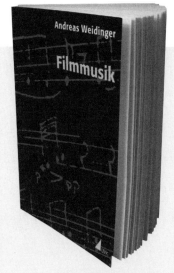

Klicken + Blättern

Leseprobe und Inhaltsverzeichnis unter

www.uvk.de

Erhältlich auch in Ihrer Buchhandlung.

UVK
UVK Verlagsgesellschaft mbH

Weiterlesen

Musik & Medien: Theorie

Dorothee Ott
Shall we Dance and Sing?
Zeitgenössische Musical- und Tanzfilme
2008, 360 Seiten, broschiert
ISBN 978-3-86764-045-9

Anselm C. Kreuzer
Filmmusik in Theorie und Praxis
2009, 266 Seiten
47 s/w Abb., broschiert
ISBN 978-3-86764-094-7

Harun Maye, Cornelius Reiber, Nikolaus Wegmann (Hg.)
Original / Ton
Zur Mediengeschichte des O-Tons.
Mit Hörbeispielen auf CD
2007, 408 Seiten, broschiert
ISBN 978-3-89669-446-1

Gabriele Mehling
Fernsehen mit Leib und Seele
Eine phänomenologische Interpretation des Fernsehens als Handeln
2007, 390 Seiten, broschiert
ISBN 978-3-89669-665-6

Elizabeth Prommer
Kinobesuch im Lebenslauf
Eine historische und medienbiographische Studie
1999, 402 Seiten
4 Abb. s/w, broschiert
ISBN 978-3-89669-240-5

Thomas Bräutigam
Hörspiel-Lexikon
2005, 540 Seiten
20 s/w Abb., broschiert
ISBN 978-3-89669-698-4

Hans-Jürgen Krug
Kleine Geschichte des Hörspiels
2., überarbeitete und erweiterte Auflage
2008, 200 Seiten, broschiert
ISBN 978-3-86764-076-3

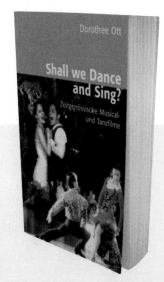

Klicken + Blättern

Leseprobe und Inhaltsverzeichnis unter

Erhältlich auch in Ihrer Buchhandlung.

UVK Verlagsgesellschaft mbH